国家出版基金项目
NATIONAL PUBLICATION FOUNDATION

ZHONGGUO MINZU XUEKE
FAZHAN 70 NIAN

中国民族学科发展70年

◎ 主编 叶康杰 黄建明

中国民族古籍研究

（1949.10—2019.10）

中央民族大学出版社
China Minzu University Press

图书在版编目（CIP）数据

中国民族古籍研究 70 年 / 叶康杰，黄建明主编．—北京：中央民族大学出版社，2023.3（2023.7重印）

（中国民族学科发展 70 年丛书）

ISBN 978-7-5660-1916-5

Ⅰ．①中… Ⅱ．①叶…②黄… Ⅲ．①少数民族—古籍研究—中国 Ⅳ．①G256.1

中国版本图书馆 CIP 数据核字（2021）第 023384 号

中国民族古籍研究 70 年

主　　编	叶康杰　黄建明
总 策 划	赵秀琴　李苏幸
责任编辑	白立元
封面设计	舒刚卫
出版发行	中央民族大学出版社
	北京市海淀区中关村南大街27号　　　邮编：100081
	电话：(010)68472815(发行部)　　传真：(010)68932751(发行部)
	(010)68932218(总编室)　　　　(010)68932447(办公室)
经 销 者	全国各地新华书店
印 刷 厂	北京建宏印刷有限公司
开　　本	787×1092　1/16　　　印张：37.25
字　　数	770 千字
版　　次	2023 年 3 月第 1 版　2023 年 7 月第 2 次印刷
书　　号	ISBN 978-7-5660-1916-5
定　　价	188.00 元

版权所有　翻印必究

《中国民族古籍研究70年》
编辑委员会

主　　编：叶康杰　黄建明

编委会成员：(按音为序)

巴都玛拉　白田丽　毕舒颖　崔　焱　陈鑫海　戴红亮　顾松洁
格其伟古　黄建明　黄桂秋　黄金东　何思源　海来有所　牟昆昊
木仕华　米热古丽·黑力力　聂鸿音　孙伯君　王　锋　王建海
韦学纯　瓦其金强　乌力吉　徐丽华　严　宏　叶康杰　叶尔达
玉腊光罕　张公瑾　张铁山　朱崇先　郑　昊　赵洁洁　张盈盈

目 录

第一章 导论 ……………………………………………………………（1）

第二章 20世纪50年代至70年代民族古籍的整理与研究 ………（8）
  第一节 20世纪50年代至70年代国家民族古籍政策与理论实践 …（8）
  第二节 藏缅语民族 …………………………………………………（10）
  第三节 壮侗语民族 …………………………………………………（31）
  第四节 蒙古语民族 …………………………………………………（41）
  第五节 突厥语民族 …………………………………………………（46）
  第六节 满—通古斯语民族 …………………………………………（50）
  第七节 回族 …………………………………………………………（58）
  第八节 其他民族 ……………………………………………………（60）

第三章 20世纪80年代民族古籍的整理与研究 …………………（68）
  第一节 20世纪80年代国家民族古籍政策与理论实践 ……………（68）
  第二节 藏缅语民族 …………………………………………………（73）
  第三节 壮侗语民族 …………………………………………………（94）
  第四节 蒙古语民族 …………………………………………………（104）
  第五节 突厥语民族 …………………………………………………（110）
  第六节 满—通古斯语民族 …………………………………………（117）
  第七节 回族 …………………………………………………………（122）
  第八节 其他民族 ……………………………………………………（125）

第四章 20世纪90年代民族古籍的整理与研究 …………………（132）
  第一节 20世纪90年代国家民族古籍政策与理论实践 ……………（132）
  第二节 藏缅语民族 …………………………………………………（137）
  第三节 壮侗语民族 …………………………………………………（152）
  第四节 蒙古语民族 …………………………………………………（161）
  第五节 突厥语民族 …………………………………………………（167）
  第六节 满—通古斯语民族 …………………………………………（172）
  第七节 回族 …………………………………………………………（176）

第八节　其他民族 …………………………………………………（180）

第五章　21世纪初民族古籍的整理与研究 …………………………（184）
　　第一节　21世纪初国家民族古籍政策与理论实践 ………………（184）
　　第二节　藏缅语民族 ………………………………………………（192）
　　第三节　壮侗语民族 ………………………………………………（217）
　　第四节　蒙古语民族 ………………………………………………（233）
　　第五节　突厥语民族 ………………………………………………（238）
　　第六节　满—通古斯语民族 ………………………………………（248）
　　第七节　回族 ………………………………………………………（251）
　　第八节　其他民族 …………………………………………………（259）

第六章　21世纪20年代民族古籍整理与研究 ………………………（264）
　　第一节　国家民族古籍政策与理论实践 …………………………（264）
　　第二节　藏缅语民族 ………………………………………………（281）
　　第三节　壮侗语民族 ………………………………………………（338）
　　第四节　蒙古语民族 ………………………………………………（368）
　　第五节　突厥语民族 ………………………………………………（383）
　　第六节　满族 ………………………………………………………（402）
　　第七节　其他民族 …………………………………………………（425）

大事记 …………………………………………………………………（478）

后记 ……………………………………………………………………（586）

第一章 导 论

自古以来，我国就是多民族组成的民族大家庭。每一个民族都创造了自己独特的民族文化。在中华民族形成与发展过程中，各民族和睦相处，互相学习、互相帮助，共同创造了辉煌灿烂的中华文明。这一点，在少数民族古籍文化的内涵和外延中表现得尤为明显。

文字的产生并用于文献记录，是一个民族进入文明社会的重要标志。我国不仅民族众多，民族文字及其文献也非常丰富，是世界古文字及其文献最丰富的国家之一。这说明各族人民在不同的历史时期，早早进入了文明社会。

中华文明源远流长，生生不息地变化和发展壮大，中国少数民族古文字及其文献也按照自身的规律不断演变，才形成了今天的这种格局。纷繁复杂、浩如烟海的中国少数民族古文字及其文献现状大体可以分为以下几类。

首先是汉字体系的中国少数民族古文字及其文献。这些民族古文字及其文献主要包括以下几类：1. 已消亡民族的文字与文献，如西夏文及其文献、契丹文及其文献、女真文及其文献。2. 壮侗语民族的古文字与文献，如古壮字及其文献、古侗字及其文献、古布依字及其文献、方块毛南字及其文献、京族字喃及其文献、仡佬文及其文献、水书及其文献。3. 苗瑶语民族古文字与文献，如女书及其文献、方块瑶字及其文献、古苗文及其文献。4. 藏缅语民族古文字与文献，如方块白文及其文献。此外，旧时朝鲜族使用的文字及其文献也属于汉字体系。

首先汉字体系的中国少数民族古文字及其文献是我国少数民族古籍中种类最多的部分。在学术界有学者把使用汉字体系的民族和区域划为汉字文化圈。汉字文化圈的形成，反映的是中华民族间和睦相处、民族团结的历史。不同民族间文字的相互借用，说明中华民族善于学习先进民族文化。这里需要说明的是，少数民族借用汉字并非全盘照搬，而是消化式地学习，吸收式地借鉴，从而形成了独具一格的民族古文字及他文献体系，例如，有的民族采用汉字的少数民族语读或汉字的少数民族义用，独特的部分是对汉文的改造，形成有别于汉字的本民族字体，用于书写本民族文化，进而形成了自成体系的文字及其文献，构成了中华民族文字多元一体的格局。

从现有资料来看，当初少数民族在汉字基础上形成各自的文字也各有原因。西夏党项人和白族先民借用汉字的主要动力可能来自学习汉传佛经。历史上这两个民族的民众都曾是虔诚的佛教信徒，其所信仰的佛教来源于汉传佛教，在汉传佛教的西夏化或白族化过程中，本民族文字也应运而生。这两种民族文字现存资料多为佛教文献。

壮族、侗族、布依族、毛南族、京族、水族、瑶族、苗族等，这些民族除长期与汉民族交往外，古籍文化更多的影响可能来自道教，这些民族的原生宗教或多或少受到了道教文化的影响，或者说有直接信仰道教的现象。如广西田阳县北部壮区信仰的是摩教，其祭师称为"摩公"；南部壮区信仰的是道教，祭师称为"道公"。以上几个民族的文字借用汉字的痕迹非常明显，对汉字的改造不如西夏文那么彻底，从这几个民族的文献资料来看，纯汉字使用率约80%，民族文字的字形也与汉文差异不大，文献内容也充满了道教观念，或者有明显的道教典籍的痕迹。

汉字体系的少数民族文字在社会生活中并不普及，使用范围并不广泛，大多限于祭师和歌手间。汉字体系的少数民族古文字及其文献是建立在汉字基础上的，使用这种文字的人必须是有一定的汉语文基础，掌握了一定的认字量，并能熟练使用汉语文的人，才有条件学习和使用本民族文字。在民间掌握汉字体系的少数民族文字的人，大多在汉文学校读过5年以上的书。在旧时的少数民族地区，如此高学历的人少之又少。由此，社会生活中使用少数民族文字的人，数量非常有限。中国南方汉字体系的少数民族古籍多为宗教典籍和民歌。

其次，中华民族善于学习和吸收先进民族文化的美德同样表现在外来文字体系方面。一些民族借鉴外来文字，或对国外文字进行改造，创制了本民族文字。从现有资料看，借鉴外来文字的中国少数民族文字及其文献大体可分为以下几个体系。

阿拉美字母体系的民族文字与文献有：佉卢文及其文献、于阗文及其文献、突厥文及其文献、粟特文及其文献、回鹘文及其文献、蒙古文及其文献、满文及其文献、锡伯文及其文献。其中佉卢文、于阗文、突厥文、粟特文、回鹘文在很早以前就已不再使用，现在懂得这些文字的只有几位专家。由于满语的失传，满文也已不再用于社会生活领域，但是目前认识满文的人还是相对多一些。蒙古文属于活态的古文字，至今还在普遍使用，不仅应用于文科，还广泛应用于理科。现存的佉卢文、于阗文、突厥文、粟特文、回鹘文文献以佛教内容为主。蒙古文除记载大量藏传佛教经籍外，还涉及了历史、文学等。满文文献内容多为档案类，锡伯文文献多为民间文学。

婆罗米字母体系的民族文字与文献有：龟兹文及其文献、八思巴文及其文献、藏文及其文献、傣文及其文献。其中，龟兹文、八思巴文已属"死亡"文字。现在，我国懂得这两种文字的人少之又少。藏文和傣文至今仍广泛使用着，其中藏文除用在人文社会科学领域外，还用于数、理、化等领域。目前所见的龟兹文文献和八思巴文文献所反映的多为佛教内容。藏文文献除记载大量的藏传佛教经典外，还有世俗文献和历史文化文献。藏文文献是我国少数民族古籍中存量最多的一个文种，在我国，仅次于汉文文献。傣文文献多为小乘佛教内容，其次是文学作品和世俗文献。

阿拉伯字母体系的民族古文字与文献有：察合台文及其文献、小经文。察合台文为我国突厥语族先民共同使用的文字，现民间还流传有大量的察合台文献。除察合台文研究专家外，民间还有不少人士能识读察合台文及其文献。小经文是回族使用的一种文字，主要用于记录或拼读汉语式的《古兰经》。察合台文除记述大量的宗教内容而外，也有不少世俗文献。

拉丁字母体系的民族古文字与文献有：柏格理苗文及其文献、老傈僳文及其文献、景颇文及其文献、拉祜文及其文献等。这些文字是20世纪初外国传教士在中国传教时创制的。其中柏格理苗文只限在基督徒内使用。柏格理苗文在云贵乌蒙山区还被借作彝文、傈僳文、布依文等传播基督教。至今，老一辈的基督徒还有懂得柏格理苗文的。老傈僳文、景颇文、拉祜文在传教士设计文字的基础上通过改进后，成为这些民族的现行文字。百年来，这些文字及其文献的研究得到了长足发展，通过不同层次的学校培养了一批民族古籍人才。

最后是自源文字。在我国的少数民族古文字及其文献中，不受其他民族文字影响的自源文字有：尔苏沙巴文及其文献、纳西东巴文及其文献、彝文及其文献、哥巴文及其文献。其中，尔苏沙巴文是图画文字，属于文字形态中最古老的一种。纳西东巴文是象形文字，也属早期的古老文字形态之一。彝文是一种以表意为主、音义结合的块形文字。哥巴文是一种音节文字。现在认识尔苏沙巴文的人所剩无几，处于濒危状态。通过三十多年的努力，纳西东巴文、哥巴文、彝文的人才危机问题得到了缓解。从现有资料看，尔苏沙巴文文献内容主要是占卜类。纳西东巴文文献和彝文文献绝大部分内容为本民族原始宗教类，也有少部分世俗文献。

由于各民族社会历史文化背景的不同，少数民族古籍的传播与收藏情况也不尽相同。从现有资料看，存世不多的已消失民族的文字及其文献多为文物、考古和博物馆等部门收藏；藏文文献和蒙古文文献多为寺院收藏；傣族的寺院虽有藏经楼，但其象征意义要重于实际意义，民间的傣文文献收藏量要多于寺院。

满文文献多为国家档案部门收藏，其中满族入关前的档案大多收藏于辽宁省档案馆，入关后的档案大多收藏于中国第一历史档案馆。

20世纪初，外国探险家和科学考察人员在民间收集了大量的纳西东巴文文献并带到国外，现美国等西方国家的一些博物馆收藏的纳西东巴文献是在这一时期流传到国外的。中华人民共和国成立后，我国的各级图书馆和有关学术机构也对民族古籍进行了广泛征集，现今我国各级图书馆及有关学术机构收藏的纳西东巴文献量要大于民间。21世纪初，地方政府在水族地区进行了拉网式的水书文献征集，目前90%以上的水书文献分别收藏于贵州荔波县档案馆和三都县档案馆，流传于民间的水书古籍为数不多了。

彝文文献、壮文文献、布依文文献自古以来以民间收藏为主，近70年来虽然有关学术机构进行了征集和收藏，但以民间收藏为主的格局仍然没有改变。

在不同的收藏单位和收藏条件中，相比较而言，收藏于博物馆、档案馆、图书馆的保存状况要好一些。这些单位除了备有恒温、防火、防盗设施外，对破旧的古籍也做了修复。其次是收藏于学术机构的条件稍好，再次是收藏于寺院的古籍。收藏与保管情况最差的是流传于山区民间的部分，这些古籍平时烟熏火燎，雨季又遭受潮湿的威胁，甚至拥有古籍的主人去世时，与其他遗物一同烧毁。

保护与抢救少数民族古籍的目的在于把优秀传统文化代代相传，为现代化建设服务。由于少数民族古籍工作起步较晚，至今处在翻译整理阶段，尚未进入真正意义的研究阶段，因此民族古籍为现代化服务问题还处于摸索与尝试阶段。少数民族古籍整理工作与汉文文献相比，多了一项翻译整理的环节。总的来看，少数民族古籍的整理比汉文文献的整理要复杂一些。

由于少数民族文字不易印刷等原因，民族古籍的出版环节也比较复杂，因此比汉文古籍出版成本高一些。少数民族古籍的学术平台，也比汉文古籍少得多，许多文种无法用少数民族文字发表。学术平台的缺少也为少数民族古籍研究工作的发展带来了一定的障碍。少数民族之间，民族古籍整理研究水平与发展水平也不平衡，有些民族发展得快一些，有些民族发展得慢一些，如，纳西族已翻译整理完成80%以上的东巴古籍文献，而尔苏沙巴文文献至今尚未翻译和出版一部文献。这种形式上的不平衡，深层次的问题还是人才短缺问题。人才短缺造成的学术滞后，在短期内很难扭转。

近70年来，我国的少数民族古籍保护与抢救工作重点主要放在了几个大文种方面，如藏文文献、蒙古文文献、察合台文文献、满文文献、彝文文献、傣文文献、纳西东巴文文献、水书文献等，这些文种的人才危机已经得以缓解，在翻译整理研究方面也取得了可观的成就。但对较少文种古籍文献的保护与抢救工作却重视不够。部分小少文种，至今尚未进入学者们的视野，目前小少文种处于濒危状态，如尔苏沙巴文、羌族释比文、古仡佬文、古苗文等，能识读这些文字的人所剩无几，且年事已高。假若这些老人离我们而去，那么这些文字及其文献无疑将成为名存实亡的"死文字"。保护与抢救这些濒危小少文种迫在眉睫。

我国少数民族古籍文献的内容和形式各具特色，其演变和发展形式也不尽相同，在古籍范畴的认定和研究方法上也有别于汉文古籍。

汉文古籍下限的时间一般定在1911年，少数民族古籍的时间下限原则上与汉文古籍一样以1911年为限。但考虑到各少数民族的历史特点和古籍存世情况的差异，诸如一些没有确切时间记载而又只见到后期写本的书册，一些20世纪前期用本民族文字追记历史事件和历史掌故的旧文体著述，一些从古代延续到现代的编年体著作或族谱、家谱，以及一些在本民族中长期流传到了现代才有文字记录的口传资料，只要有价值，则做适当变通，其下限可延伸到1949年。

这个时间的限定也符合少数民族古籍的实际情况。中华人民共和国成立前，大多数民族各自封闭在本区域内，不同民族间很少有人员交往与文化交流，民族古籍的内容和形式很少受外界影响。民族古籍没有因政权的交替而发生根本性的变化。

1949年以前产生的古籍基本保持传统古籍的原貌，所以，把时间下限设在1949年无疑是正确的。

少数民族古籍范畴一般包括以下三个方面。

(一) 少数民族古文字古籍

少数民族古文字古籍是少数民族古籍的重点部分，也是少数民族古籍中最有代表性的部分。少数民族古文字古籍通常包含：1. 书籍类；2. 文书类；3. 铭刻类。可见，除书籍之外的历史文献也包含在民族古籍的范畴之中。

(二) 汉文记述的少数民族古籍

少数民族作为中华民族的一员，早已引起了历代王朝和文人墨客的关注。无论正史或是野史都或多或少地涉及了少数民族。事实上，许多学者长期以来研究少数民族历史和文化都是以汉文古籍材料为依据的，对无本民族文字的民族而言，汉文古籍中的少数民族史料就显得极其珍贵。即便是有文字的民族，汉文古籍中的少数民族材料同样珍贵，能弥补民族文字古籍资料的不足。汉文还作为官方文字广泛应用于社会生活的方方面面，如清代云南武定那氏土府，大到上呈的奏折、府事史录，小到土司的饮食起居，都用汉文做了详细的记录，这些恰好是民族古文字古籍欠缺的内容。部分民族民间还有用汉文记录的家谱、乡规、民约等史料。少数民族古籍的汉文部分，除了在内容上的民族认同外，还涉及作者民族身份认同问题。内容认同，即不论作者的民族身份，只要涉及某一个民族的内容，就将其视为那个民族的古籍。作者身份认同，即少数民族作者用汉文写的作品，即便作品内容与本民族文化无关，也将其视为作者族别的民族古籍。如清代乾隆年间姚安彝族土官高乃裕用汉文写的《哀牛行》，作品虽没有涉及彝族传统文化的内容，但因作者高乃裕是彝族，《哀牛行》也应当视为彝族古籍。

(三) 少数民族口传古籍

"古籍"原指用文字著成的古代书籍，但是根据我国的实际情况，有必要把"口传文献"纳入中国少数民族古籍的范围。

首先，保护少数民族古籍，整理少数民族古籍的目的在于保护传统文化，弘扬优秀民族文化。中国共产党把民族古籍整理工作列为党的民族工作的重要内容之一。在中国56个民族中，有本民族文字并形成古籍的民族并不多，更多的是以口传形式传承本民族的历史文化。假若我们把用文字记述的资料作为唯一标准，那么许多民族的宝贵资料将被排除于民族古籍整理工作之外，这有悖于党的民族平等政策，不利于民族大团结，不利于文化遗产保护。

其实，人类古籍的形成经历了从口述到书面的发展过程。以比较成熟的汉文古籍为例，目前所见较早的汉文古籍之一的《诗经》，相当部分也是当时采集者把流传于民间的口传诗歌记录在案，流传后世才成为"古籍"的。由此可见，记录口传作品并收录于历史文献范畴是古籍形成与发展的重要环节。今天我们把部分少数民族的口述文献记录下来，并将其纳入该民族的古籍范围，其意义相当于当初汉文将《诗经》纳入古籍一样重要，是无文字民族古籍发展的关键一步。这在民族古籍发展史上将有重大现实意义和深远的历史意义。

各民族由于居住环境、生产生活方式、历史文化背景的不同，在民族古籍学学科研究内容和形式上也各具特色，各文种古籍的学科支撑点也不尽相同。

我们知道比较成熟的汉文古籍学由版本学、目录学、校勘学三大板块组成，也是该学科的三大学术支撑点。这是学者们根据汉文古籍特点摸索出来的。但是并非每一个民族古籍学科都以此三板块作为支撑。这三种治学方式并非适合每一个民族的古籍。有些民族的古籍涉及了上述三个部分，有的民族只涉及了一部分，有些民族的古籍还涉及汉文古籍学科研究内容以外的项目。

版本学。只要有书籍的民族，都要涉及版本，都有研究版本的任务。但是各民族版本学的内涵不一定完全相同。例如汉文有旋风装、蝴蝶装、卷轴装等，而大多数少数民族古籍就没有这些装帧形式。又如彝族有封底布包式卷装，而汉文古籍中就没有这种装帧形式。汉文古籍可以从版本和纸质考证出每一本书的大致年代，而流传于民间的少数民族古籍，由于长期的烟熏火燎，大多数纸质都已变形，很难从纸质方面考证出每一本书的具体成书年代。在材质与制作方面，少数民族的贝叶古籍版本研究方面又比汉文古籍多了一个项目。在装帧形式方面，少数民族古籍没有汉文古籍丰富，但纸质类型方面，少数民族古籍又丰富得多。如藏纸、纳西东巴纸、傣纸、和田纸等，都是少数民族古籍版本学的内容之一。同为版本学，但不同民族间研究版本的内容、对象、任务不一定完全相同。

目录学。目录学的出现是一个民族古籍发展到一定数量、一定规模的结果。只有形成规模的民族古籍才会出现目录学。如仡佬文文献、摩梭达巴文献等几个较少文种，总共才有几种书，如此少量的文本在这个民族的古籍学科中是不可能形成目录学的。在我国少数民族古籍中，目录学最丰富的是藏文古籍，早在吐蕃时期，藏区就出现了《旁塘目录》《丹噶目录》《钦普目录》三大目录。后人又在这三大目录基础上进行编目，发展至今，内容已比较丰满，建立藏文目录学的条件已具备。但古籍数量较少的民族，由于先天的不足，目录学很难形成一个学科的分支与学科支撑点。

校勘学。校勘是根据不同的版本或其他资料，比较异同，进行文字考证、订正的具体工作。应该说，校勘学是建立在多种丰富多彩的版本基础上的。我国南方大部分民族古籍，如彝文古籍、纳西东巴文古籍、壮文古籍、傣文古籍、水书古籍多为手抄本。在抄写过程中往往还加些抄者的感悟，不同地区的同一书名，很难找到内容完全相同的版本，这给版本优劣的判断带来了很大的难度。因此，难以形成校勘学。

南方部分少数民族中有雕刻印刷本，但大多只有一种，找不到第二种刻本进行比较，同样不具有校勘的要素，很难做到真正意义的校勘。尽管这样，在少数民族古籍翻译、整理的实践中，还是有"校勘"的成分，如翻译过程中对明显的漏句、错字进行了校正，但其校正凭的是感觉与认知，很少用其他本子进行对勘，很难建成真正意义的校勘学。如此的情形下，强行建立"校勘学"，太勉为其难了。或者说勉强建立起来的"校勘学"，也没有多大实际意义。

不同民族的古籍中，学科内容的多少并不代表民族古籍的优劣。某些民族古籍也许在某些方面多一些，在某些方面也许又少一些。总体而言，少数民族古籍都有翻译、整理的环节，而且这个环节也是古籍工作的重要内容之一。这样，翻译、整理就成了民族古籍学科建设的重要内容。这一环节是少数民族古籍学科有别于汉文古籍学科之处，也是少数民族古籍学科的特点之一。除此之外，纳西东巴文献和水书文献还比其他文种多了一项"释读"的环节。这两个文种的象形文字，仅凭字形，很难准确、完整地解读出原义，需要相关人员对作者意图进行释读。由此可见，少数民族古籍学科内容建设，不应当以某一民族古籍学学科内容为建设标准，而应当从文种实际出发，建立和摸索出一套符合实情的学科研究内容和方法，建立一套富有特色的体系，才有助于少数民族古籍文献学科的建设。

学科建设内容并非一成不变，随着社会的发展，各学科建设的内容与任务也在充实和发展。尽管各民族古籍发展历史进程不同，在现代信息技术高度发达的今天，大家又走到了同一个起跑线上，共同面临民族古籍现代化建设的问题。

随着中华民族的振兴，中华民族的又一个盛世即将到来。俗话说，盛世修典。回顾过去70年走过的民族古籍工作历程，总结过去70年的修典经验和教训，对做好下一轮的修典工作具有重大意义。

第二章 20世纪50年代至70年代民族古籍的整理与研究

第一节 20世纪50年代至70年代国家民族古籍政策与理论实践

中华人民共和国成立，广大劳动人民翻身得解放，各族人民得以当家做主。中国共产党的民族平等政策，从根本上消除了民族歧视的根源。民族平等包括少数民族语言文字平等，包含着少数民族文字写成的古籍与其他文种写成的古籍的平等，从国家宪法的角度确认了少数民族古籍的地位。

中华人民共和国成立之初，民族问题对中央人民政府来说，是一项新的重大课题。要做好民族工作，首先要了解少数民族的状况，调查少数民族的实情，懂得少数民族的疾苦，知道少数民族的诉求。为了了解和掌握中国少数民族民情，中华人民共和国成立不到一年，中央政府就派了阵容强大的中央访问团到少数民族地区，走村进寨访贫问苦，了解民情，调查民意。

1950年7月2日—1951年3月6日，中央西南各民族访问团一行一百二十余人，由团长刘格平率领，分为三个团分别访问云南、西康、四川、贵州等民族地区长达7个月之久。访问团体现了中央人民政府和毛主席对各族人民的关怀，宣传了党的民族政策，了解了少数民族地区方方面面的真情实况，加强了各民族之间和各民族内部的团结。

1950年8月29日—12月1日，中央西北各民族访问团一行五十余人，在团长沈钧儒的率领下，赴新疆、甘肃、宁夏、青海等民族地区访问，历时3个月，访问了西北地区17个民族，传达了中央人民政府和毛主席对各族人民的关怀。

1952年7月9日—9月23日，中央各民族访问团由彭泽民团长率领，访问了内蒙古、绥远和东北等地的少数民族地区。历时两个月，访问了蒙古、朝鲜、回、满、锡伯、赫哲、柯尔克孜、鄂伦春、鄂温克、达翰尔等少数民族，向各族人民转达了毛主席和中央人民政府对各族人民的关心和慰问，同时邀请各族人民代表座谈，征求他们的意见和要求。

中央人民政府派出大规模的民族访问团，可以说是中华人民共和国成立后大规模的民族调查团。访问团中相当一部分成员本身就是民族学研究专家，其中不乏像费孝通先生这样顶尖级的专家，他们一面访问，一面调查，并将调查到的情况写成书面材料向中央汇报。这些宝贵材料成了当时中央制定民族政策的重要依据，也成了后人研究中华人民共和国成立之初民族工作的重要历史文献。中央访问团在全国调查少数民族情况时，也调查了用少数民族文字写成的民族古籍文献。为了表达对中央访问团的感激之情，有些少数民族把珍贵的本民族古籍作为礼品送给了中央访问团，送给党中央、毛主席。中央民族大学和北京民族文化宫等目前所收藏的部分古籍，就是中央转送来的这部分礼品。可以说，中央访问团到民族地区的访问与调查，是中华人民共和国民族古籍工作的开始。

中央访问团到民族地区访问内容涉及政治、经济、文化、教育、医药卫生等方方面面，涉及少数民族古籍内容的并不太多。后来国家组织的少数民族语言文字调查队的工作涉及了更多的民族古籍，这次活动分成若干个调查队，深入少数民族地区，调查各民族的语言文字，也调查了当时少数民族古籍分布与流传情况。

对少数民族文字的调查，必然离不开以文字为载体的少数民族古籍。在这次的少数民族语言文字调查中，少数民族古籍成了此次语言文字调查的内容之一。为了深入研究少数民族语言文字，部分调查队还随手征集了少数民族古籍原件，如现存中国社会科学院民族学与人类学研究所和中央民族大学博物馆与图书馆所收藏的少数民族文学古籍就是当时的民族语文调查工作队征集的。

这一时期，学术界把民族古籍当作语言文字学科的重要内容之一进行研究，但是多为介绍性、知识性的普通文章，真正对某一部民族古籍进行整理、深入研究的学术论文少之又少。

20世纪60年代中华人民共和国已有了十余年的建国历史，经过十余年的努力，无论在社会、经济、文化、教育等方面都积累了一定的建设经验，也打下了一定的经济基础。随着社会的发展，文化与学术研究分工也越来越细，民族古籍从原来的语言文字学科中开始剥离出来。如在贵州毕节地区就出现了专门研究彝文古籍的工作机构——毕节地区彝文翻译小组。到1966年毕节地区彝文翻译组就编译了《西南彝志》《六祖纪略》《水西全传》《水西制度》《水西地理城池考》《德布史略》《德施史略》《洪水泛滥史》《寻医找药》等25部51卷约八十万字。

进入20世纪60年代，学术界出现了利用少数民族文字记载的史料进行学术研究的新风气。如云南大学历史系编纂的《云南史料目录解题》《元代云南行省傣族史料编年》《二十四史中有关民族史料资料汇编》《中国少数民族古代史》《中国少数民族近代史》《云南少数民族史概述》《直接过渡地区各民族史》《彝族史》《傣族史》《白族史》《中国历代疆域图西南考释》《历代在云南的汉族移民》《明代云南土司》《南诏不是傣族建立的国家》《傣族在历史上的地理分布》《古代文献中记载的傣族》《南诏史话》等均包含不少少数民族文字文献记载的史料，在"古为今用"方面做了有益的尝试,在利用少数民族古籍文献资料进行学术研究方面做了新的探索。

这一时期少数民族古籍整理成果相当丰富,如蒙古族的《四部医典》和《江格尔传》、藏族的《格萨尔》、维吾尔族的《帕尔哈德与西琳》、壮族的《嘹歌》、苗族的《苗族民间文艺资料》、侗族的《侗族大歌》、布依族的《布依族文艺资料》、纳西族的《创世记》、柯尔克孜族的《玛纳斯》《达翰尔、鄂温克、鄂伦春、赫哲史料摘抄》等,也在这一时期完成整理或正式出版。

"文革"期间,中国的民族事务工作停止,粉碎"四人帮"后,民族事务部门工作才得以恢复。有了政府的民族工作部门,意味着民族古籍工作就有了职能部门来管理。党的十一届三中全会以后,我国的民族工作全面走向正规,少数民族古籍抢救与保护工作也列入党和国家的议事日程。不过,这段时间的民族古籍工作只是党的民族语文工作的一部分。

20世纪50—70年代,由于中华人民共和国刚刚成立,年轻的人民共和国尚无建国经验,也无文化建设的经验,经济基础薄弱,一切都在摸索中前进,所以包括民族古籍工作在内,前进的步子迈得迟缓。纵观70年的民族古籍工作历史,20世纪50—70年代这30年间,是中华人民共和国民族古籍工作发展得最慢的30年。不过,有了前15年的摸索经验和后15年的反面教训,使人们提高了对民族古籍工作的认识水平,在民族古籍的理论与实践发展方面有了更加清晰的思路,为后来的民族古籍工作快速发展提供了宝贵的经验和教训。

第二节 藏缅语民族

一、藏文古籍

民主改革至1970年间国内藏文古籍的收藏、整理和研究状况,大致如下:

(一)1950—1959年藏文古籍的收藏状况

民主改革之前,藏区没有现代意义的公共图书馆,绝大部分古籍收藏于寺院,少量收藏于噶厦地方政府和富豪府邸。寺院(包括印经院、藏医院)除收藏宗教古籍之外,兼收历算、医学、历史、建筑、艺术等类图书;地方政府部门除收藏《甘珠尔》《丹珠尔》《般若八千颂》《达赖喇嘛全集》等宗教类古籍外,以收藏法典、公文、信件、档案为主;富豪则以收藏《甘珠尔》《丹珠尔》《般若八千颂》为主,兼收个别大师的文集和常诵经文;医生收藏《般若八千颂》《四部医典》《四部医典注疏》《晶珠本草》《月王药诊》《无畏武器》《兰琉璃》和一些常诵经文;有文化的俗人家庭也收藏《般若八千颂》等佛经和四函、五函常诵经文;没有文化的贫寒家庭除少数供奉几页经文外大多数无古籍收藏。从1950—1956年3月间，藏区寺院、富豪、一般俗人家庭基本保持着民主改革前的状态，因而收藏在寺院和富豪府邸的藏文古籍基本没有损失。1956年3月，四川理塘叛乱，接着云南迪庆、甘南和青海藏区反动上层和僧侣参加叛乱，故在战乱中参战的寺院和富豪官邸等稍有损失。1959年3月拉萨发生叛乱，逐渐波及全藏区。1961年年底解放军彻底消灭叛匪，平定全藏。在平叛中，参加叛乱的寺院、富豪府邸在战斗中有损毁，故部分古籍也随之有不同程度的损失。1959年以前藏文古籍收藏情况大致如下：

1. 西藏

民主改革前，境内有藏传佛教寺院2711座，僧尼114103人，其中上层活佛约四千人；苯教寺院一百三十多座，僧尼和活佛人数不详。[①] 这些寺院的藏书已无法统计，仅公布几个寺院的古籍数据，即可见一斑。

布达拉宫：专家认为布达拉宫是藏区藏书最多的地方，估计有七万函左右。1990年出版的《布达拉宫典籍目录》第1集，收藏格鲁派201人的文集七千余函，约一万二千种。[②]

哲蚌寺：原藏历代古籍约4417函，今藏1833函。[③]

萨迦寺：收藏历代古籍一万七千八百多函，[④] 其中有二百五十多函泥金写本、二百多部贝叶经以及世界上最大的经书《布德甲隆玛》。[⑤]

2. 甘肃

民主改革前，境内有藏传佛教寺院369座，16900名僧尼，其中上层活佛约三百一十人；苯教寺院9座，僧尼和活佛人数不详。

拉卜楞寺：藏古籍二十二万八千多部；[⑥]

拉卜楞寺觉列印经院：藏印版六万二千多块。十年浩劫中藏经楼和印经院被毁，古籍和经版大量流失。

武威市博物馆：1959年以后，武威地区参加叛乱的藏传佛教寺院和反动上层的

---

① 关于苯教寺院数据目前有三个：1. 日本国立民族学博物馆2003年3月出版的《西藏及喜马拉雅苯教寺院庙宇调查报告》统计为90座。2. 1998年平措次仁调查统计西藏自治区内有苯教寺庙92座，其中昌都地区54座、那曲地区28座、日喀则地区6座、林芝地区2座、拉萨和阿里各有1座。3. 1991年昌都地区宗教局统计，昌都地区有开放的苯教寺院55座，其中丁青县31座、左贡9座、江达6座、洛隆5座、八宿3座、昌都镇1座。昌都目前开放和未开放的寺院合计共有苯教寺院94座。昌都地区94座，加上那曲地区28座、日喀则地区6座、林芝地区2座、拉萨1座、阿里1座，共计132座。

② 西藏自治区文管会布达拉宫文保所编：《布达拉宫典籍目录》（藏文版），西藏人民出版社1990年4月版，16开，968页。

③ 《哲蚌寺藏古籍目录》（藏文版），百慈藏文古籍研究室编，民族出版社2004年版，大16开，上、下册共2483页。

④ 仅为现存数据。

⑤ 《布德甲隆玛》，亦译《铁环大经书》。泥金写本，长1.8米、宽1.3米、厚0.67米，是一部涉及西藏宗教、历史、哲学、文学、农牧业等方面的著作。

⑥ 《甘青藏传佛教寺院》（蒲文成主编，青海人民出版社1990年版，32开，共522页。）一书载：1989年时存六万五千余部，一万八千二百多种。一说该寺原有古籍二十二万八千八百二十余函，印版六万二千余块。

一批藏文古籍统一收归武威文管部门保管，这批藏文古籍98%为手抄本，其中《大藏经》409函（其中永乐版藏文《甘珠尔》4函）、吐蕃写经4件、吐蕃木牍4块、丝织品藏文祈愿颂词1件、磁青纸经文16叶、《莲华生大师本生传》1部。这批藏文古籍年代跨度较大，有吐蕃、萨迦、帕竹三个时期的文献。[①]

3. 青海

1958年以前，有藏传佛教寺院722座，寺僧57647人，转世活佛1240人；苯教寺院35座。

塔尔寺：收藏古籍一万二千多函，印版45792块。

隆务寺：收藏古籍一万多函。

夏琼寺：收藏古籍一万一千多函。

4. 四川

民主改革前有藏传佛教寺院747座，僧尼93700名；苯教寺院84座，僧尼人数不详。

八邦寺：收藏古籍32400部，木刻印版129845块。[②]

噶陀寺：收藏古籍七千多函。

白玉寺：收藏古籍六千多函。

德格印经院：收藏古籍630函，印版28万块，其中旧印版228814块，从民间搜集1178块，补刻43599块。

求吉寺：收藏古籍1560函。

5. 云南

民主改革前有四十多座寺庙，三千二百多名僧尼，活佛34人。藏文古籍主要收藏地在中甸县（今香格里拉县）、德钦县、维西县、丽江县、宁蒗县和贡山县。据不完全统计，仅松赞林寺所藏藏文古籍有：《甘珠尔》，纳塘版8套，拉萨版6套，丽江朱版1部，丽江墨版1部，赤金汁抄本1部；《丹珠尔》，纳塘版5套，1931年抄本2套；《般若十万颂》22套；各种文集470多函；礼赞、祈愿文、常诵经五百多函；1708年的绸缎文书2轴。东竹林寺、德钦林寺和红坡寺收藏《甘珠尔》《般若十万颂》共12套，《丹珠尔》5套，各类文集三百多函，各类经文六百多函。

（二）1960年以来藏文古籍的收藏状况

1960年后，内地涉及民族学的大学图书馆和一些公共图书馆先后收藏藏文古籍，主要单位有：

---

① 才旺瑙乳：《凉州大量吐蕃时期珍贵藏文典籍待保护》，载《宁夏新闻》，2005年5月26日。

② 《德格县志》记载：八邦寺收藏唐卡画10150幅，经书32400部，木刻印版129845块，纯金誊写的《甘珠尔》一套，各个历史时期的诏书、印章等文物五千余件。八邦寺印经院一楼经堂的《知识总汇》印版是女土司降央伯姆授命德格印经院为八邦寺雕刻的。

国家图书馆：收藏藏文古籍三千多函，有明清和民国刻本，大部分为纳塘寺、德格印经院、北京和拉卜楞寺刻本。

故宫博物院：收藏藏文古籍约有两千函，档案卷宗约两千件，多为清代版本。

中国民族图书馆：收藏藏文古籍三千二百函，其中有一千余函珍贵抄本。版本有明、清、民国的刻本、写本和抄本，其中孤本近五百多函。①

中央民族大学图书馆：收藏藏文古籍一千九百多函，有北京雍和宫、德格印经院、拉卜楞寺、拉萨雪印经院版本。

雍和宫藏经楼：收藏藏文古籍四千五百函，多为清代北京刻本。

中国社会科学院民族研究所图书馆：收藏藏文古籍一千三百函，多为德格版、北京嵩祝寺版。②

法源寺藏经楼：收藏藏文古籍一千多函，多为嵩祝寺刻本。有纳塘版藏文大藏经《甘珠尔》和《丹珠尔》1部，共三百余函，经版、捆书绳、包书布、页码和卷册完整无损，书品极好。

中国社会科学院少数民族文学研究所图书馆：收藏藏文《格萨尔王传》抄本、刻本四十多函。

民族出版社图书馆：收藏藏文古籍两百函。

中国第一历史档案馆特藏部：收藏上千件藏文古籍和藏文档案。

中国民族语文翻译中心图书馆：收藏藏文古籍一百二十多函。

西藏自治区图书馆：收藏藏文古籍一万多函，藏文地方文献五千多册。

西藏大学图书馆：收藏藏文古籍三千多函。

西北民族大学图书馆：收藏藏文古籍四千多函（9568种），其中有明抄本《甘珠尔》一百零五函，系用金粉、朱砂、墨汁三色书写而成。

青海民族学院图书馆：收藏藏文古籍一千六百六十七函。

西南民族大学图书馆：收藏藏文古籍二千七百多函。

西藏民族学院图书馆：收藏藏文古籍一千多函。

甘肃省图书馆：收藏藏文古籍三百函。

1960年前后，部分参加叛乱的寺院的古籍并入各地博物馆、档案馆和文化馆收藏。

1970年后，在北京先后成立中国藏学研究中心和中国藏语系高级佛学院，这两个单位均有收藏。

中国藏学研究中心图书馆：收藏藏文新版古籍三千三百多函，多为纳塘、塔尔寺、拉卜楞寺、德格和拉萨雪印经院于1985年前后印刷的刊本和复印本。

中国藏语系高级佛学院图书馆：收藏藏文新版古籍一千六百多函，多为塔尔寺、

---

① 1960年，民族文化宫图书馆从西藏哲蚌寺等地运进一大批藏文古籍。
② 1960年，历史学家陈寅恪先生建议中国科学院购买英国国家图书馆印度事务部所藏敦煌藏文写本胶片，但限于当时的条件未能购买。

拉卜楞寺、德格和拉萨雪印经院的刊本和复印本。

1980年，四川省民族研究所和四川省文化厅有关部门，从甘孜州搜集藏文古籍、唐卡等珍贵文物，先后征集藏文典籍12657包（其中手抄本671包），唐卡2125幅，铜铸镏金佛像680尊，以及其他大量历史文物。

期间的寺院藏书除参加叛乱的寺院外，大部分寺院的古籍保持原貌。

（三）1950—1979年国内藏文古籍的研究和整理

1950—1970年的藏文古籍研究、整理可分为三个阶段：

1. 1950—1965年

在此期间的藏文古籍研究、整理，主要表现在以下几个方面：

（1）出版藏文古籍。先后整理出版《藏文字汇》（1954）、《藏文文法四种合编》（1956）、《藏文文法根本颂色多氏大疏》（1957）、《释迦牟尼赞》（1957）、《青年达美的故事》（1957）、《云使》（1957）、《格西曲扎藏文辞典》（1957）和《西藏王臣记》（1957）。编纂出版《汉藏新词汇》（第1集，1954）、《汉藏新词汇》（第2集，1955）、《汉藏新词汇》（第3集，1957）、《汉藏新词汇》（第4集，1957）、《藏文动词变化表》（1958）、《藏文同音字典》（1958）、《藏文文法讲义》（1959）、《汉藏音译方案：草案》（1959）、《西藏歌谣》（1959）、《汉藏词汇》（1964）等图书。此外翻译出版了大量政治、艺术等类图书。在此期间，十四世达赖喇嘛1954年赴京时向中央民族大学赠送第二、第五及第七至十三世达赖喇嘛的传记和第一、第三、第五、第七、第八、第十三世达赖喇嘛的文集，以及《五世达赖喇嘛金塔目录》《七世达赖喇嘛金塔目录》《八世达赖喇嘛金塔目录》和《十世达赖喇嘛金塔目录》，共65函，均为拉萨雪印经院刻本①。1958年，佟锦华教授赴德格购买藏文古籍，共购买历史、文学和人物传记等古籍约两千函。②1958年一个偶然的机会，拉卜楞寺工作组将全寺藏文古籍约五万包集中于时轮学院③，编制成《拉卜楞寺总书目》，1959年油印出版。④此目录分17类，子目录详细，著录用简略书名而不用冗长的原书名，作者也以惯称著录（名字前冠以地名、官职、学位、绰号、活佛名

---

① 2009年藏历年笔者采访格桑居冕先生，他说中央民族大学图书馆藏文古籍主要来源有二：一是十四世达赖喇嘛所赠历代达赖喇嘛文集。当时他是接收赠书的人员之一；二是佟锦华先生专程采购的古籍。问及纳塘版《甘珠尔》是否为达赖喇嘛所赠时，他说："在达赖喇嘛来京之前就有了，达赖喇嘛当时所赠藏文古籍中没有纳塘版《甘珠尔》。"

② 1958年春，在于道泉先生的策划和主持下，北京图书馆和中央民族学院合作，选派佟锦华先生赴德格印经院和八邦寺印经院购买古籍，大约在德格住了6个月。购买的古籍主要有文学、历史、人物传记和《大宝伏藏》（62函）等方面古籍。当时印经院缺藏纸，故部分古籍是用带去的山东宣纸印刷的。此次购买的古籍共三套，分藏于北京图书馆、中央民族学院图书馆和民族文化宫图书馆。以上资料由黄明信先生、格桑居冕先生、黄润华先生、黄布凡教授提供。

③ 据黄明信先生2001年3月23日在"《北京市藏文古籍总目提要》编纂培训会"上的发言。

④ 此目录由青海民族出版社删除原书中的页码、文集类的函序，略作补充后以《藏文典籍要目》为名于1985年铅印出版。

第二章 20世纪50年代至70年代民族古籍的整理与研究

号等），很好地解决了同名同姓多的矛盾，检索较为方便。尽管"此书的文集部的缺点是先后的排列杂乱，毫无规律，既不按时代先后或教派，也不按字母顺序，极不便于检索，但这究竟是个小缺点。总的来说，这部目录是迄今为止，规模最大、水平相当高的一部目录"。①

（2）翻译藏文史料。1954年，法尊法师以文言文译《白史》。1963年王沂暖据法尊译本校对。1964年，中央民族学院少数民族语文系藏语教研组油印付师仲《白史》译本、法尊法师译《随念三宝经》、释谭英译《中论略议》、隆莲译注的《宗喀巴大师的〈律梅心妥摄颂〉》等。此外，王静如教授1957年翻译的《敦煌本吐蕃历史文书》，常凤玄协助译藏文，1961年以《吐蕃历史文书》为书名在拉萨打印成册。此时还刊刻了更敦群培翻译的《法句经》，印版藏西藏尼木。青海省文联搜集了一些《格萨尔王传》抄本，翻译了800万字的《格萨尔王传》。

（3）研究和介绍藏传佛教。这一时期，法尊法师、融熙、观空法师、虞愚、释谭英、吕澄等发表了二十多篇学术价值较高的文章和论文，如：王忠《宗喀巴传论》、柳升祺《西藏喇嘛教的寺庙与僧侣组织》、融熙《西藏政教与汉土禅宗的评价》、虞愚《法称的生平、著作和他的几个学派——重点介绍〈量释论〉各章次序所引起的争议》、慧幢尊者《修〈菩提道次第〉初修法门》、吕澄《西藏所传的因明》和《汉藏佛学沟通的第一步》、慧吉祥《西藏佛教概要》、司马平《喇嘛教简介》、法尊法师《〈菩提道次第广论〉的造作、翻译、内容和题解》《宗喀巴大师的〈菩提道次第论〉》《大般若经中"一百〇八句简介"》《随念三宝经"浅"谈》《法称因明学中"心明"差别略说》《西藏前弘期佛教》和《西藏后弘期佛教》等。这些文章探讨、阐明和介绍了藏传佛教的历史、宗教思想、哲学思想，以及内地十分生疏的藏传因明学。

（4）历史研究。这一时期，在吐蕃史研究方面有较大进展，发表了《唐朝是否征服过吐蕃》②《松赞干布——藏族的历史英雄》③《联盟碑》④《吐蕃和唐的亲善关系》⑤《跋唐蕃会盟碑》⑥《拉萨唐蕃会盟碑的盟文与建筑》⑦《唐代汉藏两族人民的经济和文化交流》⑧ 等大量学术论文。这一时期较突出的学术著作有：《新唐书·吐蕃传笺证》⑨、利用巴考的《敦煌本吐蕃历史文书》、陶玛斯的《新疆发现之吐蕃文书》和吉利的《汉藏字书》等研究唐代古藏文文献的专著，对《新唐书·吐蕃传》

---

① 黄明信先生等：《北京图书馆藏文古旧图书著录条例说明》，载《中国藏学》，1988年第1期。
② 《历史教学》，1955年12月。
③ 《历史教学》，1958年6月第58期。
④ 《人民日报》，1959年4月26日。
⑤ 《学术论坛》，1959年第3期。
⑥ 《文物》，1959年第7期。
⑦ 《现代佛学》，1959年第11期。
⑧ 《历史研究》，1965年第5期。
⑨ 王忠著，1958年9月出版。

做了详细注释。《白史》① 作者摒弃神学史观，采用人文史观和现代历史著作体例撰写，其资料来源于敦煌吐蕃文献、《唐书》等藏汉文古籍史料，书中首次利用语言学、吐蕃古籍、藏汉史料等，对"蕃"、吐蕃历史进行了考证，开藏人现代史学之先河。此外，《西藏地方历史资料选辑》② 一书是采自正史、实录和相关著作的资料集，为研究西藏与中央政府的关系提供了重要史料。

元代西藏史方面的研究成果主要有：《中央政府管理西藏地方制度的发展》③《元朝中央政府是怎样管理西藏地方的》④《元时史上有关西藏的几个问题》⑤ 等论文。专著《关于西藏佛教历史的十篇资料》⑥ 一书。此书在利用大量藏文古籍资料的基础上，吸收国外研究成果，对元朝时期的吐蕃地方制度做了深入和系统的论述研究，是这一时期最高水平的学术成果。

对明清时期藏族历史研究的重要成果有：《清代（1793）在西藏的重要措施》⑦《清朝前期中央对西藏地方政治制度、宗教制度改革》⑧《评李查逊〈西藏简史〉关于明代西藏地方历史的谬论》⑨ 等论文。专著《清季英国侵略西藏史》⑩ 一书详细叙述了1888年以来帝国主义侵略西藏的历史；《达赖喇嘛传》⑪ 是根据藏文历代《达赖喇嘛传》等古籍撰写的，论述了历代达赖喇嘛与中央政府的关系；《西藏史》⑫ 是一本藏族通史，论述了藏族历史及中央和西藏地方政府的关系等问题；《西藏社会概况》⑬，叙述了西藏的历史和现况；《藏族简史》⑭，全面叙述了藏族的整个历史。

（5）文化及其交流。根据藏汉文古籍，介绍内地与西藏、藏汉民族关系和文化交流等方面取得了较大成绩，发表了《一千五百年来的汉藏民族关系》⑮《藏族人民和汉族人民的传统友谊》⑯《明代时期汉藏两族的友好关系》⑰《西藏地方与祖国的

---

① 更敦群培著，1952年由霍康·索朗边巴出资在拉萨刊刻出版。
② 中央民族学院参编，三联书店1963年内部出版。
③ 《历史研究》，1959年第5期。
④ 《历史研究》，1959年第7期。
⑤ 载《山西师范学院学报》，1959年第4期。
⑥ 王忠著，中国社会科学院民族研究所1965年内部出版。1987年由中国社会科学出版社以《西藏佛教发展史略》为书名正式出版。
⑦ 《学术月刊》，1959年第6期。
⑧ 《史学月刊》，1960年第1期。
⑨ 《历史研究》，1963年第5期。
⑩ 佘素著，世界知识出版社，1959年7月出版，32开，182页。
⑪ 牙含章编著，三联书店，1959年内部出版，32开，313页。1963年再版。
⑫ 李霖灿著，中国台湾台北中华文化出版事业委员会，1953年12月出版，32开。
⑬ 林耀华、王辅仁、宋淑华著，中央民族学院研究部，1955年内部铅印本。
⑭ 柳升祺、王辅仁、常风玄执笔，中国社会科学院民族研究所1963年内部铅印出版。
⑮ 《新建设》，1952年第6期。
⑯ 《光明日报》，1956年4月20日。
⑰ 《历史教学问题》，1958年12月。

历史关系》①《唐代西藏马球传入长安》②《从主权和宗主权说到中国对西藏地方的关系》③《唐代汉藏两族人民的经济和文化交流》④《略论唐代西藏和内地政治经济文化联系的加强》⑤ 等。此外，发表了许多介绍藏区的著名寺院和风俗习惯、地理风情等内容的文章。如：《西藏的典籍》和《关于清刻大藏经与历代藏经》，较全面地介绍了藏文《甘珠尔》和《丹珠尔》等古籍的印刷历史、版本和内容。

（6）语言研究。这一时期发表的《嘉戎语梭磨话的语音和形态》《藏语动词屈折形态在现代拉萨话里衍变的情况》是研究藏语成就最突出的论文。《藏语拉萨、日喀则、昌都话的比较研究》⑥ 一书对拉萨等三地的语言做了深入分析研究，成为藏语研究领域的名著。

（7）藏区社会调查。1950—1960 年，中国科学院组织高等院校和研究机构组成多学科考察队三赴藏区进行社会历史考察，收集了大量政治、历史、经济、宗教、阶级剥削等方面的资料，其中藏族农业地区封建领主庄园制、牧业地区部落经济和阶级剥削方面的记录颇为详细。这些调查材料编辑成《西藏社会历史调查资料丛刊》（共 10 辑）、《四川省甘孜州藏族社会历史调查》《四川省阿坝州藏族社会历史调查》《青海省藏族蒙古族社会历史调查》《中央访问团第二分团云南民族情况汇集》等，于 1983 年开始陆续公开出版。此次调查虽然对藏文古籍的数量、内容、藏书单位等方面的记录极少，但寺院、僧人、寺院经济、藏区社会、生产资料、剥削制度等资料较为详细。

（8）文物、考古。在此期间藏族文物的研究工作开始起步，先后发表了《八思巴帝师大元通宝碑》⑦《步辇图》⑧《八思巴朝见忽必烈壁画》⑨《有关文成公主的几件文物》⑩《关于驻藏大臣的几件文物》⑪《西藏文物见闻记》《布达拉宫有关文成公主的几幅壁画》⑫ 等文章。20 世纪五六十年代为西藏考古工作起步阶段。从藏区发现的旧石器遗物和古人类化石，使学术界认识到青藏高原地区古人类活动的历史。这一时期的成果有《青藏高原旧石器的发现》⑬《西藏塔工林芝发现的古人类遗骸》⑭。

---

① 《民族研究》，1959 年第 4 期。
② 《历史研究》，1959 年第 6 期。
③ 《人民日报》，1959 年 6 月 5 日。
④ 《历史研究》，1965 年第 5 期。
⑤ 《山东大学学报》，1959 年第 3 期。
⑥ 金鹏著，1958 年铅印本，16 开，403 页。
⑦ 《中国文化研究》，1957 年 9 月第 3 期。
⑧ 《人民日报》，1958 年 5 月 23 日。
⑨ 《文物》，1959 年第 7 期。
⑩ 《文物》1959 年第 7 期。
⑪ 《文物》，1959 年第 7 期。
⑫ 《文物》，1963 年第 4 期。
⑬ 《古脊椎动物学报》，1958 年第 2 期、第 3 期合刊。
⑭ 《古脊椎动物与古人类》，1961 年第 3 期。

（9）藏文教学。在中央民族学院、西北民族学院、西南民族学院、青海民族学院、西藏民族学院等开设藏语言文学专业，为今后开展藏语文教学、科研、翻译等工作培养了专门人才。东噶·洛桑赤列大师在中央民族学院讲授"贤者喜宴""米拉日巴""萨迦格言""藏文文法""诗词学"等古文献课程，并编写了多部藏文古籍的名词注释，还撰写了《目录学概论》。这些文献的名词注释成为国内藏文教学、汉文翻译工作者极好的工具书，而《目录学概论》则为创立藏文目录学奠定了坚实的基础。

2. 1966—1976 年

这一阶段为"文革"时期，所有学术活动处于瘫痪状态。在"文革"末期，即1975 年后才有《西藏聂拉木县发现旧石器》①《西藏自治区林芝县发现的新石器时代遗址》②《西藏墨脱县马尼翁发现磨制石锛》③《西藏定日发现的旧石器》④ 等考古报告问世。西藏自治区文物管理委员会编的《西藏萨迦寺发现的元代纸币》⑤ 一文是当时难得的一项成果。在此要特别介绍一部稀罕的"文革藏历"——《十六饶迥和平土鸡年日历·善取明鉴》⑥，此书系四川德格八邦寺历算师焦青彭德（skyabs che phan bde 1919—2008）于 1968 年 9—10 月在"牛棚"据藏历古籍编制，页面 31cm×7.5cm，版框 27.1cm×5.8cm。全书以班玛遒体字书写，间有红字，红色表格。此书是目前所知三大藏区在"文革"期间所编唯一一部藏历。本书完全按照楚派藏历的原则、格式编制而成，是一部在"文革"期间以生命为代价整理、研究藏历古籍后编制而成的藏历，具有极高的学术价值和文物价值。

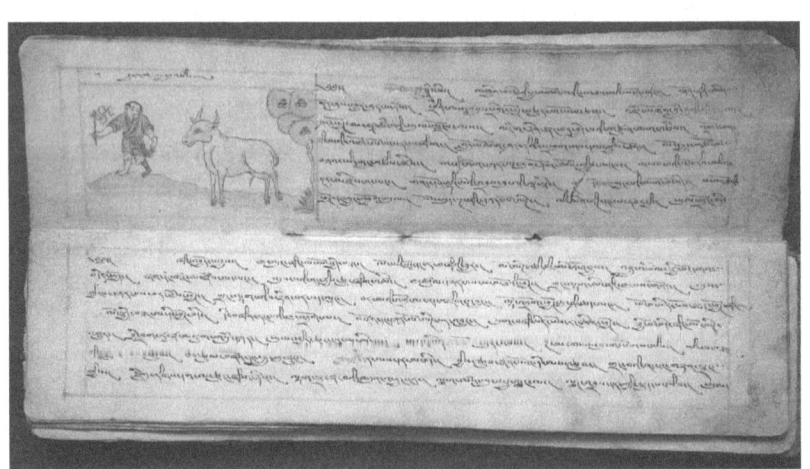

图 1 《十六饶迥和平土鸡年日历·善取明鉴》书名页

---

① 《考古》，1975 年第 1 期。
② 《考古》，1975 年第 5 期。
③ 《考古》，1975 年第 5 期。
④ 《珠穆朗玛峰地区科学考察报告（1966—1968 年第四纪地质）》，科学出版社，1976 年出版。
⑤ 《文物》，1975 年第 9 期。
⑥ 十六饶迥土鸡年：即 1969 年。

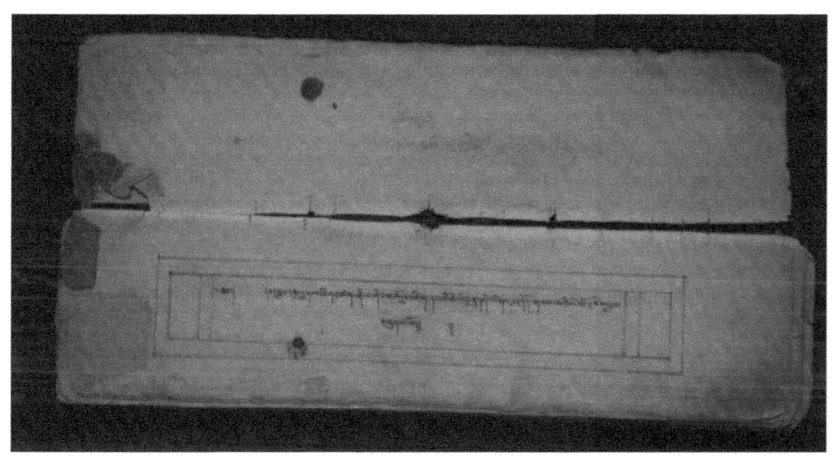

图 2 《十六饶迥和平土鸡年日历·善取明鉴》插图和内页文字

3. 1977—1979 年

这一阶段，藏文古籍的整理、教学、研究等处于准备和启动阶段。1978 年"三中全会"以后，全国进入经济建设为中心的改革开放时期，藏学研究也开始逐渐步入正轨。1977 年，邓小平批准编纂《藏汉大辞典》，由民族出版社等组织几十位藏汉学者，从藏文古籍中搜集词条，开始了编纂、研究和翻译工作。有藏文教学的几所大学，开始编印、教授各种藏文古文献。这一时期发表的成果有：《藏北申扎双湖的旧石器和细石器》[①]《西藏昌都卡若遗址发掘简报》[②]《西藏原始文化同黄河流域的亲切关系》[③] 等论文；《藏族族源考略》[④]《宗喀巴传论》[⑤]《论藏语拉萨口语动词的特点与语法结构的关系》[⑥] 等专著。1979 年 5 月，批准德格印经院有限地开展印售藏文古籍业务，藏区寺庙、僧俗民众开始购买《甘珠尔》《丹珠尔》《般若八千颂》和一些常诵经文。在此期间第十六世噶玛巴活佛主持复制了 500 套德格版《甘珠尔》和 250 套《丹珠尔》，赠送给国内外有关图书馆、学术机构和寺庙。在古籍整理研究方面，黄文焕先生于 1978 年发表的《河西吐蕃文书简述》一文，首次公布我国学者对敦煌藏文文献研究的成果。该文通过对敦煌、酒泉、张掖、武威以及兰州等地所藏吐蕃文书的调查与整理，指出现存河西的吐蕃文书达九千多页，并论述了这些文书的价值。此文引起了我国学界对敦煌古藏文文献的广泛重视。

综上所述，1950—1979 年，藏文古籍的整理、出版和研究均处于起步阶段，在翻译、利用藏文古籍方面取得的成果要多于整理、出版和研究藏文古籍的成果。利用藏文古籍资料编写汉文著作和撰写汉文论文方面所取得的成果，虽然没有形成体

---

① 《考古》，1979 年第 6 期。
② 《文物》，1979 年第 9 期。
③ 《历史教学》，1979 年第 11 期。
④ 《西北民族学院学报》，1979 年第 1 期。
⑤ 《民族研究》，1979 年第 1 期。
⑥ 《民族语文》，1979 年第 3 期。

系,但为今后的学科发展研究奠定了一定基础。在利用藏文古籍资料编写藏文论著方面,成果仅有更敦群培的《白史》、东噶·洛桑赤列大师的《目录学概论》("文革"前油印本)、《贤者喜宴名词注释》《拉卜楞寺总书目》《十六饶迥和平土鸡年日历·善取明鉴》等。整理出版的藏文古籍只有《藏文文法四种合编》《藏文文法根本颂色多氏大疏》《释迦牟尼赞》《青年达美的故事》《云使》《格西曲扎藏文辞典》《法句经》等几种。这一时期虽然成果不多,但是,这一时期的社会历史和语言调查资料却是藏学研究的无价之宝,为今后的研究奠定了丰富的资料基础。

(四)藏文古籍工作会议、研讨会

这一时期虽然没有召开过专门的藏文古籍会议和研讨会,但也有一些会议讨论藏文古籍的保护和收藏等问题。如:1959年6月,中共西藏工委讨论并下发的《关于加强文物古迹、文件、档案管理工作的若干规定》;1960年,中央民族学院开办藏文研究班,培养整理、研究古藏文的专门人才;1963年,成立西藏自治区档案馆筹备处,收藏部分寺院的古籍;1979年,成立"德格县文物管理所",开展对印经院古建筑和文物的管理、保护工作等。

(五)古籍机构、古籍专家

1. 古籍机构

(1)出版机构

民主改革后,先后成立了民族出版社(1953年)、四川民族出版社(1953年)、青海人民出版社(1954年)、云南民族出版社(1957年)、甘肃民族出版社(1957年)、西藏人民出版社(1971年)和青海民族出版社(1976年),各出版社均设有藏语部。从1953—1979年,民族出版社以出版翻译著作为主,整理出版的藏文古籍仅有《藏文文法根本颂色多氏大疏》《释迦牟尼赞》《青年达美的故事》《云使》《格西曲扎藏文辞典》《西藏王臣记》《藏文字汇》和《藏文文法四种合编》等。其他出版社同样只出版政治性图书和宣传册,未整理和出版过藏文古籍。

(2)收藏机构

1960年以前,藏区的寺院是收藏和使用藏文古籍的主要机构。民主改革后,藏文古籍逐渐被有关大学、科研机构、图书馆、博物馆和档案馆收藏。

博物馆:在此期间收藏藏文古籍的博物馆有:①甘肃武威博物馆。1959年前后该馆接收没收、集中的寺院藏文古籍和部分受赠古籍,长期堆放存积达四十多年,其间遭受水灾、虫蛀鼠咬等灾害,损失严重。2005年进行抢救保护,整理出403函属于《甘珠尔》的经典,但其中夹杂着少量《丹珠尔》写本的页码[①];吐蕃佛经写

---

① 403函中包括3部《甘珠尔》,共5317部,2496000页(双面),计八千多万字。目前尚未将3部《甘珠尔》清理出来。

本残卷 4 函；吐蕃木牍 4 块；藏文祈愿文（丝织品）残卷 1 件；佛经古抄本 16 面；噶当派（11—13 世纪）古籍多部；《莲华生大师本生传》抄本 1 函；4 函朱版《甘珠尔》刊本。专家初步认定写本大部分为公元 755 年前后的吐蕃写本。②青海、甘肃、四川等省的博物馆和档案馆都藏有藏文古籍。

档案馆：1959 年 6 月成立的西藏自治区档案馆现存档案一百二十多个全宗，共三百多万卷（册、件）。以纸质载体为主，兼有木质、骨质、缣帛、金石等。有墨书和金、银、翡翠、珊瑚、珍珠、朱砂等研磨调制后书写于磁青纸上的古籍。青海、四川、甘肃、云南等省市的档案馆也藏有部分藏文古籍。

图书馆：五大藏区的省级图书馆和有关大学、科研机构都藏有藏文古籍。

（3）寺院

藏区寺院均有藏文古籍的藏书机构，但除了属于文物保护单位的寺院之外，数千座寺院毁于"文革"时期，无数古籍也随之焚毁。到 1979 年，五大藏区仅有布达拉宫、罗布林卡、哲蚌寺、色拉寺、萨迦寺、德格印经院、塔尔寺、拉卜楞寺等为数不多的寺院保留了古籍，而这些寺院的藏书也有不同程度的损毁。

（4）机构

专门从事搜集、研究藏文古籍的机构仅有 1979 年成立的西藏《格萨尔》抢救小组，1985 年更名为西藏大学《格萨尔》抢救小组，2001 年更名为西藏大学《格萨尔》研究所。该所负责搜集、整理《格萨尔王传》的抄本、刻本和记录说唱艺人口述的《格萨尔王传》。

从事教学和研究古籍的机构则较多：

①西北民族大学藏语言文化学院。该学院于 1951 年成立，开设了古藏文文献研究专业，培养了大批从事古籍研究和整理的专门人才，出版《夏琼杂志》《藏文文法详解》《诗学通论》《世界公桑》《颇罗鼐传》《九美仓传记》《佛经注译》《夏琼寺历史》《藏文文法》《法藏敦煌藏文文献》和《英藏敦煌藏文文献》等三十多部古籍。其中，《法藏敦煌藏文文献》和《英藏敦煌藏文文献》的整理出版，实现了我国珍贵历史文献的回归，标志着我国对吐蕃时期古藏文文献的整理、研究有了重大突破，是敦煌学与藏学研究的一个里程碑。

②中央民族大学藏学研究院。前身是 1951 年创建的中央民族学院藏语文教研室，当年招收藏语文训练班的学生 37 人。1952 年中央民族学院建少数民族语文系，藏语文专业成为第一教研室，开始招收本科生，从 1960 年开始招收研究生。1981 年，中央民族学院成立了中央民族学院藏学研究所；1993 年，中央民族大学民语系藏文教研室和藏学研究所合并，成立中央民族大学藏学系，2000 年 6 月更名为中央民族大学藏学研究院。该院自成立以来，培养了大批整理、编辑、研究藏文古籍的人才，也整理、出版了《西藏地方是中国不可分割的一部分》《中国西藏地方藏文历史资料选编》《藏历精要》《红史》《敦煌古藏文文书》等大批藏文古籍。

③西南民族大学藏学学院。前身是 1952 年创建的藏语言文学专业，自成立以来

④青海民族学院藏学院。1956 年成立。先后培养千余名能够从事藏文古籍工作的本科生和研究生，整理出版十余部古籍。

⑤中国社会科学院民族学与人类学研究所。其前身为 1958 年成立的中国社会科学院民族研究所，隶属中国科学院。1962 年，中国科学院少数民族语言研究所（1956 年建立）合并于中国科学院民族研究所。1977 年成立中国社会科学院，改称中国社会科学院民族研究所。2002 年 10 月更名为中国社会科学院民族学与人类学研究所。该所民族历史研究室是一个从事中国民族史研究的专门机构，下设西藏组、南方组等 5 个业务组，也是中国社会科学院"藏族历史与文化研究中心"的常务机构。

⑥西藏民族学院。1958 年建校。该校 1979 年以来设立藏文本科，至今培养了一批整理、编辑、研究藏文古籍等专业的人才。

⑦四川省民族研究所。1964 年 1 月成立。先后出版《喇嘛教与藏族人口》《藏传佛教寺院经济研究》等数十部学术著作，搜集藏文古籍数百函。

⑧青海省社会科学院。1978 年月 10 月成立。设藏学研究所、经济研究所、青藏高原资源与环境经济研究所等科研机构，先后出版专著一百一十多部，整理古籍 4 种，发表大量学术论文。

⑨西藏社会科学院。1978 年 12 月筹建，1985 年 8 月 5 日正式成立。下设民族研究所、宗教研究所、农村经济研究所、当代西藏研究所、经济战略研究所、西藏藏文古籍出版社、《西藏研究》编辑部、图书馆等 11 个机构。此外，还设有"西藏藏学研究中心""西藏经济社会发展研究中心""西藏《格萨尔》研究中心"、西藏自治区藏文古籍工作领导小组办公室、《格萨尔》抢救办公室、五省区藏文古籍工作协作领导小组办公室。西藏社科院自成立以来，出版了《西藏通史》《夏格巴〈西藏政治史〉批注》《西藏古近代交通史》《藏事汉文文献》《藏文雪域文库》《历史造就的统一体》等一批重要专著，整理出版《格萨尔》艺人说唱本二十余部以及《藏族工艺典籍选编》《苯教甘珠尔》《苯教丹珠尔》《当秀噶塘蚌巴齐古塔出土吐蕃苯教文书选》《西藏史籍五部》《龙朵·阿旺洛桑全集》《聂顿传承》《洛绒史籍》《苯教文法典籍》《洛扎·朗卡降赞全集》《协昂史籍》《桑耶寺志》等八十多部古籍，发行八百余万册（函）。

⑩兰州大学敦煌学研究所。1979 年成立。与敦煌研究院联合研究后，在敦煌文献整理研究、敦煌石窟佛教艺术研究、隋唐五代西北区域史研究方面取得了很大进展，出版多部敦煌学著作。

2. 古籍整理、鉴定专家

专门从事藏文古籍整理、研究的专家虽然不多，但是，集教学、科研和古籍研究、整理于一身的专家却很多。

（1）才旦夏茸（1910—1985）

青海省循化县积石镇人，化隆县土哇寺僧人。自 1934 年创办土哇寺印经院伊始，便从事整理、刊刻藏文古籍。先后刊刻《晋美丹却嘉措大师文集》（15 函）、各类佛教著作和日常读物数十函。1952 年在青海民族学院讲授宗教、语言、诗学等藏文古籍课程，还与桑热嘉措、古嘉赛等合作整理出版《格萨尔王传·霍岭大战》，开创了研究、整理《格萨尔王传》的先河。出版《藏语语法简论》《藏语语法》等。自 1978 年以后还培养了一大批古藏文教师和古藏文研究生，并整理出版《菩提道次第广论备忘录要义集论》《密宗注疏》《藏文文法》《藏文词典》《诗学通论》《书信格式》《夏琼寺志》《丹斗寺志》《款仁波且传》《宗喀巴传略》《喇勤贡巴绕赛传略》《历辈麻尼仁波且传》《灵塔志》《普氏历算法》等古籍。

（2）多吉杰布（1913—1992）

西藏昂仁县人，曾任堪仲·钦饶旺秋家文书、桑日宗宗本。1954 年后在民族出版社专门从事藏文古籍的搜集、整理、出版工作。先后整理出版《达赖喇嘛传》《贤者喜宴》（上下册）、《知识总汇》（上中下册）、《西藏苯教源流》《古印度因明学选编》（1—4 册）、《五明精选丛书》① 等藏文古籍。

（3）毛尔盖·桑木旦（1913—1993 年）

四川省阿坝州松潘县人，松潘县毛尔盖寺僧人。1950 年以后曾从事《中国人民政治协商会议共同纲领》《中央人民政府和西藏地方政府关于和平解放西藏办法的协议》《毛泽东选集》等文献的译审和《岷江报》藏文版编辑以及藏文古籍的搜集、整理工作。1980 年以后，主要从事古藏文的教学，并整理出版《诗学明析》《妙音声明学注解》《梵藏对照词典》《梵文书写及注释本赞语》《藏文文法》《因明学》等古籍。

（4）东噶·洛桑赤列（1927—1997 年）

西藏林芝县人，林芝觉木宗扎西曲林寺活佛，1947 年在拉萨获"拉然巴格西"学位。1959 年以来在中央民族大学主讲古典文学、古典诗词、古典哲学、古籍整理与鉴别、古藏文解读等课程，出版《贤者喜宴》《红史》《颇罗鼐传》《旧式公文》《布达拉宫史》《拉萨志》《诗学明鉴》《布达拉宫藏文古籍目录》等古籍，并对《米拉日巴传》《诗镜》《藏传因明学》《萨迦格言》《萨迦格言注释》《罗摩耶纳》《新红史》等十几种古籍作了细致地校勘和注释。这些注释本不但被国内外许多大学选为教材，也为藏学研究、古籍整理和研究提供了宝贵的学术资料。

二、彝文古籍

20 世纪 50 年代初至 70 年代末的近三十年，是彝文古籍学科艰难起步、进展缓慢的一段历程。由于当时对彝族传统文化及其典籍文献的文化内涵和学术价值认识

---

① 《五明精选丛书》：包括《布敦佛教史》《现观庄严论》《格鲁派教法史》《俱舍论》等数十种。

不足,甚至出现过完全否定彝文典籍的错误观点,加之建国初期,国家一穷二白,没有足够的人力和财力扶持彝文古籍整理研究,因此早在20世纪三四十年代就在彝文典籍整理研究方面颇有成就的专家、学者,到了50年代以后,除了整理发表原来的调查材料之外,没有条件再做深入的研究。因此,中华人民共和国成立之后的近30年里,彝文古籍整理工作的进展一直都很缓慢,其间也留下了不少的遗憾。尽管如此,在古籍文献资料的积聚、翻译方法的探索、工具书的编纂、专业人才的培养和储备等方面,是有一定成效的,也有一些可圈可点之处。在此期间所取得的成就,应当客观地给予充分的肯定。

20世纪50年代初,在彝族文化研究和彝文古籍的搜集与整理方面曾有过一些机遇。如当时来京的各地彝族代表,以彝族文化典籍作为珍贵的礼物,敬献给毛主席等党和国家领导人。民族文化宫、中央民族大学博物馆等处所藏的彝文典籍中,很大一部分是毛主席和周总理等党和国家领导人及有关部门当年转赠的。又如为了民族识别、史书编写以及语言文化教育的需要,20世纪50年代末至60年代初,曾经进行过大规模的社会历史调查和民间文学采风活动。在此期间《阿诗玛》的整理者,根据民间口传资料和彝文翻译材料,将其搬上文坛,使《阿诗玛》的恋歌回荡在祖国大地,乃至飘向海外。再如20世纪50年代中叶在彝文古籍整理专业机构的建立方面特别值得一提的是,毕节地区成立的彝文翻译组,以及他们翻译的著名彝文典籍《西南彝志》。

1952年,中央访问团访问大定县时,当地彝族人民向访问团敬献了一面彝文锦旗,引起了民族学家费孝通先生的注意。作为民族学家,他深知彝文及彝文文献在西南地区,尤其是在黔西北地区的分量。时任毕节地区专员公署副专员的李仿尧,得知费孝通先生对彝文和彝文文献特别关注之后,他作为一名彝族出身的干部,深受感动。在他的倡导下,于1955年筹建了毕节地区彝文翻译组,隶属于地区民族事务委员会。当时担负重要领导职务的李仿尧先生足迹遍布毕节地区的山山水水。他在行政工作之余,带领工作人员到各地彝族村寨拜访老毕摩,四处搜集彝文古书。从大方县请来著名彝文翻译家罗文笔之子罗国义老先生,从赫章县请来毕摩世家的传人王兴友老先生,并委托二位主持翻译组工作,随后将各县有名气的毕摩陈执忠、李守华等陆续请到彝文翻译组。

毕节地区彝文翻译组的第一代彝文专业翻译工作者罗国义和王兴友等老先生,在简陋的房间里,过着清苦的生活,承担着繁重的翻译任务。他们凭着对彝文古籍整理事业的一腔热情,夜以继日地伏案工作。他们从李专员等人收来的一摞摞的彝文古书中寻觅宝中之宝。终于,一本大书在他们的眼帘里定格下来,扉页赫然写着《ꀈꉙꌋꇖ》(哎哺散额)4个字的彝文书名。此书长49.1cm,宽31cm,每页14行,每行38个字,全书计三十余万字。书中的记载内容涉及哲学、古氏族谱系、迁徙、发展、分支、联姻、祭祖等社会生活的诸多方面,所载录的地域和叙述的史事真实地再现和反映了滇东北、黔西北、黔中、黔西南、四川凉山等彝族"乌、白蛮"各部,"部落林立""君长什数"的史实。特别是书中记载的天文、历法、语言、文字、医药、冶炼、兵器制作、生活用具制作、工艺、畜牧、狩猎、农耕等内容,广泛涉及彝族社会历史和传统文化各个方面,比较系统、全面地反映了彝族古代社会的政治、经济、文化生活,是认识了解和深入研究彝族古代社会和彝族传统文化的一部百科全书。因此,整理翻译者将此书之名译为《西南彝志》。

《西南彝志》的编纂者,是水西首领(土司)阿哲部下属的四十八部中的热卧部的一位摩史。摩史在水西"九扯九纵"职官制度中,专"司宣诵",又兼录史,犹如古代之史官。据说,将自己所收集到的彝族历代彝文文史资料整理编纂成《哎哺散额》(西南彝志)的这位摩史,在他完成整理编纂这部彝文巨著时,年已七十有五,他生活的年代,可能在清康熙三年(1664年)吴三桂犯水西之后,雍正七年(1729年)"改土归流"之前。

《西南彝志》一书的原抄本,为贵州省大方县三元乡陈朝光家祖传珍藏,经毕节翻译组采用科学的古籍整理方法,即彝文、国际音标、直译、意译四行对照体翻译、注释完成整理翻译工作,装订成26卷(册),作为内部资料为相关的研究部门和收藏单位无偿提供第一手宝贵的资料。《西南彝志》译注本内部刊行后,受到学术界的重视,也引起了国内外学术界的广泛关注,从此被誉为彝族的"百科全书"。鉴于《西南彝志》一书富有特殊的文献价值,其原件由北京民族文化宫征调收藏。

毕节彝文翻译组完成《西南彝志》的整理、翻译、注释和油印、装订工作之后,还整理翻译了《六祖纪略》等24部彝文文献,其中9部为油印本,15部为复写本。其中《天经地纬》《水西安氏谱》等10部为孤本,其原件全部被中央第四语文工作队收走。由于当时人手少、时间紧、任务重,《西南彝志》等这批彝文整理译注本,对译文没有来得及认真地校对,加之油印的数量很少,质量也比较差,难以满足需求,但在近三十年里一直都没有能够得到正式出版。

中华人民共和国成立后,彝文典籍整理和彝族传统文化学术研究继20世纪三四十年代彝文典籍整理研究热潮之后,在彝文古籍的具体收集与翻译整理研究方面,曾有过一段很好的机调。第四语文工作队从民间收集了一些彝文典籍。20世纪六七十年代社科院民研所武自立先生赴云南禄劝县撒美宗德村师从彝族毕摩研习彝文,在当地调查、搜集彝文典籍。如他在该地区收集到的变体彝文宗教示意图集,在彝族文字研究和彝族典籍文化的研究方面都很有典型意义。据武先生讲,他曾在禄劝彝区发现过一部彝文《神源论》。总之,彝学专家和学者始终坚持彝族典籍文献的整理和彝族传统文化的研究。

这30年里,有关彝族历史文化研究中都愿意参考利用彝文文献翻译资料。史学界很早就开始着手研究彝族历史问题,遗憾的是长期以来多数专家学者仅凭有限的汉文文献中的史料进行研究。因此,他们的研究成果及一些历史问题的结论难以令人信服。近年来,大量的彝文历史文献被整理翻译出版,为彝族历史问题的研究提供了珍贵的文史资料,极大地克服了彝族历史研究资料不足的缺陷。由于彝族历史研究资料来源的不断扩展，促进了彝族史学研究的不断深入。出现了"柳暗花明"的可喜现象。著名史学家马长寿先生的《彝族古代史》，在使用汉文文献的同时，大量引用了彝文文献中的史料和有关考古资料。这部史书以翔实的史料，无可辩驳地复原了彝族古代历史的基本面貌，把彝族古代史提前了近千年，认为三千多年前彝族先民就在云南活动了。方国瑜先生的《彝族史稿》也辑录了大量的彝文史料。《彝族简史》也充分应用了彝汉文史料，提高了史书的可信度。

总的说来，在这近三十年当中，彝族文化的研究者主要投入到语言调查、民族调查中，为民族识别与新彝文的创制寻找依据；从事社会历史研究，则多倾心于对阶级关系和政治、经济方面的考察分析。尽管如此，也或多或少地涉猎一些传统文化方面的内容，如凉山奴隶制研究离不了家支制度和有关礼俗及习惯法的考察。因此，不可能完全摆脱彝文典籍中的文献资料，特别是历史研究，最注重文史资料，更依赖于文字依据，所以离不了彝文史籍中的史料。如20世纪60年代编写的《彝族简史》和方国瑜先生的《彝族史讲义》等大量使用了彝文典籍中的资料。这个时期还培养了一批中青年学者，为彝族传统文化研究和彝文典籍整理工作的再度兴起积蓄了力量。如中央民族学院20世纪50年代培养的彝语文专业学生充实到了有关教学科研单位，第四语文工作队的调查与实践也锻炼了一批彝汉学者，为20世纪80年代彝文古籍学的迅速崛起做了许多必要的准备工作。著名彝文典籍翻译家罗国义先生就是在这个时期，从事《西南彝志》等一批彝文典籍的翻译注释工作，积累了丰富的古籍整理与翻译注释经验，编纂出一部收字七千多的彝文字典。云南楚雄彝族自治州双柏县的施学生先生，为配合民间文学调查工作，曾翻译了大批彝文典籍中的文学作品。一批中华人民共和国成立后接受过高等教育的彝族知识分子在从事各项人文学科的研究过程中逐步对彝文典籍产生了比较深刻的认识，并激发出抢救彝族文化遗产及整理彝文典籍、弘扬彝族优秀传统文化的强烈责任感。他们为彝文古籍的整理研究工作，奔走呼吁，奋笔疾书，做了大量的宣传工作，唤起彝族人民注重本体文化的意识和注重保护珍贵文化典籍的自觉性。在抢救彝族文化遗产的宣传组织方面，果吉宁哈先生做了大量的工作。他早在中国人民大学读书期间，已开始着手彝文及其典籍研究，从哲学的角度对彝文及其典籍进行考察，对彝文的社会功能和彝文典籍的学术价值予以充分的肯定。刘尧汉先生用彝文宗谱论证南诏族属，也唤起了许多学者对彝文典籍资料的重视。冯元蔚等一批彝族著名学者率先译注和研究彝文典籍，带动了一大批中青年学子涉足彝族文化的研究工作。

这个时期的彝族文化学术研究和彝文古籍整理及其翻译注释工作，本应该大有作为。因为千百年来，彝族人民长期遭受国内外的民族压迫，使本民族的传统文化历尽摧残，处处遭到鄙视和压抑，没有得到弘扬。1949年10月1日，中华人民共和国宣告成立，彝族地区先后获得解放，许多偏僻落后、长期封闭的地区，与外界有了更多的接触，外界也有更多机会和条件深入彝区了解彝族社会历史与传统文化。彝族作为中华民族大家庭的一员，彝族传统文化也是整个中华文化的重要组成部分，在中华人民共和国的天地里包括彝文古籍整理工作在内的各个方面都应大展宏图，尽情表现其浓郁的地域风格和民族特色，使彝族文化得以振兴。然而，事实并非如此。在"左"倾思想以及民族文化虚无主义和民族文化落后论的影响下，彝文典籍不但没有得到足够的重视，而且横遭指责，彝文被诬为"奴隶主文字"，彝文典籍被斥之为"宗教迷信书籍"，于是彝文及其文化典籍的整理应用，成为社会科学研究的禁区。尽管在如此艰难困苦的条件下，还有甘闯禁区的勇士，更有审时度势、施展谋略的老将在为之奋斗，从中已透露出彝族典籍文化研究高潮即将到来的一线曙光。

直到20世纪70年代末，彝族历史、彝族原始宗教、彝族哲学、彝族文学、彝族医药的研究和开发利用方面，有了重大进展。根据彝族文化典籍以及各类文献资料的实际情况，国家民委于1979年发出："抢救彝族文献需要继续搜集和整理研究，请各有关地区和有关部门引起足够的重视。为了落实此项任务，首先要发挥现有科研组织机构的力量。我们建议，不管是中央或地方的有关科研、教学单位，都应根据自己的人力和藏书的条件，把整理和研究彝族历史文献的工作列入本单位的科研规划，并且迅速付诸实施。"随着这个文件的深入贯彻落实，在彝族广大干部群众的积极支持和有关部门的强有力的领导下，彝族典籍文化的研究工作在许多专家学者的参与下，蓬蓬勃勃地开展起来，并取得令人欣喜的成就，将研究不断引向深入。

三、纳西文古籍

中华人民共和国成立后，党和政府对纳西族东巴古籍的抢救整理翻译工作给予了重要的支持。1950年10月，丽江县（今丽江市）大研镇东巴会会长、东巴和凤书作为纳西族东巴教的代表，参加了丽江专区各族各界代表会议，并在欢迎中央民族访问团的数万人大会上参加了主席团；数十名来自各地的东巴也在大会上表演了东巴舞蹈，成为中华人民共和国成立初期东巴教及其经典备受关注的典型事件。1951年10月，中华人民共和国成立两周年国庆期间，云南大学教授、纳西族著名学者方国瑜先生，作为云南省少数民族代表团成员，应邀参加了毛主席在怀仁堂举行的国宴。他在国宴上向毛主席敬献了一幅用东巴文和汉文两种文字写成的"我们永远跟着您走"的锦旗。毛主席接受后，锦旗随即被悬挂于怀仁堂大厅。方先生作为纳西族代表在会议期间特别向新建立的中央民族学院捐献了纳西东巴经典5册，成为中央民族大学收藏纳西族东巴经典的肇始。1951年，中央民族学院在招收军政干部训练班学员时招收了纳西族学员周汝诚、和即仁、和志武。他们在著名语言学家马学良教授和纳西族学者北京大学东语系的李耀商先生的支持下，在新成立的中央民族学院语文系创立纳西语文专业，编撰教材、招收学生并赴纳西族地区实地学习纳西语文，搜集纳西东巴经典，调查纳西语各个方言点的材料，先后招收了两届纳西语言文学专业的学生，日后大多成为纳西学研究的骨干人才。

1956年9月，中国科学院文学研究所民间文学调查组的纳西族文学调查小组成员刘超和孙剑冰赴丽江纳西族地区调查纳西族口传文学,搜集整理了许多口头文学作品,后记录整理成《纳西族的歌》出版,其中的不少篇章就与纳西族东巴经典密切相关,堪称中华人民共和国成立后纳西族东巴文学整理研究的先河。

1958年9月,在全国大兴调查研究之风鼓舞下,在中共云南省委宣传部的直接领导下,中国作家协会昆明分会和云南大学,共同组织了以云南大学中文系师生为主的云南省民族民间文学丽江调查队,由云南省文化局派民族民间文学调查队来丽江纳西族地区调查。他们除搜集民间口头文学外,还请来一些著名的老东巴,开始合作翻译东巴经典中重要的经典,并将其中内容和形式俱佳者,纳入《纳西族文学史》的素材,并于1959年3月油印了云南大学中文系编写的《纳西族文学史》(初稿)。在云南省丽江地委宣传部直接领导下,结合劳动锻炼,云南大学中文系师生先后在丽江县各区、乡和公社,宁蒗县永宁公社,维西县第一区以及中甸县金沙江一带,进行调查搜集,并专门组织了东巴经翻译小组,对东巴经进行搜集、翻译、整理工作,最后出版的《纳西族文学史(初稿)》中将东巴经典中的文学名篇首次纳入文学史中。

由于当时极"左"思想的影响,《纳西族文学史(初稿)》在一定程度上未能如实地反映东巴教与纳西族文学的关系,甚至有一些错误的提法,但肯定了东巴教和东巴经典保存和传播纳西族文学和历史文化的积极作用,自1949年后第一次展现了汉译东巴经典文学作品的基本概貌。从存世的成果来看,1958年开始,东巴经典的搜集翻译整理研究,改变了以往以个别学者的个人研究为主的研究模式,开始进入由国家事业单位有组织、有计划、有目的地进行系统组织规划整理研究阶段。

1962年,时任中共丽江县委书记的徐振康[①],在当时丽江地方政府财政十分困难的情况下,指令拨出专款聘请大东巴,并督促丽江县文化馆从民间搜集了五千多本东巴经典,邀请已在中央民族学院语文系工作的周汝诚先生回故乡与其他纳西族学者在丽江县文化馆翻译东巴经,在当时在世的著名东巴大师久嘎吉、年恒、和芳、和九日、和正才、东海、东兴的主持下,丽江县文化馆组织和锡典、林炳铨、和凤春、桑文浩、周耀华、李积善、赵净修、木耀钧等纳西族学者和云南省民族民间文学丽江调查队参与其事,从1962至1965年整理出13大类528册东巴经典,共译出140多本经典,但由于未及时回收归档和条件所限,因此只石印了《崇搬图》《董述战争》《鹏龙争斗》《碧苞卦送》《献冥马》《拯救什罗祖师经》《高勒趣招魂》《迎净水》《古生土称和亨命素受的故事》《普称乌璐》《庚空都知绍》《超度沙劳阿包》《多格绍·本绍》《崇仁丽恩解秽经》《安铺余资命》《虎的来历》《俄伊都奴杀水怪的故事》《崇仁潘迪找药》《挽歌》等代表性的经典22本问世,这一次的整理工作为以后的东巴经典翻译研究工作奠定了坚实基础。与此同时,1962年夏,中央民族学院也组织人力来云南丽江、中甸、维西等县搜集纳西族文物和东巴经典,他们一

---

① 徐振康:(1929—1995年)汉族,云南云县人,毕业于云南大学外语系,时任丽江县委书记。

共翻译了各地老东巴诵念的八十多本古籍，搜集了近两千册古籍和一批纳西族文物，这批东巴经典和文物至今分别由中央民族大学的图书馆、博物馆、古籍研究所收藏。

1955年，纳西族青年作家木丽春和牛相奎根据纳西族东巴经典和民间传说创作发表了纳西族长篇叙事长诗《玉龙第三国》出版问世后，一时激发了纳西族地区许多青年才俊学习、翻译、研究纳西东巴经典的热情。该书的出版在国内引起文学界的强烈关注，有力推动了纳西族东巴经典研究事业，该书后来收入《中国新文学大系·少数民族文学卷》，成为中华人民共和国历史上纳西族东巴文学进入诗坛的代表作。

李霖灿、张琨、和才合著的《麽些象形文字、标音文字字典》继20世纪40年代在四川南溪李庄镇石印问世后，1953由香港说文社、1978年台北文史哲出版社再版。李霖灿、张琨、和才合译的《麽些经典译注六种》初稿完成于1946年，1957年在台湾出版，共收入《麽些族洪水故事》《占卜起源的故事》《东巴什罗的身世》《都萨峨突的故事》《哥来秋招魂的故事》《某莉庆孜的故事》6篇，严格按照四对照译经的格式译注，而且在每册经典之首页注有简要的内容提要和翻译经过，堪为这一时期的东巴经整理研究的典范。

李霖灿在1952年和1977年间又出版了《麽些经典译注六种》。1977年出版了《六种》增补本《麽些经典译注九种》，由中华丛书编审委员会于1978年4月出版。该书在《麽些经典译注六种》的基础上增补了《延寿经译注》《苦凄苦寒的故事》《菩赤阿禄的故事》和总序一篇。

1978年，纳西东巴文学中的经典作品《创世纪》由云南人民出版社第二次出版。该书1960年由云南民族民间文学丽江调查队搜集、整理、翻译后出版。全书分开天辟地、洪水翻天、天上烽火、迁徙人间4章，记述了纳西族英雄先祖创世历程，主要依据东巴经典《人类迁徙记》的6种版本为翻译、整理的底本，同时以云南民族民间文学丽江调查队1958年在丽江纳西族地区调查的口头传承的《人类迁徙记》汉译本10余种地域类型为基础，兼参考东部方言区达巴口诵经中的《创世纪》版本，以调查队成员景浑文、张俊芳于1959年整理本为范本出版，成为纳西族东巴经典翻译整理加工的重要尝试，在文学界产生了良好的影响，也促进了当时和以后的纳西东巴文学的整理创作及东巴经典的整理抢救。

1978年12月，党的十一届三中全会以后，随着国家各项事业步入正轨，东巴经典的抢救性搜集、翻译、整理工作也被列入地方政府的重要工作内容。1979年，丽江地、县文教局经过协商决定，从丽江地区师范学校抽调曾经从事东巴经调查工作的和发源先生到县文化馆充实东巴经工作小组，从各单位抽调纳西族学者和青年才俊重新开始东巴经典的翻译整理工作。

四、白文古籍

中华人民共和国成立以后，党和政府高度重视民族语言文字工作，但由于白文古籍的特殊性，当时还没有成立专门的机构来开展白文古籍工作，也没有召开专门的学术会议。

20世纪50年代中期，中国科学院派出少数民族语言调查第三工作组白语组，深入云南全省各个白族聚居区开展语言调查。此次调查以白语为主，虽然也注意到了白文古籍的流传使用情况，但由于历史条件限制，没有对民间流传使用的白文文献进行搜集和整理。在1958年"第二次全国民族语文科学讨论会"上，采用拉丁字母形式的白族文字方案获得通过，会议没有对古白文及其古籍文献进行讨论，使得白文古籍工作失去了一次难得的机遇。

这一时期关于白文的重要调研成果有两项：一是大理地区陆续发现白文字瓦；二是南诏大理国手写白文佛经的发现。

1953年，云南省博物馆、孙太初等单位和个人先后在云南姚安和巍山等地发现并搜集到瓦一百多片。此后，在羊苴咩城、龙口城、大厘城、一塔寺、金梭岛、邓川德源城、弥渡白崖城等历史文化遗址中，也陆续发现了古代刻有白文的残瓦。白文字瓦也成为白文文献的重要组成部分，并引起了对白文的热烈讨论。

1956年，全国人大民族委员会云南少数民族社会历史调查组的费孝通和白族学者李家瑞等先生，在大理市凤仪北汤天村白族董氏宗祠"法藏寺"大殿中，发现南诏大理国时期的写本经卷共20卷轴，这是迄今云南发现的年代最早的写本佛经。一些经卷中夹杂着白文，有的在汉文经句右侧有白文旁注，卷尾有白文疏注。这批手写佛经的年代基本和南诏有字瓦相同，但相对于字瓦零散和残缺不全的书写符号而言，手写佛经的白文不仅字数多，篇章完整，且书写符号前后统一，书写流畅，价值更为珍贵。作为白文的早期古籍，白文手写佛经的发现使白文产生于古代成为学界共识，也使人们对白文的历史发展有了更深的了解。因此，白文手写佛经是白文古籍发现和刊布的重要成果。

中华人民共和国成立后，随着白文文献的进一步发现（特别是南诏大理国手写佛经的发现），以及人们对白文古籍历史发展的认识加深，白文古籍的研究有了很大进展，但研究的焦点仍然集中在白文的文字性质方面。国内有不少学者都认为白族历史上有文字。杨堃在《试论云南白族的形成和发展过程》[①] 中，认为白族有他们自己创造的文字。孙太初先生在《谈白文》[②] 中认为：白族在历史上曾经有过自己创造的"白文"。这种文字在南诏时代即已形成，而不是创造于大理国时代，由于汉文化的影响，这种"白文"并没有获得独立的发展，后来逐渐为汉字所代替。

20世纪50年代中期，石忠健写成《论白族的白文》[③] 一文，这是第一次在占有较为丰富的文献资料基础上对白文的系统研究。文中不仅公布了他所搜集到的白文碑文拓片资料，还对白文是否存在、白文的特点、白文的著作、白文使用的时期、

---

① 《云南日报》，1956年9月4日。
② 《云南日报》，1956年11月8日。
③ 中央民族学院研究部编《中国民族问题研究辑刊》第6辑，1957年。

白文的历史价值等几个方面阐述了自己的看法。文中提出的看法至今仍是白文研究的主要原则。该文在白文古籍研究史上具有开创性的意义。

20世纪60年代以后，由于社会历史条件的限制，关于白文古籍的研究基本处于停顿状态，没有开展相关活动，也没有有影响的研究成果问世。

第三节　壮侗语民族

一、壮文古籍

壮族是中国少数民族中人口最多的民族，据2000年第五次全国人口普查统计有一千七百多万人。其中广西壮族自治区有1553.11万人，其余分布在云南、广东、湖南、贵州、四川等省。历史上壮族有自己的语言和文字，传统经济生活以农耕稻作为主，在长期的历史发展过程中，创造了优秀的传统文化和多彩的民间艺术，形成了独具地方民族特色的生产生活习俗和多元融合的民族民间宗教信仰特征。

壮族历史悠久，源远流长。早在两千多年前的周代，他们的祖先就以"瓯邓""桂国""损子""产里""九菌"等名称载于汉文献古籍。秦汉至隋唐，又以"西瓯""骆越""乌浒""俚""僚"等见称。宋代始在局部地区出现"撞""僮"的称谓，明代又有"俍"称出现。20世纪50年代以前，壮族有"布壮""布侬""布越""布雅依""布僚""布侬""布曼""布傣""布土""布陇""布沙"等二十多种自称。中华人民共和国成立后，经过调查识别，并遵照本民族的意愿，统一称为"僮族"。1965年改为"壮族"。

自古以来，壮族及其先民就在华南——珠江流域生息繁衍。这是一个自成一体的地理单元，它的西北部遍布着与云贵高原连为一体的崇山峻岭，北部有五岭山脉横亘，中部的两广丘陵和众多的弧形山脉绵延其间，山岭之间河流纵横。珠江流域属亚热带季风气候，夏季炎热，春季多雨，雨热同季，有利于动植物的滋生繁殖及其多样性格局的形成，从而为人类起源提供了优越的条件。根据考古发现，早在80万年以前，百色盆地已有古人类活动，他们制造的手斧等大型石器世界著名。晚近年代的考古人类文化遗址还有：广东曲江的"马坝人"化石，距今10万年；广西柳江县的"柳江人"化石，距今5万年；广西来宾的"麒麟山人"化石，距今2—3万年。尤其是桂林市郊发现的距今约一万年的甑皮岩人类生活遗址，经科学测定，甑皮岩人在体质特征上继承了上述三遗址人类的特点，表明生活在这一地区的人种已经形成。1997年中科院考古研究所对广西邕宁县（今邕宁区）顶狮山遗址进行发掘，根据其以贝丘为主要特征的文化遗址命名为"顶狮山文化"，时间距今7000—8000年。以上的考古发现证明，这些古人类中至少有一部分与今天生活在这一地区的壮族人有承袭关系。壮族是华南珠江流域的土著居民。

壮族的直接来源是先秦、秦汉时期南方百越民族中的西瓯、骆越。秦汉以前，长江中下游南部直至珠江流域广大地区分布着一个被称为百越的民族群体，记载于古籍上的有于越、句越、扬越、瓯越、东越、闽越、南越、骆越、西呕（瓯）、夷越、山越等。他们的语言属一字数音的胶着语。他们有断发文身、错臂左衽、居住干栏、行悬棺葬等习俗；主要从事渔猎和农耕，农业以种植水稻为主；以有肩石斧、有段石锛和几何印纹陶为共同文化特征；擅冶炼、纺织、造船等技术。秦汉以后，这些越人的一部分与汉人融合而成为汉族，有一部分主要是西瓯、骆越则演变成为今天的壮、布依、傣、侗、水、毛南、仫佬、黎等民族。据史料记载，古代西瓯、骆越的分布大体上以郁江、右江为界。郁江以北、右江以东地区为西瓯；郁江以南、右江以西地区为骆越；其中郁江两岸和今广西贵港市、玉林市一带是西瓯、骆越交错杂居的地区。先秦时期，中原与岭南地区就有了交往，到战国时期，随着楚文化的向南发展，交往更多。公元前219年，秦始皇派50万大军进攻岭南，进入今广西境内的秦军"三年不解甲弛弩"，开凿灵渠。这是汉族人迁入广西地区的开始，也是壮汉文化交流融合的开端。

近年的壮学研究成果表明，在壮族及其先民所创造传承的文化中，至少有四个方面是属于壮民族自己创造，并有鲜明地域特色、与其他民族文化相区别的文化特质：一是壮语言文字；二是农耕稻作文化；三是宗教信仰文化；四是歌谣文化。在以上四大文化特质当中，壮族的语言文字以及后来模仿汉字构造法创造的土俗字（也叫古壮字），就成为壮族古籍的重要载体。

按照中国少数民族古籍学科的定义，壮族古籍是指壮民族在历史上形成的以古壮字、汉字以及壮语言为载体的古代书册、文献典籍和口头传承及碑刻铭文等。壮族古籍分为两大类：一是文字类古籍；二是口承类古籍。文字类古籍包括：（1）用古壮字记载的历史文书和文献典籍，这一类古籍主要有宗教经书、史诗歌谣、剧本唱本、壮医壮药等，其版本形式大都是民间手抄本；（2）用汉文记载的有关壮民族内容的古代文献典籍，这一类古籍主要是官员文人的笔记杂录及诗文等，大多属刻本、石印本，有些属抄本；（3）用古壮字和汉文记载的有关壮族内容的碑刻铭文，主要为石刻和木刻。口承类古籍主要是指壮族历史上口头传承下来的具有历史和文化价值的各种资料，大多反映壮族的民族起源、历史变迁、风土人情、生活习俗、民族性格，这一类口承古籍主要有神话史诗、传说故事、歌谣谚语等。壮族古籍的内容涉及政治、哲学、法律、历史、宗教、军事、文学、艺术、语言文字、地理、天文历算、经济、医学、民俗等领域。它生动而真实地记录了壮民族的历史发展进程，是壮民族文化遗产的总汇，具有重要的历史价值、科学价值和文化价值，是中华民族文化的重要组成部分。

由于历代中国封建王朝奉行民族歧视政策，壮族及其先民在历史上一直被辱称为"南蛮"，民族的身份地位历来得不到承认和尊重，壮民族文化长期处于自生自灭状态，而传承壮民族历史文化的各类古籍文本，自然也得不到搜集、保护、整理与研究。中华人民共和国成立后，壮族不仅被确立为中华民族大家庭中的一员，国家还实行民族自治政策，成立了广西壮族自治区，从此，壮族文化成为中华民族文化的重要组成部分。特别是改革开放以后，随着广西少数民族古籍整理出版规划领导小组及办公室的建立，壮民族古籍的搜集保护、整理出版被纳入国家文化建设的重要组成部分。从中华人民共和国成立至今60年，在国家民委及广西各级党委政府的关怀指导下，在众多民族古籍专家的辛勤努力以及各族民众的大力支持下，壮族古籍整理取得了可喜的成果。现将60年来的成果分阶段陈述如下：

20世纪50—70年代的壮族古籍

1949年10月，中华人民共和国成立，废除了民族压迫、民族剥削制度，实行民族平等政策，壮族与全中国各族人民一道，进入了社会主义崭新时代。20世纪50年代初期，刚刚建立起来的中华人民共和国虽然百废待兴，中央人民政府已经把少数民族工作提到了重要议程，尽管还来不及制定出有关中国少数民族文化发展的完整规划，真正学科意义上的民族古籍学也未能建立，但是，包括壮族在内的各少数民族古籍的搜集整理工作实际上已经开始。就壮族地区而言，这一阶段的如下几个重大活动，都在客观上对壮族古籍的搜集整理工作起到了一定的作用。

首先是1951年7—11月，以费孝通为团长，李德全、金晓为副团长的中央访问团到广西少数民族地区进行访问。访问团的任务，主要是代表中央人民政府慰问少数民族，宣传党和国家的民族平等团结政策，了解民族地区的情况，帮助民族地区进行基层政权建设。中央访问团在进行慰问和宣传的同时，做了大量的社会历史调查工作，整理成二十多份调查材料，共四十多万字，其中大部分是属于壮族地区的，如《龙胜县南区龙脊村壮族社会调查》《广西东兰县西山区民族概况》《广西田东县民族概况》《广西平果县民族概况》等。这是广西首次进行广泛的壮族社会历史调查，当中包含不少属于壮族古籍方面的资料。稍后是从1953年下半年到1954年上半年，由中南民族事务委员会和广西民族事务委员会共同派出调查组，对广西未确定民族成分的族群开展的民族识别调查，涉及壮族的有平果县的陇人，龙津县的傣人等，调查结束后撰写的调查材料共9册93万字，其中也有一部分是壮族古籍资料。

其次是1956年8月，在中共中央的倡议下，由全国人大民族委员会主持成立少数民族社会历史调查组，在全国开展少数民族社会历史调查工作。广西调查组设5个分组，每个分组又设2-4个小组，开展调查工作。根据全国人大民族委员会关于"首先调查各少数民族的社会生产力、所有制结构和阶级情况，然后尽可能收集历史发展资料和特殊的风俗习惯，进而对少数民族历史作系统的研究"的方针，到1963年，共完成了对广西三十多个县，近百个人民公社（乡）及广东、云南、湖南、贵州等省的壮、瑶、苗、侗等10个少数民族的社会历史状况的全面调查。此次调查涉及壮族方面的资料，后来被有关部门整理编辑成《壮族社会历史调查资料》第1—第7辑，共252万字，于1984—1987年由广西民族出版社陆续出版。尽管本次调查偏重对社会生产力、所有制结构和阶级情况的调查，但是各调查组在普遍调查的基础上，对少数民族历史的若干问题，如壮族的侬志高、黄鼎凤、吴凌云等人物，左右江革命和土司制度、民族起源以及歌谣、风俗习惯、宗教、丧葬等也做了专题调查。正是这些专题调查，无形中增加了壮族古籍方面的含量，因此，才有了20世纪80年代中期《广西少数民族地区石刻碑文集》《广西少数民族地区碑文契约资料集》的出版。这两部集子都属于国家民委民族问题5种丛书之一，前者由唐兆民、黄昭、李干芬、周宗贤编辑，共151件碑文，15万字。其中相当部分的碑文属于壮族内容的，是上述广西少数民族社会历史调查组深入上林、大新、天等、凌云、宜山、龙胜、南丹、隆林等壮族聚居地调查收集到的历代碑刻，年代最早的是唐碑，最晚为民国初年。该集由广西人民出版社1982年出版，是研究壮族社会历史的宝贵资料。后者也是由广西少数民族社会历史调查组收集，由李干芬、黄钰、韦振辉编辑、点校、说明，由广西民族出版社于1987年出版。内容包括大新、天等、扶绥、龙胜、靖西、西林、凌云、平果、南丹、都安、来宾、忻城、上思等县调查收集的碑文、契约等资料265件36万字。除了宋碑一件外，其余均是明清民国时代遗留下来的实物资料。该集所有资料中，壮族资料占了绝大部分，有不少是壮族古籍资料中的珍品。

最后是1958年9月，根据中国科学院文学研究所下达关于编写《壮族文学史》的通知，经广西区党委宣传部批准，从区直文化单位和广西师范学院（今广西师大）中文系抽调专人组成壮族文学资料调查组，成立了广西壮族文学史编辑室。同年10月，广西壮族文学史编辑室的十多个干部和广西师院中文系五十多位师生组成的壮族文学史资料调查队，对壮族聚居的32个县、市进行全面普查，历时两个多月，收集到壮族民间口碑传承的文学资料近三百多万字。其中包括《嘹歌》《布洛陀》《布伯》等民间手抄本以及重要的口碑古籍资料。这些资料先后于1959年7月、1960年5月被广西区科委壮族文学编辑室编辑成《壮族民间故事资料》（4集）、《广西壮族文学资料》（故事歌谣及文人作品）出版。需要补充的是，壮族民歌的代表性歌类《嘹歌》系列抄本，就是在此期间被发现和收集的。到了1962年3月，广西民间文学研究会筹备会组成田东县文联民间文学普查组，开展对《嘹歌》的全面搜集。1963年3月，正式成立后的广西民间文学研究会又派人到田东、田阳收集补充《嘹歌》资料。所有的《嘹歌》资料后来被编辑成上、下两册油印本保存。正因为有了这些手抄本资料的收集，才有后来的《嘹歌》拼音壮文本和古籍整理本等各种版本的陆续出版。

综合20世纪50—70年代的壮族古籍工作，与中国各地的少数民族古籍工作一样，基本上还是属于不自觉的、零散无序阶段。学科意义上的壮族古籍学科建设尚处于一片空白。

二、傣文古籍

据 2000 年统计，傣族总人口为 1158989 人，分布在云南省西南部靠边境的弧形地带，主要分布地区为西双版纳傣族自治州、德宏傣族景颇族自治州和孟连、耿马、元江、新平四个自治县以及临沧、双江、镇康、金平、景东、景谷等县。这里与缅甸、老挝、越南接壤，与泰国也是近邻。傣族使用 4 种文字：西双版纳傣文（傣泐文）、德宏傣文（傣那文）、勐定傣文（傣绷文）、金平傣文。它们都是拼音文字，属于印度婆罗米字母文字体系，是随着南传佛教传播而带到傣族地区的。4 种傣文都从左向右横书，行序自上而下，但形体互不相同，傣泐文和傣绷文为圆形字母，傣那文为方形字母，金平傣文方圆兼备，有的还呈尖角形。中华人民共和国成立后，德宏傣文和西双版纳傣文进行了改进，目前，版纳傣文和德宏傣文使用面较广，而其他两种文字已较少使用。

几种傣文虽皆源自印度婆罗米字母体系，但由于字体存在较大差异，因此形成了 4 种不同方言的文字古籍。其中傣泐文古籍数量最多，傣那文古籍次之。"正如我国汉族常用'三'或'九'来形容多数一样，古印度惯用'五百'或'八万四千'来表示众多的意思。深受古印度文化影响的傣族，亦往往言其长篇叙事诗有五百五十部，佛教经典有八万四千册。这些数虽然不是确切固定之数，但道出了傣族文献之浩博。"① 傣绷文主要在缅甸境内使用，国内古籍数量不多，而金平傣文古籍数量则更少。

傣泐文古籍的形成大约始于唐朝，即公元 7 世纪—公元 10 世纪。当时随着小乘佛教传入，西双版纳等地也带来了印度的文字系统和巴利语佛教经典。这些经典完全照搬巴利语经典文献，仅在佛寺内使用，能够读懂这些经典的人也仅限于一些寺庙高僧，传播范围比较狭窄。由于西双版纳一带气候湿热，以及傣族佛寺当佛经积累太多有销毁旧典籍的习惯，所以现在已经很难见到这个时期的傣文古籍了。而德宏及其他傣族地区由于佛教传入时间较晚，这个时期还没有古籍可言。傣族古籍发展的第二个时期从公元 13 世纪后半叶开始，一直延续到公元 18 世纪。这个时期西双版纳一带佛教经典大量增加，傣泐文在经过初期的全部照搬后，依据傣语的实际情况进行改革、增补和完善。经过改革后的傣文扩大了其使用功能，不仅记录巴利文经典（这个时期的巴利文经典由纯巴利文向巴利文傣文混合过渡），也广泛记录农田水利、法律法规、历史文献、文学文艺以及天文历法各个方面，产生了大量的佛经和文学著作及其他文献，其中西双版纳五大诗王《乌沙麻罗》《巴塔麻嘎捧尚罗》《粘巴西顿》《粘响》《兰嘎西贺》都产生于这一时期。据记载，傣族这个时期仅长篇叙事诗就多达 500 部。其他如著名的法律经典《芒来法典》和著名傣族文论著作《论傣族诗歌》等也出现于这个阶段。德宏傣文大约在 14 世纪传入，传入后

---

① 虎月放：《傣族古籍整理研究工作的回顾》，《民族古籍》，1990 年第 2 期。

即进行了改革,一开始就运用于佛寺和民间。英雄史诗《厘捧》大约产生于这个时期的前期,后来还产生了三大悲剧长诗《线秀》《俄并与桑洛》《叶罕佐与冒弄养》。1407年(明永乐五年),明朝官府设四夷馆,编撰《华夷译语》,其中就有《百夷译语》,这是德宏傣文文献的重要资料。

傣文发展的第三阶段是从18世纪到20世纪初,这一时期也是傣文古籍最丰富的时期,现今流传下来的古籍文献绝大多数都是这个时期的作品。这个时期西双版纳小乘三藏经基本完备,长篇叙事诗文学作品大量成文、重新创作和再加工,一本文学古籍出现了多种版本;同时产生了大量的历史、天文、历法、医药、农田水利、语言文字类著作,傣族古籍类型已趋完备;德宏地区除继续翻译佛教经典外,还根据佛本生故事演绎出数百部统名叫"阿銮"的故事系列。

傣文古籍整理和研究主要包含两个方面的内容:一是傣族古籍自身的整理和研究;二是傣族古籍的汉译整理和研究。傣文古籍自身的整理和研究比较早,自从傣文传入后,一些知识分子就利用傣文进行创作,在翻译佛教经典过程中,不断本土化。我们今天看到一部傣族佛经或文学古籍往往有很多版本就是这种整理和创作的结果;同时傣族还有赕佛经的习俗,普通民众往往请寺庙中傣文水平较高的和尚来代为抄写,这种转抄实际上也是古籍整理的过程。一些高僧在转抄过程中都加入了创作成分,如力求使作品完整、充实、丰满并体现时代精神,改正原本错误、补充原本缺漏、修正败笔,并做文字上加工和润色等。尤其是西双版纳老傣文历史上曾进行过改革,这种文字改革对古籍整理的规范作用也是至关重要的。傣族古籍的自身研究其实也比较早,著名文论著作《论傣族诗歌》实际上就是对傣族文学古籍的一种研究,不仅为我们留下了很多对傣族文学的精辟论述,同时它对划分傣族古籍年代有着重要的作用。当然《论傣族诗歌》今天也成为不可多得的傣族重要文献古籍。

傣族古籍的汉译整理和研究在中华人民共和国成立前比较少。1936年春,勐定土司罕中兴之叔罕定国曾为方国瑜先生口译讲解《麓川思氏谱牒》,方先生当时手录并保存至1953年左"笺证",并内部刊印。1946年,国立云南大学刊印过张镜秋先生译注的《僰民唱词集》;1947年,云南大学西南文化研究室出版了李拂一先生翻译的记述西双版纳土司车里宣慰使世系的《泐史》,同时出版了傣汉文对照的《车里宣慰世系》和《车里宣慰世系考订》。李拂一先生不仅是最早将傣文史料译为汉文的第一人,也是将傣泐文首次向国内学人介绍的第一人,是率先发掘、研究傣族史料的先行者。

20世纪50—70年代傣族古籍迎来了整理研究的第一个春天,尤其在1956—1964年,整理翻译了大量傣族文献。这个时期傣族古籍整理和研究具有以下特点:1. 古籍整理主要偏重于文学古籍整理和社会历史古籍调查和整理;2. 古籍整理侧重于傣族古籍的汉译整理;3. 傣族古籍整理主要是社会历史工作者和民间文学工作者参与;4. 主要侧重于古籍整理,研究成果尚不多见,其中20世纪60年代的傣族历史研究和 20 世纪 70 年代末的傣族天文历法研究独领风骚。

中华人民共和国成立后，随着民族工作的开展，民族调查研究也获得了迅速的发展，1950—1955 年，云南开展了历时 5 年的民族摸查。1956 年，在全国人大民族委员会直接领导下，开展了大规模的民族调查。其中对傣族社会调查比较详细，后来出版了《西双版纳傣族社会综合调查》（一、二）、《西双版纳傣族社会历史调查》（一至十册）和《德宏傣族社会历史调查》（一、二、三），共计 15 册。由于傣族社会形态的特殊性，这些社会历史调查既有对傣族社会的调查，也有很多历史文献调查，因此翻译和整理了一些傣族历史、法律、农田水利方面的古籍。傣族社会历史调查主要分为两部分：一是调查和整理；二是翻译和整理。其中翻译和整理部分主要是傣族古籍的翻译和整理。如《傣族社会历史调查》（三）全册基本上都是傣族古籍的整理。收录了刀国栋、吴宇涛根据勐康土司藏本翻译整理的《叭贞以后各代的历史记载》，内容涉及傣族十三代土司的生平及继承关系；傅懋勣、刀忠强翻译的《傣族宣慰使司地方志》（节选），内容涉及傣族十七代土司简况、宣慰使儿女婚姻关系、接待寮国向汉王朝进贡宝象的礼制以及西双版纳十二版纳呈献宣慰使礼物规定等内容；刀国栋、刀治明等翻译的《西双版纳傣族的封建法规和礼仪规程》，内容涉及西双版纳处理诉讼时应持的态度和方法、地方之间违反公约时罚款规定、关于罚款和赎罪的一些规定、民刑法规、宣慰使及其亲属包括各勐土司称谓的规定、委令和节日祝文、土司对百姓的训条以及教训子女和妇女做媳妇的道理和礼节。该文全面展示了傣族领主制度下的法律法规和礼仪章程，是我们研究傣族社会法律和礼仪的重要文献；刀国栋、刀光强等翻译的《西双版纳傣族人民的各项负担》，则详细介绍了傣族领主之下傣族百姓的各项负担，是我们了解傣族领主制社会关系的重要文献；刀国栋、李文贡等翻译的《西双版纳勐景洪的灌溉系统及其管理和官田分布》则全面记录了傣族对农田的灌溉管理方面的经验和知识。《西双版纳傣族社会综合调查》（一）收录了宋恩常整理的《西双版纳历代设治》《西双版纳傣族婚姻调查》；张秋生先生的《景洪傣族的风俗习惯》；张公瑾先生的《西双版纳傣族社会政治、科技和文化札记》和杨志敏《西双版纳傣族佛教调查》等，这些文章从不同侧面反映了傣族社会的各项社会制度和文化制度。《德宏傣族社会历史调查》（一、二）收录了《潞西县傣族婚姻状况》《潞西县傣族宗教情况调查》《德宏傣族土司制度调查》《盈江刀氏土司家谱》《傣族宗教情况》等重要文献。这 15 册调查资料从各个方面反映了中华人民共和国成立前傣族社会的政治、经济、宗教、文化。

傣族文学古籍是傣族古籍中的大头，不仅数量多，质量高，而且传播广，影响大，是我国文学宝库中的瑰宝。1956—1964 年，傣族文学古籍整理迎来了第一个高潮期，不少傣族文学古籍被翻译整理出来，如 1956 年，云南人民出版社出版了周良沛《古老的傣歌》和孟尊贤整理的傣族歌舞剧《十二马》；1958 年作家出版社出版了岩叠、陈贵培、刘绮、王松整理的《召树屯》。《召树屯》是一部广泛流传于西双版纳地区的民间优秀作品，在西双版纳家喻户晓，妇孺皆知，该书出版后，引起了强烈的社会反响。1959年人民文学出版社、云南人民出版社也出版了单行本，并被选为中华人民共和国成立十周年的献礼作品。随后，又陆续被改编成电影、戏剧、舞剧，并被翻译为英、俄、日等外国文字。《松帕敏》是傣族另一著名长篇叙事诗，这部长诗早在20世纪40年代就有人将其主要情节翻译成汉文。1957年刀寿松根据西双版纳的散文体手抄本翻译整理成汉文，收入《云南民族文学资料集》中，1958年云南民族民间文学调查队在西双版纳搜集到诗体手抄本，经陈贵培、李监尧翻译整理成《松帕敏和嘎西娜》，由云南人民出版社正式出版。1959年，云南省民族民间文学西双版纳调查队收集、翻译、整理了傣族悲剧叙事长诗《葫芦信》，1959年和1960年，青年出版社和人民文学出版社相继出版了单行本，1978年云南人民出版社再版了单行本。1960年，云南省民族民间文学德宏调查队搜集翻译整理，人民文学出版社和云南人民文学出版社出版了傣族三大悲剧叙事诗之一的《娥并与桑洛》，1978年由云南人民出版社再版。1962年，云南人民出版社出版了由民间文学调查队翻译、李广田整理的傣族三大悲剧叙事诗之一的《线秀》。1962年，云南人民出版社出版了民间文学调查队翻译整理的傣族另一著名叙事长诗《苏文那和她的儿子》。傣族风俗歌《恒很买》（《贺新房》）是傣族歌手必须学会演唱的古典诗歌之一，在西双版纳各村各寨几乎都有手抄本。1962年刀正刚、康朗英等将流传于勐海地区的近代手抄本译成汉文；同年，西双版纳州章哈协会翻印了傣文本，内部发行；1964年，云南人民出版社出版了汉文本。此外，尚有一些文学古籍被翻译整理，如《三牙象》《相勐》等。"文革"结束后，傣族古籍整理迎来了第二个春天，1978—1979年，云南人民出版社不仅再版了20世纪五六十年代整理和翻译的一些傣族叙事长诗，而且又出版了罕华清等翻译、冯寿轩和鸿春整理的《一百零一朵花》（1978年）、思永宁译、冯寿轩整理的《缅桂花》（1979年）。1979年云南省历史研究所内部出版了《西双版纳小乘佛教及原始宗教的调查资料》。

这个时期傣族古籍研究尚不多见。1957年，缪鸾和根据调查和翻译整理的傣族史料编写了《西双版纳的过去和现在》（云南人民出版社，1957年）；1959年，他在《民族研究》第4期发表了《西双版纳傣族地区民主改革以前的封建领主经济》；1961年，《现代佛学》第3期发表了童玮先生的《谈谈我国的傣文佛典》，对傣族佛教文献做了初步的评述；1962年，《云南学术研究》第3期上发表了黄宝璠的《傣族古代奴隶制初探》和郑镇峰《麓川的兴起及其社会性质试探》；1963年，马曜、缪鸾和在《云南学术研究》第1、第2、第3期上连续发表了《从西双版纳看西周》；1964年，黄惠焜在《云南学术研究》第1期上发表了《古代傣族奴隶制及其上下限之探讨》；1977年，《中央民族学院学报》第4期登载了张公瑾、陈久金《傣历中的干支及其与汉历的关系》，张公瑾、陈久金《西双版纳大勐笼的傣文石碑和碑首的九曜位置图》，宋蜀华、张公瑾的《傣历概述》；1979年，张公瑾先生在《中央民族学院学报》第3期上发表了《傣历中的纪元纪时法》，该文是对傣族天文历法文献的系统整理研究，解开了傣族文学的计算数据和傣历的安排方法；1979年，张公瑾先生还在《民族团结》第 3 期上首先发表了《珍贵的老傣文文献》一文，对老傣文文献做了初步介绍，这也是第一篇傣族古籍文献方面的专门文章，标志着傣族古籍研究开始迈向专业化。

三、水文古籍[①]

水族自称 sui³³（音濉），sui³³（濉）汉语音译为"水"。中华人民共和国成立后，1956 年正式确定名称为水族。水族是水族自称 zən¹¹sui³³（人濉）的音译。根据 2000 年全国第五次人口普查统计，全国水族总人口为 406902 人。

水族主要分布在贵州省黔南布依族苗族自治州的三都水族自治县和荔波县的水利、水尧、永康 3 个水族乡，独山县的本寨、甲定、翁台 3 个水族乡，都匀市的基场、阳和、奉和 3 个水族乡；黔东南苗族侗族自治州榕江县的三江、仁里、定威、兴华、水尾 5 个水族乡及塔石瑶族水族乡，雷山县的达地水族乡，黎平县的雷洞瑶族水族乡；云南省富源县古敢水族乡。聚居区以三都水族自治县为中心，西从独山的翁台水族乡起，东至榕江县的仁里水族乡止，东经 107°30′—109°；南从荔波县的茂兰起，北至都匀市的奉和水族乡止，北纬 25°—26°30′。此外还分布在广西壮族自治区的南丹、宜州、融水、环江、都安、来宾、河池等地。

水族有目前还在使用的一种独特的古老象形文字，水语叫"le¹¹sui³³"，汉语音译为"泐濉"，意为水族的文字，通称为水书或水族古文字。水族文字是一种意形文字。用水族古文字写成的书籍，水语亦叫"le¹¹1sui³³"（泐濉），汉语称之为水书。水族的古籍主要是指用水书写成的各类典籍，当然由于水族地方通行使用汉字，也有使用汉字书写的古籍。在本书中，我们重点介绍用水书书写的古籍，不涉及水族地方使用汉字记录的各类古籍。水书是水族人民使用的文字系统和使用这种文字系统书写的典籍的统称。这种文字系统是一种类似甲骨文和金文的古老文字符号系统。这种文字系统与远古汉文字金文、甲骨文有着悠久的渊源关系。水书记载的典籍是水族文化的重要组成部分，它记载了水族的天文、地理、历史、宗教、民俗、语言等水族文化知识，水书主要靠民间手抄、口传流传至今。数百甚至数千年以来，水书一直由水书先生（书师）所秘传，为水族民间流传和使用。民间的婚丧嫁娶等重要事务都要参考水书，选定吉年吉月吉日吉时吉方进行。而用汉文字和英文及日文等对水书的记载和研究则是百余年的事情。普通水书在水族日常生活中影响相当广泛，其中影响最为显著的是丧葬、婚嫁和建筑三个方面。丧葬程序，从入殓、停棺、发丧、安葬到"开控"（追悼会），每一个环节都得依据水书趋吉避凶。因此，过去有些人家请水书先生择日，至少要 6 个，多者达 10 来个。婚嫁中说亲、订亲、

---

① 作者注：水文古籍部分的写作过程中得到了三都水族自治县水书抢救领导小组办公室和荔波县水书征集抢救工作领导小组办公室多位同志以及三都县档案局（馆）周泽亮局长的热情帮助，在此表示衷心的谢意。

接亲；建筑中破土、下基、上梁、立柱等，也需请水书师看好吉日吉时；甚至连日常生活中一些小事，如驯牛、吃新米等也要受水书中禁忌的制约。可见，水书对水族人民的思想意识和生产生活都有着深刻的影响。2003年7月底，荔波县农民蒙建周自愿捐献了珍藏于家中的42本水书手抄本。其中一本经专家初步认定为手抄于明代洪武年间，迄今已有六百多年历史。流传至今的水书是水族人民悠久、灿烂文化的历史见证，是我国历史上珍贵的文献记录。水书不仅在语言文字学上具有重要的研究意义，同时也是在民族古籍学上具有古籍档案性质的历史文献，水书同时也是水族文化的重要组成部分。

据刘世彬教授（2006年）的研究，最早提及水书的是清代西南大儒莫友芝的《邵亭诗钞·红崖古刻歌》（1860年），他认为水书来源于夏、商、周三代，初本都是竹简过录，水书的字体和笔画大概是篆前最简古文，认为水书来源于秦代以前的金文和竹简。20世纪20—30年代，一些地方志开始立有独立篇目对水书进行介绍。《都匀县志稿》认为水书大概是古篆之遗，列出了56个水书文字符号及汉字译意。《贵州通志·土民志》列举了104个水书单字符号，并注明其汉字译意。《三合县志略》认为水族文字中，除天干地支及象形文字外，居然有文、武、辅、弼、廉、贪等字，认为水书类似古籀小篆文字。20世纪40—50年代，李方桂、岑家梧、张为纲等专家、学者深入到贵州水族地区对水语和水族风俗进行调查，并对水书进行研究整理。岑家梧先生1943年9月赴贵州三都、荔波等地调查水族风俗和收集水书资料，撰成《水书与水家来源》（1992年）一文，从水书的种类和用途、水书举例、水书的结构、水书的来源、从水书中观察水家来源、汉字水书对照表六个方面分别对水书的基本情况进行了分析和介绍。通过与甲骨文和金文比较，岑先生认为，水书字迹与刀刻的甲骨文及金文有颇多类似，至少水书与古代殷人甲骨文之间当有若干姻缘关系。同时认为水书的主要用途是一种巫术用书。水书制造的时代极为古远，水书制造的地点初在西北一带，水书由北方次第传入江西，初传入江西水家后，水家由江西迁入贵州，乃携之俱来。水书是一种被压迫民族的文字。张为纲《水家来源试探》（1940年）认为，今天的水书，已经失去文字的功用，转而为咒术的工具，但是仔细考证水书的字形，有很多字和武丁时期的甲骨文字极为近似，并举列出"酉"和"卯"等字作为例证。现在的水族之所以鬼名繁多，所以尊崇巫师，所以有为咒术用的"反书"（水书），都是殷代文化遗留之铁证。他因此提出，当今的水族，是殷的遗民是毫无疑义的，水族的先民长期居住于东海之滨，现在僻处西南，成为水家（水族）或所谓的"夷家"。通过对水书和汉字的对比研究，张为纲先生认为水族的水书就是殷墟文字的文化遗存。李方桂先生在1942年赴贵州荔波县收集水岩和水利等几个地方的水语材料后写成了多篇有关水语的论文和《水话研究》（1977年）一书，并附水书的抄本一页。后来日本西田龙雄教授在《水文字历的释译》（1980年）对该份材料进行了语言文字学的释读。中华人民共和国成立以后，水族语言及古文字的搜集、调查、整理、发掘和研究工作进入了一个新的阶段。

1956年，中国科学院语言研究所等单位的研究人员到水族地区调查语言和文字的基本概况，该所编的《水语调查报告初稿》（1958年）绪论部分对水书的种类、结构、来历等方面进行了介绍，并列举了常用的天干、地支、数目字、象形字、因声为形字等水族文字与汉语的对应，并用国际音标标注了水语的对应读法。中国科学院语言研究所编的《水族简史简志合编》（1963年）的语言文字部分对水书做了简单的介绍，列出了21个水书用字。

20世纪80年代以前，人们对水书的研究，由于只是把水书作为水族语言文字的一部分，加之水书主要用于宗教活动，掌握水书的书师为数不多、文字落后于语言而且并不普及、书师不轻易拿水书示人，所以很难看到大量的水书抄本，人们对水书的认识也只是初步的，没有把水书作为水族重要文化来研究，研究成果很少。

第四节　蒙古语民族

一、回鹘式蒙古文古籍

蒙古族的文明特征之一表现在珍藏悠久而丰富的口碑与书面文献之中。那些从远古时期开始世世代代口耳相传的神话、传说、民歌、故事、史诗等众多体裁的民族民间传承及其精髓，历经氏族部落时代进入阶级社会的漫长岁月，经过自然界与人类社会的严峻考验，大浪淘沙，一直延续到当今社会。蒙古族的口头传承随着蒙古文字的出现，有些有幸被文字记录下来了，这一点从诸多民歌集、故事选、史诗篇中可以领略。蒙古族拥有丰厚的非物质文化，经蒙古族文人墨客使用文字书写的历史、文学、天文、历算之类的著述，也以抄本、刻本或以传唱形式流传了下来。无论是口传形式还是以文字描述形式，有幸流传至今的那些文化遗产，无疑是蒙古族世代相传的弥足珍贵的精神财富。后人对这些文化遗产的释读、评价和研究，更加丰富和发展了它的内涵与外延。

蒙古人早先使用的是什么文字？她们究竟是从何时开始使用回鹘式蒙古文？对此，学术界还没有统一的定论。迄今发现以回鹘式蒙古文记载的最早实物，便是众所周知的成吉思汗石碑。铭文记载的是成吉思汗率部征战凯旋后所举行的庆典上，由其孙子也松格，开弓射箭335丈远的事迹。自此以后，在摩崖、树皮、金属、皮革、骨骼、帛棉、纸张等不同材料上使用回鹘式蒙古文，在不同的时间、地点书写各种内容的文献，或以残缺或以完整的面目断断续续呈现在世人面前，既成为连接古人和今人心灵的纽带，又成为开启以往被埋没、被封闭历史大门的钥匙。

随着时代变迁，迎来中华人民共和国的建立和内蒙古自治区的成立，那些散落在民间个体、团体或寺院的民族文化遗产，逐渐得到各级政府的重视，最终有了良好的归宿——公共图书馆和博物馆。这一转变，才使那些文献古籍从根本意义上获得了很好的保护,人们也有了充分利用它们的机会。

回鹘式蒙古文从开始使用,经过元、明、清与近现代,在那数百年的使用过程中,从字母、字形、字体上慢慢发生变化,逐渐过渡现行的蒙古文,圆满地完成了脱掉"回鹘式"外壳的整个过程。换句话说,现行的蒙古文,在中华人民共和国成立时已经完全脱胎换骨了。当然,这一结果是不同时代的使用者不断加以改革完善和不懈努力的必然结果。

20 世纪 50—70 年代的蒙古文献状况,对于文献古籍本身而言,是从搜集和保护阶段逐渐进入辨析和研究阶段。内蒙古自治区及下属盟市旗县各级行政单位相继新建了图书馆和博物馆,派出专门人员深入到边远牧区,走进牧民家庭和寺院僧舍去访问、搜集和购买各种珍贵图书。譬如,内蒙古社科院资深学者道荣尕先生,在 20 世纪 50 年代末 60 年代初,为搜集民间散落的蒙古族珍贵文献,走遍了内蒙古各个盟旗,仅伊克昭盟先后去了三次,搜集到《金册》(1959 年,伊金霍洛旗)、《十善福白史册》(1960 年,乌审旗陶力公社旺楚克拉坦收藏)、《蒙古源流》5 种(其中 1954 年春从鄂托克旗阿拉克苏乐锭陵发现的手抄本,于 1962 年影印出版)、《成吉思汗祭典之天音十二曲》(录音记录)、《鄂尔多斯·格斯尔传》等涉及历史、文学、故事、传记、民歌、民俗、法典的文献古籍多种。"他于 1958 年从察哈尔罕音哈日瓦庙请来并保存在研究所图书馆的 226 卷《丹珠尔经》是世界上现存最完整的一套朱写本蒙古文《丹珠尔经》。《阿拉坦汗传》是独一无二的善本书。"① 顺便提及的是如今珍藏在内蒙古自治区图书馆的《丹珠尔经》是由旺钦先生于 1958 年从原呼伦贝尔盟扎赉特旗境内钦达牟尼庙宇迎请来的。有人总结这段历史说:"从 21 世纪 50 年代起,内蒙古自治区就开始组织专家学者收集蒙文历史文献。将分散在广大农村、牧区、寺庙的蒙文书籍集中于内蒙古图书馆、内蒙古社会科学院图书馆等大图书馆,为蒙文历史文献的研究,创造了良好的物质条件。"② 实际上专门人员所搜集、整理出版的蒙古文书籍并不仅限于蒙古历史这一门学科,比如 1959 年内蒙古语言文学研究所组织编辑,由内蒙古人民出版社出版的《蒙古译文研究资料》,囊括了洛嘎尔扎布·贺兴格、沙格迦、丹津达格瓦、阿旺丹达尔、拉穆苏荣、罗布桑却库尔、图贵、旺津达刺、宾都、纳钦、嘉木样等十几位自 18 世纪以来执着于蒙古语言研究和教育事业的先驱者们撰写的有关蒙古语言学著述。搜集和整理的书籍波及整个蒙古学的领域,只不过历史、语言、文学属蒙古学传统的资深学科门类,因而所投入人力、拥有资料和研究成果相对优先于其他学科门类而已。留金锁先生对于当时开展的学术活动,有如下评述:"我国蒙古文历史文献的研究,始于 20 世纪 60 年代初,当时,原内蒙古历史研究所就已经组织人研究《蒙古秘史》,内蒙古大学蒙古史研究所的周清澍、额尔敦巴雅尔二位先生撰写了《蒙古源流初探》一文,

---

① 见乌·新巴雅尔著,牟妮译:《善福书翁道荣尕》,内蒙古文化出版社,2008 年,代序。
② 留金锁:《蒙古族古籍研究概况》,载乌兰察夫、乌力吉图:《蒙古学十年》1980—1990,内蒙古人民出版社 1990 年,第 156 页。

对《蒙古源流》作了全面的分析研究。1962年，在呼和浩特市召开了纪念《蒙古源流》成书300周年的学术报告会"。① 《蒙古秘史》和《蒙古源流》自然属于蒙古历史文献，不过，它们又承载着蒙古语言、文学、宗教、哲学等多学科的内容与信息，所以，对这两部重要文献，从不同角度开展的相关研究目录索引来看，确实是从20世纪60年代初开始的。除此之外，我国早期蒙古文献研究情形，可从下列文章中，得知其概貌：哈·丹必坚赞先生发表在《蒙古语文》1957年第5期上的《〈虚空之宝〉（Ogtargui-yinmani）不是阿旺丹达尔的著作》（蒙古语言文献的评论）；额尔敦套克套先生发表在《蒙古历史语言》1958年第5期上的《关于两匹骏马传记的思想》（书面文学文献的探索）；道容尕先生发表在《蒙古历史语言》1958年第11期上的《锡尼喇嘛》（鄂尔多斯民歌的评论）；以及在该杂志同年第12期上，仁钦嘎瓦先生撰写的《涉及13—14世纪东西方交通史的几种文书》（文献书籍简介）；贺·宝音巴图先生在1959年第7期《蒙古语言文学历史》上撰写的《关于谚语集成的管见》（民间口传文学的研究）；同样在该杂志1960年第4期上，仁钦道尔吉先生发表的文献语言的研究《论〈蒙古秘史〉语言中已具形成长元音的条件》。

20世纪70年代末在八省区蒙古文工作协作小组办公室领导下，由北京图书馆和内蒙古自治区图书馆主持编辑出版了《全国蒙文古旧图书资料联合目录》，该目录"反映了全国各地六十个公共图书馆和专业单位图书馆收藏蒙古文旧图书资料的一般情况。所收书目，均为中华人民共和国成立前国内出版或抄写的图书资料，分哲学、宗教迷信、政治、法律、军事、经济、教育、语言文字、文学、历史、地理、天文、医学、金石拓片和期刊等十五类"，计一千五百余种，约收录七千册。② 这个目录虽然有不少不尽如人意之处，但是，在当时和后来相当一段时间里，作为一种信息咨询工具，对了解蒙古文献古籍的馆藏量，以及对蒙古族教学和科学研究工作者所提供的参考价值，是非常重要的。

二、八思巴文古籍

从北方崛起的蒙古人曾经在中原建立的封建王朝，史称元朝。建元初期，元世祖忽必烈可汗，为了巩固新生政权，为了统一所属各民族的政治、经济、文化，制定了一系列政策，采取了一系列措施。忽必烈指令八思巴创制蒙古新字，用来译写一切文字，就是试图在全国统一文字的一则具体事例。八思巴遵旨并参照藏文字母系统，结合蒙古语发音与回鹘式蒙古文拼写规则，创制的一套拼音文字终于问世了。八思巴创制的这套文字系统，不但能够拼写回鹘式蒙古语文，而且稍微增减一些字母，就可以拼写汉语、藏语、梵语和维吾尔语等多种语言。从这个意义上讲，八思

---

① 留金锁：《蒙古族古籍研究概况》，载乌兰察夫、乌力吉图：《蒙古学十年》1980—1990，内蒙古人民出版社1990年，第156页。

② 《全国蒙文古旧图书资料联合目录》前言，内蒙古人民出版社，1979年。

巴字成为名副其实的译写一切文字的蒙古国字。

八思巴字自公元 1269 年颁行之后,作为"国字"通行了一百多年。实际上随着元朝灭亡,八思巴字的使用范围大大缩减。总体而言,"迄今为止,已经发现的就有八思巴字宫廷文件或元代碑刻、印章、牌符、钱钞等文物多种,以及《萨迦格言》蒙译本残页、《蒙古字韵》《百家姓》等文献。就拼写的语言对象而言,有蒙古语、汉语、藏语、梵语、维吾尔语等。这些文物和文献不仅记录了当时好几个民族的语言,而且反映了当时社会政治、经济、文化、地理、宗教、典章制度等一些情况,成为语言学、历史学、民族学、考古学、宗教学等学科的极为宝贵的资料"。①

译写一切文字的八思巴字字母,究竟有多少,文献记载和学术界的确认不一致,其统计少则三十多个字母,多则五十多个字母。为什么会有二十多个字母的出入,大概是拼写某一具体文字时所需字母不同所致。"关于八思巴字字母表,最早的记录见于《元史》、盛熙明《法书考》、陶宗仪《书史会要》、朱宗文校订的《蒙古字韵》以及无名氏《译语》等文献。"② 以八思巴字遗留的文献,如金石拓片,散见于明赵崡《石墨镌华》、清《西清古鉴》、近代学者罗振玉《历史符牌图录》《隋唐以来官印集存》、罗福颐《东北古印》、金毓黻《东北古印钩沉》里面的记录。另外还有转抄的文献,如《译语》一卷、《蒙古字韵》二卷等。

关于八思巴字的早期研究,从文献内容、文字本身的结构含义,到研究文字历史的起始等,国内外情况是不一样的。国外研究大致始于 19 世纪 30 年代(除朝鲜学者崔世珍《四声通释·凡例》等少量研究涉及 16 世纪外),主要研究者有:贾柏莲、涅兹切、维利、沙畹、波拿巴、德热利、柯劳孙、约瑟特克、伯希和、包泽聂叶夫、伊凤阁、寺本婉雅、龙果夫、波普、莱维茨基、李盖悌、霍普等。③ 国内研究始于 20 世纪 50 年代。我们将在下面介绍。

罗常培、蔡美彪合编《八思巴字与元代汉语》(资料汇编)可谓 20 世纪 50 年代对中国语言学,特别是对汉语和蒙古语的语音研究产生深刻影响的学术著作。编著者广泛地汇集了使用八思巴字拼写汉语的文献资料,并且做了相应的简介和探讨。本书的最大特征在于所拥有的资料极为丰富,半个世纪前能做到如此地步,实在难能可贵。作者在前言中说:"我们本来打算依据这些资料校订《蒙古字韵》一书并和《韵会举要》相互对比,做一些语音学上的研究。拖了几年,一直因为种种原因未能如愿以偿。现在,我们把这些已收集到的不完备的资料整理编印出来,供历史语言学者大家利用。"④ 本书除了简短前言外,主要以绪论(八思巴以前蒙古人所用

---

① 杨耐思、照那斯图:《八思巴字研究概述》,见照那斯图《八思巴字和蒙古语文献Ⅰ研究文集》,东京外国语大学亚洲、非洲语言文化研究所,1990 年,第 59 页。
② 照那斯图:《八思巴字和蒙古语文献Ⅰ研究文集》,东京外国语大学亚洲、非洲语言文化研究所,1990 年,第 45 页。
③ 照那斯图:《八思巴字和蒙古语文献Ⅰ研究文集》,东京外国语大学亚洲、非洲语言文化研究所,1990 年,第 59-63 页。
④ 罗常培、蔡美彪:《八思巴字与元代汉语》(资料汇编),科学出版社,1959 年,第 1 页。

的文字、八思巴蒙古字的创制及推行、八思巴字拼写汉语的文物）和资料（碑刻、事林广记百家姓、蒙古字韵）两部分组成，显然是资料所占分量最重。其中珍贵资料照片有三类：1. 至元通行宝钞残钞、至治元年大都路铜權、大德四年大都路铜權等少量元代书八思巴字的文物。2. 八思巴蒙古字碑刻拓本。关于碑刻拓本，作者有如下说明"北京大学所藏八思巴字拼写汉语的 27 种碑刻拓片，除'齊聖廣祐王廟碑'字迹模糊无法摄影外，其余的都缩印存影以供研究。有些碑刻分几截刻，各截八思巴字或写蒙语或写汉语，为免引用时混淆，我们只影印了拼写汉语部分"。① 3. 书籍类，包括元顺帝至元六年郑氏積诚堂刊本《事林广记蒙古字百家姓》影印件、日本元禄十二年刊本《事林广记蒙古字百家姓》影印件和《蒙古字韵》写本影印件等。该书增订本于 2004 年由中国科学出版社再版，可谓八思巴古籍研究者必备的文献之一。

三、托忒蒙古文古籍

托忒蒙古文的创制时间为 1648 年，创制者是卫拉特人扎雅班智达南木海嘉措。对于这两点国内外学术界似乎没有提出相左的观点。卫拉特蒙古人在托忒蒙文问世之前，所使用的文字自然是传统的回鹘式蒙古文，但是，在具体使用过程中常常发现，回鹘式蒙文对于卫拉特方言的记录不够准确，使用起来既不方便，又不得心应手。于是，对原来使用的文字系统进行了改革，譬如针对回鹘式蒙古文字母中很多元音和辅音字母在外形上不易区别的问题，采用加一点、两点或加圆圈的办法予以区别，做到每一个元音或辅音均有固定字母来表示，专设表示长元音的附加符号，并在具体拼写规则上要坚持贴近口语。托忒蒙文字母虽然在词首、词中、词末的写法有所不同，但没有大小写与印刷体和书写体之类的区分。简便易行的托忒蒙古文很快得到广大卫拉特蒙古人的青睐，结果，使用托忒蒙文记述的文献日渐增多，同时把原来使用回鹘式蒙古文记述的文献，逐一转写成了托忒蒙文。根据《扎雅班智达传》的记载，他在生前从藏文典籍翻译成蒙古文的书目统计达一百八十多种，而他的弟子翻译的也有四十余种，这些翻译作品多为佛经，有少量涉及宗教历史、宗教文学与天文、历算、医学等类别，其中直接使用托忒蒙文翻译的书籍究竟有多少，有待查实。

国内托忒蒙古文文献主要珍藏在新疆维吾尔自治区的图书馆、博物馆和相关部门图书资料室。部分文献分散在内蒙古自治区、河北省、辽宁省、北京市等地图书馆、博物馆和相关高等院校图书馆、资料室内。据统计，现存托忒蒙文资料包括图书、石刻、碑铭拓片，大约有一千五百册。

我国学者对托忒蒙古文文献资料的研究相对滞后的现象在这一时期显得比较突出，笔者从内蒙古大学图书馆蒙古学部编辑的《全国蒙文报刊蒙古学论文资料索

---

① 罗常培、蔡美彪：《八思巴字与元代汉语》（资料汇编），科学出版社，1959 年，第 40 页。

引》（1939—1983 年）中搜索的结果，只有以下几篇文章填补那个时期的空缺。它们分别是：却精扎布先生在《内蒙古大学学报》1977 年第 1 期发表的《新近发现托忒文唐僧传》、巴德玛先生在《蒙古语文》1957 年第 1 期发表的《关于托忒文的正字法》、帕格巴扎布先生在《内蒙古大学学报》1963 年第 3 期发表的《如何使用托忒文正确记录汉文借词》、莫·乌尼乌兰先生在《蒙古语文》1983 年第 3 期发表的《关于托忒文创制年代的探索》等。相关著述里值得一提的是却精扎布先生和托·巴德玛先生合著的工具书《蒙古文和托忒蒙文对照蒙语辞典》，新疆人民出版社于 1979 年出版，其使用价值仍在发挥。

少数学者有意识地搜集托忒蒙文文献资料，可谓是这一时期的一个亮点。如原籍在新疆的额尔德尼先生，在内蒙古学习期间用蒙文和托忒蒙文抄录了一些涉及四卫拉特的史料。

第五节　突厥语民族

根据突厥语民族的社会历史、语言特点、文字类型三大标准，可以将突厥语族古籍分为三个时期：（1）古代突厥文古籍时期（公元 6 世纪—9 世纪）；（2）回鹘文古籍时期（公元 9 世纪—15 世纪），可再分为两个阶段，即公元 9 世纪—13 世纪的回鹘文古籍阶段和公元 13 世纪—15 世纪的回鹘—察合台文古籍阶段；（3）察合台文古籍时期（公元 15 世纪—19 世纪）。

我国汉文古代史籍很早就记载过有关古代突厥人的文字，如《周书·突厥传》中记载："其书字类胡"；《北齐书·斛律羌举传》记载："代人刘世清……通四夷语，为当时第一。后主命世清作突厥语翻涅槃经以遗突厥可汗"。除此之外，我国有关古代突厥文文献的记载也远早于国外。早在新旧唐书中就详细地记载过古代突厥文《阙特勤碑》。《旧唐书》第一九四卷中说："阙特勤死，（玄宗）诏金吾将军张去逸、都官郎中吕向，赍玺书入蕃吊祭，并为立碑，上自为碑。"公元 13 世纪诗人耶律铸在其《双溪醉隐集》中也写道："和林城，毗伽可汗之故地也。岁末，圣朝太宗皇城北，起万安宫。城西北七十里有毗伽可汗宫城遗址。东北七十里有唐明皇开元壬申御制御书阙特勤碑。"但直到公元 19 世纪末以前，古代突厥文究竟为怎样的文字，其结构如何，世人并不清楚，它成为一种无人知晓的死文字。

公元 19 世纪末 20 世纪初，随着各国考古队、探险队在中亚各地进行考古发掘，先后发现了《阙特勤碑》《毗伽可汗碑》（此二碑 1889 年由俄国的雅德林采夫在鄂尔浑河流域的和硕柴达木湖畔发现），《翁金碑》（1891 年由雅德林采夫在蒙古翁金河畔发现），《塔拉斯碑》（1896—1897 年由卡拉乌尔和海开勒在吉尔吉斯斯坦共和国的塔拉斯河流域发现），《暾欲谷碑》（1897 年由克莱门茨夫妇在巴音楚克图发现），《回纥英武威远毗伽可汗碑》（又称《磨延啜碑》或《葛勒可汗碑》，1909 年芬兰兰司铁在蒙古西耐乌苏发现)、《苏吉碑》(1909 年由兰司铁在蒙古苏吉地方发现)、《阙利啜碑》(1912 年波兰学者阔特维奇在蒙古乌兰巴托依和硕特发现)、《塔里亚特碑》(又称《磨延啜第二碑》, 1957—1970 年在蒙古后杭爱省塔里亚特发现)、《塞维列依碑》(1969 年俄罗斯学者克里亚什托尔内在蒙古西南接近我国甘肃的塞维列依地方发现)、《雀林碑》(1971 年在蒙古乌兰巴托东南 180 公里雀林驿站发现), 以及在叶尼塞河流域发现的文字简短的墓志铭, 在不同地区发现的刻在岩壁上的题记和日常用器上的铭文。古代突厥文写本是在 21 世纪初随着新疆、甘肃敦煌大批古代文物的出土而先后被发现的, 其中最重要的有斯坦因在甘肃敦煌千佛洞发现的《占卜书》和新疆米兰出土的军事文书以及吐鲁番地区鄯善县吐峪沟发现的写本残卷。

我国对古代突厥文及其古籍报道和记载虽先于国外, 并拥有浩如烟海的大量有关古代突厥诸民族历史、地理、政治、经济等方面的汉文史籍, 但近代我国在政治上逐渐沦为半殖民地半封建的国家, 遭受着帝国主义列强的压迫和掠夺, 在文化事业上, 科学文化萧条衰落, 社会科学特别是少数民族文献的科学研究, 几乎无人问津。古代突厥文的研究也同样如此, 虽偶尔有一些有志之士写过几篇文章, 但只是简单介绍性的。正当国外在古代突厥文古籍研究上取得丰硕成果之时, 我国还只是着手于翻译国外的一些研究成果。这一工作在我国当时的历史条件下虽是完全必要且非常重要的, 对推动我国古代突厥文献研究起了极大的作用, 但我国的古代突厥文研究在当时已落后于国外, 则是不争的事实。中华人民共和国成立后, 我国各族人民成了国家的主人, 有使用本民族语言和文字的权利和自由。民族语文的科学研究在党和政府的关怀下逐步发展起来。古代突厥文古籍的研究工作也取得了引人瞩目的可喜成就, 发表和出版了大量有分量的论著。

中华人民共和国成立后, 随着少数民族在政治上获得平等地位, 各民族的语言文字逐步广泛地应用于各个方面。同时, 民族语文的教学和科研工作也随之发展起来。此前, 一般人只知道《阙特勤碑》《毗伽可汗碑》《暾欲谷碑》《磨延啜碑》和《九姓回鹘可汗碑》这 5 个碑铭, 有汉文译文的也仅限于前四碑, 而这四碑的汉文译文又都是根据德、英文转译的。对这些译文学者虽有大量的考证, 但最终没有能够完全摆脱外文的束缚。

1958 年, 岑仲勉先生根据英文译本改译了韩儒林先生所译的《阙特勤碑》《毗伽可汗碑》和《暾欲谷碑》, 收入其《突厥集史》下册。1963 年, 冯家昇先生写过一篇《1960 年吐鲁番新发现的古突厥文》[①]。该文对吐鲁番雅尔和屯西南洞壁上的古突厥文刻记进行了研究。同年, 耿世民先生在《新疆文学》第 1 期发表了《谈谈维吾尔古代文献》一文, 文中简略地介绍了古代突厥文古籍。

岑仲勉是中国著名历史学家。1937 年经陈垣推荐进入中央研究院历史语言研究

---

① 《文史》, 1963 年第 3 辑。

所工作，同年 7 月至 1948 年 6 月任该所专任研究员。1948 年 7 月至 1961 年 10 月任中山大学历史系教授，先后担任《隋唐五代史》《唐代石刻文选读》《两汉西域学》《蒙古初期史》《隋唐史》等课程。岑仲勉治学深受清代西北史地学派的影响，把《西域水道记》《汉书西域传补注》《登科记考》的作者徐松奉为先驱，有《汉书西域传地理校释》和《登科记考订补》之作。在中外史地研究方面、尤其是西北史地方面，出版有《西突厥史料补阙及考证》《突厥集史》《中外史地考证》等。

中华人民共和国成立前，我国的回鹘文研究一片空白。自 20 世纪 50 年代起，我国学者开始对回鹘文进行研究。冯家升先后发表了《回鹘文写本〈菩萨大唐三藏法师传〉研究报告》①《刻本回鹘文佛说天地八阳神咒经研究——兼论回鹘人对于〈大藏经〉的贡献》②《回鹘文斌通（善斌）卖身契三种》③。其中冯氏上文《研究报告》分九部分，对回鹘文写本《菩萨大唐三藏法师传》的译者、翻译年代、回鹘文译文等进行了详细论述，并整理出"本书残叶与汉文本卷叶对照表"，对第七卷的两叶进行了转写。

冯家昇先生是我国著名考古学、历史学、语言学家，他对古回鹘文、突厥文都有较深的研究。中华人民共和国成立后，他任考古研究所研究员。1952 年，被调到中央民族学院研究部任研究员。1958 年，中国科学院民族研究所成立后，他在这里任二级研究员兼少数民族社会历史研究室副主任。1959 年 5 月，根据中国科学院和苏联科学院的合作计划，他参加了苏联科学院民族学研究所组织的"中亚调查队"，前往苏联的乌兹别克、塔吉克、吉尔吉斯、哈萨克、土库曼 5 个加盟共和国和卡拉卡尔巴克自治共和国进行调查，为期三个多月。1958 年，人大民族工作委员会发起组织各民族的社会调查，他积极参加，投身到西北组的工作中去。为此，他在新疆住了多年，做了大量的调查工作，取得了第一手资料，编撰了《维吾尔族史料简编》一书。20 世纪 60 年代，冯家升又发表了《回鹘文契约二种》④《1959 年哈密新发现的回鹘文佛经》⑤。冯家升先生开我国回鹘文研究之先河，为我国该领域的研究做出了贡献。

中华人民共和国成立初期，突厥语族古籍的搜集、保存、整理和研究工作归属于新疆文化厅负责。1957 年 5 月，在乌鲁木齐市召开了新疆维吾尔自治区作家协会首次代表大会，并成立了文学批评和研究室，具体负责突厥语族古籍的搜集、整理和研究。1978 年 9 月，新疆维吾尔自治区社科院筹备领导小组成立，古籍工作分属新疆博物馆、新疆大学和社科院负责，直到 1983 年 9 月，新疆维吾尔自治区少数民族古籍收集整理出版规划领导小组办公室成立。

---

① 考古学专刊丙种一号，1953 年。
② 《考古学报》，1955 年第 9 册。
③ 《考古学报》1958 年第 2 期。
④ 《文物》，1960 年第 6 期。
⑤ 《文物》，1962 年第 7 期，第 8 期。

第二章 20世纪50年代至70年代民族古籍的整理与研究

耿世民先生译《乌古斯传》① 于1963年内部打印稿。

这一时期，我国学者发表了一些论著。其中有：玉素夫的《新疆历史的伟大遗产》②；光天的《略谈维吾尔族的古典文学》③；阿合买提·孜牙依的《关于维吾尔古典文学的发展及其我们学习的内容》④；玉素夫的《维吾尔古典文学及古典文学的收集、学习和研究》⑤；耿世民先生的《古代维吾尔人的语言和文字》⑥；王岳的《百花坛中的一朵美丽的花——维吾尔文学简介》⑦；耿世民先生的《谈谈维吾尔古代文献》⑧《古代维吾尔族汉文翻译家僧古萨里》⑨《谈谈维吾尔族的古代文字》⑩《两件回鹘文契约的考释》⑪《回鹘文摩尼教寺院文书初释》⑫《大元肃州路也可达鲁花世袭之碑回鹘文部分译释》⑬《回鹘文〈玄奘传〉第七卷研究》⑭；阿布都秀库尔、郝关中发表了《〈乌古斯传〉译注》⑮。耿世民、魏翠一译《福乐智慧》出版（新疆人民出版社，1979）；阿布都克尤木、伊斯拉菲尔刊布《乞斯塔尼伊利克伯克故事》⑯ 等。

新疆维吾尔自治区的古籍收集与整理工作起步较早。从1950年开始，在新疆首先开始搜集与整理《十二木卡姆》工作。喀什著名音乐家吐尔地阿洪（1881—1956年）为这一工作做出了巨大的贡献。在新疆维吾尔自治区文化厅主持下，1952—1959年曾多次派人去喀什、沙车、和田、库车、哈密、伊犁、乌鲁木齐等地搜集古代手抄本和文献。据1957年2月22日《新疆日报》报道搜集到的古代文献超过两千余件。

吐尔地阿洪（1881—1956年）是著名维吾尔古典音乐《十二木卡姆》演唱家。出生在新疆维吾尔自治区英吉沙县的一个贫苦民间艺人世家。年轻时从其父台威库勒阿洪学习喀什、莎车地区的十二木卡姆和维吾尔民间音乐。后来在喀什、莎车、和田等地颠沛流离，以卖艺为生。自1901年始，他在喀什、莎车、和田等地从事木卡姆演唱活动，是能按照木卡姆音乐的三大部分进行演唱的为数不多的民间艺人之一。他演唱的木卡姆，以结构完整、风格古朴、内容丰富而著称，深受维吾尔族人

---

① 载中央民族学院民族系编《维吾尔族历史资料选辑》。
② 《新疆文艺》维文版，1955年第5期、第6期。
③ 《光明日报》，1956年7月13日。
④ 《新疆日报》维文版，1957年5月31日。
⑤ 《新疆日报》维文版，1957年6月30日。
⑥ 《少数民族语文论集》第1集，中华书局，1958年。
⑦ 《文学知识》，1959年第6期。
⑧ 《新疆文学》，1963年第4期。
⑨ 《图书评介》，1978年第2期。
⑩ 《图书评介》，1978年第4期。
⑪ 《中央民族学院学报》，1978年第2期。
⑫ 《考古学报》，1978年第4期。
⑬ 《民族研究》，1979年第1期。
⑭ 《民族语文》，1979年第4期。
⑮ 《新疆大学学报》，1978年第1期。
⑯ 《塔里木》维文版，1979年第7期。

民的爱戴。

他从 1952 年开始，先后在莎车、喀什文工团传授木卡姆音乐。与此同时，他还配合新疆的民主改革，创作了《天下农民是一家》《友谊》等歌曲，并将其父亲遗留下来的《我的春天、我的花坛》等三十多首歌曲，奉献给人民。

吐尔地阿洪对音乐的贡献，是用他自己的演唱与演奏，较完整地保存了喀什、莎车地区的大型音乐、歌舞套曲《十二木卡姆》。1950 年和 1955 年曾两次应邀到乌鲁木齐为《十二木卡姆》搜集、整理小组演唱木卡姆乐曲。小组对他所掌握的木卡姆音乐，进行过系统的录音、记谱和整理工作，其中第二次以近两年半的时间演唱了《十二木卡姆》（上、下册），为搜集、整理和保留木卡姆这一文化遗产做出了重要贡献。1960 年正式出版《十二木卡姆》，成为中国民族音乐文化宝库的珍贵遗产。

20 世纪 50—70 年代这一时期，我国学者还发表了部分察合台文古籍的译本，如阿合买提·孜牙依编《热碧亚—赛丁》①，阿合买提·孜牙依编《凯旋书》②，伊明·吐尔逊编《翟黎里诗集》③《长帽子玉素甫汗》④，赵维新等译《热碧亚—赛丁》（作家出版社，1959 年），新疆少数民族社会历史调查组编译《伊米德史》（上、下）（油印本，1960 年），阿不都热西提·伊斯拉米译《拉失德史补编》（新疆少数民族社会历史调查组 1960 年印制），刘发俊译《帕尔哈德与西琳》（上海文艺出版社，1962 年），《格则勒诗集》⑤，铁依甫江刊布《古穆纳木诗集》⑥，《帕尔哈德与西琳》⑦ 等。

1978 年，新疆成立了"木卡姆演唱组"，恢复了对《十二木卡姆》歌词曲谱的整理工作。

第六节　满—通古斯语民族

一、满文古籍

满族是中华民族大家庭的重要一员，作为清朝的建立者，为我国统一多民族国家进一步发展、巩固和开发祖国边疆，维护领土完整做出了巨大的贡献。与此同时，由于本民族文字满文的创制和发展及在整个清朝的特殊地位，形成了大量的满文文书档案和图书资料，为丰富中华民族的文化宝库做出了杰出贡献。这不仅为后来的

---

① 《新疆文艺》，1957 年第 6 期。
② 《新疆文艺》，1957 年第 7 期至第 9 期。
③ 《新疆文艺》，1957 年第 12 期。
④ 《新疆文艺》，1958 年第 1 期。
⑤ 《塔里木》，1962 年第 6 期。
⑥ 《新疆文艺》，1962 年第 8 期。
⑦ 《新疆文艺》，1963 年第 1 期，第 2 期。

研究者提供了丰富的资料，而且对于今天的经济、文化等各方面建设都具有很高的参考价值。早期的满文，是明万历二十七年（1599年）由大臣额尔德尼、噶盖奉努尔哈赤之命，以蒙古文字母为基础而创制的，史称"无圈点满文"或"老满文"。后来在天聪六年（1632年），达海奉皇太极之命，在老满文字旁边加点加圈，改变某些字母形体，增加部分新字母和一些拼写，创制了专门拼写外来音的字母，史称"有圈点满文"或"新满文"。经过改革后的新满文比老满文更加完善、成熟，是一种较为成熟的文字。满文在清代作为"清文"通行全国，具有特殊地位，广泛用于社会各方面，因此留下了大量的满文古籍文献。

我国的满文古籍，主要是指清代用满文创作的各种著作和以满文翻译的汉文古典名著（也包括少量蒙古文、藏文古籍的满文译著）。① 与满文的创制和发展大致相对应，满文古籍文献的形成也经历了两个发展阶段：第一阶段为形成时期，从满文创制到整个后金时期，内容以历史古籍文献为主，有很高的价值。如《满文老档》《满洲实录》《天聪九年档》等。第二阶段为满文文献成熟时期，从清初到清末，历时近三百年，使用新满文。这一时期的文献内容非常丰富，涵盖政治、经济、军事、文化、语言、地理、舆图、宗教、医药等方面。如《洪武宝训》《御制资政要览》《辽史》《御制劝善要言》《大清全书》《大清会典》《皇清开国方略》《六韬》《尼山萨满》《御制五体清文鉴》《皇舆全览图》《御制数理精蕴》《清文西洋药书》《八旗满洲氏族通谱》等。这些满文古籍文献全面记录了满族及整个清代的社会历史、语言文学、风俗习惯、宗教信仰和民族关系等各个方面的内容。它既包括官方的、公开出版的满文文献，也包括民间的、没有公开出版的满文文献。②

满文文献数量庞大，可谓"浩如烟海"。据统计，迄今保存下来的满文档案有200万件以上，其他古籍图书约一千种，若按版本计算，可达两千余种。③ 因此，对其进行分类和梳理具有一定的难度。从使用文字上，可分为老满文文献和新满文文献；从文献形式上，可分为文书档案和图书；从内容上，又可分为历史文献、语言文献、文学文献、翻译文献、军事文献、地理文献、医药文献及自然科学文献等。季永海先生认为，满文古籍文献大体可以分为以下六大类：④ 1. 文书档案。满文文书档案是清朝最高统治者皇帝、中央和地方各级机关处理政务活动中形成的以满文缮写的各种公文的总称，时间起于明万历三十五年（1607），止于清宣统三年（1911年），前后三百多年。虽然由于战乱、灾害等原因，满文档案没有得以完全保存下来，但其数量仍显巨大，仅中国第一历史档案馆保存的满文档案就有二百余万件（册）。这些档案文体齐全，有皇帝颁发的诏令文书，如制、诰、敕、谕等；有臣工上奏的文书，如题、奏、启、揭帖、表、笺等；有官署往来的文书，分上行文、

---

① 屈六生：《简论我国满文古籍的整理出版工作》，载《满学研究》第二辑，民族出版社，1994年。
② 吴昕阳：《满文古籍文献述略》，载《满族研究》，1997年第4期。
③ 吴元丰：《满文与满文古籍文献综述》，载《满族研究》，2008年第1期。
④ 参见季永海：《漫谈满文古籍文献及其整理》，载贾春光等编《民族古籍研究》，民族出版社，1987年。

下行文、平行文。此外，还有修书各馆档案，如圣训、实录、本纪、起居注、方略等。现存的满文档案，按其形成的特点，又可分为公文原件、编年体汇抄的档簿、纪事本末体汇抄的档簿、日行公事档簿、修书馆档案及满文舆图六类。2. 著译图书。满文图书的种类也比较多，现存的满文图书约一千种，主要有刻本、写本、抄本、晒印本、石印本、印影本、铅印本 7 种，其中刻本和写本占绝大多数，有官修，也有私著。文字种类上有满文的，有满汉合璧的，有满、汉、蒙古、藏合璧的，多者有六七种民族文字合璧的。但是单一用满文撰写的较少，而由其他民族文字主要是汉文翻译成满文的典籍数量较多。如《刑部会典》《通鉴》《辽史》《金史》《元史》《明史》《三国演义》《水浒传》《西游记》《金瓶梅》等。在这些译著图书中，最为瞩目和珍贵的当属满文《大藏经》。此外，清代在编纂满文或满文与其他民族文字合璧的辞书方面，也取得了巨大的成就。这些辞书种类繁多、分类详细、具有较高的水平。如《大清全书》《御制五体清文鉴》《御制清文鉴》等。3. 地理舆图。清代的地理舆图资料，有天文、舆地、江海、河道、武功、巡幸、名胜、寺庙、山陵等 13 类。文字上有满文、满汉合璧；版本上，有绢本彩绘和纸本墨描。就其内容、规模而言，不仅有全国性的大地图、分省图，而且还有边疆地图及少数民族分布图等专题性地图。其中比较有代表性的，如全国性的地图《皇舆全览图》《清内府一统舆地秘图》；边疆地图和民族分布图有《云南军管图》（满文、纸本彩绘）、《口外各路图》（满文）、《内外蒙古地图》（满汉合璧、纸本墨描）、《乌拉等处地图》（满汉合璧、纸本墨描）、《法库门科尔沁图》（满汉合璧、纸本墨描）、《盛京舆图标注》（满文）、《台湾图》（满汉合璧、纸本墨描）等。4. 金石刻辞与木牌。满族及其先人有木牌记事的传统，主要有 20 世纪 40 年代中期在北京故宫博物院文献馆发现的 26 支满文木牌。文献数量和种类较多的还是碑刻。据不完全统计，仅北京就藏有刻石拓片六百余件。在文字上，这些碑刻多为满、汉文合璧的，少量为满文，或满文与其他民族文字合璧的。其代表性的有《达海碑》《太平寺碑》和《实胜寺碑》。5. 谱牒与家谱。清代凡皇族之生死、婚嫁、封爵、升降、教养、抚恤等事，均由宗人府记录，分别按期汇编谱牒，分玉牒、黄册、星源吉庆 3 种。这当中以玉牒的史料价值最为丰富。所谓玉牒，就是封建皇帝的家族谱。在历朝历代所修的玉牒中，只有清朝的玉牒得以完整保存下来。清代从顺治十八年（1661 年）开始修玉牒，共修玉牒 28 次。早期玉牒用满文书写，雍正朝开始用满、汉两种文字。此外，满族也给我们留下了不少用满文书写的家谱。这些谱牒与家谱文献，对我们研究清代的典章制度、宫廷历史以及满族人口学都有参考价值。6. 口传文学。满族口传文学是满族劳动人民口头创作的文学作品，内容和形式丰富多彩，流传下来的有神话传说、民间故事、歌谣等。有些传说还被统治者写入正史中，如关于始祖布库哩雍顺是天女所生的神话传说等。这些口传文学里也包含了丰富的史料价值，近年来也得到了重视，但是我们在利用的时候仍需甄别和考证。

现存的满文古籍文献主要分布在国内外几十座图书馆和科研机构。我国作为满族的故乡,在满文古籍文献的收藏上具有得天独厚的条件,无论在文献的种类还是数量上都占有绝对的优势,在国内仅次于藏文古籍的数量,位居民族古籍的第二位。在诸多收藏地区当中,藏有满文文献最多的当属北京地区,其种类、数量均占全国总数的75%,其中又以北京图书馆(今国家图书馆)、故宫博物院和中国第一历史档案馆三家收藏最为丰富。① 除北京地区外,满文文献收藏较丰富的地方有东北、内蒙古地区。东北地区又以沈阳、大连、哈尔滨、齐齐哈尔等地居多;内蒙古地区满文文献集中藏于内蒙古社会科学院、自治区图书馆和内蒙古大学等单位。此外,新疆、西藏和台湾地区也藏有一定数量的满文文献。台湾地区所藏以原本《满文老档》价值最高,还有一些奏折和起居注。除中国外,其他国家和地区也有搜藏。其中以日本收藏量最大,主要集中在东洋文库和天理图书馆,是除了中国以外收藏量最多的,其中也不乏精品。如《满文老档》(胶片)和孤本《镶红旗档》。俄罗斯国立列宁格勒大学高尔基科学图书馆东方部,东方学研究所列宁格勒分所手稿部,谢德林公共图书馆等处都藏有满文文献。在美国,国会图书馆就藏有满文文献8916册。② 德国也保存有一定数量的满文古籍文献,据关德栋先生在德国柏林国家图书馆所见有七十余种。③ 此外,英国、印度及法国的一些机构也有数量零散的收藏。

面对这些散存各地、种类繁多、数量巨大的满文文献,对其进行整理和研究是我们的责任。但是由于这些文献本身的复杂性,加上语言的障碍,这项工作显得十分艰巨。在满文文献的整理和研究上,我们起步是比较早的,可以追溯到公元18世纪40年代。乾隆六年(公元1741年),乾隆令人翻阅《无圈点字档》,然后从中捡出难认之字,依照十二部头,编成《无圈点字书》。三十多年之后,乾隆又决定重抄《无圈点字旧档》,令大学士舒赫德、于敏中及阿桂负责。他们不仅用老满文重抄3部《无圈点字旧档》,还用新满文转写了3部《无圈点字旧档》,并在转录和抄写过程中对档案出现的地名、人名、时间、官职以及文字,都进行了必要的考证。从某种意义上说,《无圈点字书》的编写和《无圈点字旧档》的重抄工作,开了满文古籍文献整理和研究的先河。④ 但可惜此后并没有持续下去,一直处于停顿状态。直到20世纪初,满文文献才又重新被世人所重视。1905年,日本《朝日新闻》记者内藤湖南利用日俄战争结束之机对沈阳周边地区的古迹和历史文献进行了调查,发现了沈阳故宫崇谟阁存放的乾隆重抄本《无圈点字旧档》。第二年回国后,内藤湖南在《早稻田文学》发表了题为《在奉天宫殿看到的图文》一文,对乾隆重抄本《无圈点字旧档》进行了介绍,引起世人注意。从此至中华人民共和国成立前,满文文献整理和研究进入了草创时期。这一时期的满文文献整理和研究工作,不论是中国还是外国,都处在一个起步的阶段,大多以文献的搜集为主。1912年,时任日

---

① 屈六生:《简论我国满文古籍的整理出版工作》,载《满学研究》第2辑,民族出版社,1994年。
② 包和平等:《国外对中国少数民族文献的收藏与研究概述》,载《情报业务研究》,2002年,第6期。
③ 关德栋:《德国柏林国家图书馆现存满文书简记(一)》,载《满族研究》1994年第3期。
④ 吴元丰:《满文与满文古籍文献综述》,载《满族研究》,2008年第1期。

本京都帝国大学教授的内藤湖南与同事羽田亨博士再次来到沈阳，将全套《满文老档》及部分《五体清文鉴》照相带回日本。这是日本有意识搜集满文文献的开始。之后又有和田清氏和松村太郎氏积极为东洋文库搜集和购买满文书籍。加上其他的一些搜集，日本的满文文献数量也相当可观。东洋文库在 1933 年 12 月编辑了专门的满文文献目录，共选录了 178 件满文和蒙文文献。[①] 中国发现和搜集满文古籍文献则又是另一种情况。与日本相比，同时代的中国显得并没有那么爱惜这些珍贵的满文文献，甚至遭到当废纸贱卖的命运。最后大批满文档案文献得以保存下来，很大程度上要归功于罗振玉的慧眼识珠和努力。1910 年，罗振玉请示将内阁大库搬出后准备焚毁的档案移交学部，搬到国子监南学和学部大堂后楼暂存，避免了一次灾难。1921 年，罗振玉更是自己出高价从纸店买回了被历史博物馆卖掉的 8 千麻袋共 15 万斤中的 12 万斤档案，这些档案又躲过一劫，得以保存下来。1924 年 11 月，冯玉祥将溥仪驱逐出宫。1925 年 10 月成立故宫博物院，下设古物馆、图书馆和总务处等机构。图书馆下分设图书和文献二部，分别负责图书馆和档案的保管工作。1929 年文献部改称文献馆。此后，文献馆招聘了一批专业人员，清查故宫内存放的满汉文图书档案，进行妥善处理，同时开始整理编目，满文文献才大量发现并被世人所熟知。乾隆年间整理重抄的《满文老档》共 40 册就是这期间发现的。伴随着大量满文文献的发现，一些学者开始对其进行整理和研究，取得了初步的成果。这当中出力最多、取得开拓性成果的是当时通晓满文的学者鲍奉宽、齐增桂、李德启、张玉全、鲍育万五位先生。他们整理了康熙至宣统年间的《满文起居注》《满文黄册》及军机处档案等。此外还对清代早期珍贵档案《满文老档》和《满文木牌》进行了整理和研究。在整理和研究的过程中，他们在《文献特刊》及《文献论丛》上发表了相关的学术论文。代表性的有：李德启撰《〈满文老档〉之文字及史料》《阿济格略明事件之满文木牌》，张玉全撰《述〈满文老档〉》《关于清三藩事件之满文史料》。李德启还编写了《满文书籍联合目录》，张玉全又对乾隆朝编纂的满文《无圈点字书》进行了校补。国外方面取得一定研究成果的是日本。主要有 1932 年渡部薰逊太郎出版了一部名为《增订满洲图书目录》的满文著作目录和 1938 年今西春秋以《满和对译满洲实录》的名字出版了满文《满洲实录》的日文译本。另外，利用这些满文文献，今西春秋发表了《满文老档重抄年次补说》，三田村泰助撰写了《关于天命建元的年代——太祖"满文老档"考察》《满洲国成立过程考察》等论文。

客观地说，20 世纪初至中华人民共和国成立前这一阶段的满文文献整理和研究工作成果不多。对满文文献的系统整理和研究是在中华人民共和国成立后。从 1949 年至今，满文古籍整理和研究工作走过了 70 年的风雨，经历了起步、停滞、复兴、发展和繁荣几个阶段。经过几代人的不懈努力，在发掘整理、著录编目、翻译出版

---

① 何溥滢：《日本收藏满文文献概述》，载《满族研究》，1996 年第 4 期。

和专题研究等各方面均取得了显著的成绩。这些成果，有力地推动了相关学术研究的深度和广度，丰富了中华民族的文化宝库。

20世纪50—70年代的满文文献整理和研究工作经历了从起步到停滞的一个过程。因此，我们又可以大致把这个阶段分成两个小阶段：(1) 从中华人民共和国成立到"文革"前。这一阶段为满文文献整理和研究工作的起步阶段，为满文古籍文献整理研究工作的发展做了物质和人才上的准备。(2) "文革"时期及其结束。这一时期的成果以中国台湾地区和日本为主，大陆地区的整理研究工作基本处于停滞状态，拉开了与国外及其他地区的差距。以下分别概括和论述。

(一) 从中华人民共和国成立到"文革"前

中华人民共和国成立后，结束了长期的混乱状态，社会得到稳定，各行各业都处于恢复和发展建设阶段。党和国家非常重视满文事业的发展，做了大量的工作。首先是文献档案的接收和征集工作。为了对流散各地的满文文献进行妥善接收、征集和保管，国家建立了国家级的图书馆、档案馆等机构，对这些文献进行统一的管理。中华人民共和国成立后，根据中苏文化交流协议，苏联将1900年沙俄入侵我国东北时掠走的东北地方档案交还我国，其中就有相当数量的满文档案。此外，国家档案局还派人接收了南京史料征集处保存的清代档案三千多箱，运回北京，其中就包括满文《实录》《圣训》《玉牒》和题本等珍贵文献，还接收了北京大学、大连等处保存的部分满文散佚档案。与此同时，党和政府也十分关心满文专业人才的培养。在周恩来总理的关心下，1955—1957年，中国社会科学院语言学研究所和近代史研究所联合开办了两期满文学习班，由蒙古学者克敬之老先生任教。这两期学习班共招生学员20人，培养了中华人民共和国第一批满文专门人才，及时解了国家档案部门和科研单位的燃眉之急。1961年，又经周总理批准，转交国家民委办理，决定在中央民族学院（今中央民族大学）开办满文班，招收应届高中毕业生21名，学制5年，满文学科正式纳入高等教育轨道。满文课程由赵玉麟、涂常胜、钟棣华、关霞华先生任教，清史和满族史由王钟翰先生任教，语言学由马学良教授任教。郑天挺教授还做了清史与满文档案专题讲座。学员在中央档案馆明清档案部实习半年，整理了乾隆二十年以前军机处录副奏折一万五千余件，受到了专业化的训练。[①]

由于处在起步阶段，人员的成长也需要一定的时间和过程，因此这一阶段满文文献整理和研究的成果并不突出。我国在满文文献的整理上，仅有1957年民族出版社将北京故宫博物院所藏写本《五体清文鉴》36卷影印出版和1959年国家档案局明清档案馆（中国历史档案馆前身）将5件满文档案汉译编入《清代地震档案史料》出版。国外方面，日本在"二战"结束后不久，便成立了"满文老档研究会"，组织一批青年满族历史专家学者，开始对《满文老档》进行日文译注，并于1955

[①] 关嘉禄：《20世纪中国满文文献的整理研究》，载《中国史研究动态》，2002年第12期。

1963年翻译出版了全7册日文《满文老档》，这是当时日本满学界的顶级研究成果。除此之外，苏联沃尔科娃也于1961年公开发表了《尼山萨满》的满文本和俄译文。在学术研究上，我国的学术成果也不多，见著录的仅有广禄《满文老档与老满文》，李宝田、李毓澍《牛庄城老满文石刻考释（二篇）》，广禄、李学智《老满文原档与满文老档之比较研究》等6篇论文。相对于国内相对薄弱的研究状况，这一阶段国外对满文文献及其相关问题的研究则显得比较活跃。日本方面，利用其收藏的满文文献，形成了对文献本身进行介绍、考证及利用文献来研究满族信仰等问题的成果。如池上二良撰《满语的谚语文献》《在欧洲的满语文献》，神田信夫撰《欧美现存的满语文献》，石浜纯太郎撰《天理的满文书籍》，松村润撰《台湾满蒙语言及文献的实地调查》，今西春秋撰《崇德三年的满文木牌和〈满文老档〉》，三田村泰助撰《近期所获的满文清太祖实录》等文章对满文文献及其收藏情况等方面进行了详细的介绍，这其中还有实地的调查结果，对帮助世人更好地了解满文文献及其收藏情况起到了重要作用。此外，今西春秋撰《〈满文老档〉的重抄年代》，三田村泰助撰《满文太祖老档考》，野见山温撰《满文尼布楚条约之研究》《恰克图条约——以满文条约为中心的文献批判研究》，户田茂喜撰《满文满洲实录记载满族对天、地的崇拜》等文则对《满文老档》年代、尼布楚条约等问题进行了研究，推动了相关研究的发展。

（二）"文革"时期

在经过了20世纪50—60年代初的档案征集、接收、保管和专门人才的培养工作后，我国满文文献整理研究工作出现了勃兴的气象。然而，1966年开始的十年动乱给我国带来了深重的灾难，满文文献整理和研究工作也陷入了停顿。一些满文古籍遭到破坏和损毁，相关研究机构停止了学术活动，之前培养的专业人才有的被迫改行，分配到档案馆、图书馆的人员也无法正常开展工作。这一下拉开了国内在满文文献整理和研究工作水平上同国外的差距。还能值得一提的工作就是在周建人的建议下，经周恩来总理等国家领导人批准，责成故宫博物院明清档案部（今第一历史档案馆前身）开设满文干部培训班，招收21名高中应届生，学制3年。1978年毕业后，其中20名学员都留在故宫博物院明清档案部满文组（今第一历史档案馆前身）工作。我国满文文献整理研究工作得以缓慢恢复。

这一阶段，由于受到"文革"影响，我国大陆地区在研究成果和水平上相对落后于台湾地区和国外学界。国内见于著录的学术论文仅有关孝廉、张凤良《关于〈满文老档〉》1篇。在满文文献的整理上，原故宫博物院明清档案部的满语文工作者着手整理康熙、雍正两朝朱批奏折。此外，辽宁大学历史系刊印了《汉译〈满文旧档〉》及《重译满文老档（太祖朝）》第1、第2、第3分册。

台湾地区和国外在这一时期整理研究的水平和成果都超过了大陆地区。其水平和成果主要表现在：（1）文献整理及其译注出版成果多，不仅有汉译的，而且有日文翻译满文文献出版。台湾地区的有：1969年8月，台北故宫博物院将珍藏的原本《老满文档案》影印分10册出版，题为《旧满洲档》；广禄、李学智合译《清太祖朝老满文原档》第一册（1970年）、第二册（1971年）正式出版；1977年，台北故宫博物院出版《旧满洲档译注》清太宗朝第一册；1977年，出版《宫中档康熙朝奏折》第8、第9辑；1973—1978年《故宫文献》及《台湾人文》先后刊载张葳译注满文上谕等文献51件；庄吉发译注出版《清代准噶尔史料初编》《孙文成奏折》《清语老乞大》等。日本方面有：东洋文库出版了清代研究室编《镶红旗档——雍正朝》及神田信夫、松村润译注的《旧满洲档——天聪九年》。此外，还出版了田村实造、今西春秋、佐藤长编写的《五体清文鉴译解》。另外，1974年韩国汉城大学成百仁教授将《尼山萨满传》第三种手稿译成韩文，题为《满洲萨满神歌》，附录满文手稿影印本出版。(2)利用整理过的满文文献进行相关研究成果显著。伴随着文献的整理、译注的出版，在学术界出现了利用满文文献进行研究的小高潮。如庄吉发撰《清代康熙雍正两朝满文奏折的史料价值》，杨和瑨撰《根据满洲实录译注满文老档一六〇七——六一一年间之证事》，李学智撰《乾隆重抄清太宗满文老档中附签注释老满文之正误》《老满文原档中所载清代八旗制度创立史料之检讨》《从清太祖朝老满文原档"洪字穆昆档"看乾隆重抄满文老档之讹误》，陈捷先撰《台湾的满文碑》，日本神田信夫撰《满洲国号考》，松村润撰《清朝开国传说研究》。户田茂喜还利用《满文老档》发表了《清初满洲天地崇拜与祭祀——以满文老档为例》《〈满文老档太祖纪〉所见满洲对天地的思想——以abka、na、ba三词为对象》等文对满族崇拜信仰等进行了深入的研究。(3)出现了专题性质的研究。如陈捷先著《满文清实录研究》。在书中介绍了清太祖、太宗及后朝实录修纂和改订情况，同时对旧满洲档与满洲实录做了比较研究，使得我们更好地了解满文实录的历史，也补正了清代汉文史料中记录的不足与缺失。此外，李学智撰辑《老满文原档论辑》对1969年台北故宫博物院影印出版《旧满洲档》及该书前言《〈旧满洲档〉述略》所涉整理、印制乃至学术问题提出了自己的看法。通过本书，我们可以更好地了解关于《旧满洲档》相关问题的学术争议。

综上所述，由于受到"文革"的影响，我国大陆地区在满文文献整理和研究上与台湾地区和国外拉开了差距。直到1976年"文革"结束后，各行各业才逐步恢复正常，特别是1978年党的"十一届三中全会"召开后，我国满文古籍整理研究工作才又重新逐步走上了正轨，出现了1979年黄润华、屈六生编纂《北京地区满文图书资料联合目录》和《北京满文石刻拓片目录》等成果。但总体上，这种恢复仍是缓慢的。

二、锡伯文古籍

20世纪50年代末，在全国范围内开展了各民族社会历史调查，对锡伯族古籍资料的搜集工作也从此开始。参加调查的先后有纪大椿、肖夫、黄治国、吉庆、温银山、李子谦等。当时，对锡伯族的社会历史调查分为两组：一组在新疆察布查尔锡伯自治县、霍城、塔城等锡伯族聚居区；另一组赴北京和东北沈阳等地。通过调查，不仅搜集到不少汉、满、锡伯文典籍、文献、手抄传本、家谱、文物、档案、地契、文书、信函等，还搜集到具有一定价值的口碑资料，内容涉及锡伯族历史、军事、生产、八旗组织、民俗、语言、任务、文学艺术、地理等。此外，东北组在辽宁沈阳专访锡伯族家庙太平寺时，发现了具有重要史料价值的"太平寺碑"，并释读了碑文。该碑的发现，不仅将锡伯族历史与文化的研究推向了一个新的高度，还使其资料发掘工作有了新的进展，资料发掘范围得到拓宽，人们的思路更趋开阔。肖夫等人的此次东北社会历史调查，对锡伯族研究及两地锡伯族同胞的社会生活可谓意义重大。首先，拓宽了锡伯族历史研究领域和资料搜集范围；其次，为西北和东北两地锡伯族同胞之间的进一步联系架起了一座桥梁，也使两地同胞初步有了沟通，尤其是为下一步搜集有关锡伯族古籍文献资料打下了基础。

1962—1963 年，在两组搜集的资料的基础上编写出了《锡伯族简史简志合编》。1963 年 11 月，又从这次社会历史调查资料中遴选十余万字译成汉文，编辑成《新疆历史资料》第九辑（锡伯族专辑）。

20 世纪 70 年代初，肖夫、郭基南等人被借调去北京参加土尔扈特历史满文档案的翻译工作。借此机会，肖夫抽空数次去东北各地图书馆和档案馆，继续查阅有关古籍文献、方志和档案，又抄录了数万字资料。20 世纪 70 年代末，肖夫被聘为国家民委"五套丛书"之一的《锡伯族简史》撰稿，在中国第一历史档案馆查阅抄录了许多有关锡伯族的满文档案资料。期间，他又去东北各地继续查阅资料，收获不小。

1979 年，钦玉钦撰文《沈阳太平寺锡伯碑考略》，对 1959 年在辽宁沈阳"锡伯家庙"太平寺发现的"太平寺碑"进行了考证。

总体而言，由于缺乏史料，直至 20 世纪 70 年代末，锡伯族历史研究的论文寥寥无几，没有一部正式出版的专著。至于出版机构，1954 年新疆人民出版社设立锡伯文编辑室，开始编辑出版锡伯文图书。1960 年年初该室下放并入伊犁日报社；1961 年 10 月再次下放并入察布查尔锡伯自治县报社，但仍以新疆人民出版社名义维持部分图书出版，至 1964 年停止其出版活动。从此，锡伯文出版活动整整中断了 18 年。

第七节　回　　族

回族文化是在伊斯兰文化和儒家文化基础上形成的具有鲜明异域特征，又深深植根本土的中国少数民族文化之一。长期大分散、小聚居的民族居住背景，使回族古籍文献形成了以汉语言文字为主体，兼有阿拉伯文、波斯文、小经及藏、蒙、傣等多语言现状和随回族散存于全国各地的特点。这种多语言兼散存的回族古籍文献特点，使回族古籍文献在收藏保护中带有明显优势，即回族古籍因收存地域广阔而不会因一次事件或一场战争被尽数毁灭，故虽屡经磨难却总有保留。历史事实证明，这些得以保留的珍贵回族古籍文献为后人研究回族伊斯兰教历史发展提供了史料保障。但多语言兼散存的特点，也同时给回族古籍整理研究带来了诸多困难，即个体或某一组织很难统观回族古籍文献之全貌，进而全面深入地认识研究它们。

一、收藏与保护

20世纪50—70年代，回族古籍研究与中华人民共和国文化共同经历了初建的事业起步到"文革"止步不前的历史过程。回族古籍文献的收藏保护有以下几种情况：

（一）国家的收藏与保护

历史上回族古籍文献，尤其是汉文字回族古籍被收存于我国各地各类图书馆、档案馆中。20世纪50年代，新的行政区域和少数民族成分一经确定，民族古籍的收藏保护被提到国家文化事业的议事日程上。各地图书馆、档案馆及新成立的伊斯兰教协会、民族研究所等民族宗教事务机构和相关文化单位，面向全国，尤其是民族地区大量征集民族古籍文献并接受管理它们，是中华人民共和国文化建设的重要内容之一。如隶属国家民族事务委员会的中央民族图书馆（原北京文化宫民族图书馆），通过官方面向全国征集到很多珍贵的民族古籍，其中包括回族古籍。这些被国立图书馆收藏的回族古籍文献，因受到国家监管而大多保存至今。

（二）民间的收藏与保护

作为回族宗教文化的主要活动场所，清真寺历来是回族古籍文献重要藏存处所。持续了十年之久的"文革"给国家和人民造成空前的灾难。每个时代、每个民族都有视民族文化如生命的传承人和守护者。无论处境如何险恶，民间以阿訇为代表的回族伊斯兰文化传承者对回族古籍文献的继承保护从未间断过。他们用多方转移、就地深埋等方式，想方设法地保存了许多珍贵的回族伊斯兰教典籍、学术著作、家牒族谱等古籍文献，为传承中华文明做出了贡献。

二、百废待兴 遭遇停滞

20世纪50年代，借全国大规模的少数民族社会历史调查工作之机，中国社会科学院民族研究所与宁夏少数民族社会历史调查组决定开展回族社会调查，联合编写《中国少数民族简史》之《回族简史》。这次调研让许多领导和知识分子开始关注接触回族古籍。在著名回族史学家白寿彝先生的指导下，编写组在发掘研究回族古籍文献的基础上，于1963年完成了中华人民共和国第一部《回族简史》。该著作

1978年得以出版。20世纪50年代初期,《人民西北》《西北文艺》等刊物发表了《西吉回民的山歌》等文章,介绍、呼吁重视回族口传文化和少数民族民间文学。西北的一些省区先后整理出版了一批回族歌谣集。1950年,唐剑虹等辑录、新华书店兰州分店出版的《西北回族民歌选》是中华人民共和国成立以后回族历史上第一本民歌集;1954年何其芳、何如松编选的《陕北民歌选》中,首次刊印了宁夏回族民歌;1958年全国掀起收集民歌运动,1959年开始陆续编辑出版《中国各地歌谣集》《中国各地民间故事集》和《中国民间叙事诗丛书》。其中宁夏回族自治区文联筹备组编选的《回族歌谣》汇集了这一时期回族民歌,成为回族民间文学发展历史上的珍贵资料。这些回族民间文学作品的出版和发表使得回族民间文学遗产得到大力抢救,同时也徐徐拉开了回族文学研究的序幕。

这时期,对我国海外交通史及著名回族航海家郑和的古籍文献整理研究成果较为突出。1957年,海交史家和考古家吴文良先生将其用30年时间搜集的碑刻整理成《泉州宗教石刻》,交由科学出版社出版。该书出具的八十多方伊斯兰教图录史料,证实了泉州是我国宋元时代海交巨埠和"海上丝绸之路"重要起点。它是我国第一部以泉州古代外来宗教石刻为主要内容的碑刻图录文献集。台湾学者编撰的十余部有关著名回族航海家郑和的研究成果[1]也陆续出版。如周钰森《郑和航路考》(台北:中国航海技术研究会,1959年);徐玉虎《郑和时代航海术语与名词之诠释》(台北:《辅仁大学人文学报》第1期);包遵彭《郑和下西洋之实船考》(台北:中华丛书编审委员会,1961年);徐玉虎《明代郑和航海图之研究》,(台北:台湾学生书局,民国1976年)等。这些成果,是今天我们深入研究中国海外交通史、中国伊斯兰教发展史、回族的形成与发展及回族对中国航海事业贡献等的重要文献依据。

总体来说,中华人民共和国成立前30年的回族古籍文献整理研究事业尚未正式起步,就遭遇封沉停滞。"文革十年",中国内地的回族古籍整理研究几近空白。

第八节　其他民族

一、西夏文古籍

"第二次世界大战"使全世界的西夏研究陷入了沉寂。20世纪50年代以后,苏联和日本率先开展了对西夏语言、文字和历史的重新探索,并且取得了令世人瞩目的成绩。相比之下,中国的学术元气却久久未能得到恢复。老专家王静如虽然健在,终因频繁的政治运动而无暇他顾。青年人在那一段时间受的教育残缺不全,还没有

---

[1] 见何耀光、郑敏如撰文《对中国海权发展巅峰的认知——再探郑和七下西洋》之"附注"。

能力凭自己的力量开拓新的研究领域。所以在 20 世纪 50—70 年代的这 20 年间，中国报刊上发表的文章多是对西夏历史的一般性介绍，基本没有对西夏文献本体的探索。不过，毕竟也有一部分学者注意到了国内的西夏文献资源，有意或无意地进行了一些初步的考察，这些考察为 20 世纪 80 年代中国西夏学的复兴打下了必要的基础。

1952 年，在甘肃武威的天梯山石窟偶然出土了一批西夏文佛经，成为中华人民共和国成立以来西夏文献的首次重要发现。1958 年 4 月，为修建黄羊河水库，敦煌研究院和甘肃省博物馆开始对甘肃武威天梯山石窟进行搬迁。搬迁中获得的文物和书籍残片交甘肃省博物馆保存，后来在 2006 年年初交还武威市。这些书籍残片当时无人研究，直至 20 世纪 80 年代陈炳应发表了《天梯山石窟西夏文佛经译释》①，才引起了学术界的重视。

1962 年，两通西夏文"胜相顶尊陀罗尼"石幢在河北保定韩庄出土，证明了在明代中叶保定附近居住着一批从西北地区迁来的党项人。这两通经幢在 20 世纪 70 年代中叶重新引起了人们的注意。史金波和白滨在后来合作的《明代西夏文经卷和石幢初探》②中对经幢末尾的发愿人名录进行了细致的研究，只不过对经幢名称"相胜幢"的判断并不正确（应该是"胜相幢"）。这项研究后来被视为中国青年学者进入西夏学领域的发端。

1964 年，在"振兴敦煌学"口号的驱动下，以王静如为首的老专家带领白滨、史金波、李范文、陈炳应等一批青年学者，对敦煌莫高窟和榆林窟现存的西夏文题记进行了一次比较彻底的考察，所录资料有九十余则，后来见于白滨和史金波合作的《莫高窟、榆林窟西夏资料概述》③。这次考察虽然没有带来民族古籍领域引人注目的大型著作，但由此而建立的基本研究队伍在那以后不久就成了中国西夏学的中坚力量。

1972 年 1 月，甘肃武威市张义乡的农民在进山采药时意外找到了保存西夏文物的亥母洞。甘肃省博物馆在进行初步清理时，从中发现了一些西夏文佛经和世俗文献残片。虽然这些残片的文献价值并不高，但王静如在此基础上撰写的《甘肃武威发现的西夏文考释》④却就此揭开了中国西夏文献学中兴的序幕。

1973 年，史金波和黄润华开始整理北京图书馆（现国家图书馆）所藏西夏文佛经。20 世纪 30 年代北平图书馆购入宁夏灵武出土的佛经之后曾经有周叔迦等人进行过初步的整理，这次整理是在前人基础上的穷尽式研究，希望为入藏以来的首次详细编目作准备。初步整理成果于数年后由史金波陆续发表。

1978 年 6 月，黄振华的《评苏联近三十年的西夏学研究》在《社会科学战线》

---

① 《考古与文物》，1983 年第 1 期。
② 《考古学报》，1977 年第 1 期。
③ 《兰州大学学报》，1980 年第 2 期。
④ 《考古》，1974 年第 4 期。

1978年第2期上发表，标志着中国学者在发掘国内西夏文资料的同时也注意到了国际上的研究成果。在这篇长文里，作者对苏联20世纪60年代出版的两部巨著——克恰诺夫的《西夏史纲》和索弗罗诺夫的《西夏语文法》提出了近乎尖刻的批评。事实上，俄国学者的著作本身固然存在缺陷，但当时中苏的紧张关系才是导致这篇文章产生的重要因素。

1978年，白滨译、黄振华校订的《西夏文写本和刊本目录》在中国社会科学院民族研究所历史室编的《民族史译文集》第3集发表。俄文原书由戈尔巴切娃和克恰诺夫合编，是当时识别出的俄藏黑水城文献目录。这个中译本虽然未能公开发行，但在当时却是中国学者了解俄罗斯所藏西夏文献情况的唯一依据。在那以后的很长一段时间里，这个中译本一直在中国西夏文献学研究中发挥着不可替代的作用。

二、女真文古籍

女真族是中国北方民族中历史比较久远的民族之一，先秦称肃慎，汉至晋曰挹娄，北魏称勿吉，隋、唐谓之靺鞨，辽代为避兴宗耶律宗真讳而改称女直。女真世代繁衍生息在白山黑水之间，建国前饱受契丹人的统治压迫，辽天庆四年（1114年），辽生女真节度使完颜阿骨打会集各路女真人在宁江州（今吉林省扶余县）起兵叛辽，公元1115年完颜阿骨打称帝，国号大金，建立了以女真族为主体的王朝，与南宋、西夏形成三国鼎立之势。金朝共历九代，太祖完颜旻（1115—1123年），太宗完颜晟（1123—1135年），熙宗完颜亶（1135—1149年），海陵王完颜亮（1149—1161年），世宗完颜雍（1161—1189年），章宗完颜璟（1189—1208年），卫绍王永济（1208—1213年），宣宗完颜珣（1213—1223年），哀宗完颜守绪（1223—1234年），末帝完颜承麟（1234年），延祚119年（1234），被蒙古所灭。此后，女真族除一部分与汉、蒙古等族融合外，其余成为满族的主体。皇太极出于政治上的考虑，于崇祯九年（1636年）改称努尔哈赤建立的后金为"大清"，改女真族名为"满洲"。

女真古无文字，与邻国交往或遇事急则刻"木契"或刻箭为号。《高丽史》卷三《成宗世家》载："四年（985）……先是契丹伐女真，路由我境，女真谓我导敌构祸，贡马于宋，因诬缢高丽与契丹倚为势援，剽摽掠生口。韩遂龄之如宋也，帝出女真所上告急木契以示遂龄曰：'归语本国，还其所俘。'王闻之，忧惧。"《说郛》卷二十五《北风扬沙录》亦曰："（女真）与契丹言语不通而无文字，赋敛调发刻箭为号，事急者三刻之。"辽神册元年（916年），耶律阿保机建国，国号契丹，神册五年（920年），命突吕不和鲁不古创制契丹大字，稍后，太祖之弟耶律迭剌又创契丹小字。此时女真既臣属契丹，与人交往多用契丹字。《金史》卷66《始祖以下诸子》："女直初无文字，及破辽，获契丹、汉人，始通契丹、汉字，于是诸子皆学之。宗雄能以两月尽通契丹大小字，而完颜希尹乃依仿契丹字制女直字。女直既未有文字，亦未尝有记录，故祖宗事皆不载。"不唯如此，契丹字在金朝建立后相当长的时间内一直使用，即使在金天辅三年（1119年）完颜希尹创立女真大字后，契丹字还在金朝通行了一段时间，并占有很高的地位。存世的契丹小字碑铭就有三件刻于金代，一是乾陵无字碑上契丹小字和汉文合璧"大金皇弟都统经略郎君行记"，刻于金太宗天会十二年（1134年）；二是河北兴隆县出土的"萧仲恭墓志"，刻于金海陵王天德二年（1150年）；三是内蒙古敖汉旗出土的"金代博州防御史墓志"，刻于金世宗大定十年（1170年）。直至金章宗明昌二年（1191年），金朝国史院才罢专写契丹字者，《金史》卷九《章宗》载："明昌二年（1191年）四月癸巳，谕有司，自今女直字直译为汉字，国史院专写契丹字者罢之。"

为了加强统治，完善制度，不忘本源，也为了强调"凡事欲轶辽世"，[①] 金朝建立后即开始着手创立自己的文字。关于女真文，史载金朝曾创制女真大、小两种文字。女真大字是金太祖命完颜希尹、叶鲁等创制的，于天辅三年（1119年）颁行；女真小字是金熙宗创制，于天眷元年（1138年）颁行，并与大字一起行用。《金史》卷73《完颜希尹传》："金人初无文字，国势日强，与邻国交好，乃用契丹字。太祖命希尹撰本国字，备制度。希尹乃依仿汉人楷字，因契丹字制度，合本国语，制女直字。天辅三年（1119年）八月，《字书》成，太祖大悦，命颁行之。赐希尹马一匹、衣一袭。其后熙宗亦制女直字，与希尹所制字俱行用。希尹所撰谓之女直大字，熙宗所撰谓之小字。"

女真大字创制之后，并未立刻得到广泛的应用，直到金世宗大定年间（1161—1189年），由于采取了设立女真进士科选拔女真官员和组织人力翻译汉文经书等一系列措施，才使得女真文字得到了广泛的使用。金朝灭亡后，女真文在东北女真人聚居地继续使用。在今俄罗斯境内黑龙江下游东岸特林地方发现的"奴儿干永宁寺碑"，建于明成祖永乐十一年（1413年），阳面刻汉文，额题"永宁寺记"，碑阴刻女真文蒙古文各15行，约有女真字七百余，为碑阳汉文的节译。此碑证明在立石地点范围内女真语仍然作为实际语使用，同时女真文还是当地通行的文字。明代早期，政府对女真人生活诸卫的敕告很长一段时间还沿用女真文书写，直到明英宗正统九年（1445年），遵从玄城卫的请奏，敕文才改用蒙古文。《明英宗睿皇帝实录》卷十三"正统九年二月壬午项"："明英宗正统九年（1445）二月甲午，玄城卫指挥撒升哈、脱脱卫答鲁等奏：'臣等四十卫无识女直字者，乞自后敕文之类第用达达字。'从之。"自此，女真文作为记录女真语的交际文字逐渐退出历史舞台，最终成为无人可识的死文字。

与19世纪末由西方探险考古掀起的古文字研究浪潮相呼应，国内学者积极汇集遗存的碑铭文献，围绕碑铭的考证和释读的女真文献研究也由此展开。国内这方面的研究始于刘师陆对"女真进士题名碑"的考证。刘氏于1829年撰作《女直字碑考》，尽管他误认乾陵无字碑上"大金皇弟都统经略郎君行记"的契丹小字为女真

[①] 《金史》，卷五十一，《选举志》。

大字，因而误推此碑为女真小字碑，却揭开了国内研究女真文的序幕。国外女真语文研究始于英国人伟烈（A. Wylie）《古代女真文石刻》，① 此文尽管对当时中国北方发现的碑文有很多误断，但无疑拉开了西方人研究中国北方民族古文字的序曲。戴维里亚（M. G. Devéria）《宴台碑考》是西方人对"女真进士题名碑"进行考证的较早文章。② 值得一提的是，此文除对刻录碑铭的历史背景进行了初步考释外，还通过对比，正确指出伟烈抄录的居庸关六体铭文中的那种无人可识的文字是西夏字。国外女真文献研究的真正开拓者是德国的葛鲁贝（WilhelmGrube），他于1896年撰作《女真语言文字考》，③ 对柏林本《女真译语》率先做了分类、考订和标音，不仅进一步激发了学界尤其是西方语言学界对女真语研究的兴趣，而且为后人研究"译语"类字书提供了方法。在其著作中，人们不仅看到了解读女真语并辨清其族属的希望，还似乎看到了解读契丹、西夏这些亲缘文字的一线曙光。由此，经过国内外学者百余年的共同努力，女真碑铭文献的解读和女真语文的研究取得了世人瞩目的成绩。

女真语属于阿尔泰语系满—通古斯语族古代语言，是满语的祖语。这一结论随着历史研究以及女真语与满语比较研究的深入越发令人笃信不疑。1636年，皇太极出于政治上的考虑，以尽快建立大一统的帝国，决定改称努尔哈赤建立的后金为"大清"，改女真族名为"满洲"，"女真"和"满洲"实际是不同历史时期对同一个主体民族的异称。事实上女真人的后裔满族人很早就明白这一点，清代学者早就开始用满语来校订考证金代女真语。就目前所知，至少是在乾隆年间，清朝人就已对史籍中记载的女真语人名、姓氏、地名及部落名所蕴涵的词义参证满语做了考证，代表性的著作是乾隆三十九年（1774年）的《日下旧闻考》、乾隆四十二年（1777年）阿桂撰作的《满洲源流考》、乾隆四十七年（1782年）《钦定辽金元三史国语解》中的《金史国语解》等。后者广泛搜集《金史》中用汉字标音的人名、地名等专有名词，用当时的满语考证译语对音，推求词义，尽管间有疏于考证，滥相比附之处，但毕竟可为后人提供语源线索。

真正的女真语音研究始于对《女真译语》所做的语音分析。现存《女真译语》有两种版本：乙种本和丙种本。乙种本《女真译语》由明代四夷馆编辑，分"杂字"和"来文"两部分。"杂字"为女真语和汉语对译词汇集，每个词包括汉字对音、女真文和汉义三部分。"来文"则是移录当时进贡的表文。根据明永乐五年（1407年）设立四夷馆的最初8个馆就有女真馆这个情况，乙种本《女真译语》的

---

① Wylie, "On an Ancient Inscription in the Neuchih Language", Journal of the Royal Asiatic Society, XⅦ, pp. 331-345, 1860.
② Devéria, "Examen de la Stèle de Yen-taï", dissertation sur les caractères d'écriture employés par les Tartares Jou-tchen, extraite du Houng-hue-in-yuan, traduite et annotée," Revue de L'extrême-orient, vol. I (1882), pp. 173-186.
③ Wilhelm Grube, Die Sprache und Schrift der Jucen, Leipzig. 1896.

成书时间离设馆时间应该不远，人们也因此称此译语为"永乐译语"。① 丙种本《译语》是明会同馆设立后编纂的，学界一般称其为"会同馆译语"，由于此译语是用于供通事们做口译，所以只有汉字注音和汉义，没有女真文。国外首先就"永乐译语"进行研究的学者是德国的葛鲁贝（WilhelmGrube），他于1896年撰作《女真语言文字考》，对柏林本《女真译语》率先做了分类、考订和标音。此书共分四章，第一章是为《女真译语》出现的871个词条做了编号，第二章按笔画把所有女真字排列一遍，并根据注音汉字标注其读音。此书涉及语音研究的主要是第三章和第四章。尽管标音因疏于校订出现了很多错误，但此书拉开了全面研究女真语的序幕，为此后的研究打下了坚实的基础。

对明代女真语音进行全面深入研究的标志性著作是金光平、金启琮《女真语言文字研究》一书。② 涉及女真语音的研究在此书第五章，该章第一节主要指出《女真译语》汉字注音及《金史》中女真语译音存在的几个问题，提醒人们《女真译语》的注音与金代女真字的读音是有距离的，要研究女真文字的读音，必须参考《金史》的译音，具体指出《金史》译音存在"译音汉字不一致""译音音节不备""迁就字义""n、l两音混淆"等问题。此外还就女真语和满语之间的语音对应关系做了总结，揭示了一些语音演化规律。第二节和第三节互相补充，根据总结的二十几条拟音原则，确定每一个女真字的音值，针对学界关于女真文存在一字两读问题的看法展开分析，认为女真文没有两读现象，并以举例的方式说明了把译音用字还原成女真音的一些原则。第四节就《女真译语》未见文字的读音问题做了探讨，主要为解读碑铭中出现的其他词语提供方法。第五节结合元音和谐律拟订了女真语音的拼音方法。《女真语言文字研究》内容涉及面广，论述详尽，是女真语文研究的里程碑式的著作，但关于女真语音研究方面却远谈不上具体，并未给出明代女真语音的元音及辅音系统，缺乏对译音汉字的音韵学分析。

韩国学者李基文是女真语言研究方面的佼佼者。李基文于1958年发表《中古女真语的音韵学研究》，此文鉴于女真语研究在阿尔泰语系语言研究中处于后进状态以及过去女真语研究停滞于语释范围，只做有限的词源研究的状况，首先利用历史比较法，综合通古斯其他语言的语音特征，拟订作为南部通古斯语古代语言之女真语的辅音及元音系统，然后通过确定的译音汉字转写法，对《女真译语》译音汉字进行音韵分析，确定所代表的音值，从而验证并得出中古女真语的语音情况。

女真文献的考释方面，国内的研究始于刘师陆对《女真进士题名碑》的考证。

---

① "永乐译语"的版本很多，主要有"柏林图书馆所藏抄本"，系明代写本，有"杂字"十九门，"来文"二十通；"日本东洋文库所藏明抄本"，有"杂字"两门，四十余个语词，"来文"二十九通；"日本内阁文库所藏抄本"，仅存"来文"；"英国剑桥大学图书馆抄本"，只有"杂字"；"日本内藤湖南所藏抄本"，有"杂字"和"来文"，罗福成《女真译语三编》，1933年大库档案整理处印，正编全录柏林本"杂字"，续编搜集"来文"七十九通。

② 金光平、金启琮所著《女真语言文字研究》完稿于20世纪40年代，1964年《内蒙古大学学报》第1期专号刊出，文物出版社1980年正式出版；金启琮：《女真文辞典》，文物出版社，1984年。

刘师陆于 1829 年撰作《女直字碑考》，尽管他误认乾陵无字碑上"大金皇弟都统经略郎君行记"的契丹小字为女真大字，因而误推此碑为女真小字碑，却揭开了国内研究女真文的序幕。国外女真语文研究始于英国人伟烈（A. Wylie）《古代女真文石刻》，[①] 此文尽管对当时中国北方发现的碑文有很多误断，但无疑拉开了西方人研究中国北方民族古文字的序曲。戴维里亚（M. G. Devéria）的《宴台碑考》[②] 是西方人对《女真进士题名碑》进行考证的较早文章，此文除对刻录碑铭的历史背景进行了初步考释外，还通过对比，正确指出伟烈抄录的居庸关六体铭文中的那种无人可识的文字是西夏字。

20 世纪初，国内女真文研究的代表人物当属罗福成，他从 20 年代开始搜集女真文碑铭文献并发表了考释及研究文章，有《宴台金源国书碑考》[③]《宴台金源国书碑释文》[④]《女真国书碑考释》[⑤]《女真国书碑跋尾》[⑥]《女真国书碑摩崖》[⑦]《奴儿干永宁寺碑补考》[⑧]《明奴儿干永宁寺碑女真国书图解》等[⑨]，对所发现的女真文资料进行了识读和初步研究，有些见解堪称定论，为后来学者进一步研究打下了坚实的基础。同时代的学者如毛汶著有《金源国书碑跋》[⑩]，稍后王静如著有《宴台女真文进士题名碑初释》[⑪]，都对《女真进士题名碑》做了考释，其中王静如的文章获得了学术界的盛赞。刘厚滋《传世石刻中女真语文材料及其研究》[⑫]，概述了 20 世纪 40 年代以前女真文的发现与研究情况，尽管个别地方沿袭了刘师陆的错误，但作为女真文早期研究的评述性文章，所反映的情况还是比较翔实的。

国外这一时期的女真文研究是伴随着敦煌学、西夏学的兴起而展开的。日本主要侧重资料的搜求和碑文的考释，这一时期比较有代表性的学者有白鸟库吉、桑原鹭藏、石田干之助、鸟居龙藏、渡边熏太郎、园田一龟、田村实造等。白鸟库吉《宴台访碑——契丹、女真、西夏文字考》[⑬]，对《女真进士题名碑》进行了报道；园田一龟《关于大金得胜陀颂碑》[⑭]，尽管不是首次报道《大金得胜陀颂碑》，但是

---

① A · Wylie, "On an Ancient Inscription in the Neuchih Language", Journal of the Royal Asiatic Society, XVII, pp. 331–345, 1860.
② Devéria, "Examen de la Stèle de Yen-taï", dissertation sur les caractères d'écriture employés par les Tartares Jou-tchen, extraite du Houng-hue-in-yuan, traduite et annotée," Revue de L'extrême-orient, vol. I (1882), pp. 173–186.
③ 罗福成：《宴台金源国书碑考》，《国学季刊》，第 1 卷第 4 期，1923 年。
④ 罗福成：《宴台金源国书碑释文》，《考古》，1926 年第 5 期。
⑤ 罗福成：《女真国书碑考释》，《支那学》，第 5 卷第 4 期，1929 年。
⑥ 罗福成：《女真国书碑跋尾》，《国立北平图书馆月刊》，3 卷 4 号，1929 年。
⑦ 罗福成：《女真国书碑摩崖》，《东北丛镌》，1930 年第 3 期。
⑧ 罗福成：《奴儿干永宁寺碑补考》，《满洲学报》，1937 年第 5 期。
⑨ 罗福成：《明奴儿干永宁寺碑女真国书图解》，《满洲学报》，1937 年第 5 期。
⑩ 毛汶：《金源国书碑跋》，《国学论衡》，1934 年第 3 期。
⑪ 王静如：《宴台女真文进士题名碑初释》，《史学集刊》，1937 年第 3 期。
⑫ 刘厚滋：《传世石刻中女真语文材料及其研究》，《文学年报》，1941 年第 7 期。
⑬ 白鸟库吉：《宴台访碑——契丹、女真、西夏文字考》，《史学杂志》，10 卷 2 号，1899 年。
⑭ 园田一龟：《关于大金得胜陀颂碑》，《满蒙》，卷 14，12 月号，1933 年。

第一次较为详细地考证了此碑拓本拓录经过、建碑由来及碑阳的汉文内容，为田村实造等学者的进一步研究打下了基础。田村实造《大金得胜陀颂碑的研究》，①就《大金得胜陀颂碑》的女真文详加考释，方法细密，为此后的其他碑文的释读提供了轨范。石田干之助从20世纪30年代开始先后写了几篇女真文研究文章，其中《关于女真语的研究资料》②，第一次较为全面地介绍了现存女真文碑铭资料，另外他还著有《女真语研究的新资料》③《所谓女真大字什么样》等文章，④报道、介绍了女真文献。

20世纪50年代初，国内外女真文研究走入低谷，已发现的资料非常有限，限制了研究的进一步深入，而在此期间日本学者山路广明发表的《契丹、女真制字方法的比较研究》⑤一文，却几乎掀起女真文研究的又一轮高潮。他的《从契丹大字和汉字中找寻女真文基字》，从而分析女真制字规律的思路使女真文研究者大开眼界。同年，山路广明又连续发表了《女真文字的构成》⑥《女真制字中加点的研究》⑦，把女真制字规律的研究系统化。山路广明多年研究的成果结集为《女真文字制字的研究》⑧。纵观山路广明对女真文制字规律的研究，尽管颇有迂曲烦琐处，但也可谓曲径通幽。

---

① 田村实造：《大金得胜陀颂碑的研究》，《东洋史研究》，2卷5-6号，1937年。
② 石田干之助：《关于女真语的研究资料》，《东亚》，3卷3号，1930年。
③ 石田干之助：《女真语研究的新资料》，《桑原博士还历纪念东洋史论丛》，1931年。
④ 石田干之助：《所谓女真大字什么样》，《史学杂志》，53卷第7期，1942年。
⑤ 《言语集录》，3卷，1953年。
⑥ 《言语集录》，4卷，1953年。
⑦ 《言语集录》，5卷，1953年。
⑧ 东京：アジヤ・アフリカ言语研究室，井上书店誊写印本，1958年。

第三章　20世纪80年代民族古籍的整理与研究

第一节　20世纪80年代国家民族古籍政策与理论实践

20世纪70年代末，我国那场"实践是检验真理的唯一标准"的大讨论，让国人重新回到了判断事物是非标准的正确轨道上来，推动和促进了思想大解放，各行各业在政治上、思想上、业务上进行了拨乱反正。中国共产党十一届三中全会确定的"改革开放"大政方针，为重振民族古籍大业创造了良好的政治与社会环境。

远离民生的民族古籍，对其振兴的意识要滞后于其他行业。粉碎"四人帮"后，我国百废待兴，党和政府的工作重点放在了经济建设和与民生有关的工作上。真正把古籍工作提到党和政府的议事日程始于20世纪80年代初。

经历了一场文化浩劫后，党中央对古籍整理工作给予了高度的重视。根据陈云同志的指示精神，中央书记处对古籍工作进行了专题研究，并以中发〔1981〕37号《中共中央关于整理我国古籍的指示》文件，对古籍整理工作做了全面部署。

在这一文件中，把古籍工作提高到继承文化遗产，关系子孙后代的高度。在方法上强调仅以传统的古籍整理的校勘、标点、注释还不够，还须古文今译、古为今用，民族古籍文化必须在青少年中普及与传播。在措施上强调在高校中培养一批古籍整理人才；对古籍珍本进行妥善保护；对流传于国外的我国珍贵古籍则想办法使其回归。为把古籍工作落到实处，建立全国性的古籍领导班子和业务机构，对古籍整理工作做出长远的整理规划，出台了一系列的政策。

中发〔1981〕37号文件出台后，少数民族古籍作为中华民族古籍的重要组成部分得到了进一步确立。国办发〔1984〕30号《国务院办公厅转发国家民委关于抢救、整理少数民族古籍的请示的通知》以国家文件的形式，再次强调了少数民族古籍工作的重要性，明确指出：少数民族古籍是祖国宝贵文化遗产的一部分，抢救、整理少数民族古籍，是一项十分重要的工作。各地、各有关部门要加强对这项工作的领导，并在人力、财力、物力方面给予支持；要为从事整理民族古籍的专门人员创造必要的工作条件和生活条件。少数民族古籍范围广，种类多，现通晓民族古籍的人已不多，且有的年事已高，在工作中要注意培养这方面的人才，把抢救、整理民族古籍工作搞好。

中发〔1981〕37号和国办发〔1984〕30号文件确定了古籍在中华民族文化中的地位，民族古籍在民族工作中的位置，制定了古籍工作的方针、政策、任务和今后的发展方向。

为落实中发〔1981〕37号和国办发〔1984〕30号文件，国家民委把少数民族古籍工作列为民族工作的重要内容之一。国家民委呈国务院《国家民委关于抢救、整理少数民族古籍的请示》中对继承和发扬祖国的文化遗产，在加强组织领导，落实知识分子政策，培养民族古籍人才，经费问题等方面出台了一系列政策。

为使古籍工作走向正规化和常态化，有效地抢救民族古籍，20世纪80年代初开始，从中央到地方组建了相应的古籍整理领导机构和工作部门。

1982年年初，国务院古籍整理出版规划小组恢复工作。由李一氓同志任组长，周林、王子野两同志任副组长，制订了1982—1990年古籍出版的九年规划。国务院古籍整理出版规划小组的建立，对地方古籍工作起到了导向性的积极作用，有关省（区）和部、委也建立了相应的古籍工作机构。

1983年2月，教育部召开高等院校古籍整理研究规划会议，研究高校古籍整理研究与人才培养规划。为贯彻中央指示，抓好全国高校的古籍整理研究与人才培养工作，1983年9月经教育部党组批准，全国高等院校古籍整理研究工作委员会成立。由周林同志任主任，中央民族学院张公瑾教授作为民族院校的专家，参加了高校古籍委员会的工作。高校古委会的任务是组织全国高等院校系统地对古籍进行整理研究。

少数民族古籍不仅重要，其形成与发展及其表现形式等还有特殊性，在整理、研究方法上也有特殊性。为使少数民族古籍整理工作落到实处，1984年7月14日，全国少数民族古籍整理出版规划领导小组正式成立。国家民委副主任任英兼任组长，李鸿范、贾春光任副组长，下设办公室，负责民族古籍工作的正常运转。至此，少数民族古籍工作在国家民委有了专门机构负责实施。

全国少数民族古籍整理出版规划领导小组的成立，为民族古籍工作在全国的开展创造了必要的组织保证。由此，中国少数民族古籍工作从无秩序走向了正规，从随意走向了有规划地稳健发展的轨道。

随着国家民委全国少数民族古籍整理出版规划领导小组的建立，有关省、市、自治区民委也建立了少数民族古籍整理出版规划领导小组，负责本区域内的民族古籍工作。这样，从中央到地方，民族古籍工作在政府部门中有了专门工作机构。民族古籍工作从民间走向了政府部门。

中央民族学院作为民族院校的最高学府，对少数民族古籍的重要性、少数民族古籍翻译、整理、研究的意义更为敏感，行动更加快捷。早在1982年5月就成立了中央民族学院少数民族古籍整理出版规划领导小组，由副院长宋蜀华教授兼任领导小组组长，由民族语言学家马学良教授、历史学家王钟翰教授任副组长，下设少数民族古籍整理出版规划办公室。由此，中央民族学院的少数民族古籍整理工作全面展开。可以说，中央民族学院少数民族古籍整理出版规划办公室是全国最早成立的民族古籍整理工作的专门机构。

有关省（区）民委古籍办属区域性的政府职能部门，具体负责本省（区）内的民族古籍工作。然而，中国的国情是许多少数民族跨省而居，不同省（区）的同一个民族古籍有许多相同之处或千丝万缕的联系，如果缺乏协调与沟通，有可能会形成大家都共同整理研究同一部古籍，而其他的古籍又无人过问的情况。在当时缺经费、缺人力，而许多古籍又亟待抢救的情况下，特别需要沟通、分工协作。由某一省（区）整理某几部重要古籍，另一些省（区）去整理其他重要古籍，进而避免重复劳动，或造成人力、物力的浪费，使每一笔经费都用在实处，使更多的民族古籍得到抢救。

鉴于民族古籍工作中需要分工合作，经国家民委批准，成立了"藏文古籍协作会""蒙古文古籍协作会""彝文古籍协作会""壮文古籍协作会""朝文古籍协作会""满文古籍协作会""回族古籍协作会"等全国性的学术协作会。这些协作会非实体，无专职人员、无办公地点、无专项经费，但在中国少数民族古籍整理工作中起到了积极作用。许多全国性的民族古籍学术研讨会都依托这些协会来举办，许多重大项目都由这些协会分工来合作完成。事实上，这些协会具有半官方的性质，如会议轮流分别在有关地方召开，其会议经费由所在地政府出资，合作项目成果的出版，也由各地政府合资出版。经费基本能得到保证，所以协作会多年来保持着旺盛的生命力，在我国民族古籍工作中确实起着推动作用。

20世纪80年代不同文种的专家加强了横向联系，学者们互相切磋，相互合作，各自承担着相关的任务，使学术研究推向了一个新的历程。1980年"中国民族古文字研究会"的建立，标志着有关文种专家的联系有了一个共同的平台，学术研究达到了一个新的高度。

成立"中国民族古文字研究会"当初的动机是研究民族古文字。但是，古文字的解读离不开古籍，古文字与古籍密不可分，因而许多古文字学家把业务拓展到了民族古籍研究方面。古文字研究会学者的参与，把民族古籍研究水平推向了一个新的深度和高度。

从中央到地方各级民族古籍工作机构的建立，政府职能部门在少数民族古籍工作中起到了主导作用。各种民族古籍协作会的成立，使民族古籍工作形成了轰轰烈烈的态势。学术团体的加入，使民族古籍研究特别是理论研究推向了一个新的台阶。民间人士的参与使民族古籍工作更加广泛与普及。这样政府机构、协作会、学术团体、民间个人的"四轮驱动"，使民族古籍工作驶入了快车轨道。

在这一段时间，不仅成立了政府的民族古籍工作部门，更重要的是人们对民族古籍工作重要性有了新的认识，对民族古籍工作的理论有了重大的突破。国务院古籍整理出版规划领导小组组长李一氓同志撰文在1982年1月20日《人民日报》上发表题为《论古籍和古籍整理》的文章中指出："对于少数民族语文古籍，自亦为中国古籍，如藏、蒙古、满、回鹘、西夏、契丹等文，都应加以整理。"这是有史以来，第一次由国家官方领导提出整理少数民族古籍。国务院古籍整理出版规划领导小组副组长周林同志在全国少数民族古籍整理工作座谈会上也指出："整理民族古籍这件事做好了，它可以促进我国各民族的团结，全面地发扬中华民族的优秀文化传统，增强各民族人民对祖国的热爱，促进社会主义的精神文明和物质文明建设。整理少数民族古籍，紧迫性更大一些，因而许多东西过去搜集不够，保存也不善，有的还没有文字记录。当务之急是一方面要搜集、记录、翻印、复制民族古籍；另一方面要抓紧培养人才，有些民族古文字，像古藏文、突厥文、回鹘文、吐火罗文、和田文等，能掌握的人很少，精通的人更难得，而没有人才，整理工作难以进行。"国家民委副主任伍精华同志在1983年6月6日的全国少数民族古籍整理工作座谈会上的讲话中也指出："我国是一个统一的多民族的国家，各民族都有自己独特的形成和发展过程，都用自己的辛勤劳动和智慧共同创造了我们祖国的历史和光辉灿烂的文化。各兄弟民族对祖国的形成、发展和统一都作出过自己的贡献。在这个长期的历史发展过程中，不论历史上如何改朝换代，也不论出现过何种纷争，也不管哪个民族占据统治地位，我们这个多民族的国家作为一个整体始终屹立在世界的东方，立于世界民族之林。历史和现实告诉我们，汉族和少数民族谁也离不开谁。这种源远流长、血肉相连的民族关系，就是我国各族人民的历史传统。我们要珍视这一历史和文化传统，通过整理古籍的成果，来反映我们中华民族成长和发展的光辉历程，丰富和充实各个学科的研究；共同建立具有中国特色的民族史、经济史、文学史、哲学史、社会思想史等等；建立具有中国气派的社会主义精神文明，以培养我国各族人民特别是青年一代的民族自尊心、自豪感和爱国主义精神。"

有关领导的讲话，从理论上阐述了民族古籍是民族工作的重要部分，民族古籍是中华民族古籍的重要组成部分，是中华民族的重要文化遗产之一，明确了民族古籍是一门重要学科。这样，民族古籍从原来的民族语文学科中分离出来，从民间文学中分离出来，从民族史学中分离出来，从宗教经籍中分离出来，成了一门独立的学科。

鉴于民族古籍的重要性和特殊性，经国务院古籍整理出版规划小组确定并报国务院批准，由国家民委负责统一规划。国家民委曾于1982年4月2日向有关的8个省、自治区民委以民文179号文件形式复印转发了教育部的《教育通讯》21号增刊，并在文件中指出："少数民族古籍目前亟待抢救、搜集、整理和研究。我们希望有关科研、教学和藏书单位，根据自己的人力和条件，把整理和研究少数民族古籍的工作列入本单位的科研规划，并迅速付诸实施。同时，希望有关教育、文化和出版部门重视培养整理少数民族古籍的人才和少数民族古籍的出版工作。"国家民委［1982］179号文件引起了民委系统各级领导对少数民族古籍整理出版工作的重视。

　　有关省市民委根据全国少数民族古籍整理工作座谈会精神也召开了地方性的少数民族古籍整理座谈会，随后建立了民族古籍工作机构。这样少数民族古籍整理工作，从上到下统一规划、统一领导、统一行动。

　　在这一时期，成立了一些新的民族古籍科研机构，或在原有的科研机构中配备从事民族古籍科研人员编制，如丽江东巴文化研究所是以研究东巴古籍为主的科研机构，云南省红河州民族研究所下设了古籍研究室。

　　鉴于民族古籍整理研究人才匮乏的情况，一些高校把民族古籍人才培养工作作为己任。如中央民族大学（原中央民族学院民语系）于1982年开办彝文文献专业，1986年中央民族学院古籍所又开办综合性的民族古籍班，面向全国招生。随后一些民族院校也相继开设了民族古籍专业。通过多年的努力，培养了一批民族古籍的教学、科研人才。人才缺乏的状况得到了缓解。

　　20世纪80年代，在民族古籍工作战线上提出的响亮口号是"救书、救人、救学科"。"救书"摆在了"三救"的首位。国家民委副主任洛布桑同志在1986年6月第一次全国少数民族古籍整理出版规划会议上指出："搜集工作现在还处于起步阶段。这项工作还是很重的，搜集和抢救工作还是应当作为重点，主要精力还应放在这上面。当然，还可以同时抽出人力搞一些整理工作，一些重点项目还可以同时进行；搜集工作基本完成了，今后的工作重点应放在整理出版上。"洛布桑同志所说的"搜集"具体指"救书"，古籍书是古籍工作的基础和对象，"救书"工作做不好，就等于没有做好古籍工作。第一次全国少数民族古籍整理出版规划会议以后，民族古籍工作部门、科研机构、学术团体、图书馆、档案馆、业余爱好者都以"救书"为己任，从民间征集了大量的民族古籍。如四川省民委和文化局于1982年3月从甘孜藏族自治州的德格、白玉、新龙、甘孜四县征集到藏文典籍12600包、唐卡2100多幅、铜塑镏金佛像680尊。总之，在20世纪80年代展开的大范围古籍征集工作成效是显著的。

　　这一时期民族古籍的整理出版工作也成绩斐然，至1986年6月，据不完全统计，整理出版了三百余种古籍，其中不乏较高学术价值的著作，如藏文《敦煌藏文吐蕃历史文书》《巴协》《西域天王纪》《西藏王统记》《红史》等；蒙文：《蒙古秘史》《蒙古源流》《大黄册》《黄金史》《阿拉坦汗传》等。彝文《西南彝志》《爨文丛刻》《宇宙人文论》《劝善经》《普兹楠兹》等。通过翻译、整理和出版，更多的人对民族古籍的内容与形式有了新的了解，对民族古籍工作的重要性有了进一步的认识。20世纪80年代初我国的民族古籍工作有了良好的开端，为后来古籍工作的发展打下了坚实的基础。

第二节 藏缅语民族

一、藏文古籍

(一) 1980—1989 年期间藏文古籍的研究、整理、出版

这一时期,利用藏文古籍资料已无任何限制,故各方面的研究工作起步快、涉及面广。随着时间的推移,各学科的研究不断深入,逐步向系统化、科学化发展。1981 年以来,先后成立中央民族学院藏学系、西南民族学院民族研究所、青海省社会科学院塔尔寺藏文历史文献研究所(后改为甘肃省藏学研究所)、西藏大学、中国藏学研究中心、中国藏学出版社、四川省藏学研究所、云南省社会科学院迪庆藏学研究所。西藏社会科学院也增加了研究所和建立藏文古籍出版社(筹)。这些研究机构办有《西藏研究》(藏汉版)、《中国藏学》(藏汉版)、《西藏民族学院学报》《安多研究》等专门研究藏学的学术杂志。民族出版社和甘肃、青海、四川民族出版社等出版机构整理出版了大量藏文古籍、学术著作,另外《中央民族学院学报》《西南民族学院学报》《西北民族学院学报》《西部民族研究》《青海民族学院学报》《西藏大学学报》《民族语文》《民族文学研究》《甘肃民族研究》等几十种学术刊物刊登了许多藏学论文。加入藏学研究领域的人员、机构还涉及中国社会科学院的民族研究所、边疆史地中心、考古所、宗教所、历史所、中国人民大学清史所、西北大学西北史地研究所、四川大学西南考古研究中心、敦煌研究院等众多单位。

由于资料开放,学术研究自由,故藏文古籍的搜集、整理、研究和出版工作取得了较大成绩。

1. 藏文古籍研究

在藏文古籍研究领域,简单的介绍性文章逐渐减少,高水平的学术论文不断增多,并逐步向目录、出版、编目、校勘、印刷史等单一学科发展。这一时期研究藏文古籍的主要论文有:(1)目录学方面具有代表性的有《藏文目录学》[①]、《管窥藏汉目录学的发展及东噶·洛桑赤列的目录学思想》《整理利用藏文历史档案的管见》《藏文书名刍议》《藏文典籍的分布及其分编问题》等;(2)古籍书目方面有《吐蕃时期的苯教及其典籍》[②]、《河西吐蕃卷式写经目录并后记》《夏瓦崩巴等古塔目录整理》《鱼通"公嘛"经文目录调查记实》《拉卜楞寺藏书梗概》《拉卜楞寺藏经楼所

[①] 《藏文目录学》,东噶·洛桑赤列著,1986 年《章恰尔》(藏文版)第 2、第 3 期连载,《西藏研究》1987 年第 4 期、1988 年第 2、第 3 期连载陈庆英、敖红汉译文。《藏族印刷术》东噶·洛桑赤列著,载《章恰尔》(藏文版),1981 年第 1 期。

[②] [日]光岛督著,钟美珠译。

藏"工艺学"经籍概述》《拉卜楞寺藏书现况》《试论藏族文献之部分》等；（3）古文献介绍方面有《藏文古代历史文献述略》《略论藏族的史学和藏学史籍》《河西吐蕃经卷目录跋》《吐蕃文献叙录》《西藏历史研究文献简述》《关于新疆的藏文文献和文书》《略论古代藏文史料》《西藏史料题记》《藏族史料题跋》等；（4）古籍印刷、出版等方面有《藏族印刷术》《刻版技术推动了藏文的发展》《古代西藏出版与印刷》《略谈西藏古代印刷和印经院》《关于藏文古籍的整理出版工作》《藏文编译工作三十年》《藏纸述略》《藏族的长条书》《藏文书为何大多是长条形的》《藏文典籍中由汉文所译人名考释》《关于整理〈格萨尔〉规范本之我见》《藏文缩写字》《常见古藏语中的标点符号》《藏族的姓名和文房四宝》《藏文文法与文房四宝》《藏文文献及其保存、整理问题》《格萨尔等藏文古籍整理之我见》《一个格萨尔抄本世家——论布特尕祖孙三代的贡献》等。1984年、1989年出版了《德格印经院》（按传统藏文古籍目录编排方式编制的目录）、崔成仁钦的《丹珠尔目录》[①]、久迈旺布的《卓尼丹珠尔目录》《藏文典籍目录：文集类子目》[②]《大藏经甘珠尔总目录》[③]等。

2. 政治、法律、军事

对《吐蕃十善法》《藏巴汗十六法典》等古籍的研究开始步入全面研究阶段。在吐蕃法律沿革、社会性质、法律效力、法律特点、军事制度等方面的研究取得较大成果，利用藏文法典的论文逐渐增多，同时整理出版了法律方面的藏文古籍，如：《西藏历代法规选编》[④]，此书收录吐蕃王朝至噶丹颇章时期的古代法规14部，其中有松赞干布时期、萨迦派时期、五世达赖时期的法规，以及第司·桑杰嘉措与锡金朗杰有关法规的问答、清代乾隆年间（1736—1795年）有关西藏事的规定和一些寺庙的寺规等，具有很高的资料价值。

3. 历史

历史古籍、历史研究方面的主要成果：（1）在西藏朗县、林芝、昌都等地发现吐蕃时期前后的碑刻、藏文木简、洞窟壁画、墓葬等，并发表多篇考古报告。这些碑刻、藏文木简、洞窟壁画成为研究吐蕃史的重要文字史料。（2）与吐蕃史相关的古籍研究取得了巨大成就，先后整理出版《敦煌本吐蕃历史文书》（藏汉对照）、《吐蕃金石录》（藏汉对照）、《敦煌吐蕃历史文书考释》《巴协》等一批吐蕃藏文古籍。（3）元明清时期的藏文古籍整理和研究得到迅速发展，先后出版《新红史》

[①] 此目录成书于18世纪，除分类目录外还叙述了佛教的诞生、各教派大师事迹、佛经基本内容和功德赞等内容。

[②] 这是中国民族图书馆藏古籍目录，收一百八十余部文集，附作者简历。此书不仅提供了详细目录，还为藏文古籍的目录整理、编排、翻译等提供了宝贵经验。

[③] 司徒·曲吉穹乃编，全书分五章：前三章，论述佛祖三讲佛法、佛经集结、佛法传入藏地和藏地弘法史等内容。第四章是《甘珠尔目录》，该目录分显宗和续部（密宗）两大类，显宗之下设三级类目，密宗之下设四级类目。大类设置与布顿分类法大体一致，部分小类的设置略有增加，可与《布顿佛教史》参照研读。由于此目录的类目设置合理，成为后人编纂、刻印《大藏经》必不可少的参考目录。第五章为编纂刻印《大藏经》之必要、功德、后记、回向。

[④] 该书编委会编，藏文版，西藏人民出版社1989年3月第1版，32开，406页，载《雪域文库》之一。

《王统世系明鉴》《贤者喜宴》《红史》《青史》《安多政教史》《塔尔寺志》《朗氏家族史》等一大批藏文古籍，同时利用这些古籍资料的汉文论著则更多。根据藏文古籍汇编的图书有《西藏地方是中国不可分割的一部分》《元以来西藏地方与中央政府关系档案史料汇编》等。(4) 宗教方面已步入教义、仪轨、密法、因明等深层次研究领域，还整理出版了《雅隆尊者教法史》《觉囊派教法史》《布顿佛教史》《萨迦世系史》《黄琉璃》《郭札佛教史》等大批宗教古籍。东噶·洛桑赤列大师根据大量藏文古籍撰写了《论西藏的政教合一制度》一书，全面论述了西藏政教合一制度的形成、发展，同时讲述了藏族的主要历史时期，并提供了大量珍贵史料。此外，还有《藏史明鉴》《西藏割据史》《西藏简明通史》《藏族历史年鉴》等历史著作问世，而引用藏文古籍资料撰写的汉文论著则更多。

4. 经济

藏文古籍中几乎没有专门记载经济的古籍，只是在一些古籍中有一些与经济有关的记述。因此，在经济研究领域，主要的成果形式是利用古代史料撰写的论著。

5. 文学艺术

文学方面的古籍研究、整理和出版的成果较全面。一系列研究成果表明，藏族文学的系统化、学科化过程已基本完成。研究、整理、出版了《尸语故事》《米拉日巴传》《米拉日巴道歌》《勋努达美》《格萨尔王传》等数十部文学古籍，以及美术和音乐方面的《乐论》《乐论注疏》《佛说造像度量经》《绘画度量经》等藏文古籍，并有《西藏艺术研究》杂志专门登载艺术类文章。

6. 语言文字

文法方面的研究成果，主要出版了《苯波文通二十七颂》《扎德文法》《三十颂与音势论》《色都文法详解》《文法释疑宝鉴》《藏文文法汇编》等古籍；声明学方面的有《妙音志明注释·微智》《声明八品及其汪释》《声明学论》《妙音声明论》《声明学论著注疏》《央坚扎多》《赞扎巴》《丁香帐——藏文古今词语辨析》等古典名著，以及《声明要领二卷》《藏梵对照词典》等明清时期古籍。

7. 科技

科技古籍分藏医、历法、手工艺、自然灾害等类：(1) 医学。藏医古籍的整理、研究进入全新阶段，先后研究、整理、出版《四部医典》《月王药诊》《帝玛·丹增彭措医著选集》《甘露本草明镜》《甘露要义秘密诀窍续》《晶珠本草》《兰琉璃》《迷旁医著》《四部医典注释》《藏医尿诊脉诊注释》《藏医临床杂记》《药物配方精华》《钦则医学选集》《长寿珠缦·母子合璧》《藏医药诊二元药诀》《实践甘露滴》等数十部藏医古籍，有的多次再版。在药物炮制、诊疗等方面也有了新的突破。《四部医典》等经典藏医古籍被译为汉文出版。(2) 历法。在研究藏历古籍方面的重要成果是每年编辑出版的历书，以及整理出版的《布敦历算汇编》《教历·明日》《历算白莲口传心要》《历算论典·圆月论》《历算文殊喜悦供云》《日光解释金质本》《日光论》《藏历运算大全》《藏族五行根论》《德格八邦天文星算》等藏历古籍。其中黄明信、陈久金翻译、整理的《藏历的原理与实践》一书，包括《时轮历精要》和《汉历心要》的藏文和汉译文、注释和演算、实例，以及用现代天文学方法对藏历的研究成果。该书是这一时期藏历的重要成果。(3) 手工艺。这方面的藏文古籍很少，研究也相对薄弱，目前整理出版的《藏族铁器工艺》一书，记录了藏族传统的金属加工、印染、制香、建筑、油漆、颜料、雕刻、泥塑、木器、石器等的制作、加工技术。1987年在四川德格县发现居·米旁著（1846—1914年）《常用制艺宝箧》一书，此书成书于1896年，42叶（84页），记录了造香、造墨、造纸、密写、涂漆、制印泥、金属处理、焊接、陶瓷、制革等80种工艺技术。1988年在西藏察雅县发现《灿烂光照下能满足一切欲望的各种制作技术工艺》一书，该书也是记载各种手工制造技术的古籍。(4) 自然灾害方面。搜集、整理出版了《西藏地震资料选编》《雪灾篇》《水灾篇》《雹灾篇》《虫灾篇》等关于自然灾害的藏文古籍资料。

（二）藏文古籍工作会议、研讨会

这一时期，与藏文古籍工作有关的会议和研讨会逐渐增多。自1980年以来，西藏自治区人民政府召开各种会议，讨论搜集、保护、整理、出版、应用藏文古籍事宜，并先后成立《格萨尔王传》抢救小组、藏医学、藏文古籍出版社（等）、研究所、藏语系、藏语文工作指导委员会、藏文古籍工作领导小组和藏文古籍丛书编辑委员会等各种机构，以及创办藏汉文版的《西藏研究》《西藏文艺》等刊物，颁发《关于批转西藏自治区社会科学院〈关于整理出版藏文古籍实施方案的报告〉的通知》《西藏自治区学习、使用和发展藏语文的若干规定》等政府文件，极大地促进了藏文古籍的搜集、整理和研究工作。西藏自治区人民政府还专门召开会议研究决定成立西藏自治区档案馆，并接受了驻藏人民解放军军事管理委员会接管原西藏地方政府的文件、文物、档案和古籍等264箱（包），约计150万件。青海、四川、甘肃和云南也召开了与藏文古籍相关的会议，研讨搜集、保护、整理和研究藏文古籍工作，并把搜集、保护、整理古籍的工作具体落实到各研究机构、图书馆和文化单位。

1981年8月17日，在西宁召开"西藏、四川、云南、甘肃、青海、新疆六省（区）首次藏族文学创作座谈会"，讨论搜集整理《格萨尔王传》、藏文民间文学古籍的工作。

1982年10月19日，在拉萨召开"五省、区藏文出版工作协作会议"，确定藏文图书出版应以通俗读物为主的方针。

1984年8月，中国社会科学院民族文学研究所和西藏社会科学院（筹备）在拉萨召开"五个藏区、内蒙古、新疆七省区《格萨尔王传》民间艺人演唱会"，并讨论搜集、整理和出版手抄本、刻本《格萨尔王传》的工作。

1985年9月，甘孜州召开四川省藏区第二次藏文教学工作会议，会议主题为

"落实编写出版中小学藏语文教材和培养、培训藏文教师工作，贯彻党和国家的民族语文政策，加强民族语文法制建设，搞好民族语文的规范化、标准化和信息处理，促进民族语文的翻译、出版、教育、广播、影视、古籍整理事业，推进民族语文的学术研究、协作交流和人才培养，鼓励各民族互相学习语言文字"。

1986年8月1—8日，西藏社会科学院在拉萨召开"藏学讨论会"，来自北京和五省区的藏学工作者数十人参加会议，研讨历史、经济、政治、文化和藏文古籍整理等内容。此次会议对搜集、保护、整理、研究藏文古籍提出了许多建设性意见。

1987年，甘孜州人民政府召开会议决定成立德格藏医药研究所，组织藏医专家整理和研究藏医古籍。

1988年，甘孜州文化局召开会议决定甘孜州编译局和德格印经院文管所联合整理、翻译《德格印经院藏文古籍目录》。

1988年8月，西藏社会科学院西藏藏文古籍出版社筹建工作组召开会议研讨藏区古籍工作事宜，会议决定发起召开"五省区藏文古籍工作协作会议"，以促进、协调、搜集、整理、出版和研究藏文古籍工作。此事得到青海、四川、甘肃和云南省的响应，并定于是年9月召开首次会议。

1988年9月6—15日，第一次五省区藏文古籍协作会议在西藏拉萨召开，会议名称为"西藏等五省、区藏文古籍工作协作会议"①。这次会议在藏文古籍工作中具有里程碑式的意义，通过这次会议，五省区内从事藏文古籍抢救、搜集、整理、出版、研究的部门和人员之间有了广泛、深入的交流和探讨，避免了选题重复的现象。会议决定将不定期召开"五省区藏文古籍工作协作会议"，同时一致通过把"五省区藏文古籍协作"领导小组办公室设在西藏社会科学院，以协调五省区藏文古籍的抢救、搜集、整理、出版工作。此次会议在藏文古籍的搜集、保护、整理、研究和出版事业方面具有深远影响。

（三）古籍机构、古籍专家

1. 出版、收藏和研究机构

这一时期增加了西藏自治区藏文古籍工作领导小组、西藏藏文古籍丛书编辑委员会、西藏大学藏医学院成立和德格藏医药研究所等古籍机构，藏文古籍的出版和收藏数量均有大幅度增长。还新增教育、研究机构5个：（1）西藏民族艺术研究所。1983年筹建时称"西藏自治区文化局艺术研究室"，1985年10月更名为西藏民族艺术研究所。该所在藏戏、寺院傩舞、民间艺术等方面的研究，取得了可喜成果，整理四部传统藏戏剧本，出版《中国民族民间歌曲集成·西藏卷》等著作。（2）甘肃省藏学研究所。1984年成立时称"甘肃省拉卜楞寺藏书研究所"，以研究

---

① 五省区藏文古籍协作会议：即西藏、青海、四川、甘肃和云南五省。此后，会议名称基本称为"五省区藏文古籍工作协作会议"，有时也简称为"五省区藏文古籍协作会议"。

藏文古籍为主，后来研究内容扩大至安多藏区的藏传佛教历史状况、藏传佛教对藏族社会发展和意识形态产生的影响、政教合一制度对藏族社会历史变迁的作用、安多藏区重大历史事件、古代藏族社会的部落制及其农牧业生产经营和法律法规、寺院教育、民俗文化、文学艺术、藏医藏药等领域。整理出版多部藏文古籍。（3）西藏大学。1985 年 7 月成立。在《格萨尔王传》研究方面成绩突出，整理出版《天岭占卜九藏》《英雄降生史》《征服北方魔王》《门岭大战》《松巴犏牛宗》《霍尔齐巴山羊宗》《索岭之战》《汉岭传奇》《霸嘎拉神奇王》等 20 部，搜集抄本四十多部。（4）中国藏学研究中心。1986 年 5 月 20 日成立。先后出版各类学术著作三十多部，整理出版藏文古籍一百多部，其中，《甘珠尔》和《丹珠尔》的对勘工作乃是旷世之举，为世人所瞩目。（5）中国藏语系高级佛学院。在第十世班禅额尔德尼·确吉坚赞大师和中国佛教协会赵朴初会长倡导下于 1987 年 9 月 1 日成立，是藏传佛教实行现代教育管理模式的最高学府。目前，该院发掘、整理、研究和出版的藏文古籍有：《藏文文选》[①]《雪域百科荟萃》[②]丛书、《章嘉·若必多杰文集》等。学院所设课程包括"入菩萨行注疏""现观庄严论疏""兰色手册""止观修持""喻法轮·聚宝""宗教仪轨""显密传承"，以及《藏蒙佛教史》和宁玛、噶举、萨迦、格鲁等教派的古籍。

2. 古籍专家

这一时期各出版机构和研究所招聘了一大批有藏文功底的老学者，进行研究、整理和出版藏文古籍工作。同时，还有一批寺院学者以个人名义整理、出版了部分教义教规和高僧文集方面的古籍。因此，整理、研究、出版藏文古籍的专家队伍日渐壮大。如：西藏的诺昌吾坚、恰白·次旦平措、洛桑、格桑益西、巴桑次仁、乌金群培等；四川的钦饶威色、土登尼玛仁波切、更登等；北京的土登彭措、周华等，此外青海、甘肃等地也有许多古籍整理专家。

（四）古籍活动

此阶段最突出的古籍整理项目是被列入全国哲学社会科学"七·五"规划（1986—1990）的"搜集、对勘、出版《中华大藏经·藏文甘珠尔、丹珠尔》"项目，此项目后又被列为"九·五"出版计划。1986 年 6 月，成立中国藏学研究中心，于是年该中心向中央呈报《关于整理出版〈中华大藏经〉（藏文部分）的报告》，获国家批准。1987 年 5 月在成都成立大藏经对勘局，聘请著名学者土登尼玛活佛、布楚活佛等二十多位学者指导工作，展开搜集版本、整理、对勘、编辑、出版工作：第一，筹借对勘版本，作为对勘的参校本。第二，确定编辑原则和体例，

[①] 这套教材共 25 册，377 万字。分文学类、佛学义理类、教派源流类、寺庙管理类、佛教史略类、修诵仪轨类等内容。其中，部分图书多次再版，位居国内外佛学古籍再版率之首。

[②] 丛书内容包括佛学显密教义、仪轨等根本经典，已出版《慈氏五论》《大乘修心讲义智者慧饰》《莲华生大师本生传》和格鲁、宁玛、萨迦、噶举、觉囊等教派的《念诵集》等十余部。

制订《大藏经对刊细则》。第三，制作模拟本。制成后又分别去甘肃、西藏、四川和北京征求有关专家学者和高僧大德的意见，然后再修改。第四，开发藏文字体。在反复试用铅字排版而不能取得预期效果后，与有关部门合作研制微机藏文软件。经过多年努力，共搜集十几种《甘珠尔》版本和 4 种《丹珠尔》版本。因历史上《丹珠尔》只有 4 种版本，故决定先对勘、出版《丹珠尔》。《藏文大藏经》虽在历史上曾数次校勘、抄录和刊刻，但由于藏区交通不便，各地编辑水平、刊刻技术、资金短缺、教派差异，以及传抄本反复传抄等原因，各种版本或多或少都有错字、漏字、衍文，甚至章节编排、收录种数、章节顺序和函数各不相同，加上战乱和保管不善，出现严重缺损，影响了《藏文大藏经》的完整性和权威性。《藏文大藏经》汇集了众多佛教典籍，也保存了大量藏族文化典籍。现存《藏文大藏经》共收典籍四千五百七十余种，比汉文《大藏经》多 1/3 以上，其中印度学者、大师著作的译本，比汉文多一倍多，而这些佛教典籍在印度反而很少保存下来。《藏文大藏经》形成期晚于汉文《大藏经》，但所辑录的典籍种类繁多，自成体系，独具特色。国内外学术界一致公认，它是一部具有百科全书性质的藏文古籍，已成为佛学和藏学研究最重要的资料之一，也是中华民族文化宝库乃至世界文化宝库的宝贵财富。因此，对现存各种刻本进行全面系统的对勘、校订是一项保护藏文古籍、弘扬中华优秀文化的重大举措。

此外，1982 年四川省民委组织民族研究所等单位在甘孜州搜集藏文古籍 12657 包（其中手抄本 671 包）、唐卡两千一百多幅、铜佛像 680 尊，以及其他文物。并整理和复制一批珍贵古籍。1987 年，按第十世班禅额尔德尼的指示，北京中国民族图书馆将镶有象牙雕刻紫檀木夹板泥金写本《丹珠尔》送回拉萨哲蚌寺[①]。

（五）重大发现

此阶段在四川省新龙县雄龙西乡瓦秋寺发现一套苯教《甘珠尔》手抄本。1986 年在文物普查统计时，该寺僧人拥杰（gyung rgyal）、西绕旺丹（shes rab dbang ldan）和贡桑多杰（Kun bzang rdo rje）等将"文革"时期埋藏的这套珍贵抄本献给国家。此时，恰逢第十世班禅大师视察甘孜州，他责令有关部门必须作为国宝加以保护和尽快出版。这是唯一幸存的一套苯教《大藏经》，距今约有 140 年的历史。全书分 4 大类 68 部，187 函，84834 叶，600 余万字。内容包括苯教教义、仪轨、显密法要、历史、地理、天文、数学、医学、制作工艺等，是具有百科性质的大型丛书。1987 年，在四川德格县发现居·米旁著（1846—1914 年）《常用制艺宝箧》一

---

① 这套《丹珠尔》是清乾隆年间颇罗鼐·索朗多杰执掌西藏政务时主持缮写的珍本，蓝本为琼结王宫（青瓦达孜宫殿）藏《丹珠尔》抄写。这部泥金写本《丹珠尔》包括夏鲁寺、乃宁寺、白居寺、达垅寺、热振寺、止贡寺、岗布寺等处之诸多要典，去重补缺，增补前所未收之显密教典、五明论著等多种。全书内容丰富，搜罗甚广，辑成 225 函。包括经律的阐明和注疏、密教仪轨和五明杂者等，分四大类，即：赞颂类、咒释类、经释类和目录类。于 1960 年从拉萨运至北京民族文化宫图书馆，1987 年归还西藏。该馆存《丹珠尔》缩微胶片和光盘，并于 1988 年 5 月与天津古籍出版社合作影印出版，全书 100 册，16 开。

书；1988 年在西藏察雅县发现蒂莫瓦著《灿烂光照下能满足一切欲望的各种制作技术工艺》一书。这两本书介绍了各种藏族传统手工制作技术。与此同时，在青海省囊谦县发现一套约为吐蕃后期缮写的藏文《大藏经》，但没有引起有关部门的高度重视。

二、彝文古籍

20 世纪 80 年代，是彝族传统文化研究工作和彝文古籍整理学科建设迅速崛起，并向专业化发展的 10 年。1981 年，中共中央指出："整理古籍，把祖国的宝贵遗产继承下来，是一项十分重要的、关系到子孙后代的工作"。这一精神给彝文古籍整理研究工作指明了前进的方向。国家民委又于 1982 年强调指出："少数民族古籍目前亟待抢救、搜集、整理和研究。我们希望有关科研、教学和藏书单位，根据自己的人力和条件，把整理和研究少数民族古籍工作列入本单位的科研规划，并迅速付诸实施。同时希望有关教育、文化和出版部门重视培养整理少数民族古籍的人才和少数民族古籍的出版工作。"党和国家的一系列文件精神为彝文古籍学术研究提供了政策依据和理论纲领，从政策和组织上保障了这项工作的顺利进行和深入发展。在彝文古籍整理研究工作赢得大展宏图的机遇之后，许多有识之士和造诣颇深的专家学者，积极主动地把握机运、审时度势，不断充实扩大队伍，组织一系列的课题，并取得了辉煌的成果，将彝文古籍整理研究工作推向前进。

（一）迅速恢复和建立彝文古籍整理研究机构，积极开展彝文古籍整理工作

1980 年，毕节地区彝文翻译组被中共贵州省委批准为常设机构，贵州省政府给定编 5-7 人。自此，从事彝文古籍翻译的人员正式纳入国家文化事业编制。中央民族学院也在全国高校中率先成立了彝文古籍文献整理研究机构——彝文文献编译室，配备专职科研人员，并邀请各地古彝文专家共同整理彝文古籍，编写彝文古籍目录书，与北京的有关单位合作编辑了《北京现存彝文历史文献的部分书目》一书。编译室的工作得到学院领导以及科研处和语言研究所领导的高度重视，1981 年 7 月 17 日，中央民族学院召开彝文古籍整理工作座谈会，学院领导张养吾和马学良教授、杨成志教授等专家以及中央民院和北京图书馆等单位的有关同志出席了会议。彝文文献编译室负责人果吉宁哈先生在座谈会上汇报了两个月来整理彝文古籍文献工作的进展情况。会间大家还畅谈了各自的感受，一致认为中央民族学院所开展的彝文古籍文献整理工作，是抢救彝族历史文献的良好开端。两年前，国家民委曾发专文，指示组织力量，清理北京地区的彝文古书，修订《爨文丛刻》并落实《阿诗玛》原本的翻译定稿。当时应邀参加中央民族学院彝文古籍整理工作的有：贵州的罗国义，云南的张兴、金国库，四川的岭光电等精于彝族历史文献研究、年近花甲或已逾古稀的老学者以及其他一些彝族中青年学者。这次座谈会对彝文古籍整理工作产生了积极的影响。编译室的古籍整理工作在专业课教材编写和文史资料汇编等方面，为

之后开设彝族历史文献专业、培养彝文古籍整理人才和对彝族传统文化的科学研究奠定了良好的基础。马学良先生与果吉宁哈先生一道指导和积极参与彝文古籍整理工作。与此同时，马学良先生还在社科院宗教所组织力量对彝族原始宗教进行系统全面的专题调查研究，其中重点放在经书和宗教仪式上。课题组成员中国社会科学院世界宗教研究所于锦绣和中央民族学院范慧娟两同志，遵循马学良先生一贯倡导的"采得遗俗民风解彝经"治学理念，到川、黔、滇三省彝族地区进行了为时7个月的彝族原始宗教的实地调查，历经贵州的毕节、威宁，云南的昭通、昆明、路南、禄劝、大姚、巍山，四川的西昌、昭觉、美姑、甘洛等地区。重点调查了有代表性的二十多个点，访问了当地彝族专家、老人、呗耄（彝语 $pe^{33}mao^{55}$ 的译音词，为彝族传统宗教活动的主持者，可意译为祭师），实地调查彝族宗教仪式现场和参观宗教古迹，收集了大量的文物标本和民间传说。其中参考价值较大的资料如毕节三官寨的"热冷丧指路""还愿"等仪式，威宁的关于呗耄的分类及其形成问题，路南的"密枝节""献山神""祭祖"等仪式，禄劝的"作祭""作斋"等仪式，大姚山的"祭土主"仪式，祖宗木偶像及画像，巍山的"祭土主""火把节"等仪式，美姑的"粗尼木""召魂"、神鬼故事等，苏尼（巫师）法术故事，甘洛的"撮毕""撮日""西要博"等仪式，以及苏尼巫术表演等。他们的调查较已往中外学者的调查更加深入，搜集的材料也更为丰富。调查结束后他们把所获得的珍贵资料整理成《彝族原始宗教调查报告》予以出版。马学良先生在调查报告的序言中指出："彝族有丰富的传统经籍，调查若仅限于静态直观，那收集的资料是不全面的。所以必须结合彝文经籍，进行深入的研究。把民间保存的宗教仪式与彝文有关宗教经籍结合起来，以阐明原始宗教的本质和根源，对已往许多疑问，可得到启发性的解释。"①

1981年，楚雄成立了彝族文化研究室，并于1984年升格为正处级研究所，开始了对全州彝文古籍的调查、搜集和整理工作。1982年，楚雄州颁布了《关于彝族文献管理办法和通告》，加强了对彝族文献的管理。之后，3次召开了全州毕摩座谈会，充分肯定了毕摩在继承和发展彝族文化方面的重要作用，充分调动了毕摩和民间搜集、抢救、挖掘、翻译、整理彝文古籍的积极性。

1983年，成立了川、滇、黔、桂四省区出版协作组，负责四省区彝文古籍整理出版工作和科研项目的立项和实施以及学术交流活动。协作组成立之后，定期不定期地组织、召开工作会议和学术研讨会，工作成效显著，组织协调了一大批科研项目立项和实施，并取得了许多重大成果。根据国家民委召开的全国少数民族古籍整理工作座谈会会议精神，由云南省委民族工作部和云南省民委负责组织和主持召开的滇川黔桂四省区彝文古籍整理出版协作会议，于1983年11月5—12日在昆明正式举行。应邀出席会议的代表共计五十余人，他们分别来自北京、四川、贵州、广西和云南等省区的不同单位。云南省委副书记赵廷光、刘树生，省人大常委会副主

---

① 参考马学良等：《彝族原始宗教调查报告》，中国社会科学出版社，1993年9月。

任李桂英,副省长和志强、刀国栋,省委民族工作部副部长和万宝等领导同志分别亲临会场看望代表,出席会议的开幕式和闭幕式,并作了重要讲话。本次会议结合彝族古籍文献的实际情况,认真贯彻落实国家民委召开的全国少数民族古籍整理工作座谈会议精神。国家民委古籍工作负责人李鸿范同志专程赴昆明出席滇川黔桂4省区彝文古籍协作会议。"会上,他以毕摩为例,谈了自己对少数民族知识分子与少数民族传统文化关系的看法。他说:'过去我们视毕摩为巫师,视其所主持的占卜、祈福等彝族传统祭祀活动为巫术。有毕摩出于某种顾虑,临终前要求家人将其收藏的彝文古籍统统烧掉,使这些本该为传承彝族文化所用的珍贵遗产沦为殉葬品。从表面看,毕摩的祈祷仪式有神秘、诡异之处,貌似封建迷信活动,但他们所传承的却都是彝族的哲学、历史、地理和文化等等——他们不是巫师,而是彝族知识分子,是彝族传统文化的载体和媒体。'"①

(二)建立彝文文献专业,培养彝文古籍整理人才

1982年,中央民族学院少数民族语言文学系开始设立彝族历史文献专业,招收云、贵、川、桂既有较好的汉语文基础,又懂彝语文的一批在职人员作为干部专修科,进行学习深造,使之成为彝文古籍整理研究专业化的师资和科研骨干。自第一期干部专修科之后,每隔一年招收一个古彝文大专班,在短短的十年里为彝族地区培养了一百多名彝文古籍整理人才。

1984年7月,中央民族学院首届彝族历史文献干部专修班毕业,学生被分配到中央民族学院、云南民族学院、贵州民族学院等高校和国家教委、民族翻译局、民族文化宫、云南省民语委、民委古籍办、贵州毕节地区彝文翻译组、凉山州奴隶制博物馆等彝文古籍整理单位和研究部门。同年9月开始招收彝文古籍整理研究方向的硕士研究生,同时还继续招收彝族历史文献干部专修班。

1986年5月15日,国家教委批复中央民族学院彝文古籍整理专业招生:"国家民委:你委(88)民教字第51号文收悉。经研究,同意你委所属中央民族学院彝文古籍整理专业(二年制专科)1986年从云南、贵州、四川三省招收具有高中毕业(或同等学历)、有一定古彝文基础知识的社会青年20名。并原则同意来文中所拟的招生条件及招生办法。为确保教学质量,其降分幅度应从严掌握。"在这10年里,中央民族学院、西南民族学院、云南民族学院、贵州民族学院等分别设立彝文古籍文献专业和彝族语言文学专业,培养了一批博士、硕士研究生和大学本科、专科生等不同层次的专业人才充实到彝族文化教学和研究单位,为彝文古籍整理和彝族历史文化研究队伍输送了一大批高级专门人才,使彝文古籍整理和彝族历史文化研究队伍中高学历、高职称的人员数不断增加,极大地提高了彝学研究水平。从而彝文古籍整理与翻译、注释质量也随之不断提高,使彝文古籍文化内涵的发掘、研

---

① 李冬生主编:《中华人民共和国民族古籍工作》,民族出版社,1999年12月,第354-355页。

究和开发利用工作得到进一步深化。

(三) 纷纷建立彝文古籍整理研究机构, 积极组织彝文古籍整理译注出版

各彝学研究机构和学术团体以及相关的教学单位, 在20世纪80年代积极开展彝文古籍文献的整理研究工作。彝族语言文学和彝文古籍文献专业的设置, 培养了一大批专业人才, 极大地促进了这项工作的专业化、正规化进程。在彝文古籍文献的具体整理研究方面, 云南社会科学院楚雄彝族文化研究所彝文古籍文献研究室开展了一系列的科学研究工作, 编辑内部刊物《彝文文献译丛》, 不仅在国内, 而且在国际学术界都产生了极大的影响。"四省区彝文古籍整理协作组"频繁地召开工作会议, 进行学术交流, 并对各地彝文古籍整理工作予以宏观指导和组织协调, 以利于各地积极开展彝文古籍文献的整理研究工作。中央民族大学组建了彝族历史文献编译室, 翻译整理了《爨文丛刻》《劝善经》《圣人之母》《兹兹妮乍》《勒斡特依》等一大批彝文典籍。贵州毕节地区彝文翻译组, 在整理翻译《西南彝志》的基础上, 陆续翻译、整理出版了《西南彝志》选集和《物始纪略》《彝族源流》等一系列著名彝文典籍。贵州民族学院彝文古籍研究所, 整理出版了《夜郎史传》《彝文诗律论》等一批重要彝文古籍。云南民族古籍办公室也在80年代整理出版了一批彝文古籍。如: 李八一昆等译注《尼苏夺节》由云南民族出版社于1985年12月出版, 为滇南彝区流传最广的创世史诗。罗希吾戈、杨自荣等译注的《夷僰榷濮》(六祖史诗) 由云南民族出版社于1986年3月出版, 展示了彝族"六祖分支"的历史面貌。黄建明、罗希吾戈译注的《普兹楠兹》由云南民族出版社于1986年11月出版, 辑录了祭祀"密枝"、祈福、祭龙等经文, 这些经文系统全面地反映了彝族原始宗教及其万物有灵论和古代社会历史面貌。李忠祥等译注的《洪水泛滥》由云南民族出版社于1987年4月出版, 是一部各地彝区都广为流传的创世史诗。普学旺等译注的《查诗拉书》由云南民族出版社于1987年4月出版, 是一部系统介绍滇南彝区丧葬习俗的彝文经书。师有福等译注的《裴妥梅妮——苏颇》由云南民族出版社于1988年10月出版, 书中以祭祖为线索, 论述了彝族的社会历史和传统文化的诸多方面。贵州省毕节地区民委等单位编的《彝文金石图录》(第一辑) 由四川民族出版社于1989年出版, 收录了一批颇具史料价值的彝文碑刻。马学良等编著《彝族文化史》, 由上海人民出版社于1989年出版, 该书不仅大量应用彝文古籍资料, 对彝族历史文化作全面论述, 而且以大量篇幅论述彝文古籍文献。

在这个时期有关彝族历史文化的汉文典籍整理方面, 也有重要成果问世。如: 徐铭编《清实录彝族史料辑要》(四川省民族研究所, 1983年版), 魏治臻编《清实录彝族史料集》(四川民族出版社, 1989年版) 为后来研究彝族历史与经籍提供了便于引证和比较的资料。阿余铁日著《彝文字形探源》(四川民族出版社), 是第一部彝文字形探源之书。凉山自治州编译局选编《彝族语言文字论文选》(四川民族出版社, 1988年版), 汇集了马学良、余宏模等一批著名学者20世纪80年代研

究彝语文取得的成果。

纵观 20 世纪 80 年代彝族典籍文化研究的进展，可以毫不夸张地说，是一个突飞猛进的飞跃。横览彝族典籍文献整理出版和彝族传统文化研究的局面，也可谓波澜壮阔，蔚为大观。这是彝族典籍文献整理研究工作承先启后，大有作为的辉煌时代，值得认真概括和总结。

1. 彝文古籍整理研究机构不断健全完善，学科建设初具规模

从宏观而论，这一时期是彝族典籍文化研究学科的真正形成与飞速发展的一个阶段。因为这个时期不仅恢复了已有基础的研究工作，而且使自身的本体研究形成了完整的学科体系，显示了本学科的学术优势和威力，对整个彝学研究领域产生了深远的影响。就学科形成的条件及其建设发展情况而言可归纳为如下几个方面：

首先，这 10 年间，彝族典籍文化研究，时逢我国改革开放、文化繁荣、学术活跃的太平盛世。许多彝族中的有识之士，较早地觉悟，率先认识到彝族典籍文化的学术价值。不顾个人得失，倾心于此项工作的组织领导和宣传教育工作，唤起广大彝族干部群众的共识，自觉注重本民族文化遗产的保护和抢救，为学术研究创造了有利条件。

其次，这 10 年间，一批颇有造诣的专家学者，重操旧业，尽快投入到彝族文化典籍的整理译注工作之中；又有一批中青年学者，将研究目光转向彝族丰富的典籍和文献；在有关部门的支持和配合下培养了一大批专业人才，从而形成一支强大的彝族典籍文化研究工作队伍。

再者，从 20 世纪 80 年代初开始，从中央到地方的有关省区，增设了一大批彝族典籍文化研究的领导机构和具体学术研究单位，在有关大专院校建立了彝语文以及古籍整理专业，培养博士、硕士、本科、大专等各种层次的专门人才；有关出版社，增设彝文编辑室，组织出版彝族典籍文化方面的书籍，从而形成了教学、科研、出版相配套的学科体系。

总之，这段历程虽然很短，但它完成了学科体系的正规化、科学化的根本任务，结束了彝文古籍一百多年来的零星分散的整理研究和从属于其他学科的局面，一跃而成为彝族文化研究领域中的重要学科，不但为其他学科的研究提供翔实可靠的文献资料，而且能够通过文化典籍的科学整理，系统全面地展示彝族优秀的传统文化，客观真实地再现彝族古代社会历史。随着彝族典籍文化研究工作的深入，彝文典籍中的文化内涵得到更好的再现与彰扬。

2. 彝文古籍整理研究学科建设的基本状况与专业队伍实力及其特点

从微观而言，这个时期是彝文古籍整理研究繁荣发展的一个辉煌时期。因为这个时期，不仅形成了专业队伍，而且有一大批业余爱好者参与其间，更有其他学科颇有造诣的专家学者，涉足于这一领域，为其带来勃勃生机。在研究方法上不拘一格，在调查研究范围上有很大拓展，各项研究硕果累累。从不同的角度对这个时期的彝文古籍整理研究工作及其学科建设与发展情况进行总结，是十分必要的。我们

认为，可将这一时期的彝文古籍整理研究的学科建设和专业队伍结构及人才培养状况与特点归纳为以下几个方面：

第一，彝文古籍整理专业崭露头角，学科体系逐步发展与完善。在这10年间，随着彝文古籍整理和彝族传统文化研究工作的迅速恢复，在各级党政机关的支持和有关职能部门的领导下，党和国家有关古籍整理和民族古籍进行抢救、保护的政策及文件精神得以认真贯彻落实和付诸实施。如：中央民族大学成立彝文文献编译室，毕节地区恢复了彝文翻译组并扩大编制、追加经费，楚雄彝族文化研究所设立彝文古籍研究室，贵州的威宁、赫章、大方，云南的新平、峨山、江城等县成立彝文翻译组，红河州民族文化研究所也设立彝文古籍研究室，贵州民族学院成立彝文古籍研究所，其他各地也成立民族文史研究室、民族古籍办公室等机构，指定专人从事此项工作。如禄劝县以民族古籍办名义，组织六七个人专门从事彝文典籍的翻译研究工作，路南县文史研究室的同志们也将大部分精力投入到彝文典籍整理研究中，从而形成数十个从事彝族典籍文化研究的科研实体。与此同时，在中央民族大学（原中央民族学院）、贵州民族学院、西南民族学院、云南民族学院，建立彝语专业和彝文古籍专业，进行彝文古籍整理技能和传统文化研究方法等方面的教学，培养学生从事彝族典籍和传统文化研究的基本技能，并提高他们从事彝学研究的知识水平和文化素质。为了与彝文古籍专业的教学、科研相配套，贵州民族出版社、云南民族出版社、四川民族出版社均设有彝文编辑室，使专业教材与科研成果得以编辑出版。这些科研、教学、出版机构的设置与配备，既标志彝族典籍文化学科的形成与发展，也为彝族典籍文化的深入研究开辟了崭新的道路，更为学科的发展奠定了坚实的基础。总之，此项学术研究已形成了系统严密的科学运行机制，并走向正规化科学研究的轨道。

第二，在彝文古籍具体翻译整理和学术研究方面，各族老一辈专家学者重振旧业，再创辉煌。在这10年间，一批曾为彝族典籍文化研究工作的兴起发挥过重大作用的专家学者，迅速投入彝族典籍文化的学术研究并取得了丰硕的成果。如马学良先生积极投入此项工作，着手建立专业、培养人才、组织重大科研项目，并在具体研究工作中提出了一系列具有指导意义的学术观点，在专题研究方面更是硕果累累。他在有关刊物上发表的《彝文经典和彝族的原始宗教》《彝文和彝文经书》《积极开展彝文文献的收集整理和翻译工作》《从一位地质学家的启示谈整理翻译彝文古籍》《研究彝文古籍发扬彝族文化》等文章对彝文古籍整理的重要性和彝族传统文化的学术研究价值都作了比较系统的理论阐述，对本学科的理论建设与实际工作都具有指导意义。在此期间他与有关学者合作，译注出版了《劝善经》《阿诗玛》《爨文丛刻》等彝文典籍文献。编著《云南彝族礼俗研究文集》《彝族文化史》《彝族原始宗教调查报告》《民族语言教学文集》等对推动彝文古籍整理和彝族传统文化的学术研究进程产生了重大影响。《试论彝文"书同文"的问题》《再论彝文"书同文"的问题——兼论彝文的性质》等文对彝族古文字的研究与整理应用提出了重要见解，为彝文规范化研究指明了方向。他在彝族典籍文化的微观研究方面也很有成就，如：《贵州彝族文物考》《白狼歌研究》《明代彝文金石文献中所见的彝族原始宗教信仰》《一部被遗忘的彝文经典》《彝族姓名的来源》等在专题研究方面颇有新见。在此期间他不但注重具体的学术研究，而且倾心于彝族典籍文化研究人才的培养工作，先后招收彝文古籍整理研究方向的硕士生、博士生。他与果吉宁哈先生一道创建彝文古籍专业，先后培养了上百名彝文古籍整理专业人才，为彝文古籍整理和彝学研究事业做出了重大贡献。

第三，在彝文古籍整理研究的人才培养和条件平台的建设方面，本民族专家学者迅速崛起，初显研究实力；党政部门和领导重视，整理研究条件越来越好。在这10年间，培养和造就了一批彝族高级知识分子。他们对彝族的传统文化有着强烈的民族感情，一旦掌握了一定的理论知识和科学方法，对本民族传统文化的研究工作有一种无穷的力量，能够全身心地投入。因此，他们有了研究彝族典籍文化的机会，就能废寝忘食地勤奋攻关，发挥所具有的专长，将自己的研究范围不断向外扩展。特别可贵的是他们不计个人的成就，将更多的精力放在彝族典籍文化的整体研究进程上，着重于组织工作和人才的培养。如：果吉宁哈先生于20世纪80年代初期开始，为彝族典籍文化研究工作的振兴，奔走呼号，为党和国家对彝文典籍整理研究工作的决策提供了重要的理论依据和实际材料。他高瞻远瞩，提出了四省区统一使用统一彝文的主张，并承担国家重点科研项目"滇川黔桂彝文单字比较研究"。组织有关人员编写《北京现存部分彝族历史文献书目》一书，又参与组织增订《爨文丛刻》《彝文〈指路径〉译集》等彝文典籍科学整理本的编译工作。他在创建彝文文献编译室、设置彝文古籍专业方面发挥了重要作用。他主持中央民族学院彝族历史文献专业的教学、科研工作期间，以共产党员的宽阔胸怀，识大体、顾大局，一切从党的利益和彝族人民的实际需要出发。因此，他的主张和建议得到各级党政部门的支持协作，也赢得了各地彝族干部和群众的支持和拥护。彝族典籍文化研究工作能够迅速地打开局面，与果吉宁哈先生的努力与争取是分不开的。他因忘我地工作和不懈拼搏，积劳成疾，夙愿未了就过早地离开了我们，但他为彝文古籍整理研究所做的贡献，将名垂青史。又如余宏摸、陈英、朱崇元、黄昌寿等一大批彝族学者从历史、医药、哲学、文字等方面对彝文典籍作深入的探讨研究，并取得了辉煌的成就。再如，彝族地区的党委、政府和伍精华、罗正富、禄文斌、王天玺、李桂英、马立三、刘绍兴、普联合、杨红卫等彝族领导关注彝文古籍整理和彝族文化学术研究工作，将传承彝族的优秀文化纳入到各级党委和政府的议事日程，为彝文古籍整理研究和出版创造诸多优良条件，特别是为彝文古籍的整理研究和学术交流提供了有力的资金支持，极大地保障了彝文古籍整理研究工作的持续发展。

第四，在加强彝文古籍整理和深化研究中，一批老知识分子奉献晚年余辉，完成文化传承使命。在这10年间，一批年近古稀的彝族老知识分子，甘愿放弃安闲悠然的晚年家庭生活，肩负起培养彝族典籍文化传人的重任。他们不计报酬、不计待遇，默默地奉献自己的余热，将自己掌握的彝族典籍文化知识毫无保留地传授予青年学子，把一部部天书般的彝文典籍，翻译注释为疏通古今的科学本，为彝族典籍文化的系统研究开辟了道路，为彝族传统文化的继承和弘扬作出了重大贡献。如罗国义先生、岭光电先生、罗正仁先生、张兴先生、阿鲁斯基先生、卢培林先生等曾应聘到中央民族学院从事彝族历史文献专业的教学科研工作。他们除了繁重的教学之外，译注了大量的彝文典籍，长期超负荷工作，体力消耗过大，返回故土不久都先后作古了。但他们培养的学生已能接过他们手中的接力棒，在彝族典籍文化研究的征途上继续前进，使他们在九泉之下可以得到慰藉。他们为人师表，对传统文化知识的传授一丝不苟的敬业精神和乐于吃苦、不求享受的高尚品德将永远垂范后世的彝文古籍整理研究工作者。他们的学术成就和所传授的知识将光照后人，并对彝族典籍文化研究工作产生深远的影响。

第五，彝文古籍整理研究队伍建设得到加强和专业人才倍增，整理、研究成果丰硕。在这10年间，通过各种途径培养和造就了一大批专业人才，充实了彝族典籍文化研究队伍。仅中央民族大学彝族历史文献专业从1982年以来，就先后培养了近三百名专业人才，他们绝大部分都分配到有关研究单位和出版部门。云南民族学院、西南民族学院、贵州民族学院等大专院校培养的学生也有不少被分配到彝文古籍整理部门，从事此项工作。由于各有关研究单位和各级古籍整理工作领导机构中既有经验丰富、造诣深厚的元老，又有年富力强的中年科研骨干，加上大专院校源源不断地为之输送年轻有为的专业人才，多年来，老中青相结合，以老带新，老年知识分子发挥余热，中年专家踏实肯干，青年人精力充沛、勤奋好学，在教学科研与出版等各个方面都涌现出一批新人，经过集体的力量与个人的奋斗，在彝族典籍文化研究方面取得了辉煌的成就。彝文典籍的译注出版，彝文典籍的综合性研究与专题探讨都有很多成果问世。在短短的10年间，有上百部彝文典籍科学整理本正式出版，也有几十部研究专著面世，又有上千篇学术论文在各种刊物上公开发表。十年间所培养出来的人才和所取得的研究成果数倍于过去一百多年的总和。真可谓新人辈出，硕果累累。所取得的这一系列成就，都应当给予充分的肯定。因为它在整个彝文古籍文献整理和传统文化研究的发展进程中，具有重大的现实意义，并对此后本学科专业的继续发展产生了深远的影响。

总的说来，20世纪80年代，彝文古籍文献整理出版和彝族传统文化研究方面的专业队伍、研究机构、教学部门、出版单位等相继建立，已初步形成了比较系统完整的专业体系，学科建设有了重大发展。彝文古籍整理研究由此进入了大展宏图的时代。

三、纳西文古籍

正当东巴经典的抢救翻译濒临危机的关键时刻，党中央召开了十一届三中全会，开始了拨乱反正的大变动。具有强烈的政治责任感和超前意识，并深知东巴文化价值的纳西族革命者和万宝从 20 年冤案中得以解放并重新回到了地区领导岗位。恢复原职以后，面对纳西族的传统优秀文化的典型代表——东巴经典面临危机，他决定在"极左"思潮余毒犹存，许多学子对东巴经典和东巴教心有余悸的时境下，担负起抢救纳西族东巴经典的重任，呼吁党和政府应及时全面地抢救东巴经典，并希望成立专门研究机构，招聘研究人员，聘请一批博学且能熟练地诵读东巴经典的老东巴，正式展开了全面抢救东巴经典的实践。

1980 年 6 月，丽江地区行署成立了由中共丽江地委常委、丽江行署副专员和万宝（1923—1996 年）为主任的"东巴经翻译整理委员会"。和万宝主持召集滇川两省的东巴、达巴召开东巴、达巴座谈会，全面揭开抢救性翻译纳西族东巴经典的序幕，此举意义深远。1981 年云南省委发文批准，成立云南省社会科学院东巴文化研究室（后升格为研究所，再后来升格为研究院）和万宝先生亲自担任研究室主任，聘请纳西族著名历史学家方国瑜教授（1903—1983 年）和纳西族东巴文化学者和志武研究员（1930 年—1994 年）担任研究室顾问，开始系统收集和翻译整理纳西族东巴经典。1981 年 4 月，中共云南省委采纳了方国瑜与和万宝的建议，并及时作出决定，在云南省社会科学院成立东巴文化研究室，由和万宝兼主任，方国瑜为顾问。1981 年 5 月，成立云南省社会科学院东巴文化研究室，标志着历史上第一个专门研究纳西族东巴文化的研究机构的诞生，从此开始了大规模有计划、有领导、有目的的东巴经古籍的翻译工作。1981 年，在著名学者任继愈、傅懋勣的关心和支持下，中国社会科学院世界宗教研究所、云南省社会科学院东巴文化研究室、丽江东巴文艺研究室三家合作于 1982—1985 年油印四对照东巴经注译本 26 册，印行了由东巴和云彩、杨士兴、和即贵、和学智、和云章、和开祥等人读经讲述，由王世英、习煜华、和发源、和力民、杨其昌、李积善、牛耕勤、和学才、和宝林、和强、和明达等专家参与其事翻译并编撰的《东巴经书专有名词选》《祝婚歌》《神寿岁与东巴舞谱》《舞蹈的来历》《分清神和鬼、分清白石和黑石》《舞蹈的出处与来历》《祭风·鲁般鲁饶》《祭龙王·杀猛妖的经书》《点着金银火把·寻找失踪了的胜利者》《请八只眼考如神经》《祭拉姆道场》《驮达给金布马超度吊死鬼之上卷》《大祭风道场·迎接祖先》《请鬼安鬼》《大祭风·送吊死者迎接祖先招魂》《大替身道场·换寿岁经》《替身道场·高勒趣·哈若尼恩·哈拉古补送木偶替身赎罪经》《替身道场·用牛作替身·抛九付普所到仇地》《大祭风·请神保佑舞谱》《替身道场·董神与述神战争之经》《超度"寇寇多居"毒鬼》《关死门经·人类迁徙记》《小祭风·请排神威风神和东巴什罗》《祭什罗道场·在门前迎接东巴之经》等，这批共计 26 本内部油印东巴经典译注成果的问世，是有计划抢救纳西东巴经典的初步成果之一，是后来东巴古籍译注的重要参考资料。

1980 年，纳西族作家学者戈阿干创作的纳西族叙事长诗《格拉茨母》由云南民族出版社出版问世。全诗两千多行，作品取材于纳西东巴经典《黑白战争》，系爱情悲剧故事，展现两个部落间的为了战争与爱情、光明与幸福的较量。该书的出版，在一定程度上促进了纳西东巴经典的研究整理和再创作，为东巴经典的价值再现打开了新思路和发展方向。

1981年，方国瑜编撰、和志武参订《纳西象形文字谱》的出版问世，可谓正当其时，有力地推动了纳西东巴古籍文献的整理搜集研究。此书最早开始编撰于1933年，1935年7月成书，著名国学大师余杭章炳麟（太炎）先生亲自为该书作序所撰的《麽些文序字》中指出："麽些文字…所制文字大抵以象形为宗，不足即以形声、会意济之。凡千数百字…宛如古文科斗无异，而其语皆单音亦与汉语同原焉"①；著名甲骨文专家南阳董作宾（彦堂）也为之作序。后因人事更迭变故，未能及时出版，1972年著名甲骨文专家时任中国科学院院长的乐山郭沫若（鼎堂）致信方国瑜先生把《字典》"早日改好，影印出版"。20世纪80年代初，方国瑜在临近晚年目力不济的情况下，邀请和志武先生参与编撰参订事务，经责编李惠铨等的努力，《纳西象形文字谱》得以顺利出版。全书分为天象、地理、植物、飞禽、走兽、虫鱼、人称、人事、形体、服饰、饮食、居住、器用、行止、形状、数名、宗教、和传说古人名号共计18属，并对1340个象形文字及222个派生字逐一作标音解说，同时收录了582个标音字及两千多个常用词汇，在大部分词下还注有象形文字标号及读音。在《纳西象形文字谱》的绪论篇中，较系统地论述了纳西族的渊源、迁徙和分布以及纳西族东巴文字的构造特点。在参照汉字六书说的基础上，方国瑜提出"六书说"，把东巴文字的结构分为依赖象形、显著特征、变易本形、标识事态、附益他文、比类合意、一字数义、一义数字、形声相益、依声托事十类。其中一字数义、一义数字和依声托事，不属字形结构范围。② 该书的问世，为世人了解纳西东巴文字的基本面貌和历史文化背景，东巴经典的构成等都有独到的参考价值，在很大程度上引发了许多国内外研究者的兴趣，对促进新时期纳西东巴经典的翻译和研究，纳西学的发展而言起到了举旗开路的作用，曾获国家图书奖提名奖。

1980年，纳西族作家学者戈阿干创作的纳西族叙事长诗《查热烈恩》由民族出版社出版。该书继纳西族叙事长诗《格拉茨母》之后，作者再次以东巴经典中的著名经典《崇搬图》为基础，以史诗的方式再现纳西族先民的创业历程，气势宏伟磅礴，结构精巧，成为对东巴经典中的名篇进行再创作的典范作品之一。书中收录多幅由纳西族画家纳若创作的以东巴经典情节为素材的彩色插页，极大地促进了当代纳西东巴绘画的创作和流行，同时促进了纳西东巴经典的翻译流传。

1984年，经纳西族作家牛相奎、赵净修依据东巴经典《祭风·开坛经》《鲁般鲁饶》的三种汉译本整理、创作的纳西族叙事长诗《鲁般鲁饶》由云南人民出版社出版，全书分"抗命""装饰""迁徙""阻隔""遭斥""盼望""双殉"七个部分，成为纳西族东巴经典文学作品《鲁般鲁饶》的汉文本中的较规范的版本。

---

① 章太炎：《麽些文序》，《制言月刊》，第62册，1940年，第1页。
② 方国瑜：《纳西象形文字谱》，云南人民出版社，1981年，第2页。

1986—1989 年，由云南省少数民族古籍整理规划办公室编辑的《中国少数民族古籍·云南少数民族古籍译丛》所列的《纳西东巴古籍译著》（1—3）问世。《纳西东巴古籍译著》第一辑收入杨树兴、和云章诵经，和发源翻译的《崇般崇笮》；杨士兴诵经、王世英翻译的《迎请精如神》，书前有和万宝序文，是东巴文化研究室成立后出版的第一本东巴经典译注著作，为学界提供了可靠的译文。《纳西东巴古籍译著》第二辑收入和开祥读经、王世英翻译的《超度·献冥马》及和士成读经、李静生翻译的《刺母孟土》。《纳西东巴古籍译著》第三辑收入和士成释读、和力民翻译的《董术战争》；和即贵读经、习煜华翻译的《日仲格孟土迪空》；和云章释读、和力民翻译的《求取祭祀占卜经》；和即贵读经、习煜华翻译的《拉仲盘沙劳务》等经典。这些译注内容是东巴经典翻译中不可或缺的译注作品。

1983 年，东巴、达巴座谈会在丽江召开。重新开启了整理纳西族东西部方言区东巴经典和达巴口诵经的搜集整理翻译工作。本次会议影响深远，打破了"文革"以来的"极左"思想的封锁和摧残民族文化的恶劣风气，使各族各界重新珍视纳西族东巴经典的整理研究工作，为后来的东巴文化研究和纳西学的崛起奠定了坚实的基础。

在百废待兴的新的历史时期，和万宝主张用"论语+东巴文化+电脑+共产党宣言"的形式，"宣传群众，组织群众，让群众自觉走具有中国特色的社会主义的现代化道路"。自从和万宝主持东巴文化研究室（后改为研究所）以后，就把抢救东巴文化作为纳西族文化的大事，即把东巴经典系统地加以翻译整理，使之成为中国西南及藏彝走廊区域历史文化研究的宝贵资料。在和万宝的倡导和组织下，经过纳西族学者与十几位老东巴的共同努力，在 1979—1999 年 20 年间就基本完成了《纳西东巴古籍译注全集》的译注工作，抢救东巴文化遗产的历史使命得以实现，终于在 1999 年迎来了国际东巴文化研究的新时代。

著名语言学家傅懋勣先生自 1948 年 7 月出版四对照汉译《丽江麽些象形文字〈古事记〉研究》后，20 世纪 80 年代初，傅懋勣应邀在东京外国语大学访问期间，在日本著名语言学家桥本万太郎教授的支持下在日本出版了《纳西族图画文字〈白蝙蝠取经记〉研究》（上册 1981 年 3 月出版；下册 1983 年 2 月出版，两册共计 333 页，影印写本照片 12 页）。全书分序言、说明、经典题名解题；分院文读音、直译、意译、解说的格式译注。全书采用的经文是纳西东巴除秽仪式经书，主要叙述白蝙蝠为了拯救人类，到十八层天上的女神处取占卜经的故事。全书由丽江大东巴和芳释读，傅懋勣先生对全书经文的每一个字符的音意都做了十分细腻严谨的译注与研究，对东巴文字的性质提出了自己的独到见解。

1984 年，李霖灿著《麽些研究论文集》（中国台北故宫博物院印行）。内收的 21 篇论文中涉及文献研究的论文有：《麽些经典的艺术论》《美国国会图书馆所藏的麽些经典》《论麽些经典之版本》等，堪称 1949 年后台湾地区的纳西东巴文化研究的集大成者，较全面地反映了李霖灿研究纳西文化以来的主要学术论文成果。全书内容丰厚，大都基于20世纪40年代的田野调查，不乏许多创见的精锐之作。1985年和即仁、姜竹仪合著的《纳西语简志》出版。该书作为国家民委民族问题五种丛书的语言简志丛书之一，较全面地概述了纳西语的语音、词汇和语法及文字、方言分区等内容。全书简明扼要，有利于研究者尽快了解纳西语的概貌和特点；书末附有纳西语东西方言词汇集，有利于纳西族文献的整理研究。

1985年由郭大烈、杨世光编的《东巴文化论集》由云南人民出版社出版，收录了20世纪30年代以来国内学者有关纳西族东巴文化研究的部分成果，基本涉及东巴文化的主要方面。书前收录有东巴、达巴法器道具、东巴法仪舞的舞蹈场面、东巴经典写本图示和画谱等内容；附录收录有《纳西族东巴文化研究资料索引》《纳西族东巴文化示意图》；书前有和万宝的序言，概述了东巴文化的概念和东巴文化研究的内容、研究方法，阐明了东巴文化的学术价值。基本上可以代表当时国内的研究整理水平，对后来的学术发展起到良好的促进作用。

1987年北京图书馆（今国家图书馆）为了配合北京市民委主持编写的《北京地区少数民族文字古籍联合目录》编有《北京图书馆藏东巴经目录》，对馆藏近4000册东巴经典作了初步编目。主要依据周汝诚先生的分类法，共分23个类别，即：祭天、延寿道场、祭家神、祭胜利神、解秽道场、替身道场、祭龙道场、祭飞魔、禳是非口舌、祭亡、开丧道场、祭长寿者、祭贤者、祭贤女道场、祭风、祭世罗、祭风、祭拉姆、开冥路、关鬼门道场、禳瘟、杂祭、占卜书、画册等。目录著录有馆藏编号、书名、音标注音、汉文译名、内容提要、开本、页数等内容。但鉴于馆藏经典数目未有确切的统计，因此，该分类不足以视为标准分类，仍需对该馆藏作认真核实后方可确定。

1988年戈阿干主编的《祭天古歌》由中国民间文艺出版社出版。该书的整理研究始于1984年，1986年完成，主要成员有戈阿干、陈烈、东巴和开祥（读经）、李之春（记音）。这是纳西族也是云南省少数民族古典文献及文学整理研究中，首次就某一专题作系统研究编辑的尝试。编者在举办东巴文化座谈会的基础上，聘请东巴讲经说法，对东巴经典和口头文本进行筛选和鉴别。此后作实地调查，在民族民间收集活的资料，并有专家学者分别赴滇、川、藏诸省区纳西族地区实地考察纳西族祭天文化及相关民俗，丰富了祭天古歌的内容，弥补了东巴经典书面记载的不足，增强了祭天古歌资料的完整性和纳西族祭天文化的系统性。全书分"蒙增·查班绍"（生献牺牲篇·人类繁衍篇）、"共许"（放生篇）、"考赤绍"（索取长生不老药篇）、"吉本布"（祭雷神电神篇）、"哈适"（熟献牺牲篇）、"素库"（招引家神篇）、"鲍麻鲍"（点圣油篇）、"素章兹"（为家神招引富裕之魂）、"而因申初聘"（为无后者甘祭篇）、"祭天口诵篇"。书后附有滇、川、藏纳西族祭天习俗考察实录、东巴小传。全书强调和贯穿了祭天古歌的科学性和文学性，将文献研究与民俗事象有机结合，同时忠于东巴经典的原貌和基本内容，保持文本的真实性。每篇前均设有题解、东巴经典原文、国际音标注音、汉语译文等内容。译文畅达古雅，堪称纳西族东巴经典整理研究的典范作品，同时又是具有纳西族民族特色的民间文学作品集成，得到著名民间文学家钟敬文先生、马学良先生的好评。

1989年10月26—30日，云南省社会科学院东巴文化研究室在丽江召开了纳西族原始宗教及社会思想学术讨论会，与会学者探讨了纳西族东巴经典的内涵和性质；东巴教的性质及其与纳西族古典哲学、历史文化、民俗等方面的深刻关联。和万宝在会议总结中强调：纳西族东巴经典及东巴教研究的首要手段是语言；现阶段的纳西族东巴经典及东巴教研究的基础工作仍然是抢救、整理、复原、和翻译解说东巴经典。本次学术会议得到国内外学界的关注，切合了当时国内正在兴起的文化热，使"东巴文化"一词逐步在学界风行，十分有利于纳西学研究学科的发展和繁荣。

1989年和志武著《纳西东巴文化》由吉林教育出版社出版，该书是史筠主编的"中国少数民族文库"中的一种。全书系统论述了纳西族东巴文化产生发展的历史文化背景、东巴教和纳西古文化、东巴文和哥巴文、东巴经典、东巴文学和东巴古典艺术等内容，为世人了解纳西东巴文化提供了重要的依据。

四、白文古籍

改革开放以后，党中央、国务院高度重视古籍保护工作。1984年4月，国务院办公厅转发国家民委《关于抢救、整理少数民族古籍的请示的通知》，各民族地区陆续成立了民族古籍工作机构，民族古籍的整理和研究形成了一个欣欣向荣的局面。但是，由于白文的文字性质没有得到确认，白文古籍工作依然没有得到积极的推动，主要表现在仍然没有成立专门的工作机构，对白文古籍工作也没有进行过专题的调研和讨论。1982年成立的大理州白文研究组，主要研究新白文的规范和推广工作，老白文研究及古籍文献的搜集整理依然没有列入议事日程。因此，白文文献的搜集和整理工作在这一时期仍然主要依靠科研工作者的个人努力，缺乏政府和相关机构的支持。

这一时期白文古籍工作的重要成果有两个方面：一是新的古籍得到发掘和整理；二是白文及其古籍的研究有了很大进展。

"文革"结束以后，一些散落民间的白文古籍陆续被发现。周祜在《明清白文碑漫话》中刊布了前人未作介绍的清代《史城羌山道人健庵尹敬夫妇预为家冢记碑》，[①] 后附《白曲一诗》。徐琳刊布了有代表性的白文本子曲《黄氏女对经》。白文大本曲、本子曲、歌本、祭文等文献数量众多，但由于长期散落民间，没有经过系统的发掘和整理，其价值此前并没有受到应有的重视。这些白文文献的刊布，大

---

① 《南诏史论丛》，第2辑，1986年。

大推进了学术界对白文的认识。

20世纪80年代，白文的影响不断增加，研究队伍也不断扩大，关于白文的研究成果也日益增多，涌现出一批有影响的研究成果，对白文的讨论也从文字性质扩展到文献释读、文字结构、书写系统等各个方面的分析和研究上。综合研究方面，一些研究成果较为全面系统地分析了白文的文字性质，并介绍了白文文献及其分类，同时也探讨了白文的书写系统。如赵衍荪所著《白文》①《浅论白族文字》② 等，都是白文综合介绍与研究的代表作。这一时期，尽管还有一些非文字学的观点对白文的独立性表示质疑，但白文作为一种独立汉字型文字的性质已经成为中国民族古文字学界的共识。

白文古籍释读方面也成绩显著。以徐琳、赵衍荪的《白文〈山花碑〉释读》③为代表，对明代白族诗人杨黼所撰的白文《词记山花·咏苍洱境碑》进行了释读。译者在白文碑文下加注国际音标，并按白族"山花体"格式把白文译为汉语。在释读白文的基础上，作者还探讨了《山花碑》的书写符号系统，认为其书写符号分四种类型，同时还对碑文中的若干词语提出了新的看法。这是最早对白文碑刻进行系统、科学注音并释读的论著，也是运用语言学方法对白文进行科学研究的代表作品。类似的著作还有何一琪《白文哀词〈赵坚碑〉研究》④ 赵橹《白文〈山花碑〉译释》（云南民族出版社，1988年）等。尤其是徐琳《白族〈黄氏女对经〉研究》《白族〈黄氏女对经〉研究（续）》（日本东京外国语大学亚非语言文化研究所1986年、1988年），更开创了对大篇幅白文古籍进行系统研究的先河。因此，20世纪80年代，涌现了一批有较高学术质量的白文古籍研究成果，是白文文献整理、研究的一个难得的黄金时期。

除了就白文古籍本身的研究外，一些学者还关注到白文古籍与白族文化的密切关系。如马曜《论古白文的夭折对白族文化发展的影响》⑤ 一文，作者站在文化发展的角度来探讨白文的历史发展，认为白族先民早在南诏时期就已创造了自己的文字——"白文"。明朝以后，由于中央王朝推行汉化政策，"白文"逐渐消亡。"白文"的消亡，在白族传统文化发展上产生了语言与文字断裂的现象，这一断裂极大地损害了白族文化发展的连续性。通过介绍白文的创制、发展、消亡的经过，以及它的消亡对白族文化发展的影响，指出了少数民族使用和发展自己语言文字的重要性。鉴于白文的文字性质和作用长期没有得到客观的评价，这样的认识是十分中肯，也是难能可贵的。

---

① 载《中国民族古文字》，天津古籍出版社，1987年。
② 《云南民族语文》，1989年第3期。
③ 《民族语文》，1980年第3期。
④ 《云南民族学院学报》，1988年第2期。
⑤ 《云南民族语文》，1989年第3期。

第三节　壮侗语民族

一、壮文古籍

20世纪80年代是中国壮族古籍学的创建阶段。1976年粉碎"四人帮"、1978年党的十一届三中全会，以及随之而来的改革开放，给壮族古籍工作带来真正的春天。具体内容包括如下几个方面：

（一）壮族古籍整理机构的酝酿与建立

为了弘扬中华各民族优秀传统文化，促进民族地区经济社会全面发展，1983年，国家民委召开了民族古籍整理座谈会，广西民委派员参加。回来后不久，自治区民委召开了一次全区性的民族古籍整理工作座谈会。1984年，国务院办公厅以国办发〔1984〕30号文件批转了国家民委关于抢救、整理少数民族古籍的请示报告。同年7月，国家成立了全国少数民族古籍整理出版规划小组，下设办公室（后改为研究室）。与此同时，根据中央精神，要求各省、自治区、直辖市，相应建立少数民族古籍整理机构。1985年7月，广西区民委党组以（桂族党字〔1985〕第4号）向区党委呈请示报告："根据党中央1981年48号文件《关于整理我国古籍的指示》、国务院（82）国函字185号文件《国务院关于古籍整理出版规划有关问题的批复》和国家民委（82）民文字第179号文件精神，拟成立'广西少数民族古籍整理领导小组'，具体领导我区少数民族古籍的规划、调查、整理和出版工作。"1985年9月，广西区民委党组又一次呈上（桂族党字〔1985〕第6号）《关于再次要求成立广西少数民族古籍整理领导小组的请示报告》，认为"此项工作是根据党中央指示进行的，并提到救人、救书的高度去认识"，要求尽快成立广西民族古籍整理领导小组和办公室。1985年12月，国家民委召开第一次全国民族古籍整理工作会议，广西派自治区人民政府顾问张声震、广西民族研究所所长韩肇明等参加，表明此项工作开始引起自治区人民政府的高度重视。

1986年3月10日，广西壮族自治区人民政府召开1986年第八次政府常务会议。会议听取了张声震同志汇报全国少数民族古籍整理出版规划工作会议精神，并研究决定：1. 同意成立自治区少数民族古籍整理出版规划领导小组，下设办公室，事业编制5人，办公室设在区民委。2. 同意以政府办公厅名义批转民委的有关报告；有关广西少数民族古籍整理出版规划及工作安排，由领导小组具体研究，区民委负责组织落实。1986年3月16日，广西壮族自治区人民政府发出桂政发〔1986〕36号《关于成立广西壮族自治区少数民族古籍整理出版规划领导小组的通知》。通知决定成立广西壮族自治区少数民族古籍整理出版规划领导小组，具体领导广西少数民族古籍的调查、整理和出版工作。领导小组顾问：金宝生、莫乃群、秦振武、黄宝山；领导小组组长：张声震；领导小组副组长：张景宁、余达佳、张洋、蓝怀昌；领导小组成员：覃光恒、覃展、梁彬、潘古、黄钰、蓝鸿恩、包玉堂、粟冠昌、李英庭、徐方治、张胤、农冠品、蒋廷瑜、韩肇明、蒙光朝、苏永勤、覃波、莫凤钦等。领导小组办公室主任由梁彬同志兼任。组成领导小组的部门，除自治区党委、政府、人大、政协外，还有宣传部、统战部、文化厅、民委、社科院、文联、图书馆、博物馆以及高等院校的领导和专家、教授。27名领导小组成员当中，省级领导5人，厅局级领导10人，教授、研究员14人。广西少数民族古籍整理出版规划领导小组暨办公室成立的同时，各地大部分的市县也相应建立了民族古籍整理领导机构。各级机构的建立，标志着壮族古籍整理开始进入规范化和学科建设阶段。

（二）壮族古籍整理工作的全面开展

广西少数民族古籍整理出版规划办公室的主要任务，是负责组织、协调、联络、指导广西11个少数民族古籍的收集、整理和翻译出版工作。比起国务院的要求和国家民委的部署，广西的民族古籍工作开展晚了几年。为了争取时间，迎头赶上，1986年5月19—22日，广西少数民族古籍搜集整理工作第一次会议在南宁举行。会议由自治区民委和文化厅联合召开。参加会议的有区直机关、高等院校以及有关地县代表共九十多人。出席会议的自治区有关部门的领导有张声震、莫乃群、廖联原、秦振武、张景宁、余达佳、张洋、蓝怀昌、蓝克宣、覃耀庭、梁彬、莫家裕、潘古、朱荣等。本次会议的主要议程是：1. 学习领会中共中央、国务院以及陈云同志关于民族古籍整理的指示精神；2. 讨论"广西少数民族古籍抢救、收集、整理、出版规划方案"。会上，自治区少数民族古籍整理出版规划领导小组组长张声震作了重要讲话，讲话内容主要包括传达解读国务院批转国家民委《关于抢救、整理少数民族古籍的指示》精神，对广西少数民族古籍抢救、收集、整理、出版规划方案内容进行说明等。与会代表通过学习讨论，大家对广西少数民族古籍的重要价值、各民族古籍的内容、类型、分布特征等有了较充分的认识。会议通过的《工作方案》决定：首先有步骤地分期分批开展普查收集工作，列为第一批的是10个民族自治县和15个壮族聚居县。各部门具体分工为：由自治区民间文学研究会主要负责收集整理民间口头文学类古籍及师公、麼公、道公唱本；由自治区语委主要负责收集整理方块土俗字（壮族、侗族土俗字）及相关民间手抄本；由社科院少数民族文学研究所主要负责收集整理少数民族作家、文人的汉文著作；由大专院校物色已退居二线的专家、教授负责摘录汇编汉文史籍、方志、野史记载的少数民族史料；由自治区民委文教处和艺术学院负责收集整理各少数民族的舞蹈、戏剧、乐器、绘画等艺术类资料。本次会议可作为广西少数民族古籍整理工作标志性大事而载入史册，也为今后制定广西少数民族古籍整理第一个五年规划奠定了基础。另外，由于本次会议主要参加者以区直单位部门为主，因此，相同内容议程的全区民族古籍整理工作会议，又于当年的 10 月 3—6 日在南宁举行。参会人员则是上次没有邀请到的少数民族各县市的民委和文化部门的领导、专家和学者。这次会议实为第一次会议的继续。广西民族古籍整理工作会议的召开，吹响了壮族古籍整理工作的进军号。

第一次广西民族古籍整理工作会议召开后，各地市县相关的民族古籍普查搜集工作全面开展，尤其在壮族聚居人口最集中的百色地区，普查搜集工作进行得有声有色。1987 年 5 月 3—4 日，百色地区民族古籍工作汇报会在靖西县召开。会议的中心内容是掌握全地区各县民族古籍工作开展情况，研究下一步工作开展的意见。到会的 10 个县代表作了汇报发言。自治区古籍整理领导小组组长张声震及广西民族古籍整理办公室陈天枢、苏联武、梁杏云、黄成贤参加会议。张声震以及百色地委书记黄保尧到会作了重要讲话，陈天枢等作了发言。

乘着全区民族古籍整理工作顺利开展的东风，同时更是为了总结经验，稳步前进，广西第二次少数民族古籍整理工作会议于 1987 年 11 月 1—4 日在南宁举行。会议由自治区民委和自治区文化厅联合召开。会议主要议题是总结交流一年来广西少数民族古籍普查、搜集、整理、出版工作情况、经验，讨论制定"广西 1987—1990 年少数民族古籍整理出版规划"。会议邀请全国少数民族古籍整理出版规划领导小组副组长李鸿范、贾春光以及乌力更、吴肃民、关照宏、张秀锋、巴德夫等领导和专家亲临指导，自治区领导张声震、覃光恒、莫家裕、覃耀庭等出席。自治区少数民族古籍整理出版规划领导小组组长张声震作了会议工作报告。报告内容分为三个部分：第一部分，一年来民族古籍工作的回顾；第二部分，关于民族古籍整理出版规划的设想；第三部分，关于实施"规划"的几个问题。需要强调的是，本报告由张声震同志自己亲自起草，报告已不是以往人们司空见惯的领导讲话稿，而是具有民族古籍学术内涵的学科专业报告。可以说，本报告是广西少数民族古籍学科正式形成的标志性文件。比如，报告的第二部分把广西少数民族古籍大致分为 8 大类：语言文字类、文学类、艺术类、宗教经辞类、历史类、碑刻类、文人著作类、医道医术类。以上分类，绝大多数与后来的《中国少数民族古籍总目提要》编纂方案中的民族古籍分类相吻合。报告第三部分谈到民族古籍整理要采取科学版本的整理方法进行，即民族文字、国际音标、汉直译、汉意译四对照；谈到民族古籍整理与搜集的关系问题、整理与出版的关系问题、人才培养问题以及资料的保存管理问题等，几乎围绕国家民委民族古籍研究机构提出的"救书、救人、救学科"的紧迫性来展开阐述，对于壮族古籍学科的建立具有重要的学术价值。后来的实践成果也证明，张声震同志作为壮族的一员，离开政府领导工作岗位，担任广西少数民族古籍整理领导小组组长以后，凭着他长期积累的领导干部工作丰富经验和其具有强烈的民族责任感和自尊心，尤其他老当益壮、锲而不舍和一丝不苟的治学精神，使他逐步完成了由纯行政领导向学者型领导的转变，成为壮族古籍学科乃至后来壮学学科建设的开创者和一面旗帜。

在蕴藏丰富的壮族古籍中，壮医壮药古籍是一块独特的科学宝藏，也是建立壮医药学科的关键支撑材料。壮族古籍整理的决策部门，从一开始就把收集整理壮医药古籍列为重要的一环。由于这项工作的特殊性质，也为了使这项工作尽快开展，1986年6月21日，广西壮族自治区卫生厅发出关于抢救、整理广西少数民族医药古籍的桂卫中〔1986〕第6号文件。文件的主要内容是：（1）决定在区卫生厅成立少数民族医药古籍整理领导小组，下设办公室，并要求有关地县卫生局也成立相应的领导小组或指定专人负责，组织开展民族医药古籍整理工作。区民族医药领导小组组长：蓝芳馨；副组长：覃波、王鉴钧、班秀文、黄汉儒。办公室主任：黄汉儒。（2）成立广西少数民族医药古籍编审委员会。主任：王鉴钧；副主任：班秀文、黄汉儒。（3）确定第一批开展民族医药古籍普查的25个县名单，其中大部分是壮族聚居县。区民族医药古籍整理领导小组成立后仅两个月，即1986年8月23—24日，全区少数民族医药古籍普查整理工作会议在南宁召开，自治区人大常委会主任甘苦、区卫生厅厅长蓝芳馨、区民委顾问蒙家麟等领导同志到会并作了重要讲话。甘苦主任强调：民族医药是客观存在的，党和国家非常重视，有了这两条，任何阻力干扰都阻挡不了民族医药事业的发展。蓝芳馨以领导小组组长的身份讲话，首先肯定了民族医药有自己的学术队伍，有自己的民族药物，有中西医都不能替代的丰富的诊疗方法，有成千上万的验方秘方，能够为少数民族病人解除疾苦。接着，着重谈了为什么要开展民族医药古籍普查整理工作以及要加强领导，落实措施，扎扎实实完成民族古籍普查整理工作任务等。本次会议后，壮族医药古籍的普查搜集整理工作也全面启动。

（三）壮族古籍整理成果的结集出版

在20世纪80年代后半段，在广西少数民族古籍整理机构得到建立、健全的同时，对壮族古籍搜集整理工作也进入实质性的规划实施阶段，并且陆续结出硕果。具体项目有：

《广西壮语地名选集》，张声震主编，广西人民出版社1988年12月出版。地名是地理实体的语言符号，是人类活动的印记。壮语地名是用壮语命名的壮族地方符号标记，是壮族语言及历史文化的活化石。本地名选集是从广西地名委员会于1982年开展的壮语地名普查的7万多条原始资料中精选约5470条编辑而成。其中政区地名875条，自然村名4120条，其他地名493条。每个地名词条包括标准名称、汉语拼音、壮文、位置、沿革、含义、概况等内容，共78万字。《广西壮语地名选集》的出版，对于研究壮族历史地理、社会经济、风俗习惯等均有较高的参考价值。

《古壮字字典》（初稿），广西少数民族古籍整理出版规划领导小组主编，广西民族出版社1989年9月出版。古壮字也叫方块壮字，壮语称为Sawndip。它是壮族民众在长期的生产生活斗争中仿效汉字六书的构字方法创造并不断发展形成的一种民族文字。古壮字和壮族语言相一致，因此，自古至今，它一直在壮族民间流行，应用于生活的各个领域，是壮族民众用以传情达意、陈理记事的工具。例如，民间神话、传说、故事、歌谣、经书、唱本、碑刻、药方、家谱、契约等，都是用古壮字记录保存并流传于后世的。古壮字按照构字法大致有四大类：一是象形字，即依物赋形，依事描样，以最简单而又最有概括力的笔画，勾勒出所代表的事物的基本形象；二是会意字，即利用汉字本体的意义加上一些特殊的符号或者是以两个汉字汇集而成的字；三是形声字，即利用汉字的偏旁部首作为声符和意符组合而成的字；四是借汉字，即直接借用汉字来记写壮语音的字。本字典收集流行于壮族地区的古壮字共 10700 个，其中选择使用较普遍、结构较合理的 4918 个推荐为正体字，其余同音同义异形的字列为异体字。每个字均注上拼音壮文、国际音标和汉语释义。《古壮字字典》（初稿）的出版，既是整理研究壮族古籍遗产的工具书，也是打开壮族历史文化遗产宝库的一把钥匙，同时对于促进壮语方言的交流，推动民族内部的交往，增进民族团结具有重要意义。

本阶段出版的壮族古籍还有：前面述及的壮族文献古籍《广西少数民族地区石刻碑文集》《广西少数民族地区碑文契约资料集》；壮族文人著作《亦器轩诗稿》（蒙泉镜著，刘映华注）；壮医药著作《壮医药线点灸疗法》（黄瑾明、黄汉儒、黄鼎坚著）等。此外，本阶段还启动了壮族古籍重大项目《布洛陀经诗译注》和《壮族民歌古籍集成》等。

二、傣文古籍

党的十一届三中全会以后，党中央、国务院决定全面开展古籍整理工作。1984 年 3 月，国家民委向国务院上报了《关于抢救、整理少数民族古籍的请示》，请示中提出了四项措施：1. 加强组织领导，成立全国少数民族古籍整理出版规划小组，并下设办公室；2. 抓紧抢救民族古籍工作，做好征集、保管、抢救、编目、整理工作。3. 落实知识分子政策，培养民族古籍整理人才。4. 解决经费。同年 4 月，国务院办公厅转发了《国家民委关于抢救、整理少数民族古籍的请示的通知》。1984 年，国务院转发国家民委关于民族古籍整理的通知后，我国民族古籍整理掀起了一个整理的高潮，国家民委随即成立了全国少数民族古籍整理研究室，指导全国少数民族古籍工作和制定少数民族古籍整理规划，标志着我国民族古籍走上了有组织、有规划的整理和研究阶段。

1984 年 8 月，按照国务院要求，经云南省人民政府批准，成立云南省少数民族古籍整理出版规划办公室，隶属云南省民族事务委员会，负责组织、联络、协调、指导全省少数民族古籍抢救、整理、出版工作。随后西双版纳成立了古籍整理研究室和民族研究所，德宏州政府也赋予德宏语言文字工作委员会指导和制定古籍的整理规划和管理工作的权利。20 世纪 80 年代傣族古籍整理和研究进入了黄金时期，各个领域的傣族古籍得到不断挖掘与翻译。这个时期傣族古籍整理和研究具有以下几个特点：1. 古籍整理进入有组织、有规划的整理阶段；2. 傣族古籍自身整理和汉译翻译整理并重；3. 傣族古籍在传统的文学、历史古籍基础上，向天文历法、医药等专业性强的古籍整理发展,其中尤以傣族历法古籍整理令人瞩目;4. 傣族古籍由整理为主向整理和研究并重阶段发展,出版了几部具有影响力的傣族文化研究著作,论文发表数量也急剧增长。

傣族文学古籍继 20 世纪五六十年代后迎来了第二个整理和翻译的黄金时期。这个时期傣族古籍整理主要包括两个方面的内容:一方面是傣族古籍自身文献整理;另一方面是傣族古籍翻译整理。傣族古籍在长期的转抄和发展过程中,同一古籍出现了不同版本的现象,因此傣族文献自身也需要进行整理。傣族文献自身整理情况如下:1980 年,中国社会科学院云南少数民族文学研究所编印了傣文版的《阿銮故事选》,同年,云南民族出版社出版了刀新平整理的《葫芦信》;1981 年,云南民族出版社出版了方肃林搜集整理的《四季歌》,刀金祥等整理的《朗嘎西贺》(上),刀金祥、刀正南整理的《千瓣莲花》,刀曙明整理的《窝拉翁与召混罕》和刀保炬根据叙事诗改编的傣剧《千瓣莲花》;1982 年,云南民族出版社出版了悦祥、波乌囡整理的《香发姑娘》,悦祥、波乌囡整理的《奇怪的故事》,康朗应等整理的《四棵缅桂》(上)、岩仕、岩温扁整理的《三只鹦哥》,孟尚贤整理的《朗京布》,刀金祥整理的《金螃蟹》,刀安俄整理的德宏傣文剧本《西门豹》,克炳珍整理的《九颗宝石》以及德宏民族出版社出版了刀安钮整理的傣剧《陶禾生》;1983 年,云南民族出版社出版了刀金祥等整理的《朗嘎西贺》(下)、刀安仁遗著,刀安碌、思琴章整理的《秦淑化美女》,龚保民整理的《阿銮巴纯》以及德宏民族出版社编的《祝词》;1984 年,云南民族出版社出版了艾诺、刀志达整理的《允洪帕坎》,方峰群、龚景文整理的《万象边勐》,康朗应等整理的《四棵缅桂》(下)、岩仕、岩恩整理的《召贺罗》,刀安碌供稿、思琴章整理的傣戏《龙官宝》以及德宏民族出版社出版了龚茂春收集整理的《德宏傣族民歌 44 种》;1985 年,云南民族出版社出版了波罕蒙等整理的《召树屯》,方乾龙收集整理的《傣族情歌》,岩平整理的傣戏《相勐》,夏辉宗等编剧的傣戏《叶罕桌与冒弄养》,刀文学、康朗应整理的傣族民间叙事诗《沉默的公主》,刀安碌等整理的《三时香》,刀保炬整理的傣戏《相勐》和孟尊贤整理的傣剧《汉光武》,德宏民族出版社出版了宰捞翔整理的傣族民间叙事长诗《金羚羊阿銮》;1986 年,云南民族出版社出版了龚肃政整理的《松帕敏和嘎西娜》,刀金祥、刀文学整理的傣族民间叙事诗《花蛇》,刀正南、岩丙整理的《玛哈翁滇万》,刀正南整理的《占响》,德宏民族出版社出版了刀安钜整理的《冒弓相》;1987 年,云南民族出版社出版了刀金祥整理的《洪乖凤》,刀正南整理的《松帕敏》和德宏民族出版社出版了傣族民间故事集《朗麻晃秀》;1988 年,云南民族出版社出版了艾诺整理的《召缅罕》,罕棱等整理的《帕雅拉》,庄相、孟成信收集整理的《傣族情话》,岩平整理的《召苏瓦》,刀金祥整理的《七头七尾象》,刀新华整理的《召苏鲁巴达》,刀国昌整理的《召嘎来与楠解双》,岩林整理的《傣族风俗歌》等。

在傣文文献自身整理的同时,也翻译了一部分傣族文学古籍。如 1981 年,云南人民出版社出版了刀兴平、岩温扁等翻译整理的汉文本《兰嘎西贺》；1982年，出版了由云南大学《少数民族民间文学概论》师训班翻译整理组翻译整理的《九颗珍珠》；1983年，出版了由杨明熙、杨振昆搜集整理翻译的《三牙象》等；1984年，出版了由西双版纳《傣族民间故事》编辑组编辑翻译的《傣族民间故事》；1989年，出版了岩温扁翻译的傣族五大诗王之一的《巴塔麻嘎捧尚罗》和景洪县民委编辑的《傣族歌谣集成》。1981年，中国民间文学出版社出版了傣族著名文论著作《论傣族诗歌》和《谈寨神勐神的由来》合订本和岩温扁、岩林翻译的《傣族古歌谣》；1981年，云南民族出版社出版了黎方整理、刀保炬翻译的《三访亲》；云南省民族古籍办公室编印了由云南民族出版社出版的"云南省少数民族古籍译丛"33辑，其中包括傣族文学古籍《厘俸》（1987年）、《傣族风俗歌》（1988年）等。云南民族出版社从1982—1987年编辑出版了德宏《傣族民间故事》（一至五集），1983年，云南民族出版社还出版了康农贡整理的西双版纳《傣族民间故事》（一）；1986年，出版了岩温胆整理的《傣族民间故事》（二）；1987年，出版了刀新华整理的《傣族民间故事》（三）和《西双版纳傣族民间故事》编辑组编的《西双版纳傣族民间故事》。西双版纳傣族自治州民委古籍研究室编辑了《傣族民间叙事诗》（第一辑，1988年，内部发行），翻译整理了叙事诗《婻妙》《三尾螺》《召温邦》《沙里》《金牙象》《盘巴与雀女》《仙芒果》《窝拉翁与召烘罕》（上）和《傣族民间叙事诗》（第二辑，1989年，内部发行），翻译整理了叙事诗《千瓣莲花》《尖达巴佐》《秀批秀滚》《金螺姑娘》《金乌龟》《贺新房之歌》《花蛇王》《窝拉翁宇与召烘罕》（下）。此外一些杂志和资料集也刊载了一些傣族文学古籍，如1980年，方峰群翻译整理了傣族神话《亥戛罕哈鲁》，收入《云南少数民族文学资料》第七辑中；《山茶》1980年第2期发表了岩峰、王松翻译整理的《相勐》，1981年第1期发表了仲录整理的叙事诗《红宝石》，1983年第1期发表了余仁澍翻译整理的傣族三大悲剧长诗《叶罕佐与冒弄央》；《民间文学》1983年第1、第2期发表了岩温扁、岩峰、王松翻译整理的傣族悲剧叙事诗《婻波冠》。

云南民族古籍整理出版规划办公室成立后，史书类文献占据了傣族古籍翻译整理的核心地位。"云南省少数民族古籍译丛"整理翻译的傣族古籍有《勐泐王族世系》（1987年，汉傣文对照本）、《勐果占壁及古代诸王史》（1988年，汉傣文对照本）、《车里宣慰使世系集解》（1989年，汉傣文对照本）、《中国傣族史料辑要》（1989年，主要是历代汉族文献中有关傣族的记载）。德宏州志编委会办公室从1984年开始编印《德宏史志资料》（先内部发行，后由德宏民族出版社出版），其中有许多德宏傣族历史方面的文献，如《干崖宣抚司刀代傣文家谱》等。西双版纳州政协民族文史资料工作委员会从1987年开始编印《版纳文史资料选辑》（先内部发行，后由成都科技出版社和云南民族出版社出版），到现在，已经编印了18辑。其中有傣族古籍译文《车里宣慰世系简史》《泐西双邦》《勐龙土司简史》《倚邦土司始末》《勐罕土司简史》《勐腊土司世系》《勐捧土司管辖范围的界限》。

除了文学和历史古籍整理外，天文历法、医药古籍、法律法规整理在这个时期也获得了重大进展。傣族传统医药学具有悠久历史，有着鲜明的民族医学特色和地方特点。傣医的发展一直受到西双版纳州政府的高度重视。1977 年就成立了州民族医药调研办公室，由老州长召存信担任组长，逐步对傣族医学古籍进行发掘整理。1979 年 4 月正式成立"西双版纳傣族自治州民族医药研究所"。1983 年 5 月，国家民委、卫生部把傣医药列为继藏医、蒙医、维医之后的第四大民族医药，为傣医的拯救、继承、研究工作创造了有利条件。这些机构成立后，随即对全州傣医药进行了普查，收集到各种傣医药贝叶经、纸板经二百多部，单、验、秘方和传统经方七千余个，挖掘、翻译、整理、编撰出版了系列傣医著作，如 1979—1982 年，西双版纳州民族医药调查研究办公室内部编印了《西双版纳傣药志》（第一、第二、第三、四辑），并于 1980 年创办了傣医药杂志《西双版纳医药》；1983 年，内部编印了《西双版纳古傣医药验方注释》（第一辑）；1982 年，云南民族出版社出版了温源凯等整理编辑的傣文版《傣医验方选》；1985 年，出版了赵世望、周兆奎主编的《傣医传统方药志》；1986 年，出版了云南省少数民族古籍整理出版规划办公室翻译整理的傣族医药汉傣文对照著作《档哈雅》（该书不仅是一本翻译著作，在翻译过程中，组织老傣医对手写本重新作了科学的分类，补写了每种傣医病名的临床症状，考订了 600 种傣药，采集了实物标本，确定了用药剂量等）；1988 年出版了林艳芳翻译的《嘎牙山哈雅》。德宏傣族景颇族自治州也十分重视傣族医药的发展，1983 年，德宏民族出版社出版了李波买、方茂琴编的傣文版《德宏傣医验方集》。

在天文历法方面，1984 年的《中国天文学史文集》（第三集）登载了张公瑾译注的傣族历法《苏定》和《历法星卜要略》（科学出版社，1984 年）。这两部傣文历法著作是傣族历法方面的重要典籍，里面记录了傣族历法的计算方法和计算公式。张先生详细对两本书做了注释，其注释内容甚至比原文还要多，解开了傣族历法的计算程序。1986 年，云南民族出版社出版了张公瑾先生编著的《傣历、公历、农历百年对照年历》，该书采用汉傣文对照方式，列举了傣历 1283—1382 年（公元 1921—2020 年）的对照表，附录还对傣族历法常用词语进行了详细的解释，便于人们使用和查对。

在法律法规方面，1986 年，整理出版了《孟连宣抚司法规》。该书不仅包括孟连宣抚司当时执行的民法、刑法，还包括行政法、婚姻法、诉讼法、乡规民约、道德规范、官员应遵守的纪律和大量的具体案例，是研究傣族社会法律法规、历史、道德不可多得的古籍。

傣族古籍的翻译整理带动和促进了傣族古籍的研究工作。在文学方面：1982 年，中国民间文艺出版社出版了《山茶》编辑部编辑的《傣族文学讨论会论文集》，其中收录傣族文学研究论文五十多篇，内容涉及傣族文学的起源与发展、傣族文论著作《论傣族诗歌》的诗歌理论、傣族文学与佛教的关系、傣族文学名著《召树屯》《线秀》等的研究、傣族歌手赞哈研究等内容。1983 年，出版了王松著的《傣族诗歌发展初探》，该书对叙事诗进行了重新定义，并结合傣族叙事诗进行了深刻的论述，该书曾荣获全国少数民族文学研究成果优秀著作奖。1988 年，云南民族出版社出版了西双版纳傣族自治州民族事务委员会编《傣族文学简史》，简史将傣族文学分为古歌谣时期、创世神话时期、叙事长诗时期、悲剧叙事诗时期和社会主义时期 5 个阶段，并对每个阶段的代表著作进行了介绍，较为系统地勾勒了傣族文学发展史，其中尤其对 20 世纪 50 年代至 80 年代整理的叙事诗有详细的论述。这几部著作都是基于上述翻译整理的傣族文学古籍进行写作的。在这期间还掀起了《召树屯》研究热潮，发表论文几十篇，比较有代表性的有王松《傣族长诗〈召树屯〉纵横谈》和谢远章《〈召树屯〉渊源考》①；李佳俊《孔雀公主型民间故事的起源与发展》②；姚宝宣《〈召树屯〉〈格拉斯钦〉与〈牛郎织女〉之渊源关系》③；东方既晓《〈召树屯〉〈朗退罕〉渊源新证》④ 等。这些文章从多个方面论证了《召树屯》故事的来源和发展脉络，对全面认识傣族文学的面貌以及傣族文学所受的外来影响都有重大意义。

在天文历法方面：张公瑾先生 20 世纪 80 年代初延续了 70 年代末傣族天文历法文献的整理和研究。1980 年张公瑾在《民族文化》第 2 期上发表了《傣族历法刍议》；1981 年《中国天文学史文集》（第 2 集）登载了张公瑾、陈久金《傣历研究》；1986 年出版的《傣族文化》有专章论述了傣族的历法。1988 年张公瑾先生著的《傣族文化研究》新收录了《傣族历法述略》《德宏傣历浅述》两篇傣族历法方面的文章。这两部著作全面论述了傣族文化的各个方面，是研究傣族语言文化的经典著作。《云南民族学院学报》1993 年第 1 期刊载了张公瑾著的《傣族历法中年长度的四则运算》。这些文章解开了傣族天文学的计算数据和傣历的安排方法，使这门濒临湮灭的学科得以保存和复兴。他所揭示的傣历计算公式被南京紫金山天文台历算室和科学出版社输入计算机用于傣历一千多年的日期推算。

在历史方面：1986 年，中国社会科学出版社出版了曹成章先生专著《傣族农奴制和宗教婚姻》，该书根据 20 世纪 50 年代调查材料并结合历史文献，重点论述了农奴制下的傣族社会经济、土地制度、地租形态和宗教婚姻，是第一部全面论述傣族农奴制的历史著作。同年该社还出版了陈翰笙的《解放前西双版纳土地制度》，较为详细地论述了傣族封建领主制下的土地形态和土地制度。1989 年，云南人民出版社出版了马曜、缪鸾和合著的《西双版纳份地制与西周井田制比较研究》，该书详细论述了傣族民主改革前西双版纳傣族土地制度和政治组织，并将傣族土地制度和西周井田制作了全面的比较研究。《西双版纳份地制》一书出版后，在历史学界产生了极大的影响，被称为"是我国迄今第一步系统地运用民族学研究资料与先秦古

---

① 载《傣族文学讨论会论文集》，中国民间文艺出版社，1982 年。
② 《思想战线》，1985 年第 2 期。
③ 《民族文学研究》，1987 年第 5 期。
④ 《云南社会科学》，1989 年第 1 期。

史资料相结合，探解西周井田制疑案的学术著作，它不但对揭开井田之谜和解决我国古史分期问题，提供了一把钥匙，而且在丰富和拓宽我国古史研究的视野，深化古史研究的理论方面，也作了积极的贡献"。① 该书于 2001 年再版。

此外，这个时期傣族古籍还有一些综合性的研究成果，如 1980 年，张公瑾在《百科知识》第 10 期上发表了《西双版纳的傣文贝叶经》，对傣文贝叶经做了进一步介绍。随后在《中国史研究动态》1981 年第 6 期和《民族文化》1982 年第 2 期分别发表了《傣文及其文献》和《傣文文献札记》。1982 年，张公瑾先生在中国民族古文字研究会编辑的《中国民族古文字》一书中，对傣文文献作了全面的介绍，并对傣文文献进行了科学的分类，这一分类法成为傣族文献的基本分类法，成为傣族古籍文献分类的重要标准。接着，在其所著的《傣族文化》和《傣族文化研究》两书中继承了这一分类法并有所发展。1986—1989 年，张公瑾先生在《民族古籍》杂志上连续发表了《傣文古籍见知录》（一、二、三、四）每期介绍数十部傣族古籍，主要是通过梵文和巴利文的对音，解决了佛教经典的名称翻译问题。其他相关文献还有岩温扁、征鹏在《思想战线》1981 年第 2 期发表的《贝叶经——傣族文化的宝藏》和刀世勋在《民族语文》1980 年第 1 期发表的《西双版纳傣文》等。

三、水文古籍

20 世纪 80 年代，人们开始把水书作为水族文化的一个组成部分进行了必要的研究，取得了一定的研究成果。论著中涉及水书的著作主要有：张均如著的《水语简志》（1980 年），潘一志著的《水族社会历史资料稿》（1980 年），吴支贤、石尚昭著《水族文字研究》（1985 年），水族简史编写组编的《水族简史》（1985 年），《中国大百科全书》（民族卷）（1986 年）。其中吴支贤、石尚昭著《水族文字研究》对水书进行了专门研究，是第一部专门研究水族文字的著作，书中列出了水书选页、常用的水族文字与汉字的比较，包括亲属称谓、动物、天干、地支、八卦、九星、二十八宿、自然环境、花鸟草虫、日常用品、人神鬼、一年四季、日月星辰、吉凶、四时方位、上下左右、阴阳数字、身体部位、生死行走等水书的水语字音。该书还列出了水书中常用的借音字，对文字结构进行了探索研究，对水字的一字多音、一字多义、合体字读音、文字行款方式、水书的分类、水书碑刻、水历建月、纪日纪时方式（建月于戌，即水历以夏历九月为岁首，水历的正月是夏历的九月）等现象进行了初步分析，作者认为水书的产生年代在水族人民穴处而居的原始社会。

20 世纪 80 年代初到 20 世纪末，相关论文如下：西田龙雄《水文字历的释译》（1980 年）；吴支贤、石尚昭的《水族文字浅谈》（1983 年）；李炳泽《从水族传说论水族民间文字学》（1985 年）；王国宇《水书与一份水书样品的释读》（1987 年）；吴正彪《三都县水族"水书"简介》（1987 年）等。

---

① 朱家桢：《民族研究与史学研究相结合的重大成果》，《中国经济史研究》，1991 年第 3 期。

在组织水书收集整理方面，1989年10月，贵州省水家学会成立后，于1990年6月组建了"搜集整理研究翻译水书领导小组"，对水书的翻译研究工作进行了统筹安排。在民族工作部门及档案工作部门的支持和帮助下，王品魁、潘朝霖、姚福祥等水族专家、学者先后系统地译注了正七卷、壬辰卷、春寅卷、甲乙卷、丧葬卷、亥子卷、营造卷、婚嫁卷、祭祖卷、历法卷、卯卜卷等水书卷本，其中王品魁先生译注的正七卷和壬辰卷由贵州民族出版社于1994年12月出版。贵州省水家学会成立后，每两年召开一次会议，同时编撰了《水家学研究》，共4册，为水族的文化特别是水书的研究提供了良好的交流机会，同时也使水书的整理更加科学化、系统化。

第四节　蒙古语民族

一、回鹘式蒙古文古籍

这一时期，随着国内蒙古学的纵深发展，作为蒙古学重要组成部分和基础建设的蒙古文古籍的搜集整理与研究出版工作，明显进入了一个蓬勃发展的崭新阶段。

大批蒙古民间文学的搜集整理工作，是在这个时期获得辉煌成就的。以蒙古族史诗《格斯尔》《江格尔》的搜集整理为例："我国境内蒙古族聚居区广泛流传的蒙古文《格斯尔》的搜集抢救、整理研究工作提到了议事日程上来。1984年5月成立了内蒙古自治区《格斯尔》工作领导小组及其办事机构。从此，《格斯尔》研究工作进入了新的发展时期，学术研究活动也逐渐活跃起来。"①

从建立专门领导机构起到20世纪80年代末这一时期，有关《格斯尔》的普查、抢救、整理、编辑、研究工作成果斐然。"一套预计共24种30本的蒙古文《格斯尔丛书》正在陆续问世。"据不完全统计，研究内容涉及《格斯尔》版本、渊源、人物、艺术以及同藏文《格萨尔》的关系等诸多方面的著书和论文达四十余种。"大规模的《江格尔》史诗搜集、整理工作由1980年成立的新疆维吾尔自治区《江格尔》搜集整理工作组完成。这个工作组从1980年到1984年，深入到新疆天山南北蒙古族聚居的24个县，走遍了蒙古族居住的乡、村、牧场，以举办《江格尔》演出会，进行专访等形式，全面进行了《江格尔》史诗的普查工作。几年里共举办了7次《江格尔》演唱会，重点访问了一百多位江格尔赤②，共录制《江格尔》演唱资料带187盒，《江格尔》的各种变体和不完整的章节157个，约19.3万行诗句。"③

---

① 乌兰察夫、乌力吉图：《蒙古学十年》，1980—1990，内蒙古人民出版社，1990年，第81页。
② 专门说唱江格尔的艺人。
③ 乌兰察夫、乌力吉图：《蒙古学十年》，1980—1990，内蒙古人民出版社，1990年，第85页。

仁钦戈瓦先生编辑，由内蒙古人民出版社于1980年出版的《蒙古古典文献选介》（蒙文版），是一部蒙古文献古籍的普及型读物，就像蒙文书目所示，他首先把蒙古族发展史上产生过深刻影响的书籍加以筛选，然后对所有书籍的相关信息逐一进行介绍，最终采用蒙古文辞书编排传统方法进行排列而成书。被选介的二百余种书籍，从文字上讲，主要是用蒙古文撰写的，少量译自汉文和藏文，也有一些蒙藏、蒙满、蒙汉、蒙汉满等几种文字合璧的辞书。从内容上讲，有历史、语言、文学、宗教、哲学、医学、天文、历算等，涉及面极广。把阅读性、知识性和实用性融为一体，适合各种文化水准的人加以参考和利用，这是该书的最大特征，同时对蒙古文古籍的社会认知也起到了良好的推动作用。

反映蒙古古代社会和历史的《蒙古秘史》是一部特殊古籍，流传至今的最早版本是从明朝《永乐大典》传承下来的，是用汉字拼写蒙古语的本子。"《蒙古秘史》这部世界名著具有多方面的学术价值，因而学术界认为它是蒙古民族无与伦比的古代文化典籍。"① 这段话原本是我国研究《蒙古秘史》的著名专家、内蒙古师范大学巴雅尔教授对《蒙古秘史》的评价。他在《〈蒙古秘史〉研究述评》中写道："为了满足学术界和社会上的各种需求，1979—1987年，我们出版了道润梯步的《蒙古秘史》的汉译本（1979年），额尔登泰、乌云达赉的校勘本（1980年），巴雅尔的标音本（1980年），花赛·都嘎尔扎布的转写本（1984年），泰亦·满昌的今译本（1985年），亦邻真的复原本（1987年）等七种版本。"② 另据不完全统计，在这时期出版研究《蒙古秘史》的专著有两部，发表的论文有一百余篇。仅从《蒙古秘史》的出版和研究状况中也可以推测出当时蒙古学界对其他各个领域内文献古籍的关注程度。

道布先生整理、转写、注释的《回鹘式蒙古文文献汇编》是这一时期又一标志性成果。据其导论所言："用回鹘式蒙古文写成的文献，以原件形式保存下来的不多，大小不够几十种。其中包括写本、刻本、碑铭、印文、符牌等。据《元史》《元史艺文志》等书的著录，元代曾经用蒙古文撰写过不少著作，目前已经发现的元代木版图书仅有汉蒙合璧《孝经》和《入菩提行论疏》残卷而已。可以想象，回鹘式蒙古文文献散失是相当严重的。现存的回鹘式蒙古碑刻有《也松格碑铭》《十方大紫微宫圣旨碑》《释迦院碑记》《张氏先茔碑》《竹温台碑》《云南王藏经碑》《兴元阁碑记》《甘州海牙碑》《西宁王忻都公神道碑》等。"③ 这些碑刻中除了《也松格碑铭》或称成吉思汗石碑和《云南王藏经碑》之外，其他7碑都是用汉文和蒙文合写的，而蒙文往往简译自汉文。因这些碑铭大多属于元代，故弥足珍贵。该汇编中收录的其他文献还包括：元代伊儿汗国诸王致罗马教皇和法国国王的外交信函5件、蒙古贵由汗印玺1枚、蒙古银质符牌1枚、元明代遗留的残缺不齐的译

---

① 乌兰察夫、乌力吉图：《蒙古学十年》，1980—1990，内蒙古人民出版社，1990年，第159页。
② 乌兰察夫、乌力吉图：《蒙古学十年》，1980—1990，内蒙古人民出版社，1990年，第159页。
③ 道布整理、转写、注释：《回鹘式蒙古文文献汇编》，民族出版社，1983年。

本、诏书共6种。虽然现存回鹘式蒙古文文献古籍如此有限，但它们反映了蒙古人使用回鹘式蒙古文近四百年的历史，所以，这些文献古籍无论对于蒙古政治、历史、经济、文化、宗教、文字等多学科的研究，还是对蒙古和其他国家与民族之间的往来关系研究，均有重要价值。

尤其值得一提的是，这一时期，蒙古文献古籍工作的关注与重点逐渐从一些学者的个人研究和个别人兴趣爱好使然的个体行为开始转移。内蒙古自治区于1980年年初建立了《蒙古文献丛书》编委会。政府行为和集体智慧激发各界人士的聪明才智对于蒙古文献各项工作的落实和促进是显而易见的。1982年，编委会决定出版三套丛书即《蒙古文献丛书》《蒙古民间文学丛书》和《研究蒙古学的译文丛书》。于是，相关出版社立刻行动。由民族出版社出版了：《大黄册》《阿萨拉克齐史》《水晶鉴》《蒙古源流》《蒙古源流今译》《金轮千辅》等历史文献丛书；《阿拜·格斯尔》《青海蒙古族民间故事集》《卫拉特蒙古史诗选》《卫拉特蒙古神话故事》等民间文学丛书和《故事选》（uliger-un dalai）、《善说宝藏》（subashidi）、《蒙古游牧记》《辽史》《金史》《元史》等翻译丛书。内蒙古人民出版社出版了：《黄金史纲》《十善福白史册》《黄金史》《水晶珠》《金鬘》等历史文献丛书。这些丛书的整理出版者大都做到尽量选择较好的版本为底本，与其他版本进行校勘，然后加入适当注释，并写有综述性导言或序文。经过一定学术手段校勘、整理和研究的蒙古文献古籍的出版，确实促进和活跃了传统蒙古文古籍的普及与研究工作。

我们知道，在蒙古文书籍的出版发行方面，于20世纪五六十年代成立的民族出版社（北京市，1953年）、内蒙古人民出版社（呼和浩特市，1951年）和内蒙古教育出版社（呼和浩特市，1960年）已经无法满足当时的社会需求了，于是在20世纪80年代，先后成立了内蒙古少年儿童出版社（通辽市，1980年）、内蒙古文化出版社（海拉尔市，1982年）、内蒙古科技出版社（赤峰市，1982年）、辽宁民族出版社（沈阳市，1984年）和内蒙古大学出版社（1985年）。这一出版蒙古文图书为主兼顾其他文字书籍的出版局势，显然从一个方面反映了蒙古文化教育和包括蒙文古籍在内的蒙文图书事业，进入空前繁荣发展的阶段。

自20世纪70年代末至80年代末，这十年间所凸显的另外一个现象是，围绕着蒙古学创建的各种学术团体、学术刊物以及多种学术会议的召开，推动了整个蒙古学的阔步前进。

二、八思巴文古籍

N·N·鲍培于1941年用俄文撰写的《方块字》，在苏联科学院东方研究所发表之后，先后被翻译成日文（1955年）、英文（1957年）和蒙古文等多种文字。这是一本作者在潜心研究八思巴字及其文献基础上，为从事八思巴字教学和八思巴字文献科研工作者提供参考的启蒙书。原书由导论、八思巴字字母、八思巴字碑铭的语言特征（正字法和语音、词法）、碑铭的原文、转写及翻译（碑铭原文简介）、对原文及译文的评注、词汇表、文献目录等若干部分组成。中国学者郝苏民先生做了一件很有意义的工作。他根据该著的英文版并参考其译本进行汉文翻译和补注，写成《〈八思巴字蒙古语碑铭〉译补》，于1986年由内蒙古文化出版社出版发行。汉文版有译者前言、鲍培为中文版所作序言、中文版附录、鲍培著作目录等新内容。鲍培序言中有两段话耐人寻味，故抄录于此："根据藏文创制八思巴字，是一件大事，因为这套字母，比回鹘字母优越。回鹘字母缺乏许多音位符号，既不适合突厥语，也不适合蒙古语。新的八思巴字相当理想，如果14世纪和之后的政治形势平静，完全可以取代回鹘字。新字的创制是一个雄心勃勃的壮举，原想让它成为转写元代所有语言（包括汉语）的文字，这当然是不可能的。八思巴字完全不适于世界上最丰富的语言（汉语）的转写。汉语的音位、音韵太复杂，八思巴字实在应付不了。但是，应该在此顺便提及，它却成了朝鲜字母编制的基础"；"中国是八思巴字产生的地方，那里保存着许多珍贵的文献（包括八思巴字写成的），中国学者，当然会极好地组织起来深入研究那些材料。"[①]

中国学者照那斯图先生多年专门致力于八思巴字及其文献研究的系列论文，于20世纪80年代相继发表。其中《论八思巴字》《八思巴文元音字母字形问题上的两种体系》《八思巴字中的零声母符号》《有关八思巴字母ē的几个问题》等专门探讨了八思巴字的性质、结构特征、字母系统、元辅音符号构成以及不同文种的拼写法则等诸多问题。同时，还有《南华寺藏元代八思巴字蒙古语圣旨的复原与考释》《天宝宫八思巴字蒙古语圣旨碑》《关于玄中寺八思巴字蒙古语圣旨碑刻》《关于〈萨迦格言〉最早的蒙译本及其回鹘式蒙古文和八思巴文版本》等八思巴字蒙古语圣旨、碑刻、残书的专题研究论文。凡该作者研究八思巴字的学术论文和常用于学术界的八思巴字文献资料分别汇集成《〈八思巴字和蒙古语文献〉Ⅰ研究文集》（含18篇文）、《〈八思巴字和蒙古语文献〉Ⅱ文献汇集》（含官方文书、宗教功德记、牌符、图书等40件资料），两本书于1990年在日本外国语大学出版。对于这两册的概括，可从作者前言获知："我的这部书分两册出版。现在奉献给读者的第一册，是我过去陆续发表的专题研究成果（有几篇与同事合作完成）。这些文章有的论述了八思巴字的性质、特点和结构体系；有的综述了八思巴字研究历史和研究现状；有的介绍和研究了八思巴字的新资料；有的用八思巴字实际资料论证了专门问题。""本书第二册《文献汇集》将全面介绍八思巴字蒙古语资料，其中包括国内外已经颁布的和笔者所搜集到的一些资料。每项分6个方面：解题、原文照片、拉丁转写、相应蒙文、翻译以及白话语译文。"[②]这两册书无论从研究程度还是资料搜集范围来看，可视为当时中国八思巴字及其蒙古语文献研究的标志性成果，引起了国内外学术界的广泛关注。

---

① 郝苏民翻译、补注：《〈八思巴字蒙古语碑铭〉译补》，内蒙古文化出版社，1986年。
② 照那斯图：《〈八思巴字和蒙古语文献〉Ⅰ研究文集》，东京外国语大学，1990年。

罗福颐主编《故宫博物院藏古玺印选》序云："古玺印之有谱录，由来尚矣。前代作者多重印文而忽略纽制，予切憾焉。至清同治初，归安吴氏《二百兰亭斋古印考藏》，始于每一印文旁图纽制，其法良佳。……去岁以审定我院藏印，见其累累若若，金、玉、铜、石各代备具。尤其印纽，光怪陆离，人物、龟、蛇莫不悉备。古代雕镂艺术，于此毕见。因是乃请求主者，选其中极精品六百余方，启自战国，下迄明代，既重印文，兼及纽制，嘱良工摄影，必具原物之大小。经营逾岁，方溃于成。"① 而"既重印文，兼及纽制"是本书最突出的特点，印文清晰，印质直观。编者把所选各代官私印按时代分类编号并释读，同时，言简意赅地对它们的文字特点、艺术风格给予了点评，对于古文字研究与欣赏颇有启迪意义。对涉及蒙古族的古印玺序言说："至宣光，天元两方北元官印，可补史书之所缺佚，是关于北元史学之重要，不言而喻。"所言两方北元印，一为 610 号北元"太尉之印"，另一为 611 号"甘肃省左右司之印"。除此之外，该书标记号码的由八思巴字母篆刻的印玺，还有 609、612、629、633、642、643、644、645 号，有解读的，也有没解读的。

欧朝贵、其美编著的《西藏历代藏印》虽和《故宫博物院藏古玺印选》属于同类著作，但各有千秋。前者没有提供印玺外观照片，略逊于后者，不过在每枚印记下面的文字介绍了包括时代、印质、形状、尺寸、所藏地址和相关历史知识等丰富的信息。所刊印玺中涉及的八思巴文集中属元代的多以八思巴字母转写汉文，如"宣政院印""门国公印""大朝国师统领诸国僧尼中兴释教之印"等；而清代的多以八思巴字母转写藏文，如"济中呼图克图扎萨喇嘛之印""丹巴色结打扎班第达灌顶国师之印""雪域佛法圣主经师达扎班智达政教业绩优胜之印""管理西藏事务黄帽班丹诺门汗之印""察雅呼图克图诺门汗之印""察雅诺门汗呼图克图之印""诺门汗之印"等。据编著者序言可知"西藏现存印章的印文有汉文、藏文、满文、蒙文、八思巴文和梵文。元朝给西藏地方的封印多为八思巴文，印文篆法方折，务求填满全印，明朝的赐印多为汉篆……清代的印文较为复杂，各级印章的篆体都有详细规定……现存清代封印的印文有汉文，也有藏文，还有满汉藏三体合璧的，汉满蒙藏四体合璧的"。② 总之，这些印文对于研究所涉民族的政治、历史、宗教、文化提供了可靠依据。

这一时期发表的学术论著如下：武·呼格吉勒图的《八思巴字资料及其研究概况》③，司洛的《八思巴文横写尝试》④，拉森的《关于八思巴文的元音 o/u 和 ai》⑤，

---

① 罗福颐主编：《故宫博物院藏古玺印选》，文物出版社，1982 年，第 1 页。
② 欧朝贵、其美：《西藏历代藏印》，西藏人民出版社，1991 年，第 3 页。
③ 载《内蒙古大学学报》，1988 年第 4 期。
④ 载《青海民族学院学报》，1986 年第 4 期。
⑤ 载《内蒙古大学学报》，1989 年第 2 期。

陈庆英《塔尔寺楹联上的八思巴字》①，叶其峰的《故宫藏元八思巴字印及相关问题》②，照那斯图、杨耐思编的《蒙古字韵校本》，民族出版社 1987 年出版。

三、托忒蒙古文古籍

1981 年，新疆人民出版社创办了托忒蒙古文版《汗腾格里》杂志，每年 4 辑，它在搜集、抢救、整理、出版和研究托忒蒙古文文献古籍方面起到了积极的促进作用。

20 世纪 80 年代对于卫拉特口碑文献的搜集整理而言，可谓硕果累累的时期。1980 年，新疆人民出版社使用托忒蒙古文出版了宝音贺希格、托·巴德玛搜集整理的 15 章本《江格尔》；1986 年和 1987 年新疆人民出版社使用托忒蒙古文出版了由中国民间艺术研究会新疆分会和新疆维吾尔自治区《江格尔》工作小组联合整理的 70 章本《江格尔》。

20 世纪 80 年代末，新疆维吾尔自治区古籍整理办公室主持编辑的托忒蒙古文《古旧书目》中收入的书名达一百五十多种，其中只有书名而没有找到实际书本的情况也是存在的。据新疆师范大学丹碧辟勒吉德、旭日撰写的文章《有关新疆托忒蒙文文献的搜集与分类问题》说："新疆古籍办最近统计数字显示的托忒蒙古文书籍有 379 本，倘若把古籍办藏书和分散在个人的书籍合起来，肯定能超过 400 册。"③

此前蒙古学界尤其是卫拉特研究者对于托忒蒙文文献的期待，到 20 世纪 80 年代总算得到了一些回报。1985 年，由巴岱、金峰、额尔德尼等人共同整理注释并提交内蒙古文化出版社出版的卫拉特文化之经典——《卫拉特历史文献》问世了。该书除了编著者作为代序而撰写的《论四卫拉特联盟》和《从〈土尔扈特诸汗史〉看准噶尔汗国内外关系》两篇论文之外，其余的都是涉及西部蒙古的历史文献，一共有 7 种，分别为：1. 巴图尔·乌巴什·图们著的《四卫拉特史》；2. 噶旺·希拉布著的《四卫拉特史》；3. 无名氏著的《四卫拉特史》；4.《蒙古溯源史》；5.《土尔扈特诸汗史》；6.《新旧土尔扈特汗诸颜世谱》；7. 伦布·彻林著的《蒙古布里雅特史》。据编著者说："最先编入卫拉特文化经典丛书《卫拉特历史文献》的是 7 种历史著作，均为首次从卫拉特蒙文转写成蒙古文予以出版，不仅如此，其中的 4 种，在国内外首次公开出版。"④ 国内卫拉特研究的基本资料首先要依靠诸如汉文的《清实录》《朔漠方略》《平定准噶尔方略》；蒙文的《蒙古秘史》《蒙古源流》《阿拉坦汗传》《卫拉特法典》《扎雅班智达传》和托忒蒙文《四卫拉特史》《土尔扈特史》《蒙古溯源史》等汉文、蒙文和托忒蒙文这三种文字文献。其次，还要依靠满文、

---

① 载《西藏研究》，1986 年第 3 期。
② 载《文物》，1987 年第 10 期。
③ 王满特嘎编：《蒙古文献研究》，民族出版社，2005 年，第 283 页。
④ 巴岱、金峰、额尔德尼整理注释：《卫拉特历史文献》，内蒙古文化出版社，1985 年，第 3 页。

藏文和汉满蒙藏等几种文字合璧的文献资料。以上列举的蒙文和托忒蒙文文献，大都是在这个时期被翻译成汉文的，它不但增强了研究卫拉特蒙古问题的队伍，而且也拓展了研究领域。

20 世纪 80 年代，在新疆境内发现的托忒蒙文石刻经，是这一时期的亮点之一。"1984 年首次发现于新疆伊犁市附近的查干哈达。石经现存于新疆维吾尔自治区博物馆内。……彻·孟和经过两年多的辨认和研究于 1990 年在《内蒙古社会科学》杂志第 1 期上发表了《托忒蒙古文石经的发现》一文，并且还刊布了石经第 58 块卵石上的托忒蒙古文原文。石经仍有待进一步的研究。"[1] 据有关信息记载，1988 年 10 月，新疆蒙古族历史文物考察队调查了尼勒克县发现的托忒蒙古文石刻佛经，调查报告题为《新疆尼勒克县新发现托忒蒙古文、藏文石刻佛经》。

下面把 20 世纪 80 年代学术界在托忒文文献古籍方面发表的论述简要罗列如次：马汝珩、成崇德撰《有关清代厄鲁特蒙古的几种托忒文史料》[2]；诺尔布、冯锡时撰《托忒文历史文献的汉译注释》[3]；金峰撰《对我国托忒蒙文文献研究的展望》[4]；淖·巴图巴雅尔、巴·巴图撰《新发现的托忒蒙文古文献》[5]；希·诺日布撰《胡都木、托忒文字的创制和托忒文文献》[6]；额尔敦巴特尔、朝克图撰《新发现的托忒文历史文献》[7] 等。额尔德尼巴雅尔在《蒙古资料与情报》1989 年第 4 期上发表的《托忒文研究概述》涉猎了下述问题：1. 传统研究。认为托忒文于 1648 年在楚河流域创制。最早留下的文献是大约于 1649 年扎雅班第达自己撰写的《字母汇编》。它包括：（1）序言（两首诗），（2）梵文 50 字母，（3）藏文 30 字母，（4）托忒 16 行字和 13 基础字，（5）结束语（七首诗）；另有例证《西域·图志》（1762 年）第 47 卷叙述了托忒文书写读法等内容。2. 现代研究。3. 研究中争议的问题：（1）创制目的，（2）创制时间，（3）创制地点，（4）未能在全蒙使用的原因，（5）长元音，（6）双元音现象，（7）正字法，（8）正音法，（9）关于创制者的评价等。显然，这一时期托忒蒙古文献古籍的出版与学术界的评介、研究，已经成为这一研究领域未来发展的不可或缺的坚实基础。

第五节　突厥语民族

进入 20 世纪 80 年代，我国突厥语族古籍进入了一个新的发展时期。特别是

---

[1] 张公瑾、黄建明、岭福祥：《民族古文献概览》，民族出版社，1997 年，第 469-470 页。
[2] 《蒙古资料与情报》，1983 年第 2 期。
[3] 《新疆大学学报》，1986 年第 2 期。
[4] 《蒙古学资料与情报》，1986 年第 3 期。
[5] 《新疆蒙古语文》，1985 年第 3 期。
[6] 《语言与翻译》，1986 年第 4 期。
[7] 《卫拉特史论文集》（新疆大学专号），1987 年。

1976—1980年中央民族学院受新疆有关方面的委托，开设了第一个古代突厥语班。耿世民、魏翠一、陈宗振等人为该班编写了《古代突厥文献选读》《古代突厥语文献语法》等八册教材，为我国古代突厥语文研究人才的培养做出了贡献。

耿世民先生等编译的古代突厥——回鹘语教材共八册，包括《古代突厥文碑铭选读》一册，《古代突厥——回鹘文献选读》上下两册，《黑汗王朝时期文献选读》上中下三册，《总词汇》一册，《古代突厥语文献语法》一册。

20世纪80年代，我国学者发表了不少有关突厥语族古籍的论著。其中耿世民先生发表了《古代突厥文碑铭述略》[1]《回鹘文主要文献及研究情况》[2]《古代突厥文主要碑铭及其解读研究情况》[3]《回鹘文亦都护高昌王世勋碑研究》[4]《古代维吾尔族文字和文献概述》[5]《几件回鹘文文书译释》[6]《乌古斯可汗的传说》（新疆人民出版社，1980年）、《古代维吾尔英雄史诗乌古斯传》（维文版）（与吐尔逊·阿尤甫合作，民族出版社，1980年）、《两件回鹘文买卖奴隶文书的考释》[7]《回鹘文〈土都木萨里修寺碑〉考释》[8]《古代维吾尔诗歌选》（新疆人民出版社，1982年）、《回鹘文〈金光明最胜王经〉第六卷四天王护国品研究》[9]《古代维吾尔语佛教原始剧本〈弥勒会见记〉（哈密写本）研究》[10]《回鹘文八十华严残经研究》[11]《甘肃省博物馆藏回鹘文八十华严残经研究（二）》[12]《元回鹘文〈重修文殊寺碑〉初释》[13]《突厥文碑铭译文》[14]《回鹘文〈玄奘传〉及其译者胜光法师》[15]等。

耿世民，1929年出生于江苏徐州，1952年毕业于北京大学东语系。现任中央民族大学教授、博士生导师，兼任中国阿尔泰学研究会名誉会长、中国突厥语研究会副会长、民大阿尔泰学研究中心名誉主任、中国维吾尔历史文化研究会常务理事、国际摩尼教研究会名誉顾问、美国哈佛大学《突厥学报》顾问、土耳其《突厥语研究》顾问等职。1992年获德国洪堡基金会研究金和"国际知名学者奖"，2000年被授予国际阿尔泰学常设会议（PIAC）金奖，同年被选为土耳其语文科学院名誉院士等。他是中华人民共和国第一代民族语文学家、中国古代突厥语文学家，以多种文

---

[1] 《考古学参考资料》，1980年第3期、第4期。
[2] 《图书评介》，1980年第1期。
[3] 《图书评介》，1980年第4期。
[4] 《考古学报》，1980年第4期。
[5] 《中国史研究动态》，1980年第3期。
[6] 《文物》，1980年第5期。
[7] 《民族语文论集》，1981年。
[8] 《世界宗教研究》，1981年第1期。
[9] 《中央民族学院学报》，1986年第3期。
[10] 《文史》第12辑。
[11] 《民族语文》，1986年第2期。
[12] 《中央民族学院学报》1986年第2期。
[13] 《考古学报》1986年第2期。
[14] 载林幹著：《突厥史》，内蒙古人民出版社，1988年。
[15] 《中央民族学院学报》，1990年第6期。

字发表论著、译著数百万字，在中国古代突厥语文学研究中取得重大突破，也在国际学术界为中国争得了荣誉和地位。

耿世民教授毕生献身于新疆民族语文的教学与研究事业。他于1953年创办了我国第一个哈萨克语言文学专业。1976年他受新疆领导的委托，主持开办了我国第一个古代突厥语文班，编著了我国第一套系统的古代突厥语教材。除书面文献研究外，田野调查在他的教学科研活动中占有重要地位。他曾先后十数次深入新疆维吾尔、哈萨克地区（北从阿尔泰，南到帕米尔）和甘肃、青海裕固族、撒拉族地区记录、研究了这些地方的突厥语言和方言材料。他是第一个科学准确地判断我国阿尔泰地区一小部分蒙古人所操语言为属于一种古老突厥语的土瓦语。耿世民教授的研究、教学范围不只限于突厥语言和语文学方面，他对突厥、中亚的历史、文化、宗教也有浓厚的兴趣。他多次出席国际上有关突厥学、中亚学、阿尔泰学、东方学、摩尼教、景教和"丝绸之路"方面的会议。他曾先后被邀请访问过德国的波恩大学、梅因茨大学、法兰克福大学，美国的印第安纳大学，法国巴黎大学，英国的伦敦大学，丹麦的哥本哈根大学，日本的京都大学，土耳其的安卡拉大学、斯坦布尔大学等校并做学术报告。

此外，其他学者也发表了不少论著。如李经纬的《古代维吾尔文献〈摩尼教徒忏悔词〉译释》[1]《哈密本回鹘文〈弥勒会见记〉第二章简介》[2]《佛教"二十七贤圣"回鹘文译名考释》[3]《回鹘文景教文献残卷〈巫师的崇拜〉译释》[4]《回鹘文〈乌古斯可汗的传说〉kim 一词的用法》[5]《回鹘文献语言语音系统概述》[6]；哈米提、吐尔逊合译的《真理的入门》（维文版）（民族出版社，1980年）；热合木托拉编《帕尔哈德与西琳》（维文版）（新疆人民出版社，1980年）；阿布都克尤木、伊斯拉菲尔合著的《〈金光明经〉选译》[7]；程溯洛的《从回鹘毗伽可汗碑汉文部分看唐代回鹘民族和祖国的关系》[8]；穆提义的《〈占卜书〉译注》[9]；热合木托拉编《麦斯吾德与迪里阿拉》[10]；吐尔逊·阿尤甫、阿布都克尤木的《"敦欲谷碑"译注》[11]；阿布都拉热西提的《玛卡拉提》[12]；陈俊谋、钟美珠译《和卓传》[13]；艾孜则编《哈拉巴提双行

---

[1] 《世界宗教研究》，1980年第3期。
[2] 《民族语文研究文集》，1982年。
[3] 《世界宗教研究》，1982年第4期。
[4] 《世界宗教研究》，1983年第2期。
[5] 《语言与翻译》，1988年第1期。
[6] 《语言与翻译》，1989年第1期。
[7] 《布拉克》，1980年第2期。
[8] 《中央民族学院学报》，1980年第2期。
[9] 《布拉克》，1980年第1期。
[10] 《布拉克》，1980年第2期。
[11] 《新疆大学学报》维文版，1980年第3期。
[12] 《布拉克》，1980年第4期、1984年第12期。
[13] 《民族史译文集》，1980年第8辑。

诗》[1]；陈宗振的《突厥文及其文献》[2]；库尔班·外力的《吐鲁番出土公元五世纪的古突厥语木牌》[3]；乌提库尔、阿合买提·孜雅依、买买提伊明、玉素甫合译《福乐智慧》（维文版）（民族出版社，1984年）；胡振华、黄润华的《明代文献高昌馆课》（新疆人民出版社，1981年）、《高昌馆杂字——明代汉文回鹘文分类词汇》（民族出版社，1984）；斯拉菲尔·玉素甫的《回鹘文〈弥勒会见记〉第二章简介》[4]《哈密本回鹘文〈弥勒会见记〉第三品（1—5叶）研究》[5]；伊明的《爱情篇》[6]；新疆维吾尔自治区少数民族古籍办公室主编《福乐智慧》（维也纳本、开罗本、纳曼干本），由新疆人民出版社于1986年影印出版；斯拉菲尔·玉素甫的《回鹘文弥勒会见记》（1）（新疆人民出版社，1987）；托合提·阿比汗的《先知传》（喀什维吾尔文出版社，1988）；伊明的《哈皮孜突尔克诗集》[7]；吐尔迪的《无刺的花园》[8]；伊斯拉菲尔、多力坤合著《回鹘文文献〈弥勒会见记〉片段》[9]；铁依甫江编《凯兰代尔诗集》[10]；阿布都拉热西提编《迈赫宗诗集》[11]；米尔苏里唐的《古穆纳木诗集》[12]；瓦依提江等编《古丽与布力布力》[13]；李之勤的《格登碑杂考》[14]；魏翠一译《真理的入门》（新疆人民出版社，1981）；阿布都克尤木、伊斯拉菲尔的《维吾尔古代回鹘文文献述略》[15]；热合木托拉编《鲁提菲诗集》[16]《古丽与诺鲁孜》[17]；巴哈吾东刊布《麦合宗与古丽尼莎》[18]；阿·吐尔迪的《莱丽与麦吉侬》[19]；库尔班编《赛卡克格则勒选》[20]；阿布都拉热西提的《鸟语》[21]；瓦哈夫编《热碧亚—赛丁》[22]；伊斯拉菲尔译《瓦穆克与吾兹拉》[23]；安尼瓦儿编《乐师传》（民族出版社，1982）；卡哈尔·巴拉

---

[1] 《阿克苏文学》，1980年第4期；单行本1985年由喀什维吾尔文出版社出版。
[2] 《中国史研究动态》，1981年第11期。
[3] 《文物》，1981年第1期。
[4] 《新疆社会科学》，1982年第4期。
[5] 《民族语文》，1983年第1期。
[6] 《布拉克》，1986年第19期。
[7] 《布拉克》，1988年第2期。
[8] 《布拉克》，1989年第4期、1990年第1期。
[9] 《新疆大学学报》，1981年第1期。
[10] 《布拉克》，1981年第1期。
[11] 《布拉克》，1981年第1期、1982年第1—2期。
[12] 《布拉克》，1981年第3期。
[13] 《布拉克》，1981年第3期。
[14] 《新疆大学学报》，1981年第4期。
[15] 《新疆民族文学》，1981年第2期。
[16] 《布拉克》，1981年第1期、1982年第1期、1990年第2期。
[17] 《布拉克》，1981年第1期。
[18] 《布拉克》，1981年第2期。
[19] 《布拉克》，1982年第1期。
[20] 《布拉克》，1981年第2期。
[21] 《塔里木》，1981年第5期。
[22] 《布拉克》，1982年第2期。
[23] 《布拉克》，1982年第3期。

提的《"铁尔浑碑"考研》[①]、郝关中译《麦斯吾德与迪里阿拉》[②];《鄂尔浑——叶尼赛碑铭和其他文献》[③];乌斯曼《妇人们的呻吟》[④];库尔班编《阿塔依格则勒选》[⑤];胡达拜尔迪刊布《满苏尔》[⑥];艾斯卡尔刊布《情谊之钟》[⑦](载《喀什师范学院学报》维文版,1983年1期);铁依夫江刊布《纳瓦依格则勒选》;卡哈尔《维吾尔族摩尼文诗歌》[⑧];多力坤、阿布都克尤木、伊斯拉费尔《古代维吾尔语摩尼文文献研究》(载《维吾尔语言问题》,新疆维吾尔自治区民族语言工作委员会,1984年维文制印);托合提的《世事记》[⑨];阿布都克尤木编《巴赫拉木与德里阿拉姆》[⑩];阿布都热依木的《情谊之钟》[⑪];阿布都热依木等的《艾尔希诗歌选》和苏祖克等编《和卓·穆罕默德·伊明传》载于喀什《古籍研究通讯》1984年第1期;集体编著《维吾尔古典文学作品选编》(新疆人民出版社,1984);尼木托拉编《卡里来与笛木乃》(维文版)(新疆人民出版社,1984);尼扎提的《警言集》[⑫];伊斯拉菲尔、多力坤合著《〈弥勒会见记〉片段》[⑬];库尔班编《祖乎尔诗集》[⑭];阿布都克尤木的《〈弥勒会见记〉片段》和买买提明的《格则勒和双行诗》分别刊登在《布拉克》1984年第13期和第14期中;刘迎胜、卡哈尔·巴拉提的《亦都护高昌王世勋碑回鹘文比较与研究》[⑮];山川的《佛教的传入与回鹘佛教文学》[⑯];薛宗正发表了《暾欲谷及其自撰纪功碑文》[⑰];沙比提译《拉失德史》[⑱];阿布都热西提编《古丽与布力布力》[⑲];库尔班的《斯坎得尔城堡》[⑳];穆罕默德的《解脱的食量》[㉑];伊明·吐尔逊编《翟黎里诗集》(维文版)(民族出版社,1985年);伊斯拉菲尔的《高昌回鹘汗国时期的维吾尔文学述略》[㉒];刘宾译《〈精义宝库〉选译》[㉓];阿布都秀库尔的《世事记》

---

① 《新疆社科研究》维文版,1982年第3期。
② 《新疆文学》,1982年第2期。
③ 《布拉克》,1982年第2期。
④ 《布拉克》,1982年第2期。
⑤ 《布拉克》,1982年第1期。
⑥ 《布拉克》,1982年第2期。
⑦ 《喀什师范学院学报》维文版,1983年第1期。
⑧ 《布拉克》,1983年第10期。
⑨ 《布拉克》,1983年第9期。
⑩ 《布拉克》,1983年第10期。
⑪ 喀什《古籍研究情报》,1984年第1、2期。
⑫ 《布拉克》,1984年第14期、1985年第16期。
⑬ 《新疆艺术》,1984年第4、第5期。
⑭ 《布拉克》,1984年第11期。
⑮ 《元史及北方民族史研究集刊》,1984年第8集。
⑯ 《新疆民族文学》,1984年第6期。
⑰ 《新疆民族文学研究》,1985年第1期。
⑱ 喀什《古籍研究通讯》,1985年第1期。
⑲ 《布拉克》,1985年第15期。
⑳ 《布拉克》,1985年第15、第16、第17。
㉑ 《布拉克》,1985年第17期。
㉒ 《塔里木》,1985年第5期。
㉓ 《新疆民族文学》,1985年第5、第6期。

（新疆人民出版社，1985年）；铁依甫江等编的《尼扎里长诗集》（维文版）（民族出版社，1985年）；玉素甫编《麦希胡里诗集》（喀什维吾尔文出版社，1985年）；新疆维吾尔自治区社科院民族研究所译《拉失德史》（共2编）（新疆人民出版社，1985—1986年）；郝关中、张宏超、刘宾译《福乐智慧》（民族出版社，1986年）；穆罕默德刊布的《拉失德史补编》[①]，买买提伊明的《柯迪尔诗集序言》（喀什维吾尔文出版社，1986年）；阿布都热依木编《菲图依诗歌选》[②]；李琪的《苏联有关〈福乐智慧〉的研究著述目录（1874—1985年）》[③]；牛汝极的《古代突厥文〈翁金碑〉译注》[④]；玉素夫刊布的《莱丽与麦吉侬》[⑤]；艾海提编《鸟语》[⑥]；海热提江发表了《维吾尔古代碑铭的文学价值论析》[⑦]；马维汗译《艾布·纳赛尔·萨曼尼传》[⑧]；艾力译《赛伊德汗国史料》（喀什维吾尔文出版社，1988年）；尼扎提编《艾孜赞传》（喀什维吾尔文出版社，1988年）；阿布都热西提编《解脱的食量》（喀什维吾尔文出版社，1988年）；张铁山的《我国回鹘文研究概述》[⑨]、《苏联所藏kr4/638回鹘文文书译释》[⑩]、《回鹘文〈金光明经〉第七品研究》[⑪]、《我国收藏刊布的回鹘文文献及其研究》[⑫]；杨金祥、宝文安译《有关加拉里丁·布哈里等人的历史轶事》[⑬]；阿布都克尤木等编《菲图依诗歌选编》[⑭]；伊米提等刊布的《艾尔希诗歌选》[⑮]；牛汝极《摩尼文及摩尼文突厥语文献》[⑯]；热依汗·卡德尔的《〈福乐智慧〉研究综述》[⑰]；玉素甫编《拜赫然木—郭尔》（喀什维吾尔文出版社，1989）等。

1982年，自治区文化厅成立了专门的"木卡姆研究室"，进一步开展对木卡姆艺术的搜集、整理和研究工作。

1983年9月，新疆维吾尔自治区党委和人民政府下发了《关于收集、整理和出版新疆少数民族古籍的通知》，并成立了自治区有关领导负责、有关厅、部、局和科学院、博物馆、档案馆、图书馆、大学、出版社等负责人组成的少数民族古籍收集整理出版规划领导小组。由巴岱同志任组长，伊敏诺夫·哈米提、阿布拉尤甫、

[①] 阿克苏《古籍研究》，1986年第1、第2期。
[②] 《喀什噶尔文学》，1986年第2期。
[③] 《新疆社会科学研究情报》，1986年第12期。
[④] 《喀什师范学院学报》，1987年第3期。
[⑤] 《布拉克》，1988年第1、第2期。
[⑥] 《布拉克》，1988年第3期。
[⑦] 《新疆社科研究》（维文版），1988年第4期。
[⑧] 《新疆宗教研究资料》，1988年第16辑。
[⑨] 《中国史研究动态》，1988年第9期。
[⑩] 《新疆大学学报》，1988年第4期。
[⑪] 《喀什师范学院学报》，1988年第5期。
[⑫] 《新疆社会科学》，1989年第4期。
[⑬] 《新疆宗教研究资料》，1988年第16辑。
[⑭] 《布拉克》，1989年第2期。
[⑮] 《布拉克》，1989年第4期。
[⑯] 《新疆社科情报》，1989年第11期。
[⑰] 《喀什师范学院学报》，1989年第6期。

阿不都·沙拉木为副组长，成员 14 人。领导小组直属自治区人民政府，下设办公室（设在自治区民委），协助领导小组制定工作规划，组织工作规划的实施，开展日常工作。

1984 年 10 月，新疆维吾尔自治区少数民族古籍领导小组召开了新疆首届民族古籍工作会议。会议由古籍领导小组组长巴岱同志主持，传达学习了党中央、国务院、国家民委、自治区党委和人民政府关于古籍工作的指示精神，讨论并制定了自治区少数民族古籍收集整理出版"七五"规划（草案），并提出了今后几年的基本任务、工作方针和办法、措施，对全区工作做了部署。会后，伊犁、昌吉、博尔塔拉、巴音郭楞、克孜勒苏 5 个自治州和喀什、和田、阿克苏、吐鲁番、哈密、塔城、阿尔泰 7 个地区及乌鲁木齐市相继成立了古籍领导小组和办公室。各办公室根据工作需要，下设了维吾尔与乌孜别克族、哈萨克与塔塔尔族、蒙古与达斡尔族、锡伯与满族、回族与柯尔克孜族等 6 个古籍业务组。

1984 年 2 月，新疆维吾尔自治区少数民族古籍领导小组召开第二次工作会议。会上宣布自治区少数民族古籍领导小组办公室正式成立，办公室下设维吾尔、哈萨克、蒙古、柯尔克孜、锡伯、回族 6 个古籍业务组及各组成员名单、挂靠单位等问题，并通过了《1984—1985 年少数民族古籍收集整理出版规划》工作计划要点。

1984 年 5 月，新疆维吾尔自治区党委和人民政府发出《关于收集整理和出版新疆少数民族古籍的通知》。

1984 年，维吾尔文版《突厥语大词典》（三卷）由新疆人民出版社全部出齐。该《词典》早在 1977 年新疆维吾尔自治区人民政府即开始部署，由自治区科学院民族研究所着手现代维吾尔语和汉文的翻译工作。维吾尔文版第一卷于 1981 年出版，第二卷于 1983 年出版，第三卷于 1984 年出版。

1984 年 10 月，新疆首届少数民族古籍工作会议在乌鲁木齐市召开。自治区古籍领导小组组长巴岱同志做了题为《加强领导，奋发努力，切实做好我区民族古籍收集整理出版工作》的报告。铁木尔·达瓦买提同志出席总结大会并讲话，全国少数民族古籍整理出版规划领导小组副组长李鸿范等同志专程前来参加会议并讲话。会议传达了国务院、国家民委有关民族古籍的指示精神，讨论并制定了全区少数民族古籍收集整理出版"七五"规划，提出了今后的工作任务、方针、措施，对全区工作做了部署。

1985 年 11 月，新疆维吾尔自治区少数民族古籍办公室举办自治区首届察合台语进修班，为期 3 个月，培养了近五十名察合台语专业人员。

1986 年 4 月，西北五省（区）人民出版社协作出版《中国的大西北》《丝绸之路》《西北历史》《西北史地研究》《西北史地资料译丛》五套丛书以及《丝绸画册》。

1986 年 8 月 26 日—9 月 1 日，由中国社会科学院少数民族文学研究所、中国少数民族文学学会、新疆社会科学院民族文学研究所及新疆维吾尔自治区喀什地区行署4单位联合召开的中国《福乐智慧》首届学术讨论会在喀什市召开,来自全国各地,包括维吾尔、汉、哈萨克、柯尔克孜等8个民族成分的143位学者、专家参加了会议。

1987年9月,新疆维吾尔自治区古籍领导小组成员调整后召开了第一次工作会议,主要听取自治区古籍办的工作和情况汇报。

1987年,新疆维吾尔自治区十二木卡姆研究学会成立。

1989年10月16日—20日,第二届全国《福乐智慧》学术讨论会在新疆喀什市举行。此次讨论会是《福乐智慧》研究会为纪念杰出的维吾尔族学者诗人优素甫诞辰970周年和《福乐智慧》创作920周年而举办的。六十多名专家学者参加了讨论会,会议期间举行了优素甫陵墓竣工仪式。

1989年,经自治区人民政府批准,新疆木卡姆艺术团成立,直属新疆维吾尔自治区文化厅。该团是我国唯一的以继承、搜集、整理、研究并将维吾尔木卡姆艺术搬上舞台的专业艺术表演团体。从此,木卡姆艺术的传承、研究、表演、发展有了组织、队伍和物质上的保障。

第六节　满—通古斯语民族

一、满文古籍

20世纪80年代是我国古籍整理事业恢复和迅速发展的阶段。党中央高度重视,把古籍整理工作作为一件全国性大事来抓。1981年9月17日,中共中央发出《关于整理我国古籍的指示》,指出要把古籍整理工作搞上去,并决定成立古籍整理出版规划小组。1982年1月,李一氓同志在《人民日报》上发表题为《论古籍和古籍整理》一文,指出"对于少数民族语文古籍,自亦为中国古籍……都应加以整理"。在各方努力下,中国少数民族古籍各项工作也开始步入正轨。1982年5月,中央民族学院少数民族古籍整理出版规划小组成立。1983年6月,全国少数民族古籍整理工作座谈会在北京召开。参会专家学者一致赞成建立全国少数民族古籍整理出版规划小组。1983年9月,吉林省少数民族古籍整理出版规划领导小组率先成立。1984年4月,国务院办公厅转发国家民委《关于抢救、整理少数民族古籍请示》的通知。指出:"少数民族古籍是祖国宝贵文化遗产的一部分,抢救、整理少数民族古籍,是一项十分重要的工作。各地、各有关部门要加强对这项工作的领导,并在人力、财力、物力方面给予支持;要为从事整理民族古籍的专门人员创造必要的工作条件和生活条件。"1984年7月,全国少数民族古籍整理出版规划领导小组正式成立。国家民委发出《关于当前少数民族古籍整理出版工作有关问题的通知》。我国的少数民族古籍工作走上了有组织、有计划的轨道。1986年6月,全国少数民族古籍整理规划会议在沈阳召开。会议讨论制定《全国少数民族古籍工作"七五"规划》以及协商民族古籍的地区协作问题。具体到满族古籍文献的整理工作，这一阶段也有两次重要的会议：1984 年 8 月 10 日—8 月 13 日，北京等六省、区、市满族古籍整理出版规划协作会议在沈阳召开。会议决定成立"六省区市满族古籍整理出版规划协作小组。"1989 年 7 月 30 日—8 月 2 日，北方少数民族古文字暨古籍研讨会在吉林省长春市召开。会议由吉林省少数民族古籍整理出版规划领导小组办公室和中国民族古文字研究会共同举办。来自北京、天津、河北、内蒙古、辽宁、黑龙江、吉林 7 省、市、自治区四十余名学者和专业人员参加了会议。有关满文文字及文献和相关问题是这次研讨会的重点。这次会议是民族古文字研究与民族古籍整理相结合的一次尝试，对推动全国各省区民族古文字和古籍研究工作的发展将发挥积极的作用。

在专业人才的储备和培养上，这一时期也做了不少工作。但与大量亟需整理的满文文献相比仍显不足。1982 年，美国哈佛大学开办了满文学习班。1986 年，中央民族学院历史系又开办了一期清史满文班，招收 20 人，至 1990 年毕业。1987 年，受全国少数民族古籍整理出版规划小组委托，中央民族学院开办民族古籍整理专业大专培训班，招收学员 100 名。1988 年 7 月全部毕业。而由金宝森先生 1985 年创办的北京满文书院，白手起家，免费培养学员。在其成立后的 5 年时间里培养了 153 名学员，为培养满文人才、促进满学研究贡献了自己的力量。

在古籍整理恢复和发展良好氛围的推动和各方努力下，这时期与满文古籍文献整理研究相关的专业机构和学术刊物相继建立和创刊。满文古籍文献整理和研究工作有了依靠和展现的平台。20 世纪 80 年代成立的学术机构主要有：1982 年，辽宁省民族研究所建立。它是我国民族研究特别是满学研究方面的重要科研单位，对推动满学研究的发展起到了至关重要的作用；1983 年 3 月，黑龙江省满语研究所成立，是全国唯一的专门研究满—通古斯语言文化的科研机构。该所于 1999 年 11 月进驻黑龙江大学，并组建了黑龙江大学满族语言文化研究中心。1986 年 11 月；日本满族史研究会成立。研究会成立至今，会员人数由当初的数十人发展到现在的一百余人，在国内外学术界产生了越来越大的影响，不仅推动了日本的满族史研究，对日本学术交流也作出了重要贡献。许多日本学者到中国踏查满族历史遗迹，并对档案馆、图书馆的资料进行调研。研究会同时发行《满族史研究通信》杂志，介绍会员的研究情况，刊登世界满学研究情报等。此外，台湾于 1981 年 4 月成立满族协会，并开办满文研究班。这期间创办的学术刊物主要有：1985 年，《满语研究》创刊，这是国内外唯一的满通古斯语言文化研究学术刊物，在国内外学术界享有盛誉。同年，《满族研究》创刊，这是国际上唯——种定期公开发行的满学刊物。期刊自创办以来，共发表了近千篇学术论文，反映了我国满学研究的成果与水平，并培养了大批中青年学者，连续多年被评为"民族学类核心期刊"，成为我国重要的满学研究学术阵地。另外，台湾于 1981 年 9 月发行《满族文化》创刊号，刊登有关满族历史、文化及满汉文古籍文献对比研究等文章。

20世纪80年代是我国文化事业迅速发展的时期。国家的重视、专业人才的培养、相关学术机构的建立，都为满文古籍文献整理和研究工作的开展提供了良好的条件。满文古籍文献整理和研究工作进入了一个较快的发展阶段。总结这一阶段满文古籍文献整理和研究工作，主要有以下几个特点：1. 组织化、正规化、项目化管理，整理和研究工作发展迅速。2. 相关机构及学术刊物的建立和创办，有力地推动了满文文献整理研究的专业化。3. 在文献整理和研究上，成果丰富。国内的成果无论在数量还是在质量上都超过了国外，特别表现在满文档案的编译工作上。

首先，在满文古籍文献的整理、译注出版上取得了丰富的成果。主要表现在两个方面：1. 通过整理，影印出版了一批清代编纂的辞典类、语法类工具书和文学类图书。这方面，新疆人民出版社和新疆古籍办公室先后整理出版了十多种满文古籍，贡献突出。从1984年到1989年，新疆人民出版社先后出版了《重刻清文虚字指南编》《古文观止》《三国演义》《西游记》《锡伯（满）语辞典》《旧清语辞典》等满文古籍，为从事研究和档案翻译提供了专业的工具书。2. 出版了大量满文翻译专著。代表性的有：赵志强、吴元丰译《锡伯族档案史料》，肖夫、郭基南、汪玉明译《满文土尔扈特档案译编》，郭成康、刘景宪译《盛京刑部原档》，安双成、屈六生等译《郑成功满文档案史料选译》，季永海译《崇德三年满文档案译编》《随军纪行译注》，关克笑等译《三姓副都统衙门满文档案译编》，关嘉禄译《雍乾两朝镶红旗档》《天聪九年档》，关孝廉、粟振复等译《清初国史院满文档案译编》，庄吉发译《雍正朝满汉合璧奏折校注》《满汉异域录校注》，张葳等译注《旧满洲档译注·清太宗朝（二）》，神田信夫译《崇德二年正月满文档案译注》等。

1. 对满文档案自身的研究。这一时期，国内外对满文档案本身进行了多方位的研究，发表了不少这方面有分量的文章。如屈六生撰《中国第一历史档案馆馆藏的满文档案》，佟永功、关嘉禄撰《辽宁的满文档案及其他》，关孝廉撰《论〈满文老档〉》《〈满文老档〉的修复与重抄》，刘厚生撰《吉林省满文古籍述略》《〈旧满洲档〉形成年代考》《〈旧满洲档〉与〈满文老档〉的比较》，吴元丰撰《中国第一历史档案馆藏满文档案》，庄吉发撰《旧满洲档的由来及其史料价值》，陈捷先撰《旧满洲档的价值》，神田信夫撰《东洋文库收藏的满文档案》，加藤直人撰《〈伊犁奏折〉所收的满文档案》等。这些文章，有助于帮助我们了解满文档案的由来、价值、收藏情况等，为进一步研究提供了方便。2. 利用满文档案研究清朝兴起史。《满文老档》《天聪九年档》等档案作为满族入关前形成的满文文献，史料价值极高，对研究清朝兴起史具有重要的价值。充分发掘这些档案的价值，并结合其他文献，我们能阐释清楚许多问题，理清清朝兴起的历史过程。这方面，周远廉教授做了不少尝试，取得了一定成就。他依据《满文老档》，勾勒了清朝兴起的过程，出版了一些论文和专著，主要有：《清朝开国史研究》《清朝兴起史》和《〈满文老档〉与清朝开国史研究》。3. 利用满文档案研究清史，特别是民族史、边疆史与地方史。满文档案作为研究清史的基本史料之一，"可以提供给研究者利用，对清代近三百年的政治、经济……诸方面以及迄今尚未解决的许多空白和疑难问题，作出有根据有分析的令人信服的答案来。"① 事实上，利用满文档案研究清史的论文和专著是很多的，主要有：王锺翰撰《满文档案与民族史研究》《满文老档中计丁授田商榷》，关嘉禄撰《从镶红旗档看雍正帝整饬旗务》，刘厚生撰《〈满文老档〉与清史研究》，吴元丰、赵志强著《满文档案与清代民族史研究》，金启琮著《满族的历史与生活》，王庆丰撰《满文及其文献在河北的发掘与使用》，张玉全撰《关于清三藩事件之满文史料》等。此外，这一时期还出现了对国内外满文文献整理和研究状况进行介绍和回顾的文章，从另一个角度反映了这一阶段满文文献整理研究水平的发展，同时也为更好地进行整理和研究工作提供了宝贵的经验。如屈六生撰《六十年来的满文档案工作概述》，关嘉禄、佟永功撰《我国满文研究的发展概况》，约瑟夫·弗莱彻著、刘坤一编译《国外满文研究概况》，松村润著、齐克琛译《日本的满文研究状况》，Б·К·帕什科夫著、胡增益译《俄国学者对满语文研究的贡献》，拉里·克拉克著、杨品泉译《近年来美国和欧洲的满文研究趋势》等。

二、锡伯文古籍

改革开放以后，随着锡伯族史料的搜集、发掘、整理出版，相应以此为依据刊发的论文颇丰。

1980年以来，为开展锡伯族学术研究活动，先后在新疆、北京、东北等地成立了有关锡伯族研究学会、研究会。1980年8月，察布查尔锡伯族自治县成立锡伯族语言文字研究会；10月，新疆锡伯族语言文字研究学会在乌鲁木齐成立。同一年，有两篇文章，都是针对"太平寺碑"进行的考证，一篇是王锺翰先生的《沈阳锡伯家庙文浅释》②；另一篇是赵展《锡伯族源考》③，该文认为锡伯族不与满族同祖，而是"与鄂伦春族同祖，从黄头室韦、黄头女真到女真"。

1981年，新疆人民出版社恢复锡伯文编辑室，1982年开始出版图书，推出锡伯文《来自辉番卡伦的信》一书。1982年8月，锡伯族学者安俊、吴元丰、赵志强著《锡伯族迁徙考记》（锡伯文）由新疆人民出版社出版，本书概括介绍了锡伯族的名称，考察了在清代的迁移、分布状况。该年吴元丰、赵志强在《历史档案》第2期发表了《锡伯族迁居云南考》，作者依据清政府调盛京锡伯官兵赴云南参战情况的档案，澄清了锡伯族是否迁居云南一事。

20世纪80年代初，佟克力从清代各朝实录中摘录有关锡伯族资料近10万字，与肖夫先生先后抄录的西北与东北地区有关锡伯族地方文献资料以及部分谱书、译自满文档案的部分资料等，编辑一册，作为《新疆历史资料》第13辑锡伯族专辑，

---

① 王锺翰：《满文档案与清史研究》，载《社会科学战线》，2002年第3期。
② 《清史论丛》，1980年。
③ 《社会科学辑刊》，1980年第3期。

内部铅印。内容分"《清实录》资料摘抄"和"文献资料摘抄"两大部分。其中文献资料摘抄包括"全国性文献资料""有关东北部分的文献资料"及"有关新疆部分的文献资料"三个单元。

1984年3月6日，由辽宁省民委主持召开的首次锡伯族文史资料、文化古籍编辑整理工作讨论会在沈阳举行。会议认真讨论了由辽宁草拟的"锡伯族文史资料、文化古籍编辑整理规划及实施设想"，对今后如何开展锡伯族文史资料、文化古籍编辑整理工作和如何加强六省、区、市及全国的协作问题进行了研究和探讨。12月，"全国锡伯族学术讨论会"在沈阳召开。这一年，锡伯文《喀什噶尔之歌》出版。该年的论文成果有吴克尧《齐齐哈尔锡伯族迹探略》[①]，简略地探讨了齐齐哈尔城历史上的锡伯族迹；吴元丰和赵志强发表的《黑龙江地区锡伯族的历史变迁》[②]，对黑龙江地区锡伯族在公元16世纪末努尔哈赤起兵至嘉庆二十五年（1820年）间的变迁情况作了详细论述，其另一篇《锡伯族由科尔沁蒙古旗编入满洲八旗始末》[③]，仍然依据原始档案详述了锡伯族由科尔沁蒙古旗编入满洲八旗这一历史事件及其对以后锡伯族社会的发展所产生的影响。

1985年，安俊、吴元丰和赵志强三位学者编写的另一部著作《锡伯族简史》（锡伯文）问世。该书是一部较系统、客观地论述锡伯族历史的著述；该书较多利用原始档案材料和史书记载对锡伯族的族源、族称、政治、社会、文化诸方面作了深入浅出的论述。这一年，佟克力撰《伊犁锡伯营概述》[④]，吴克尧对其在辽宁抚顺发现的石碑撰文《抚顺锡伯碑的发现及初步研究》在该年《社会科学辑刊》第4期中发表；肖夫在《西域史论丛》第1辑中发表了《略谈锡伯族的西迁及其历史贡献》一文。

1986年，肖夫先生在上述资料基础上撰著的《锡伯族简史》由民族出版社出版。该书是中国少数民族简史丛书之一，是在原有《锡伯族简史简志合编》（初稿）的基础上，补充了一些新的材料，并汲取了近年来的有关研究成果撰写而成的，因此，学术价值较高，影响甚大。9月，伊犁州首届锡伯族历史、语言文字、文学艺术学术研讨会在伊宁市召开。同年，辽宁民族出版社出版白友寒先生编写的《锡伯族源流史纲》，本书力图根据史书记载、考古发现和民间传说，揭示锡伯族历史发展的轨迹，但各节之间联系应更紧密。是年有影响的论文，有肖夫的《锡伯族早期社会组织及其经济生活》，关方的《太平寺始末》，赵志强、吴元丰的《锡伯家庙考察记》《锡伯家庙碑文考》，佟清福、文明的《锡伯寺庙拾零》4篇，均载于该年出版的《锡伯族史论考》，由辽宁省民族出版社出版。

1987年，由肖夫先生整理的有关满文锡伯族资料集《锡伯族历史资料拾零》

---

① 《黑龙江文物丛刊》，1984年第2期。
② 《黑龙江文物丛刊》，1984年第3期。
③ 《民族研究》，1984年第5期。
④ 《新疆大学学报》，1985年第4期。

（近4万字）由新疆人民出版社出版。内容包括"锡伯家庙"太平寺碑文、《锡伯营总管档房事宜》部分资料、伊犁八庙名称、察布查尔尚学会章程、清代从京城至伊犁驿站名称和数目等。

在锡伯族资料中，清代满文档案资料数量最多，分中央档案和地方档案两类。中央档案现藏中国第一历史档案馆、黑龙江省档案馆等处。20世纪70年代末期始，中国第一历史档案馆的吴元丰、赵志强等先生，先后从浩繁的档案中抄录出近四十万字有关锡伯族满文档案，分门别类，辑成《清代锡伯族档案史料选编》（一、二）（满文），于1987年由新疆人民出版社出版，其汉文译本于1989年由辽宁民族出版社出版。该书收入的满汉文档案均属首次公布，不但对锡伯族的历史研究具有重大意义，而且对满族、蒙古族、维吾尔族、鄂温克族、达斡尔族、哈萨克族的历史以及清史、八旗制度、东北和西北边疆史地的研究，都具有十分重要的参考价值。该资料的公布，将清代锡伯族历史研究推向了一个新的高度，学术界借此陆续推出了《锡伯族史》等论著。

第七节　回　　族

20世纪80年代，随着国内民族政策的落实，从中央到地方纷纷恢复和成立伊斯兰教协会、民族研究所、民族古籍整理办公室等，它们以管理民族事务、关心民族发展、弘扬民族文化为己任。在民族古籍工作战线"救书、救人、救学科"的口号指引下，回族古籍研究与全国古籍整理研究事业一道快速复苏，发掘、出版了一批较有影响的成果。

一、机构成立筹划部署

1984年4月，国务院办公厅转发了《国家民委关于抢救整理少数民族古籍的请示的通知》明确指出："少数民族古籍是一项十分重要的工作，各地各有关部门要加强对这项工作的指导。"为此，国家民委成立了全国少数民族古籍整理出版规划领导小组及全国少数民族古籍整理研究室，各省、市、区也相应纷纷成立了少数民族古籍整理规划领导小组并下设办公室，开展包括回族古籍在内的搜集整理工作。地方党委政府从人员配置到业务经费都给予了专门支持，以推动行业复苏。全国少数民族古籍整理出版规划小组副组长李鸿范同志还亲笔致信给热心回族问题研究的原宁夏回族自治区民委主任丁毅民同志，希望他能将宁夏的回族古籍整理工作抓起来。依据国家民委通知"各省、自治区、直辖市之间，要加强协作，跨省、区的民族古籍整理工作，可经协商，由条件好的省区牵头"的精神和回族"大分散、小聚居"、文化古籍分布全国各省的实际情况，1985年12月，在全国少数民族古籍整理工作会议期间，全国少数民族古籍整理出版规划小组指定由宁夏回族自治区代表牵头,邀集甘肃、青海、云南、新疆、北京、河北、河南、山东等9个回族人口比例较高的省市自治区代表,商谈回族古籍整理出版的协作问题,李鸿范同志亲临座谈会指导工作。在座谈中,各省代表一致同意,由宁夏牵头组成一个回族古籍整理协作小组,以便在全国范围内协调回族古籍的搜集整理出版规划。1986年10月20日至25日,"九省、市、自治区回族古籍整理出版规划协作小组成立大会暨第一次会议"在宁夏银川召开,参加会议的除九省、市、自治区代表外,全国少数民族古籍整理出版规划小组副组长李鸿范、中国民族图书馆及天津、宁夏等出版社的代表共30余人出席了会议。会上,各方面代表互通信息,交流经验,并交换了各省、市、自治区所藏回族和伊斯兰教古籍目录,近几年搜集整理出版情况的总结材料,以及1986—1990年的回族古籍整理出版规划。经全体代表充分讨论协商,产生了九省、市、自治区回族古籍整理出版规划协作小组,组长由宁夏的丁毅民同志担任,副组长由甘肃、青海、云南、北京各产生一名同志担任。协作小组的宗旨是遵照国办发"通知"精神,在全国和本地区范围内搜集有关回族和伊斯兰教的中文、阿拉伯文、波斯文以及其他文种的古籍文献资料和口碑资料,并对之进行统一编目、鉴定、筛选和分头整理出版。小组一般采取通讯联络的方式,互通情况信息、交流经验、协调工作,必要时召开有关会议。这个协作性组织,为后来全国回族古籍整理工作的协调发展,作出了积极贡献。

二、事业复苏初见成效

在20世纪80年代民族古籍整理人才奇缺时期,回族汉语言的广泛使用和汉文古籍的留存,减少了其他少数民族整理工作中经常遇到的,大量古籍由民族文字记载,整理时首先需要翻译,出版时需要民族文字模板的烦恼,对回族古籍整理起步十分有利。1985年由宁夏人民出版社出版的《中国伊斯兰教参考资料汇编》(上下册),是回族古籍整理中出版较早的成果之一。该书收入了1911—1949年各地回族伊斯兰中文报刊所载有关伊斯兰教的论文、调查、散记、报导、译文等197篇,分为史略概述、寺院古迹、人物掌故、教派门宦、文化教育、经著学说、各地概况、其他等8类,并附录了未收资料一览表和伊斯兰教主要中文刊物一览表。所选辑的文章内容丰富,学术价值较高,反映了民国时期中国伊斯兰教史的研究成果和水平,是一部广博的中国伊斯兰教史论文资料选集和研究中国伊斯兰学术文化的重要资料。在回族伊斯兰教专题史料极为匮乏的20世纪80年代,它的出版让众多民族学学者如获至宝,使其成为当时引证频率最高的文献资料之一。山东整理内部编印的伊牧之主编《济南回族家谱选辑》,赵潜主编《青州回族溯源》,伊牧之笺注《济南伊斯兰教碑刻笺》等,记录整理了山东地方回族古籍文献史料。1987年由黑龙江古籍办组织点校,天津古籍出版社出版的《天方典礼》,则首开回族古籍的点校先河。这部清代著名中国伊斯兰教教法教礼典籍,经过点校整理横排铅印重新出版后,深受广大回族穆斯林的喜爱。同年,陕西省地方志编纂委员会内部编印了《陕西回民起义资料》。该书选编了清朝档案以外的陕西回民起义资料，包含有罕见或新发现的孤本和抄本，是认识研究陕西回民起义的珍贵史料。1988年前后河南省出版了清代回族学者蒋湘南的《七经楼文钞》和元代回族文学家马祖常的《石田先生文集》。1989年，我国南北各地都出版了较为重要的回族古籍整理研究著作：云南民族出版社出版出版了《清真指南译注》，该书由马恩信、马瑞麟、马汝云、薛贤等先生对清初著名回族学者马注的《清真指南》名著进行了白话翻译并加以注释，使普通群众也能从中领略回族哲人的才智风范；青海人民出版社出版的《经学系传谱》属于濒临失传的作品，经孙滔等同志组织抢救，并委托杨永昌等专家进行整理，终于使这一部反映回族经堂教育的重要文献与大众见面，获得了伊斯兰教界人士和学术界专家们的一致好评；广东人民出版社出版的《广东海南回族研究》中，不仅论述广东海南回族历史发展是大量引用地方回族史料，且有1/3的篇幅专门摘编广东、海南回族资料和有关论文资料索引；甘肃民族出版社出版的《积石录》，是甘肃民族古籍整理研究中的一项重要成果。这部汇辑了临夏地区金石文字精华的专著，是研究临夏地区回族和伊斯兰教发展的珍贵参考资料。以后甘肃又先后出版了《哈锐集》《中国回回历法辑丛》和《库布忍耶大湾头门宦谱学》等书。

宁夏是全国唯一的省级回族自治区，这注定了宁夏少数民族古籍整理出版工作从一开始就紧紧围绕着回族古籍展开。1986—1989年5年间，宁夏与北京民族文化宫、宁夏地方志编纂委员会、天津古籍出版社、宁夏人民出版社、上海文艺出版社、福建人民出版社等合作，先后整理出版《选译详解伟嘎业》《石峰堡纪略》《正教真诠·清真大学·希真正答》《兰州记略》《清真指南》《丁鹤年诗集注》《清实录穆斯林资料辑录》等《回族古籍丛书》9种；影印出版包含15种珍贵回族古籍《回族和中国伊斯兰教资料汇编》（第一辑）、《甘宁青史略》《朔方道志》《宁夏十年省政述要》《阿拉伯艺术》《赛典赤家谱》等6部有关回族的民族古籍；《中国回族文学作品选》《回族民间故事选》《回族民间叙事诗集》和《回族民间故事集》等4部回族口碑文献，并编选了《宁夏民间故事选》《宁夏民间文学》等专门集子和刊物。1984年陈达生主编的《泉州伊斯兰教石刻》，对泉州宗教石刻中有关伊斯兰教碑文的阿拉伯文篇全译，并考证辨析了一些历史事实，提出了一些独到见解。这些成果的推出不仅丰富了回族文化，为今人了解研究回族政治经济、宗教历史、社会文化等方面提供了便利，也使宁夏的回族古籍整理研究工作一开始就走在其他省、市、自治区前列。

回族食品和医药因保留了许多中东中亚传统及胡方胡药，而受到中国餐饮和医学界广泛重视。1983和1984年回族著名厨师杨永和编著的《清真全羊菜谱》《北京清真菜谱》是改革开放后较早整理出版的关于中国穆斯林传统饮食著作。1989年，纪录回族医药方剂的典籍《回回药方》由陕西中医研究院苏礼、郑怀林点校，并内部发行。此书有浓郁的民族医药特色，蕴含着丰富的回族医药学术经验，是十分珍贵的科技方面回族古籍。

20 世纪 80 年代，对著名回族航海家郑和相关古籍文献的发掘研究依然有声有色。国内成果有郑鹤声《郑和下西洋资料汇编》（齐鲁书社，1980 年），李惠铨《郑和传记数据》（上海师大图书馆，1985 年），郑和下西洋 580 周年筹备委员会编《郑和下西洋》《郑和史迹文物选》《郑和研究资料选编》《郑和家世资料》（人民交通出版，1985 年），太仓县纪念郑和下西洋筹备委员会编《古代刘家港资料集》（南京大学，1985 年），田木、靳柯《郑和》（云南人民出版社，1987 年），海军海洋测绘研究所和大连海运学院航海史研究室合编的《新编郑和航海图集》（人民交通出版社，1988 年）。台湾出版的有吴季桓著、梁实秋主编《郑和》（名人出版社，1980 年），徐玉虎《明郑和之研究》（德馨室，1980 年），王志庸编《郑和下西洋》（龙门出版社，1986 年），江鸿《最早的中国大航海家：郑和》（东华书局，1986 年），李永炽《郑和下西洋》（明统出版社，1988 年），林慧连编《郑和下西洋：明朝的对外交流》（华一书局，1989 年）等。这些古籍的研究出版，不仅再现了回族优秀儿女郑和的事迹，也展示了中华民族对世界航海事业的贡献。

第八节　其他民族

一、西夏文古籍

全世界收藏的西夏文文献以俄罗斯科学院东方研究所圣彼得堡分所（今东方文献研究所）为大宗。此前苏联学者依托这些文献做出的研究成果令全世界瞩目。限于当时不正常的中苏关系，中国学者没有条件亲临圣彼得堡考察西夏原始文献，不可能对其中一些最重要的文献进行首创性的探讨，这决定了中国在这一阶段的西夏研究水平远远落后于苏联和日本。无奈之下，中国在这时的研究不得不集中在两个方面：1. 在苏联方面发表的原始文献照片基础上进行二次研究，从而产生一批西夏重要典籍的汉译本，借以窥知西夏文献的概貌；2. 继续全面发掘国内的西夏文献资源，以求掌握尽可能多的第一手材料，这些材料尽管在数量上和史料价值上不能和苏联所藏相比，但毕竟可以创造一些首创性研究的条件。事实证明，学者们在这方面的努力取得了很大的成效，得以推动中国的西夏古籍研究在 20 世纪 90 年代走上了繁荣发展的道路。

1981 年，史金波的论文《西夏文〈过去庄严劫千佛名经〉发愿文译证》在《世界宗教研究》当年第 1 期发表。这篇文章和两年后的《西夏文〈金光明最胜王经〉序跋考》[1]，都是作者数年前整理北京图书馆所藏西夏文佛经的收获，也是中国学者对西夏长篇原创作品的首次解读。

---

[1]《世界宗教研究》，1983 年第 3 期。

1981年8月，宁夏社会科学院在银川市举办了"全国西夏学术讨论会"，标志着这一研究领域在中国已经得到了初步的关注。由于当时中国的西夏学正处在起步阶段，因此会议的研讨主题大都集中在西夏历史方面，涉及西夏文字和古籍的内容并不突出，而且无论是从材料的选用还是从论述的角度看，会议论文都还基本停留在20世纪60年代的水平，明显不能与同时代的国际研究接轨。

1982年2月，由罗福颐辑录、李范文释文的《西夏官印汇考》由宁夏人民出版社出版。书中辑录了罗氏所见的西夏官印，并对印文和背款一一予以考释。该书直至现在还是文物界鉴定西夏官印的首要参考。

1984年11月，李范文编的《西夏陵墓出土残碑粹编》由文物出版社出版。该书选择整理了宁夏博物馆在西夏陵区发掘的一部分西夏文和汉文碑刻，并进行了翻译和考释。书中首次提出了西夏帝王的"城号"问题。

1982年，史金波和黄润华再次整理北京图书馆（现国家图书馆）所藏西夏文佛经，包括20世纪初在宁夏灵武出土的西夏文佛经刻本和20世纪50年代俄国归还的一些佛经写本。两年后发表了《北京图书馆藏西夏文佛经整理记》[①]。

1983年3月，史金波、白滨、黄振华合作的《文海研究》由中国社会科学出版社出版。这部著作在苏联学者研究的基础上解读了一部西夏文的字典，并在书后附有详细的索引，使中国学者见到了一份比较丰富的西夏语言文字资料，在那之后的十余年间，《文海研究》一直是中国甚至国际西夏学界解读西夏文献的不可或缺的工具书。直到1997年，这部书在西夏文献解读领域的地位才因原始资料不够完整和检索不大方便而被李范文的《夏汉字典》所取代。

1983年10月，李范文的《西夏研究论集》由宁夏人民出版社出版。本书是中国西夏学者的第一部个人专集，收集了作者的论文13篇，内容涉及西夏历史、文物考古和语言文字，并附有77幅照片，书后附有冯蒸辑录的《西夏学文献目录》。

1983年至1984年，内蒙古文物考古研究所联合阿拉善盟文物工作站对额济纳旗境内的黑水城进行了历时一年的再次发掘。这次发掘全面理清了黑水城的原貌，并获得西夏和蒙元时代各种文字的典籍和文书残页约三千片，其中一部分后来发表于2002—2007年甘肃人民出版社和敦煌文艺出版社合作出版的《中国藏西夏文献》，该书由宁夏大学西夏学研究中心、国家图书馆和甘肃五凉古籍整理研究中心合编。

1985年8月，陈炳应所著的《西夏文物研究》由宁夏人民出版社出版。该书研究了当时所能见到的西夏文物和文献，其中对俄国所藏夏译汉籍的选译是中国学者在这一领域的首次探索。

1986年9月，李范文的《同音研究》由宁夏人民出版社出版，这部著作解读了另一部西夏文的字典，书末附有详细的索引，读者翻检十分方便。不过由于西夏文

---

① 《文献》，1985年第4期。

原书的注释过于简单，相应的汉译又有些不大准确的地方，因此《同音研究》在西夏学领域的工具书作用并不突出。

从1988年开始，敦煌研究院开始对敦煌莫高窟北区石窟进行考古发掘，于1995年基本结束。在这次考古发掘中，人们在北区伯希和当年曾经发掘过的两个洞窟内又获得了元代的西夏文刻本和写本残叶数百片，这些残片和其他考古收获在20世纪90年代经过整理，一起编入《敦煌莫高窟北区石窟》三卷，于2000年至2004年由文物出版社出版。

1988年3月，史金波、白滨、吴峰云合著的《西夏文物》由文物出版社出版。该书编录了当时国内所能见到的西夏文物照片，其中国内所藏有些为首次刊布，国外所藏多从已刊的资料上复制，另有俄国艾尔米塔什博物馆收藏的一些西夏唐卡照片，为编者访苏时用普通相机自行拍摄，资料虽属首次发表，但图版质量较差。

1988年8月，史金波所著《西夏佛教史略》由宁夏人民出版社出版。该书首次披露了一批俄藏西夏佛教文献的内容，并在此基础上勾勒出了西夏的佛教发展脉络。该书是世界上首部专门论述西夏佛教的著作，出版后颇受学术界重视，台湾商务印书馆于1993年出有修订版。

1989年12月，黄振华、史金波、聂鸿音整理的《番汉合时掌中珠》由宁夏人民出版社出版，书后附有西夏文和汉文索引。这是对俄国所藏同名原始文献的再次刊布，学者手边的西夏字典至此已经基本完备。在这些工具书的帮助下，中国学者开始尝试对此前俄国刊布的几乎全部西夏原始文献进行汉译，其成果后来在90年代陆续推出。

二、女真文古籍

19世纪50年代以后，国内女真文献研究除了对过去发现的碑文进行审读外，主要转向对语言文字的深入探讨。碑铭考释方面，田村实造在《读"大金得胜陀颂碑研究"》一文中指出安马弥一郎考释的多处错误后，继续完善对《大金得胜陀颂碑》的释读，先后发表了两篇文章，其一篇收录于1971年出版的《中国征服王朝之研究》一书；另一篇发表在1976年《东洋史研究》35卷3号中，两次释读都重新就碑文中出现的每一个字详加考释。

国内的郭毅生《明代奴儿干永宁寺碑记校释——以历史的铁证揭穿苏修的谎言》，[1] 罗福颐、金启孮、贾敬颜、黄振华《女真字奥屯良弼诗刻石初释》、[2] 道尔吉《海龙汉文、女真文对译摩崖真伪辨》、[3] 道尔吉与和希格《女真文〈大金得胜

---

[1] 郭毅生：《明代奴儿干永宁寺碑记校释——以历史的铁证揭穿苏修的谎言》，载《考古学报》，1975年第2期。
[2] 罗福颐、金启孮、贾敬颜、黄振华：《女真字奥屯良弼诗刻石初释》，载《民族语文》，1982年第2期。
[3] 道尔吉：《海龙汉文、女真文对译摩崖真伪辨》，载《内蒙古社会科学》，1984年第3期。

陀颂碑〉校勘释读》、①穆鸿利《昭勇大将军同知雄州节度使墓碑》②等，都对国内各地新发现或已发现的女真碑铭做了考释，可代表20世纪七八十年代中国女真文文献的研究水平。其中罗福颐、金启孮、贾敬颜、黄振华《女真字奥屯良弼诗刻石初释》对现存唯一的一块行书体女真文"奥屯良弼诗碑"进行了释读。

女真语言文字研究在国内取得长足进展是以金光平、金启孮《女真语言文字研究》和《女真文辞典》的出版为标志的。③《女真语言文字研究》不仅总结了前期有关女真文资料的研究成果，还充分利用这些资料对女真语语音、语法和文字的构成做了翔实的分析，堪称一部关于女真语文研究的扛鼎之作。《女真文辞典》则以词典的形式，汇集了《女真译语》及碑铭所涉及的女真文字和词汇，每一字除了详尽地注明出处外，还分析了字形、字源，极大地方便了女真文献研究。

女真文献有两个重大发现：一是1973年陕西省文管会、博物馆在西安碑林石台孝经的卯眼内发现女真文书残页，整理出11件残页，共有女真字237行，二千三百余字。刘最长、朱捷元以《西安碑林发现女真文书、南宋拓全幅集王〈圣教序〉及版画》④为题做了报道，接着金启孮撰文《陕西碑林发现的女真字文书》⑤，根据其内容颇似汉字启蒙读物，推测为金代《女真字书》的抄写习作。另一发现是1968年俄罗斯西夏学者克恰诺夫在翻检俄罗斯科学院东方学研究所圣彼得堡分所收藏的西夏文手抄本残页时，发现两叶女真文草书残页，根据残页的状态可判断曾是某种通古斯书的封面，其中在编号为3775-2的残页背面用汉字书写"大定七年七月十六日"（1167年），两残页共存余女真字一百三十。克恰诺夫等以《纸抄女真文的首次发现》⑥为题做了初步释读。

这一时期日本的研究主要也是侧重通过《女真译语》解构女真语言文字，最有代表性的论文是美籍日本学者清濑义三郎则府《女真音的构拟》，⑦此文选择明代万历三十四年（1606）徐孝所著的《重订司马温公等韵图经》作为汉字的语音基础，构拟明代女真语的音韵体系，然后依据历史语言学方法，对金代女真语音进行推定。清濑义三郎则府在此文基础上于1977年出版《女真语言文字研究》对永乐《女真译语》进行了全面研究。

清濑义三郎则府于1973年发表了《女真音的构拟》，首先根据《女真译语》的

---

① 道尔吉、和希格：《女真文〈大金得胜陀颂〉碑校勘释读》，载《内蒙古大学学报》，1984年第4期。
② 穆鸿利：《昭勇大将军同知雄州节度使墓碑》，载《长白丛书·金碑汇释》李树田主编，吉林文史出版社，1989年。
③ 金光平、金启孮：《女真语言文字研究》，完稿于40年代，1964年《内蒙古大学学报》第1期专号刊出，文物出版社1980年正式出版。
④ 《文物》，1979年第5期。
⑤ 《内蒙古大学学报》，1979年第1期。
⑥ 《1969年东方文献遗存·历史语言研究》，莫斯科，1972年版第223-228页，姚凤译，文见《北方文物》1985年第2期。
⑦ 清濑义三郎则府：《女真音的构拟》，原载《言语研究》第64号，日本言语学会，1973年；邢复礼、刘凤翥译，文见《民族史译文集》12，中国社会科学院民族研究所历史室资料组，1984年。

译音用字，选择明代万历三十四年（1606）徐孝所著的《重订司马温公等韵图经》作为汉字的语音基础，构拟明代女真语的音韵体系，遇上女真语音值很难用汉语音辨别的地方，用系统上与之相近的满语来调整，之后依据历史语言学方法，对金代女真语音进行推定。

清濑义三郎则府关于明代女真语音的讨论细致入微，大部分结论是可靠的。其中也涉及一些金代女真语音规律，可惜由于金代女真语料所限，语音描写只能说是零星的。同时，还存在语言比较不够丰富，过分拘泥于汉字的音值以及对同时代的汉语与外族对音资料缺乏必要的利用等问题。

20 世纪 80 年代后，《女真译语》的研究逐渐走向深入。鉴于此前的明代女真语研究对译音汉字的音韵分析不够，参考同时代其他文字的译音资料以及与阿尔泰语系其他语言的比较都不够，道尔吉与和希格写成了《〈女真译语〉研究》，① 在前人基础上系统而全面地研究了《女真译语》的"杂字""来文"，其中"杂字"部分的研究，根据《女真译语》对音汉字归纳了明代女真语的语音系统，使人们基本清楚了女真语的语言面貌。其中《女真语音初探》选择《中原音韵》和《蒙古字韵》作为构拟《永乐译语》注音汉字音值的依据，同时参考《广韵》所代表的中古汉语语音，弥补了此前的研究者对注音汉字音韵分析上的不足。从而能够根据汉字音值所反映的声母、韵母系统，用相应的对音例证逐个分析每一个音所处的地位和条件。所得结论可以说更为精确了。《女真语音初探》的第五章是"《女真馆杂字》的读音构拟"，对"杂字"中出现的每一个女真语词汇做了拟音，为后人的研究提供了很大方便。

此外，韩国的相关研究还有金东昭的《女真语满语研究》，此书较为侧重女真语、满语的比较。②

20 世纪 80 年代，金光平撰写《女真制字方法论——兼与山路广明商榷》③ 一文，顺着山路广明的思路把女真制字规律的探讨引向深入。在山路广明总结的十种制字方法基础上，金光平去其烦琐，归纳了 6 种方法：1）以汉字字形为"基字"，加减或改变其笔画，但仍采用"基字"的意义或其相近的意义，读女真语的声音（如日文的训读），制出女真字。如：一，㇇（əmu）"厄木"；2）以汉字字形为"基字"，加减或改变其笔画，仍读"基字"的音或其相近的音，不采取其意义，制出女真音字，如乎→𠂆（xu）；3）以契丹字为"基字"，增减或改变其笔画，仍取其基字的意义，读女真音，制成女真字，如𢾅系由契丹字加撇制成；4）以契丹字字形为"基字"，加减或改变其笔形，仍读"基字"的音，或其相近的音，不采取其意义，制成的女真字，如：夊（i），契丹字"夭"系由汉字"失"改变笔画，而女真字系由契丹字改变笔画而成；5）以既制成的女真字为"基字"，加减或改变其

---

① 道尔吉，和希格：《〈女真译语〉研究》，载《内蒙古大学学报》增刊，1983 年。
② 金东昭著，黄有福译：《女真语满语研究》，新世界出版社，1990 年。
③ 《内蒙古大学学报》，1980 年第 4 期。

笔画,仍取原"基字"的意义或与其相近的意义,不取其音,制成女真字,如 →;6)以既成的女真字为"基字",加减或改变其笔画,仍读原"基字"的音或与其相近的音,制成女真字,如 →。极为可惜的是,20世纪学界研究女真文制字规律到此为止,可以说并未触及女真制字规律的本质,主要原因是缺乏对汉字等借源文字的总体对比。

这一时期女真文字研究的另一热点是围绕女真大、小字的性质的问题展开的。据《金史》记载,金朝曾经创制过两种文字,女真大字和女真小字。《金史》卷73《完颜希尹传》曰:"金人初无文字,国势日强,与邻国交好,乃用契丹字。太祖命希尹撰本国字,备制度。希尹乃依仿汉人楷字,因契丹字制度,合本国语,制女直字。天辅三年(1119)八月,《字书》成,太祖大悦,命颁行之。赐希尹马一匹、衣一袭。其后熙宗亦制女直字,与希尹所制字俱行用。希尹所撰谓之女直大字,熙宗所撰谓之小字。"《金史》卷五十一《选举志》也记载:"(大定)十六年(1176),命皇家两从以上亲及宰相子,直赴御试。皇家袒免以上亲及执政官之子,直赴会试。至二十年,以徒单镒等教授中外,其学大振。遂定制,今后以策、诗试三场,策用女直大字,诗用小字,程试之期皆依汉进士例。"这些记载明确告诉我们金朝曾经创制并使用过女真大、小两种文字,但遗憾的是我们既无法据以了解女真小字的性质,也无从知道女真大字与小字的具体区别。

关于传世女真文字的性质,早期中外女真文研究者如葛鲁贝、白鸟库吉、李盖提等均沿袭刘师陆对"宴台女真进士题名碑"的误断,[①] 认为是女真小字,不过都是在没有进行深入论证的前提下的一种想当然的结论,不足为凭。[②] 专门就女真大、小字性质问题做深入探讨始于金光平《从契丹大小字到女真大小字》(载《内蒙古大学学报》1962年2期),文章从契丹大、小字的性质入手,明确说现存的女真文字是女真大字。至于女真小字,此文根据《金史》卷五十一《选举志》的有关记载:"遂定制,今后以策、诗试三场,策用女直大字,诗用小字,程试之期皆依汉进士例。"又结合现存女真文不适合写诗及契丹小字适合作诗押韵的特点,认定女真小字是依契丹小字所制的一种音节字母连缀成文的文字,并同时期待用女真小字写成的金石资料的发现,因为"现在还没有发现女真文的诗,若发现女真文的诗,则大、小字的问题立刻就可以解决了。20世纪80年代,"奥屯良弼诗刻石"在山东蓬莱阁发现,这一发现使人们对刻有女真文诗文的金石资料的期待成为现实,但此刻石上的文字却并非如人们预想的是一种与现存女真文全然不同的文字,只是在书写形式上是每个词语构成一个书写单位,助词单独书写。1976年,金代"国之诚"银牌在苏联滨海地区的赛金古城发现,银牌上文字与《女真译语》上文字的书写方

[①] 刘师陆首先误认陕西乾陵无字碑上"大金皇弟都统经略郎君行记"的契丹小字为女真大字,又因之断定"宴台女真进士题名碑"上的女真文为女真小字。

[②] 葛鲁贝:《女真语言文字考》1896年;白鸟库吉:《契丹女真西夏文字考》,见《白鸟库吉全集》第5卷,1970年;李盖提:《试论女真小字的解读》,载《匈牙利东方学报》,1953年。

式有明显区别，却与"奥屯良弼诗碑"书写方式相同，从而促使人们重新思考关于女真大、小字性质的问题。

1973年，女真文献的重大发现，促使人们对女真字的性质进行深入思考。与《女真译语》相对照，《女真字书》残页上更多使用表意字，用一个字代表一个词语。这一发现又促使人们重新审视已被确认为女真大字的这种传世文字，可以说为进一步思考女真大、小字的性质提供了有力的佐证，从而引发了学界对女真大、小字性质问题的进一步探讨。和希格《从金代的金银牌探讨女真大小字》[1]，首先用史证考察了金代使用金银牌的情况，然后确认其上文字为契丹小字。接着道尔吉发表《关于女真大小字问题》[2]，此文根据《女真字书》残页上更多使用表意字，用一个字代表一个词语，而《女真译语》有很多表音字是由表意字转化而来，还有一些新增的表音字符的情况，提出女真大、小字之间没有根本的、本质的区别，女真小字是大字演变的结果，大字纯粹是表意文字，小字是在大字基础上增加许多表音字而成的意音结合的文字。成为学界界定女真大、小字性质的一种颇具代表性的意见。道尔吉在《关于女真大小字问题》一文中还把现存女真文的特点概括为7点：1)单体书写，书写款式同于汉字；2)有完全意字；3)有不完全意字；4)有表示音节的音字；5)有比较完善的格助词以表达语法意义；6)有助动词能够表达动词的时、态；7)通过词干后边的附加成分能够表达单数、复数、区别词类。

---

[1] 《内蒙古大学学报》，1980年第4期。
[2] 《内蒙古大学学报》，1980年第4期。

第四章　20世纪90年代民族古籍的整理与研究

第一节　20世纪90年代国家民族古籍政策与理论实践

20世纪80年代民族古籍工作的全面开展，为90年代民族古籍工作的腾飞打下了良好的基础。

进入20世纪90年代后，人们对民族古籍工作的重要性有了更进一步的认识，民族古籍工作重心有了新的转移，民族古籍研究向更加宽广的领域拓展，国家的民族古籍政策与理论实践有了一些新的变化。

1996年5月，第二次全国少数民族古籍工作会议在北京召开。国务委员司马义·艾买提同志到会讲话并指出：现实是历史的延续和发展。一个民族要立于世界文明之林，必须具有民族自信心和民族自尊心。而民族的自信心和自尊心的思想基础之一，即来自于对民族文化的一定的理解，来自于对民族优秀传统文化的继承和发扬。整理少数民族古籍，不但可以为学术研究提供真实可靠的文献资料，而且有利于中华各民族传统文化的继承和发扬。在建设具有中国特色的社会主义进程中，大力加强少数民族古籍工作，对于全面落实党的民族政策，促进各民族之间的思想文化交流；加强民族团结，维护祖国统一；搞好少数民族地区精神文明建设，提高全民族的文化素质；进行爱国主义教育，增强民族自信心和凝聚力，都有重要意义。我们要进一步提高认识，不断增强做好民族古籍工作的责任感和使命感。

在20世纪90年代，我国对整理民族古籍的目的有了更清晰的认识，提出了民族古籍工作为社会主义现代化建设服务的理念。国务委员司马义·艾买提同志在第二次全国少数民族古籍工作会议上的讲话中进一步指出：研究传统文化的目的是为现实服务，民族古籍工作不是为古而古，而是要"古为今用"。当前，我国正处在社会主义现代化建设的重要时期，继承、弘扬民族优秀传统文化，从中汲取丰富营养，为维护祖国统一，促进各民族团结进步和共同建设有中国特色的社会主义现代化服务，更具有现实意义……民族古籍工作为现实服务，还要注意两个问题：一是正确理解和把握民族历史人物、事件的评价标准问题。对我国历史上出现的各类事件和人物评价，必须坚持历史唯物主义的观点，把他们对民族的贡献和对整个中华民族的贡献结合起来，实事求是地加以评价、总结。在整理、出版民族古籍时，要站在维护祖国统一和民族团结的立场上，提高甄别能力和鉴赏水平，坚持弘扬少数民族优秀传统文化，坚决取缔歪曲历史和利用某些历史事件宣扬民族分裂，调唆民族关系的非法出版物。对于古籍中涉及歧视和侮辱兄弟民族，渲染民族仇杀的章节，收集、整理时要严加管理和控制，绝不允许公开出版和发行。二是正确处理继承和发展的关系问题。任何国家、任何民族的古籍，都不可避免地既有精华又有糟粕，如果我们良莠不分，瑕瑜不辨，必然导致积极健康的东西得不到充分发扬，而一些腐朽沉渣却时有泛起。民族古籍作为传统文化，要在正确思想的指导下，有所发展和创新。社会主义现代化既是对以往优秀传统文化和优良传统的继承和发扬，又是在新的历史条件下的伟大创造。继承是发展创新的条件，只有坚持发展、创新，才能做到批判地继承，使民族古籍中的精粹在两个文明建设中发挥应有的作用。

20世纪90年代，民族古籍工作理论上新的突破在于"民族古籍为现代化建设服务。在方法上强调有利于民族团结、有利于祖国统一"。

20世纪90年代是我国社会转型的重要时期，经过二十多年"改革开放"的探索与实践，我国从原来的计划经济转入了市场经济。一直习惯于在计划经济体制下运行的民族古籍工作，遇到了许多新的问题，如果仍然按照旧的框架和旧的思维模式，民族古籍工作将难以推进。在这样的背景下，国家民委副主任李晋有同志在第二次全国少数民族古籍工作会议上指出："少数民族古籍工作如何适应社会主义市场经济机制的问题，我们要调整多年来养成的习惯和思维模式，彻底改变观念，探索少数民族古籍工作的自身规律，选准角度，摆正位置，促使自身进入自我发展的良性循环，强化经济意识，从而调动研究人员的积极性，促进新机制的形成。除此之外还要研究疏通古籍图书发行的渠道。克服坐等外部环境变化的依赖思想，树立着眼国内，冲出国门，瞄准图书市场主动竞争的大市场观念，对少数民族古籍发行难的问题，提出相应的对策建议。"

在部分地区，对市场经济条件下如何开展民族古籍工作方面做了有益的探索和实践。如丽江东巴文化研究所的《纳西东巴古籍全译集》采用了半计划经济、半市场经济的模式进行运作，即出版百卷丛书所需的经费，由财政担保到银行贷款筹集出版经费，出版社与东巴文化研究所共同发行这套丛书，待丛书销售发行款资金回笼后，再用回收的经费进行回贷。在当时市场经济观念与环境还不成熟和不发达的背景下，采取银行贷款的方式筹措出版经费，已是够先进的了。在部分单位的古籍整理工作中，以经费包干，按劳取酬的方式进行古籍整理、研究工作，用经济手段刺激和调动科研人员的积极性，工作效率得以较大的提高。

20世纪80年代，虽然做了古籍整理出版的"五年计划"，但各个省（区）都各自单挑独干，科研成果还是比较零乱，没有形成规模效应。进入20世纪90年代后，古籍工作部门和专家学者，感到这种零敲碎打的做法，工作效率和社会影响力都非常有限。于是把视野放在了更宽、更远的角度。

民族古籍工作在全国各地虽然已展开十余年，但各地的民族古籍整理、研究工作发展却不平衡，有些地方发展得好一些，有些地方发展得慢一些，有些地方甚至还有"死角"。绝大部分地区对民族古籍的流传量和收藏量还是不清楚，这不利于民族古籍的保护与抢救，摸清民族古籍"家底"工作摆在了广大民族古籍工作者的面前。

在第二次全国少数民族古籍工作会议上，大会作出编纂《全国少数民族古籍目录》的决定。此项目有利于摸清全国各地的民族古籍收藏量，带动和促进全国各地的民族古籍工作。

会后国家民委古籍整理研究室领导，就《全国少数民族古籍目录》的编纂问题举行片会座谈会，征求各方面的意见，根据座谈会的意见，各片草拟了《全国少数民族古籍目录》编写方案。

根据各地提出的方案，由专家组张公瑾、聂鸿音、黄建明三位教授将各方案综合与归纳，并将题目从原定的《全国少数民族古籍目录》更改为《中国少数民族古籍总目提要》，这样就从内容与形式等方面在原方案的基础上进行了扩展。

1997年6月，在海南举行了《中国少数民族古籍总目提要》编写纲要论证会，来自全国各地的有关文种专家对《中国少数民族古籍总目提要》编写方案进行了深入论证，各自从不同的角度对方案进行了修改、补充，从而使《中国少数民族古籍总目提要》更具概括性、操作性和全面性。

方案经国家民委批准后，1998年夏，在广西桂林举办了《中国少数民族古籍总目提要》编纂培训班，培训了各个地方的编写骨干，为项目的顺利推进和编写规范质量打下了必要的基础。这些骨干回到各省区后，有关省（区）又举办培训班，由这些骨干授课，培训更多的编写人员，这样全国范围内《中国少数民族古籍总目提要》编写队伍达到了一定的规模。

《中国少数民族古籍总目提要》收录种类包括"书籍""铭刻""文书"和"讲唱"四大类。

此前对少数民族古籍年代的下限界定比较混乱，部分文种的年代界定参照的是汉文古籍，有些民族则自定。《中国民族古籍总目提要》编写纲要，把少数民族古籍时间下限原则上划定为中华人民共和国成立时的1949年，此后按原文抄录或复制的古籍，原件已遗失者，新抄本或复印本也属民族古籍。1911—1949年用少数民族文字书写的著作，凡与本民族传统文化内容无关的，不列为古籍范畴。这样对少数民族古籍时间下限作了明确的时间界定。这也是编纂《中国少数民族古籍总目提要》过程中对古籍理论的新贡献。

我国是由56个民族组成的社会主义大家庭。过去，许多少数民族还没有使用文字，因而谈不上古籍的存在。大多数民族以口传的形式把本民族的历史文化一代又一代地传承下来。这些口传文献对无文字民族而言，同样有着十分重要的意义。因此，把无文字民族的口传文献也列入了收录范围。《〈中国少数民族古籍总目提要〉编写纲要》明确规定："原本无民族文字的民族的口头文献，属《总目提要》收录范围，但侧重收录民族起源、民族迁徙、文明起源等传说和民族史诗、叙事诗等有文献价值的中、长篇文献。口头文献的收录仅限于已整理出版或整理存档在有关单位的口头资料。"对于把无文字民族的口传文献列入少数民族古籍范畴，非少数民族古籍专业的有关专家有不同的看法。但实践证明，这部分材料对于促进民族团结、推动中华民族文化遗产的保护具有积极意义。

《中国少数民族古籍总目提要》按民族分卷，根据不同的情况，每一个民族分出一册或若干册。资料较少的民族则几个民族合订为一册。如保安族、裕固族、东乡族就合订为一册。现已消失了的古代民族古籍，如西夏文古籍等也属《中国少数民族古籍总目提要》的收录范围。

每一民族分卷按文献的载体形式依序排列。即甲编为古籍（书籍），乙编为金石文录（铭刻），丙编为文书，丁编为口头文献（讲唱），每编下参考《中国图书馆分类法》，再根据少数民族古籍情况分为以下几类：

A. 宗教

1. 原始宗教　2. 佛教　3. 道教　4. 伊斯兰教　5. 基督教　6. 其他宗教

B. 哲学

1. 哲学　2. 美学　3. 心理学

C. 伦理学

D. 政治、法律

1. 政治　2. 法律

E. 军事

F. 经济

G. 文化、教育、体育

1. 文化　2. 教育　3. 体育

H. 语言、文字

1. 语言　2. 文字

I. 文学

1. 文学理论　2. 诗歌　3. 戏剧　4. 小说　5. 散文　6. 民间文学

J. 艺术

1. 艺术理论　2. 书法与绘画　3. 音乐　4. 舞蹈

K. 历史、地理

1. 历史　2. 风俗习惯　3. 地理

O. 数理化科学

P. 天文历法

1. 天文　2. 历法

R. 医药卫生

S. 农业科学

1. 农业　2. 林业　3. 畜牧渔猎

T. 工业技术

U. 交通运输

Z. 综合性图书

W. 其他

20世纪90年代末,《中国少数民族古籍总目提要》编纂工作全面铺开,各地把现在所见的各种古籍,以一部书或一项作品作一个条目,对版本进行描写,对内容进行提要性叙述,反映了每种古籍的内涵和外延。总目提要的编撰,将使各地基本摸清民族古籍的保存与流传情况。

通过《中国少数民族古籍总目提要》课题,带动了全国少数民族古籍工作,此前工作做得后进的地区,也积极行动起来,全国一盘棋,共同做一个项目,这在中国少数民族古籍整理史上是绝无仅有的。

我国的许多少数民族跨省而居,为了避免《总目提要》编写条目的疏漏或重复,有关民族的古籍协作会更加密切地协作,如"回族卷""满族卷""藏族卷""蒙古族卷""彝族卷"等各省区都作了严密的分工合作。

20世纪90年代是少数民族古籍科研成果的收获季节。据不完全统计,已整理民族古籍书目达11万种(部、件),出版古籍书籍三千余种(部、件),其中出版了一大批有价值有影响的古籍书籍。如广西的《古壮字字典》《布洛陀诗经译注》;内蒙的《蒙古文献丛书》《江格尔》;西藏的《格萨尔王传》《西藏重要历史资料选编》《布达拉宫典籍目录》;宁夏《正教真诠》《月华》;黑龙江的《黑龙江少数民族历史档案汇编》;吉林《海西女真史料》;甘肃《萨迦五祖文集》《安多正教史》《积石录》;青海的《青海藏文古籍目录》;北京的《全国满文图书联合目录》《清初内国史院满文档案译编》;四川的《彝文古籍目录》《梵藏大词典》《德格印经院藏版细目》;云南的《中国傣族史料辑要》《纳西东巴古籍译注》;湖南的《历代土家族文人诗选》;广东的《畲族祖图族谱》等。口传文献方面有:裕固族《神奇的皮袋》、东乡族《米拉尕黑》、瑶族《盘古歌》、苗族《古老话》、土家族《梯玛歌》、侗族《侗鼓》、水族《水书》、哈尼族《哈尼阿培聪坡坡》、傈僳族《丧葬歌》、仡佬族《哭嫁歌》、达斡尔族《传统民歌》、锡伯族《萨满神歌》。其中部分成果获国家大奖。

上述古籍整理,包括标点、校勘、集解、汇辑、辑佚、国际音标注音加意译等,难度高、规模大,其中不少典籍整理具有坚实的功力和精彩的创见,蕴涵有各类知识和巨大的信息量,民族特色浓厚,版本珍贵,因而极富学术和实用价值,分外引人注目。这批古籍多以《丛书》《文库》《译丛》等形式出版,反映了少数民族古籍整理研究队伍的综合实力,集中体现了少数民族古籍队伍的专业层次和正确的价值取向,表明了少数民族古籍整理出版体系已初步形成,也突出地反映了全国少数民族古籍重点项目。

20世纪90年代民族古籍研究是从原来的对每一部文献的普通翻译、整理、研究，到对某一文种的整体概括与综合研究。如马学良、朱崇先、范慧娟合作编撰的《彝文经籍文化辞典》（京华出版社，1998）是对彝文整理、研究的集大成之作。该书收录一万多词条，内容以彝文经籍词汇为主，覆盖彝族宗教、历史、地理、社会结构、文物礼制、风俗民情等方面，被称为反映彝族社会历史和文化生活的百科全书，出版后曾获第四届国家图书奖和第四届中国民族优秀图书一等奖。再如黄建明《彝族古籍文献概要》（云南民族出版社，1993年）对彝文古籍的整体作了综合描写。这一时期还出现了对中国少数民族古籍多文种的综合性著作，其中特别值得注意的是20世纪90年代开局之年出版的《中国少数民族古文字图录》（中国社会科学出版社，1990）。该书是中国民族古文字研究会成立10周年的阶段性重大成果，共收录21个文种和多文种资料的古籍图片332幅，集中展示了我国民族古籍的顶尖级珍品，成了20世纪90年代民族古籍整理研究新时期到来的重要标志。此外，还有张公瑾主编的《民族古文献概览》（北京民族出版社，1997年），分章节描写了藏文文献、彝文文献、纳西文文献、白文文献、壮文文献、傣文文献、水书文献、突厥文文献、回鹘文文献、察合台文文献、蒙古文文献、满文文献、锡伯文文献、西夏文文献、契丹文文献、女真文文献等。在一本书中描写多文种文献，为人们全面、系统地了解少数民族古籍文献起到了积极作用。

人才培养历来是民族古籍工作的重点，一些民族院校开设了民族古籍专业，如"彝文文献专业""藏文文献专业"。1993年后，中央民族大学开设了综合性的"民族古籍专业本科班"，使民族古籍人才的培养进入了一个更高的层次。从20世纪90年代起，中央民族大学依托语言文学学科取得了民族古籍硕士、博士学位授予权。

第二节 藏缅语民族

一、藏文古籍

（一）1990年至1999年期间藏文古籍的研究、整理、出版

这一时期，对藏文古籍的研究、整理、出版和保护等方面的工作进展较快，出现了一批从事研究藏文古籍编目、分类、保护、整理、研究和出版的专家、学者，并有重要成果问世。

1. 古文献学概述

1992年出版的《藏文古籍文献概论》一书[①]是继《藏文目录学》之后的新作。

---

① 鲁仓·道尔杰仁青著，藏文版，民族出版社1992年8月出版，32开，206页。

该书根据《藏文目录学》和相关资料,论述了藏文发展简况、藏文古籍文献的分类编目历史以及出版、版本、校订等内容。此外,还有《藏文古籍的新生》《试谈藏文文献的特点》《藏文佛典概观》《蒙古族藏文文献概述》《吐蕃时期藏文文献浅议》《略论敦煌西藏古书》《藏族古代佛教典籍概述》《藏文文献概述》《吐蕃时期的苯教及其典籍》《藏学文献史述略》《藏文书籍溯源》等大量论文也对藏文古籍的形成、发展、类型等进行了全面论述。至此,基本完成了对藏文古籍发展史、文献种类、重大事件、主要古籍介绍等方面的研究工作。

2. 古籍分类编目

古籍分类编目史、古文献介绍、收藏、现代古籍分类、古籍著录(书名、作者、年代、页码、著录方法)等方面的研究取得了比较突出的成果,先后发表了一批重要论文,如《浅谈藏文古籍的分类》《试谈藏文典籍命名的色彩及修饰》《藏文目录学及分类研究》《藏文文献分类大观》《藏文典籍目录学的源流与分类研究》《浅谈藏文古籍》《布敦·仁钦珠在藏文佛典目录和分类上的贡献》《藏学文献的目录建设与开发利用》《北京图书馆藏文古旧图书目录组织情况简介》等,这些论文依据《藏文目录学》和分类编目实践,探讨了"东噶法""拉卜楞寺法""四部法"等藏文古籍分类法,同时对具体的编目方法也进行了论述。在此要特别指出的是《藏文图书分类法》[1] 一书。该书是在《中国图书馆分类法》基础上融合藏族十明学科内容编著而成的,补充了苯教、藏传佛教、英雄史诗等方面的类目,弥补了《中国图书馆分类法》之不足,具有重大的学术价值和实用价值。

3. 古籍开发利用

近年来在整理、出版、借阅、复印、扫描、网上传送等古籍利用方面的论述有所增长,如《藏文文献及其开发利用》《汉藏文献学相互为用一例》《藏文文献的历史性发展及其启示》《藏文文献对理解印度文化的重要性》《试论藏文文献在藏学研究中的地位和作用》等,详细论述了古籍的价值、开发利用的手段等。

4. 编制古籍目录

编制古籍目录是整理古籍工作中最基础、最重要的工作。这一时期先后出版的古籍目录有:

《布达拉宫典籍目录》[2] 第 1 集,该书是布达拉宫藏格鲁派高僧 201 人的文集子目,共七百余函,一万二千余种。该书特点:1. 作者目录之下系子目(子目为简略书名),作者姓名采用惯称。2. 全书按作者(除达赖喇嘛、班禅世系外)年代先后编排。3. 附作者简介。本书首次公布布达拉宫藏书目录,为研究古籍提供了十分宝

---

[1] 《藏文图书分类法》,西藏大学图书馆桑旦、达琼、央宗编著,民族出版社 1995 年出版,32 开,28 页。此书所补充的藏族文化方面的类目是具有重大学术意义的,但是,该书并非仅仅是补充《中图法》之不足,而是通过颠倒《中图法》类目顺序、增减部分类目编著而成。这种颠倒、删减的做法虽然有其特点,但不利于统一编目、文献交流。

[2] 西藏自治区文管会布达拉宫文保所编,藏文版,西藏人民出版社 1990 年 4 月出版,16 开,968 页。

贵的资料。

《康定民族师专图书馆民族文献目录》①，该书收入该馆 1986 年 9 月至 1990 年期间入藏的中国少数民族社会、历史、政治、经济、文化、艺术、宗教、风俗等方面的书目。其中部分书目为藏文古籍目录（以汉译文著录）。本书按"中图法"分类，按《普通图书著录规则》著录。

《苯教大藏经目录》②，该书为国内正式出版的第一部苯教大藏经目录，收录苯教教法、仪轨、传承、祈祷文、常诵经文、历史、历法、艺术等方面的典籍，并记述了苯教的起源、兴衰及其教义等方面的情况。此外，还有《雍仲苯教甘珠尔大藏经目录》③。

《藏汉对照西藏大藏经总目录》④，该书取材于日本出版的《西藏大藏经总目录》，在其基础上作了部分拾遗补阙工作。收录 3722 部经典书名及其相关资料。长期以来，藏汉大藏经在国内外闻名遐迩，是祖国灿烂的文化遗产之一，但没有一部完整的藏汉对照大藏经目录，该书弥补了这一缺憾，是研究《大藏经》的重要工具书之一。

《藏文论文目录索引》⑤，该书收录了 1979—1989 年全国各种藏文期刊刊载的藏学论文 840 余篇，内容涉及藏学各个领域，按学科分类编排。每篇论文列出其篇名、作者、期刊名称、出版日期和内容提要。其中有大量涉及古籍历史、翻译、整理、介绍等方面的论文。

《德格印经院目录大全——文集类细目》第 1 册⑥，该集为《嘛呢全集》《隆钦饶绛巴全集》和《吉迈林巴全集》的子目目录。

《藏文典籍目录：文集类子目》第 3 册⑦，该书收录 180 余部文集的目录，附文集作者小传。

《甘肃省所存西藏和藏事档案史料目录》（1412—1949 年）⑧，本书收录甘肃省档案馆收藏的有关藏族历史的各类档案资料的目录。

《雪域名著名词精典注释》⑨，该书介绍了藏区历代名人及其优秀作品，并且对作品中的典故作了详细的注释。本书为了解古代藏族名人、古籍的工具书之一。

---

① 康定民族师专图书馆编，1991 年 10 月内部油印本，16 开，25 页。
② 仁增更珠扎巴编，藏文，中国藏学出版社 1993 年 12 月出版，32 开，370 页。
③ 阿雍·泽志致明、桑吉编，刘立千译，载《西藏研究》1993 年。此汉译目录据 1990 年《苯教大藏经》胶印本所附《苯波大藏经目录》翻译。
④ 黄显铭编译，藏汉文对照本，青海民族出版社 1993 年 12 月出版，32 开，297 页。
⑤ 赤·山夫旦编，藏文，中国藏学出版社 1993 年 12 月出版，32 开，715 页。
⑥ 德格印经院、甘孜州编译局编，藏文，中国藏学出版社 1994 年 10 月出版，16 开，679 页。
⑦ 民族文化宫图书馆编（木雅贡布主编），藏汉文对照本，1997 年民族出版社出版，16 开，604 页。
⑧ 甘肃省档案馆和中国藏学研究中心合编，中国藏学出版社 1997 年出版，16 开，541 页。
⑨ 拉卜楞卓玛加著，藏文，西藏人民出版社 1997 年 1 月出版，32 开，519 页。

《清代边疆满文档案目录》①，该书收录十二万余条目，共计 900 万字。全书 12 册，其中第 12 册为沿海各省及西藏卷。

《中国藏学研究论文资料索引》（1872—1995 年）②，该书收录 1872—1995 年国内各种报刊杂志上刊载的藏学论文和资料目录两万六千余条，涉及报刊五百余种，其中包括藏文刊物十余种，同时还收录有 45 种一百余册藏学论文集论文目录和香港、台湾藏学论文目录一千余条。书中的敦煌藏文文书研究、书评史料、目录等类中有大量涉及古籍的论文。

《中国第一历史档案馆所存西藏和藏事档案目录》（满、藏文部分）③，该书系中国藏学出版社推出的《全国藏学档案史料目录丛书（1949 年以前部分）》之一。辑录中国第一历史档案馆所存西藏和藏事档案目录（汉文部分）294 条，涉及西藏和藏区发生的重大事件、政教官员任免调补、奖惩抚恤、宗教事务和礼仪活动、西藏地方军政事务等方面的档案。

《旁塘目录、声明要领二卷》④，该书成书于吐蕃赤德松赞时期（公元 9 世纪），为《旁塘目录》和《声明要领二卷》⑤二书合订本，前者为西藏第一部藏译佛经目录，后者为同时期修订的藏译佛教名词术语的规范词典。

《金汁写本〈丹珠尔〉目录》⑥，此为清代颇罗鼐·索朗多杰主持缮写的泥金写本《丹珠尔》的目录。

《汉藏大藏经目录异同研究：〈至元法宝勘同总录〉及其藏译本笺证》⑦，该书通过对《至元法宝勘同总录》⑧、日本《藏文大藏经目录》（藏汉文对照本）和其他藏文《大藏经》目录的对比研究，理清了藏汉文《大藏经目录》的多与少、异与同的情况，具有极高学术价值。

《中国藏学书目》⑨和《中国藏学书目续编》⑩，该书介绍了 1949—1995 年中国近 200 家出版社（不含台、港、澳出版物）出版的两千多种涉及藏族哲学、宗教、政治、经济、古籍等方面的图书。

---

① 中国第一历史档案馆、中国人民大学清史研究所、中国社会科学院中国边疆史地研究中心编，广西师范大学出版社 1999 年出版，16 开，12 册。
② 刘洪记、孙雨志编，中国藏学出版社 1999 年 12 月出版，16 开，783 页。
③ 李鹏年、吴元丰编，中国藏学出版社，1999 年 12 月出版，16 开，773 页。
④ 西藏博物馆编，民族出版社，2003 年 12 月出版，32 开，210 页。
⑤ 《声明要领二卷》：亦译《翻译名义中集》《语合》或《语合二集》。此书序言实为翻译原则，正文为梵藏词汇对照。由于统一术语，提高了译文质量。吐蕃时所译佛经，其内容、术语、词汇、译法、格式等均严格照此书执行，故藏文古籍中的佛学等义自古至今毫无歧义。
⑥ 昂翁洛布编，民族出版社，2004 年 12 月出版。
⑦ 黄明信著，中国藏学出版社，2003 年 8 月出版，32 开，400 页。
⑧ 《至元法宝勘同总录》：十卷，（元）释庆吉祥等编，有浙江嘉兴愣严寺清顺治十八年（1661 年）刻本等多种版本。本书是藏汉文《大藏经》目录之对勘本，并注明藏汉佛经中的存、无、同等内容。此书是在元朝主持下集合许多藏汉专家经过三年时间完成的。
⑨ 《中国藏学书目》编委会编，外文出版社 1994 年 3 月出版，16 开，428 页。汉、藏、英三种文字合排。
⑩ 《中国藏学书目续编》编委会编，外文出版社 1997 年 3 月出版，16 开，277 页。汉、藏、英三种文字合排。

《宁玛续部目录明镜》,① 该书分6章,第3、第4章为目录,其余4章叙述了《宁玛续部》②的历史、特点、历代学者对该书的看法等内容。此书既是一部目录又是一部关于《宁玛续部》编辑、版本、历史诸方面的学术著作。

5. 印经院、印刷技术

发表和出版了德格印经院、拉萨雪印经院等印刷机构的历史沿革、印刷术(包括选材、沤板、熏板、制版、雕版、印刷、印版保存)、造纸(选材、捣浆、抄纸)、印版目录、历史贡献、艺术特色等方面的大量论著,结束了藏区印经院无详细资料的历史。

6. 古籍出版

先后整理出版《藏传佛教常识仪轨汇编》《觉囊祖师本生传》《入菩萨行广注》《藏药晶镜本草》《四部医典释续部注疏除暗明灯》《赛马称王》《英雄诞生》《姜国王子》《阿达拉姆》《天岭九藏》《兄弟教诲录》《慈氏五论》《经庄严论本注》《觉囊山居派、了义海》《藏族工艺典籍选编》《西藏古典音乐》等百余种古籍。此外,还出版了《藏医药经典文献集成》等大型古籍丛书。

7. 其他

这一阶段出版的《藏族工艺典籍选编》,③较系统地介绍了藏族传统的金属、印染、制香、铁器、建筑、绘画等工艺技术;《西藏工艺宝箧》④一书则记载了藏香、砚墨、书法、绘画、冶炼、缝纫、刺绣、造纸、油漆、颜料、雕刻、泥塑、木器、石器等的制造工艺技术;《西藏古典音乐》,⑤较为详尽地介绍了不同种类的藏族歌舞八十多种,并对每种歌舞的填词谱曲方法作了详细说明。

(二)藏文古籍工作会议、研讨会

随着对藏文古籍整理、出版、研究的深入,1991—1999年期间召开藏文古籍会议20多次,其中主要会议有:1. 召开第2次至第6次"五省区藏文古籍工作协作会议",其中第2次至第5次会议主要协调五省区藏文古籍的出版选题、介绍整理经验、提供古籍资料、讨论古籍整理中存在的问题等。1998年在西藏召开的第6次会议提出编纂《藏文古籍总目》方案,并制定《藏文古籍编目纲要》和十年协作规划,正式启动编纂《中国少数民族古籍总目提要·藏族卷》的文化工程。2. "五省区"各自多次召开编纂《中国少数民族古籍总目提要·藏族卷》会议,议题包括交流整理编目经验、研究编目中存在的问题、讨论编目数据质量、协调寺院古籍编目工作、交换古籍目录等。

---

① 图等曲达编,民族出版社2000年出版,32开,305页。
② 《宁玛续部》,仁增吉美林巴(班玛千则维色1729—1798年)编,成书于1771年。大型丛书,共50函。
③ 《藏族工艺典籍选编》,底吾玛尔丹增平措等著,西藏藏文古籍出版社1990年12月整理出版。
④ 《西藏工艺宝箧》,巨米旁著,青海民族出版社,1993年12月整理出版。
⑤ 《西藏古典音乐》,第司桑结嘉措著,西藏人民出版社,1991年10月整理出版。

（三）古籍机构、古籍专家

这一时期，出版和藏书机构稳定，藏文古籍的出版、收藏数量大幅度增加，专门从事古籍整理、编目人员日渐增多。"五省区"藏文学校、出版和研究机构培养出一大批从事古籍整理的专业人员和专家，藏区民间也出现了一批献身藏文古籍事业的个人和机构，其中最突出的是百慈藏文古籍研究室。该机构是由森噶仁波切发起建立的民间研究室，该室专门从事藏文古籍的整理、搜集、编目和出版，自成立以来自筹资金整理出版《俄巴噶举经典汇编》《雪域历史名著精选》（先哲遗书二十八）、《第八世噶玛巴弥觉多杰文集》（28 函）、《第十五世噶玛巴卡乔多杰文集》（10 函）[1] 等藏文古籍，为科研院所和大学提供了宝贵资料，得到社会广泛好评，为抢救和保护中华民族文化做出了巨大贡献。这个研究室还培养了噶玛德勒、喜饶桑波、公曲、坚赞旺秋、珠曲、阿旺此仁、土登米郎、赤勒、洛卓、索南曲丹、索南单巴、森喜南杰等一大批年轻的藏文古籍整理专家。

（四）古籍活动

主要的古籍活动有：1. 1984 年，西藏自治区政府将拉萨版《甘珠尔》赠送给中国佛教协会西藏分会，并资助拉萨印经院刻制印刷。在此基础上又于 1990 年拨专款 50 万元，资助拉萨木如寺刻制《丹珠尔》。[2] 这是拉萨首次刊刻《丹珠尔》。2. 从西藏、四川、青海等地搜集各种版本及零散的《苯教丹珠尔》文献，在经反复对比、研究、分析、整理后，编纂完成《苯教甘珠尔》和《苯教丹珠尔》，并由西藏藏文古籍出版社和西藏人民出版社出版，这是国内首次正式出版的苯教古籍大型丛书，为研究苯教理论、藏族史、古代文化、艺术、医学等提供了宝贵古籍资料。3. 1995 年，青海玉树州文物管理所所长尕玛图嘎与次成文青签订"关于东仓《大藏经》[3] 文物保管合同"，并将东仓《大藏经》从囊谦县搬迁至结古镇玉树州文物管理所保管。合同期限为 20 年。在此期间次成文青"无权使用、出借、转让和提取一件文物"。玉树州政府一次性奖励 6 万元用于次成文青一家搬迁和购买房产。青海桑杰教授考察东仓《大藏经》后认为："从文字上看，经文中出现了古藏文的写法，说明年代比较久远，与拉萨、萨迦寺中保存的公元 12 世纪的《大藏经》年代相近，用料上价值更高。"目前，这批珍贵写本的修复工作仅仅依靠东仓家人对霉变的写本用清水、木板、皮革等工具做一些简单的清洗、剥离、包装工作。由于无专业技术指导，因此整理不到位，损失仍然较严重。

---

[1] 所有《噶玛巴文集》均为胶版印刷，47.7cm×8.4cm，传统装帧。
[2] 十三世达赖喇嘛土登嘉措于 1925 年前后主持刊刻《甘珠尔》和《丹珠尔》。1930 年刊刻完成《甘珠尔》，因在拉萨刊刻故称拉萨版《甘珠尔》。《丹珠尔》的校勘、审阅等前期准备工作就绪，但因其他原因未能刊刻，成为十三世达赖喇嘛的遗憾。
[3] 东仓《大藏经》：青海玉树州囊谦县东仓家珍藏的三百多函《大藏经》写本。

二、彝文古籍

20世纪90年代是彝文古籍整理研究事业稳步前进，学科建设有了重大进展，学术成果极为丰硕的10年。在这10年中，彝文古籍整理研究事业在20世纪80年代取得较大发展的基础上，学科建设和学术研究稳步走上了正轨。特别是在编纂古彝文工具书和应用彝文古籍文献资料，进行彝族族源问题探讨等方面，取得了许多重大成果。如彝族史学家刘尧汉先生主编的《彝族文化研究丛书》中的数十部专著陆续问世，这些专著的作者以滇、川、黔、桂彝区的扎实的民族学田野调查为基础，引经据典，充分发挥彝文史料的优势，提出了"彝族土著说"，并对彝族历代先民在西南地区书写的历史和创建的文明成果进行多视角、全方位的系统梳理和深入挖掘，将灿烂辉煌的彝族历史文化展现给世界。东人达、马廷中等汉族学者著述的《彝族古代史研究》一书，以彝文文献为基本线索，参证汉文文献资料和考古资料，向读者展示了彝族古代史的全貌，为确立"彝族土著说"，列举了翔实可靠的有力证据。许多彝族中青年学者以《彝族源流》《指路丛书》《夜郎史传》《西南彝志》等彝文历史典籍为依据，撰文论证彝族土著说的合理性。一系列主张彝族土著说研究成果的问世，表明了彝族族源问题讨论中的"土著说"越来越被学术界所关注。"彝族土著说"的确立"有助于解决彝族历史上的一系列重大问题。据大量的彝文文献记载，彝族有文字可考的历史经历了哎哺、尼能、什勺、米靡、举偶、笃姆6个时代，共计三百余代。笃姆时代，即进入'六祖'后裔时期，直至清雍正年间改土归流。笃姆之前的5个时代，究竟有多长的历史，目前尚不甚明了，值得学术界认真探讨，只有弄清此段漫长的历史，彝族史才能清楚，彝族族源也才能最终明了。笃姆以后的历史，线索很清晰，要解决的是断代研究的问题。"[①] 在这10年里培养了一大批彝文古籍整理人才，还制定和实施了一批彝文古籍整理研究的重大项目，特别是积极开展学术交流，极大地促进了彝文古籍整理研究水平的提高。

（1）充分发挥四省区彝文古籍整理出版规划协作组和各地彝学团体的优势，积极开展学术交流。

随着彝文古籍整理研究工作的深入，需要进行广泛的学术交流。于是滇、川、黔、桂四省区彝文古籍整理出版规划协作组和各地彝学团体，积极组织学术交流。在10年当中，召开了一系列协调工作会议和学术研讨会，都将彝文古籍的整理研究作为主要议题。如1992年，在路南（今石林彝族自治县）举行的滇、川、黔、桂四省（区）彝文古籍协作会第二次会议，制定了一系列的彝文古籍整理出版规划。

1993年11月6—8日，在云南弥勒县召开"中国彝族十月太阳历学术讨论会"。来自云南、四川、贵州、广西、北京、江苏、广东、陕西8个省市的专家学者和部分彝族领导干部参加了这次学术讨论会。会议收到了70篇学术论义，主要围绕在弥

---

① 参考禄文斌：《彝学研究中的三大课题》，载《贵州彝学》，民族出版社，2000年8月。

勒发现的古彝文《十兽历法》一书展开热烈的讨论。会议之后，从提交的论文中精选出十余篇较有代表性的文章和《滇彝天文》汇编而成书，供有关专家学者深入研究。

1995 年，在成都举行的四川省彝学会成立暨首届学术研讨会，会议提交的学术论文中有关彝文古籍整理研究和介绍彝文典籍文献者占相当的比重，如何提高彝文古籍整理出版质量等问题也是会议的热门话题。1996 年，在贵阳市举行全国彝学联谊会暨学术研讨会，也将彝文古籍整理研究和充分发挥彝文文献资料在彝学各领域学术研究中的作用作为会议的重要议题。

1999 年，在云南个旧市召开滇、川、黔、桂四省（区）彝学联谊会第三次会议，重点讨论了彝文古籍的整理研究一系列理论和实际问题。特别是 1999 年 4 月 14—16 日，在成都召开四川、云南、贵州、广西四省（区）参加的彝族古籍工作第六次协作会议暨《中国少数民族古籍总目提要——彝族卷》编撰工作会，全国人大常委、全国人大农业与农村委员会副主任委员伍精华，全国政协常委冯元蔚，省领导刘绍先、孙自强、欧泽高、史志义，省民委主任朱洪明以及云南、贵州、广西民委负责人和有关部门领导专家、学者出席会议。本次会议的中心议题是总结回顾第五次四省（区）彝文古籍协作会议以来的工作，交流和布置今后的协作任务。会议就彝族古籍编目工作进行了总体规划，提出了明确、具体、科学可行的工作方案。根据国家民委的统一安排，彝族古籍编目出版工作要在 2008 年全面完成，这是一项功在当代、利在千秋的跨世纪工程。所编的《中国少数民族古籍总目提要》将与《中国古籍总目提要》相配套，成为中华民族文献的一个全面资料库。这将使彝族古籍工作再上一个新台阶，对增进我国各民族之间的相互了解及中外文化交流，有着特殊的现实意义和深远的历史意义。

彝学研究在 19 世纪中叶到 20 世纪初得到国外的极大关注，许多国外学者曾经涉足彝文古籍和彝族传统文化的研究和介绍，随着国际社会环境的变化而被冷落了近百年。但是，由于在这 10 年里，国内不断加强彝文古籍整理和彝族传统文化研究，并注重了学术交流，从而使彝文古籍和彝族传统文化再度深深地吸引了国外学者的关注。有些国外学者，开始对彝文古籍和彝族传统文化产生了浓厚的研究兴趣。如美国著名人类学家郝瑞率先开展国际彝学学术交流活动，在他的组织下，于 1996 年在美国（西雅图）召开了第一届国际彝学学术研讨会，我国的一些从事彝文古籍整理研究的专家学者出席会议。接着由德国著名学者托马斯·海贝勒组织，于 1998 年在德国（特里尔）召开第二届国际彝学学术研讨会。这为 21 世纪在我国连续召开几次国际性盛大学术研讨会，进行广泛的国际学术交流奠定了良好的基础。

（2）专家学者和学术团体加强与科研机构和地方政府的联系，积极规划和组织实施重大项目。

20 世纪 90 年代，彝文古籍整理研究工作在 80 年代专业建设和学科发展的良好基础上，注重团队协作攻关，并着力规划重大科研项目，以推动彝文古籍整理研究工作的开展和保证其成果质量，以便更好地促进学科的发展。于是各地学术团体与地方政府的有关部门和专家学者与各级领导，分别积极主动地加强联系。通过沟通，一方面，使有关部门和相关领导更加认识和了解彝文古籍整理研究工作的重要性，以便充分发挥学术团体和专家、学者的优势；另一方面，有关科研机构和教学单位以及专家、学者个人也积极主动地申报课题，将一批古籍整理研究项目纳入到各级社会科学研究系列，从而争取到各方面的资金支持。如贵州省教育委员会1996年科学研究项目《彝族科技典籍的开发与利用》（负责人王子尧）、贵州省哲学社会科学1998年年度规划研究课题《中国彝史文献通考》（负责人王子尧）。

1999年，四川、云南、贵州、广西四省（区）彝族古籍工作第六次协作会议，主要协调《中国少数民族古籍总目提要——彝族卷》编撰工作。

贵州省毕节地区彝文翻译组整理翻译《彝族指路丛书》，滇、川、黔、桂四省（区）彝文古籍协作会学者经过讨论，一致同意并决定四省（区）各自整理翻译各自的《指路书》，总称为《彝族指路丛书》。贵州省毕节地区彝文翻译组组织编纂《彝文典籍目录》（贵州卷）。

1999年，马学良主编并由朱崇先执笔编纂的《彝文经籍文化辞典》被列入国家民委资助项目和北京市的重点资助项目，予以出版。

（3）宽松和谐的学术环境使学科建设稳步发展，专家学者倾心耕耘，整理研究硕果累累。

20世纪90年代，是彝文古籍整理研究事业稳步发展的10年。在这10年里，由于不断加强学术交流和注重人才培养，也加大了科研力度，因此，可以称之为人才辈出、成就辉煌、硕果累累的10年。由于在这10年里，中央民族大学等高校一直开办彝文古籍整理专业，培养不同层次彝文古籍整理研究人才，使彝文古籍整理研究队伍得到进一步充实。由于宽松的社会环境与和谐的学术氛围，广大彝文古籍整理研究工作者能够全身心地投入彝文古籍的整理研究，加上各级政府加大古籍整理出版的资金支持力度，致使有许多重大成果得以在这10年里问世。

贵州省毕节地区彝文翻译组译《物始纪略》（3集7卷）（四川民族出版社1993年出版）；《彝族源流》（16卷）（贵州民族出版社1989—1993年出版）；贵州省毕节地区民委等单位编《彝文金石图录》（第二辑）（四川民族出版社于1994年出版）。这些图书的出版，可帮助从事语言、文字、语音、语法研究的学者把握原始资料。毕节地区彝文翻译组编《彝文典籍目录》（贵州卷）（四川民族出版社1994年出版），为研究这一地区的彝文典籍提供了基本的线索。朱崇先著《彝族典籍文化研究》（中央民族大学出版社，1996年），对彝文古籍整理研究的理论和方法，进行了系统的探讨，基本建立了这一学科的理论框架。张纯德所著《云南彝族氏族谱牒译注》（云南民族出版社，1999年）、杨凤江译注《彝族氏族部落史》（云南人民出版社，1992年）等，内容都涉及了彝族的族源、历史、宗教、哲学、风俗、地理等内容。丁椿寿著《彝文论》（四川民族出版社），王正贤、张和平主编《贵州彝族语言文字》（贵州民族出版社，1999年）等论著，均在彝族语言、文字和古籍文献等方面的研究取得了可喜的成绩。李力主编《彝族文学史》（四川民族出版社，1994年），用大量彝文古籍中的文学文献为资料，进行彝族文学史的梳理，从总体上反映出彝族文学发展的基本概貌。王天玺、李国文著《先民的智慧——彝族古代哲学》（云南教育出版社，2000年），主要用彝文古籍中哲学文献资料，全面论述了彝族的宇宙观及哲学思想。普珍著《道家混沌哲学与彝族创世神话》（云南人民出版社，1993年），广泛采用彝汉两种古籍文献资料，从老庄哲学、彝族创世神话与民间习俗等方面，阐释老庄哲学与彝族创世神话的关系。马学良等著《彝族原始宗教调查报告》（中国社会科学出版社，1993年），全面而详尽地记述了彝族原始宗教各种祭祀和巫术活动的道场、仪式与程序和经书等。王光荣著《通天人之际的彝巫"腊摩"》（云南人民出版社，1994年出版），本书采录丰富的彝文古籍中的经文和"腊摩"（毕摩）口述经文资料，阐述了从"腊摩"的产生到"腊摩"的历代兴衰。刘尧汉整理《我在神鬼之间——一个彝族祭司的自述》（云南人民出版社，1990年出版），被称为"吉克预测学"的汉译本，对毕教的演变和发展、毕教信仰与社会生活、彝文宗教经典等方面作全面的论述。

杨怀英主编《凉山彝族奴隶社会法律制度研究》（四川民族出版社，1994年），运用大量的彝文古籍资料和彝语口述的文史资料，以专著的形式论述凉山彝族奴隶社会法律制度简况。华林《西南彝族历史档案》（云南大学出版社，1999年），收录与婚姻家庭有关的档案、契约、文书，从中可窥见彝族婚姻家庭与伦理道德之一斑。袁亚愚主编《当代凉山彝族的社会和家庭》（四川大学出版社，1992年），运用大量的彝文古籍文献资料，对当代凉山彝族的社会和家庭的现状及变迁状况作了细致的研究。李耕冬、贺廷超著《彝族医药史》（四川民族出版社，1990年），首次系统地介绍了彝族医药以及与此有关的知识，探讨和论述了彝族医药中科学与迷信、医药与巫术、唯物与唯心之间的关系。王敏、朱琚元著《楚雄彝州本草》（云南人民出版社，1998年），所收的药物、彝医用药经验和临床验方都是在田野调查中获取的真实材料。作者认为：《彝州本草》比明代李时珍的《本草纲目》还早，它不仅具有医学实用价值，还具有历史、哲学、语言等方面的研究价值。红河州彝族学学会编《象形医学》（云南民族出版社，1996年），认为象形医学就是取自然植物、动物和矿物药中和人体组织、患病部位、疾病表现特征相同相似的东西，以治疗人体各种患疾的一种方法。阿子阿越编著《彝族医药》（中国医药科技出版社，1993年），论述了彝族医药发展史，彝医基础理论及临床各科二百多个病种，载一千余个药方。

《滇彝天文》由《云南民族报》激光照排中心排版，于1995年12月出版第一版。书中收入《滇彝天文》内容简介、彝文《滇彝天文》的黄文彩抄本及译读黄文彩抄本、译读黄文彩手记和杨罗伯抄本选译、译读杨罗伯手记等之外，还收入会议论文：《彝文〈十月兽历〉的收集、翻译及其历史影响》《彝族十月太阳历和中华文明》《论彝族新年》《从羲和"生日"探索十月太阳历产生的时代》《从"10"和"18"探索彝族十月历》《十八月历的渊源》《彝族十月历与阴阳、五行、八卦》《彝族十月太阳历与十二兽历系不同时代用历》《从〈易经〉六十四卦数码求和的规律得出彝族太阳历和汉族阴历》《论彝族十月历溯源于彝族阴阳八卦》《中医理论中的五季五行与十月太阳历》《彝族历法的起源与发展》《凉山彝族十月太阳历调查》。

　　普学旺等译注的《祭龙经》，其内容涉及山水鬼神、鸟兽虫鱼、天云雨雾等，看似纷纭复杂，实则自然成序：各类有生之物和无生之物均围绕着人类祈福驱祸和生殖繁衍的轴心转动。由于经历了漫长的传承岁月，经文中既有远古时代天地混沌、人类初始的痕迹，又有阶级社会人类社会不同的历史内容，更有近代社会物质文明的记录；加上结构的古朴单纯，很多地方看似前后矛盾乃至荒诞无稽，但是只要我们从彝族先民思维发展史的角度去看，便能体察到人类社会发展前进的脚步声。从古至今，天地人神、云雨妖邪，都在围绕着彝族先民求生存、图发展这一古老而又现实的主题各展其能，而最终胜利者总是笃慕的子孙。这也就是经文世世代代拥有众多听众、常诵常新之魅力所在。时至今日，生存发展依然是彝族人民潜心关注的重大主题，只不过将表现形式变化为自立自强而已。

　　20世纪90年代，中央民族大学，贵州民族学院彝文文献研究所，云南省民委古籍办，楚雄彝族文化研究所，红河州民族研究所，玉溪、迪庆等地州民委古籍办，毕节地区彝文翻译组及赫章、威宁等县民委古籍办等机构陆续整理翻译了上百部彝文古籍。通过对这些古籍的阅读对比研究发现，千百年来，尽管各地彝族在封闭中缓慢地保存、使用、发展着彝文，有着差异的方音，方言又支配着彝文的使用，而主体与主流万变不离其宗。随着研究的不断深入，发现在彝文典籍中，各地彝族能够认同的文化内涵越来越多。目前已公开出版或内部刊印的彝文古籍译本中，以书名为例，认同上最为统一的是《指路经》和《诺沤》（或作"勒俄""诺依""依依"等）两大类文献书籍。在各种彝文古籍译本的内容中，谱牒中的世系、各个历史时期的划分及其名称、重要历史人物、神化英雄人物及传说故事、君长政权制度中的秩序位置及其名称、原始宗教观念中的神灵名称及各种仪式等，都有着全民族的根本认同。

　　在这10年中，出版了《爨文丛刻》（增订）、《彝族医药学》《西南彝志》《彝族源流》《彝族创世志》《彝文文献译丛》等大量的彝文古籍整理译注作品之外，还有彝文古籍整理研究理论与方法的专著《彝文文献学概论》《彝文古籍概要》《彝族典籍文化研究》等一批学术著作和古籍翻译、整理工具书《彝汉简明词典》《彝文简明字典》《彝文字典》《彝文经籍文化辞典》等的出版问世，标志着彝文古籍整理研究学科的理论探索已出现崭新的局面，并不断地向深层次发展。

三、纳西文古籍

　　1990年第十届亚洲运动会期间，丽江纳西族自治县人民政府在北京举办东巴文化展。作为向国内外展示中国少数民族传统文化内容之一,在国家民委的支持下,纳西东巴文化展在民族文化宫成功举办。此次活动得到国家民委和云南省人民政府的大力支持,费孝通先生为本次展览亲笔题词。此次展览全面展示了国内外纳西东巴经典及东巴文化研究的成果,首次向世人展出了纳西东巴文化的基本内容和研究现状。通过本次展览,纳西东巴经典及东巴文化的知名度再一次得到提升和扩大,引起了国内外学者的研究兴趣,为东巴经典的研究进一步走向世界起到了重要的推动作用。

1990年,东巴文化研究室更名为东巴文化研究所,经过20年的艰苦努力,千册百卷本《纳西东巴古籍译注全集》翻译工作完成,于2000年交付印刷出版。《纳西东巴古籍译注全集》共100卷,系由该所10多位纳西族专家学者和老东巴先生近20年的努力,并由云南省政府资助出版。《纳西东巴古籍译注全集》共收集1500多卷东巴古籍,内容安排上有东巴释读并采用国际音标记音值、直译、意译四对照的格式。《纳西东巴古籍译注全集》的出版,为纳西东巴经典的系统全面的研究奠定了坚实的基础,被誉为"旷古一绝,稀世奇宝",先后获得国家图书奖荣誉大奖等奖项。

这一时期,纳西族口承文献与民间传说与东巴经典的关系逐步引起关注。先后出版了拉木·嘎吐萨主编的《摩梭达巴文化》(由云南民族出版社出版);陈烈、秦振新《摩梭人民间文学集成》;和钟华、和尚礼《东巴圣地的民间文学》。这些著作的出版,为东巴经典研究翻译整理者提供了全新的视野,表明东巴经典的深入研究需要及时参考口碑文献,尽量达到相得益彰的效果。

1990年,由《中国民族民间舞蹈集成》编辑部编,杨德鋆、和发源、和云彩编著的《纳西族古代舞蹈和舞谱》一书由文化艺术出版社出版。该书运用大量文献、文物资料和实地调查的第一手材料,系统、扼要地介绍了我国纳西族丰富多彩的古代舞蹈及历史沿革;译注了纳西族古代舞蹈舞谱,对舞谱的编制规律、特点、价值、东巴跳神法仪和舞蹈种类、跳法、风格、音乐、服装、道具以及乐舞相关的东巴绘画、民间习俗作了详细介绍。附有舞谱释读法、参考例表和纳西语国际音标与汉语声读对照表,能帮助今人了解舞谱的大致读法,内容丰富,对多学科的研究和教学有重要参考价值。

1991年,郭大烈、杨世光编的《东巴文化论》由云南人民出版社出版。该书是1985年出版的《东巴文化论集》的延续,较全面地检阅了自1985—1991年国内外学者对纳西东巴经典及东巴文化研究的最新成果,较全面地反映了这一时期的东巴文化研究的学术水准。该文集共收论文50篇,内容涉及东巴教仪式、哥巴文性质、祭祀仪式、原始思维、纳西族古道德以及国外学者如英国的安东尼·杰克逊博士、日本的诹访哲郎教授、美国的查理斯·孟克汉博士研究纳西族宗教、东巴经典、历史等方面的论文。书后附有《东巴文化大事记》《东巴名录》《东巴文化研究资料索引》等内容。资料翔实丰富、进一步推动了纳西东巴经典及纳西学研究的深化。

由云南人民出版社出版，杨世光先生主要策划和推动的《东巴文化丛书》出版问世。此丛书先后出版了戈阿干的《东巴神系与东巴舞谱》、和志武的《祭风仪式于木牌画》、李国文的《人神之谋：东巴祭所面面观》、白庚胜、杨福泉编译的《国际东巴文化研究集萃》、和志武译的《东巴经典选译》、杨福泉《原始生命神与生命观》、陈烈的《东巴祭天文化》、李国文的《东巴文化与纳西哲学》、戈阿干的《东巴骨卜文化》、白庚胜的《东巴神话象征论》、杨正文的《最后的原始崇拜》等多部著作，极大地推动了东巴文化研究事业，对东巴经典的译注研究的深化也产生了重要的推动作用。

1992年，《东巴文化艺术》（云南省社会科学院东巴文化研究所编，主编和万宝）由云南美术出版社出版。全书分为环境概略、东巴教仪式、木牌画、画谱、东巴经书、竹笔画、与经书封面、占卜经、纸牌画、卷轴画、神路图、木偶、面偶、泥偶、木雕等类别，共收录了质量上乘的彩色图片二百余幅，较全面地展现了东巴文化艺术的基本形式和种类，对世人了解东巴文化艺术有着十分重要的参考价值和欣赏价值。书前有和志强省长和季羡林先生的题词。

1993年，由和志武主编的《中国原始宗教资料丛编·纳西族卷》由上海人民出版社出版。全书分为图腾崇拜、自然崇拜、祖先崇拜、生殖崇拜、女神崇拜和"子瓦"（村寨）神崇拜、"三朵"（氏族保护神）崇拜、鬼神崇拜、巫师经咒和法器、巫术、禁忌和占卜、社会生产中的祭祀礼仪、纳西族的原始宗教和原始文化，全面收录了有关纳西族东巴教的系统资料目录，十分有利于研究者查阅和检索。但内容的分类标准以及收录的内容大多套用了一般化的宗教学框架，不足以彰显纳西族宗教的本质特征和系统性架构，尤其对东巴经典的分类和研究而言，需要脱离此种框架的人为制约。附录收录有：新纳西文与汉语拼音字母、国际音标对照表；纳西族的鬼神谱系；东巴经目录；近代纳西族东巴小传；有关纳西族原始宗教的中外主要著述目录。

1994年，由和志武译注的《纳西东巴经典选译》由云南人民出版社出版。全书的内部油印稿完成于1984年，当年由东巴文化研究所内部印刷。全书共收录纳西东巴经典30篇，分别由大东巴和芳、年恒、和国兴、和玉才、和开祥译述，由和志武翻译。文风质朴，译述准确，对推动纳西东巴经典的翻译和研究有十分重要的意义和学术价值。

1995年，纳西族老作家学者木丽春著的《东巴文化揭秘》由云南人民出版社出版。全书分为婚娶来分讲轮回；郊野山乡设道场；彼岸此岸探鬼神；碰撞交融话传播；恢弘灿烂看艺术5个章节和附录，从民间民俗与东巴经典结合的角度揭示了纳西东巴文化的主要内容和重要文化符号的内涵，对世人了解纳西东巴文化有积极的参考价值，许多见解堪称一家之言。

1997年，李国文著《东巴文化辞典》由云南教育出版社出版。全书共辑录有关纳西东巴文化的术语和名词666条，附录篇收有东巴经典目录，东巴传记资料和东巴文化大事记，十分有利于东巴文化研究及东巴经典的译注工作。

1997 年，白庚胜为张公瑾主编的《民族古文献概览》撰写 "纳西文文献篇"，较全面地概述了纳西文文献的整体构成分类、质料与版式、收藏与传播等方面的主要概貌。

1998 年，白庚胜著《东巴神话研究》，由社科文献出版社出版。全书对纳西东巴神话的整体存在形态作了描述，对纳西族东巴神话中的神灵体系的产生进行了多方位的探索和阐释，同时对纳西东巴神话中的若干重要范畴与其他民族神话作了比较研究。全书主要运用了当时已经译成汉文的东巴经典中的素材。

1998 年，瑞士苏黎世大学民族学博物馆与丽江纳西族自治县博物馆、东巴文化研究所合作，在瑞士苏黎世大学民族学博物馆举办为期半年，主题为 "纳西的物质、神话、象形文字" 的学术展览，邀请多位纳西学研究者前往讲学访问，举办学术讲座。在此基础上，推出《纳西—摩梭民族志》一书，收录中外学者的研究纳西族文化及东把经典的论文 13 篇，在欧美地区进一步深入地宣传了纳西东巴经典及其独特价值。该文集被誉为近年来最有分量的纳西学研究著作。

1998 年，原丽江县人民政府公布塔城、鲁甸、太安、大东、大具、鸣音 6 个乡为东巴文化生态保护区。由于基本问题得不到解决，6 个乡东巴文化保护区的保护效果未能显现，纳西族民间东巴文化的生存状况日益恶化。以国家 4A 级景区玉水寨、两星级三叠水酒店和西域电子商务旅行社为主要经营单位的丽江玉水寨生态文化旅游有限公司，为了传承东巴文化，抢救东巴经典，于 2006 年 6 月起在玉龙纳西族自治县塔城乡依陇村委会署明片区 6 个村民小组的范围内，设立 "署明原生态东巴文化保护区"。实施了一系列行之有效的保护措施，进行了具有开创性的探索和实践，受到广大纳西族村民的衷心拥护和支持。为民间原生态民族文化的保护提供了初步的经验，提出了民间民族文化保护必须同自然生态保护、扶贫攻坚和新农村建设综合配套整体推进的工作思路。成为新时期弘扬纳西族文化的新模式。

1999 年 10 月，经过文化部批准，在东巴文化故乡丽江举办国际东巴文化艺术节以及东巴文化学术研讨会。中共中央委员、中国社会科学院常务副院长王洛林亲自赴会，并在开幕式上作了《广泛交流，深入研讨，共商发展民族文化大计》的报告。著名汉学家、俄罗斯驻华大使伊盖尔·罗高寿在开幕式上致辞说："中国的社会科学工作者在研究丽江地区独特的文字和民间艺术方面一直在进行着大规模的研究工作。""不仅是中国学者，而且世界许多国家的学者同样对研究独一无二的东巴文化怀有巨大的兴趣。"在此次艺术节和研讨会期间，由云南省社科院东巴文化研究所编译、云南人民出版社出版的 100 卷本四对照汉译《纳西东巴古籍译注全集》正式面世，并举行了前 40 卷首发式。与此同时，经过与会中外学者协商，成立了 "以东巴文化为研究核心" 的 "国际纳西学学会"。这的确是东巴文化新时代终于到来的最好标志。

东巴古籍全集的翻译整理的意义，和万宝在《纳西东巴古籍译注全集》总序中说："见此全集，理应铭记具有远见卓识与大无畏精神的先驱者们，与学者共事的东巴先生们，他们率先扣响东巴文化大门，传扬出去，开山创业，卓有成就，功垂青史，永不湮灭！"

经过20年的艰苦努力，千册百卷本《纳西东巴古籍译注全集》翻译工作完成，于2000年交付印刷出版。中华人民共和国成立后，各级政府十分重视东巴古籍的搜集整理和研究。1981年，成立了云南省社会科学院东巴文化研究所（今东巴文化研究院），用20年时间，对国内收藏的古籍进行分类、翻译。2002年，完成了《纳西东巴古籍译注全集》100卷的翻译整理出版工作。

云南省社科院东巴文化研究所从1982—2000年，总共出版了《纳西东巴古籍译注全集》百卷千册、《纳西东巴古籍译注》3集14种、单行本纳西东巴古籍译注25种。随着四对照汉译东巴经、特别是译注全集的面世，东巴经典被国内外学术界所看重。国外研究者纷至沓来，深入到纳西族地区进行田野调查，学习纳西语文，研究东巴经典，一时成为热门的学问。

由白庚胜、和自兴主编的《玉振金声探东巴》由社科文献出版社出版，全面反映了1999年首届国际东巴文化艺术节国际东巴文化研讨会的研讨成果，可以说较全面地反映了这一阶段纳西东巴文化研究的水准。

在向联合国申报世界记忆遗产的过程中，国内著名学者季羡林、任继愈、吕大杰、于锦绣分别从不同角度对东巴经典的价值和多元价值作了肯定，称"东巴文献是用图画象形文字记载了人类起源及人与大自然的关系这一重大主题的文献"。"东巴古籍是以图画象形文字——东巴文记载的东巴古代宗教典籍，是纳西族古代社会的百科全书"，"不但是中华民族的宝贵遗产，而且是全人类共享的宝贵文化遗产。""一个少数民族保存了如此丰富的文献遗产，在中国以至世界各民族中都是非常宝贵，难得一见的。""它是举世罕见的别具特异形式和风格的原始宗教典型活化石"，"又是世界唯一尚在活着的古文字活化石"，"这种双料活化石简直是世界奇迹，有十分突出的世界性意义"。他们分别为东巴经典申报《世界记忆名录》写了推荐信，极大地支持了东巴经典申报《世界记忆名录》，名镌青史。

由卜金荣主编的《纳西东巴文化要籍及传承概览》在首届东巴文化艺术节期间出版问世。全书分"东巴文化要籍""东巴""东巴文化研究者""东巴文化传承场"等部分，较全面地回顾了纳西东巴文化研究的百年历程，为后人检索论文著作及学者和东巴的资料提供了十分便捷的途径。

东巴文化研究所和力民研究员应台湾历史语言研究所之邀，为该所收藏的东巴经书珍本进行编目、释读，并且还对傅斯年图书馆所珍藏的东巴经书进行了四对照汉译，其中《台湾傅斯年图书馆珍藏纳西东巴经书译注八种》已在付印中。

四、白文古籍

1993年6月，由云南省少数民族语文指导委员会负责召开了"白族语言文字问题科学讨论会",新白文的规范和推广工作有了较大进展。但老白文古籍的整理工作仍未提上日程。

整个20世纪90年代,白文古籍的整理和研究主要集中在文献的刊布、释读和书写系统的研究上。

文献刊布和释读方面,1993年12月,杨世钰主编的《大理丛书·金石篇》由中国社会科学出版社出版,书中收录了绝大多数的白文碑铭。书中还首次刊布了《大理国释氏戒净建绘高兴兰若篆烛碑并序》,该碑中有大量白文人名、地名和田地量词等。周祜在《白文考证》一文中刊布了多种民间白文祭文材料,[①] 并进行了释读。杨应新的《白语本祖祭文释读》[②] 刊布并释读了一篇白文祭文,这是白文文献的一种重要形式。徐琳《关于白族的白文》[③] 释读了多种白文文献,另外还刊布了云龙白文民歌《一只银手镯》。

白文书写系统和文字性质研究方面:徐琳《关于白族的白文》[④] 重点分析了白文的书写符号系统,认为白文的结构有3种:(1)音读汉字,利用汉字的音读白语同义词的义;(2)直接借用汉字,跟汉字的形、音、义一致;还保留入声调类;(3)自造新字,其中有少数会意字,多数是形声字,用两个汉字组成合体字,有左右并列和上下结合两种,一半用于表音,一半用于表意。杨应新的《方块白文辨析》[⑤] 对白文的相关问题进行了系统阐述。该文从语言学、文字学的角度出发,讨论了历史上是否有白文、白文是否是一种独立的民族文字、白文文献种类及其书写符号、白文的性质等多方面的问题。运用大量的历史记载和白文文献材料,有力地论证了白文在历史上客观存在、白文是一种独立的民族文字,澄清了学术界长期以来对白文的错误或似是而非的认识,具有很强的现实意义。

第三节 壮侗语民族

一、壮文古籍

20世纪90年代是壮族古籍整理硕果累累的收获阶段。其主要原因:一是上一阶段相关部门广泛发动、积极开展普查、抢救、搜集工作积累下来的成果;二是随着科学技术的进步和经济实力的增强,国家对文化建设的投入不断增加,对保护弘扬民族优秀传统文化更加重视;三是国家民委"全国少数民族古籍整理研究室"组

---

① 载《南诏文化论》,云南人民出版社,1991年。
② 《民族语文》,1992年第6期。
③ 《云南民族语文》,1997年第2期。
④ 《云南民族语文》,1997年第2期。
⑤ 《民族语文》,1991年第5期。

织编纂《中国少数民族古籍总目提要》重大项目正式启动。下面分而述之。

（一）壮族古籍重大项目的整理出版

本阶段壮族古籍整理重大项目主要是指整理研究《布洛陀经诗》和《壮族民歌古籍集成》两项。前者是壮族的创世史诗和壮族麽教经文，后者是壮族民歌代表性篇章的汇总。两者都是壮族传统文化的精华和壮族标志性的文化符号。

布洛陀是壮族神话传说中的创世神、始祖神，也是壮族麽教的主神。历史上，壮族民间流传的与布洛陀有关的文本，包括散文体的神话传说和韵文体的宗教经诗。广西学术界收集研究"布洛陀"文本始于20世纪50年代。1958年，《壮族文学史》编写组收集到口传散文体的《陆陀公公》，此后有关文化部门陆续搜集到《布洛陀》系列神话。韵文体版本方面，《布洛陀经诗》手抄本广泛流传于广西红水河流域、右江流域、龙江流域、左江流域以及云南、贵州省的壮族、布依族聚居区。这些手抄本用古壮字书写，诗句形式是壮族民歌五言体为主，兼用七言体，押腰脚韵。经诗内容主要是唱诵壮族祖神布洛陀创造天地万物、规范人间伦理道德、启迪人们祈祷还愿消灾祛邪、追求幸福生活。经诗由麽公收藏，主要用于为民众祭祀还愿、消灾祈福及超度亡魂等场合喃唱。

1978年，广西民间文艺家协会在采风中收集到招谷魂、招牛魂唱本。1980年又收集到《麽兵布洛陀》等两个内容较完整的唱本。由于种种原因，一直未能整理出版。1986年，广西少数民族古籍整理出版规划领导小组暨办公室成立，该小组成立后立即将《布洛陀经诗》列为广西少数民族古籍整理"七五"规划重点项目，并上报列入全国少数民族古籍整理重点项目。1987年7月，广西少数民族古籍整理出版规划领导小组召开部分成员会议，确定《布洛陀经诗》项目由广西少数民族古籍整理办公室统一收集整理工作。具体进程分两步：第一步，广泛搜集民间手抄本，翻译原始资料；第二步，成立整理小组，进行科学版本的整理。同年8月，召开《布洛陀经诗》资料收集专门会议，会后仅半年时间就收集到各种手抄本22本，译成八万多行的资料。然后精选经诗原行5741行，按照壮族史诗的结构编排为：序歌、造天地、造人、造万物、造土官皇帝、造文字历书、伦理道德、祈祷还原共7篇25章。翻译整理体例采用古壮字原行、拼音壮文、国际音标、汉语直译、汉语意译五对照的科学翻译整理方法。《布洛陀经诗译注》于1991年9月由广西人民出版社出版。经诗出版后不久，《广西民族研究》刊发了林耀华、宋蜀华、陈连开等专家教授的评论文章。

壮族是歌唱的民族，以歌代言闻名于世，是被誉为诗性思维的民族。壮族民歌古籍浩如烟海，是壮族文化的瑰宝。壮族民歌是壮族传统文学艺术的母亲。如果说中国文学的源头是《诗经》，壮族文学的源头就是壮族古歌谣。因此，搜集整理《壮族民歌古籍集成》不仅能向世人展示壮族丰富的民歌宝藏，也是为壮学研究提供重要的原始性资料。广西少数民族古籍整理领导小组组长张声震高度重视这件事情，早在 1988 年，就责成广西民族古籍整理办公室，尽快为搜集整理《壮族民歌古籍集成》做出规划，并于当年在南宁举行了《壮族民歌古籍集成》第一次资料征集会。来自广西的民间文学专家和民歌手五十多人参加了会议。1992 年 3 月 27—29 日，《壮族民歌古籍集成》资料征集第二次会议在南宁举行。有 16 个县三十多个壮族歌手、歌师及民间文学骨干参加。1993 年 5 月 5—7 日，《壮族民歌古籍集成》资料征集第三次会议在南宁举行。会议由余达佳主持，广西民族古籍整理领导小组组长张声震，区党委宣传部部长杨基常到会并作了重要讲话。自治区民委、语委、区文联、广西民族出版社、广西民族报、广西民族研究所、《三月三》杂志社等单位领导以及广西部分市县长期进行壮族古籍整理工作的专家和学者共三十多人参加了会议。

按照此项目原来的计划，整理出版《壮族民歌古籍集成》全套包括劳动歌、风俗歌、情歌、苦歌、历史传说歌、时政歌、生活歌、儿歌等，共 8 大类，每一集按内容或地区又可分为若干册。所征集的民歌以古壮字手抄本为主，以古本为据（历代传唱的口碑民歌也收集），采用原文、拼音壮文、汉语意译等科学方法整理，目的在于保留壮族民歌的原有文字、音韵、格律、词汇、语法特色，既可保存壮族民歌的独特风格不致湮没，又可供壮族民众万代传唱，也可成为从事民族学、民俗学、历史学、文艺诗学等各领域专家学者研究取之不尽、用之不竭的源泉。

在广西民族古籍办的精心组织和民族古籍工作者的共同努力下，《壮族民歌古籍集成》首卷《嘹歌》及第二卷《欢㟪》，分别于 1993 年 11 月和 1997 年 4 月由广西民族出版社出版。其他如《壮族风俗歌》《凌云排歌》《龙川情歌》《东兰蚂拐歌》《马山信歌》等各卷正在陆续整理中。其重要意义正如本项目主编张声震在《壮族民歌古籍集成·总序》中所说的：整理出版壮族民歌古籍集成，是一个宏大的开拓性的工程，它的完成，必将大大地丰富中华民族的文化宝库，并将为从事文化人类学、社会学、伦理学、宗教学、民俗学、民族史学、文艺诗学等各学科研究壮族文化提供广博厚实的基础。甚至可以说，它是创立壮学体系的一块基石。

（二）壮族古籍整理的跨省区协作与学术理论研究

壮族是中国 55 个少数民族中人口最多的一个民族，除了聚居广西外，还分布在云南、贵州、湖南、广东等南方各省。随着壮族古籍整理工作的全面展开，各省区之间的壮族古籍整理协作被提到了议事日程。1994 年 4 月 15 日，广西区民委上报国家民委《关于建立五省区壮族古籍整理协作机构的请求》（桂族报字［1994］第 24 号）文件，要求批准成立广西、云南、贵州、湖南、广东五省区壮族古籍整理协作会。1995 年 2 月 1 日，国家民委发文《关于建立五省区壮族古籍整理协作机构的批复》（文宣字［1995］第 64 号），同意建立广西、云南、贵州、湖南、广东五省区壮族古籍整理协作会。为了尽快落实国家民委批复文件精神，经广西少数民族古籍整理出版规划领导小组研究决定，于 1995 年 10 月 13—15 日，在南宁举行广西、云南壮族古籍整理协作座谈会。会议主要议题是为举行五省区壮族古籍整理协作会作准备。参加座谈会人员，云南方面有：罗运通（原省政协副主席）、黄昌礼（文山州文化局局长）、农廷宽（文山州民委副主任）、陆华岳（云南民族中专高级讲师）等；广西方面有：张声震（原自治区副主席、现区民族古籍领导小组组长）、余达佳（原区民委主任、现区民族古籍领导小组副组长）、冯成善（区民委副主任）、韦生进（区文化厅副厅长）、农冠品（区文联副主席）、黄铮（区社科院副院长）、覃乃昌（区民族研究所所长）、潘其旭（区壮学研究中心副研究员）以及区古籍办公室的陈天枢、罗宾、苏联武、梁杏云等共二十多人。参会人员在五省区壮族古籍整理协作的重要性和必要性上达成共识，并委托云南省为在适当时间召开第一次五省区壮族古籍整理协作会议作相关准备。1996年12月24—25日，第一次五省区壮族古籍整理协作会在云南省文山壮族苗族自治州隆重举行，广西方面派出以张声震为领队共17人的代表团出席了会议。五省区壮族古籍整理协作会的顺利召开，预示着壮族古籍整理将进入一个崭新的阶段。

民族古籍学科的建立，离不开相关学术理论的支撑。壮族古籍整理工作到了20世纪90年代末，已开展了十余个年头，相关的学科理论还没有建立。在学科理论形成之前，第一步的工作是要开展学术研讨和对外交流。本阶段，专门的壮族古籍整理学术研讨会尚未出现，但借其他机会进行学术研究和交流也已经开始。如1996年5月，第二次全国少数民族古籍整理工作会议在北京举行，广西民族古籍整理办公室副主任罗宾出席会议，并提交了《广西民族古籍十年工作概况》一文进行会议交流。1999年4月，首届壮学国际学术研讨会在广西武鸣县隆重举行，广西民族古籍整理办公室的罗宾、梁杏云、韦如柱等以及从事壮族古籍整理的专家学者参加会议并提交了论文。如潘春见的《布洛陀经诗的艺术审美气象与思维》，黄昌礼、王明富的《鸡卜辞与壮族早期预测学》等。

除了国内的学术研讨，对外交流方面也出现了零的突破。如1993年9月29日，澳大利亚麦克里大学现代语言学院主任兼教授，汉、壮学家贺大卫博士专程来访，与广西民族古籍整理办公室的全体成员进行座谈。其中，张声震、蓝鸿恩等壮族古籍整理专家连续两天与其进行了学术交流。1995年3月，时为澳大利亚墨尔本大学教授的贺大卫又应邀来访，进行学术交流。广西民族古籍整理办公室的领导随同贺大卫到广西宁明、武鸣、马山、大化、巴马、百色等壮族地区进行田野采风，采录了壮族麽公祭祀布洛陀仪式活动，收集到一批与壮族古籍有关的资料，并且与广西民族古籍整理办公室签订了《关于在中国大陆境外出版〈布洛陀经诗译注〉英文版协议书》和《关于壮族民间文化考察音像成果协议书》。还有，1994年3月，广西民族古籍整理办公室邀请越南社会科学院民族研究所研究员陆文宝（岱族）来访，进行学术交流活动。广西少数民族古籍整理领导小组组长张声震、古籍整理办公室副主任罗宾与陆文宝交流探讨民族古籍工作情况，并由罗宾陪同前往崇左进行寻根采访。以上的学术交流活动，有利于今后壮族古籍整理工作水平的提高，促进壮族古籍整理工作的健康发展。

（三）张声震壮族古籍学理论的初步形成

在壮族古籍整理学科理论建设方面，我们必须特别提到一位德高望重的老前辈，他就是张声震先生。广西壮学界的晚辈们都尊敬地称他为"张老"。这位在战争年代就打过游击、出生入死，后来曾经担任自治区人民政府副主席的壮族老人，20世纪80年代中期，已年逾六旬的他，从领导岗位上退居二线以后，又把晚年的精力投入到对壮族传统文化的整理和重建工作中。怀着一种强烈的民族责任感和一颗火热的民族自尊心，凭着一股老当益壮、矢志不移的钻研精神，张声震首先是担任广西少数民族古籍整理出版规划领导小组组长，后来众望所归，被推举为广西壮学会的名誉会长，实现了从一个行政领导到名副其实壮学专家的转换。作为第一任广西少数民族古籍整理出版规划领导小组组长，张声震在精心规划、组织实施壮族古籍整理项目的同时，还在壮族古籍整理学科理论建设方面作出了重要贡献。其理论建树主要体现在他本阶段出版的《壮族文化遗产的整理与研究》著作中。

《壮族文化遗产的整理与研究》由广西民族出版社1994年出版，是张老在担任广西少数民族古籍整理出版规划领导小组组长，主持民族古籍整理工作9年后，所写的相关文章、讲话稿和书序的结集。在共计19篇10万字的著作中，涉及壮族古籍整理的篇章就有：《关于少数民族古籍抢救、整理、出版规划问题》《关于少数民族语言文字的问题》《在全区少数民族古籍整理工作会议上的讲话》《在全区第二次少数民族古籍整理工作会议的报告》《〈广西壮语地名选集〉前言》《〈壮族文人著作〉总序》《〈古壮字字典〉（初稿）序》《〈布洛陀经诗译注〉序》《〈壮族民歌古籍集成〉总序》《在"古壮文处理系统"验收鉴定会上的讲话》《在〈壮族民歌古籍集成〉首卷〈嘹歌〉首发式上的讲话》共11篇。另外，1996年，张声震撰写的长篇论文《建立壮学体系刍议》，发表于《广西民族研究》1997年第1期，文中也述及壮族古籍整理方面的内容。归纳起来，张声震对壮族古籍整理工作的贡献主要有：

（1）科学把握壮族古籍蕴藏丰富、类型多样，具有鲜明的民族特色和多学科价值的特点，全面阐述壮族古籍整理工作的重要性。壮族古籍具体包括古壮字手抄本（如壮族山歌抄本、师公、道公唱本）及民间口碑古籍；记载有壮族历史文化资料的汉文方志史籍；古代壮族文人用汉字记写的诗文著作；历代壮族地区土司制度历史资料；历代壮族农民起义史料；用古壮字、汉字刻写的碑刻文献；民间收藏的族谱、契约等文书；壮医壮药古籍文献等。以上分类绝大部分与后来《中国少数民族古籍总目提要》编写纲要中的分类既相符合，又体现壮族古籍特色。壮族古籍文献具有历史、地理、哲学、语言文字、文学艺术、民俗、宗教、经济、医学科技等方面的学术研究价值。

（2）强调壮族古籍整理工作当务之急是全面普查、抢救搜集，在此基础上确定重点整理项目。按照国家民委古籍整理研究室提出的"救书、救人、救学科"精神，明确提出壮族古籍整理的第一步是开展普查收集，然后是整理翻译出版。壮族古籍整理确定的重点项目是《布洛陀经诗译注》和《壮族民歌古籍集成》。认为《布洛陀经诗》不仅是壮族宗教经典，而且是壮族传统观念文化的核心；《壮族民歌古籍集成》是壮族传统文学艺术的母亲，这两大项目都是开展壮学研究的重要基石。收集与整理的关系是：收集与整理相结合，通过整理让人们知道古籍价值的所在，以整理促进收集。

（3）高瞻远瞩、思想解放、观念创新。张声震在主持规划壮族古籍整理工作时，不是只看眼前利益，而是着眼于未来。如一开始就选择整理出版《古壮字字典（初稿）》，目的是为今后整理古壮字文献古籍时，"提供打开壮族民间文化遗产宝库的一把钥匙"。《古壮字字典》出版后，紧接着又考虑古壮字文献的电脑排版印刷问题，于是责成广西区科委研发"古壮字处理系统"，并于1993年12月在北京通过了鉴定验收，为后来壮族古籍的印刷、出版能又快、又好、又省创造了条件。又如整理《布洛陀经诗译注》。在20世纪80年代末期，各级政府对民间宗教经书还很敏感，视之为封建迷信搜缴烧毁，如果没有思想解放和观念创新很难做到。

（4）始终把壮族古籍整理作为壮学体系建设的重要组成部分。壮学是以壮族社会群体及其文化为对象，进行历史性、现实性和整体性的系统研究的综合性学科。1991年1月21日召开的广西壮学会成立大会，是壮学产生的重要标志。开展壮学研究的前提是建立研究资料库，而壮族古籍文献则是壮学资料库的重要组成部分。作为广西壮学会的名誉会长，作为壮学体系的开创者和壮学学科建立的倡导者，张声震在主持规划壮族古籍整理工作中，都为此目标努力。如整理出版《布洛陀经诗译注》和《壮族民歌古籍集成》就是"创立壮学体系的一块大基石"。张声震多次强调"要吸引民族学、历史学、文字学、宗教学、社会学等学科的专家学者来关心参与民族古籍整理工作"。1999年，在首届国际壮学学术研讨会上，发出编辑出版《壮学丛书》的倡议。2000年1月，《壮学丛书》正式启动。丛书包括三大系列：（一）壮学研究基础资料系列；（二）壮族历史传统文化研究系列；（三）壮族现代化研究系列。当中，壮族古籍文献成为基础资料系列的重要组成部分。待后详述。

（四）《中国少数民族古籍总目提要》首届培训班

1997年，国家民委发布民办（文宣）字[1997]114号文件，正式启动《中国少数民族古籍总目提要》这一跨世纪的民族文化建设工程。这是中国历史上第一部大型的综合性少数民族文献古籍目录工具书，主要内容为编纂我国55个少数民族及古代有民族文字典籍留存下来的少数民族的现存全部古籍目录和内容提要。按民族分卷，计划分六十余卷一百一十多册。《中国少数民族古籍总目提要》不仅是一般综合性的具有多功能学术价值的鸿篇巨制，而且也将为我国乃至世界各国人文学科的研究，提供一套新颖而全面的少数民族古籍文献资料，是诸多领域科学研究的必备工具书，将填补我国文化史上的一项空白。1998年5月12—18日，由国家民委举办的首届《中国少数民族古籍总目提要》编写培训班在广西桂林市和南宁市举行，来自全国22个省、自治区、直辖市，25个民族的一百二十多位专家学者参加了学习培训。其中，广西派出了三十多位壮族古籍整理工作者参加本次培训。他们和来自全国各兄弟民族的古籍整理工作者一道，聆听了专程从北京请来的中央民族大学民族古籍整理专家张公瑾教授、黄建明教授，中国社会科学院古文字学家聂鸿音研究员，以及全国少数民族古籍整理研究室领导和专家的学术讲座和培训报告。此次培训班在广西举办，无疑对今后《中国少数民族古籍总目提要·壮族卷》的编纂，乃至壮族古籍其他项目的整理工作是有力的促进。

本阶段完成的壮族古籍整理重要项目还有：壮族文人著作《菜根草堂吟稿》（黎坤产著、刘映华注，广西人民出版社，1993年），《茹芝山房吟草》（韦秀孟著、顾绍柏注，广西人民出版社，1993年），《赤雅考释》（邝露著、蓝鸿恩考释，广西民族出版社，1995年），《薰生诗草》（崔毓荃著、刘映华注，广西人民出版社，1997年）；壮族医药古籍《壮医药线点灸临床治验录》（黄汉儒主编，广西民族出版社，1990年），《发掘整理中的壮医》（黄汉儒主编，广西民族出版社，1994年）等。其他还有张元生、梁庭望、韦星朗选注，1992年天津古籍出版社出版的《古壮字文献选注》等。

二、傣文古籍

20世纪90年代傣族古籍整理和研究出现了以下特点：1. 古籍整理工作延续了80年代的工作；2. 研究方面，历史、宗教、文学、傣族文化、傣医药等方面产生了代表性成果。

古籍整理方面，20世纪90年代延续了20世纪80年代的整理势头，以文学古籍整理为主，历史古籍整理进一步取得进展。1990年，出版了康永良、康朗温整理的《阿銮门宋》；刀永明、薛贤译的历史著作《勐勐的土司世系》（1990年）和占达混洪、刀永明编的历史著作《景谷土司世系》；龚肃政译、杨永生整理注释的《召帕雅坦玛铁》；刀新华整理的《娥并与桑洛》。1992年，出版了该社编辑的《傣族民间故事》（第六集）；康朗对、波罕勇整理的《玉南苗》；岩依伦整理的《三牙象》；刀金祥、刀正南整理的《千瓣莲花》；刀文学整理的《万纳帕与嫡妍》。1993年，出版了该社编辑的《傣族民间故事》第七集；康朗叫整理的《召窝拉》；孟成信整理的《千瓣莲花》《七头七尾象》；刀保乾整理的《娥并与桑洛》。1994年，出版了该社编辑的《傣族民间故事》第八集；岩温玛、岩温胆整理的《南海发》。1995年，出版了该社编辑的《傣族情歌选》；康朗叫、刀桂英整理的《独角牛》。1996年，出版了波玉岛、岩温说收集整理的《逛新城》；岩罕虎等搜集整理的《召亚迈》；刀正康、波玉倒整理的《苏宛纳鹏玛》；刀昌荣整理的《杆哈川衮玛奴夏罗》。1997年，出版了蔡晓晃整理的《召玛贺》；波玉金等整理的《祝辞》；杨光远等整理的傣族历史宗教著作《沙萨纳芒鉴》；刀水民整理的《南朋》。1998年，波么来整理的《召相柏》；岩温玛收集整理的《苏婉娜康罕》。其他方面，1990年，云南民族出版社出版了周兆奎、赵世望主编的《古傣医验方译释》；德宏民族出版社出版了李荣兴主编的《德宏民族药名录》等。1998年，云南民族出版社出版了德宏州卫生局药品检验所编辑的《德宏傣药验方集》。

20世纪90年代傣族古籍翻译整理虽较为平淡，但傣族古籍研究却获得了重大进展。在文学古籍方面，1990年，天津古籍出版社出版了《中国少数民族文学古籍举要》，全书收录少数民族文学古籍350篇，涵盖了55个少数民族文学古籍，其中介绍了23本傣族文学古籍。在佛教领域，1993年，云南民族出版社出版了刘岩先生的《南传佛教与傣族文化》，全书共十章，详细论述了傣族南传佛教传播、佛经及教义、宗教徒的生活、傣族文字与经典傣文以及南传佛教的现代化等问题。其中第四章"佛经及教义述略"对南传佛教律藏、经藏、论藏和藏外佛经古籍做了较初步地介绍，并将傣文转写的巴利语经典目录和日本编译的罗马字体转写的《南传大藏经》总目次进行对照比较。第六章"经典文字和经典傣文"对傣文来源、巴利语的傣文转写有深入的分析。书中还附有南传佛教大事记、巴利语词汇对照等内容，该书系统论述了佛教对傣族文化的影响，整体上将傣族佛教文化研究推进到了一个新层次，是傣族语言文化研究的又一部重要著作。1998年，云南民族出版社出版了王松、王思宁编著的《傣族佛教和傣族文化》对南传佛教与傣族文化之间的关系作了进一步的研究，尤其对傣族五大诗王做了较深刻和公允的阐述。在历史领域，1993年，云南人民出版社出版了朱德普先生的《泐史研究》，该书三十多万字，共21篇考证文章，主要是对20世纪50年代至80年代整理的历史古籍一次大的梳理和研究，书中对西双版纳傣文史书中涉及的历史事件和历史人物作了比较、考证、鉴别和深入的分析，厘清了傣族历史古籍中的一些讹误，将傣族历史研究推进到了新的阶段。在文学领域，1993年，云南民族出版社出版了李朝斌撰写、岩喊翻译的《傣医四塔五蕴的理论研究》，该书是一本兼容实用性和基础理论，对傣医"四塔"理论和"五蕴"方法作了深入研究。1995年，云南民族出版社出版了岩峰、王松、刀保尧合著的《傣族文学史》，该书六十多万字，其中对20世纪50年代至20世纪90年代初整理的傣族文学古籍有详细的介绍和评价。尤其是对傣族长篇叙事诗做了较有深度的分析和考证。此外，1991年岳小保著的《傣族诗歌韵律》和1992年台湾学者鹿忆鹿著的《傣族史诗研究》对傣族诗歌作了更为专门的研究。1999年，云南民族出版社出版了岩峰主编的《傣族文化大观》，该书为"云南民族文化大观丛书之一"，主要论述了傣族历史渊源、语言文字、宗教信仰、风俗习惯、伦理道德、天文历法、文学艺术、科学技术、教育体育、新闻出版、医药卫生、建筑名胜等方面，是对傣族文化各个方面一次全面的梳理。

三、水文古籍

20世纪90年代，水书研究进入了初步发展探索阶段，论著中涉及水书研究的主要有：《中国各民族宗教与神话大辞典》（1990 年），倪大白《侗台语概论》（1990 年），傅懋勣（主编）《中国民族古文字图录》（1990 年），马学良主编《汉藏语概论》（1991 年，2003 年），《中国大百科全书》（语言文字卷）（1992 年），何积全主编《水族民俗探幽》（1992 年），李德洙主编《中国少数民族文化史》（1994 年），周有光《世界文字发展史》（1997 年），中华文化通志编委会编《侗、水、毛南、仫佬、黎族文化志》（1998 年）。这些著作除了部分著作对水书有特别研究，具有一定深度之外，一般都是介绍性的把水书作为水族文化的一个组成部分而加以介绍。值得一提的是，周有光《世界文字发展史》（1997 年）一书，把水书的发展纳入世界文字的发展视野，使水书的研究在文字学史上的地位和价值更显著。全书共分 4 卷 17 章，除了绪论部分对世界文字进行鸟瞰之外，第一章介绍文字的襁褓时期，接着第二章利用 20 多页的篇幅对水族的水书进行了详细的阐述，包括水族和水语、传统水书、水书举例、水书中的六书、水书跟甲骨文金文的比较、水书的特点等小节。该书最后认为水书的类型是：图符、词组和词语、表形和表意相结合的意形文字，与其他民族的意音形汉字型文字不同。水书的发展水平低于甲骨文，但水书是文字的活化石，有文字学和民俗学的研究价值，水书使我们具体地了解早期文字跟巫术的关系。周先生的这些论断，对我们今后从文字学的角度来研究水书具有积极的指导和参考作用。

20 世纪 90 年代以后，人们不断总结前人的研究经验，真对于水书的研究，发表了大量的研究论文，包括水书的源流研究、历史成因、结构分析等诸多方面。主要有：

雷广正、韦快《〈水书〉古文字探析》（1990 年）；刘日荣《水书研究——兼论水书中的汉语借词》（1990 年）；王品魁《水书源流新探》（1990 年）；王思民《水书图像与水族舞蹈关系浅析》（1990 年）；陈昌槐《水族文字与〈水书〉（1991 年）；贾光杰《水族古文字》（1991 年）；黎汝标《形象生动的水族古文字》（1991 年）；蒙爱军《谈水族鬼神观与〈水书〉五行观中的认识结构》（1991 年）；石尚昭《〈水书〉通义——天文历法》（1991 年）；王国宇《略论水书与二十八宿》（1991 年）；王品魁《〈水书〉探源》（1991 年）；韦忠仕《水族天文历法试探》（1991 年）；韦忠仕、王品魁《〈水书〉研究价值刍论》（1991 年）；韦忠仕《水书研究概况》《古今水族历法考略》（1992 年）；吴贵飚《水族经典——水书》（1992 年）；王品魁《水族画像石葬和水文字石葬初探》（1992 年）；黎汝标、韦忠仕《水书研究述评》（1993 年）；冷天放《〈水书〉探源》（1993 年）；石尚昭、吴支贤《水族文字研究》（1993 年）；王国宇《水族古文字考释》（1993 年）；刘日荣《〈水书〉中的干支初探》（1994 年）；王品魁《〈水书〉七元宿的天象历法》（1994 年）；韦正言《泐虽——水族文字》（1994 年）；雷广正、韦快《古"百越"族团的陶文、水文、甲骨文对比分析》（1995 年）；刘日荣《水书评述》（1995 年）；吴承玉《三都水族的语言文字》（1995年）；韦宗林《水文字书法试探》（1995年）；王品魁《〈水书〉二十八宿》（1996年）；李炳泽《神秘的水族文字——水书》（1996年）；孔燕君《水族的"百科全书"——评〈水书〉（正七卷、壬辰卷）》（1996年）；王品魁《拉下村水文字墓碑辨析》（1998年）；吴正彪《〈水书〉翻译管窥》（1998年）；刘凌《"水书"文字性质探索》（1999年）；韦宗林《水族古文字"反书"成因简议》（1999年）；韦宗林《水族古文字"反书"的成因》（1999年）；吴端端、蒋国生《中国水族文字档案的形成与特点》（1999年）；潘道益《水族七元历制初探》（1999年）等。

从20世纪80年代到90年代，人们对水书的研究仍处在探索阶段，其中代表人物是王品魁先生。他利用早年在中央民族学院学习的知识背景和依托于三都水族自治县的文化大本营，孜孜不倦，经常自费下乡进行田野调查，收集第一手资料，翻译了多部不同卷本的水书。但由于出版经费的限制，目前没有能够全部出版。1994年，由贵州省民委古籍办、黔南州民委、三都县民委编，王品魁先生译注的《水书（正七卷、壬辰卷）》，由贵州民族出版社出版。全书40万字。该书通过规范水书手写写法，采用通行的国际音标直译，最后意译，对水书的朗读入门本正七卷和壬辰卷进行了翻译和注释，标志着水书的研究进入了一个新的时代。

第四节 蒙古语民族

一、回鹘式蒙古文古籍

20世纪80年代末90年代初，蒙古学上的一个重要发现是和阿尔寨石窟的文化遗迹紧密相关的。"内蒙古社会科学院蒙古语言文学研究所《蒙古语言文学》杂志和内蒙古大学蒙古语言系及中央民族大学等组成的联合调查组于1989年12月来到阿尔寨石窟。他们于1990年再次考察之后，通过新闻报纸以及学术杂志等媒介向社会各界广泛宣传介绍阿尔寨石窟。1997年，以中央民族大学哈斯额尔敦教授为首，包括丹森、那·巴图吉日嘎拉、布仁巴图、嘎尔迪、贾拉森和恩和巴图尔等成员组成的研究班子出版了《阿尔寨石窟回鹘蒙古文榜题研究》一书，书中汇集了窟中几乎所有榜题，对研究阿尔寨石窟奠定了学术基础。"[1] 辽宁民族出版社于1997年出版了《阿尔寨石窟回鹘蒙古文榜题研究》蒙文版，书中集中介绍和分析了石窟内壁上所画的佛、菩萨、金刚、佛度母像以及这些画像左右两侧和上部书写的藏文和回鹘蒙文祝赞诗句。具体涉及的是《忏悔三十五佛之叩拜颂赞诗》（18种）、《二十一位佛度母颂赞》（18种）、《十六个岁汉颂赞诗》（13种）、《达尔玛达剌比丘赞》和

---

[1] 巴图吉日嘎拉、杨海英著：《阿尔寨石窟》，株式会社、風響社，2005年，第52页。

《四大天王赞词》的残留遗迹。另外，从阿尔寨石窟中还发现了少量蒙文木刻版经文残页和蒙藏文手抄本残片。所有这些文化遗产，对于回鹘式蒙古文的发展史、藏传佛教的流传史、蒙藏文化关系史以及佛教文化艺术传播史的研究提供了新依据。

蒙古文献古籍的汉译注释和研究工作，这一时期不但有了拓展，而且成绩斐然。尤其是蒙古族高僧的蒙文传记，被翻译成汉文出版的这一举措，对蒙古文献古籍走向更广阔的天地，拓宽其研究领域，提供了可能。诸如：马大正、成崇德编《清代蒙古高僧传译辑》，由全国图书馆缩微复制中心 1990 年出版，包括：《咱雅班第达传》《内齐托音一世传》《内齐托音二世传》《哲卜尊丹巴传》的汉译和相关研究文章。珠荣嘎先生汉译注释《阿拉坦汗传》，由内蒙古人民出版社 1990 年出版（另外，由中国和日本学者共同完成的《阿拉坦汗传译注》，即日译注释附加蒙古文原版的学术著作，于 1998 年在日本风间书房出版）；色道尔吉先生汉译罗桑丹津著《蒙古黄金史》，由蒙古学出版社 1993 年出版。结合上述文献古籍，由包文汉和乔吉两位先生以汉文编著的《蒙古历史文献概述》，由内蒙古人民出版社 1994 年出版。上述蒙古文古籍的读者并不仅限于蒙古族读者了。

这一时期蒙古文献古籍的搜集整理和研究工作仍在继续，微观与宏观性研究论著也不断问世，其中标志性研究成果可谓乌兰先生著《〈蒙古源流〉研究》。关于这一蒙古文历史古籍的研究过程，引其导师周清澍先生序言中的一段话来概括最为贴切："……1986 年，她在日本进修期间，与日本老一辈学者江实共同研讨此书并合作完成蒙古原文的拉丁音写。1990 年，澳大利亚国立大学出版了她和江实、罗依果、克鲁格合作完成的校勘音写本。1991—1997 年，她以在职副教授攻读博士学位，完成了《〈蒙古源流〉研究》的博士论文，除前言外，包括三至八卷的原文校勘、音写、汉译文和注释。此次出版前的近一年来，她又经过认真的修订，增补了一至二卷，使全书得以展现在读者面前。因此，乌兰博士这部 60 多万字的新著，可以说是她积 20 年心血的精审之作。"[①] 对于民族语文文献古籍的研究，应当用这种认真、扎实、锲而不舍的精神来对待，才能铸造出经得起时间检验的精品。在一个新旧世纪交替之际，蒙古文古籍研究、出版工作的理念与实践，逐渐与国际学术界接轨了。

二、八思巴文古籍

（一）八思巴文古籍综合研究

对于八思巴字文献古籍的研究仍在继续。这一阶段的学术研究成果大致有如下特点：(1) 对已知八思巴字文献资料的重新审视、解读和阐释。这方面有：姚朔民撰《再释河北平山所出八思巴文官印》，发表在《文物》1990 年 10 期；陈乃雄撰

---

① 乌兰著：《〈蒙古源流〉研究》，辽宁民族出版社，2000 年。

《〈蒙古字韵〉和元代钱币——八思巴字释读》和《元四体异文钱试释》，发表于 1993 年《元代货币论文选集》。顺便指出，专题研究《元代货币论文选集》里，还收录了戴仁和《试析"至正之宝"权钞钱》、韩儒林《八思巴字大元通宝跋》等文。在《内蒙古金融研究·货币专刊》1995 年第 2 期上刊登的李逸友《"大元通宝"考辨》、杜国录《元顺帝八思巴文至元通宝》，蔡美彪于 1994 年第 10 期《考古》上发表的《八思巴字玉册两种译释》和 1995 年第 7 期《文物》上发表的《元宁远务关防课税务印释》，照那斯图在 1994 年第 2 期《海交史研究》发表的《元代景教徒墓志碑八思巴字考释》，1995 年第 3 期《内蒙古大学学报》上的《关于元统二年正月八思巴字圣旨抄件汉译中的若干问题》，1995 年第 6 期《民族语文》上的《元代纸币八思巴字官印文字考》均属此类成果。（2）对于新近发现的八思巴字文献资料的简介与研究。属于此类的文章有：张文彬、于树楷撰《黑龙江桦南县庆发村发现一枚元代八思巴文官印》，发表在《北方文物》1994 年第 4 期；道布、照那斯图撰《河南登封少林寺出土的回鹘式蒙古文和八思巴字圣旨碑考释》发表在《民族语文》1993 年第 5 期；包祥撰《汉城发现的八思巴字文献》发表在《内蒙古大学学报》1994 年第 2 期；照那斯图在 1996 年第 3 期《文物》发表的《对〈吉林出土古代官印〉两方八思巴官印释文的订正》和 1997 年第 3 期《文物》上发表的《陕西出土历代玺印选编和续编两书中若干八思巴字印章文字的订正和补释》等。（3）对于那些不同地域和不同材料上用八思巴字母拼写不同文种的文献资料的介绍与研究，其中有：武·呼格吉勒图《八思巴字和蒙古语文献评介》发表在《民族语文》1992 年第 2 期上；照那斯图、胡海帆撰《林县宝严寺两道八思巴字蒙古语圣旨》发表在《民族语文》1996 年第 3 期上；刘振华撰《龙泉系瓷器上的八思巴字款及相关问题》发表在《北方文物》1996 年第 2 期上；刘振华撰《景德镇龙珠阁藏青花瓷碗八思巴字款考察记》刊载于《文物》1996 年第 11 期上；葛师科撰《也谈八思巴文款青花瓷器的年代》发表在《文物》1997 年第 6 期等，均属传统研究的延续。

1995 年，西藏自治区档案馆编辑的《西藏历史档案荟萃》由文物出版社出版发行。据该书后记云："本书共收载宝贵的西藏历史档案及印章等文物 107 件，汇藏文、八思巴文、汉文、满文、蒙文为一体；首次公布的档案文献 66 份，其中 61 份由西藏自治区档案馆提供，5 份由日喀则地区档案馆等提供。"[①] 107 件档案分别收录了元朝档案 22 件、明朝档案 11 件、清朝档案 46 件、民国档案 17 件、中华人民共和国档案 11 件。其中刊布的八思巴字文献有：圣旨（1—7）、圣牌（8）与印玺（9—15）三类：1.《薛禅皇帝颁给拉洁·僧格贝的圣旨》（230cm×55.8cm）牛年（1277 年或 1289 年）正月三十日写于大都；2.《也孙铁木儿皇帝颁给类乌齐寺和尚们的圣旨》（283cm×56.3cm），泰定元年鼠年（1324 年）三月十三日写于大

[①] 西藏自治区档案馆编：《西藏历史档案荟萃》，文物出版社，1995 年。

都；3.《也孙铁木儿皇帝颁给札西丹寺和尚们的圣旨》(234cm×57.3cm)，泰定元年鼠年十月二十三日写于大都；4.《妥欢帖睦尔皇帝颁给贡觉桑布的圣旨》(338cm×57cm)，至正五年鸡年（1345年）正月二十七日写于大都（原件藏于日喀则地区档案馆）；5.《妥欢帖木尔皇帝颁给云丹坚赞的圣旨》(273cm×58.6cm)，至正二十二年虎年（1362年）二月三十日写于大都；6.《答吉皇太后颁给古香·札巴坚赞的懿旨》(236cm×56.6cm)，猴年（1320年）九月十五日写于大都；7.《海山怀宁王颁给夏鲁寺的令旨》，蛇年（1305年）九月三十日写于吉拉木图；8. 八思巴文蒙古语金字圣牌（原件藏于扎什伦布寺）；9. 大元帝师统领诸国僧尼中兴释教之印；10. 桑杰贝帝师印；11. 国师之印；12. 统领释教大元国师印；13. 灌顶国师之印；14. 亦思麻儿甘军民万户府印；15. 白兰王印等。这些材料有的曾被学术界所熟知和利用，有的则鲜为知晓和很少利用。

（二）蒙古文古籍资料

上面已经介绍了《西藏历史档案荟萃》中的八思巴文古籍，该书中还涉及蒙古文文献资料，有蒙文档案（1—2）、满蒙藏三种文字合璧档案（3—19）和满蒙藏汉四种文字合璧［印玺、册文、匾文（20—23）］。另外，在民国档案中有两件是蒙汉文（24）和蒙汉藏文（25）合璧的。其总目如次：(1) 顺治皇帝颁给班禅活佛的圣旨 (187cm×49.3cm)，顺治八年（1651年）四月初二；(2) 顺治皇帝给达赖喇嘛的敕谕 (80cm×63cm)，顺治十四年（1657年）六月二十四日；(3) 康熙皇帝为平定准噶尔有功封赏事给绰克托的敕谕 (400cm×32cm)，康熙六十年（1721年）四月初六；(4) 康熙皇帝为降谕兴佛教事给六世达赖喇嘛的咨文 (162cm×83cm)，康熙六十年（1721年）十一月十九日；(5) 康熙皇帝为贡赏事给六世达赖喇嘛的敕谕 (162cm×83cm)，康熙六十一年（1722年）四月十日；(6) 雍正皇帝为加封赏赐印册事给六世达赖喇嘛的敕谕 (166cm×100cm)，雍正元年（1723年）六月十日；(7) 雍正皇帝为指派康济鼐办理藏务事给达赖喇嘛的敕谕 (174cm×110cm)，雍正四年（1726年）正月二十五日；(8) 乾隆皇帝为达赖喇嘛灵童坐床等事给班禅活佛的敕谕 (300cm×92cm)，乾隆二十七年（1762年）正月；(9) 乾隆皇帝为坐床事给达赖喇嘛灵童的敕谕 (150cm×82cm)，乾隆二十七年（1762年）正月；(10) 乾隆皇帝为调离达赖兄弟等人事给达赖喇嘛的敕谕，乾隆五十五年（1790年）九月十六日；(11) 嘉庆皇帝为确立达赖喇嘛灵童事给班禅活佛的敕谕 (162cm×95.5cm)，嘉庆十三年（1808年）八月十三日；(12) 嘉庆皇帝为贡赏事给达赖喇嘛的敕谕 (157cm×98.5cm)，嘉庆十四年（1809年）七月十一日；(13) 嘉庆皇帝为达赖喇嘛圆寂后有关事务给阿旺强白楚臣的敕谕 (271cm×70cm)，嘉庆二十五年（1820年）二月初八；(14) 道光皇帝为达赖喇嘛圆寂暂需摄政事给阿旺强白楚臣的敕谕 (166cm×100cm)，道光二年（1822年）二月初八；(15) 道光皇帝为贡尚事给达赖喇嘛的敕谕 (156cm×67cm)，道光三年

(1823年）二月二十六日；（16）道光皇帝为派员掣签事给达赖喇嘛灵童的敕谕（180cm×102cm），道光二十一年（1841年）八月十七日；（17）咸丰皇帝为达赖喇嘛灵童年少暂需摄政事给热振活佛的敕谕（279cm×64cm），咸丰八年（1858年）九月十四日；（18）咸丰皇帝为坐床事给达赖喇嘛灵童的敕谕（180cm×103cm），咸丰十年（1860年）十月十一日；（19）光绪皇帝为坐床事给达赖喇嘛灵童的敕谕（174cm×100cm），光绪五年（1879年）三月十九日；（20）雍正皇帝颁给七世达赖喇嘛之金印；（21）乾隆皇帝册封八世达赖喇嘛之玉册；（22）道光皇帝册封十一世达赖喇嘛之金册；（23）同治皇帝赐予扎什伦布寺之御笔匾文；（24）临时大总统为批准成立蒙藏统一政治改良会事发布的命令（447cm×25.7cm），中华民国元年三月二十五日；（25）国民政府册文，中华民国二十三年二月十二日。从上列目录中大致可以了解到西藏档案馆所珍藏涉及蒙古学的蒙文古籍情况。当我们关注西藏珍藏八思巴文文献古籍并继续深入研究的同时，还应当关注和研究有关藏蒙合璧、藏蒙汉合璧和蒙古文与多种文字合璧的文献资料。

三、托忒蒙古文古籍

巴岱、金峰、额尔德尼整理注释的卫拉特文化经典——《卫拉特史迹》（胡都木蒙文），于1993年由新疆人民出版社出版。该书除了简短前言和附录之外，以三章十四节构成。书中的史料大都属于原始文本，有托忒文书写的，有蒙古文书写的，有满文书写的，也有蒙、满、汉、藏4种文字书写的。所涉内容极为丰富，无疑是研究卫拉特四部的珍贵文献古籍。由于篇幅所限，不能逐一评介，故把全书目录翻译如下：

第1章：史记。其中：第1节《掌管圣主成吉思汗政权扶持汗官之传》。据该著批文，又称《圣主成吉思汗根源、四卫拉特根源、和硕特根源史书》，本书原稿以毛笔书写、托忒文抄本形式传承，由阜·道给同志收藏。最初由他重抄，金峰写简介，于1983发表在《汗腾格尔》杂志第2期上。书中并没有写成吉思汗根源，重点在四卫拉特根源，尤为突出了绰尔斯卫拉特汗系。它对研究15世纪至18世纪蒙古史意义重大。第2节《和鄂尔勒克史》。据批语，该史书由新疆大学蒙古史教员舍·诺日布于1982年，从巴音郭勒自治州阿尤希手里获得，然后他把这个文献刊布在《汗腾格尔》杂志1983年第3期上。书中反映了土尔扈特和鄂尔勒克迁徙至伏尔加河流域以及四卫拉特联盟占领青藏高原的史事，特别指出的是，对于四卫拉特联盟的发展经历过三个阶段的论述不见于他书。金峰根据这部史料撰写了有关卫拉特联盟的数篇学术论文。第3节《厄鲁特部简史》，抄本，金峰于1981年发现自呼伦贝尔档案处。第4节《蒙古本土起源明鉴》，作者意希扎布于1732年用满文著。200年后由巴特楚伦译成蒙文并用托忒蒙文书写，和满文本一起交付给长子巴图吉尔嘎拉，由此再传抄流传至额尔德尼之手，是为1951年。第5节《呼伦贝尔地区总律》包括：1. 圣喻，2. 猎地，3. 边境，4. 市井，5. 村落，6. 牧地，7. 哨卡，8. 敖包，9. 渡口，10. 房舍，11. 学校，12. 庙塔，13. 古迹，14. 俸禄，15. 赦免，16. 户籍，17. 驿站．18、捷径，19. 诸部起源，20. 风习，21. 官衔，22. 武器，23. 家畜，24. 野兽，25. 飞禽，26. 鱼虾，27. 果脯，28. 农民，29. 蔬菜，30. 野菜，31. 树木，32. 差负，33. 赋税，34. 将领，35. 烈女。第6节论达尔哈德、库布色古勒湖的乌梁海、杜尔布特、浩通、巴雅古德、厄鲁特、敏古德、扎哈钦、土尔扈特、和硕特、察哈尔、达日钢嘎、阿尔泰的乌梁海、哈萨克、哈玛尼兀特等诸部之源流。

第2章：各种文书。第1节世系表，包括（1）土尔扈特根源世系；（2）乌恩苏吉格图哈兀钦土尔扈特南盟首领札萨克卓日格图汗包音朝克图家族根源之亲属册；（3）乌恩苏吉格图哈兀钦土尔扈特北盟王、公札萨克、台吉之根源名档；（4）先辈可汗世系史出处清净之第2节祭祀文，包括：①抛洒之经书；②敬酒祝愿；第3节碑刻包括：①平定准噶尔之事记载于格登山铭文，②平定准噶尔后勒铭伊犁之碑，③安远庙瞻礼书事，④土尔扈特全部归顺记（汉、满、蒙、藏4种文），⑤优恤土尔扈特部众记，⑥普陀宗乘之庙碑记（汉、满、蒙、藏4种文）。

第3章：公文。第1节清初有关卫拉特和喀尔喀方面的3种公文：（1）和硕特瓦其尔图台吉致清崇德皇帝书；（2）清顺治皇帝颁发喀尔喀札萨克图汗等书函；（3）清顺治皇帝颁发的有关喀尔喀厄鲁特敕谕。第2节有关噶尔丹博硕克图的两种文书：（1）噶尔丹博硕克图致俄罗斯沙皇请求军事援助的文书；（2）噶尔丹博硕克图使臣致俄罗斯沙皇求援粮食的文书。第3节有关策旺拉布丹汗的三种文书：（1）策旺拉布丹致沙皇俄罗斯的抗议书；（2）策旺拉布丹致沙皇书函；（3）致俄罗斯沙皇通报派遣使臣的书函。第4节有关伏尔加土尔扈特的四种文书：（1）清康熙皇帝赐土尔扈特阿尤西汗书；（2）清雍正皇帝赐土尔扈特策仁敦都格汗书；（3）清乾隆皇帝赐土尔扈特乌巴什汗书；（4）纳钦哈希哈致沙皇书函。第5节有关呼伦贝尔巴尔扈与厄鲁特6种文书：（1）使令旧巴尔虎居住于呼伦贝尔的公文；（2）喀尔喀车臣汗致函使令新巴尔虎定居于呼伦贝尔；（3）喀尔喀车臣汗致函苏伦军章吉图给使令新巴尔虎居住于呼伦贝尔；（4）蒙古衙门致使令厄鲁特郡王策旺旺布居住于呼伦贝尔的文书；（5）有关厄鲁特郡王策旺旺布草场问题致蒙古衙门书；（6）蒙古衙门为扩充策旺旺布草场而致呼伦贝尔大臣书。附录：卫拉特诸汗诺颜的10种画像，全书共497页。

这一时期发表的学术论著有：乌兰发表于《民族研究》1993年第4期上的《试论托忒文历史文献的史料价值》；齐·艾仁才、特·那木吉拉编著《卫拉特民俗》（托特蒙文版），由新疆人民出版社1995年出版。

第五节　突厥语民族

20 世纪 90 年代，一批青年学者开始崭露头角，与老一代学者形成梯队，并将古代突厥文与汉文史料相结合，开展了卓有成效的综合研究。如吐尔逊·吾守尔的《鄂尔浑—叶尼赛碑文的发现》[①]；伊斯拉菲尔的《关于回鹘文观无量寿经》[②]；沙德尔编《古丽与诺鲁兹》[③]；张铁山的《我国古代突厥文文献研究现状及其发展设想》[④]《回鹘文〈金光明经〉第四卷第六品研究》[⑤]《回鹘文〈金光明经〉第八品研究》[⑥]《回鹘文〈妙法莲花经·普门品〉校勘与研究》[⑦]《国外收藏刊布的回鹘文佛教文献及其研究》[⑧]《北京图书馆藏回鹘文〈阿毗达磨俱舍论〉残卷研究》[⑨]；李经纬的《回鹘文献语言的数量词》[⑩]；耿世民的《回鹘文〈玄奘传〉及其译者胜光法师》[⑪]；阿不都热西提·亚库甫的《鄂尔浑文"翁金碑"译释》[⑫]；牛汝极的《突厥文起源新探》[⑬]；张铁山、赵永红的《古代突厥文〈占卜书〉译释》[⑭]；杨富学的《古代突厥文〈台斯碑〉译释》[⑮]《敦煌本突厥文 Irq 书跋》[⑯]；胡达拜尔迪刊布的《四个伊玛目传》[⑰]；刘宾、张宏超主编的《上古至高昌回鹘汗国时期的诗歌》《高昌回鹘王国时期的文学》《喀喇汗朝时期的文学》（新疆人民出版社，1995 年）；阿布拉江的《古碑铭文献语言的文学特征》[⑱]；李增祥的《中世纪喀喇汗王朝时期的突厥语文文献》[⑲]；卡尔曼的《"暾欲谷碑"的艺术特点论析》[⑳]；买提热木·沙依提的

[①] 《新疆大学学报》维文版，1990 年第 2 期。
[②] 《布拉克》，1990 年第 4 期。
[③] 《布拉克》，1990 年第 4 期。
[④] 《西北民族研究》，1990 年第 2 期。
[⑤] 《喀什师范学院学报》1990 年第 1 期。
[⑥] 《新疆大学学报》，1990 年第 2 期。
[⑦] 《喀什师范学院学报》，1990 年第 3 期。
[⑧] 《西域研究》，1991 年第 1 期。
[⑨] 《民族语文》，1994 年第 2 期。
[⑩] 《语言与翻译》，1990 年第 4 期。
[⑪] 《中央民族学院学报》，1990 年第 6 期。
[⑫] 《新疆地方志》维文版，1991 年第 3 期。
[⑬] 《新疆大学学报》，1992 年第 4 期。
[⑭] 《喀什师范学院学报》，1993 年第 2 期。
[⑮] 《语言与翻译》，1994 年第 4 期。
[⑯] 《国家图书馆学刊》，1997 年第 4 期。
[⑰] 《布拉克》，1994 年第 11 期。
[⑱] 《语言与翻译》维文版，1995 年第 6 期。
[⑲] 《文史知识》，1995 年第 10 期。
[⑳] 《新疆社科研究》维文版，1995 年第 1 期。

《占卜书》[1]；海茹拉的《碑文文学的英雄精神浅探》[2]；郎缨的《高昌回鹘汗国时代的维吾尔佛教文学》[3]；莎里赫编《爱情之书》[4]、吐尔逊·吾守尔的《诗体乌古斯传》[5]、海热提江《布吐尔米希·大干与摩尼教徒忏悔词》[6]（载《喀什师院学院》，维文，1990年4期）；阿合买提刊布《塔依尔与佑胡拉》（载《布拉克》1995年1期）；阿布都热西提《古代维吾尔语摩尼教文献忏悔词》《元代回鹘文诗体问候信》[7]、《八阳神咒经》[8]；许秀芳的《〈福乐智慧〉研究综述》[9]；海热提江编《麻赫穆德·喀什噶里与〈突厥语大词典〉研究著作、论文索引》（新疆大学中文系维吾尔文学教研室打印稿，1996）；塔伊尔江编《〈突厥语大词典〉研究论著、论文题录》[10]《〈突厥语大词典〉研究论著、论文题录补遗》[11]；杨富学《元代回鹘文献——农奴免赋请愿书研究》[12]《两件回鹘文敕令译释》[13]，《吐鲁番出土回鹘文借贷文书概论》《敦煌研究院藏回鹘文木活字》两篇文章分别登于《敦煌研究》1990年第1期和第2期，《巴黎藏敦煌本回鹘文摩尼教徒忏悔文译释》[14]《从一份摩尼文文书谈高昌回鹘的几个问题》[15]《敦煌研究院珍藏的一页回鹘文残卷》[16]《吐鲁番出土回鹘文木杵铭文初释》[17]《安西榆林窟25窟前室东壁回鹘文题记译释》[18]《一份珍贵的回鹘文寺院经济文书》[19]《回鹘文摩尼教寺院文书释文的几处商榷》[20]《五件回鹘文摩尼教文献考释》[21]《敦煌本回鹘文〈阿烂弥王本生故事〉写卷译释》[22]《敦煌出土早期回鹘语世俗文献》[23]；卡哈尔·巴拉提的《多罗郭德回鹘文碑的初步研究》[24]《亦都

---

[1] 《布拉克》，1996年第1期。
[2] 《布拉克》，1999年第4期。
[3] 《民族文学研究》，1992年第1期。
[4] 《布拉克》，1992年第3期、第4期，1993年第1期、第2期。
[5] 《布拉克》，1993年第1期。
[6] 《喀什师院学报》（维文版），1993年第1期。
[7] 《布拉克》，1996年第3期。
[8] 《布拉克》，1999年第4期。
[9] 《新疆社会科学研究情报》，1993年第5期。
[10] 《新疆社会科学研究情报》，1997年第5期。
[11] 《新疆社会科学研究情报》，1998年第5期。
[12] 《新疆文物》，1988年第4期。
[13] 《新疆文物》，1989年第4期。
[14] 《敦煌学》（台北），1990年。
[15] 《喀什师范学院学报》，1990年第4期。
[16] 《敦煌研究》，1991年第2期。
[17] 《甘肃民族研究》，1991年第4期。
[18] 《中国民族古文字研究》（三），天津古籍出版社，1991年。
[19] 《西北民族研究》，1992年第1期。
[20] 《西北史地》，1992年第4期。
[21] 《新疆大学学报》，1993年第4期。
[22] 《西北民族研究》，1994年第2期。
[23] 《敦煌研究》，1994年第4期。
[24] 《新疆大学学报》，1982年第4期。

护高昌王世勋碑回鹘文碑文之校勘与研究》①；黄盛璋的《回鹘译本〈玄奘传〉残卷五玄奘回程之地望与对音研究》② 等。

这一阶段，我国学者不但发表了许多有分量的论文，而且出版了一批学术著作，其中主要有哈米提、阿布都若夫刊布《两种语言的辩争》（维文版）（民族出版社，1990年）；艾海提刊布的《穷人的故事》和阿布都克尤木刊布的《阿比提诗集》分别刊登于《布拉克》1990年第3期和第4期；阿布都热提刊布《正直人的惊愕》（维文版）（新疆青年出版社，1991年）；蔡灿津《福乐智慧哲学思想初探》（东方出版社，1991年）；热合木图拉刊布《帕尔哈德与希琳》（维文版）（新疆青年出版社，1991年）；亚井译《纳扎尔爱情诗集》（新疆人民出版社，1991年）；铁依夫江刊布《莱丽与麦吉侬》（维文版）（新疆青年出版社，1991年）；伊斯拉菲尔刊布《七星图》（维文版）（新疆青年出版社，1991年）；那苏诺拉刊布《忧伤的训音》③；井亚、周恒正译《纳瓦依诗选》（内蒙古人民出版社，1992年）；哈米提刊布《巴布尔回忆录》（维文版）（民族出版社，1992年）；郎樱《福乐智慧与东西方文化》（新疆人民出版社，1992年）；乌斯曼编《迈赫宗诗集》④；伊斯拉木《福乐智慧与法律》（维文版）（新疆人民出版社，1993年）；阿布都热西提等刊布《艺坛荟萃》（维文版）（新疆人民出版社，1994年）；耿世民的《敦煌突厥回鹘文书导论》（台湾新文丰出版公司，1994年）、《鄂尔浑——叶尼塞碑铭语言研究》⑤；玉素夫刊布《麦希胡里诗集》（新疆人民出版社，1995年）；巴哈吾东编《尼扎里穆罕买斯五行诗集》（新疆人民出版社，1995年）；买买提吐尔逊编《艾尔希诗集》（新疆人民出版社，1995年）；库尔班编《诺比提诗集》（新疆人民出版社，1995年）；吐尔逊编《迈赫宗诗集》（新疆人民出版社，1995年）；伊斯拉菲尔编《凯兰代尔诗集》（新疆人民出版社，1995年）；李经纬的《吐鲁番回鹘文社会经济文书》（新疆人民出版社，1996年）、《回鹘文社会经济文书研究》（新疆大学出版社，1996年）；艾买提等编《斯坎德尔之书》（民族出版社，1996年）；阿吉努尔·阿吉编《古丽与诺鲁兹》⑥；牛汝极的《维吾尔古文字与古文献导论》（新疆人民出版社，1997年）；王治来译《巴布尔回忆录》（商务印书馆，1997年）；热合曼编《突厥语大词典的文学作品》（维文版）（新疆人民出版社，1998年）；《纳瓦依的警言》（维文版）（新疆青年出版社，1998年）；艾尔肯编《斯坎德尔之书》（新疆人民出版社，1998年）；杨富学的《回鹘之佛教》（新疆人民出版社，1998年）、《西域敦煌回鹘文献语言研究》⑦；吐尔逊·阿尤甫的《古代维吾尔语教程》（维吾尔文版）

---

① 《元史及北方民族史研究集刊》，1984年第8期。
② 《西北史地》，1984年第3期。
③ 《布拉克》，1991年第2期、第3期。
④ 《布拉克》，1993年第2期。
⑤ 本书与阿不都热西提·亚库甫合著，新疆大学出版社，1999年。
⑥ 《布拉克》，1996年第4期。
⑦ 本书与邓浩合著，甘肃文化出版社，1999年。

（民族出版社，1998 年）；艾斯卡尔刊布《七部叙事诗》[1]；李增祥等的《回鹘文文献语言简志》（新疆大学出版社，1999 年）；伊明《福乐智慧宝库》（维文版）（新疆大学出版社，1999 年）；外力编《土库曼谱系》[2]；图尔贡等刊布的《纳瓦依的珍珠》（喀什维吾尔文出版社，1999 年）；1991 年，民族出版社出版了哈萨克语版《福乐智慧》；1992 年，新疆人民出版社出版柯尔克孜语版的《福乐智慧》；吐尔逊·阿尤甫、买提热依木的《回鹘文〈金光明经〉》（维文版）（新疆人民出版社，2001 年）等。

20 世纪 90 年代，在古代突厥文研究领域取得较大成绩的学者之一就是芮传明先生。这一时期，他将古代突厥文碑铭与汉文等材料结合起来，先后发表了《coray 和 Kara Kum 方位考》[3]《毗伽可汗碑"远征 Kcin 事件"考述》[4]《后突厥与突骑施交战地点考》[5]《"曳落河"与"柘羯"考》[6]（《西域研究》1991 年 3 期）、《西突厥先祖传说考》[7]《Tabγac 语原新考》[8] 等论文。这些成果后来都反映在其专著《古突厥碑铭研究》（上海古籍出版社，1998 年）中。

《古突厥碑铭研究》是芮传明在其博士论文的基础上修改而成的。全书除前言、主要参考书目、附录"古突厥碑铭译注"和后记外，正文包括十章内容，分别对后突厥政权早期根据地、"东征""西征"、征讨黠戛斯的行军路线、与突骑施交战地点、坐骑名号、族名、官号与称衔等进行了详细的考述。该书是 20 世纪末我国在古代突厥文研究领域难得的一部好著作。

可以说，经过 20 世纪 50 年代至 70 年代起步阶段的准备及 20 世纪 80 年代至 90 年代的积累和普及，我国突厥语族古籍的研究呈现了初步繁荣的状况，为其后的研究奠定了坚实的基础。

1990 年 3 月，新疆维吾尔自治区少数民族古籍整理出版规划领导小组召开工作会议。领导小组组长巴岱同志主持会议。会议主要听取了古籍工作汇报，对今后如何继续做好民族古籍工作提出了建议。

1990 年 12 月，在乌鲁木齐召开了全国《玛纳斯》学术研讨会。

1991 年 4 月，国家民委文宣司、文化部民族文化司、全国少数民族古籍整理研究室、新疆维吾尔自治区文联、《玛纳斯》工作领导小组等单位联合在京举办了《玛纳斯》柯尔克孜文本和汉译本出版新闻发布会。国家民委主任司马义·艾买提出席会议。举办新闻发布会的同时，还举办了《玛纳斯》工作成果展。4 月 25 日，

---

[1] 《布拉克》，1998 年第 2 期。
[2] 《布拉克》，1999 年第 3 期。
[3] 《西北民族研究》，1990 年第 2 期。
[4] 《新疆社会科学》，1990 年第 4 期。
[5] 《史林》，1991 年第 1 期。
[6] 《西域研究》，1991 年第 3 期。
[7] 《西域研究》，1994 年第 2 期。
[8] 《学术集林》，卷 10。

新疆维吾尔自治区少数民族古籍整理出版规划领导小组召开第二次扩大会议。会议通报了情况，认真听取了专家们的意见和建议，就如何继续做好民族古籍工作，发掘民族文化遗产，弘扬民族传统文化，进行了认真探索。会议提出了"八五"期间民族古籍工作的重点是收集整理并重，边收集、边整理，出版工作量力而行，并以此精神，安排了"八五"规划项目。

1991 年 8 月，在乌鲁木齐召开了全国《玛纳斯》史诗研讨会，会议参加者六十多人，向会议提交了数十篇学术论文。1994 年 8 月，在乌鲁木齐召开了国际《玛纳斯》史诗研讨会，会议除我国学者参加外，还有吉尔吉斯斯坦、俄罗斯、日本等国十几名外国学者向会议提交了四十多篇论文。在以上这些学术活动的基础上，1995 年 6 月在乌鲁木齐成立了中国《玛纳斯》史诗研究会。

1992 年 5 月，《中国新疆阿尔泰山岩画展》在北京历史博物馆开幕。全国人大副委员长阿沛·阿旺晋美、赛福鼎·艾则孜等出席开幕式。展览会上展出的岩画表现动物生殖崇拜、草原鹿、祭江等内容。

1992 年 8 月，新疆维吾尔自治区第二届维吾尔十二木卡姆学术讨论会在莎车县召开。十二木卡姆是维吾尔族人民智慧的结晶，它是用音乐语言表现古代维吾尔族生活各个方面的大型艺术百科全书，是东方音乐史上的巨大财富，也是中华民族文化宝库中的珍贵遗产。

1992 年 11 月 16—23 日，首届中国维吾尔木卡姆系列活动周在北京举办。活动由国家民委、文化部、中国社会科学院、中国文联、中国音协、中国民间文艺家协会、全国少数民族古籍整理研究室和新疆维吾尔自治区人民政府联合主办。系列活动包括木卡姆国际学术研讨会、木卡姆成果展览会、传统木卡姆和木卡姆交响乐晚会、木卡姆民间艺人表彰会。在人民大会堂新疆厅举行的开幕式上，党和国家领导人李铁映、赛福鼎·艾则孜作了重要讲话。出席开幕式的有木卡姆研究和艺术表演者 230 人。

1993 年 10 月 19—22 日，《福乐智慧》国际学术研讨会在北京举行。此次会议由新疆社会科学院和中国社会科学院等单位共同主办。出席会议的有来自日本、俄罗斯、哈萨克斯坦、蒙古、美国、中国等国家的中外学者 50 余人。

1993 年 10 月，哈萨克文《古兰经》由民族出版社出版，填补了世界译坛出版史一项空白。哈萨克文版《古兰经》直接译自阿拉伯文，译者还增加了不少注释，方便了阅读，对研究阿拉伯文学史、宗教史，具有重要的参考价值。

1994 年 4 月，新疆文艺界人士 500 多人欢聚乌鲁木齐，庆贺《十二木卡姆》12 本系列专著出版发行。《十二木卡姆》12 本系列专著由新疆人民出版社出版，采用五线谱谱曲，诗词通俗流畅。书中正文采用维吾尔文与汉文对照。首发式结束时，新疆木卡姆乐团表演了精彩的木卡姆片段。

1994 年 9 月，纪念鸠摩罗什诞辰 1650 周年——鸠摩罗什和中国文化国际学术讨论会在新疆库车县召开。此次会议是由新疆维吾尔自治区文化厅等单位主持召开的，来自中、日、韩、法、德及中国台湾等国家和地区的 140 多位专家学者，就鸠摩罗什的历史地位及其在佛教哲学、文学艺术方面的成就，他的译经事业等问题展开了讨论。

1994 年 9 月，新疆维吾尔自治区克孜尔千佛洞发现 60 枚珍贵的吐火罗语木简。木简主要记述公元 6 世纪初期古龟兹国社会经济生活方面的内容，为研究古龟兹国历史提供了新的资料。

1994 年 9 月 26 日，首届《玛纳斯》国际学术讨论会在新疆乌鲁木齐市举行，来自俄罗斯、吉尔吉斯斯坦、日本及国内的 60 多位专家学者参加了讨论会。

1995 年 6 月，经国家民政部批准，中国《玛纳斯》研究会在新疆乌鲁木齐宣告成立。该会的宗旨是研究和整理中国三大英雄史诗之一的柯尔克孜族大型史诗《玛纳斯》，这象征着《玛纳斯》已步入正规化研究阶段，研究工作更加科学化、规范化。

1995 年 11 月，哈萨克名著《七个可汗》学术讨论会在乌鲁木齐举行。新疆维吾尔自治区有关领导及专家学者 40 人出席了会议，会上交流学术论文 5 篇。

1996 年 6 月，哈萨克族古籍《医药志》研讨会在乌鲁木齐市举行。会议由新疆维吾尔自治区古籍办同哈萨克语言文化学会共同主办。六十多位专家学者到会并向大会提交六十多篇论文。

1998 年 10 月，"纪念中国维吾尔族学者、思想家、哲学家、诗人优素甫·哈斯·哈吉甫诞辰 980 周年及《福乐智慧》问世 928 周年全国学术研讨会"在新疆喀什市召开。会议由中国社会科学院少数民族文学学会、中国少数民族哲学社会思想史研究会、新疆维吾尔自治区维吾尔古典文学研究会、中共喀什地委和喀什地区行署等单位共同主办。来自北京等全国各地和新疆维吾尔自治区研究维吾尔历史与文化的专家、学者一百六十余人参加了会议，提交论文 96 篇。

1998 年 10 月 9—11 日，"中国维吾尔历史文化研究会首届学术研讨会"在北京召开。这是国内维吾尔历史、文化领域研究方面的一次盛会。参加这次研讨会的有来自北京、新疆、江苏等地区从事维吾尔历史文化研究的专家学者共 76 人。

第六节　满—通古斯语民族

一、满文古籍

20 世纪 90 年代是我国少数民族古籍文献整理和研究工作得到进一步发展的一个阶段。虽然"八五"期间没有召开全国少数民族古籍整理出版规划会议，但各地的整理和研究工作一直在稳定、有序地开展。全国少数民族古籍整理研究室也制订了《1991—1995 年全国少数民族古籍整理出版规划》，上报国家民委同意并着手实施。1996年5月，为了推动少数民族古籍工作的进一步开展，国家民委在北京召开了第二次全国少数民族古籍工作会议，总结了10年来少数民族古籍工作情况，确定"九五"期间少数民族古籍工作的指导思想和主要任务，对新形势下进一步做好少数民族古籍工作进行了认真的讨论和研究。这次会议首次提出编纂《中国少数民族古籍总目提要》，为进一步做好少数民族古籍整理研究工作奠定了基础。1997年，国家民委全面启动《中国少数民族古籍总目提要》的编纂工作，下发了《关于印发〈中国少数民族古籍总目提要〉编写纲要的通知》，对这一重点文化项目进行了全面部署。这一阶段，满文古籍文献相关工作也顺利开展，成立了一批新的研究机构，为满文古籍文献整理和研究工作的进一步发展提供了条件。1991年，为"加强满学研究，增进民族团结，联络满学力量，加强信息交流"，北京市社科院建立了满学研究所。这是全国社科院系统中唯一的专门研究满学的机构，每年举行一次学术年会。1992年，推出《满学研究》学术丛刊，至今已出版了8辑。1994年，建立北京满学研究基金会，以保障《满学研究》顺利出版。1995年，建立北京满学研究资料中心，以收集和管理有关图书资料，更好地支持开展满学研究。此外，相关的高校也成立了有关的机构。

相关机构的设立，有力地推动了满文古籍工作的开展。这一阶段的满文古籍整理和研究工作较前几个阶段具有一些新的特点，略述如下：

（一）满文古籍文献整理研究工作得到进一步发展，同时通过发掘新史料，填补了一些研究的空白。这一阶段满文古籍文献的整理、翻译、出版工作在总结和借鉴20世纪80年代经验的基础上有了进一步的发展。虽然整理、翻译、出版的数量没有20世纪80年代多，但是精品更多，取得了一些重大成果。主要有：1990年，中华书局出版的《满文老档》译著。这是国家科研"六五"项目之一，汇集了众多科研机构满文专家和学者经过十多年的艰辛努力才完成的。这是我国满文清史界的一项重大成果，是迄今为止翻译最全面、最能反映《满文老档》本来面貌的译注。1996年，出版由关孝廉、屈六生译注的《康熙朝满文朱批奏折全译》，本书记录了康熙一朝的军政公私机密要务，史料宏富，系统可靠，均属首次翻译，首次公之于世，为研究清朝前期历史提供了珍贵的第一手资料。1998年，出版《康熙朝满文朱批奏折全译》的姊妹篇《雍正朝满文朱批奏折全译》。其他较有代表性的还有吴元丰等编译《清代西迁新疆察哈尔蒙古满文档案译编》，李鹏年等主编《六世班禅朝觐档案选编》，辽宁省档案馆编译《盛京内务府粮庄档案汇编》《清代三姓副都统衙门满汉文档案选编》，季永海等汉译《年羹尧满汉奏折译编》，神田信夫、松村润、冈田英弘、细谷良夫编《镶红旗档——乾隆朝2》等。伴随着满文古籍文献整理工作的不断发展，相关的研究也不断深入，一些有见地、有深度的论文相继发表。如有关《满文老档》的：关孝廉撰《〈满文老档〉原本与重抄本比较研究》《〈满文老档〉特点及其史料价值》，刘厚生撰《〈旧满洲档〉形成年代刍议》《满文〈太祖老档〉的编纂》《本世纪中日学者〈旧满洲档〉和〈满文老档〉研究述评》《从〈旧满洲档〉看〈满文老档〉中的伪与误》，庄吉发撰《文献足征——〈满文原档〉与清史研究》等。同时，在整理相关文献的过程中发现了新的史料。1992 年在整理出版的《清代内阁大库散佚满汉文档案选编》中就发现了新的有关曹雪芹家世的官方档案——记载曹寅在总管内务府会计司任职期间一些重要活动的满文题本及曹𫖯骚扰驿站获罪的满汉合璧题本原件。这是继李德启先生翻译、故宫明清档案部编辑的《有关江宁织造曹家档案史料》一书，任世铎先生翻译的《新发现的查抄李煦家产析单》及张书才发现的关于曹𫖯获骚扰驿站罪的雍正七年刑部移会之后在学术上的又一新的突破，填补了红学和清史研究中的一些空白。[①] 不仅如此，在学术研究上也扩展了研究的领域。如庄吉发撰《从朝鲜史籍的记载看清初满洲文书的翻译》，从满汉文书探讨早期满鲜关系，这是一个值得重视的问题。陈捷先撰《从旗谱资料看满族汉化》，跨越了传统文献研究的范围，进一步拓宽了研究的领域。

（二）满文古籍研究工作日趋国际化，各种学术交流广泛。随着满学学科体系的不断完善，满学逐渐成为学界研究的热点，国外的学者不断加入到研究队伍中来，跨国界的各种学术活动交流不断增多。1992 年 8 月 15 日—8 月 17 日，北京市社会科学院等单位在北京主办了"北京满学学术讨论会"。参加这次学术讨论会的有日本、美国、韩国、意大利、俄罗斯以及中国台湾、中国香港等国家和地区的专家学者 21 人，北京和外省市的专家学者五十余人。其中很多都是知名的满学专家教授，如王锺翰、神田信夫、陈捷先等先生。会议共收到论文 50 篇，内容涉及满学研究的各个方面。1999 年 8 月 10 日，第二届国际满学研讨会在北京举行。来自日本、韩国、蒙古国、美国、加拿大、俄罗斯、德国、意大利等国家以及我国台湾、香港、澳门地区的著名专家教授五十余人，我国内地著名专家教授六十余人，共 120 余人出席了本届研讨会。会议收到论文八十余篇，很多都是专家学者的最新研究成果。除我国外，其他国家也举行了有关的学术交流活动。1990 年 11 月和 1991 年 6 月，日本东京外国语大学亚非语言文化研究所分别举办了"清朝行政机构与档案研究"和"语言文化交流研究"等学术交流活动，为中国、日本、韩国及我国台湾地区的学者共同探讨满文档案史料创造了条件。这一时期国外对满文古籍文献的研究，除了一直占显著地位的日本外，俄罗斯、韩国、德国、美国和意大利等国的学者也取得了一定的研究成果。如意大利斯达理撰《法国耶稣会传教士巴多明关于满文的书信》，俄罗斯庞晓梅撰《评〈满、汉、俄三体文碑铭〉》《关于乾隆〈盛京赋〉汉文文本和满文文本的比较》《俄罗斯科学院东方研究所圣彼得堡分所珍藏的满文抄本》等。

---

① 关嘉禄：《20 世纪中国满文文献的整理研究》，载《中国史研究动态》，2002 年第 2 期。

（三）满文古籍文献研究专著相继问世。继20世纪70年代台湾陈捷先著《满文清实录研究》、李学智撰辑《老满文原档论辑》等之后，随着大陆整理和研究水平的提高，对满文古籍文献进行研究的专著也相继出现。如刘厚生著《〈旧满洲档〉研究》。该书是目前国内唯一的一部全面介绍和研究《旧满洲档》的专著，其主要内容分成三个部分：第一部分着意总结自20世纪初以来海内外学者对《旧满洲档》和《满文老档》的发掘、整理和研究的状况与成就；第二部分是利用《旧满洲档》中所藏的史料对目前学术界所关注的几个问题进行学术探讨；第三部分是提供几项重要的史料，特别是将天聪九年档全部汉译，有重要的研究价值。本书以史料学为手段，对《旧满洲档》进行史源、语言结构、历史价值等方面分析和研究，并对前人的成果做出了客观全面的评述，提出了新的见解，在理论上有所创新，在实践上具有一定指导意义。[①] 赵志忠著《〈满谜〉研究》。《满谜》是用满文记录的满族民间谜语，清道光十一年刊刻。赵志忠对《满谜》一书进行了整理，除了转写、翻译外还对一些谜语进行了考证，填补了满族俗文学研究的一项空白，使满族文化的内涵更加丰富多彩。书后还附录了影印的《满谜》原文及对原文的转写、对译和译文。此外，比较重要的还有宋和平著《〈尼山萨满〉研究》，宋和平、孟慧英合著《满族萨满文本研究》等。

（四）基础性工作取得较大进展。主要表现在古籍文献编目特别是满文档案的编目整理工作和《满族大辞典》的编写出版。1990年，内蒙古自治区图书馆编《馆藏目录之二满文图书目录》。1991年，黄润华、屈六生编《全国满文图书资料联合目录》出版。全书共收录全国17个省、市、自治区48个单位收藏的满文图书文献一千余种，石刻拓片693种。每一书皆用汉、满、拉丁文转写三种文字书写，并标明年代、出版者、版本、文种、册数、板框、馆藏情况等。碑拓部分按年代先后顺序排列。书后有汉字笔画、汉语拼音、满文书名、拉丁字及作者汉字笔画等5种索引，检索和利用起来非常方便。1999年，吴元丰等主编出版了《清代边疆满文档案目录》《中国第一历史档案馆所存西藏与藏事档案目录》。通过这些编目工作，基本摸清了家底，为进一步整理和研究提供了便利。此外，1990年出版了世界第一部《满族大辞典》，在国际上产生了重要影响。大辞典共收词约6700条，内容包括满族的源流、历史地理、姓氏族谱、社会经济、政治军事、语言文化、风俗习惯、服饰穿戴、典籍著述、古今人物等，有附图150幅。《满族大辞典》作为中国第一部介绍和研究满族文史方面的大型综合性工具书，囊括了满族由古及今的全部历史和现状。这些基础性工作，为满文古籍文献整理和研究工作提供了方便，有力地推动了满文古

[①] 教育部社会科学研究与思想政治工作司编：《全国普通高等学校第二届人文社会科学研究成果奖获奖成果简介汇编》，中国人民大学出版社，1999年，第277-278页。

籍研究整理工作的进一步发展。

二、锡伯文古籍

进入 20 世纪 90 年代以后，锡伯文出版情况每况愈下，甚至目前已呈现停滞的状态。然而，在古籍整理方面，国家启动了跨世纪的重大文化项目——《中国少数民族古籍总目提要》工程。其中，《锡伯族卷》的编写工作始于 1999 年。当年 10 月，根据国家民委《关于印发〈关于中国少数民族古籍总目提要〉编写纲要的通知》要求，组成了新疆锡伯—满族古籍业务小组。

其他成果有：1990 年，扎鲁阿、何文君整理、新疆人民出版社出版的锡伯文《萨满歌》和《六部成语》。该年利用家谱和档案写成的论文成果较多，有贺灵《锡伯族源资料、研究成果及新信息》[1]，玛纳《锡伯族早期历史初探——关于历史起源问题》[2]，关鹤童《开源大湾屯锡伯族关氏氏谱及其涉及的有关问题》[3]，楠木贤道著、特克希译《科尔沁蒙古统治时期的锡伯族》[4]，白凤岐《清代蒙古族与锡伯族的关系》[5]。1991 年，出版了锡伯文《满汉合璧西厢记》。1992 年，天津古籍出版社出版满汉文本《萨满神歌》。1994 年，新疆人民出版社出版吴元丰、赵志强著锡汉对照《锡伯营职官年表》。

第七节　回　　族

十多年复苏回暖后，90 年代的回族古籍整理研究事业，如雨后春笋，生机盎然。

一、形成网络，队伍壮大

1990 年 11 月、1992 年 10 月、1994 年 8 月、1996 年 7 月、1998 年 5 月回族古籍协作工作会议分别在云南大理、甘肃兰州、新疆昌吉、青海西宁、河北沧州等地召开。协作小组成员由 1986 年的九省市自治区，逐步发展到 1998 年的黑龙江、辽宁、吉林、北京、上海、天津、河北、河南、山东、湖南、广东、四川、云南、陕西、宁夏、甘肃、青海、新疆等 18 个省市自治区。协作内容亦从抢救、搜集、整理回族古籍发展到抢救、搜集、整理、出版、研究回族古籍。在历次协作工作会议上，各省、市、区代表均相互介绍各地的回族古籍整理出版研究成果，共同制定回族古

---

[1] 《新疆社会科学》，1990 年第 4 期。
[2] 《满族研究》，1990 年第 4 期。
[3] 《满族研究》，1990 年第 4 期。
[4] 《蒙古学信息》，1990 年第 4 期。
[5] 《满族研究》，1990 年第 3 期。

籍整理的"八五""九五"规划,并多次对协作领导小组领导及成员予以改选和调整。协作小组曾对所整理研究的回族古籍上下限问题、回族古籍的范围问题、如何针对回族古籍的特点开展整理研究、如何更好更快地出版已整理出的回族古籍成果,及各省、市、自治区之间以什么样的方式协作整理研究回族古籍等问题,进行过反复讨论商榷,在许多方面达成共识。每次协作会议均将会议所讨论内容形成会议纪要,发往各协作省份,以促进回族古籍的整理研究。

"八五"期间,在总结前期回族古籍搜集整理工作的基础上,回族古籍协作领导小组提出编纂《中国回族古籍总目》《中国回族金石录》《中国回族家谱汇编》《中国回族匾额楹联汇辑》的合作意向。回族古籍协作历次工作会议都得到了全国少数民族古籍领导小组、全国少数民族古籍整理研究室的领导及专家的关注。整理小组副组长李鸿范、贾春光及研究室副主任李冬生、李晓东曾多次亲临会议指导工作。已举办的6次回族古籍协作会议每到一处,都受到当地党委、政府的支持和关怀,所在地政府主管领导和有关单位除到会祝贺和参加会议讨论外,还承担了会议组织、会议经费等任务。各地新闻媒体也均对回族古籍协作的进展及成果做出过相应的宣传报道,使回族古籍整理研究这一从前鲜为人知的学科,逐渐被社会了解。

二、雨后春笋 厚积薄发

广袤肥沃的回族文化土壤,终会孕育出丰富多彩的回族古籍成果。这一时期抢救整理的成果内容丰富,形式多样。内容有书籍、文献、谱牒、碑铭、匾额楹联、口碑资料等。整理出版形式有影印本、标点本、校勘本、注释本、今译本、汇辑等等。发表的有关研究论文涉及回族古籍文献方方面面,依据新发掘回族古籍文献史料撰写的学术著作获得社会首肯。

据不完全统计,这时期北京整理出版回族古籍1部。天津市整理出版回族古籍3部,内部印行《天津回族》。内蒙古自治区搜集到回族古籍约八十种,出版的蒙古文或汉文蒙古族古籍中,含有丰富的回族或回族先民的史料,并在此基础上写成了反映呼和浩特市回民历史与现状的《呼和浩特回族史》。河北省收集到明清和民国时期回族匾文84条、碑文15篇、回族人物简志19篇;清代经书10部,清代医方1册,家谱17部,回族民谣及唱词哭词十余篇。河南省收集到回族古籍和志书350本(篇),清真寺碑刻、拱北和回民墓碑572通,文物100件。1993年至1994年两年间,出版发行了《天方性理》《天方典礼》白话译文本。山东省搜集到回族古籍40种,整理出版4部。贵州整理出版回族古籍1部。宁夏抢救搜集回族古籍38种、回族历史报刊55种、碑记二百余篇。在继续组织出版"回族古籍丛书"同时启动《中国历代报刊辑萃》项目,并于1992—1993年,先期出版了其中第一辑《醒回篇·伊斯兰》、第二辑《月华》(第一、二卷及总目)。青海省整理出版了《四典要会》《经学系传谱》点校本、《清真指南》校注本和含有回族史料的青海地方旧志5种(《青唐录》《碾伯所志》《丹噶尔厅志》《大通县志》《贵德县志稿》)。新疆先后收集有文字记载的回族历史、经济、医药、天文、历算、伊斯兰等方面的古籍一百多种；从汉文史料中辑录有关新疆回族的资料一百余万字；征集了新疆著名伊斯兰教经师马良骏先生著述9部；搜集回族传说、民间故事八百余篇，传统花儿六千余首，回族谚语、歇后语四千余条，新疆民间小曲六十多篇，门宦谱系十余篇。整理出版了《新疆回族伊斯兰教史略》《穆罕默斯》《考证回教历史》《新疆回族传统花儿》《回族民间故事》《回族谚语》等。

发掘整理出的这些回族古籍成果，不仅揭示了地方回族的历史沿革，记录了回族文化形成历程，也清晰再现了回族伊斯兰文化与儒家文化交融的过程。1991年北京民族古籍整理出版规划小组及政史资料委员会通过北京出版社出版的记载北京牛街地区回族形成与发展状况的志书——《北京牛街志书——冈志》，以一条街来命名一部地区性的志书，是因为其内容丰富、完备，这不仅在中国回族史上极为罕见，即使在中国历代志书中也是不多见的。1994年3月在辽宁省出版的《辽宁回族家谱选编》，收录了辽宁回族张、黑、脱、戴、铁、冯、杨、金、尹、白等10个姓氏的共11部家谱。该书的出版，不仅对了解和研究辽沈地区回族历史沿革、社会阶级关系以及回族在东北的历史贡献提供了第一手资料，对整个东北回族史的研究，也提供了重要的历史素材。1996年由厦门大学庄景辉编校，香港绿叶教育出版社出版的《陈埭丁氏回族宗谱》，根据近些年来搜集的二三十部不同时代、不同房支的谱牒资料进行分类整理和勘校标点，分为序、跋、谱例；纪、说、表；传记、行状；像赞、图赞、寿序；墓纪、圹志；祭祀规约；契约文书；讼稿、批语；碑铭牌匾、楹联诗文；绘图、画像；世系、谱图；拾遗等12卷，把散见在各谱中的资料，归纳于上述一定内容范围的分卷之中。此外，还收录了谱牒以外的出土墓志铭、民间契约文书、现存的碑匾和宗祠的柱联等，兼收了府、县志或鲜见族人著作中的有关篇章和一些相关的官方文件。并且，将族内的重要文物史迹、族人的重大活动事件拍成照片，以及撰写《陈埭丁氏回族宗谱》（中、英文），置于卷末作为附录。是了解研究我国伊斯兰教形成发展和丁氏回族历史现状的珍贵史料。1997年，马宝光主编的《中国回族典籍丛书》内部出版6册，用汉文对译了《天方至圣实录》等回族古籍21种。虽然丛书在版式设计、用纸印刷等方面较显粗糙，但它是60年来民间整理印刷的最大型回族典籍白话译文丛书。1995年马亮生主编的《湖南回族史料辑要》，分源流迁徙、礼仪习俗、文物寺墓、经济商贸、教育文化、社会团体、人物传记等几个部分，是一部较全面反映湖南回族古籍的图书。1998年南方回族古籍协作组推出的《中国南方回族谱牒选辑》，收集了南方省区回族家谱中涉及历史源流及分布状况的有关资料，对研究南方八省区回族的历史来源具有参考价值。余振贵、杨怀中主编的《中国伊斯兰文献著译提要》（1993年，宁夏人民出版社出版）一书，旨在通过系统介绍中国回族历史文献，推动对回族历史文化的深层研究。书中以提要形式介绍的578部作品及一百六十余部参考书目，上起唐、宋下至本世纪90年代，几乎囊括了回族史上所有的重要汉文著译，是中华人民共和国成立以来回族古籍最优秀的成果之一。吴建伟教授主编的《回回古诗三百首》（1999年，民族出版社），对回族先民的三百余首诗作了简明的注释和评价，其仿照《唐诗三百首》体例编纂的思路与特点，又一次向世人阐释回族文化与汉文化是如何交相辉映，共同发展。毫无疑问，这一整理方法可让更多国人更轻松愉快地接受和了解回族古代诗歌的面貌及其特点。

回族古籍整理成果给20世纪90年代回族学注入了新的内容和活力。20世纪90年代初期，河北沧州在对83个回族村和一百六十余座清真寺调查研究的基础上建立了《沧州市少数民族古籍目录》，编撰出版了《沧州回族》。1993年答振益教授撰写地区回族史书《湖北回族》时，大量运用了家谱、正史、实录、碑刻等方面的回族古籍资料。不仅利用定氏宗谱、王氏宗谱、马氏族谱论述了湖北回族的来源、分布，还叙述了其外迁。这种既讲源又讲流的论述，在地区回族史中是少有的，是更进一步的研究。广东接连出版《广东伊斯兰古迹研究》《广东海南回族研究》。宁夏回族学者余振贵、杨怀中，得益于占有大量他人难以见到的回族历史典籍、近现代回族报刊、故宫穆斯林档案等珍贵文献史料，加上深刻体会和思考，撰写出著名的《伊斯兰与中国文化》《历代政权与伊斯兰教》，成为学术界公认的著名回族伊斯兰教研究专家。翻阅近年由江苏古籍出版社出版的《中国回族大词典》和上海辞书出版社出版的《中国回族大辞典》这两部迄今为止最完整最宏大的回族方面主要工具书，会明显地感到，它们十分注意把谱牒、碑铭、笔记、野史、地理、游记等回族古籍资料和中外研究论著作为词目收入其中。如编者所言："这些史料、论著既是我们编纂词典的依据，也是引导读者查核资料，作进一步研究的书目文献提要。"

三、新兴学科 探索发展

古籍整理古老而又年轻。在很多人文学科趋于成熟的90年代，回族古籍从学科建设角度看还十分幼稚脆弱，既没有赖以支撑的学科理论系统，也没有明确统一的学科规划。但人们已开始意识到回族古籍整理研究的独立性和独特性，并开始探讨其学科内容及分类，学科队伍及建设等问题。回族古籍整理研究者借用回族学及其他民族学学术平台，通过积极参加相关国际、国内学术研讨会，提交回族古籍研究论文等方式，开展学术研讨和对外交流。通过协作完成《回族金石录》《南方回族古籍史料丛书》等项目，发现人才，培养队伍。在两年一次的（全国）回族古籍工作协作会议和一年一次的南方回族古籍工作会议上，来自各地的回族古籍领导专家和工作者，探讨回族古籍学科建设，交流回族古籍整理研究经验。根据回族古籍的特点和国国家民委主持的《〈中国少数民族古籍总目〉编写纲要》要求，明确了1949年为回族古籍下限，将回族历史文书档案和口碑资料列入回族古籍整理研究范畴，扩大延伸了回族古籍研究的内容和范围。

第八节　其他民族

一、西夏文古籍

进入20世纪90年代以后，中国开始加大西夏文研究力度。除了延续20世纪80年代的研究目标外，中俄关系的正常化为西夏学发展提供了新的契机。中国学者得以与俄国学者合作，把圣彼得堡收藏的大量原始文献整理拍摄回国，编成大型图片集《俄藏黑水城文献》发表。西夏学界由此而得到了大量的原始素材，从而引发了一批基于第一手资料的初创性研究，相关的研究成果也于20世纪末和21世纪初陆续公布于世。

20世纪90年代出版的成果中最重要的是李范文的《夏汉字典》，这部书不但可以帮助专业的和业余的西夏研究者阅读西夏文献，而且其中的西夏字形和编码方式也成了后来西夏文字电脑设计的主要依据。

1991年，宁夏大学成立了西夏历史和西夏文化两个研究所，成为我国最早成立的西夏学研究机构。这两个研究所在1993年合并为西夏研究所，由王天顺任所长，后来由杜建录继任。研究所出版"西夏研究丛刊"（甘肃文化出版社）和大型论文集《西夏学》（宁夏人民出版社）。

1991年8月—9月，宁夏文物考古研究所清理发掘了上年被不法分子炸毁的贺兰山拜寺沟方塔遗址，从中发现了一批珍贵的西夏文物，包括30多种保存相当完整的西夏文佛教作品。这次考古发现被认为是建国后出土西夏文献最多的一次，所获文物编入《拜寺沟西夏方塔》一书，2005年由文物出版社出版。

1991年11月，李逸友编著的《黑城出土文书·汉文文书卷》由科学出版社出版。本书利用20世纪80年代的黑水城出土文书勾勒了元代亦集乃路的政治、经济、文化概貌，并收录了黑城出土的汉文文书七百六十余片。对同时同地所获西夏文文书的研究至今尚未面世。

1993年3月，俄罗斯科学院东方研究所圣彼得堡分所、中国社会科学院民族研究所和上海古籍出版社在京签署协议，拟合作整理出版俄罗斯科学院东方研究所圣彼得堡分所收藏的黑水城出土文献。这项协议的签署标志着中国西夏学与国外合作时代的到来。

1993年4月，陈炳应编著的《西夏谚语》由山西人民出版社出版。该书在俄国出版物的基础上研究了一部西夏的谚语格言集，这是当时国内仅见的一部西夏俗文学作品。

1993年9月，史金波、黄振华、聂鸿音合著的《类林研究》由宁夏人民出版社出版。该书在俄国出版物的基础上研究了一部中原类书的西夏译本，作为原本的唐代汉文《类林》已经亡佚，对西夏本的汉译可以帮助人们复原这部汉文古书。

1993年10月，中国社会科学院和上海古籍出版社联合派出首批工作人员赴俄罗斯整理拍摄西夏文献，三方合作项目正式开始实施。此后的7年间，中国学者共赴俄国4次，工作时间累计一年，拍摄的照片包括各种版本的全部世俗书籍、部分零散文书以及据内容拼配的佛教著作。《俄藏黑水城文献》的编辑出版工作也随即展开。

1993年10月，牛达生发表了论文《新发现西夏文佛经〈吉祥遍至口和本续〉的刻本特点及学术价值》，[①] 鉴定贺兰山拜寺沟方塔废墟所出西夏文《吉祥遍至口和本续》为木活字印本。这篇文章和作者后来的一系列文章引发了学术界对活字印刷起源时间的关注，成为20世纪90年代中末期西夏文献研究的热点之一。

1994年3月，孙寿龄提出甘肃武威天梯山出土的西夏译本《维摩诘经》是中国所存最早的泥活字印刷品，年代在公元1139—1141年。相关介绍见当年3月27日《中国文物报》上的《西夏泥活字版佛经》一文。

1994年8月，史金波、聂鸿音、白滨合作翻译的《西夏天盛律令》由科学出版社出版。该书用汉文翻译了存世内容最为丰富的一部西夏法典，此后成为西夏史研究者最常用的参考书之一。2000年，该书以"天盛改旧新定律令"为题，由法律出版社再次出版。再版书较原版略有改动，但书中大量目前尚不能解决的问题仍然以"硬译"的方式保留了下来。

1995年7月，陈炳应的《贞观玉镜研究》由宁夏人民出版社出版，该书在德国出版物的基础上翻译了西夏的一部军事法典。

1995年7月，克恰诺夫、李范文、罗矛昆合著的《圣立义海研究》由宁夏人民出版社出版。该书研究的是西夏编纂的一部类书，这是为数不多的西夏本土世俗作品之一。

1995年8月，由宁夏社会科学院主办的第一届西夏学国际研讨会在宁夏银川召开，来自中、俄、日、韩、美等国家和我国台湾地区的百余名专家学者与会，提交论文近百篇，其中一部分后来由李范文编入《首届西夏学国际学术会议论文集》，由宁夏人民出版社于1998年出版。

1996年12月，俄罗斯科学院东方研究所圣彼得堡分所、中国社会科学院、上海古籍出版社合作编集的《俄藏黑水城文献》开始由上海古籍出版社出版。首批文献计划分成11册，其中汉文文献6册，西夏文世俗书籍5册。西夏文社会文书和佛经留待将来。

1997年7月，李范文编著的《夏汉字典》由中国社会科学出版社出版。字典收录迄今所见的西夏字6000左右，每个字条都有声韵类标注和拟音、汉文和英文释义以及若干书证，所录资料在同类字典中最为丰富。书末附有夏、汉、英3种文字的

---

① 《中国印刷》，1993年第5期。

索引，使用起来非常方便。从出版时起，该书就成为国内外专业和业余人士研读西夏文字和文献的首选工具书。鉴于原版尚存在一定数量的学术和技术缺陷，作者自己又重新进行了修订，修订本由中国社会科学出版社于 2008 年出版。

1999 年 11 月，马希荣编制的《夏汉字处理及电子字典》由清华大学出版社出版，这是国内正式出版的第一个可用于录入西夏文字的电脑软件。它建有 6000 号西夏字的两种字库，能适应西夏字与汉字、西文混合编辑，实现了西夏字的任意缩放输出，具有一般文字处理软件的所有功能。这个系统的西夏字录入方法采用了李范文在其《夏汉字典》中设计的四角号码，但由于课题组成员对西夏文过于陌生，所以其中的瑕疵似乎比人们可以容忍的要多。不过，尽管技术设计还有明显缺陷，生成的西夏字也有些字形失真甚至笔画错误，但这个软件毕竟在很大程度上支持了中国的西夏文字和文献研究，直到 10 年后也还没有被完全弃用。

二、女真文古籍

道尔吉、和希格的《〈女真译语〉研究》可以说代表了 20 世纪 80 年代女真语研究的前沿水平。这部《女真译语》研究出版后，同时向人们发出一种信号，如果发掘不出新的资料，寻求不到新的方法，女真语言的研究将举步维艰。在这种困境中，中国从事古代语言文字研究的学者并没有气馁，还在寻找和实践着新的研究角度和方法。聂鸿音《〈金史〉女真译名的音韵学研究》独辟蹊径，[①] 用传统的汉语音韵学方法，对《金史》中用汉字记音的女真语词语进行分析，得出了女真语的音位系统。沿袭这种方法，孙伯君撰作《金代女真语》，[②] 对《金史》及其他宋元史籍中所记载的女真语广泛搜罗，详加考证，对记载女真语的汉字进行严格的音韵分析，在总结女真语音和表音汉字之间的转写原则的基础上，归纳出金代女真语的音位系统。

对"九峰石壁纪功刻石"的研究是这一时期女真碑铭研究的一大看点。"九峰石壁纪功刻石"重现于世是在 1986 年，蒙古国立大学的沙格德尔苏伦与苏密亚巴托在距乌兰巴托 200 千米的肯特县巴彦霍特克郡的九峰山南中部腹地考察时发现了此刻石。在此之前，有"蒙古考古学之父"美誉的普尔莱曾做过报道，惜误认作契丹字。沙格德尔苏伦确认其为女真字刻石，并把所拍照片发表在《元朝秘史》一书中。1987 年，日本的考古学者加藤晋平获知了这个消息，于 1991 年责成三宅俊彦和白石典之在沙格德尔苏伦的引领下对此进行重新探察。这次考察不仅对女真文 9 行 140 字进行了仔细摹录，还有一个意外的收获，白石典之在离女真文刻石约 20 米处又发现了一块汉文刻石，共 9 行 86 字。此刻石记载的是金明昌七年（1196 年）尚书右丞完颜襄率军在斡里札河讨伐北"术孛"（阻卜）大获全胜的一段史实，与

[①] 聂鸿音：《〈金史〉女真译名的音韵学研究》，《满语研究》1998 年第 2 期。
[②] 孙伯君：《金代女真语》，辽宁民族出版社，2004 年。

《金史》卷94"内族襄传"中的记载正相合。回国以后，加藤晋平根据《女真文辞典》对女真文碑的第一行和第八行个别字做了初步释读，一行内容大概是"大中央金国尚书右丞"，八行有"七年六月日"字样。[①] 确认两块碑所记内容大体一致，是女真文、汉文对照的石刻。两块碑文的摩本白石典之发表在《成吉思汗的考古学》一书中。[②] 三宅俊彦曾以《金战胜塔塔儿的两块碑的发现》为题报道了此碑的发现经过和碑文的解读情况。[③] 中国的金史、女真文学者穆鸿利早在1993年就获悉了这一消息，1994年在山西太原中国民族古文字第五次学术讨论会上穆鸿利向中国同行报道了这一振奋人心的消息，并于1997年参加蒙古国第七届蒙古学国际会议，会上以《蒙古国"九峰石壁"女真文、汉文石刻的发现与研究》为题做了大会发言。

---

① 加藤晋平：《モンゴル人民共和国ヘンティ縣バヤンホトクの碑文について》，《平井尚志先生古稀紀念考古學論考》第一集，1992年。
② 白石典之：《チンギスニカンの考古学》，同成社，2001年。
③ 日本《读卖新闻》，1991年11月3日和1992年6月7日。

第五章 21世纪初民族古籍的整理与研究

第一节 21世纪初国家民族古籍政策与理论实践

时光驶入21世纪，我国"改革开放"力度进一步加大，社会经济、文化发展进一步提速，广大城乡出现了一派欣欣向荣的现代化景象。我国的民族古籍整理研究工作也迎来了丰收的季节。这个时期各民族古籍的研究论文和著作大量增加，相关的学术会议频频召开，古籍整理研究专业和学科建设有了长足发展，人才培养有所加强，省区间合作取得显著成效，特别是一些重大项目的完成和成果的出版，标志着我国民族古籍整理研究工作进入了一个新的阶段。

在进入21世纪的最初10年里，跨世纪的重大文化建设工程《中国少数民族古籍总目提要》已连续出版了18卷，初现气势。西双版纳傣族自治州主持编撰的《中国贝叶经全集》100卷也将在2010年出齐。2006年云南教育出版社出版了《中国少数民族古籍集解》，这是我国民族古籍方面的第一部大型工具书，共收录书目近40000条，内含民族文字书籍，有关少数民族资料的汉文书籍，以及碑铭、文书和本民族重要的口传古籍，是多年来民族古籍工作成果的阶段性汇总。本书出版后很快被评选为三个一百原创优秀图书。

在民族古籍蓬勃发展的同时，进一步做好民族古籍保护工作成了当务之急。鉴于新形势下古籍保护工作面临的新问题，党中央、国务院对古籍保护工作做出了英明、果断的决策。以《国务院办公厅关于进一步加强古籍保护工作的意见》国办发[2007]6号文件的形式，对我国的古籍保护工作做了全面部署。国办发[2007]6号文件指出："我国是历史悠久的文明古国，拥有卷帙浩繁的古代文献典籍。这些古籍是中华民族的宝贵精神财富。党中央、国务院历来高度重视古籍保护工作。近年来，在各地区、各有关部门和全社会的共同努力下，我国古籍保护工作取得了显著成绩。但是，也应清醒地看到，当前我国古籍保护工作还面临许多问题。"

国办发[2007]6号文件进一步强调了保护古籍工作的重要性："我国古代文献典籍是中华民族在数千年历史发展过程中创造的重要文明成果，蕴涵着中华民族特有的精神价值、思维方式和想象力、创造力，是中华文明绵延数千年，一脉相承的历史见证，也是人类文明的瑰宝。古籍具有不可再生性，保护好这些古籍，对促进文化传承、联结民族情感、弘扬民族精神、维护国家统一及社会稳定具有重要作用。同时,加强古籍保护工作,也是建设社会主义先进文化,贯彻落实科学发展观和构建社会主义和谐社会的客观要求。"文件进一步指出了古籍保护工作中面临的突出问题:"现存古籍底数不清,古籍老化、破损严重;古籍修复手段落后,保护和修复人才匮乏,面临失传的危险;大量珍贵古籍流失海外。因此,加强古籍保护刻不容缓。地方各级人民政府和有关部门要站在对国家和历史负责的高度,充分认识保护古籍的重要性,进一步增强责任感和紧迫感,切实做好古籍保护工作。"

保护古籍工作的基本方针是:贯彻"保护为主、抢救第一、合理利用、加强管理"的方针。坚持依法保护和科学保护的原则,正确处理古籍保护与利用的关系,统筹规划、分类指导、突出重点、分步实施。

主要任务和基本目标是:"十一五"期间,大力实施"中华古籍保护计划"和"十一五"国家古籍整理重点图书出版规划,全面、科学、规范地开展保护工作。对全国公共图书馆、博物馆和教育、宗教、民族、文物等系统的古籍收藏和保护状况进行全面普查,建立中华古籍联合目录和古籍数字资源库;实现古籍分级保护,建立《国家珍贵古籍名录》;完成一批古籍书库的标准化建设,命名"全国古籍重点保护单位";加强古籍修复工作,培养一批具有较高水平的古籍保护专业人员。通过努力,逐步形成完善的古籍保护工作体系。

古籍保护的具体措施是:从 2007 年开始,用 3—5 年时间,在全国范围内组织开展古籍普查登记工作,全面了解和掌握各级图书馆、博物馆等单位及民间所藏古籍情况。对登记的古籍进行详细清点和编目整理,并依据有关标准进行定级。在文化行政部门领导下,国家图书馆负责全国古籍普查登记工作,各省、自治区、直辖市省级图书馆负责本地区古籍普查登记工作。教育、宗教、民族、文物等部门根据实际情况,制定本系统古籍普查实施方案。

建立《国家珍贵古籍名录》,完善古籍保护制度。国办发〔2007〕6 号文件对我国的少数民族古籍保护工作做了总体部署,为有效保护中华民族古籍指明了方向。

为了贯彻落实《国务院办公厅关于进一步加强古籍保护工作的意见》的文件,国家民委和文化部针对少数民族古籍保护工作联合发了《国家民委 文化部关于进一步加强少数民族古籍保护工作的实施意见》(民委发〔2008〕33 号),该文件进一步强调了做好少数民族古籍工作的重要意义:少数民族古籍是中华民族传统文化的重要组成部分,是各民族在几千年历史发展进程中创造的重要文明成果,具有丰富的内涵。加强少数民族古籍保护工作,有利于继承和弘扬各少数民族优秀文化传统,推进社会主义精神文明建设;有利于促进各民族思想文化交流、加强民族团结、维护祖国统一;有利于推动社会主义文化大繁荣大发展;有利于凝聚各族人民共同投身于全面建设小康社会的伟大事业。

谈到面临的问题时,民委发〔2008〕33 号文件指出:当前我国少数民族古籍工作还存在着不少问题。一方面,由于少数民族古籍涉及的范围广、种类多、载体多样、历史久远、保存条件差、修复手段落后、经费紧缺、古籍学科建设相对滞后，部分古籍业已老化破损；另一方面，从事少数民族古籍工作的人才严重匮乏，且懂少数民族古籍的人数日益减少，有的年事已高，使得一些古籍面临失传的危险，这些因素都不同程度地制约着少数民族古籍工作的顺利开展。因此，各级民族工作部门和文化部门要在各级党委、政府领导下，认真学习《意见》精神，充分认识保护少数民族古籍的重要性，进一步增强责任感和紧迫感，从对中华民族和历史负责的高度，切实做好少数民族古籍保护、抢救、整理工作。

民委发［2008］33号文件强调了近期少数民族古籍的工作重点是：继续做好少数民族古籍的抢救、普查、登记、整理、翻译工作；高质量完成《中国少数民族古籍总目提要》的编纂、出版任务；建立"少数民族古籍保护与资料信息中心"；建立"少数民族古籍文献人才培养与科学研究基地"；加快少数民族民间口传古籍传承人的抢救工作；加强少数民族古籍的保护工作，建立完善的保护制度。

民委发［2008］33号文件指出：为了落实《国务院办公厅关于进一步加强古籍保护工作的意见》须在以下几方面加强领导，通力协作：一是建立健全工作机制；二是加大对少数民族古籍工作的投入，切实解决少数民族古籍工作必需的经费；三是加强少数民族古籍人才队伍的培养和提高；四是加大对少数民族古籍市场的监管力度；五是进一步加大对少数民族古籍抢救、保护、整理工作的宣传力度。民委发［2008］33号文件，对少数民族古籍保护工作做了更具体的指导，更具有针对性，对推动和落实少数民族古籍保护工作起到了积极作用。

国办发［2007］6号文件下发后，古籍保护工作又一次掀起了新高潮。以评选"国家珍贵古籍名录"为标志，古籍保护工作进入了一个新的历程。

在评选"国家珍贵古籍名录"工作中，汉文古籍以2006年8月5日发布的《中华人民共和国文化行业标准·古籍定级标准》为标准进行评选。鉴于少数民族文字古籍文字种类多样，创制、使用时间不一，文献存量各异的情况，在入选"国家珍贵古籍名录"时采用了不同的评选标准。具体入选办法是：

佉卢文古籍、焉耆—龟兹文古籍、粟特文古籍、于阗文古籍、古突厥文古籍、回鹘文古籍、契丹文古籍、西夏文古籍、女真文古籍、八思巴字古籍等，因年代久远、存量甚少、价值高，凡完本、残本或具有重要历史、学术、艺术价值的残叶均可入选。

藏文古籍

元代及元代以前的完本、残本均具有入选资格，多部同一名称、内容的古籍，则选版本优良者。

明代的完本、残本均具有入选资格，多部同一名称、内容的古籍，则选版本优良者。

清代乾隆及乾隆以前内府或地方组织编纂、印刷或书写的古籍及代表性巨帙均有入选资格。

清代具有重要历史、学术、艺术价值的古籍有入选资格。民国时期地方政府组织编纂的代表性巨帙原本；具有特别重要历史、学术、艺术价值，其内容、装帧形式均为传统古籍者也有入选资格。

无明确时代标志，但纸质古旧、字体古朴、装帧优美，或以特殊工艺制作，内容反映早期历史文化者，同样有入选资格。

蒙文古籍

明代及明代以前的完本、残本，多部同一名称、内容的古籍，择版本优良者入选。

清代乾隆及乾隆以前内府或地方组织编纂印刷或书写古籍及代表性巨帙均有入选资格。

清代具有重要历史、学术、艺术价值的古籍均有入选资格。

民国时期具有特别重要的历史、学术、艺术价值，其内容、装帧形式均为传统古籍者也有入选资格。

无明确时代标志，但纸质古旧、字体古朴、装帧优美或以特殊工艺制作，内容反映早期历史文化者，同样有入选资格。

彝文、傣文、纳西文、水书、察合台文、满文以及方块汉字体系的民族古文字古籍：

清代乾隆及乾隆以前的古籍均有入选资格。

清代乾隆后至清末具有重要历史、学术、艺术价值的古籍有入选资格。

民国时期具有特别重要的历史、学术、艺术价值，其内容、装帧形式均为传统古籍者也有入选资格。

无明确时代标志，但具备清代及清代以前古籍特征，具有重要历史、学术、艺术价值者；材质古旧、字体古朴、装帧优美或以特殊工艺制作，内容反映早期历史文化者，同样有入选资格。

从上述情况看，少数民族古籍入选"国家珍贵古籍名录"大体采用了4个标准。即历史上曾使用过，但使用该文种的民族早已消失的为一个标准，藏文古籍为一个标准，蒙古文古籍为一个标准，其他文种的民族古籍为一个标准。少数民族古籍很难用一种统一的标准进行定级，所以入选的"国家珍贵古籍名录"少数民族文字古籍并没有进行定级。

第一批"国家珍贵古籍名录"经评审委员会2007年末评审公示后，于2008年春由文化部正式公布。入选的第一批"国家珍贵古籍名录"共有2392部，其中少数民族文字古籍有110部。它们分别是：

龟兹文：《弥勒会见记》。

于阗文：《陀罗尼一卷》。

藏文：《大乘无量寿宗要经》《因明正解藏论》《三传密经》《旁唐目录》《大藏经·甘珠尔》《圣妙吉祥真实名经》《七佛如来本愿功德经》《苯教经咒集要》《四部医典·后续医典部注释》《大藏经·甘珠尔》（4部，为收藏于不同地方的不同版本）、《大藏经·丹珠尔》《大藏经·白琉璃》。

回鹘文：《大唐大慈恩寺三藏法师传》《阿弥陀经》《弥勒会见记》《药师琉璃光七佛本愿功德经》。

西夏文：《大般若波罗蜜多经六百卷》《维摩诘所说经三卷》《吉祥遍至口和本续》《妙法莲华经观世音菩萨普门品一卷》《金刚般若波罗蜜多经》《金光明最胜王经十卷》（3部，收藏于不同地方的不同版本）、《说一切有部阿毗达磨顺正理论八十卷》《悲华经十卷》《经律异相五十卷》《过去庄严劫千佛名经一卷》《现在贤劫千佛名经上、下卷》《慈悲道场忏法十卷》《大方广佛华严经八十卷》（4部，为收藏于不同地方的不同版本）、《妙法莲华经七卷》。

白文：《仁王护国般若波罗蜜多经抄》。

蒙古文：《孝经》《阿勒坦汗传》《成吉思汗祭祀经》《大藏经·甘珠尔》（2部，为收藏于不同地方的不同版本）、《军律》《必用之全义经》《大藏经·丹珠尔》《蒙古源流》《金轮千辐》《十善福白史》。

察合台文：《情之所钟》《恰哈尔迪瓦尼》《纳瓦依诗集》（2部，为收藏于不同地方的不同版本）、《先知传》《谢赫麦石来布传》《麦鲁麻提阿帕克》《医学之目的》《身心之康复》。

彝文：《劝善经》（3部，为收藏于不同的单位）、《尼苏》《西南彝志》《彝汉教典》《天赋账簿》《六祖经纬史》《彝族源流二十七卷》《百乐书》《指路经》。

满文：《洪武宝训六卷》《三国演义二十四卷》《大清太祖武皇帝实录四卷》《平定三逆方略六十卷》（2部，为收藏于不同的单位）、《清朝实录三千七百五十四卷目录二十八卷》《几何原本》《有圈点字档一百八十卷》《无圈点字档一百八十卷》《清文翻译全藏经二千五百三十五卷》《御制盛京赋三十二卷》。

东巴文：《创世记》《东巴舞谱》（2部，为收藏于不同地方的不同版本）、《白蝙蝠取经记》《董术战争》。

傣文：《占响》《羯磨说》《大藏经》。

水文：《九星诵读》《庚甲》《逢井》《万年经镜》《六十龙备要》《吉星》《泐金·纪日》《金银》。

古壮字：《么破塘》《么使虫郎甲科》《么叭床能一科》《农老》。

多文种：《高昌馆课》《三合便览》《御制五体清文鉴三十六卷》《会同四译馆译语》《满蒙藏嘉戎维语五体字书》《译语》。

建立"全国古籍重点保护单位"也是古籍保护的国家重大行动，通过对重点单位的保护，达到民族古籍整体保护的效果。文化部颁布的第一批"全国古籍重点保护单位"共51个，其中涉及少数民族古籍的有中央民族大学图书馆、中国第一历史档案馆、贵州省荔波县档案馆三个单位。

第二批"国家珍贵古籍名录"于2009年6月由文化部正式公布。公布的第二批"国家珍贵古籍名录"共有4478部，其中少数民族文字古籍有267部。分别是：

藏文：《佛教仪轨》《占卜书》《大乘无量寿宗要经》（4部，为收藏于不同的单位）、《大乘无量寿经》（2部，为收藏于不同的单位）、《观自在菩萨说普贤陀罗尼经》《般若波罗蜜多八千颂》《帕·当巴桑杰息结汇集》《声明要领二卷》《八思巴之经部》《观自在菩萨说普贤陀罗尼经释》《观自在菩萨说普贤陀罗尼经难释》《帕·当巴桑杰传及息结传授录》《天龙八部祈祷文》《瑜伽自在枳布师传薄伽梵上乐轮之身灌顶仪轨》《山法了义海》《米拉日巴道歌集》《密宗四部总建立》《甘珠尔一百八函》（5部，为收藏于不同的单位）、《药师佛八如来坛场经》《释迦牟尼佛增长中围坛场经》《菩提道次第广论》《辛绕弥沃本生传降魔篇》《玛尼全集二卷》《密集五种》《辛偌米沃琪传记》《珀东大师传》《摄特罗王时轮注释根本摄特罗随入一万二千无垢光》《诸至尊具德大师传受法录》《噶举派教法史》《米拉日巴传》《圣三宝念要经》《莲华生大师》《药师经》《药师尊经》《目录集加持速降》《八千颂庄严明》《语词库论释》《丹珠尔二百二十五函》《药师琉璃光七佛本愿功德经》《三百佛像图》《书法集》《闻法广义明灯》《格萨尔传—阿扎色宗》《莲华生传》《格萨尔·下索波玉宗》《根敦珠巴传》《根敦嘉措传》《丹珠尔二百七函》《甘珠尔一百六函》（2部，为不同的版本）、《金刚般若波罗蜜经》《布顿佛教史》《准增颇章典籍目录》。

回鹘文：《大般涅槃经》。

西夏文：《金光明最胜王经十卷》《大般若波罗蜜多经六百卷》《瑜伽师地论一百卷》《妙法莲华心经》《德王圣妙吉祥之胜慧盛用总持》《至公大师十二时歌注释》《呼金刚王八智变化八天母为生顺等多种经集》《五更转》《圣胜慧到彼岸功德宝集偈》（2册，残缺程度不一）、《佛说大白伞盖总持陀罗尼经》《净国求生礼佛盛赞颂》《佛说百寿怨结解陀罗尼经》《大方广佛华严经八十卷》《地藏菩萨本愿经三卷》《不空绢索神变真言经三十卷》《佛说佛母出生三法藏般若波罗蜜多经二十五卷》《金刚萨埵说频那夜迦天成就仪轨经四卷》《种咒干阴大孔雀经二卷》《高王观世音经一卷》。

蒙古文：《妙法莲华经》《能断金刚般若波罗蜜经》（2部，为不同的版本）、《成吉思汗黄金史》《五守护神大乘经》（2部，为不同的版本）、《和硕郡主封册》《嘛呢经二卷》《金光明最胜王经》《甘珠尔目录》《圣般若波罗蜜多八千颂》《目莲救母经》《妙法莲华经》《大般若波罗蜜多经十二卷》《格斯尔传》（2部，为不同的收藏单位）、《甘珠尔一百八函目录一函》（3部，为不同的收藏单位）、《金光明最圣王经十卷》《圣人悲莲花经》《莲华生人师著杷火仪轨及增福禄经》《鄂尔多斯恰斯尔汗传》《吉尔第托瓦咱传集略》《甘珠尔一百十五函》（2部，残缺程度不同）、《圣般若波罗蜜多经》《广演印度西藏圣王恩泽历史》《阿礼嘎礼文法》《譬喻之海》

《蒙古文法诠释苍天如意珠》《宁玛派伏藏三百六十九卷》《宁玛派伏藏注疏一百四十九卷》《金鬘》《察哈尔格西洛桑楚臣传略》《格斯尔汗传》《江格尔制服哈喇克讷斯卷》《丹珠尔（二百二十五函）》《四部医典》《清十朝实录三千七百（五十八卷首三十六卷）》《新译红楼梦四十回》《金光明最胜王经》《启蒙》《相马书》《政教箴言珍珠鬘》《印汉藏蒙佛教史如意宝树》。

察合台文：《治疗指南》《艾米尔·阿巴斯里木传》《穆圣传》《祈祷手册》《光芒正道》《贤人传》《伊斯坎得尔传四卷》《伊玛目列传》。

彝文：《劝善经》（2 部，为不同的收藏单位）、《祭祖经》《六祖祈福禄经》《益博六祖史》《作斋费用账簿》《城域金沙江》《摩史丧仪书》《测婚嫁书》《祭天献牲经》《作祭压土经》《祈福习俗书》《彝族诺沤书》《苏巨黎咪》《算天罡》《们尼莫》《账簿》《摩史叙史书》《摩久苏》《玄通大书》《摩史诺沤苏》《彝家宗谱》《彝文史曲》《石屏百乐书》《元阳百乐书》《新平百乐书》《祭场插枝图集不分卷》《彝文账簿》《祭祖大典祭场神座插枝列位经》《献药供牲经》《雅乐诗赋》《实硕祭奠猿猴经》《神座插枝图录》《阿诗玛》。

满文：《辽史》八卷、《金史》九卷、《元史》十四卷、《三国演义》二十四卷（3 部，为收藏于不同的单位）、《诗经二十卷》（3 部，为收藏于不同的单位）、《御制劝善要言》（2 部，为不同的收藏单位）、《御制人臣儆心录》（2 部，为不同的收藏单位）、《御制资政要览三卷》《内则衍义十六卷》《寿诗》《大学衍义四十三卷》《朱子节要十四卷》《日讲四书解义二十六卷》（2 部，为收藏于不同的单位）、《日讲书经解义十三卷》（2 部，为收藏于不同的单位）、《大清全书十四卷》《古文渊鉴六十四卷》（3 部，为收藏于不同的单位）、《资治通鉴纲目一百一十卷》（2 部，为收藏于不同的单位）、《同文广汇全书四卷附联珠集一卷》《广汇全书四卷》《醒世要言》《满汉类书三十二卷》《御制清文鉴二十卷》（2 部，为收藏于不同的单位）、《范忠诚公文集四卷》《金瓶梅一百回》《亲征平定朔漠方略四十八卷》《满汉西厢记四卷》《御制避暑山庄诗二卷》《清文西洋药书三卷》《几何原本七卷》《三略》《六韬》《素书》《三国志六十五卷》《孝经集注》《御制四体阿利噶利字》《马经全书八卷》《明史九十七卷》《尼山洒满》《满汉达斡尔合璧词典》《百二老人语录八卷》《八旗满洲氏族通谱八十卷》。

纳西族东巴文：《祭拉姆道场·祭茨早吉姆道场尼瓦血湖池边迎接拉姆经》《祭家神·烧天香》《占卜请神》《超度仪式·解除罪过》《超度仪式·年轻死者之挽歌》。

傣文：《释迦牟尼成佛记》。

水文：《挡》《大旺》《贪巨》《瓜》《八贪》《俄益》《大吉把贪》《历法》《农事占卜》《正七》《二十八宿》《九星》《六十甲子》《秘籍》《纳音五行》《贪巨甲子》。

古壮字：《红筵满供之本》《土话全集》《毛南族山歌》《三千书》《么请布洛陀》。

布依文：《献酒备用》《接魂大全》《解书神庙》《关煞向书注解》。

其他：《大乘无量寿经》《御制大乘首楞严经》《御制满汉蒙古西番合璧大藏全咒经》《御制救度佛母赞》《圣妙吉祥真实名经》《古兰经三十卷》。

"国家珍贵古籍名录"入选工作得到了社会的积极响应，从中央到地方的图书馆、档案馆、大专院校、科研机构都积极参与申报工作中，甚至有的将个人收藏的古籍也申报了"国家珍贵古籍名录"。通过申报过程引起了国人对古籍保护工作的广泛重视。

申报"国家珍贵古籍名录"固然重要，但更重要的是对入选的珍贵古籍进行有效保护，把用少数民族文字写成的珍贵古籍内容整理出来，并译成汉文等其他文种，让更多的人来了解和使用这份珍贵的文化遗产，为社会主义文化建设服务。

中央民族大学第三期"211工程"把翻译、整理、研究中国少数民族文字古籍"国家珍贵古籍名录"，列为重点项目之一，组织校内有关文种专家分别整理西夏、察合台、藏、彝、纳西、傣、壮、蒙古、满等文种"国家珍贵古籍名录"。现按计划正常推进，预计2011年将推出十余部的一套"少数民族文字文献'国家珍贵古籍名录'整理研究丛书"。

中央民族大学列为国家"985工程"和"211工程"大学后，国家对中央民族大学作了重点投入，各个学科得到很大的发展。以民族古籍文献学为例，在21世纪初，建成了"古典文献学"博士学位授予点，民族古籍文献学可独立授予学位。中央民族大学"985工程"，对"中国少数民族古文字文本保护与研究"课题立了项，依托该项目建了一座占地200平方米，具有民族古籍原件展示功能的"中国民族古文字陈列馆"。为了改变我国民族古籍无学术期刊的状况，中央民族大学少数民族古籍研究所正创办大型学术期刊《民族古籍研究》。

20世纪90年代末，国家民委全国少数民族古籍整理研究室组织的《国家"十一五"时期文化发展规划纲要》确定的重点文化项目——《中国少数民族古籍总目提要》，经过多年的努力，进入21世纪后，已到了收获的季节。现已出版《纳西族卷》《白族卷》《哈尼族卷》《羌族卷》《东乡族卷》《裕固族卷》《保安族卷》《土族卷》《撒拉族卷》《回族碑刻卷》《锡伯族卷》《柯尔克孜族卷》等。

随着我国综合实力的增强，我国少数民族古籍整理研究水平的提高，进入21世纪后，少数民族古籍整理出版工作从原来的零星、单行本向整体和大型丛书方面转化。如纳西族百卷《纳西东巴经全译集》、彝族百卷《彝族毕摩经籍译集》、傣族百卷《中国贝叶经全集》等。大型丛书的出版反映了民族古籍整理工作的深度和广度，标志着我国民族古籍整理研究工作已进入一个较高的层次。

第二节 藏缅语民族

一、藏文古籍

(一) 2000—2008 年期间藏文古籍的研究、整理、出版

随着国家对整理、出版、研究和保护藏文古籍工作的重视和大量资金的投入，这一时期的藏文古籍研究、整理、出版等方面的工作取得了巨大成就。

1. 古籍研究

这一时期，藏汉文的古籍研究论文不但数量有所增加，在研究对象、范围、内容等方面亦有突破。(1) 古文献学。对古文献学的发展、载体、目录学等方面，从不同角度作了深入细致地论述，如：《论藏文目录学的发展及其文化意义》《我国藏传佛教寺院文化的宝库——藏文典籍著名印书院考述》《论古藏文文献学》《关于藏文古写本研究》《国外有关英藏敦煌、和田等地出土古藏文写本的研究》《试论藏文典籍文化》《藏文雕版印刷》《藏文古籍载体述略》《藏文古籍文献述略》《藏文大藏经形成的历史概述》《藏文版大藏经概述》《康熙朱印藏文〈甘珠尔〉谈略》《藏文〈大藏经〉的文化涵蕴》《藏文辞书编纂史的分期与特点》《藏文佛学典籍与藏戏探源》《藏文〈贤愚经〉与佛教戏曲流变考》《藏文本罗摩衍那本事私笺》《藏文佛学典籍的整理和研究略述》《藏文出版印刷初探》等。(2) 分类编目。在分类、版本、书名和人名著录等方面的研究有了新的发展，如：《藏文典籍装帧与命名特点初探》《古藏文文献的分类研究》《简析敦煌古藏文经卷的抄写年代》《藏文〈大藏经〉的编纂历史、编目方法及研究状况》《敦煌 P.988 号藏文写卷考补》《敦煌藏文写卷 ch.9.Ⅱ.19 号初探》《最早的藏文木刻本考略》《敦煌古藏文写本〈吐谷浑（阿豺）纪年〉残卷再探》《藏文〈大藏经〉的版本及其内容》《藏文书名汉译之管见》《浅谈藏文古籍的分类》《八种〈诗镜〉藏文译本考略》《论藏文目录学的发展及其文化意义》《元明时期藏族史学中的文献目录学与档案管理意识》《论有关藏文古典图书印刷的几个问题》等论文，比较细致地论述了藏文古籍分类、版本考证、版式和著录方法。其中，西夏黑水城藏文刊本的发现把藏文雕版印刷术从明永乐八年（1410 年）提前了近 200 年。同时，有学者认为青海唃厮啰（996—1065 年）政权与北宋、西夏等有文化、军事、经济、商贸等方面的交流，雕版印刷术可能是在这一时期引进藏区的。(3) 古籍收藏等方面的工作，也有进展，如：《英藏新疆麻札塔格、米兰出土藏文写本选介》《甘肃省博物馆所藏敦煌藏文文献叙录》《试述古藏文文献研究的重要性》《关于英国人侵西藏时所盗走的藏文文献典籍相关情况介绍》《法藏敦煌藏文文献》《甘肃省图书馆藏敦煌梵夹装藏文写经考录》《英国图书

馆藏斯坦因收集品中的新疆出土古藏文写本》《西藏萨迦南寺普巴拉康佛殿所藏北寺部分藏文藏书》《尼泊尔有座藏文古籍图书馆》《藏文文献在北京的出版与收藏》《云南藏文古籍概述》《敦煌藏文发愿文研究综述》《英藏古藏文占卜文献述要》《关于英国入侵西藏时所盗走的藏文文献典籍相关情况介绍》《甘肃省图书馆藏敦煌藏文文献叙录》《藏文手写体本教〈大藏经〉及其相关典籍述略》《藏文史籍中的"格萨尔"与史诗〈格萨尔〉》《有关沙州地区的藏文文书》《圣·彼得堡诸图书馆的旧藏文及蒙文收藏品》等文章，首次公布和介绍了国内外部分图书馆的藏文古籍收藏和现况等。此外，西藏、四川等还设立了《贝叶经的整理研究》《甘孜藏区藏文古籍文献整理与扫描》《布达拉宫藏噶举派典籍目录》等古籍整理项目。

2. 古籍开发利用

论述古籍的价值和开发利用方面有一批比较突出的成果，如：《敦煌吐蕃藏文文献在藏学研究中的史料价值初探》《试析提高中等职业学校馆藏文献利用率的途径》《藏文古籍文献的抢救和保护与西部大开发》《论藏文文献的开发和利用》《浅谈吐蕃统治敦煌时期藏语文的使用和藏汉翻译活动——以敦煌本古藏文文献为例》《浅谈藏文古文献的开发利用》《〈中华大藏经·丹珠尔〉藏文对勘本字频统计分析》《携手发掘藏文古籍的宝库》《试探凉州遗存藏文典籍的历史文化价值》《藏文刻版技术印场形成发展研究》等。

3. 古籍出版

研究和整理古籍的成果除了研究论著外最主要的成果就是出版古籍。这一阶段除文化教育、科研部门整理出版单册古籍外，出版大型藏文古籍丛书是这一阶段的一个显著特点，如：《藏族十明文化传世经典丛书》①，此丛书包括《宁玛派系列丛书》（大32开，20册）、《萨迦派系列丛书》（大32开，20册）、《噶举派系列丛书》（大32开，20册）和《格鲁派系列丛书》（大32开，20册）。《雪域十明精粹大全》②，所收录著作均属"十明学科"方面的经典之作。此书编者为佛学家格西科才·慈智木，他自筹资金，四处寻访古籍，组织和培养本寺僧人学习编辑、整理古籍、计算机操作和录排，历经15年始成。《藏医药经典文献集成》③，收录《第司藏医史》《藏多医学札记》《金巴四部医典注释》《医学注释·无垢明示》等40部医书，基本囊括了一千多年来主要的藏医古籍经典，是有史以来第一次大规模出版的藏医古籍。《布顿大师文集》④，根据古写本影印出版，是十分珍贵的古籍，为研究早期写本制度、书法等提供了宝贵资料。《噶当文集》⑤，此丛书内容涵盖语言学、逻辑学、修辞学、工巧明、历算学、天文学、医学、历史学和佛学等多个学科领域，

---

① 青海民族出版社、民族出版社等单位出版。该丛书为国家"十五"重点图书《中国少数民族宗教文化丛书》和国家"十一五"重点图书。
② 民族出版社2003年出版，大16开，10册。
③ 民族出版社2005年出版，大32开，40册。
④ 百慈藏文古籍研究室整理，中国藏学出版社，2005年出版，共28函。
⑤ 百慈藏文古籍研究室整理，四川民族出版社，2008年出版，共60函，开本75mm×425mm。

是一部包罗万象的古代百科全书。《觉囊·多罗那他文集》①，据作者手迹和古写本并与刻本校勘整理出版，收书三百七十多种，为首次公开出版。这一阶段出版的古籍丛书和百余种古籍，荟萃了博大精深的"十明学"②的经典著作，为研究藏族历史、文化、藏传佛教等提供了宝贵史料，是近年来古籍整理的重要成果，也是保护古籍和传承传统文化的重大举措。此外，寺院学者个人筹资整理古籍和出版古籍也是这一时期的一大特色，如：《宁玛系列丛书》由香赤寺堪布·格登、久美希热、慈诚南斗、官却加参、加华桑保、更桑诺布等编辑整理；《萨迦派系列丛书》由玉树萨迦寺堪布更尕松保等整理；《雪域十明精粹大全》由拉卜楞寺格西科才·慈智木主持编纂；《布顿文集》《觉囊·多罗那他文集》《噶当文集》等均由百慈藏文古籍研究室筹资、整理出版。2005年8月出版中华大藏经《丹珠尔》对勘本，全书124册（含4册目录）。这是历史上规模最大的《丹珠尔》对勘出版工程，搜集校勘版本最多，对勘质量最好，是古籍整理史上的壮举。

4. 目录书

研究古籍、利用古籍都离不开古籍目录，而编纂古籍目录是一项十分艰苦而又耗时的工作，不但要有耐力，也要有一定功底。然而，在这十几年时间里就编纂出版了多部古籍目录，成果喜人，令人欣慰。如：

《德格印经院目录大全》③，为德格印经院刻版总目，计划出版17册，收《甘珠尔》《丹珠尔》、宗教、文化、医学、文集和杂类古籍六千二百多种。本书采用传统编目方法，并对篇名、要目、章节、内容及原版页数、行数等作了详细摘编。

《四川省所存西藏和藏事档案史料目录》④，是四川省档案馆、甘孜藏族自治州档案馆、阿坝藏族羌族自治州档案馆，以及康定、德格、巴塘、马尔康、木里等县档案馆所藏1949年以前档案文献的目录。这些档案资料的时间起于明洪武二十一年（1388年），迄于1949年。共辑条目4559条，其中明代4条、清代1448条、民国3107条。主要内容包括政治、经济、统计、田赋、沿革、乌拉机构的设置、军事、司法治安、民族、宗教、文教卫生、外事等。

《中国第二历史档案馆所存西藏和藏事档案目录》⑤，为中国第二历史档案馆所存西藏和藏事档案的目录，收25827个条目，时间从清末光绪十五年（1889

---

① 百慈藏文古籍研究室整理，中国藏学出版社，2008年出版，大32开，43册。
② 十明学：由大五明（声律学、因明学、内明学、工艺学、医学）和小五明（修辞学、辞藻学、韵律学、戏剧学、星象学）组成。
③ 德格印经院、甘孜州编译局编，藏文。目前已出版4册：第1册《文集类细目》，收录松赞干布、隆钦巴和吉美领巴的文集目录，中国藏学出版社1994年出版，16开，679页；第2册《伏藏典籍目录》，为《伏藏宝库》的细目，中国藏学出版社2000年4月出版，16开，739页；第3册《道果目录》，为萨迦派道国教义的目录，四川民族出版社2005年月出版，16开，431页；第4册《噶当、噶举和萨迦派文集目录》，是噶当、噶举和萨迦派大师的文集目录，四川民族出版社2005年出版，16开，431页。
④ 四川省档案馆、中国藏学研究中心编，中国藏学出版社，2000年12月出版，16开，326页。
⑤ 中国第二历史档案馆、中国藏学研究中心编，中国藏学出版社，2000年10月出版，16开，（上下册）1871页。

年）12月起至1949年12月止。中国第二历史档案馆是典藏民国时期中央政府及其所属各部院档案的国家级档案馆，其中珍藏有民国中央政府及其所属部院等机关与西藏地方政府、达赖喇嘛、班禅额尔德尼以及四川、西康、青海、甘肃、云南等省份来往的、内容十分丰富的档案史料。本书条目按省区划分，内容包括：（1）西藏地区。包括西藏地区的政治、经济、政策、法规、农牧业概况、人口调查、户籍与行政区划管理、民国政府推进西藏教育计划措施及实施情况、创办报纸和刊物及推广识字运动的情况、医疗卫生、藏传佛教的政策等。（2）西康地区（含川西北藏区，民国时期指川西甘孜、西藏昌都等地区）。包括西康省政府筹建和成立前后的工作情况、中央政府治理西康的政策、西康省的社会状况和司法制度及民间社团等内容。（3）青海地区。包括青海省参众两院议员选举（含藏族候选人）情况、开发青海的意见、社会调查、土司制度、红军长征过藏区等。（4）甘肃地区。拉卜楞地区政教活动、藏民代表团赴重庆致敬、甘肃藏区的政治和交通及文化、土司争牧纠纷等。（5）云南地区。包括云南省政府关于当地土司状况的调查、处理土司头人仇杀事件、土司活动情况、金沙江西岸藏区政治和军事情况等内容。附分类索引。

《青海省档案馆所存西藏和藏事档案史料目录》[1]，该书所辑档案文献主要是青海省档案馆所存清代和民国时期产生的历史档案史料，共辑条目15354条，其中清代的5272条、民国时期的10082条。

《藏学报刊汇志》[2]，该书收入清末和民国时期及民主改革以后涉及藏学的各类报纸和杂志共计七百余种，其中有清末的《藏文白话报》，民国时期的《边政月刊》《屯殖》《边事月刊》《西陲宣化使公署月刊》《成声周报》《新西康》《西康青年》《边政导报》《康声报》等，这些报刊大都为珍本，有重要的史料价值。附《报刊名称音序总目》《报刊名音序分省区目录》《1949年前报刊目次》《1949年后报刊目次》。

《德格印经院藏版细目》[3]，该书为德格印经院藏书和刻版的目录，未收丛书类之子目。

《旁塘目录、声明要领二卷》[4]，该书由《旁塘目录》和《声明要领二卷》两部古文献组成，前者是吐蕃赞普赤德松赞时期所编制的西藏第一部藏译佛经的目录，后者是吐蕃赞普赤德松赞时期修订的藏译佛教名词术语词典。

《中国藏学论文资料索引（1996—2004）》[5]，该书是《中国藏学研究论文资料索引1872—1995》的续集。本书分政治、法律、社会、经济、历史、人文地理、地

---

[1] 中国藏学研究中心、青海省档案馆编，中国藏学出版社，2002年11月出版，16开，968页。
[2] 徐丽华著，中国藏学出版社，2003年6月出版，32开，368页。为"教育部人文社会科学百所重点研究基地中央民族大学中国少数民族研究中心丛书"之一。
[3] 西饶降称等编译，藏文，民族出版社，2003年出版，32开，295页。
[4] 西藏博物馆编，藏文，民族出版社，2003年出版，32开，210页。
[5] 永青巴姆编，中国藏学出版社，2005年8月出版，16开，303页。

质矿产、生态、环保、宗教、哲学、文学、艺术、语言文字、文化、教育、体育、民俗、文物考古、医药卫生、科技、灾异、书评、书讯、动态和附录。在历史、宗教、书评等类中辑录了大量关于藏文古籍的论文和文章。

《哲蚌寺藏古籍目录》①，该目录由《哲蚌寺十明神殿书馆目录》《哲蚌寺囊玛书馆目录》《哲蚌寺寝室之郎仁巴书馆目录》《哲蚌寺果芒扎仓书馆目录》《哲蚌寺贡噶热瓦书馆目录》《哲蚌寺果芒书馆文集目录》和《哲蚌寺寝室书馆文集目录》七个图书馆的目录组成。共收 29047 种，其中未收常见文集细目，如：布顿、三师徒、达赖喇嘛文集等。书名按简略书名著录。著录项有字母顺序号、卷册顺序号、种类名称（书名）、作者、字体（写刻本）、页码和规格。

《中国藏学书目三编》②，该书是 1996—2000 年公开出版的藏文古籍和部分藏学研究著作的目录及提要。收入国内百余家出版社出版的图书共九百五十余种，内容涉及哲学、宗教、语言、文字、历史等二十多类。该书按书名、编著者、出版者、出版年月、页码、开本、书号和内容提要顺序编写。附《汉文书名索引》《汉文编、著者索引》《藏文书名索引》《藏文编、著者索引》《英文书名索引》和《英文编、著者索引》。

《藏汉对照德格印经院藏版总目录》③，该目录为德格印经院刻版图书总目录（子目）的汉译本。目录分大藏经部、文集部、丛书部和综合部四大类。

《觉囊派典籍要目》④，该书为觉囊派古代高僧大德著作目录。

在较短的时间里能够出版如此多的藏文古籍目录和藏文古籍图书，证明在抢救、整理、出版藏文古籍，继承藏民族优秀文化遗产方面取得了巨大成绩，同时也证明国家对藏文古籍的重视和关怀。

（二）藏文古籍工作会议、研讨会

这一阶段主要的藏文古籍工作会议和研讨会有：

1. 第七次五省区藏文古籍协作会议于 2000 年 10 月 25—27 日在四川省成都市召开，会议由四川省民族事务委员会、四川民族出版社主办。会议邀请北京市民族事务委员会、民族出版社、民族文化宫图书馆（今中国民族图书馆）、中央民族大学图书馆、中央民族大学藏学系、中国藏学中心图书馆、中国藏学出版社、北京大学图书馆、国家图书馆等单位参加。会议认为北京是我国的政治、经济和文化中心，藏文古籍蕴藏量大，中央国家机关和北京市有关单位多涉及藏文古籍工作，因此，会议决定将北京市正式纳入协作组织，并将协作组织更名为"六省市区藏文古籍工作协作会"。该组织随着成员增多，成果和质量不断提升，社会影响和涉及的地域

---

① 百慈藏文古籍研究室编，民族出版社，2004 年出版，大 16 开，上下册共 2483 页。
② 《中国藏学书目》编委会编，外文出版社，2001 年 3 月出版，16 开，305 页。汉、藏、英三种文字合排。
③ 噶玛降村编译，四川民族出版社，2004 年出版，32 开，416 页。
④ 何布甲等编译，民族出版社，2005 年出版，大 32 开，254 页。藏汉文对照本。

行业范围也逐步扩大，使藏文古籍工作走向了新的里程。会议讨论并通过了国家民族事务委员会全国少数民族古籍整理研究室制定的《中国少数民族古籍总目提要编写纲要》，会议一致同意按照《中国少数民族古籍总目提要编写纲要》的规则编纂《中国少数民族古籍总目提要·藏族卷》的目录和提要。会议吸收北京市为"五省区藏文古籍协作会"成员，协作会更名为"六省区藏文古籍协作会"，并决定由北京市民族事务委员会承办"第八次六省区藏文古籍协作会议"。

2. 第八次六省市区藏文古籍工作协作会议于2002年10月22—25日在中国藏学研究中心召开。六省市区提交书籍类目录195542张，讲唱金石类目录6927张。其中西藏提交目录14428张（其中书籍类10501张、铭刻类3280张、文书类109张、讲唱类538张），附藏汉文提要；青海提交口碑类条目三千余条；甘肃提交简目十六万多张；四川提交简目五千多张；云南提交文书档案目录一千四百多条；北京提交简目一万多条。会议就存在的诸多编目问题进行了研讨。

3. 第九次六省市区藏文古籍工作协作会议于2005年8月10—13日在青海西宁召开。会议讨论并决定各省市先整理出版讲唱类和金石铭文总目提要等问题。

4. 第十次六省市区藏文古籍工作协作会议于2008年7月24—27日在甘肃兰州召开。会议审阅了甘肃敦煌藏文文献卷藏汉对照目录、拉卜楞寺名僧学者文集内容提要、讲唱类藏文词条六千余条和铭刻类词条一百余条。会议决定以《甘肃藏族卷》为范本，部署实施各省市编目计划。

（三）古籍机构、古籍专家

出版机构和收藏机构建制无变化。这一时期除国家古籍专家外，寺院学者中出现了极为突出的古籍整理专家：1. 堪布更尕松保，青海玉树人，他个人筹资、组织寺院僧人整理古籍，经7年多时间的努力，出版了《萨迦系列丛书》[①] 和《噶妥仁增次旺诺布文集》[②]。还培养了5名整理古籍的专业人员。2. 格西科才·慈智木，甘肃夏河县人，拉卜楞寺格西。他个人筹资编纂《雪域十明精粹大全》丛书，并培养整理古籍的僧人多人。3. 德格印经院、拉萨雪印经院等培养了大批雕刻师、校刊、誊写员和古籍整埋专家。

（四）古籍活动

2002年10月22—25日，在北京中国藏学研究中心举办六省市区藏文古籍成果展，展览分四部分：1. 六省市区藏文古籍整理编目工作；2. 六省市区藏文古籍整理编目成果；3. 六省市区藏文古籍整理出版成果；4. 藏文《大藏经》版本精品。

2004年3月11日，苯教活佛根珠·满金拉色举报有人盗版1986年《苯教甘珠

[①] 民族出版社，2003年出版，32开，26册。
[②] 中国藏学出版社，2006年出版，16开，三册（上871、中736页、下656页）。

尔》版，四川省新闻出版局在西藏巴青县、左贡县及四川的阿坝、若尔盖、松潘等地发现购买盗版《苯教甘珠尔》合同一百三十多份，顺藤摸瓜终于在成都市金牛区破获盗版印刷窝点和盗版者。

西藏自治区文物局为维修和保护萨迦寺古籍，于 2005 年 8 月 8 日正式搬迁萨迦寺"经书墙"① 的古籍，搬书前举行了宗教仪式，经过 37 天的搬运，于 9 月 10 日经书搬迁完成。"经书墙"共有古籍 14660 函。此外，萨迦寺主殿南墙东段尚存古籍 2257 函、八思巴母亲丹增桑母主持写造的泥金写本 252 函和《布德甲隆玛》。此次统计萨迦寺共有各类古籍 17169 函。

（五）重大发现

2003 年 10 月，陕西省考古所在西藏那曲县罗马乡十七村辖地的察秀塘祭祀遗址首次发现墨书藏文的动物骨。据初步推断，察秀塘祭祀遗址的年代为公元 9—公元 11 世纪，是一处苯教祭祀活动遗存。墨书藏文内容是苯教咒语，其中有"镇压"等词语，但目前不知其意；字体不是吐蕃时期常见的"乌坚体"，而是较为成熟的"乌美体"，但仍然可以看出有吐蕃字体的痕迹。古藏文专家依据这批墨书藏文字体和内容，初步认定书写年代为公元 10—公元 11 世纪。同时还出土了土陶罐、不同色质的料珠、铜牌饰、铁刀、人头骨和牛马等动物骨骼。

为编纂《中国少数民族古籍总目提要·藏族卷》，甘孜州民族宗教局于 2004 年 5 月启动藏文古籍普查工作。是年 9 月 24 日在甘孜县东谷寺发现泥金、泥银抄本《甘珠尔》154 函、海螺泥抄本 3 函。同年在甘孜县唯一的苯波寺发现苯教早期抄本十余函，其中部分书名是用象雄文②书写的。2005 年 8 月，敦煌研究院公布范耕球先生③收藏的 20 件藏文写经属于敦煌藏经洞吐蕃藏文写经。这批藏文经卷为黄麻纸、卷轴装，属于《大乘无量寿经》，大部分经有朱笔校勘，有题记者 13 件。其中卷长者 169 厘米，短者 22 厘米，卷高 31 厘米左右，保存基本完好。部分写经上盖有阳文"中亚望瀚楼主收藏"章和阴文"宝存古物"章。此章的主人就是发现敦煌藏经洞时期（1902—1905 年）担任敦煌知县的汪宗瀚，藏经洞打开以后他收藏了一批敦煌写本。范氏所藏就是汪宗瀚藏敦煌写本中的一部分。2008 年 8 月 19 日，《新疆日报》报道新疆乌尔禾发现藏文残卷。残卷用黄绸布包裹，有百余叶，长约四十厘米、宽约十二厘米，其中有几页藏历图和擦擦。此残卷于 1998 年 6 月在乌尔禾魔鬼城发现，后一直存放直至公布之日。

---

① 经书墙：萨迦寺主殿顺墙书架高 10 米，长 80 多米，架上摆满古籍，距今已有 700 年历史，此次为首次挪动经书。因经书如一面巨大的墙壁而称为"经书墙"。此为世界绝无仅有的最大书架。

② 象雄文在数百年前已不通行。

③ 范耕球：山东临沂市人，2005 年 9 月病逝。1947 年春他在兰州城隍庙购得敦煌写经三十多卷，之后捐献部分经卷。2005 年 6 月至 8 月，他曾两次请敦煌研究院鉴定其收藏的吐蕃敦煌写经，迄今为止这是唯一一次鉴定民间所藏的敦煌藏文写经真品。

(六) 古籍价值

藏文古籍是藏族先哲艰辛耕耘的智慧结晶，是藏族历史进程的真实写照，不仅是藏族优秀文化遗产，也是中华民族乃至世界文化的重要组成部分。藏文古籍历史悠久，卷帙浩繁，门类丰富，其哲学、宗教、密法修炼、仪轨、美术、医学、心理学、语言学等博大精深，在众多古籍中完好地保存了政治、历史、宗教、天文、历算、医学、语言、文学、英雄史诗、艺术、民间习俗和经济等内容，不仅为研究藏学提供了丰富的资料，这也是藏族人民贡献给世人的精神财富。

1. 社会价值

藏文古籍作为传统文化，有着非常久远的历史，是藏族人民在历史进程中的智慧结晶。它既是藏族历史的见证，不仅是当今物质文明和精神文明建设的基础，也是连接民族感情的纽带和弘扬民族精神、维护国家统一的重要内容，对民族间的文化交流和传承有着极其重要的意义。古籍文献记载着历史，承担着延续历史、传播古代文明的重任。古籍文献所记载的哲学思想、伦理道德、政治经济及科学技术，闪烁着贤哲思想的光芒，是启迪人们智慧的源泉之一，对构建社会主义和谐社会有极其重要的参考价值。

藏文古籍是藏族古代文明的标志，是藏文化生存和发展的根基之一，不但是中华传统文化的重要组成部分，也为世界多样性文明提供了实物资料。

2. 文化价值

藏文古籍是藏族在数千年历史发展过程中创造的重要文明成果，蕴含着藏族特有的精神价值、思维方式和想象力、创造力，是雪域高原文明绵延数千年，一脉相承的历史见证，也是人类文明的瑰宝。藏文古籍对促进文化传承、联结民族情感、弘扬民族精神、维护国家统一及社会稳定具有重要作用。藏民族精神的核心是藏文化，而藏文古籍是藏文化的重要组成部分。古籍是文化的重要载体，她积累、积淀、储存了藏民族的优秀文化和历史传承，是文化知识的重要工具。文化是一个民族的灵魂，而藏文古籍是藏民族物质文化和精神文化的结晶之一，也是这个民族世代守望的精神家园和生生不息、一脉传承的精神纽带和根基。保持民族文化的独特性，必须弘扬和继承传统文化。藏族古代文明是中华多元文化中的一员，继承和保护藏文化也就是在保护中华文化，也是在为世界文化的多样性和人类文明做贡献。

3. 使用价值

藏文古籍涵盖古代社会科学和医学、历法、建筑等自然科学，是研究藏族政治、历史、宗教、语言、文学、艺术、医学和历法等学科的主要史料来源，具有较高的使用价值和重大的现实意义。1. 政治方面。1950年以来，我国政府和学术界为批驳"西藏是一个独立国家""历史上西藏与中国是'供施'关系""中国在西藏侵犯人权"等谬论，据藏文古籍和汉文文献，以严肃的科学态度，全面、公正地论证和阐明了西藏是中国不可分割的一部分、中华人民共和国成立以来西藏的发展变化和人民当家做主的事实，为维护祖国统一做出了贡献。其藏文史料主要来源于历代《达赖喇嘛传》、历代《达赖喇嘛文集》、历代《班禅额尔德尼传》《多仁班智达传》、历代《章嘉活佛传》《萨迦世系谱》《萨迦五祖全集》《十六法典》等藏文古籍。2. 历史方面。中华人民共和国成立以来有关西藏历史学术著作五十余部、论文数千篇，这些论著以历史唯物主义的立场和观点，科学地划分了藏族社会从原始社会到封建农奴制社会的历史发展进程，同时也阐明了公元13世纪纳入中国版图的详细过程。而资料来源就是大量藏文史籍和宗教典籍，如：《贤者喜宴》《青史》《红史》《白史》《拔协》《五部遗教》、高僧大德文集和传记等。3. 宗教方面。宗教方面比较有影响的学术著作三十余部、论文上千篇，从不同角度论述了藏传佛教的产生、发展、教义、仪轨，以及宁玛、萨迦、噶举、格鲁等派的理论，各派与中央政府的关系等。其资料来源于藏文《大藏经》《慈氏五论》《入行论》《时轮金刚》；宁玛派的《隆钦七宝藏论》《莲华生遗教》《大圆满法》；噶丹派的《噶丹六论》《菩提道灯论》；萨迦派的《三律仪论》《正理藏论》《量释论》《道果法》；噶举派的《解脱道庄严论》《大手印法》；格鲁派的《菩提道次第广论》《土观宗教派源流》等。4. 语言方面。依据《文法三十颂》《司都文法详解》《苯波文通二十七颂》《声明学论著注疏》等古籍，在语言史、语法、词汇等方面取得了巨大成就。5. 补遗。藏文古籍可以弥补汉文《大藏经》密法之不足，如：德格版藏文《大藏经》有4122种不见于汉文《大藏经》。6. 文学方面。有关文学的学术著作近四十部、论文上万篇，其中《藏族文学史》一书初步确定了藏族文学史的分期年代，界定了作家文学和民间文学的条件、范围、特点、体裁。其资料来源于《玛尼全集》《敦煌吐蕃文书》《萨迦格言》《米拉日巴传》《西藏王统记》《西藏王臣记》《国王修身论》《迅努达美》《格萨尔王传》《莲池歌舞》《康珠诗论》《如意藤》等藏文古籍。7. 科技方面。如：藏医，至今仍然是藏民求医问药的主要手段之一，《四部医典》《四部医典释难诃子丽鬘》《四部医典注疏·祖先遗教》《甘露要义秘密诀窍续》《国王神术紫册》《晶珠本草》《兰琉璃》《米旁医著》等古医术仍然发挥着不可替代的作用；藏历，是农牧民主要使用的日历；此外，绘画、雕塑、建筑等的理论依据也都要依赖于艺术类古籍。总之，藏文古籍涉及面广，集社会历史、文学艺术、文物和使用价值于一体。

二、彝文古籍

进入21世纪以来，彝文古籍整理研究专业和学科建设有了长足的发展，在各级民族古籍整理出版规划领导机构的组织、指导及各教学科研单位的具体规划实施，并通过广大彝文古籍整理研究工作者的共同努力下，出现了前所未有的新局面，也取得了辉煌的成就。近10年来，川、滇、黔、桂四省区彝文古籍出版协作组在各地党政机关和有关部门的有力支持与密切配合下，积极主动地组织协调了一大批科研项目立项和实施，并取得了许多重大成果。各大专院校和科研院所充分发挥自己的优势，先后整理译注和编辑出版了《夜郎史传》等一大批珍贵的古籍文献和编纂出版了《古彝文字集》《彝文字典》等整理研究彝文古籍文献必不可少的工具书。其中一些彝文古籍科学整理译注本出版后，在国内外产生了巨大影响。特别是楚雄彝族自治州在2005年以来组织编译出版100部彝文经典译注集，已出版三十多部，正在陆续出版。此项重大文化建设工程，引起了国内外学界的极大关注。在这10年，西南民族大学建立了彝文文献中心，一大批彝文古籍被列为国家珍贵古籍名录得到更好的保护。这一系列机遇和举措，将彝文古籍整理研究推向前进，并使之再上一个新的台阶。

（一）彝文古籍整理研究方面的学术交流更为频繁，层次更加提高

2000年以来，随着彝文古籍整理研究专业与学科建设的发展，彝族地区的各级党政领导和各有关部门对这项事业的领导和支持力度也越来越大，财政支持不断增加，从事具体教学和科研工作的专家学者的彝文古籍整理研究热情也在空前高涨。于是在这10年里，学术交流活动十分频繁，活动内容、范围、层次都在扩大和提高，有力地推动了专业的具体建设和学科的宏观发展。除了学术团体与学术团体之间和专家学者之间进行小范围座谈会等不同形式的经常性交流之外，连续举办了一系列规模较大的学术会议。例如：

2000年9月4—7日，在彝族阿诗玛的故乡、著名的风景名胜区石林召开"第三届国际彝学研讨会"。（中央民族大学主办，云南省石林彝族自治县承办）这是继在美国西雅图和德国特里尔召开的第一、第二届国际彝学研讨会之后，首次在中国境内召开的规模最大的一次彝学盛会。来自美国、德国、法国、澳大利亚、日本、缅甸、越南、波兰、韩国、瑞典等国家和国内北京、云南、四川、贵州、广西等省市自治区的中外学者出席大会，在大会上专门设立彝文古籍文献论坛。

2001年8月在云南省楚雄召开彝族古文献与传统医药开发利用国际学术研讨会，会后出版了《彝族古文献与传统医药开发利用国际学术研讨会论文集》，由云南民族出版社2002年7月出版，其中收录了与会学者研讨古彝文及其古文献与彝族医学的论文：《彝族医药古籍文献综述》《现代彝族医药文献研究综述》《彝医古籍〈医病好药书〉及其特点》《古彝文医药典籍论述》《彝文古籍中记载的彝族医药》等二十多篇，深入剖析了彝族医药的开发与应用问题。

2001年9月8—9日，滇、川、黔、桂四省（区）彝文古籍第八次协作会议在昆明召开。来自北京及滇、川、黔、桂四省（区）的八十余位专家学者和代表参加了会议。这次会议围绕联合撰写《中国彝族通史》、研究整理彝族谱牒等问题进行了广泛的交流和讨论。

2002年7月31—8月1日，滇、川、黔、桂四省（区）彝文古籍协作会第九次会议在盘县红果召开。会议研讨了《中国彝族通史》编写的有关问题。为了弘扬民族优秀传统文化，展示彝族人民对中华民族的伟大贡献，本次会议经过充分研讨，通过了"大纲"，并在编写经费的筹集等问题上达成了共识，力争使《中国彝族通

史》在理论性、学术性、现实性等方面有所创新、有所突破。紧接着于2003年4月12—14日,《中国彝族通史》编委会第七次会议在黔西举行。来自北京、四川、云南和贵州的专家学者五十多人研究了《中国彝族通史》编写的有关问题。会议认为彝族是我国历史悠久、文化灿烂的古老民族之一,千百年来为西部地区的经济社会发展做出了积极贡献。为了丰富中华民族整体历史,弘扬民族优秀传统文化,加强爱国主义教育,促进民族团结和各民族共同繁荣,一定要编写好《中国彝族通史》。

2005年8月3—4日,滇、川、黔、桂四省(区)彝文古籍第十一次协作会议在云南昆明召开,来自北京、四川、贵州、广西、云南等省(区)的一百五十多位专家学者出席会议。会议由滇、川、黔、桂彝文古籍整理出版工作协作组领导主持。与会专家学者就楚雄彝族自治州牵头编译出版《彝族毕摩经全集》进行了热烈讨论,认为《彝族毕摩经全集》的编译出版对抢救保护彝族文化遗产和弘扬彝族优秀文化具有重要的历史意义和现实意义,是盛世修典的壮举,要求四省(区)加强沟通和交流,团结一致,通力协作,积极支持楚雄州做好这项功在当代、利在千秋的民族文化建设大型工程。

2005年8月20—23日,在四川美姑县举办了被誉为"百年彝学盛会"的第四届国际彝学学术研讨会和第二届彝族毕摩文化节,来自美国、英国、德国、法国、日本等二十多个国家的彝学专家和国内各相关机构、高校的专家学者100多人参加了会议。

2007年3月26—27日,滇、川、黔、桂四省(区)彝文古籍第十二次协作会议在巍山县召开。会议对巍山南诏土主庙维修扩建和铸造南诏十三代王铜像工程顺利竣工给予高度评价,并希望切实抓好南诏土主庙的后续工程建设,加强南诏历史文化的研究,将南诏历史文化发扬光大。会议交流了四省(区)自第十一次协作会议以来所进行的彝文古籍抢救整理和《中国彝族谱牒选编》编纂工作开展情况。会议还指出:彝文古籍的整理、《中国彝族通史》的编纂、《中国彝族谱牒选编》的编写、《中国少数民族古籍总目提要·彝族卷》的编纂、彝文的规范完善和南诏历史文化的研究,是继承和弘扬彝族优秀传统文化的重大举措,是全体彝族同胞的大事。做好这些工作,不仅有利于抢救和保护民族文化遗产,弘扬民族精神,增强各民族的团结,而且有利于促进民族文化和旅游事业的发展,促进和谐社会建设。会议强调,各省(区)要按照第九次、第十次、第十一次协作会议确定的原则和要求,加大彝文古籍抢救、整理、出版和编目工作力度,努力做好相关工作,特别是国家下达的《中国少数民族古籍总目提要·彝族卷》的编纂任务,要确保按质按量完成,力争在2008年6月前完成编写任务。会议强调,加强南诏历史文化研究意义重大,四省(区)专家学者都要积极抓好南诏历史文化研究工作。来自北京、四川、贵州、广西、云南的一百多位领导、专家学者出席会议并作了南诏历史文化学术交流。会议还通过了《南诏土主庙彝王大殿祭祖日倡议书》。

（二）一批重大科研项目取得可喜成果，诸多学术论著陆续出版问世

在 21 世纪里，彝文典籍文献的整理研究和开发利用，已成为一个庞大的系统工程，并非少数人和短时间内可以完成。只有组织一系列的重要课题，并整合各方面的力量进行协同攻关，才能将彝文古籍文献的整理研究和开发利用工作引向深入。于是滇、川、黔、桂四省（区）彝文古籍协作领导小组，在 21 世纪机遇和挑战并存的新形势下，因势利导，对彝文古籍整理研究工作提出更高的要求。特别重视有关重大项目的立项与组织实施。通过各方面的积极努力，一批重大科研项目取得可喜成果，诸多学术论著陆续出版问世。

进入 21 世纪以后，滇、川、黔、桂彝文协作组将工作重点放在各种重大科研项目的组织立项和实施。如：编纂古彝文工具书是滇、川、黔、桂彝文协作组立项并积极组织和实施的一项重大科研项目。此项目先编出一部彝文字典，即《滇、川、黔、桂彝文字典》于 2001 年 2 月，由云、贵、川三家民族出版社联合出版。在川、滇、黔、桂各地彝文字形不完全相同的情况下，为实现彝文"书同文"的目标，四省区通力协作，在遵循"固定字形、字义，各按方言念读"的原则下，把记录彝区共同词语的字和不同方言特有的字以及彝文古籍中记载古代人、事、时、地、物的本义字（不包括同音混用字）汇集在一起。一是用于深层次研究、整理彝文古籍；二是用作彝族语言学、文字学、训诂学、声韵学、方言学和经济、历史、文化、哲学等各系列学科研究的工具书。在进一步广泛搜集彝文古籍抄本和金石木刻彝文文字并进行谨慎的选择的情况下，编纂了超方言的《滇、川、黔、桂彝文字典》。在出版《滇、川、黔、桂彝文字典》之后，紧接着于 2004 年又出版了《滇、川、黔、桂彝文字集》（八卷本）。从 1987 年西昌会议提出编纂《滇、川、黔、桂彝文字集》到 2004 年正式出版，历时 18 年。公元前 400 年左右从布塔欧柔开始编写直到清代才停止的乌撒彝区著名毕摩世家唐布阿侯氏的《唐布字典》，法国人保禄·维亚尔编纂于 1905 年出版的彝文法文对照本《法罗字典》，各地先后编辑的《禄劝彝文》《禄劝彝文单字》《（楚雄）彝文字典》《元阳古彝文同音字典》《红河彝文字词初稿》《彝汉简明词典》《彝汉对照小字典》《彝文字集》《彝文单字汇集》《彝文经籍字汇》《新编彝文字汇》《彝文字典》《简明彝汉字典》《广西隆林彝文字集》《滇、川、黔、桂彝文比较》等为编纂这部字集奠定了良好的基础。这部字集由马立三、陈英两位先生任主编，并由云、贵、川三家民族出版社联合出版。全书包括音标、字符、义项、音序检字表、笔画检字表、序等共计 355 万字，实乃聚沙成塔、汇川成海之皇皇巨著。本书分为八卷，即：1. 云南禄劝、武定卷，搜集彝文 18588 个，义项四千多条；2. 云南宣威卷，搜集彝文四千多个，义项一千二百三十多条；3. 云南红河、玉溪卷，搜集彝文 16140 个，义项五千二百九十八条；4. 云南石林卷，搜集彝文 2644 个，义项 2086 条；5. 云南弥勒卷，搜集彝文 5531 个，义项 2699 条；6. 贵州卷，搜集彝文 17650 个；7. 广西卷，搜集彝文 1133 个，义项 1185 条；8. 四

川卷，搜集彝文21360个，义项三千二百多条。就彝文单字而言，全书共收录八万七千多字，确实是洋洋大观之巨著。

又如：滇、川、黔、桂四省（区）彝文古籍协作组，在编纂彝文工具书的基础上积极主持编写《中国彝族通史》、辑录译注古彝文史料。《中国彝族通史》是滇、川、黔、桂四省（区）彝文古籍协作组通过云南省民委申报获国家民委批准立项的一项重大项目。滇、川、黔、桂四省（区）彝文古籍协作组于2001年在昆明召开的第八次协作会上决定编写《中国彝族通史》，并组建了编委会，后经过多次讨论确定了"编写大纲"。又于2002年7月31—8月1日，在盘县红果召开的第九次彝文古籍协作会议上专门研讨了《中国彝族通史》编写的有关问题。会议认为我国彝族主要聚居在云南、四川、贵州、广西等省（区）。编写一部全面、系统、权威的《彝族通史》一直是广大彝族人民的美好愿望。全书将由6编44章202节构成，约四百万字。这次《通史》编纂工程特别注重彝文古籍文献史料的发掘、整理和编译工作，进而在《通史》各部分的具体编纂时强调了充分应用彝文史料。这一重大项目的实施极大地推动了彝文古籍文献史料的翻译和注释工作，为了便于彝文史料在《通史》中的应用，彝文古籍文献译注体例方面也有一定的创新。

再如：拟于2009年11月彝族新年期间在贵阳召开的第十三次四省区彝文古籍协作会暨第八届彝学研讨会，将以彝文古籍整理研究为主要议题。为了保证参会论文的质量，会议征文启事中拟定36条选题范围，其中有关彝文及其古籍文献整理研究的内容多达十多条。如：关于彝文的起源及形成完备的文字体系的历史时期；关于统一和完善彝文工作的意见和建议；彝文古籍整理回顾与前瞻；云南省彝文古籍整理评述；中国彝族四川省彝文古籍整理评述；中国彝族贵州省彝文古籍整理评述；《中国少数民族古籍总目提要·彝族卷》的编写情况综述；彝文古籍整理存在的问题；中国彝族彝文古籍整理的学科分类问题；彝文古籍协作的规范化研究；彝文古籍整理与开发技术研究；中国彝族彝文古籍保护与传承；中国彝族彝文古籍整理人才问题；彝文古籍的散失与彝族文化变迁的关系；彝族典型家族谱书考释；彝族特殊人物口述历史调研；彝族非物质文化遗产名称个案保护研究；原有彝文国际编码方案的可行性研究；中华彝学未来10年规划。

这个时期，各地及有关彝学科研机构也根据自己的彝文古籍收藏和人力、财力等实际情况，纷纷组织各类科研项目。如编译出版《彝族毕摩经典译注》（100卷）就是地方政府和研究机构立项实施的一项重大工程。楚雄彝族自治州及其彝族文化研究所认真贯彻和落实党和政府的一系列文件和有关文化传承保护条例，把科研重点转移到彝族传统文化的保护、传承和开发方面。于是确立并组织实施了编译出版《彝族毕摩经典译注》（100卷）的这项重大民族文化建设工程。从2005年8月立项至2008年在底，已正式出版发行了三十多卷，其后陆续出版，即将出齐。此项目完成之后，将为彝文古籍文献的整理研究提供丰富的整理、翻译和注释经验，亦能锻炼和提高一批彝文古籍整理研究工作者的业务能力和整理翻译水平。特别是为彝学各领域的科学研究提供丰富、翔实的文献资料。也有利于促进各民族的文化交流和充实、丰富中华民族文化宝库。又如贵州民族学院彝文古籍研究所注重各级科研项目的申报，在彝文文献研究方面诸多课题被批准立项，如：贵州省哲学社会科学2001年年度规划研究课题"贵州彝族古籍文献研究通论"（负责人王富慧）；2001年学院课题"彝文典籍中所反映的彝族先民生态观"（负责人李天元）；2003年学院课题"彝族古籍的研究离不开双语教学的推动"（负责人王子尧）等。再如各地彝学团体在积极、主动地开展学术交流活动的基础上，以书代刊，加大创办彝学刊物的力度。中央民族大学彝学所继续创办《中国彝学》；云南彝学研究会创办《云南彝学研究》；贵州省彝学会创办《贵州彝学》等。在这些刊物中收录了大量有关彝文古籍文献的论文。《云南彝学研究》（第二辑由云南民族出版社2000年12月出版）就收入：《浅谈古彝文的创制及其影响》《彝文 phu55（祖）字考释》《浅谈彝族语言文字楹联》《西部大开发与彝族语言文字问题》《江城彝文古籍的征集整理情况》《彝文典籍的佛教文化特征》等有关彝文及文献典籍方面的论文多篇，展示了云南彝学在语言文字和文献典籍研究方面取得的新成果。玉溪市出版了《玉溪地区彝文古籍丛书》；红河州出版了《红河民族古籍译丛》，昆明市石林县出版了《石林民族古籍丛书》。毕节地区彝文翻译组翻译整理的《西南彝志》（一至十二卷，贵州民族出版社2004年版）为彝族历史研究提供了丰富翔实的珍贵资料，其中，较为全面地记载西南彝族历史。

这个时期有关学者在彝文工具书和彝文及其典籍文献方面的理论著作出版问世也甚多。例如：

朱琚元著的《辉煌彝文》（云南民族出版社，2003年）。该书的内容由前言，1. 有趣的彝文传说，2. 千古文明开金沙，3. 彝文特性解析，4. 彝文古籍概说，5. 仰承毕摩传彝书，6. 新生的彝文，作者余言、后记等组成。从语言学、考古学、民族学、民俗学的角度，集几十年彝学专家研究成果，较为全面地记述了彝文的起源、成因、使用和发展，突出反映了彝文的历史作用和现实意义，展示了彝文在彝族历史文化中的风采，它对于了解认识彝文和研究彝文，推动彝文的发展具有重要作用。

黄聿明著《彝文文字学》（民族出版社，2003年），对彝文的起源及性质等作了深入地探讨。

陈世鹏著的《黔彝古籍举要》（贵州民族出版社，2004年），介绍了部分古籍的主要内容，并加以评述，揭示其学术价值，还讲述了这些彝文古籍的收集、整理、翻译和出版情况。系统全面地概述了贵州彝文古籍文献的收藏及整理研究和出版等方面的历史与现状，对学人认识了解贵州彝文古籍文献的概况极为方便。

黄建明著的《阿诗玛论析》（云南民族出版社，2004年）。本书包括了《阿诗玛》义化背景论、《阿诗玛》的人物论、《阿诗玛》的叙事方式论、《阿诗玛》的艺术手法论、《阿诗玛》修辞手法论等内容。在彝文典籍文本的个案研究方面比较深入，为今后对重要典籍的个案研究有着示范作用。

王继超著的《彝文文献翻译与彝族文化研究》（贵州民族出版社，2005年）。该书汇集了著者二十多年来从事彝文古籍文献翻译研究的经验体会和理论研究的成果，其中有《彝族源流初探——兼论彝族文字的历史作用》《彝文古籍的彝民族认同》《从彝族文献和习俗中看彝族原始宗教》《〈彝族指路丛书〉及其历史文化内涵》《彝族〈指路经〉的彝民族认同及价值探析》《生存文化的载体诗歌艺术的瑰宝——彝族古籍中的"咪古"》《〈阿诗玛〉中的若干典故考释》《彝族古籍〈物始纪略〉一书的价值评价》《祭祀土地神及其经典》《从彝汉文献的记载看滇的族属》等一批论文和一系列彝文古籍译注文本的出版说明。

王运权著的《彝文古籍释名集》（2006年）。该书根据彝文古籍整理、翻译过程中很难解决的名物诠释问题：如古糯（今贵州省贵阳市一带）、能沽录略（今四川省成都市一带）、纪吞谷（今云南省昆明市一带），这些彝文古籍上的地名，知者已不多了。特别是古代典章制度中专用名词的诠释，其难度更大。鉴于这些原因，著者把毕节地区彝文翻译组翻译出版的22本译著中王继超的个人译著，按音序排列，汇集成册。目的是为彝文古籍的翻译者和研究者提供彝文古籍中专用名词的诠释资料，以期为推动彝文古籍翻译和研究的发展，助一臂之力。

普璋开等编纂的《滇南彝文字典》（云南民族出版社，2005年），收录上万个字词，为滇南彝文古籍的释读提供了一部重要的工具书，极大地促进了数以万计的滇南彝文古籍文化遗产的翻译整理和出版，可为彝文的应用与研究提供丰富的字汇和注释资料。

朱崇先著的《彝文古籍整理与研究》（民族出版社，2008年）。书中第一章绪论，以彝族的地理分布和生态环境与历史沿革和社会变迁、丰富多彩的彝文古籍与灿烂辉煌的彝族传统文化、彝文古籍的整理与彝学研究的兴起与发展、彝文古籍整理专业化建设与理论探索为题，概述了彝文古籍产生、发展、演变的历史文化背景以及整理研究的历史与现状；第二章古彝文及其典籍文献研究综论，分为彝文的起源与称谓问题研究、关于古彝文的性质与类型问题的讨论、彝文古籍的应用性整理与学术研究的兴起、彝文古籍整理出版专业化与学术研究的进展四节，对古彝文及其文献典籍的科学整理与学术研究状况进行了比较系统的论述；第三章彝文古籍的地区类型，根据彝文古籍上千年的传播与流变及其地区差异，将彝文古籍分为十个地区类型；第四章彝文古籍征集与收藏情况述要，对彝文古籍的征集收藏状况进行概述之外，重点介绍了国家图书馆和清华大学图书馆彝文古籍收藏整理情况；第五章彝文古籍编目、著录与分类法探索，对彝文古籍编目著录的重要性和目录的作用、彝文古籍的著录方法及具体规则、彝文古籍分类法等进行了系统的探讨；第六章彝文古籍翻译注释的基本原则和方法，对彝文古籍的翻译注释以及译注底本的解读与校勘、翻译步骤与翻译技巧、翻译注释体例的应用等方面进行了具体的归纳总结；第七章彝族历史典籍与文学作品及文论的整理研究，除了对彝文历史典籍进行概述之外，对彝文历史著述及其史学意义和史料价值与彝文文学艺术作品的特点和价值进行客观的评价；第八章彝文医药典籍与天文历法论著的整理研究，对特色鲜明的彝文医药典籍与文献和彝文天文历法著述进行介绍和评述；第九章彝文宗教经籍和哲学论著的整理研究，对彝文宗教经籍和彝文哲学论著进行了介绍和评价；第十章彝文古籍整理现代化与文献资源的保护和开发利用，对彝文古籍整理现代化问题和当前彝族古籍文献的抢救与保护，以及彝族古籍文献的开发与利用等问题进行了理论探索，并提出了具体保护与开发的建议。本书对学习古典文献学理论知识、民族古籍整理研究方法和从事民族语文与古典文献专业教学科研工作进行了系统的梳理和总结。虽然书中有些观点还需确证，所提出的诸多问题还有待于进一步探讨，但是对彝文古籍整理和少数民族古典文献专业的理论建设有所裨益，为中国古典文献学的理论研究也增添了个案资料。为了向国外的彝族传统文化和彝文古籍爱好者介绍彝文古籍整理研究信息和彝文古籍的丰富内容，还增加了英文摘译。比较全面地介绍了彝文古籍文献的历史与现状，并对彝文古籍文献的整理研究方法作了系统的论述。在彝文古籍文献专业教学和学科理论建设方面做了许多新探索。

（三）加强彝文古籍整理研究人才培养，注重彝族文化传承人的保护培训

进入 21 世纪以来，有关大专院校加强了彝文古籍文献的高级研究人才的培养力度。如：中央民族大学、西南民族大学、云南民族大学、贵州民族学院等先后培养了一批高层次的彝文古籍文献专业人才。各地也纷纷举办各种类型的彝文古籍专业培训与彝族文化传承人的培训。如：贵州省毕节地区彝学会旨在抢救、保护和传承彝族布摩文化，于 2009 年 3 月 4 日首期布摩培训班如期开班教学。学员来自威宁、赫章、纳雍、毕节、金沙等县市，共 22 名，地区有关领导出席了开班典礼。本期布摩培训班学习国际音标、《献酒经》《献水经》《献茶经》《迎布摩经》《解冤经》《指路经》《细沓把》《祭祖经》《丧祭大经》《局卓布苏》《祭祀土地经》《更换祖筒》《治星经》《经理归宿经》等十余部经书。集中教学外，由学员自行抄写、背诵所教读的经书；学习布摩礼俗与腔调。教学任务由地区彝文文献翻译研究中心王继超、王子国、陈大进、罗德昂、熊梅等同志承担。除《丧祭大经》和《局卓布苏》两大经书外的经书都已进行了学习。1/3 学员已掌握三千多个彝文单字，在 2/3 学员中，除个别人外，都掌握了二千五百来个彝文单字。通过教学打牢了识读彝文单字的基础。教学中还使用了光碟教学等办法，已向学员发放了两种 5 盘教学光碟，发放和传抄了《献酒经》《献水经》《献茶经》《迎布摩经》《解冤经》《指路经》《细沓把》《祭祖经》《祭祀土地经》《更换祖筒》《治星经》《经理归宿经》等 12 种布摩教科书。在布摩礼仪习俗的学习等方面奠定了必要的坚实基础。

（四）建立完善彝文文献专门机构，增强彝文古籍文献保护力度

各彝族文化学术研究机构，先后成立彝文古籍文献整理研究部门，积极征集入藏彝文古籍和各种档案文书。如楚雄彝族文化研究所彝文古籍室已抢救彝文古籍八

百余册；贵州毕节地区彝文文献编译研究中心，目前已收藏彝文古籍二百余册。又如近年西南民族大学成立彝学文献中心，这是目前国内彝族文献资料最集中、规模最大的彝学文献中心。已收录了川、滇、黔、桂4省区民间文献3100册，彝文电子图书348册，电子音像制品一百五十多种，彝文出版物三千多册。其中彝学文献中心还收藏了许多珍本、孤本、善本，如《买查吾查全书》《劝善经》《历算书》等。

2004年10月，凉山彝族自治州人民政府正式将成立于1996年的"美姑县彝族毕摩文化研究中心"纳入美姑县人民政府下属学术研究机构。该"中心"积极与国内外学者和相关机构合作，致力于通过学术研究，加强对毕摩文化的保护，做了大量卓有成效的工作，先后翻译了《苏尼源流经》《招兵经》《防癫经》《凤凰经》《招女妖经》《调和阴阳经》《除秽经》《间隔经》《占算经》《作净经》《死因病源经》《招灵引魂经》《判别清白经》《姹女经》等数十部毕摩经卷，出版了《美姑彝族毕摩文化调查研究·田野专辑》《美姑彝族毕摩文化调查研究·艺术专辑》《美姑彝族毕摩文化调查研究·论文专辑》《彝族尼牡概论》《彝族挽歌》《诺苏历典》《大凉山美姑彝族民间艺术研究》《梦幻美姑》《凉山彝族驱鬼经》《凉山毕摩》《毕摩文化》等书刊，其中《凉山彝族驱鬼经》采用古彝文、国际音标、汉文直译、汉文意译对照的四行对译法，成书共九千多行，向世人展示了彝族毕摩经典的丰富内涵，引起了广泛关注，并被列为世界民间文学宝典。为了进一步提高彝族毕摩文化的知名度和对毕摩文化的研究水平，先后举办了多次全国性的毕摩文化研讨会和一次国际学术讨论会。所承办的"第四届国际彝学研讨会"来自美国、日本、德国、法国、韩国、挪威、波兰、澳大利亚、印度、爱尔兰等国和中国港、台地区以及各大专院校、各科研单位的国内外专家学者，总计五百余人次参加了会议。该中心还承担着民族文化保护的基础工作，推荐"凉山彝族毕摩典籍"列入了省级文献遗产名录，推荐"尼木措毕"和"彝族婚俗"列入了省级非物质文化遗产名录，这些都还正在积极申报国家级遗产名录。

彝文古籍及其文史资料得到彝学专家的高度重视，成为考察和认识彝族社会历史与传统文化的珍贵文献。许多学人逐步意识到彝文古籍中的文史资料不仅是考察彝族历史文化的主要依据，而且是研究中华远古历史文化的重要依据。如彝族叙事长诗《阿诗玛》享誉世界，彝文《双柏彝医书》的成书年代比《本草纲目》还早7年，彝族史诗《阿黑西尼摩》已成为研究中华母系文化不可缺少的重要文献。由于彝文古籍文献具有重要文献资料价值和学术研究价值，叙事长诗《阿诗玛》等已入选国家第一批非物质文化遗产名录；《百乐书》《尼苏》《劝善经》《田赋账簿》《彝汉教典》等数十部彝文古籍已入选或正在入选国家珍贵古籍名录。

（五）彝文古籍文献整理研究大有可为，学科建设任重道远

彝文古籍文献作为彝族传统文化的重要载体，其内容涉及广泛的学科领域。探讨彝族典籍文献整理、研究的理论和方法，需要进行多学科的交叉性综合考察与系

统研究。这就需要我们认真学习和借鉴相关学科的先进理论和科学方法，并充分掌握各科知识，才能准确地译注各种内容的典籍，为各学科的研究提供翔实可靠的古文献资料。也只有这样，才能科学有效地开发利用古籍文献资料，真正做到吸取古代文化之精华，剔除旧时代遗留下来的糟粕，更好地继承和弘扬彝民族的优秀传统文化。因此，在彝族典籍文化研究工作初具规模，业已建成一支强有力的专业队伍并形成诸多学术研究部门和单位的情况下，不但要加强彝文典籍的整理与译注出版工作，而且要高度重视彝族典籍文化的理论研究。只有深刻揭示彝文典籍中蕴含的文化内涵，才能更好地利用彝文资料，深入探讨彝族古代社会历史，并正确认识和应用彝族先民创造的一切文明成果。只要我们在从事彝文典籍的校勘、翻译、注释等实际工作中认真总结经验、不断探索新方法并重视理论研究、积极学习和借鉴相关学科的先进理论和科学方法，就能逐步地建立起自己的理论体系，早日把彝文古籍文献整理研究工作建设成为符合科学标准的学科专业。

彝文古籍整理研究工作，可谓任重而道远。就目前的彝文古籍整理研究任务而言，数以万计的古籍文献需要整理和翻译出版，文献资源的开发利用以及学术研究的任务都十分艰巨和繁重。从整理研究工作的发展趋势而论，无疑是一项长期而规模庞大的文化建设工程，不但需要几代人、十几代人的不懈努力，而且要一直延续不断地整理研究下去。因为这项工作一直伴随着人类发扬优秀的传统文化和继承文明成果而不断探索与向前发展奋斗的历程。所以，历代先哲、圣贤都乐意潜心解读古籍文献，并善于对其来龙去脉进行穷本究源的探索。近代文献学家，更加注重古籍文献的形成、传播、发展问题，以及对其所蕴含的文化价值等进行宏观研究。与此同时，也非常重视整理研究工作的理论与方法的探索，这是提高古籍整理质量和研究水平的需要。从一定意义上讲，理论建设关系到彝族古籍文献专业的整体发展，甚至关系到整个彝学研究领域的进程。由此可见，对彝文古籍文献进行具体校勘、翻译、注释等实践经验的总结和理论与方法的探索，势在必行，刻不容缓。因此，应该对彝文古籍的记录符号和各种书籍文献的载体，以及古籍的编目著录、文献内容的学科分类，古籍的解读、校勘和翻译注释的方法，彝文古籍文献的征集收藏情况和整理研究历史，各类彝文古籍的文化价值和开发利用前景等进行多层面的探讨。

要在21世纪里把彝文古籍文献整理研究工作推向深入，并达到一定的高度，需要依靠集体的力量，并进行长期不懈的努力奋斗。我们要清醒地认识到：虽然，彝族古籍文献的整理、研究工作，已经初具规模，并在文献资源的开发利用方面，也取得了一些显著的成效，正在向着正规化、专业化的方向发展，但是，在整理研究中还需要不断地加强理论和方法的探索，才能提高整理研究水平。作为一项长期的系统工程，不但要有强大的研究队伍，也要建立正规的专门组织机构和具体从事此项工作的部门，还要形成一套高度概括和反映这一工作性质、特点和研究对象，以及应该遵循的原则和方法的理论学说，以展示专业的基本面貌，并为本学科专业建构一个完整的理论框架和系统的学说，指导从事此项专业的工作者，掌握本专业的理论知识与整理、研究的具体方法和基本技能。由此论之，彝族典籍文献的整理研究工作，在理论建设方面应当给予高度重视。通过不断的探索，切实总结和概括本专业的基本指导思想和具体研究方法，使之上升到理论高度，并加以阐释和论述，形成条理化、系统化、科学化的理论学说，并不断地加以丰富，使之向前发展。

总之，彝文典籍的抢救和保护以及整理研究，是一项任重道远的工作，也是一项千秋功德，有待于进一步加强和努力。

三、纳西文古籍

2001年，云南省人大常委会通过了《云南丽江纳西族自治县东巴文化保护条列》，此举将对依法保护纳西族传统宗教东巴教的传承，纳西东巴经典的保护、抢救、翻译、整理提供了合理合法的法理依据，将有力保护和推动纳西族地区各界人士依法保护纳西族传统文化遗产。与此相应，丽江东巴文化博物馆、东巴文化研究所和众多民间组织为了依法合理传承纳西族传统文化的模式进行了许多有益的探索和实践。东巴文化研究所举办了东巴文化传人培训班，培训了不同年龄段的8名学员。与传习配套进行的由杨福泉主持的福特基金会资助项目"纳西族传统文化保护与发展——以文化传人培养为案例"取得圆满成功。同一时期，东巴文化博物馆开办了10期培训班，培养了350名传承骨干。东巴文化传习院则依托学校，进入小学传承东巴文化，并编撰教材，分门别类进行教学实践，取得了良好的效果。

2001年，经纳西族学者郭大烈、木基元、郑卫东的努力，李霖灿与张琨合著的《麽些象形文字标音文字字经典》的汉字简体字版终于在内地出版，更名为《纳西象形标音文字字典》。该书的出版满足了国内学术界对纳西东巴经典研究翻译的需求。该字典摆脱汉字六书说的制约，坚持切合纳西东巴文字的实际，分析纳西东巴文字的构形特征和造字法，十分难能可贵。李霖灿认为：把字形变化分为自身变化和附加变化两类，在自身变化中又分倾斜、倒置、断折、开裂、削减、延伸、扭转7种方法，在附加变化中，又分点、线、色、放大4种方法①，这比套用"六书说"强解纳西东巴文者要高明得多。

2002年，纳西族作家杨世光著的《杨世光长诗集：史诗与情歌》由云南民族出版社出版，书中收录了《黑白之战》《大鹏之歌》《创世之歌》《逃到好地方》《猎歌》《赶马之歌》《牧歌》《神秘的金鹿》《虎跳峡》等文学作品，大都依据纳西东巴经典中的名篇为基础，重新创作而成，采用五言体的句式，以优雅流畅的诗体，再现东巴经典独具的魅力和深刻内涵，堪称新时期纳西东巴文学创作整理的典范。

进入21世纪后，在国家民委古籍研究室和云南省民委古籍办的资金援助下，东巴研究所组织有关研究人员对国内收藏东巴古籍的云南丽江县图书馆、东巴博物馆、中央民族大学图书馆进行编目整理，并于2003年10月完成了由郭大烈主编的《中

---

① 李霖灿：《麽些象形文字字典》绪论，中央博物院，1944年。

国少数民族古籍总目提要·纳西族卷》的编写出版工作，由中国大百科全书出版社出版。因时间和经费的制约，以及试点卷、特殊性、率先等指令的催促下，仅在北京地区就未能对包括国家图书馆在内的北京地区六家机构收藏的东巴经典近五千余册经典进行编目，被人为抛置于总目之外，使"总目"之名大打折扣。其余的如南京博物院、云南民族大学、昆明市档案馆、云南省博物馆、云南省图书馆、重庆中国三峡博物馆等机构和个人收藏的纳西东巴经典近三千余册的目录亦未能收录，令人抱憾。

2003年8月，在波兰格但斯克召开的联合国教科文组织，世界记忆工程咨询委员会第六次会议上，由中国申报的纳西族东巴古籍作为文献遗产被世界记忆工程咨询委员会批准列入《世界记忆遗产名录》，成为我国迄今3项入选该名录的文化遗产之一，也是迄今为止唯一被收录世界遗产名录的少数民族古籍文献。丽江东巴研究所的张福龙先生为纳西东巴经典列入世界遗产名录，采取"以私谋公"的方式，精诚团结香港、北京、昆明、丽江等地纳西族学者和国内外热爱纳西东巴文化的有识之士和档案文献界专业人士，不畏艰辛，在丽江市、县政府的有力支持下，一举中选，取得成功，有功于国家和民族。入选世界遗产的意义，在于此举从全人类的视角，客观公正地判定纳西东巴经典的重要价值和普世意义，这对于纳西东巴经典的深入研究和抢救翻译将会起到十分重要的推动作用，东巴经典中蕴涵的多学科价值也将会得到全面的阐发。

2003年，第二届纳西东巴文化艺术节东巴文化学术讨论会在丽江举行。出版郭大烈主编的《第二届纳西东巴文化艺术节东巴文化学术讨论会》一书为本次会议的主要研讨成果。次年，《第二届国际东巴艺术节及第二届国际东巴文化研讨会论文集》由云南民族出版社出版问世，基本上反映了纳西东巴文化研究在21世纪初的研究水平。第二届纳西东巴文化艺术节期间"东巴文化研究百年成就展"在丽江东巴文化博物馆举行，全面检阅了纳西学研究界百年来的研究成果。任继愈先生为东巴文化研究百年成就展题写名称给予鼓励。东巴文化研究所更名为东巴文化研究院。

2003年，美国惠特曼学院推出"纳西文化学年"和"纳西族东巴艺术及其再创造"的展览。纳西族学者张云岭、杨福泉等人在该校为师生讲授"纳西族文化与艺术""中国绘画与现代东巴画"等课程，并与该校的纳西学研究专家查理斯·迈克汉合作编辑出版《图象及其变迁——东巴艺术及其再创造》一书。本次展览和合作有力推动了美国学术界对纳西东巴经典及其相关文化内涵的深刻认识，促进了中美之间的文化交流，为中美学者进一步深入研究纳西族东巴经典奠定了基础。

2004年12月24—26日，由台湾历史博物馆主办的"李霖灿教授学术纪念展"在台北历史博物馆举行。配合展览举办了"李霖灿教授学术座谈会""李霖灿教授研究专题演讲""儿童纳西文化研习营——探索古麽些文字"等系列活动。纳西族学者杨福泉、李霖灿先生次子李在中主持其事，取得了圆满的成功。历史博物馆印行《李霖灿教授学术纪念展》同名专书，缅怀了李霖灿先生研究纳西文化和东巴经典的生平事迹，影响深远。

杨树高主编的《世界的记忆、人类的遗产》，由香港文汇出版社出版。全书收录了丽江市在申报世界记忆遗产的所有相关文本的汇总材料，全面反映了纳西东巴古籍入选世界记忆遗产的艰难历程和东巴经典的深刻内涵及学术价值。纳西东巴古籍联合国教科文组织世界记忆工程咨询委员会最终在 2003 年将东巴古籍入选《世界记忆名录》，成为世界记忆遗产。这是继丽江古城入选世界文化遗产、三江并流入选世界自然遗产之后的又一个世界遗产，必将极大促进东巴经典的研究工作。

2005 年 5 月 24 日，纳西族学者云南社会科学院民族学研究所郭大烈研究员荣获日本经济新闻社"亚洲文化奖"，成为中国学者中首位获得此荣誉的社会科学界的专家。日本经济新闻社把"亚洲文化奖"授予郭大烈先生，旨在表彰他多年来身体力行从事纳西族东巴文化的传承工作，积极编撰东巴文字教材，教授东巴文字和东巴经典的教学实践。

东巴是纳西东巴文化的主要传承者和主掌者，历史上许多东巴还是东巴经典整理、翻译、研究的参与者，如，和才、和芳、和华亭等东巴为东巴经典进入国际学界做出了可贵的努力。东巴的生平、活动逐步得到东巴文化学界的重视。自 20 世纪 80 年代开始，不少纳西族学者和外族学者一起致力于编撰各地东巴的小传，如李国文《人神之媒——东巴祭司面面观》[①]《东巴文化辞典》[②] 郭大烈《东巴名录》[③]《近代东巴名录》[④] 和志武《近代纳西族东巴小传》[⑤]，戈阿干《东巴小传》[⑥] 等中收录东巴传记资料内容，为后人了解历代东巴们的业绩和贡献及其角色提供了重要的参考资料。对于东巴经典的译注研究而言，尊重东巴祭司们的读经、讲经尤为重要，需要改变以往轻视东巴的作法和以小市民心态蔑视东巴的错误之举，唯有如此，才有可能让东巴祭司发挥主动性，以强烈的责任感和使命感与学者一道努力抢救和弘扬纳西族东巴文化。

由宋光淑主编的《纳西东巴文化研究总览》，2006 年由云南大学出版社出版。全书从图书馆学的视角对纳西学研究做主题分类，分为论文类、著作类和外文著作类三个大类，全面列举分析了近百年来纳西学研究的得失成败。检索和分析的领域有哲学、宗教、社会科学总论、政治、法律、军事、经济、文化、科学、教育、体育、语言文字、文学、艺术、历史、地理、自然科学总论、天文学、地球科学、生

---

① 李国文：《人神之媒——东巴祭司面面观》之《各地东巴》，收录 635 人，云南人民出版社，1993 年，第 91-244 页。
② 李国文：《东巴文化辞典》，收录 33 人，云南教育出版社，1997 年，第 62-72 页。
③ 郭大烈主编：《东巴文化论》之《东巴名录》、收录 40 人，云南人民出版社，1991 年，第 676-683 页。
④ 郭大烈等主编：《丽江第二届国际东巴艺术节学术研讨会论文集》之《近代东巴名录》，收录 110 人，云南人民出版社，2005 年，第 597-609 页。
⑤ 和志武主编：《中国原始宗教资料长编·纳西族卷》之《近代纳西族东巴小传》，收录 30 人，上海人民出版社，1993 年，第 413-422 页。
⑥ 戈阿干主编：《祭天古歌》之《东巴小传》，收录 9 人，中国民间文艺出版社，1988 年，第 294-305 页。另外《摩梭达巴文化》中收有《达巴小传》撰写了打发·鲁若、阿布·高若传。

物科学、医药卫生、工业技术、交通运输、环境科学、安全科学、综合性图书。后附著者条目索引，是有史以来对纳西学研究学科的一次最全面的巡礼和检阅，较全面地反映了纳西学科的发展脉络和研究成果及社会影响。

2007年开始，由白庚胜、和自兴主编《纳西学丛书》15册由民族出版社出版，分别收录了方国瑜、和志武、和钟华、杨世光、白庚胜、杨福泉、木基元、杨正文、李国文、和云峰、戈阿干、李近春、习煜华、郭大烈、拉木·嘎吐萨等纳西族学研究者的论文集15册，在一定程度上可以代表20世纪90年代以来国内纳西学研究的水准，有利于积累研究经验，普及研究成果，进一步推进东巴经典的译注研究。

以人类文化多样性为主题的2009年第十六届世界人类学、民族学大会"纳西学研究的新视野"分论坛成功举办。纳西文化与"多彩丽江"大型文化展的成功举办和2009年第十六届世界人类学民族学大会"纳西学研究的新视野"论坛成功召开。12个国家的154位纳西学研究者参会，全面检阅了自2003年以来全世界范围内有关纳西学研究的成果。一大批年轻学者脱颖而出，一大批纳西学研究成果相继问世，雄辩地说明了纳西学研究及东巴经典的整理、翻译、研究工作逐步深入和拓展。2009年，为了配合第十六届人类学大会，和即仁、姜竹仪的《纳西语简志》出版了修订版。关于东巴经典研究，中外学者呼吁对《纳西东巴古籍译注全集》（100卷，共收经书近897种，是空前的，也可能是绝后的东巴经总集）应进行专门的研究。《中国少数民族古籍总目提要·纳西族卷》应该在合适的时候出修订版，继续促进纳西学研究的深入。

木丽春著《东巴文化史》2009年由中国炎黄出版社出版。全书分绪论篇、人格化万物有灵崇拜篇、亲缘化图腾崇拜篇、半亲缘化和半神灵化祖先崇拜篇、神格化鬼神崇拜篇、兼融域外多元文化篇五大部分，系统论述了纳西族东巴文化的发展轨迹，对东巴文化中的若干重要文化符号作了独到的解释，不失为一家之言，对东巴经典的研究、翻译、整理工作有参考价值。

王世英著《东巴占卜经典研究》，云南民族出版社2009年出版。该书对东巴经典中的部分占卜经典作了初步的探索，提出了一些见解，不失为一种尝试。

李静生著《纳西东巴文字概论》，云南民族出版社2009年出版。该书系作者多年为云南民族大学民语系纳西语文专业讲授纳西东巴文概论课教材的基础上修订而成。全书分上下两篇：上篇讲述东巴文字的创制、结构特征，哥巴文字的创制和结构特征，东巴经文释例；下篇对民国时期的纳西东巴文字研究，中华人民共和国成立以来的东巴文字研究做了评述，主要从作者的视角取舍，可以为一家之言，对东巴文字的构型解释主要采用了汉字"六书"说。喻遂生著《纳西东巴文研究丛稿》（第二辑）出版，本集收录了许多喻遂生对民间社会文书的翻译、收集、译注的论文文章，对于研究纳西族社会东巴文书的收集、整理、研究有一定的参考价值。

王荣昌《纳西古文字图谱》，民族出版社2009年出版，主要从画家的视角，通过对纳西东巴文与甲骨文字汇间的比较，从字符到词符和句子、语篇的顺序，分专题辑录解释，不乏独具新颖视角的见解，十分值得文字、文献研究者参考。

和即仁著哥巴文经典研究著作《求取占卜经典》由云南民族出版社出版。该书是和即仁1953年率中央民族学院语文系纳西语专业的学生赴丽江漾西实习期间，特别请纳西族大东巴和芳先生用哥巴文书写的《求取占卜经典》的哥巴文本写本，和即仁用和芳的写本为底本，旁征以往诸家有关这一经典的东巴文写本的译稿整理而得，在该书的末篇附录部分收录了《哥巴文字汇》，对于收集哥巴文字汇方面进一步解读纳西哥巴文经典而言具有重要的参考价值。

1999年，首届纳西东巴艺术节举行学术讨论会时，由瑞士苏黎世大学教授迈克尔·欧匹兹教授建议全世界收藏东巴经典的单位和个人一起携手努力，力争在有朝一日结成"纳西东巴经典共享联盟"。此举得到国际纳西东巴经研究界的赞同。东巴经典的数字化处理（或称数位典藏）的种种设想和建议得到国内外同道的响应，相应的东巴文字的数字化和电脑输入方式，东巴文字数据库，东巴经典的数字化处理和收藏共享已经开始进入国际学界的议程，已经由意大利学者率先开始推动。

朱宝田编著《哈佛—燕京图书馆藏中国纳西象形文经典分类目录》由美国哈佛—燕京图书馆出版，全书收录了哈佛—燕京图书馆藏纳西东巴经典的总目录和专题目录，虽有不少误漏，仍有一定的参考价值。

在朱宝田的整理编目基础上，最近，中国社会科学院民族学与人类学研究所与云南省社科院丽江分院，共同为美国哈佛大学哈佛—燕京图书馆所收藏的东巴经书进行四对照汉译。在哈佛—燕京图书馆及时向中方提供哈佛燕京图书馆藏东巴经典的扫描光盘的基础上，中国社会科学院科研局和民族研究所投入了前所未有的巨额资金支持该项目的顺利进行，资金支持力度超过了以往少数民族古籍整理研究领域投入的金额数目，而且该项目还将连续滚动。此项目首批40卷由东巴文化研究所的研究人员和虹、李英、和宝林等译注完成。清华大学赵丽明教授、中央民族大学黄建明教授对东巴研究院研究人员的译注工作给予了充分的肯定。黄建明教授建议加大对未解读经典的译注工作，同时强调要加强注释力度。这批经典的汉译本将由哈佛—燕京学社图书馆长郑炯文先生亲自撰写序文，并将于2009年10月在哈佛—燕京图书馆举行首发式。在中国社科院和哈佛—燕京图书馆支持下，哈佛藏东巴经典将分批出版问世，将进一步推动纳西东巴经典翻译研究工作。这批经典的译注工作也因"哈佛"二字吸引了少数民族古文献研究领域诸多专家学者的瞩目，许多专家在百忙之中挤出时间亲自参与。有的老专家不顾年迈，倾家出动，为纳西东巴经典奔走呼号。许多专家学者怀着对党和国家及纳西族人民高度负责的态度，怀着对少数民族古文献研究事业的赤诚之心，精心组织，无私奉献，多次亲历一线指导翻译工作。中国社科院民族研究所对纳西族古文献研究事业的重视和严谨求实、学术至上的学术精神得到国内外学术界的普遍肯定。中国社科院绝学学科建设项目也将哈佛—燕京图书馆藏纳西东巴经典在汉译基础上展开深入的专题研究项目列为重要研究课题，并给予了经费上的特别资助。

此外，这一时期学术界的各学科的专家学者们从实际出发，结合专业优势，为促进纳西东巴经典的翻译、研究、整理，做了许多有益的尝试和努力，极大地推动了纳西东巴经典整理研究工作。如云南理工大学的纳西族学者车文刚设计的东巴文字多种方式输入法问世，也有力推动了纳西东巴经典的翻译、研究、整理工作。和树荣创办的汝卡东巴文学校在三坝纳西族乡坚持了十余年，有力推动了纳西东巴经典的学习传承活动，培养出了一大批有一定释读能力的东巴传人。骆克著，和匠宇译的《纳西英语百科词典》首卷译成中文，由云南教育出版社出版。这一时期许多徐学校和机构主持编撰的纳西东巴文教材的成果相继问世，如东巴文化博物馆出版系列东巴文学习教材，和力民著的《通俗东巴文》也由广东科技出版社出版，也有力地推动了这一时期的纳西东巴经典的学习、研究、翻译、整理工作。杨福泉主编的《纳西学研究》（第一辑）全面检阅了最近几年的纳西学研究成果。东巴传习院黄山小学、白马龙潭学校的纳西东巴文教材在经多年教学实践后的分批出版，有利于东巴经典的学习、研究、翻译、整理工作的深入开展和后备人才的培养。纳西东巴文及纳西母语教学依法进入中小学课堂，云南民族大学民语系纳西语言文学专业成功实行人才订单式培养的模式，备受社会各界的关注和好评。华东师范大学、西南大学设立纳西文字专业博士和硕士点，成功地培养了一大批博士、硕士研究生，也有力地推动了这一时期的纳西东巴古籍的整理、翻译、研究工作。

北京市民委主持的项目《北京地区纳西东巴古籍目录》将由民族出版社在近期出版问世。东巴经典的翻译整理格式和主题分类标准与目录的编制问题已经由和志武、和发源、周汝诚制订出东巴古籍全集分类标准，目前仍需要严格制定完善的标准，以促进东巴经典的翻译整理工作。

东巴文化的抢救收集整理迫在眉睫。口碑古籍文献、纳西族汉字文献古籍的整理刊布、藏文文献中有关纳西族的史料记载的翻译、整理、研究工作，将在纳西族和藏族学者之间的通力合作下逐步展开。

纳西族的书面及口碑文献古籍的抢救、整理、发掘工作也需要进入实质性的阶段。此外，国内学者还取得了许多与东巴经典译注相关的丰硕研究成果：《纳西族文学史》（和钟华、杨世光等）、《纳西族史》（郭大烈、和志武）、《纳西族哲学思想论文集》（伍雄武）等著作自20世纪90年代问世以来对纳西东巴经典的翻译研究也起过重要的推动作用。

在季羡林、任继愈、傅懋绩、马学良、多古才旦、费孝通、王尧、史金波、李绍明等学者的严谨学风影响和有力呼吁下，改革开放30年以来在纳西东巴古籍整理研究的基础上，东巴经典的翻译、研究、整理逐步走上正轨。可以预见，在不远的将来，在国家有关部门的进一步重视之下，纳西东巴经典的翻译、整理、研究将在国内外同仁的协作推动下，在新技术的突破和广泛运用逐步引入到东巴经典研究领域的情形下，必将使纳西东巴经典整理研究取得全新的突破，并将在世界范围内形成纳西东巴经典共享联盟，进而充分利用东巴经典资料，运用多学科的方法论和视角，逐步彰显纳西东巴经典的多元价值。这是学科发展，时代进步，学术积累的必然结果，我们乐观其成。

四、白文古籍

进入 21 世纪以来，随着社会各界对民族文化遗产认识的深化，白文及其古籍的文化价值逐渐受到关注。白文的文字地位基本得到公认，相关学界和机构逐渐加强了对白文古籍的整理和研究工作。2001 年 2 月，大理白族自治州白族文化研究所及 2003 年 3 月，大理学院民族文化研究所相继成立。这些研究机构都将白族古籍整理作为工作重点之一。尤其是大理州白族文化研究所主持编纂出版的《大理丛书》，对白文古籍的整理起到了积极的促进作用。大理学院民族文化研究所目前也已着手开展白文民间流传古籍如白文曲本等的系统搜集和整理工作。

这一时期与白文古籍相关的工作成果主要有：

2000 年，段金录等主编的《大理历代名碑》（云南民族出版社，2000）收录了主要的白文历代碑铭，并刊布了由王富发现的《大理国高兴兰若篆烛碑》，碑中夹有白文。

2005 年 4 月，《中国少数民族古籍总目提要·白族卷》由中国大百科全书出版社出版。这是二十多年来白族古籍整理、研究工作的集大成著作，书中对白族古籍（包括白文古籍和汉文古籍）进行了总括式的概述和介绍。

2008 年 4 月，大理州白族文化研究所主持编纂的《大理丛书·大藏经篇》由民族出版社出版。书中首次完整刊布了南诏大理国手写白文佛经。

2008 年 10 月，大理州白族文化研究所主持编纂的《大理丛书·白语篇》由云南民族出版社出版。书中系统收录了白文古籍研究的重要研究成果，为白文及古籍研究的深入开展奠定了坚实基础。

进入 21 世纪，一批青年学者也开始从事白族古籍研究。王锋发表了多篇白文古籍研究的学术论文，如《略谈方块白文及其历史发展》[1]《白文古籍与方块白文的书写系统》[2]《方块白文历史发展中的文化因素》[3]《古白文的文字属性》[4] 等，详细分析了白文书写符号系统的构成，并通过汉字系文字的宏观比较，认为从历史上直到今天的白族文献，白文的书写系统经过了一个历时发展的过程，同时这种发展又是一脉相传的，有力地论证了白文历史发展的内在规律性。

综合来看，建国 60 年来对白文古籍的整理研究主要集中在白文文献的整理与释读、白文的文字性质问题、白文书写符号系统的构成三个方面。虽然白文古籍整理研究的历史不长，但在上述三个方面都还是取得了值得肯定的成绩。主要表现在：

---

[1] 《云南民族语文》，2000 年第 3 期。
[2] 《民族古籍》，2002 年第 2 期。
[3] 《云南民族学院学报》，2002 年第 6 期。
[4] 《大理学院学报》（哲社版），2004 年第 2 期。

第一，尽管白文文献在历史上遭到巨大破坏，但仍有部分文献保存至今，并被发掘和整理；第二，对白文的文字性质、文字结构进行了广泛的研究和讨论，使白文的文字特点和价值得到学术界和社会各界的公认。

在另一方面，白文古籍文献的研究也还存在很多的不足。主要表现在：

第一，由于历史上受到破坏，保存至今的白文古籍数量很少。几种早期文献较为零散，整理研究较为困难。迄今为止，对明代以前的白文古籍还没有形成较为一致的释读意见。

第二，还没有建立专门的研究机构和有一定规模的科研队伍。由于对白文及其古籍的价值认识不够，所以半个世纪来仍未建立起专门的白族古籍研究机构，研究人员后继乏人问题严重。虽然白文研究曾经成为学术界的一个热点，但有影响的论著并不多，特别是缺乏从文字学的角度对白文进行阐释的科学论著。

第三，白文文献的搜集和整理工作仍很薄弱。长期以来，白文古籍工作主要着眼于元明清时期的白文文献，而对民间流传和使用的白文文献缺乏调查和研究。这些不足之处需要大力改进，以推进白文古籍工作的全面发展。

第三节 壮侗语民族

一、壮文古籍

伴随着全球化的浪潮，人类进入21世纪。在经济一体化、城镇化以及外来文化的强烈冲击下，加强对传统文化的保护，维护人类文化多样性的呼声，越来越受到各国政府的高度重视。民族古籍是传统文化的重要载体，抢救、整理、保存少数民族古籍，是实施国家文化保护战略的重要一环。在这一大环境下，壮族古籍整理进入了一个崭新的阶段，学科建设得到全面提升。

（一）壮族古籍整理纳入"壮学体系"建设规划

前述建立"壮学体系"的倡议，始于1991年广西壮学会的成立。而标志着"壮学体系"建设进入实质性阶段的，则是2000年《壮学丛书》的正式启动。《壮学丛书》由张声震担任总主编，丛书分研究资料和研究著作两大部分。《壮学丛书》编纂方案明确指出：壮学研究资料是壮学研究的基础。1985年以来，有关部门对壮族古籍收集整理的成果是其重要的组成部分。这一资料系列主要收集壮族的典籍，抢救、保存、整理壮族宝贵的文化遗产，供人们阅赏和研究。其中：（1）收集壮族最重要的古传典籍，加以影印、翻译、注释或点校出版；（2）收集壮族民间流传存藏的，以及出土文物中有关壮族历史文化的资料，按学科归类并依历史顺序，汇编成集出版；（3）收集壮族历代各种著名人物的著作出版，这些著作代表了壮族历史发展过程中各个时代的思想文化水平，是保存壮族思想文化资料的重要方面；（4）壮族民歌古籍的收集整理。壮族民歌古籍（含口碑）内涵丰富，丛书将按照保持原貌的科学方法整理出版。以上丛书出版规划中的研究资料部分，对于壮族古籍整理来说，的确令人振奋。

到目前为止，《壮学丛书》研究资料部分已出版的，属于壮族古籍范畴的项目有：《壮族麽经布洛陀影印译注》（1—8卷）、《壮族伦理道德长诗传扬歌译注》《壮族神话集成》《历代壮族医药史料荟萃》《侬志高研究资料集》等。即将出版的项目有：《壮族鸡卜经》《壮族巫歌译注》《壮族风俗歌》《壮语地名全集》《壮族师公教文化集成》《古壮字大典》等。以上项目中，已出版的《壮族麽经布洛陀影印译注》，是壮学丛书首批出版的重点项目，收集精选了来自广西、云南等省区壮族聚居地的麽教经书古壮字手抄本共29种，全书共分8卷本，527万字，每一卷包括经书原件影印和译文两大部分。译文采用古壮字原文、拼音壮文、国际音标、汉文对译四对照的体例，篇首附有"编译说明"。与之前出版的《布洛陀经诗译注》相比，定位更准确、整理更科学，是迄今为止壮族麽教经典古籍中最全面、最完整、最系统、最权威、最科学的版本，被誉为壮族原生态文化的百科全书。为壮学研究中对壮族麽教布洛陀信仰文化的重新确认和科学定位提供了有力的证据，对于深化壮学研究及推动壮学体系的建立具有重要意义。即将出版的《壮族鸡卜经》，也是壮族民间麽教神职人员用于做宗教法事时，卜卦预测的宗教典籍。壮族鸡卜源远流长，是中国南方百越先民农耕稻作以及神鸟崇拜的产物，其神秘性和影响力，可与中原汉族的周易八卦相媲美。《壮族鸡卜经》是整理者从云南、广西两省区壮族民间搜集到的众多鸡卜经书手抄本中精选汇编而成的。每一本经书都包含卦象、卦名、卦宫和卦辞四大内容。该项目共精选了代表性的36本鸡卜经书，分4卷，共含卦象8212卦。全部采用原卦影印与释读翻译相对照的方式进行整理。《壮族鸡卜经》的整理出版，对于研究壮族古代社会历史、宗教哲学、神秘文化等方面都有很高的学术价值。

《壮学丛书》把一部分重要的壮族古籍整理项目纳入丛书的出版规划，虽然不能完全取代原有的壮族古籍整理工作机构的所有工作，但是它纳入了壮学体系建设的重要环节当中，使之除能够从经费和人员方面减轻负担以外，更重要的是能够在重大项目上整合人力、财力等各方面资源，多出精品，从而大大提高壮族古籍整理的质量，扩大壮族传统文化在国内外的影响，使壮族古籍整理在学科建设上得到全面提升。

（二）《中国少数民族古籍总目提要·壮族卷》全面启动

《中国少数民族古籍总目提要》首届培训班于1998年在广西桂林、南宁举办，但由于各方面的原因，《总目提要》广西各民族卷编纂工作迟迟未能启动。进入21世纪初年，国家制定文化发展"十一五"重点规划项目，把《总目提要》纳入其中，这对于加快编纂工作步伐，尽快完成这一跨世纪重大项目是一种机遇。广西少数民族古籍整理出版规划办公室抓住这一契机，使包括《总目提要·壮族卷》在内的广西各民族卷编纂工作全面启动。

按照《中国少数民族古籍总目提要》的要求，广西要负责完成壮族卷等全卷或部分共11个民族古籍总目提要编纂工作，其中壮族卷、瑶族卷由广西牵头完成，其余各卷独立完成或协作完成。完成《中国少数民族古籍总目提要·壮族卷》及广西各民族卷的编纂任务，也是实施自治区党委和政府提出建设文化广西的战略决策，为广西少数民族传统文化资源情况的摸底和开发利用做出应有的贡献。其中《中国少数民族古籍总目提要·壮族卷》是首要任务。从2004年开始，为开展《中国少数民族古籍总目提要》广西各民族卷编纂工作，广西少数民族古籍整理出版规划领导小组办公室，先后组织举办了5期大规模的编纂工作撰写人员培训班，培训人数共五百多人，其中大部分都是壮族。召开9次编纂工作专家座谈会，其中与壮族卷有关的就有6次。2005年12月6—10日，《中国少数民族古籍总目提要·壮族卷》编纂工作省区协作会在广西南宁市召开。广西、云南、贵州、湖南、广东、四川等省区代表参加了会议，广西壮族自治区人民政府副主席、自治区少数民族古籍整理出版规划领导小组组长孙瑜出席会议并题词，自治区人大常委会副主任韦家能致开幕词，国家民委全国少数民族古籍整理研究室主任李冬生、李晓东专程从北京莅临指导，李冬生对《壮族卷》的编纂工作作了重要指示。会议讨论通过了《中国少数民族古籍总目提要·壮族卷》编纂工作实施方案，为今后《壮族卷》编纂工作的顺利开展奠定了基础。

经过这几年的紧张工作，《中国少数民族古籍总目提要·壮族卷》的编纂工作进展顺利，收到各类简目一万多条，填写各类卡片八千多张，经修改初步定稿的书籍类、讲唱类、铭刻类和文书类条目约五千张，搜集壮族古籍手抄本原件和复印件近一千件（册）。《中国少数民族古籍总目提要·壮族卷》编纂工作经过多方努力，即将进入统稿阶段。

（三）《广西民族古籍"十一五"发展规划》中的壮族古籍整理

21世纪初年，尤其是2006—2010年，是我国全面建设小康社会，实现"中华人民共和国经济和社会发展2010年远景规划"的重要时期。保护和发展包括少数民族古籍在内的各民族优秀传统文化，促进中华各民族文化的共同繁荣，是落实科学发展观，构建和谐社会，全面建设小康社会的重要体现。在认真研究本阶段国家文化建设发展规划，特别是国家少数民族古籍整理事业发展要求的基础上，广西少数民族古籍整理出版规划领导小组办公室于2005年12月提出了广西民族古籍工作"十一五"发展规划的设想。内容包括指导思想、发展目标、主要任务、问题和建议等方面，在发展目标和主要任务这两部分，涉及壮族古籍的具体工作有：

总体目标：以"救书、救人、救学科"为宗旨，全面普查，基本了解和掌握壮族古籍存量和流传情况，抢救壮族古籍经典和培养壮族古文字传承人，以搜集、整理、出版一批有重要价值的壮族古籍为基本任务，以完成国家重点文化工程《中国少数民族古籍总目提要·壮族卷》和实施"壮族传统文化资料集成"项目计划为主要形式，加强壮族古籍搜集整理工作，培养一支能贯彻党的民族理论和民族政策、热爱民族文化事业、有踏踏实实的工作精神、有良好的汉文和壮族文字、有壮族语言根底的壮族古籍整理人才队伍，逐步建立壮族古籍资料中心和信息中心，为建设文化广西、建立"壮学体系"提供翔实的基础资料做出贡献。

具体目标：(1) 在抢救壮族古籍资料的基础上完成《中国少数民族古籍总目提要·壮族卷》编纂工作任务；(2) 整理出版《壮族传统文化资料》《壮族民歌集成》等项目；(3) 普查和确定古壮字传承人，有计划地培养精通古壮字的人才；(4) 组建专家资料库，建立壮族古籍整理项目专家评审验收制度；(5) 加大技术创新，逐步启动壮族古籍资料数字化工程，五年内达到国内同行业先进水平。

主要任务：(1) 加强《中国少数民族古籍总目提要·壮族卷》编纂工作的指导和联络，确保在"十一五"规划期间完成壮族卷的编纂任务；(2) 继续整理出版《壮族民歌古籍集成》及口碑古籍项目；(3) 整理出版《广西壮族地区土司资料》，主要是将涉及壮族土司内容的汉文史料点校整理；(4) 整理出版《壮族鸡卜经》，目前已进入统撰阶段；(5) 整理出版《壮族民间宗教资料》，本项目包括宗教经书翻译、法事仪式影像、服饰法器神像图画等；(6) 认真普查并确定古壮字传承人10名左右，此项工作一经确认，即发给证书和一定的经费补贴。

以上规划是在"十一五"期间内，广西民族古籍整理办公室与所有壮族古籍整理工作者努力奋斗，力争完全实现工作目标。

(四) 云南富宁壮族"坡芽歌书"图画文字的重大发现

2006年2月初，由云南省人大常委会副主任戴光禄担任总策划、总撰稿、总制片的壮族文化电视系列片《丽哉勐僚》摄制组到富宁拍片。富宁县文化产业办公室委托县壮学发展研究会对壮族文化资源进行了一次全面普查。调查人员在剥隘镇甲村村委会坡芽村调查壮族民歌时惊奇地发现，该村村民农凤妹家珍藏着一幅画着各种奇形图案的土布，这块土布宽1尺余，为女歌手农凤妹（39岁）、农丽英（37岁，农凤妹堂弟媳）共同拥有。在这块布上，画着81幅图案。农凤妹介绍，这是她们的一本歌书，每一幅图案，代表一首固定的山歌，这块布上的图案记载的是81首壮族情歌，每个图案以歌中用以表情达意的物象描绘记录，只要见到这个图形，即可颂读整首山歌的。每个图案笔法简洁、写意传神，神似壮锦图案。根据两名歌手自述，该图案传自其祖母。农凤妹告诉调查人员，小时候学唱山歌时，老人便手把手在地上教她画这些图案以帮助记忆，久而久之，这些图案符号便深入心中，每唱一首歌，脑子里就会有一幅图案，这种记录山歌的方法代代相传。

坡芽村距古镇剥隘新址 9 公里，有 55 户人家，全是壮族，以农姓居多，共 48 户。据村中老人介绍，该村大约于清朝初年从本县境内的剥隘、者桑等地迁入，世代以种稻狩猎为业，民风古朴。由于地处深山，极少受外来文化影响，至今为止，依然完整保留着壮族人传统的习俗礼仪，代代传唱的山歌，也在这里得到了完整地保存。全村目前还有二十多人能够通过图形符号认读山歌。农凤妹和农丽英是其中的佼佼者。

为求证富宁壮族以图形符号记录民歌是否只是孤立存在，调查组把调查范围扩大至剥隘境内的六益村和者宁村以及邻近的者桑、那能、谷拉等乡镇。分别于 2006 年 4 月和 6 月先后 3 次深入以上地区进行调查，调查结果表明：在距坡芽村子 10 多公里的六益村和者宁村，多数老歌手特别是女歌手都曾经普遍使用图画符号记录山歌，但保留不完整。在者桑乡百恩百比屯，被调查者黄彩艳（35 岁）回忆，小时候村里的老歌手就是用一本厚厚的画满各种图形的书教她们习唱山歌的。6 月中旬，调查组来到距离剥隘镇 70 公里的归朝镇进行调查，在那贯村，村民证实，村里早些年的妇女之家夜校，老歌手还在黑板上画图形教妇女们学习传统山歌。在老街村，调查人员拿出坡芽歌书请韦世辉等四名歌手进行识别，调查结果显示，几名歌手尤其是女歌手对符号的认定和识别最敏感，所能识别出的山歌有 80% 左右与歌书所载山歌内容相符。

2006 年 7 月 28 日—7 月 31 日，由中国民族古文字研究会副会长、中央民族大学中国少数民族研究中心副主任黄建明，云南民族博物馆副馆长普卫华等一行四人组成"坡芽歌书"专家考察组，专程来到坡芽村进行实地考察。经反复论证，以黄建明研究员为首的专家组初步确定，这 81 个符号基本具备了文字性质，一是形固定；二是音固定（但这音不是一个字音，而是一首歌）；三是义固定，其内涵丰富。专家组认为这是我国民族文化遗产中可以与东巴文化并相辉映的宝贵民族文化资源，是我国活着的图画文字之一，具有很高的研究价值和认识价值以及开发价值，它的发现，将填补壮族没有自源性古老文字的空白。最后，考察组的专家将这一发现命名为《中国富宁壮族坡芽歌书》，壮语音记"布瓦吩"（把花纹图案画在土布上的山歌）。2007 年 4 月，中国民族古文字研究会对《坡芽歌书》图符进一步鉴定，确认《坡芽歌书》文字是图画文字，是壮族民间流行的一套书画符号。

清华大学教授、女书研究专家赵丽明考察后认为：坡芽歌书初具文字的某些特征、某些功能；是文字早期雏形。与东巴象形文字相比，形态更原始。

广西师范学院教授黄桂秋考察后初步断定：中国富宁壮族"坡芽歌书"属于原始文字阶段中的图画性文字，是壮族先民根据本民族的文化特点和实际需要，独立创造的自源性的民族古文字。"坡芽歌书"像是连环图画，一个符号单位表示一首歌或一组歌，符号与符号之间的排列顺序按照所唱民歌的内容进展有固定套路。符号是轮廓画形式，表达方法以表形为主，表意为辅，从文字类型角度来看，它是"图符、章节、形意文字"。

云南省富宁籍的壮族学者黄懿陆认为：《坡芽歌书》是一部山歌体作品，应用图案识别歌名，其表现形式是男女青年见图便使用壮语对唱出相应独立成章的单体山歌，以 81 个图案记载 81 首山歌，共 762 行歌词联为一体，一气呵成。歌书由三部分构成：第一部分是自由恋爱的情歌；第二部分是对封建礼教童年订婚陋习的叛逆绝唱；第三部分是对美满婚姻幸福生活的誓言。歌书描写了一对青年男女由偶遇到相识，再由相互倾慕到相恋，最后相约白头偕老、誓同生死的全过程。由于坡芽歌书体裁的特殊性，有学者称之为——天下第一部图载歌书。

2006 年 11 月，中央民族大学非物质文化遗产中心与富宁县签订了合作协议，决定将《中国富宁壮族坡芽歌书》列入国家"985"工程少数民族古文字文本、少数民族古籍系列丛书之一进行整理出版。整理方法首先是对每一个图像符号所记忆的原歌进行全部录音，然后按照拼音壮文、国际音标、汉语直译、汉语意译四对照的方式，对歌句进行翻译整理。2009 年 3 月，《中国富宁壮族坡芽歌书》选择即将在中国云南昆明召开的"国际人类学、民族学联合会第十六届世界大会"前夕，由民族出版社隆重推出，这是壮族古籍整理在 21 世纪初献给大会的一份礼物，它将迎接世界各国人类学家、民族学家的学术检验。

前不久，即 2009 年 1 月，我国著名古文字学家周有光老先生在他 104 岁生日之时，看到坡芽歌书相关材料，欣然写下"坡芽歌书，文字之芽"的题词，这是目前中国古文字学家对壮族"坡芽歌书"最权威的定位。

二、傣文古籍

进入 21 世纪后，傣族古籍整理研究具有以下几个明显的特点：1. 工程性研究成为亮点；2. 傣族医药古籍整理和研究空前发展；3. 传统文学和历史古籍整理的继续发展；4. 古籍编目和综合研究成为一个鲜明特点。

贝叶经是傣族文化的百科全书，除了记载南传上座部佛教的经典，还包括傣族的文学艺术、社会历史、医药卫生、天文历法、法律法规、民俗风情、生产生活、伦理道德等方面的内容，是傣族传统文化的集大成者。为传承、弘扬优秀的傣族传统文化，西双版纳州政府决定翻译整理出版《中国贝叶经全集》100 卷，并于 2002 年启动了收集、整理、翻译和出版工作，截至 2008 年年底，《中国贝叶经全集》已出版 50 卷（由于有的卷数包含 2 到 3 部作品，实际已出版贝叶经著作 76 部）。除第一卷由云南人民出版社出版外，其余各卷均由人民出版社出版。剩余 50 卷绝大多数都已翻译整理完成，正等待出版，计划于 2009 年完成所有出版任务。已出版的 50 卷贝叶经目录如下：

卷数	贝叶经书名	卷数	贝叶经书名
第1卷	佛祖巡游记	第27卷	瓦卡吉达邦哈、朱腊波提断案、窝瓦达敢双
第2卷	维先达腊		
第3卷	瞿昙出家、嘎鹏	第28卷	尖达罕当嘎
第4卷	绣缮	第29卷	窝拉翁
第5卷	十世轮回	第30卷	三只金鹦鹉、苏拉翁
第6卷	金鲤鱼	第31卷	吉祥经、佛陀预言
第7卷	粘响	第32卷	药典
第8卷	赶塔南	第33卷	论傣族诗歌、花卉情书
第9卷	召树屯、青瓜王	第34卷	摩诃翁滇万
卷数	贝叶经书名	卷数	贝叶经书名
第10卷	创世史、嘎里罗嘎里坦、佛教格言	第35卷	颂玛南迭窝、阿銮模松
第11卷	扎哩呀	第36卷	上思茅歌、贺新房歌
第12卷	千瓣莲花、跌密牙王子	第37卷	麻贺萨塔
第13卷	松帕敏、布罕、宋摩南富翁	第38卷	胶泥佛像、金鹿
第14卷	孟腊甘达莱、甘达莱公主	第39卷	咖庸、五座凉亭
第15卷	召相勐与喃宗布	第40卷	兴安龙召片领、断案全集
第16卷	少年王召波拉	第41卷	摩哈哇
第17卷	苏帕雪	第42卷	芒莱法典
第18卷	玉喃妙	第43卷	花蛇传奇
第19卷	佛陀教语、阿瓦夯	第44卷	菩提般扎南塔度、哦哇答萨沙纳
第20卷	摩尼尖	第45卷	术万南章冏
第21卷	尖达巴佐、佛陀解梦、笨人吃斧	第46卷	召贺洛、咖莱
第22卷	苏宛纳康罕	第47卷	召真悍、青莲之歌
第23卷	翁沙湾	第48卷	冬德冬蒙、萨拉帅
第24卷	甘帕沃短	第49卷	召温邦
第25卷	帕雅目支腾陀的疑问	第50卷	苏万纳捧敏、咖牙桑哈雅
第26卷	九尾狗		

贝叶经整理内容主要包括贝叶经文原件扫描、国际音标注释、汉语直译、新傣文、汉语意译五部分。这一标志性的古籍整理工程,其意义无论怎么概括都不为过,它不仅有利于保存傣族古籍文献,有利于傣族文化的传播和傣族文化的综合性研究,推动傣族古籍整理和研究的深入发展,而且对傣族文化的传播、傣族文化的保护、傣族文化建设和中国少数民族古籍研究的发展,具有十分重要的文化意义和政治

意义。

为加强全国贝叶文化的研究和交流，促进傣族传统优秀文化的保护和发展，2001年、2006年和2007年在西双版纳召开了第一届、第二届和第三届全国贝叶文化学术研讨会，并编辑出版了《首届全国贝叶文化学术研讨会论文集》《贝叶文化与民族社会发展》和《贝叶文化与傣族和谐社会建设》三本会议论文集。此外，2001年，四川民族出版社出版了岩温扁、杨胜能等编著的《贝叶文化》；2004年，云南大学出版社出版了云南大学贝叶文化研究中心编辑的《贝叶文化论集》。这些著作从贝叶经整理、南传佛教、傣族文学艺术、语言文字、傣族文化、傣族历史、伦理道德、农田水利、傣族教育、傣族旅游、傣族科学技术、傣族建筑、贝叶经的价值以及贝叶经对民族文化和当代傣族和谐社会构建等多个角度讨论了傣族古籍贝叶经的现状、功用和价值。

除了贝叶经翻译整理工程外，这个时期傣族医药著作的整理和研究也得到了空前发展。2003年，云南民族出版社出版了由西双版纳州民族医药研究所、西双版纳州傣医医院编辑的《中国傣医药丛书》，丛书包括康朗腊著，金锦、玉腊波译的《档哈雅龙》，康朗仑著的《竹楼医述》和林艳芳、玉腊波、依专编著的《傣族医药学基础理论》《傣医诊断学》《风病条辨译注》等。此外还出版了林艳芳、依专、赵应红编著，玉腊波等译《中国傣医药彩色图谱》。2005年，上海科技出版社出版了茶旭、詹文涛主编由云南省中医中药研究所、西双版纳州民族医药研究所、思茅地区民族传统医药研所、国家中医药管理局《中华本草》编委会编辑的《傣药卷》，全书共载傣药400味，其中矿物药11味，植物药373味，动物药16味。药物以正名、异名、品种考证、来源、原植物、采收加工、药材鉴别、化学成分、药理等项目分别给予详细介绍。为促进傣医药的继承和发展，中国民族医药学会、云南省卫生厅、云南省民族事务委员会、云南中医学院、云南省西双版纳傣族自治州人民政府于2005年12月9—12日，在云南省西双版纳傣族自治州联合举办了"2005国际傣医药学术会议"。研讨内容包括：1. 傣医药史及傣医学理论探讨；2. 傣医治疗常见病、多发病和疑难杂病临床观察；3. 傣药研究和开发等方面内容。2006年，云南教育出版社出版了林艳芳等编著的《傣医药文化》；云南民族出版社出版了玉腊波、林艳芳主编的傣医经书《〈嘎比迪沙迪巴尼〉译注》；四川科学技术出版社出版了蒋振忠、冯德强主编的《思茅傣族传统医药研究》。2007年，中国中医药出版社出版了傣族医药系列丛书，包括杨梅主编的《傣医诊断学》，依专、吴永贵主编的《傣医药学史》，王寅、玉腊波主编的《傣医经典选读》，张超主编的《傣医基础理论》，贾克琳、赵应红主编的《傣医方剂学》等。此外，2007年，云南科技出版社出版了刘毅等编著的《妇科良性肿瘤》和云南省食品药品监督管理局编的《傣族药》。《妇科良性肿瘤》主要介绍妇科常见良性肿瘤的病理特点、诊断方法要点和傣医药的治疗方法。书中同时附有傣医药学的基本理论简介，傣医常用于防治妇科常见良性肿瘤的傣药图谱，及其植物学属种分类、学名、中草药名、性味、功效、主治、用法。

《傣族药》共收载傣族药材质量标准及其起草说明54个，原植物图片162张，药材照片100张。首次将傣医"性味与入塔"与中医"性味与归经"并列纳入标准，突出了傣族医药的独特应用。这个时期还有两篇博士论文对傣族医药进行了研究，分别是清华大学博士刘美凤的《傣药竹叶兰化学成分研究与抗抑郁新药YL102的药学研究》和中国协和医科大学张琳的《傣药藤苦参及箭根薯化学成分的研究》。

此外在短短的10年时间里，傣族医药研究论文发表数量达二百多篇，对促进和传播傣医药发挥了重大作用。

除了贝叶经整理翻译工程和傣族医药古籍整理研究取得重大进展外，传统的文学古籍整理研究仍在继续。如2004年，云南民族出版社出版了岳小保、龚元政整理的《傣族古代颂诗贺词集》；2005年，出版了德宏州文学艺术界联合会编著的傣族"三大悲剧"叙事长诗《线秀》《俄并与桑洛》《叶罕佐与冒弄养》和刀承华、蔡荣男著的《傣族文化史》；2007年，出版了岩峰、岩温扁、王松翻译整理的《相勐》《宛纳帕丽》《娥波冠》三部傣族叙事长诗，德宏民族出版社岳小保等收集整理的《里旺麻沙》和虎世平编著的《傣语情歌选》。

其他方面的研究还有：2002年，黑龙江人民出版社出版了杨一凡、田涛主编，张冠梓点校的全国古籍整理出版规划领导小组重点资助出版项目、"十五"国家重点图书出版规划项目、中国社会科学院重大课题A级项目《中国珍稀法律典籍续编》第九册《少数民族法典法规与习惯法》（上），内收录有芒莱干塔莱法典、坦麻善阿佤汉绍哈、孟连宣抚司法规、西双版纳傣族封建法规、西双版纳傣族封建法规和礼仪规程、勐海傣族的封建寨规与勐礼、西双版纳傣族法规、西双版纳傣族封建社会民刑法规、西双版纳傣族家族纠纷裁决法、孟连傣族封建习惯法10部法律法规。2003年，云南民族出版社出版了龚肃政、金星明、莫爱武整理的《明清芒市傣族史》，龚肃政整理的《勐卯龙果占璧》，杨光远等翻译的《沙萨纳芒鉴》；2005年，出版了刀保尧主编的《勐卯弄傣族历史研究》；2007年，云南美术出版社刀国栋著的《傣泐》，广西人民出版社出版了杨民康著的《佛韵觅踪——西双版纳傣族安居节佛教音乐民俗考察》等重要历史和宗教著作。

这个时期，傣族古籍的编目整理和综合研究也是一大特色。2000年，民族出版社出版了华林的《傣族历史档案研究》，全书分傣文历史档案和汉文傣族历史档案两部分，对傣族历史档案的形成、傣族古籍的分类和形制、傣文文书、傣文官印、傣文金石铭文以及汉文记载的有关傣族历史文书、官印、石刻、印章、崖画和壁画等作了较为全面的梳理。2002年，云南民族出版社出版了尹绍亭、唐立等编的《中国云南德宏傣文古籍编目》一书，该书共170多万字，收录了882部傣文文献古籍内容概要，使用傣、汉、英文出版，并用国际音标标注。本书所收条目涵盖文学、佛经、历史、语言、医药、天文、法律、礼仪、占卜、咒术、其他11种类型，该项目得到日本丰田财团资助。2005年，该社又出版了由尹绍亭、唐立主编的《中国云南耿马傣文古籍编目》，全书共收集文献431种，既有傣那文（旱傣），又有傣泐文

(水傣），内容涉及历史、天文、文学、占卜和其他，其中大部分为佛经故事。该书对三篇价值较高的历史文献进行了全文翻译和收录，文献上限年代为明末清初。2003年，兰州大学出版社出版了《西南少数民族文字文献》丛书，其中岩温扁主编的《傣族文字文献卷》（上、中、下），上卷收录了《甘麻汤竜》，该书记载傣族佛教的教义、教规、教律和与佛事密切相关的各种仪式，及古代傣族的传统道德标准等；中卷收录了《刹巴基滴维乃竜》，该书是佛经巴利语词组诠释的文献，汇集了佛经中巴利语词组近两万条，且进行归类、解释；下卷收录了以傣文写成，以韵文体叙事长诗的形式，展现傣族古代社会的广阔场面、歌颂善良与美好的巨著《乌沙巴罗》。

三、水文古籍

历史的车轮进入了21世纪，同时也使水书的研究和开发、保护进入了一个崭新的时代。人们在自己的论著中只要涉及水族文化方面的研究，就不得不提到水族的水书，水书成了水族文化的一个重要标志，并且有多部专门的著作问世。这一段时间，除了对水书进行详细的研究之外，贵州省三都水族自治县、荔波县等，由政府出面组织了水书的征集、整理和保护工作，出台了相关法律、法规，召开了多次关于水书的学术研讨会，在国内、国际产生了积极的反响，也使水书的研究工作迈入了一个新的时代。

在著作方面，涉及水书的主要：黄润华、史金波的《少数民族古籍版本》（2002年），韦学纯、艾杰瑞、桑松等的《水—汉—泰—英词典》（2003年），王锋的《从汉字到汉字系文字——汉字文化圈研究》（2003年），潘朝霖、韦宗林主编的《中国水族文化研究》（2004年），魏忠的《中国的多民族文字及文献》（2004年），石国义的《水族村落家族文化》（2007年）等。其中，潘朝霖、韦宗林主编的《中国水族文化研究》一书，全部由水族学者完成，该书是由相对独立的八个分卷组合而成的专著，较全面、准确、客观地反映了水族社会历史、经济文化、民间信仰等诸多的文化现象，能使读者从各个不同的角度较深入地了解水族的文化概貌。该书首次提出了关于水族的发祥地在河南古代濉水流域等水族的源流问题。作者广泛搜集民间口碑与民俗资料，加之对史学资料运用，注重吸收水族古文字与水书、水族语言语音学方面的研究成果，同时还利用自然科学DNA研究的最新成果为佐证，为水族发祥于濉水流域、地处夏商文化圈的假设作了全面而充分的论证。全书85万字，规模宏大。书中第四卷"水族古文字与水书"由潘朝霖、韦宗林共同完成，分7章对水书进行了介绍，分别是水族古文字概说、水族古文字的源头及流衍、水族古文字神秘的文化内涵、水族古文字在发展中的走向、水书的基础读本——正七卷、水书主要阅览卷本（一）和水书主要阅览卷本（二）。作者认为：拥有文字是一个民族文明的象征，水族几千年前，就有以自己语言认读的古文字和主要用来书写的水书。水族古文字与水书是水族所独有的文化现象，水族文字及其所书写的独特内容,则是水族区别于其他民族的一大特色。水族人民从来对自己的文字和水书都是顶礼膜拜,水族的古文字和水书是水族人民的精神支柱。

此外,对水书的研究还出版了多部专门研究著作:王品魁和潘朝霖译注的《水书(丧葬卷)》(2005年)由贵州民族出版社出版。该书以贵州省独山县本寨乡天星村大寨韦光荣书师祖传的水书为蓝本,主要记述了丧葬的忌戒日地方位,汇编了丧葬的相关章节和条目。刘世彬著的《中国水族文化散论》(2005年)由贵州人民出版社出版。该书对包括水书在内的水族文化现象进行了详细的阐述,包括民族起源故事、铜鼓文化、饮食文化、节日文化、医药文化和碑刻文化等方面。韦世方编著的《水书常用字典》(2007年)汇集了水书中常用字五百多字,包括常用异体字在内共1780个字,对每个字进行了注释和举例,水语读音都采用国际音标,是阅读和研究水书的重要参考工具书。韦章炳的《中国水书探析》(2007年),全书52万字,集水书探奇、水书讲析于一体。作者认为水书的来源与水族主要姓氏韦氏密切相关,可能是产生于甲骨文之前的新石器时代。贵州省档案局(馆)、荔波县人民政府编的水书译注《泐金·纪日卷》(2007年)一书是对明代水书《泐金·纪日卷》抄本进行译注,并附有原件彩图对照。该书的译注方式为水书古籍的翻译和整理又开辟了另外一种出版研究模式,使水书的翻译工作更加科学、合理。

在水书原件影印出版方面,贵州民族出版社2006年年底出版了5卷本的水书影印本,同时四川出版集团巴蜀书社和四川民族出版社出版了160卷本的《中国水书》,从根本上解决了中外学者研究过程中水书原始资料欠缺的问题,为今后的水书深入研究打开了方便之门,也为水书的文献研究提供了新的契机。

进入21世纪,发表的有关水书的论文,如雨后春笋,有时令人目不暇接,当然水平也是参差不齐,良莠参半。我们在力所能及的情况下,广泛收罗,主要的论文有如下篇目:韦宗林的《水族古文字计算机输入法》(2000年);潘朝霖的《水族汉族二十八宿比较研究》(2000年);潘朝霖的《水苗汉二十八宿比较研究》(2001年);罗燕的《〈水书〉探析》(2002年);韦宗林的《水族古文字探源》(2002年);石冬梅的《水族古文字档案——〈水书〉》(2002年);蒙爱军的《水家族水书阴阳五行观的认识结构》(2002年);莫定武的《内涵丰富的水书》(2002年);石国义的《水族经典古籍〈水书〉的历史渊源及其文化价值》(2002年);王品魁的《〈水书〉与其抢救》(2002年);孙易的《水字新论》(2003年);王元鹿的《"水文"中的数日字与干支字研究》(2003年);唐泽荣的《试论水书与甲骨文相结合在生活中的运用》(2003年);唐泽荣的《水族的水书》(2003年);王品魁的《天文学四象与水书二十八宿》(2003年);蒙爱军的《水书阴阳五行观的认识结构》(2004年);高慧宜的《水文造字方法初探》(2004年);王锋的《试论水书的书写系统及其文化属性》(2004年);姚炳泰的《水书》(2004年);韦宗林的《水族古文字源头的几个问题》(2004年);曾晓渝、孙易的《水族文字新探》(2004年);蒙熙林的《贵州省荔波县档案局(馆)贵州省水家学会荔波中心组破译夏朝古都神秘符号纪实》（2004 年）；潘朝霖的《关于水书研究若干问题的思考》（2004年）；王基华的《努力把水文字融入先进的社会主义文化》（2004 年）；韦章炳的《解读华夏奇书——〈水书〉》（2004 年）；周芙蓉的《活化石"水书"传承水族历史》（2004 年）；周艳琼的《发现"水书"》（2005 年）；邓章应的《水书造字机制探索》（2005 年）；董芳、周石匀、郑文瑾的《水书文字规范标准建设与信息化的研究》（2005 年）；蒙景村的《"水书"及其造字方法研究》（2005 年）；朱建军的《水文常见字异体现象刍议》（2005 年）；范波的《试述贵州民族文献》（2005 年）；刘世彬的《莫友芝对水族古文字的研究》（2006 年）；刘世彬的《黔南老方志及〈水族社会历史资料稿〉中关于水族古文字的信息》（2006 年）；潘淘洁的《水书文字"酉、鸡"字形书写特色初探》（2006 年）；潘淘洁的《水族图画文字的特征浅析》（2006 年）；韦宗林的《水族古文字与甲骨文的联系》（2006 年）；叶成勇的《水书起源时代试探》（2006 年）；罗春寒的《水书的抢救及存在问题浅议》（2006 年）；蒋南华的《水族源流考证——从历史典籍、民俗风情、水书水历窥探水族之源》（2006 年）；潘朝霖的《"水书"难以独立运用的死结何在？》（2006 年）；潘朝霖的《水书文化研究 150 年概述》（2006 年）；唐建荣、阿闹任虽的《水书抢救保护述评》（2006 年）；韦述启的《访水书先生韦朝贤》（2006 年）；韦学纯的《百年"水书"研究综述》（2006 年）；韦光荣的《严肃的丧葬测课》（2007 年）；韦章炳的《刍议〈连山〉〈水书〉与含山玉版之谜》（2007 年）。关于水书的研究现状和基本成就，韦学纯在 2006 年 5 月参加在上海大学举行的"第二届语言接触与语言比较国际学术研讨会"提交的论文《百年"水书"研究综述》和 2007 年 1 月在贵州省都匀市召开的"中国水书文化国际学术研讨会"提交的论文《水书研究的历史分期与未来趋势探索》中予以较充分的论述。2008 年 7 月在三都水族自治县召开了"中国民族语言空间认知范畴与水族语言文化研讨会"和"贵州三都——中国水书第二次国际学术研讨会"提交的《中国水书研究未来趋势分析》（2008 年，2009 年）以及《水书研究现状与发展趋势》（2008 年），都对水书研究状况进行了充分的阐述。潘朝霖教授在《中国水书》（2006 年）上发表的《神奇水字 神秘水书——〈中国水书〉管窥》和发表于《采风论坛》（7）的《水书文化研究 150 年概述》一文，对水书的最新研究也进行了必要的评述。2008 年 7 月，在三都水族自治县召开了"中国民族语言空间认知范畴与水族语言文化研讨会"和"贵州三都·中国水书第二次国际学术研讨会"，参会学者有国内外著名的语言学家、文字学家、民族学家，反响强烈，为今后水书研究水平的提升开创了良好的发展契机。之后发表了大量的研究论文，其中由潘朝霖、唐建荣主编的《水书文化研究》（2009 年）一书由贵州民族出版社出版，该书收集了莫友芝以来的多篇有影响的水书研究论文，是水书研究的一本专门论文集，值得一读。2009 年 5 月，贵州省三都水族自治县文物管理所文物普查考古队专家在三都县都江镇都柳江畔一悬崖上发现了一处古代"水书摩崖石刻"遗迹，经初步辨认有"己、巳、寅、卯、酉、申、未"等大小规格不一的 29

个水书符号。这是近年国内首次发现水族古代"水书摩崖石刻",水书字符大小为10—15厘米不等,记载历法的字符、笔画基本清晰可辨,镌刻年代不详,专家初步推测为清初。水书摩崖石刻的发现,是水书载体的重大发现。

这里必须提及的问题是,在对水书研究的进程中,贵州省三都水族自治县、荔波县近年来所做的主要工作,对水书研究起着重要的推动作用。这些工作既是水书研究的重要组成部分,也是民族古籍研究过程中必不可少的组成部分。

近年来,三都县的水书工作和成绩体现在:

(1) 加强组织领导,为水书抢救工作提供了保障。2003年8月,成立了由县委书记任组长,有关领导和部门主要同志担任成员的水书抢救工作领导小组,小组下设办公室。2004年6月,为进一步充实县水书抢救工作的领导力量,聘请了原任三都水族自治县主要领导,后任州领导和省水家学会领导的几位领导同志作为三都水族自治县抢救水书工作的特聘顾问;领导小组由县四大班子的有关领导担任正副组长,县政府办、民宗局、县委宣传部、财政局、档案局等单位及21个乡(镇)的负责人为成员。

(2) 组织专门人才,认真做好水书收集、保护、归档和翻译工作。2002年2月,经中国档案文献遗产工程国家咨询委员会评审,水书首批入选《中国档案文献遗产名录》。到2009年5月底为止,三都水族自治县档案局(馆)一共征集收藏了一万二千多册水书,是全国水书藏量最大的收藏保管单位,同时及时充实水书翻译力量,调进专门人员,聘请能够识读水书并有研究水书基础的同志开展翻译、注音工作。组织民间水书先生和专家学者对已故水书研究专家王品魁先生的水书手稿再进行全面归类。在已归类的19卷的基础上又增加了《甲乙卷》《丙戌卷》《祈福卷》《金堂卷》《扫丧卷》5卷,共分为24卷。对整理归类的水书卷本逐卷进行翻译、注音。三都水族自治县水书的翻译工作采取"走出去,请进来"的方式,即深入边远乡村向水书先生虚心求教和请水书先生到水书研究办公室来帮助翻译;同时为了加快水书翻译以及提高翻译准确度,分别于2006年请台湾学者贵州大学客座研究员赖静如到水书研究办公室,对全体人员进行国际音标培训,为水书翻译卷本的注音工作扫清障碍。先后组织出版了《正七卷·壬辰卷》和《丧葬卷》。通过2005年2月21日和2006年4月11日审稿,即将出版的有《日历卷》(上、中、下)、《寿寅卷》《时辰卷》《金堂卷》4卷6册;2007年审稿即将出版的有《姑底卷》《扫丧卷》《甲己卷》;余下的《三元集卷》《七元宿卷》《营造卷》等12卷已完成了初稿,正进一步整理以待审稿和出版。

(3) 做好水书影印件的合作出版工作。为了保留水书文献和宣传水书,使水书原件不再难觅,2005年,由县民族研究所与四川巴蜀书社、四川民族出版社牵头联系,县档案局与其合作完成了水书手抄本影印件《中国水书·三都卷》100卷的出版任务;2006年,由水族研究所石国义同志主编完成了5卷的出版任务,由贵州民族出版社出版。水书影印件的出版发行,使水书手抄本不再是秘不外传的典籍,增强了水书的可信度，大大提高了水书的知名度。

（4）全力抢救水书先生口头文化。经普查，目前全县共有水书先生五百多人，资深的水书先生 126 人。每个水书先生的头脑都是一座活的水书宝库，现在每年都有水书先生过世。为尽量留住水书先生掌握的知识，工作人员广泛深入全县各乡（镇）对水书先生进行调查、录音、录像、建档等，全力抢救水书先生口头文化。同时，根据翻译研究工作的实际需要，县人民政府给资深的水书先生发送聘书，聘请他们担任翻译组的工作顾问，并请他们到县城给翻译人员授课、指导，共同探讨翻译研究工作中的疑难问题，先后聘请水书先生二百余人次到县城指导工作。

（5）积极做好水书的研究和开发工作。一是组织开发了"水族文字输入法系统"软件，选录水书常用字四百多个进行处理和规范，并向国家版权局申报注册系统版权和字库版权，2007 年 3 月 20 日获准登记。二是，2005 年和 2006 年分别与中山大学、贵州大学等高等学府建立合作关系，两所大学先后在研究所建立水族文化研究基地，并与两校共同合作进行水书研究工作。三是，水族文化的研究和开发取得了一定成就，《水书常用字典》《民族文化进校园小读本》《水族村落家族文化》《中国水族医药宝典》等在 2007 年 9 月公开出版。

（6）成功举办有关水书和水族文化的多次学术研讨会。2006 年 6 月，召开了"贵州三都·中国水书第一次国际学术研讨会"，2008 年 7 月，由中国社会科学院民族学与人类学研究所主办、三都县承办，成功召开了"中国民族语言空间认知范畴与水族语言文化研讨会"和"贵州三都·中国水书第二次国际学术研讨会"，并汇编了研讨会相关论文集。

（7）认真做好新闻宣传接待工作。中央电视台、新华社、中国民族报、中国青年报、中国电视报、贵州日报、贵州都市报、黔南日报等新闻媒体及多家网站多年来对水书及水族文化等相关信息的研究状况进行充分的报道，使水书的研究不再孤军奋战，同时也使水书在国内、国际产生了积极的影响。

（8）积极将"水书习俗"等水族文化遗产申报国家"非物质文化遗产"等项目。2002 年 2 月，经中国档案文献遗产工程国家咨询委员会评审，水书首批入选《中国档案文献遗产名录》；同时，在党和政府的关怀下，三都水族自治县把水书习俗、水族端节、水族马尾绣、水族卯节向国家文化部申报为非物质文化遗产项目。在文化部第一批国家非物质文化遗产名录推荐项目评审会议上，水书习俗、水族端节和水族马尾绣三项都通过评审。2006 年 6 月，水书习俗、水族端节和水族马尾绣正式列为第一批国家非物质文化遗产名录，由中华人民共和国文化部颁布，并颁发证书。2008 年 4 月 28 日，贵州 9 部古籍首批入选中华人民共和国文化部《国家珍贵古籍名录》，其中水书就有 7 部：《九星诵读》《万年经镜》《六十龙备要》《吉星》《泐金·纪日》《金银》《庚甲》。清代抄本水书《九星诵读》，由贵州民族学院教授潘朝霖收藏；《万年经镜》《六十龙备要》《吉星》由三都水族自治县档案馆收藏；《泐金·纪日》《金银》《庚甲》由荔波县档案馆收藏。《九星诵读》年代久远、字体奇特，记载了水族的天文历法运用及哲学思想等，文字内容十分丰富，而且根据之前的水书古籍的研究，只发现了五百多个水书古文字，而《九星诵读》现世后，又多发现了一千五百多个古文字，使目前发现的水书古文字达到两千个左右。《九星诵读》将图书文字、象形文字、抽象文字兼容在一起，隐含着丰富的水族文化，所以要深入研究这种文字，有相当大的难度。水书《吉星》主要反映水族先辈用手工绘制，根据天体星座运动规律研究，指定水历节气的示意图；《万年经镜》是三都水族自治县专家从民间征集到的，是清朝同治年间的绝版水书手抄本，几乎涵盖了以往分散所见的朗读本、阅览本、通常本、时象本、方位本、星宿本、丧葬本、营造本、婚嫁本等，是迄今为止发现的唯一一部水书总集；《六十龙备要》则是目前在水族地区发现的书写最为工整的水书古籍。

（9）制定和通过了《三都水族自治县水书保护条例》（简称《条例》），使水书的保护工作有法可依。2005年7月起草、制定《三都水族自治县水书保护条例》（草案），2005年7月28日在三都水族自治县第十届人大常委会第十九次会议通过，并于2008年5月30日在贵州省第十一届人民代表大会第二次会议通过，自2008年10月1日起施行。《条例》共23条，从各方面对水族自治县水书保护工作做了规定，为自治县下一步水书的抢救与保护工作的顺利开展提供了法律保障。

2003年以来，在县级财政极端困难的情况下，先后拨出专项经费近100万元用于水书卷本的征集整理、翻译出版、水书的传承开发工作和添置水书整理研究办公设备等，为水书的抢救工作提供了经费保障。

与此同时，荔波县在水书抢救、保护、研究工作上也做了大量的工作。2003年以来荔波县水书抢救保护工作体现如下几个方面：

（1）加强政府部门对水书工作的组织领导并成立相应的组织机构。1993年10月，贵州省水家学会荔波中心组成立水书抢救小组。2002年11月，荔波县人大常委会做出了《关于我县开展拯救水书工作情况汇报的审议意见》（荔人常［2002］19号）。2003年3月12日，荔波县第十四届人民代表大会第一次会议做出了《关于抢救整理开发利用古老文化——水书并申报为世界文化遗产的决议》。2003年3月15日，政协荔波县委员会第六届第一次会议召开，全县共有68名委员提出了《关于挖掘古老民族文化，开发利用水书，申报为世界文化遗产的提案》（荔波县第124号政协提案）。2003年10月，中共荔波县委、县人民政府成立"荔波县水书征集抢救工作领导小组"，至今一直由县委书记任组长，县人民政府县长任常务副组长；办公室设在县档案局，由县政府分管，副县长任主任，县民宗局、县档案局、县广播电视局一把手任副主任。县档案局（馆）局（馆）长负责日常工作。2005年10月，与中山大学合作成立"中山大学荔波水书研究基地"。2005年12月，成立荔波县水书申报国家级非物质文化遗产代表作名录领导小组。2006年元月，成立荔波县水书研究基地。2006年6月9日，抽调潘宠宪、姚覃军、蒙永厚、覃远建4

名有水书研究工作经验的人员到县水书征集抢救工作领导小组办公室，组成专业水书研究队伍。2007年7月，成立荔波县水书研究院，编制4人，挂牌在县民族宗教事务局。先后从州内各县市聘请9名有水书工作经验的人员为荔波县水书研究员，壮大荔波水书研究队伍。

（2）组织水书征集和整理工作。荔波县自2002年至今，共征集入馆水书古籍9217册，其他古籍500册。经组织水书研究人员和本县及州内其他县市水书先生进行整理、注录，目前已经完成3200余册，并编辑为《荔波县馆藏水书内容提要总目概览》。完成水书原件扫描录入3900册，制成光盘21张。

（3）加强水书抢救保护措施，积极申报相关项目，建立相关法律法规。将水族民间珍藏的水书征集入馆，实行统一管理、统一研究、统一开发利用。积极申报，使水书古籍在2002年3月，被国家档案局、中央档案馆列入首批"中国档案文献遗产名录"。积极配合州水书抢救工作领导小组办公室工作。2006年6月，水书习俗获国务院批准、文化部颁布列入"第一批国家级非物质文化遗产名录"。建立水书特藏馆，对征集入馆的水书按特别档案进行高标准的专门管护，使其得到切实的保护，避免各种自然损毁。2008年3月，荔波县档案馆被国务院颁布列入首批"全国古籍重点保护单位"。对馆内水书进行扫描录入和数字化管理，仅提供复制件给研究人员利用，减少外界与水书的接触，从而减少其人为损坏。按国家相关标准对馆内水书进行注录，分门别类编辑目录，以利于研究利用。2005年12月，荔波县政府颁布《荔波县水书抢救保护工作实施办法》（试行），将馆藏精品水书申报列入《国家珍贵古籍名录》。2008年3月，《庚甲》《泐金·纪日》《金银》三册水书古籍被国务院颁布列入首批《国家珍贵古籍名录》。

（4）及时了解水书传承人的情况，积极推进水书传承。对水书传承人进行排查登记，建立水书传承人档案。目前荔波县共有水书传承人79人。对水书传承人进行培训，提高其学习、传承水书的热情和能力，共培训了9次，其中水书业务培训7次，国际音标培训2次，共培训人员三百余人次。组织水书传承人开展317次水书习俗活动展演。推介水书习俗，推介水书传承人，向上级申报各级别水书传承人。荔波县现有省级水书传承人3人，州级水书传承人4人。目前，国家级水书传承人正在申报中。结合州、县水书工作安排，逐步吸纳水书传承人到研究水书工作中来。目前，全县聘请州内三都、荔波、都匀、独山等县市水书传承人共36人为"荔波县水书研究员"，其中，县人民政府聘请14人，县水书征集抢救工作领导小组办公室聘请22人。

（5）加强水书的研究开发和利用工作。自2002年至今，荔波县水书研究开发利用基本情况如下：水书注录完成3212册。其中按国家标准注录1781册，并编辑为《荔波县馆藏水书内容提要总目概览》三十余万字。水书翻译完成《泐金·纪日卷》《金银》《春寅》《正五九》《陆道根源》5卷，其中《泐金·纪日卷》于2007年10月由贵州人民出版社出版，其他卷本，有待出版。协助中央和地方新闻媒体拍摄水书电视专题片《水书的发现》《水书之谜》《水之族·水之书》《神秘的水书》等11部。2004年，利用水书破译夏陶碎片上的24个符号，引起国内外专家、学者关注。2005年12月，聘请省内民族学、档案学、历史学、版本学等8位专家，召开首次"荔波县特邀专家精品水书鉴定评审会"，鉴定评审馆藏水书三千余册，评出首批精品水书6本。

自2002年以来，省、州、县共在荔波投入水书抢救、保护经费225.4138万元，在水书收集、抢救、保护和研究方面，提供了必要的资金保障。

2009年5月8—10日，贵州水书文化研究院主办的"水书文化专题研讨会"在贵州民族学院人文科技学院召开。与会学者一致认为，进入21世纪，水书迎来了研究的春天。

第四节　蒙古语民族

一、回鹘式蒙古文古籍

国内蒙古学以不断成长、壮大和前进的姿态，跨入了一个新世纪。在一定程度上最能显示蒙古学基础建设与基本功底的蒙古文献学，踏入21世纪之后，确有不俗的表现。代表性成果中，文献目录、档案资料的编辑出版最具特色。

新世纪伊始的2000年，北京图书馆出版社出版发行了《全国蒙古文古籍书目》（Dumdadu uls-un erten-u mongol nom bicig-un yerunhi garcag），上、中、下三册，下册为全书蒙汉文索引。目录从国内185个单位图书馆和80位个人藏书中结集图书资料的实际数目达13115种。目录把整个书目分成：宗教、哲学、政治、法律、军事、文化教育、体育、语言文字、文学、艺术、历史地理、天文历算、牧业科学、工业技术、档案资料、金石碑拓（ABCDEFJ——）等类别。目录中与每一具体书籍相关的信息是从编号、书名、卷函、作译者、年代、版本特征（规格、装饰、文字、全残）、出处、馆藏号码等多项记录中显露出来的。这是迄今为止国内蒙古文古籍较为完备的目录。

2002年，由内蒙古人民出版社出版发行的《蒙古文甘珠尔佛像大全》，其中有756幅图，值得一提的是，每幅佛像的名称均以蒙、藏、汉三种文字标明，对于佛教与佛像艺术研究很有使用价值。2000年，由朝华出版社出版的大型西藏画册《宝藏》第3卷中，收录了现珍藏于西藏博物馆的《普度明太祖长卷图》。这幅画卷"……长4968厘米，宽66厘米，共有49幅图。明永乐五年（1407年）西藏宗教领袖第五世活佛噶玛巴应明成祖朱棣的邀请抵达南京。噶玛巴率众僧先后在南京灵谷寺和山西五台山设普度大斋，为已故的明太祖朱元璋及其皇后荐福。长卷画的是第五世噶玛巴在南京灵谷寺为明太祖及其皇后设斋荐福的过程中出现的种种吉祥景象。"①画卷右侧写有汉、察哈台、傣、藏、回鹘、蒙古5种文字。该画卷早已引起国内外学者的兴趣，我国学者哈斯额尔敦先生对其中的回鹘式蒙古文进行专门研究，发表数篇文章，认为"在长卷图大部分的右侧都有手写的回鹘蒙古文，说明与察哈台、傣、藏文一样，均为汉文说明的译文。回鹘蒙古文说明共有22段，77行，约有2000个词"②。众所周知，在15世纪回鹘式蒙古文文献存世罕见的情况下，它的出世显然有非凡的意义。

据《蒙古学研究年鉴》（2004年）元丹先生所撰《内蒙古蒙古学百年百事》一文的统计来看，"内蒙古保存着从元代开始用蒙、满、汉、藏等多种文字写成的少数民族文字档案史料213万卷，其中内蒙古档案馆保存着31万卷各种形式的档案，1984年以来出版档案史料六百多种，一千多万字。1999年，由200件档案精品编辑而成的《中国档案精粹·内蒙卷》出版。"

据《蒙古学研究年鉴》（2004年）嘎日迪先生撰文介绍："敦煌石窟近十年来发现的文献，总的看来有石窟墙壁上的题记和石窟出土的纸质文献。石窟题记的多数是游人题记，还有少部分祈祷文。纸质文献中回鹘蒙古文文书62件、八思巴文文书6件。这些新发现的蒙古文文书文献残损严重，基本没有完整存留"。嘎日迪先生对这些文献作了专门研究，发表了数篇论文。他对吐鲁番出土文献所做的研究之一《吐鲁番出土〈普贤行愿品〉残片的若干问题》，发表在《内蒙古社会科学》2002年第1期上。

据《〈大型蒙古文历史档案文献面世〉——成吉思汗八白室系列丛书内容梗概》一文介绍：这是以新校勘的《成吉思汗〈金书〉》《成吉思汗八白室》和《成吉思汗八白室与鄂尔多斯人》三部书组成的一套系列文献。新校勘《成吉思汗〈金书〉》由齐忠义先生主编，参编者为内蒙古自治区档案馆、伊克昭盟成吉思汗研究所、伊克昭盟档案馆、伊克昭盟成吉思汗陵管理处、内蒙古古籍办等单位，由内蒙古文化出版社2001年出版发行。《成吉思汗〈金书〉》（简称《金书》），是以祭祀成吉思汗八白室为内容的文学结集。"成书于蒙古汗国窝阔台汗时期（1186—1241年）。《金书》乃是早期蒙古文古籍之一，经元、北元、清等朝代，世传至今……书的内容和文体等先后几次被补充。""《金书》的内容，据现收藏的几种版本和手抄本来看，大略由颂词、祝词、祭词、祈祷词、祭奠歌、祭奠法、祭奠律、祭奠程序法典、黄册等文本组成。"新校勘《成吉思汗〈金书〉》，由序言、上卷、下卷、蓝本卷和附卷共5部分组成。

《成吉思汗八白室》由内蒙古档案馆和伊克昭盟档案馆等合编。"成吉思汗八白室至今已经有七百多年的历史，在漫长的守护和祭奠活动中形成了数万件原始记录。《成吉思汗八白室》一书，从这些档案资料中精心挑选了一千多件汇集而

---

① 《蒙古学研究年鉴》，2004年，第294页。
② 《蒙古学研究年鉴》，2004年，第294页。

成，每件档案史料从不同角度反映了成吉思汗八白室的守护、祭祀、维修、迁移的历史，同时也反映了蒙古族文化、风俗、语言文字、文学艺术等不同方面的发展历史"。

《成吉思汗八白室与鄂尔多斯人》，是我国学者对成吉思汗与鄂尔多斯人进行研究和探索的论文集，上限自公元8世纪起，下限至1965年成吉思汗陵的建成为止。①

大约从20世纪末开始，被蒙古学界所关注并编辑整理和研究的清代蒙古文档案的工作，经过不懈努力，进入21世纪后初见成效。先后问世的成果有：1997年由中国第一历史档案馆满文部李保文编辑出版的《十七世纪蒙古文文书档案（1600—1650年）》（包括"内阁留存蒙古文折件""内阁留存理藩院记事档"）；2006年，内蒙古人民出版社出版了由内蒙古大学蒙古学研究中心齐木德道尔吉教授主持编辑的《清内秘书院蒙古文档案资料汇编》（中国第一历史档案馆、内蒙古自治区档案馆、内蒙古大学蒙古学研究中心合作）影印本7卷。它将所有"内秘书院内翰林院蒙古文档簿"编辑成册。"'内秘书院内翰林院蒙古文档簿'，共33册，约计2000件，起止时间为崇德元年（1636年）至康熙九年（1670年）。其内容主要反映清王朝与漠南蒙古、漠北蒙古、新疆、青海和西藏等地区的政治、经济、军事、民族、宗教、文化等方面的关系，以及清王朝对以上地区的统治政策和当时发生的有关重大事件等方面。"②；2006年，内蒙古大学出版社出版了由宝音德力根和乌云毕力格先生主持编辑的《清朝内阁蒙古堂档》影印本22册。也在2006年，由包银海先生校注的清代蒙古文（原修订满蒙汉三种文）《钦定外藩蒙古回部王公表传》3册和《钦定理藩院则例》分别由内蒙古人民出版社和民族出版社出版。

《准噶尔旗札萨克衙门档案译文集》（蒙译汉），金海译，由内蒙古人民出版社于2008年出版。该书第一辑包括：准噶尔旗以及整个鄂尔多斯地区政治制度、法律、经济、风习、宗教等内容。该书的出版对清代蒙古历史以及相关民族关系研究，特别是对鄂尔多斯地区的历史文化研究提供了可靠的文献资料。

在学术刊物上发表的相关文献古籍论文还有：宝音巴特尔的《〈圣成吉思汗传〉版本来源考》、王梅花的《〈阿萨拉克齐史〉与〈黄金史〉的关系》，《内蒙古社会科学》2006年第2期；孟和德力格尔的《俺答汗碑再考》，《内蒙古社会科学》2006年第6期。

内蒙古自治区民委主任阿迪雅先生在2006年8月，总结内蒙古自治区蒙古文古籍的整理出版工作时说，自"七五""八五"规划以来截至到目前，"以'蒙古文献丛书'出版的蒙古文古籍达85种、115册，有的已被国外译成英文、日文出版，

---

① 摘自《蒙古学信息》，2001年第3期。
② 《清内秘书院蒙古文档案汇编》，前言，第3页。

引起国内外学者的关注。搜集、整理不同版本的《格斯尔》31 种，以'格斯尔'丛书整理、出版了 16 种。各盟市、旗县也搜集、整理并以各种形式出版了一大批地方民族古籍。通过多年来的努力，培养和造就了一支民族古籍工作专业队伍……"①可见这项工作进程的一个侧面。还有一点必须说明的是，进入新世纪以来蒙古学界把蒙古文古籍的研究课题通过申报各级社科基金项目，获准立项，得到资助，并展开有计划、有步骤的科学研究，这是一个新的趋势，有广阔的发展前景。

二、八思巴文古籍

新世纪伊始，《民族语文》2000 年第 1 期上发表照那斯图、牛汝极合写的《蒙古—八思巴字〈五守护神大乘经·守护大千国土经〉元代印本残片考释》为重要文章，其价值在于新发现的八思巴字印本。除此之外，照那斯图先生分别在《民族语文》2003 年第 2 期、2004 年第 5 期、2007 年第 2 期发表的《一种从八思巴字脱胎而来的文字》《也孙铁木儿皇帝鼠年三月圣旨》《八思巴字蒙古语文献的语音系统》以及《内蒙古大学学报》2004 年第 2 期发表的《新发现的妥欢帖睦尔皇帝羊年圣旨》；哈斯巴干、乌力吉在《内蒙古大学学报》2000 年第 6 期发表的《平遥县清虚观八思巴字蒙古文圣旨碑考释》；嘎日迪 2001 年发表的《敦煌莫高窟北区洞发掘新出八思巴文〈萨迦格言〉残页简述》；普宏良在《民族语文》2001 年第 2 期发表的《一方八思巴字套印考释》和呼格吉勒图在《民族语文》2003 年第 4 期发表的《八思巴字蒙古语文献中的一个短语》。上述论文从不同角度研究和阐释了不同文献和文物上所书八思巴字的内涵，继续促进了八思巴字的研究工作。

2000 年春夏之交，内蒙古大学文化研究所收藏了一枚"元朝八思巴蒙古文圣旨金牌"。该金牌为圆角长方形片状，上端有孔，重 350 多克，长 26 厘米，宽 8 厘米。其含金量 58.44%，含银量 41.56%，圆孔外径 5 厘米，内径 2 厘米，用纯银镶孔边儿，孔边正面银边儿已破损，反面无损。圆孔 B 面上錾刻"张字九十五号"六个汉字。牌子 AB 面上都有八思巴蒙文字。金牌正面 3 行字、反面 2 行字。把它们汉译为：正面，1. 长生（中行），2. 天的气力下（左行），3. 皇帝的名字是神（右行）；反面，1. 圣的，谁若不，2. 从要问罪处死。连读为：在长生天的气力下，皇帝的名字是神圣的，谁若不从要问罪处死。该金牌的原收藏者李宪功，内蒙古兴安盟科尔沁右翼前旗索伦镇人。②

2004 年，内蒙古教育出版社出版的阿尔泰学丛书之一：《八思巴字蒙古语文献汇编》（该丛书的其他 9 本分别为：美国 N. 鲍培《阿尔泰语言学导论》《阿尔泰语比较语法》；德国 A. 冯．加班《古代突厥语语法》；芬兰 W. 科特维奇《阿尔泰诸语言研究》；苏联 M. H. 奥尔洛夫斯卡娅《黄金史语言》；苏联 H. A. 巴斯卡科夫

---

① 参见《民族古籍》，2007 年第 3 期。
② 宝音图：《元朝八思巴蒙古文圣旨金牌面世》，载《蒙古学信息》，2002 年第 1 期。

《阿尔泰语系语言及其研究》；芬兰 G. J. 《阿尔泰语言学导论》；日本小泽重男《中世纪蒙古语诸形态研究》；呼格吉勒图《蒙古语族语言基本元音比较研究》），是由呼格吉勒图、萨如拉编著的迄今为止汇集国内外学人所知八思巴字蒙古语文献资料（印章、钱币等小物件上的八思巴字蒙古语未收入）较为齐全的一本学术新书。他们把前人的资料与研究成果广为吸纳，特别是在吸纳我国八思巴字蒙古语文献研究专家照那斯图先生的文献资料与研究基础上，审视前人成果的同时，增补了不少新鲜内容并加入了他们自己的学术见解。全书实际上是由图片和文字两个部分组成的。图片部分展示了 58 件拥有八思巴字碑铭、圣旨、牌符、文书残页的比较清晰的照片。文字部分是把上述不同载体上的内容以宫廷文书、宗教功德记、牌符、图书、其他等几个类别加以划分。在具体阐释时，首先交待该文献名称、形成年代、藏存地址等；其次是著录原文、两种拉丁文转写、回鹘蒙古文、汉文直译和现代汉语译文等。

三、托忒蒙古文古籍

据新疆师范大学图书馆的包修兰先生于《内蒙古社会科学》2001 年第 3 期发表的《托忒蒙古文文献的分类与利用》一文认为，新疆维吾尔自治区古籍整理办公室曾编辑出版的《古旧书目录》中收录了 151 种蒙文古籍书目，自然不能够反映其全貌，然而，其中已经被知晓的托忒文书籍，可分类为：历史地理、法律法规、风土习俗、文学艺术、藏传佛教文献古籍等五种。

据中央民族大学蒙古语言文学系明嘎特·叶尔达先生于 2005 年《内蒙古社会科学》第 4 期发表的《中国的托忒文文献刻本》一文介绍，已经查明在中国境内珍藏的托忒文刻本有 22 种之多，未查明的还有若干，多涉佛经内容，有木刻、铅印版和石印版之分，其中以木刻版为主，最早木刻版的年代记载为 1741 年。他亲自前往新疆蒙古族地区进行的田野调查报告，在关注和探讨托忒文文献古籍的学者中起到了良好的效果。这一田野调查给人们的启示是，在边远偏僻的牧民家或山谷深处的寺庙僧人手里或许还会有一些鲜为人知的托忒文古籍，探寻文化宝藏的工作应当是长久性的，尤其对主管部门的具体工作人员而言，更是时时刻刻要关注和留意的。

北京大学外国语学院陈岗龙先生的《关于托忒文目连救母经》的研究文章发表在《西北民族大学》哲学社会科学蒙古文版 2006 年第 2 期上。另外，由"苗普先生主编的《中国西北文献丛书》（线装书局，2006 年 9 月第一版），收录了数篇少数民族文字史料的译文。其中有托忒蒙古文的（清）佚名《蒙古溯源史》是研究 17 世纪—18 世纪卫拉特蒙古历史、宗教的重要史料。（清）佚名《和鄂尔勒克历史》对研究 15 世纪—18 世纪卫拉特联盟成员的组成、形成年代、社会制度提供了珍贵的原始史料。有学者指出，噶旺·希拉布的《四卫拉特部史》对土尔扈特等部的源流以及四卫拉特皈依黄教等方面进行了叙述。《卡尔梅克诸汗简史》是研究土尔扈特西迁至东归历史及历史人物的珍贵史料。"①

乌兰于《西北民族研究》2003 年第 1 期发表的《从史料学的角度谈托忒蒙文历史文献》《清史研究》2004 年第 3 期发表的《托忒文历史文献对清朝官方史籍编纂的影响》是卫拉特学者探讨托忒文文献古籍的论述,具有独特的视角。

迄今为止,我国珍藏托忒文古籍精确的统计数字尚未见公布,我们认为主要部分应在卫拉特蒙古族集中居住的新疆境内,少量的分布在内蒙古、北京等地。根据新疆维吾尔自治区人民政府办公厅新政办 [2001] 178 号《关于做好我区各民族古籍总目提要编写工作的通知》,自治区古籍办蒙古文古籍编辑委员会多方访问搜集的结果"到目前为止编目卡片 1126 部。即古籍办库存蒙古文古籍 382 部,其中已翻译卡片 230 部。讲唱类卡片 804 部,其中包括翻译打印卡片 154 部……个人收藏的约四百件古籍未进行编目"。② 显然,在一个较为高层次上进行整理、编辑、出版和研究托忒蒙古文古籍的学术氛围正在酝酿中。

第五节　突厥语民族

进入 21 世纪,综合性研究在突厥语族古籍研究领域更为突出,出版了不少高质量的论文和专著。如库来西、帕尔哈提编的《国外有关〈突厥语大词典〉研究著述目录》③;塔伊尔江编的《〈福乐智慧〉研究论著题录》④;海热提江的《纳瓦依学研究状况评述》⑤《麻赫穆德·喀什噶里在维吾尔近代文化史上的地位》⑥;阿尔斯兰、阿布都热依木的《〈福乐智慧〉及其研究概况》⑦;校仲彝编的《〈突厥语词典〉研究论文集》(新疆人民出版社,2006 年);艾娣雅·买买提的《鄂尔浑—叶尼塞碑铭文献古俗寻绎》⑧;欧伟贞的《浅谈古代突厥文与现代维语语法中名词和动词之异同》⑨;李树辉在《喀什师范学院学报》上发表了一系列论文,论述古代突厥语言和方言;武·呼格吉乐图的《古突厥语与蒙古语语音比较研究》⑩;芒·牧林的《古突厥文来源新探》(《中国民族古文字研究会第七次学术研讨会论文集》,2004 年);

---

① 吐娜:《国内西蒙古史研究概况》(1996—2006 年),《蒙古学研究年鉴》,2006 年,第 243-244 页。
② 参见《民族古籍》,2006 年第 3 期。
③ 《新疆社会科学研究情报》,2002 年第 1 期。
④ 《新疆社会科学研究情报》,2002 年第 1 期、第 2 期。
⑤ 《民族文学研究》,2002 年第 3 期。
⑥ 《民族古籍》,2004 年第 1 期。
⑦ 《新疆师范大学学报》,2005 年第 1 期。
⑧ 《西域研究》,2001 年第 3 期。
⑨ 《喀什师范学院学报》,2001 年第 3 期。
⑩ 《民族语文》,2002 年第 2 期。

李志敏的《可汗名号语源问题考辨》[1];耿世民的《若干古代突厥词的考释》[2]《古代突厥文碑铭的发现和解读——纪念汤姆森解读古代突厥文一百一十年》[3]《古代突厥文碑铭的发现和解读研究》[4]《丹麦学者汤姆森与古代突厥文的解读》[5];阿力肯·阿吾哈力的《突厥如尼文字溯源》[6];罗新的《走访突厥三大碑》[7]《可汗号研究》[8]《回鹘牙帐城掠影》[9]《再说暾欲谷其人》[10]《论阙特勤之"阙"》[11]《暾欲谷碑文研究史概论》[12];韩中义的《北亚突厥百年研究（1900—2000年）》[13];孟毅的《鄂尔浑叶尼塞碑铭与哈萨克语言文学》[14];耿世民的《各国收藏的回鹘文文书概况》[15]《回鹘文〈金光明经〉研究——介绍拉施曼博士的新著〈回鹘文金光明经编目〉》[16]《回鹘文〈十业道譬喻故事花环〉残卷研究》[17]《回鹘文〈十业道譬喻故事花环〉哈密本残卷研究》[18]《回鹘文〈十业道譬喻故事花环〉残卷研究（3）》[19]《回鹘文〈十业道譬喻故事花环〉残卷研究（4）》[20];刘永连的《突厥立像习俗探析》[21];张文平的《突厥考古学文化初探》[22];洪勇明的《试论古代突厥语造词法》[23];阿依达尔·米尔卡马力的《阙特勤碑 silik 一词考》[24];吴玉全的《古代突厥语（暾欲古碑）与现代吉尔吉斯语主从复合句对比分析》[25];王洁、杨富学的《突厥碑铭所见黠戛斯与突厥、回鹘关系考》[26] 等。

这里需特别提及的是耿世民先生的《古代突厥文碑铭研究》一书。该书不仅简述了古代突厥回鹘的历史、古代突厥文碑铭的发现和解读情况、现存主要碑铭、古

---

[1] 《民族研究》，2004年第2期。
[2] 《民族语文》，2002年第4期。
[3] 《西北民族研究》，2004年第3期。
[4] 《西北民族研究》，2005年第1期。
[5] 《民族语文》，2006年第6期。
[6] 《西域研究》，2004年第2期。
[7] 《文史知识》，2005年第1期。
[8] 《中国社会科学》，2005年第2期。
[9] 《文史知识》，2005年第5期。
[10] 《文史》，2006年第3期。
[11] 《中国社会科学》，2008年第3期。
[12] 《中国史研究动态》，2006年第1期。
[13] 《青海民族研究》，2006年第1期。
[14] 《伊犁师范学院学报》，2006年第2期。
[15] 《语言与翻译》，2002年第1期。
[16] 《新疆师范大学学报》，2008年第3期。
[17] 《法源》，2007年第25期。
[18] 《中央民族大学学报》，2008年第1期。
[19] 《新疆大学学报》，2008年第1期。
[20] 《喀什师范学院学报》，2008年第1期。
[21] 《陕西师范大学继续教育学报》，2006年第1期。
[22] 《内蒙古社会科学》，2007年第3期。
[23] 《伊犁师范学院学报》，2007年第3期。
[24] 《语言与翻译》，2008年第2期。
[25] 《和田师范专科学校学报》，2008年第3期。
[26] 《内蒙古社会科学》，2009年第1期。

代突厥文字母和主要拼写规则、古代突厥语法等内容，而且也对《阙特勤碑》《毗伽可汗碑》《暾欲谷碑》等九块碑铭以及《占卜书》，分别进行了转写、汉译和注释，为相关专业的进一步研究提供了可靠的文本。

1988—1995 年，敦煌研究院对莫高窟北区进行了考古发掘，发现了一批回鹘文文献。对此，张铁山发表有《莫高窟北区 B53 窟出土回鹘文〈杂阿含经〉残叶研究》①《敦煌莫高窟北区出土回鹘文〈中阿含经〉残叶研究》②《敦煌莫高窟北区 B159 窟出土回鹘文〈别译杂阿含经〉残卷研究》③《敦煌莫高窟北区 B52 窟出土回鹘文〈阿毗达磨俱舍论实义疏〉残叶研究》④《敦煌莫高窟北区 B159 窟出土回鹘文〈别译杂阿含经〉残卷研究（二）》⑤《敦煌莫高窟北区出土回鹘文文献过眼记》⑥《莫高窟北区 B128 窟出土回鹘文〈八十华严〉残页研究》⑦《敦煌莫高窟北区出土三件回鹘文佛经残片研究》⑧《莫高窟北区出土两件回鹘文佛经残片研究》⑨《莫高窟北区出土三件珍贵的回鹘文佛经残片研究》⑩《敦煌出土回鹘文〈大乘无量寿经〉残页研究》⑪《莫高窟北区 B125 窟出土回鹘文〈增壹阿含经〉残卷研究》⑫《莫高窟北区 B128 窟出土回鹘文〈慈悲道场忏法〉残叶研究》⑬ 等。阿依达尔·米尔卡马力发表了《敦煌莫高窟北区石窟出土〈梁朝傅大士颂金刚经〉残叶研究》⑭《莫高窟北区出土回鹘文〈佛祖历代通载〉残叶再研究》⑮《敦煌莫高窟北区出土的两件回鹘文佛教文献残片研究》⑯ 等。牛汝极发表了《莫高窟北区发现的叙利亚文景教——回鹘文佛教双语写本再研究》⑰。

这一阶段，刘戈对回鹘文契约文书进行了大量研究，发表了一系列论文，如《回鹘文买卖文书中的"ᡜᡜᡜ"与汉文同类文书中的"一无悬欠"考》⑱。通过考证认为，不仅"ᡜᡜᡜ"一个短语，而且它所在整个句子的内容结构、语法与汉文同类文书中的有关句子都相似，它反映出公元 13 世纪—14 世纪汉文买卖文书的格式和套语。

---

① 《敦煌研究》，2001 年第 2 期。
② 《中央民族大学学报》，2001 年第 4 期。
③ 《民族语文》，2001 年第 6 期。
④ 《敦煌学辑刊》，2002 年第 1 期。
⑤ 《民族语文》，2003 年第 1 期。
⑥ 《敦煌研究》，2003 年第 1 期。
⑦ 《中央民族大学学报》，2003 年第 4 期。
⑧ 《民族语文》，2003 年第 6 期。
⑨ 《敦煌学辑刊》，2003 年第 2 期。
⑩ 《敦煌研究》，2004 年第 1 期。
⑪ 《民族语文》，2005 年第 5 期。
⑫ 《敦煌学辑刊》，2005 年第 3 期。
⑬ 《民族语文》，2008 年第 1 期。
⑭ 《新疆大学学报》，2006 年第 3 期。
⑮ 《新疆大学学报》，2008 年第 1 期。
⑯ 《敦煌研究》，2008 年第 4 期。
⑰ 《敦煌研究》，2002 年第 2 期。
⑱ 《民族研究》，2001 年第 2 期。

汉文契约文书的格式、套语的演变和发展历史悠久，曾对边疆少数民族地区的经济文化产生过深远影响。《回鹘文契约中的"bil"与汉文契约中的"知"现象考》[①] 认为，回鹘文契约文书中的"ᛒ"源于汉文契约中的"知"，它是迁居吐鲁番地区的回鹘人由游牧型转变为农业型的进程和吸收、融合历史悠久的高昌地区汉文化并逐渐形成自己的新文化过程中留下的痕迹。《释塔姆嘎与答剌罕》[②] 通过对回鹘契约中两个专有名词的考析，探讨了操突厥语的民族鲜为人知的古老文化传统，以及中世纪回鹘人与中原地区的密切关系。《回鹘文契约上的倒写文字》[③] 分析了回鹘文契约中的倒写现象，认为它是回鹘文契约附言中的一部分，形式上可以溯源于吐鲁番出土唐代汉文文书，内容上它反映着宋元时代内地经济生活中的一些规矩。《回鹘文契约文书中的"元契"考》[④] 提出，回鹘文契约中的"ᛒᛒ"与汉唐至宋元时代汉文契约中的券、元券、契、市契、元买、上手等一系列词汇有渊源关系，"ᛒᛒ"的汉译用字是"元契"。《古代吐鲁番地区普通妇女在社会经济生活中的地位——以吐鲁番出土汉文、回鹘文契约文书所见为例》[⑤] 一文认为，在公元3世纪—14世纪的吐鲁番地区长期存在着无人身自由、可以被随意买卖的女奴。而在普通的乡村家庭中主妇有一定地位，社会认可她们的债务继承权，甚至独立从事社会经济活动。

除了社会经济文书外，一些学者对回鹘文献语言也进行了研究。如张铁山的《论回鹘文文献语言的词重音》[⑥]《关于回鹘文献语言的短元音e[e]》[⑦]《试论回鹘文献语言的语音和谐》[⑧]；阿不里克木·亚森的《吐鲁番回鹘文世俗文书语言数词研究》[⑨]《吐鲁番回鹘文世俗文书动词条件式研究》[⑩]；赵永红的《回鹘文献语言词汇的特点》[⑪]《回鹘文献语言动词的语态范畴及其特点》[⑫]《试论佛教文化对回鹘语词汇的影响》[⑬]《试论回鹘文献语言名词的领属人称》[⑭]；王红梅的《元代高昌回鹘语概略〈转轮王曼陀罗〉残卷语言分析》[⑮]；欧阳戎元的《〈高昌馆杂字〉的入声》[⑯] 等。

回鹘文学研究一直是一个薄弱环节，但在这一阶段，杨富学对此进行了卓有成

---

① 《民族研究》，2002年第5期。
② 《陕西师范大学学报》，2003年第3期。
③ 《民族研究》，2003年第5期。
④ 《陕西师范大学学报》，2005年第5期。
⑤ 《民族研究》，2006年第6期。
⑥ 《新疆大学学报》，2003年第3期。
⑦ 《语言与翻译》，2003年第2期。
⑧ 《语言与翻译》，2004年第2期。
⑨ 《新疆大学学报》，2001年第1期。
⑩ 《语言与翻译》，2002年第2期。
⑪ 《语言与翻译》，2005年第2期。
⑫ 《民族语文》，2005年第2期。
⑬ 《西域研究》，2003年第4期。
⑭ 《新疆大学学报》，2005年第1期。
⑮ 《民族语文》，2001年第4期。
⑯ 《南阳师范学院学报》，2007年第10期。

效的研究，发表了一系列论文。如《回鹘宗教文学稽考》① 分析了敦煌、吐鲁番等地出土的为数众多而丰富的古代回鹘文宗教文学作品。《古代回鹘诗歌的艺术成就》② 指出，回鹘诗作从内容到形式都深受宗教的影响，其诗主要押首韵，有时在押首韵的同时又押尾韵，这是古典回鹘诗歌的显著特色。《古代回鹘民间文学杂述》③ 对《乌古斯可汗的传说》《五卷书》、谚语、格言等回鹘民间文学进行了叙述。

这一阶段成就的最突出特点之一就是出版了多部著作，如伊明·吐尔逊的《论纳瓦依》（维吾尔文版，民族出版社，2000 年）；艾斯卡尔编的《纳瓦依的宝库》（维文版，新疆大学出版社，2000 年）；耿世民的《新疆文史论集》（中央民族大学出版社，2001 年）、《维吾尔古代文献研究》（中央民族大学出版社，2003 年）、《回鹘文社会经济文书研究》（中央民族大学出版社，2006 年）、《古代维吾尔文献教程》（民族出版社，2006 年）、《回鹘文哈密本〈弥勒会见记〉研究》（中央民族大学出版社，2008 年）；李经纬的《高昌回鹘文献语言研究》（新疆大学出版社，2003 年）；牛汝极的《回鹘佛教文献》（新疆大学出版社，2000 年）；买提热依木等的《回鹘文契约文书》（维吾尔文版，新疆人民出版社，2000 年）；阿不里克木·亚森的《吐鲁番回鹘文世俗文书语言结构研究》（新疆大学出版社，2001 年）；张宏超译的《纳瓦依格则勒诗选集》（新疆人民出版社，2001 年）；买买提等编的《艾里希尔·纳瓦依作品选》（维文版，新疆人民出版社，2001 年）；阿尔斯兰等的《福乐智慧的修辞学研究》（维文版，新疆大学出版社，2001 年）；买提热依木的《略论〈突厥语大词典〉维吾尔文化》（喀什维吾尔文出版社，2001 年）；阿布都热依木的《麻赫穆德·喀什噶里》（维文版，新疆人民出版社，2002 年）；阿布都少塔尔编的《突厥谱系》（维文版，新疆人民出版社，2002 年）；艾赛提的《艾里希尔·纳瓦依》（维文版，新疆人民出版社，2002 年）；热依汗·卡德尔的《"福乐智慧"与维吾尔文化》（内蒙古人民出版社，2003 年）；帕尔哈提的《玛赫穆德·喀什噶里》（维文版，新疆人民出版社，2003 年）；牙尔·穆罕默德的《优素甫·哈斯·哈吉甫》（维文版，新疆人民出版社，2003 年）；巴图尔的《艾力希尔·纳瓦依》（维文版，新疆人民出版社，2003 年）；牙森江的《阿曼尼莎汗》（维文版，新疆人民出版社，2003 年）；张铁山的《突厥语族文献学》（中央民族大学出版社，2005 年）、《回鹘文献语言的结构与特点》（中央民族大学出版社，2005 年）；阿布都外力·克热木的《尼扎里"达斯坦"创作研究》（民族出版社，2005 年）；杨富学的《回鹘文献与回鹘文化》（民族出版社，2003 年）、《印度宗教文化与回鹘民间文学》（民族出版社，2007 年）。这些著作的出版标志着我国回鹘文研究已经赶上或超过了国外回鹘学的步伐。

---

① 《西北民族大学学报》，2004 年第 3 期。
② 《南都学刊》，2004 年第 1 期。
③ 《民族文学研究》，2004 年第 4 期。

我国保存有大量的察合台文文献。现已有编目的有：1957年，新疆博物馆编的《维吾尔古典文学抄本目录》（维吾尔文）、新疆维吾尔自治区少数民族古籍办编的《维吾尔、乌孜别克、塔塔尔古籍名录》（维吾尔文）。仅后者就收录了新疆维吾尔自治区少数民族古籍办收藏的察合台文文献1550条。

我国学者特别是本民族的学者还发表了很多有关察合台文及其文献的有份量的论文。如米尔苏里唐等的《我们关于察合台语的看法》[①]；阿布都若夫的《关于在古代维吾尔语基础上形成的察合台维吾尔语》[②]《论察合台语与当时的维吾尔口语的关系》[③]《察合台语》（喀什维文出版社，1987年）、《察合台维吾尔语研究论文集》（民族出版社，1993年）；穆合塔尔编的《突厥谱系》[④]；阿布都秀库尔的《艾里西尔纳瓦依和依斯坎达尔城堡》[⑤]《谈谈"两种语言之辩"与当年两种语言之间的争论》[⑥]《论纳瓦依的著作〈两种语言之辩〉》[⑦]《反映东察合台汗国初期社会经济情况的一篇维吾尔文献》[⑧]《察合台语时期的维吾尔语发展情况及其用这个语言记载的文献》[⑨]《察合台语时期的文学翻译家及其译作》[⑩]《察合台文和察合台文献》[⑪]《论察合台时期的维吾尔古典文学》[⑫]《艾里西尔纳瓦依生平及其创作》[⑬]《新疆出土的察合台文手稿的情况》[⑭]；赵江民的《察合台文文献〈成吉思汗传〉中的蒙古人名探析》[⑮]；张宇的《关于〈乐师传〉中的纳瓦依——从察合台语文献资料中看纳瓦依》[⑯]；阿布都鲁甫·甫拉提的《察合台维吾尔文及其主要文献》[⑰]；地里木拉提·吐尔逊、瓦依提·阿不力孜、吐尔根·伊布拉音的《古维吾尔文（察合台文）及转写符号的智能输入法研究》[⑱]；阿力肯·阿吾哈力的《一件清代哈萨克租牧地文书的研究》[⑲]；金玉萍的《清季吐鲁番地区的租佃契约关系——吐鲁番厅察合台文文书研

[①] 《新疆大学学报》维文版，1998年第1期。
[②] 《新疆大学学报》，1984年第3期。
[③] 《新疆大学学报》，1989年第1期。
[④] 《米拉斯》，1999年第6期，2000年第1期、2期。
[⑤] 《新疆大学学报》，1985年第4期。
[⑥] 《喀什师范学院学报》，1993年第1期。
[⑦] 《新疆大学学报》，1993年第1期。
[⑧] 《新疆社会科学》，1988年第2期。
[⑨] 《新疆大学学报》，1986年第2期。
[⑩] 《新疆大学学报》，1985年第3期。
[⑪] 《中国民族古文字研究》，1984年。
[⑫] 《新疆社会科学》，1983年第2期。
[⑬] 《西域研究》，1986年第4期。
[⑭] 《新疆社会科学》，1993年第3期。
[⑮] 《新疆大学学报》，2005年第5期。
[⑯] 《喀什师范专科学校学报》，2005年第3期。
[⑰] 《民族语文》，2006年第4期。
[⑱] 《中文信息学报》，2007年第6期。
[⑲] 《民族研究》，2006年第5期。

究》[1]；玛丽娅·托合提的《论纳瓦依对维吾尔文学的历史贡献》[2]；张丽的《维吾尔族文学史上的丰碑——纳瓦依的〈五卷诗〉》[3]；艾赛提·苏来曼的《纳瓦依〈五卷诗〉与19世纪维吾尔书面文学》[4]；艾西热甫·阿布都拉的《纳瓦依写作〈海米赛〉的几个问题》[5]；吾尔买提江·阿布都热合曼的《阿塔尔对维吾尔古典文学的影响》[6]；阿尔斯兰·阿不都拉的《论纳瓦依双行抒情诗中的比喻及其特色》[7]；艾赛提·苏来曼的《纳瓦依长诗〈帕尔哈德与西琳〉中的人物构造——论纳瓦依对帕尔哈德形象的重新塑造和创新》[8]；娣丽达·买买提明的《浅析纳瓦依的教育思想》[9]；库来西·塔依尔的《论〈突厥语大词典〉的语言学价值》[10]；塔伊尔江·穆罕默德的《〈突厥语大词典〉研究综述》[11]；廖泽余的《〈突厥语大词典〉的词典学意义》[12]；陈保亚的《穆罕默德·喀什噶里在历史语言学上的两个贡献——纪念穆罕默德·喀什噶里诞辰1000周年》[13]；米尔苏里唐·乌斯曼、校仲彝的《麻赫穆德·喀什噶里及其〈突厥语词典〉中的文学语言》[14]；阿布里克木·亚森的《从〈突厥语大词典〉看中世纪维吾尔人的婚姻习俗》[15]；王爱武的《关于〈突厥语大辞典〉手稿和抄本及后人的整理校勘》[16]；王莉的《古代突厥语民族的民间竞技与游戏——以〈突厥语大词典〉和〈福乐智慧〉为例》[17]；刘戈、李虹的《从〈突厥语大词典〉看11世纪新疆地区的皮肤病及其相关社会问题——对〈突厥语大词典〉中皮肤病资料的整理与研究》[18]；夏雷鸣的《〈福乐智慧〉和〈突厥语大词典〉中的食疗》[19]；塔伊尔江·穆罕默德的《〈突厥语大词典〉及其作者麻赫穆德·喀什噶里》[20]；阿布里克木·亚森、阿地力·哈斯木的《〈突厥语大词典〉等文献中的粟特语借词》[21]；彭清

---

[1] 《西域研究》，2001年第3期。
[2] 《新疆社科论坛》，2004年第2期。
[3] 《西北民族大学学报》，2005年第5期。
[4] 《民族文学研究》，2005年第3期。
[5] 《民族文学研究》，2002年第3期。
[6] 《民族文学研究》，2001年第3期。
[7] 《新疆大学学报》，2002年第3期。
[8] 《民族文学研究》，2002年第3期。
[9] 《新疆社科论坛》，2003年第4期。
[10] 《西域研究》，2001年第2期。
[11] 《新疆社科论坛》，2007年第5期。
[12] 《语言与翻译》，2006年第1期。
[13] 《新疆大学学报》，2006年第4期。
[14] 《新疆社会科学》，2007年第4期。
[15] 《新疆社会科学》，2006年第5期。
[16] 《西域研究》，2004年第1期。
[17] 《新疆大学学报》，2006年第4期。
[18] 《和田师范专科学校学报》，2005年第4期。
[19] 《西域研究》，2002年第3期。
[20] 《新疆社会科学》，2004年第1期。
[21] 《西域研究》，2006年第3期。

的《〈福乐智慧〉中的和谐思想》①；袁丹丹的《维吾尔古籍——〈福乐智慧〉中生态伦理思想探析》②；陈青萍的《论维吾尔古籍〈福乐智慧〉的性健康思想》③；罗淑荣的《一幅天人和谐的宇宙图式——〈福乐智慧〉哲学思想探析》④；吴玉霞的《〈福乐智慧〉与〈孙子兵法〉军事思想的共性与差异》⑤；依迪热斯·图尔尼亚孜·库柯亚尔的《谈〈福乐智慧〉中的家庭教育思想》⑥；陈青萍的《〈福乐智慧〉反映的膳食养生方法及其意义》⑦；陈永杰的《〈福乐智慧〉的辩证法思想探微》⑧；王宏印、李宁的《民族典籍翻译的文化人类学解读——〈福乐智慧〉中的民俗文化意蕴及翻译策略研究》⑨；陈青萍的《维吾尔古籍〈福乐智慧〉关于心身关系的论述》⑩；阿尔斯兰·阿不都拉的《〈福乐智慧〉中的比喻及其民族特色》⑪；吐尔逊·沙吾尔的《浅谈维吾尔名著〈福乐智慧〉中的法律思想》⑫；欧阳伟的《〈福乐智慧〉的用韵方式初探》⑬；吴玉霞的《试论〈福乐智慧〉与〈论语〉的共性》⑭；罗淑荣的《试论〈福乐智慧〉中哲学与诗学的互证》⑮；铁来提·易卜拉欣的《试论〈福乐智慧〉的文学艺术观》⑯；陈明的《〈福乐智慧〉动词的态范畴研究》⑰；刘渊的《〈福乐智慧〉"善德"观的归纳与辨析》⑱、《〈福乐智慧〉中关于"知识、智慧"论述的归纳与辨析》⑲；伊明江·阿布都热依木的《〈福乐智慧〉与色彩》⑳；春花的《〈满蒙藏嘉戎维五体字书〉概论》㉑；陈世明的《清代〈西域图志〉维汉蒙汉合璧地名》㉒ 等。

2000年10月，由新疆社会科学院、中国维吾尔历史文化研究会和新疆历史学会共同举办的"中国《突厥语大词典》学术研讨会"在乌鲁木齐隆重举行。来自全

---

① 《首都师范大学学报》，2008年第5期。
② 《现代经济信息》，2008年第10期。
③ 《西北大学学报》，2007年第4期。
④ 《青海社会科学》，2004年第4期。
⑤ 《新疆教育学院学报》，2005年第1期。
⑥ 《新疆教育学院学报》，2007年第4期。
⑦ 《西域研究》，2008年第3期。
⑧ 《新疆社会科学》，2007年第6期。
⑨ 《民族文学研究》，2007年第2期。
⑩ 《中华医史杂志》，2008年第2期。
⑪ 《民族文学研究》，2002年第4期。
⑫ 《贵州民族研究》，2007年第4期。
⑬ 《语言与翻译》，2002年第3期。
⑭ 《新疆教育学院学报》，2006年第1期。
⑮ 《南京社会科学》，2005年第6期。
⑯ 《民族文学研究》，2002年第4期。
⑰ 《喀什师范学院学报》，2008年第2期。
⑱ 《喀什师范学院学报》，2006年第4期。
⑲ 《新疆大学学报》，2007年第3期。
⑳ 《新疆艺术学院学报》，2003年第2期。
㉑ 《满语研究》，2008年第1期。
㉒ 《民族语文》，2007年第1期。

国各地的专家学者共聚一堂，探讨《突厥语大词典》的学术价值和现实意义。

新疆文联《玛纳斯》研究室已整理完成了 20 世纪 60 年代记录的三十多位玛纳斯奇的变体，其中克州乌恰县的著名玛纳斯奇艾什玛特演唱的《赛麦台》，2003 年由克孜勒苏柯尔克孜文出版社出版。《玛纳斯》研究室还整理完成了伊犁特克斯县著名玛纳斯奇萨特巴勒德·阿勒的唱体，他是世界上唯一能够演唱玛纳斯祖先英雄业绩的玛纳斯奇。

2003 年，克孜勒苏柯尔克孜自治州史志办和新疆民间文艺家协会合作编辑的《柯尔克孜民间文学精选集》（三册）（简称《精选集》）由中国文联出版社出版发行。该书第一部分内容是居素甫·玛玛依唱体精选；第二部分为铁木尔·吐尔地、艾什玛特、萨特巴勒德等三位著名玛纳斯奇的精选唱本节选部分；第三部分为柯尔克孜叙事长诗精选。这部《精选集》将为《玛纳斯》的研究起到重要作用。

2004 年《玛纳斯》研究室与新疆人民出版社柯尔克孜文编部合作再版了居素甫·玛玛依柯尔克孜文新版本。全书分上下两册，大 16 开精装本，共计 23 万行。还与新疆人民出版社柯尔克孜文编部合作出版了居素甫·玛玛依变体吉尔吉斯文版。该版本在吉尔吉斯广受欢迎并引起了巨大反响。吉尔吉斯总统阿卡耶夫、著名吉尔吉斯作家钦吉斯·艾特玛托夫高度评价并肯定了我国玛纳斯奇对史诗《玛纳斯》所做出的杰出贡献。

2005 年 8 月，纪念《突厥语大词典》作者麻赫穆德·喀什噶尔里诞辰 1000 周年学术研讨会在新疆喀什举办。

2005 年 10 月 26 日，由克孜勒苏柯尔克孜自治州人民政府与北京中坤投资集团主办的"2005 年史诗《玛纳斯》国际研讨会"在新疆阿图什市克州宾馆举行。100 多位国内外专家学者参加了此次会议，提交论文 51 篇。

新疆维吾尔木卡姆艺术是一种主要在新疆流传的集音乐、舞蹈、演唱、诗歌及习俗于一体的艺术形式，于 2005 年 11 月 25 日被联合国教科文组织正式批准列入第三批"人类口头与非物质遗产代表作"，引起世界各国的广泛关注与重视。新疆地处丝绸之路的中心点，维吾尔族大型民间套曲《十二木卡姆》在世界音乐大系中占有特殊的重要地位，千年来历久不衰，深受新疆各族人民所喜爱，其丰富的音乐、诗歌、舞蹈，成为反映维吾尔族人民历史及生活的艺术百科全书。

2006 年 5 月 16—18 日，中国维吾尔历史文化研究会第四届学术研讨会在湖南省长沙市召开。全国人大常委会副委员长司马义·艾买提发来贺信表示祝贺，全国政协副主席阿不来提·阿不都热西提发来书面讲话。来自全国各地的一百多名专家学者参加了会议。会议围绕维吾尔传统文化进行研讨并前往湖南维吾尔族聚集地桃园县枫树维吾尔族回族乡和其他三个回族维吾尔族乡，就湖南维吾尔族的历史文化与现状进行实地考察。

作为"新疆喀什莎车 2007 年《十二木卡姆》文化艺术节"的重要组成部分，由新疆维吾尔自治区文化厅、新疆维吾尔古典文学和木卡姆学会、喀什地区行政公署主办,新疆艺术研究所、莎车县人民政府承办的"2007年中国新疆维吾尔木卡姆学术研讨会"于2007年9月28—30日在新疆维吾尔自治区喀什地区莎车县隆重举行。

中华人民共和国成立之初,自治区文化部门成立维吾尔十二木卡姆工作小组,深入南北疆农村采风,走访维吾尔木卡姆大师吐尔地阿洪等人,搜集、整理濒临失传的艺术珍宝,并于20世纪60年代初编辑出版了《十二木卡姆》(曲谱两卷本)。20世纪80年代相继成立了自治区木卡姆研究室、新疆木卡姆艺术团。创作演出了大型维吾尔木卡姆歌舞《且比亚特木卡姆》、民族交响音乐《木卡姆变奏曲》等一批优秀剧(节)目。整理录制了"维吾尔十二木卡姆"音乐共12部盒带。同时出版了《维吾尔十二木卡姆》《丝绸之路音乐文化》《哈密木卡姆》《刀郎木卡姆》《吐鲁番木卡姆》等书籍和光盘。1992年11月,国家民委、文化部和新疆维吾尔自治区人民政府、中国文联等在北京联合主办了"中国维吾尔木卡姆系列活动";1997年7月,自治区文化厅在乌鲁木齐举办"中国新疆维吾尔木卡姆艺术成果展"。20世纪80年代以来,自治区先后派木卡姆艺术团组织十多批分别赴西欧、中东、北非、东南亚、东亚等二十多个国家和港澳台地区进行访问演出,极大地扩大了中国新疆优秀民族文化的对外影响。

2007年12月18日,由文化部和自治区人民政府联合主办的"中国维吾尔十二木卡姆研讨会"在首都人民大会堂隆重举行,中外专家、学者、艺术家济济一堂,对这一古老的艺术进行学术研讨。中共中央政治局委员、自治区党委书记王乐泉向大会发来祝贺信,对研讨会的召开表示热烈的祝贺。全国人大常委会副委员长王光英、铁木尔·达瓦买提,全国政协副主席王文元,中国文联主席周巍峙等领导出席了开幕式。中宣部、统战部、文化部、国家民委、国家广电总局、中科院、全国文联、中国音协等单位的有关领导也出席了会议。文化部部长孙家正委托副部长赵维绥在会上宣读了书面讲话,自治区主席阿不来提·阿不都热西提委托自治区人民政府副秘书长吐尔逊·伊不拉音在会上宣读了书面讲话。会议开幕式由自治区副主席买买提明·扎克尔主持。

2008年是麻赫穆德·喀什噶里诞辰1000周年,联合国教科文卫组织把2008年定为"麻赫穆德·喀什噶里年"。这是给予我国11世纪著名突厥语文学者麻赫穆德·喀什噶里的崇高荣誉,是维吾尔民族的光荣与自豪,也是我们伟大祖国的荣耀。2008年11月24—26日,由中央民族大学维吾尔语言文学系、土耳其共和国语言协会联合举办的纪念麻赫穆德·喀什噶里诞辰1000周年的国际学术研讨会在中央民族大学召开。来自中国、土耳其、阿塞拜疆和德国的一百二十多位专家学者参加了研讨会,提交论文116篇。

第六节 满—通古斯语民族

一、满文古籍

进入 21 世纪，随着我国经济的高速发展，少数民族古籍整理事业也进入了一个新的发展阶段，整理和出版工作成绩斐然，呈现出勃勃生机。2000 年，全国少数民族古籍整理研究室组织制定了《"十五"全国少数民族古籍重点项目出版规划》。党中央、国务院对少数民族古籍工作也高度重视，在 2005 年 5 月召开的中央民族工作会议暨国务院第四次全国民族进步表彰大会印发的文件和之后国务院颁布的《国务院实施〈中华人民共和国民族区域自治法〉若干规定》中，就以政策和法规的形式明确了少数民族古籍工作在党的民族工作中的重要地位和历史责任。明确规定"上级人民政府支持对少数民族非物质文化遗产和名胜古迹、文物等物质文化遗产的保护和抢救，支持对少数民族古籍的搜集、整理、出版"。2006 年，《中国少数民族古籍总目提要》重大工程项目被正式列入《国家"十一五"时期文化发展规划纲要》。在中共中央办公厅、国务院办公厅下发的《关于印发〈国家"十一五"时期文化发展规划纲要〉的通知》中确定了"加强民族古籍和文物抢救工作，搜集、整理少数民族古籍，编纂《中国少数民族古籍总目提要》"这一国家级的民族文化项目。这是中华人民共和国成立以来少数民族古籍的抢救、整理工作第一次列入国家的五年发展规划，对推动我国少数民族古籍工作的开展具有重要的意义。进入新世纪的满文古籍整理研究工作也取得了巨大的成就。

（一）综合性、总结性成果显著

新世纪的满文古籍文献整理、译注出版工作成果并不多，所见的有：吴元丰等译的《清代西迁新疆察哈尔蒙古满文档案全译》；李鹏年等编的《清初五世达赖喇嘛档案史料选编》；中国第一历史档案馆等编的《清代鄂伦春满汉文档案汇编》；《清宫珍藏海兰察满汉文奏折汇编》；中国边疆史地研究中心、中国第一历史档案馆编的《珲春副都统衙门档》；台北故宫博物院刊印的《满文原档》全 10 册等。与前几个阶段相比，进入新世纪后满文古籍文献工作在前面几个阶段整理成果的基础上更多地把重心转向了对文献本身及其相关问题的研究，在总结性、综合性研究方面取得了显著成果。不仅有对文献本身的专门研究著作，而且出现了专门论述满文文献的专著，同时在研究性论文方面综合性的成果也很突出。1. 对文献本身的专门研究著作。主要有：松村润著的《清太祖实录之研究》。本书是作者多年潜心研究《清太祖实录》的研究成果荟萃。书中内容包括四篇论考和资料编。论考以作者 30 年发表的论文为基础，补以新出史料和最近的研究成果，全面改订而成。在考订文章后还收入了中国第一历史档案馆藏《内国史院档》中被视为《太祖实录》底稿之一的档册全文影印和译注。江桥著的《康熙〈御制清文鉴〉研究》。康熙的《御制清文鉴》是清代第一部官修的分类单词并具有百科全书特点的满文词典，对满族文化的发展起了重要作用，是今天满族史、清史研究的重要文献，价值无量。本书是近年来我国满学研究的一项重要成果，可谓拓荒之作。可以说，江桥的专门性研究，开拓了满学研究的新领域。① 除此之外，还有赵志强著的《〈旧清语〉研究》等。

2. 满文文献专著。从19世纪初以来，国内外学者对满文文献整理和研究做了大量的工作，但是专门从文献学角度将满文文献视为一个整体来进行系统梳理研究的却不多见，亦无专门论述满文文献的专著问世。为了填补这一空白，黑龙江大学满族语言文化研究中心郭孟秀副研究员在综合国内外满文文献收藏整编基本情况的基础上对满文文献进行了系统的梳理研究，撰成《满文文献概论》一书。作者从文献学的角度，将满文文献作为一个整体进行研究，论述了满文文献的产生、特征，满文文献的内容、典藏、翻译与研究等诸方面内容。相对以往对满文文献单册、单部的翻译、整理提高了一个层次，亦属填补空白之作，具有一定的创新性和较高的学术价值。② 3. 论文总结性、综合性成果。其代表文章有：关嘉禄撰《20世纪中国满文文献的整理研究》。作者对20世纪中国满文文献的整理研究工作进行了阶段划分，并简单概括了各个阶段的特点和内容。同时选择了一些代表性的成果进行评述，使得我们对20世纪的满文文献整理研究工作有了一个整体的认识。最后还就如何推动满文文献研究工作的进一步发展提出了自己的建议。吴元丰撰的《满文与满文古籍文献综述》。该文就满文的创制及其改制、满文古籍文献及其种类、满文古籍文献的编目与分类、满文古籍文献的发现与研究、满文古籍文献的翻译与整理出版等方面进行了综述，使我们对满文及其古籍文献的重要价值有了更深的认识。这方面的研究成果还有吴雪娟、刘淑珍合撰的《东北边疆满文档案研究》，屈六生撰的《满文档案工作十年回顾》，阎崇年撰的《满族历史研究百年》等文。

（二）中青年学者成长迅速，在各项工作中承担重任

专业人才缺乏一直是制约满文古籍整理和研究工作发展的一个重要因素。整理满文古籍文献，首先要过语言关，但是现在能够用满语进行会话的人越来越少，而能使用满文的人则更少。满文古籍整理研究工作似乎陷入了青黄不接的状态，所幸现在各科研单位的中青年满文工作者迅速成长，并逐步在各项工作中发挥骨干作用。进入新世纪后，他们在满文古籍文献整理和研究上取得了巨大的成就，代表学者及成果有：吴元丰参与编译的《清代西迁新疆察哈尔蒙古满文档案全译》《清代鄂伦春族满汉文档案汇编》《清宫珍藏海兰察满汉文奏折汇编》等档案，主编的《北京

---

① 永嘉：《满学研究的新探索——评介〈康熙〈御制清文鉴〉研究〉》，载《满族研究》，2002年第2期。
② 赵阿平：《〈满文文献概论〉评述》，载《满语研究》，2005年第1期。

地区满文图书总目》，撰写的《黑龙江地区柯尔克孜族历史满文档案及其研究价值》《清代满文档案述论》《满文与满文古籍文献综述》《清代军机处满文月折包及其史料价值》《军机处满文月折包内新疆史料及其研究价值》等文。赵志强著的《〈旧清语〉研究》，撰的《老满文研究》《八旗满汉称谓解读》等文。郭孟秀著的《满文文献概论》，撰的《试论早期满文文献分类》《试论满文文献的著录》《试论满文文献特征》《满文玉宝、玉册研究》《东北三省满文官印研究》等文。此外，郭美兰、卢秀丽、吴雪娟、刘淑珍等人也取得了一定成果。

（三）《中国少数民族古籍总目提要·满族卷》各项工作进展顺利

1997 年，国家民委全面启动了《中国少数民族古籍总目提要》工程。2001 年底，经协商并报国家民委批准，辽宁省被确定为《中国少数民族古籍总目提要·满族卷》的牵头省，承担主要编纂工作。2003 年 3 月 4 日，北京、河北、内蒙、辽宁、吉林、黑龙江、新疆组成的七省（区、市）满族古籍协作会议在沈阳召开。会议决定启动《中国少数民族古籍总目提要·满族卷》各项工作，全国满族古籍工作进入了一个新阶段。2005 年 9 月，七省、直辖市满族古籍工作第二次协作会议暨《中国少数民族古籍总目提要·满族卷》第四次编纂工作会议在黑龙江省哈尔滨市召开。来自北京、河北、内蒙古、辽宁、吉林、黑龙江、新疆等全国 14 个省区市民委领导及古籍办主任和有关专家、学者，共计 52 人参加了会议。在会上，协作工作领导小组副组长杨丰陌总结了一年来满族古籍工作和满族古籍总目提要编纂工作取得的成绩和经验，提出了当前存在的主要问题，并安排部署了今后的工作。会议讨论并通过了调整后的七省、区、市满族古籍协作工作领导小组及《中国少数民族古籍总目提要·满族卷》编审委员会、编纂委员会组成人员名单。2007 年 8 月 14—15 日，北京、河北、内蒙古、辽宁、吉林、黑龙江、新疆七省（自治区、直辖市）满族古籍工作第三次协作会议在承德市召开。国家民委全国少数民族古籍整理研究室主任李冬生、副主任李晓东，河北省民宗厅副厅长马宇骏，辽宁省民委副主任、七省（区、市）满族古籍工作领导小组办公室主任杨丰陌以及七省（区、市）负责满族古籍协作工作的领导和专家学者共四十多人参加会议。此次会议总结了满族古籍工作第二次协作会议以来各省（区、市）的满族古籍工作的开展情况，并对如何做好下一步的各项工作提出了具体的任务和目标要求。

目前，在国家民委全国少数民族古籍整理研究室的具体指导下，在七省（区、市）满族古籍协作工作领导小组和《满族卷》编委会的组织下，《中国少数民族古籍总目提要·满族卷》编纂工作进展良好。七省区市切实加强协作工作力度，发挥协作工作的整体优势，集中人力、物力、财力，按照编纂工作实施方案和著录细则，分阶段、按步骤，慎重稳进，科学有序地开展工作。现阶段普查工作已基本结束，各省区市转入编制简目和提要编写工作阶段。

综上所述，自中华人民共和国成立以来，经过几代人 60 年的积累，满文古籍文献整理和研究工作在发掘整理、著录编目、翻译出版和研究利用等方面都取得了显著的成绩。但是面对大量亟须整理、研究的满文文献来说，我们在人才队伍、资金投入、协作组织等方面仍有许多工作要做。如何培养更多高素质、复合型的满文专门人才，加大编目工作力度，进一步做好翻译出版工作，扩展研究的广度和深度，进而推动满文古籍文献整理研究工作的进一步发展，是摆在我们面前的重大课题。

二、锡伯族

进入21世纪，在国家民委确立的一项跨世纪民族文化建设工程——"中国少数民族古籍总目提要"项目的推动下，锡伯族古籍研究有如下成果。

2003年，新疆人民出版社出版的锡汉文本《盛京移驻伊犁锡伯营厢红旗官兵三代丁册》（简称《丁册》），该丁册是流落民间的伊犁锡伯营档房档案之一。它如实记录了锡伯营厢红旗官兵的编制、出征阵亡等情况。以此推论，想必锡伯营其他旗也都有类似记录。该《丁册》2003年由新疆人民出版社以满汉合璧形式整理出版。它是清代锡伯营八旗官兵数及人口方面的第一手珍贵资料。2004年，该社出版汉文《锡伯族古籍资料辑注》，该书是在肖夫和佟克力搜集的资料基础上增补辑注而成，内容非常丰富，辑录范围广泛，凡目前搜集到且未公开出版的具有参考价值的资料均作收录。涉猎古籍文献众多，举凡清各朝《实录》《八旗通志》《钦定盛京通志》《清朝文献通考》《皇朝通志》《清朝通典》《大清一统志》《钦定大清会典事例》《清朝续文献通考》《朔方备乘》《元秘史注》《圣武记》《清史稿》《黑龙江外纪》《柳边纪略》《吉林通志》《吉林外记》《岫岩县志》《凤城县志》《开原县志》《呼兰府志》《黑龙江志稿》《黑龙江乡土录》《东三省舆地图说》《全辽备考》《奉天通志》《辽宁县志》《黑龙江舆图略》《新疆识略》《西域水道记》《新疆图志》《筹办夷务始末》《伊犁府志》《绥定县志》以及部分满文档案、家谱、萨满神谕等。

《中国少数民族古籍总目提要·锡伯族卷》于2008年5月23日正式出版发行，这是《中国少数民族古籍总目提要·新疆卷》的开篇之卷。该卷的编纂完成历时近8年，期间与北京、辽宁省、吉林省、黑龙江省、内蒙古自治区等省、市、区展开协作，汇总了来自全国的锡伯族古籍编目近3000条，内容包括历史、宗教、宗谱、民间文学等。

第七节　回　　族

崭新的21世纪，我国经济腾飞，盛世再现。经过几十年的积淀，在党和政府的大力支持下，回族古籍整理研究工作走上全国动员、化零为整、以重大项目带动回族古籍队伍和推出整理研究硕果的新高潮。

一、组织得力　专家引导

在近30年回族古籍事业发展中，除各省市自治区设立的少数民族古籍整理规划领导小组办公室长期坚持不懈地开展回族古籍文献抢救整理和研究出版工作外，由国家民委促成和自发组成的全国性回族古籍协作领导小组、《中国少数民族古籍总目提要·回族卷》编纂领导小组、《中国少数民族古籍总目提要·回族卷》编委会、南方片的南方回族古籍协作领导小组及《南方回族古籍丛书》编委会5个协作工作组织，对新时期回族古籍事业推动有力，效果明显。这里对它们作简要介绍：

1. 回族古籍协作领导小组及其工作情况前文（见80年代、90年代"回族"部分）已作过介绍，恕不赘述。

2. 《中国少数民族古籍总目提要·回族卷》领导小组及《中国少数民族古籍总目提要·回族卷》编委会。2003年，为更好地完成大型民族古籍整理项目《中国少数民族古籍总目提要·回族卷》编纂任务，受国家民委委托，宁夏牵头与国内设有少数民族古籍整理办公室的25个省市自治区，六十多位专家领导组成了项目领导小组和编委会。随着项目进展，2006年该组织发展成由黑龙江、吉林、辽宁、北京、天津、河北、内蒙古、山西、山东、河南、江苏、浙江、湖北、湖南、安徽、福建、江西、广东、广西、海南、四川、重庆、云南、贵州、陕西、甘肃、宁夏、青海、新疆29个省、市、自治区，八十多位、十多个不同民族的领导、专家组成的项目工作组织。2003—2008年间，在国家民委和有关省市自治区党委政府的支持下，编纂领导小组和编委会制定项目方案、设定项目卡片、组织项目工作会议、举办专题培训、开展工作调研、编发工作简报、评审项目成果等，在国内掀起了抢救整理回族古籍的热潮。2008年12月《总目提要·回族卷（铭刻类）》如期出版。它是29个省、市、自治区，数以百计的领导、专家、学者、民族工作者的心血，也是项目组织者高度重视，有力推动的结果。

3. 南方回族古籍协作领导小组及《南方回族古籍丛书》编委会。1994年，依据（全国）回族古籍协作第四次工作会议纪要"加强相邻省区和各大区之间的协作"的要求，经湖南省有关同志提议，经与相关省区协商，成立了由湖南、湖北、广东、广西、四川、江西、海南有关领导专家组成的"南方相邻七省区回族古籍协作领导小组"（后扩大并更名为"南方回族古籍协作领导小组"）。1994—2007年间，该小组和编委会多次在成员省区召开"南方回族古籍协作工作会议"，制定《南方回族古籍丛书》编写方案，指导解答编写疑问，复查审订各分类书稿。他们采取分卷分省专人负责，各相关省区通力协作的办法，最终出版了7类8册《南方回族古籍丛书》，不仅圆满完成了预期计划，且在南方扩大了回族古籍的影响，为推进回族文化发展做出了贡献。

21世纪回族古籍整理研究事业的蓬勃发展，离不开以下几位著名专家学者的引导和推动。

白寿彝，男，回族。河南开封人。生于1909年2月，卒于2000年3月。著名史学家、回族史和伊斯兰教史专家、教育家。他毕生关注中国古籍整理事业，曾在国内外史学学术会议上反复强调抢救整理历史文献的重要性。1929年5月，他收集的《开封歌谣集》由广州惠爱文化印刷公司出版，对其中的一些作品，明确注明是回族族属，为回族民间文学的记录与保存做出了贡献。1930年初，编写的《滇南丛话》，记载了云南回族民间传说故事和民俗资料。1935年，在他主办的《伊斯兰》期刊第4期上发表了《中国回教史料之辑录》，论述回教史研究的重要性以及收集史料应采取的步骤，强调没有中国回教的史料，不可能去研究中国回教的一切。该文章中有关回族古籍整理研究的观点和思路，对中华人民共和国回族学研究和回族古籍整理工作指导显著。1936年他编辑的《禹贡》半月刊"回教与回族专号"上，发表了有关同治年间陕甘宁回民起义的传闻、传说《陕甘劫余录》一文，一直是研究西北回族起义的重要史料。建国初期，白寿彝先生参加了由中国史学会主编的《中国近代史资料丛刊》的总编辑工作，并亲自编了《丛刊》等4种《回民起义》（全四册，1952年由上海神州国光社出版）。1958年宁夏回族自治区成立前夕，他主持编写的《回回民族的历史和现状》，是中华人民共和国成立以后第一部全面介绍回族历史和情况的著作。白寿彝先生中老年时期，虽身兼数职，学术和事务工作非常繁重，但仍然坚持直接参与古籍整理研究工作。他主编的《回族人物志》（元、明、清、近代4册，宁夏人民出版社出版），已成为回族学研究工作者必不可少的工具书。在他言传身教的影响带动下，许多中华人民共和国回族学学者从青年时期就养成了珍视回族古籍文献的好学风。

杨怀中，男，回族，甘肃靖远人。1934年出生。著名回族史研究专家，研究员。现任《回族研究》主编。长期从事回族历史文化的整理研究工作。发表学术论文二十余篇，他的专著《回族史论稿》，被认为是"展示我国回族学史绩的一部功勋著作"。20世纪80年代任宁夏人民出版社编辑时，曾编辑出版《伊本·白图泰游记》《中国伊斯兰史存稿》《中国伊斯兰教史参考资料》等重要回族古籍著作。20世纪90年代兼任宁夏少数民族古籍整理规划领导小组办公室主任期间，组织出版了"回族古籍丛书"十余种，其中他个人整理标点了《钦定兰州纪略》《钦定石峰堡纪略》两部回族古籍。与余振贵主编《中国伊斯兰报刊辑萃》第一辑和第二辑，开辟了抢救整理回族历史报刊的新思路。这些年曾担任由著名历史学家白寿彝牵头主编《回族人物志》的副主编兼撰稿人和被誉为"回族的四库全书"的大型回族古籍丛书《回族典藏全书》编委。作为国家"十一五"项目《中国少数民族古籍总目提要·回族卷》编纂领导小组成员、编委和宁夏回族自治区大型回族古籍整理项目《回族历史报刊集成》编委，杨怀中先生至今仍然时刻关注指导这些回族古籍项目工作。在他的指导带动下，宁夏回族古籍文献的抢救整理和研究出版工作走在了国内同行前列。

余振贵，回族，江苏南京人。1946年2月出生。著名回族和伊斯兰教研究专家，研究员，社会活动家。现任全国人大常委委员、全国人大民族委员会委员、中国伊斯兰教协会常务副会长，兼任中国人民争取和平与裁军协会副会长，中国宗教学会副会长等职。曾任宁夏社会科学院科研组织处处长、中东研究所所长兼回族伊斯兰所副所长、副院长、院长。长期从事民族宗教问题的研究，著有《中国历代政权与伊斯兰教》等多部重要著作，其中《中国西北地区开发与向西开放》获中央宣传部"五个一"工程奖和第六届"中国图书奖"。余振贵先生担任社科院领导期间，十分重视深入开展回族伊斯兰教研究，积极推动回族古籍事业发展。曾多次组织召开国际、国内回族伊斯兰教学术研讨会和回族古籍协作工作会议，策划并组织出版《回族古籍丛书》《中国伊斯兰教报刊辑萃》（第一、二辑），主编《中国伊斯兰文献著译提要》《回族金石录》等回族古籍图书，标点《清真指南》《天方大化历史》等回族古籍，标点并白话译注《正教真诠·清真大学·希真正答》等回族古籍。在国内外学术刊物上发表论文四十余篇，在国内外学术界产生了广泛的影响。近10年来，余振贵先生虽身兼重任，工作繁忙，但他认真学习、不断探索研究民族问题、总结思考民族发展经验的习惯不曾改变，对回族古籍事业的指导推动也从未间断。2003年至今，担任国家"十一五"文化项目《中国少数民族古籍总目提要·回族卷》主编，2004—2008年担任大型回族古籍整理丛书《回族典藏全书》编委。他从繁荣民族文化、促进社会和谐发展和传承人类文明的高度，为回族古籍研究事业筹谋，为推出精品把关。

吴建伟，男，回族，甘肃省临潭人，生于1941年，卒于2009年6月。著名回族古籍专家，教授。长期从事古代汉语教学和民族人类学研究，注重文献史料的考据校订。曾任北方民族大学民族人类学所所长、《西北第二民族学院学报》主编。兼任中国回族学会理事、宁夏高校学报研究会副会长、《回族研究》编委。在国内各种学术刊物发表论文五十余篇，很多被人民大学复印报刊资料中心等采录。50岁后，将大部分精力投入到回族文化研究和回族古籍抢救整理中，1995—2008年间，主编出版了《中国清真寺综览》《中国清真寺综览续编》《回回古诗三百首》《回回旧事类记》《回回词曲三百》《中国回族文学史》《回族文献丛刊》等回族文化图书，副主编大型回族古籍丛书《回族典藏全书》。晚年的吴教授不仅自己全身心投入到回族古籍搜集整理出版事业，还带领一批宁夏青年科研人员、北方民族大学研究生到全国各地抢救搜集回族古籍文献，为培养回族研究和回族古籍文献整理人才不遗余力。

答振益，回族，河南固始人。生于1937年，卒于2009年。著名民族学专家、教授。长期从事回族历史与文化、中国近代史的教学和科研工作，历任历史系副主任、教务处长、民族学系主任、民族研究所所长。兼任湖北省伊斯兰教协会副会长、中国民族史学会理事、中国回族学会常务理事等职。发表学术论文六十多篇。出版著作有《太平天国时期苗彝回族人民大起义》《湖北回族》《回族历史与文化论集》。主编《中南地区回族史》《中国南方回族碑刻匾联选编》《湖北回族古籍资料辑要》,并任《湖北省志·民族卷》及《中国回族史》副主编。参编《中国回族大词典》《中国伊斯兰百科全书》《中国南方回族谱牒选编》等多部著作。近十年,担任《中国少数民族古籍总目提要·回族卷》编委和中国南方回族古籍丛书编委,在带动南方回族古籍研究事业发展,尤其是推动湖北民族古籍整理研究工作做出了重大贡献。

二、顺应时代　成果耀眼

21世纪,国家促进民族文化繁荣的决心和措施越来越坚决、到位,而广泛良好地开展横向协作联合,积极主动地学习运用数字化先进技术开展搜集整理工作等方法,使这一时期耀眼的回族古籍研究成果中,不仅有专家学者对回族古籍的整理研究,有以省市区为单位的回族古籍整理成果,更有多部古籍整理巨制。

1. 地方回族古籍整理成果不断涌出。北京、河南、山东、湖北、云南等民族古籍整理机构在多年抢救整理地方回族古籍基础上,组织编纂出版了《回族研究文献题录》《河南省回族古籍总目提要》《山东回族古籍》《湖北回族古籍辑录》《云南历史人物碑铭传记》等。这些梳理和介绍,不仅使回族学者和地方文化研究者有了抓手和方向,也给回族文化爱好者以较为全面的回族区域古籍镜像。南方回族古籍丛书编委会组织出版《中国南方回族谱牒选编》《中国南方回族碑刻匾联选编》《中国南方回族历史人物资料选编》《中国南方回族文化教育资料选编》《中国南方回族经济商贸资料选编》《中国南方回族社会团体资料选编》《中国南方回族清真寺资料选编》《中国南方回族古籍资料选编补遗》等8册《中国南方回族古籍丛书》,收录了湖南、湖北、福建、江西、广东、广西、海南、四川、重庆、云南、贵州等11个省、市、区约二百四十万字的各类南方回族古籍文献史料,它们是回族史上最完整的一套南方回族文献史料。回族古籍协作领导小组组织编纂的《中国回族金石录》,搜集编选了包括据传为唐天宝元年(742年)至中华人民共和国成立前(1949年)、全国二十多个省市自治区的中国回族碑记440篇,其中有汉文、阿拉伯文、波斯文(均译为汉文编录)。附录部分还选编出一批有代表性的回族匾额楹联。薛仰敬主编的《兰州古今碑刻》(兰州大学出版社,2002年版)全面收录了关于马云亭纪念碑塔、碑群,为深入研究认识马福祥(字云亭)其人提供了宝贵的史料。王子华、姚继德主编的《云南回族人物碑传精选》(云南民族出版社,2004年版),辑录了元至近代的碑铭墓志85篇,其中很多是对云南历史和回族历史都产生过重要影响的人物碑记。伊牧之编著的《济南伊斯兰铭刻笺注》(济南伊斯兰教协会,2004年内部印行)对济南各地104通回族历史碑刻进行了题记、碑文、注释、译文等4个方面的笺注,并附录有作者对济南回族历史碑刻考释文章10篇和山东其他地区的碑文10通,是目前市级地方较为完整的回族历史碑刻著作。宁夏的回族古籍整理研究一直走在前列,除前述成果外,近十年宁夏还先后出版了《回回古文观止》(2000年5月宁夏人民出版社)、《回回词曲三百》(2001年宁夏人民出版社)、《回回旧事类记》(2002 年 11 月)、《回回古文观止》(2003 年宁夏人民出版社)。2003 年出版的《〈正教真诠·清真大学·希真正答〉译注》,是宁夏回族古籍工作者首次白话注译伊斯兰教典籍。这些成果的推出标志着宁夏回族古籍工作已由从前的搜集整理迈上了更高一层台阶。

这一时期回族古籍文献搜集整理统计数字表明,各地方依据当地回族古籍文献编写出 7277 条相关提要,其中书籍类 1899 条、铭刻类 1690 条、文书档案类 854 条、讲唱类 2611 条。详见下表:

《中国少数民族古籍总目提要·回族卷》阶段性成果统计表

序号	地名	书籍类(条)	铭刻类(条)	文档类(条)	讲唱类(条)	附录(条)	小计
1	北京	256	64				320
2	上海		26				26
3	天津	7	10				17
4	重庆	6	9	56			71
5	吉林	14	3	15	18		50
6	辽宁	194	121	25	90		430
7	黑龙江	119	115	63	157		454
8	河北	51	82	57	18		208
9	内蒙古		3	2			5
10	河南	123	230	10	6		369
11	山东	41	275	19	1	35	371
12	湖北	15	37	18	4		74
13	湖南	11	34	7	3		55
14	浙江	2	36	1			39
15	江苏	94	95	41	2		232
16	安徽	5	20				25
17	福建	10	73	12			95
18	江西		3	18			21
19	云南		99				99
20	四川	75	39	7	3	11	135
21	贵州	35	28	4	6		73
22	广东	17	95	12			124
23	广西	16	30	6		20	72
24	海南	5	21	2	22		50
25	陕西	100	51	10			161
26	甘肃	94		6			100

续表

序号	地名	书籍类（条）	铭刻类（条）	文档类（条）	讲唱类（条）	附录（条）	小计
27	宁夏	270	11	36	27		344
28	青海	292	80	427	2411		3210
29	新疆	47					47
合计	1899	1690	854	2611	66	7277	

2. 大型回族古籍整理成果出现。21世纪中华文化成果中，出现了几部重量级的回族古籍整理成果。2006年黄山文化出版社出版的中国宗教历史文献集成中，包含有回族伊斯兰教典籍集成《清真大典》。该书全套25册，汇编自元代至民国的中国伊斯兰教历史文献共二百余种，内容广及古兰经、先知传、圣训解、教法、礼仪、教义、启蒙、论辩乃至天文医药、家谱碑铭等，内容丰富，文献珍贵。它是中华人民共和国成立以来第一部收录古籍过百种的大型回族古籍整理成果。惜印刷及用纸欠佳，给珍藏使用留下了遗憾。2008年，宁夏回族自治区迎来了成立50周年庆典的日子，也迎来了《回族典藏全书》的出版。这部全套235册，定价16.8万元，由吴海鹰主编的《回族典藏全书》（甘肃文化出版社和宁夏人民出版社联合出版），是宁夏经几代专家学者努力，抢救整理的大型回族古籍整理成果，被誉为"回族四库全书"。它收录了五代至民国回族人编著的宗教、政史、艺文、科技等方面的汉文回族古籍539种，所选典籍点多面广，较为完整地反映了回族典藏的本来面貌，是一部规模宏大、范围广泛的回族典藏集大成的巨制。其内页采用80克全木浆纸，封面使用意大利进口仿羊皮精装，封面雕版镂花，文字烫金，用料及工艺的考究，在回族文化史上可谓空前，具有很高的文献价值和收藏价值。同期出版的较大成果还有李伟、吴建伟主编的《回族文献丛刊》（8册，收录五代、宋元明清及民国29位作者38种回族文献，上海古籍出版社2008年出版）、王建平主编的《中国伊斯兰教典籍选》（6册，收录了晚清至民国期间中国伊斯兰教的汉文典籍52种。上海古籍出版社2007年出版）等。

2009年大百科全书出版社出版的《中国回族古籍总目提要·回族卷（铭刻类）》是《中国回族古籍总目提要·回族卷》的组成部分。该书收录了元代至1949年前的回族历史铭刻类提要1454条，所撰铭刻提要依内容分为建修清真寺碑、圣旨敕谕碑、功德记事碑、教义教规碑、规约章程碑、契约告示碑、捐资施地碑、人物碑、题名题咏碑、墓志墓地碑、其他碑、匾额、楹联、铭文、砖雕15个大类，是目前国内最新最全面的回族铭刻搜集整理成果，是对国内29个省、市、自治区铭刻内容及相关情况的记录，必将成为珍贵的传世文献史料。

回族文化是中华文化的重要组织部分，近年出版的大型民族古籍成果《少数民族古籍集成》《少数民族旧报刊集成》中也都选录了部分回族古籍。而相关出版社，如宁夏人民出版社，各地方古籍出版社、民族出版社、文化出版社等是回族古籍文献得以展示传承的重要推手。

三、促进回族研究深入发展

古籍文献新成果的涌出，势必推动该学科的发展。21世纪以来，随着回族古籍文献的发掘发现，推动了回族学研究不断深入。以回族铭刻类研究为例：南京大学杨春晓博士所撰《明代清真寺汉文碑刻所见穆斯林人士对汉文化态度》，以明代回族穆斯林人士所撰清真寺汉文碑刻为史料依据，考察分析了当时的穆斯林人士对待汉文化的态度，认为他们在总体上是肯定儒家否定释、道的（《回族研究》，2005年第1期）。这也是清代以后回族穆斯林的对待汉文化的基本态度。杨晓春博士的另一篇文章《元代中国穆斯林墓葬石刻的发现与研究》（《黑龙江民族丛刊》，2007年第3期），通过对海南岛、广州、泉州、福州、杭州、扬州、北京、宁城等地元代穆斯林墓葬石刻内容的研究，阐明了他认为元代中国穆斯林的汉化程度并不深的观点。马东祥的《定州清真寺〈重建礼拜寺记〉碑在中国伊斯兰教史上的重要地位》（《文物春秋》2000年第3期）和马东兴的《故马公墓志铭的历史价值》（《回族研究》2003年第1期）是从不同角度考证回族历史碑刻的历史价值和学术价值的学术文章。翁乾麟、王建平、郭成美、陆芸、李兴华等专家学者发表的《清代广西的回族碑刻概述》（《回族研究》，2004年第2期）、《哈佛大学中国伊斯兰教资料拾遗（三）关于金陵刘智墓的老照片》（《中国穆斯林》，2005年第6期）、《浙江回族伊斯兰教碑刻概述》（《回族研究》，2006年第3期）、《中国东南沿海地区的穆斯林墓葬石刻研究》（《学术探索》，2007年第4期）和《沁阳回回古碑考》（《回族研究》，2008年第1期）等论文，对广西、美国哈佛、浙江、东南沿海、河南沁阳等地方所存回族碑刻的发掘状况、碑记内容、碑刻形式及其史学地位等进行了综合深入的分析研究，让人们通过碑刻这一视角认识和了解了不同区域的回族社会与文化特征。

21世纪整理出版的地方回族史书和论著，也越来越注重回族历史古籍文献的考证和利用。仍以铭刻类古籍文献的考证研究为例，宁夏文物考古研究所编著的《银川沙滩墓地》（科学出版社，2006年版）则是以地方回族历史碑刻为重要史料，对当地回族伊斯兰文化发展研究的成果。佟洵编著的《伊斯兰与北京清真寺文化》（中央民族大学出版社，2003年版），麻承福主编的《桂林回族》（宁夏人民出版社，2003年版），赵潜编著的《青州回族溯源》（重庆出版社，2004年版），胡云生编著的《传承与认同——河南回族历史变迁研究》（宁夏人民出版社，2007年版），李正清编著的《昭通回族文化史》（云南大学出版社，2008年12月）等地方回族史书，不仅依碑撰史，且设专章将其研究心得或碑刻史料作为重要内容附录书后。

此外，对小经、回族历史报刊、回族医药、回族口碑史料、回族人物等专题古籍文献整理研究不断深化，影响加大。如南京大学刘迎胜教授对小经的发掘与研究已引起民族学界广泛关注和重视；日本也开展了对小经的研究，并创办有"小儿锦"研究网页。2009年郑州召开的第十八次全国回族学研讨会上，有关回族历史报刊方面的论文就有15篇之多。对郑和、赛典赤、瞻思、李贽及西北五马等著名回族人物的家谱、成果、相关文献的整理研究日趋全面。

纵观60年来回族古籍文献研究的发展，经过几代人的努力，回族古籍的抢救整理与研究出版经历了百废待兴、"文革"停滞、事业复苏，厚积薄发，成果耀眼的艰难而光辉的历程。回族古籍学科和队伍从无到有，从弱到强，推出了众多整理研究成果，培养出一批回族古籍研究专家和队伍，为弘扬回族文化、增进民族间相互了解、促进民族团结、深化回族发展研究等做出了积极努力。

第八节 其他民族

一、西夏文古籍

进入21世纪后，《俄藏黑水城文献》的出版在中国促成了一个拍摄、出版世界各地所藏西夏文献的高潮，由此也带来了好几套超大型的出版物。尽管这些出版物的编录水平参差不齐，但毕竟为学术界提供了大量的原始素材。可以预计，在这些原始素材基础上做出的古籍整理成果会成为今后西夏学的主流。中国社会科学院民族学与人类学研究所、宁夏大学西夏学研究中心和宁夏社会科学院相继开始培养西夏学专业的硕士和博士研究生，基本形成的教育体系造就了一批既会西夏文又了解现代国际学术前沿的青年学者队伍，他们中间有人已经成了所在单位的学术骨干，领导着新世纪西夏学研究的新潮。21世纪的研究风格开始与国际接轨，即强调综合掌握语文学、历史学、宗教学等多学科的知识，并运用多种语言材料对西夏文献本体进行细致的考察和勘定，而不再重视在没有深入钻研文献本体的基础上对文献价值做出的泛泛空谈。

2000年，宁夏大学西夏研究所更名为宁夏大学西夏学研究中心，并于2001年被教育部批准为省属高校人文社科重点研究基地。杜建录任西夏学研究中心主任，陈育宁任学术委员会主任。中心除承担西夏学研究课题外，还培养西夏学专业的硕士、博士研究生。

2000年7月，由彭金章和王建军编写的《敦煌莫高窟北区石窟》第一卷由文物出版社出版。书中收录了1988年以来敦煌研究院对莫高窟北区石窟进行考古发掘的成果，其中包括史金波对元代西夏文刻本和写本残叶的介绍。该计划出版三卷，另外两卷在2004年由文物出版社出版。

2002年，聂鸿音的论文《俄藏5130号西夏文佛经题记研究》和《吐蕃经师的西夏译名考》分别在《中国藏学》和《清华大学学报》当年第1期发表。文章没有采用同时代学者解读西夏文献的"硬译"手段，而是寻找相应的藏文文献与西夏文献对勘，利用这种方法解读了一段西夏文佛经题记和一些吐蕃僧人的西夏译名，可以看成是多语种综合研究在中国的首次运用。

2002 年，由宁夏大学西夏学研究中心、国家图书馆和甘肃五凉古籍整理研究中心合编的《中国藏西夏文献》开始由甘肃人民出版社和敦煌文艺出版社合作出版。该书收录中国各地现藏的大多数西夏文献和文物，全套 20 册，至 2007 年已全部出齐。

2002 年 6 月，聂鸿音的《西夏文德行集研究》由甘肃文化出版社出版。该书研究的是西夏人集录宋以前汉文史籍中名言警句而编成的一部政论书，这是中国学者首次在没有俄国先期研究的情况下推出的原创性著作。

2003 年 4 月，中国社会科学院民族学与人类学研究所民族古文献研究室正式成立，聂鸿音任研究室主任。这个研究室以西夏、契丹等中国北方民族文字文献为研究重点，兼及吐蕃、纳西等南方民族文献。研究室招收民族古文献学和西夏学的硕士、博士研究生。

2005 年 1 月，由西北第二民族学院、上海古籍出版社、英国国家图书馆合作编集的《英藏黑水城文献》由上海古籍出版社出版。这部著作收录了斯坦因 1914 年在黑水城掘获的全部西夏文资料照片，计划分 5 册出版，首批推出 4 册。

2005 年 5 月，《史金波文集》由上海辞书出版社出版。该书收录作者 2000 年以前的论文 36 篇，内容涉及西夏的语言文字、历史和考古等。

2005 年 7 月，宁夏文物考古研究所编著的《拜寺沟西夏方塔》一书由文物出版社出版。拜寺沟西夏方塔坐落于宁夏贺兰山深处，1990 年 11 月被不法分子炸毁。1991 年 8—9 月，宁夏文物考古研究所在其遗址掘获了一批珍贵的西夏文物，最重要的发现是三十多种西夏文佛教著作。孙昌盛在《拜寺沟西夏方塔》一书中对西夏文新译藏传佛教密宗经典的研究最令西夏文献学界瞩目。

2005 年 8 月，宁夏文物考古研究所在贺兰山山嘴沟石窟掘获了六百多页西夏文献，其中多数为佛教著作，另有少量辞书残页。这次发现被认为是继 1991 年贺兰山拜寺沟西夏方塔之后我国境内最重大的西夏考古发现，所获成果在两年后编成《山嘴沟西夏石窟》两册，由文物出版社出版。

2005 年 8 月，由宁夏社会科学院主办的"第二届西夏学国际研讨会"在宁夏银川召开，来自中、俄、日、美等国家和我国台湾地区的 180 名专家学者与会，提交论文 160 篇。部分论文后来由李范文编为《西夏研究》第 3 辑，2006 年由中国社会科学出版社出版。

2005 年 8 月，由宁夏社会科学院编的《中国国家图书馆藏西夏文献》开始由上海古籍出版社出版。全套 4 册，至 2007 年已全部出齐。

2005 年 8 月，李范文主编的大型丛书《西夏研究》开始由中国社会科学出版社出版。第 1 辑收录李范文和韩小忙对西夏字书《同义》进行的合作研究。到 2008

年为止，《西夏研究》丛书已经出版了 8 辑，内容包括《同义研究》《五音切韵与文海宝韵比较研究》《罗氏父子专辑》《王静如专辑》和俄罗斯学者的《西夏语文学》等。这套丛书的任务一是反映当代西夏学最新成果，二是搜集、整理、翻译、出版曾对西夏学做出贡献并具代表性的学者的专著和论文。

2005 年 10 月，孙伯君编的《国外早期西夏学论集》第 1 辑和第 2 辑由民族出版社出版。该书收录了 19 世纪末到 20 世纪 40 年代的国外西夏学论文，并逐篇进行了汉译，这批资料对中国学术界了解国外的早期西夏研究情况提供了很大的帮助。

2005 年 10 月，孙伯君的论文《德藏吐鲁番所出西夏文〈郁伽长者问经〉残片考》在《宁夏社会科学》当年第 5 期发表。这篇文章没有像同时代学者那样，鉴定西夏出土文献时仅仅用"佛经残片"之类的话笼统带过，而是对所处理的残片进行悉心的查证，最终指出了佛经的性质和原始出处。此文的研究方法影响了中国同时代的一批青年学者，随后的几年中，这种风格的论文在学术刊物上多有所见。

2006 年 5 月，北方民族大学北方语言研究院正式成立。研究院下设四个研究所，其中西夏语文研究所计划以研究西夏文献语言为重点，初任所长是聂鸿音，继任所长是景永时。

2007 年 4 月，俄罗斯科学院东方研究所圣彼得堡分所、中国社会科学院、上海古籍出版社合作编辑的《俄藏黑水城文献》第 12 册由上海古籍出版社出版。本册将和以后的第 13 册、第 14 册一起，收录俄国收藏的西夏文社会文书。

2007 年 4 月，由西北第二民族学院、上海古籍出版社和法国国家图书馆合编的《法藏敦煌西夏文文献》由上海古籍出版社出版。这部著作收录了伯希和 1908 年在敦煌莫高窟北区掘获的全部西夏文资料，但原始资料多为存字很少的碎片，其文献价值远不能和俄国、英国的收藏品相比。

2007 年 6 月，宁夏社会科学院国际西夏学研究所正式成立，由李范文出任所长。研究所推出的首批成果是《西夏研究》丛书的第 1 辑至第 6 辑。

2007 年 10 月，宁夏文物考古研究所编写的《山嘴沟西夏石窟》上、下册由文物出版社出版。书中刊布了 2005 年在山嘴沟石窟发现的全部文物和文献，并着重对《金刚般若经集》《妙沃莘华经集要义镜注》《圣妙吉祥真实名经》和《圆觉经》四种比较少见的佛教文献进行了研究。

2007 年 11 月，景永时和贾常业设计的《西夏文字处理系统》光盘由宁夏人民出版社出版。与清华大学出版社 1999 年出版的系统光盘相比，这个西夏字处理系统在程序设计和字形规范上都具有无可置疑的优势，因此很快便被西夏学界所接受，并被推荐为国际标准化组织设计西夏文国际通用字库的主要依据。

2007 年年底，《中国少数民族古籍总目提要·西夏卷》的编纂工作正式启动。《中国少数民族古籍总目提要》是国家民族事务委员会的重大课题之一，其中"西夏卷"由宁夏少数民族古籍整理办公室及宁夏社会科学院回族古籍文献研究所负责实施。该项目计划对国际上现存的每一种西夏古籍进行详细的形式和内容的描述，预计在 2010 年完成。

2008 年 6 月，韩小忙编著的《〈同音文海宝韵合编〉整理与研究》由中国社会科学出版社出版。书中对西夏文字典《同音文海宝韵合编》作了详细的校勘和注释，学术界对存世的全部西夏字典的刊布和整理至此可谓完成。

2008 年 11 月，为纪念黑水城文献出土 100 周年，由中国社会科学院民族学与人类学研究所主办的辽夏金元历史文献国际研讨会在北京召开，参加会议讨论的学者一百一十余人，与会正式代表八十余人，学者主要来自中国香港、台湾以及俄、日、德、蒙古、芬兰、澳大利亚等国家和地区，其中西夏知名学者除个别人身体欠佳外，悉数到会。会议共收到论文六十余篇。此前各国举办的研讨会大都集中于单一文种的文献，这次会议首次尝试以黑水城为切入点，以多学科的视角对中国北方古代众多民族进行综合的考察，在此基础上对文献所映射的西夏、女真、蒙古的历史文化进行深入探讨。这一宏观的学术思路得到了各国与会专家的高度评价。大家一致认为，相邻学科之间的沟通和借鉴是学术发展的坦途，这次会议的尝试将对今后中国北方民族文献研究产生深远的影响。

2008 年 11 月，由宁夏社会科学院主办的第三届西夏学国际研讨会在宁夏银川召开，来自中、俄、日、美、德、澳等国家和我国台湾地区的 110 名专家学者与会，提交论文六十余篇，其中关于西夏文献的专题研究占有较大比重。会议期间，中国社会科学院民族学与人类学研究所西夏学研究基地和宁夏社会科学院西夏学研究基地在宁夏西夏城举行了揭牌仪式。西夏城是国内唯一的西夏学研究基地。

二、女真文古籍

20 世纪 90 年代末到 21 世纪初，较有影响的文章还有乌拉熙春的《西安碑林女真文字书新考》《〈女真文字书〉的复原》《〈女真文字书〉的体例及其与〈女真译语〉的关系》，这三篇文章连载于《碑林集刊》1998 年第 5 期、2001 年第 7 期、2002 年第 8 期，对西安碑林发现被金启琮确定为《女真字书》的女真文残页做了进一步系统的整理和研究。2004 年，穆鸿利、孙伯君发表《蒙古国女真文、汉文〈九峰石壁纪功碑〉初释》[1]，也对女真文和汉文刻石做了考释。

这一时期国外女真文献研究的佼佼者是澳大利亚康丹（Daniel Kahe），他著有《明会同馆〈女真译语〉研究》，[2]此书不仅对会同馆《译语》做了较为全面的分析，还对整个女真文献及相关的研究情况做了全面的介绍，是 20 世纪 80 年代末国外女真文文献研究方面一部难得的力作。

另外，在翻检和校阅西夏文献的过程中，克恰诺夫在西夏文书籍的封套中又发现了几件女真文残叶。这些残片曾于 1993 年被上海古籍出版社和中国社会科学院民

---

[1] 穆鸿利、孙伯君：《蒙古国女真文、汉文〈九峰石壁纪功碑〉初释》，载《世界民族》，2004 年 4 期。

[2] Daniel Kahe, "The Sino-Jurchen Vocabulary of the Bureau of Interpreters", Indiana University Research Institute for Inner Asian Studies, Bloomington, Indiana, 1989.

族所的研究人员拍成照片。2008 年，孙伯君发表《圣彼得堡藏女真文草书残叶汇考》一文①，尝试进一步解读残片中的部分女真字。根据解读出的女真字和金代"大安"年号，孙伯君判断这些残片的书写时间为金代晚期，记载的是从泰和七年（1207 年）到大安年间（1209—1211 年）金朝与蒙古或西夏之间的战事。

值得一提的是，黄振华的《汉字的传播及其借用模式》，②此文虽然不是专门讲女真制字方法的文章，却极具启发性，其观点可概括为大多数女真字是通过音读和训读的方式借用汉字而创造的。受此文启发，孙伯君发表《女真制字规律再探》，③遵循女真文借用汉字加以音读和训读的认识，把女真文制字规律归纳为三种：一是变形，因汉字和契丹字而变，既有音读又有训读；二是衍生，近义、相关词之间相互衍生成字，借用汉字方式往往为训读；三是假借，从汉字字音、字义出发假借，既有音读又有训读。

总之，国内外女真文献、语言文字的研究历经百年风雨，成绩卓著，硕果累累。虽然受制于资料的匮乏，看起来目前女真文献的研究有些停滞不前，使得女真语言文字的探索也困难重重，但女真语在阿尔泰语言中所处的特殊地位，尤其是在金代曾经作为统治者所操语言以及为满语的祖语等独特的政治地位，决定了古代女真文文献的独有价值。相信只要方法得当，视角独特，女真语言文字的研究将大有可为。

---

① 孙伯君：《圣彼得堡藏女真文草书残叶汇考》，载《北方文物》，2008 年 3 期。
② 黄振华：《汉字的传播及其借用模式》，《汉字的应用与传播》，华语教育出版社，2000 年。
③ 孙伯君：《女真制字规律再探》，周明甫主编：《中国少数民族古籍论》第五辑，四川民族出版社，2004 年。

第六章 21世纪20年代民族古籍整理与研究

第一节 国家民族古籍政策与理论实践

一

"民族古籍"学科是中国古典文献学（050104）和中国少数民族语言文学（050107）的交叉学科。其研究对象是辛亥革命以前用中国各种非汉文字写成的文献，非汉文字记录的大多是中国境内的少数民族语言。"民族古籍"学科的研究目标是搜集、整理和研究中国各少数民族古往今来的古代文字与文献，为"绝学"的传承、语言文字理论的建设、以及中国传统文化研究提供素材。

中国是世界上文字种类最丰富的国家，傅懋勣曾统计古今少数民族文字共57种[1]，聂鸿音认为加上20世纪以后传教士创制的民族文字，以及20世纪40年代以后国内创制完成但试行较短的文字，中国古往今来的民族文字当近百种[2]，其中民族古文字近四十种。这些文字的产生和来源异常多样，除了仿汉字的方块壮字、白文，变汉字的契丹大字、契丹小字、女真文、西夏文之外，还有些出自域外非常古老的阿拉美字母，如佉卢文、焉耆-龟兹文、于阗文、粟特文、突厥文。粟特文进而衍生出回鹘文、蒙古文、满文、锡伯文等。作为元朝国书的八思巴字依藏文变化而成，而藏文则出自印度的婆罗米字母。这些民族古文字和汉字一起组成了中国文字的百花园。

中国少数民族古籍蕴涵丰富，异彩纷呈，是中华民族历史文化的重要载体。从18世纪开始，西方探险队在我国"丝绸之路"沿线获取了大量少数民族文字文献。19世纪末，随着西方传教士和驻华使节在中国北方游历，又陆续在居庸关、唐乾陵、辽庆陵、河南开封等地发现了八思巴文、西夏文、契丹小字、契丹大字、女真文等碑刻。随后，敦煌莫高窟和黑水城"大塔"被发掘，数以万计的藏文、回鹘文、西夏文等文献出土。在对这些文字加以辨识的过程中，西方学界遂掀起了研究

---

[1] 傅懋勣：《中国诸民族文字》，载《中国大百科全书·语言文字卷》，中国大百科全书出版社，1988年。
[2] 聂鸿音：《中国文字概略》，北京语文出版社，1998年，第30页。

中国民族古文字的热潮。在这一历史背景下，"东方学"中很快建立了以中国少数民族文字文献为基本素材的学术研究体系，继而分化出了藏学、西夏学等一批分支学科。到20世纪末为止，在老一辈学者兢兢业业的努力之下，中国学者对少数民族古文字与文献的研究得到了长足的发展，涉及的文种超过30种，已经初步形成了一个文献学和语言学相交叉的新学科。该学科的研究目标是在考释民族古文字、释读古文献的基础上，对民族语的语音、词汇、语法的构成与特点进行研究，是以汉文文献为研究主体的传统"文献语言学"在民族古文字文献中的具体运用，与语文学（philology）与历史语言学（historical linguistics）从研究方法到研究目的上均有交叉。

"民族古籍学科"的研究内容广涉民族古文字释读、古代民族语言研究、文字学研究和番汉对音研究，它并非只着眼于民族语，还对汉语考据学方法多有借鉴，并堪为汉语研究提供佐证。19世纪末，艾约瑟《汉字研究导论》最早把梵汉对音材料引入古代汉语研究当中，为相关研究提供了丰富的语料。20世纪20年代开始，马伯乐、罗常培等学者着意把日译汉音、越南译音、藏-汉对音等材料汇入古汉语语音研究，20世纪80年代以来，王静如、聂鸿音、龚煌城、庄垣内正弘、沈钟伟等学者又进一步把夏-汉对音、回鹘-汉对音、契丹-汉对音、八思巴-汉对音等材料汇入，使得唐五代以来汉语西北方音与北方话的诸多声韵规律和音值更加明确。

在民族古籍研究领域，"文献"一词的含义较传统"文献语言学"所采用的马端临以后的定义更为宽泛，除了指文字记载的材料之外，还包括民族史诗等口传资料。中国南方的许多少数民族文字并非成熟文字，属于系统的"助记符号"。所谓"助记符号"，即人们大脑中已经存储大量的口传资料，文字只是帮助记诵这些文献的符号。纳西东巴文、尔苏莎巴文、彝文、水书、傈僳音节文字等均产生于"助记"的需要，东巴、毕摩、尼帕等除了做禳灾、超度、祭祀等法事外，还承担着本民族宗教、历史、星相、历法、农耕经验等传承任务，大脑中记诵有大量的口传资料，需要一些助记符号帮助记忆。这种作为助记符号的不成熟文字与记录语言的成熟文字有本质的区别，它们不是像成熟文字那样记录到语言的最小单位，也不是按照语词次序逐词记录语言。因此，释读这些"助记符号"，必须依靠东巴、毕摩世代口耳相承的口传资料，才能呈现其丰富的内容。

在先秦，"文献"一词是指文字、图画等记载和口耳相传的一切知识，"文"指典籍文献，"献"指古代先贤的见闻、言论、熟悉的各种礼仪、事迹经历。"文献"最早见于《论语·八佾》，子曰："夏礼吾能言之，杞不足征也；殷礼吾能言之，宋不足征也。文、献不足故也。足，则吾能征之矣。"朱熹《四书章句集注》："文，典籍也；献，贤也。"清代刘宝楠《论语正义》："文谓典策，献谓秉礼之士大夫。""文献"的含义从宋元之际的马端临《文献通考》开始发生了变化，专指记载于纸质文本中的"叙事"和"论事"的书籍，《文献通考》"总序"曰：

> 凡叙事，则本之经史，而参之以历代会要，以及百家传记之书，信而有征

者从之；乖异传疑者不录，所谓文也；凡论事，则先取当时臣僚之奏疏，次及近代诸儒之评论，以至名流之燕谈，稗官之记录，凡一话一言，可以订典故之得失，证史传之是非者，则采而录之，所谓献也。

"民族古籍"整理在研究方法上与传统汉文古籍整理也有所不同，前者须从"四行对译法"入手进行文本释读，然后以"考据学""番汉对音法""历史语言学"方法为基础，阐释民族古文字所记录语言的性质和特征。后者更注重考据学方法，以文字学、音韵学、训诂学、校勘学为基础，重点阐释汉文献中所蕴含的汉语语音、词汇、语法的演变规律。同时，不同性质的民族古文字的研究方法也有所不同。有活语言存在、文字已死亡的文献和记录"死语言"的古文字的研究方法也有所不同。有活语言存在的古文字文献，由于有活语言可资参考，语法和词汇比较容易理解和考证，其捷径是首先学会与之相关的民族语言，明确语言演化规律；记录"死语言"的古文字，由于文献本身是研究语言的唯一资料，文字的解读往往依赖与汉文文献的对勘，其研究捷径是掌握古代汉语，熟悉考据学和番汉对音等方法。因此，理想的回鹘学者需要首先掌握现代维吾尔语，而理想的西夏学者则应该是阅读过大量的中国古书，具有比较深厚的汉语言文字学功底。

二

2011—2019 年期间，本学科在民族古籍学科理论和方法上呈现创新性发展，在古籍的刊布整理、新发现碑铭文献及其考释解读、文本的语言学、文字学研究、文本的历史文化内涵的阐释等方面均取得了世人瞩目的成绩，重大项目的设立和民族古文字编码、文献数字化也较此前有很大推进。同时，2018 年国家社科基金开始增设"绝学"项目，从国家层面对民族古籍绝学人才的传承培养给予了前所未有的重视与支持。

1. 学科理论和方法的创新方面

（1）文献释读注重"四行对译法"、语法标注和语言学研究，民族文献语言学朝着为历史语言学研究提供语料、为大国学研究提供素材这一方向发展。比较有代表性的著作有中央民族大学胡素华教授《彝族史诗〈勒俄特依〉译注及语言学研究》一书①，该书上编是对《勒俄特依》的译注，作者用"四行对译法"对《勒俄特依》各个史诗文本进行了详细的词语解释和语法标注。下编是语言学研究，内容包括韵律、句法结构、动词的语法范畴及语法化、名词的语法范畴及语法化、特殊词类及词汇的文化意蕴等。正如戴庆厦教授在序言中所评价的，该书为"研究口传史诗的韵律特点、句法构式、语法范畴、构词和语言历时演变提供了有价值的范本和经验，可为各民族的典籍译注、整理和研究，以及多学科交叉研究史诗提供了有益的借鉴"。

---

① 胡素华：《彝族史诗〈勒俄特依〉译注及语言学研究》，中国社会科学出版社，2020 年。

（2）从普通文字学层面讨论中国民族古文字的性质。孙伯君《中国民族古文字的文字学意义》一文①，首先认为坡芽歌书、尔苏沙巴文、纳西东巴文等为"助记符号"，并基于这些"助记符号"与语言关联的方式，认为"助记符号"演变为成熟的音节文字必然要经过同音假借；判断一种古文字成熟与否的标准不是这种文字字形符号化的程度，而应是能否完备地按照语词次序记录语言的最小单位"词"或音节；认定一种象形符号是否原始文字，不应过多地考虑其形态，或其是否具有交际功能，而应该更多地衡量它们是否与固定的语言单位发生了关联；西夏字的造字法是对汉字会意、转注等造字法的创造性继承和发展，民族古文字灵活采用"音读"与"训读"的形式借用汉字，极大地丰富了汉字"六书"及其理论；文字是一个民族的标志性符号，决定一个民族选用哪种文字记录本族语的主因并非语言因素，而是宗教信仰、政治背景和文化认同等。

（3）利用民族古文字的记音资料佐证北方汉语通语方言，阐释汉民族共同语是汉族和其他民族共同创造的。南开大学文学院"华夷译语"研究团队利用"华夷译语"记音材料研究汉语和民族语。孔祥卿指导的张玲妹博士论文《"暹罗译语"语音研究》，对《暹罗馆译语》和《暹罗番书》中汉语和泰语的声韵调系统进行了全面考察，从泰文、注音汉字和现代泰语三个方面进行综合比较，基于对音规律的分析，利用音系特征比较法，深入探究了相关汉语音系的历史特点，构拟出了明代、清代两种泰汉对音资料中音译汉字的声韵调系统，并判断出两种译语对音汉字的基础音系，同时对于缺乏文献记载的侗台语言研究也具有重要意义。曾晓渝指导的鄢卓博士论文《壮语核心名词的语言地图及解释》，根据语言调查所得第一手材料，结合结合"华夷译语"及广西旧志等文献材料，对壮语六十余个方言点的57个核心名词进行地理语言学研究。该选题对于推进壮语方言研究及侗台语历史比较研究具有重要的理论和现实意义。傅林《契丹语和辽代汉语及其接触研究——以双向匹配材料为基础》②，主要通过契丹小字墓志所记录的汉字音，对辽代北方汉语的音系特征进行了研究，所得结论有：（1）知系声母知三、章合流，知二、庄二合流。庄组三等韵母失去 i 介音。庄组江阳韵开口韵母没有 u 介音；（2）止摄开口三等字中，精组韵母先舌尖化，之后，庄章组韵母舌尖化；（3）中古入声字有两个语音层次，早期层次保留 p 尾和 k 尾，晚期层次无塞尾。塞尾消失的顺序是"t-k-p"；（4）二等字韵母普遍保持与一等和三四等的差别。见系开口二等字全部增生 i 介音；（5）果摄韵母主元音为低元音，开口一等字在舌尖塞音、塞擦音声母条件下增生 u 介音，同合口一等字；（6）日母音值为舌尖后浊擦音，"儿"字声母与其他日母字同，韵母舌尖化；（7）轻声产生。

2. 基础资料的整理刊布方面

10年来，国内高校和科研院所纷纷加大了对人文学科的投资力度，使研究者有

---

① 孙伯君：《中国民族古文字的文字学意义》，载《民族语文》2020年第2期。
② 傅林：《契丹语和辽代汉语及其接触研究——以双向匹配材料为基础》，北京大学博士论文，2013年。

条件致力于超大部头原始文献的整理和刊布,特别是在国家新闻出版总署的"散失海外的中国珍稀文献出版工程"启动之后,20世纪上半叶被外国人携去的一大批珍贵的少数民族文献得以相继在国内出版。自 2010 年以来公布的中国少数民族文献主要有美国哈佛燕京学社收藏的纳西东巴经书、俄罗斯科学院东方文献研究所收藏的西夏文世俗文书和佛经、日本各单位收藏的西夏文文献、法国国家图书馆收藏的藏文文献、英国国家图书馆收藏的藏文文献。这些珍贵资料与前些年中国地方政府组织刊布的纳西东巴文献和水书文献等一起,共同构建了中国少数民族文献资源库的基础,为近年来中国少数民族文字学和文献学研究著作的大批涌现提供了决定性的条件。

春花主编《故宫博物院藏乾隆年编"华夷译语"》全 18 册由故宫出版社于 2018 年出版。该书刊布了乾隆年间编订的 11 种《西番译语》、5 种"西洋馆"译语等影印件,几乎囊括了全部丁种本"华夷译语",为清代川西地区和广西云南的藏缅语研究,了解英、德、法、意大利、拉丁语在清代的教学传播情况,以及近代汉字音的演化均具有重大意义。

黄建明、张铁山主编《中国少数民族文字珍稀典籍汇编》[1],全套 28 册,收录了纳西东巴文、彝文、藏文、八思巴文、傣文、蒙古文、满文、西夏文、契丹文、女真文、水书、古壮字等 15 类少数民族文字珍稀典籍,囊括 190 余份古籍原件,涉及历史、哲学、宗教、文学、历法、医药等各个方面,基本反映了我国少数民族文字典籍的整体面貌。该书曾被列入国家"十二五"少数民族语言文字出版规划和 2016 年度国家出版基金资助项目。先后荣获 2017 年度全国"优秀古籍图书奖"一等奖和"第二十一届华东地区古籍优秀图书奖"特等奖等奖项,2019 年获得第七届中华优秀出版物(图书)奖。张公瑾主编,黄建明、张铁山副主编《中国少数民族古籍珍品图典——民族古文字古籍整理研究 100 年通览》[2],中国民族古文字研究会的 20 余位专家参与了编撰,收录了 22 种民族古文字古籍文献资料。

俄罗斯科学院东方文献研究所、中国社会科学院民族学与人类学研究所与上海古籍出版社合作继续刊布《俄藏黑水城文献》,截至到 2019 年出版了第 28 册,刊布了《佛说佛母出生三法藏般若波罗蜜多经》《诸说禅源集都序》《金狮子章云间类解》《西方净土十疑论》《中华传心地禅门师资承袭图》《圣佛母般若心经诵持要门》《佛说圣大乘三归依经》《中道真性根本释》《大般若经》《金刚经》《大宝积经》等上千部西夏文佛经。

史金波、[法]克丽斯蒂娜·克拉美罗蒂主编《法国吉美国立亚洲艺术博物馆藏西夏文献》于 2018 年由中华书局和天津古籍出版社出版。该书刊布了吉美博物馆藏西夏文《妙法莲华经》。该经为绀青纸泥金书经折装写卷,共包括第二、六、八

---

[1] 黄建明、张铁山主编:《中国少数民族文字珍稀典籍汇编》,福建人民出版社,2017 年。
[2] 张公瑾主编,黄建明、张铁山副主编:《中国少数民族古籍珍品图典——民族古文字古籍整理研究 100 年通览》,中国社会科学出版社,2018 年。

卷3册。由伯希和（Paul Pelliot）、毛利瑟（M. G. Morisse）和贝尔多（F. Berteaux）于1900年在北京北海白塔下的一堆废纸和旧书里发现，此次刊布的吉美博物馆所藏为贝尔多分得的3卷。

中国社会科学院民族学与人类学研究所与丽江东巴文化研究院、哈佛燕京学社合作，继续整理研究《哈佛燕京学社藏纳西东巴经书》（中国社会科学出版社），2019年之前出版了前6卷。

西北民族大学、法国国家图书馆、上海古籍出版社编《法国国家图书馆藏敦煌藏文文献》（主编才让、郭恩）[①]，截至2020年底已经全部出齐，总35册，3174个编号，28000余幅图版。该书获得2011—2020年国家古籍整理出版规划项目资助。法藏敦煌藏文文献为伯希和收藏品，被誉为"世界上最古老的藏文大藏经"，对吐蕃历史文化、密宗传播史、藏文佛典形成史、西域史、汉藏交流史、中古"丝绸之路"等研究意义重大。这些藏文古文献与2019年上海古籍出版社出版的《英国国家图书馆藏敦煌西域藏文文献》（10—12册）、《甘肃藏敦煌藏文文献》（5—24册）一起，必将为藏语文、吐蕃历史文化、中古"丝绸之路"等领域的研究起到推进作用。

北京大学王洪君、郭锐、刘云主编《早期北京话珍本典籍校释与研究》丛书出版[②]。该丛书共59卷77册，包括"早期北京话珍稀文献集成"和"早期北京话研究书系"两部分。前者收录公元18世纪初到公元20世纪40年代反映早期北京话面貌的珍稀古籍，加以点校注释，包括8个系列：（1）日本北京话教科书汇编；（2）朝鲜日据时期汉语会话书汇编；（3）西人北京话教科书汇编；（4）清代满汉合璧文献萃编；（5）清代官话正音文献；（6）十全福；（7）清末民初京味儿小说书系；（8）清末民初京味儿时评书系。后者共收录9部著作：（1）早期北京话语法演变专题研究；（2）早期北京话语气词研究；（3）晚清民国时期南北官话语法差异研究；（4）基于清后期至民国初期北京话文献语料的个案研究；（5）高本汉《北京话语音读本》整理与研究；（6）北京话语音演变研究；（7）《文化语言学视域下的北京地名研究/〈语言自迩集〉——19世纪中期的北京话（第二版）》；（8）《清末民初北京话语词汇释》。该套丛书出版于2018年，对民族古文字文献学科的影响逐渐显现，可以说为我们今后的研究指明了学术方向，即为推动现代汉语共同语、汉语与民族语的接触研究、汉语史研究的发展提供语料支撑。

3. 新发现民族文字和碑铭文献及其研究方面

随着考古挖掘和各省文物探查的深入，10年来，民族文字碑铭文献屡有新的发现，为民族古文献的研究输送了新鲜血液。

西夏文献方面：2013年，在河北省人名县新出上了一件西夏文碑刻。这块墓碑镌刻于至元十五年（1278），正面用西夏文记录了墓主人夫妇的名字，背面用汉文

[①] 西北民族大学、法国国家图书馆、上海古籍出版社编：《法国国家图书馆藏敦煌藏文文献》，上海古籍出版社出版，2011—2020年。

[②] 王洪君、郭锐、刘云主编：《早期北京话珍本典籍校释与研究》，北京大学出版社，2018年。

记录了墓主人的生平事迹和家族情况。就目前所见，它是元代西夏文献中仅有的一件非佛教作品，也是发现地点距西夏故地最远的一件。墓主人小李钤部（1189—1258）即《元史》卷122详细记载的大名路总管"昔里钤部"，是元代西夏遗民里最著名的人物之一。关于"钤部"的语源历来争议颇多，例如屠寄在《蒙兀儿史记》卷四七或说"钤部"来自藏语的 btsan-po（君主），或说来自蒙古语的 baatur（勇士）。墓志中对译"钤部"的两个西夏字见于《番汉合时掌中珠》，读作 ga-mbu，汉译为"统军"，可确定"钤部"实为西夏语"统军"的音译，解决了《元史》学界这一悬而未决的问题。

2014年年底在北京第四季度德宝拍卖会上，曾拍卖多种西夏文文献，其中一部刻本《择要常传同训杂字》为国内外孤本，是这几年发现的最为重要的西夏文字书。史金波发表《新见西夏文偏旁部首和草书刻本文献考释》①，率先对该书做了介绍，并初步分析了该字书的性质，是一部解释西夏字形和书体的著作。魏安也曾对其进行介绍与探讨②。孙颖新进一步发表《中国历史上最早的通假字书：〈择要常传同训杂字〉》一文③，认为该书主体部分是由同音字或近音字构成的800多个字条，这些字多见于西夏佛经的初译本和校译本，呈现出明确的通假关系。该书应是中国历史上最早的一部专为初学者阅读佛经而编写的通假字书。比较重要的还有《五公经》的西夏文译本，全书每半叶7行，行12字，用行书体西夏字写成，书法娴熟但偶有笔误。原件残损严重，经修复后得到相对完整的纸叶14片，其中有的相当于蝴蝶装的一个整叶，有的仅相当于半叶；还有《炽盛光、圣曜母等经》"弘传序"，一行沙门慧觉撰。首有扉画，后附刻经施主及书刻者题名。大朝国庚午年（1270）十月二十五日梁慧安管勾雕版，讹播法师发愿印施。

契丹文方面：2012年，吴英喆出版了《契丹小字新发现资料释读问题》④，对此前发现的《耶律珙墓志》《萧回璉墓志》《萧胡睹堇墓志》《耶律蒲速里墓志》等做了考释。2014年，又新发现了三合契丹小字墓志和四合契丹大字墓志。吴英喆在2014年8月11—13日蒙古国召开的"碑铭研究国际会议"上，介绍了新发现资料的基本情况，包括碑石规格、凿刻时间、志主身份等。

2017年，在内蒙古兴安盟阿尔山市白狼镇石堂发现了契丹大字题记，吴英喆受邀对题记做了考察，并在相关报道中对契丹大字内容做了释读⑤。此外，新发现的契丹大字的墓志有《孟父房耶律统军使墓志》《留隐太师墓志铭》等，2019年，白原铭和其力木尔等对这些墓志进行了研究⑥。

---

① 史金波发表：《新见西夏文偏旁部首和草书刻本文献考释》，载《民族语文》2017年第2期。
② 魏安著，麻晓芳译：《新见西夏字书初探》《西夏研究》2018（02）：3-27。
③ 孙颖新：《中国历史上最早的通假字书：〈择要常传同训杂字〉》《宁夏社会科学》2018年第5期。
④ 吴英喆：《契丹小字新發見資料釋讀問題》，东京外国语大学アジア・アフリカ言语文化研究所，2012年。
⑤ 吴英喆：《阿尔山市白狼镇石堂契丹大字题记》《辽金历史与考古》2017（01）：118-125。
⑥ 白原铭：《新发现契丹大字〈孟父房耶律统军使墓志〉（残石）研究》，内蒙古大学2019年硕士论文。其力木尔《新发现契丹大字〈留隐太师墓志铭〉研究》，内蒙古大学2019年硕士论文。

女真文方面：2013 年，在黑龙江省牡丹江宁安市，一位农民在耕地时发现了一块金代女真文残碑。此前，与宁安市距离较近的吉林省海龙县（现梅河口市）小杨乡庆云堡村北半截山曾发现过两处女真国书摩崖，分别是记录了金太祖收国二年（1116）在番安儿必罕设立谋克事和义为"大金太祖大破辽军于节山息马立石"的题刻。新的女真文残碑的发现，丰富了女真文资料。2015 年 10 月，陕西榆林市文物研究所乔建军和陕西师范大学石建刚等在进行石窟调查时，在陕西省榆林市神木县南 60 公里的花石崖镇的一处崖窟上发现了女真文题刻，该处崖窟与镇政府隔河相望，明代曾被辟为清凉寺石窟。女真文和汉文两方题刻镌刻于崖窟的外壁。右侧汉文刻于金正大五年（1228）三月十一日，内容基本完整。左侧的女真文题刻面宽137 厘米，高 55 厘米，原有约 30 行，现存 25 行，行约 19 字，现左下部全部残泐，仅上部和前 4 行较为完整，存约 210 字。从现存形制看，该题刻当与右侧汉文题记同时刻写于金正大五年（1228），但两方题刻并非互译关系。此前，乌拉熙春曾在《俄罗斯阿穆尔河畔女真大字的墨书》一书的第二章"清凉寺石窟金代女真大字石刻与汉字石刻"中给出了女真字的复原，并对有些女真字进行了解读。2018，孙伯君发表《神木县花石崖女真文题刻考释》[1]，对女真文内容做了进一步解读，认为该题刻更像是颁给弥川县丞的一道圣旨。该材料是国内在西安以北的古代金、夏边境首次发现的女真文文物，对金末女真文的使用以及金元交替时期的历史研究提供了有力支持。2003 年，阿穆尔国立大学教授安德烈-帕夫洛维奇-扎比亚卡（A. P. Zabiyako）在对阿尔哈拉河流域岩画进行实地考察时，发现了女真文墨书题记，2014 年至 2018 年又进一步对其进行了考察，经与乌拉熙春合作考证，认为这些文字刻于 1127 年，是迄今发现最早的在阿尔哈拉河沿岸的文字样本，其内容揭示了金帝国时代女真迁徙的历史，以及他们在东亚以及东北亚相邻区域的文化传播过程[2]。2019 年，内蒙古包头市文物研究院对呼和浩特市武川县西乌兰不浪镇磁窑村金界壕磁窑边堡进行了考古发掘，在出土的白瓷钵、白瓷碗及白瓷盘等 7 件标本的圈足上，发现了同款墨书女真文，意思是"祥瑞"，这一发现为进一步确认该处曾为金代军户驻防地提供了确凿的证据，为女真文文物增添了一件新实物。

突厥文方面：2013 年，汉文和突厥文合璧《故回鹘葛啜王子墓志》出土，现藏西安博物馆。自这块墓志被发现以来，国内外学界遂掀起了研究热潮，北京大学和新疆乌鲁木齐等地纷纷组织会议，唐史、突厥史和突厥文研究界的专家 Cengiz Alyilmaz、罗新、张铁山、林俊雄、白玉冬、Mehmet Ölmez、芮跋辞、吴国圣等先后发表论文，就碑文的解读及相关语言、历史问题展开了深入讨论。

回鹘文方面：2017 年，云南大理发现回鹘文墓碑，这是云南首次发现回鹘文资

---

[1] 孙伯君：《神木县花石崖女真文题刻考释》，载《中央民族大学学报》2018 年第 6 期。

[2] A. P. Zabiyako, An Early Jurchen Text Among Rock Representations Near the Arkhara River in the Amur Basin (History, Research Results, and New Evidence), A. P. Zabiyako, *Archaeology, Ethnology and Anthropology of Eurasia* 47/3 (2019), pp. 94-103.

料，张铁山受邀考察了该墓碑，发表了考释论文，并结合历史文献记载，对该碑的历史进行梳理，提出其断代应为公元 1260 年 9 月 21 日①。此外，张铁山、彭金章、皮特·茨默联合发表了《敦煌莫高窟北区 B464 窟回鹘文题记研究报告》②，张铁山、彭金章发表《敦煌莫高窟北区 B77 窟出土木骨上的回鹘文题记研究》③，松井太、王平先发表《榆林窟第 16 窟叙利亚字回鹘文景教徒题记》④ 均对敦煌石窟的回鹘文题记进行了系统释读，其中有些题记的内容为首次揭示。吐送江·依明、白玉冬发表《蒙古国出土回鹘文〈乌兰浩木碑〉考释》⑤，对蒙古国出土的回鹘文《乌兰浩木碑》进行了释读与研究。

八思巴文方面：在 2014 年 8 月 11—13 日蒙古国召开的"碑铭研究国际会议"上，八思巴文新资料见诸报道的有两份，一种出土于上海元代水闸遗址，在水闸闸墙外围树立的木桩上刻有八思巴文，相当于汉字"保"。闸墙外还出土了一个碗底，上有八思巴文款识，可以释读为"州官"；一种是八思巴文"往生钱"，见载于婺源胡玉如重刊《高王观世音经》，民国二十八年（1938）上海宏大善书局石印。元代水闸遗址发现的八思巴文文物为中国国内所仅见，而"往生钱"上的八思巴文此前不为学界所熟知，两种新资料对认识八思巴文在元代的使用极具意义。

南方民族文字方面：21 世纪以来，专家陆续在壮侗语族中发现了几种新文字——八宝歌书和布依布摩文。八宝歌书是 2009 年专家在云南省广南县的八宝镇壮族村落里首次发现的一种手绘歌书⑥。2018 年以后，李锦芳教授领衔的"新发现民族古文字调查研究与数据库建设"课题组（以下简称李锦芳团队）又赴八宝镇进行了调查，进一步在扁担、竹筒、葫芦、刀鞘上寻得同样的图符，并整理出 802 个不重复符号，其中与坡芽歌书有 26 个图符相同或相近⑦。布依布摩文是外国传教士最早于 20 世纪 40 年代在丽江发现的，但当时并未定名。后来，学者陆续在贵州赫章、安龙、威宁，云南禄劝云龙、巧家六合、昆明东川等地发现了用同类文字写成的经书，并统称作"布依族古文字"⑧。2018 年 9—10 月，李锦芳团队在云南宁蒗永宁乡拉丁古村壮族山寨调研时又搜集到同类经书⑨。为与布依族曾使用的汉字系方块布

---

① 张铁山：《云南大理发现回鹘文墓碑考释》《民族语文》2017（03）：83-86。
② 张铁山、彭金章、皮特·茨默：《敦煌莫高窟北区 B464 窟回鹘文题记研究报告》《敦煌研究》2018（03）：44-54。
③ 张铁山、彭金章：《敦煌莫高窟北区 B77 窟出土木骨上的回鹘文题记研究》《敦煌学辑刊》2018（02）：37-43。
④ 松井太、王平先：《榆林窟第 16 窟叙利亚字回鹘文景教徒题记》《敦煌研究》2018（02）：34-39。
⑤ 吐送江·依明、白玉冬：《蒙古国出土回鹘文〈乌兰浩木碑〉考释》，《敦煌学辑刊》2018（04）：25-30.
⑥ 黄凤显：《中国广南八宝彝洛图符九歌》，民族出版社，2020 年；何正廷《壮族图符理解与释义》，云南大学出版社，2021 年。
⑦ 李锦芳、黄舒娜、林远高《壮族八宝歌书及其图符构造、表意方式》《中央民族大学学报》2016 年第 6 期，第 148-158 页。
⑧ 周国茂：《布依族古文字研究》，载《贵阳学院学报》2010 年第 4 期，第 56-63 页。莫廷婷《云南东川布依族摩公经书文字研究》，载《贵州民族研究》2019 年第 12 期，第 106-113 页。
⑨ 姜亚飞：《宁蒗壮族新发现古文字研究》，中央民族大学硕士论文，2019 年。

依字和传教士创制的波拉字母文字区别开来,本文按照此前纳西东巴文的命名方式,根据其使用者是当地布依族、壮族祭司"布摩"($pu^4 mo^1$)①,称作"布依布摩文"。这种文字主要用于婚丧嫁娶、节日、出行的占卜和布摩从事丧事、驱邪、祈福、禳灾等活动时使用的经书。经李锦芳团队比对,全部布依布摩文大概有:东川 20050 个(含异体字)、赫章 820 个,巧家 449 个字(含异体字),宁蒗 267 个(含异体字,此外还有 54 个卜卦图符、4 个仪式场景图符)。

4. 国家社科基金重大项目的设立

10 年来,材料比较丰富的西夏文、藏文、蒙古文、满文、彝文、南方仿汉字等文种新立项目呈现迅猛发展态势,同时也吸引了专家投身这一研究领域,产生了一批社科基金重大项目,如:

西夏文方面:河北大学梁松涛主持"出土西夏文涉医文献整理与研究"(2016年)、陕西师范大学韩小忙主持"西夏文《天盛律令》整理研究"(2017年)、四川师范大学聂鸿音主持"西夏文学文献的汇集、整理与与研究"(2017年)、宁夏大学段玉泉主持"出土西夏字书整理研究及语料库建设"(2019年)、河北师范大学崔红芬主持"西夏文佛教文献遗存唐译经的整理与综合研究"(2019年)、中国社会科学院世界宗教研究所孙颖新主持"西夏佛经中的通假研究"(2019年"冷门绝学")。

藏文方面:西南民族大学巴多主持"藏文木刻版文献保护传承研究"(2016年)、西藏民族大学刘勇"藏文典籍文献的整理与全文数字化研究"(2016年)、西北民族大学扎西当知主持的"吐蕃时期敦煌文献的整理与研究"(2020年)、西北民族大学英加布主持"中华传统优秀生态文化藏文文献资料收集整理与研究"(2021年)、西北民族大学刀吉仁青主持"喜马拉雅南麓历史地理文献搜集、整理与研究"(2021年)。内蒙古大学额尔敦白音主持"元明清蒙古族藏文典籍挖掘、整理与研究"(2014年)。

八思巴文方面:内蒙古大学正月主持的"基于八思巴字文献资料的蒙、汉、藏语接触研究"(2020年)。

蒙古文方面:内蒙古大学布仁巴图主持"中外《蒙古秘史》译注本搜集、整理与原典汇考"(2016年)、内蒙古大学米彦青主持"元明清蒙汉文学交融文献整理与研究"(2016年);内蒙古大学张久和主持"东胡系民族历史文献整理与研究"(2017年);西北民族大学敖特根主持"俄藏蒙古文文献目录译介与研究"(2018年)、中央民族大学叶尔达主持"伊犁河流域厄鲁特人民间所藏托忒文文献搜集整理与研究"(2018年);内蒙古师范大学聚宝主持的"海内外所藏汉族古代小说蒙古文译本整理与研究"(2020年)、内蒙古大学那顺乌日图主持"回鹘式蒙古文文献数据库建设"(2019年)。

---

① 壮族、布依族"祭司"贵州多数地区称为"布摩"($pu^4 mo^1$),云南东川、巧家等地称为"卡师",为"布摩"的别称。参考周国茂《布依族传统择吉书古文字:古骆越文字的活标本》《贵州社会科学》2013年,第 146-149 页。

满文方面：石河子大学厉声主持"清代新疆满文档案研究"、山西大学王为民主持"满汉对音译音文献集成、数据库建设及清代音韵学体系重构研究"（2018年）、大连民族大学黑龙主持"《钦定理藩院则例》满蒙汉诸本整理与研究"（2017年）。

彝文方面：云南民族大学黄建明主持"南方少数民族小文种文献保护与整理研究"（2017年）。

南方仿汉字文字方面：广西民族大学韦树关主持"南方少数民族类汉字及其文献保护与传承研究"（2016年）；广西师范大学陈国保主持"越南汉喃文献整理与古代中越关系研究"（2018年）、华东师范大学郑伟主持"西南各民族及'一带一路'邻国语言文字中汉字音的数字化整理与研究"（2018年）、云南民族大学韦名应主持"滇黔桂越边区百部珍惜土俗字文献收集译注与研究"（2021年）。

突厥文方面：兰州大学白玉冬主持"北朝至隋唐民族碑志整理与研究——以胡语和境外汉语碑志为对象"（2018年）。

回鹘文方面：2020陕西师范大学刘戈主持"回鹘文晚期文字研究"（2019年"冷门绝学"）

5. 少数民族古文字编码和文献数字化方面

近20年来，互联网的出现为世界各民族的文化信息交流提供了更为广阔的空间，也对文字的电脑处理技术提出了更高的要求。而为中国各少数民族文字建立字形和编码的国际标准就成了文字学领域和电脑技术领域亟待解决的问题。目前所知，已有国际标准的民族文字字符共26种，包括：藏文（Tibetan）、规范彝文（Yi）、蒙古文（Mongolian）、托忒式蒙古文（Todo）、索永布蒙古文（Soyombo）、扎纳巴扎尔蒙古文（Zanabazar Square）、满文（Manchu）、锡伯文（Sibe）、德宏傣文（Tai Le）、西双版纳新傣文（New Tai Lue）、西双版纳老傣文（Tai Tham）、佉卢文（Kharosthi）、八思巴字（Phags-pa）、老傈僳文（Lisu）、滇东北简苗文（Simple Miao）、西夏文（Tangut）、契丹小字（Khitan Small Script）、象雄文（Marchen）、老突厥文（Old Turkic）、朝鲜文（Korean Hangul）、维吾尔文（Uyghur）、哈萨克文（Kazakh）、柯尔克孜文（Kyrgyz）、察合台文（Chaghatay）、乌兹别克文（Uzbek）、塔塔尔文（Tatar）；其中，索永布蒙古文、扎纳巴扎尔蒙古文、朝鲜文、象雄文是以国外为主提交的国际编码方案；已经提交国际标准尚未通过的字符共有7种，包括：女真文（Jurchen Script）、契丹大字（Khitan Large Script）、传统彝文（Traditional Yi）、纳西东巴文（Naxi Dongba）、纳西哥巴文（Naxi Geba）、水书（Shuishu Logograms）、傈僳音节文字（Lisu Syllabic Script）。

2011年初，旨在建立全部汉字及少数民族文字的编码和主要字体字符库，重点研发文字的编码体系、输入、输出、存储、传输以及兼容等关键技术的重大科技工程"中华字库"正式启动。其中第18、19包是"少数民族文字的搜集整理与字库制作"，目标是对35种中国民族文字字符库和输入法方案进行研制和设计，目前主体工程已经完成。"中华字库"搜集整理的民族文字字符，第18包搜集整理的文字共 23 种，包括：（1）汉字系文字：契丹大字、契丹小字、西夏文、女真文、水书；方块白文、方块苗文、古壮文、方块瑶文、布依文、侗文。（2）阿拉美系文字：八思巴文；突厥文。（3）粟特系文字：粟特文、回鹘文、蒙古文、托忒式蒙古文、回鹘式蒙古文、满文。（5）拉丁字母文字：滇东北老苗文、波拉字母傈僳文。（6）自源文字：傈僳族音节文字、云贵川老彝文、纳西东巴文、哥巴文。第 19 包搜集整理的民族文字共 12 种，包括：阿拉伯系文字：察合台文、维吾尔文、哈萨克文、柯尔克孜文、撒拉文。阿拉美系文字：藏文、西双版纳老傣文、西双版纳新傣文、德宏傣文、傣绷文。自源文字：云贵川老彝文。粟特系文字：锡伯文。

此外，贵州、广西、四川、西藏、内蒙古的民族古籍数字化工作也开展得较好。贵州全面普查整理贵州境内现存民族古籍，并把一百余种入选《国家珍贵古籍名录》的古籍信息与扫描图档制成数据库，准备建成"贵州省少数民族古籍总目提要数字化平台"，实现检索查阅，在全国民族地区古籍整理领域具有示范性。广西对存世古壮字文献所进行的整理与研究也处于学界前列。西藏、四川以丰富的藏文古籍为依托，全面整理境内的古籍资源，建立各类古籍的数据库，并积极拓宽渠道，申请国家古籍整理出版资助。中国社会科学院民族学与人类学研究所韦韧针对方块白文情况复杂、信息量大等问题，借鉴汉字整理的方法，设计和建立了方块白文数据库。该数据库还以方块白文材料《云龙白曲残本》为例，详细介绍了利用数据库技术研究方块白文的路径。内蒙古大学对所藏欧洲藏蒙古文古籍的微缩胶片进行扫描归档，制成数据库，便于检索利用，涉及六百余种遗失海外的珍贵古籍，是稀有的蒙古学研究资料。满文文献卷帙浩繁，中国第一历史档案馆正在进行馆藏满文档案的数字化项目，由吴元丰牵头实施，已经完成第三期，满文档案的数字化必将促进清史、满学和相关学科的研究。

6. 民族古文字知识的普及方面

从 2016 年 6 月开始，国家民委全国少数民族古籍整理研究室主办了"民族遗珍 书香中国——中国少数民族古籍珍品暨保护成果展"全国巡展活动，首站是广西壮族自治区博物馆，展出了珍贵古籍原件 173 件，以及各省区市 30 年来整理出版的具有重要影响和学术价值的成果 160 种一千多册，涵盖东巴文、彝文、傈僳族音节文、藏文、西夏文、古壮字、布依文、毛南文、喃字、水文、白文、朝鲜文、傣文、蒙古文、满文、锡伯文、察合台文等 17 个少数民族文种。2017 年 7 月 25 日，北京站巡展在国家博物馆开幕，展览共分中国少数民族古籍概说、民族遗珍、薪火相传、书香中国、保护工作概览五个部分，精选现存少数民族古籍中具有代表性和重要文献价值的珍贵原件共 178 册（件），以及部分省市区 30 多年来整理出版的少数民族古籍大型出版成果 16 种、一千册。2018 年 10 月 30 日，全国巡展西南民族大学站开幕，此次巡展的亮点是彝文和藏文古籍，共展出来自四川、云南、贵州、广西四省区彝族古籍文献研究成果、彝文纸质文献、彝文铭刻文献、音像资料、学术刊物等 1 万余册（卷）；来自川、甘、滇、青、藏等地藏文古籍整理研究成果、藏文大型丛书、藏族历代学者个人文集等藏文典籍文献几万册。2019 年 7 月 5 日，全国巡展内蒙古站在内蒙古美术馆开展，共展出《西游记》托忒文译本等少数民族珍贵古籍原件六十余种，涉及纳西东巴文、彝文、西夏文、古壮字、蒙古文、满文等古文字。

2016—2018 年期间，中国民族古文字研究会与安徽出版集团时代新媒体出版社签订合作，邀请国内古文字领域的顶尖专家，录制了"中国少数民族文字导论"视频系列，包括孙伯君《中国民族古文字综述》、陈宗振《突厥文字导论》、孙宏开《新创文字导论》、黄行《传教士文字导论》、刘凤翥《契丹文字导论》、聂鸿音《西夏文字导论》、张铁山《回鹘文字导论》、黄建明《彝族文字导论》、陈鑫海《八思巴文导论》、江桥《满文导论》、穆鸿利《女真文导论》、潘朝霖《水族文字导论》等。为进一步普及古文字的相关知识，传承"绝学"，起到了推进作用。

随着近年来国内文物买卖的无序发展，加上某些地方政府为吸引文化旅游而进行的非正常炒作，导致赝品和伪品充斥当今市场。由于少数民族文字一般百姓不能识读，更成了作伪者的偏好。少数民族文字文物的辨伪也就成了民族古文字工作者必须面对的问题。2011 年 5 月，《中国社会科学报》刊登了中国社会科学院民族学与人类学研究所刘凤翥的文章《契丹小字〈萧敌鲁墓志铭〉和〈耶律廉宁墓志铭〉均为赝品》，指称内蒙古大学近年收购到的两件契丹小字墓志为赝品①，遂引发了一场有关鉴定契丹小字墓志真伪的笔墨官司，可以看作少数民族文字文物辨伪的学术实践。针对刘凤翥先生的指责，内蒙古大学的吴英喆等回应说，文章指称的"不合契丹语言习惯"仅仅是刘凤翥先生的个人看法，在契丹文字未获解读、语法面貌尚不清楚的情况下，不能以某个人不全面的知识作为评判标准②。这一争论在 2013—2014 年期间仍在持续，同时，在目前造假手段花样百出，少数民族文字文物的仿品和伪品充斥市场，甚至有些介绍假文物的图册堂而皇之地在国内著名出版社出版，真假莫辨的形势下，如果不尽快建立一套鉴别少数民族文字文物真伪的技术标准，就会使得真正的学术研究受到冲击，学者也会背负很大的心理负担。

三

近 10 年来，民族古籍的研究机构与相关专业人才的培养有所加强。国内涉及多文种古籍综合研究的机构一般设立在中国社会科学院、北京大学、清华大学、中国人民大学、中央民族大学、复旦大学、南京大学、南开大学、兰州大学、陕西师范大学、内蒙古大学、云南民族大学、西南民族大学、西北民族大学、宁夏大学、广西大学、敦煌研究院的历史文献研究所、丽江东巴文化研究院等，在这些院校中，

---

① 刘凤翥：《契丹小字〈萧敌鲁墓志铭〉和〈耶律廉宁墓志铭〉均为赝品》，载《中国社会科学报》2011 年 5 月 19 日第 5 版；《再论〈萧敌鲁墓志铭〉为赝品说》，载《中国社会科学报》2011 年 6 月 16 日第 5 版；《再论〈耶律廉宁墓志〉为赝品》，载《中国社会科学报》2011 年 11 月 10 日第 5 版。

② 吴英喆：《契丹小字〈萧敌鲁墓志铭〉及〈耶律详稳墓志〉绝非赝品——与刘凤翥先生商榷》，载《中国社会科学报》2011 年 12 月 8 日第 5 版。

有些设有专门的研究院、所、中心，从事少数民族文字和文献的研究，如中国人民大学的国学院、兰州大学的敦煌研究院、宁夏大学的西夏学研究院、中央民族大学中国少数民族古籍保护与资料信息中心、内蒙古大学的"北方少数民族文字研究中心"、西南民族大学的"藏羌彝文化研究院"等，有些则附设在中文系、历史系、外语系的某一个研究方向，如北京大学梵文、巴利文专业，也从事于阗、吐火罗等西域文字文献的整理研究，南京大学历史系有蒙古文、藏文文献研究的传统。

中央民族大学设有民族古籍专业，有教师十余名，形成了本科、硕士、博士培养的完整体系，近10年培养了很多回鹘文、彝文、蒙古文、满文等方向研究生。藏文的代表性人物是王尧、陈践践、扎巴军乃、周润年等，回鹘文、突厥文代表性人物是张铁山和阿不都热西提·亚库甫，彝文代表人物是黄建明、朱崇先，满文、蒙古文代表人物是高娃，代表性成果是黄建明、张铁山主编《中国少数民族文字珍稀典籍汇编》。此外，中央民族大学蒙古语言文学系教授叶尔达专精托忒式蒙古文研究。

中国人民大学国学院西域历史语言研究所在蒙古文、满文、藏文、西夏文文献研究方面也异常活跃，他们与德国、法国、英国、日本、美国、俄罗斯的相关研究机构交往密切，代表性人物是乌云毕力格、黄维忠、李建强和索罗宁。乌云毕力格精通多种语言和文字，在满文、蒙古文文献研究领域成果颇丰；沈卫荣对国外藏学研究情况颇为熟悉，他于2014年调任清华大学；黄维忠主要从事敦煌藏文文献的研究；西夏文的代表性专家是索罗宁，他不仅开设多门课程，培养西夏学研究方向的博士生，还精通禅学和藏传佛教。2007年7月，在冯其庸等先生的联名倡议下，"西域历史语言研究所"正式挂牌成立。建所十余年来，该研究所秉承"大国学""新国学"的理念，在师资课程建设、学生培养、科研及国际交流等几个方面均取得了卓有成效的进展。2020年11月13—14日，中国人民大学国学院举行了"建院十五周年庆典"系列活动，蒙古学、满学、西夏学等古文字文献研究也紧紧围绕这一活动进行了学术研讨，并聘请专家做了系列讲座。

西北民族大学是国内古藏文文献研究的主要阵地，代表性人物是才让等教授。他们不仅自己的研究成果宏富，而且培养了很多本科、硕士、博士研究生，为古藏文文献的刊布、研究做出了重要贡献，才让教授被国家民委授予"第六届国家民委突出贡献专家"。2020年，该校与法国国家图书馆合作整理的《法国国家图书馆藏敦煌藏文文献》全部出齐。

兰州大学敦煌研究所是敦煌文献和突厥、回鹘碑铭的研究中心，近几年，学科带头人白玉冬和吐送江·依明在该领域的研究很活跃。

敦煌研究院也是古文献研究的重点单位，民族古文字研究代表性人物是杨富学，代表性成果有《元代畏兀儿历史文化与文献研究》等。近10年，该所举办了多个研讨会，并邀请专家做了系列演讲活动，发表了很多颇有影响力的研究成果。

内蒙古大学蒙古学学院是蒙古文、契丹文、八思巴文研究的中心，代表性人物有齐木德道尔吉、确精扎布、吴英喆等，代表性成果分别是《清内秘书院蒙古文档案（1-7册）》、"蒙古文编码"、《契丹小字再研究》。

宁夏大学西夏学研究院有一批学者研究西夏文献，"十三五"期间着力对与西夏历史相关的资料进行整理，同时也出版了一系列西夏文释读研究著作。西夏学研究院代表性人物是杜建录、彭向前、段玉泉、杨浣、杨志高、佟建荣、王培培、王龙等。杜建录教授发挥长江学者领军人才的作用，组织出版了多部研究著作，举办了西夏学研讨会，主编的《西夏学》为青年学者提供了交流平台；段玉泉负责实施社科基金重大项目"出土西夏字书整理研究及语料库建设"，2019年入选"宁夏哲学社会科学和文化艺术领军人才培养工程"；彭向前带领团队实施"冷门绝学"团队项目——"夏译汉籍"汇纂通考及数据库建设"。

云南民族大学是彝文文献研究的重镇，这几年，黄建明、韦名应、王海滨等研究团队异军突起。黄建明依托所主持的国家社科基金2017年度重大项目"中国南方少数民族小文种文献保护与研究"，踏查云南存世各种文字文献，有很多收获。

纳西东巴文研究主要以西南大学汉语言文献研究所和丽江东巴文化研究院为主，代表人物是喻遂生和李德静等，代表性成果有《纳西东巴文研究丛稿》《哈佛燕京学社藏纳西东巴经书》等。

满文研究方面呈多点面发展的态势，从事满学研究的基地除了上述中央民族大学、中国人民大学之外，还有中国第一历史档案馆、黑龙江大学满学研究院，社科院历史所、北京社会科学院、东北师范大学、吉林师范大学等机构。尤其值得一提的是中国第一历史档案馆正在进行馆藏满文档案的数字化项目，由吴元丰牵头实施，已经完成第三期，满文档案的数字化必将促进清史、满学和相关学科的研究。

此外，北京大学于阗文研究代表性人物有段晴，南开大学水书研究有曾晓渝、藏文研究有阿错，北方民族大学西夏字库研发有景永时、西夏文献研究有孙昌盛等。广西大学有林亦等从事方块壮文文献的整理与字库研发。西南民族大学和云南民族大学利用地缘优势，图书馆藏文和彝文文献的收藏比较丰富，最近几年着力发展相关文献的数字化，引进学术带头人和博士研究生等，藏文、彝文研究的繁荣愿景也值得期待。

四

2018年，社科基金项目开始增设"绝学"项目，民族古文字的发展，尤其是材料比较丰富的西夏文、彝文、满文等新立项目呈现井喷式发展态势，同时也吸引了很多年轻人投身这一研究领域。国内各文种的研究者也在日益增多，相关的论文和著作层出不穷。这一大好形势与国外东方学日薄西山的研究现状形成鲜明对照。但综合来看，民族古籍学科目前的研究有以下几种比较突出的问题：

（1）研究者的知识结构不甚合理。民族古文字可细分为三种类型：（1）有活语言存在，文字产生较早，现在仍然使用的，比如藏语文、傣语文、蒙古语文；（2）有活语言存在的、文字已死亡的,比如回鹘语文;(3)语言和文字均已死亡的,比如契丹语文、西夏语文、女真语文。后两类文字往往被称作"死文字"。由于"死文字"需要分析大量对译文献来建构其所记录的语音、词汇、语法体系,所以要求从事此项研究的专家最好是专精两种以上的语言文字,尤其是对于需要通过分析辽夏金时期的汉语标音去拟构其音韵系统的契丹语、西夏语和女真语的研究来说,对于从业者的汉语音韵学、训诂学功底的要求显得尤为突出。同时,民族古文字文献的研究往往需要文献学、文字学、语言学、历史学的贯通人才,这些因素无疑使得从事这一学科研究的门槛相对较高,同时也是影响这一学科发展的主因。

(2)古文字电脑字符编码和排版困难。民族古文献解读格式的规范也是较为突出的问题。古代文献多为写刻,文字可以画出来,无论是像纳西东巴文这样的图画式文字,还是像记录阿尔泰语的汉字式表音文字契丹小字那样采用词的连写形式,对于排版来说都不是问题。但用电脑输入输出后,这些文字都面临着编码和排版的重重困难。

(3)文献解读无法服务于语言研究。从19世纪末到20世纪初,学术界对中国少数民族古文献的解读就已经基本形成了一套规范的格式,即由原文、标音、对译和意译构成的所谓"四行对译法",这种方法是文献语言学研究的最佳方法。但随着类型学和历史比较语言学研究的深入,人们对民族古文字学家又提出了新的要求,即文献解读时对句子成分进行"语法标注"。如向柏霖在翻译西夏著作的时候使用了下列标注符号对西夏语成分加以标注①:

  Prog.:进行体;Perf.:完成体;1sg.:第一人称单数;2sg.:第二人称单数;12pl.:第一或第二人称复数;Dir1.:第一组趋向前缀(不定过去式);Dir2.:第二组趋向前缀(命令式/祈使式);Nom.:名物化词缀;Post.:后置词;Erg.:施动格。

但严格来说,由于受限于研究材料和水平,西夏文、契丹文、女真文这些"死文字"的解读现状还无法实现这一语言学目标。

(4)民族古籍研究与古典文献学、汉文字学、汉语方言研究、历史语言学等学科交流不够密切。民族古文字与汉文字有相同或相近的发展规律,民族古文字也是"中国古文字"大系的重要组成部分。民族文字资料所承载的信息,还能够为汉语研究提供重要信息,从而对传统国学的研究提供帮助。从前,汉语与民族文字研究之间壁垒森严,汉语研究者很少重视民族文字和民族语资料,民族语文工作者很少能借鉴传统文字学、语言学研究方法。无疑,借助民族文字资料不仅能够与同语族的语言进行比较,促进历史语言学研究,还可以补充汉语资料的不足,建构古代方言的特征。

---

① Guillaume Jacques,"The Structure of the Tangut Verb",*Journal of Chinese Linguistics* 39:2,2011.

五

民族古文字文献整理研究既面临挑战，也迎来了新的发展机遇。主动打破汉文文献与民族文献的相关壁垒，利用经典的文献学、文字学等方法整理研究民族古籍文献，加深对数字化概念的理解把握，加强学科建设和青年人才培养，让冷门绝学有继承有发展，在新时代有新作为。

（1）推进民族古籍的搜集保护与宣传推广，让千百年来创造传承的文化遗产留下来。针对少数民族古籍文献存藏分散的现状，组织协调全国各地民族古籍工作机构与收藏、出版单位，充分发挥民族工作部门的通联优势，加大普查力度，做好统计收录工作。并根据国家对民族古籍的定级标准，分级保护，认真选送有价值的少数民族古籍申报《国家珍贵古籍名录》。积极争取国家社科基金、国家出版基金等方面的支持；通过电视、网络、专题展览、培训班等方式普及推广少数民族文字文献知识，推动少数民族古籍文化资源转化为当代民族精品文化形象。进一步推进少数民族古籍数字化项目建设，扩大民族文字文献数字资源开放阅览，让民族古籍文献真正实现资源共享，让书写在古籍里的文字"活起来"！

（2）推进民族文字文献研究进一步向纵深发展。今后的古文献研究方向应该朝着为历史语言学研究提供语料这一方向发展，注重"四行对译法"和语法标注，避免低水平的重复解读。民族文字资料所承载的信息，还能够为汉语、传统国学的研究提供帮助。从前，汉语与民族文字研究之间壁垒森严，汉语研究者与民族语言文字研究者很少交流。借助民族文字资料不仅能够与同语族的语言进行比较，补充汉语资料的不足，促进汉语方言与历史语言学研究。

（3）推进多文种文献资料的关联研究，构建大文献、大历史的学科视野。民族古文字与汉文字有相同或相近的发展规律，民族古文字也是"中国古文字"大系的重要组成部分。少数民族语言文字与汉语、汉字的互证代表了当前学术发展的一个重要趋势。"二十五史"是用汉文书写的中华民族的历史，而民族古文字文献可以与汉文史料互证，从"他者"的视角呈现少数民族融入中华民族的过程。用民族古文字记载的历史是中国历史上各民族共同书写的，尤其是那些曾经入主中原的少数民族所建立王朝创制使用的"官方文字"，其文献内容不仅能够构建本民族的历史文化，而且对周边民族历史文化研究，对建构中华民族的历史均能提供重要的参考。

（4）推进民族文字文献研究团队建设，让研究队伍壮大起来。要培养兼通汉语与民族古文字的通才，搭建人才梯队。"十四五"期间民族文字文献研究人才的培养要以老带新，重视中青年研究骨干力量的培养，搭建年龄层次合理的人才梯队。建立人才专家库，加强学科建设，培养专业化、年轻化、能吃苦、有恒心的高素质人才队伍。研究课题的设立应重点考虑国内各文种的学科建设和布局，优先支持各文种的代表性专家和有研究基础的重点基地团队建设，使有研究优势的高校和科研院所能够得到持续发展。

第二节 藏缅语民族

一、藏文古籍

2010—2019 年藏族古籍事业有了长足的发展，取得了令人瞩目的巨大成就。兹就具体情况分别概述如下：

(一) 藏文古籍整理出版成果

藏文古籍整理是藏学研究的基石，其重要性不言而喻。2010—2019 年，敦煌西域古藏文文献、历代学者文集、藏医药典籍、历代藏族史记、藏传佛教典籍、苯教古文献等各类古籍的整理出版均取得了不小的成绩。

1. 敦煌西域古藏文文献

2010 年 3 月，中国国家图书馆编，任继愈主编《国家图书馆藏敦煌遗书（124—126 册）》由北京图书馆出版社出版，其中收录的是国家图书馆藏敦煌藏文文献，均为公元 8—9 世纪吐蕃统治敦煌时期的《无量寿宗要经》写本。

2010 年 12 月，西北民族大学、上海古籍出版社、英国国家图书馆共同编纂的《英国国家图书馆藏敦煌西域藏文文献》第 1 卷由上海古籍出版社影印出版，至 2019 年底已出版 11 卷。

2010 年 12 月，由西北民族大学、上海古籍出版社、法国国家图书馆共同编纂的《法国国家图书馆藏敦煌藏文文献》系列由上海古籍出版社出版了第 11 卷，至 2019 年底，已出版至第 26 卷，十年间共出版 16 卷。

2016 年 1 月，多布旦、扎西才让整理的《法藏敦煌藏文文献勘录（1）》由西藏人民出版社出版，截至 2019 年该系列至少已出版 12 集。

2017 年 12 月，马德主编的《甘肃藏敦煌藏文文献》系列开始由上海古籍出版社出版，截至 2019 年底共出版 24 卷，其中第 1 卷为《敦煌研究院卷》，第 2 卷至第 24 卷为《敦煌市博物馆卷》（2018 年 7 月开始出版）。

2. 历代学者文集

近年来，藏文古籍中历代学者文集大量出版，其中青海民族出版社出版了《班钦索扎波罗蜜多文集》（2013）、《松巴·益西班觉文集》（全 20 册）（2015）、《宗喀巴文集》（19 册）（2016）、《阿克喜热嘉措文集（全 8 卷）》（2016）等。

中国藏学出版社出版了《金阿·洛卓坚赞文集》（6 册）（2010）、《根敦嘉措文集》（6 册）（2010）、《玛尔巴文集》（7 卷）（2011）、《米拉日巴文集》（5 册）（2011）、《宗喀巴文集》（18 册）（2012）、《杰尊确吉坚赞文集》（14 册）（2012）、《克珠·格勒白桑文集》（12 册）（2014）、《萨迦五祖文集》（全 25 册）（2015）、

《扎嘎·洛桑巴登文集》（26册）（2017）、《达波拉杰文集》（4册）（2018）、《历世班禅文集》（全39册）（2019）等。

四川民族出版社出版了《格泽班智达文集》（12册）（2014）、《堪布尼丹文集》（7册）（2014）、《良美大师文集》（全10册）（2015）、《藏族历代女作家文集》（1—15）（2015）、《噶陀司徒班钦文集》（2016）、《噶陀阿格旺波文集》（9册）（2017）、《宗萨堪钦贡嘎旺修文集》（13册）（2017）、《噶陀克珠南卡文集》（7册）（2018）、《绒顿·释迦坚参文集》（10册）（2019）、《俄钦·衮噶桑波文集》（1—4卷）（2019）等。

西藏人民出版社出版了《次旦拉然巴文集》（上、下）（2013）、《班钦索南扎巴文集》（11卷）（2013）、《章嘉·若白多吉文集》（全8卷）（2015）等。

西藏藏文古籍出版社出版了《班禅昂翁曲扎全集》（6册）（2012）、《贡珠颜登降措全集》（20册）（2012）、《阿宗·珠巴·卓堆巴沃多杰全集》（10册）（2013）、《巴尔旦曲琼文集》（全2册）（2015）、《仁达哇·旋努洛卓文集》（全10册）（2015）、《嚓尔钦·落萨嘉措文集》（5册）（2016）、《芒堆·鲁珠嘉措文集》（11册）（2016）、《阁龙丹增旺扎文集》（4册）（2017）、《降阳嘎哇洛追全集》（6册）（2018）、《大仓译师·西绕仁青文集》（10册）（2018）等。

甘肃民族出版社出版了《格西泽翁坚赞文集》（1—2）（2015）、《江智·南卡坚赞文集》（6册）（2018）、《象帕圣人及传承弟子文集》（2018）等。

民族出版社出版了《堪布更噶华尔登嘉措全集》（11册）（2012）、《觉囊阿旺罗珠扎巴文集汇编》（9册）（2012）、《伯东班钦全集》（95册）（2014）、《噶钦·西热亚培大师文集》（全5册）（2015）、《多智钦仁增嘉利多杰全集》（全3册）（2015）、《洛赛嘉措文集》（5册）（2017）、《贡嘎·噶玛协珠却吉生格文集》（2018）等。

3. 藏医药典籍

2010年1月，丹增顿珠编著，若尔盖县藏医药研究所整理《四部医典对勘本》（4册）由四川民族出版社出版。

2011年8月，青海省藏医药研究院编纂《藏医药大典》（60卷）由民族出版社出版。全书分为藏医学史、古代医籍、四部医典、临床医著、药物识别、药物方剂、药材炮制、仪轨颂词等，共收录638部藏医药经典古籍和近现代代表性论著。

2011年8月，珠巴·白玛嘎布著，阿召整理《藏族四部医典释难·利众宝库》由甘肃民族出版社出版。

2013年10月，西藏藏医学院编《中国藏医药影印古籍珍本》（30册）由西藏人民出版社出版。该书所据版本均为手抄本，其中大部分来源于西藏布达拉宫、西藏图书馆、拉萨直贡地区、西藏阿里地区及民间个人手中，内容涉及藏医药历史、基础理论、药物药理、临床经验、诊法疗法及天文星算等。

2013年12月，洲塔、道吉才让主编《藏族苯教医典（全3册）》由甘肃文化出版社出版。

2014年，西藏自治区藏医药研究院文献所编《帕当巴秘诀》《脉诊光明串与尿诊月光宝镜》由西藏人民出版社出版。

2016年9月，西藏自治区藏医院编《雪域藏医历算大典》（全130册）由中国藏学出版社。该书为彩色影印本，每册前均撰有本册书籍的版本信息和内容提要。全书分为藏医藏药、天文历算、文集三大部分。收录了众多藏医药研究珍本、孤本、善本，是研究传统藏医药的珍贵参考资料。

特别要说的是，青海省藏医药研究所、《藏医药经典文献集成》编委会所编《藏医药经典文献集成》系列，在原基础上又出版了不少古籍整理成果，如：《堪仓医著集》（2012）、《香萨医著集》（2012）、《四部医典总论·知识明灯》（2013）、《医学甘露宝瓶》（2013）、《水银炮制汇集》（2013）、《札记如意宝与精粹金刚石》（2013）、《医学临床小册汇集》（2014）、《〈千万舍利子〉3种本》（2014）、《直贡四部医典批注》（2014）、《零星方剂汇集》（2014）、《药物识别汇集、藏药代药汇集》（2014）、《秘诀部疑难注释·除暗明灯》（2016）、《噶玛却杰医著》（2016）、《月中婆娑树、划线测体法蓝琉璃》（2016）、《秘诀部疑难注释·除暗明灯》（2016）、《二十支医学论典、医经明灯》（2017）、《医圣年麦达布传记、年麦达布零星医集》（2017）、《宇妥元丹贡布医著》（2017）、《香萨〈四部医典〉批注》（5册）（2017）、《医学关陷·神奇钥匙》（2019）等。

4. 历代藏族史记

2010年2月，百慈藏文古籍研究室编《藏族史记集成》（1—30）由青海民族出版社出版。

2011年2月，百慈藏文古籍研究室编《藏族史记集成》（31—60）由青海民族出版社出版。

2012年9月，才让太整理《尼玛丹增自传》由民族出版社出版。

2012年11月，百慈藏文古籍研究室编《藏族史记集成》（61—90）由青海民族出版社出版。

2013年7月，堪布巴丁整理《冈波巴大师本生传》由青海民族出版社出版。

2013年12月，藏堪钦著《阿底峡尊者别传》由青海民族出版社出版。

2014年7月，《历辈班禅大师传》由中国藏学出版社出版。

2015年9月，扎巴坚参著，穷达校注《益西卫广传校注》由中国藏学出版社出版。

2015年12月，百慈藏文古籍研究室编《藏族史记集成》（91—120）由青海民族出版社出版。收录班钦索南扎巴著《王统记新红史》手抄本、五世达赖喇嘛阿旺罗桑嘉措著《西藏王臣记》木刻本、达苍译师西绕仁青著《西藏世系史》手抄本等。

2016年12月，《珀东班禅吉美札巴传》由西藏藏文古籍出版社出版。

2018年1月，贡珠·云丹嘉措著《嘉央钦则旺波传》由中国藏学出版社出版。

2019年6月，桑吉彭措等著《鄂·艾旺历代高僧传》、强巴贡嘎丹贝坚赞著《塔泽师徒传》由西藏人民出版社出版。

5. 藏传佛教典籍

2010年4月，嘉察·达玛仁钦著《疏要庄严论》由青海民族出版社出版。

2011年7月，堪布·更尕松保编《萨迦派十八部传世经典名著》（1—18）由中国藏学出版社出版。

2012年8月，中国藏学研究中心《大藏经》对勘局对勘《甘珠尔·般若部》（16册）由中国藏学出版社出版。

2012年12月，西藏百慈藏文古籍研究室主编《时轮金刚汇编》（1—20册）由西藏藏文古籍出版社出版。

2013年7月，丹求达哇编《噶举教法史》（全2册）由民族出版社出版。

2014年5月，达哇主编《藏传因明珍本丛书》（8册）由民族出版社出版。

2014年6月，多博巴·西绕坚赞等著《时轮金刚汇编》（21—40册）由西藏藏文古籍出版社出版。

2014年12月，降洛主编《萨迦文丛》（20册）由四川民族出版社出版。

2015年，国家图书馆出版社出版了四川省藏文古籍搜集保护编务院编《萨迦派三律仪论集释》（全10册）和《宁玛派三律仪论集释》（全5册）。

2016年，堪布其美才仁主编《藏传佛教传承闻法录汇编》（全34册）由民族出版社出版。

2016年11月，色昭佛教古籍搜集整理室搜集整理《隆钦七藏》由西藏人民出版社出版。

2017年11月，四川省藏文古籍搜集保护编务院编纂的《藏区民间所藏藏文珍稀文献丛刊》（1—50卷）由四川民族出版社·光明日报出版社出版。该书分为四部：第一部为《宁玛派典籍》（33卷），第二部为《萨迦派典籍》（8卷），第三部为《噶举派典籍》（5卷），第四部为《觉囊派典籍》（4卷）。

2018年，西热桑布主编《菩日文献》（2册）由西藏藏文古籍出版社出版。

2019年4月，达隆巴·阿旺朗杰著《宗派史·大海奇珍》由西藏人民出版社出版。

2019年9月，西藏色昭佛教古籍编委会整理《密集四注》（上、下）由中国藏学出版社出版。

2019年8月，徐丽华主编的《康区藏文古写本丛刊》（60册）已由巴蜀书社出版。

6. 苯教古文献

2010年月，才让太主编《岗底斯雍仲苯教文献丛书》（全25册）由民族出版社出版。

2011年12月，洲塔、洛桑灵智多杰主编《甘肃宕昌藏族家藏古藏文苯教文献》（全30册）由甘肃文化出版社出版。

2012年5月，郑巴兰卡著《象雄文集》（5册）由四川民族出版社出版。

2012年12月，洛桑灵智多杰主编《甘肃青海四川民间古藏文苯教文献》（全60册）由甘肃文化出版社出版。

2013年12月，洛桑灵智多杰主编《古藏文苯教文献》（全60册）由甘肃文化出版社出版。

2016年12月，才让太、阿旺嘉措主编《古藏文苯教手抄珍本文献》（10册）由青海民族出版社出版。此书是"国内首部古藏文抄本文献注解本"。

2017年4月，《苯教古文献九部史》由西藏藏文古籍出版社出版。

2018年6月，尹洛赛、梁吉效、全永康主持编纂的《舟曲民间古藏文苯教文献》第一辑25册由甘肃文化出版社出版。

2018年9月，甘肃文化出版社出版了赤索旦主编的《本教历史文献汇编》（10册）。

2018年10月，《苯教尊者尼玛彭色传记》《苯教远古祭祀仪文汇编》由西藏藏文古籍出版社出版。

（二）藏文古籍目录编制成就

藏文古籍目录编制是藏文古籍整理的重要组成部分，2010—2019年，一大批藏文古籍目录成果得以问世，包括大藏经目录、馆藏古籍目录、地方古籍目录、敦煌文献目录、专题目录等。在编制方式上，除了传统的简目编制方式外，还出现了叙录、图录等新颖的编纂方式，这是一大进步。

1. 大藏经目录

2010年7月，董多杰编译《大藏经〈丹珠尔〉目录》（藏汉对照）由青海民族出版社出版。全书共收《丹珠尔》目录3468条。该书以德格版藏文《丹珠尔》为基础，根据藏文古籍特点进行编排、归类和翻译，每条目录包括编号、篇目、页数、著者、译者、校订者。

2011年1月，旦巴尼玛著《苯教丹珠尔目录》（藏文）由西藏人民出版社出版。内容包括《苯教丹珠尔目录》及其著者旦巴尼玛传记。

2014年12月，西道草编《藏文大藏经〈甘珠尔〉目录》（藏文）由民族出版社出版。该书以甘肃民族师范学院图书馆藏拉萨雪版藏文《甘珠尔》为基础编制而成，分为律部、八千颂、宝积类、华严经、经、续部等十二类。每条目录著录函号（版本）、叶数、种数、题名、译者、校订者等。

2016年7月，中国佛教协会西藏分会编《丹珠尔拉萨版目录》（藏文）由西藏人民出版社出版。全书在《丹珠尔》总分类及其藏文编号之下以表格形式编排目录，每条著录分编号、题名、责任者、译师、叶数五项。

2018年3月，董多杰编《藏文〈大藏经〉总目录》（藏汉对照）由甘肃民族出版社出版。该书以德格版藏文大藏经为基础，根据藏文古籍特点分别将《甘珠尔》目录和《丹珠尔》目录进行编排、归类和翻译，每条目录包括编号、题名、页数、著译者、校订者。

2. 馆藏古籍目录

2010年6月，德格印经院、甘孜州编译局编《德格巴宫——德格印经院藏版目录大全（七）：索朗生格文集目录》（藏文）由四川民族出版社出版。正文按函号排序，每函按其中所含部类排序，每部书著录编号、题名、起止页码。

2010年8月，赵国忠、卓玛吉、才让卓玛、李毛吉著《藏文古籍图录》由甘肃人民美术出版社出版。全书收录西北民族大学图书馆藏《甘珠尔》《丹珠尔》在内的藏文文献109种，每一种均撰写有提要，并配有书影。

2011年10月，德格印经院、甘孜州编译局编《德格巴宫—德格印经院藏版目录大全（六）：伏藏宝典》（藏文）由四川民族出版社出版。全书包括两大部分内容，一为《掘藏师百人传》；二为《目录》。

2013年12月，同波·土登坚参编《布达拉宫馆藏格鲁派典籍目录》（藏文）由民族出版社出版。收录宗喀巴大师以来的格鲁派高僧文集201家。其目录在每位作者下按流水号和函号先后排列，其下排列该函细目，每条细目只著录题名和叶数。每个文集目录后均撰有作者小传。

2015年9月，西藏自治区图书馆编《西藏自治区图书馆古籍目录·文集卷（全四册）》（藏汉对照）由国家图书馆出版社出版。收录西藏自治区图书馆藏藏文古籍中53位高僧大德的文集297函/4129种，以西藏自治区图书馆馆藏索书号为序编排。目录采用解题著录格式，含藏汉文题名、责任者、版本、行款，以及附注等项目。每遇责任者均撰有小传。

2015年12月，布达拉宫古籍文献整理室编著《布达拉宫馆藏萨迦派典籍目录》（藏文）由西藏人民出版社出版。全部目录以作者名称藏文字母顺序，排列在表格中。每条目录包括编号、章节号、函号、题名、著者、叶数、行数、版本、是否完整等项。书后按目录顺序依次撰有著者小传。

3. 地方古籍目录

2013年8月，阿华·阿旺华丹主编《北京地区藏文古籍总目》（第1卷）（藏汉对照）由中国藏学出版社出版。收录北京地区的中国藏学研究中心图书馆、中国社会科学院民族学与人类学研究所图书馆、故宫博物院图书馆，以及国家图书馆所藏藏文古籍目录。

2013年8月，扎扎编著《甘南高僧大德及著述目录》（藏汉对照）由中国藏学出版社出版。收录嘉木样一世华秀·阿旺宗哲等23位学者的文集目录。撰有每一作者的生平事迹，对每一函古籍内容做了简单介绍。

2014年6月，罗桑编《拉萨古籍目录》（藏汉对照）由西藏藏文古籍出版社出版。全书以大昭寺、仓古寺、热振寺、扎西曲林、松赞拉康等藏家为单位，每条著录题名、函数、行数、字体、写/刻本、装帧、开本、板框，均藏汉对照著录。

2017年3月，西藏自治区古籍保护中心编《西藏阿里地区藏文古籍目录》（藏汉对照）由民族出版社出版。该书按照藏文古籍普查登记著录规则，以藏家为单位进行著录，每条著录款目标记题名、责任者、稽核项、版本、装帧、版式等。全书收入阿里地区7县76家古籍收藏单位和私人收藏的1670条古籍书目数据。

2017年3月，西藏自治区古籍保护中心编《西藏那曲地区藏文古籍目录》（藏汉对照）由民族出版社出版。该书按照藏文古籍普查登记著录规则，以藏家为单位进行著录，每条著录款目标记题名、责任者、稽核项、版本、装帧、版式等。全书收入那曲地区11县135家古籍收藏单位和私人收藏的1560条古籍书目数据。

2017年3月，西藏自治区古籍保护中心编《西藏阿里地区珍贵古籍图录》（藏汉对照）由民族出版社出版。该书共收入42种藏文珍贵古籍书目数据，每条数据包括编号、题名、责任者、版本、装帧、字体、行数、版式、馆藏单位，以及相关书影。

2017年3月，西藏自治区古籍保护中心编《西藏那曲地区珍贵古籍图录》（藏汉对照）由民族出版社出版。该书共收入那曲地区10个县和那曲地区政协所藏藏文珍贵古籍书目数据，每条数据包括编号、题名、责任者、版本、装帧、字体、行数、版式、馆藏单位，以及相关书影。

2019年5月，阿坝藏族羌族自治州藏文编译局、阿坝藏族羌族自治州民族宗教事务委员会编纂《中国少数民族古籍总目提要·四川阿坝藏族卷》由甘肃民族出版社出版。全书一级类目分为书籍类、铭刻类、文书类、讲唱类共四大类。其下又分二级类目和三级类目。所有题名均以汉藏对照著录，提要均为汉文撰写。除著录原生古籍外，也著录了当代古籍整理本。

1. 敦煌西域古藏文文献目录

2011年9月，马德主编《甘肃藏敦煌藏文文献叙录》（藏汉对照）由甘肃民族出版社出版。收录敦煌研究院、甘肃省博物馆、甘肃省图书馆、敦煌市博物馆、敦煌市档案馆、酒泉市博物馆、张掖市甘州区博物馆、高台县博物馆、武威市博物馆、麦积山石窟艺术研究所、西北师范大学博物馆、西北民族大学图书馆、甘肃省中医学院图书馆共13家公藏机构和兰山范氏所藏敦煌藏文文献目录。

2017年8月，胡静、杨铭编著《英国收藏新疆出土古藏文文献叙录》由社会科学文献出版社出版。全书收录出自新疆而今藏于英国的七百余件文献，按地域分类，每条著录项目包括序号、题名、编号、形制、尺寸、内容提要、著录状况等。

5. 专题目录

2014年5月，直贡·贡觉嘉措，霍尔噶·努木译《直贡大法库目录》（藏汉对照）[1] 由西藏藏文古籍出版社出版。

2014年7月，国家民族事务委员会全国少数民族古籍整理研究室组织编写《中国少数民族古籍总目提要·藏族卷·铭刻类》由中国大百科全书出版社出版。全书分为圣旨敕谕碑、盟约记事碑、功德记事碑、建寺修塔碑、墓志墓地碑、捐资布施碑、石刻、铭文、牌匾楹联、其他，共十类。正文每类下包括提要和碑铭照片。每条提要的题名以汉、藏、国际音标对照著录，内容均为汉文所撰。

2015年6月，冯岭主编《全国藏医药古籍名录》（藏、英、汉）由中国藏学出版社出版。正文按藏文字母顺序排列，每一条目均按藏、英、汉、拉顺序著录信息。

2015年9月，西藏藏医药研究院文献所编《西藏藏医历算古今文献目录明镜》（藏文）由西藏人民出版社出版。本书是在"门孜康"馆藏的历算、医药文献基础上，收集整理了布达拉宫、西藏藏医学院、西藏社科院、西藏大学，以及各地区藏医院和各大寺庙的馆藏目录，共1500种。

2017年3月，西藏自治区古籍保护中心编《第四批国家珍贵古籍名录图录》（藏汉对照）由民族出版社出版。该书共收录67种国家珍贵藏文古籍书目数据，每条数据包括编号、题名、责任者、版本、纸张、字体、装帧、行数、版式、馆藏单位，以及相关书影。

（三）藏文古籍研究成果

1. 专著

2010年9月，先巴编著《藏文古籍元数据著录标准化研究》由甘肃民族出版社出版。该书探讨了藏文古籍著录标准需要解决的问题、藏文古籍的客观著录问题与国家标准《古籍著录规则》、藏文古籍元数据著录标准化结构及其著录规则、著录范例。

2011年1月，南杰多吉著《吐蕃时期佛经目录研究》（藏文）由甘肃民族出版社出版。该书对藏文大藏经的产生、吐蕃时期的佛经目录，《旁塘》《丹噶》两目录所收文献之保存状况，以及早期三大目录未收之译经等进行了探讨。

2012年6月，布楚、尖仁色著《琉璃明镜：藏文大藏经之源流、特点、版本及对勘出版》[2] 由中国藏学出版社出版。全书分七章：一，佛语部的产生；二，显密佛语经典及其论典；三，佛教显密经典、论典、其他明处论著的藏文翻译及藏文大藏经版本；四，《藏文大藏经》简要内容与分类、编序等；五，《藏文大藏经》对勘、出版概况；六，藏文大藏经的特点；七，未编入《藏文大藏经》之前译密续经

---

[1] 封面题作《直贡噶举古籍文献丛书藏汉对照目录》。
[2] 该书分汉文版和藏文版，藏文版于2012年10月由中国藏学出版社出版。

典与论典。

2013年1月，徐丽华著《藏文〈旁唐目录〉研究》由民族出版社出版。该书共四章，第一章探讨了编纂《旁唐目录》的历史背景，及其基本内容和编纂方法；第二章对《旁唐目录》进行了汉译；第三章从《旁唐目录》在目录学中的地位和作用，以及在藏文《大藏经》中的作用两方面探讨了《旁唐目录》的学术价值；第四章介绍了藏文大藏经的各种版本。

2013年3月，冯岭等著《藏医药古籍整理与信息化平台建设》由中国藏学出版社出版。全书除绪论外共九章，依次为：民族医药古籍与藏医药古籍；藏医药古籍保护；古籍数字化概述；藏医药古籍及其数字化处理；藏医药古籍数据库标引；藏医药古籍数字化信息管理平台建设基础；藏医药古籍数字化信息管理平台建设综述；信息化平台应用体系架构；网络系统设计；安全体系建设；应用系统建设。

2013年10月，徐丽华著《藏文古籍概览》由民族出版社出版。全书共八章，依次为：概况；文字；文字载体类别与版本形式；古籍目录与分类；传统分类法；历代文献整理与出版；藏文古籍整理研究60年概况（1950—2009）；藏文古籍珍品。

2013年11月，白张著《藏文古籍概论》（藏文）由西藏人民出版社出版。全书对藏文古籍的概念、形制、载体，以及写本、印本及其插图、尾跋、印章、鉴定方法等有关藏文古籍的各个方面分17章进行了详细讨论。

2014年10月，更登三木旦编著《凉州遗存藏文古籍研究》由民族出版社出版。该书以凉州藏文古籍中的吐蕃木牍、吐蕃写经，历代藏文抄经题记、主要特征，以及部分朱印本资料，结合凉州地区的藏文碑刻等，探讨了凉州遗存藏文古籍产生的时代背景、历史文化价值等。

2016年1月，徐丽华著《藏族古日历和祭祀图谱研究》由民族出版社出版。全书包括以下内容：绪论、《星算幻化明鉴》《32页本》《历书A》《历书B》《木里历书》、甘洛十棉本和封底日历、多种历书符号对比、《命运算》《萨达学叉》《苯教祭祀图谱》、辛绛、骨卦、历法源流、《昴宿星历》和《里努》。附录有《星算幻化明鉴》《木里历书》《萨达学叉》《苯教祭祀图谱》《史帕卓兹》等14种古籍书影。

2016年8月，叶拉太著《古藏文文献学导论》（藏文）由中国藏学出版社出版。该书探讨了古藏文文献的分类和题材、古藏文文献版本学、古藏文文献的收藏和散佚情况、古藏文文献目录学、古藏文文献校勘与整理方法、古藏文文献解释学、古藏文文献考证学等诸多方面。

2016年11月，张延清著《吐蕃敦煌抄经研究》由民族出版社出版。全书除绪论外共七章，依次为：吐蕃的兴起和佛教在吐蕃的传播；吐蕃在敦煌的兴佛举措；吐蕃敦煌抄经年代及抄经机构；吐蕃敦煌抄经团队；写经费用和写经纸张；佛经的翻译、抄写和校对；吐蕃敦煌抄经中的惩治举措。

2017年4月，夏吾李加、还格吉著《玉树地区藏文文献遗产整理保护初探》由民族出版社出版。全书共五章，即：调研对象的选取；玉树地区文献遗产整理研究综述；玉树地区历代学者个人文集整理研究；玉树地震灾区文献遗产受灾现状调查；玉树地区文献遗产整理任务与保护措施。

2017年12月，才项南杰、桑杰措著《历代藏文译师及其译著目录研究》（藏文）由民族出版社出版。全书分为"藏族译师"和"非藏族译师"两大部分。"藏族译师"部分对吐蕃时期、分裂割据时期、萨迦政权时期、帕竹政权时期，以及噶丹颇章时期的译师和译跋作了论述。"非藏族译师"部分则对包括印度、克什米尔、尼泊尔、汉地、萨霍尔等地的译师班智达和译跋进行了研究。

2018年5月，白张著《历代藏文古籍写本尾跋题记解读》（上、下）（藏文）由西藏人民出版社出版。全书分16章，在概述藏文古籍写本的基础上，对公元9世纪至14世纪的藏文写本尾跋题记进行了详细的解读。

2019年6月，东拉瓦·土旦美朗编著《藏文古籍文献抢救、整理与方法》（藏文）由西藏藏文古籍出版社出版。正文分四章：古籍；珍稀典籍；抢救；校勘。

2019年12月，嘎藏陀美著《敦煌藏译佛教文献研究》（藏文）由民族出版社出版。

2. 论文

在2010—2019年十年中，发表了为数不少的藏文古籍研究论文，涉及了藏文古籍研究的方方面面，比如藏文古籍目录学、藏文古籍保护与开发、藏文古籍数字化建设、藏文古籍版本、藏文古籍装帧，以及藏文古籍修复等。略述如下：

藏文古籍目录学研究方面发表的论文有：先巴《建设藏文古籍机读目录需要解决的基本问题》（《西藏研究》2010年第6期），东·华尔丹《略论藏族历史上布顿大师对藏文文献目录学的贡献》（《图书馆理论与实践》2010年第6期），张延清、李毛吉《西北民族大学图书馆藏敦煌藏文文献叙录》（《西藏民族学院学报》2012年第2期），刘勇《"旧译教语部"文献编目工作的历史与现状—以新编〈旧译教语部经论本注经典集成〉为例》（《中国藏学》2012年第4期），阿华·阿旺华丹《北京地区所存藏族历代高僧贤哲文集解题目录》（《中国藏学》2012年S1期），先巴《藏文古籍目录结构及其著录规则》（《西藏研究》2012年第2期），黄维忠《国家图书馆敦煌藏文遗书BD14286—BD14350号解题目录》（《中国藏学》2012年S1期），尕藏卓玛、张智慧《论藏文文献目录学发展的新趋势》（《西藏大学学报》2013年第2期），尕藏卓玛、普布卓玛《数字时代藏文目录学发展趋势和研究方向探讨》（《西藏科技》2013年第1期），牛宏《英藏敦煌藏文密教文献编目状况述评》（《西藏研究》2014年第1期），徐丽华《〈布顿目录〉的学术价值》（张公瑾主编《民族古籍研究》第三辑，中国社会科学出版社，2016年6月），王伟光《建国以来国内藏文文献目录研究综述》（《四川民族学院学报》2017年第3期），黄惠烽《藏文文献目录发展史探索》（《四川图书馆学报》2018年第3期），索南多杰《当代藏文文献目录学研究综述》（《四川民族学院学报》2018年第1期），新巴·

达娃扎西《四川大学博物馆藏敦煌古藏文写经叙录》(《敦煌研究》2019 年第 4 期）等。

藏文古籍保护与开发方面发表的论文有：李万梅《藏文古籍文献的科学保护与抢救》(《图书与情报》2011 年第 4 期），史桂玲《藏文古籍的保护与开发利用——以中国民族图书馆为例》(《图书馆理论与实践》2012 年第 10 期），《藏文文献遗产保护机制的创新——以玉树地震灾区为例》(《西藏大学学报·社会科学版》2012 年第 4 期），益西拉姆《国内藏文古籍文献的保护现状》(《民族学刊》2012 年第 3 卷），卓尕措《试论藏传佛教寺院文献典籍的传承和保护》(《青海民族大学学报》2012 年第 4 期），索南多杰《中国民族图书馆藏文古籍文献的开发和研究》(《西藏民族学院学报》2013 年第 2 期），马昂争吉《民族院校图书馆藏文古籍文献的开发利用和服务空间拓展研究——以西北民族大学图书馆为例》(《甘肃高师学报》2018 年第 4 期）等。

藏文古籍数字化建设发面发表的论文有：冯岭等《藏医古籍信息化平台建设》(《中国藏学》2010 年第 4 期），徐丽华《关于藏文古籍数字化的思考》(《中国藏学》2011 年第 2 期），道周《藏族历代文献精选电子资料库建设及其研究的意义和价值》(《西北民族大学学报》2012 年第 1 期），阿贵、达瓦《藏文文献典籍传承、保护及其数字化现状综述》(《西藏研究》2017 年第 4 期）等。

藏文古籍版本研究方面发表的论文有：甲央齐珍《流传于德格地区的〈格萨尔〉木刻版》(《西藏研究（藏）》2011 年第 2 期），苏得华《凉州藏朱砂版〈藏文大藏经〉初探》(《西北民族大学学报》2013 年第 6 期），辛岛静志《论〈甘珠尔〉的系统及其对藏译佛经文献学研究的重要性》(《中国藏学》2014 年第 3 期），先巴《藏文古籍版本研究——以藏文古籍印本为中心》(《西藏研究》2016 年第 3 期），龙达瑞《波兰亚盖隆大学藏万历版〈甘珠尔〉》(《西南民族大学学报》2017 年第 1 期）等。

藏文古籍装帧研究方面的论文有：德吉白珍《论藏文古籍文献装帧艺术》(《西藏艺术研究》2010 年第 6 期），格桑多吉《藏文的创制与早期典籍的装帧设计》(《西藏艺术研究》2014 年第 3 期），益西拉姆、英珍《藏文古籍文献装帧形式初探》(《中华文化论坛》2017 年第 5 期）等。

近年来，藏文古籍修复也引起了一定的关注，发表的论文有：丹增曲珍、次央《我国藏文古籍修复人才培养的几点思考》(《西藏科技》2017 年第 6 期）和计思诚《藏文古籍修复探析——以纳格拉山洞藏经修复为例》(《图书馆理论与实践》2018 年第 11 期）。

此外，在藏文文献分类、国外藏文文献收藏、古籍整理、古籍发现等方面也有少量论文发表，恕不一一列举。

3. 译著

藏文古籍汉译历来受到重视，近十年来又有一大批藏文古籍有了汉译本，内容涉及藏族宗教、藏族历史、藏族医药、藏族文学等领域。以下以年代为序择要介绍（需要说明的是重印或再版不在此列）：

2010 年出版的有：巴卧·祖拉陈瓦著，黄颢、周润年译注《贤者喜宴·吐蕃史译注》（中央民族大学出版社）；龙青巴尊者造论、谈锡永译释《大圆满心性休息导引》（华夏出版社）；敦珠尊者等著、许锡恩译《九乘次第论集——佛家各部见修差别》（华夏出版社）；不败尊者造、谈锡永译注、邵颂雄导论《决定宝灯》（华夏出版社）；不败尊者造、谈锡永释、沈卫荣译《幻化网秘密藏续释——光明藏》（华夏出版社）等。

2011 年有：莲华生大士岩藏、事业洲尊者岩传、谈锡永译注《事业洲岩传法——六中有自解脱导引》（华夏出版社）；谈锡永导论、沈卫荣翻译《幻化网秘密藏续》（华夏出版社）；乳毕坚瑾著，沙门释寂凡译《米拉日巴尊者传记——开显解脱与一切智之道》（宗教文化出版社）等。

2012 年有：管·宣奴贝原著，王启龙、还克加译，王启龙校注《青史（足本）》（中国社会科学出版社）；胜怙云增·益希坚参著，钦则·阿旺索巴嘉措译《菩提道次第师承传（上下册）》（宗教文化出版社）；（古印度）寂天造、江洋嘉措释、华锐·罗桑嘉措译《入菩萨行论释》（宗教文化出版社）；韦·赛囊著，巴擦·巴桑旺堆译注《〈韦协〉译注》（西藏人民出版社）；全知麦彭仁波切著，索达吉堪布译《释迦牟尼佛广传·白莲花论》（西藏藏文古籍出版社）；喇拉曲智仁波切著，索达吉堪布译《藏传净土论》（西藏藏文古籍出版社）；索达吉堪布译《百业经》（西藏藏文古籍出版社）等。

2013 年有：洛桑·赤列朗杰著，罗旦译《十世达赖喇嘛楚臣嘉措传》（西藏人民出版社）；华智仁波切著，索达吉堪布译《大圆满前行引导文》（西藏藏文古籍出版社）；无著菩萨著，索达吉堪布译《入行论释·善说海》（西藏藏文古籍出版社）；喇拉曲智仁波切著，索达吉堪布译《中观宝鬘论广释》（西藏藏文古籍出版社）；第吴贤者著，许德存译《第吴宗教源流》（西藏人民出版社）等。

2014 年有：巴珠仁波切著，佐钦熙日森五明佛学院译《普贤上师言教》（西藏人民出版社）；江思·嘉瓦叶西大师著，彭毛多吉翻译《觉囊派历代传承上师传略》（民族出版社）；宗喀巴著，祁顺来、海月译《菩提道次第广论》（白话本）（青海民族出版社）；宗喀巴大师著，王世镇译注《新译白话菩提道次第广论》（中国藏学出版社）；跋梭天王·曲吉坚参等注，宗峰、缘宗译《菩提道次第广论四家合注》（上下册）（中国社会科学出版社）等。

2015 年有：益西桑格著，曲甘·完玛多杰译《藏传佛教顶级密宗高僧——热译师传》（青海人民出版社）；宗喀巴大师著，如性法师译《菩提道次第略论》（华文出版社）；龙猛菩萨造颂，索达吉堪布译讲《中论密钥》（中国文史出版社）；第司·桑杰嘉措著，青海省藏医药研究院译《秘诀续补遗》（民族出版社）；嘉曹·达玛仁钦著，江波译《宝性论大疏》（中国社会科学出版社）。

2016年有：次成丹贝坚赞著，俄日才让译注《菩提道次第教程·苯教普显明灯》（中国藏学出版社）；噶玛·让穹多吉著，毛继祖等译《药名之海》（青海人民出版社）；希瓦措著，毛继祖等译《度母本草》（青海人民出版社）；白若杂纳译著，毛继祖等译《妙音本草》（青海人民出版社）；前宇妥·云丹衮波著，毛继祖等译《宇妥本草》（青海人民出版社）等。

2017年有：贡唐·丹贝仲美著，仁青编译《树水格言》（甘肃民族出版社）；巴卧·祖拉陈瓦著，黄颢、周润年译注《贤者喜宴》（2册）（青海人民出版社）；坚贝却吉单增赤列著，古格·其美多吉译注《世界广说——大赡部洲广说情器普明镜》（西藏人民出版社）；宗喀巴著，索南才让译《中论广释：正理海论》（西藏人民出版社）；笃布巴·喜饶坚赞著，索南才让译《觉囊山居法：了义海论》（西藏人民出版社）；吉隆·扎西嘉措、吉隆·图确多杰著，苏德胜译《果洛宗谱》（青海民族出版社）；松巴·益西班觉，汪什代海·彭措译《青海历史·梵音新雅》（青海民族出版社）；月称、寂护、莲花戒著，索南才让译《中观学三论：明句论庄严论修行次第论》（西藏人民出版社）等。

2019年有：麦彭仁波切著，索达吉编译《八大菩萨传》（西藏藏文古籍出版社）。

（四）藏文古籍工作会议、研讨会

1. 藏文古籍工作会议

2011年3月25日至29日，六省市区藏文古籍工作第十一次协作会议在西双版纳召开。来自北京、西藏、青海、甘肃、四川、云南六省市区的从事藏文古籍研究工作的专家、学者四十余人出席了会议。会上各省市区介绍了《中国少数民族古籍总目提要·藏族卷》各省区分卷的整理编纂情况，以及藏文古籍抢救、整理、出版、研究工作取得的阶段性成果。

2013年11月29日，由北京民族文化宫主办、中国民族图书馆承办的"藏文古籍保护工作研讨会暨《木雅贡布藏学研究文集》出版座谈会"在北京民族文化宫举行。来自中国藏学研究中心、中央民族大学、中国民族语文翻译局等单位的专家、学者，以及木雅贡布先生生前学界友人共32人参加了会议。

2. 藏文古籍学术研讨会

2010年10月20日至22日，由中央民族大学、西南民族大学、中国民族古文字研究会和北京市民委共同主办的"首届中国少数民族古籍文献国际学术研讨会"在中央民族大学召开。来自俄罗斯、德国、法国、英国、土耳其、波兰、荷兰、芬兰、美国、澳大利亚、蒙古、日本等13个国家和地区的八十余名学者出席了这次研讨会。会后出版了黄建明、聂鸿音、马兰主编《首届中国少数民族古籍文献国际学术研讨会论文集》（民族出版社，2012年3月），其中有三篇关于藏文古籍研究的论文，分别是《关于藏文古籍数字化的思考》《藏文古籍抢救保护与整理研究》《对藏学文献研究工作的几点思考——从西南民族大学藏学文献中心的现状谈起》。

2011年10月19日，国家图书馆（国家古籍保护中心）主持召开"藏文古籍分类研讨会"，来自国家图书馆、中国藏学研究中心、中国民族图书馆、西藏自治区图书馆的近二十位专家参会讨论。

2011年11月16日至17日，国家图书馆（国家古籍保护中心）主持召开"藏文古籍二级类目及著录规则讨论会"，来自国家图书馆、中国藏学研究中心、中国民族图书馆、西藏自治区图书馆的十多位专家参会讨论。

2012年7月13日至7月15日，"第二届中国少数民族古籍文献国际学术研讨会"在西南民族大学隆重举行。此次大会由中央民族大学、中国民族古文字研究会和西南民族大学联合举办，十余个国家和地区的八十余名知名少数民族文献专家参会。

2012年7月30日至31日，国家图书馆（国家古籍保护中心）主持召开"藏文古籍分类及著录规则讨论会"。来自国家图书馆、中国藏学研究中心、中国民族图书馆、西藏自治区图书馆的近二十位专家参会讨论。

2017年7月8日至9日，由喜马拉雅文库主持召开的"藏文古籍分类论证会"在成都举行。共有六十多位专家学者参会。

2017年11月7日至8日，由中国藏学研究中心主办，青海师范大学承办的"全国首届藏文古籍文献整理与研究高层论坛"在青海省西宁市召开。来自北京、西藏、四川、甘肃、辽宁、内蒙古、青海等地的六十余名专家学者和230名青海师范大学的师生参加了论坛。21名知名专家作大会发言。

2018年8月15日至16日，由中国藏学研究中心和阜新市政协联合主办，阜新市政协文化和文史资料委员会、阜新市政协文史馆、阜新市民族古籍文化研究会联合承办的"第二届全国藏文古籍文献整理与研究高层论坛"在辽宁省阜新市召开。来自中国藏学研究中心、国家图书馆、西藏大学、内蒙古社会科学院、西北民族大学、青海民族大学、青海师范大学、西南民族大学等单位的六十余名专家学者参加了论坛。

2019年9月6日，由中国藏学研究中心、四川省民族宗教事务委员会主办的"第三届全国藏文古籍文献整理与研究高层论坛"在四川省成都市举行。来自西藏和四省藏区以及其他地区的数十家科研机构、古籍整理单位、图书馆、高等院校等相关部门的一百九十余名专家学者参会。

（五）机构成立、代表性学者

1. 机构成立

2014年7月25日，西藏大学成立藏文古籍研究所，这是我国第一个高校藏文古籍研究所，填补了我国公立专业藏文古籍研究机构的空白。按照制定的中长期研究规划，该研究所将着重开展藏文古籍文献的搜集、收藏、整理工作，对现藏藏文古籍进行系统统计、分类、编目、数字化、影印、出版等工作，同时，积极参与国内外藏文古籍考古、搜集、整理、研究等工作，建立资源共享机制，搭建相关领域研究生培养机制等。

2014年12月15日，甘肃省藏文古籍文献编译中心在甘肃民族师范学院成立。其主要任务是抢救、保护、整理、编译、出版甘肃省藏区及周边地区藏文古籍文献，开展藏文文献整理编译、相关学科建设、人才队伍培养等工作。

2017年8月21日，藏文文献资源数据中心在中国藏学研究中心正式成立。该中心的成立，旨在更好地保护和发展藏族文化，为科学研究提供信息资源。藏文文献资源数据中心将依托中国藏学研究中心图书资料馆图书资料存储和查询系统，建立模拟数据库，存储和保护藏文文献资源数据，以便逐步建立健全现代化的、高水平的藏文文献资源数据的存储、保护、查询和使用系统。

2019年9月27日，西藏自治区古籍修复乐央中心在西藏自治区监狱挂牌，这意味着监狱文化再次拓展提升，服刑人员也能为西藏传统文化传承发展尽力。

2. 代表性学者

藏文古籍整理方面有：百慈藏文古籍研究室土登尼玛，西北民族大学才让、恰日·嘎藏陀美，四川省藏文古籍搜集保护编务院降洛，喜马拉雅文库才让多吉，中国藏学研究中心洛桑灵智多杰，兰州大学洲塔，中央民族大学才让太，西藏大学西热桑布等。

藏文古籍研究方面有：中央民族大学徐丽华（杰当·西绕江措）、西藏自治区图书馆白张、中国民族图书馆先巴等。

（六）重大发现与古籍活动

2010年8月，西藏自治区文化厅在召开西藏古籍普查保护工作会议期间，举办了西藏自治区藏文古籍普查培训。全区各地（市）、各有关部门和主要古籍收藏单位的六十多名工作人员参加了培训。

2010年9月，云南省迪庆藏族自治州香格里拉市格咱乡内几位上山采药的当地村民无意中发现纳格拉洞。当年10月，在纳格拉村村民的协助下，由迪庆州图书馆组织的考察队两次进入纳格拉洞考察，发现洞内有大小木房二十余间以及上千件古老的藏文经书。从此，"纳格拉洞藏经"重见天日。

2011年6月1日，TBRC执行董事杰弗先生代表金·史密斯先生（1936—2010）将其一生收藏的12000函（册）藏文文献捐赠西南民族大学。

2011年10月，国家"十二五"重点文化工程——《中华大典·藏文卷》批准立项。

2012年初，西藏自治区古籍保护中心在拉萨市尼木县切嘎曲德寺普查发现多种藏文古籍元刻本，如《量理宝藏》《阿毗达磨杂集论》《大乘庄严经论》《律藏》《阿毗达磨俱舍论》《三律仪轨》等。

2013 年 4 月 18 日，中国国务院批准颁布了第四批国家珍贵古籍名录、全国古籍重点保护单位和古籍普查重要发现。142 部藏文古籍入选国家珍贵古籍名录，西藏博物馆、西藏自治区布达拉宫、西藏自治区罗布林卡、西藏自治区档案馆被列为全国古籍重点保护单位。

2013 年 7 月 12 日，《中华大典·藏文卷》编纂工作在北京正式启动。该工作计划用 15 年时间出版从吐蕃时期至西藏和平解放前的藏文文献典籍。

2013 年 12 月 11 日，由文化部、国家文物局主办，国家图书馆（国家古籍保护中心）承办，全国 60 家公共图书馆、高校图书馆、博物馆、民族宗教系统等古籍收藏机构联合举办的"古籍普查重要发现暨第四批国家珍贵古籍特展"在中国国家图书馆展出。其中展出了公元 9 至 10 世纪写本《般若波罗蜜多经》、元抄本《续密概论诠释》、清抄本《万年历表》等藏文古籍普查重要成果，以及西藏博物馆藏元至元第三帝师达玛巴拉大都刻本《释量论》等。

2014 年 9 月 22 日至 28 日，由云南省图书馆与西藏自治区图书馆联合举办的"藏文古籍修复技术培训班"在云南省迪庆藏族自治州图书馆举行。来自西藏、四川和云南的 32 名学员参加了为期 7 天的藏文古籍修复技术培训。

2014 年 9 月，"纳格拉洞藏经"被列入"中华古籍保护计划"，国家古籍保护中心组织专家召开研讨会，对"纳格拉洞藏经"进行修复研究，讨论修复方案。项目正式启动后，历经四次抢救性修复，至 2018 年"纳格拉洞藏经"修复项目全部完成，共修复藏经 2285 叶。

2015 年 7 月 21 日，西藏自治区第一期全区古籍修复培训班暨西藏自治区藏文古籍修复中心揭牌仪式在拉萨举行。

2015 年 7 月，在舟曲县境内的憨班、坪定、曲告纳、博峪、拱坝乡十个自然村里 12 户藏族村民家里发现苯教经文一百八十多函两千五百多卷两万一千五百多页，禳灾图符八十余幅，各种法器三十多种。

2015 年 11 月，西藏自治区昌都市第二期西藏古籍普查培训班开班，来自西藏自治区 11 县（区）的 33 名文化部门负责同志及相关工作人员参加了为期 6 天的培训。

2016 年 9 月 25 日至 30 日，"第二期西藏自治区古籍修复培训班"在西藏自治区图书馆举办。来自各地市、各有关部门和主要古籍收藏单位的近四十名古籍保护人员参加了培训。

2016 年 11 月 2 日至 6 日，"第六期民族古籍普查培训班"在西藏日喀则市举办。日喀则扎什伦布寺、夏鲁寺、江孜白居寺、俄尔寺、萨迦寺等重点收藏单位，桑珠孜区、江孜县、萨迦县、定日县、吉隆县、定吉县等相关各县（区）文广局局长及业务人员，市文化局文化产业科全体员工，共计 40 人参加了此次培训。

2018 年 7 月，云南省古籍保护中心举行了第五次藏文古籍修复技术培训班，来自 5 个省区市的 41 名学员参加了培训。

2018年7月24日，西藏自治区古籍保护中心在日喀则的夏鲁寺进行古籍普查时，发现了两叶元代藏文古籍刻本。

2018年9月2日至11月2日，"册府千华——纳格拉洞藏经修复成果展"在迪庆州图书馆开展。此次展览由国家图书馆（国家古籍保护中心）、云南省文化厅、迪庆州人民政府主办，云南省图书馆（云南省古籍保护中心）、迪庆州文体广电和新闻出版版权局、迪庆州图书馆（迪庆州古籍保护中心）承办。

2019年7月23日至26日，由国家古籍保护中心、西藏古籍保护中心联合举办的西藏自治区第三期古籍数字化理论与实践培训班在西藏拉萨举行，来自西藏自治区社科院、布达拉宫管理处、林芝市图书馆、日喀则市扎什伦布寺等全区18家单位33名相关工作人员参加了培训。

2019年10月13日上午，由青海省民族宗教事务委员会主办，青海省少数民族古籍文献整理研究与人才培训基地协办，青海师范大学班禅研究院承办的"青海省第二届少数民族古籍文献整理与研究人才培训班"在青海师范大学举行。54名学员参加了为期7天的集中培训。

2019年12月16日，国家图书馆（国家古籍保护中心）、北京苹果慈善基金会藏文古籍保护合作框架协议签约仪式在国家图书馆举行。根据协议，双方将在西藏自治区的古籍保存、保护、修复、出版、数字化和宣传推广等方面开展通力合作，共同促进藏文古籍的保护与利用。

2019年，中国民族图书馆在古籍普查过程中发现一部藏文古籍元代刻本《甚深内义明本释》，共152叶，保存完整。

（七）小结

综上所述，2010—2019年藏文古籍整理出版成绩非常突出，从敦煌文献到藏医药，从藏族史记到藏传佛教、苯教文献等诸多领域，均有不错的表现。与此同时，一大批藏文古籍目录编制出版，为学界提供了方便。在藏文古籍研究方面，也是成果可喜，出版了不少专著，发表了不少论文。十年中，纳格拉洞藏经等一批重要古籍被发现，一系列古籍学术会议得以召开，一些新的专门研究机构得以建立，均为推动藏族古籍事业做出了贡献。

从这一时期藏文古籍整理出版总体情况来看，呈现出这样一些特点：1. 在出版规模上，文集、丛书等大部头成果占比较高，如《萨迦五祖文集》（全25册）《历世班禅文集》（全39册）、《藏区民间所藏藏文珍稀文献丛刊》（1—50卷）等，总数应在150部以上；2. 在整理方式上，除了传统的文字录入外，出现了不少藏文古籍影印本，如《英国国家图书馆藏敦煌西域藏文文献》《中国藏医药影印古籍珍本》（30册）、《甘肃宕昌藏族家藏古藏文苯教文献》（全30册）等；3. 在装帧形式上，除现行普通书籍装帧形式外，也有一些文献以藏族传统的长条式梵夹装出版，如《藏族史记集成》（1—30）等。

从这一时期藏文古籍研究成果来看，出版了近二十部相关专著，发表论文近百篇。成果以藏文古籍目录学、藏文古籍保护与开发、藏文古籍数字化建设、藏文古籍版本学研究居多，而其他方面则相对较弱。不过，值得一提的是，藏文古籍装帧、藏文古籍修复方面有了新的探索，令人欣喜。另外，藏文文献分类、国外藏文文献收藏、藏文古籍纸张等也引起了关注。

能够取得上述成绩，与 2007 年国务院办公厅印发《关于进一步加强古籍保护工作的意见》，提出实施"中华古籍保护计划"是分不开的。或者可以说，正是这一计划的实施，全面推动了藏文古籍事业的发展。它激发了人们对藏文古籍的重新认识，增强了人们对藏文古籍的保护意识，使得藏文古籍事业有了前所未有的发展。当然，在取得现有成绩的同时，我们也应该看到存在的不足。就目前的整理成果来看，真正意义上的藏文古籍精校本依然很少，这应是今后需要努力的一个方向，希望在多出的成果同时，能够提高质量，多出精品；就藏文古籍从业人员而言，可以说人才依然匮乏，特别是藏文古籍整理、古籍修复、古籍数字化等方面，一项事业的发展，其关键是人才，藏文古籍整理研究事业也不例外。

二、彝文古籍

20 世纪 50 年代初到 20 世纪 70 年代末期间，彝文古籍学科的发展处于艰难起步阶段，这一时期彝文古籍收集整理的相关成果较少。党的十一届三中全会以后，彝文古籍的收集整理工作受到国家的高度重视，国家民委于 1979 年发出："抢救彝族文献需要继续搜集和整理研究，请各有关地区和有关部门引起足够的重视"。这不仅给彝文古籍确立了重要的文化地位，同时，也为彝文古籍的工作指明了新的发展方向。此后，经过各相关部门和专家学者的共同努力，彝文古籍收集整理工作取得了可喜的成就，彝文古籍学科的建设也随之迅速兴起，大量的彝文古籍被收集整理出版。经过相关部门和众多专家学者共同努力，如今彝文古籍学科的发展已日渐成熟，取得了非常可喜的相关研究成果。以下是 2010 年至 2019 年期间彝族古籍文献的收集整理研究等相关情况。

（一）彝族古籍工作会议

因民族古籍工作的需要，1983 年，经国家民委批准，成立了"川滇黔桂四省区彝文古籍协作会"，该协会为全国性的学术协作会，一般以每两年或三年一次轮流在有关地方召开工作会议或学术研讨会，一直持续到今，并出版了许多会议论文集等学术研究成果。另外，还有全国彝学会以及相关彝族古籍会议等也会定期或不定期地举行学术研讨会，积极推动了彝族古籍收集整理的工作。2010 年至 2019 年阶段，有关彝族古籍等相关方面的主要学术会议有：

2011 年 7 月 22—7 月 24，滇川黔桂彝文古籍出版第十四次协作会、全国第九届彝学研讨会暨彝族六祖历史文化研讨会，在云南省昭通市召开，有来自北京、云南、四川、贵州、广西等地的专家学者两百多人参加了会议，会议主要围绕彝族古籍历史、彝族经济文化等内容展开了讨论，期间还组织专家学者参观了葡萄井彝族六祖文化广场。

2013年4月8日—4月10日，中华字库·彝文字符切字与属性标注学术研讨会，在贵州省毕节市毕节学院召开，有来自北京、云南、四川、贵州等地的专家学者五十多人参加了会议，会议就中华字库项目"彝文字符的搜集与整理"为主题展开了讨论。

2013年10月26—10月28日，第五届国际彝学研讨会，在四川省成都市西南民族大学召开，有来自美国、英国、法国、澳大利亚、日本、荷兰等国外的专家学者，以及来自北京、贵州、云南、广西、四川等地专家学者共一百多人参加了会议，会议以"传承·转型·发展"为主题，从全球化和现代化的视角，对彝族传统文化以及彝学学科发展等问题展开了讨论。

2014年11月17日—11月19日，第十五次滇川黔桂彝文古籍协作会、第十次全国彝学学术研讨会，在四川省凉山州召开，有来自北京、云南、四川、贵州、广西、广东等地领导、专家学者两百多人参加了会议。会议以彝文古籍文献、彝语文标准化建设、彝区经济社会发展、彝族语言文学、彝族文化艺术和彝族历史宗教六个论坛为主题展开了深入讨论。

2016年7月29日—7月31日，滇川黔桂彝文古籍整理出版工作协作组第十六次彝文古籍协作会，在贵州省六盘水市召开，会议总结了"滇川黔桂彝文古籍整理出版工作协作组"成立30年来取得的相关成就与经验，并围绕着国家战略和"十三五"民族古籍事业发展规划，对彝文古籍的相关工作进行了认真地谋划和研讨。

2017年10月21日—10月22日，海外彝族文献整理与研究国际学术会议，在西南民族大学武侯校区召开。有来自法国、美国、澳大利亚、日本等国家，以及北京、云南、贵州等国内专家学者共六十余人参加了会议，会议主要围绕自19世纪以来遗撒在海外的彝族古籍文献收藏、整理、研究等情况进行了讨论。

2018年8月4日至6日，滇川黔桂彝文古籍整理出版工作协作组第十七次彝文古籍协作会，在云南省楚雄彝族自治州楚雄市召开，会议以党的十九大"坚持中西医并重，传承发展中医药事业"为指导，以"弘扬民族医药文化、编纂彝医药典籍、促进彝医药产业发展"为主题，有来自北京、云南、四川、贵州、广西、广东等地领导、专家学者110名参加了会议，并对彝文古籍抢救与保护以及彝医药典籍编纂、彝医药基地建设、培养彝医人才等方面展开了广泛深入的讨论。

2018年11月12日，《彝医药典籍》编辑委员会主任会议，在云南省昆明市召开，有关专家学者共33人参加了会议，会议主要围绕着编纂《彝医药典籍》过程中存在的问题进行了讨论。

此外，四川、云南、贵州、广西等地区省、市（州）、县的彝学会，也会定期或不定期地召开有关彝族古籍方面的专题会议、年度工作会议等。这些不同规模、不同类型的学术会议，对推动彝族古籍文献的工作具有重要的意义。

（二）彝文古籍的收集整理

彝文古籍的收集整理是彝文古籍工作的基础，做好彝文古籍的收集整理工作对于推动彝文古籍的学术研究具有重要的意义。2010 年至 2019 年阶段，彝文古籍收集整理工作进入了蓬勃发展阶段，取得了重大的相关成果，其中还出现了一些大部头古籍整理著作，成为这一时期代表性的重要成果。这些成果的问世，不仅推动了彝文古籍整理的工作，同时也对其他少数民族古籍整理具有重要的意义。这一时期的主要代表性成果有：

《彝文典籍丛书》编委会编：《彝文典籍丛书》（1—10 卷），该书由四川民族出版社于 2010 年 1 月出版发行，此书编撰历时 22 年，由州级和 17 个县市的数十名专家和工作人员共同努力收集而成，共有 386 卷（种）彝文典籍，1100 万字。该套彝文典籍内容丰富，涵盖了习俗、历史、哲学、教育、法律、伦理道德、地理、天文历法等方面。

红河哈尼族彝族自治州人民政府编，普学旺和李涛主编的《红河彝族文化遗产古籍典藏》（1—20 卷），该套书以影印的方式，从 2010 年—2011 年陆续在云南人民教育出版社出版，收录了彝文典籍珍本 93 部，内容涉及创世史诗、叙事长诗、神话传说、民间故事、丧葬礼仪、驱秽除邪、祈福祭祀、天文历算、绘画艺术、医药卫生等方面，收录范围主要以流传于红河哈尼族彝族自治州的彝文古籍为重点，同时也收录了玉溪市等地的彝文古籍。收录古籍主要有第一卷《天地查姆》《阿黑西尼摩》；第二卷《神话人物传》《尼苏夺节—彝族创世史诗》；第三卷《婚礼故事》《绿春彝族创世史诗》《孔夫子和阿勒若》《东方高利王的故事》《贾莎则与勒斯基》《贾斯则》；第四卷《罗比白的故事》《唐王游地府》《格黑妮排奴的故事》《古鲁依妮的故事》《芋茇荷诗妮》《孟翰林与张尚书》《大英雄阿龙》；第五卷《衣孜伙子》《施卓勒恋歌》《凤凰记》《行善金光道》《则谷阿列与依妮》《则谷阿列与依妮》；第六卷《董永与七仙女》《普拓们查》；第七卷包含《们聂姆》（一）、《们聂姆》（二）；第八卷《革罗们查》《卓基们查》；第九卷《依基们聂姆》《吾查》《们查》；第十卷《祭棺装殓经》《设坛献牲经》《"尼米"经》《候客经》《解梦兆经经》《吊丧经》《献夜宵经》《女儿献夜宵经》《饯行经》《指路经》（一）、《指路经》（二）、《指路经》（三）、《指路经》（四）、《指路经》（五）、《指路经》（六）、《指路经》（六）；第十一卷《挖灾星邪气经》《请祖献祖经》《祭祖经》《请"纳"神经》《招庄稼魂经》《高山招魂经》；第十二卷《招魂经》《驱祸避凶经》《反击咒语经》《驱灾祸邪经》《献"申"邪经》《献星宿神经》《祭大龙登塔经》《祭寨神阿龙经》《祭寨神祛禳经》《祈护佑经》《射箭祈育经》《送火神经》《驱病疫经》《驱"洁"邪"耐"邪经》《祭神龛经》《驱"勒达"邪经》《驱"辛"邪经》《献酒经》；第十三卷《裴妥梅妮公书》《择日看病书》《天地测量史书》；第十四卷《裴妥梅妮母书》《施滴添子若书》；第十五卷《五行易书》《抽线占卜书》《彝文字集》；第十六卷《天文历算》（一）、《天文历算》（二）；第十七卷《天文历算》《百乐书》；第十八卷包含《百乐书》（二）、《百乐书》（三）、《百乐书》（四）；第十九卷《百乐书》（五）、《百乐书》（六）、《百乐书》（七）。该套丛书的出版大大促进了彝文古籍文献的保护传承与传播利用，同时，也为全国少数民族古籍文献的抢救与保护探索出了一条新的道路。

凉山州语委整理：《物种的起源》（彝文），四川民族出版社，2011年5月。该书收集整理了荞麦、燕麦、玉米、茶、树、竹等13种植物起源，牛、绵羊、山羊、马等11种动物起源，星、雷、水、石、铁等18种其他物种起源。该书内容十分丰富，从辩证唯物主义角度对各物种的起源作了来源解释，并介绍了各物种在彝族社会生活中的功能和作用。

《劝善经》（影印本）国家图书馆出版社于2012年2月出版，收录了中国国家图书馆藏彝文明刻本影印。

清水享编著：《台湾中央研究院傅斯年图书馆藏彝义（儸儸义）文书解题》，东京外国语大学亚非语言文化研究所，2012年3月。该书由龙倮贵、摩瑟磁火、张仲仁三位彝族古籍专家对台湾中央研究院傅斯年图书馆藏彝文文献进行编目整理，并对每一部彝文文献作了内容提要。

禄志义主编：《乌撒彝族礼俗典籍》，贵州民族出版社，2012年8月。该书主要记述了乌撒彝族礼俗，内容分为生育礼仪、婚嫁礼仪、丧葬礼仪、节日礼仪四篇，反映了彝族不同礼仪的起源、过程、发展、变化等。

王继超、陈光明主编：《彝文典籍图录》，贵州民族出版社，2013年5月。该书分上下两册，上册分两篇，第一篇《那史》，包括《天地策举祖》《杜诺布、恒那沓》《天父地母》《输必孜图案》《龙的形象》等；第二篇包括《生命符号》《天文历算符号》《占算符号》等。下册为第三篇，包括《人的皮与骨》《婚姻》《房屋、仓廪、金银》《养殖》《贫富与贵贱》《灾难》《丧事祭祀》等。

王继超、陈光明主编：《彝族古歌》（上、下册），贵州民族出版社，2013年6月。该书记述了彝族古歌，内容涉及彝族的起源、祭祀、祈福、爱情、婚嫁、丧葬、生活环境等诸多方面，具有极高的民间文学价值、历史学价值、民俗学价值等。

贵州省民族古籍整理办公室编：《彝族丧葬礼俗经》，贵州民族出版社，2013年12月。该书收录了彝族丧葬经，内容包括布摩根源、丧祭延师、延请布摩、开经堂门、请歌神曲、起舞曲、开场曲、君死君不哭等。

云南省少数民族古籍整理出版规划办公室编的《云南少数民族古籍珍本集成》是由云南省红河哈尼族彝族自治州州委、州政府投资上百万元经费开展的大型项目。该项目从2013年开始，计划用5年左右时间编纂出版100卷彩色影印的古籍，截至目前，已由云南人民出版社出版了90卷。其中这一阶段出版的彝文古籍有11卷，如：2013年5月出版了第1—3卷，收录了《们尼莫》（一）和《们尼莫》（二）

《百乐书》等；2015年3月出版了第12—14卷，收录了《百乐书》《龙氏族谱》《李氏族谱》《邱氏族谱》《普氏族谱》《罗氏族谱》《物源纪略》《历算全书》等；2016年1月出版了第26—28卷，收录了《董永卖身》《张三姐》《张四姐》《木荷与薇叶》《董永记》《凤凰记》《取经记》《开丧经》《吾查》《们查》等；2016年1月出版了第40卷，收录了《红河县百乐书》《公书》《母书》；2018年12月出版了第69卷，收录了《二十八星宿》《百解供牲经》等。该套丛书收录了不少珍贵彝文古籍，具有重要史学研究价值和版本学研究价值。

《彝汉教典》（影印本），国家图书馆出版社，2014年；该书收录了清华大学图书馆藏彝文清乾隆二十一年抄本影印本，内容为49位彝汉道人语录集，是一部反映彝族古代文化教育思想和伦理道德观念的经典著作。

《彝文典籍集成》是由国家出版基金资助出版的一部超大型彝文古籍图书，全书共有160辑，10万幅图片，其中四川卷60辑，云南卷50辑，贵州卷50辑。该套书是这一阶段最有代表性的彝文古籍收集整理成果，也是迄今彝文图书出版史上规模最大、涉及领域最广的百科全书式的彝学典籍。其中，四川卷，于2014年12月在四川民族出版社出版，共有60辑，其中医药类，11辑，收录了51篇古籍，341种版本；教育类，2辑，收录了11篇古籍，35种版本；天文历算类，5辑，收录了15篇古籍，85种版本；军事类，6辑，收录了24篇古籍，108种版本；哲学宗教类，22辑，收录了137篇古籍，617种版本；经济类，1辑，收录了5篇古籍，40种版本；谱牒类，2辑，收录了4篇古籍，62种版本；历史地理类，4辑，收录了37篇古籍，119种版本；文学类，6辑，收录了33篇古籍，129种版本；习惯法类，1辑，收录了8篇古籍，31种版本。这些古籍文献主要来源于凉山彝族奴隶社会博物馆、四川省彝学会、凉山彝族自治州语言文字工作委员会、乐山市马边彝族自治县民族事物局、乐山市峨边彝族自治县民族宗教局等单位以及民间个人收藏者，其中还收录了许多珍贵的版本，有些是重要的文物，如凉山彝族奴隶社会博物馆收藏的4件一级文物，20件二级文献。该成果内容是专家从十万余幅古籍图片中遴选出来的325篇，近3.6万幅稿件，古籍以影印形式印刷出版，忠实保存了彝文古籍的原始风貌，为彝学研究提供了丰富的古籍资料。云南卷，于2015年12月在四川民族出版社出版，共有50辑，内容分为十大类，其中哲学宗教类，20辑；医药类2辑；政治军事类，5辑；文学艺术类，5辑；天文历算类，8辑；历史地理类，6辑；教育类，2辑；谱牒类，1辑；经济类，1辑。贵州卷，于2017年12月在四川民族出版社出版，共有50辑，内容分为十大类，其中哲学宗教类，22辑；医药类，1辑；政治军事类，2辑；文学艺术类，6辑；天文历算类，7辑；历史地理类，7辑；教育类，2辑；谱牒类，1辑；习惯法类，1辑；经济类，1辑。

石林彝族自治县民族宗教事务局编：《石林彝族文献典籍》（彝文），云南人民出版社，2015年。该书收录了《丧家女儿祈福经》和《彝族丧葬礼仪典籍》两部彝族典籍。

罗世荣、王应忠主编《彝族婚嫁礼俗经·礼仪篇》（下），贵州民族出版社，2015年11月。收录了彝族婚嫁礼仪中的经典唱词吟词《初初候》《阿卖恳》等122首"嫁歌"，《尤咪》等4首"婚吟祝词"，《陆外》等45首"婚歌"。内容以彝族嫁女的悲情和结婚的喜乐为主线，叙说天文、地理、历史、人生。

罗世荣、陈宗玉主编：《投确数》，贵州民族出版社，2015年11月。该书记录了彝族先祖武洛撮创立的祭祀典章及六祖的分支、迁徙、分布等史事，内容涉及彝族的起源、发明用火、金属冶炼、婚姻家庭、丧祭兴起等。

卢堡生、卢志发主编：《小凉山彝族毕摩经典影印集成》（1—10卷），云南民族出版社，2016年。该套书收录了云南省丽江市宁蒗县境内的多种彝文典籍，内容涉及彝文典籍综述、祈吉求祥经、理顺自然经、祝酒祈福经等。

黄建明、张铁山主编：《中国少数民族文字珍稀典籍汇编》，福建人民出版社，2017年8月。该套丛书共有28册，其中有三册是彝文古籍，如第四册，收录了《百乐书》《玄通大书》《尼苏》三部彝族历算类古籍；第五册，收录了《摩史苏》和《彝汉教典》两部彝族教育类古籍；第六册，收录了《尼亥尼司》和《历算书》两部彝族历法类古籍。这些彝文古籍都是一些珍贵的版本，其中《摩史苏》《彝汉教典》《百乐书》《尼苏》等已列入了国家珍贵古籍名录，是国宝级的彝文典籍，具有重要的学术价值。该套丛书2017年获得全国"优秀古籍图书奖"一等奖，2018年获得"第二十届华东地区古籍优秀图书奖"特等奖，2019年获得第七届中华优秀出版（图书）奖。

此外，这一时期还有一些家谱文献也陆续被整理出版，代表性的相关成果有：吉木拉立主编《吉木鹉麒谱系》（云南民族出版社，2010）；沙玛瓦特等主编《沙玛诺布谱牒》（云南民族出版社，2012）；海来拉日、海来俄洛等主编《阿摸惹古家谱——斯杜、斯布、斯兹支系》（云南民族出版社，2012）；沙光金主编《里特七子牒》（中国文化出版社，2013）；巴莫尔哈主编《俄糯三子——杰史九子·阿涅八子·木库五子世家谱》（中央民族大学出版社，2013年12月）；蒋木吉主编《莫俄惹古谱牒》（云南民族出版社，2014）；阿坡木乃主编《中国彝族谱牒·氏义能助支系》（云南民族出版社，2014）；石一文忠等主编《中国彝族谱牒·石一谱》（云南民族出版社，2014）；曲毕卧龙、马学金主编《央古书布·岳特支系谱》，云南民族出版社，2016。

（三）彝文古籍的翻译

彝族古籍卷帙浩繁，内容博大精深，但仅仅收集整理是不够的，它必须经过翻译才能将丰富的内容介绍给世人，所以翻译在彝文古籍工作中起着至关重要的作用。这一时期，彝文古籍的翻译工作取得了重要的成果，其中具有代表性的成果主要有：

罗蓉芝译：《玛牡特依》，四川民族出版社，2011年3月。该书是流传于四川彝语北部方言区的一部教育经典，内容涉及彝族伦理道德、社会历史、风俗习惯等，是一部彝族先民人生观、价值观的总集。作者以"彝汉双文体"形式对本书内容进行翻译。贾司拉核主编：《凉山彝族丧葬歌谣》，云南民族出版社，2014年12月。该书内容主要收集了凉山彝族所地方言区的彝族丧葬歌谣，共分为20个章节，即演说丧葬词、王子嘞、庄稼谱、丧葬牛谱、猎狗之源、雷电之源、兹敏阿脂、铠甲之源、濮嫫妮依、支格阿龙、射日月、呼唤日月、创造万物、雪族谱系、雪族十二子、居木乌乌、糯与恒之变、寻引不死种、择格、指路。内容以彝汉双文对译形式出版。

王富慧译著：《彝族神话史诗选》，民族出版社，2013年4月。该书收录了《索恒哲》《恒也阿迈妮（一）》《恒也阿迈妮（二）》《支格阿鲁》四部分文学古籍，它是明代彝族诗文论家阿买妮、举车哲等人的神话史诗以及诗文理论。内容以"三行体"形式对文本进行译注。

沙马拉毅：《彝族古歌精译》，民族出版社，2013年6月。该书由作者通过对滇川黔桂地区彝族歌谣搜集整理翻译而成，内容可分为儿歌、婚嫁歌、节令歌、决术歌、历史传说歌等。

朱崇先、杨怀珍著：《国家图书馆藏清代彝文田赋账簿研究》，民族出版社，2013年7月。该书以国家图书馆藏的部分清代彝文田赋账簿为研究对象，运用"四行体对照"形式对该书内容进行了翻译和注释，并对其文史价值进行了研究和论述。

元阳县民族宗教事务局，元阳县彝族研究会编：《元阳彝文古籍伦理道德经》，云南民族出版社，2014年12月。该书以"彝文、直译、意译"三行体形式对文本进行了翻译，内容以儒家思想为主导，记载了教文习文、为人处事、待人接物等彝族伦理道德。

《中国彝文典籍译丛》是凉山彝族自治州人民政府组织选编，由凉山州语委实施的大型彝族古籍抢救保护工作项目，由四川民族出版社负责编辑出版。截至目前，已出版到第10辑，其中第4—10辑为这一时期出版的成果，以"彝汉双文对照"形式对文本进行翻译出版。该套彝文典籍译丛是彝语北部方言文献中规模最大的一套文献翻译图书，它的出版对于弘扬彝族文化、丰富中华民族文化宝库，以及促进各民族相互了解等方面都具有重要的意义。其中，第4辑于2012年12月出版，内容涉及《避祸躲灾经》《祭祀缘由经》《献祭经》《椎牛经》《镇病魔经》《献畜镇魔经》《祛除狐臭经》《驮魔祛秽经》《禁刹经》等类经书；第5辑于2013年2月出版，内容涉及《祭祖祈福经》《祭祀松神经》《祭祀福神经》《祭祀祈福神座经》《宴祭福神经》《毕克策》《合欢经》《指路经》《格俄瑟》《考妣变换》《锁灵路经》《祭祖迁灵经》等类经书；第6辑于2014年12月出版，内容涉及《护送祖灵经》《祖灵安乐经》《祭祖献茶经》《安灵经》《祭灵地》《苏抚加》《献水送女经》《猪胛祭》《献水盔甲经》《献水孔雀经》《祭肉献茶经》《送毕祝酒辞》等类经书；第7辑于2015年12月出版，内容涉及《献水经》《报御况》《送灵鸡股卜》《送灵请毕经》《祭祖送灵祝酒辞》《白签祭经》《唤格布》《猪胛卜经》《赎格菲》；第8辑于 2016 年 12 月出版，内容涉及《祛污经》《驱实勺之绝亡》《驱逐突刹》《猪胛卜驱逐经》等类经书；第 9 辑于 2017 年 12 月出版，内容涉及《置石卫》《置牛卫》《置绵羊卫》《置山羊卫》《置鸡卫》《置猪卫》《黑兽獬豸角》《预防食殃经》《防痢御伤寒》《预防麻风经》《预防神疾怪病符咒》等类经书；第 10 辑于 2018 年 10 月出版，内容涉及《预防猴瘟痨疾经》《预防枪矛箭矢符咒》《祭洁灵》《享祭经》《驱痨祛病经》《驱痨经》等类经书。

由云南民族出版社出版的大型古籍文献翻译巨著《彝族毕摩经典译注》，堪称这一时期的代表性重要成果，该套丛书由云南省楚雄彝族自治州州委、州政府投资 1000 万元，组织云、贵、川、桂等地彝文文献专家，从 2005 年开始至 2012 年 10 月历时 7 年工作才完成。丛书内容主要以楚雄彝族自治州毕摩经典为主，同时也收录了云南、四川、贵州、广西等彝族地区具有代表性的毕摩经典。从文献翻译角度来看，这套丛书是迄今为止，内容最为丰富、出版规模最大的一套彝文古籍翻译巨著，具有重大的史料价值和研究价值。其中，第 61—106 卷为这一时期的出版成果，2010 年 9 月出版了第 61—70 卷，如第 61 卷《彝族古代六祖史》、第 62 卷《占病书》、第 63 卷《医病好药书》、第 64 卷《阿佐兄弟》、第 65 卷《武定彝族祭祖献牲经》、第 66 卷《八卦天文历算一》、第 67 卷《八卦天文历算二》、第 68 卷《八卦天文历算三》、第 69 卷《八卦天文历算四》、第 70 卷《祭祖经大姚彝族口碑文献》；2010 年 12 月出版了第 71—80 卷，如第 71 卷《查姆（一）》、第 72 卷《查姆（二）》、第 73 卷《措诺祭（一）》、第 74 卷《措诺祭（二）》、第 75 卷《措诺祭（三）》、第 76 卷《祭祖祛邪经》、第 77 卷《彝族神座布局图》、第 78 卷《彝族教典》、第 79 卷《宁蒗彝族祭祖经（一）》、第 80 卷《宁蒗彝族祭祖经（二）》；2011 年 11 月出版了第 81—90 卷，如第 81 卷《武定彝族诺耶（一）》、第 82 卷《武定彝族诺耶（二）》、第 83 卷《赛玻嫫》、第 84 卷《教育经典》、第 85 卷《丧祭经·漾濞彝族口碑文献（一）》、第 86 卷《丧祭经·漾濞彝族口碑文献（二）》、第 87 卷《罗平彝族历算书（一）》、第 88 卷《罗平彝族历算书（二）》、第 89 卷《罗平彝族历算书（三）》、第 90 卷《罗平彝族历算书（四）》；2012 年 5 月出版了第 91—100 卷，如第 91 卷《教路经·南华彝族口碑文献》、第 92 卷《罗婺彝族献药经》、第 93 卷《双柏彝族医药书》、第 94 卷《阿细先基弥·勒彝族口碑文献（一）》、第 95 卷《阿细先基弥·勒彝族口碑文献（二）》、第 96 卷《阿诗玛》第 97 卷《丧葬经·大姚彝族口碑文献》、第 98 卷《祛魔治病经》、第 99 卷《董永记（一）》、第 100 卷《董永记（二）》；2012 年 10 月出版了第 101—106 卷，如第 101 卷《彝文账簿书》、第 102 卷《梅葛·姚安彝族口碑文献》、第 103 卷《彝族谱牒》、第 104 卷《楚雄州彝语地名集》、第 105 卷《彝语俚颇土语词汇》、第 106 卷《太上感应篇译释》。

王海滨编：《彝文古籍选读》，民族出版社，2016 年 4 月。该书主要以彝汉文对照形式对彝文古籍进行了译注，内容包括《阿诗玛》《凤凰记》《妈妈的女儿》《董永记》《教育经典》《契约文书》《人生哲理篇《太上感应篇》《彝族六祖》《彝族六祖》《老人讲古史》《乌蒙谱》《斯葛氏谱》《八卦的称谓》《二十八宿占吉凶》等。

王继超、罗世荣主编：《宇宙人文》，贵州民族出版社，2016 年 7 月。该书以彝汉文对照形式对本文进行了译注，内容涉及古代彝族先贤、哲人关于世界观、人生观、道德观等方面。

王子国译著：《宇宙生化》，贵州民族出版社，2016 年 7 月。该书是一部关于天文历法的彝文古籍专著，内容包括清浊气产生、叙哎哺根源、五行富贵根、论甲干的产生、论十二地支、定十二属相、八卦定八名、论宇宙四面变八方、十生五成等。

卢志发译注：《武遮译注》云南民族出版社，2016 年 10 月。该书以彝汉对照形式对文献文本进行了译注，内容涉及武遮、武作、古候、曲涅、丘补等谱系源流，以及武乍九支谱、武省体谱、武德基谱等；

朱文旭译注：《勒俄特依》，民族出版社，2017 年 1 月。该书以《勒俄特依》的多个版本做比较进行正误对勘后，以"三行全对照"形式对《勒俄特依》全文进行了翻译和注释，对彝文古籍翻译和研究具有重要的参考价值。

华宁县彝文古籍译注编委会编：《华宁县彝文古籍译注》，云南民族出版社，2017 年 11 月。收录了流传于玉溪市华宁县盘溪镇彝族阿哲支系的彝文古籍，内容涉及彝族历史、天文地理、宗教哲学、医药冶炼等，对研究彝族历史、文化、医药等有较大的参考价值。

2017 年，贵州省民族古籍整理办公室编译了几部彝文文献，如《阁颖数》（军事篇）、《苏巨黎咪数》（法律篇）、《宇陡数》《细载数》等，由贵州民族出版社出版。

洛边木果、曲木伍各等译：《支格阿鲁：彝族英雄史诗》，民族出版社，2017 年 12 月。本书对四川、云南、贵州地区的多个"支格阿鲁"版本进行了整理和整合，内容涉及古代彝族哲学思想、宗教信仰、文学艺术、伦理道德、风俗习惯以及政治、经济、军事、天文、历算等方面，在文学、人类学、史学、民族学、民俗学等方面具有重要的学术研究价值。

沙永前、马文英、马文芳译注《毕爽特依校注》，云南民族出版社，2018 年 3 月。该书是颂扬毕摩祭祀的一部经书，记录了古代不同历史时期彝族毕摩派系的形成与发展情况，内容以父子连名形式记载了众多学派的彝族毕摩世家谱系。

赫章县夜郎文化研究院编，龙正清、赵祥恩、龙在贵译著：《彝族指路经考释》，贵州民族出版社，2018 年 12 月。全书分上下两卷，内容收录了贵州省威宁、赫章、毕节、大方、纳雍、水城，以及云南省镇雄、红河、昭通、元阳等地 14 部《指路经》，以"四行体形式"对文本进行了译注，同时，对彝族先民的迁徙路线、地域、历史沿革等问题进行了考证，并对各支系祭祀仪式进行了解读，具有重要的文献价值和研究价值。

赫章县夜郎文化研究院编，龙正清、赵祥恩、龙在贵译著：《西南考古与彝族文化寻宗》，贵州民族出版社，2019年11月。全书全上中下三卷，分为五个板块论述。第一个板块为"西南地区考古发现"，第二个板块为"祭葬之器"，第三个板块为"国家的起源"，第四个板块为"习俗礼制"，第五个板块为"先天八卦历法"。全书以"直译、题解、意译"形式对文本进行了译注。

此外，这一时期彝族古籍专家王继超、陈光明、瞿瑟等对《彝族源流》和《西南彝志》进行修订后重新出版。如王继超、陈光明主编：《彝族源流》，贵州民族出版社，2014年6月，全4集。王继超、瞿瑟主编：《西南彝志》，贵州民族出版社，2019年1月，全7辑。这两部成果都是大部头的古籍图书，修订版比旧版的内容更加完善，更方便读者阅读与收藏。

（四）入选《国家珍贵古籍名录》的彝文古籍

《国家珍贵古籍名录》是中国政府为建立完备的珍贵古籍档案，确保珍贵古籍的安全，推动古籍保护工作，提高公民的古籍保护意识，促进国际文化交流和合作，而由原文化部拟定，报国务院批准后公布的一份名录。自2007年实施"中华古籍保护计划"以来，国务院已公布六批《国家珍贵古籍名录》，第一批于2008年3月1日公布，第二批于2009年6月9日公布，第三批于2010年6月11日公布，第四批于2013年3月8日公布，第五批于2016年3月27日公布，第六批于2020年6月23日公布。彝文古籍是中华古籍的重要组成部分，全国各地区的彝文古籍保护单位每次都将珍贵的彝文古籍进行申报《国家珍贵古籍名录》。申报国家珍贵古籍名录是从国家层面对珍贵古籍文献的保护与传承，自2010年以来已有105部珍贵彝文古籍入选了《国家珍贵古籍名录》，这对于彝文古籍的保护与传承具有重要的意义。被入选的具体情况如：

2010年6月11日，国务院批准文化部确定的第三批《国家珍贵古籍名录》推荐名单有2989部，第三批全国古籍重点保护单位有37个，其中彝文古籍被入选推荐名单有35部，如：

09716 劝善经 明刻本 云南省社会科学院图书馆

09717 劝善经 明刻本 国家图书馆

09718 沿途贿赂鬼神经 明末抄本 中国民族图书馆

09719 益博六祖史 清乾隆三十二年（1767）抄本 国家图书馆

09720 贿赂经 清乾隆抄本 楚雄彝族文化研究院

09721 指路经 清嘉庆七年（1802）抄本 楚雄彝族文化研究院

09722 指路经 清道光十年（1830）抄本 楚雄彝族文化研究院

09723 指路经 清道光十八年（1838）抄本 云南省社会科学院图书馆

09724 吾查 清道光十八年（1838）抄本 云南省社会科学院图书馆

09725 签书 清道光十八年（1838）抄本 楚雄彝族文化研究院

09726 宇宙人文论 清道光抄本 毕节地区彝文文献翻译研究中心
09727 彝族六祖源流 清同治二年（1863）抄本 楚雄彝族文化研究院
09728 道场神座插枝规程示意图 清光绪十二年（1886）商嘎抄本 清华大学图书馆
09729 献水经 清光绪十六年（1890）抄本 楚雄彝族文化研究院
09730 献牲·合灵·本命方经 清光绪二十八年（1902）抄本 楚雄彝族文化研究院
09731 献酒献茶经 清光绪二十九年（1903）抄本 楚雄彝族文化研究院
09732 训世诗 清四川刻本 中国民族图书馆
09733 阿鲁玄通书 清抄本 毕节地区彝文文献翻译研究中心
09734 物兆书 清抄本 云南省社会科学院图书馆
09735 扯勒丧仪经 清抄本 毕节地区彝文文献翻译研究中心
09736 董永与七仙女 清抄本 南省少数民族古籍整理出版规划办公室
09737 洪水泛滥记 清抄本 毕节地区彝文文献翻译研究中心
09738 木荷与薇叶 清抄本 云南省少数民族古籍整理出版规划办公室
09739 那史释名经 清抄本 毕节地区彝文文献翻译研究中心
09740 牛角寨百乐书 清抄本 云南省少数民族古籍整理出版规划办公室
09741 普拓们查 清抄本 云南省少数民族古籍整理出版规划办公室
09742 祈福消灾大经 清抄本 毕节地区彝文文献翻译研究中心
09743 水西彝族解冤经 清抄本 毕节地区彝文文献翻译研究中心
09744 天地查姆 清抄本 云南省少数民族古籍整理出版规划办公室
09745 献夜宵经 清抄本 云南省少数民族古籍整理出版规划办公室
09746 玄通大书 清抄本 中央民族大学少数民族古籍研究所
26009747 彝家大通书 清抄本 毕节地区彝文文献翻译研究中心
09748 彝史辑录 清抄本 毕节地区彝文文献翻译研究中心
09749 神话人物传 清抄本 云南省少数民族古籍整理出版规划办公室
09750 元阳指路经 清抄本 云南省少数民族古籍整理出版规划办公室

2013年3月8日，国务院批准文化部确定的第四批《国家珍贵古籍名录》推荐名单有1516部，第五批全国古籍重点保护单位有16个，其中彝文古籍被入选推荐名单有48部，如：

11276 六部经书 明嘉靖四十四年（1565）抄本 国家图书馆
11277 劝善经 明刻本 西南民族大学民族文献研究中心
11278 劝善经 明刻本 楚雄彝族文化研究院
11279 卖查 清乾隆十九年（1754）抄本 楚雄彝族文化研究院
11280 祭奠经 清乾隆三十二年（1767）东戴抄本 楚雄彝族文化研究院
11281 彝汉教典 清乾隆五十八年（1793）抄本 国家图书馆
11282 丧仪细沓把 清嘉庆三年（1798）抄本 毕节地区彝文文献翻译研究中心

11283 彝文字集 清嘉庆九年（1804）抄本 国家图书馆
11284 嫁歌歌词集 清嘉庆抄本 贵州民族文化宫图书馆
11285 十二部勾则 清道光元年（1821）抄本 毕节地区彝文文献翻译研究中心
11286 哭祭亡灵经 清道光二年（1822）抄本 毕节地区彝文文献翻译研究中心
11287 丧祭驱鬼经 清道光四年（1824）抄本 毕节地区彝文文献翻译研究中心
11288 物始纪略 清道光七年（1827）抄本 毕节地区彝文文献翻译研究中心
11289 局卓布苏 清道光八年（1828）抄本 毕节地区彝文文献翻译研究中心
11290 伦理经 清道光八年（1828）抄本 毕节地区彝文文献翻译研究中心
11291 支嘎阿鲁丧仪经 清道光九年（1829）抄本 毕节地区彝文文献翻译研究中心
11292 婚姻起源书 清道光十年（1830）抄本 毕节地区彝文文献翻译研究中心
11293 婚嫁曲姐苏 清道光十年（1830）抄本 毕节地区彝文文献翻译研究中心
11294 毕摩溯源经 清道光十年（1830）抄本 毕节地区彝文文献翻译研究中心
11295 诺沤曲姐书 清道光十年（1830）抄本 毕节地区彝文文献翻译研究中心
11296 池普纳氏族辖地及叙谱书 清道光十年（1830）抄本 楚雄彝族文化研究院
11297 安顿祖灵经 清道光十三年（1833）抄本 毕节地区彝文文献翻译研究中心
11298 婚姻史话 清道光十三年（1833）抄本 毕节地区彝文文献翻译研究中心
11299 丧祭献酒经 清道光十四年（1834）抄本 毕节地区彝文文献翻译研究中心
11300 乌撒彝族祭祖经 清道光十五年（1835）抄本 毕节地区彝文文献翻译研究中心
11301 丧葬习俗经 清道光十五年（1835）抄本 毕节地区彝文文献翻译研究中心
11302 祭祖仪式经 清道光十七年（1837）抄本 毕节地区彝文文献翻译研究中心
11303 经玉改结开路经 清道光二十二年（1842）抄本 六盘水市少数民族古籍整理办公室
11304 祭祖大典示范经 清道光二十三年（1843）抄本 毕节地区彝文文献翻译研究中心
11305 家园消灾祈福经 清道光二十四年（1844）抄本 毕节地区彝文文献翻译研究中心
11306 洪水与笃慕 清道光二十六年（1846）抄本 贵州民族文化宫图书馆
11307 摩史叙史录 清道光二十七年（1847）抄本 毕节地区彝文文献翻译研究中心
11308 婚仪诵本 清道光三十年（1850）抄本 贵州民族文化宫图书馆
11309 阿哲君长世系 清道光三十年（1850）抄本 贵州民族文化宫图书馆
11310 动植物谱 清道光抄本 西南民族大学民族文献研究
11311 叙谱续代书 清咸丰四年（1854）抄本 楚雄彝族文化研究院
11312 阿鲁预测书 清咸丰抄本 贵州民族文化宫图书馆
11313 彝家婚礼叙事诗 清同治五年（1866）抄本 毕节地区彝文文献翻译研究中心
11314 宗法与祭祖 清同治七年（1868）抄本 毕节地区彝文文献翻译研究中心

11315 驱病退灾书 清光绪十五年（1889）抄本 毕节地区彝文文献翻译研究中心
11316 祭奠哭灵书 清光绪二十二年（1896）抄本 毕节地区彝文文献翻译研究中心
11317 祭场解口舌罪经 清光绪二十三年（1897）李格抄本 楚雄彝族文化研究院
11318 摩史苏四卷 清光绪二十五年（1899）刻本 毕节地区彝文文献新译研究中心
11319 择期书 清光绪二十六年（1900）抄本 毕节地区彝文文献翻译研究中心
11320 播勒对歌记 清光绪二十七年（1901）抄本 毕节地区彝文文献翻译研究中心
11321 毕摩仪式经 清光绪二十八年（1902）抄本 西南民族大学民族文献研究中心
11322 梅查书 清光绪抄本 西南民族大学民族文献研究中心
11323 北方尼诺史 清宣统三年（1911）李芝林抄本 楚雄彝族文化研究院

2016年3月27日，国务院批准文化部确定的第五批《国家珍贵古籍名录》推荐名单有899部，第五批全国古籍重点保护单位有14个，其中彝文古籍被入选推荐名单有8部，如：

00834 劝善经　明刻本　国家图书馆
00835 水西制度　清嘉庆五年（1800）抄本　贵州省民族古籍整理办公室
00836 彝汉天地　清道光二十六年（1846）抄本　国家图书馆
00837 罗婺姻亲史　清光绪十五年（1889）抄本　国家图书馆
00838 纳多库瑟（圣经问答）　（法）保禄·维亚尔译　清宣统元年（1909）香港铅印本　云南省石林彝族自治县民族图书馆
00839 呗三小伙和叩红赛姑娘的故事　清抄本　楚雄彝族文化研究院
00840 姑娘哭嫁调　清抄本　楚雄彝族文化研究院
00841 唐王书　清抄本　楚雄彝族文化研究院

2020年6月23日，文化和旅游部公布的第六批《国家珍贵古籍名录》推荐名单有752部，第六批全国古籍重点保护单位有23个，其中彝文古籍被入选推荐名单有14部，如：

12974 吾查　清乾隆二十一年（1756）抄本　楚雄彝族文化研究院
12975 德勒氏族史　清抄本　楚雄彝族文化研究院
12976 且保史　清抄本　楚雄彝族文化研究院
12977 彝汉教典　清抄本　楚雄彝族文化研究院
12978 阿哩书　清抄本　楚雄彝族文化研究院
12979 唐王游地府　清抄本　楚雄彝族文化研究院
12980 赛玻嫫　清抄本　楚雄彝族文化研究院
12981 卖花女　清抄本　楚雄彝族文化研究院
12982 慕阿克支谱牒　清抄本　楚雄彝族文化研究院
12983 卖查　清抄本　楚雄彝族文化研究院

12984 七十贤子史　清抄本　楚雄彝族文化研究院
12985 阿佐分家　清抄本　楚雄彝族文化研究院
12986 医药书　清抄本　云南省新平县民族图书馆
12987 布默军事　清抄本　贵州民族文化宫图书馆

(五) 彝文古籍的学术研究

彝文古籍的工作，不仅需要对彝文古籍进行收集、整理和翻译，同时也需要对彝文古籍进行学术研究，从而挖掘彝文古籍所记载的文化内涵，弘扬优秀传统文化，为社会主义建设服务。

在过去，彝文古籍的学术研究，主要停留在收集整理层面上，而对彝文古籍的学术研究却有所滞后。这一时期，彝文古籍文献的学术研究有了重大进展，不仅有许多重要成果不断出版问世，而且还有许多古籍研究课题也获得了省部级和国家级等项目的立项，这标志着彝文古籍学术研究已进入高峰时期。

1. 彝文古籍研究著作类成果

这一时期，彝文古籍相关研究的著作类成果取得了可喜的成绩，这些研究成果内容涉及彝族历史学、文献学、宗教学、文学、医学、数字化等多领域学科，积极推动了彝文古籍专业学科的发展。

有关历史学方面的研究成果，如王明贵、王继超主编：《水西简史》，贵州民族出版社，2011年5月。该书论述了水西政权兴衰的历史过程，内容分为导言、"水西前史""水西简史"和"水西后史"四个部分。王天玺、张鑫昌主编：《中国彝族通史》，云南人民出版社，2012年11月。该书论述了彝族从远古时代到民国时期历史，是一部全面反映中国彝族发展历程最系统、最客观的书籍。全书共分四卷，第一卷内容分两编，即第一编远古至战国时期和第二编为秦至隋时期；第二卷内容分两编，即第三编唐宋时期和第四编元明时期；第三卷内容分一编，即清代；第四卷内容分一编，即民国时期。该书为这一时期彝族历史研究的代表性重要成果。张纯德、朱琚元、白兴发著：《彝文古籍与西南边疆历史》，社会科学文献出版社，2013年1月。该著作是国家社会科学基金重大特别委托项目"西南边疆历史与现状综合研究项目"研究系列的子项目的研究成果，内容通过彝文古籍，对西南边疆彝族的历史、文化、风俗、军事等方面进行了综合研究。郭丽娜等译：《倮倮·云南倮倮泼：法国早期对云南彝族的研究》，原著[法]保禄·维亚尔，阿尔弗雷德·李埃达，学苑出版社，2014年。该书主要对法国彝学研究的经典之作：保禄·维亚尔（汉名邓明德）所著的《倮倮——历史、宗教、风俗、语言和文字》和阿尔弗雷德·李埃达（汉名田德能）所著的《云南倮倮泼——南中国的一个土著部落》进行了翻译和研究。王继超著：《彝文古籍整理与历史文化研究》，贵州民族出版社，2014年5月。该书从"彝文古籍整理研究与典籍评介""彝族历史文化研究"和"彝族语言文字研究"三部分对彝族古籍相关内容进行了研究。瓦其比火、叶康杰等著：《彝族吉恩瓦其·曲木家族谱系源流》，四川民族出版社，2015 年 6 月。对彝族家谱的研究价值和社会作用进行了研究，并搜集、整理了川滇地区吉恩瓦其·曲木家族谱系，并对其家族的谱系源流进行了梳理和考证。

有关哲学方面的研究成果，如杨勇、龙倮贵著：《彝族传统哲学思想研究》，民族出版社，2014 年；该书研究内容涉及彝族传统哲学思想，包括宇宙的形成、天地万物形成、彝族阴阳观、彝族五行观和五色观、彝族时空观、彝族神灵观和灵魂观及鬼观念、彝族生死观等方面。王明贵著：《贵州彝族制度文化研究》，民族出版社，2015 年。该书以水西安氏土司政权为研究对象，对彝族制度文化进行了研究。

有关文献学方面的研究成果，如马锦卫著：《彝文起源及其发展考论》，民族出版社，2011 年 12 月。该书从文字学角度对彝文进行了深入研究，内容涉及彝文的起源、彝文性质、彝文结构、彝文产生年代等方面，是一部资料翔实、系统科学的著作。罗曲、王俊著：《彝族传统孝文化载体〈赛特阿育〉研究》，中国社会科学出版社，2013 年。该书以彝文文献《赛特阿育》为研究对象，对彝族传统孝文化进行了研究，内容包括《赛特阿育》在黔西北彝区的田野镜像、孝文化载体"董永"的历史展演、《赛特阿育》与董永孝道故事比较、《赛特阿育》的文本源研究等。杰觉伊泓主编：《〈勒俄〉校勘与注释》，四川大学出版社，2014 年 6 月。该书主要以《勒俄特依》为研究对象，对雷波版、冯氏版、迪庆版、盐源版、甘洛版、越西版、吉氏版等不同版本进行了校勘、注释和研究。昂自明编著：《彝文古籍选读》，民族出版社，2016 年 6 月。张公瑾、黄建明主编：《中国少数民族古籍珍品图典：民族古文字古籍整理研究 100 年通览》（第一册），中国社会科学出版社，2018 年 6 月。该书的彝文部分由黄建明、王继超撰写，内容分为七个章节，分别从彝族历史文化概况、彝文的起源与变迁、彝文载体类别与版本形式、彝文古籍目录与分类、彝文古籍历代发掘简况、彝文古籍珍品图片及说明和古籍珍品释读方面介绍了彝文古籍文献的内容和形式特征，所收古籍珍品共 50 种，基本代表了彝文各方言区的古籍文献面貌。祁建华编著：《彝族古籍文献考略》，云南民族出版社，2018 年。黄琼英著：《〈阿诗玛〉翻译传播研究》，中国社会科学出版社，2019 年 9 月。该书以彝族撒尼叙事长诗《阿诗玛》的翻译本为研究对象，对其翻译类型、翻译文本的谱系关系、翻译传播线路、翻译传播文化场域各权力因素与其经典身份构成之间的关系以及翻译策略和翻译方法等进行了全面系统的研究。

有关宗教学方面的研究成果，如朱崇先著：《彝族氏族祭祖大典仪式与经书研究：以大西邑普德氏族祭祖大典为例》，民族出版社，2010 年 6 月。该书以云南省禄劝县大西邑村彝族普德氏族祭祖大典为例，对彝族氏族祭祖大典与经书进行了研究，内容图文并茂，具有较高的资料价值。吉尔体日、吉合阿华、吉尔拉格编译：《彝族毕摩百解经》，巴蜀书社，2010 年。该书以美姑县已故著名毕摩俄其曲比吕尔留下的手抄本为底本，从流行于美姑、昭觉、雷波等周边地区的同类版本中增补、校勘整理而成，内容包括彝族天文历法、诊疗疾病、预测人生、择算吉日等。立克达曲著：《阿苏拉者》，四川民族出版社，2011年6月。该书以彝族毕摩阿苏拉者为研究对象，以实地调查的30多卷彝文古籍为辅助资料进行了研究，内容包括毕摩文化、历史上的毕摩、毕教是古彝人形成彝族的文化轴心、阿苏拉者、赎魂、阿苏拉者谱等，对彝族历史、宗教、哲学、神话传说等方面研究具有重要的价值。黄建明著：《彝文经籍〈指路经〉研究》，民族出版社，2012年5月。该书对云南、贵州、四川等地的彝文《指路经》进行了比较研究，对于研究彝族先民迁徙的路线和方式具有重要的价值。吉尔体日、曲木铁西等著：《祖灵的祭礼：彝族"尼木撮毕"大型祭祖仪式及其经籍考察研究》，民族出版社，2013年10月。该书运用语言学、语义学以及宗教现象学、宗教社会学的有关理论与方法以及西方有关仪式研究的成果，对凉山彝族送灵归祖祭礼的仪式和经籍进行了较为详细地考察、记录与研究。卢志发，胡正勇著《小凉山彝族祭祖仪式》，云南民族出版社，2016年。师有福著：《彝族阿哲毕摩绘画选》，云南民族出版社，2017年。龙正清、赵祥恩、龙在贵译著：《彝族指路经考释》，贵州民族出版社，2018。该书主要以三行体形式对文本进行了翻译和注释，并对彝族先民的迁徙路线、地域、历史沿革进行了考证和研究。杨甫旺、周红主编：《彝族毕摩口述史》，云南民族出版社，2018。该书主要记述了云南省内20余名彝族毕摩的采访记录。

医学及其他方面的研究成果，如李林森编著：《彝医治疗学》，中央民族大学出版社，2011年。该书内容讲述了彝族历史与医药文化、彝医治疗学和常用彝药等。云南省民族事务所委员会编：《彝族文化大观》，云南民族出版社，2013年。该书全面介绍了彝族的渊源历史、语言文字、宗教信仰、风俗习惯、伦理道德、天文历法、文学艺术、科学技术、教育体育、哲学思想、政治军事、商业贸易、经济生产、建筑名胜、彝族与世界各国的文化交流等内容，对于宣传、弘扬和传承彝族优秀传统文化具有重要的作用。贾银忠主编：《中国彝族非物质文化遗产概论》，民族出版社，2014年。张之道、许嘉鹏、孙文洁著：《彝药本草》（上下卷），云南科技出版社，2018年。该书详细介绍了近200种最典型、最普遍、适用范围最广且最有疗效的彝药代表，内容包括原文献、科属分类、形态、性味、主治范围、有毒无毒、彝医用药经验、彝药单方验方。

2. 彝文古籍研究论文类成果

这一时期，彝文古籍相关的学术研究取得了重大进展，研究内容涉及彝族历史学、文献学、宗教学、文学、医学、数字化等多领域学科，积极推动了彝文古籍专业学科的发展。

有关历史学方面的研究成果，如黄瑾：《关于彝族"六祖分支"的讨论》《贵州民族学院学报》，2010年第6期；街顺宝：《彝文文献史料的年代问题》《西南古籍研究》，2011年6月；王继超、王明贵、王明亮：《彝文文献记载的云南西部彝族谱系》《贵州工程应用技术学院学报》，2015年第2期；龙保贵：《滇南彝文古籍〈谱牒〉的内容及其史料价值与作用》《贵州工程应用技术学院学报》，2017年10月。

有关宗教学方面的研究成果，如张泽洪：《中国西南彝族宗教的毕摩与苏尼》《宗教学研究》，2012年12月；蔡富莲：《凉山彝族毕摩文献〈疟责哈姆尼〉与彝族对瘟疫的认识》《宗教学研究》，2014年6月；曲比阿果：《传统与现代——彝族毕摩文献多元传承方式探索》《西南民族大学学报》（人文社科版），2015年7月；蔡富莲：《彝族毕摩文献〈日博日帕〉与日毕溯源》《西南民族大学学报》（人文社科版），2016年4月；蔡富莲：《凉山彝族毕摩文献〈毕布·毕茨〉宗教内涵解读》《宗教学研究》，2017年12月；蔡富莲：《永恒的英雄：彝族毕摩文献中的支格阿龙与哈依迭古》《西南民族大学学报》（人文社科版），2018年1月；张德华：《四川彝族毕摩经书的特点与价值》《宗教学研究》，2019年9月。

有关文献学方面的研究成果，如李建平、马锦卫：《川滇黔桂彝文文献调查与研究》《中央民族大学学报》（哲学社会科学版），2010年9月；朱文旭：《彝文古籍及其研究价值》《兰州学刊》，2012年第5期；王海滨：《撒尼彝文文献民间收藏现状调查与研究》《毕节学院学报》，2013年第12期；东潇、黄卫华：《黔西北彝文古籍及其文献价值》《贵州民族研究》，2014年4月；李敏：《彝族古籍目录及目录工作的创立与发展》《图书馆理论与实践》，2014年9月；龙倮贵：《试析彝文文献载体形制及其书法艺术》《贵州工程应用技术学院学报》，2015年第3期；赵积将：《民间留存纸质彝文文献的传承与保护》《兰台世界》，2015年12月；张盈盈：《彝文古籍整理现状及问题分析》《兰台世界》，2016年1月；罗曲：《彝族文献分类研究——以〈彝族毕摩经典译注〉为例》《民族学刊》，2016年1月；吉差小明：《试析彝文古籍文献的文化记忆》《兰台世界》，2016年11月；普梅笑：蔡珩：《贵州民族古籍文献再生性保护探析》《贵州民族研究》，2017年7月；普梅笑：《彝族学者普璋开与海外彝文古籍文献的抢救性翻译》《贵州工程应用技术学院学报》，2018年2月。

有关文字学方面的研究成果，如阿里瓦萨：《彝族文字起源初探，《中央民族大学学报》（哲学社会科学版），2011年1月；聂鹏：《〈永宁属水潦猓猡译语〉校释》《民族语文》，2018年6月；金瑞：《贵州古彝文的造字方式考探》《中国文字研究》，2019年6月；聂鹏、孔祥卿、文智：《故宫藏第四本〈猓猡译语〉基础方言考证》《民族翻译》，2019年6月。

有关数字化方面的研究成果，如费晓辉、龙倮贵：《云南彝文古籍数据库资源共建共享现状与对策》《贵州工程应用技术学院学报》2018年2月；李仲良、陈斌佳：《云贵彝文古籍收藏与数字化保护现状研究》《兰台世界》，2018年9月；阿别木呷、王芳《彝文古籍数字化路径探讨》《贵州工程应用技术学院学报》，2019年2月；喻筱程：《信息化时代下少数民族文献数字化整理与利用——以贵州彝文文献资料为例》《贵州工程应用技术学院学报》，2019年2月。

3. 彝文古籍研究的学位论文成果

20世纪80年代，国家为了培养民族古籍收集整理专业人才，中央民族学院

(现中央民族大学)、西南民族学院、云南民族学院、贵州民族学院等单位曾开设过民族古籍专业,培养了一批古籍工作的专业人才。目前,这些高校还开设有中国古典文献学专业,彝文古籍相关研究和教学的人员有中央民族大学的朱崇先、李生福、黄建明、叶康杰等,西南民族大学的李文华、摩瑟磁火、蔡富莲、吉差小明等,云南民族大学的昂自明、茶志高、张纯德、王海滨、毕舒颖等,贵州民族大学的柳远超、王富慧、吴鰓、谢印华、李绍华等。

这一时期,各民族高校培养的硕士、博士等高学历人才辈出,彝文古籍研究的学位论文成果累累。以中央民族大学为例,博士学位论文有王海滨:《彝文历算书〈尼亥尼司〉研究》,2012 年 3 月;陈棣芳:《彝汉文合璧〈水西安氏族谱〉笺证与解读》,中央民族大学,2014 年 3 月;杰觉伊涨:《彝简研究——基于吉木家支世传简籍文本解读》,2014 年 2 月;张盈盈:《彝族文献中的神谱研究》,2016 年 3 月;叶康杰:《彝族家谱文化研究》,2017 年 5 月;吉差小明:《彝族毕摩文献〈毕补特依〉整理与研究》,2018 年 5 月。等等。硕士学位论文有李一秀:《楚雄彝族活态史诗研究——以〈梅葛〉为对象》,2011 年 4 月;赵彦品:《彝义宗教经籍与崇祖信仰研究》,2011 年 4 月;张九玲:《彝文〈作祭献药供特经〉研究》,2012 年 5 月;胡建设:《盘县坪地彝文指路经翻译研究》,2012 年 4 月;薛钦文《彝文典籍〈劝善经〉研究》,2012 年 2 月;张盈盈:《彝族〈劝哭经〉译注及用字情况分析》,2013 年 5 月;姚利芬:《彝族哭嫁文献研究——以〈普曲浩庚〉为例》,2013 年 12 月;王占敏:《彝文〈神道献酒经〉研究》,2015 年 5 月;黄鑫:《彝文文献〈密书匿〉整理与研究》,2015 年 2 月;李欣欣:《保禄·维亚尔搜集版彝文〈创世纪〉整理研究》,2015 年 5 月;李鹏:《彝文圣经〈纳多库瑟〉研究》,2015 年 3 月;甘述玲:《〈阿诗玛〉彝文抄本整理与研究》,2016 年 5 月;徐海涛:《彝文文献〈运尼司波〉整理与研究》,2016 年 2 月;李明月:《〈尼亥尼司〉"杂抄"文献解读》,2017 年 5 月。李双燕:《彝文〈迎祖灵筒经〉整理研究》,2017 年 5 月;毕舒颖:《石林彝文碑刻整理与研究》,2018 年 5 月;姚倩倩:《彝文文献〈侬依苏〉整理与研究》,2018 年 3 月。

4. 彝文古籍相关的课题研究

这一阶段,国家对彝族古籍文献的搜集、整理、翻译和研究方面加大了力度,许多彝族古籍文献相关的课题研究都纷纷获得了国家项目立项支持,如:2010 年度,由楚雄师范学院陈永香教授主持的国家社科基金西部项目"彝族史诗的诗学研究——以〈查姆〉〈梅葛〉为中心"获批立项,项目号:10XZW045,于 2014 年 7 月结项,成果为一部专著;2010 年度,由西昌学院洛边木果教授主持的国家社科基金项目"彝族史诗〈支格阿鲁〉研究"获批立项,项目号:10XZW044,于 2014 年 7 月结项,成果为一部专著;2010 年度,由毕节学院王继超教授主持的国家社科基金项目"彝族诗歌格律研究"获批立项,项目编号:10BZW121,于 2013 年 5 月结项,成果为一部专著;2011 年度,王子尧主持的国家社会科学基金项目"彝文古籍夜郎文化史料辑译"获批立项，项目号：11BMZ020，于 2016 年 10 月结项，成果为一部编著"彝文古籍夜郎文化史料辑译"；2012 年度，由毕节学院王明贵教授主持的国家社会科学基金项目"彝族传统经籍文学研究"获批立项，项目编号：12BZW139，于 2015 年 7 月结项，成果为一部专著；2012 年度，由西昌学院阿牛木支教授主持的国家社科基金项目"彝族克智文献的整理与研究"获批立项，项目号：12BZW140，于 2019 年 3 月结项，成果为一部专著"彝族经典克智"；2012 年度，由云南中医学院徐士奎主持的国家社科基金项目"彝族医药文化遗产保护传承研究"获批立项，项目号：12XMZ077，于 2019 年 1 月结项，成果为一部专著；2012 年度，由毕节学院张学立教授主持的教育部哲学社会科学研究重大课题攻关项目"黔西北濒危彝族钞本文献整理与研究"获批立项，项目编号：12JZD010。该项目共分 10 个子课题，如"黔西北濒危彝族文献调查和整理""黔西北濒危彝族文献总目提要与精品选辑整理出版""黔西北濒危彝族钞本文献精选翻译出版""基于黔西北彝族钞本文献的彝族经籍研究"等。2014 年度，由毕节学院王继超教授主持的国家社科基金重点项目"中国古代彝文谱牒整理与研究"获批立项，批准号：14AMZ002，于 2019 年 7 月已结项，成果为三部专著：即《彝家宗谱》（上、下）《滇川彝文谱牒辑录与整理》《中国古代彝文谱牒研究》；2014 年度，由云南民族大学普学旺教授主持的国家社科基金项目"彝文珍本〈董永记〉搜集整理与研究"获批立项，项目号：14BMZ029，于 2020 年 3 月结项，成果为一部专著《董永传说在西南的传播与认同——彝文珍本〈董永记〉搜集整理与研究》；2014 年度，由云南民族大学张纯德教授主持的国家社科基金重点项目"从百部彝族毕摩经译注看彝族对中华文化的贡献"获批立项，项目编号：14AZD114，于 2018 年 7 月结项，成果为一部专著。2014 年度，由西南民族大学彝学学院蔡富莲教授主持的国家社科基金项目"凉山彝族毕摩经典文献搜集整理与翻译"获批立项，项目号：14XZJ012，于 2018 年 7 月结项，成果为一部著作《凉山彝族毕摩经典译注》；2014 年度，由西南民族大学安群英主持的国家社科基金项目"四川凉山彝族毕摩文献整理编目与研究"获批立项，项目号：14BTQ024，于 2019 年结项，成果为一部工具书《四川凉山彝族毕摩文献目录提要》；2016 年度，由贵州工程应用技术学院王明贵教授主持的国家社科基金项目"珍本彝文史籍〈西南彝志〉全 26 卷整理今译与研究"获批立项，项目号：16XMZ005，于 2019 年 9 月结项，成果为一部专著：《西南彝志译注》；2014 年度，由西南民族大学蔡富莲教授担任首席专家主持的国家社科基金重大项目"云贵川百部〈彝族毕摩经典译注〉研究"获批立项，该项目分四个课题，即《〈彝族毕摩经典译注〉中的史学价值及军事文化研究》《〈彝族毕摩经典译注〉中的宗教信仰及医药文化研究》《〈彝族毕摩经典译注〉中的天文历法及祈禳择吉研究》《〈彝族毕摩经典译注〉中的文学艺术研究》；2017 年度，由中央民族大学黄建明教授担任首席专家主持的国家社科基金重大项目《南方少数民族小文种文献保护与整理研究》获批立项，该项目分五个子课题，其中有三个子课题对彝文文献进行了专题研究，即《吉木家支彝文文献整理与研究》《西波彝文文献整理与研究》《撒马宗德彝文文献整理与研究》；2018年度，由西昌学院何刚教授主持的国家社会科学基金项目"彝族英雄史诗〈支格阿鲁〉学术史资料整理与研究"获批立项，项目号：18BZW195；2019年度，由贵州民族大学张学立教授主持的教育部哲学社会科学研究重大课题攻关项目立项"彝族古歌整理与研究"获批立项，项目号：19JZD031，该项目对贵州、云南、四川等地各类彝族古歌进行系统全面收集、整理和翻译，深入探索彝族古歌的流变，总结彝族古歌的源流等，从而建构出彝族民间文学理论体系。

另外，还有一些彝文古籍数据库建设方面的课题研究，这些课题的立项研究，不仅对彝文古籍的保护与传承具有重要作用，而且也方便了彝文古籍资源的信息共享，为彝文古籍的信息化、数字化、网络化搭建了新的平台。这些课题主要有：2013年度，楚雄师范学院李仲良教授主持的"彝文古籍及其数字化保护与利用研究"获批立项，项目号：13BTQ042，于2020年3月结项，成果为两项：1. 研究报告《彝文古籍及其数字化保护与利用研究》，2. 彝文古籍数据库（http：//ywgj.cxtc.edu.cn：8080/xmlui/）；2013年，由沙马拉毅担任首席专家主持的国家社科基金重大项目"中国彝文古籍整理与保护及其数字化建设"获批立项，项目号：13&ZD142，该项目主要以彝文古籍文献的普查、数量、类型、内容，以及彝文文献数据库建设等为内容进行研究；中央民族大学黄建明教授负责的国家新闻出版总署重大科技工程项目"中华字库·彝文字符"获批立项；2019年度，由西南民族大学李文华教授主持的国家社科基金重大项目"大小凉山彝文经籍文献语音资源库建设"获批立项。等等。

5. 彝文古籍翻译整理工具书

这一时期，有许多彝族古籍翻译、整理工具书陆续被整理出版问世，这些工具书主要分为词典类工具书和古籍目录类工具书。

词典类工具书主要有：中央民族语文翻译局编：《汉彝大词典》，四川民族出版社，2010年；武自立、纪嘉发编著：《汉彝简明词典》，四川民族出版社，2011年；张晋智主编：《简明彝汉字典》（禄劝版），云南民族出版社，2014年；普梅丽、张辉、普梅笑编著《云南规范彝文彝汉词典》，云南民族出版社，2014年11月；李增华主编：《古彝文常用字典》（南部方言：峨山）云南民族出版社，2014年；马立三、陈英主编：《通用彝文字典》，贵州民族出版社，2016年3月；禄绍康、李玉平主编：《简明彝汉字典》（贵州本），贵州民族出版社，2018年；摩色克哈编著：《彝语词汇释译》，四川民族出版社，2018年11月。

在词典类工具书中，由摩色克哈编的《彝语词汇释译》最具有代表性，该书是作者独自经过长达近五十年时间搜集、整理、编撰而成的一部大型彝汉双文工具书。内容涉及语言文字、文学艺术、政治经济、哲学宗教、文化教育、天文历算、伦理道德、法律、农业牧业、历史地理、动物植物、医药等方面的词条，共62000余条，字数达 300 余万字。内容基本包含了彝语北部方言区圣乍、所地、义诺、阿都、田坝等土语的词汇以及部分云贵地区彝语词汇。这是一部具有开创性的综合类辞书，该辞书的问世对于彝族古籍乃至彝学研究都具有重要的意义。

古籍目录类工具书，如《中国少数民族古籍总目提要·贵州彝族卷（毕节地区）》，贵州民族出版社，2010 年版。该书是作者对贵州现有彝文古籍的调查、收集、阅读后进行分类筛选整理而成的一部较为完整的工具书，内容包含两千九百余部彝文古籍的用途、内容提要、版本、纸质特征等方面。国家图书馆古籍馆主编、杨怀珍编著：《国家图书馆藏彝文典籍目录》，中华书局，2010 年 6 月。该书较为全面地著录了国图所藏彝文典籍的面貌与历史源流。国家图书馆珍藏的古彝文典籍共有 592 册，五百余册是马学良、万斯年先生早在抗日战争时期，从云南武定县慕连乡那安和卿土司家，以及武定禄劝一带彝区收集而得。该书具有重要的版本学、目录学、民族文献学等研究价值。徐丽华主编：《北京地区彝文古籍总目》，民族出版社，2011 年 6 月。该书收录了北京地区图书馆所藏的彝文古籍目录，共计 1096 册，其中不乏善本、珍本和孤本，内容涉及彝族历史、文学、宗教、民俗、医学、教育等方面，具有重要的学术研究价值。姜荣文主编：《楚雄彝族自治州图书馆馆藏彝族文献书目提要》（第二卷），云南人民出版社，2011 年。该书收录的彝族文献提要目录达两千一百多种，包括书名、作者、卷数、出版年代、出版者、主要内容和篇目等方面。云南省曲靖市民族宗教事务委员会、云南省曲靖市彝学学会编：《云南曲靖彝文古籍提要》，云南民族出版社，2015 年。该书对曲靖市彝文古籍进行了普查和征集后，由专家学者负责翻译和编目完成，内容涉及彝文文献 180 本、碑文 5 块、谱牒 4 块、民间故事 22 本。徐士奎、罗艳秋编著：《彝族医药古籍文献总目提要》，云南科技出版社，2016 年。该书收集了彝族医药古籍文献 222 种，内容分为医经、医理、诊治、本草、病症用药、调护、医史、作祭献药、医算、综合等 10 大类，较为全面地反映了彝族医药古籍文献资源的分布、保存现状、载体形制、文字类型、版本类型、分类构成等情况。李芸、普梅笑编著：《红河州彝族文献目录提要》，云南民族出版社，2017 年。该书记录了红河州地区的彝族文献目录及文献内容提要。

这一时期，除了在彝文古籍文献收集、整理、翻译、研究等领域取得重大成果之外，期间还有相关单位和人员开展了对彝文古籍的调查，在调查过程发现了一些新的文献收藏情况。如贵州省彝学研究会和相关彝学科研单位，于 2012 年 8 月 22 日召开会议决定，推举八位彝文古籍专家组成考察团，由原贵州省人大常委会副主任、省彝学会会长禄文斌，原毕节地区人大工委主任、毕节市彝学会会长禄绍康率队，于 2012 年 9 月 19 日开始先后赴云南、贵州、四川、广西等地彝区考察彝文古籍的收藏现状，本次考察历时四十多天，考察了 12 个州市，近四十个县市，其中座谈会开了三十多次，基本准确地了解到了全国彝族古籍文献的现状。2018 年，新平县民宗局等相关部门也深入民间对彝族古籍文献进行了较为全面的调查，通过调查发现该县散存于民间彝族毕摩和彝文古籍收藏者手中的彝文古籍达一千五百多卷（册），其中仅平甸乡的毕摩李加荣就有 100 余卷（册）。

综上所述，2010 年—2019 年是彝文古籍工作进入蓬勃发展的一个阶段，彝族古籍文献整理研究工作，在众多专家学者和相关部门的共同努力下取得了令人欣喜的成就，可以归纳为以下几个方面：一是彝族古籍收集、整理、翻译、研究等工作成果累累，彝文古籍整理研究的学科理论日渐成熟；二是彝文古籍整理研究方面的学术交流频繁；三是彝文古籍学科建设取得了重大发展；四是彝文古籍研究队伍不断得到扩大；五是培养了一批高学历的专门人才等。

彝文古籍整理研究工作，虽然取得了可喜的成绩，但是我们也要清醒地认识到工作中还存在许多不足，而且彝文古籍整理研究工作是一项长期性的系统工程，我们需要科学规划好未来的发展，继续努力工作，将彝文古籍整理研究工作推向前进。

三、纳西文古籍

2010 年至 2019 年，纳西族东巴古籍的翻译整理研究有了全新的进展，各级研究所、高校和古籍整理部门翻译整理出版了一大批东巴经典，不少学者和机构组织开展了田野考察活动，也有不少新的发现。国内有关机构、学者与国外有关机构合作开展了东巴经典翻译整理研究项目合作，形成了良好的发展态势。基于计算机、网络、人工智能技术的东巴经典的数字化存贮、刊布、研究、翻译呈现全新的发展格局，有关高校和研究机构组织召开了涉及纳西东巴经典整理研究的学术研讨会，很多学者及时研究撰写出版和发表了数量可观的研究成果。以下谨按时间顺序对有关活动及纳西东巴经典翻译整理研究的代表性成果作、重要学术活动及学科建设等方面作简要评述。

2010 年

习煜华编《〈纳西东巴古籍译注全集〉诠释》（云南民族出版社，2010 年）基于作者全程参加《纳西东巴古籍译注全集》的翻译研究工作亲历心得，全面分析叙述了《纳西东巴古籍译注全集》中收录的纳西东巴经典的核心内容，并按仪式分类解析主题和内容，堪称阅读和开启纳西东巴经典内涵的必备参考书籍。

黄思贤著《纳西东巴文献用字研究——以〈崇搬图〉和〈古事记〉为例》（民族出版社 2010 年）从典型文献入手，考察了东巴文在具体语言环境中的使用情况。结合文献用字描写与宏观的统计结合分析，对巴文与语言单位对应的各种类型、各种语言单位的记录情况、做了分析统计，从构字的线条到整体构成分别进行说明。全书旨在通过全面探究东巴文记录语言单位的规律来分析东巴文的性质，展现文字记录语言单位的状况及其规律，进而揭示东巴文的文字结构类型和发展阶段。

2011 年

哈佛大学哈佛-燕京学社图书馆藏多民族文字古籍特藏，以其高质量、数量大而著称于世。该馆将所收藏的598册（卷）纳西东巴经典的数字化后面向全球刊布，实现对东巴经典的原貌展示，部分系首次影印面世，是留存于世的纳西东巴经典中较有价值的一部分，为海内外学人利用这些文献资料进行多学科全方位的研究提供了方便，也为作为世界记忆遗产的纳西东巴经典的全人类意义的价值得到充分的展示，为海内外纳西东巴经典收藏机构刊布所藏文献实现全球范围的共享提供了典型的范例，先行先试的意义非凡，不限于东巴经典一隅，对其他民族古籍文献的整理刊布也具有重要的示范意义。数字化形态的古籍，类目清晰，检索便捷，有利于研究者使用，提高文献的利用率，同时又能更好地展示古籍的原貌，是古籍再生保护的方式。以数字化形式保存和利用这些民族古籍精品，该系统可按照书名、主题、尺寸信息、文献分类等多维度进行检索和分类浏览，书目信息为中英文对照，更方便海外读者使用，同时提供全部书影的阅览，以便于用户的全面阅读和深入研究。

2011年12月16—18日，由中国社会科学院民族学与人类学研究所、中央民族大学中国少数民族语言文学学院联合举行的"纪念傅懋勣先生百年诞辰学术研讨会"在中国社科院民族学与人类学研究所召开，来自北京、四川、宁夏、云南等省区傅懋勣先生的生前好友、后学，以及美国、法国等国的亲友共八十多人参加了会议，并发表缅怀傅懋勣先生的文章。

傅懋勣先生是我国著名的民族语言学家，自1940年代以来，长期坚持研究纳西语及东巴经典，出版了两部专著：《维西麽些语研究》（语音部分发表于《中国文化研究所集刊》1940年第1卷第4期，语法部分发表于《中国文化研究所集刊》1941年第2卷，词汇部分发表于《中国文化研究所汇刊》1943年第3卷）、《丽江麽些象形文〈古事记〉研究》（武昌华中大学，1948年）。其中《维西麽些语研究》是作者根据自己的调查结果写成的我国较早的一部研究少数民族语言的专著。其中在语音部分，作者用国际音标记录并深入细致地描述了纳西语的音位系统；语法部分分为"句的构造""语法形式的功能""词类"三节，清楚而详尽地描述了纳西语的语法系统；词汇部分像一部纳西语词典一样，按音序（据声母、韵母）列出纳西语的词汇表，每个词后用汉语释义，并注明借词及类别词。《丽江麽些象形文〈古事记〉研究》是对纳西东巴经典《古事记》的第一本科学的记录和完整的译文，也是这本写本的第一本研究著作。其中对经文中使用的古词采用古今对比的方法一一加以说明，这对纳西语发展史的研究和同系属语言的比较研究很有助益。这本书不仅是纳西族文化历史研究的成果，也为一般文学史的研究、民间文学的研究以及对古代象形表意文字的解读提供了重要的参考资料。

中华文明由各民族共同创造，《中华再造善本工程·民族卷》的编纂在文献方面更加全面，不但完整地保护了各民族历史文献和优秀文化，也是我国"民族平等、团结和共同繁荣"政策的重要体现，对促进多民族文化大发展大繁荣将起到重要的推动作用。"中华再造善本工程"是2002年正式立项实施的国家重点文化工程，由财政部、原文化部共同主持，国家图书馆具体承办。本工程的目的是通过大规模、成系统地复制出版，合理保护、开发、利用善本古籍，使其化身千百，为学界所应用，为大众所共享。据悉《中华再造善本数据库》是将"中华再造善本工程"中影印出版的珍贵古籍善本进行图像数字化，通过对珍贵古籍善本的数字化加工和多元应用，打造内容丰富、择选精当、具有重要学术研究价值的古籍数字资源平台。中华再造善本数据库于2012年开始建设，一期收录古籍善本757种，以后逐次更新。数据库内容按版本写刻年代，自唐迄清分为四编，其中特别专门设有"少数民族文字编"。再造善本工程续编包括《民族卷》专辑。2012年续编选目收入14类民族文字古籍共34种，从历史、社会、宗教、艺术、医药、历法等多方面展示了中华各民族灿烂文化。各种丰富的装帧、刻印形式也极具民族特色，代表了各族人民精湛的制作工艺，纳西东巴经典成为其中的重要构成之一。

2011年，为实施国家"中华古籍善本再造"工程，云南省少数民族古籍整理出版规划办公室计划用10年时间结集出版云南各民族古籍孤本、善本和珍本100卷册，并将其列入云南世居少数民族文化精品工程规划。由普学旺主编，云南出版集团公司、云南人民出版社自2013年始逐年出版。其中，1至10卷一经出版，即荣获第十四届"云南优秀出版物奖"图书一等奖。《云南少数民族古籍珍本集成》中有多卷为纳西东巴经典，其中收录的东巴经典的版本价值和意义十分典型。

赵丽明、宋兆麟主编的《中国西南濒危文字图录》（学苑出版社2011年）收录了《俄亚东巴文》《俄亚东巴画》《俄亚占卜经》《汝卡东巴文》《白地汝卡〈祈福经〉》《油米汝卡〈祭祖经〉》《汝卡印棒》《哥巴文〈色可多撒〉经》《宝山东巴文》《东巴文〈会议记录〉》《东巴文〈土地买卖契约〉》《摩梭达巴文〈摩梭历书哥里木〉》《达巴文〈格木经〉抄本》《达巴文〈格木经〉彩绘本》《达巴印棒》等内容，以彩印图片的形式，为学界全面了解纳西族古籍文献的多元形态和物质载体提供了方便，同时向全社会展示了各民族古籍文献的濒危现状，引人深思。

1930—1940年，由约瑟夫·骆克和昆汀·罗斯福收集的纳西东巴经典收藏于哈佛燕京学社图书馆早已为世人所知，贴有哈佛的金字招牌的东巴经典吸引了许多民族古籍专家实现华丽转身，积极担任主编东巴经的要职，足见哈佛二字的吸引力。由中国社科院民族所承包，丽江东巴文化研究院承接转包项目"哈佛燕京学社藏纳西东巴经书"，中国社科院投入了1979年建院以来最大的一笔古籍整理研究经费，项目金额超过了中国社科院的A类重大项目的资金数额，堪称空前。在该项目的立项过程中，李霖灿的长子李在其在中美间的沟通联系起了作用，由阿侬怒语专家孙宏开和西夏文专家、三级研究员聂鸿音两位谋划，著名汉藏语研究大家二级研究员黄行负责执行并写序文，此举实属世纪初页的大举措。中国社会科学院民族学与人类学研究所、丽江市东巴文化研究院、哈佛燕京学社联合冠名的《哈佛燕京学社藏纳西东巴经书》（第一卷至第四卷）（中国社会科学出版社2011年），译注格式基本上沿袭了《纳西东巴古籍译注全集》的基本做法，以往为国内外学界所诟病的缺憾与翻译中存在的问题依旧没有得到根本的纠正，翻译、分类与注释依旧留下很多问题与遗憾。其实东巴经典收藏于哈佛书库还是山野百姓家中都是一码事，现实的名利捆绑与学术的本真之间的置换需要历经时间的检阅，许多没有解决的问题需要后来的学者逐步修订完善，好在目前哈佛燕京学社图书馆藏的东巴经典已经实现数字化并彻底实现全世界共享，这也为海内外学者利用这批特藏提供了便利，学归天下，实属必然。

2012 年

傅懋勣著《纳西族图画文字〈白蝙蝠取经记〉研究》（商务印书馆 2012 年）是一本难得的东巴古籍译注范本，分上下两册编辑；在个别文字的解释、字源的探讨、经文行款和语法等方面都极有价值。为了方便国内学者研读，商务印书馆重新出版了《纳西族图画文字〈白蝙蝠取经记〉研究》，采取影印的方式，将原书两册合并为一册。全书包括：几点说明；写本封面的解释；藏经女佛像；经文；写本封底里页的解释；纳西语的音位系统等，这对后进学子学习傅懋勣译注东巴经典的范式，推动纳西东巴经典的翻译整理研究而言，也有重要参考价值。

《中华再造善本》收录现藏中国国家图书馆的东巴经典有：（1）《东巴什罗舞》正文叙述跳"东巴什罗舞"的具体姿势与动作，每一步的方向，上下前后关系，舞步的数量以及上身相应的舞姿，对动作均有明确的分解说明。东巴舞蹈经典《东巴舞谱》为纳西族传统宗教东巴教的宗教法仪舞的具体规范和记录形式。因用图画象形文字书写和传承，独具风采，为世所瞩目，与"敦煌德寿舞谱"，西班牙"拉班舞谱"齐名，为国际舞蹈学界所珍视。（2）东巴经典《祭天·崇搬萨》（译名：祭天·创世经），内容记述祭天典礼及仪式的历史缘起，叙及人类先祖晁整利恩娶天女襯红褒白。二人由天国降至大地，继而生三子，却无言语能力，经天父指教，特举行祭天典礼，此后三子重新习得语言能力。《祭天·崇搬萨》对于理解纳西族东巴经典中蕴含的多层次的历史文化和多民族多元文化而言富有重要意义。《祭天·崇搬萨》对纳西族民族性和文化特质中的游牧性和农耕性的理解和阐述而言，亦十分关键。

有计划地保护、开发、利用少数民族善本古籍，对于中华民族复兴伟业、传承中华民族优秀文化意义重大。"中华再造善本工程"作为"中华古籍保护计划"的重要组成部分。它的有效实施，将在中国少数民族古籍整理和保护史上写下浓重的一笔，纳西东巴经典中不少精品内容有幸列入其中，分批分次予以再造，作为世界记忆遗产的价值将不断得以展现。

2013 年

丽江市人民政府与云南大学于 2013 年 10 月 19 日在丽江市古城区举办"方国瑜冥诞 110 周年纪念会"。2013 年 3 月 23 日，著名历史学家、纳西学研究大家、教育家方国瑜教授诞辰110周年纪念会在云南大学举行。本次研讨会是云南大学90周年校庆年系列活动之一。林超民编《方国瑜诞辰一百一十周年纪念文集》（云南大学出版社2013年）出版问世，本文集所选本次研讨会的五十余篇纪念文章，分为演讲篇、追思篇、成就篇和学术篇四大部分，对方国瑜先生的生平事迹、学术成就、教育思想及其理论贡献进行了深入研究，探讨了方先生的伟大人生和历史贡献，深切缅怀了方先生的崇高品质和大师风范，有助于了解方先生的纳西东巴文化研究的学问与人生、道德文章。

方国瑜先生是我国著名的历史学家，他一生搜集与考订大量的史料，编撰各种历史著作，阐述史学理论和治史方法，成为中国民族史的泰斗，云南地方史学和西南民族史学的拓荒者，纳西象形文字研究的开创者，以及云南地方史料收集整理的集大成者。在云南大学受聘执教47年间，方国瑜先生先后任文史系主任、文法学院院长，并连年兼任云南通志馆编审、撰修等职，为《新纂云南通志》的编纂和审订作出了重大贡献。由他创建的"西南文化研究室"，以及编辑出版的《西南边疆》杂志，为研究滇史搭建起重要的学科平台。在方国瑜建议和推动下，云南大学建立了中国民族史教研室，开启了中华人民共和国在该学科领域教学与科研的先河，并培养出中国第一个中国民族史专业的博士研究生。方国瑜先生提出的"中国历史发展整体性"学说，是研究中国多民族国家形成的创新理论。撰写的《中国西南历史地理考释》等一批著作，成为研究滇史的传世经典之作，他因此被誉为"纳西语言与历史学之父"，"南中泰斗，滇史巨擘"。纪念会上，由云南人民出版社出版的方国瑜教授著作《云南民族史讲义》举行首发式。由方国瑜弟子林超民等主持编纂的《方国瑜全集》（1—5辑）也由云南教育出版社陆续出版。方国瑜先生编撰的《纳西象形文字谱》结合纳西东巴文的构形实际提出"十书说"，颇受文字学界推崇，方先生有关纳西族历史文献研究方面的贡献，必将十分有力地推动现今和未来的纳西东巴文及东巴古籍的翻译整理研究。

2013年7月，中国社会科学院将纳西族东巴文及东巴经典研究列为中华十五项重点保护的绝学之一。东巴文化是伴随着纳西族漫长的历史发展而逐步形成和演化的活形态文化，是千百年来纳西族创造和积累起来的自然科学和社会科学的总和，是古代纳西族人民的"百科全书"，它是中华民族文化宝库乃至世界文化宝库中极有价值，极为灿烂的瑰宝。

2014年

《纳西学资料丛编·东巴文化辑》之《纳西族东巴经典藏精选》第一卷正式出版发行，该书的出版发行为东巴文化的学习和传承提供了最实用且通俗易懂的文本。《纳西族东巴经典藏精选》全书共分为5卷，以1963年原丽江县文化馆组织翻译的石印东巴经（21种22本）为蓝本，在此基础上增加了古典叙事长诗《鲁班鲁饶》，并重新规范书写经文，对译文做了一些技术性修订，增加纳西拼音注音、东巴经翻译诵读光盘和经书内容提要。序言提供了半世纪前的创举资料，附录介绍了纳西学先贤。《纳西族东巴经典藏精选》丛书的出版为更多海内外学术界和文化界充分利用 1960 年的纳西东巴经典翻译整理研究成果而言，至为关键，由于当时条件所限，仅在内部石印存留，未能公开出版问世，这在很大程度上降低了当时翻译整理工作的影响力和翻译文本的实际效用，此番经后学整理编辑后公开出版，必将有力推动东巴经典翻译研究工作，同时也可以告慰 1960 年参加东巴经典抢救整理的东巴先哲和学术前辈。

2015 年

2015 年 5 月 9 日—20 日，中国国家博物馆举行"纳西族东巴文化展"，受到了广大观众的热烈欢迎。此次纳西东巴文化展共展出 250 件东巴文化珍贵文物和 150 件图文并茂的展板展品。本次展览中最出彩的应该是长达 13.3 米的东巴卷轴画《神路图》和东巴古籍文献《东巴舞谱》。展览复原东巴教祭坛场景和祭自然神仪式场景，介绍纳西族与东巴文化、东巴教及其祭祀仪式、纳西象形文与东巴古籍文献、东巴宗教艺术、东巴文化的研究、传承与发展五个方面的内容。全面、生动、翔实地展示东巴文化艺术形式、内涵特点、人文情怀和精神实质。此次展出的文物都是一级文物，在国博展览中还属首次。此次展览对纳西族东巴文化的宣传、保护、挖掘、利用、传承、发展，将产生积极的影响。

2015 年，经云南省民政厅审批，"云南省东巴文化保护与传承协会"列入云南省民政厅于 2015—7/31 批准登记的社会团体，主要承担纳西族文化宣传、学术交流；培养、发掘人才；文化资源调查、整理，保护、传承；接受政府职能部门授权或委托的事项。该协会的成立，将有力地推动云南省纳西东巴文化的保护与传承行动，作为民间社团将十分有助于地方政府文化管理部门、研究机构、学校、社区间的沟通协调，实现功能互补，互相促进；进一步深化文化自信理念、实现保护传承纳西族东巴文化进程中理念和实践上的创新和合法化，落实纳西东巴文化传承民间化、文化产业化、学术国际化的实践经验的推广。

《李霖灿纳西学论集》（民族出版社 2015 年）出版问世，该书系李霖灿 1984 年在台北故宫博物院印行的《麽些研究论文集》的简体字版和增补版。李霖灿（1913—1999），河南省辉县人。1938 年在同立杭州艺术专科学校毕业之后，由昆明北上经大理到丽江去做边疆民族艺术调查。李霖灿是较早对东巴文字、语言、经典和纳西族社会、宗教、民俗等进行系统而全面调查研究，翻译出重要东巴经典的中国学者。至今，学界仍然把他视为 20 世纪 50 年代以前中国学者中从事东巴文化研究最具有代表性的人物。他后来曾远游欧美诸国讲学访问，为美国同会图书馆收藏的东巴经编目，其论著，至今为国内外学术界所引用推崇。

《李霖灿纳西学论集》收录了《绪言》《从麽些文看甲骨文》（董作宾）《论麽些族象形文字的发源地》《与洛克博士论麽些族形字音字之先后》《论麽些族"音

字"之发生与汉文之关系》《麽些族文字的发生和演变》《麽些族迁徙路线之寻访》《论麽些经典之版本》《麽些人的干支纪时》《美国国会图书馆所藏的麽些经典》《云南省丽江县鲁甸区的麽些族语音系统》《释丽江木氏宗谱碑——麽些族的历史长系》《云南丽江鲁甸区麽些族的亲属称谓》《中甸县北地村的麽些族祭天典礼》《永宁土司世系》《永宁麽些族的母系社会》《永宁土司的公田制度》《多巴神罗和密勒日巴的故事》《麽些族的故事》《玉龙大雪山下的歌谣——为朱介凡兄的中国歌谣论增加一点资料》《麽些人的占卜》《麽些经典的艺术论》等论文，此次的简体字版中特意增补了《露玛露莎》《麽些族挽歌》《苦凄苦寒》《读方国瑜氏〈纳西象形文字谱〉》《和才传》《不胜沧桑话点苍——纪念曾昭燏女史》《后跋》等内容，有利于后学全面学习李霖灿的学术成就与学术人生及道德文章。

《云南少数民族古籍珍本集成》是以"善本再造"的方式影印出版的第一套完整的大型云南民族古籍丛书，列入云南民族文化百项精品工程。丛书收录了云南25个世居少数民族长期流传于民间的古籍珍本、善本、孤本近八百部，分100卷出版，古籍内容涉及政治经济、社会历史、宗教信仰、哲学思想、语言文字、文学艺术、天文历算、医药卫生、科学技术、生产生活等各个方面，是云南各民族先民在数千年的历史发展进程中创造的一项重要文明成果，是各族先民思想文化的智慧结晶，也是中华民族文化遗产不可或缺的一个重要组成部分。

2015年度出版的《云南少数民族古籍珍本集成》（第18卷纳西族）（云南人民出版社2015年）、收录纳西族东巴经典《大鹏斗署》等21本。《云南少数民族古籍珍本集成》（第19卷纳西族）（云南人民出版社2015年）纳西族东巴经典《迎请莫毕精如神》等8本和《神路图》《东巴绘画选》等内容，印制精美，编辑严谨，所收录的经典及绘画内容精彩纷呈，版本价值较高，备受学界瞩目。

2015年《纳西学资料丛编·东巴文化辑》之《纳西族东巴经典藏精选》（第二卷）（云南民族出版社2015年）正式出版发行，收入《超度沙劳阿巴》等东巴经典五册。附录收有《东巴教和东巴文化知识》《纳西象形字东巴文读音表》《纳西象形字东巴文读音汉义表》《纳西语拼音文字方案、汉语拼音方案和国际音标对照表》。

2016年

2016年5月19日，北京信息科技大学主持的"'世界记忆遗产'东巴经典传承体系数字化国际共享平台建设研究项目"课题组成员到云南省民族古籍办就"'世界记忆遗产'东巴经典传承体系数字化国际共享平台建设研究项目"做了深入交流。该项目为2012年国家社会科学基金重大项目之一，通过文理工大跨度学科交叉及国际合作途径，运用数字网络化的现代信息科技手段进行东巴经典文化信息的获取、处理、存储及传播。该项目的实施对下一步各民族文化的传承、保护将起到示范性作用，也可作为文化产业进行推广应用。

2016年5月10日，云南省民族古籍办公室聘请丽江市东巴文化研究院有关专家、学者对《云南少数民族古籍珍本集成·纳西族卷》开展审议工作。通过此次审议，东巴文化研究院专家对该书的组稿及提要撰写提出了宝贵意见，同时，专家们还希望能够继续合作，深度发掘丽江纳西族文化，整合纳西族东巴古籍资源，推动丽江市纳西族古籍事业乃至全省少数民族古籍事业再上新台阶。

2016年11月1日，"民族遗珍 书香中国：中国少数民族古籍珍品暨保护成果展全国巡展活动（云南站）"在云南民族博物馆开幕，全面展示了三十余年来我国在少数民族古籍保护、普查、搜集、整理、翻译、出版等方面取得的成就。此次展览包括四部分："丰富多彩：少数民族古籍"展示了书籍类、铭刻类、文书类、讲唱类的中国少数民族古籍；"民族遗珍：少数民族古文字古籍"展出了现存的具有代表性和重要文献价值的珍贵古籍原件，涵盖了东巴文、彝文、傈僳族音节文、西夏文、毛南文、白文、朝鲜文、藏文等二十多个少数民族的文种；"薪火相传：少数民族古籍保护"展出了我国在古籍复制、修复和再造善本上的成果；"书香中国：少数民族古籍整理研究出版"则展示了各省区市30年来整理出版的具有重要影响和学术价值的成果。展览还专门呈现了云南少数民族古籍办整理研究出版的成果，展出了云南省列入《国家珍贵古籍名录》的部分古籍，《纳西东巴古籍译注全集》（100卷）、《云南少数民族古籍珍本集成》（100卷）以及《彝族毕摩经典译注》（100卷）、《哈尼族口传文化译注全集》（100卷）、《中国贝叶经全集译注》（100卷）等。

普学旺、吉彤主编的《云南少数民族绘画典籍集成》（中卷·纳西族卷）（云南美术出版社2016年）。主要收录纳西族东巴教各种类型与各种物质载体的绘画图式及画谱等六大类型，包括：（1）神路图；（2）卷轴画萨依威德大神、依谷窝格大神、东巴什罗、谷神、众神图、盘孜沙美女神、沈神、卢神、署神画卷；（3）三多神、格控战神、朗究敬究战神、卡冉战神、瑞格战神、帽米巴拉、大鹏神鸟五方修曲大鹏、扭扭优麻战神、佐体优麻战神、突赤优麻战神、巴乌优麻战神；（4）纸牌画神像：青龙与黄龙纸牌画神像、战神纸牌画、五方战神纸牌画、五方神明纸牌画、东方神明"格村称补"纸牌画、拉姆女神纸牌画、五幅冠动物纸牌画、占卜纸牌画占卜、抽绳纸牌画、八宝纸牌画、卢神沈神纸牌画、沈神纸牌画、十二生肖纸牌画、青龙纸牌画、其他纸牌画；（5）画谱祭署仪式木牌画画谱、祭风仪式木牌画画谱、禳垛鬼仪式画谱、超度能者仪式纸牌画画谱、超度东巴什罗仪式纸牌画画谱、东巴神像木牌画画谱、大祭风仪式画谱；（6）占卜经绘画。较全面地展示了东巴绘画的类型与风格，以及会在布卷、纸本等载体上用途各异的东巴绘画形态，对于宗教内涵研究、东巴教神祇谱系研究、画谱研究、占卜经典类型的绘画图式的研究和探讨都具有重要的参考价值，对当代东巴绘画的创作创新也有重要的参照价值。

2016年适逢纳西东巴文研究和专家华东师范大学王元鹿教授七秩华诞，《华西语文学刊》（2016年第2期）专门设置了《华西语文学刊·王元鹿教授古稀寿辰纪念专辑》收录了邓章应、苟开青《王元鹿先生文字学成就》、李晓兰《纳西哥巴文水系字与东巴文相关字群比较研究》、喻遂生《白地阿明灵洞李霖灿题词考释》、木仕华《纳西东巴文祝辞"延年益寿"本义为"长寿饭饴"说》、刘悦《东巴经书中的特殊造字现象》等论文与研究其他文字论文一并作为祝寿文集的构成,从多角度探讨了纳西东巴文及其文献。

2017 年

截至 2016 年 5 月,《云南少数民族古籍珍本集成》已出版 40 卷,组稿至 63 卷。目前已出版 50 卷,涵盖了彝、哈尼、壮、傣、回、傈僳、纳西、瑶、藏、普米等民族的珍贵文献资料,极大地丰富和繁荣了云南民族历史文化研究,具有重要的收藏和研究价值。《云南少数民族古籍珍本集成》利用现代印刷技术推进古籍影印出版工作,是当前古籍抢救保护与开发利用工作中的一项重要任务,也是古籍数字化工程的基础。该书的推出将极大地丰富和繁荣云南各民族历史文化研究的内容,推动民族文化事业的发展。《云南少数民族古籍珍本集成》系参照国家针对汉文古籍实施"中华再造善本工程"的做法,以影印方式编纂出版的一套完整的大型民族文献古籍丛书。

《云南少数民族古籍珍本集成》于 2011 年正式启动,1 至 70 卷已正式出版发行,目前整个出版工程正有序推进,有望于 2020 年完成 100 卷的编撰出版工作。2017 年《云南少数民族古籍珍本集成》(纳西族)集中出版了数卷,其中收录纳西族东巴经典十分珍贵,版本价值十分突出,备受海内外关注,年度出版的具体有:《云南少数民族古籍珍本集成》(第 52 卷·纳西族)(云南人民出版社 2017 年)收录纳西族东巴经典《迎素神·竖神石·倒祭粮·点神灯》等 30 本。《云南少数民族古籍珍本集成》(第 53 卷·纳西族)(云南人民出版社 2017 年)收录纳西族东巴经典《超度死者仪式·崇仁潘迪找药》等 25 本(卷)。《云南少数民族古籍珍本集成》(第 54 卷·纳西族)(云南人民出版社 2017 年)收录纳西族东巴经典《祭署木牌画稿》等 34 本(卷)。《云南少数民族古籍珍本集成》(第 55 卷·纳西族)(云南人民出版社 2017 年)收录纳西族东巴经典《祭天仪式·献牲·人类迁徙记》等 25 本(卷)。《云南少数民族古籍珍本集成》(第 56 卷·纳西族)(云南人民出版社 2017 年)收录纳西族东巴经典《禳垛鬼仪式·开坛经》等 23 本(卷)。《云南少数民族古籍珍本集成》(第 57 卷·纳西族)(云南人民出版社 2017 年)收录纳西族东巴经典《祭祖》等 22 本(卷)。《云南少数民族古籍珍本集成》(第 58 卷·纳西族)(云南人民出版社 2017 年)收录纳西东巴经典《超度东巴什罗·向亡灵献灯》等 21 本(卷)。

2017 年,纳西东巴象形文国际标准编码申报工作取得重大进展,在近期内蒙古呼和浩特举行的国际标准化组织 ISO/IEC JTC 1/SC 2/WG 2 第 66 次会议上,经过中外专家的反复讨论,我国提交的"纳西东巴象形文国际标准编码提案"进入投票程序。"纳西东巴象形文国际标准编码提案"自 2008 年提交以来,历经多次修订,调整了提案结构、字库、排序、字符属性及其他内容。由于东巴象形文字符多，字形复杂独特，国内外专家对东巴象形文的编码争议较大。经纳西东巴文工作组坚持不懈的努力，在本次会议上获得与会专家一致同意，中国提交的提案进入投票阶段，纳西东巴象形文国际标准编码申报工作取得了实质性的突破。这不仅是云南少数民族语言文字标准化工作取得的进展，也是我国在国际标准化工作中取得的胜利，增强了我国纳西东巴象形文国际标准化编码工作的主动权。

2017 年，由国家图书馆（国家古籍保护中心）、云南省文化厅主办，云南省图书馆（云南省古籍保护中心）承办的"册府千华——云南省藏国家珍贵古籍特展"在云南省图书馆开展。此次展览将相继展出云南省入选《国家珍贵古籍名录》的珍稀古籍 150 部，含汉文古籍 121 部，民族古籍 29 部，可谓册府千华，琳琅满目，是云南省近年来展出古籍珍本数量最多，价值最高，规模最大的一次。此次展览为期一个月，展览期间还举办了两场古籍保护专题讲座。

2017 年 12 月 7 日，《云南丽江纳西族一百五十卷东巴经手抄本》入藏中国国家博物馆。中国国家博物馆相关负责人表示，这将使更多人认识到纳西族东巴文化的重要价值，并对纳西族东巴文化的保护、传承和弘扬起到积极作用。《云南丽江纳西族一百五十卷东巴经手抄本》主要以 2003 年 8 月被联合国教科文组织列入世界记忆遗产的《纳西东巴古籍译注全集》（100 卷）为蓝本，并在此基础上收录了部分近年来新收集整理的东巴经卷，其内容囊括了滇川两省纳西族地区的所有代表性东巴经籍，是研究古代纳西族乃至古代西南民族不可或缺的珍贵资料。《云南丽江百卷纳西族东巴经手抄本》（中国国家博物馆收藏版）主要特点是：抄写的经书数量最多，共 1300 册，150 卷；收集的地域范围最广，涵盖了整个纳西族东巴文化区域；抄写经书的内容最丰富，几乎囊括了现存东巴经书的种类；具有鲜明的时代特色，展示了东巴文化保护传承的成果，体现了新一代东巴的风采；具有唯一性，专门为国博收藏定制，因为手抄而不可复制。中国国家博物馆馆长吕章申表示，纳西族东巴文化经历了千余年的沉淀，保留了人类远古文明的完整形态和大量人类早期文化遗存，具有独特的文化价值。由于象形文字以表形、表意为主，东巴古籍在传承中有大量的口传成分，因此这也是一项浩大的记忆工程。

2018 年

2018 年在丽江举办了"民族遗珍 书香中国——中国少数民族古籍珍品暨保护成果展"全国巡展活动，展览的成功举办得到了少数民族古籍同仁和社会各界的一致好评。同时，希望云南省在今后的工作中进一步加大抢救口传古籍力度，加强古籍传承人的保护和培养，加快少数民族古籍数字化建设。

为做好云南民族语文课本编写工作，根据省教育厅、省少数民族语文指导工作委员会办公室工作安排，2018 年 7 月 4 日，纳西语文课本编写调研组到丽江市古城区、玉龙纳西族自治县相关部门及学校，对当地纳西语文工作和纳汉双语教学工作开展情况进行实地调研。调研组深入了解当地民汉双语教学和少数民族语言文字使用、传承情况，摸清双语教学教材建设、师资建设、民族语文工作机构建设和双语人才队伍建设等情况，并通过座谈会和问卷调查等形式，广泛征求民族文化单位、基层师生、纳西母语使用人员等的意见和建议，为做好纳西语文课本编写工作打好基础。

2018年1月15日，丽江市举行《纳西族一百五十卷东巴经书手抄本》（国家博物馆收藏版）颁奖表彰仪式暨项目总结会议。中国国家博物馆为表彰参与东巴经书手抄项目，并在保护和传承纳西族东巴文化中作出贡献的36名东巴代表和4名汉文抄写者代表，向其颁发了证书并给予了100万元奖励。据了解，纳西族一百五十卷东巴经书手抄本项目于2015年6月启动，在市、县、区相关部门，优秀东巴、汉文抄写书法家和热心纳西文化人士的共同努力下，该东巴经书抄写历时43个月已全面完成。经书共有150卷1305本，由《纳西族一百五十卷东巴经书手抄本》（国家博物馆收藏版）项目编纂委员会收集、整理和研究，将被列入世界记忆遗产名录的100卷《纳西东巴古籍译著全集》和各个纳西族地区的古东巴经书作为母本内容，组织邀请了来自丽江市、迪庆藏族自治州、四川省的36名优秀东巴进行手书抄写工作，邀请了4名汉文书法家抄写经文提要，并以古老且耐保存的方法对经书进行装订收藏。

繁衍生息于中国西南部的藏族和纳西族是两个有着丰厚的文化遗产和突出的文化个性的民族，这两个民族之间的历史关系，成为中国西南民族史和地方发展史上的重要篇章，成为推动当地"茶马古道"上经济和文化交流的关键动力之一。2018年12月7日，由中国社会科学院民族学与人类学研究所主办、中国社会科学院特殊学科（绝学）纳西东巴文研究学科承办的"多民族文献视野中的纳西族与藏族历史文化关系研讨会"在丽江市举办，来自北京、西藏、青海、四川、云南、甘肃等地的四十多位专家学者参加研讨会，共同研讨纳西族文化与藏族历史文化关系。

在本次研讨会上专家学者们结合纳西东巴经典、藏文文献、汉文文献等多民族文献，从文献学、历史学、民族学、宗教学等多学科视角出发，重点从茶马古道，纳西东巴文化，藏传佛教、苯教文献，纳西族木氏土司与藏传佛教的关系，探讨纳西族与藏族间跨越千年的历史文化关系，交流研讨内容广泛，包括纳西东巴经典中对两个民族历史文化关系的记载，明代纳西族和藏族政教领袖文化精英携手努力刊刻印行丽江版《甘珠尔》藏文大藏经的壮举，纳西族先民摩些蛮与吐蕃、南诏的关系，纳西族与藏族友好关系缔结进程，明清时期纳藏政教关系，藏文文献中的对纳西族记载藏文史学文献的种类及其价值，纳西族的"穆"氏族与藏族象雄穆氏的同源关系，唐代吐蕃文化对摩些文化的影响，《白狼歌》与藏语，蝙蝠在藏族与纳西族文献中的形象与意义，从纳西族"三多神信仰"研究看纳西族与藏族的同源关系，丽江"措茸隆拉达"古藏文碑，大勃律Bru-sha与小勃律Sbal-ti汉译源流，中印文化交往中的冈底斯神山崇拜与苯教文化的发展，川西南多民族及族群间的他称、自称、借称关系，云南迪庆境内纳西族文化与藏族文化交融现象，藏传佛教对摩梭人社会生活的影响，泸沽湖自然人文资源的保护与可持续发展破困之策，川西南雅砻江流域纳木依藏族及其文化保护研究现状等方面。与会学者通过对多民族文献证据的分析，总结历史经验与教训，一致认为纳藏关系是中华民族友好关系的典范，在上千年的交往中两个民族间既有过战争与和平，也有文化上持续不断的双向交流，共同守卫祖国的西南边疆，沟通汉藏关系，保护长江上游生态屏障，维护祖国统一，促进民族团结，纳藏两个民族彼此互相尊重，在社会政治、经济文化等诸多方面实现全方位交流，水乳交融，结成了亲昵的兄弟情结，堪称民族团结的典型案例。据了解，国内藏学界和东方学界把东巴教视为解开藏族早期苯教之谜的重要线索。研究这两个民族的历史关系，对研究中国民族关系史、西南地方史、民族史以及"藏彝走廊"上各民族的政治经济文化的交流和整合，都有着十分重要的意义。

丽江东巴文化研究院编《常用东巴仪式规程及经典》四卷本（云南民族出版社2018年）出版问世，收录15种常用仪式经典的整理、仪式规程的记录，内容包括东巴经典原件影印件、仪式描述、诵读等，对于民间东巴文化传承有重要的指导作用，对学界了解纳西族东巴教的仪式与经典之间关系也有参考价值。

中国社会科学院民族学与人类学研究所、丽江市东巴文化研究院、哈佛燕京学社联合冠名的《哈佛燕京学社藏纳西东巴经书（第五卷）》（中国社会科学出版社2018年）翻译出版了《超度什罗仪式·竖督树·在督树上点神灯》等22卷（册）东巴经典，《大祭风·迎请神灵·迎请神偶·尤罗神偶的出处来历》等20卷（册）东巴经典。

吴泽霖著，中央民族大学民族博物馆编：《麽些族的生活》（中央民族大学民族博物馆藏珍稀手稿丛刊（1）（学苑出版社，2018年）问世。该著作者吴泽霖教授（1898—1990），当代著名社会学家、人类学与民族学家、教育家，该著作系作者1940年在丽江纳西族聚居区调查后撰写的调查报告。全文共8章，分别为绪论、衣食住、社会组织、宗教信仰、婚姻及生育、丧葬、节令及娱乐、结论。该报告现存完整手稿，部分内容后来发表于《边政公论》等杂志，对于了解1940年丽江纳西族的社会历史文化、宗教信仰、民俗等具有独特的参考价值。

2019 年

为积极开展云南省少数民族信息技术标准化工作，加快推进信息技术和产业发展，适应新时期云南省少数民族语言文字信息技术标准化工作。2019年9月11日，"云南省少数民族语言文字信息技术国家标准工作组2019年全会暨标准化项目研讨会"在昆明召开。中国电子技术标准化研究院副院长孙文龙对标准化工作作了全面系统介绍，并对纳西东巴文的国际标准化工作中遇到的问题、推进下一步工作等进行研讨。

2019年9月7日，由文化和旅游部、国家文物局主办，国家图书馆（国家古籍保护中心、国家典籍博物馆）承办的"中华传统文化典籍保护传承大展"在北京国家典籍博物馆开展，云南省少数民族古籍整理出版规划办公室收藏的原收藏于丽江东巴文化研究院的《东巴舞谱》在展览中展出。此次展览是为庆祝中华人民共和国成立 70 周年、国家图书馆建馆 110 周年举行的一次中华传统文化典籍大展示，共展出全国二十多个省四十余家公藏单位、三十余位私人藏书家的珍贵藏品三百三十余种。展览充分展示了中华人民共和国成立以来各相关单位在中华典籍传承方面所付出的努力和成果，并通过精炼深刻的图文内容，珍贵罕见的古籍善本，丰富新鲜的科技互动手段，较全面地展示了纳西东巴经典等各民族古籍文献的内涵和风采。

阮可东巴经典是纳西族东巴经典中富有地域方言文化特色的文献类型之一，是纳西族东巴经典的重要组成部分。2019 年丽江市东巴文化研究院编译《纳西阮可东巴古籍译注》（全套三本）（云南民族出版社 2019 年）出版问世。该著缘起于 2011 年，丽江市东巴文化研究院参与了清华大学国家社科基金重大项目"西南少数民族濒危文字文献抢救保护研究"，并负责其中"油米阮可东巴调查与研究"。2012 年，丽江市东巴文化研究院成功申报云南省社科重大项目"纳西族濒危东巴经典：阮可东巴经、摩梭达巴口诵经抢救保护研究"。随即组织研究人员对东部方言区东巴文化的历史与现状进行了田野调查，涉及区域有云南省香格里拉市、宁蒗县，四川省木里县、盐源县等阮可和摩梭支系居住的区域，立足田野调查资料，历经近十年的编译而成。该书内容为纳西族阮可东巴经典著述，用国际音标注音翻译。全书收录经书 3 卷共 32 篇，包括《除秽熏秽经》《净水瓶咒语》《点油灯》《祭祖经书上册》《祭祖经书下册》《祭祖经》《祭署仪式规程·请署歇息》《开坛经》《送署拆署寨》等，对国内外研究学者了解、学习和研究纳西族阮科族群的历史、民俗及文化有重要的参考价值。

赵丽明主编《宝山纳西东巴文应用文献调查、整理与研究》（广西师范大学出版社 2019 年）是清华大学中国西南地区少数民族濒危文字抢救、整理与研究项目相关学术成果之一，是对生活于今云南省丽江市玉龙纳西族自治县宝山乡悟母村的纳西族群所使用的纳西语言、东巴象形文字及相关文献进行的解读与研究，采用通行的四行对照法，使用国际音标、直译、意译、大意串讲方式，解读悟母村以东巴文记录的地契、调解协议、会议纪要、人情往来、对联、民歌谚语等。该研究解读了东巴文在纳西族群日常生活中方方面面的应用，展示了东巴文并不局限于东巴在宗教仪式中使用，并且随着时代在创新和发展中使用和适用范围等，通过解读，初步考察研究东巴文日常使用的规律与应用特点，及其东巴传统工艺的文化背景。本书对研究纳西族东巴象形文字在日常生活中使用情况，释读纳西族东巴象形文字日常文书，对于丰富纳西语言文字研究资料，纳西族民俗文化研究，都有参考价值。

2019 年度新出版了《云南少数民族古籍珍本集成》（第 76 卷·纳西族，云南人民出版社 2019 年）收录纳西族东巴经典《繁天仪式·祭祀绝户家》等 40 本（卷）。《云南少数民族古籍珍本集成》的第 77 卷（云南人民出版社 2019 年）收录纳西族东巴经典《禳垛鬼仪式·创世纪》等37本（卷）。

2019年12月，何林富编著的《宜底摩梭口传经典文献译注》（云南民族出版社2019年）出版问世。《宜底摩梭口传经典文献译注》以宁蒗县宜底地方的摩梭人口诵经典为记录译注对象，全书按国际音标、直译、意译三行对照方式，对宜底摩梭人节庆、丧葬以及日常生活中常用口诵典籍作了细致的译注，为研究摩梭文化的学者提供了可信的口头文本的译注，有利于摩梭文化的传播与研究，对东巴经典的研究也有参证价值。

四、白文古籍

2010年以来，白族白文古籍研究取得积极进展。社会各界对白文古籍的关注度进一步提升，相关机构加大了对白文古籍的搜集整理。一批重要研究成果面世，也涌现出一些新的研究人才。白文古籍文献的整理和研究不断深化和系统化，同时也更加规范化。

大理州白族文化研究院前身为2001年2月成立的大理白族自治州白族文化研究所，2013年6月改为现名。研究院将白文古籍整理作为工作重点之一，主持编纂出版的《大理丛书》"白语篇""大藏经篇""金石篇"等，对白文古籍的整理起到了积极的促进作用。

大理大学民族文化研究院前身为大理学院民族文化研究所，2003年3月在原"南诏史研究室"的基础上成立，2015年9月改为现名，以中国西南少数民族历史文化为主要研究对象，侧重南诏、大理国历史文化与白族历史文化研究。研究院近年来进一步加大了白文民间古籍的研究，已经搜集整理了上百种重要白文古籍文献，为白文古籍的研究奠定了坚实基础。

2011年以来，中国社会科学院民族学与人类学研究所王锋参加国家新闻出版署重大文化工程项目"中华字库"，并承担了第十八包子课题"南方仿汉字文字（方块白文、方块苗文、侗文、方块仡佬文、毛南文、哈尼文）文献资源搜集整理和字符库制作项目"的研究。其中，白文文献部分，共完成八十余种文献著录，建立白文古文字文献图档库和原形数据库，对提取的700个白文字符进行属性标注，建立字符属性库，形成字形总表。目前，总项目正在编制白文输入法方案，制作白文成果字库。

2012年，大理大学民族文化研究院寸云激承担的国家社科基金一般项目"云南大理'白文文献'整理与研究"（项目号12BMZ008）在长期田野调研的基础上，对收集到的白文文献按大本曲、吹吹腔、宗教经文、祭祀文、碑文进行分类叙录；对代表性文献进行了标音和释读；按词类对常用的白文汉字与自造字进行了辑录，并作标音释义，标明了出处；在前人研究的基础上，对白文的产生与发展进行深入分析，基本理清了白文传续的历史脉络；通过数字化处理，将原始文献、标音释读后的文本以及相关信息输入电子计算机，建立专题数据库，进一步提高了白文文献资源的共享度。

2013年，大理学院民族文化研究所张锡禄教授等主持的"中国云南西北部残存的以汉字表记白语文献的搜集整理和保存"课题（丰田财团资助项目，项目号码D08-9-19）经过多年调研，完成结项。课题全面系统地调查了白文文献的流传使用情况，搜集整理了各流传地区的不同体裁、不同形式的代表性白文文献。以往的白文研究，多集中在明清白文碑刻等白文历史文献上，对于民间流传使用的白文文献缺乏调查和研究；在地域上，则只关注了大理市等少数地区的白文文献，对于白文文献丰富的云龙、洱源等地，则缺乏调查和了解。该课题的研究，深化了对白文文献流传使用的系统认识。课题采用国际音标标音和直译、意译，对有代表性的白文文献珍品进行了科学、规范、准确的释读，进一步确立了白文研究的科学规范。项目的主要成果是《中国白族白文文献释读》一书。

2014年1月15日至7月23日，中国社会科学院民族学与人类学研究所王锋撰稿的《白文重要古籍文献介绍》系列文章在《大理日报》文化版刊出，共21篇。系列文章对包括南诏大理国白文字瓦、南诏大理国写本佛经、历代白文碑刻、大本曲、本子曲、祭文等代表白文文献进行了介绍评述，是一次系列性的学术科普活动，引起了积极的社会反响，不仅有效提升了白族社会各界对白文及其文献的认知，也积极倡导了民族古籍文献的传承和保护。

2016年，在云南省民宗委支持下，大理州民宗委申报了"云南省世居少数民族文化精品工程·白本大本曲曲本文库"项目。项目由中国社会科学院民族学与人类学研究所王锋、云南省民族语文指导工作委员会办公室张霞、云南民族出版社奚寿鼎等具体组织实施。项目拟对流传于大理市内的白文大本曲曲本文献进行收集整理，并按五行体（即古白文原文、国际音标、汉语直译、拼音白文、汉语意译）进行规范标注。经充分酝酿，共选取了杨汉、杨兴廷、赵丕鼎、李明璋、奚治南等大本曲代表艺人的白文大本曲文献《蔡状元修洛阳桥》《白洁夫人》《望夫云》《赵五娘寻夫》《蛇骨塔》《鹦哥记》《孟宗哭竹》《秦香莲寻夫》等进行整理译释。项目将于2020年出版6卷本的《白族白文大本曲文库》，这将是白文文献整理的又一重要成果。

2018年，大理州白族文化研究院杨晓霞申报立项国家社科基金青年项目"大理国写经〈仁王护国般若波罗密多经〉白文批注释读及数据库建设"。项目以大理国时期写经《仁王护国般若波罗密多经》经文及白文批注为研究对象，通过对写经经文和白文批注的数字化和白文批注的语言学标记，整合已有的白文研究成果，构建一个集经文文本浏览、经文内容和白文批注检索及语料分析功能于一体的语料库，并在语料库的基础上对这批白文批注进行系统性的释读，最终形成白文批注数据库，目前项目还在研究中。

2019年7月18日，美国马里兰州圣玛丽大学国际语言文化系教授傅京起女士向大理白族自治州博物馆捐赠重要白文文献《云龙白曲残本》仪式在大理举行。

1957 到 1958 年，中国科学院少数民族语言研究所白语调查组赴云南省各白族地区进行白族语言大调查，在大理州云龙县搜集到该《云龙白曲残本》。曲本是白族民间保存至今的年代较早的纸质抄本文献，整个曲本收录了大量白语民歌，可考并能成诗的就有 177 首，这是白族历史上迄今为止单种文献收录民歌数量最多的诗歌集。更重要的是整个曲本保存了近千个与汉字字形不同的自造字，堪称一本白文自造字字典。此次捐赠活动不仅使该白文文献得到较好的保护和展示，也引起了社会各界对方块白文文献保护和传承的普遍关注。

2019 年 8 月，由中国社会科学院民族学与人类学研究所王锋撰、北京师范大学张维佳书的古白文书法作品捐献给中国民族图书馆收藏，并在"我和我的祖国：中华人民共和国成立 70 周年——中国民族文字书法作品暨文献展"上展出。

田野考察方面，2011 年 8 月，中国社会科学院民族学与人类学研究所王锋、韦韧一行赴大理大学民族文化研究所，调研白文文献收集整理情况。对大理大学前期收集的各类白文文献进行了系统、全面的文献著录，系统理清了各类文献的名称、作者、收集地点、版本、尺寸、篇幅、内容大意等重要文献信息。本次调研深化了对白文文献流传、使用和收藏情况的认识，为"中华字库"项目的研究奠定了白文文献基础，也是韦韧博士论文研究的重要田野调查。

2016 年 8 月，中国社会科学院民族学与人类学研究所王锋、云南省民族语文指导工作委员会办公室张霞、云南民族出版社奚寿鼎等为推进"云南省世居少数民族文化精品工程·白本大本曲曲本文库"项目，对大理市境内的大本曲艺术家进行了系统走访调研，全面了解了白族民间艺术家对于白文大本曲文献传承和保护的意见和建议，为"白文大本曲曲库"项目的顺利开展提供了科学依据。

2010 年以来，关于白文古籍的成果不断涌现，不少是基于深厚积累的基础性研究成果。这些成果的面世，体现了白文古籍研究的系统化和规范化，有效地改变了以往的零散研究状况。

（一）著作类成果

2010 年，《大理丛书·金石篇》由云南民族出版社出版。该书是在 1993 年中国社会科学出版社《大理丛书·金石篇》基础上的续编并再版。1993 年版《金石篇》已收录了从《大理国段氏与三十七部会盟碑》（宋/大理国，971 年）到《史城羌山道人健庵尹敬夫妇预为家冢记碑·白曲一诗》（清，1703 年）的 10 余通白文碑刻文献。2010 年再版增加了"补遗"内容，收录了自 1992 年以来发现的重要碑刻以及首次收录遗漏的重要碑刻，包括洱源凤羽出土的《高公墓志》等，同时对原拓片和释文做了归类处理，并做了进一步校勘。

2010 年 12 月，张锡禄、甲斐胜二等主持的"云南省西北部残存的以汉字表记白语文献的搜集整理和保存"课题成果《中国白族白文文献释读》一书由广西师范大学出版社出版。全书共分五辑，收录白文文献共计 5 类 16 种，基本涵盖了白文文献的主要种类，第一辑选录白曲曲本 4 种，包括《白曲短曲残本》（又名"云龙白曲残本"）、《黄氏女对金刚经》《山神曲》《放鹰赶雀》；第二辑选录大本曲曲本两种，包括《火烧磨房》《梁山伯与祝英台（中集）》；第三辑选录吹吹腔戏本 1 种，即《竹林拾子》；第四辑选录宗教经文 6 种，包括《叹亡白词》《十王白词》《三献礼白词》《行三献礼·奏乐唱礼》《祭脚力》《超宗度祖文》；第五辑选录祭文 3 种，包括《剑川孝男张某祭奠亡母文》《大理孝婿赵某祭岳母亡灵文》《云龙孝侄字某祭寞伯父亡灵文》，该书对所选白文文献原文誊录，并采用国际音标注音，对每个白文符号分别进行直译和意译，有重要的学术价值。

2010 年以来的白文文献研究中，最值得关注的是对《云龙白曲残本》的研究。2015 年 5 月，在《中国白族白文文献释读》的基础上，(美) 傅京起、赵敏、徐琳、段伶等合著的 *Chinese Ethnic Minority Oral Traditions: A Recovered Text of Bai Folk Songs in a Sinoxenic Script* 一书由坎布里亚出版社（Cambria press）出版。白文文献研究用英文出版，极大地拓展了白文文献研究在国际学术界的影响，意义深远。

2015 年 1 月，中国社会科学院民族学与人类学研究所韦韧的博士论文《〈云龙白曲残本〉文字整理与研究》以《云龙白曲残本》为基本研究材料，构建方块白文数据库系统，并进行考释。作者认为方块白文是一种既借用汉字又自造拼合字的意音文字，因此在分析其构形模式和字体类型时，应该将借用字和自造拼合字两类分别进行归纳分析。借用字有全借字、音读字、训读字、记号字四类；自造拼合字的字体类型共 7 类：音义拼合字、会义拼合字、双音拼合字、标音拼合字、标义拼合字、标示音义拼合字、记号拼合字。此外还统计分析了方块白文的构件组合、层级数、构件功能、构形模式、平面图示、字频、义项数等文字属性，判定方块白文文字系统还不是一个成熟的文字系统。该博士论文经过系统性修改整理，由社会科学文献出版社于 2017 年 12 月出版。著作借鉴汉字在其构形系统研究方面的成熟经验，采用王宁先生首创的汉字构形学理论，运用结构功能分析法和现代系统论，对方块白文进行整理、分析并说明其内部结构、特点及构造意图。同时，从语言学与文字学相结合的角度开展研究，拓展了方块白文研究的深度。首次采用数据库技术对方块白文字符进行系统整理和分析，有利于方块白文研究的信息化。

2017 年，日本东京外国语大学亚非文化研究所立石谦次、吉田章人出版《大本曲〈黄氏女对金刚经〉研究——云南大理白族的白文分析》一书，由三铃印刷株式会社印刷出版。本书基于对大理喜洲大木曲艺人黄永亮先生曲本《黄氏女对金刚经》的研究，采用曲本原文、拼音白文注音、日文释义的方式，对曲本进行了全本译释，并提取出了白语词汇集，分别用方块白文原文、拼音白文、日语、汉语、备考等栏进行标注。日本学界历来关注白族历史文化研究，此次关于白文大本曲文献的研究，进一步拓展了日本学界对于白族文字文献的认识，也有助于对包括日文、白文在内的汉字系文字的比较研究。

2018 年 6 月，中央民族大学张公瑾教授等主编的《中国少数民族古籍珍品图典：民族古文字古籍整理研究 100 年通览》一书由中国社会科学出版社出版。其中，"白文古籍"部分由王锋、张锡禄合著，共 10 万字，在简要介绍白文属性和历史发展的基础上，对白文文献的载体与版本形式、目录与类别进行了分类，并系统梳理了白文古籍整理和研究情况。文中收录并刊布了 50 种白文古籍精品，并对白文碑刻文献《词记山花·咏苍洱境碑》、本子曲《黄氏女对金刚经》、大本曲《柳荫记》、祭文《本祖祭文》等四种不同类型的文献进行了释读，是新中国成立以来系统刊布白文文献种类最多的成果。

2018 年 7 月，中国民族图书馆编《中国少数民族文字古籍版本研究》由民族出版社出版。收入王锋著《白文古籍的版本研究》一文，文中按宗教类文献和文学类文献两大类介绍了白文文献的版本情况，并汇总了新中国成立以来公开刊布的白文文献目录。

（二）学术论文类成果

王锋、张云霞著《〈大理国兰若碑〉中的白语考释及相关问题》（载黄建明、聂鸿音、马兰等编：《首届中国少数民族古籍文献国际学术研讨会论文集》，民族出版社 2012 年版），对原立于大理市挖色镇高兴村兰若寺、现存于大理市博物馆的重要白文碑刻《大理国释氏戒净建绘高兴兰若篆烛碑并序》进行了研究。此碑在大理国时期的碑刻文献中有非常重要的地位。碑文首先描述宇宙万物间的变化以及变化规律，结合人世间的关系、哲理，并列举了建盖寺庙缘由和捐赠情况，最后歌颂当政者的丰功伟绩，为当政者祈福禳灾。该碑具有历史文化的多重价值。其中最有价值的是碑文的中间部分，内容是捐赠人施舍田地、房舍、牲畜、物件甚至佛奴等，用假借汉字记录白语的方式记录了一批白语词汇，既是白语研究的重要历史材料，也是白文发展的重要文献。在对碑文中的白语词汇进行释读的基础上，本文还提出了界定白文文献的两个条件：一是文献中某个部分用汉字书写白族语言的现象不只是涉及孤立的少数几个词汇，而是集中地书写相关的一批词汇；二是用假借汉字记录民族语言不仅涉及词汇，而且还用这种方式书写短语甚至句子。符合这两个条件之一的，就可以将其确认为白文文献。

王锋《白文读写原则与白文〈山花碑〉释读》（载张铁山主编《中国少数民族文字碑铭研究论文集》，民族出版社 2019 年版）一文基于方块白文的文字属性，按假借汉字和自造字两个层面讨论了白文的读写原则，认为白文的读写，无论是假借汉字和自造字，都有等级的区别，即某种类型的假借字或自造字是优先选择的，也更少歧义；相反，有些类型的假借字或自造字则不被优先选用。在此基础上，文章对白文重要文献《山花碑》进行了释读，很多释读与前人有明显不同，体现了从读写原则出发的特点。

韦韧《方块白文流传现状及其趋势分析》（载《民族论坛》2013 年第 11 期）认为，目前方块白文仍在宗教经书、祭文、大本曲曲本、民歌曲本等特定领域流传。

这些保存于民间的方块白文文献，是承载古代白族语言、文化、社会等多方面信息的重要载体。调查发现，方块白文文献质量和收藏状况不如人意，传承方式单一，生存空间狭小，在白族青少年中辨识度逐年降低。但有利的条件是方块白文文献分布地区较广、数量可观，形式完整，在特定领域仍继续流传使用；加上方块白文不创新字，便于认读，同时方块白文又是保存和发展白族传统文化的必要条件，受到多方关注，这方块白文传承提供了新机遇，这种特殊的活态民族文字还将继续流传下去。文中对信息化保护等提出了建议。

韦韧《方块白文文献数据库》（《科技与创新》2019年第1期）认为方块白文是古代白族在长期使用汉语文的过程中，用来记录广泛使用的白语，仿照汉字创制的一种民族文字，是一种既借用汉字又自造拼合字的意音文字。针对方块白文情况复杂、信息量大等问题，在充分吸收已有研究成果的基础上，在普通语言学、普通文字学、比较文字学、汉字构形学理论指导下，借鉴汉字整理的方法，设计和建立了方块白文数据库，并以方块白文材料《云龙白曲残本》为例，详细介绍利用数据库技术研究方块白文的初步成果，以及方块白文数据库在中国少数民族语言文字研究创新中所起到的巨大作用。

白文作为汉字系文字中的一种，它的属性与历史发展与其他一些汉字系文字有密切的联系。宁波大学外语学院张正军的《日本古代歌谣的有声传承与"万叶假名"研究——兼与云南白族文字比较》（载《日语学习与研究》2015年第3期）就尝试对白文的书写符号体系和日本历史上的"万叶假名"进行比较，这样的比较研究也有助于深化对白文及其文献属性的认识。

殷群、寸云激著《白文文献的研究与新发现》（载《中央民族大学学报（哲学社会科学版）》2019年第6期）对白文文献的研究进行了梳理，并介绍了近10年来新发现的一些白文文献。文中指出，20世纪50年代以来，白文文献的研究成果主要集中在白族有无文字（白文）的讨论、白文文献的发现与刊布、白文文献的整理和解读、白文书写符号系统研究等四个方面。本文对近年来田野调查中搜集到的白文文献做全面整理、分类、编目和检校，并对白文文献研究进行梳理，尝试提出新的研究方法与传承方式。

(三) 学位论文成果

赵一平《白族语〈黄氏女对金刚经〉研究——民间经典口头长诗的文学释绎尝试》（复旦大学2013年博士学位论文）对流传于大理州剑川县的白文本子曲文献《黄氏女对金刚经》进行了研究。《黄氏女对金刚经》是白族地区迄今所见最长的叙事性诗歌，同时也是最具有白族文学特征的作品。徐琳曾经对该白文文献进行译释。本论文以白族语原作为研究对象，通过田野调查和文本细读相结合方式对其进行文学分析，是对白文文献的新探索。但是文中把该作品称为口头白语文学经典，有失偏颇。

李二配《方块白文文献用字研究》（西南大学 2018 年硕士学位论文）重点从用字、字词关系的角度对方块白文进行系统研究。研究内容包括方块白文文献用字统计分析、方块白文字词关系研究、方块白文异体字研究、方块白文与汉字之间的关系等。在学位论文基础上，李二配还发表了《方块白文记录语言单位研究》（载邓章应主编《学行堂语言文字论丛（第六辑）》，科学出版社 2018 年版），讨论了方块白文的字词对应关系、方块白文与语素、词及音节的对应关系等。

总体上，近 10 年来的白文文献整理，进一步掌握了白文文献流传的情况，对一批重要文献进行了收集、整理和译释。对白文文献书写符号体系的研究进一步深入，研究方法也更加规范。文献的数字化整理、书写符号体系的数据库建设等也提上日程，都体现了白文文献整理的积极进展。今后，有必要进一步宣传白文及其文献的历史文化价值，开展文化遗产保护工作，推动更多的白文珍品文献进入国家珍贵古籍名录，同时进一步深化文献及书写符号体系研究，形成集大成式的研究成果，提升白文文献研究的系统性。

第三节　壮侗语民族

一、壮文古籍

2009 年，广西壮族自治区人民政府正式下文建立少数民族古籍工作协调机构，明确"政府主导、社会力量参与、专家把关"的少数民族古籍工作机制后，广西的少数民族古籍工作取得了很大的发展，壮族古籍整理研究工作迎来了重要的历史机遇，古籍搜集整理工作得以稳步推进，迈入了全面开展普查整理和理论创新的新阶段。

（一）召开民族古籍工作会议和培训班，部署古籍保护工作，增强业务技能

2010 年 1 月 13 日，广西古籍保护工作专家委员会第一次会议在南宁召开。会上对各单位申报广西第二批《珍贵古籍名录》的古籍进行研讨、筛选、评定，包括壮字古籍在内的多部民族古籍入选。成立于 2008 年的广西古籍保护工作专家委员会，规范和加强了广西古籍保护工作的咨询、论证、评审和专业指导，充分调动了专家学者参与古籍保护积的极性，更好地指导了广西古籍保护工作。

2010 年 5 月 27 日，由广西壮族自治区文化厅和广西古籍保护中心组织召开的"全区古籍保护工作会议"在广西图书馆举行。会议对广西 2007 年以来的古籍保护工作进行了总结并安排部署全区古籍保护工作。这是广西首次召开的全区性古籍保护工作会议，对包括壮字古籍在内的民族古籍的普查、人员培养、协调互助等工作起了促进作用。

2010年10月20—23日，由云南省文山州民委主办，广南县人民政府、文山壮学发展研究会协办的文山州壮族文献古籍抢救暨《云南古壮字大字典》编选工作会在广南县召开。会议重点对壮族文献古籍抢救和古壮字编写工作做了培训讲解。

2010年12月20日全国古籍保护工作会议在北京召开。会议总结了2010年古籍保护工作开展情况并部署了今后主要开展的工作。会上举行了第三批国家珍贵古籍名录颁证。《壮化道教道场经书》《董永唱、舜儿唱》等古壮字古籍入选。

2011年3月7日上午，2011年广西古籍保护工作厅际联席会议在广西图书馆会议室召开。发改委、财政厅、教育厅、科技厅、文化厅、民委、档案局、方志办、新闻出版局、宗教事务局、文物局等厅际联席会议成员单位的联络员出席了会议。会上讨论明确了阶段性工作重点并负责指导、督促、检查古籍保护各项工作的落实。会议对沟通、协调解决包括壮族古籍在内的古籍保护工作中的重大问题起了积极作用。

2011年3月18日，广西壮族自治区古籍保护中心召开了第二次全区古籍保护会议暨《中华古籍总目·广西壮族自治区卷》编纂工作协调会。这是全区2010年5月第一次全区古籍保护工作会议之后的第二次全区性古籍保护工作会议。重点对全区古籍编纂工作进行了布置和指导，对加快壮族古籍的搜集整理保护工作起到了积极作用。

2012年5月15日，广西古籍保护工作会议暨古籍普查登记工作培训班在南宁召开。会议部署了"十二五"时期少数民族古籍工作主要任务，明确了自治区古籍办继续推进广西牵头的国家民委重点民族文化工程《中国少数民族古籍总目·壮族卷》编纂工作。会议公布《古越族歌》《杂么一共卷一科》《么兵全卷》等7部壮族古籍入选《第二批广西壮族自治区珍贵古籍名录》。会议明确：广西将在两年内完成广西壮族自治区古籍普查工作，并通过"全国古籍普查登记平台"，为每一部古籍申请独一无二的身份标识号——"古籍普查登记编号"以加强管理，并为古籍分级分类保护打下坚实基础。

2013年7月24至25日，《第五批国家珍贵古籍名录》《第三批广西珍贵古籍名录》评审推荐会在广西图书馆召开。广西古籍保护工作专家委员会专家们对包括古壮字古籍在内的广西259种申报国家珍贵古籍名录和223种申报广西珍贵古籍名录进行了仔细筛选和评审。

2014年1月17日，2014年广西古籍保护工作厅际联席会议在广西壮族自治区图书馆会议室召开。会议通报了2013年广西古籍保护工作开展和第三批广西珍贵古籍名录专家评审情况，审议通过了推荐自治区政府批准的97部第三批广西珍贵古籍名录。《布洛陀孝亲唱本》《九狼叭》《塘佧》《狼么再冤》等8部古壮字古籍入选。

2015年3月31日，广西古籍保护中心召开全区首次古籍保护工作表彰会议。此次会议的召开是广西首次对全区开展古籍保护工作以来取得阶段性成果的褒奖，对今后各单位开展包括壮族古籍在内的民族古籍搜集整理研究工作起到了促进作用。

2016 年 6 月 13 日全国少数民族古籍工作业务会在南宁召开。会议全面总结"十二五"时期全国少数民族古籍工作成果和经验，肯定了广西多举措推进壮族古籍整理研究工作取得的显著成效并研究部署"十三五"时期少数民族古籍工作规划。

2016 年 9 月 8 日，广西崇左市民语委在扶绥县召开《壮族山歌集》第四集编译工作培训会。自治区民语委科研处对崇左市壮族山歌集的编译工作进行具体指导。这些壮族山歌作品以汉字壮音、国际音标、标准壮文、汉意译文等四种格式进行标注，专家和学员们对入选作品在壮汉翻译、国际音标标注、文字排版等方面存在的问题进行分类讨论并做了具体的修改。

2016 年 11 月 1—3 日，广西古籍保护工作会议暨《古籍普查登记目录》审校工作培训班在南宁召开。会上公布广西共有 5 部古籍入选第五批国家珍贵古籍名录（其中 3 部为壮字古籍）。会议宣布广西壮族自治区已基本完成对全区收藏古籍的首轮普查，共 27 家收藏单位登记了 23529 条古籍普查数据。广西民族古籍整理办公室普查发现并登录包括壮族古籍在内的民间散藏少数民族古籍 27678 册。

2017 年 12 月 13 日，广西壮族自治区古籍保护中心在南宁召开年度广西古籍保护工作会议暨第二期《古籍普查登记目录》审校工作培训班。会上举行了《广西壮族自治区图书馆古籍普查登记目录》首发仪式。这标志着广西全面完成了收藏单位的古籍普查登记工作，结束了长期以来广西古籍"家底不清"的问题，为下一阶段广西古籍保护各项工作有序展开打下良好的基础。

2018 年 5 月 22 日上午，第七期全国少数民族古籍修复技术培训班在南宁开班。此次培训活动的主题为"古壮字古籍修复"。来自广西、甘肃、广东、云南等省（自治区、直辖市）12 所古籍收藏单位的 23 名学员相聚在这里，进行为期 11 天的古壮字古籍修复技术培训。本次培训班是国内首次举办古壮字古籍专题修复培训，是加强壮族古籍修复人才队伍建设、推动壮族古籍保护工作全面深入开展的重要举措。

2018 年 12 月 5 日，广西古籍保护工作会议暨"册府千华——广西壮族自治区藏国家珍贵古籍特展"开幕式在广西图书馆举行。会议总结了 2018 年全区古籍保护工作取得的主要成果，对 2019 年广西古籍保护工作进行了安排。自治区民族古籍办提出要加快少数民族古籍普查抢救搜集工作，抓好《中国少数民族古籍总目提要·壮族卷》编纂工作这个重点，牵头协调云南、广东、湖南、贵州等省区开展协作，推进书籍、铭刻、文书、讲唱 4 类条目的撰写；做好"十三五"全国少数民族古籍重点出版规划项目的编纂出版工作，打造壮族古籍整理成果精品项目。展览展出了包括壮字古籍在内的珍贵古籍共计 150 部，增强了民众对珍贵古籍的了解，对古壮字古籍的推介和搜集保护工作起了一定作用。

2019 年 3 月 26 日至 28 日，为进一步推动全区少数民族古籍抢救搜集与《中国少数民族古籍总目提要·壮族卷》《壮族地区文书古籍影印校注》项目的相关工作，广西自治区民族古籍办在南宁举办了广西少数民族古籍工作业务培训班，来自基层的民族古籍工作者参加了培训。培训班上总结了5年来广西少数民族古籍工作取得的成绩、问题和不足，并就如何开展好壮族文书类古籍搜集与整理工作进行了专题培训，为下一步开展民族古籍抢救搜集工作和《中国少数民族古籍总目提要·壮族卷》《壮族地区文书古籍影印校注》编纂工作提供了必要的专业支持。

2019年5月7日上午，"第十一期全国少数民族古籍修复技术培训班"在南宁开班。来自广西、云南等地11所古籍收藏单位的20名学员在此进行为期13天的古壮字古籍修复技术培训。集中力量对古壮字古籍进行修复、培养古壮字古籍修复人才，体现了国家对壮族古籍保护工作的关心和支持。

（二）举办研讨会，提升学术水平，拓展壮族古籍整理研究的广度和深度

2011年4月9—11日，由广西百色市和广西壮学学会联合主办的"2011年布洛陀文化学术研讨会"在百色市田阳县隆重召开，来自广西、北京、云南、贵州、广东、海南、湖南、湖北和越南、老挝、缅甸、泰国、印度等国家的180多位领导、专家学者出席了学术研讨会。研讨内容主要包括布洛陀文化研究、布洛陀文化保护与旅游开发研究、布洛陀麽经研究等三大方面。

2011年以后，每年农历三月在田阳县召开的布洛陀文化学术研讨会已成惯例，对加大搜集整理研究壮字经书抄本力度、进一步扩大宣传和深入研究壮族麽经布洛陀文化起到了难以替代的重大作用。

2012年6月15至17日，"方块壮字的搜集与整理"研讨会在广西大学召开。来自中国社科院、国家民委、民族出版社、广西区内域的古壮字研究专家及广西大学师生五十余人参加了会议，就方块壮字搜集与整理中的相关问题进行了研讨。

2012年12月5日—9日，第十二次全国民族地区图书馆学术研讨会在广西壮族自治区南宁市举行。来自全国32个图书馆的各级领导、专家学者和业务骨干共八十多人参加了会议。本次会议以"文化多样性与民族地区图书馆事业的发展"为主题，包括了古籍及地方文献研究等方面6个部分的内容。专家们就少数民族地区文献资源保障体系建设、图书馆读者服务、少数民族地区古籍建设特色服务等作了报告。

2013年1月26日—27日，"壮族土俗字习俗与甘桑石刻字符研讨会"在广西百色市平果县举行，来自中央民族大学、贵州民族大学、广西大学、广西民族大学、澳大利亚墨尔本大学等近百名国内外知名学者参加了研讨。本次会议围绕壮族土俗字研究与壮族土俗字习俗非物质文化遗产名录申报、"甘桑石刻字符"的发现与探讨以及壮族的历史与民俗文化等问题展开了探讨。本次研讨会推进了古壮字及壮族新发现文字的研究，对壮族文字的产生与发展研究有着重要意义。

2019年7月10日，"甘桑石刻文学术研讨暨阶段性研究成果展示会"在百色市平果县举行。来自中国社会科学院、中央民族大学、中国国家博物馆、民族出版社、

中国古文字研究会等三十余家单位的一百余名专家学者研讨甘桑石刻文，为壮族新发现文字的破解作出了积极贡献。

（三）成立相关机构，为古籍整理工作的开展提供组织保证

2011年6月11日，广西大学文学院与广西图书馆联合设立古籍保护实践研究基地。这是高校与公共图书馆共同推动古籍研究、培养古籍保护人才的创新和探索，对于促进学校和图书馆的古籍保护工作具有重大的现实意义，掀开了地方高校为社会培养古籍保护人才的新篇章。依托研究基地的人才培养平台，广西大学文学院将科学研究工作与人才培养有机结合，不少硕博生以古壮字古籍为研究样本撰写学术论文，对丰富壮族古籍整理研究的内涵、引导研究向纵深发展起了非常重要的作用。

2012年3月，"中国·富宁壮族坡芽文化研究所"在云南省挂牌成立，为进一步挖掘、保护坡芽歌书和提升其品位、知名度、影响力提供了研究平台。

2014年，广西民族大学"广西民族文化保护与传承研究中心"成立。该研究中心的子机构"广西民族古籍整理研究"致力于壮族古籍译注，在壮族古籍整理研究方面做出了积极贡献。

2014年12月29日，广西壮族自治区图书馆地方民族文献中心开工建设，2018年12月6日正式启用。该中心职责之一是更好地收集、整理、保存、展示广西壮族的古籍文献信息并开展更高层的社会教育和文化交流。

2014年，云南省文山壮族苗族自治州民族研究所划为公益一类事业单位。近年来在壮族古籍文献抢救、收集、整理、出版规划等工作做出了贡献。

2015年11月，广西壮族自治区少数民族古籍整理出版规划领导小组办公室更名为广西壮族自治区少数民族古籍工作办公室，增挂"广西少数民族古籍保护研究中心"牌子。古籍办和保护中心承担全区少数民族古籍整理、研究、出版等工作，制订全区少数民族古籍事业发展规划并组织实施，组织承担少数民族古籍重大研究项目，立足少数民族古籍资料的保存和开发利用。古籍办和研究中心工作人员深入基层，抢救搜集壮族各类古籍，深入挖掘少数民族古籍的当代价值。近年来在正常收购古壮字古籍文献的基础上首创了"复制件换原件"的工作方法，形成了这一领域的"广西经验"，为搜集民族民间古籍探索了新路。

以上机构，有的是职能部门，有的是非实体学会组织，都在壮族古籍文献的搜集整理研究中做出了贡献。

（四）代表性学者积极参与古籍搜集整理研究工作

我国壮学奠基人张声震从1985年从事整理民族古籍事业以来，多年来在抢救、整理壮族古籍等一系列活动中做了大量的工作。他主持收集整理出版的各类壮族古籍，是不可多得的珍贵文字资料。他发起的倡议，更是对壮族古籍整理研究起了引领与推动作用。2010年4月22日，他参加了广西百色市田阳县有六十余人参加的

布洛陀文化研究与旅游开发学术座谈会。在他的倡议和推动下，2011年的研讨会成为一次规模较大并对布洛陀文化作深度研究的研讨会。此后田阳布洛陀文化学术研讨会每年都召开，形成了壮族麽经布洛陀研究的长效机制。张声震把壮族古籍整理出版推向了常态化、系列化的新阶段。

中央民族大学原副校长、著名壮学学者梁庭望最有创见的理论是建构了中华文化四大板块学说。他的理论来源离不开他几十年来扎根壮族古籍文献搜集整理研究的深厚土壤。2010年以来，他在具体古籍的校注和民族古籍整理研究领域的理论创建方面做了很多开创性工作。

美国学者贺大卫在壮族民族语言文本研究与翻译、民间宗教典礼研究等方面述著颇丰。2010年以来出版了《古壮字地理研究》（Mapping the Old Zhuang Character-Script: A Vernacular Writing System from Southern China，2013，直译为《古壮字文献研究：中国南部方言书写系统》）、《汉王与祖王》（Hanvueng: The Goose King and the Ancestral King，2015）等述著，都是关于壮族语言文字的研究。此外，他还在《广西民族研究》等国内期刊上用汉语发表了《传统方块壮字的区域性》《壮语稻作词汇及其文化内涵试析》《东南亚、广西西部的麽公与土司政权之关系》等几篇壮民族研究论文，是作者历经多年的田野考察、文字研究和多语对照民族志翻译的心血结晶。贺大卫的壮族古籍文献研究突出壮族民族志研究与翻译，富有创意，开拓性和系统性明显，在壮族语言文化的译介外宣和壮英文本民族志对译方面是首创之举。

2014年，中央民族大学教授、著名学者李锦芳的"新发现民族古文字调查研究与数据库建设"课题通过国家社科基金重大项目立项，他的研究团队致力于包括坡芽歌书、八宝歌书、甘桑石刻文、桂南骨刻文等新发现文字的研究，发表了很多学术论文。

美国语言学家白丽珠（M·E·Milliken）则致力于古壮字的搜索数据库的建立和完善。她在"方块壮字信息化与国际标准""电脑选字和切字""壮字字符属性标注中的音义问题"等方面颇有建树，对壮字古籍文献的数字化做出了相应的贡献。

（五）古籍普查和具有影响力的田野考察

2010年至2014年，云南文山州民宗委开展了云南壮族古籍文献普查及抢救保护工作。通过深入3700个壮族村落进行普查，对壮族文献古籍进行登录，基本摸清家底，已经登录在册包括壮族文献古籍《摩经》《鸡卜经》《壮剧剧本》等2400本（册）文献古籍。

2013年，广东清远市征集壮族古籍186件，完成《连山壮族瑶族古籍汇编》初稿约九十万字。

2014年3月至12月，广西民族古籍工作办公室牵头组织在全区6个市中的31个县展开少数民族古籍专项普查、调研。普查中发现并登陆的民间散藏少数民族古籍有 13716 册（件），其中书籍 12216 册，文书 1500 件，收集到有关少数民族古籍图片 4695 张。在古籍抢救搜集中，以"复制本换古本"的颁发把古本征集起来，达到了及时而有效地保护与开发利用的目的，至 2016 年底全区主要收藏单位均已完成古籍普查登记工作，取得了阶段性成果。

2014 年 6 月，清华大学中国西南濒危文化研究中心的濒危文字抢救、整理与研究项目组成员赴云南省文山州富宁县、广南县进行田野调查。他们调查并且完善了"坡芽歌书"和"八宝歌书"的语言材料，为《八宝壮族歌书》的完成提供了全面材料，推进了壮族歌书的整理研究工作。

2015 年 8 月，中央民族大学教授李锦芳率课题团队赴云南广南县，对八宝歌书的载体、数量、图符构造表意方式等进行了调查研究。

2016 年，云南省非物质文化遗产保护中心工作人员与广南县非遗保护工作者 10 余人组成调查小组，开展对"八宝歌书"的田野调查。八宝歌书是刻写在日常器物上用于提示民歌内容的表意图符，但图符数量、内容远比坡芽歌书丰富。调查组采取查阅文献、召开座谈会、走访村落和重点采访代表性传承人的方式，以文字、图片、音频、视频等手段进行综合记录，丰富了壮族歌书的搜集。

2018 年起，云南省少数民族古籍整理出版规划办公室推进少数民族古籍普查采录工作，年底已完成文山州壮族古籍（民间收藏）100 卷（册）的普查采录，相关工作仍在有序进行中。

2019 年，广西壮族自治区民族古籍办启动"壮族地区文书古籍影印校注"项目整理工作，在百色、河池、崇左和云南省文山州等地的文书古籍开展针对性的抢救，搜集到各类壮族地区文书共计近三千件，包含土地买卖契约、契税凭证、纳地丁银执照、纳兵粮执照、田（粮）赋凭证、典当契约、分家（单）契约、拨粮和领粮凭证、牲畜买卖或登记凭证、借（还）据等十多类，涵盖了常见的文书类别。项目组开展专题田野调查，对这些文书采取原样影印的方式，对原文进行标点、校注和题解，撰写相关民族志，介绍文书产生、收藏、流传、使用的社会历史文化背景，尽量还原壮族地区文书收藏和使用者的原生状态，为壮族文书的抢救保护和继承弘扬做出了具体贡献。

（六）考古及田野调查中的重大发现

2010 年 11 月，广西南宁大明山发现大型古骆越祭祀坛，坛上有大量刻在地面的图案和符号。随后在武鸣、隆安、田东、龙州等县的古代祭祀遗址分布区，发现了大量刻在石器、玉器、骨片上的类似符号。有论者认定骆越人在新石器时代就创制了自己的文字，成型于四千多年前大石铲文化鼎盛时期。这一推测能否终结史学界关于古骆越人没有文字的论断，有待于文物部门考古专家进一步研究。

2011 年 10 月，广西骆越文化研究会在平果县马头镇甘桑大石铲祭祀遗址上，发现数十块写满了字符的石板和大石铲碎片。12 月，该研究会再次进行现场考察研究，认为这些石片上的符号都是成句的占卜辞和祭祀文。这一发现引起了学界的极大关注。广西骆越文化研究会将与文物部门的考古专家进行进一步研究，以判断字符石片的年代和内涵。

2012年10月，云南文山学院教师林远高在广南县八宝镇民歌调研时发现村民家中的扁担、葫芦、竹筒等用具上刻有辅助记忆民歌的图符。这些发现与2009年在同一地方发现的民间手绘本一起统称为八宝歌书。这是继"坡芽歌书"之后同一类别书写符号的重大发现，极具文字学、类型学研究价值，极大地扩充了壮族文献研究内涵。

2013年，云南宁蒗县壮族王开明先生把一套麽公古籍抄本赠予云南民族大学。后经分析发现，抄本所用字符既包含本民族自造字又包含在汉字影响下形成的借源字，民族自造字数量高于借源字，属于自源和借源混合型文字。这是继坡芽-八宝歌书、甘桑石刻文之后新发现的壮族古文字。

2017—19年，考古专家们在广西来宾市武宣县进行抢救性勘探发掘，在"勒马汉城遗址"的东汉地层中，出土了一枚刻有"中溜丞印"字样的铜印章和一块带有"布山"铭文的陶片。这些文字与古文献记载的秦汉中留（中溜）县和布山县地望相合（地理位置相同），是考古发现与文献记载相互印证的研究实例，也表明岭南腹地与汉文字文化的交流十分久远。

2017年9月，云南民族大学民族文化学院教师罗祖虞、李有开在云南省宣威市田野调查时，发现了壮汉文合璧的"六十甲子纳音"文献资料。文献保留的古文字，在壮族古籍文献中较为罕见，对古壮字的研究大有裨益。

（七）有关著作或译著、编著的出版

2010年，由张声震主编、梁庭望校注的壮族古籍整理著作《〈粤风·壮歌〉译注》由广西民族出版社出版。《粤风》是在中国文学史上占有重要地位的首部多民族民歌集，《〈粤风·壮歌〉译注》将其中壮人所唱的汉语民歌、俍歌、僮歌三部分合成《粤风·壮歌》，采用目前流行的"五对照"方法作了新的译注，这样的整理使不懂得壮语壮字的读者也能够对其进行欣赏和研究。

2010年，中央民族大学教授覃晓航的专著《方块壮字研究》由民族出版社出版。该书不仅揭示了方块壮字特有的发生、发展过程中的现象，还探索了方块壮字发展的内在规律。它不仅是汉字文化圈文字研究的重要成果，更是比较文字学研究领域的新成果。

2010年，由广西壮族自治区古籍保护中心编纂的《第一批广西壮族自治区珍贵古籍名录图录》由广西人民出版社公开发行。该书收录了《麽破塘》《农老》《三千书》等11部古壮字古籍。2011年，《第二批广西珍贵古籍名录图录》出版，其中收录有《古越族歌》《抄本讥》《麽兵全卷》等7部古壮字古籍。2016年1月，《第三批广西珍贵古籍名录图录》由广西人民出版社出版，其中收录了《布洛陀孝亲唱本》《九狼叭》《塘伕》《狼么再冤》等 8 部壮字古籍。这些壮族存世珍贵古籍的集中展示，对广西壮族古籍文字研究和版本鉴定具有重要的参考价值。

2011 年，由梁庭望等搜集整理的《壮族传统古歌集》由广西民族出版社出版。该书以古壮字记录谷歌并用拼音壮字、国际音标、汉字进行相应注释，较完整呈现了壮族古歌的面貌。该书 2013 年入选国家新闻出版广电总局与国家民委"第二届向全国推荐百种优秀民族图书目录"。

2011 年，由中央民族大学教授黄凤显主编的《中国富宁壮族坡芽歌书》由民族出版社出版。它是一部以原始的图画文字记录当地壮族民歌的民歌集。歌书由 81 个图画文字构成，每一个图画文字代表一首歌，歌词用拉丁壮文记录，辅以汉语注释和国际音标，展现了壮族作为稻作民族的诗性思维特点和艺术表现技巧，具有十分浓郁的民族地域特色。

2011 年，作为广西土司资料系列丛书之一的《田州岑氏土司族谱》由广西人民出版社正式出版发行。全书分上、下篇，上篇为《田州岑氏源流谱》，下篇为《岑氏源流世谱》，记录了壮族土司制度兴衰存亡的历史。该书是对民间土司族谱手抄本的系统整理，填补了地方史志的空白，对研究壮族土司制度有参考价值。

2012 年 11 月，广西民族出版社出版了《古壮字字典》。该书为 1989 年 9 月出版的《古壮字字典（初稿）》的重印本，收入流行于壮族地区的古壮字 10700 个，其中常用字 4918 个。字典向世人展现了壮族古文字的面貌，对促进壮族古籍整理、研究壮族与汉族之间的文化交流交融具有重要作用。

2012 年，广东省民族宗教研究院、连山文化广电新闻出版体育局编写的《连山民歌集成》由广东人民出版社出版。该书抢救性地收集、整理了连山壮族民歌的曲调、乐谱与歌词，既有流传六百多年的民间口头传唱，也有文字手抄本（南歌簿）和各种史料中的记载，为广东壮族古籍文献研究提供了宝贵的资料。

2012 年，《布洛陀史诗（壮汉英对照）》由广西人民出版社出版。该书由已出版的《布洛陀经诗》和《壮族么经布洛陀影印译注》（1—8 卷）的创世内容整合而成，全书多语对照，开创了壮族典籍英译的新体例。该书在向外界介绍壮族文化，促进古壮字、壮族典籍研究等方面意义重大，是壮族古籍整理出版的一个突破。

2013 年，广东科技出版社出版了暨南大学班弨教授的《甘桑石刻文摹片及字符集》。该书制作了石刻文全部摹片并完成了石刻文编码字符集，阐述了作者对甘桑石刻文的初步研究结论。2018 年，中国社会科学出版社出版了李志强教授《平果县甘桑石刻文图像叙事：摹本及字符集》。该书收集了班昭著作中没有收集的石刻文字约 16000 个。作者认为，甘桑石刻文已具备一定的图像叙事，包含了丰富的历史文化信息。黄懿陆《甘桑石刻文新资料汇编》也稍后出版。这些著述对进一步研究壮族自源型文字及骆越文化具有重要意义，为桂南石刻文后续研究奠定了基础。

台湾政治大学民族学系教授贺大卫（David Holm）著作《古壮字地理研究》

(*Mapping the Old Zhuang Character Script：A Vernacular Writing System from Southern China*）由西方著名出版机构 BRIL 于 2013 年初出版。该书采用壮族、布依族、越南北部岱侬族古方块字（泛称古壮字）45 个点的文献资料（不少为作者及其团队调查所得），绘制了 133 幅图，对 60 个常用字字形、读音的地理异同进行分析，考察其历史演变。该书为首部英文撰写的古壮字著作，其研究样本和研究范式让人耳目一新。

2013 年，云南少数民族古籍整理出版规划办公室整理、云南人民出版社出版的《云南少数民族古籍珍本集成》的第四卷（壮族古籍）问世。该卷书包含了壮族鸡卦三本丧葬礼仪典籍，均为清代抄本。《集成》以"善本再造"的方式真实还原了云南壮族古籍珍本，为研究云南壮族历史文化提供了丰富而新颖的实物原形资料，有利于云南壮族文化研究的繁荣发展。

由何正廷、欧薇薇主编的《壮族鸡卜经影印译注》（1—8 卷）于 2013 年 6 月由广西民族出版社出版。这是一部阐释鸡卦的古籍图书，是一部规模宏大、各抄本（共 33 本手抄本）自成体系的经典之作。书分原本影印和对照译注两部分。影印部分的内容包括：卦象、卦名、卦宫和卦辞四个部分。译注部分主要是对用古壮字撰写的卦名的注释，采用了"五对照"的方法。该书首次向世人展示了"鸡卜"这一壮族先民的神秘文化，是壮族鸡卜经书进行全面收集和系统翻译整理的成果，它的出版为研究壮族社会历史、古代哲学思想、伦理道德观念、科学文化及原始宗教文化等提供翔实可靠的文本文献，具有十分珍贵的史料价值。

2014 年底至 2017 年，由金洪、王明富主编的《云南文山壮族文献古籍典藏》共十卷陆续出版。十卷书内容各有特色。第一卷精选壮族摩教挂图、壮族摩教法衣纹饰图案、壮传道教和佛教挂图、壮族摩教典籍插图、壮族骨刻书等古籍画谱。第二卷至第九卷，选编壮族文献古籍《丧葬经诗》和《宗教祭祀摩经》，是壮族历经数代布摩传承抄录的古籍。第十卷选编《鸡卜经》《择日书》《解邦书》等古籍。编辑出版《云南文山壮族文献古籍典藏》实属史无前例，云南壮族传承了千百年的古籍得到了保护，功在当代，利在千秋。

2015 年，广西民族出版社发行了关仕京的《壮族师公二十四孝经书（译注）》。全书收录了 24 本古壮字手抄本，主要内容是吟唱古人行孝的感人事迹并奉劝世人行善积德、诚心行孝。全书采用四行对照式编排注解，有效保存了壮族经书抄本的基本面貌。

2015 年，载有清代广西壮族土司社会相关内容的《蛮司合志》由杨东甫、杨骥完成校注整理，由广西人民出版社出版。2016 年，广西少数民族古籍工作办公室、广西少数民族古籍保护研究中心编辑的广西土司资料系列之一《西事珥校注》由广西人民出版社出版。《蛮司合志》和《西事珥》是明清两代记叙广西风土人情的著作，较为广泛地记载了与广西有关的重要历史事件、重要历史人物以及地理物候、土风民俗、风物特产等内容，这两部校注书的出版，对研究壮族土司制度及壮族与各民族的交往、交流、交融有重要价值。

2016 年，蒙元耀的研究专著《壮族古籍与古文字》由广西民族出版社出版。该书以深厚的理论功底和翔实的资料阐述了壮族古籍的概念、壮族古籍整理的现实意义和实用方法，并对各类壮族古籍进行了深入细致的解读和阐发，是壮族古籍整理和研究的理论探索的开山之作。

2017 年，广西壮族自治区少数民族古籍整理出版规划领导小组办公室、田阳县文化和体育局、田阳县布洛陀文化研究会编纂的 120 万字的《壮族麽经布洛陀遗本影印译注》（3 卷本）由广西人民出版社出版发行。该书是继《壮族麽经布洛陀影印译注》（8 卷本）后的又一重要成果，在麽经搜集范围、版本年代、抄本内容、翻译整理方法等方面均有突破。它的出版进一步夯实了布洛陀文化研究的史料基础。

2017 年，由覃建珍担任项目主编的《龙川壮族民歌译注》由广西人民出版社出版。

2019 年，广西壮族自治区少数民族古籍保护研究中心搜集整理的《顿造忙（创世经）影印译注》由广西教育出版社出版。该书是对中越边境壮语南部方言民间信仰经典的首次搜集整理，既填补了壮语南部方言古籍翻译整理的空白，又是广西乃至全国民间巫祝典籍整理出版的重大突破。

2019 年，由凭祥市博物馆编纂，广西科学技术出版社《凭祥石刻集锦》画册出版。该书收录了广西边境城市凭祥市大部分石刻碑刻，内容包括广西连城要塞遗址和友谊关（凭祥段）石刻、清界碑、班夫人墓石刻、白马洞石刻和其他石刻，对中越边境壮族地区石刻文献的保存整理功不可没。

（八）大事记

2010 年，壮族"坡芽歌书"被列入国家级非物质文化遗产保护项目。

2010 年 6 月 11 日，第三批"国家珍贵古籍名录"公布，古壮字抄本《壮化道教道场经书》入选。

2011 年初，"中华字库"工程正式启动，其中第 18 包是"少数民族古文字搜集整理与字库制作"的子项目"方块壮字"，由广西大学文学院独立承担，负责人为林亦教授。截至 2019 年，包括方块壮字在内的全部 23 种少数民族古文字字符的搜集和属性标注工作已经完成。少数民族古文字字库和编码的制作、字符国际标准的申请，为少数民族古籍文献的数字化和研究交流提供了更为广阔的空间。

2013 年，国务院公布"第四批国家珍贵古籍名录"。广西民族古籍整理办公室申报的《卦书》（清道光四年（1824）许文经抄本）、《经洛掌书便览吉日科》（清光绪二年（1876）黄道诚抄本）等 4 部和国家民族图书馆申报的《初夜登坛科》等 3 部成为入选的壮族古籍。

2016 年，第五批"国家珍贵古籍名录"公布，广西入选该名录的 5 部古籍中，有《送五海壹科》《鲁班唱》等 3 本为古壮字抄本。广西民族大学图书馆有藏书首次入选,是广西古籍普查又一新的成果。

2019年10月,广西少数民族古籍保护成果展在广西图书馆展出,清抄本医书《祖传秘方》首次亮相。这是一本用古壮字与汉文抄写的壮族医书,也是迄今为止发现的第一部古壮字医书。

综上,2010年以来是壮族古籍文献大规模搜集整理与出版的阶段。许多民间抄本和古代遗存得到登记和搜集,文献的影印整理出版也有较大突破,原有的典籍也都得到了很好的校注。在丰富的第一手资料及初步分析研究的基础上,涌现了多层面、多视角进行分析的理论探讨。壮族古籍文献研究工作在搜集广度和研究深度上都得到了极大推动,形成了新生态,焕发出强大生机和活力。

二、傣文古籍

傣族古籍在过去60年整理研究的基础上,最近十多年来呈现出四大特点:一是古籍文献整理规模化和工程化,有目的、有计划整理出了一大批有价值的古文献;二是古籍研究工具便利化,古籍文本研究取得了一定进展;三是多种傣族古籍入选"国家古籍珍贵名录"和西双版纳图书馆入选第六批全国古籍重点保护单位;四是傣文古籍外译工作取得了初步进展。

(一)近十多年来傣族古籍的整理情况

近十多年来,傣文古籍,特别是数量较多的西双版纳傣文和德宏傣文古籍整理取得了显著成绩,其他傣文古籍家底逐渐摸清。具体情况如下。

1. 整理翻译100卷《中国贝叶经全集》

2002年,为了保护和传承傣族贝叶文化,西双版纳州政府启动了"抢救树叶上的傣族文化"行动,着手翻译整理出版《中国贝叶经全集》100卷。首卷《佛祖巡游记》(pha^{33}tsau^{13}lep^{33}lok^{33})2003年由云南人民出版社出版,后99卷改由人民出版社出版(2006—2010年)。《中国贝叶经全集》100卷共收录西双版纳傣文贝叶经典籍139部(有的一卷有多部古籍,如第10卷,包含有《创世史》《嘎里罗嘎里坦》和《佛教格言》三部古籍),全集共727个章节(傣族古籍一般都有多章,如佛本生故事《维先达腊》整理本有13章),全集总字数达八千五百多万字,是名副其实的傣族古籍系统化整理工程,对保护、传承、发展、传播和扩大傣族文化起到了巨大的示范作用,也必将带动研究的热潮。《中国贝叶经全集》100卷古籍文献具体名称列举如下:

第1卷《佛祖巡游记》(佛本生经)[①]
第2卷《维先达腊》(上下册)(佛本生经)

[①] 里面的文字是笔者根据经书主要内容给出的题材性说明。傣族很多长篇叙事诗是根据佛本生经改编的,因题材是长篇叙事诗,就标为长篇叙事诗,而不标注为佛本生经。

第 3 卷《瞿昙出家 & 嘎鹏》①（佛本生经）

第 4 卷《绣缮》（民间故事集）

第 5 卷《十世轮回》（佛本生经）

第 6 卷《金鲤鱼》（佛本生经）

第 7 卷《粘响》（长篇叙事诗）

第 8 卷《赶塔南》（佛本生经）

第 9 卷《召树屯 & 青瓜王》（佛本生经）

第 10 卷《创世史 & 嘎里罗嘎里坦 & 佛教格言》（创世史诗、警示格言和佛教格言）

第 11 卷《扎哩呀》（上，下册）（佛本生经）

第 12 卷《千瓣莲花 & 跌密牙王子》（佛本生经）

第 13 卷《松帕敏 & 布罕 & 宋摩南富翁》（佛本生经）

第 14 卷《孟腊甘达莱 & 甘达莱公主》（寓言故事）

第 15 卷《召相勐与喃宗布》（历史故事）

第 16 卷《少年王召波拉》（佛本生经）

第 17 卷《苏帕雪》（格言、警句等）

第 18 卷《玉喃妙》（长篇叙事诗）

第 19 卷《佛陀教育 & 阿瓦夯》（佛经教育和断案集）

第 20 卷《摩尼尖》（长篇叙事诗）

第 21 卷《尖达巴佐 & 佛陀解梦 & 笨人吃斧》（佛本生经）

第 22 卷《苏宛纳康罕》（佛本生经）

第 23 卷《翁沙湾》（佛本生经）

第 24 卷《甘帕沃短》（佛本生经）

第 25 卷《帕雅目支瞵陀的疑问》（佛教史）

第 26 卷《九尾狗》（佛本生经）

第 27 卷《瓦卡吉达邦哈 & 朱腊波提断案 & 窝瓦达敢双》（法规礼仪和断案集）

第 28 卷《尖达罕当嘎》（佛本生经）

第 29 卷《窝拉翁》（历史故事）

第 30 卷《三只金鹦鹉 & 苏拉翁》（佛本生经和长篇叙事诗）

第 31 卷《吉祥经 & 佛陀预言》（佛经典籍）

第 32 卷《药典》（医药）

第 33 卷《论傣族诗歌 & 花卉情书》（傣族诗歌）

第 34 卷《摩诃翁滇万》（佛本生经）

第 35 卷《颂玛南迭窝 & 阿銮模松》（佛经典籍和佛本生经）

---

① & 表示这一卷有两部或多部古籍组成，古籍名称中间用 & 分开。

第 36 卷《上思茅歌 & 贺新房歌》（傣族诗歌）

第 37 卷《麻贺萨塔》上、下册（佛本生智慧集）

第 38 卷《脱泥佛像 & 金鹿》（佛本生经）

第 39 卷《咖庸 & 五座凉亭》（佛本生经）

第 40 卷《兴安龙召片领 & 断案全集》（法律法规）

第 41 卷《摩哈哇》（佛本生经）

第 42《芒莱法典》（法律法规）

第 43 卷《花蛇传奇》（长篇叙事诗）

第 44 卷《菩提般扎南塔度 & 哦哇答萨沙纳》（佛教典籍）

第 45 卷《术万南章呙》（佛本生经）

第 46 卷《召贺洛 & 咖莱》（长篇叙事诗）

第 47 卷《召真悍 & 青莲之歌》（长篇叙事诗）

第 48 卷《冬德冬蒙 & 萨拉帅》（天文历法和祈祷词）

第 49 卷《召温邦》（长篇叙事诗）

第 50 卷《苏万纳捧敏 & 咖牙桑哈雅》（佛本生经）

第 51 卷《坦玛布嘎拉朗玛 & 坦萨麻苏桑》（佛本生经和韵文佛经）

第 52 卷《白马凌波》（长篇叙事诗）

第 53 卷《波罗蜜经》（上、下册）（佛经典籍）

第 54 卷《四榴》（傣族诗歌）

第 55 卷《娥屏与三洛》（上、下册）（长篇叙事诗）

第 56 卷《独牙象》（佛本生经）

第 57 卷《秀批秀衮》（上、下册）（佛本生经）

第 58 卷《召苏宛之歌》（章哈体佛本生经）

第 59 卷《千棵芭蕉 & 七头七尾象》（佛本生经）

第 60 卷《烘乖凤》（长篇叙事诗）

第 61 卷《药志》（医药）

第 62 卷《档哈雅》（医药）

第 63 卷《解说小诵经》（佛经典籍）

第 64 卷《沙甘玛瓦扎》（佛经典籍）

第 65 卷《金龟之歌》（长篇叙事诗）

第 66 卷《威乃牙洛泐》（语音学）

第 67 卷《大果报》（上、下册）（佛教典籍）

第 68 卷《俳亚琅》（佛本生经）

第 69 卷《菩提分法》（佛教典籍）

第 70 卷《说媒词、祝词、咒语、偈语》（祭祀和礼仪）

第 71 卷《呼腊竜》（天文历法）

第 72 卷《召香柏》（长篇叙事诗）

第 73 卷《各种祛邪驱鬼消灾术》（民间宗教）

第 74 卷《喃金布 & 双头凤》（佛本生经）

第 75 卷《制作大鼓、佛像的规矩及其它》（制作和建筑）

第 76 卷《巴拉尚哈亚》（佛本生经）

第 77 卷《处世训言 & 坚固》（格言警句和佛教典籍）

第 78 卷《五位佛祖的足迹》（佛本生经）

第 79 卷《嘎弄》（长篇叙事诗）

第 80 卷《傣族的古规、礼俗与处世之道》（法规礼仪）

第 81 卷《召温龙 & 阿吝栋》（佛本生经）

第 82 卷《清静道论》上下册（佛教典籍）

第 83 卷《深奥佛法小手册 & 佛陀转世》（佛教典籍）

第 84 卷《布施论 & 戒论行 & 道修禅 & 王问经》（佛教典籍）

第 85 卷《鹏玛奘》上下册（长篇叙事诗）

第 86 卷《傣方药 & "四塔""五蕴"阐释》（医药）

第 87 卷《召宛纳潘》（长篇叙事诗）

第 88 卷《世间解》（佛教典籍）

第 89 卷《大业处》（佛教典籍）

第 90 卷《章哈歌唱语法 & 教导王和官员的诗歌 & 般哈诺宝》（傣族诗歌和佛本生经）。

第 91 卷《摩诃宾图 & 天界星宿》（风水学和天文历法）

第 92 卷《本名占星学 & 建城建寨》（风水学）

第 93 卷《十五诵经 & 坦厄伽尼伴》（佛教典籍）

第 94 卷《粘芭细敦》一至四册（长篇叙事诗）

第 95 卷《乌沙与巴罗》上、中、下三册（长篇叙事诗）

第 96 卷《增一阿含经》（佛教典籍）

第 97 卷《杂阿含经》（佛教典籍）

第 98 卷《小阿含经》（佛教典籍）

第 99 卷《中阿含经》（佛教典籍）

第 100 卷《长阿含经》（佛教典籍）

《中国贝叶经全集》采用贝叶经原文（刻写或手写）、老傣文（输入法输入）、国际音标、汉文直译、新傣文（输入法输入）、汉文意译的六种形式对照。我们通过截图来看看它们的具体样式：

第六章　21世纪20年代民族古籍整理与研究 | 353

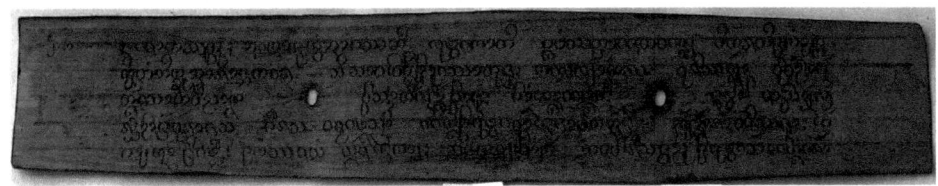

这是傣族著名古籍《召树屯》中的一段。正文中先后出现贝叶经原文、老傣文输入转写、国际音标和汉语直译四种形式。在一章结束后，再整章转写为新傣文和进行汉语意译。这种兼顾古籍文本原始性、古籍输入现代化以及国际化的整理方式对傣族古籍的珍藏、研究和传播都发挥着重要的基础性作用。

《中国贝叶经全集》总体上看以佛本生经、佛教典籍和长篇叙事诗为主，同时也搜集了部分天文历法、医药医学、格言警句、民间故事、历史故事、法律法规，甚至语言学方面的古籍文献，是我国首次系统整理西双版纳傣文古籍文献的重要文化工程，这项工程将会随着时间的发展，其作用和意义将会体现得更为充分。《中国贝叶经全集》搜集、挖掘、整理、翻译了一大批西双版纳傣文古籍经典文献，使很多存于民间或图书馆的古籍文献得以整理出来，为下一步西双版纳傣文古籍文本研究和古籍数字化提供了丰富的语料，也全面系统地展现了傣族贝叶文化的丰富内涵。《中国贝叶经全集》出版后在国内外，特别是东南亚南传佛教国家产生了广泛的影响，成为文化输入的成功样例。

此后，云南民族出版社根据上述版本，另外出版了100卷图文并茂，仅有老傣文和汉文意译的简易版本《贝叶文库》，这些都极大地普及了傣族古籍和贝叶文化知晓度。为传承贝叶经典载体的制作方法，西双版纳州还在景洪市勐罕镇曼降佛寺旁设立贝叶传习所，在此存放制作贝叶经的基本工具和贝叶经典，定期提供贝叶经的现场制作课程。

2.《云南少数民族古籍珍本集成》

2011年云南省民族宗教事务委员会启动《云南少数民族古籍珍本集成》整理工程。《云南少数民族古籍珍本集成》是以"善本再造"的方式影印出版的第一套完整的大型云南民族古籍丛书，列入云南民族文化百项精品工程。丛书收录了云南25个世居少数民族长期流传于民间的古籍珍本、善本、孤本近800部，分100卷出版。这项工程截至目前已接近尾声，皆由云南人民出版社出版。其中傣族古籍数量占比较大，共有23卷①，接近总卷数的四分之一。傣族古籍卷数、古籍名称和使用文种大致情况如下：

1. 第7卷：《蜘蛛王》（上）（德宏傣文）
2. 第8卷：《蜘蛛王》（下）（德宏傣文）
3. 第9卷：《十头魔王》（上）（德宏傣文）
4. 第10卷：《十头魔王》（下）（德宏傣文）
5. 第11卷：《勐养志》《勐遮志》《勐龙志》《勐养腊》《景洪志》（西双版纳傣文）
6. 第20卷：《佛陀教语》《警示格言》《苏帕雪》（西双版纳傣文）
7. 第21卷：《三牙象》（德宏傣文）
8. 第22卷：《红牙白象》（德宏傣文）
9. 第23卷：《沙萨纳芒鉴》（德宏傣文）
10. 第24卷：《元龙太子》《金鼠》（德宏傣文）
11. 第25卷：《相勐》（德宏傣文）
12. 第31卷：《莫拉宛撒》（上）（德宏傣文）
13. 第32卷：《莫拉宛撒（下）》《金色的变色龙》（德宏傣文）
14. 第33卷：《大金蛙》（德宏傣文）
15. 第59卷：《释迦牟尼前传》（德宏傣文）
16. 第60卷：《阿銮马哈哇》《聋女鬼》（德宏傣文）
17. 第61卷：《神鼓》《阿銮楠蒂亚》（德宏傣文）
18. 第62卷：《谷神》《阿銮帕罕》（德宏傣文）
19. 第63卷：《仙花三朵》《叶罕卓与冒弄养》（德宏傣文）
20. 第64卷：《孤岛四仙女》《卖藤蔑的阿銮》
21. 第65卷：《历算书》《曼德勒王传》（西双版纳傣文）
22. 第66卷：《芒市土司史》《德宏土司史料》（德宏傣文）

---

① 此外第七十卷"布朗族卷"收录了《鸡卦》《护宅经》《天文历算书》《祈福经》《医药书》《功德占卜书》《布朗族吉祥祝福词》等12部古籍，也是用西双版纳傣文书写的。

23. 第86卷：《东登故事》《婚罗与南窝》《采药谱记》《竹楼实务》《情歌》《艾相伦》（金平傣文）

从上面可以看到，《云南少数民族古籍珍本集成》中的傣族古籍以德宏傣文古籍为主，同时兼顾西双版纳傣文、金平傣文，这样就与前面的《中国贝叶经全集》相互补充，相得益彰，共同展示了傣族古籍的整体面貌。这些古籍文献的搜集、发现与整理对傣族古籍研究、傣族文化，特别是深入认识德宏古籍文化有着重要的作用。该丛书甫一出版（出版10卷），就喜获2017年度全国"优秀古籍图书奖"一等奖，这是云南古籍类优秀图书首次在全国优秀古籍图书评奖会上获奖。稍显遗憾的是，集成中未出现傣绷文文献。

此外，德宏州民族宗教局实施的云南省"百项精品"《德宏傣文古籍贝叶文库》整理工作已于2018年启动，这项工作完成后对德宏傣文古籍挖掘发现将会进一步深入。

3. 多部傣族古籍入选《国家珍贵古籍名录》

2007年1月，国务院办公厅发布《关于进一步加强古籍保护工作的意见》（国办发［2007］6号），拉开了中华古籍保护计划的序幕。2007年2月，原文化部在京召开全国古籍保护工作会议，全面启动古籍保护工作。截至目前，国务院已公布五批《国家珍贵古籍名录》，第六批正在审批中。在《国家珍贵古籍名录》评审过程中，一些珍贵古籍的新品种、新版本、新价值被陆续发现。自从《国家珍贵古籍名录》评审工作开展以来，傣文多部珍贵古籍名列其中。下表是傣族"珍贵古籍名录"主要情况：

序号	古籍名称	入选批次和编号	入选时间	说明
1	《粘响》	第一批/02372	2008年	清贝叶经，共12册，云南省少数民族古籍整理出版规划办公收藏室
2	《羯磨说》	第一批/02373	2008年	清贝叶经；1册；西双版纳傣族自治州少数民族研究所收藏
3	《大藏经》	第一批/02374	2008年	清贝叶经；160册；国家图书馆收藏
4	《释迦牟尼成佛记》	第二批/06839	2009年	清刻写贝叶经；26册；中国社会科学院民族学与人类学研究所收藏
5	《青年国王》	第三批/09802	2010年	清同治三年（1864）刻写贝叶经；六册；中国民族图书馆收藏
6	《沙萨纳芒鉴》	第四批/11340	2013年	清抄本；1册；云南省少数民族古籍整理出版规划办公室收藏
7	《尖达塔度》	第四批/11341	2013年	清抄本；1册；重庆市黔江区图书馆收藏

续表

序号	古籍名称	入选批次和编号	入选时间	说明
8	《蒂哈尼该》①	第六批	2020年	清光绪刻写；西双版纳傣族自治州图书馆
9	《秀善》	第六批	2020年	清刻写；云南省少数民族古籍整理出版规划办公室
10	《窝拉翁》	第六批	2020年	清刻写；云南省少数民族古籍整理出版规划办公室
11	《西双版纳景洪田野沟渠志》	第六批	2020年	清光绪抄本；西双版纳傣族自治州图书馆
12	《莫娜宛沙》	第六批	2020年	清抄本；云南省少数民族古籍整理出版规划办公室

截至目前，傣文共有12本古籍入选"国家珍贵古籍名录"，特别是2020年的第六批有五本入选。但相较于数量较多的傣族古籍来说，傣族古籍入选数量还是显得有些少。尤其值得一提的是，西双版纳傣族自治州图书馆入选第六批全国古籍重点保护单位。这将为将来傣族古籍保护和申报更多"国家珍贵古籍目录"提供了坚强的支撑。2019年，云南人民出版社出版了第一批"云南省国家珍贵古籍名录"《粘响》（一卷12册）。

4. 傣族古籍编目工作取得重大进展

在日本丰田财团的资助下，2001年至2010年，由尹绍亭、唐立、尹仑、郑静等学者组织的"云南老傣文抢救保护"项目进行顺利，先后出版了《中国云南德宏傣族古籍编目》（云南民族出版社，2002年）、《中国云南耿马傣文古籍编目》（云南民族出版社，2005年）和《中国云南孟连傣文古籍编目》（云南民族出版社，2010年）三卷本傣族古籍目录。其中在德宏州收集整理古籍近2000册，精选拍摄881册，拍摄缩微胶卷五千七百余幅；在耿马县收集古籍一千多册，精选拍摄443册，拍摄缩微胶卷四万余幅；在孟连收集整理古籍近一千册，精选拍摄190册，拍摄缩微胶卷两万五千三百余幅，翻译重要古籍七部。三卷目录总计两千三百余页，拍摄了可以永久保存利用的缩微胶卷十二万余幅，收集老傣文文献四千余种，精选拍摄一千五百余册，按历史、语言、文学、习俗、医药、天文、艺术、宗教等进行整理编目。基本摸清了除西双版纳之外，其他傣族地区古籍文献（傣绷文文献几乎未涉及）的大致情况，对全面挖掘、了解傣族古籍整体面貌具有较大的参考作用。

---

① 截至目前，第六批已公示完毕，正等待国务院公布。《蒂哈尼该》是音译，意译的话就是《长阿含经》。

5. 其他较为零散的整理情况

除了上述较为规模化、工程化的古籍整理计划外，傣族古籍整理还有一些较为零散的，由某些部门或学者组织的整理成果。如西双版纳傣族自治州政协编印了《召片领的委任状》（中国文化出版社，2019年1月），该书包括三个部分，第一部分简单介绍了西双版纳傣族历史；第二部分是该书重点，刊印了自1926年—1953年415副委任状（包含部分文书、书信、案件处理、证明、政令和村规民约①）；第三部分是礼仪规程。这项工作专门搜集文书类古籍，对更为全面了解古籍有着重要意义。我们以截图形式看看委任状整理情况。

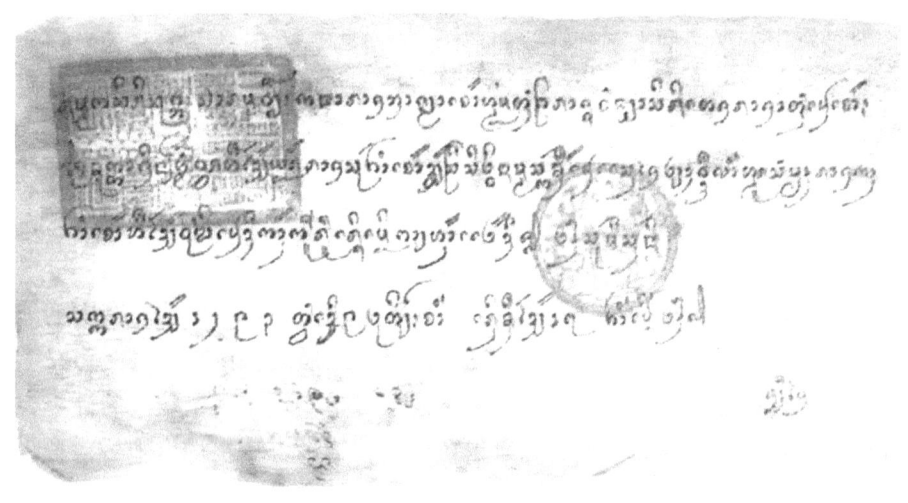

至上的召孟慈悲为怀颁发委任令：

恩赐吉囡忠晋升为先宰碟，以示吉祥。接任后，必须为我"召"的事业尽忠效劳，其前途光明、地方繁荣昌盛。特颁发此状。

傣历1293年9月17日颁赐

公历 1931年7月31日

备注：该委任状有两个印章，均无法识读。正面写有傣文"景宰"，指向不明。

---

① 有个别村规民约时间较早，较早的三幅分别为1875年的"曼东村村规民约"、1907年的"曼勐村村规民约"和1922年的"曼掌村村规民约"。其余412幅时间都在1926—1953年间。

委任状字数有多有少，大多为三四行，一般有两枚印章，一方一圆（也有一枚印章的或两方、两圆样式的），而村规民约大多比较长，有十多行到数十行。委任状主要交代委任人和委任事项，最后写傣历时间（公历时间为翻译时补充）。村规民约主要是对村里主要事项进行约定。

其他研究整理成果还有 2012 年耿马傣族佤族自治县人民政府组织编印《耿马傣族历史古籍典藏》（云南人民出版社，2012 年 3 月），该书收录了两部清咸丰至同治年间翻拍影印的傣文古籍，内容涉及耿马宣抚司发展历史及土司书信，礼仪交往及税赋记录等内容。《傣族古籍文献概览》（龚家强主编，德宏民族出版社，2019 年 6 月），该书是德宏州文联组织傣族专家、学者精选 50 部德宏傣文古籍文献精品，将文献内容梗概用傣汉两种文字进行整理翻译。普学旺，左玉堂主编《云南少数民族古典史诗全集》（上中下三卷；云南教育出版社，2009 年—2012 年），该书搜集了大量傣族诗歌，如《召树屯》《娥屏与三洛》《线秀》《葫芦信》《金孔雀》《香发公主》《三牙象》等 30 部。

（二）近十多年来傣族古籍的研究情况

随着傣族古籍搜集整理和翻译的发展，傣族古籍研究也在前期的基础上出现了编著中型词典、宏观研究和微观文本研究相结合的发展趋势，特别是医药医学类古籍成为研究热点。总体上看，近十多年来，傣族古籍整理出现了较大的进步，但傣族古籍研究，特别是古籍的文本研究成果还很少，很多古籍整理出来后，后续研究和开发利用很不充分。

1. 编著《中国贝叶经全集》衍生品《傣汉词典》

2015 年，西双版纳傣族自治州少数民族研究所编辑出版了中型词典《傣汉词典》（云南民族出版社，2015 年 9 月）。这部词典收录傣文词条三万余条。词典一般包括老傣文、国际音标、新傣文、释义、词性、来源、例句等方面的信息，是目前规模最大的西双版纳傣文词典。由于该词典很多词条来源于《中国贝叶经全集》，是《中国贝叶经全集》的衍生品和后续开发成果。字典里面收录了很多专业用语、文化词汇、傣语古语词和巴利语借词，对傣族古籍文本研究具有重要的参考价值，是不可多得的参考书。文中附录涉及干支表，黄道十二宫、二十七星宿、生肖属相表、星期对照表、傣族传统纪年法和傣族传统计时法等内容。这些内容也有助于研读傣族古籍。我们截图列举如下：

2. 傣族古籍综合性研究

傣族古籍综合性研究是指就傣族古籍整体情况开展的研究。这方面的研究成果有《中国民族古籍研究 60 年》（张公瑾、黄建明主编），该书按照时间顺序对我国古籍 60 年来的整理和研究做了较为全面的梳理。傣文部分通过丰富的史料梳理了 60 年来傣文古籍整理和研究情况，对整体上了解傣族古籍整理面貌有着重要参考价值。《中国少数民族古籍珍品图典：民族古文字古籍整理研究 100 年通览》（张公瑾、黄建明主编，中国社会科学出版社，2018 年），该书将各民族古籍珍品图片汇编成图册，全书约三百五十万字，有图片一千幅左右。傣文在第二册，傣文部分所涉历史文化概况、文字的起源与变迁、文字载体类别与版本形式、目录与分类、古籍发掘研究情况、古籍珍品图片及说明、古籍珍品释读七章，对 21 世纪前的傣族古籍整理情况做了梳理。书中编印 50 种珍贵傣族古籍图片（每种古籍一张照片），并选取了四种傣族古籍进行了较为精确的释读。该书重视古籍的保存，拍摄了大量珍贵的照片，对古籍的释读也具有示范意义，是较为深入地了解傣族古籍的重要参考书。《中国少数民族文字珍稀典籍汇编》（共 28 册，丛书荣膺 2017 年度全国"优秀古籍图书奖"一等奖。）该丛书按字源谱系收入自源文字的纳西东巴文、彝文；来自于婆罗米字母体系的藏文、八思巴文、傣文；来自阿拉伯字母体系的察哈台文；来自阿拉美字母体系的蒙文、满文；来自于汉字体系的西夏文、壮文、水书、布依文、契丹文、女真文等少数民族古籍文献，基本反映了我国少数民族文字古籍的整体性。丛书傣文部分整理内容更为详尽，汇聚的典籍更多。此外还有《中国少数民族古籍保护与发展报告》（黄建明，2013 年），该书是关于 1982 年至 2012 年我国少数民族古籍保护与发展情况的报告，介绍了北京，吉林，内蒙古，新疆，宁夏，青海，云南 7 个省区市和蒙古，藏，维吾尔，回，满，壮，彝，布依，傣，水，纳西 11 个民族的古籍保护与发展情况。《云南少数民族古籍文献调查与研究》（李国文，民族出版社，2010 年），该书作者深入到云南很多市县，按照市县的顺序对云南古籍进行了调查和研究。内容包括西双版纳州傣族文字古籍、德宏州傣族文字古籍、临沧市傣族文字古籍、昆明市彝文古籍、玉溪市彝文古籍、丽江市宁蒗县（小凉山地区）彝文文字古籍等内容。中国民族图书馆编《中国少数民族文字古籍版本研究》（民族出版社，2018 年 9 月），该书对我国现存的少数民族文字古籍的版本做了全面的梳理研究，认为我国民族古籍既具有民族特色，又有很多共性，并认为藏族、蒙古族、傣族的泥金写本，内容同为佛经，装帧形式同为梵夹装，是少数民族古籍版本中的精品。

3. 傣族古籍专门性研究成果

专门性研究成果是指对傣族古籍某一方面或文本进行的研究。傣医傣药是我国四大民族医药之一，这些年在傣族医药古籍领域取得了不少成果，代表性成果有《傣族医药古籍整理与研究》（陈海玉，云南大学出版社，2016 年 5 月）。该书对我国傣族医药古籍文献的产生与形制、基本特点，收集、整理、保护的现状进行了详细介绍，并提出建立傣族古籍文献数据库。云南人民出版社（2020 年 7 月）出版了《傣族医药古籍调查研究与总目提要》，该书以汉傣双语的形式呈现傣族医药古籍，对傣医药古籍进行全面调查，通过编纂总目提要揭示傣医药古籍的内容特征和外部特征。学术论文方面有《傣族医药档案产业化发掘利用研究》（王柳，硕士论文，云南大学）。期刊论文则有《略论傣族医药文献馆藏古籍偏方数字化的建设》（周世琼，黑龙江科技信息，2012 年总 33 期）等。

关于贝叶经及其文本研究，近些年来引起了一些年轻学者的关注。这标志着傣族古籍文本研究的深化和发展。这方面代表性学者有姚珏、戴红亮、周娅、保明所等。姚珏关注傣族文献中的巴利语，发表了《西双版纳傣族〈维生达腊本生经·十祝〉"十愿文"研究："十愿文"反映的西双版纳傣族佛教"人间"观念及其在早期佛教思想中的来源》（西南边疆民族研究；2011；第 2 期）、《西双版纳傣泐〈出家羯磨〉校释》(西南古籍研究，2015 年)、《西双版纳傣族〈维生达腊本生经〉诸本巴利语比较研究》(西南古籍研究，2016 年) 等论文，分别探讨了七种《维生达腊本生经》写本的巴利语的逐步傣族化、地方化的规律和佛教文献研究的体例、方法与规律。戴红亮主要从语言学和文献学角度出发，出版和发表了《基于语料库的现代傣语词汇研究》(中央民族大学出版社，2015 年)、《跨文化视角下的老傣文韵尾拼写法的分合与混同《语言能力与语言政策研究》，(世界图书出版公司，2017 年)、《西双版纳傣文改革及相关问题思考》(民族语言学学报，商务印书馆，2018 年)、《傣语转写巴利语 ɔn 韵变异分析》(民族语文，2018 年第 4 期) 等，分别探讨了傣语转写巴利语的方式、老傣文拼写法的分合混同原因及其对老傣文书写和异形词的影响、西双版纳傣文改革对傣族传统文化的传承利弊和傣文转写巴利语一个特殊语音变异以及对傣族贝叶经巴利语释读的作用等。周娅则比较关注贝叶经的版本问题，发表了《再论傣族诗歌——中国南传佛教地区傣文古籍中诗歌的类别、起源和特点》(中央民族大学学报，2009 年第 1 期) 和《中国南传上座部佛教抄本概况研究》(世界宗教研究，2011 年第 2 期) 等文章，对傣族诗歌类别、起源和特点和对傣族南传上座部佛教抄本的源流、形制、存量、文字、内容结构以及濒危状况等方面进行了论述。保明所对《佛祖巡游记》进行了一定的研究，发表了《巴利语借词对西双版纳傣语词汇的影响》(百色学院学报，2012 年第 1 期) 和《〈佛祖巡游记〉几类特殊词语的翻译与校勘》(民族古籍研究，2012 年) 等，对巴利语傣语书面语的影响以及《佛祖巡游记》专名音译词翻译做了探讨，对进一步规范专名翻译问题提出了建议。

德宏傣文方面则有赵毅，熊甜芳《德宏民族古籍文物判定标准及构成》(德宏师范高等专科学校学报，2015 年第 3 期)。该文对德宏民族古籍的内涵与外延进行研究，提出判定标准，阐述了以傣文古籍为主的德宏民族古籍的类别和主要形式及其他类别的民族古文献。梁雁《关于民族古籍保护工作的几点思考》，以德宏州傣族古籍为例，针对其古籍保护的现状和已经采取的保护措施进行分析，对古籍普查和保护工作两个方面提出几点思考。周寒丽、李莲《景谷傣族南传佛教的传播发展和经文系统初探》(红河学院学报，2013 年第 5 期) 通过对汉文古籍和傣文古籍的分析对比，辅以一定的田野调查资料，对景谷南传佛教的传播，经文系统和所使用文字进行一些探讨。

此外值得一提的是，傣文古籍外译工作也取得了初步进展。中国南方民间文学典籍英译丛书"十三五"国家重点图书 2020 年度国家出版基金资助项目出版了傣族佛本生故事《谷树屯》(汉英对照)(武汉大学，2020 年 6 月)，此外《娥屏与三洛》也被列入出版计划。

4. 相关学术会议

2010 年 4 月 20—21 日，由西双版纳州政府和云南大学合办，云南大学贝叶文化研究中心、西双版纳贝叶文化研究中心承办，首届国际贝叶文化研讨会在景洪市召开。来自泰国、老挝、德国、法国以及国内的贝叶文化研究学者一百余人参加了这次会议就东南亚各国对贝叶经的收集和保护，贝叶文化的和谐内核、贝叶文化对傣族社会的影响等问题进行了研讨，特别对《中国贝叶经全集》的出版进行了集中讨论，高度评价了全集出版的作用、意义及影响。会后出版了《贝叶文化与和谐周边建设：首届贝叶文化国际研讨会暨第四届全国贝叶文化研讨会论文集》，内容包括贝叶文化综合研究，贝叶经整理、研究，贝叶文化与南传佛教，贝叶文化与傣族社会生活，贝叶文化与傣族语言文学等。（云南大学出版社，2011年）

2017年5月13—14日，"南传佛教贝叶经典籍的历史与当代价值学术研讨会"在云南大学举行。会议由云南大学主办，云南大学贝叶文化研究中心、云南大学发展研究院、云南大学图书馆承办，六十余位专家学者参加了"南传佛教贝叶经典籍的历史与当代价值"学术研讨会。会议就"贝叶经籍文化交流""傣泰民族佛教文学的相互交流和影响""贝叶典籍的当代价值"等论题进行专题讨论。

2019年11月16—18日，由云南大学发展研究院、泰国清迈皇家大学艺术与文化办公室、云南大学贝叶文化研究中心共同主办的"中国—东南亚、南亚贝叶文化传承与保护国际研讨会"在云南大学举行。来自泰国清迈皇家大学、泰国清迈大学、老挝国家图书馆、泰国玛希隆大学、斯里兰卡科伦坡大学、德国汉堡大学等国的10名国际专家学者，以及国内三十多名学者参加了本次会议。研讨会就"中国-东南亚、南亚区域贝叶文化的历史源流与现状""贝叶文化遗产的现代价值""贝叶经制作技艺的传承与保护""贝叶典籍的数字化整理与保护""中国-东南亚、南亚各国贝叶文化传承与保护的实践"以及"贝叶文化与区域人文合作交流"等方面展开了深入交流与研讨。会议论文集即将出版。

近十多年来，傣族古籍整理翻译和古籍编目工作取得了巨大的进步，基本摸清了家底，弄清楚了傣族古籍整体面貌。下一步傣族古籍的关注重点是古籍的保护手段和修复方法，精挑傣族古籍较好版本申请"国家珍品古籍名录"，开展傣族古籍的数字化工作，使古籍中的文字活起来，开展傣族古籍的文献学研究和文化开发等。

三、水文古籍

水族自称"睢"，他称"水家""水家苗"等。1956年12月21日，国务院"同意将水家族更名为水族"，至此确定了"水族"这一固定称谓。水族主要分布在黔南桂北比邻的龙江、都柳江上游地带，相对应的行政区划是贵州省的黔南布依族苗族自治州、黔东南苗族侗族自治州以及广西壮族自治区北部的河池地区。水族居住相对集中，三都水族自治县是全国唯一的水族自治县。据2010年人口普查，全国水族人口有411847人，贵州境内水族人口348746人，占全国水族总人口数的84.68%。

水族有古老的文字，水族称其为"泐虽"，他人称其为"水文""水字""反书"等。水族文字是一种借鉴汉字构形的方块字兼图画文字，以表意为主。它与汉字有密切联系，同时又有自己独到的特点。历史上的水族先民使用水书文字写下了大量的历史文献。其内容涉及宗教、哲学、历史、伦理、天文地理、医药卫生、文字艺术等诸多方面。水书文献多由水书先生使用和保存，民间并不普及。由于缺少广泛的社会基础，水族文献长期以来面临着濒危与失传的危险。水族古籍的系统专业研究开始于20世纪八九十年代，之后进入到研究的蓬勃发展阶段。

进入21世纪第10个年头之后，水族古籍的整理与研究承续之前的发展态势，又有了诸多新特点。作为贵州省的少数民族文化名片，水族古籍的关注程度一直保持高涨，学术会议召开不断，论文著作层出不穷。中国民族古文字研究会、中央民族大学古籍所、贵州民族大学水书文化研究院、黔南师范学院、三都县档案局、荔波县档案局等单位或机构，水族古籍研究人员最为集中，也是诸多会议、活动、研究作品的主要组织者和生产者。

会议方面，从2010年至2019年，除了对水书古籍的翻译、整理、研究外，贵州省三都水族自治县、荔波县等地，由政府出面持续组织了水书文献搜集、整理和保护工作，制定了一系列相关法律法规，召开了多次水书古籍学术研讨会。其中，每年的中国民族古文字研究会年会，是水族古籍研究学者与全国民族古籍工作者交流学术的重要平台；而贵州水家学会年会，则是省级水族古籍研究的重要交流平台。

除此之外，各种地方性会议、政府组织会议也促进了这一阶段水族古籍研究的进程与规范。比如2016年10月18日—21日在贵州三都召开的"水书习俗与殷商文化国际学术研讨会"，会议由贵州省民族宗教事务局、贵州民族大学主办，贵州省三都水族自治县人民政府、贵州省民族古籍整理办公室、贵州民族研究院、贵州民族大学水书文化研究院承办。该会议积极探讨了水书古籍的来源与发展，有着积极的学术意义；而2017年7月18日在贵州都江镇召开的"水书及水书传承人普查工作推进会"，则可以看作政府鼓励、规范水书古籍研究的典型事例。会议指出，水书作为三都水族自治县独有的少数民族文化，水书申报"世界记忆遗产名录"工作任务艰巨，工作难度大，但要做到不忘初心，继续打好水书这张有利的名片，充分利用县庆的契机，认真做好都江水书普查相关工作，为水书申报打好基础；另外，2019年12月17日在黔南州召开的"水书学术研讨暨申遗工作交流会"，则是为加快推进水书申报"世界记忆遗产名录"工作而进行的努力。

需要特别注意的是在2016年获批的《中国水书国际编码提案》，该提案由潘朝霖、赵丽明、赖静茹等专家学者组成申请团队，2014年在斯里兰卡提交提案，2015年在日本松江会议得到受理，2016年美国圣何塞在修正补充后《中国水书国际编码提案》获得通过。水族文献通过国际编码申报，对水族古籍的宣传，文献整理的规范有着极为深远的影响。

著作方面，回顾之前研究情况，总结历史研究进程的研究综述类作品开始出现，突出代表就是《中国民族古籍研究60年》（2010年）和《中国少数民族古籍保护与发展报告（1982—2012）》（2013年）。《中国民族古籍研究60年》中的水族部分，将 20 世纪 50 年代至 21 世纪初的水族古籍研究进行了概览式的梳理；《中国少数民族古籍保护与发展报告（1982—2012）》中的《水族古籍保护与发展报告》，从古籍工作的理论与实践、古籍保护、古籍翻译整理与科学研究、学术交流、困难与问题、经验与教训、建议与展望等多个角度进行了回顾与总结。

而影印、翻译与整理类研究成果，为水族古籍十年来研究成果最为丰富的部分。主要有：陆春等的《中国水书译注丛书》之《婚嫁卷》《麒麟正七卷》《正五卷》《金用卷》《秘籍卷》《起造卷》等（2010 年—2019 年），陆春等的《水书·九星卷》（2015 年）、《水书·九喷卷》（2016 年），潘中西的《水书·六十龙备要（上下）》（2017 年）、《水书·吉星卷》（2017 年），王传福等《荔波县馆藏精品水书译著丛书》《金银择吉卷》（2017 年），赵丽明的《清华大学馆藏十本水书解读：水汉对照》（2018 年），韦章炳等的《水书·太平卷》（2019 年），陆常谦的《水书·金堂卷》（2019 年），梁光华、蒙耀远等的"珍本水书校释丛书"《八宫取用卷译注》（2019 年），陆春等的《中国水书》之《春寅卷》（2019 年）、《降善卷》（2019 年）等。除此之外，中央民族大学中国少数民族语言与古籍研究所、国家民委少数民族古籍保护与资料信息中心合编的《中国少数民族文字珍稀典籍汇编》（2017 年）水族部分也是精彩的水族古籍影印书籍。就水族古籍的影印、整理、翻译而言，近十年有了以下特点：首先，新型拍摄、复刻、影印技术的使用，使水书古籍更加真实地呈现出来，其文献学上的价值不言而喻；其次，翻译整理作品由影印部分、四行译注部分、扩展研究部分的规制被普遍运用，制作精良，整理规范的作品层出不穷；最后，整理翻译的水书古籍选取面不断扩大，出现不少大部头、多册数的水书翻译系列丛书。

研究、介绍类著作主要有：贵州省档案馆、贵州省史学会的《揭秘水书：水书先生访谈录》（2010 年），陈思的《水书揭秘》（2010 年），罗世荣的《水书常用词注解》（2012 年），梁光华的《水族水书语音语料库系统研究》（2012 年），三都水族自治县的《水书传承人名录》（2012 年），韦章炳的《水书文化与中华断代文明——水书历史档案文献探究》（2012 年），潘淘洁的《水书绘画书写艺术》（2013 年），CCTV《走近科学》栏目的《解密中国：水书之谜》（2014 年），唐建荣的《水书：抢救保护与利用研究》（2016 年），韦宗林的《水书赋》（2017 年），潘一志的《民国荔波县志稿》（2017 年），卢延庆的《黔南水书传承研究》（2017 年）等。除此之外，有贵州民族大学水书文化研究院组织、潘朝霖主编的《水书文化研究》论文集，一直在约稿、编纂、出版，至今已出版到第八辑，成为水族学者，乃至南方民族古籍学者交流的优秀平台。综上，水族古籍的研究不仅在深度上有进一步的发掘，不少学者还从不同角度扩展着水书的内涵与外沿。

最近十年，水族古籍研究相关的论文也层出不穷，当然水平也参差不齐。在我们力所能及的情况下，搜集到以下篇目的论文：张霁的《谈水书的研究和应用》（2010 年），郑高山等的《基于 Windows IME 水书文字输入法的设计》（2010 年），戴建国等的《水书不能普及的多维度分析》（2010年），饶文谊等的《明代水书〈泐金·纪日卷〉残卷水字研究》（2010年），廖崇虹的《水书文化开发性保护的产业化发展战略研究》（2010年），农建萍等的《象形文字的活化石——水书》（2010年），罗春寒的《水书传承式微原因探析——以黔东南州丹寨县高寨村为例》（2010年），陈思的《水书文字的兼容性探索》（2010年），欧阳大霖的《水书旅游产品开发的意义》（2010年），陈琳的《水书之仿木刻版本》（2010年），蒙耀远的《水书习俗及其文化内蕴》（2010年），蒙熙儒的《水书日常运用点滴》（2010年），蒙熙林的《水书抢救的政府作为与民间行为紧密结合》（2010年），蒋国生的《"水书"定义之见》（2010年），姚覃军的《水书翻译刍议》（2010年），韦世方的《从水书结构看汉字对水族文字之影响》（2010年），韦章炳的《水书内容的"气"与"坟"》（2010年），潘忠黎的《水书抢救工作扫描》（2010年），梁光华等的《连周共易风情古 水汉同源文化昌——黔南民族师范学院水书文化研究巡礼》（2010年），潘兴文的《无闰水书历法试探》（2010年），韦仕钊的《水书历法对民众生活的影响》（2010年），罗春寒的《水书传承式微原因探析——以黔东南州丹寨县高寨村为例》（2010年），韦宗林的《谈水书的古文字笔画元素》（2010年），潘朝霖的《水书地支多种读音探析》（2010年），牟昆昊的《水书"二十八星宿"声母总结分析》（2010年），白小丽的《水书〈正七卷〉纪时地支的文字异读》（2010年），唐建荣等的《水书蕴含的水族哲学思想解读》（2010年），陈思的《水书文字兼容性的探索》（2010年），王炳江等的《水书启蒙拜师仪式调查研究》（2010年），韦荣平的《都匀市水书文化传承调查研究》（2010年），戴建国的《水书与水族社会记忆》（2011年），陈琳的《水书的研究现状及申报〈国家珍贵古籍名录〉述略》（2011年），韦荣平的《水书鬼名文字研究》（2011年），王炳江的《水书启蒙拜师祝词研究——以榕江县水盆村为例》（2011年），李纪英的《公共图书馆保护地方文化遗产的实践与探索——以黔南州图书馆参与水书数据库创建实践活动为例》（2011年），吴苏民的《"水书易"的民族文化遗产价值》（2011年），黄千等的《水书字音编码研究》（2011年），戴丹等的《水书水字可视化输入中的模式匹配》（2011年），蒙耀远的《构建水书学学科的思考》（2011年），吴苏民等的《水书易是贵州最具特色的民族文化遗产》（2011年），蒙耀远的《略论水书中的阴阳五行》（2011年），牟昆昊的《水书"公""子"诸字形相关问题的思考》（2012年），王炳江的《水书启蒙拜师祝词押韵特点初探》（2012年），孟师白的《水书、周易、九星的数据对比研究》（2012年），潘朝霖的《水书师认为卵崇拜启示产生太极图》（2012年），蒙耀远的《入选〈国家珍贵古籍名录〉的水书古籍概述》（2012年），瞿智琳等的《水书传承与发展影响因素的深层思考》（2012年），牟昆昊的《水书天干地支与商周同类字形的比较研究》（2012年），戴建国等的《水书与水族阴阳五行关系分析》（2012年），张振江的《水书脱离迷信凸显民俗》（2012年），潘朝霖的《水书充满阴阳制化的哲学思想》（2012年），文毅等的《解读〈水书·阴阳五行卷〉》（2012年），蒙耀远等的《水书与〈易经〉的章法结构对比探究》（2012年），蒙耀远的《水书研究的困境与出路》（2012年），荀利波的《基于文献学的古敢水族族源考》（2012年），陈怀义等的《1980—2009年我国水族文献研究的计量分析》（2012年），瞿智琳的《水族水书传承探析》（2012年），吴彩虹等的《谈水书的书法艺术美》（2012年），陈笑蓉等的《水书键盘输入系统研究与实现》（2013年），潘永行的《水书美学价值初探》（2013年），林香等的《水书文本整理问题初探》（2013年），罗俊才等的《水书异体字机器翻译的自动获取方法》（2013年），瞿智琳的《水书档案存续研究》（2013年），林伯珊等的《论中国水族水书文献资源的系统征集》（2013年），龙光鹏的《贵州水族"水书"民俗钱币探秘》（2013年），周崇启的《结构与过程缜密 敬畏和教化并存——试论水族〈水书〉教育的内容、形式及其功能》（2013年），蒙耀远的《水族铭刻类古籍搜集整理架构述略》（2013年），尹辉的《活着的甲骨文——水书》（2013年），韦荣宪的《试论水书文化在校园中的保护与传承》（2013年），王海楠的《贵州水书数字化展示系统设计与实现》（2013年），张国锋等的《结合字符特征和FCM的水书文字粗分类》（2013年），王炳真等的《潘光雕：坚持水书传承梦》（2013年），龙平久的《略述水书先生的拜师仪式》（2013年），刘凌的《〈水书常用字典〉评述——兼谈民族文字字典理想的编纂模式》（2014年），韦章炳的《浅议贵州水书与中华古文明的亲缘关系》（2014年），麻福昌的《关于水书易文化之记忆与思考》（2014年），潘瑶等的《试论水书文化的传承制度及水书习俗的构建》（2014年），杜昕等的《水书档案文献遗产抢救问题研究》（2014年），刘霖映的《水书〈连山易〉是真的连山易：初级论据及前提问题——〈连山〉是中华文化史续存的第一部大型古籍》（2014年），陆春的《水书先生口头文化的翻译与价值初探》（2014年），蒙耀远的《水书，水族人的精神高地》（2014年），王炳江的《水书启蒙拜师祝词的传承保护思考》（2015年），华林等的《贵州黔南州国家综合档案馆水书档案文献遗产集中保护案例研究》（2015年），秦珊珊的《水书的视觉文化研究》（2015年），丁时光等的《神秘水书》（2015年），樊敏的《抢救"水书"古籍 促进民族文化多元发展》（2015年），牟昆昊等的《80年代以来水族古籍保护情况概述》（2015年），李黎等的《浅析贵州"水书"文字的形意美》（2015年），崔朝辅的《论〈水书·丧葬卷〉中的传统"孝"文化因子》（2015年），瞿智琳的《水书档案编纂现状探析》（2016年），吴凌峰的《荔波县水书抢救保护研究》（2016年），蒙耀远的《水族水书抢救保护十年工作回顾与思考》（2016年），张国锋的《水书古籍的字切分方法》（2016年），陈金燕的《水书传承与发展影响因素的深层探索》（2016年），汪国胜等的《贵州"水书"文献》（2016年），张星的《水书医学文字的造字法分析》（2016年），潘进头的《水书古籍文献中的语言资源及利用研究》（2016年），武志军等的《贵州水书》（2016年），蒙耀远的《水书与水族民间口头文学关系》（2017年），欧蓬迎的《基于传播仪式观的"水书文化"传播研究》（2017年），刘凌等的

《民族古文献语料库建设与应用——以水族水书文献为例》（2017年），张欢的《水族碑刻文献的研究现状、价值及保护对策》（2017年），俞俊峰等的《〈贵州省大数据发展应用促进条例〉推进三都水书保护与利用的路径研究》（2018年），郑紫阳等的《贵州水书文字在视觉传达设计中的应用基础》（2018年），郑紫阳等的《水书文字审美价值初探》（2018年），张漾艺的《非物质文化遗产的新媒体传播策略研究——以三都水族自治县水书习俗为例》（2018年），梁光华等的《论水书假借水字》（2018年），瞿智琳的《水书档案开发利用研究》（2019年），郑紫阳的《贵州水书文字在视觉设计中的应用研究》（2019年），朱村辉的《水书构型在建筑空间形态设计中的应用研究》（2019年），王琴的《关于水书师传承现状的调查》（2019年），夏春磊的《基于深度学习的水书图像识别算法研究与应用》（2019年），杨秀璋的《基于水族文献的计量分析与知识图谱研究》（2019年），杨秀璋的《基于LDA模型和文本聚类的水族文献主题挖掘研究》（2019年），潘进头的《从水书探寻水族酿酒文化源流》（2019年），杨秀璋等的《基于综合指数和知识图谱的水族文献核心作者群分析研究》（2019年），方琳的《云南水族研究文献的分析和评价》（2019年），陆春的《浅谈水族水书文化的抢救与翻译》（2019年）等。这些论文既有发表在核心期刊的作品，又有刊登在一般刊物、报纸等出版物上的文章，也有硕士论文、参会论文，内容涉及文献学、语言学、文字学、文学、计算机、档案管理、民族学、美术书法等多个角度，一定程度拓展了水族古籍研究和应用的范围。

在国家社会科学基金立项方面，水书古籍相关研究在十年内也多有斩获。具体有：吴贵飈主持的《水族水书传承文化研究》（2010年），王炳江主持的《水书〈正七卷〉各抄本的整理和比较研究》（2016年），张振江主持的《水族墓葬碑刻的搜集、整理与研究》（2019年），牟昆昊主持的《水族古籍的整理与文献学研究》（2019年）等。

综上所述，水族古籍研究在这十年里有着以下特点：首先，上一时期制定的政策制度、设立的机构、培养的人才，在这个十年里初显成效，水族古籍的保护力度不断加强，水族古籍的价值认识深入人心，水族古籍的新生力量不断涌现；其次，水族古籍的研究已由政府主导和学者自主研究并立的局面，开始偏向学者自主研究，其研究成果更加带有自由度，出现了诸多新的研究思路和研究角度，这表明在水族古籍逐渐脱离濒危情况之后，学者的研究视角已从抢救保护转移到了研究利用；再次，水族古籍研究在高校、科研院所等机构的培育下，出现了一批年轻力量，这些新鲜血液利用专业知识，在文字学、计算机录入编程、档案学角度对水族古籍进行研究，发表了不少论文，出版了不少著作，研究项目也得到诸多立项；最后，水族古籍的研究，目前仍处于翻译整理、扩展运用的阶段，翻译注释的水族古籍很多，但是关涉水书古籍核心的、基础的文献学研究还十分稀少，从目录、版本角度对水族古籍进行梳理和分析，并总结规律的研究成果目前仍然较为空缺。

针对水族古籍研究的这一情况，较为妥帖的办法是研究人员将研究中心偏移到文献学角度，在系统学习汉文献学专业知识和方法的基础上，运用于水族古籍研究，会在版本鉴定、流传特点、抄本字体等水族古籍研究上带来系统且更为科学的认识。时光荏苒，岁月穿梭，相信水族古籍研究在之后会更加繁荣发展，进入成熟结果的阶段。

第四节　蒙古语民族

一、回鹘式蒙古文古籍

回鹘式蒙古文是蒙古族使用最早，并且最久的一种古文字。现存回鹘式蒙古文文献中主要包括写本、刻本、碑铭、印文、符牌等。回鹘式蒙古文文献对于蒙古学有着重要的意义，为蒙古语文发展史研究提供了珍贵的资料。2010—2019 年间，回鹘式蒙古文文献的研究有了较大的进展，下面从四个方面加以介绍。

（一）文献释读方面

2010 年，哈斯额尔敦教授发表《〈普度明太祖长卷图〉及其第十三段回鹘蒙古文考释》一文①，对《普度明太祖长卷图》第十三段回鹘式蒙古文进行了考释，同时把文字进行了拉丁音标、国际音标和现代蒙古语转写。敖特根发表《莫高窟北区出土回鹘蒙古文卖身契约残片》一文②，通过文献释读，说明莫高窟北区第 127 窟所出卖身契约残片是目前所发现的唯一一件蒙古文买卖人口文书，其书写年代有可能是 14 世纪中后期，其性质应为"私契"。

2017 年，中国社会科学院历史研究所青格力发表《新发现阿尔山摩崖回鹘蒙古文题记释读》一文③，从回鹘式蒙古文书写特征、内容判断出该题记写于 13—14 世纪。

2019 年，全荣发表《〈释迦院碑〉之考释》一文④，从文字书写形式、词汇的构成等方面对《释迦院碑》进行了释读。

---

① 作者：白田丽，女，内蒙古师范大学蒙古学学院硕士研究生，研究方向：回鹘式蒙古文研究。邮箱：2468557896@qq.com。哈斯额尔敦《〈普度明太祖长卷图〉及其第十三段回鹘蒙古文考释》，《内蒙古民族大学学报》（社会科学版）2010 年第 4 期。

② 敖特根《莫高窟北区出土回鹘蒙古文卖身契约残片》，《敦煌研究》2010 年第 1 期。

③ 青格力《新发现阿尔山摩崖回鹘蒙古文题记释读》，《中央民族大学学报》（哲学社会科学版）2017 年第 5 期。

④ 全荣《〈释迦院碑〉之考释》，《内蒙古社会科学》（蒙文版）2019 年第 4 期。

(二) 数字化研究方面

2013年，内蒙古大学斯钦图的硕士学位论文《回鹘式蒙古文语料库及其管理程序设计》中介绍了建立回鹘式蒙古文文献语料库的方法、回鹘式蒙古文所使用的标准编码以及管理程序的研发步骤。

2019年，内蒙古大学斯钦图的博士学位论文《回鹘式蒙古文文献数字化整理研究》统计归纳了59种，296件，1252幅，42256余词的回鹘式蒙古文文献；详细介绍了回鹘式蒙古文编码体系；从回鹘式蒙古文文献保护利用以及信息处理角度出发，用比较方法探讨了面向信息处理的回鹘式蒙古文文献拉丁转写方案。在此基础上分析了回鹘式蒙古文文献数据、词汇数据库、文献注释数据库等数据库的设计及建设过程；尝试构建回鹘式蒙古文文献资源，搜集相关的综合性信息，如版本、作者信息及相关论文（专著、期刊论文、会议论文、新闻资料、网络资料等），以建设特色数据库的方式呈现给用户。该知识库的选题不仅具有一定的研究价值更有很高的资料价值。

(三) 文字学方面

2014年，内蒙古师范大学斯日吉好日勒的硕士学位论文《〈善说宝藏〉中的回鹘蒙古文文字研究》，以《善说宝藏》中的回鹘蒙古文为研究对象，对《善说宝藏》中的回鹘蒙古文文字书写特点做了详细的数据统计，在其基础上比较研究了《善说宝藏》与《回鹘式蒙古文文献汇编》的回鹘式蒙古文书写特点。

(四) 语言学方面

2012年，哈斯巴根教授发表《回鹘式蒙古文文献中的汉语借词研究》一文[①]，就回鹘式蒙古文文献中出现的汉语借词进行研究，分析了回鹘式蒙古文文献汉语借词所反映的蒙古语语音和汉语语音特征。

2014年，内蒙古教育出版社出版了包乌云教授的著作《敦煌石窟回鹘式蒙古文题记的语言研究》。此著作从语音文字、词汇、句法等多方面较为全面、系统的研究了敦煌石窟回鹘式蒙古文题记的语言特点，对回鹘式蒙古文的研究具有理论和学术价值。

2017年，内蒙古师范大学那民的硕士学位论文《吐鲁番文献中的回鹘蒙古文占卜残页研究》，论述了吐鲁番文献中的回鹘式蒙古文占卜残页的内容结构、语音书写特点、词法和句法等问题。

2017年，内蒙古师范大学李小艳的硕士学位论文《回鹘式蒙古文文献词汇研

---

① 作者：郑昊（1995—），陕西西安人，中国社会科学院大学民族学系在读博士生。哈斯巴根《回鹘式蒙古文文献中的汉语借词研究》，《中央民族大学学报》（学哲社会科学版），2012年第3期。

究》，将回鹘式蒙古文文献词汇分为固有词、借词和复合词三个章节进行了系统的研究。

2019年，内蒙古大学咏梅的博士学位论文《13—14世纪蒙古文公牍文研究》，对蒙古文公牍文献进行了分类和分析，并对文献结构格式、语言表达格式、书写格式、修辞格式四个方面的主要特征进行了探讨。

2019年，内蒙古师范大学乌音嘎的硕士学位论文《〈普度明太祖长卷〉回鹘式蒙古文语言特点研究》，对文献语言的元音和辅音特点进行了细致的研究；以名词及其变化、动词及其变化和虚词等三个部分，对其词类特点及变格进行了深入的探讨；对词汇中的古体词和借词进行了研究。

综上所述，2010—2019年间，回鹘式蒙古文文献研究在文献释读和语言学方面的进展较大，而数字化和文字学方面的研究相对较弱。今后，回鹘式蒙古文文献在数字化研究方面还有很大的发展空间。

二、八思巴文古籍

八思巴字是元世祖忽必烈的国师、吐蕃萨迦派教主八思巴受命创制的一种拼音文字，在元代具有"国字"的地位。八思巴字的字母形体和基本拼写法均取法于藏文，于1269年正式颁行。八思巴字主要用来拼写蒙古语和汉语，存世实物中，以官方文献，如圣旨、官印等，为其大宗。

元廷退守漠北之后，八思巴字又被"北元"政权使用了一段时间，最终完全退出实用领域。明清两代的书法、文物界对这种文字有所了解并略加利用；另外还有一种派生的字体，在藏传佛教寺庙里作为藏文的一种美术字体沿用至今。

19世纪30年代，欧洲学者开始在"东方学"视域之下研究八思巴字。历经100年之后，恰逢高本汉对汉语历史音系的研究成果问世，并产生了巨大影响，苏联学者龙果夫对照高本汉的成果，开始利用八思巴字研究元代汉语的音系，其研究成果传入中国后，迅速引起了罗常培先生的重视。

大约和龙果夫同时，另一位前苏联学者，也是当时阿尔泰语研究的国际权威之一尼古拉斯·鲍培的《方体字》（*Квадратная Письменность*，《蒙古文字史》第1卷）一书完成，并于1941年出版。该书汇总了此前欧洲八思巴字研究的成果。20世纪50年代，鲍培在美国对该书做了大量增补，并指导其学生克鲁格译为英文出版。后来这一版又相继被译为日文、蒙文和中文，将八思巴字蒙古语的研究推进到一个新的高度。

20世纪50年代开始，罗常培先生带领他的学术助手蔡美彪先生，和他的副博士研究生杨耐思先生先，共同投身于八思巴字的研究。拨乱反正之后，蒙古语族语言专家照那斯图先生开始和杨耐思先生合作，共同研究八思巴字。他们和其他中国各族学者的研究成果迅速赶超世界先进水平。中国学者的八思巴字研究逐渐成为世界领先。

在中外诸多学者的共同努力下，进入 21 世纪以后，八思巴字的研究已经基本上成熟。这主要表现在：（1）文献学层面，八思巴字文献的搜集已经基本完备，此后只有零星新知文献被报道出来。（2）文字学层面的问题已经没有大的争议。比如在文字性质问题上，照那斯图先生提出的"音素文字"说获得越来越广泛的接受。（3）语言学层面，八思巴字蒙古语的基本面貌已经清楚，已经总结出了较为完整的词汇表，摸清了基本的语法表达特点；八思巴字汉语的音系结构有了较大共识。（4）学术成果出现了一股"集成化"潮流，这既是对个人研究成果的总结，也是一个研究领域走向"集大成"时代的标志。

2010 年以来，中国学者在八思巴字研究领域新的进展，我们分文献学、文字学和语言学三个方面来叙述，最后另附一个部分罗列人物研究或成果综述。

（一）近十年八思巴字文献研究的进展

蔡美彪先生的专著《八思巴字碑刻文物集释》[1] 于这一时期出版。此书汇集了蔡先生五十余年搜集、整理、释读和考订八思巴字碑刻、文物的绝大部分文章，涉及碑刻、文物四十余种。蔡先生考释的主要对象是八思巴字蒙古语碑刻、文物。因其深厚的史学、文献学修养，他得以勘正前人诸多误读、误释之处，特别是对其中专名和史实的考证，多发前人所未发。

对此前已知八思巴字蒙古语文献进行重新或补充解读的，有赛尔格《普颜笃汗鼠年八字巴文圣旨碑文考》[2] 和张晓非《山西玄中寺八思巴字蒙古语圣旨碑杂考》[3]。

新发现八思巴字蒙古语文献报道与研究，有嘎日迪《从正蓝旗发现的八思巴文碑初探》[4]、党宝海《巨野金山寺元代榜文八思巴字蒙古文考释》[5]。

汉语文献研究论著较多。其中最受重视的依然是《蒙古字韵》。

照那斯图的遗著《释〈蒙古字韵〉"篆字母"》[6]，揭示了《蒙古字韵》"篆字母"表的排列规律并加以校勘。

宋洪民与韩振英合作的《从八思巴字文献材料看〈蒙古字韵〉的成书时间》[7]，

---

[1] 蔡美彪：《八思巴字碑刻文物集粹》，北京：中国社会科学出版社，2011 年。
[2] 赛尔格：《普颜笃汗鼠年八字巴文圣旨碑文考》（蒙文），《中国蒙古学》2013 年第 5 期（呼和浩特），第 39-44 页。
[3] 张晓非：《山西玄中寺八思巴字蒙古语圣旨碑杂考》，《长治学院学报》2017 年第 3 期（长治），第 34-38 页。
[4] 嘎日迪：《从正蓝旗发现的八思巴文碑初探》（蒙文），《内蒙古社会科学（蒙文版）》（呼和浩特），2013 年第 1 期，第 56-64 页。
[5] 党宝海：《巨野金山寺元代榜文八思巴字蒙古文考释——兼论元朝榜文的双语形式》，《中国古代法律文献研究》第十一辑，社会科学文献出版社（北京），2017 年，第 338-349 页。
[6] 照那斯图：《释〈蒙古字韵〉"篆字母"》中国音韵学研究会编，《中国音韵学——中国音韵学研究会南昌国际研讨会论文集·2008》，江西人民出版社（南昌），2010 年，第 156-162 页。
[7] 宋洪民、韩振英：《从八思巴字文献材料看〈蒙古字韵〉的成书时间》，《语言研究》2010 年第 2 期（武汉），第 22-27 页。

通过文献对比讨论了《蒙古字韵》的成书时间问题。另外,宋洪民的《从八思巴字拼写形式看三份〈薛禅皇帝牛年圣旨〉(1277—1289)的颁发年代》[1] 通过三份八思巴字蒙古语圣旨与《蒙古字韵》之间的比较,指出:八思巴字蒙古语文献中的汉语借词的书写,在1280年之后才基本和《蒙古字韵》相一致。这说明《蒙古字韵》在1275年之前编订,1275至1280年是其大力推行阶段。

耿军、张亚蓉专门探讨了有关《蒙古字韵》的几个史实问题[2]。

美国华裔学者沈钟伟在国内出版了《蒙古字韵集校》[3]。全书在照那斯图、杨耐思1987年《蒙古字韵校本》的基础上,结合此后30年的最新观念和成果,对《蒙古字韵》文本做了重新校勘。全书分前言、图版、字表、韵表、勘误和附文六个部分。前言在前期成果(Shen 2008)的基础上撮述前人研究,概要介绍对象概况,并交代全书列表、校勘体例。图版采用了韩国郑光教授授权使用的清晰照片,经过技术处理,是目前最为完整、清晰的《蒙古字韵》书影。字表按原书顺序将全部韵字电脑重排,最大特点是注明了全部汉字的中古音韵(韵类)地位。韵表则是继桥本万太郎之后,第二次采用《方言调查字表》形式将《蒙古字韵》全部韵字重新编排,相对于桥本的表,最大特点是将中古重纽韵两类分表列出。校勘以宁忌浮先生的校勘成果为基础,参考各家。附文《〈通考〉和〈蒙古字韵〉的关系》,着重论证了作者的观点:失传韵图《七音韵》以《蒙古字韵》为依据,而非相反。

张民权和他的学生田迪在《蒙古字韵》文本研究方面也有所斩获,并在2016年集中发表了四篇相关文章。他们对《蒙古字韵》汉字部分的研究也主要依据了宁忌浮(宁1997)先生"《蒙古字韵》韵是金代王文郁《新刊韵略》的改并重编"这一论断。但是张、田二人这项研究,与其他人相比最大不同在于,他们首先对《新刊韵略》诸版本及相关修订本进行了全面校勘,然后再用《新刊韵略》的校勘结果来校勘《蒙古字韵》。最终的校勘结果,参照《新刊韵略》为《蒙古字韵》补足三十余字,校正讹误俗字八百多个,作校记文字九百七十余条。此外通过对比,明确了今存清抄本《蒙古字韵》在编撰过程中的一些关键数字:朱宗文校订之前的《蒙古字韵》在《新刊韵略》基础上已经添加韵字160个,删汰或遗漏了120个左右。朱宗文校订时又添加了107个韵字。全部内容分两篇发表,其中有关校勘原则和相关讨论,见《〈蒙古字韵〉编撰与校勘情况》[4],校勘记见《新校〈蒙古字韵〉》[5]。

---

[1] 宋洪民:《从八思巴字拼写形式看三份〈薛禅皇帝牛年圣旨〉(1277—1289)的颁发年代》,载乔全生主编,《北斗语言学刊》第二辑,上海古籍出版社(上海),2017年,第183-204页。

[2] 耿军、张亚蓉:《有关〈蒙古字韵〉的几个问题》,《西北民族大学学报》(哲学社会科学版)2011年第2期(兰州),第140-145页。

[3] 沈钟伟:《蒙古字韵集校》,商务印书馆(北京),2015年。

[4] 张民权、田迪:《〈蒙古字韵〉编撰与校勘情况》,中国语言学会《中国语言学报》编委会编:《中国语言学报》第十七期,商务印书馆(北京),2016年,第205-214页。

[5] 张民权、田迪:《新校〈蒙古字韵〉》,华学诚主编,《文献语言学》第二辑,中华书局(北京),2016年,第136-203页。

他们合写的另外两篇文章，《〈蒙古字韵〉韵类与韵字编排问题》[1] 讨论了《蒙古字韵》合并《新刊韵略》小韵的若干规律，指出《蒙古字韵》删除《新刊韵略》韵字的范围是"重出或偏僻"字。而"不避忌讳字和俗字是《蒙古字韵》韵字编排上的一个重要特色"。《〈蒙古字韵〉编撰与近代官话语音史问题》[2] 分声、韵两个角度从音系层面讨论了《蒙古字韵》音系相对于中古音系的重要变化。

白斯古楞的《〈蒙古字韵〉研究——字词电子词典的编撰和使用》[3] 代表了对《蒙古字韵》文本数字化研究的新进展。

重视《蒙古字韵》之外的八思巴字汉语文献，这个提议由来已久。但限于历史条件，此前尚未有学者全面完成过相应的整理工作。这一遗憾在最近十年间已经得到一定程度的填补。

八思巴字《百家姓》，是除《蒙古字韵》之外收汉字最多的双文对照文献。此前照那斯图先生已经有过较为完善的研究（照那斯图2003）。陈鑫海《小议C本八思巴字〈百家姓〉"缪"姓的拼写》[4] 根据《蒙古字韵》和汉语中古音韵材料的对应关系，指出C本八思巴字《百家姓》"缪"姓的拼写是一出讹误，不应该看作异读列入索引。

截至目前，元代八思巴字官印的研究以照那斯图先生水平最高、用力最勤。特别是在他身后出版，与薛磊博士合著的《元国书官印汇释》[5]，汇集了所能见到的八思巴字官印217方，有精准的转写、核校、考证和完备的索引。

宋洪民《新发现元代八思巴字碑刻"御赐忠毅公诏书碑"》[6]，对20世纪唯一新发现的八思巴字汉语长篇语料做了报道和初步研究。另有《也谈景德镇珠山出土瓷器上的八思巴字》[7] 一文，对1987年景德镇珠山出土的青花盘碗上的八思巴字款做了进一步研究，支持了此前蔡美彪先生的鉴定意见。

另外，嘎日迪的《元代〈全宁张氏先德碑铭〉蒙古文考释》[8] 一文，是对一块新发现的回鹘式蒙古文碑铭的研究。但该碑的碑额为八思巴字写汉语，亦属于近年新发现的八思巴字汉语短篇碑刻。

---

[1] 田迪、张民权：《〈蒙古字韵〉韵类与韵字编排问题》，《汉语学报》2016年第3期（武汉），第21-34页。

[2] 张民权、田迪：《〈蒙古字韵〉编撰与近代官话语音史问题》，《山西大学学报（哲学社会科学版）》2016年第2期（太原），第36-56页。

[3] 白斯古楞：《〈蒙古字韵〉研究——字词电子词典的编撰和使用》（蒙文），内蒙古师范大学硕士学位论文（呼和浩特），2017年，嘎日迪指导。

[4] 陈鑫海：《小议C本八思巴字〈百家姓〉"缪"姓的拼写》，《民俗典籍文字研究》第14辑，商务印书馆（北京），2014年，第205-207页。

[5] 照那斯图、薛磊：《元国书官印汇释》，辽宁民族出版社（沈阳），2011年。

[6] 宋洪民：《新发现元代八思巴字碑刻"御赐忠毅公诏书碑"》，《中国文字研究》第二十三辑，上海书店出版社（上海），2016年，第188-194页。

[7] 宋洪民：《也谈景德镇珠山出土瓷器上的八思巴字》，《民俗典籍文字研究》第二十辑，北京：商务印书馆，2017年，第152-158页。

[8] 嘎日迪：《元代〈全宁张氏先德碑铭〉蒙古文考释》，载《北方文物》2017年第2期，第56-74页。

宋洪民还有两篇文章围绕着八思巴字汉语文献和《蒙古字韵》的关系展开。《八思巴字官印用字与〈蒙古字韵〉之比较》① 指出，已经刊布的二百一十多方八思巴字官印的用字和拼写与《蒙古字韵》一致，因此可以推断《蒙古字韵》就是元代官方译写八思巴字汉语的译音标准。《从龙门神禹庙圣旨碑看〈蒙古字韵〉的编定年代》② 将写刻于 1275 年的八思巴字汉语《龙门神禹庙圣旨碑》与《蒙古字韵》做了逐字比较。发现二者涉及的韵母、韵部相符程度很高，差异仅有一处。据此推断，在该碑写刻的至元十二年即公元 1275 年，作为八思巴字书写规范依据的《蒙古字韵》应该已经成书。

2017 年，宋洪民《八思巴字资料与蒙古字韵》③ 出版。全书分为上下两篇。上篇为专题研究，其中较为重要的新的观点已经通过单篇论文形式向学界展示。下篇为八思巴字实用文献整理。对绝大部分已知八思巴字实用文献进行了排印、转写和校勘，并对全部用字进行了独立编号。在每篇文献之后将单篇用字和《蒙古字韵》做了对照。最后统一编制了索引。这是对《蒙古字韵》、八思巴字《百家姓》和八思巴字官印以外的八思巴字汉语文献的第一次系统整理，有重要的研究价值、资料价值和学术史意义。

（二）近十年八思巴字文字学层面的研究进展

八思巴字和朝鲜文（训民正音）的发生学关系，是韩中两国学者特别关注的问题。郭玉《论训民正音和八思巴文字的关系》④ 和台湾学者邵磊《以文字发展的角度看八思巴文对"训民正音"的影响》⑤ 都就这一问题做了讨论。

聂鸿音《论"八思巴字梵语"》⑥ 指出，八思巴字书写的"梵语"，实际上只是按照藏文转写梵文的规则，并在藏文转写结果的基础上进行的二度转写，而不是用八思巴字直接拼写梵语。因此应当取消"八思巴字梵语"这个说法。

由八思巴字派生出来的一种美术字体，用于转写藏文，或通过藏文二度专写梵文。这种字体被藏传佛教寺院沿用至今，多用来书写楹联等。学界对这种字体有很多称呼，如"八思巴字变形体""八思巴字藏体"等。乌力吉白乙拉在其博士论文（乌力吉白乙拉 2007）基础上做了一些后续研究，在这一时期发表了《使用八思巴

---

① 宋洪民：《八思巴字官印用字与〈蒙古字韵〉之比较》，郭锡良、鲁国尧主编：《中国语言学》第九辑，北京：北京大学出版社，2018 年，第 63-78 页。
② 宋洪民：《从龙门神禹庙圣旨碑看〈蒙古字韵〉的编定年代》，载《晋中学院学报》2015 年第 1 期，第 92-96 页。
③ 宋洪民：《八思巴字资料与蒙古字韵》，北京：商务印书馆，2017 年。
④ 郭玉：《论训民正音和八思巴文字的关系》，《长春大学学报》2015 年第 7 期（长春），第 43-47 页。
⑤ 邵磊：《以文字发展的角度看八思巴文对"训民正音"的影响》，载《延边大学学报》（社会科学版），2016 年第 4 期，第 12-19 页。
⑥ 聂鸿音：《论"八思巴字梵语"》，载《民族语文》2011 年第 2 期，第 58-65 页。

藏体转写蒙藏文文献资料的方法与特点》①。

（三）近十年八思巴字所记录语言的研究进展

八思巴字记录的蒙古语在此前已经有了较为充分的研究。最近十年相关领域的进展主要体现了方法论的变化，或朝着精细化方向进行。

额尔登昭拉《八思巴文语料库构建与方法的研究》② 运用计算语言学方法探索了文献语言研究的新途径和新方法。

语音和音系学方面，陈鑫海《从八思巴字文献看蒙古语历史上塞音、塞擦音的词汇扩散式音变》③，通过比较回鹘式蒙古文与八思巴字蒙古语的字母、以及比较八思巴字蒙古语和书面蒙古语的拼写法，发现蒙古语的塞音、塞擦音在八思巴字创制、使用的时期正在经历一次"词汇扩散"式音变，从一套送气清音变为送气清音：不送气清音的二位对立，且这一音变过程如果从发音部位上观察，又同时带有条件式音变的特点。

词汇学方面，正月《八思巴字蒙古语文献词汇研究》④ 系统研究了八思巴字蒙古语词汇系统的构成和演变方面的特点。巴达门其其格《八思巴字蒙古语文献中的汉语借词转写特点研究》⑤ 专门研究了八思巴字蒙古语文献中的汉语借词，其中部分内容曾单独发表⑥。

八思巴字汉语拼写的实用文献，所用语言或为汉语文言，或为元代白话。其词汇系统和语法系统与同时期的两类汉语文献相比没有特殊性，因此一般不被看作是八思巴字的研究领域。我们所说的八思巴字汉语研究，实际上就是八思巴字汉语音系的研究，而且主要是《蒙古字韵》音系的研究。这一领域在近十年最大的特点是研究参照系发生了转变。

蒲立本（Pulleyblank 1970）曾经按照自己对于汉语近代音，特别是韵图的理解分析了八思巴字汉语的资料，在学术史上第一次提示我们应当去注意八思巴字汉语

---

① 乌力吉白乙拉：《使用八思巴藏体转写蒙藏文献资料的方法与特点》（蒙文），载《中国蒙古学》2010年第2期，第84-102页。
② 额尔登昭拉：《八思巴文语料库构建与方法的研究》（蒙文），内蒙古大学硕士学位论文（呼和浩特），2016年，那顺乌日图指导。
③ 陈鑫海：《从八思巴字文献看蒙古语历史上塞音、塞擦音的词汇扩散式音变》，刘劲荣、李晓莉主编：《中国民族古文字研究——中国民族古文字研究会第十次学术会议论文集》，昆明：云南民族出版社，2018年，第77-82页。英文节译稿：The Lexical Diffusive Sound Change of Mongolian Plosives and Affricates Based on the Phags-pa script. The Journal of Northern Cultures Studies（北方文化研究）第7辑，[韩国] 檀国大学校北方文化研究所，2016年，第91-98页。
④ 正月：《八思巴字蒙古语文献词汇研究》（蒙文），内蒙古师范大学硕士学位论文（呼和浩特），2017年，哈斯巴根指导。
⑤ 巴达门其其格：《八思巴字蒙古语文献中的汉语借词转写特点研究》（蒙文），内蒙古师范大学硕士学位论文，2011年，哈斯巴根指导。
⑥ 巴达门其其格：《八思巴蒙古文文献中的汉语借词研究》（蒙文），载《中国蒙古学》2011年第4期，第111-113页。

和宋金元切韵学①之间的关联。可是蒲立本并不是用切韵学来解释八思巴字，而是相反——此文的主要目的是通过对八思巴字汉语的分析为构拟韵图时期乃至《切韵》时代的中古音寻找依据；文中所探讨的问题也仅限于八思巴字汉语之局部。这是十分遗憾的。再加上此文发表以后很长时间西方学者并未对八思巴字汉语产生更多兴趣，我国学者又很少有人见过，因此一直未能引起充分注意。

到了2010年以后，宁忌浮、郑张尚芳、宋洪民、陈鑫海等在八思巴字与切韵学的关系方面做了一些有益的探索。一些长期困扰八思巴字汉语研究的问题开始逐渐澄清。

2012年，宁忌浮先生发表了带有总结性质的长文《重读〈蒙古字韵〉》②，完整构拟了《蒙古字韵》音系，并更多地将这一音系与切韵学联系起来。

郑张尚芳《〈七音韵母通考〉和〈蒙古字韵〉的关系》③提出"七音表实际是元世祖颁行国书八思巴字时，跟《蒙古字韵》一同颁行的，从《礼部韵略》查《蒙古字韵》八思巴字声韵拼法的索引，都是八思巴主持下编的韵书。"

陈鑫海的博士论文《八思巴字汉语语音研究》④对此前八思巴字汉语的音系研究做了"集大成"式的研究，全面梳理了前人的研究成果，分析各家得失，提出了新的解释方案。该文同样强调从切韵学的角度解释八思巴字汉语的若干现象。在此基础上发表的《八思巴字汉语"明微相混"的实质和微母的音值》⑤，以唇音声母为对象，尝试梳理二者之间的关系，发现所谓"明微相混"现象早在金代韵书《五音集韵》和韵图《四声等子》中已有表现，属于八思巴字汉语对金代切韵学思想的继承，并认为八思巴字汉语的微母已经是后面带有合口介音[u]的零声母。

宋洪民在这一时期还先后发表了其他13篇文章，研究了八思巴字汉语音系中的若干具体问题。其研究特点，一是利用八思巴字文献和《蒙古字韵》相对比；二是认为《蒙古字韵》代表的拼写方案系在八思巴字蒙古语拼写方案的基础上修改而成，因此受到了当时蒙古语音系的影响。

其中有两篇文章也专门探讨了八思巴字汉语跟切韵学的关系。《等韵门法所涉等第对立对〈蒙古字韵〉标音的影响》⑥一文试图全面破解《蒙古字韵》与韵书和韵图的关系，认为其声韵分合格局与等韵门法密切相关。《再论〈蒙古字韵〉中的

---

① 即此前学界通称之等韵学。实际上，宋元"切韵学"与明清等韵学判然有别，此为鲁国尧先生（1992—1993/2003）提出。本文采纳这一提法，并将金代的字母等韵之学也称为"切韵学"。
② 宁忌浮：《重读〈蒙古字韵〉》，上海社会科学院《传统中国研究集刊》编辑委员会编，《传统中国研究集刊》第九、第十合辑（上海），2012年，第377-447页。
③ 郑张尚芳：《〈七音韵母通考〉和〈蒙古字韵〉的关系》，郑张尚芳著，郑张尚芳语言学论文集（下），北京：中华书局，2012年，第565-568。
④ 陈鑫海：《八思巴字汉语语音研究》，北京：北京师范大学博士学位论文，2015年，黄易青指导。
⑤ 陈鑫海：《八思巴字汉语"明微相混"的实质和微母的音值》，载《南开语言学刊》第31辑，北京：商务印书馆，2018年，第71-85页。
⑥ 宋洪民：《等韵门法所涉等第对立对〈蒙古字韵〉标音的影响》，北京大学中国语言学研究中心《语言学论丛》编委会编：《语言学论丛》第五十六辑，北京：商务印书馆，2017年，第173-201页。

喻三入疑》① 一文指出:《蒙古字韵》中存在的"云母（喻三）入疑"现象不符合语言发展的规律,也得不到现代汉语方言事实的支持,更得不到对音材料的印证。该文认为造成这一现象的原因是为了符合等韵门法的要求,而在八思巴字拼写规则制约下产生的一种特殊现象,是限于书写层面的一种拼写形式而并非是真实语音状况的反映。

涉及声母方面的宋洪民有四篇文章。《八思巴字拼写系统中的"影、疑、喻"三母》② 认为,八思巴字零声四母的分立是"既要维持……中古三十六字母的旧有格局,又要在牙喉音中区别等第"的需要造成的。《元代八思巴字文献所反映的浊音清化》③ 通过对八思巴字实际应用文献的考察,展示了能够表明浊音清化的部分用例。他与吴建伟合作发表的《〈蒙古字韵〉中"ꡁꡞꡓhiw后"类晓匣母字性质试析》④ 认为中古匣母在八思巴字汉语里头一分为二,是由于受到蒙古语辅音和谐原则的制约。宋洪民的《从〈重修伏羲圣祖庙记〉的八思巴字标音证元代晓、匣二母尚未腭化》⑤,针对该碑额"羲"字八思巴字拼写与《蒙古字韵》相异的情形,推测其成因。这道碑额把本属汉语晓母细音的"羲"字用八思巴字母"ꡢ"来拼写。而这个字母一般只用于拼写蒙古语,表示蒙古语里的小舌音 [q]。该文认为这一差异的形成首先反映了操阿尔泰语的人对汉语中晓、匣二母的清、浊对立的感觉模糊,难以区别。因为回鹘式蒙古文里的汉语借词,晓、匣二声母的拼写是不作区分的,二母不分清浊,只分洪细。八思巴字的拼写在某种程度上延续了回鹘式蒙古文汉语借词的这一拼写习惯。反推可知:这种混淆只有在汉语细音字的牙喉音声母未发生腭化的情况下才可能实现。故此,这一混淆说明当时的汉语牙喉音声母还没有发生腭化。

涉及韵母方面的宋洪民有五篇文章。《八思巴字译写汉语元音时以单代双现象考察》⑥ 在其另一篇文章（宋2007）的基础上提出,八思巴字拼写汉语时,用单元音 ė、e 来代替复合元音 ia,属于迁就蒙古语音系的所谓"以单代双"现象。《从八思巴字文献看〈蒙古字韵〉及元代北方官话中的"观"系字的读音》⑦ 持同样的观点,认为《蒙古字韵》寒部官类的拼写形式 on 实际上就是 [uɑn],亦属于"以单

---

① 宋洪民:《再论〈蒙古字韵〉中的喻三入疑》,中国社会科学院语言研究所《历史语言学研究》编辑部编:《历史语言学研究》第十一辑,北京:商务印书馆,2017年,第115-129页。
② 宋洪民:《八思巴字拼写系统中的"影、疑、喻"三母》,载《民族语文》2013年第1期,第22-29页。
③ 宋洪民:《元代八思巴字文献所反映的浊音清化》,载《古汉语研究》2010年第3期,第8-15页。
④ 宋洪民、吴建伟:《〈蒙古字韵〉中"ꡁꡞꡓhiw后"类晓匣母字性质试析》,《古汉语研究》2015年第1期（长沙）,第57-62页。
⑤ 宋洪民:《从〈重修伏羲圣祖庙记〉的八思巴字标音证元代晓、匣二母尚未腭化》,《中国文字研究》2018年第1期（郑州）,第180-186页。
⑥ 宋洪民:《八思巴字译写汉语元音时以单代双现象考察》,中国音韵学研究会（编）,《中国音韵学——中国音韵学研究会南昌国际研讨会论文集·2008》,南昌:江西人民出版社,2010年,第227-236页。
⑦ 宋洪民:《从八思巴字文献看〈蒙古字韵〉及元代北方官话中的"观"系字的读音》,杜建录主编:《西夏学》第七辑（第二届西夏学国际论坛专号（上））,上海:上海古籍出版社,2011年,第188-193页。

代双"的一种表现。《论〈蒙古字韵〉及〈韵会〉重纽的虚假性》[1] 认为《蒙古字韵》牙喉音位置保留的重纽对立是维持旧系统的结果,实际语音已经混并。《元代蒙、汉语言接触在喉音声母和复元音韵母上的表现——论蒙语音系对〈蒙古字韵〉标音体系的影响》[2] 认为,汉语后响复合元音 ia、ua 被拼作单元音 e(原文转写为 é,本文除直接引用原文时,一律改转写为 e)/o,是由于蒙古语缺乏后响复合元音所致。他和吴建伟合作的《元代八思巴字碑刻等文献中ʃ é 多拼作-ʋ-ia 现象的考察》[3] 一文全面梳理了元代八思巴字汉语碑刻文献和《蒙古字韵》的异同,指出:《蒙古字韵》中,"间 gén""姜 gén"等音节,介音-元音字母多拼作ʃ(e),但在元代八思巴字碑刻文献,多拼作-ʋ-(ia)。该文认为:这些音节中的元音,按照碑刻拼作 ia 更符合汉语的特点。《蒙古字韵》中这类音节的多拼作ʃ e 是受到蒙语音系的直接影响的结果。

宋洪民的最后两篇文章是涉及音系性质与地位的。《〈古今韵会举要〉因袭〈蒙古字韵〉浅析》[4] 论证了《古今韵会举要》字母-字母韵系统受八思巴字拼写法影响而产生的一些特殊安排。《从八思巴字汉语应用文献看〈蒙古字韵〉的性质与地位》[5] 比较了《蒙古字韵》和其他八思巴字汉语文献的一些拼写差异,认为《蒙古字韵》是元代官方的译音标准,其语音基础是北方官话。

其他研究八思巴字汉语音系的论著还有:

关于《蒙古字韵》的语音基础问题,沈锺伟在 2013 年的一次访谈[6]中表示:"《蒙古字韵》代表了 10 世纪以来在中国北方逐步建立的近代标准音……是当时一个流行于中国北方的标准官话音系……这种音系是当时北方辽金境内的北方官话标准语的继承,也是现代北京话的祖语音系。"至于这一音系与《中原音韵》的关系,沈锺伟同时认为"《中原音韵》在音系内容上更为写实",而《蒙古字韵》则存在"人为保存的语音特征"。

沈锺伟《〈蒙古字韵〉在古官话研究中的价值》[7] 概括了其专著(Shen 2008)的主要观点,专门讨论了八思巴字汉语拼音系统的直接性、系统性和精确性。《汉

---

[1] 宋洪民:《论〈蒙古字韵〉及〈韵会〉重纽的虚假性》,中国音韵学研究会(编).《中国音韵学——中国音韵学研究会第十六届学术讨论会暨汉语音韵学第十一届国际学术研讨会论文集(太原·2010)》,北京:九州岛出版社,2012 年,第 281-292 页。

[2] 宋洪民:《元代蒙、汉语言接触在喉音声母和复元音韵母上的表现——论蒙语音系对〈蒙古字韵〉标音体系的影响》,载《中国语文》2017 年第 2 期,第 195-208 页。

[3] 宋洪民、吴建伟:《元代八思巴字碑刻等文献中ʃ é 多拼作-ʋ-ia 现象的考察》,《语言研究》2018 年第 3 期(武汉),第 110-118 页。

[4] 宋洪民:《〈古今韵会举要〉因袭〈蒙古字韵〉浅析》,浙江大学汉语史研究中心,《汉语史学报》第十三辑,上海:上海教育出版社,2013 年,第 135-168 页。

[5] 宋洪民:《从八思巴字汉语应用文献看〈蒙古字韵〉的性质与地位》,载《语文研究》2014 年第 4 期,第 46-55 页。

[6] 徐川山:《沈锺伟教授谈〈蒙古字韵〉研究》,载《语言文字周报》2013 年 1 月 2 日第 4 版。

[7] 沈锺伟:《〈蒙古字韵〉在古官话研究中的价值》,中国社会科学院语言研究所《历史语言学研究》编辑部编,《历史语言学研究》第四辑,北京:商务印书馆,2011 年,第 264-275 页。

语八思巴字中唇齿音字母的确认》① 也是将其在专著（Shen 2008）中提出的八思巴字字母 f 是独立字母的观点加以扩展，补充了更多材料。

郑伟《八思巴字译音等材料中汉语重纽唇音字的语音表现》② 一文则将八思巴字部分唇音重纽字的独立现象与中古音直接联系起来，认为，由于重纽三等上承早期中古汉语的/-rj-/介音，其介音会向［+合口］的方向演变，或者使后接主元音圆唇化。

此外还有张静《八思巴汉语入声字研究》③ 等。

《密咒圆因往生集》编订于西夏桓宗天庆七年（公元 1200 年），元代出现了八思巴字注音本，自发现至今已逾百年。安娅④在孙伯君（孙 2009）基础上对这份文献代表的汉语音系做了更深入的研究。

（四）近十年发表的有关八思巴字的研究综述和人物评介

全面综述文章有陈烨、宝音的《八思巴字古籍文献整理与研究综述》⑤。

作为照那斯图先生生前指导过的博士后之一，宋洪民曾撰文⑥评述过照那斯图先生的学术贡献。而宋洪民的《八思巴字资料与蒙古字韵》出版以后，照那斯图先生生前指导过的另一位博士后正月教授写有一篇书评⑦。

最后提及的一篇文章，涉及八思巴字汉语的研究历史。罗常培先生的《〈蒙古字韵〉跋》，是近现代中国学者研究八思巴字的第一篇文章，具有重要的历史意义。该文最早发表于《益世报》1939 年 1 月 17 日（昆明），义载《国学季刊》1939 年新第 1 卷第 3 期，第 242-245 页。后来收入罗常培、蔡美彪合著的《八思巴字与元代汉语（资料汇编）》。2004 年，蔡美彪先生依据罗常培先生生前的构想，又将《八思巴字与元代汉语》增订成四编重新出版，同样收录了这篇文章。只是改用简化汉字排印。萧刚《罗常培〈蒙古字韵跋〉手稿浅析》⑧ 一文，对保存在国家图书馆的该义手稿做了详细介绍，并于文末重新据手稿排印了该文，具有一定史料价值。

本节其他参考文献

宁忌浮：《古今韵会举要及相关韵书》，北京：中华书局，1997 年。

---

① 沈锺伟：《汉语八思巴字中唇齿音字母的确认》，载《民族语文》2014 年第 4 期，第 49-59 页。
② 郑伟：《八思巴字译音等材料中汉语重纽唇音字的语音表现》，浙江大学汉语史研究中心，《汉语史学报》第十六辑，上海：上海教育出版社，2016 年，第 47-59 页。
③ 张静：《八思巴汉语入声字研究》，载《黄山学院学报》2010 年第 2 期，第 107-109 页。
④ 安娅：《普宁藏本〈密咒圆因往生集〉的梵文-八思巴文对音研究》，载《西夏研究》2011 年第 1 期，第 66-73 页。
⑤ 陈烨、宝音：《八思巴字古籍文献整理与研究综述》，《内蒙古民族大学学报（社会科学版）》2012 年第 1 期（呼和浩特），第 53-57 页。
⑥ 宋洪民：《照那斯图先生的学术贡献》，南京大学汉语言文字学科《南大语言学》编委会（编），《南大语言学》第 4 辑，北京：商务印书馆，2012 年，第 289-299 页。
⑦ 正月：《评宋洪民〈八思巴字资料与蒙古字韵〉》，载《中国文字研究》2018 年第 2 期，第 195-199 页。
⑧ 萧刚：《罗常培〈蒙古字韵跋〉手稿浅析》，载《中国典籍与文化论丛》第十七辑，2015 年，第 291-300 页。

宋洪民：《八思巴字零形式 a 译写汉语时引发的问题与策略及其对藏文今后厘定的参考价值》，载《语言科学》第 3 期，2007 年，第 91-101。

孙伯君：《普宁藏本〈密咒圆因往生集〉的八思巴字注音研究》，载《中华文史论丛》第 3 期，2009 年，第 163-198 页。

乌力吉白乙拉：《八思巴文变形体研究（蒙文）》，内蒙古大学博士学位论文，2007 年，贾拉森指导。

照那斯图：《新编元代八思巴字百家姓》，北京：文物出版社，2003 年。

［加］Pulleyblank, E. G. *Notes on the hP'ags-pa alphabet for Chinese.* Mary Boyce and Ilya Gershevitch（edit）. *W. B. Henning Memorial Volume.* London：Lund Humphries，1970，358-375.

［美］Shen, Zhongwei. 2008, *Studies on the Menggu Ziyun*, Taipei：Institute of Linguistics, Academia Sinica.

三、托忒蒙文古籍

托忒文古籍是蒙古学的重要组成部分。2010 至 2019 年间，在蒙古学术界广大同仁同行、研究者、收藏者、爱好者的共同努力下，托忒文古籍的搜集整理、研究及其他相关领域工作方面取得了可喜的成果。这期间也是国内托忒文古籍研究工作取得卓越成就的重要阶段，引起了国际蒙古学界的高度关注。

综观这期间，国内外一些大专院校和相关组织机构举办的卫拉特历史文化相关的学术会议很多，其中不乏托忒文古籍相关的研究成果。但是专门研究托忒文古籍的专题会议甚少，这与国内专门研究托忒文古籍的研究者数量少，关注的科研机构不多有直接的关系。

新疆维吾尔自治区卫拉特蒙古研究学会是国内卫拉特历史文化研究的重要组织机构。该学会每两年举办一次全国性卫拉特历史文化学术研讨会，现已经成功举办了十届会议。2009 年 7 月 16 日，全国第六届卫拉特蒙古历史文化学术研讨会在内蒙古鄂温克旗召开，来自新疆、甘肃、青海、辽宁、黑龙江、呼伦贝尔等地和北京大学、中央民族大学、兰州大学等高等学府的学术代表共计一百五十多人参加了此次研讨会。此外，蒙古国学者也远道而来参会。2012 年 7 月 21 日，全国第七届卫拉特蒙古历史文化研讨会在新疆和布克赛尔蒙古族自治县召开，全国近二百名专家学者前来参会。2014 年 7 月 22 日全国第七届卫拉特蒙古历史文化研讨会在新疆巴音郭楞蒙古自治州巩乃斯镇召开，全国五十余位专家学者前来参加。2016 年 7 月 5 日第九届全国卫拉特蒙古历史文化研讨会在内蒙古自治区锡林浩特市召开，全国五十余名专家学者前来参加了本次研讨会。2018 年 8 月 4 日，全国第十届卫拉特蒙古历史文化研讨会在青海省西宁市举行，本次会议由青海民族大学承办，六十多名专家学者参加本次会议。这些全国性学术研讨会提交的论文大部分与卫拉特历史文化有关，但也有一部分内容是与托忒文古籍研究相关的成果。这为托忒文古籍的进一步深入研究奠定了基础，起到了良好开局。

新疆维吾尔自治区卫拉特蒙古研究学会伊犁河流域尼勒克县、昭苏县、特克斯县的分会也利用当地地域历史文化优势，举办了三次伊犁河流域厄鲁特蒙古非物质文化遗产相关的学术研讨会议，其中尼勒克、特克斯县的会议论文现已整理出版。2013年，加·道山、谢·吾诺尔著《咱雅班第达及他的夏比纳尔》一书由新疆人民出版社出版。该书探讨了咱雅班第达生平及其托忒文的创制和译经，咱雅班第达的沙比纳尔和大库伦盛衰历史相关的其他问题。巴图加甫主编《首届保护与传承新疆伊犁厄鲁特蒙古人非物质文化遗产学术会议论文集》由2016年民族出版社出版。该文集中包含了卡尔梅克托忒文木刻《金光明经》，托忒文石经等托忒文古籍相关的研究。2018年，民族出版社出版了加·道山主编的《特克斯县蒙古族文史资料》（二）。此文集不仅收集了伊犁河流域厄鲁特人历史文化相关的研究论文，还收录了托忒文古籍研究相关的诸多研究成果。尤其值得一提的是，其附录中影印出版了成崇德先生所译咱雅班第达传《月光》的汉文版。

2014年12月14日，中国人民大学国学院成立了卫拉特学·托忒学研究中心，并聘请中央民族大学叶尔达教授为中心主任。自成立以来，该中心每年举办一次卫拉特学、托忒学相关的学术年会，并且举办了两次国际学术研讨会。即：2016年4月23日，举办了"藏传佛教与卫拉特历史文化：纪念卫拉特蒙古皈依佛教400周年国际学术研讨会"。在此次研讨会上不仅有我国各大院校机构的研究学者及学术爱好者前来参加，还有来自蒙古、俄罗斯、日本、韩国等国家的五十余位专家学者踊跃畅谈。托忒文创制于1648年，2018年是托忒文创制370周年。2018年3月24日，为了纪念托忒文创制370周年，此中心还举办了"托忒文370周年：卫拉特历史与文化"学术研讨会。来自中、蒙、俄、日、英等国家的六十余位知名学者参加了本次会议，围绕卫拉特历史、文化、习俗、文学、托忒文、托忒文文书、托忒文木刻以及各国卫拉特学托忒学研究现状展开了激烈的讨论。

2015年开始，卫拉特学·托忒学研究中心与匈牙利罗兰大学协作编辑了Oyirad Studies（《卫拉特研究》）杂志。该杂志每年出版一集多语种学术论文，为国际卫拉特学·托忒学研究者搭建了重要的学术平台。2016年，该中心在新疆伊犁昭苏县建立托忒文文献研究基地，次年在特克斯县建立了咱雅班第达与托忒文研究基地，进一步推动了托忒文古籍的保护和传承及其研究工作。

2019年11月2日，由中央民族大学中国少数民族语言文学学院蒙古语言文学系主办，内蒙古少数民族古籍《格斯（萨）尔》征集研究室、由叶尔达教授负责的2018年度国家社科基金重大项目"伊犁河厄鲁特人民间所藏托忒文文献搜集整理与研究"课题组承办的"一带一路"沿线国家蒙古文文献国际学术研讨会在中央民族大学隆重召开。来自蒙古、俄罗斯、美国、匈牙利、波兰、捷克、日本、法国等十多个国家和地区的一百二十多位专家学者探讨了蒙古文文献，其中一个重要议题就是托忒文古籍。

在这一时期，馆藏托忒文文学古籍的整理与研究工作也取得了突破性的进展，其代表人物是新疆维吾尔自治区民族事务委员会（宗教事务局）古籍整理办公室的工作人员嘎力敦先生。他先后整理出版了《吴宁可尔·托尔里克图善音王的故事》（新疆人民出版社，2013 年）、《箴言与赞颂文汇集》（新疆人民出版社，2013 年）、《善语宝藏及其诠释》（新疆人民出版社，2013 年）、《托忒蒙古文文献-故事汇集》（新疆人民出版社，2014 年）、《江格尔击败残暴古日古木之章》（新疆人民出版社，2014 年）、《伊克额弥的故事》（新疆人民出版社，2016）等多部著作。这些著作以新疆维吾尔自治区民委古籍办所藏托忒文文学古籍的整理注释为主，有前言、胡都木文转写和注释，尤其附录中影印了箴言诗、赞颂诗、史诗、传记、故事等数十部托忒文文学古籍的原文，为学界提供了科学的版本。其中大部分托忒文文学古籍是首次公开出版，尤为珍贵。

民间所藏托忒文古籍的搜集整理与研究工作是 2010 年至 2019 年国内学者们所完成的一项重要的学术成就。中央民族大学叶尔达教授自 2000 年至今不辞辛苦，坚持长年在全国各地民间做田野调查，在伊犁哈萨克自治州伊犁河流域民间及巴音郭楞蒙古自治州、博尔塔拉蒙古族自治州、阿勒泰地区、塔城地区和其他地方进行田野调查，搜集了相当多的民间收藏托忒文古籍，对每一本古籍进行了数码照相机拍照和扫描仪扫描，为托忒文古籍的保护和抢救做出了重要的贡献。

叶尔达教授不仅进行托忒文古籍的搜集整理工作，而且在这一领域，他所取得的研究成果也是公认的。他先后出版了《卫拉特高僧拉布紧巴咱雅班迪达那木海扎木苏研究》（社会科学文献出版社，2012 年）、《卡尔梅克木刻"金光明经"研究》（民族出版社，2014 年）、《准噶尔的文字世界：伊犁河流域所藏托忒文文献研究》（辽宁民族出版社，2019 年）、《伊犁河流域新发现的托忒文"格斯尔"文献学研究》（民族出版社，合著，2017 年）等专著外，作为主编出版了《伊犁河流域厄鲁特人民间所藏托忒文文献汇集》（1—50 卷，内蒙古文化出版社，2015—2019）、《中国馆藏托忒文文献汇集》（内蒙古文化出版社，2017）、《伊犁河流域额鲁特人托忒文文献荟萃》（第一辑、第二辑，中国社会科学出版社，2017 年）等大型托忒文古籍彩色影印丛书，为托忒文古籍研究提供了丰富的资料。

2019 年，叶尔达教授与朝鲁副教授共同策划影印出版了欧洲等海外所藏蒙古文古籍，其中不乏托忒文古籍文献资料。同年，叶尔达教授又组织相关人士转写出版了蒙古国著名学者 X·鲁布桑巴勒丹的《托忒文及文献》。原先《托忒文及文献》一书出版于 1975 年，其前半部分是托忒文语法的研究，后半部分是托忒文古籍的研究成果。迄今为止《托忒文及文献》是国际蒙古学界综合研究托忒文及其文献最重要的力作。该新书的出版对推动国内托忒文及其文献的研究具有重要的学术意义。与此同时，自 2013 年开始，叶尔达教授培养了托忒文古籍相关硕士博士数十名莘莘学子，在人才培养方面做出了重要贡献。

叶尔达教授所撰《准噶尔的文字世界：伊犁河流域所藏托忒文文献研究》是新

世纪国际蒙古学界研究托忒文古籍的标志性成果。此书内容涉及托忒文抄本、木刻、碑文、摩崖、石经以及历史文献等多领域，是作者在田野调查中搜集的第一手资料的基础上对伊犁河流域所藏托忒文古籍进行了深入的研究。

《伊犁河流域厄鲁特人民间所藏托忒文文献汇集》（50 卷）、《伊犁河流域额鲁特人托忒文文献荟萃》（第一辑、第二辑）内容包托忒文语言、文学、历史、宗教、医学、哲学、天文历法等多个领域，收入近八百部托忒文珍贵古籍，是叶尔达教授在 2000 年至 2020 年间，将近二十年的时间在伊犁河流域做民间田野调查的基础上整理出版的古籍彩色影印重要著作，是迄今国际蒙古学界所出版的最大型的民间古籍整理出版物。也是迄今所出版的托忒文古籍最大的古籍整理丛书，出版后受到了国际蒙古学界的高度好评。

《蒙古-卫拉特大法典》是 17 世纪成书的重要法律典籍。在 2010 年至 2019 年间，托忒文法典的研究取得了新的突破。2016 年，民族出版社出版了新疆大学策·巴图教授力作《蒙古-卫拉特大法典文献学研究》。该书在前人研究的基础上，运用历史学、版本学、民俗学、语言学等相关理论与方法，比较国内外所藏诸多版本，把俄国学者戈尔通斯吉俄译本所附录的托忒文原文影印转写成拉丁文，三种胡都木文本进行校勘和注释，并译成汉文，并且附录了历史上卫拉特所使用的 8 种法典，为学界提供了第一手珍贵资料。

2019 年，黑龙教授著《清代百件珍稀蒙古文档案整理研究》一书由科学出版社出版。此书收录了清代 29 篇托忒文档案，并进行了拉丁文转写和中文翻译。托忒文档案文书是研究卫拉特历史的重要资料，也是托忒文文献的重要组成部分。国内外所藏托忒文档案文书不计其数，但是托忒文档案的开发研究一直处于被忽略的状态。黑龙教授的力作对托忒文档案文书的进一步开发研究具有重要的意义。

总而言之，2010 年至 2019 年是国内托忒文古籍的搜集整理与研究工作取得新进展，收获新成果的时期，尤其是古籍的影印出版工作得到了足够的重视，影印出版了上千部珍贵古籍，为学界提供了有价值的科学版本，这也成为了这一时期最大的亮点。

第五节　突厥语民族

一、鄂尔浑-叶尼塞文古籍

鄂尔浑—叶尼塞碑铭是指保留在从鄂尔浑河到多瑙河、从雅库特到沙漠地带及叶尼塞河上游地带的辽阔区域内的用鲁尼文刻写的众多铭文。在更西的地区，自阿尔泰山以至额尔齐斯河，大致今哈萨克斯坦和吉尔吉斯斯坦全境（尤其是第二突厥汗国首府怛逻斯）以及新疆东北部，也发现了少量可以解读的鲁尼文石刻。鲁尼文是在我国北方建立的突厥汗国（公元 552—公元 745 年）和回纥/回鹘汗国（公元 745—公元 840 年）使用的文字。因其在外形上近似古代北欧日耳曼民族使用的鲁尼（Rune）文（仅外形相似而已，之间并无渊源关系），所以有学者称之为古代突厥鲁尼文；又因为用这种文字写成的主要碑铭在今蒙古共和国鄂尔浑（Orkhon）河流域发现，所以称为鄂尔浑鲁尼文（Orkhon Rune Script）；又因为这种文字的碑铭也在西伯利亚叶尼塞（Yenissei）河流域发现，所以也称之为叶尼塞文[①]。这种文字除为突厥汗国使用外，也为回鹘人在西迁新疆塔里木盆地以前（即在漠北的游牧时期）和西迁后的初期以及古代居住在叶尼塞河流域的黠戛斯人（今柯尔克孜人的祖先）所使用。[②]

其内容多为历史传记或历史事件，也有部分墓志铭性质的叙事散文或韵文，极少一部分为宗教文献、法律军事文书和日用品标识。铭文作者多为达官贵人或其至亲、下属，日用品标识的作者多为器皿主人或匠师。Talat Tekin 在 1968 年出版了《鄂尔浑突厥语语法》（*A Grammar of Orkhun Turkic*, *Indiana University Press*, 1968）一书后，以"鄂尔浑突厥文"为命名的也开始多了起来。由此，把叶尼塞河流域的碑铭也连在一起，即鄂尔浑—叶尼塞河流域发现的称之为"鄂尔浑—叶尼塞碑文"等。

鄂尔浑—叶尼塞碑文自 1983 年被解读以来，至今已过去一个多世纪。由于用这种文字写成的碑文是突厥人、回鹘人自己留下的最早的文献（也是我国北方少数民族留下的最早的民族文字记录），具有十分重要的历史学、语言和文化史方面的意义，所以一直吸引着国外学者们的注意，先后被译成英、德、法、俄、日、土耳其等国的语言，发表了许多研究论著。

直到 20 世纪 70 年代，我国对古突厥文碑铭的研究还仅限于对西方研究成果的翻译和考证。1977 年，我国著名突厥学家耿世民教授首开先河，直接将古突厥文碑铭原文译成汉语，汇编成《古代突厥文献选读》（中央民族学院出版社，1977），对推动我国古代突厥文研究起了开创性作用。

党的《十九大报告》指出，文化是一个国家、一个民族的灵魂。在改革开放和社会主义文化繁荣建设的生动实践中，民族语文的科学研究在党和政府的支持与关怀下逐步发展起来。鄂尔浑—叶尼塞碑铭的研究工作也取得了举世瞩目的可喜成就，发表和出版了大批高质量的论著。

耿世民（2002）教授指出："阿尔泰学的研究不但应该包括语言的比较研究，而且也应该包括民俗学、历史、文学等方面的比较研究。"

纵观国内外鄂尔浑—叶尼塞碑铭近十年研究，已逐渐向综合研究阶段发展。其研究成果主要体现在语言学和文献本体上，此外还体现在历史学和文学文化上。

---

① 此外，还有人称之为兰突厥（Kök Türk）文、西伯利亚文、前伊斯兰突厥文等。
② 耿世民、魏萃一：《古代突厥语语法》，第 46 页，北京，中央民族大学出版社，2010 年 8 月。

1. 碑铭语言学与文献本体研究成果

鄂尔浑—叶尼塞碑铭文献不仅是研究阿尔泰语系语言文字的第一手材料，对研究阿尔泰语系语言文字史也有着重要作用。世界上现存四十多种突厥语族语言，使用人口超过 1 亿多。这些突厥语族的现代语言中，都或多或少地保留了古代突厥语的一些词语和语法现象。要弄清它们的来龙去脉，就必须学习和研究。突厥语言学的研究离不开鄂尔浑—叶尼塞碑铭文献及其文献的研究。

比起其他学科，鄂尔浑—叶尼塞碑文的语言学研究开始较早。鄂尔浑碑文被解读后不久，我国学者开始陆续发表他们关于碑文语音、词汇、语法及语源研究的论著。

耿世民、魏萃一两位先生曾在 20 世纪 70 年代编写过《古代突厥语语法》（中央民族学院油印，1976）讲义。讲义包括了鄂尔浑碑铭、回鹘文文献、摩尼文文献及阿拉伯文文献在内的所有 11 世纪以前各种文字的古代突厥语文献的实例。2010 年中央民族大学出版社出版了《古代突厥语语法》一书，主要对漠北发现的鄂尔浑碑铭、吐鲁番地区出土的高昌回鹘王国时期的文献以及喀喇汗王朝时期的文献做了语音、方言、语法方面的描述。

王新青的《再谈中亚突厥语词汇中的历史层次》（《语文建设》2013 年 21 期）认为突厥语文献资料不是属于具体的哪一个民族的，而是属于整个突厥民族的，是中突厥民族在漫长的历史发展过程中创造出来的共同财富。从这些历史文献关系中可以透视出突厥语词汇中的历史层次。

陈宗振的《〈突厥语大词典〉中的中古汉语借词》（《民族语文》2014 年第 1 期）讨论了词典中的一些汉语借词，它们往往具有中古汉语的语音特点或西北汉语方音的特点，而且有些词沿用至今并派生许多新词。《中国社会科学院老学者文库—维吾尔语史研究》（中国社会科学出版社，2016 年）重点论述了从突厥文文献语言到现代维吾尔语在语音、词汇、语法方面的主要发展演变，在当今有关维吾尔语历史研究极少的情况下，具有填补相关研究空白的意义。

阿不都热依木·热合曼和阿布里克木·亚森的《维吾尔语人称代词考释》（《民族语文》2014 年第 6 期）根据突厥语碑铭所显示的古突厥语人称代词的形式，赞同古代突厥语的单数第一人称代词形式为 *bi。早期的第二人称代词复数形式 siz 在后来的语言成为单数的尊称，早期的第三人称单、复数形式到了现代的语言中有较大的变化。同年，阿那古丽·阿布都热依木的《古代突厥语与〈突厥语大词典〉名词格的研究》（《语言与翻译》2014 年第 4 期）运用对比语言学的一些方法，比较并分析了古代突厥语与《突厥语大词典》名词格的相似点与不同点，进一步证明《突厥语大词典》的语言是在继承古代突厥语的基础上发展并接近现代维吾尔语的。帕提曼·比都拉博士论文的《古代突厥语词在现代哈萨克语中的演变》（中央民族大学，2013 年）和乌丽达娜依·居玛拜的《鄂尔浑碑铭文献词汇与现代哈萨克语词汇比较——以〈暾欲谷碑〉〈阙特勤碑〉〈毗伽可汗碑〉为主》（《伊犁师范学院学报

（社会科学版）》2017 年第 4 期）探讨了古代突厥语碑铭文献中出现的词在现代哈萨克语中的发展演变情况。帕提曼·比都拉的《古代突厥语词语在哈萨克语词语中的分布研究》（《赤峰学院学报（汉文哲学社会科学版）》2014 年第 4 期）就古代突厥语语音在哈萨克语词语中的分布、古代突厥语词语成分在哈萨克语方言中的保留情况两个方面来阐述古突厥语在其发展过程中所形成的不同变体。通过对这一语言现象的分析来钩沉现代哈萨克对古突厥语的继承与发展。还发表《试析古代突厥语文献中的格词尾在哈萨克语中的演变》（《兰州教育学院学报》2013 年第 1 期）、《论哈萨克语的增音——对比古代突厥语与哈萨克语》（《兰州教育学院学报》2014 年第 4 期）、《古突厥语辅音音素ʀ的演变及其构成哈萨克语同族词研究》（《内蒙古社会科学（汉文版）》2014 年第 2 期）。

米热古丽·黑力力的博士论文《回鹘汗国时期突厥文碑铭词汇考释》（中央民族大学，2015 年）选取了回鹘汗国时期的 7 个主要碑文，对其中的词汇进行词源研究，详细描述了这一过渡时期的语言的词汇结构及特点。还发表了《试探回鹘汗国时期突厥文碑铭短语的考释》（《鸭绿江（下半月版）》2015 年第 10 期），主要研究通过将各国的学者进行解读的版本联合在一起，里面找出最合适的，符合突厥语族语言结构的解读形式，然后对回鹘汗国时期突厥文碑铭短语的来源并按照历史语言学和古典文献学的角度来探讨这些短语在碑铭中的应用情况。

乔睿发表了《古代突厥语动词 ti- 之用法初探》（《佳木斯职业学院学报》2014 年第 12 期）。李刚的《塔拉斯（TalasI-II）碑铭探微》（《吐鲁番学研究》2013 年第 2 期）主要选取塔拉斯流域的号和号碑铭进行研究，并分别对这两个碑铭进行标写、转写。作者 2015 年发表了《浅谈突厥碑铭中"tiyin"一词——兼论现代突厥语之"däp"一词》（《吐鲁番学研究》2015 年第 2 期），2016 年发表了《试析古代突厥碑铭分词符省略现象》（《语言与翻译》2016 年第 2 期）。郑玲的《试析〈阙特勤碑〉分词符的省略》（《伊犁师范学院学报（社会科学版）》2012 年第 1 期）。贺川生的《西部裕固语、古代突厥语的逆序数词及其组合语义》（《中央民族大学学报（哲学社会科学版），2018 年第 6 期》）认为，大量事实表明西部裕固语中的逆序数词和古代突厥语逆序数词存在历史继承关系，并且突厥语言几个特殊的十位数数词词源来源于突厥民族关于畜群数量的概念，然后才独立形成数目的概念。这种观点既有跨语言的佐证同时也能体现出语义组合性原则。

2015 年关于鄂尔浑—叶尼塞碑铭语言研究的硕士论文有：包克的《突厥语族中汉语借词和汉语与突厥语族的关系》（内蒙古大学）、热娜·赛多拉的《花剌子模突厥语文献〈古兰经字译〉语言词组研究——兼与哈萨克语比较研究》（中央民族大学）、帕丽古丽·白保森的《花剌子模突厥语文献〈古兰经字译〉语言形态研究——兼与哈萨克语比较研究》（中央民族大学）。

闫姿含的《古代突厥文和回鹘文中的名词的数的表达方式以及使用范围的对比》（《农学研究》2019 年第 7 期）主要对于古代突厥文中的名词的数的表达方式

以及使用范围和回鹘文中的名词的数的表达方式以及使用范围进行对比，试图梳理其发展和变化规律，以期能对现代维吾尔语名词的数范畴的发展演变有所系统地了解。阿不都外力·艾尔西丁的《古突厥碑铭语与现代维吾尔语名词格比较研究》（《文化产业》2019 年第 1 期）通过对古代突厥碑铭文献语言与现代维吾尔语名词格范畴比较研究，分析其异同，试图从语法功能的角度对古今维吾尔语格位形式的发展作一探索。

中央民族大学加依娜古丽·巴合提别克的博士论文《回鹘与喀喇汗文献语言词汇比较研究》（2017 年）介绍了现存的回鹘与喀喇汗文献的类型与主要语言特点。比较了语音演变特征；还研究了回鹘—喀喇汗突厥语文献语言词汇特点。最后谈了回鹘与喀喇汗突厥语文献语言宗教词汇比较研究。

白玉冬、吐送江·依明的《蒙古国新发现毗伽啜莫贺达干碑文释读》（《敦煌学辑刊》2018 年第 4 期）依据实地调查和解读，研究了蒙古国新发现的古代突厥鲁尼文柯尔格色音敖包（Hirgisin Oboo）碑文，属于后突厥汗国时期。碑文主人名为 bilgä or maɣa tarqan"毗伽啜莫贺达干"，是长安三年（公元 703）出使唐朝的后突厥汗国使者莫贺达干。

沈成明陈伟翻译出版了《突厥语历史比较语法—语音学》，该书是苏联科学院语言学研究所编著，其中提到突厥语历史语音学的研究通常都是在材料有限的情况下进行的。在描述和诠释语言的变化时也并非关注在语言的共同性、典型语音过程上。对语音系统和个别语音单位从原始语状态的研究缺乏，故而，本书对我国语言学者今后的研究工作具有很大的借鉴和帮助作用。

洪勇明根据其博士论文《回纥汗国古突厥文碑铭语言和历史研究》（中央民族大学，2009 年）于 2012 年由世界图书出版公司出版了《回纥汗国古突厥文碑铭考释学术文库》，该书借鉴语言学、历史学的研究成果，重新对回纥汗国古突厥文进行系统、全面地研究，对于构建回纥民族关系史、回纥汗国政治宗教史和完善北方民族源流和发展史、文化和语言变迁史、政治组织和社会生活史是大有益处的。

赵明鸣的《突厥语 BUT"足""腿"考》（《民族语文》2016 年第 4 期）讨论了突厥语 BUT"足""腿"的语源，认为可能源于粟特语。艾买提·艾合买提的《浅谈哈密土语中保留的一些古语词——以〈突厥语大辞典〉为例》（《北方文学》2019 年 11 期）以《突厥语大辞典》为例，将哈密土语保留下来，在维吾尔语书面语中已消失的 37 个古语词的原义和哈密土语中的使用方法进行了简单剖析。

鄂尔浑—叶尼塞碑铭文献作为中国少数民族文献，其研究理论、方法与汉文文献有所不同。因此，在研究该文献过程中所使用的一些新的理论和方法在一定程度上可以推动文献学学科理论的发展。对鄂尔浑—叶尼塞碑铭文献的语言研究不仅可以还原当时的语言概貌，重观古代突厥语言的特点，还可以为诸突厥语族语言的历时研究、其他阿尔泰语系语言的研究以及整个阿尔泰语系内部的同源关系研究提供一定的材料和证据。

2. 历史学成果

我国学者从历史学的角度研究鄂尔浑—叶尼塞碑铭方面，开始由不能充分利用碑文材料逐渐发展到直接或间接基于鲁尼文材料进行研究。其中，杨圣敏的《回纥史》（吉林教育出版社，1991年），林幹的《突厥史》（内蒙古人民出版社，1988年）、《突厥与回纥史》（内蒙古人民出版社，2013年），薛宗正的《突厥史》（中国社会科学出版社，1992年）、吴景山的《突厥社会性质研究》（中央民族大学出版社，1994）等具有一定的代表性。但是在我国对碑铭文献的史学解释和在史学著作中怎样准确采用碑文原始材料的问题值得进一步探讨。

后东升发表了《古突厥文中的汉语借词及其中古音——以〈阙特勤碑〉、〈敦欲谷碑〉、占卜书中词汇为限》（《黑龙江史志》2013年第11期）。陈浩的《〈阙特勤碑〉南面铭文的作者与镌刻年代问题》（《学术月刊》2017年第6期）研究了《阙特勤碑》和《毗伽可汗碑》有大量雷同的文字的原因及镌刻的历史背景。2016年又在《西域研究》第2期发表《登利可汗考》。内蒙古大学青格乐的硕士论文《"Toquz Oγuz（九姓）"历史探析》（2020年）对"九姓"及相关历史问题提出了个人见解。

杨富学、韩晓雪翻译了［美］德罗姆普的《鄂尔浑传统的中断——840年后黠戛斯回归叶尼塞说》一文（载《中国边疆民族研究》2014年第七辑），该文主张黠戛斯人因为各种原因依然居住在他们的故乡——西伯利亚南部叶尼塞河上游，在打败回鹘后短暂占有其地，但并未对鄂尔浑河谷进行有效控制。

西北大学张正阳的硕士论文《突回时代漠北游牧社会定居化问题研究》（2019年）表明隋唐时期突厥、回鹘先后称雄漠北。在唐王朝农耕文明等多种因素共同影响下，这两个民族社会内部逐渐出现了定居化趋势。但这一现象并非只出现在突回时代，在此之前，漠北游牧社会内部就已存在定居化因素，具体表现为农业实践与筑城。漠北回鹘承袭突厥时代的定居观念，从而出现半定居化生活倾向。这一现象的出现某种程度上可视作是漠北游牧社会内部定居化因素不断发展变化的结果。

李树辉的《艾突厥语文献的纪年形式和断代方法》（《语言与翻译》2014年第3期）先对古代突厥语文献的纪年形式做一归纳，之后结合多年的断代实践，归纳出"纪年考订法、"字体考订法""方言考订法""历史音变考订法""词语考订法""历史考订法""参照考订法"和"综合考订法"等8种断代方法。

克拜尔·吐尼亚孜的《浅析古代突厥文〈暾欲谷碑〉中出现的 türk sir bodun——兼论薛延陀汗国灭亡以后的薛延陀部落的历史》（《中央民族大学学报（哲学社会科学版）》2011年第5期），认为《暾欲谷碑》提及的 türk sir bodun（突厥-薛人）即指由突厥部落和薛延陀余部组成的部落联合体。

艾克拜尔·吐尼亚孜的《浅析古代突厥文〈暾欲谷碑〉中出现的 türk sir bodun——兼论薛延陀汗国灭亡以后的薛延陀部落的历史》指出《暾欲谷碑》提及的 türk sir bodun（突厥-薛人）指当漠南突厥部众反叛唐朝中央政府时薛延陀余部

也参与其中，并同突厥部众逐渐形成部落联合体，建立了后突厥汗国，其核心部落就是由突厥部落和薛延陀余部组成的部落联合体。

哈斯巴特尔的硕士论文《〈阙特勤碑〉所含突厥历史与文化管窥》（内蒙古大学，2016年）对公元552年至公元732年突厥人的历史进行了探讨，提取碑文中某些信息探讨了古代突厥人的文化内涵。温拓的《阙特勤碑札记三则》（《历史学》2017年第3期）以碑铭文献为中心，对突厥汗国统治者消解民族异质性的种种手段做出分析。此文另一目的在于厘清在双语文献的不同记录中的诸多名号之间的相互关系，使得我们对于名号一词获得新的认识，对其产生与使用做出新的解读。

3. 文学和文化成果

洪勇明发表了《试析古突厥文中Sir的族属》（《西北民族大学学报（哲学社会科学版）》，2011年第4期）。李娟的《漠北回鹘碑铭与汉文回鹘史料比较考证》（《西北民族大学学报（哲学社会科学版）》2013年第5期）通过材料比对分析，对梅禄官职、后突厥乌苏米施可汗之死、骨力裴罗的去世时间、三姓葛逻禄的西徙时间等重新作了考订。

王立发表了《试析〈阙特勤碑〉中 čïqan 一词的词源及翻译问题》（《西域研究》2017年第3期）。包文胜的《读〈暾欲谷碑〉札记—türk sir 与"锻奴"》（《敦煌学辑刊》2012年第3期）认为碑铭所见 türk sir 可能与汉籍史料所记"锻奴"有关，即与突厥炼铁有关。

内蒙古大学的通拉嘎的硕士论文《叶尼塞鲁尼文碑铭译注与相关社会文化初探》（2017年6月）选取了叶尼塞碑铭的前50个进行译注，并研究了叶尼塞河上游部落的社会、经济、政治、军事、文化等方面相关社会问题。

闫晓林的硕士论文《11世纪喀喇汗王朝突厥语民族体育研究——以〈突厥语大词典〉和〈福乐智慧〉为例》（新疆师范大学2014年）就两本巨著中大量关于体育的字、词、诗句，按照内容分门别类地做了系统的归纳与分析，试图从两本巨著中所记载的字句这一独特的角度，窥探公元11世纪喀喇汗王朝突厥语民族体育的发展概况。

王洁、杨高学的《突厥碑铭所见黠戛斯与突厥、回鹘关系考》（《内蒙古社会科学》2009年第1期），以古代突厥文碑铭为材料，探讨黠戛斯与突厥、回鹘之间的关系。

张巧云的《关于古代突厥文碑铭文献中"täŋri"崇拜的整理与研究》（《伊犁师范学院学报（社会科学版）》2015年第1期），以古代突厥汗国和漠北回鹘汗国时期主要的七件碑铭文献为基础材料，检索出古代突厥人和回鹘人关于"täŋri"崇拜的信息，探讨古代突厥人和回鹘人关于"täŋri"信仰的发展规律。

王立、张铁山的《从突厥"三大碑"的"互文"现象看其韵律特征》（《民族文学研究》2016年第3期），以互文修辞作为切入点，对互文修辞手法在"三大碑"中的运用进行系统的梳理和分析，从而一窥古代突厥人文学发展的水平。

努尔巴汗·卡力列汗的《〈阙特勤碑〉与〈蒙古秘史〉的主题和写作手法比较研究》(《伊犁师范学院学报（社会科学版）》2015 年第 3 期）将二者对比研究后认为两块碑铭在主题与写作手法上有诸多相似之处。

任仲夷的《突厥碑文中叙事人称的功能特征——以古代突厥三大碑文为例》与《原始宗教信仰在〈阙特勤碑〉中的痕迹》分别发表于《文化学刊》2018 年第 1 期、第二期。

杨波的《古代突厥碑铭文中的数字"七"现象及其原型解析——以东突厥碑铭文为例》(《喀什师范学院学报》2015 年第 4 期）认为古代突厥碑铭文中对七的有意无意的强调与重视，其实体现的就是在突厥文化中遗留下来的远古意识，体现了突厥先民对天神的崇拜，对有限与无限、自由与自觉的理解，体现了他们对自然属性与规律的一定认识。此后作者又发表了论文《古代突厥碑铭文学的审美解读——以〈暾欲谷碑〉〈阙特勤碑〉〈毗伽可汗碑〉为例》(《喀什大学学报》2017 年第 1 期）。

张玲、阿不都若夫·塔吉、田海文发表了从《〈突厥语大词典〉看古代维吾尔族的婚俗文化》(《学园》2017 年第 13 期）。该文以词汇与社会发展的紧密关系为着手点，选取《突厥语大词典》中部分有关维吾尔婚俗的词语，通过这些词语去映射维吾尔族喀喇汗王朝时期的婚俗文化。

茨默的《突厥语的体动占卜书》(《中山大学学报（社会科学版）》2016 年 5 期）以吐鲁番出土文献为基础，释读三件古突厥语体动占卜书，以补充 1907/1908 年古典学家第尔斯关于东西方体动占卜术比较研究在古代突厥回鹘文献上的缺失。并通过释读拓展古代突厥语在人体解剖学方面的语汇，搜求到的奥斯曼土耳其语体动文献在多国的公私收藏情况，可以补充第尔斯书所缺。附带考释的是两件吐鲁番民俗信仰写本，以揭示中原汉文化的术法体系为中亚回鹘人所承用的事实。

谢·格·克里亚什托尔内依和弗·阿·里弗希茨的《中央亚古代突厥文和粟特文碑铭的发现和研究》(《蒙古高原考古研究·中国人民大学历史学院专题资料汇编》）介绍了碑铭的发现过程和研究现状。

木沙江·艾力的博士论文《古代维吾尔语历法和占卜文献的语文学研究》(中央民族大学，2016 年）研究了古代维吾尔语历法和占卜文献语言的语音、形态、句法特点以及文献中所见历法和占卜术语的语义、结构、语源特点。

吴玉贵的《古代突厥汉文碑志叙录》(《理论与史学》2015 年）认为，古代突厥活跃在内亚历史舞台上的四百多年，构成了内亚历史的重要篇章，也对中国中古时代的历史进程产生了重大而深远的影响。

捷利岑的《论古代突厥文字的起源与发展：以蒙古和新疆为例》(《2014 年中国西部文学与地域文化国际高端论坛论文集》）以蒙古和新疆考古发现为基础探讨公元 6 至公元 9 世纪古代突厥文字的发源与发展，并深入讨论有关历史、文化、宗教和语言因素。

热依拉·吐尔逊的《古代突厥文碑铭的发现与〈暾欲谷碑〉》(《科技致富向

导》2014年第18期）主要阐述古代突厥文碑铭的发现与相关《暾欲谷碑》的内容以及它的研究情况。

民族古籍整理研究事业迎来更加繁荣的发展机遇。民族古籍工作的重要阶段性成果中《中国少数民族古籍珍品图典——民族古文字古籍整理研究100年通览》（张公谨主编，中国社会科学出版社，2018年）中的第三册通过清晰直观的图版，科学翔实地释读向读者展示了突厥文及其文献的概貌。荣获2017年度全国"优秀古籍图书奖"一等奖的《中国少数民族文字珍稀典籍汇编（28）册》（黄建明、张铁山主编，福建人民出版社，2017年）也系统的对包括鄂尔浑—叶尼塞碑铭在内的一百九十余份各少数民族古籍原件整理编纂，是同类文献中的集大成者，有极高的学术研究价值。

我国有浩如烟海的汉文史料，在此基础上的历史研究也强于国外，但如何利用鄂尔浑—叶尼塞碑铭文献第一手资料成为我国研究突厥历史的一个瓶颈。弄清文献的内容，为历史学界提供科学的古代突厥文文献汉译本，对研究突厥的政治、经济、历史、地理、文化，乃至中亚史、丝绸之路研究也具有重要的学术应用价值。

鄂尔浑—叶尼塞碑铭文献不仅主要分布于蒙古国和中亚各国，而且其记录的内容十分广泛。对古代突厥文文献开展研究，对维护祖国统一、增强民族凝聚力，加强民族团结、巩固国家安全、反对"泛突厥主义"也具有十分重要的现实意义和社会价值。对此项目的研究本身也是为落实"一带一路"建设而进行的学术合作尝试，必将增强我国在古代突厥文研究领域的实力。响应国家加强对国粹传承和非物质文化遗产保护的支持和扶持，加强对少数民族历史文化的研究，筑牢中华民族共同体意识，对维护祖国统一、加强民族团结、推进"丝绸之路"建设也有着重要的现实意义和社会价值。

鄂尔浑—叶尼塞碑铭与各民族典籍共同汇成了中华民族文献的大海，对鄂尔浑—叶尼塞碑铭的研究展现了我国丰富多彩的民族文化遗产，体现了中华民族文化的多元一体、繁荣昌盛。

二、回鹘文古籍

回鹘文源自古代粟特文，是我国古代回鹘民族使用的文字，曾广泛流行于公元9—公元15世纪，用以书写宗教典籍、契约文书、文学作品等，形成了丰富多样的文献资料。一个多世纪以来，国内外在回鹘文文献及其相关方面的研究成果层出不穷。20世纪50年代，冯家昇先生发表了《回鹘文写本〈菩萨大唐三藏法师传〉研究报告》，首开国内回鹘语研究之先河。60年间，回鹘研究紧随时代变革步伐，涌现一批专业学者，如耿世民、李经纬、玉素甫、张铁山、牛汝极、阿不都热西提·亚库甫、杨富学等，在各研究方向取得进步，《中国民族古籍研究60年》[1]一书中

---

[1] 张公谨、黄建明：《中国民族古籍研究60年》，北京：中央民族大学出版社，2010年。

已有详尽论述。

2010 年至今，在前辈学者的引领下，以中央民族大学、新疆大学、兰州大学敦煌研究院等高校及科研机构为主要阵地，国内学习回鹘语者渐多，不乏硕士、博士研究生，他们成为回鹘学领域的新生代力量，研究思路得以进一步拓宽，研究方法更为多元。这一时期以期刊论文为主，论著次之，兼有对国外研究成果的零星译介。在研究内容上，主要集中于佛教文献和契约文书两大类，多从语言、历史、宗教、经济、社会文化的角度切入，注重借鉴前沿理论，多学科交叉研究。新释读文献（残片为主）数量有限，基础整理工作较之前期减少。以下从三个部分予以介绍。

（一）论著

李经纬的《回鹘文社会经济文书辑解》（2012 年，甘肃民族出版社）辑录并注释了 160 件吐鲁番、敦煌出土的古代回鹘文社会经济文书，内容涉及古代回鹘人的文化生活、土地制度、赋役制度、高利贷、阶级及民族关系等，对了解高昌回鹘王国及敦煌地区回鹘的经济与社会极富意义。大部分文书为元代，只有少数属于宋代。由于它们多用草体字书写，故对其进行整理和诠释存在困难。从中可以看出，回鹘的经济和社会发展受到中原王朝及波斯、阿拉伯诸国的影响。

阿里木·玉苏甫的《敦煌回鹘写本〈说心性经〉研究》（2014 年，中国社会科学出版社）是对国外学者关于该文献已有研究成果进行系统梳理、重新释读、修正和补充的研究工作。回鹘文《说心性经》，由斯坦因 1907 年在敦煌千佛洞所得，现藏伦敦大英博物馆，编号 Or. 8212-108。该写本为一册子本，内存 38 叶，为不同佛教文献的集成。《说心性经》即是该册子本的一部分，纸质细薄，用细长笔尖的木笔书写，字体为回鹘文草体，清晰可读。

迪拉娜·伊斯拉非尔的《吐鲁番发现回鹘文佛教新文献研究》（2014 年，民族出版社）主要内容包括：国家国书馆藏回鹘文《畏吾儿写经残卷》、新疆博物馆藏胜金口本《弥勒会见记》残叶、吐鲁番博物馆藏回鹘文《慈悲道场忏法》残叶等。

2015 年上海古籍出版社出版了阿不都热西提·亚库甫主编的古代维吾尔语诗歌集成之两种：热孜娅·努日的《巴黎藏回鹘文诗体般若文献研究》首先对巴黎藏回鹘文文献长诗《常啼菩萨的求法故事》进行全面释读与分析，然后对《菩萨修行道》中的韵文进行转写、翻译及注释。阿依达尔·米尔卡马力的《回鹘文诗体注疏和新发现敦煌本韵文研究》旨在重新评估已刊布的元代回鹘文诗歌，包括《入阿毗达磨论》注疏、《金花钞颂疏》《五更转颂》等佛教注疏和《字母诗》《千字文》等韵文诗歌，此外对新近出土回鹘文佛教韵文诗进行刊布和语文学研究，即莫高窟北区石窟新发现编号 B128：18 的韵文长诗和山西博物院藏《八阳经》相关韵文新诗作。

朱国祥与张铁山合著的《回鹘文佛教文献中的汉语借词研究》（2016 年，甘肃文化出版社），是对文献语言进行词汇研究的尝试之作。书中列明回鹘佛教文献中汉语借词的分布状况，进行汉语与回鹘语的对音，并总结对音规律和借词分布规律，不仅为维吾尔语词汇学和词源学研究提供有益的借鉴，也为汉语音韵学研究提供重要的材料。

中华书局先后于 2016 年、2020 年出版了刘戈关于回鹘文契约文书文字与断代的研究成果。《回鹘文契约断代研究——昆山识玉》指出，回鹘文字由词首、词中、词尾构成，对于手写体来说，极易造成连笔、元音及辅音的脱落，引发某些笔画的省略，回鹘文没有汉字楷书意义上的横与竖。因此，不能用汉字的书体命名回鹘文的书体，并作为断代因素。《回鹘文契约文字结构与年代研究——于阗采花》再续前作，由验证篇与普查试点篇两部分组成，先是从蒙元时代的文书中找出了条件式附加成分的规律性现象，后对山田信夫著作中年代不清楚，或纪年不能与公元对应的文书进行了普查。

杨富学的《回鹘摩尼教研究》（2017 年，中国社会科学出版社）提供了一批回鹘文摩尼教文献的汉译，有些属于首次翻译，对纷繁复杂的回鹘摩尼教史做了系统的论述。另有《回鹘文佛教文献研究》（2018 年，上海古籍出版社），是作者关于回鹘文佛教文献研究各篇专论的合集，收入了其对回鹘文佛教写卷的个案研究 29 篇，揭示出回鹘佛教在民间信仰、政治外交、科技变革与宗教交流等多方面的历史文化影响。

张铁山的《回鹘文古籍概览》（2018 年，民族出版社）系《北京地区少数民族古籍研究丛书》之一，分别为"回鹘历史简介""回鹘文字体及各种载体类别""回鹘文的现存文献及其研究情况""回鹘文文献版本""回鹘文文献珍品图片及说明""文献珍品释读"，从图片到文字，对回鹘文古籍做了全面而准确的梳理。

上述论著均是对回鹘文文献本体的研究和阐释。此外还有利用文献作为历史研究的补充性材料进行分析的著作成果。由《新疆通史》编撰委员会编、姬增禄译的《10 至 14 世纪回鹘王国的经济和社会制度》（2012 年，新疆人民出版社）共分为十一章，主要内容包括：公元 6—9 世纪的回鹘人、回鹘占领前夕的东部天山地区、天山附近的回鹘王国、农业、城市和手工业、商业和高利贷、租税和徭役等。杨富学的《回鹘与敦煌》（2013 年，甘肃教育出版社）是一本敦煌学通论性著作，利用回鹘文文献研究回鹘语文、佛教状况、哲学思想和文学成就、摩尼教在敦煌地区的兴盛、古代回鹘佛教与佛教艺术、甘州回鹘和西州回鹘与敦煌的关系、敦煌回鹘文化等问题。杨蕤的《回鹘时代：10—13 世纪陆上丝绸之路贸易研究》（2015 年，中国社会科学出版社），旨在阐明公元 10—公元 13 世纪特定的民族、经济和地缘政治环境下陆上丝绸之路贸易史的演变过程，以宋朝、西夏、辽等政权与西方的交往分为几个研究板块，以贸易线路、贸易方式、贸易主体等内容为研究线索进行研究。付马的《九色鹿·丝绸之路上的西州回鹘王朝》（2019 年，社会科学文献出版社）重构西州回鹘建国史，阐述西州回鹘文明如何改变了中亚东部的族群和文化面貌，他们在公元 9—公元 13 世纪控制着丝绸之路天山南北两道，是唐元之间中原与西方交流的纽带。

（二）论文

《金光明经》《玄奘传》《弥勒会见记》作为回鹘文文献中最重要的三部经典，国内外已有相当程度的研究，近十年来依然热度不减。回鹘文《金光明经》是目前已知现存的篇幅最大的回鹘文文献，由唐代义净的汉文本译成，译者是公元10—公元11世纪的回鹘学者别失八里人胜光法师。在前人研究基础上，词汇语音方面有：《回鹘文〈金光明经〉词汇研究》[1]《回鹘文〈金光明经〉中的汉语借词对音研究》[2]《回鹘佛教文献〈金光明最胜王经〉中的 ötrü》[3]《回鹘文〈金光明经〉形动词研究》[4]《回鹘文〈金光明经〉中的粟特语借词对音研究》[5]《回鹘文〈金光明经〉中的梵语借词词义补证》[6]。论述翻译方式和技巧的论文主要有：《僧古·萨里〈金光明经〉翻译方法谈》[7]《试论回鹘文〈金光明经〉中专有名词的翻译方法》[8]《回鹘文〈金光明经〉偈颂的体例程式和文体翻译》[9]。此外还有《汉文—回鹘文〈金光明经·舍身饲虎〉校勘研究》[10]《试析回鹘文〈金光明经〉偈颂》[11]等。

回鹘文《大唐大慈恩寺三藏法师传》简称《玄奘传》，约在公元10—11世纪由汉文本翻译而来。2010年，郑桓《〈回鹘文慈恩寺三藏法师传〉句式研究》[12]研究了回鹘文《玄奘传》的句式。马小玲发表了《俄藏回鹘文〈玄奘传〉一叶释读》[13]，对俄藏《玄奘传》一叶的内容进行了研究，同类文章还有《回鹘文〈玄奘传〉第十章七叶释读》[14]。2012年林巽培的博士论文为《回鹘〈慈恩传〉转写与汉字音研究》[15]，2013年他发表了名为《回鹘文〈慈恩传〉收藏与研究》[16]的论文。2014年朱国祥发表了《试论回鹘文〈玄奘传〉专有名词的翻译方式——以回鹘文第九、第十卷为例》[17]。此外还有《回鹘文〈玄奘传〉国内外研究情况综述》[18]《俄藏回鹘文

---

[1] 木沙江·艾力：新疆大学硕士论文，2012年。
[2] 张铁山、朱国祥：《新疆大学学报（哲学·人文社会科学版）》，2014年第1期。
[3] 赛丽塔那提·哈力克：《民族语文》，2014年第5期。
[4] 蔡虹：北京外国语大学硕士论文，2018年。
[5] 朱国祥：《民族语文》，2019年第5期。
[6] 朱国祥、程太霞：《河西学院学报》，2019年第6期。
[7] 买提热依木·沙依提：《民族翻译》，2011年第3期。
[8] 陈明：《伊犁师范学院学报（社会科学版）》，2016年第2期。
[9] 张巧云：《吐鲁番学研究》，2016年第2期。
[10] 张铁山：《新疆师范大学学报（哲学社会科学版）》，2012年第4期。
[11] 张铁山：《中央民族大学学报（哲学社会科学版）》，2013年第1期。
[12] 郑桓：中央民族大学硕士论文，2010年。
[13] 马小玲：《伊犁师范学院学报（社会科学版）》，2010年第2期。
[14] 洪勇明：《中央民族大学学报（哲学社会科学版）》，2012年第5期。
[15] 林巽培：上海师范大学博士论文，2012年。
[16] 林巽培：《民族语文》，2013年第1期。
[17] 朱国祥：《宁夏大学学报》，2014年第2期。
[18] 吐送江·依明：《敦煌学辑刊》，2017年第2期。

〈玄奘传〉第六卷研究》①等论文，它们共同推进了回鹘文献研究的进展。

回鹘文《弥勒会见记》描绘了未来佛弥勒的生平事迹，根据书写文字的不同，有吐火罗文和回鹘文两种写本，它首先是由梵语译成吐火罗语（即古焉耆语），后从吐火罗语译成回鹘语。2013 年郑玲在中央民族大学完成博士论文《〈弥勒会见记〉异本对勘研究》，此后她展开了一系列相关研究：《语言接触视域下的佛教外来词——以回鹘文〈弥勒会见记〉》（《昌吉学院学报》，2016 年第 5 期）、《反思与重构——回鹘文〈弥勒会见记〉文学价值刍议》（《宁夏社会科学》，2016 年第 6 期）、《丝绸之路上散落的一颗文学明珠——〈弥勒会见记〉》（《陕西学前师范学院学报》，2017 年第 3 期）、《民族翻译文献的典范之作——〈弥勒会见记〉》（《唐山师范学院学报》，2017 年第 3 期）、《异本对勘的典范之作——以回鹘文〈弥勒会见记〉为例》（《西夏研究》，2019 年第 3 期）。另有艾力·阿布拉的硕士论文《〈弥勒会见记〉之中的对偶词研究》（新疆师范大学，2011 年）、李梅《20 世纪以来〈弥勒会见记〉研究综述》（《西域研究》，2014 年第 2 期）等。

回鹘文契约文书是研究回鹘历史、社会、经济、法律的重要史料，仍属近十年的一个研究焦点，学者们对此进行了不同角度的总结与论述。相较之下，前人更注重契约文书的文献语言学研究，后来者则对其中反映的社会现象进行了深入的考察，如罗海山《回鹘文契约"官罚"内容研究》（《贵州社会科学》，2011 年第 9 期）、帕孜来提·买买提江《浅析回鹘文买卖契约的法律性质——以〈阿狄赫达干卖地契〉》（《和田师范专科学校学报》，2013 年第 4 期）、崔博硕士论文《元代回鹘违约纳罚入官现象考析》（西北民族大学，2016 年）、麦莱克·约兹特勤等《契约文书对丝绸之路法律史的贡献——回鹘文契约文书中的土地产权和使用情况》（《吐鲁番学研究》，2016 年第 2 期）、单超成《回鹘人印章文化研究》（《地域文化研究》，2019 年第 3 期）。对文书中的语言现象、个别词语进行考究的论文包括刘戈的论文（《民族研究》，2010 年第 1 期）、于佳音硕士论文《回鹘义社会经济文书 t（a）mγa 和 ni（š）an 研究》（中央民族大学，2015 年）、阿布拉江·依米提硕士论文《回鹘文契约文书量词研究》（中央民族大学，2016 年）、张铁山与崔焱《回鹘文契约文书参与者称谓考释——兼与敦煌吐鲁番汉文文书比较》（《西域研究》，2017 年第 2 期），另有韩树伟《吐鲁番、敦煌出土回鹘文契约文书研究述要》（《西北民族论丛》，2019 年第 1 期）对国内外研究概况进行了综述。2017 年国家社会科学基金重大项目——丝绸之路出土各族契约文献整理及其与汉文契约的比较研究，其中一项子课题为回鹘文卷，由中央民族大学张铁山教授负责，项目主持人乜小红教授曾发表《试论回鹘文契约的前后期之分》（《西域研究》，2016 年第 3 期）一文。

随着前辈耿世民、李经纬先生的先后离世及数位老学者的退休，目前学界能够释读回鹘文原文的人凤毛麟角。张铁山教授先后发表了十数篇论文，包括《吐鲁番

---

① 崔焱：中央民族大学硕士论文，2017 年。

柏孜克里克出土回鹘文〈妙法莲花经〉残叶研究》①《吐鲁番柏孜克里克出土回鹘文刻本〈佛说天地八阳神咒经〉残页研究》②《吐鲁番柏孜克里克出土两叶回鹘文〈慈悲道场忏法〉残叶研究》③《吐鲁番柏孜克里克出土四件回鹘文〈因萨底经〉残叶研究》④《两页回鹘文〈华严经·光明觉品〉写本残卷研究》⑤《交河故城出土回鹘文〈高昌王及王后颂词〉研究》⑥《汉—回鹘文合璧〈六十甲子纳音〉残片考释》⑦《敦煌研究院藏回鹘文〈圆觉经〉注释本残片研究》⑧《云南大理发现回鹘文墓碑考释》⑨《敦煌莫高窟北区 B77 窟出土木骨上的回鹘文题记研究》⑩《敦煌研究院旧藏三叶回鹘文〈增壹阿含经〉残片研究》⑪ 等，它们基本上采用传统的"原文、转写、汉译、注释"体例，对新发现的回鹘文材料进行文献解读，从中可见深厚的学术功力。阿不都热西提·亚库甫的《中国国家图书馆藏回鹘文星占书残片研究》(《民族语文》，2018 年第 2 期)、阿依达尔·米尔卡马力的《国家图书馆藏三件回鹘文〈阿含经〉残叶研究》(《西域研究》，2020 年第 4 期)、吐送江·依明的《吐峪沟石窟佛教遗址新发现回鹘文题记释读》(《敦煌研究》，2020 年第 5 期) 等论文亦属此列。这些研究为回鹘文文献补充了新材料，注入了鲜活的生命力，使这种少数民族文字及文献研究能够持续发展。

发现新材料固然重要，一门学问的发扬、壮大则需要不同学科背景的人予以关注。根据回鹘文文献进行历史研究的论文有李树辉的《T.Ⅱ.D.205b 回鹘文写本撰写时间及相关史事研究》(《青海民族研究》，2017 年第 1 期)；白玉冬的《有关高昌回鹘的一篇回鹘文文献——xj 222-0661.9 文书的历史学考释》(《中国边疆史地研究》，2014 年第 3 期)、《丝路景教与汪古渊流——从呼和浩特白塔回鹘文题记 Text Q 谈起》(《中山大学学报（社会科学版）》，2018 年第 2 期)、《12—13 世纪粟特-回鹘商人与草原游牧民的互动》(《民族研究》，2020 年第 3 期)；付马的《两种回鹘语〈阿离念弥本生经〉写本比较研究——兼论西州回鹘早期的译经活动》(《西域研究》，2018 年第 3 期)、《12—14 世纪回鹘人名中的家族标识成分及其产生原因》(《民族研究》，2019 年第 5 期) 等。

综合研究回鹘文佛教文献的论文包括张铁山与 Peter Zieme 的《回鹘文"六十二界"译名考》(《民族语文》，2014 年第 6 期)、张代川的硕士论文《回鹘文〈十方

---

① 《首届中国少数民族古籍文献国际学术研讨会论文集》，2010 年。
② 《敦煌学辑刊》，2011 年第 2 期。
③ 《民族语文》，2011 年第 4 期。
④ 《敦煌研究》，2012 年第 2 期。
⑤ 《民族语文》，2012 年第 4 期。
⑥ 《吐鲁番学研究》，2013 年第 2 期。
⑦ 《敦煌学辑刊》，2014 年第 4 期。
⑧ 《敦煌研究》，2015 年第 2 期。
⑨ 《民族语文》，2017 年第 3 期。
⑩ 《敦煌学辑刊》，2018 年第 2 期。
⑪ 《民族语文》，2020 年第 1 期。

平安经〉研究》(中央民族大学,2015 年)、王红梅的《回鹘文藏密经典〈观世音本尊修法〉残卷研究》(《河西学院学报》,2016 年第 1 期)、杨富学与张田芳的《敦煌本回鹘文〈说心性经〉为禅学原著说》(《西南民族大学学报(人文社科版)》,2018 年第 1 期)、张田芳的博士论文《敦煌本回鹘文〈说心性经〉探原》(兰州大学,2018 年)、张巧云的《回鹘文汉译佛典中语气词的翻译及其特征和功能》(《中央民族大学学报(哲学社会科学版)》,2018 年第 2 期)、吐送江·依明的《回鹘佛教文献源流与术语考述》(《西夏研究》,2019 年第 6 期)等。

对回鹘文文献进行文字、语言学分析的论文有彭金章的《有关回鹘文木活字的几个问题》(《敦煌研究》2014 年第 3 期)、阿曼·阿宝的《回鹘文文献〈金光明经〉与现代哈萨克语词汇比较》(《中国民族博览》,2017 年第 7 期)、吐送江·依明的《〈福乐智慧〉回鹘文维也纳抄本的文字特点浅析》(《敦煌学辑刊》,2018 年第 1 期)、米热古丽·黑力力的《回鹘语词缀"+AGU"的历史演变》(《民族语文》,2019 年第 5 期)、木再帕尔的《粟特语对回鹘语语法的影响》(《民族语文》,2020 年第 2 期)。据此做文学分析的文章包括张巧云的《回鹘诗歌对回鹘文佛经偈颂的诗化影响》(《民族文学研究》,2016 年第 3 期)、Peter Zieme 与王平先的《解读敦煌文献 B464:67 之回鹘文诗歌》(《敦煌研究》,2017 年第 1 期)、王红梅的《宋元之际回鹘崇佛文学述论》(《河西学院学报》,2019 年第 1 期)。

综上所述,回鹘文文献的研究成果以期刊论文最为丰厚。三大经典著作《金光明经》《玄奘传》《弥勒会见记》及回鹘文契约文书依然吸引了诸多学者的目光,在传统文献语言学的研究之外,投诸其他视角。回鹘文新材料时有刊布,以佛教文献的残叶为主。在文献学研究的基础上,学者们对回鹘文文献进行了历史、宗教、语言、文字、文学等各个面向的研究,不一而足。此外,尚有许多未待逐一提及的论文佳作,它们共同使回鹘学从中获取养分进而根深叶茂。

(三)译作及其他

在回鹘文文献方面,国外有优良的学术传统和研究历史,培养了一批高水平的研究者,因此,翻译国外学术成果对这门学问的发展大有裨益。近十年来,杨富学教授编纂的两部译文集是较为系统的译作,分别是 2012 年由甘肃民族出版社出版的《回鹘学译文集》和 2015 年由甘肃教育出版社出版的《回鹘学译文集新编》,它们收录了德、日、英、法诸国知名学者发表的回鹘研究的重要著作,均获作者授权,已在不同学术刊物和文集中发表,原文既有德语,也有英语、俄语、日语等,它们的发表时间较早,但其经典的研究方法和论断可为国内回鹘学研究提供参考。此外,在期刊上也零星可见一些译文,如《吐鲁番学研究》2019 年第 1 期有《敦煌石窟中回鹘文题记刻记(二)》,该文系大阪大学松井太教授的论文,由敦煌研究院刘宏梅翻译;《敦煌研究》2018 年第 2 期有《榆林窟第 16 窟叙利亚字回鹘文景教徒题记》一文(松井太作,王平先译)。

值得一提的是，在近两次学术会议中涌现的回鹘文研讨小组，主要由中央民族大学张铁山教授指导的研究生组成，如在 2019 年第九届中国少数民族古籍文献国际学术研讨会上的发言有：米热古丽·黑力力《两篇东洋文库本〈高昌馆来文〉研究》、张巧云《维吾尔佛教文学研究中几个基本问题的探讨》、李刚《吐鲁番伯西哈石窟残存回鹘文题记小考》、赵洁洁《回鹘文借贷文书中的 bar yoq 与汉文同类文书中的"东西"考》、海霞《丝路医药文化交流研究——以新疆出土医药文献为例》。在 2020 年中国民族古文字研究会成立 40 周年学术研讨会上的发言有：张铁山《回鹘文契约研究中存在的问题及其解决方法》、赵洁洁《敦煌石窟中回鹘文题记研究现状及方向》、朱国祥《回鹘文献中的波斯语借词对音研究》、马婧贤《〈高昌馆来文〉西域贡马研究》。

以上主要从著作、论文、译作三方面对十年间回鹘文文献研究状况做出概述，其中难免缺漏，但也较为细致地归纳了国内回鹘学研究的主要情况，列明了研究成果的出版时间及来源，便于检索信息、掌握概况。《中国史研究动态》2019 年第 4 期发表了杨富学教授的《回鹘研究 70 年的成就与展望》，高屋建瓴地评断了这门学问的历史成就与发展现状，与此互为参照。回鹘文文献研究的前程，有望我辈学人携手与共。

三、察合台文古籍

察合台文是突厥语诸民族使用的以阿拉伯字母为基础的音素型拼音文字，公元 14—公元 20 世纪通行于新疆和中亚以及印度北部地区。察合台文古籍文献是我国重要的少数民族文献资源。对 2020 年至 2020 年的察合台文古籍研究情况进行梳理，可以弥补察合台文文献研究动态的缺失，为进一步探究察合台文文献提供了珍贵的信息。基于此，笔者在扼要梳理国内学界在察合台文文献研究的整理基础上，重点对我国学界在察合台文文献研究方面的成果作概括介绍，其中最具代表性的专著、论文成果如下：

（一）出版了察合台文古籍文献著作

2010 年以来，察合台文古籍文献研究成果中张世才主编的《维吾尔族契约文书译注》（2015），是一本汇编类著作，共两册，共收契约文书 391 件，其中卖地契约共 142 件，占 35%，诉讼类契约文书共 62 件，占 16%，各种纠纷类契约文书 49 件，占 13%，证明类契约文书 35 件，占 9%，分配类契约文书 24 件，占 6%，瓦哈甫 22 件，占 6%，其他类契约文书占 15%。该书包括文书黑白阴影版契约（都是缩小到 16 开纸的一部分，因此无法知道原文张纸的尺寸、用纸的材料等信息、而作者也没提供相关信息）、维文翻译、维文翻译的转写（用国际音标）、维文内容的汉译、注释等五个部分。该书提供契约原文的图片为我们提供了大量的近代南疆各类契约文书资料，是一种珍贵的第一手资料。

新疆大学出版社 2016 年出版的《五体清文鉴》，对察合台文词条的原文进行了逐一对照的转写，这为《卸制五体清文鉴》的研究提供了更加完善的资料。

阿布都鲁甫·甫拉提的《查哈台维吾尔语研究导论》（2017）是一部专业性极强的专门研究察哈台维吾尔语的论著，作者阿布都鲁甫·甫拉提在论著中从专业的角度对"察哈台维吾尔语"的定义进行了新的阐述，以文献资料为基础，从语音学、形态学、句法学各方面对"察哈台维吾尔语"与古代维吾尔语、现代维吾尔语进行了比较。资料运用翔实，论点明确，具有很高的学术价值。

（二）发表了大量的察合台文古籍论文

论文成果涉及察合台文古籍的整理、修复、编目、刊布，包括语言、文学和评论性文章，基本阐明了察合台文古籍文献的综合研究情况。

1. 古籍整理修复的研究论文

陈玉珍、王丽梅、杨琪、徐东良、赵阳、李媛、玛尔亚木·依布拉音木等发表于《吐鲁番学研究》的《吐鲁番新区征集的察合台文文书清洗修复报告》（2014.1）中按文书实际情况，将其分为印刷体文书、手写体文书、卷轴样文书三类分别进行清洗修复，最后装盒归档，以便查阅研究。高彩云、阿布都米吉提·阿布都拉、喜梦馨宣读"第十四次全国民族地区图书馆学术研讨会"的《察合台文古籍的整理与刊布研究》（2016.10月），张淑平发表于《新疆教育学院学报》的《谈新疆察合台文古籍的修复》（2017.1），刘佳、高彩云发表于《河北科技图苑》的《新疆地区察合台文古籍保护与整理研究》（2017.5），高彩云发表于《图书馆理论与实践》的《北京地区察合台文纳瓦依古籍文献整理研究》（2018.1）等论文中基于实地调研、数据整理和数据分析对察合台文古籍文献整体馆藏、整理保护情况以及数字化现状作出系统的梳理，分析了各机构馆在察合台文古籍保护整理以及数字化过程中遇到的诸多问题，并针对现存的问题提出相应的对策建议，为研究整理察合台文文献提供一些借鉴和依据。

2. 古籍数据的研究论文

随着大数据项目的日益兴旺，关于察合台文古籍的数字化研究也获得了一定的研究成果，发表的专题性论文中赵剑锋发表于《黑龙江史志》的《察合台文文献的编目和数字化探讨》（2013.19）以新疆大学图书馆察合台文文献的编目和数字化实践为例，阐述本馆此类文献在编目和全文数据库建设等方面的实践经验。申毅宣读"第十四次全国民族地区图书馆学术研讨会"的《关于北京地区察合台文珍善本古籍数据库系统的建设构想》（2016.10月）中阐述了建设该数据库系统的具体构想，包括总体构架、主要模块以及系统参数等方面。高彩云、木巴来克·司康旦尔发表于《民族翻译》的《察合台文古籍编目信息翻译问题研究》（2017.3）中介绍新疆地区维吾尔、哈萨克、柯尔克孜、塔塔尔和乌孜别克等 5 个民族语言文字的前身——察合台文及其特点，察合台文汉译的重要性，编目信息当中书名、著者、版本信息汉译存在的问题，提出了相应的汉译原则。

3. 古籍抄本研究论文

相较来说，察合台文古籍抄本研究成就比较多，其中吾斯曼江·亚库甫、图尔贡阿依·阿卜来提发表于《中国边疆史地研究》的《察合台文历史著作"幸福天堂"》（2011.2）在前人的研究基础上，对《幸福天堂》的结构与体裁、作者生平、史料来源、史料价值以及书中所出现一些文献做一简要的论述。吾斯曼江·亚库甫发表于《西北民族研究》的《隆德大学所藏察合台文手抄本"伊米德史续编"研究》（2014.3），将手抄本"伊米德史续编"与我国所藏《伊米德史》进行比勘，认为隆德大学图书馆所藏"伊米德史"冠名为"伊米德史续编"较妥当。吾斯曼江·亚库甫发表于《民族研究》的《隆德大学所藏察合台文手抄本"萨希甫传"研究》（2016.6）中对其版本、作者、内容、史料价值、写作特点进行了论述。阿地力·艾尼发表于《中国边疆学》的《19世纪维吾尔历史文献"奇闻异事"初探》（2017.1）中对该书的三部分内容做了初步的介绍，并认为该书是一部具有一定学术价值的著作，值得做更深一步的研究。库尔班江·卡得、李明哲发表于《中国民族博览》的《纳瓦依作品"精益宝库"在19世纪新疆地区抄写的几本手稿研究》（2017.8）中作者通过手抄本的比较，整理出比较可信的、具有学术价值的校勘本，然后在此校勘本的基础上转写了以拉丁字母为基础的转写本和现代维吾尔文的标音。尼扎吉·喀迪尔发表于《西北民族论丛》的《隆德大学所藏"胜利之书"手抄本研究》（2018.2）中介绍这部手抄本由序言，正文和后记部分组成，属于结构比较完整的手抄本。手抄本中记述了帖木儿的生平事迹及与其相关的历史人物和事件，属第一手史料，具有较高的参考价值和史料价值。何星亮发表于《宗教信仰与民族文化》的《清代勘分中俄科塔边界大臣的第一件察合台文文书研究》（2018.2）中主要围绕作者发现的清代钦命勘分中俄科塔边界大臣于光绪九年（1883）七月初六日给哈萨克部落头目所写的文书作较全面、深入的研究。

4. 语言研究论文

阿布里米提·艾海提发表于《新疆大学学报》的《有关"察合台语详解词典"中有些词的拼写》（2010.2）主要探讨《察合台语详解词典》价值和地位的同时，在资料的基础上分几点加以讨论该词典中将近500词条的正字正音方面的个别问题并提出修改意见。古丽娜尔·依布拉音发表于《新疆大学学报》的《关于察合台维吾尔语动词构词特点》（2012.1）比较系统地分析了察合台维吾尔语的特征的同时对察合台维吾尔语的动词的分类，动词的谓语形式，动词的静词形式，动词谓语的"时"，动词谓语的"式"的构词特征举例说明。阿衣先木·依力发表于《和田师范专科学校学报》的《浅谈"和卓传"名词的领属性人称范畴特点》（2013.2）对18世纪察哈台维吾尔文代表性文献《和卓传》中出现的名词的领属性人称范畴进行语法分析来展现与其同时代的察哈台维吾尔文相关文献中名词的领属性人称范畴的特征。阿衣先木·依力发表于《喀什师范学院学报》的《浅谈"和卓传"中名词类词语的格形式及其用法》(2013.2)对18世纪察哈台维吾尔文文献《和卓传》中的名词类词语的格范畴进行语法分析,并总结出它们的语法特点。吐尔逊·库尔班发表于《哈尔滨工业大学学报(社会科学版)》的《"鸟语"创作传统和纳瓦依"鸟语"研究》(2013.3)中探讨维吾尔文学大师纳瓦依在寓言哲理长诗《鸟语》中吸收前辈学者的优点,完善了作品的结构、内容以及表达形式等内容。潘艳兰发表于《喀什师范学院学报》的《近代察合台语与现代维吾尔语数词的对比分析》(2013.4)中从历时的角度比较近代察合台语和现代维吾尔语的数词。斯马依江·艾买尔发表于《作文教学研究》的《察合台维吾尔语电子词典研究》(2016.5)中探讨通过制作"古典文学研究词典软件"初步形成维吾尔古典文学文献搜索引擎,为古典文学研究者提供良好的基础软件,还可以及时更新信息并扩展到今后维吾尔文学作品软件体系。热合米图拉·吐达吉发表于《短篇小说(原创版)》的《"阿布都拉书"的语音研究》(2018.2)中通过从19世纪末到20世纪30年代间完成的《阿布都拉书》进行研究,揭示了察合台维吾尔语和现代维吾尔语转换的过渡时期的语言特点。米热占丽·黑力力发表于《满语研究》的《后期察哈台文文献中满语借词初探》(2019.2)中通过对察哈台文文献中亦出现的大量满语借词进行研究,总结满族和维吾尔族在历史上语言文化相互接触的直接结果。

5. 研究综述论文

阿布都鲁甫·甫拉提发表于《首届中国少数民族古籍文献国际学术研讨会论文集、中国民族古文字研究会会议论文集》的《文献〈伊米德史〉的研究状况及其前景》(2010.10)、叶金凤古力帕力发表于《黑龙江史志》的《国内外察合台文文献的收藏及研究现状》(2011.21)、伊力夏提·艾沙发表于《青年文学家》的《国内外"纳瓦依学"研究状况》(2012.26)、阿不都卡德尔·加拉里丁发表于《西北民族大学学报(哲学社会科学版)》的《我国纳瓦依研究综述》(2013.3)、阿依夏木·阿不都拉发表于《短篇小说(原创版)》的《国内察合台语研究说略》(2016.2)、艾散江·巴吾敦发表于《哈尔滨学院学报》的《察哈台语〈巴布尔诗集〉研究综述》(2020.5)等论文中对国内外察合台文文献的收藏及研究现状做一些探讨。

6. 文学研究论文

艾比不拉·阿不都萨拉木发表于《新疆社会科学研究》的《审视艾里希尔·纳瓦依研究》(2011.4)、热依汗·卡德尔发表于《民族文学研究》的《〈艾里希尔·纳瓦依研究文集〉评述》(2012.4)、扎米尔·赛都拉发表于《西北民族大学学报》的《论尼扎米丁·艾里希尔·纳瓦依用波斯语创作的文学作品》(2013.3)、穆宏燕发表于《民族文学研究》的《纳瓦依:察合台语诗歌话语体系的奠定者》(2014.5)、平尔哈巴·平平揭沙地克发表于《城市地理》的《论察合台时期维吾尔古典文学》(2016.4)、热依汗·卡德尔发表于《民族文学研究》的《论艾里希尔·纳瓦依的人文精神》(2018.5),都针对察合台文古籍巨人纳瓦依和他的作品进行了文学方面的研究。

7. 评论性论文

古力阿伊木·亚克甫吾布力咯斯木、买买提发表于《黑龙江史志》的《试谈察合台文契约文书中的印章》(2014.5)、陈世明发表于《新疆大学学报（哲学·人文社会科学版）》的《察合台文契约文书所反映的维汉和谐关系》(2017.4)、古力阿伊木·亚克甫发表于《中国民族博览》的《清代丝绸之路文献察合台文买卖契约文书的历史价值》(2018.1)、丁君涛发表于《黑河学院学报》的《从察合台文契约看清末南疆土地买卖》(2020.2)等论文中通过察合台文契约文献评论当时的维吾尔社会的演变过程。

第六节 满 族

自 2010 年至今的十年间，满文古籍文献的整理和研究有新的发展和突破，以各种形式影印刊布的书籍和档案文献进一步增多，涌现了不少综合性、专题性研究成果，国内外学术交流也得到了加强，呈现出蓬勃生机。以下分四个方面进行梳理。

一、研究机构、学术会议与人才培养

2016 年 5 月 18 日，《中国少数民族古籍总目提要·满族卷》专家座谈会在北京召开，就此书的牵头省辽宁省提交的书稿进行了审议。《满族卷》书稿分为文书、图书、铭刻、讲唱四个分卷，总计近三百余万字，会议最后同意书稿进入编辑出版程序。

自 2010 年首届中国少数民族古籍文献国际学术研讨会在中央民族大学成功举办之后，十年来又连续举办了八届，分别是 2012 年 7 月 12—14 日，中央民族大学联合中国民族古文字研究会、西南民族大学在成都召开了第二届研讨会；2013 年 10 月 15—19 日，联合中国民族古文字研究会与土耳其语言协会、土耳其伊斯坦布尔大学在土耳其伊斯坦布尔联合举办了第三届研讨会；2014 年 8 月 11—13 日，联合蒙古国"蒙古研究国际联合会"举办的"碑铭研究国际会议"在乌兰巴托召开；2015 年 9 月 11—14 日，联合中国民族古文字研究会和北方民族大学在银川举办了第五届学术研讨会；2016 年 10 月 2—6 日，联合中国民族古文字研究会、圣彼得堡大学和俄罗斯科学院东方文献研究所在圣彼得堡召开了"第六届东方古文献国际学术研讨会"；2017 年 9 月 22—24 日，联合中国民族古文字研究会和西昌学院，在四川凉山州西昌市举办了第七届研讨会；2018 年 10 月 13—15 日，联合中国民族古文字研究会、中国敦煌吐鲁番学会少数民族语言文字专业委员会、敦煌研究院敦煌文献研究所和科研管理处共同举办了"'丝绸之路'民族古文字文献与文化学术研讨会"，是为第八届会议；2019 年 10 月 27—29 日，中央民族大学联合中国民族古文字研究

会、云南民族大学召开了第九届学术研讨会。另外，与中国民族古文字研究会联合举办了中国民族古文字研究会第九次（2012年12月1—2日）、第十次（2016年7月13—15日）、第十一次（2020年11月13—15日）"学术讨论会暨会员代表大会"。以上会议累计有中国大陆、中国台湾、俄罗斯、法国、美国、日本、土耳其、蒙古国、英国、匈牙利、德国等十余个国家和地区的学者就中国二十余种古文字及其形成的文献进行了深入研讨和交流，每次会议中都有二十余位学者就满文古籍文献的解读和研究现状做小组专题讨论，为推进学术研究、挖掘古文字文献中蕴含的文化内涵、提升中华民族文化自信发挥了一定作用。

2012年5月12日，中国人民大学清史研究所召开座谈会，宣布成立满文文献研究中心，乌云毕力格教授担任中心主任，该中心是集满文文献收藏、满文教学、科研运用为一体的特色学术机构，有自己的特色网站，经数年的努力，成为国内外清代满文文献研究信息交流的重要平台。2013年7月13日—14日，由该中心主办的"首届国际满文文献学术研讨会"在京举行，五十余名中外学者围绕国际满文文献收藏与研究史、满文文献挖掘整理和出版合作计划、满文文献与清史研究以及满文文献与边疆史、民族史、宗教史研究等主题展开热烈探讨，集中展示了相关领域的最新成果。学者们运用满文题本、奏折、书籍、经文、地图等多种史料加以解读，其中许多文献为首次公布和使用，纠正或弥补了不少传统典籍中的讹误、缺漏，体现了满文档案在清史研究中的重大价值，同时显示出满文资料数量可观、可供开掘利用的广阔前景。此后，该中心于2014年11月6日在中国人民大学举办了"人物·族群·制度——多元视角下的满文文献"学术研讨会，2016年8月19—20日在人大校内举办了"帝国与族群：第二届清朝与内亚工作坊"，2017年8月3—4日在无锡冯其庸学术馆召开了"内亚与华南的交汇：明清中央档案与地方文书工作坊"、8月25—28日举办了"国学与丝绸之路历史文化研究国际学术讨论会"、2017年10月6至7日与哥伦比亚大学东亚学系以及孔子学院联合主办，魏德海东亚研究所与《哥伦比亚亚洲法研究学刊》协办，于美国纽约联合召开"超越帝国与边疆：第三届清朝与内亚国际研讨会"，此系列会议旨在推动清代内省与边疆以及中国周边国家之间的相关研究，全面审视清代中原与内亚的历史交流，参会学者均在利用多语种史料的基础上，多元而客观地研究各族群在清代中国的历史活动与发展，有助于更加全面地推动清史研究的发展与学科建设。

北京市社会科学院满学研究所也是在国内外具有影响力的利用满文文献开展历史、语言、文化研究的科研重镇，该所每年举办一次学术研讨会，出版专辑《满学论丛》，为满文文献学科建设搭建了重要的交流平台。2011年11月25日至27日，北京市社会科学院满学研究所与北京大学明清研究中心联合在京举办"辛亥革命百年纪念暨晚清社会变革"学术研讨会。2014年4月25日至28日，在京举办了"社会转型视角下的明清鼎革"学术研讨会。2015年6月26日至28日，在京召开了"满洲民族共同体及其文化"学术研讨会。2016年6月17日至19日，"清朝建立与中国社会"学术研讨会在京召开。2018年6月22日至24日召开的会议以"满洲民族文化与历史文献记忆"为主题。该所举办的会议围绕清代历史问题展开，涉及民族学、历史学、文学、语言学等多个学科，每次会议都公布满文档案文献整理、编译、出版的最新成果及其发展趋势，并就满语文教学、研究之现状及方法进行广泛而深入的研讨。2020年10月25日，该所举办了"满学学科建设与研究动态"学术座谈会。参加座谈会的有来自中国历史研究院、中国第一历史档案馆、中央民族大学、北京市社会科学院的专家和领导。与会学者普遍认为满学研究要立足基础研究，要重视满蒙文等少数民族语言文字的工具性价值，关注满族对于中华民族共同体形成的作用，强调学术研究必须重视考据等历史学研究的基本功。

2013年，吉林师范大学设满族语言文化专业博士点，将满学研究作为学科建设重点方向，延聘海内外知名学者担任专职和兼职教授，在推进满文教学、培养精英人才、开展专题研究等方面成效显著。[①] 2015年9月11—12日，该校满族文化研究所举办了"国际满学青年学者论坛"。2017年6月28日至30日与中国人民大学《清史研究》编辑部共同主办了"首届国际满学学术研讨会"，会议期间于6月29日宣布成立吉林师范大学满学研究院。2018年6月26日至27日，由吉林师范大学满学研究院、《吉林师范大学学报》编辑部举办的"清代文献（档案、家谱）整理与研究"研讨会。2019年9月6—7日，召开了第二次国际满学学术研讨会。此系列会议呈现的特色也是大量运用满文文献进行多元化的研究，反映了满学研究的趋势和走向。由《松辽学刊》发展而来的《吉林师范大学学报》一跃成为满语文文献、清史、满学研究领域不可忽视的刊物。

东北师范大学历史文化学院于2018年3月17—18日联合日本九州大学人文科学研究院举办了"首届满族·锡伯族语言历史文化国际研讨会"。本此会议有三十余名国内外知名专家学者，围绕满语文档案与清史、锡伯语与满语研究等话题展开了卓有成效的学术探讨，讨论内容充分反映了近年来满学这一学科的最新研究成果和学术观点，为促进这一学科的发展起到了重要的推动作用。

由黑龙江大学和大连民族大学发起的"中国满学高峰论坛"分别于2016年6月25日、2018年9月14—16日举办了第三届和第四届学术会议。该论坛亦旨在促进满学研究的合作发展，加强学术成果交流，推动学科建设发展。

此外，上述高校、科研机构还单独或接续学术会议举办了若干次研习营，如2011年7月中国社会科学院历史研究所在北京举行了'满学与清史研究'研习营，海峡两岸青年学者共同探讨了满学和清史的相关课题，包括红学、新清史、清代契约文书、满文文献翻译、明代辽东的女真人、满文的转写法、满族史中的口述与田野、满学研究中的朝鲜史料、清朝的多元统治、庄头户口册及田野调查、老满文研究、满文档案的编译出版等诸多问题并展开了积极的讨论，涉及清代政治、经济、

---

① 刘小萌、王金茹主编：《满学研究论集》（一），中国社会科学出版社，2018年，第1页。

民族、宗教、语言、文字、文学、文献等重要领域。① 有关人才培养和文献收藏利用机构的专家，如吴元丰、吴雪娟、徐莉等分别发表《故宫博物院满文教学概述》(《满语研究》，2014 年第 2 期)、《满语文教学思索——以黑龙江大学为例》(《满语研究》，2010 年第 2 期)、《满文档案业务人员学科知识需求分析及对策——以中国第一历史档案馆满文处为例》(《2019 年全国青年档案学术论坛论文集》) 等专文对满文文献人才培养的历程、满语文教学以及业务人员所具备的素质进行了回顾和反思。

（二）古籍整理成果

1. 整理出版的档案与古籍

（1）汉译档案文献

2015 年，中国第一历史档案馆、中国海外汉学研究中心合编、安双成译《清初西洋传教士满文档案译本》，共 1 册，由大象出版社出版，收录 73 份清顺治、康熙两朝与来华传教士在华生活相关的档案，系首次翻译，为研究清初来华传教士提供了第一手资料。祁美琴、强光美编《满文〈满洲实录〉译编》（1 册，中国人民大学出版社）。

2016 年，赵令志、郭美兰等编译出版《雍和宫满文档案译编》（上、下册，北京出版社），此书是对 2001 年中国第一历史档案馆与雍和宫管理处合编出版的《清代雍和宫档案史料》的全文翻译，获 2016 年度国家"优秀古籍图书奖"一等奖。

（2）原件影印加汉译出版的档案文献

2010 年，中国第一历史档案馆编译《内阁藏本满文老档》（全 20 册，辽宁民族出版社）；中国第一历史档案馆、右玉县人大常委会教科文卫工作委员会合编《清宫珍藏杀虎口右卫右玉县御批奏折汇编》（3 册，中华书局）；中国第一历史档案馆编《乾隆朝满文寄信档译编》（24 册，岳麓书社）；内蒙古莫力达瓦达斡尔协会、黑龙江省档案馆合编《达斡尔资料集：档案专辑》（上、下册，民族出版社）。中国第一历史档案馆编、郭美兰译《清代军机处满文熬茶档》（2 册，上海古籍出版社）。熬茶是藏传佛教的一种佛事活动，满文熬茶档系抄录办理准噶尔蒙古赴藏熬茶事宜过程中形成的各种来往文书而成的簿册，此书收录档案不仅反映了清朝统治者对熬茶事宜的操纵和掌控，也反映了蒙藏民族彼此的认识和关系，对研究清代民族史、档案史有重要参考价值。

2013 年，吴元丰、叶尔达、巴·巴图巴雅尔编译出版《清代东归和布克赛尔土尔扈特满文档案全译》（1 册，新疆人民出版社）。

2017 年，中国第一历史档案馆满文部、黑龙江省档案馆合编《黑龙江将军衙门

---

① 陈文俊：《"2011 年'满学与清史研究'研习营"会议综述》，《时代教育（教育教学）》，2012 年第 1 期。

档案》(上、下册，黑龙江人民出版社)。

2018年，中国第一历史档案馆、莫力达瓦达斡尔族自治旗达斡尔学会、莫力达瓦达斡尔族自治旗达斡尔民族博物馆合编《清代达斡尔族档案辑录·清宫珍藏达斡尔族满汉文档案汇编》(上、中、下册，辽宁民族出版社)。本书收录的中国第一历史档案馆和莫力达瓦达斡尔族自治旗达斡尔民族博物馆中的部分档案属首次公布。同年，西藏自治区档案馆编辑出版了《西藏自治区档案馆馆藏蒙满文档案精选》(12册，四川民族出版社)，收录档案共1394件，起止时间自1324年至1928年，时间跨度长达604年，档案原件包括八思巴文、满文、蒙古文、藏文、汉文、托忒文等六种文字。

2020年，《清代新疆满文档案汉译汇编》(10册)由广西师范大学出版社出版，此书是在《清代新疆满文档案汇编》一书的基础上翻译整理而成。

(3) 用蒙古文及蒙汉文翻译出版的档案文献

2013年，额尔木图编译《蒙译清朝前期理藩院满文题本：顺治、康熙》(1册，内蒙古人民出版社)。

2017年，《陈巴尔虎部落满文历史档案》编委会编《陈巴尔虎部落满文历史档案》(3册，远方出版社)，收录档案选自内蒙古自治区档案馆馆藏呼伦贝尔副都统衙门全宗满文档案，译成蒙古文、汉文出版。起止时间为1919至1928年。

2018年，阿古拉将保存于内蒙古档案馆的呼伦贝尔副都统衙门全宗档案（共2270件）中有关清代呼伦贝尔边务方面的档案用蒙古文进行了整理翻译，书名为《清末、民国时期中、俄、蒙边境边防满文档案》，由海拉尔内蒙古文化出版社出版。

2019年末，由新巴尔虎右旗政协文史委员会策划、内蒙古自治区档案馆承担完成了其馆藏数千件清代新巴尔虎右翼旗满文档案的整理和翻译，出版了六卷本的《新巴尔虎右旗满文档案》。全书在影印满文档案原件的基础上，译成了蒙、汉两种文字。

2020年8月，内蒙古人民出版社出版了由额尔木图翻译的《蒙译满文原档》，该书将四十册《满文老档》全文译成了蒙古文。

(4) 原件影印出版的档案文献

2010年，中国第一历史档案馆、中国人民大学国学院西域历史语言研究所合编《清朝前期理藩院满蒙文题本》(24册，由内蒙古人民出版社)；大连图书馆编《大连图书馆藏清代内务府档案》(22册，国家图书馆出版社)，所收录档案分为满文、满汉合璧两种，按内容分为职司铨选、经本、奖惩抚恤诉讼、皇庄、宫廷用度、营建、宫苑、进贡八个类别；2011年，中国第一历史档案馆、中国边疆史地研究中心合编《清代新疆满文档案汇编》(283册，广西师范大学出版社)；2013年，中国第一历史档案馆、内蒙古大学历史学系合编《清朝后期理藩院满蒙文题本》(42册，内蒙古科学技术出版社)。

2015年至2018年，辽宁省档案馆与线装书局联袂整理编辑出版了329册的《黑图档》，其中包括《黑图档·康熙朝》（56册）、《黑图档·雍正朝》（30册）、《黑图档·乾隆朝》（24册）、《黑图档·咸丰朝》（17册）、《黑图档·道光朝》（52册）、《黑图档·嘉庆朝》（58册）、《黑图档·乾隆朝部行档》（46册）、《黑图档·乾隆朝部来档》（46册）。《黑图档》是辽宁省档案馆馆藏最完整的清代档案全宗之一，是清代盛京总管内务府衙门（简称盛京内务府）处理皇室事务往来公文的副本档册，共1149册，始于康熙元年（1662），止于咸丰十年（1861），已被列入中国档案文献遗产名录。

2016年，内蒙古自治区阿拉善左旗档案史志局编《清代阿拉善和硕特满文档案选编》（10册，国家图书馆出版社），收录阿拉善左旗档案史志局所藏清代阿拉善和硕特旗满文及满汉合璧档案八百余件。

2018年，吉林师范大学满学研究院吴忠良编《清代伯都讷满汉文档案选辑》（上、下册，中国社会科学出版社）。此书选自吉林省扶余市档案馆所藏清代伯都讷副都统衙门及伯都讷旗务承办处满、汉文档案。同年，广西师范大学出版社出版了赵雪波、刘利利主编的《土默特左旗档案馆藏土默特历史档案》，此书所收档案起讫时间自康熙二十四年（1685）至宣统三年（1911），为归化城都统、副都统衙门及土默特两翼旗务衙门处理两旗旗务形成的档案，档案文字有汉文、蒙古文、满文，还有一部分波斯文字。

（5）编辑出版的满文文献目录及提要

2010年，黄润华编《国家图书馆藏满文文献图录》由国家图书馆出版社出版。

2015年，北京市民族古籍整理出版规划小组办公室满文编辑部编辑出版《北京地区满文碑刻拓片总目》（辽宁民族出版社）。

2017年，黄建明主编《中央民族大学藏中国少数民族文字古籍目录》（中央民族大学出版社），对收藏于中央民族大学图书馆、中央民族大学古籍研究所、博物馆等地包括满文在内的少数民族文字古籍版本、成书年代、内容提要、藏书编号等进行了描写。

2018年，辽宁省档案馆编辑出版了《黑图档总目录》（16册，辽宁民族出版社），包括康熙朝目录3册，雍正朝目录1册，乾隆朝目录5册，嘉庆朝目录3册，道光朝目录3册，咸丰朝目录1册。

（6）古籍整理出版物

2010年，贺灵编《锡伯族民间传录清代满文古典译著辑存》（上、下册，新疆人民出版社）。

2011年，赵令志、关康合译出版《〈闲窗寻梦〉译编》（中央民族大学出版社，2011年版）。这是继康熙年间曾寿的满文日记《随军纪行》译注出版后又一部日记体的满文文献整理翻译成果。

2014年，春花主编，故宫出版社出版《故宫博物院藏品大系》（满文古籍），此书系目录学成果，内容包括满文古籍概述、凡例、图版目录、图版、图版索引。

2016年，中国第一历史档案馆、中国人民大学国学院合编《清太祖满文实录大全》（10册，辽宁民族出版社）。

2017年，黄建明、张铁山主编，福建人民出版社出版《中国少数民族文字珍稀典籍汇编》，其中第27、28册收录4种满文古籍，分别是《满汉皇舆山河地名考》《职方志》《天文图说》和《璧勤襄公列传》。该丛书获2017年度全国"优秀古籍图书奖"一等奖。国家图书馆古籍馆全桂花、朱志美、萨仁高娃主编的《国家图书馆藏满汉文合璧古籍珍本丛书》（1册，学苑出版社）也于是年出版。

2018年，吴元丰整理、北京市民族古籍整理出版规划小组办公室满文编辑部编辑出版《御制盛京赋》（10册，民族出版社）。同年，故宫博物院编辑出版了《故宫博物院藏版清乾隆版满文大藏经》（全109册，故宫出版社）。

2019年，吴元丰与辽宁省图书馆合作从该馆所藏满文典籍中精选国学方面的图书，汇集成《清代满汉合璧国学丛书》，由辽宁民族出版社出版。该丛书收录了《书经》《诗经》《御制翻译四书》《翻译朱子家训》《小学》《满汉合璧三字经注解》《弟子规》和《孙子兵法》8种满文古籍，此书的整理出版尝试和探索有助于发掘中华优秀传统文化价值内涵，传承和弘扬中华优秀传统文化，增强文化自觉和文化自信，促进中华文化的繁荣发展。《故宫博物院藏蒙古托忒汇集》（故宫出版社，2019年）是一部大型的蒙古文、托忒文、满文、汉文合璧的音序词典，清富俊编著，为嘉庆二年（1797）抄本。

随着国家出版事业的发展和学界的研究利用需求，上述满文档案与古籍出版物中，单纯汉译文的编辑出版形式相对少，满文原件与汉译文合集出版的形式最受学界欢迎和赞同；受翻译力量的限制，单纯满文或满汉、满蒙文原件的编辑出版形式大幅增加。在编辑出版过程中，中国第一历史档案馆仍然发挥着不可替代的重要作用，惠及学界，利于国家，促进了优秀民族文化的传播和中华传统文化的弘扬，推动了中国文化事业的繁荣发展。

2. 数字化文献的公布与检索利用

2011年以来，中国第一历史档案馆制定方案，有序对满文档案进行数字化整理，修订著录名词术语，积极探索研发全文检索系统和满文输入法，不断推进档案的整理和永久保护工作。自2011年至2017年，一史馆满文处陆续完成了13项整理工作，包括内务府满文杂件、宫中满文朱批奏折、宁古塔副都统衙门档案、阿拉楚喀副都统衙门档案、宗人府满文档案、内阁盛京满文旧档、内阁满文杂件、宫中满文谕旨杂件及簿册、理藩部档案、军机处满文簿册及杂件、内务府满文簿册、内阁满文簿册及图书、过渡库满文档案等满文档案，共计两万余卷、67.3万余件。目前，馆藏满文档案已基本整理完毕。自2014年起，启动军机处满文上谕档、满文寄信档、满文议复档、内务府满文杂件等多项著录工作，采取规定的著录格式，在馆著录平台上直接进行著录，共计著录满文档案十三万余条。其中军机处满文上谕档著录条目四万五千余条，已与原档的扫描图像对接，并于 2017 年对外提供利用。

2018 年，该馆在完成满文朱批奏折整理到件、图像扫描的基础上，经过两年多图像识别加工，建成了十三余万件的可通过满文的拉丁字母转写进行全文检索的满文朱批奏折全文检索数据库，于 12 月 3 日在其馆内档案信息化管理平台正式上线，对公众开放利用。该数据库突破了以往检索只能依据著录题名检索档号或责任者的局限，可以检索档案全文信息，大大提高检索效率。

该馆与相关单位合作研发的"满文识别通""满文输入通"软件获得了 2018 年度国家档案局优秀科技成果特等奖，开创了少数民族文字手写体识别技术的先河，填补了满文档案信息化和数字化领域的一项科学技术和应用软件的空白，不仅为建立满文档案全文检索数据库提供了必要工具，更为满语的传承和活化开辟了途径。

与此同时，自 2017 年该馆满文处还对《满文档案著录名词与术语汉译规则》（DA/T 30—2019）进行了修订，于 2019 年 3 月 4 日正式发布。满文档案著录是满文档案基础业务工作之一，该标准通过规定满文档案著录名词与术语的汉译规则，为满文档案著录工作规范有序开展提供了科学依据。同时，对于其他满文文献、满文翻译以及满文档案信息化工作也具有重要的参考作用和利用价值。[①]

（三）研究成果

1. 综合性研究专著与论文集

2018 年，张公瑾主编《中国少数民族古籍珍品图典——民族古文字古籍整理研究 100 年通览》（全 4 册，中国社会科学出版社）出版，其中第 4 册"满文卷"系中国第一历史档案馆吴元丰研究员所著，此书系统阐述了满文档案、图书和碑刻文献的版本、编目、分类、研究与出版情况，附有大量图片和解题，并甄选六篇档案文献进行了详细释读，图文并茂，可作为相关专业的参考教材使用。

论文集有：黄建明主编《首届中国少数民族古籍文献国际学术研讨会论文集》（民族出版社，2012 年），收录有吴元丰《〈满文老档〉刍议》、高娃《多文种译本的词语诠释对版本校勘的作用：以〈蒙古源流〉蒙满汉日文本为例》、日本中见立夫《日本现存蒙文、满文古旧文献的收集历史及其特点》、栗林均《〈御制满珠蒙古汉字三合切音清文鉴〉中以汉字转写的蒙古语特征》、贺元秀《论新疆锡伯族文学古籍文献》等论文。乌云毕力格主编《满文档案与清代边疆和民族研究》（社会科学文献出版社，2013 年）、《满蒙档案与蒙古史研究》（上海古籍出版社，2014 年）、《五色四藩——多语文本中的内亚民族史地研究》（上海古籍出版社，2016 年）、《青册金鬘——蒙古部族与文化史研究》（上海古籍出版社，2017 年）、《满文文献研究论集》（第 1 辑，商务印书馆，2018 年）、《国学视野下的西域研究》（中国社会科学出版社，2019 年），此系列文集是中国人民大学满文文献研究中心和国学院

---

① 吴元丰、李刚：《〈满文档案著录名词与术语汉译规则〉的修订》，《中国档案》，2019 年第 7 期。

西域历史语言研究所召开学术会议及其内部研究人员的论文集，内容涉及清史、民族史、边疆史、中亚史、蒙古学、藏学等，结合文献学、语言学和历史学研究方法，解读了满文、蒙古文、藏文等文献。刘小萌主编《满学研究论集（一、二）》（中国社会科学出版社，2018年），收录了海内外老中青学者的87篇论文，分满族史与八旗、满族文化与萨满教、满族家族与人物、边疆与民族、满文文献与满语、锡伯语5个专题解集般。刘劲荣主编《中国民族古文字研究会第十次学术会议论文集》（云南民族出版社，2018年）收录了江桥《"清文鉴"中的"同上"标记》、祁今馨《试论顺治朝满文传记性碑刻文献起句与结句成式》、顾松洁《从满文档案看清代珲春库雅喇佐领源流》、张杰《乾隆御碑诗〈帝都篇〉与〈皇都篇〉满文文本之考》、韩旭《满汉合璧〈无量寿佛咒〉版本初探》等5篇研究文献语言和历史问题的论文。张铁山主编《中国少数民族碑铭研究》（民族出版社，2019年）收录了吴元丰《北京地区满文碑刻拓片及其编目》、刘东晖《〈北京地区满文碑刻拓片总目〉读后——以北京地区满文佛教碑为例》、江桥《满文碑铭文献举例》、顾松洁《胡理布诰封碑校注》、格格其《御制四体合璧〈实胜寺后记〉碑文研究》、刘东晖、杨政、郭崴《承德满文碑刻及其研究概况》、杨政《满汉合璧御制和硕裕宪亲王碑文研究》等7篇关于满文碑铭文献的研究论文。张公瑾主编《民族古籍研究》（第三辑）集中收录了黄润华《满文古籍编目琐谈——以满文本〈范文贞公文集〉为例》、朱志美《满文古籍版本年代界定之我见》、赵秀娟《清太祖太宗满文圣训的版本研究》、顾川洋《清代满汉文圣训刻本形成及其用途研究》、王景丽《清代盛京崇谟阁贮藏实录圣训探究》、顾松洁、刘恋《清代珲春驻防旗妇旌表与〈珲春县志·节妇表〉订补》、永志坚、彭睿阳《〈图伯特颂〉研究》等7篇论文。

2. 个人专著及论文集

十年间，涌现了大量对满文档案和古籍文献进行整理研究的专著和个人文集。

整理出版的著述有：台北故宫博物院庄吉发编、紫禁城图书社出版《雍正事典》（2010年）、《咸丰事典》（2010年），庄吉发编、文史哲出版社出版《满汉谚语选集》（2010年）、《满汉对译文选》（2013年）、《康熙满文嘉言选》（2013年）、《清语老乞大译注》（2014年）、《满汉异域录校注》（2014年）、《佛门孝经：地藏菩萨本愿经满文译本校注》（2015年）、《〈西厢记〉满文译本研究》（2016年）、《〈鸟谱〉满文图说校注》（1—6册，2017年）、《尼山萨满传》（增订本，2017年）、《文献足证：以〈大清太祖武皇帝实录〉满文本为中心的比较研究》（2018年）、《〈三国志通俗演义〉满文译本研究》（2018年）、《〈兽谱〉满文图说校注》（上、下册，2019年）、《〈满蒙汉合璧教科书〉满文选读校注》（2019年）；叶高树著《满文〈钦定满洲祭神祭天典礼〉译注》（台北：秀威资讯，2018年）；日本学者竹越孝与国内学者陈晓合作校注《清文指要》（北京大学出版社，2018年）；陆晨、刘云校注《清话问答四十条》（北京大学出版社，2018年）；宋和平著《满族石姓萨满文本译注与满语复原》（上、下册，中国社会科学出版社，2018年）；谭东广主编《清代吉林旗务史料点校》（吉林人民出版社，2018 年），此书由吉林省档案馆馆藏汉文、满文档案中选编而成；佟永功、关嘉禄编著《满汉合璧档案精选释读》（辽宁民族出版社，2018 年），安双成编《精选满文读本》（5 册，诗歌篇、史料篇、成语篇、寓言篇、古文篇，辽宁民族出版社，2019 年）。

研究专著有：2011 年，北京市社会科学院满学所副研究员晓春翻译了日本学者松村润所著《清太祖实录研究》（民族出版社）。乌兰其木格著《清代官修民族文字文献编纂研究》（辽宁民族出版社，2010 年），此书内容为有清一代官方主持的以满文为主的少数民族文字文献编纂史。赵彦昌著《满文档案研究》（世界图书出版公司，2012 年）运用中国档案学理论和方法，概述了满文档案的概况、管理、编纂、开发利用和数字化等问题。2016 年，庄吉发著《清代奏折制度》由故宫出版社再版。春花著《清代满文蒙古文匾额研究》（故宫出版社，2020 年）。本书汇总、整理、研究了清代皇家建筑匾额及皇帝御赐匾额满蒙文字，着重于探讨匾额满蒙文字的发展演变规律，多角度、全方位地对清代皇家建筑历史与现状进行了解读，深入挖掘匾额蕴含的丰厚的文化内涵，填补了清史及满蒙文古迹研究中的空白。语言学方面，王美雨著《车王府藏子弟书方言词语及满语词研究》（九州出版社，2015 年），本书对车王府藏子弟书的方言词语、满语词作了封闭性的数量统计，分析研究每类方言词语的具体特点，对满语词的构词方式及意义进行分析、描述。此外，郭长海等著有《女真语文与满语文比较研究》（黑龙江人民出版社，2018 年）。清史、满族史方面，齐光著《大清帝国时期蒙古的政治与社会》（复旦大学出版社，2013 年），黑龙著《满蒙关系史论考》（民族出版社，2013 年），乌云毕力格、那顺达来著《蒙古游牧图：日本天理图书馆所藏手绘蒙古游牧图及研究》（北京大学出版社，2014 年），达力扎布《清代蒙古史论稿》（民族出版社，2015 年），赵令志、郭美兰《准噶尔使者档之比较研究》（中央民族大学出版社，2015 年），阿拉腾奥其尔著《清朝图理琛使团与异域录研究》（广西师范大学出版社，2015 年），宋瞳《清初理藩院研究——以顺治朝理藩院满文题本为中心》（上海古籍出版社，2015 年），哈斯巴根《清初满蒙关系演变研究》（北京大学出版社，2016 年），庄声著《帝国建立的言语政策：大清国初期的言语生活与文化》（日本：京都大学学术出版会，2016 年），敖拉著《清初满蒙关系史料比较研究》（民族出版社，2018 年），黄丽君著《化家为国：清代中期内务府的官僚体制》（台北：台大出版中心，2020 年）。

个人论文集有：郭美兰著《明清档案与史地探微》（辽宁民族出版社，2012 年），季永海著《从辉煌走向濒危——季永海满学论文自选集》（辽宁民族出版社，2013 年），吴元丰著《满文档案与历史探究》（辽宁民族出版社，2015 年），刘小萌著《清史、满族史论集》（中国社会科学出版社，2020 年），庄吉发著《清史论集（二十五至二十八）》（2010—2019 年）。

教材有：庄声著《基础满文》（东北师范大学出版社，2019 年），本书是明清史专业满文史料的基础性整理研究成果，可满足读者，尤其是清史研究人员在短期内掌握满语文献语言的基础知识，达到运用满文史料的目的。

修订和新编的满文工具书成果突出，主要有美国 Jerry Norman 编 *A Comprehensive Manchu-English Dictionary* 于 2013 年由哈佛大学出版社再版，日本河内良弘编《满洲语词典》（松香堂书店，2014 年），韩国李勋编著《满韩辞典》（2017 年），安双成编《满汉大辞典（修订本）》（辽宁民族出版社，2018 年），胡增益主编《新满汉大词典（第 2 版）》（商务印书馆，2019 年）。

3. 专题研究

（1）文献学研究

文献挖掘、释读与综述方面：吴元丰《清代新疆历史满文档案概述》（《西域研究》，2010 年第 3 期）、《近百年来满文档案编译出版综述——以中国大陆为中心》（《满语研究》，2011 年第 2 期）、《北京地区满文古籍纵横谈》（《民族古籍研究》，2012 年）、《清代理藩院满蒙文题本及其研究价值》（《满语研究》，2012 年第 2 期）、《阿勒楚喀副都统衙门及其满汉文档案》（《满语研究》，2013 年第 1 期），黄金东《日本满文古籍文献及其整理研究概况》（《满族研究》，2010 年第 3 期），季永海《一件关于北京城的满文档案》（《满语研究》，2010 年），敖拉《明万历己未年满蒙盟誓文献比较研究》（《满语研究》，2010 年第 2 期），蔡名哲《〈百二老人语录·陵寝地方〉翻译与注释》（《中国边政》，2010 年总第 184 期）、《〈西洋药书〉"祛毒药油"译注》（《中国边政》，2011 年总第 187 期）、《〈百二老人语录·世宗宪皇帝上谕〉与相关满汉文史料比较研究》（《中国边政》，2011 年总第 188 期）、《满文〈西洋药书〉第二至第六药方及相关问题》（《吉林师范大学学报》，2015 年第 4 期），赵志强《中国满文研究评述（1980—2010）》（《满学论丛》第一辑，2011 年），林士铉《内阁大库档案满文本明太宗宣宗实录稿译注导论》（《淡江史学》，2011 年第 23 期），庞·塔季扬娜、郭文忠《俄罗斯科学院东方文献研究所藏满语文献中的锡伯资料》（《民族史研究》，2011 年），乌兰巴根《清初辽、金、元三史满文、蒙古文翻译研究述评》（《民族研究》，2011 年第 4 期），王立《满文历史文献探析》（《吉林师范大学学报（人文社会科学版）》，2011 年第 5 期），李梅《沈阳故宫博物院所藏古籍中的满文书籍》（《沈阳故宫博物院院刊》，2012 年），蔡宏等《吉林大学图书馆馆藏稀见满文档案述略》（《满族研究》，2012 年第 2 期），赵令志、细谷良夫《〈钦定拣放佐领则例〉及其价值》（《清史研究》，2013 年第 3 期），赵郁楠《清宫中正殿念经处满文呈稿》（《历史档案》，2013 年第 3 期），郭美兰《清代土尔扈特蒙古回归后赴藏熬茶满文档案》（《历史档案》，2013 年第 4 期），张杰等《黑河市富察哈拉满文家谱调查——江东六十四屯后人叙事缩影》（《黑龙江史志》，2013 年第 6 期），乌兰巴根《清初辽、金、元三史满文、蒙古文翻译研究述评》（《中国边疆学》，2013 年），阿拉腾奥其尔《康熙谕土尔扈特阿玉奇汗满文敕书研究》（《西部蒙古论坛》，2013 年第 2 期），[日]中见立夫《二战前日本学者对蒙古文、满文古文献的探寻：搜集史及其特点》（《西域历史语言研究集刊》，2013

年)、李勤璞《〈满蒙汉三文合璧教科书〉的翻译颁行(上、下)》(《满语研究》,2014 年第 1、2 期),刘顶新《库玛尔路鄂伦春协领公署满文档案述略》(满语研究,2014 年第 2 期),姜永英、海梅《中国民族图书馆馆藏满文古籍概述》(《内蒙古民族大学学报(社会科学版)》,2014 年第 3 期),春花《论三体及四体合璧〈大藏全咒〉的编纂和刊行》(《故宫博物院院刊》,2014 年第 5 期),林士铉《送不出亦留不住的国书——记院藏〈大清国国书〉的满文内容》(《故宫文物月刊》,2015 年第 386 期),殷悦《浅谈满文本〈钦定满洲祭神祭天典礼〉》(《满语研究》,2015 年第 2 期),徐莉《中国第一历史档案馆内阁全宗满文图书及其价值》(《满语研究》,2016 年第 2 期),李刚《御制〈平定回部勒铭伊西洱库尔淖儿之碑〉考析》(《满语研究》2016 年第 2 期),张杰《清代紫禁城景阳宫及咸福宫后殿区的满文匾额》(《满语研究》2016 年第 2 期),[俄] 庞晓梅、王敌非《俄罗斯科学院东方文献研究所收藏的满蒙文制册》(《满语研究》,2016 年第 2 期),殷悦《〈满汉合璧八旗箴〉刍议》(《黑河学刊》,2016 年第 2 期),戴伟《清代鄂伦春族满文户籍档案》(《黑龙江档案》,2016 年第 3 期),关康《域外收藏满文天主教文献三种》(《吉林师范大学学报》,2016 年第 5 期),秀云《满译本〈三国演义〉研究述评》(《赤峰学院学报》,2016 年第 12 期),李刚《清宫满汉文"朱批记载"档案研究》(《满语研究》,2017 年第 1 期),哈斯巴根《有关清代七世察罕达尔汉呼图克图的两份满文档案》(《历史档案》,2017 年第 2 期),朱添《爱尔兰切斯特贝蒂图书馆收藏的满文玉册》(《满族研究》,2017 年第 2 期),徐莉《军机处满文上谕档及其价值》(《满语研究》,2017 年第 2 期),李勤璞《仓央嘉措康熙三十九年三月满文题本》(《中国藏学》,2017 年第 4 期),金鑫《〈黑龙江将军衙门档案〉对于清代索伦、达呼尔历史研究的意义》(《中国史研究动态》,2017 年第 4 期),由薇波《黑龙江省少数民族古籍文献特征刍议》(《黑龙江民族丛刊》,2017 年第 5 期),徐莉《满文档案研究成果类型探讨与展望》(《2017 年全国青年档案学术论坛论文集》,2017 年)、《清代满文〈清实录〉稿本及其价值》(《满学论丛》第八辑,2018 年),郭崴《〈射的〉及其"四书五经"满文译文研究》(《满语研究》,2018 年第 1 期),赵郁楠《清代内阁满文黄册的整理与利用》(《历史档案》2018 年第 3 期),永莉娜《图伯特任职塔尔巴哈台领队大臣时期满文档案译释》(《吉林师范大学学报(人文社会科学版)》,2018 年第 4 期),黄娟《满文〈马太福音〉探析——以立波佐夫译本为中心》(《宗教学研究》,2019 年第 1 期),张杰《满文哈哈纳碑述论》(《满族研究》,2019 年第 2 期),贾越《日本满语研究成果评述(1919—2019)》(《满语研究》,2020 年第 1 期)。

目录学方面:朱志美《关于满文文献编目的几点思考》(《第十一次全国民族地区图书馆学术研讨会论文集》,2010 年),徐莉《〈续修四库全书总目提要〉小学类满文图书提要探析》(《满语研究》,2011 年第 1 期),王波《辽宁省满文古籍的现状及分类探讨》(《中央民族大学学报》(哲社版,2012 年第 2 期),乌兰其木格《简述满文、蒙古文文献目录及其分类法》(《满族研究》, 2013 年第 4 期)、《试论民族文字文献目录分类法及其存在的问题——以蒙古文、满文文献目录为中心》(《内蒙古师范大学学报》, 2013 年第 5 期), 秀云《蒙古国国立图书馆所藏满译明清小说版本述略》(《满族研究》, 2016 年第 3 期), 李雄飞、顾千岳《满文古籍编目概述》(上、中、下,《满语研究》, 2018 年第 1、2 期、2019 年第 1 期), 孔令伟《日本、日耳曼的满语文研究与近世欧亚》(《读书》, 2019 年第 5 期), 李敏、丁一、王绍霞撰《满族文献目录编制工作述评》(《图书馆学研究》, 2020 年第 12 期)。

版本研究方面：徐莉《乾隆朝钦定四书五经满文重译稿本研究》(《民族翻译》, 2010 年第 1 期)、《〈大清会典〉满汉文版本形成考释》(《民族翻译》, 2019 年第 1 期), 李雄飞《〈御制增订清文鉴〉刻本初探》(《满语研究》, 2013 年第 1 期)、《〈御制增订清文鉴〉刻本补叙》(《满语研究》, 2013 年第 2 期)、《传世孤本九耐堂刻本异域录考》(《满语研究》, 2014 年第 2 期), 罗盛吉《清朝满文避讳漫议》(《满语研究》, 2014 年第 2 期), 李雄飞《满文古籍的版本鉴定》(《满语研究》, 2015 年第 1 期), 徐莉《清代满文四书版本研究》(《民族翻译》, 2015 年第 4 期), 蔡名哲《满文书〈百二老人语录〉的版本与史料性质》(《东吴历史学报》, 2016 年总第 35 期), 李易航《清代满文避讳制度浅谈》(《黑河学刊》, 2019 年第 2 期), 张闳《关于王锺翰藏满文〈上谕八旗〉》(《民族史研究》, 2019 年)。

值得注意的是黑龙江大学王敌非在国内外满文古籍收藏机构所出版馆藏目录的基础上, 发表了大量文章进行介绍, 具体有《俄罗斯伊尔库茨克藏满文文献述略》(《满语研究》, 2014 年第 1 期)、《俄罗斯科学院东方文献研究所藏满文文献述略》(《黑龙江民族丛刊》, 2014 年第 2 期)、《剑桥大学图书馆藏威妥玛满文文献概述》(《满语研究》, 2014 年第 2 期)、《英国伦敦满文文献概述》(《黑龙江民族丛刊》, 2014 年第 5 期)、《俄藏传教士满文著述研究》(《满语研究》, 2015 年第 1 期)、《俄罗斯满文文献典藏考补》(《满语研究》, 2015 年第 1 期)、《俄罗斯圣彼得堡大学收藏的满文写本和刻本》(《黑龙江民族丛刊》, 2015 年第 1 期)、《法国巴黎藏满文古籍述略》(《满语研究》, 2015 年第 2 期)、《欧洲的满文文献典藏——以荷兰、比利时和挪威为例》(《满族研究》, 2015 年第 4 期)、《法国国家图书馆藏满文文献述略》(《黑龙江民族丛刊》, 2015 年第 5 期)、《德国国家图书馆的满文文献典藏》(《黑龙江民族丛刊》, 2016 年第 1 期)、《牛津大学博德利图书馆藏满文文献概述》(《满语研究》, 2016 年第 1 期)、《中欧的满文文献典藏——以匈牙利、奥地利和捷克为例》(《满族研究》, 2016 年第 3 期)、《欧洲满文文献典藏述略——以拉脱维亚、瑞典和丹麦为例》(《黑龙江民族丛刊》, 2016 年第 3 期)、《意大利与梵蒂冈收藏的满文文献》(《黑龙江民族丛刊》, 2016 年第 6 期)、《欧洲满文医家类珍稀文献发微》(《满族研究》, 2017 年第 4 期)、《俄藏清代满文档案研究》(《黑龙江民族丛刊》2017 年第 5 期)、《欧洲满文基督教文献考》(《黑龙江民族丛刊》, 2018 年第 1

期)、《欧洲馆藏满文释家类珍稀文献考述》(《满语研究》,2018年第1期)、《满文小学类文献在欧洲的传播——以〈同文杂字〉为例》(《黑龙江民族丛刊》,2018年第4期)、《俄罗斯科学院东方文献研究所收藏的满语文珍稀文献》(《学行堂语言文字论丛》,2018年)、《欧洲满文文献与中西文化交流考述》(《满族研究》,2019年第2期)、《俄藏满文珍稀文献与中俄学术交流》(《满语研究》,2019年第2期)等。其研究有《清代满文读本会话类文献研究》(《满语研究》,2010年第1期)、《满文阿礼嘎礼字母发微》(《满族研究》,2011年第2期)、《满译〈般若波罗蜜多咒〉中的阿礼嘎礼字》(《黑龙江民族丛刊》,2011年第6期)、《满译藏传〈净口业真言〉版本考》(《伊犁师范学院学报》,2012年第3期)、《〈清语老乞大〉版本考略》(《伊犁师范学院学报》,2013年第4期)、《〈清语老乞大〉满朝对音研究》(《黑龙江民族丛刊》,2013年第6期)、《〈叶赫那拉氏宗谱序〉初探》(《黑河学院学报》,2014年第5期)、《清代满族双语化进程考——以音韵训诂类文献编撰为例》(《满语研究》,2020年第1期)、《清代满语濒危历程考——以小学·字书类文献编撰为例》(《满族研究》,2020年第1期)。

文献考证方面:吴元丰《清初汤若望请求改善赴琉球册封使随员待遇满文题本考释》(《宫廷典籍与东亚文化交流国际学术研讨会论文集》,2013年),张华克《三仙女满文谜语考辨》(《满语研究》,2013年第2期),乌云毕力格、道帏·才让加《铁龙年顾实汗颁给达普寺的铁券文书》(《藏学学刊》,2014年),张兆平《〈满汉合璧菜根谭〉考辨》(《满语研究》,2014年第2期),春花《〈御制五体清文鉴〉编者及编纂年代考》(《满语研究》,2014年第1期),吴雪娟《满文〈黑龙江左岸旧瑷珲上下江示意图〉初释》(《满语研究》,2014年第2期),赵卫宾《雍正朝西疆事务缺载年月满文奏折考辨》(《伊犁师范学院学报》,2014年第2期),秀云《〈三国演义〉满文翻译考述》(《中央民族大学学报(哲学社会科学版)》,2014年第6期),徐莉《乾隆皇帝御批满文四书》(《中国档案》,2015年第6期),金东昭、林惠彬《最初汉语及满洲语〈圣经〉译者——耶稣会士贺清泰》(《国际汉学》2015年第2期),蔡名哲《满文〈西洋药书〉第一至第六药方及相关问题》(《满族文化研究》,2015年第4期),赵志强《达海改革满文事迹考》(《"满洲民族共同体及其文化"学术研讨会论文集》,2015年)、《〈无圈点档〉诸册性质研究——〈荒字档〉与〈昃字档〉》(《满学论丛》,2018年),关康《满文版〈天神会课〉考》(《清史研究》2017年第4期),黄丽君《和素及其译作〈七本头〉研究》(《台湾师大历史学报》,2017年总第58期),金鑫《〈达呼尔、索伦源流考〉满文本勘误——以〈中国达斡尔族古籍汇要〉抄本为中心》(《满语研究》,2018年第2期),吴雪娟《论满文〈黑龙江流域图〉的命名》(《满语研究》2019年第1期),李雄飞、顾千岳《顺治十二年内府刻本〈御制劝善要言〉辨证——〈国家珍贵古籍名录〉及〈国录〉纠谬一则》(《历史文献研究》,2019年第2期),顾松洁《国家图书馆藏〈满汉皇舆山河地名考〉探析》(《文献》,2020年第5期)。

语言文字、文学方面：佟颖《〈皇清职贡图〉满语词汇分析》（《满语研究》，2010 年第 1 期），孙建冰、宋黎黎《从满文文献看三仙女传说的演变》（《满语研究》，2012 年第 1 期），江桥《〈清文鉴〉类目名称用语考》（《满语研究》，2013 年第 2 期）、《满文词语探微——以"茶"为例》（《满语研究》，2014 年第 2 期），王汝梅《翻书房与〈金瓶梅〉的满文译本》（《清史参考》，2012 年第 36 期）、《满文译本〈金瓶梅〉叙录（上篇)》（《现代语文》，2013 年第 2 期），韩旭《满译藏传〈佛说阿弥陀经〉词语研究》（《满语研究》，2012 年第 2 期）、《满语增音 n 初探——以格助词为例》（《满语研究》，2013 年第 2 期），长山《满语中梵语借词研究》（《满语研究》，2014 年第 1 期），高娃《三田渡汉文满文蒙古文碑文对比研究》（《民族古籍研究》，2014 年），赵志强《满语传据范畴初探》（《满语研究》，2015 年第 1 期），［日］竹越孝《论"直译"的真正目的——以蒙汉、满汉对译文献为例》（《历史语言学研究》，2015 年），江桥《满语词义变化分析：以 buren 为例》（《满语研究》，2015 年第 1 期），赵阿平《满语词汇语义研究》（《西北民族研究》，2015 年第 1 期），吴雪娟《舒舒瓜尔佳氏满文神歌〈神坛〉翻译研究》（《满语研究》，2015 年第 2 期）、《"额手""额手称（相）庆""以手加额"满语补释》，陈章《论清代 hiya 与 giyajan》（《满语研究》，2016 年第 1 期），徐莉《"龙飞凤舞"的满文篆字》（《中国档案》，2016 年第 3 期），赵志强《锡伯族民歌"雅琪那"疑难词语解读》（《满语研究》，2017 年第 2 期），于越《〈御制清文鉴〉用例论略》（《满语研究》，2017 年第 1 期），苗嘉芮《〈御制清文鉴〉拼写汉语借词尖团音的特点》（《满语研究》，2017 年第 2 期），王为民《满文文献与尖团音问题》（《中国语文》2017 年第 3 期）、《从满汉文献对比看北京话前后中元音合并的年代》（《吉林大学社会科学学报》，2017 年第 4 期），晓春《从〈大清全书〉看满语名词的构词方法》（《满学论丛》，2018 年），李易航《满文字库造字构件研究》（《黑河学刊》，2018 年第 1 期），内玛才让《试述清代满文文献中的藏语词汇》（《青海师范大学学报》，2019 年第 6 期），赵志强《满语长元音研究——基于〈满文原档〉的考察》（《满语研究》，2020 年第 1 期）。

历史文化方面的研究有：承志《满文〈乌喇等处地方图〉考》（《故宫学术季刊》，2010 年第 4 期）、《尼布楚条约界碑图的幻影——满文〈黑龙江流域图〉研究》（《故宫学术季刊》，2011 年第 1 期）、《18 世纪准噶尔十六大鄂托克——以一件满文奏折为中心》（载《满蒙档案与蒙古史研究》，2014 年）、《索伦达克塔蒲佐领源流》（《亚洲学科年报》第 8 号，2014 年），林士铉《18 世纪满蒙语文交流初探——以〈满蒙汉三体字书〉音写蒙文为中心》（《蒙古史研究》第十辑，2010 年），关笑晶《清代满族的丧葬习俗：从〈御制增订清文鉴〉谈起》（《满语研究》，2010 年第 1 期），赵志强《〈清末民初旗族称谓的产生及流行〉》（《满学论丛》第二辑，2011 年）、《清代民族文化及其特点》（《满学论丛》第三辑，2012 年），乌云毕力格、宋瞳《关于清代内扎萨克蒙古盟的雏形：以理藩院满文题本为中心》（《清史研究》，2011年第4期），春花《探析清代皇家建筑满文匾额的发展演变》（《明清论丛》，2011年），黄一农《曹雪芹高祖曹振彦旗籍新考——从新发现的满文材料谈起》（《文史哲》2012年第1期），刘金德《满洲瓜尔佳氏及相关文献研究》（《满语研究》，2012年第2期），宋瞳《从四份理藩院满文题本中所见清代顺治朝听事制度》（《历史文献研究》，2014年），蔡名哲《〈闲窗录梦〉与作者的认同问题》（《史原》，2014年总第26期），克孜尔开勒迪·阿布迪腊合曼《满文文献中记载的额森克勒迪毕》（《新疆社会科学（哈文）》，2014年第3期），乌云毕力格《土尔扈特汗廷与西藏关系（1643—1732）——以军机处满文录副档记载为中心》（《西域研究》，2015年第1期），陈树千《法籍耶稣会士与18世纪满文西行》（《满语研究》，2016年第1期），阿音娜、N·哈斯巴根《清代雍和宫的金瓶掣签——以雍和宫档案为例》（《中国边疆史地研究》2016年第4期），庄吉发《翻译四书——四书满文译本与清代考证学的发展》（《故宫文物月刊》，2017年），刘世珣《〈西洋药书〉解毒方译释》（《故宫学术季刊》，2017年第2期），陈柱《从满文档案看洪扎与清朝宗藩关系的建立》（《中国边疆史地研究》，2017年第4期），孙文杰《从满文寄信档看"高朴盗玉案"对清代新疆吏治的影响》（《北方民族大学学报（哲学社会科学版）》2017年第1期），杜山那里·阿不都拉西木《乾隆皇帝（1790）颁给哈萨克王杭霍卓敕谕研究》（《新疆大学学报（哈文版）》，2017年第3期），陈跃《从乾隆朝满文寄信档看乾隆帝对布鲁特的治理》（《玉溪师范学院学报》2017年第5期），纳森巴雅尔《伊犁格登山纪功碑相关史实考辨——以清代满文档案资料为中心》（《满族研究》2018年第4期），孙文杰、宁燕《从满文寄信档看"德风乌什哈达互讦案"对清代新疆吏治的影响》（《新疆大学学报（哲学·人文社会科学版）》2018年第5期），孙文杰《从满文寄信档看伊犁将军阿桂对新疆的管理与认识》（《云南民族大学学报》，2018年第2期）、《清代对哈萨克汗国的马匹贸易与越境游牧管理——以满文寄信档中阿桂任职新疆时期为中心》（《社会科学战线》2018年第5期），李满喜《从满文档案看19世纪六七十年代塔尔巴哈台察哈尔蒙古》（《西部蒙古论坛》，2018年第4期），庄声《满文档案所见清朝入关前的农业》（《民族研究》，2018年第2期）、《清朝入关前文书体裁的演变》（《元史及民族与边疆研究集刊》，2018年总第35辑）、《清朝前期票拟制度雏形考略》（《元史及民族与边疆研究集刊》，2019年总第37辑），齐木德道尔吉《清初茂明安部叛逃事件二则史料辨析》（《中央民族大学学报（哲学社会科学版）》2019年第1期），孔令伟《从新发现的藏文文献看藏传佛教在土尔扈特东归中的历史作用》（《中国藏学》2019年第1期），吴阿木古冷《满文文献中所见18世纪中叶哈萨克风俗和社会秩序》（《西北民族论丛》2019年第1期），张闶《从满文〈喀木地方一统志〉看清廷对康区的地理认知》（《中国藏学》2019年第3期），赵寰熹《清代满文文献中地理环境用语及其地理观呈现》（《满语研究》，2020年第1期）。

学位论文有：佟颖《〈皇清职贡图〉研究》（黑龙江大学，2010年），关康

《〈闲窗录梦〉研究》（中央民族大学，2011 年），宋瞳《清顺治朝理藩院满文题本研究：以理藩院职能为中心》（中国人民大学，2012 年），田丹《清代满文化影响下的档案术语：基于文献检索统计与文本解读的历史研究》（辽宁大学，2012 年），邱冬梅《〈尼山萨满〉满文本与鄂温克族口承本比较研究》（长春师范大学，2012 年），刘鹏朋《〈御制翻译孟子〉文化词语翻译研究》（黑龙江大学，2013 年），宋冰《满汉合璧〈庸言知旨〉研究》（黑龙江大学，2014 年），乌日鲁木加甫《平定准噶尔勒铭格登山之碑研究》（中央民族大学，2016 年），郭崴《〈射的——附观马图说〉研究》（中央民族大学，2017 年），郎瑞萍《〈钦定清汉对音字式〉中"平声读"和"入声读"及相关问题研究》（山西大学，2017 年），诺日斯德《钦定外藩蒙古回部王公表传——土谢图汗部记载研究》（内蒙古大学，2017 年），苏日娜《"三藩之乱"与"布尔尼之乱"主要史料对比——兼论〈清内阁蒙古堂档〉的史料价值》（内蒙古大学，2017 年），浩斯巴雅尔《〈五体清文鉴〉鸟雀部中的名词术语研究》（内蒙古师范大学，2017 年），张玉雪《故宫博物院藏〈钦定清语〉研究》（中国艺术研究院，2018 年），门议炜《武英殿刻本满译〈诗经〉的语言特点研究——以〈国风〉为例》（中央民族大学，2019 年）。

其他还有档案管理方面的研究，如赵彦昌等《中国流失海外的满文档案文献及其追索研究》（《山西档案》，2010 年第 6 期）、《论建国后满文档案的管理》（《满族研究》，2011 年第 4 期）、《论满文档案编纂的历史沿革》（《东北史地》，2012 年第 5 期），张惠萍《试论散存于民间的满文档案文献的抢救和保护》（《档案管理》，2012 年第 1 期）。数字化应用研究有曹萌《非馆藏满文文献的搜集整理与数字化体系建构》（《沈阳师范大学学报（社会科学版）》，2013 年第 6 期），宛文红等《满文词典书目数据库建设实践与数字化发展建议》（《大连民族大学学报》，2018 年第 6 期），中国第一历史档案馆项目组《满文档案图像识别软件的开发与应用项目》（《中国档案》，2019 年第 1 期），周伟、孙明等 4 人合撰《基于云计算的满语数字资源语义关联模式研究》（《情报科学》，2019 年第 8 期）。法学范畴的研究有郑雨萌、赵昕《〈满洲实录〉所见法学范畴》（《集宁师范学院学报》，2019 年第 1 期），文章从满文本《满洲实录》出发，归纳了《满洲实录》中的"法"思想、法典形式，从刑种、罪名两个角度探讨了刑罚制度，明确了其时满洲社会的主要法律范畴。

十年间，人文社科领域学者充分利用满文档案、古籍、碑刻等文献发表了数百篇论文，涌现出了不少青年学者，部分学者还兼通满蒙、满藏、满蒙藏等多语文种，呈现出欣欣向荣的景象。同时，打破了原来利用满文档案作历史研究一边倒的局面，对文献的研究也不再聚焦于《满文老档》等单一文献，而是档案和古籍并重，尤其是对满文古籍进行了较多文献学的研究和探索，为满文文献学科发展提供了理论和方法上的指导。

(四)重要调查、社科项目及国家珍贵古籍名录

1. 重要的调查

2011年8月至9月,原文化部开展对全国收藏满文文献典籍较多的公共图书馆、博物馆、档案馆和教育、宗教、民族、文物等系统的古籍文献,以及现存于民间收藏满文文献的保护状况进行调研,主要考察满文文献存藏数量、保存状况、古籍收藏单位的保管条件和保护措施、古籍修复和《国家珍贵古籍名录》申报工作等。调研分为四条路线:

线路一:黑吉辽地区,包括黑龙江省档案馆、双城市档案馆、齐齐哈尔市档案馆、辽宁省档案馆、大连市档案馆,参加人员有吴元丰、朱志美、王沛、庄秀芬。

线路二:内蒙古地区,包括内蒙古自治区社会科学院图书馆、内蒙古自治区档案馆、内蒙古自治区图书馆、内蒙古大学图书馆、内蒙古师范大学图书馆、呼伦贝尔市档案馆、莫力达瓦达斡尔族自治旗博物馆、莫力达瓦达斡尔族自治旗图书馆、赤峰市档案馆。参加人员为黄润华、赵令志、宝音德力根、庄秀芬。

线路三:北京部分地区,包括北京大学图书馆、清华大学图书馆、中国民族图书馆、中央民族大学图书馆、中国社科院民族学与人类学研究所图书馆、中科院国家科学图书馆等。参加人员有赵令志、黄润华、庄秀芬。

线路四:新疆北部地区,包括新疆维吾尔自治区民委古籍办公室、新疆维吾尔自治区档案馆、察布查尔锡伯自治县图书馆、察布查尔锡伯自治县文化馆等。参加人员有赵令志、黄润华、安英新、庄秀芬。①

庄秀芬进一步撰文指出了满文文献保护现状存在的问题,并提出了保护建议。②

2. 社科基金项目

2011年至今,与满文文献相关的国家社科基金项目如下:

2011年,北京大学赵杰一般项目"濒危满语的调查描写及其与清代满文的历史比较研究"。

2013年,黑龙江大学吴雪娟一般项目"东北边疆满文舆图研究"。

2014年,中国社会科学院中国少数民族文学研究所吴刚一般项目"清代达斡尔族乌钦《莺莺传》与满文、汉文《西厢记》关系研究";石河子大学申报重大项目"清代新疆满文档案研究"获批。

2015年,黑龙江大学吴雪娟一般项目"库玛尔路鄂伦春协领公署满文档案整理与研究"。王敌非青年项目"俄藏满文文献整理与研究"。

2016年,北京市社科院满学所关笑晶青年项目"清代北京满文碑刻史料翻译整理与北京多民族共同体研究";包梅花西部项目"满文档案中的索伦、新巴尔虎八

---

① 赵令志、庄秀芬:《满文文献调研记》,《满学论丛》(第二辑),2011年。
② 庄秀芬:《中国满文文献保护现状研究》,《理论界》,2013年第4期。

旗诸问题研究"。

2017年，中央民族大学赵令志一般项目"清代雍和宫金瓶掣签满文档案整理翻译研究"；綦中明一般项目"清代宁古塔官庄满文资料搜集整理与研究"；孙文杰西部项目"从满文寄信档看清代中期伊犁将军对新疆的管理与认识"；东北师范大学庄声一般项目"清代满文档案东北盛京地区生态环境变迁资料翻译与研究"；郭淑云重点项目"东北世居民族萨满文化传承人口述资料发掘、整理"。

2018年，中央民族大学高娃重点项目"清代汉满蒙藏合璧碑文整理与研究"；清华大学张美兰一般项目"满汉双语比较下的《清文指要》语言接触与变异研究"；黑龙江大学阿拉腾一般项目"东北地区满族祭祀文献和口传资料的整理与研究"；故宫博物院春花冷门"绝学"项目"《满文大藏经》研究"；南京大学特木勒冷门"绝学"项目"图瓦满蒙文档案汉译与注释"；长春师范大学付永正冷门"绝学"项目"清代吉林旗人群体满文生计档案史料整理与研究"；黑龙江大学王敌非冷门"绝学"项目"俄藏满文珍稀文献抢救性整理与综合研究"。

2019年，故宫博物院李文益"康熙朝内务府满文档案的整理、翻译与研究"；北京外国语大学王继红"清代满汉合璧《百二老人语录》校注与语言研究"；东北大学何晓芳"国内外满族民间家谱总目与数据库建设"；吉林师范大学姜小莉"清代以来满语萨满文献翻译与研究"；黑龙江大学长山"《满文原档》语言文字研究"。此类项目均为国家社科基金冷门"绝学"立项项目。

2020年，内蒙古大学齐木德道尔吉重点项目"康熙三十五年至三十六年满蒙汉档案与第一次清准战争研究"；吉林师范大学孙明一般项目"民族融合视角下清代满族家谱的修撰与社会变迁研究（1644—1911）"；东北师范大学刘厚生重大项目"清代满文辞书史研究及新编《满汉大辞典》"。

3. 入选"国家珍贵古籍名录"满文古籍

2010年6月，国务院批准公布第三批国家珍贵古籍名录，入选的满文古籍有：

09751 诗经二十卷　清顺治十一年（1654）刻本　故宫博物院

09752 御制劝善要言　（清）世祖福临撰　清顺治十二年（1655）内府刻本　故宫博物院

09753 御制劝善要言　（清）世祖福临撰　清顺治十二年（1655）内府刻本　中国民族图书馆

09754 御制劝善要言　（清）世祖福临撰　清顺治十二年（1655）内府刻本　天津图书馆

09755 御制人臣儆心录　（清）世祖福临撰　清顺治十二年（1655）内府刻本　故宫博物院

09756 御制资政要览三卷　（清）世祖福临撰　清顺治十二年（1655）内府刻本　国家图书馆

09757 御制资政要览三卷　（清）世祖福临撰　清顺治十二年（1655）内府刻

本　故宫博物院

09758　内则衍义十六卷　（清）世祖福临撰　清顺治十三年（1656）内府刻本　故宫博物院

09759　寿诗　（清）世祖福临撰　清顺治十三年（1656）内府刻本　故宫博物院

09760　大学衍义四十三卷　（宋）真德秀撰　（清）福达礼等译　清康熙十一年（1672）内府刻本　故宫博物院

09761　大学衍义四十三卷　（宋）真德秀撰　（清）福达礼等译　清康熙十一年（1672）内府刻本　中国民族图书馆

09762　大学衍义四十三卷　（宋）真德秀撰　（清）福达礼等译　清康熙十一年（1672）内府刻本　大连图书馆

09763　朱子节要十四卷　（宋）朱熹撰　（明）高攀龙辑　清康熙十四年（1675）北平朱之弼刻本　大连图书馆

09764　日讲四书解义二十六卷　（清）喇沙里等撰　清康熙十六年（1677）内府刻本　故宫博物院

09765　日讲四书解义二十六卷　（清）喇沙里等撰　（清）程延经总校　（清）敦代译　清康熙十六年（1677）内府刻本　中国民族图书馆

09766　日讲书经解义十三卷　（清）库勒讷等撰　清康熙十九年（1680）内府刻本　故宫博物院

09767　日讲易经解义十八卷　（清）牛钮等撰　清康熙二十二年（1683）内府刻本　故宫博物院

09768　大清全书十四卷　（清）沈启亮辑　清康熙二十二年（1683）宛羽斋刻本　中国民族图书馆

09769　古文渊鉴六十四卷　（清）圣祖玄烨选　（清）徐乾学等编注　清康熙二十四年（1685）内府刻本　故宫博物院

09770　古文渊鉴六十四卷　（清）圣祖玄烨选　（清）徐乾学等编注　清康熙二十四年（1685）内府刻本　中国民族图书馆

09771　大清会典一百六十二卷　（清）伊桑阿等撰　清康熙二十九年（1690）内府刻本　国家图书馆

09772　资治通鉴纲目一百十一卷　（清）和素译　清康熙三十年（1691）武英殿刻本　故宫博物院

09773　御制清文鉴二十卷　（清）圣祖玄烨敕撰　清康熙四十七年（1708）内府刻本　故宫博物院

09774　御制清文鉴二十卷　（清）圣祖玄烨敕撰　清康熙四十七年（1708）内府刻本　中国民族图书馆

09775　亲征平定朔漠方略四十八卷　（清）温达等纂修　清康熙四十八年

(1709) 内府刻本　故宫博物院

09776 亲征平定朔漠方略四十八卷　（清）温达等纂修　清康熙四十八年 (1709) 内府刻本　中国民族图书馆

09777 满汉西厢记四卷　（元）王实甫撰　清康熙四十九年（1710）刻本　国家图书馆

09778 满汉西厢记四卷　（元）王实甫撰　清康熙四十九年（1710）刻本　中国民族图书馆

09779 满汉西厢记四卷　（元）王实甫撰　清康熙四十九年（1710）刻本　大连图书馆

09780 御制避暑山庄诗二卷　（清）圣祖玄烨撰　（清）揆叙等注释　（清）沈嵛绘图　清康熙五十一年（1712）内府刻本　故宫博物院

09781 御制避暑山庄诗二卷　（清）圣祖玄烨撰　（清）揆叙等注释　（清）沈嵛绘图　清康熙五十一年（1712）内府刻本　中国民族图书馆

09782 合璧七本头　（清）和素译　清康熙刻本　国家图书馆

09783 御制朋党论　（清）世宗胤禛撰　清雍正二年（1724）刻本　国家图书馆

09784 孝经集注　（清）世宗胤禛撰　清雍正五年（1727）内府刻本　故宫博物院

09785 御制盛京赋三十二卷　（清）高宗弘历撰　清乾隆十三年（1748）内府刻本　中国民族图书馆

09786 八旗通志二百五十卷　（清）马齐等撰　清乾隆精写本　国家图书馆　存二百四十七卷（一至五十四、五十六至一百九十七、一百九十九、二百至二百五十）

09787 八旗通志二百五十卷　（清）马齐等撰　清乾隆稿本　国家图书馆　存二百四十九卷（一至二百三十五、二百三十七至二百五十）

09788 满洲祭祀图说　清抄绘本　国家图书馆

09789 劝善经　清抄本　伊犁哈萨克自治州文物局

09790 物名类集　清刻本　国家图书馆

09791 新刻满汉同文杂字附解学士诗　清京都文翰斋刻本　国家图书馆

2013年4月，国务院批准公布第四批，入选的满文古籍有：

11324 新刻满汉字诗经六卷　清顺治十一年（1654）听松楼刻本　齐齐哈尔市图书馆

11325 朱子节要十四卷　（宋）朱熹撰　（明）高攀龙辑　清康熙十四年（1675）刻本　国家图书馆

11326 资治通鉴纲目一百十一卷　（清）和素译　清康熙三十年（1691）内府

刻本　中国民族图书馆　存二十四卷（一至八、十五至二十、二十八至三十七）

11327 金瓶梅一百回　（明）兰陵笑笑生撰　（清）和素等译　清康熙四十七年（1708）刻本　国家图书馆

11328 金瓶梅一百回　（明）兰陵笑笑生撰　（清）和素等译　清康熙四十七年（1708）刻本　中国民族图书馆

11329 御制避暑山庄诗二卷　（清）圣祖玄烨撰　（清）揆叙等注释　（清）沈嵛绘图　清康熙五十一年（1712）内府刻本　国家图书馆

11330 丧葬婚嫁之仪礼　清雍正元年（1723）刻本　国家图书馆

11331 十排皇舆全图　清乾隆二十四年（1759）刻本　国家图书馆　存一百一幅

11332 庙碑纪事笔记　（清）瑞保辑录　清乾隆四十年（1775）抄本　国家图书馆

11333 汉国书　清光绪二十四年（1898）抄本　伊犁哈萨克自治州文物局

11334 玉匣记　清抄本　国家图书馆

2015年12月，国务院公布第五批国家珍贵古籍名录，入选的满文古籍有：

00842 御制表忠录（清）世祖福临辑　清顺治十三年（1656）刻本　中国民族图书馆

00843 内政辑要二卷　（清）世祖福临辑　清顺治十五年（1658）刻本　中国民族图书馆

00844 满汉类书三十二卷　（清）桑额辑　清康熙四十五年（1706）天绘阁书坊刻本　辽宁省图书馆

00845 满汉西厢记四卷　（元）王德信撰　清康熙四十九年（1710）刻本　辽宁省图书馆

00846 大清律集解附例　（清）朱轼等撰　清雍正三年（1725）刻本　中国民族图书馆

00847 清汉八旗炮位册不分卷　清五色套印本　大连图书馆

00848 无圈点字档一百八十卷　清乾隆四十三年（1778）抄本　辽宁省档案馆

00849 大悲神咒　清抄本　国家图书馆

00850 难经脉诀四卷　清抄本　国家图书馆

00851 大清太祖高皇帝实录十卷首三卷　（清）勒德洪　明珠等纂修　清乾隆十一年（1746）内府抄本　辽宁省档案馆

00852 大清太宗文皇帝实录六十五卷首三卷　（清）图海　勒德洪等纂修　清乾隆十一年（1746）内府抄本　辽宁省档案馆

00853 大清世祖章皇帝实录一百四十四卷首三卷　（清）巴泰　图海等纂修　清乾隆十一年（1746）内府抄本　辽宁省档案馆

00854 大清圣祖仁皇帝实录三百卷首三卷　（清）马齐　朱轼等纂修　清乾隆十一年（1746）内府抄本　辽宁省档案馆

00855 大清世宗宪皇帝实录一百五十九卷首三卷　（清）鄂尔泰　张廷玉等纂修　清乾隆十一年（1746）内府抄本　辽宁省档案馆

00856 大清高宗纯皇帝实录一千五百卷首五卷　（清）庆桂　董诰等纂修　清嘉庆十二年（1807）内府抄本　辽宁省档案馆　缺一卷（一千五百）

00857 大清仁宗睿皇帝实录三百七十四卷首四卷　（清）曹振镛　戴均元等纂修　清道光四年（1824）内府抄本　辽宁省档案馆

00858 大清宣宗成皇帝实录四百七十六卷首四卷　（清）文庆　花纱纳等纂修　清咸丰六年（1856）内府抄本　辽宁省档案馆

00859 大清文宗显皇帝实录三百五十六卷首四卷　（清）贾桢　周祖培等纂修　清同治五年（1866）内府抄本　辽宁省档案馆　缺二卷（一百二十六至一百二十七）

00860 大清穆宗毅皇帝实录三百七十四卷首四卷　（清）宝鋆　沈桂芬等纂修　清光绪六年（1880）内府抄本　辽宁省档案馆　缺二卷（一百九十六、一百九十九）

00861 大清太祖高皇帝圣训四卷　清乾隆十一年（1746）内府抄本　辽宁省档案馆

00862 大清太宗文皇帝圣训六卷　清乾隆十一年（1746）内府抄本　辽宁省档案馆

00863 大清世祖章皇帝圣训六卷　清乾隆十一年（1746）内府抄本　辽宁省档案馆

00864 大清圣祖仁皇帝圣训六十卷　清乾隆十一年（1746）内府抄本　辽宁省档案馆

00865 大清世宗宪皇帝圣训三十六卷　清乾隆十一年（1746）内府抄本　辽宁省档案馆

00866 大清高宗纯皇帝圣训三百卷　清嘉庆十二年（1807）内府抄本　辽宁省档案馆

00867 大清仁宗睿皇帝圣训一百十卷　清道光四年（1824）内府抄本　辽宁省档案馆

00868 大清宣宗成皇帝圣训一百三十卷　清咸丰六年（1856）内府抄本　辽宁省档案馆

00869 大清文宗显皇帝圣训一百十卷　清同治五年（1866）内府抄本　辽宁省档案馆

00870 大清穆宗毅皇帝圣训一百六十卷　清光绪六年（1880）内府抄本　辽宁省档案馆

00871 清代宗室竖格玉牒五十一种　清内府抄本　辽宁省档案馆

2020年6月23日，第六批《国家珍贵古籍名录》和"全国古籍重点保护单位"推荐名单公示，其中满文古籍有：

00714 十二字头　清顺治刻本　巴彦淖尔市图书馆

00715 刑部新定现行例二卷　（清）黄机等撰　清康熙十九年（1680）内府刻本　国家图书馆

00716 御制避暑山庄诗二卷　（清）圣祖玄烨撰　（清）揆叙等注释　（清）沈嵛绘图　清康熙五十一年（1712）内府刻本　首都师范大学图书馆

00717 孝经集注不分卷　（清）世宗胤禛撰　清雍正五年（1727）刻本（嘉庆十七年补抄蒙文译文）　国家图书馆

00718 音汉清文鉴二十卷　（清）明铎撰　清乾隆二十二年（1757）刻本　广西师范大学图书馆

00719 壁勤襄公列传不分卷　清咸丰七年（1857）抄本　国家图书馆

00720 虎口余生　清抄本　广西师范大学图书馆

第七节　其他民族

一、西夏文古籍

西夏文是我国古代西夏王国的官方文字，其主要使用范围相当于现今宁夏回族自治区北部及内蒙古自治区和甘肃省的西部。根据现有的材料，人们一般认为，西夏文由西夏君主李元昊授意大臣野利仁荣创制于公元1036年。尔后，西夏境内逐渐普及了这种文字。西夏人不仅在日常写作中使用这种文字，还将大量的汉、藏文献译为西夏文，内容包含天文历算、佛教典籍、儒家经典、韵书字典、童蒙读物、阵法兵书、通俗读本等。因此，在公元11世纪中叶至公元13世纪中叶的河西地区，西夏文成了最为流行的民族古文字。西夏灭亡后，其部分遗民在元代仍然使用西夏文，这种文字一直到明中叶才消亡。

在20世纪初以前，人们所知的西夏文献甚少，主要为公元1094年刻于甘肃武威的《凉州护国寺感通塔碑铭》、公元1345年刻于北京居庸关云台券洞石壁上的《佛顶尊胜陀罗尼》中的西夏文部分及公元1900年由伯希和（Paul Pelliot）、毛利瑟（M. G. Morisse）和贝尔多（F. Berteaux）在北京北海白塔下找到的六卷泥金写《妙法莲华经》。公元1909年，科兹洛夫（П. К. Козлов）率领俄国皇家蒙古四川地理考察队在内蒙古额济纳旗黑水城的一座古塔中发掘出了大量西夏文文献，现存俄罗斯科学院东方文献研究所。这批文献的总量大致有两万件（册），占全世界所藏西夏文献总数的百分之九十以上。由于历史原因，西夏文献向外流散严重，国外主要分布于俄罗斯、英国、法国三个国家。其中，俄罗斯科学院东方文献研究所藏有 13 万页以上，据初步统计有九千多件，其中 374 种佛经文献，六十余种世俗文献，1500 件文书。俄罗斯国立埃尔米塔什博物馆的西夏文馆藏多为唐卡绘画、雕塑和少量雕版。英藏黑水城文献主要收藏在大英图书馆，其中绝大部分为西夏文残片，约七千个编号。此外，法国还藏有一批西夏文文献，244 件西夏文残片，1 份《法华经》残卷。而中国以国家图书馆所藏文献为主，有九千余面西夏文文献，属 40 种以上各类文献，其中 124 卷为佛经。

自 20 世纪九十年代以来，在党和政府的深切关怀下，在中国社科院民族学与人类学研究所、上海古籍出版社、北方民族大学等单位的努力下，海外存藏的文献陆续得到影像化并逐步出版。国内的西夏文古籍整理、研究工作也由此走上了快车道。2010—2019 年是黑水城文献发现百年后的第一个十年，西夏文文献的研究工作在此期间取得了长足的进展。这十年间，大量西夏文文献整理刊布，西夏学发展进入黄金时期，诸多学者在前人研究成果的基础上继续深入，涌现出了一大批研究成果。现将 2010—2019 年西夏文文献整理与研究成果综述如下：

（一）西夏文古籍整理出版

2010 年 12 月，武宇林、荒川慎太郎主编，中华书局出版《日本藏西夏文文献》。该书是以图录的形式将日本所藏西夏文文献集中汇编、影印，收录图版共计 532 面；该书的前言、凡例、后记、索引等文字涉及中、日、英三种文字。本书是继英、法、俄、中等国的西夏文文献全面面世后的又一个重要成果。

2011 年 12 月，俄罗斯科学院东方研究所圣彼得堡分所、中国社会科学院民族研究所、上海古籍出版社编，上海古籍出版社出版《俄藏黑水城文献 14：西夏文世俗部分》。该册是《俄藏黑水城文献·西夏文世俗部分》的最后一册，共收录四百多号世俗文书，均是反映西夏社会政治、经济、民生、风俗的第一手史料。

2012 年 3—5 月，俄罗斯科学院东方研究所圣彼得堡分所、中国社会科学院民族研究所、上海古籍出版社编，上海古籍出版社出版《俄藏黑水城文献》第 15—第 19 册。自第 15 册开始出版《俄藏黑水城文献》的西夏文佛教部分。佛教是国家存在一百九十余年的西夏王朝境内最主要的宗教，保存的佛典多达四百余种，不仅有经律论，还有疏义经传等，译本则取自汉传佛书，也有译自藏文者。所收内容除写本经文外，并附有经图、题记等，有很高的文献价值。

2013 年 3—12 月，俄罗斯科学院东方文献研究所、中国社会科学院民族学与人类学研究所、上海古籍出版社编，上海古籍出版社出版《俄藏黑水城文献》第 20—第 22 册。收录了多幀《大般若经》的卷末题记、书影等，有很高的史料价值。佛教文献已收入《金刚经》《大宝积经》《无量寿经》《阿弥陀经》《大方等大集经》《华严经》内容。所收刻本、写本兼具，并有精美的彩色佛经版画、写经题记等，弥足珍贵。2013年12月,塔拉、杜建录、高国祥编,天津古籍出版社出版《中国藏黑水城民族文字文献》。该书收录了中国藏黑水城出土少数民族文字文献305件,并对其做系统整理,其中包含多件西夏文文献。

2014年9月,俄罗斯科学院东方文献研究所、中国社会科学院民族学与人类学研究所、上海古籍出版社编,上海古籍出版社出版《俄藏黑水城文献》第23册。该册收录西夏文佛典三种,包括梵夹装《大方广佛华严经》,卷轴装、梵夹装《大涅槃经》,经折装《妙法莲华经》,另有《观音菩萨普门品》。部分佛经前后还有精美的木刻佛画及题记。

2015年10月,俄罗斯科学院东方文献研究所、中国社会科学院民族学与人类学研究所、上海古籍出版社编,上海古籍出版社出版《俄藏黑水城文献》第24册。收录《维摩诘所说经》《瑜伽师地论》等西夏佛典三十余种,有的背面写有草书佛经,另有十余幅精美木刻版画,后有题记。

2017年3—12月,俄罗斯科学院东方文献研究所、中国社会科学院民族学与人类学研究所、上海古籍出版社编,上海古籍出版社出版《俄藏黑水城文献》第25、第26册。收录文献丰富,有《唐忠国师佛义问二十五问答》《诸说禅源集都序纲文》《灯要》等,可从中窥见西夏文汉传佛教文献与中原禅宗的传承互动关系。

2018年1月,史金波、[法]克丽斯蒂娜·克拉美罗蒂主编《法国吉美国立亚洲艺术博物馆藏西夏文献》由天津古籍出版社出版,是对法国巴黎吉美博物馆所藏西夏文泥金写《妙法莲华经》的整理出版。该文献极为精美,兼具艺术与文献价值,是国际西夏学文献整理与研究的重要成果。2018年8月,俄罗斯科学院东方文献研究所、中国社会科学院民族学与人类学研究所、上海古籍出版社编,上海古籍出版社出版《俄藏黑水城文献》第27册。收录有慈氏《现观庄严》本颂及疏钞残写卷,寂天《入菩提行》残刻、《学集》注疏残写卷,阿底峡《入二谛》本颂及其注疏《入二谛记》卷上残写卷等。

2019年2—11月,俄罗斯科学院东方文献研究所、中国社会科学院民族学与人类学研究所、上海古籍出版社编,上海古籍出版社出版《俄藏黑水城文献》第28、第29册。两册各收录了一百余号西夏文藏传佛教文献,包括《正理虚空幢要门》《五部经》序文及所附《圣大守护大千国土经》《大寒林经》《金刚修习智火烧施要门》等。2019年12月,北方民族大学西夏研究所,英国国家图书馆国际敦煌项目,宁夏回族自治区档案馆编,宁夏人民出版社出版《英藏西夏文文献整理与研究》(全三册)。其中收录了大量的西夏文残片,内容包含文书、兵书、辞书、药方、佛经、占卜等,为西夏文献研究提供了更为丰富的资料。

(二)西夏文古籍保护

2007年,国务院办公厅发布《关于进一步加强古籍保护工作的意见》(国办发[2007]6号),提出在"十一五"期间大力实施"中华古籍保护计划"。主要实施内容为：一是统一部署，从 2007 年开始，用 3 到 5 年时间，对全国公共图书馆、博物馆和教育、宗教、民族、文物等系统的古籍收藏和保护状况进行全面普查，建立中华古籍联合目录和古籍数字资源库；二是建立《国家珍贵古籍名录》，实现国家对古籍的分级管理和保护；三是命名"全国古籍重点保护单位"，完成一批古籍书库的标准化建设，改善古籍的存藏环境；四是培养一批具有较高水平的古籍保护专业人员，加强古籍修复工作和基础实验研究工作，逐步形成完善的古籍保护工作体系；五是进一步加强古籍的整理、出版和研究利用，特别是应用现代技术加强古籍数字化和缩微工作，建设中华古籍保护网。可见，《国家珍贵古籍名录》是我国政府为建立完备的珍贵古籍档案，确保珍贵古籍的安全，推动古籍保护工作，提高公民的古籍保护意识，促进国际文化交流和合作，而由原文化部拟定，报国务院批准后公布的一份名录。主要收录范围是 1912 年以前书写或印刷的，以中国古典装帧形式存在，具有重要历史、思想和文化价值的珍贵古籍，以及少数民族文字古籍。得益于政策的支持与保护，各西夏文古籍单位得以加强文献保护、修复力量，多种西夏文古籍亦得以入选《国家珍贵古籍名录》，兹将入选古籍列举如下：

2010 年 6 月 11 日，国务院批准文化部确定的第三批《国家珍贵古籍名录》推荐名单有 2989 部，其中西夏文古籍被入选推荐名单有 20 部：

09667 音同 西夏刻本 武威市博物馆 存一面

09668 番汉合时掌中珠（西夏）骨勒茂才撰 西夏刻本 敦煌研究院 存一面

09669 新集碎金置掌文（西夏）息齐文智撰 西夏写本 敦煌研究院 存二十八叶

09670 三才杂字 西夏刻本 甘肃省博物馆 存二面

09671 妙法莲华经观世音菩萨普门品 西夏刻本 敦煌研究院 存二十四面

09672 佛说观弥勒菩萨上升兜率天经 西夏刻本 甘肃省博物馆 存二十面

09673 毗卢遮那法身顶相印轮文众生三灾怖畏令物取作恶业救拔 西夏刻本 武威市博物馆 存十五面

09674 诵读功效文 西夏刻本 敦煌研究院 存一叶

09675 诸密咒要语 西夏活字本 敦煌研究院 存十六叶

09676 地藏菩萨本愿经 西夏活字本 敦煌研究院 存九面

09677 医方 西夏写本 甘肃省博物馆 存一面

09678 佛经长卷 西夏写本 宁夏文物考古研究所 存一卷

09679 妙法莲华经集要义镜注 西夏泥活字本 宁夏文物考古研究所 存四卷（一、五、八、十二）

09680 圆觉注之略疏第一上半 西夏泥活字本 宁夏文物考古研究所 存十四纸

09681 占察善恶业报经 西夏木活字本 宁夏文物考古研究所 存二面

09682 大智度论卷第四 元刻本 国家图书馆 存八面

09683 菩萨地持经卷第九 元刻本 国家图书馆 存七面

09684 龙树菩萨为禅陀迦王说法要偈 元刻本 敦煌研究院 存一面

09685 大方广佛华严经卷第四十一 元大德间（1297—1307）活字本 北京大学图书馆

09686 大方广佛华严经普贤行愿品 元活字本 甘肃省博物馆 存六十四面

2013年3月8日，国务院批准文化部确定的第四批《国家珍贵古籍名录》推荐名单有1516部，其中西夏文古籍被入选推荐名单有6部：

11228 三才杂字 西夏写本 敦煌研究院 存一叶

11229 星宿母陀罗尼 西夏刻本 武威市博物馆 存一叶

11230 金刚般若波罗蜜多经集一卷 西夏刻本 宁夏文物考古研究所

11231 大方广佛华严经卷第五十一 西夏活字本 国家图书馆

11232 大方广佛华严经卷第七十一 西夏活字本 国家图书馆

11233 六祖大师法宝坛经 卷背 瓜州审案记录 西夏写本 国家图书馆 存二叶

2016年3月27日，国务院批准文化部确定的第五批《国家珍贵古籍名录》推荐名单有899部，其中西夏古籍被入选推荐名单有4部：

12194 胜相顶尊总持功德依经录 西夏刻本 内蒙古博物院

12195 圣观自在大悲心总持依经录 西夏刻本 内蒙古博物院

12196 音同 西夏刻本 内蒙古自治区文物考古研究所

12197 佛顶放无垢光明入普日观察一切如来心陀罗尼经 西夏写本 内蒙古博物院

（三）西夏古籍研究成果

1. 研究专著

2010年1月，杜建录、史金波著《西夏社会文书研究》由上海古籍出版社整理出版，对西夏时期的汉文、西夏文社会经济文书进行了考释与研究。5月，孙伯君著《西夏新译佛经陀罗尼的对音研究》由中国社会科学出版社出版。全书共21万字，广泛搜西夏时期新译的梵汉、梵夏对音资料，首先对这些材料加以文本考察，然后运用译音对勘法，通过汉文、西夏文佛经咒语与相应梵文咒语的对比，归纳对音规律，然后推知汉字的河西方音读音和西夏字的读音。

2011年5月，韩小忙著《〈同音背隐音义〉整理与研究》由中国社会科学出版社出版，该书对《同音背隐音义》的内容进行认真仔细的辨识，然后誊录出来，再进行夏汉对译。对《同音背隐音义》的内容进行分类研究，揭示该文献的特点。本书将《同音背隐音义》的内容客观地介绍出来，并进行一些初步研究，为学术界利用此文献提供基础材料。

2012年8月聂鸿音著《西夏文献论稿》由上海古籍出版社出版，该书以内蒙古黑水城遗址出土的西夏文献为主要研究对象，分为中原儒家经典的西夏译本考释，西夏文献所反映的典章制度考证，兵家、道家、医学文献研究，西夏原创诗文研究，西夏佛经考证等几大方面。对其中有代表性的文献进行了录文、注释、汉译、解读和研究。8月杜建录编著《中国藏西夏文献研究》由上海古籍出版社出版，作者首先进行全面的资料调查，摸清中国藏西夏文献家底，然后对搜集到的资料进行甄别、分类与考释；最后在资料搜集以及研究的基础上，完成本书。9月，李范文著《李范文西夏学文集》由中国社会科学出版社出版。全书收录了李范文先生西夏学研究的重要成果，内容涉及语言学、文字学、历史学、书评、调查报告等，具有很高的学术价值和文献价值。10月，李范文著《简明夏汉字典》由中国社会科学出版社出版。该书在《夏汉字典》的基础上删繁就简，减少单字解释例句而成，故称为简明，有较强的实用性。11月，彭向前著《西夏文〈孟子〉整理研究》由上海古籍出版社出版，该书以西夏文翻译的《孟子》为研究对象，探讨《孟子》一书在西夏的传播及其版本、翻译风格、译写年代、颠倒译法、夏汉对音字、所反映的西夏社会等问题，并对其西夏文进行校对、译注等工作。

2013年6月，林英津著《西夏語譯〈真實名經〉釋文研究》由"中央研究院"语言学研究所出版，该书翻译、整理了西夏文《真实名经》，并考校了各版本的异同，分析了各版本所据的底本，并由此引申出该经对推进西夏语文研究的意义。9月，史金波著《西夏文教程》由社会科学文献出版社出版。本书概括介绍了西夏文字构造、西夏语音、词汇、语法，并解读各种类型的西夏文文献。其中有大量的例字、例词和例句以及大量文献图版。12月，佟建荣著《西夏姓氏辑考》由宁夏人民出版社出版，该书利用新发现夏、汉材料对张澍《西夏姓氏录》已收录的姓氏条目，逐条校勘，补充出处。

2014年7月，聂鸿音著《打开西夏文字之门》由国家图书馆出版社出版。该书介绍了《番汉合时掌中珠》的出土、保存、刊布、整理、研究等过程及主要内容，是一本兼具通俗性与学术性的著作。12月，段玉泉著《西夏〈功德宝集偈〉跨语言对勘研究》由上海古籍出版社出版，该书运用跨语言对勘方法，充分利用藏学界、梵文学者研究成果，对《圣胜慧到彼岸功德宝集偈》进行了全面地整理研究。12月《西夏文〈经律异相〉整理研究》由社会科学文献出版社出版。全书包括三部分："导论"部分全面分析了《经律异相》西夏文版本的重要价值，"《经律异相》西夏文校读、译注"部分校读了原文图版西夏文字的错讹、脱衍等现象；"附录"部分提供西夏文汉字拼音索引的词句索引。

2015年1月，杜建录、伊莉娜·波波娃著《〈天盛律令〉研究》由上海古籍出版社出版，本书对《天盛律令》进行分类考释研究，对农业、畜牧、内宫待命、司序行文、为僧道修寺庙、催索债利、边防、交通驿站等门类通过西夏文本对勘、汉译本考证、相关文献考释等方法分别进行深入的研究。7月，胡进杉著《西夏佛典探微》由上海古籍出版社出版，全书共十四章，分为三篇，并附加附录一篇。第一篇主要探讨夏译汉文佛典和西夏文佛典所依据的原典。第二篇主要翻译、注解四篇西夏文佛经。第三篇根据已出版的七十余幅西夏佛经扉画为例，探讨它们的形式类别，并分析其内容。5月，王培培著《西夏文〈维摩诘经〉整理研究》由社会科学文献出版社出版，该书收集世界各地收藏的西夏文《维摩诘经》残件资料，根据原始文献两个不同的题记拼配出初译本和校译本两个佛经版本，在此基础上对比较完整的校译本进行解读，并且通过初译本和校译本的对勘，找到西夏校经的原则。2015年6月，惠宏、段玉泉编著《西夏文献解题目录》由阳光出版社出版。该书是一部西夏文献的综合性目录著作，在前人目录基础上将各收藏单位出土文献及传世典籍中散见文献尽可能网罗进来，补充了先前目录中未曾著录或者漏录的大量文献，修正了此前误定。8月，梁松涛著《黑水城出土西夏文医药文献整理与研究》由社会科学文献出版社出版。该书针对目前的研究现状，对西夏文医药文献进行较为深入的研究，包括以下几个方面：一，西夏文医学文献的翻译，对适宜医方进行系统的筛选及临床应用；第二，西夏医学与周边民族医学相互影响关系的探讨；第三，从医学社会史的角度对西夏文医药文献进行研究。

12月，崔红芬著《西夏汉传密教文献研究》由社会科学文献出版社出版。该书较为系统地对黑水城等地出土的西夏文本和汉文本密教文献进行了梳理和考证，并把出土密教文献放在当时佛教发展的历史背景下进行考察，充分体现了西夏佛教发展的继承性与延续性。12月，杜建录编著《党项西夏碑石整理研究》由上海古籍出版社出版，该书讨论了党项西夏碑石刻由西夏前身夏州拓跋政权碑石刻、西夏碑石刻以及元明时期西夏遗民及其后裔碑石刻三部分。碑刻题记作为重要的西夏文物考古资料，在一定程度上弥补了史籍的不足，有重要的文献价值。12月，佟建荣著《西夏姓名研究》由社会科学文献出版社出版。该书主要对保留在汉文、西夏文史料中的西夏姓氏、人名进行了考证研究。包括汉文史料中同一西夏番姓不同译法、写法的考证，汉文番姓与西夏文番姓的勘同，西夏汉姓的考证，西夏文人名的分析以及西夏姓氏所包含若干问题的研究。12月，梁继红著《武威出土西夏文献研究》由社会科学文献出版社出版。该书搜集整理武威出土的所有西夏文和汉文文献，采用先整合，再分类研究的方法，在释录西夏文佛经时，与汉文佛经文献互相补充，得到了更加完整的西夏文佛经内容。12月，孙伯君著《西夏文献丛考》由上海古籍出版社出版，收录了作者近十年来对西夏文献的研究成果，其中有关西夏文史方面的论文，系运用敦煌学的研究方法，对黑水城文献映射的西夏和元代的宗教、官称、姓氏、俗文学等所做的探求；而有关西夏文佛经考释方面的论文，则是运用考据学方法，对黑水城出土西夏佛教典籍所做的译释和汇考。12月，孙昌盛著《西夏文〈吉祥遍至口合本续〉整理研究》由社会科学文献出版社出版。该书从语言文字学和文献学的角度，参考藏文本《真实相应大本续》，对西夏文《吉祥遍至口合本续》进行了全文解读研究，通过西夏文、藏文、汉文之间词义训解的方法，对西夏语译藏传佛教文献中独具特色的藏式意译词进行了译注。

2016年5月，聂鸿音著《西夏佛经序跋译注》由上海古籍出版社出版。该书以西夏文佛经的序跋作为书的主体部分，并对这些文献进行了比较详细的解说。在对各序跋进行译释的基础上，作者从总体上讨论了西夏文佛经序跋的写作风格及其历史价值。6月，韩小忙著《西夏文的造字模式》由社会科学出版社出版，对西夏文造字模式进行了初步探讨，借鉴汉字的六书理论和藏文字母的叠加拼写原理，将西夏文的结构总结为全全型、全省型和省省型三种模式，有助于学界加深对西夏文字的认识。11月，潘洁著《〈天盛律令〉农业门整理研究》由上海古籍出版社出版。该书系统梳理、校读、翻译了西夏文《天盛律令》中的农业门，修订了以往译本的错误，同时进一步讨论了西夏农业发展的相关问题。

2017年1月，沈卫荣著《藏传佛教在西域和中原的传播：〈大乘要道密集〉研究初编》由北京师范大学出版社出版，作者利用以《大乘要道密集》为核心的新发现汉译密教文本，发掘其藏文原本，通过对这些文本进行细腻地分析，重构公元11至15世纪藏传密教在西域和中原传播的历史。3月，杨志高著《〈慈悲道场忏法〉西夏译文的复原与研究》由中国社会科学出版社出版，该书利用中国、俄罗斯、英国、日本、印度等地收藏的《慈悲道场忏法》西夏文本，实现了从局部到全面的完整研究，深入探讨了《慈悲道场忏法》的源流和翻译过程。4月，史金波著《西夏经济文书研究》由社会科学文献出版社出版，该书叙述了西夏的历史和汉文文献记载的一些经济状况；概述了出土文献中的有关西夏经济的资料；对西夏文经济文书中的户籍文书、租税文书、粮物计帐、商贸文书、契约文书进行了分类研究；对西夏汉文文书进行了研究。5月，杜建录著《西夏文献研究》由甘肃文化出版社出版，该书是作者关于西夏文献研究成果的集大成之作，全书分为六部分，收录了作者共29篇论文。5月，彭向前著《党项西夏名物汇考》由甘肃文化出版社出版。该书利用正史、碑刻等多种史料，把汉文文献与党项、吐蕃少数民族语文材料结合起来，运用学术研究中"审音勘同"的手段，首次对大批党项与西夏及其相关的专名进行校勘。7月，贾常业著《西夏文字揭要》由甘肃文化出版社出版，该书收录了作者从2005年自学西夏文字至今所撰写的20篇论文，是作者对西夏文字学习入门的理解、感悟与心得。全书后附西夏文检字部首目录和西夏文部首检字表。8月，崔红芬著《西夏佛教文献研究论集》由宗教文化出版社出版。该书收录了作者不同时期发表的有关西夏文本的研究论文，包括对《大乘无量寿王经》《圣胜慧到彼岸功德宝集偈》《父母恩重经》等各种文献的研究。12月，于光建著《〈天盛律令〉典当借贷门整理研究》由上海古籍出版社出版。该书以俄藏《天盛律令》甲种本为底本，利用多版本对勘，录文对译了《催索债利门》和《出典工门》，对其中的名物制度、专有名词进行注释，并深入研究了相关问题。

2018年3月，孙颖新著《西夏文〈无量寿经〉研究》由中国社会科学出版社出版。该书的主体部分是对两部西夏文佛经的全文对勘和释读。按照传统文献学的"四行对译法"，给出西夏原文录文、西夏字拟音、对译和汉译四行，书末附有索引。5月，孙伯君、聂鸿音合著《西夏文藏传佛教史料——"大手印"法经典研究》由中国藏学出版社出版。该书将黑水城等所出西夏文文献中有关"大手印"法的文本进行选译与注释,并与藏密汉译典籍《大乘要道密集》等所收的相关文本对比,对西夏所传藏传佛教中涉及大手印的法本、传承等进行了考证,丰富了西夏文的词汇和进一步对西夏文献的释读,是目前西夏文大手印法研究的第一部学术专著,对研究藏传佛教特别是大手印法在西夏和中原的传播具有重要意义。8月,沈卫荣著《西夏佛教文献与历史研究》由甘肃文化出版社出版,该书收录了作者多年以来对西夏藏传佛教文献进行整理和研究的论文共20篇,内容涉及汉、夏、藏多文本密教文献的对勘、译释与研究。研究的视角包括宗教学、语文学、历史学、文献学等。10月,聂鸿音著《西夏文献论稿二编》由甘肃文化出版社出版。该书收录作者西夏学论文36篇,以黑水城文献为主要研究对象,考释了儒家经典的西夏译本,考证了西夏文献所反映的典章制度等,探讨了诸多问题。10月,聂鸿音著《西夏学述论》由甘肃文化出版社出版。全书收录作者近20年来对西夏历书、考古、民族、文献、文字等问题的考述与评论,是一部完整系统,内容充实的西夏学学术史。10月,王培培著《夏译汉籍中的古代汉语对音研究》由甘肃文化出版社出版。该书搜集整理西夏译《论语》《孟子》《十二国》《烈女故事》《新集慈孝记》《贞观政要》《正行集》《经史杂抄》《六韬》等汉文典籍的对音字,系统总结其对音规律,探讨了相关的音韵学问题。10月,梁松涛《西夏文〈宫廷诗集〉整理与研究》由上海古籍出版社出版。该书深入研究西夏文《宫廷诗集》,扩大西夏文文学史料的范围,为西夏文学及其历史文化的研究提供新史料,丰富了西夏语词汇库。为我们认识西夏世俗社会提供了新视角。12月,景永时、波波娃编著的《〈番汉合时掌中珠〉整理与研究》由宁夏人民出版社出版。该书是对《番汉合时掌中珠》的整理与研究,包括《番汉合时掌中珠》的发现与公布、版本考证和汉语注音,有该文献不同版本的校勘,西夏文、汉文索引以及所有已经出土的原件照片等,既是该古籍的系统整理,也有作者的相关研究。12月,聂鸿音、孙伯君合著《西夏译华严宗著作研究》由宁夏人民出版社出版,该书从俄藏黑水城文献中选取了五部华严禅宗著作作为解读,并对每件文献的解读分为释读、译文、注释三部分,并对各部分西夏原文一律予以标点及分段。释读采用西夏录文、拟音、汉文对译和译文四行对照。

2019年4月,孙颖新著《西夏文〈大宝积经·无量寿如来会〉对勘研究》由社会科学文献出版社出版。该书以西夏仁宗时期的校译本为底本,参校惠宗时期的初译本进行全文对勘释读,通过对同一部佛经新旧两种译本的综合对勘,明确了西夏文献中通假现象的存在并对其进行系统研究。5月,尤桦著《〈天盛律令〉武器装备条文整理研究》由上海古籍出版社出版。该书上编对《天盛律令》卷五部分进行整理考释,下编是对西夏武器装备方面的专题研究。9月,景永时、孙伯君主编《中国少数民族古籍总目提要·西夏卷》由中国大百科全书出版社出版。全书以编目的形式大致介绍了现存的西夏文文献及其研究现状,收录内容涉及了各种类的西夏文献,是一部优秀的目录书。10月,翟丽萍著《〈天盛律令〉职官门整理研究》由上海古籍出版社出版,该书上篇对俄藏《天盛律令》卷十的原始西夏文本进行录文、翻译、考释，下篇根据《天盛律令》卷十所提供的文献资料，结合出土文献和传统典籍，进一步探讨西夏官制的部分问题。12月，张笑峰著《〈天盛律令〉铁箭符牌条文整理研究》由上海古籍出版社出版。该书第一部分对《天盛律令》中涉及铁箭符牌的条文进行整理与校释，第二部分则对其中涉及的名物制度进行考述，并以此系统探讨西夏的相关制度。

2. 学术论文

（1）随着西夏文佛典的批量刊布，这十年间西夏文佛教文献成了研究热点，从文献学、语言学、宗教学、历史学等角度研究相关文献的论文呈井喷式发展。作为学科发展的基础，以文献学的方法释读、整理及与多文种对勘西夏文佛典的研究日益兴盛，国内学者对各类文献的定名、译释、缀合，极大地扩充了西夏佛教文献库。相关的学术论文有：

崔红芬：（与文志勇合著）《英藏西夏文残叶考补》（《宁夏社会科学》2011年第2期）、《武威博物馆藏西夏文〈金刚经〉及赞颂残经译释研究》（《西夏学》第六辑，2011年）、《俄藏黑水城文献〈密咒圆因往生集〉相关问题考论》（《文献》2013年第6期）、《甘博藏西夏文〈普贤行愿品疏序〉研究》（《宁夏社会科学》2014年第3期）、《英藏西夏文〈大宝积经〉译释研究》（《西夏学》第十辑，2013年）、《中英藏西夏文〈圣曜母陀罗尼经〉考略》（《敦煌研究》2015年第2期）、《英藏西夏文本〈妙法莲华经〉研究》（《普陀学刊》第二辑，2015年）、《〈六字大明陀罗尼〉考释》（《西夏学》第十五辑，2017年）、（与文志勇合著）《〈华严忏仪〉题记及相关问题探析》（《西夏学》第十六辑，2018年）、《英藏西夏文〈无常经〉考略》（《敦煌研究》2019年第2期）、《〈佛说阿弥陀经〉及其相关问题探析》（《西夏学》第十九辑，2019年）。

段玉泉：《西夏文〈佛顶无垢经〉考论》（《西夏研究》2010年第2期）、《西夏藏传〈尊胜经〉的夏汉藏对勘研究》（《西夏学》第五辑2010年）、《甘藏西夏文〈佛说解百生冤结陀罗尼经〉考释》（《西夏研究》2010年第4期）、《武威亥母洞遗址出土的两件西夏文献考释》（《西夏学》第八辑，2011年）、《西夏文〈尊者圣妙吉祥之智慧觉增上总持〉考释》（《西夏研究》2012年第3期）、《一批新见的额济纳旗绿城出土西夏文献》（《西夏学》第十辑，2013年）、《西夏文〈白伞盖佛母总持发愿文〉考释》（《宁夏社会科学》2016年第2期）、（与米向军合著）《新发现的西夏文〈圣胜慧到彼岸功德宝集偈〉残叶考》（《宁夏社会科学》2017年第2期）、《西夏文〈圣胜相顶尊母成就法〉考释》（《西夏学》第十五辑，2017年）、《出土西夏文藏经函号木牍及校勘记录》（《宁夏社会科学》2018年第3期）。

郭垚垚：《西夏文〈二十五问答〉中"答者"考补》（《宁夏社会科学》（2018年第6期）。

韩潇锐：《英藏黑水城出土〈大手印引定〉残片考》（《西夏学》第八辑，2011年）、（与孙伯君合著）《黑水城出土西夏文〈西方净土十疑论〉略注本考释》（《宁夏社会科学》2012 年第 2 期)。

黄延军：《俄藏黑水城西夏文〈佛说金耀童子经〉考释》(《西夏学》第八辑，2011 年)。

景永时：(与王荣飞合著)《宁夏宏佛塔天宫装藏西夏文木雕版考述》(《敦煌学辑刊》2016 年第 2 期)、(与王荣飞合著)《艾尔米塔什博物馆藏西夏文佛经木雕版考论》(《宁夏社会科学》2019 年第 5 期)。

李若愚：《〈喜金刚现证如意宝〉：元帝师八思巴著作的西夏译本》(《宁夏社会科学》2016 年第 5 期)。

林英津：《西夏语译〈尊胜经（Usnīsa Vijaya Dhāranī）〉释文》(《西夏学》第八辑，2011 年)。

麻晓芳：《西夏文〈圣广大宝楼阁善住妙秘密论王总持经〉考释》(《西夏研究》2014 年第 4 期)、《西夏文〈胜慧彼岸到要门教授现前解庄严论诠颂〉译考》(《宁夏社会科学》2015 年第 6 期)、《西夏文〈善住意天子会·破魔品〉考释》(《西夏研究》2016 年第 3 期)、《"擦擦"的西夏译法小考》(《宁夏社会科学》2016 年第 5 期)、《俄藏西夏文〈佛说瞻婆比丘经〉残卷考》(《西夏研究》2017 年第 4 期)、《西夏文〈药师琉璃光七佛本愿功德经〉的草书译本》(《宁夏社会科学》2018 年第 2 期)、《西夏文〈药师琉璃光七佛本愿功德经〉残卷考》(《西夏学》第十六辑，2018 年)、《〈佛说四人出现世间经〉的西夏译本》(《西夏研究》2019 年第 1 期)、《西夏文〈无边庄严会·清净陀罗尼品〉初、校译本对勘札记》(《西夏学》第十八辑，2019 年)。

聂鸿音：《〈十一面神咒心经〉的西夏译本》(《西夏研究》2010 年第 2 期)、《〈仁王经〉的西夏译本》(《民族研究》2010 年第 3 期)、《〈禅源诸诠集都序〉的西夏译本》(《西夏学》第五辑，2010 年)、《俄藏西夏本〈拔济苦难陀罗尼经〉考释》(《西夏学》第六辑，2010 年)、《西夏文〈禅源诸诠集都序〉译证（上）》(《西夏研究》2011 年第 1 期)、《西夏文〈禅源诸诠集都序〉译证（下）》(《西夏研究》2011 年第 2 期)、《德慧译本〈圣佛母般若心经〉及〈持诵要门〉的夏汉对勘研究》(《汉藏语研究》第 5 辑，2011 年)、《西夏本〈近住八斋戒文〉考释》(《台大佛学研究》2012 年第 23 辑)、《西夏文〈五部经序〉考释》(《民族研究》2013 年第 1 期)、《〈金光明总持经〉：罕见的西夏本土编著》(《宁夏师范学院学报》2014 年第 4 期)、《〈圣曜母陀罗尼经〉的西夏译本》(《宁夏社会科学》2014 年第 5 期)、On the Tangut Version of *Ting nge 'dzin gyi tshogs kyi le'u* (《藏学学刊》第 9 辑，2013 年)、《〈番大悲神咒〉考》(《密教文献整理与研究》2014 年)。

史金波：《〈英藏黑水城文献〉定名刍议及补正》(《西夏学》第五辑，2010 年)、《西夏文〈大白伞盖陀罗尼经〉及发愿文考释》(《世界宗教研究》2015 年第 5 期)、《凉州会盟与西夏藏传佛教——兼释新见西夏文〈大白伞盖陀罗尼经〉发愿文残叶》(《中国藏学》2016 年第 2 期)、《泥金写西夏文〈妙法莲华〉的流失和考察》(《文献》2017 年第 3 期)。

孙伯君:《黑水城出土西夏文〈佛说最上意陀罗尼经〉残片考释》(《宁夏社会科学》2010 年第 1 期)、《黑水城出土西夏文〈金师子章云间类解〉考释》(《西夏研究》2010 年第 1 期)、《西夏文〈修华严奥旨妄尽还源观〉考释》(《西夏学》第六辑,2010 年)、《西夏文〈正行集〉考释》(《宁夏社会科学》2011 年第 1 期)、《〈佛说阿弥陀经〉的西夏译本》(《西夏研究》2011 年第 1 期)、《黑水城出土〈大手印定引导略文〉考释》(《西夏研究》2011 年第 4 期)、(与韩潇锐合著)《黑水城出土西夏文〈西方净土十疑论〉略注本考释》(《宁夏社会科学》2012 年第 2 期)、《西夏文〈妙法莲华心经〉考释》(《西夏学》第八辑,2012 年)、《黑水城出土西夏文〈求生净土法要门〉译释》(《民族古籍研究》第一辑,2012 年)、《〈无垢净光总持〉的西夏文译本》(《宁夏社会科学》2012 年第 6 期)、《俄藏西夏文〈大手印定引导要门〉考释》(《西域历史语言研究集刊》,2012 年)、《鲜演大师〈华严经玄谈决择记〉的西夏文译本》(《西夏研究》2013 年第 1 期)、《黑水城出土三十五佛名礼忏经典综考》(《吴天墀教授百年诞辰纪念文集》,2013 年)、《黑水城出土藏传佛典〈中有身要门〉考释》(《藏学学刊》第九辑,2013 年)、《西夏文〈观弥勒菩萨上生兜率天经〉考释》(《西夏研究》2013 年第 4 期)、《〈大乘要道密集〉与西夏文本关系再探》(《西夏学》第十辑,2014 年)、《澄观"华严大疏钞"的西夏文译本》(《宁夏社会科学》2014 年第 4 期)、《西夏文〈亥母耳传记〉考释》(《大喜乐与大圆满——庆祝谈锡永先生八十华诞汉藏佛学研究论集》,2014 年)、《西夏文〈治风碍剂门〉考释》(《西夏研究》2014 年第 3 期)、《西夏文〈除念定碍剂门〉考释》(《藏学学刊》第十一辑,2014 年)、《玄奘所译〈般若心经〉的西夏文译本》(《西夏研究》2015 年第 2 期)、《西夏文〈能照无明〉考释》(《西域历史语言研究集刊》第八辑,2015 年)、《黑水城出土西夏文〈八种粗重犯堕〉考释》(《西夏研究》2016 年第 2 期)、《西夏智广编〈密咒圆因往生集〉陀罗尼汇考》(《宗教信仰与民族文化》第八辑,2016 年)、《西夏文〈佛说圣曜母陀罗尼经〉》(《丝路文明》第一辑,2016 年)、《裴休〈发菩提心文〉的西夏译本考释》(《宁夏社会科学》2017 年第 4 期)、《故宫博物院藏西夏文〈高王观世音经〉考释》(《西域历史语言研究集刊》第十辑,2018 年)、《西夏文〈三代相照文集〉述略》(《宁夏社会科学》2018 年第 6 期)、《西夏文〈三观九门枢钥〉考补》(《宁夏社会科学》2019 年第 4 期)、《元代〈河西藏〉编刊资料补正》(《中华文化论坛》2019 年第 5 期)、(与胡进杉合著)《西夏文〈菩提心及常作法事〉研究》(《西夏学》第十九辑,2019 年)。

索罗宁:《白云释子〈三观九门〉初探》(西夏学第八辑,2011 年)、《〈金刚般若经颂科次纂要义解略记〉序及西夏汉藏佛教的一面》(《中国藏学》2016 年第 2 期)、(与魏文、谢皓月合著)《西夏文星曜礼忏文献〈圣曜母中道法事供养根〉译考》(《敦煌研究》2019 年第 3 期)。孙颖新:《西夏文〈佛说斋经〉译证》(《西研究》2011年第1期)、《西夏文〈大乘无量寿经〉考释》(《宁夏社会科学》2012年第1期)、《西夏本〈佛说疗痔病经〉释读》(《宁夏社会科学》2013年第5期)、《西夏文〈诸法一心定慧圆满不可思议要门〉考释》(《宁夏社会科学》2016年第5期)、《西夏文〈无量寿经〉研究》(《世界宗教文化》2018年第3期)、《西夏文〈大宝积经·无量寿如来会〉对勘研究》(《世界宗教文化》2019年第3期)。

孙昌盛：《西夏文藏传佛经〈吉祥遍至口合本续〉勘误》(《北方民族大学学报(哲学社会科学版)》2015年第5期)、《灵武回民巷西夏摩崖石刻》(《宁夏社会科学》2017年第1期)、《〈胜住仪轨〉夏藏文对勘研究》(《西夏学》第十八辑，2019年)、(与高文霞合著)《方塔出土西夏藏传密教文献"修持仪轨"残片考释》(《图书馆理论与实践》2015年第12期)。

苏航：《〈圣胜慧到彼岸功德宝集偈〉梵、藏、夏、汉本对勘研究 第一品(一)：第1—10颂》(《西夏学》第八辑，2011年)。

王培培：《俄藏西夏文〈佛说八大人觉经〉考》(《西夏研究》2010年第2期)、《俄藏西夏文〈维摩诘经〉残卷考补》(《西夏学》第五辑2010年)、《英藏西夏文〈维摩诘经〉考释》(《宁夏社会科学》2011年第3期)、《俄藏西夏文〈佛说诸佛经〉考释》(《宁夏社会科学》2011年第6期)、《中国藏西夏文〈维摩诘经〉整理》(《西夏学》第11辑，2015年)、《英藏汉文〈佛说天地八阳神咒经〉考释》(《西夏学》第12辑，2016年)、《西夏文〈佛说入胎藏会第十四之二〉考释》(《西夏研究》2017年第3期)。

王龙：《中国藏西夏文〈佛说消除一切疾病陀罗尼经〉译释》(《西夏学》第11辑，2015年)、《西夏文〈佛说避瘟经〉考释》(《宁夏师范学院学报》2016年第1期)、《黑水城出土西夏文〈十二缘生祥瑞经(卷上)〉考释》(《西夏研究》2016年第1期)、《黑水城出土西夏文〈十二缘生祥瑞经(卷下)〉考释》(《西夏研究》2016年第2期)、《黑水城出土西夏文〈佛说大方广善巧方便经〉考补》(《图书馆理论与实践》2016年第7期)、《西夏文〈地藏菩萨本愿经〉综考》(《华西语文学刊》2016年第2期)、《西夏写本〈阿毗达磨顺正理论〉考释》(《宁夏社会科学》2017年第2期)、《西夏写本〈大乘阿毗达磨集论〉缀考》(《文献》2017年第3期)、《西夏文〈十轮经〉考论》(《西夏研究》2017年第2期)、《藏传〈圣大乘胜意菩萨经〉的夏汉藏对勘研究》(《北方民族大学学报(哲学社会科学版)》2017年第5期)、《俄藏西夏文〈瑜伽师地论〉卷八十八考释》(《西夏研究》2017年第4期)、《〈通玄记〉的西夏译本》(《西夏学》第十四辑，2017年)、《西夏文草书〈显扬圣教论·成瑜伽品第九〉考补》(《西夏学》第十六辑，2018年)、《黑水城出土西夏文〈仁王经〉补释》(《西夏学》第十七辑，2018年)、《西夏文草书〈显扬圣教论·成不思议品第十〉考补》(《西夏研究》2019年第1期)。

张映晖：《黑水城出土西夏文〈百千印陀罗尼经〉考释》(《西夏学》第十七辑，2018年)。

(2) 在西夏佛教文献得到大量释读的前提下，这十年间学术界对公元 11—13 世纪西夏及河西地区佛教信仰的流传、发展、特点有了深入研究。同时在聂鸿音、孙伯君、沈卫荣等学者的努力下，西夏与中原、西藏不同宗派佛教信仰之关系，来河西弘法藏传佛教喇嘛事迹及其世系传承，西夏所存藏、汉佛教亡佚文献的思想文化价值等研究亦有长足发展。相关研究论文有：

崔红芬：《西夏僧人"德慧"师号考》（《宁夏社会科学》2010 年第 2 期）、《僧人"慧觉"考略——兼谈西夏的华严信仰》（《世界宗教研究》2010 年第 4 期）、《夏汉文本华严经典考略》（《宁夏社会科学》2016 年第 3 期）。

李若愚：《西夏时期藏传佛教的流传》（《宁夏社会科学》2019 年第 2 期）。

段玉泉：《两部西夏文佛经在传世典籍中的流变》（《西夏学》第十一辑，2015 年）、《瑞典藏元刊西夏文大藏经再探讨》（《中华文化论坛》2019 年第 6 期）。牛达生：《藏传佛教是夏仁宗时期传入西夏的——〈西夏佛教三论〉之三》（《西夏学》第十三辑，2016 年）。

聂鸿音：《华严"三偈"考》（《西夏学》第八辑，2011 年）、《西夏文献中的净土求生法》（《吴天墀教授百年诞辰纪念文集》，2013 年）、《西夏文装藏咒语考》（《西夏研究》2013 第 4 期）、A Textual Study of the Tangut Ballad *Yuqie Yewugeng*, *Central Asiatic Journal* 57（2014）、《关于西夏文〈大般若经〉的两个问题》（《文献》2015 年第 1 期）、《西夏试经补议》（2018 年第 2 期）、《贤觉帝师传经考》（《中华文史论丛》2017 第 2 期）。

史金波：《关于西夏佛与儒的几个问题》（《江汉论坛》2010 年第 10 期）。

孙伯君：《元代白云宗译刊西夏文文献综考》（《文献》2011 年 2 期）、《元刊〈河西藏〉考补》（《民族研究》2011 年 2 期）、《西夏仁宗皇帝的校经实践》（《宁夏社会科学》2013 年第 4 期）、《西夏遗存文献所见藏传佛教的传承世系》（《中华文史论丛》2014 年第 3 期）、《西夏文"明点"考释》（《宁夏社会科学》2015 年第 1 期）、《从两种西夏文卦书看河西地区"大唐三藏"形象的神化和占卜与佛教的交融》（《民族研究》2016 年第 4 期）、《西夏国师法狮子考》（《北方民族大学学报》2017 年第 2 期）、《藏传佛教"大手印"法在西夏的流传》（《西夏学》第十四辑，2017 年）、《元代〈河西藏〉编刊资料补正》（《中华文化论坛》2019 年第 5 期）。

索罗宁：《西夏佛教的"真心"思想》（《西夏学》第五辑，2010 年）、《西夏佛教之"系统性"初探》（《世界宗教研究》2013 年第 4 期）。

孙昌盛：《西夏文藏传佛经〈本续〉中的古代印藏地名及相关问题》（《西藏研究》2015 年第 6 期）、《西夏文藏传密续〈广义文〉所见印度大成就者黑行师事迹译注》（《西夏研究》2016 年第 3 期）、《俄藏西夏文藏传密续〈胜住仪轨〉题记译考——兼论藏传佛教传播西夏的时间》（《北方民族大学学报（哲学社会科学版）》2017 年第 2 期）、《西夏藏传文献中所见印度大成就者毗卢巴事迹译注》（《西夏学》第十五辑，2017 年）。

沈卫荣：《大乘要道密集与西夏、元、明三代藏传佛教史研究》(《古今论衡》第 23 期，2011 年)、《西夏汉文藏传密教仪轨〈依吉祥上乐轮方便智慧双运道玄义卷〉读解——以依"四手印"修"欲乐定"为中心》(《国学的继承与创新——冯其庸先生从事教学与科研六十周年庆贺学术文集》，2012 年)、《文本对勘与历史建构：藏传佛教于西域和中原传播历史研究导论》(《文史》2013 年第 4 期)、《宋、西夏、明三种汉译〈吉祥喜金刚本续〉的比较研究》(《汉藏佛学研究——文本、人物、图像和历史》，2013 年)、《论蒙元王朝于明代中国的政治和宗教遗产——藏传佛教于西夏、元、明三代政治和宗教体制形成中的角色研究》(《8—15 世纪中西部西藏的历史、文化和艺术》，2014 年) (与安海燕合著)《清〈宫廷瑜伽〉、西夏"道果机轮"及元代"演揲儿法"考证》(《文史》2017 年第 1 期)。

高山杉：《玄密帝师与无生上师》(《读书》2012 年第 3 期)、《有关〈华严法界观通玄记〉的几个新发现》(《中山大学学报（社会科学版）》2018 年第 2 期)。

王龙：《西夏文"地藏三经"综考》(《西夏学》第十二辑，2016 年)。

魏文：《〈最胜上乐集本续显释记〉译传考——兼论西夏上乐付法上师》(《中国藏学》2013 年第 1 期)、《西夏文藏传佛教文献整理编目工作综述》(《西夏学》第十一辑，2015 年)、《滂汀巴昆仲与上乐教法在藏地和西夏的早期弘传》(《中国藏学》2016 年第 2 期)。

袁志伟：《西夏大手印法与禅宗关系考——以〈大乘要道密集〉为中心》(《陕西师范大学学报（哲学社会科学版）》2016 年第 6 期)、《西夏华严禅思想与党项民族的文化个性——西夏文献〈解行照心图〉及〈洪州宗师教仪〉解读》(《青海民族研究》2017 年第 1 期)。

(3) 尽管西夏文世俗类文献的绝对数量小于佛教文献，且由于刊布的时间早，很多文献在 20 世纪末 21 世纪初就得到了一定的研究，但由于世俗类文献内容种类众多，包含天文历算、法律法条、儒家经典、韵书字典、阵法兵书、通俗读本等，这些文献是研究西夏乃至河西地区社会面貌与俗世文化的重要材料；因此在进入到 21 世纪的第二个十年后，西夏文世俗文献的研究从原来大规模的文献解读转向专题研究，许多专家学者在文献解读的基础上从事文学、法学、历史学、宗教学等各方面的研究。研究儒家典籍、童蒙读本的论文有：

段玉泉：《〈孝经〉两种西夏文译本的比较研究》(《中华文史论丛》2018 年第 1 期)。

郭明明：《〈圣立义海〉孝子故事史源补考》(《西夏研究》2017 年第 1 期)。和智：《西夏文〈圣立义海〉翻译中的若干语法问题》(《西夏学》第十四辑，2017 年)。景永时：(与王荣飞合著)《未刊布的西夏文刻本〈碎金〉考论》(《敦煌学辑刊》2017 年第 4 期)。

贾常业：《夏译本〈论语全解〉、〈孝经传〉中的避讳字》(《宁夏社会科学》2011 年第 4 期)。

梁丽莎：《英藏西夏文〈贞观政要〉〈新集文词九经抄〉残片考释》（《绵阳师范学院学报》2019 年第 9 期）。

李晓春：（与彭向前合著）《西夏文草书〈礼记〉异文一则》（《西夏研究》2018 年第 1 期）。

聂鸿音：《西夏译〈孟子章句〉残卷考》（《西夏研究》2012 年第 1 期）、《西夏本〈太宗择要〉初探》（《宁夏师范学院学报》2012 年第 2 期）、《西夏文"君臣问对"残叶考》（《中华文史论丛》2017 年第 2 期）、《中原"儒学"在西夏》（《北方民族大学学报》2017 年第 3 期）、《英国收藏的西夏译〈论语全解〉残片》（《书品》2017 年第 2 期）、《黑水城所出西夏文〈碎金〉考补》（《民族古籍研究》第四辑，2018）。

彭向前：《〈孟子〉西夏译本中的夏汉对音字研究》（《西夏学》第五辑，2010 年）、《夏译汉籍中的"颠倒"译法》（《民族语文》2011 年第 5 期）、《西夏文〈孝经传〉草书初探》（《宁夏社会科学》2014 年第 2 期）、《西夏文草书〈孝经传序〉译释》（《宁夏社会科学》2017 年第 5 期）。

孙颖新：《英国国家图书馆藏〈孝经〉西夏译本考》（《宁夏社会科学》2017 年第 5 期）。

王荣飞：（与景永时合著）《俄、英藏西夏文译〈贞观政要〉的版本关系》（《宁夏社会科学》2012 年第 4 期）、（与戴羽合著）《英藏西夏文译〈贞观政要〉的整理与研究》（《西夏学》第十一辑，2015 年）。

袁志伟：《〈圣立义海〉与西夏"佛儒融合"的哲学思想》（《宁夏大学学报（人文社会科学版）》2015 年第 3 期）。

张彤云：《西夏类书〈圣立义海〉故事新考三则》（《西夏研究》2019 年第 1 期）。

（4）研究西夏文文学类文献的论文有：

汤君：《试论西夏文学的中国古代文学史价值》（《宁夏社会科学》2018 年第 3 期）。

梁松涛：《西夏文〈宫廷诗集〉版本考》（《宁夏社会科学》2011 年第 4 期）、《西夏文〈宫廷诗集〉用典分析》（《西夏研究》2011 年第 3 期）。

聂鸿音：《西夏诗歌用韵考》（《西夏研究》2013 年第 1 期）、《党项诗歌的形式及其起源》（《西夏研究》2016 第 4 期）、《从格言到诗歌：党项民族文学的发展历程》（《宁夏社会科学》2018 年第 4 期）、《西夏应用文的写作模板及其起源》（《宁夏师范学院学报》2018 年第 4 期）、《中原诗歌在西夏和契丹的传播》（《四川师范大学学报》2019 年第 4 期）。

孙伯君：《西夏俗文学"辩"初探》（《西夏研究》2010 年 4 期）、（与张清秀合著）《西夏曲子词〈杨柳枝〉初探》（《宁夏社会科学》2011 年 6 期）、《西夏文写本〈整驾西行烧香歌〉释补》（《西夏研究》2018 年第 5 期）。

王昊：《试论西夏文学的华儒内蕴》（《北京大学学报（哲学社会科学版）》

2013年5月)。

徐希平：(与彭超合著)《俄藏与中国藏两种西夏文曲辞〈五更转〉之探讨》(《民族文学研究》2016年第6期)。

赵阳：《西夏佛教文学作品的特点与价值》(《甘肃社会科学》2016年第1期)、《论宋代文学对西夏文学的影响》(《兰州学刊》2016年第8期)。

(5) 研究西夏文兵书、医药类文献的论文有：

段玉泉：《西夏文医方〈敕赐紫苑丸〉初探》(《宁夏社会科学》2013年第5期)。

贾常业：《西夏文译本〈六韬〉解读》(《西夏研究》2011年第2期)。

梁松涛：《俄藏黑水城文献911号西夏文医书第14-1页药方考释》(《敦煌学辑刊》2011年第4期)、《俄藏黑水城出土西夏文"五倍丸方"考释》(《西夏研究》2012年第1期)、《黑水城出土4384 (9—8)与4894号缀合西夏文医方考释》(《宁夏社会科学》2012年第1期)、《黑水城出土3则偏头痛西夏文古医方考释》(《河北中医》2012年第3期)、《黑水城出土西夏文古医方"天雄散"考述》(《云南中医学院学报》2012年第2期)、《黑水城出土西夏文三则治疗肠风泻血方考述》(《河南中医》2012年第6期)、《黑水城出土西夏文文献古方还阳丹考述》(《南京中医药大学学报 (社会科学版)》2012年第2期)、《黑水城出土西夏文古医方"人参半夏散"考述》(《时珍国医国药》2012年第7期)、《黑水城出土一则西夏文"治口疮"古方考证》(《贵阳中医学院学报》2012年第4期)、《黑水城出土4979号一则西夏文医方考释兼论西夏文医药文献的价值》(《辽宁中医药大学学报》2012年第8期)、《黑水城出土二则齿科病方考述》(《中医药文化》2012年第4期)、《黑水城出土西夏文五则治疗眼疾古方考》(《山西中医学院学报》2012年第4期)、《黑水城出土西夏文古佚医方"萆薢丸"考》(《山东中医药大学学报》2012年第6期)、《黑水城出土医药文献所反映的西夏医学特色》(《宋史研究论丛》第十三辑，2012年)、《黑水城出土医药文献存现及研究概况》(《中华医史杂志》2013年第3期)、《黑水城出土西夏文医药文献底本来源及特点》(《南京中医药大学学报 (社会科学版)》2013年第3期)、《黑水城出土西夏文古佚医方"鹿角霜丸"考》(《中医文献杂志》2013年第5期)、《黑水城出土西夏文古医方"茯苓散"考》(《山西中医学院学报》2013年第5期)、《黑水城出土西夏文古佚医方"豆冰丹"考》(《贵阳中医学院学报》2014年第2期)、《黑水城出土西夏文医方"水胀食鸣丸"考》(《陕西中医学院学报》2014年第6期)、《出土西夏文涉医文献研究状况及前景》(《中华医史杂志》2016年第6期)、《黑水城出土西夏文〈明堂灸经〉残叶考》(《文献》2017年第3期)、《黑水城出土西夏文3则治妇科病方考释》(《中华医史杂志》2017年第5期)、《黑水城出土西夏文"车前子丸"考述》(《中华医史杂志》2017年第6期)、《黑水城出土西夏文古佚医方"半夏茯苓汤"考述》(《南京中医药大学学报 (社会科学版)》2017年第4期)、《黑水城出土二则西夏文妇人产后医方考述》(《湖南中医药大学学报》2018年第1期)、《黑水城出土西夏文三则治恶疮医方考述》(《长春中医药大学学报》2018 年第 1 期)、《黑水城出土二则西夏文治脾胃医方考述》(《甘肃中医药大学学报》2018 年第 1 期)、《黑水城出土西夏文古佚方"顺气化痰丸"考释》(《河南中医》2018 年第 6 期)、《黑水城出土西夏文治妇人乳病医方 2 则考述》(《江西中医药大学学报》2018 年第 4 期)、《黑水城出土 4 则西夏文治热病医方考述》(《河北中医》2018 年第 6 期)、《黑水城出土西夏文四则治风癫疮医方考述》(《山西中医学院学报》2019 年第 1 期)、《黑水城出土 6539 号西夏文〈明堂灸经〉考释》(《敦煌学辑刊》2019 年第 3 期)。

刘春生：《西夏文本〈孙子兵法〉的文献研究》(《孙子研究》2015 年第 2 期)。

李晓明：《英藏西夏文〈孙子兵法〉残页考释》(《西夏研究》2016 年第 4 期)。

聂鸿音：《〈明堂灸经〉的西夏译本》(《古典文献学理论探索与古籍整理方法研究》2013 年)、《从药名异译论西夏医方的性质》(《中华文史论丛》2014 年第 3 期)、《诸葛亮〈将苑〉考补》(《文献》2018 年第 1 期)。

邵鸿：(与张海涛合著)《西夏文〈六韬〉译本的文献价值》(《文献》2015 年第 6 期)。

孙伯君：《西夏文相马、医马法〈育骏方〉考释》(《北方民族大学学报》2018 年第 2 期)。

孙颖新：《西夏写本〈孙子兵法〉残卷考》(《西夏研究》2012 年第 2 期)。

宋满平：《从几组医方谈西夏文医药文献的来源》(《西夏学》第十二辑，2016 年)。

(6) 研究西夏文天文历算类文献的相关论文有：

聂鸿音：《西夏文献中的占卜》(《西夏研究》2015 年第 2 期)、《西夏道教补议》(《西夏学》第十七辑，2018 年)。

孙伯君：(与王龙合著)《西夏文"十二钱"卜卦书〈掷卦本〉考释》(《北方民族大学学报》2016 年第 1 期)。

彭向前：《俄藏 Инв. No. 8085 西夏历日目验记》(《西夏学》第十辑，2013 年)、《西夏历日文献中关于长期观察行星运行的记录》(《西夏学》第十一辑，2015 年)、《几件黑水城出土残历日新考》(《中国科技史杂志》2015 年第 2 期)、《出土文献中的推人游年八卦法》(《西夏学》第十八辑，2019 年)。

韦兵：(与秦光永合作)《俄藏黑水城文献 No. 5722〈谨算〉星命解读》(《西夏学》第十五辑，2017 年)、《〈推星命洞微百六大限逐岁吉凶文书〉：英藏黑水城文献 359 占卜书残叶考释与定名》(《西夏学》第十七辑，2018 年)。

秦光永：《黑水城出土星命书《百六吉凶歌》残叶考》(《西夏研究》2018 年第 1 期)、《步星以曆：黑水城出土文献中的"符天类"星曆》(《文史》2021 年第 2 期)。

王培培：《西夏语"罗睺星"的来源》(《宁夏社会科学》2019 年第 3 期)、《西夏"计都星"考》(《西夏学》第十九辑，2019 年)。

(7) 研究西夏文辞书、韵书、字书等文献的相关论文有：

段玉泉：《新见英藏西夏文〈杂字〉考释》(《西夏学》第十四辑，2017 年)。

邓章应：(与吴宇合著)《西夏文〈同义〉考释三则》(《西夏学》第十七辑，2019年)。

高仁：(与王培培合著)《西夏文〈杂字·汉姓〉译考》(《西夏研究》2017年第2期)。

韩小忙：《〈同音〉丁种本背注初探》(《西夏研究》2010年第1期)、《俄藏〈同音〉丁种本背注之学术价值再发现》(《民族研究》2010年第3期)、《〈同音背隐音义〉书名的拟定及其成书年代》(《宁夏社会科学》2011年第3期)、《西夏文韵书〈同音〉残片的整理》(《西夏研究》2011年第3期)、《俄藏佛教文献中夹杂的〈同音〉残片新考》(《宁夏社会科学》2015年第2期)。

贾常业：《〈番汉合时掌中珠〉中的异讹字》(《西夏研究》2015年第1期)、《〈音同〉中的异体字与讹体字》(《西夏研究》2016年第2期)。

景永时：《西夏文字书〈同音〉的版本及相关问题》(《宁夏社会科学》2012年第6期)、《〈番汉合时掌中珠〉俄藏编号内容复原与版本考证》(《宁夏社会科学》2013年第6期)、《俄藏〈同音〉未刊部分文献与版本价值述论》(《北方民族大学学报(哲学社会科学版)》2014年第5期)、《20世纪〈番汉合时掌中珠〉刊印史考述》(《北方民族大学学报(哲学社会科学版)》2016年第5期)、《西夏文〈同音〉版本问题综考》(《宁夏社会科学》2016年第5期)。

聂鸿音：《俄藏4947号西夏韵书残叶考》(《西夏研究》2012年第3期)、《西夏字典中的非常规反切》(《宁夏师范学院学报》2015年第5期)、《吐峪沟出土"杂字"残卷初探》(《励耘语言学刊》第二十六辑2017年)。

佟建荣：《西夏文刊本〈三才杂字〉残页考》(《西夏学》第十三辑，2016年)。

孙颖新：《中国历史上最早的通假字书：〈择要常传同训杂字〉》(《宁夏社会科学》2018年5月)。

吴宇：(与邓章应合著)《西夏文〈同义〉重复字研究》(《西夏学》第十八辑，2019年)。

(8) 研究西夏文《天盛改旧新定律令》等律法类文献的相关论文有：

崔红芬：(与文志勇合著)《西夏寺院依附人口初探——以〈天盛律令〉为中心》(《西夏研究》2013年第1期)。

杜建录：《西夏〈天盛律令〉研究的几个问题》(《西夏学》第十三辑，2016年)。

戴羽：《〈天盛律令〉的告赏立法探析》(《社会科学家》2013年第11期)、《西夏换刑制度考述》(《西夏学》第十三辑，2016年)、《西夏使军、奴仆、官人、私人问题再探》(《西夏学》第十五辑，2017年)、《西夏刑罚制度渊源考述——以〈贞观玉镜将〉〈天盛律令〉为中心》(《西夏学》第十八辑，2019年)。

董昊宇：《〈天盛律令〉中的比附制度——以〈天盛律令〉"盗窃法"为例》(《宁夏社会科学》2011年第5期)。

许伟伟：《〈内宫待命等头项门〉中的职官问题》(《西夏学》第七辑，2011

年)、《〈法则〉卷九诸司职考》(《西夏学》第十辑,2013年)。

高仁:《一件英藏〈天盛律令〉印本残页译考》(《西夏学》第十一辑,2015年)。

韩小忙:(与孔祥辉合著)《英藏〈天盛律令〉残片的整理》(《西夏研究》2016年第4期)。

惠宏:《西夏〈天盛律令〉之中药名"蔓荆子"考释》(《宁夏社会科学》2017年第4期)。

和智:《〈天盛改旧新定律令〉补考五则》(《中华文史论丛》2018年第1期)。

孔祥辉:《英藏〈天盛律令〉Or. 12380-3762残片考补》(《西夏研究》2018年第4期)、《两则未刊俄藏〈天盛律令〉残片考释》(《西夏学》第十七辑,2018年)、《俄藏Инв. No. 6239号〈天盛律令〉残片考补》(《西夏学》第十八辑,2019年)。

李华瑞:《再论〈天盛律令〉的修纂》(《西夏学》第十三辑,2016年)。

梁松涛:(与袁利合著)《黑水城出土西夏文〈亥年新法〉卷十二考释》(《宁夏师范学院学报》2013年第2期)、《黑水城出土西夏文〈法则〉卷八考释——兼论以例入法的西夏法典价值》(《宋史研究论丛》第十四辑,2013年)、(与杜建录合著)《黑水城出土西夏文〈法则〉性质和颁定时间及价值考论》(《西夏学》第九辑,2013年)、《黑水城出土西夏文〈亥年新法〉卷十三"隐逃人门"考释》(《宁夏师范学院学报》2015年第2期)、(与李灵均合著)《试论西夏中晚期官当制度之变化》(《宋史研究论丛》第十六辑,2015年)。

刘双怡:《西夏地方行政区划若干问题初探》(《宋史研究论丛》第十六辑,2015年)。

李治涛:(与尤桦合著)《西夏水利立法研究——以〈天盛律令〉〈亥年新法〉为中心》(《西夏学》第十九辑,2019年)。

潘洁:《西夏租役草考述》(《中国史研究》2018年第1期)、《两件〈天盛律令〉未刊残页考释》(《西夏学》第十八辑,2019年)。

魏淑霞:《〈天盛律令〉关于西夏官员贪赃问题的规定》(《西夏学》第十辑,2013年)、《西夏功德司考述》(《宁夏社会科学》2017年第4期)、《〈天盛改旧新定律令〉卷一一"使来往门"译证》(《中华文史论丛》2018年第1期)。

王龙:《西夏文〈法则〉卷八"为婚门"考释》(《西夏学》第十辑,2013年)。

许生根:《英藏〈天盛律令〉残卷西夏制船条款考》(《宁夏社会科学》2016年第2期)。

许鹏:《俄藏Инв. №8084ё和8084Ж号〈天盛律令〉残片考释》(《宁夏社会科学》2016年第6期)、《俄藏Инв. No. 4429〈天盛律令〉残页考释》(《西夏研究》2018年第4期)、《俄藏6239号〈天盛律令〉中的两则残叶考释》(《西北民族论丛》第十八辑,2018年)。

于光建:《〈天盛律令〉对买卖借典"中间人"的规制》(《西夏学》第十三辑,

2016年)。

张玉海:《西夏官吏"禄食"标准管窥——以〈天盛律令〉为中心》(《宁夏社会科学》2012年第5期)。

翟丽萍:《西夏官阶制度补考》(《西夏学》第十辑,2013年)、《试述西夏军抄》(《西夏学》第十五辑,2017年)、《浅议西夏的职事官》(《西夏学》第十七辑,2018年)。

(9) 利用西夏文文献,研究西夏语语音、词汇、语法的论文层出不穷。孙颖新对西夏文通假现象的研究对学界产生了很大影响;聂鸿音、孙伯君等学者利用西夏文对音、译音文献研究河西方音等汉语方言问题的论文为研究西夏文献拓宽了路径。相关论文有:

陈鑫海:《从内部规律和外部比较看党项语第一小循环的构拟》(《西夏学》第十七辑,2018年)。

段玉泉:《西夏语中的选择连词 mo^2》(《语言研究》2015年第1期)。

林英津:《论西夏语"不知云何作记"》(《西夏研究》2011年第3期)、《试论西夏语的堡 sju^2 与沪 $dzjo^1$ 及其相关问题》(《西夏学》第八辑,2011年)、《论西夏语的澎 lju^1 「流」及其相关问题(《西夏学》第九辑,2013年)。

麻晓芳:《西夏语的引述句与言说义动词初探》(《民族语文》2018年第6期)。

聂鸿音:《论西夏语的-j-介音》(《中国多文字时代的历史文献研究》,2010年)、《西夏文献中的"柔然"》(《宁夏师范学院学报》2010年第5期)、《汉语西北方言泥来混读的早期资料》(《方言》2011年第1期)、《〈辽史·西夏外纪〉中的"团练使"和"刺史"》(《东北史地》2011年第2期)、《西夏语专有名词的类别标记》(《语言科学》2013年第2期)、《西夏语的名物化后缀 sji^2 和 lew^2》(《语言科学》2013年第2期)、《〈显密圆通成佛心要集〉里的梵语真言》(《宁夏社会科学》2016年第3期)。

彭向前:《西夏语中的对比连词 $mji^1\ djij^2$》(《西夏学》第十二辑,2016年)。

孙宏开:《西夏语声母系统拟测》(《语言科学》2016年第1期)、《西夏与羌——兼论西夏语在羌语支中的历史地位》(《阿坝师范学院学报》2016年第2期)。

史金波:《西夏语人称呼应和动词音韵转换再探讨》(《民族语文》2010年第5期)。

孙伯君:《简论西夏文"缨"*$djij^2$ 的语法功能》(《西夏学》第五辑,2010年)、《〈天盛律令〉中的"契丹"和"女直"》(《东北史地》2011年第2期)、《12世纪河西方音的通摄阳声韵》(《中国语文》2012年2期)、《西夏语时间名词简论》(《西夏研究》2012年3期)、《〈辽史·西夏外纪〉的几个土产名称》(《满语研究》2013年1期)、《西夏语名量词考论》(《民族语文》2014年2期)、《西夏文"明点"考释》(《宁夏社会科学》2015年第1期)、《西夏语"*·ja"的用法及与之相关的惯用型》(《宁夏社会科学》2016年第1期)、《12世纪河西方音中的党项式汉语成分》(《中国语文》2016年第1期)、《西夏语声调问题再探》(《语言科学》

2016 年第 1 期)、《论西夏对汉语音韵学的继承与创新》(《中华文史论丛》2017 年第 2 期)、《12 世纪河西方音的鼻音声母》(《励耘语言学刊》第二十六辑，2017 年)、《西夏语牙音和舌头音的腭化音变》(《语言研究》2018 年第 1 期)、《汉语北方话的"番式"变读》(《方言》2019 年第 2 期)。

孙颖新：《西夏文献中的通假》(《宁夏社会科学》2015 年第 6 期)、《再论西夏文献中的通假现象》(《语言研究》2019 年第 3 期)。

王培培：《西夏语"罗睺星"的来源》(《宁夏社会学科》2019 年第 3 期)、《西夏"计都星"考》(《西夏学》第十九辑，2019 年)。

许鹏：《西夏语人称呼应类动词的双音化》(《西夏学》第十七辑，2018 年)、《论西夏语的词义移植》(《中央民族大学学报（哲学社会科学版)》2019 年第 3 期)。

张珮琪：《西夏语的格助词》(《西夏学》第五辑，2010 年)、《论西夏语动词的态范畴》(《西夏学》第六辑，2011 年)、《西夏语的副词子句》(《西夏学》第十七辑，2018 年)。

张永富：《西夏语的禁止式标记》(《西夏学》第十九辑，2019 年)。

(10) 现存西夏文文献中还有大量的契约文书，是认识西夏及河西地区社会面貌的第一手资料。因其书写字形多为草书造成释读的难度普遍较高，因此学界尚未形成统一的研究规范与研究方法。尽管如此，这十年来，许多专家学者潜心研究西夏文契约文书，钻研西夏文草书的解读，他们不断积累的研究成果为后世学者的深入研究打下了基础。相关的研究论文有：

杜艳梅：《西夏文草书书写规律探析》(《西夏研究》2019 年第 3 期)。

韩树伟：《黑水城出土西夏文契约文书之习惯法研究》(《青海民族研究》2018 年第 1 期)。

郝振宇：《西夏民间契约参与人的群体关系特点》(《北方民族大学学报（哲学社会科学版)》2018 年第 1 期)。

孔祥辉：《西夏晚期黑水城地区寺院经济研究——基于出土西夏文契约文书的考察》(《中国农史》2019 年第 3 期)。

李晓明：(与张建强合著)《英藏黑水城文献中一件西夏契约文书考释》(《西夏研究》2012 年第 1 期)。

史金波：《西夏文军籍文书考略——以俄藏黑水城出土军籍文书为例》(《中国史研究》2012 年第 4 期)、《黑水城出土西夏文卖地契研究》(《历史研究》2012 年第 2 期)、《英国国家图书馆藏西夏文军籍文书考释》(《文献》) 2013 年第 3 期)、《黑水城出土西夏文众会条约（社条）研究》(《西夏学》第十辑，2013 年)、《黑水城出土西夏文卖人口契研究》(《中国社会科学院研究生院学报》2014 年第 3 期)、《西夏文賣畜契和雇畜契研究》(《中华文史论丛》2014 年第 3 期)、《略论西夏文草书》(《西夏学》第十一辑，2015 年)、《黑水城出土西夏文雇工契研究》(《中国经济史研究》2016 年第 4 期)、《新见西夏文偏旁部首和草书刻本文献考释》

(《民族语文》）2017年第2期)、《英藏黑水城出土抵押贷粮契考》(《文津学志》第十二辑，2019年)、《西夏文军抄账译释研究》(《军事历史研究》2019年第3期)。

孙颖新：《西夏写本〈近住八斋戒文〉草书规律初探》(《宁夏社会科学》2015年第1期)。

汤君：《敦煌、黑水城、龙泉驿文献中的土地买卖契约研究》(《西夏学》第十辑，2013年)。

田晓霈：《黑水城出土西夏文典地契研究》(《中国农史》2019年第3期)。

王颖：《西夏契约文书研究的现状、问题与展望》(《西夏学》第十四辑，2017年)。

于光建：《西夏文〈乾定戌年罨斡善典驴契约草稿〉初探》(《西夏学》第十辑，2013年)、《西夏典当借贷中的中间人职责述论》(《宁夏社会科学》2016年第4期)、《俄藏 Инв. No. 954〈光定未年典驴贷粮契〉新译释——兼论西夏典当经济研究的几个问题》(《西夏研究》2018年第4期)。

赵天英：《西夏文社会文书草书结体特色初探》(《宁夏社会科学》2015年第2期)、《黑水城出土西夏文草书借贷契长卷（7741号）研究》(《中国经济史研究》2017年第2期)、《俄藏黑水城文献 No. 5870 西夏文草书借贷契研究》(《中华文史论丛》2018年第1期)。

赵生泉：《西夏文"草书"书写特征举隅》(《西夏学》第十五辑，2017年)。

王惠民：《西夏文草书〈瓜州审案记录〉叙录》(《敦煌学辑刊》2018年第2期)。

赵彦龙：《西夏契约参与人及其签字画押特点》(《青海民族研究》2015年第1期)。

（11）西夏文献的数字化随着大量文献的刊布而逐步推进。2005年北方民族大学景永时与贾常业在前人的基础上，研制出了《基于北大方正典码之上的西夏文字录入系统》。该系统参考汉字楷体制作了西夏文字符集，因其兼容性强等优点，故被广泛使用于电脑写作和书刊的排版印刷。

2010年至2019年，西夏文献数字化已走上了高速发展的道路，相关的研究论文有：

景永时：《西夏文数字化的现状与未来》(《西夏学》第七辑，2011年)。

柳长青：《西夏文计算机数字化现状与展望》(《西夏学》第七辑，2011年)。

孟一飞：（与杨文慧、谢堂健、戴雪瑞合著）《基于西夏古籍文字样本数据库设计与实现》(《电脑与信息技术》2017年第6期)、（与杨文慧、谢堂健、刘丽萍合著）《基于文字构件的西夏文字体库创建研究》(《电脑知识与技术》2017年第26期)、（与杨小花、张晓彪合著）《基于 MeanShift 算法的西夏文字笔形识别》(《广西大学学报（自然科学版）》2017年第3期)。

孙伯君：《西夏、契丹、女真文的计算机编码概况》(《华西语文学刊》第八辑，2013年)。

叶建雄：（与单迪合著）《西夏音韵数据库及其安卓平台拓展》(《西夏学》第九辑，2013年)。

（四）人才培养与学位论文

2010—2019年间，以中国社会科学院民族学与人类学研究所、陕西师范大学、宁夏大学为代表的科研院所与高校培养了一大批主攻西夏文研究的研究生。他们是西夏文研究能够不断繁荣的源头活水，是注入学界的新鲜血液。由于新材料的持续、大量刊布，许多西夏文文献有待整理与研究，这期间的许多研究生在撰写学位论文时大多都以文献整理、译释为主题。得益于"四行对译"等研究规范在学位论文写作时的普遍应用，这些学位论文实际为西夏文文献数据库提供了基础材料，对学科的整体进步都具有积极意义。兹将这十年间的学位论文略述如下：

北方民族大学：

硕士学位论文：王荣飞：《英藏西夏文译〈贞观政要〉研究》（2013年）、白乖乖：《西夏与周边民族的佛教关系》（2018年）、陈时倩：《西夏继承制度研究》（2018年）、郭抒远：《黑水城西夏医药文献汉字对音研究》（2019年）。

宁夏大学：

硕士学位论文：王龙：《西夏文献〈法则〉卷九释读与研究》（2013年）、王巍：《黑水城出土汉文符占秘术文书考释》（2013）、于业勋：《西夏文献〈法则〉卷六释读与研究》（2013年）、骆艳：《俄藏未刊布西夏文献〈天盛律令〉残卷整理研究》（2014年）、赵焕震：《西夏文〈亥年新法〉卷十五"租地夫役"条文释读与研究》（2014年）、曹阳：《西夏赋役文书整理与研究》（2014年）、李炜忠：《〈天盛律令·行狱杖门〉研究》（2015年）、梁君：《〈天盛律令·为婚门〉考释》（2015年）、阎成红：《西夏文〈亥年新法〉卷十六十七合本释读与研究》（2016年）、赵坤：《纳甲筮法源流考——兼论黑水城易占文献的学术价值》（2016年）、安北江：《西夏文献〈亥年新法〉卷十五（下）释读与相关问题研究》（2017年）、张晓彪：《基于不变矩的西夏文字识别》（2017年）、杨小花：《针对西夏文字识别的特征提取及分类器研究》（2017年）、雷明亮：《西夏文献题记研究》（2018年）、杨文慧：《西夏古籍文字样本数据库的创建及应用技术研究》（2018年）、马万梅：《西夏文〈金光明最胜王经〉卷六校译研究》（2019年）、李小璐：《基于优化分割与提取的西夏古籍文字识别研究》（2019年）、蔡莉：《西夏文佛教伪经考》（2019年）、郭明明：《西夏"二十四孝"研究》（2019年）等。

博士学位论文：于光建：《〈天盛改旧新定律令〉典当借贷条文整理研究》（2014年）、尤桦：《〈天盛改旧新定律令〉武器装备条文整理研究》（2015年）、张笑峰：《天盛改旧新定律令·执符铁箭显贵言等失门整理研究》（2015年）、魏淑霞：《西夏职官制度若干问题研究》（2016年）、高仁：《西夏畜牧业研究》（2016年）、邓文韬：《元代唐兀人研究》（2017年）。

中国社会科学院民族学与人类学研究所：

硕士学位论文：李杨：《〈佛顶尊胜陀罗尼经〉西夏文诸本的比较研究》（2011

年)、《西夏文〈大宝积经·普明菩萨会〉》(2012年)。

博士学位论文：王培培：《西夏文〈维摩诘所说经〉研究》(2010年)、安娅《西夏文藏传〈守护大千国土经〉研究》(2011年)、孙颖新：《西夏文〈无量寿经〉研究》(2013年)、张九玲：《西夏文〈大随求陀罗尼经〉研究》(2015年)、王龙：《西夏译玄奘所传"法相唯识"经典研究》(2016年)、麻晓芳：《西夏文〈大宝积经·善住意天子会〉研究》(2016年)、李若愚：《西夏文〈喜金刚现正如意宝〉考释》(2017年)、朱旭东：《西夏字音义联系研究》(2017年)、赵天英：《西夏文草书研究》(2017年)、和智：《〈天盛改旧新定律令〉校译补正》(2018年)、张映晖：《西夏文〈大宝积经·密迹金刚力士会第三之二〉整理与研究》(2019年)、郭垚垚：《西夏文〈大智度论〉研究》(2019年)。

陕西师范大学：

硕士学位论文：张瑞敏：《西夏文〈添品妙法莲华经〉(卷二)译释》(2012年)、高振超《西夏文〈经律异相〉(卷十五)考释》(2012年)、尹江伟：《西夏文〈阿毗达磨顺正理论〉卷五译释》(2013年)、付佩宁：《西夏文〈佛说佛母出生三法藏般若波罗蜜多经〉卷十九译释》(2014年)、王长明：《西夏文〈大般若波罗蜜多经〉(卷一)考释》(2014年)、郝振宇：《西夏文〈大宝积经〉卷一考释》(2015年)、母雅妮：《西夏文〈大般若波罗蜜多经〉(卷三百三十八)考释》(2016年)、任红婷：《西夏文〈佛说佛母出生三法藏般若波罗蜜多经〉(卷十六)研究》(2016年)、曾金雪：《西夏文〈大般涅槃经〉卷二十二译释研究》(2018年)、贾博：《西夏文〈现在贤劫千佛名经〉(上卷)考释》(2018年)、陈连龙：《西夏文〈心经〉研究》(2019年)、秦士艳：《西夏文〈不空羂索神变真言经〉卷十八译释研究》(2019年)、伊茂彬：《西夏文〈大般若波罗蜜多经〉卷二十一考释》(2019年)等。

博士学位论文：冯雪俊：《西夏文〈大方广佛华严经·十定品〉译释》(2013年)、翟丽萍：《西夏职官制度研究——以〈天盛革故鼎新律令〉卷十为中心》(2013年)、戴羽：《比较法视野下的〈天盛律令〉研究》(2014年)、任长幸：《西夏文〈大般若·初分诸功德相品〉译释》(2016年)。

中国人民大学：

袁雅瑄：《西夏文〈禅修要论〉考释》(硕士学位论文2016年)。魏文：《11—12世纪上乐教法在西藏和西夏的传播——以两篇西夏汉译密教文书和藏文教法史为中心》(博士学位论文2013年)。

(五)西夏文古籍项目课题

据"国家社科基金数据库"显示，2010—2019年，共有72个项目西夏文献项目获国家社科基金项目资助(包含一般项目、重点项目、重大项目、青年项目、西部项目)。2018年起国家社科基金自今年起设立冷门"绝学"和国别史等研究专项课题，主要围绕对国家战略发展具有重要意义而研究投入不足的基础学科、对文化传承具有重要价值而亟须抢救的濒危学科、对中国特色哲学社会科学构建具有重要作用而有待加强的特色学科等专门设立的研究项目，旨在重视发展具有重要文化价值和传承意义的"绝学"、冷门学科，确保有人做、有传承。至2019年，共有3个西夏文献项目获批冷门"绝学"。以上课题的成功立项对延续"绝学"、推动西夏文献研究发展有着极其重要的意义和影响，兹将其中的重点项目、重大项目与冷门"绝学"项目列举如下：

重点项目：

1. 2017年四川师范大学汤君主持"西夏文学作品选、译、注和西夏文学史研究"。
2. 2017年宁夏大学彭向前主持"西夏文草书《孝经传》研究"。
3. 2017年宁夏大学段玉泉主持"宁夏佑啟堂藏西夏文献研究"。
4. 2019年彭向前主持"汉文兵书的西夏文译本研究"。

重大项目：

1. 2010年陕西师范大学韩小忙主持"黑水城西夏文文献整理研究"。
2. 2015年宁夏大学杜建录主持"西夏通志"。
3. 2016年河北大学梁松涛主持"出土西夏文涉医文献整理与研究"。
4. 2017年陕西师范大学韩小忙主持"西夏文《天盛律令》整理研究"。
5. 2017年四川师范大学聂鸿音主持"西夏文学文献的汇集、整理与与研究"。
6. 2019年宁夏大学段玉泉主持"出土西夏字书整理研究及语料库建设"。
7. 河北师范大学崔红芬主持"西夏文佛教文献遗存唐译经的整理与综合研究"。

冷门"绝学"项目：

1. 2019年中国社会科学院世界宗教研究所孙颖新主持"西夏佛经中的通假研究"。
2. 2019年西北师范大学郝振宇主持"西夏家庭资料整理研究"。
3. 2019年宁夏大学柳玉红主持"西夏字书《同音》的整理与词汇研究"。

（六）西夏文古籍学术研究会议

1. 银川"黑水城文献与西夏学国际学术论坛"暨"中俄西夏学联合研究所"

2010年10月15日—18日，由宁夏大学主办、宁夏博物馆协办的"黑水城文献与西夏学国际学术论坛"暨"中俄西夏学联合研究所"揭牌仪式在银川举行。论坛共收到论文九十余篇，采用学术考察、大会报告的形式开展学术活动。论坛以西夏学研究的视角、趋势和方法，黑水城文献考释研究，黑水城文献与西夏学国际化，西夏文献文本化与数字化，西夏历史、语言、艺术和考古，西夏学学术史（科考、档案与收藏）等为主要议题。来自中国、俄罗斯等国的近百位专家、学者光临，就西夏学最新研究成果举办专题报告，开展学术交流。

2. 武威"第二届西夏学国际学术论坛会"

2011年8月17—19日上午，由宁夏大学西夏学研究院、中国社会科学院西夏文化研究中心、甘肃省武酒集团主办的"第二届西夏学国际学术论坛会"在西夏陪都所在地武威开幕。此次论坛是一次特色鲜明而高水准的国际学术研讨会，来自俄国、日本、澳大利亚等国家和地区的一百二十多位专家学者，围绕西夏民族、地理、社会、宗教、语言、文字等内容，展开广泛的合作与学术交流。众多的中外西夏学的泰斗、大家聚集一堂，标志着西夏学研究的兴盛与发展。与会专家、学者在西夏研究的若干重大领域发表真知灼见，展开广泛、深入的探讨，进一步发掘西夏历史文化的学术价值，阐释其时代意义。

3. 成都"第二届民族古籍文献国际学术研讨会"

2012年7月13—15日，中国民族古文字研究会、中央民族大学主办、西南民族大学承办的"第二届民族古籍文献国际学术研讨会"在成都举办。来自俄罗斯、法国、美国、日本、土耳其等国的专家学者参加了本次会议，并就"新发现的文字和文献、文字与语言的关系、民族古文字研究、民族古文献解读、民族古籍的保护"等议题进行了深入研讨。

4. 北京"中国民族古文字研究会第九次学术讨论会暨会员代表大会"

2012年12月1—2日，中国民族古文字研究会与中央民族大学合办的"中国民族古文字研究会第九次学术研讨会暨会员代表大会"在北京举行。此次会议以"新发现的文字和文献、文字与语言的关系、民族古文献解读和民族古籍的保护"为主要议题进行了的研讨，大会同时还举办了"中国少数民族书法展"。

5. 北京"第三届西夏学国际学术论坛暨王静如先生学术思想研讨会"

展现国家社科基金特别委托项目"西夏文献文物研究"重要成果汇报的"第三届西夏学国际学术论坛暨王静如先生学术思想研讨会"于2013年9月18日—21日在北京中国社科院民族学与人类学研究所召开。与会学者在论坛上共发表论文一百二十余篇，其中包括西夏文献资料整理研究、西夏文物艺术研究、西夏历史文化专题研究、西夏学学科地位暨对中国史学的贡献、西夏文献数据库建设、王静如教授学术思想等诸多方面的主题内容。来自全国及俄罗斯、日本、法国、德国等国家与我国台湾、澳门地区的一百二十余位西夏学专家学者和学生代表受邀参加论坛并进行主题发言。论坛由中国社会科学院西夏文化研究中心、宁夏大学西夏学研究院、中国人民大学国学院联合举办。

6. 北京"华夷译语"与西夏字符国际学术研讨会

由中国社会科学院民族学与人类学研究所民族古文献研究室、中国社会科学院历史研究所中外关系史研究室、中国电子技术标准化研究所和"中华字库"总体组联合举办的"'华夷译语'与西夏字符国际学术研讨会"于2013年12月7—11日在北京召开，参加会议的有来自中国以及国外日本、美国、爱尔兰、英国的专家学者共48人。会议分作前、后两部分，前半部分为"华夷译语"的学术研讨，收到论文近三十篇，会议围绕"华夷译语"的编纂过程和编纂体例，"华夷译语"各种抄本间的关系，以某种"译语"为中心的个案研究，乾隆十五年编纂的九种"西番译语"及其所记录的语言,《西番译语》与西夏语的比较研究等专题进行了广泛而深入的探讨。与会专家一致认为"华夷译语"是一份珍贵的少数民族语言、古文字、古文献遗产,以后应该动员更多的专家关注和钻研。会议后半程集中讨论了西夏字符国际标准提案,此提案即将在 2014 年 2 月提交给国际标准化组织。中国专家首先介绍了"中华字库"第 18 包子课题"西夏字符的搜集整理"的阶段性成果,即基于西夏原始文献的新字库的搜集整理情况,并就一些字形上的难点和整理当中遇到的问题征求了与会专家的意见。之后,美国和爱尔兰专家介绍了西夏文国际标准提案初稿,这个提案由国外和中方的西夏学专家共同参与编制。

7. 银川"西夏文物学术研讨会"

2014 年 7 月 9 日,由国家社科基金特别委托项目《西夏文献文物研究》资助,中国社会科学院西夏文化研究中心与宁夏大学西夏学研究院主办的西夏文物学术研讨会在宁夏大学国际交流中心第一会议室召开。出席会议的有来自中国社会科学院民族学与人类学研究所、宁夏大学西夏学研究院、宁夏博物馆、宁夏文物考古研究所、敦煌研究院、甘肃省博物馆、武威博物馆、复旦大学、南通大学等单位的三十余位学者,提交了论文 26 篇。论文包括有关于西夏遗址的综述,西夏陵的探讨,敦煌西夏文物的研究,也有对西夏绘画、版画的研究,还有对于西夏碑刻文物的研究、西夏文物的修复等。

8. 张掖"第四届西夏学国际学术论坛暨河西历史文化研讨会"

2015 年 8 月 16—18 日,由宁夏大学西夏学研究院、中国社会科学院西夏文化研究中心、河西学院主办,河西学院历史文化与旅游学院、复旦—甘肃丝绸之路经济带协同发展研究院、河西史地与文化研究中心承办的第四届西夏学国际学术论坛暨河西历史文化研讨会在河西学院隆重开幕。来自中、俄、日、法、美等国及中国台湾、香港地区的高校和科研院所的一百二十多位专家学者出席了本次论坛,与会学者提交论文一百二十余篇。会议分四个小组进行专题讨论,77 位专家分别发言,包括西夏文献资料整理、西夏历史文化、西夏语言文字、西夏文物遗址、西夏文献数据库、河西历史与文化等研究领域。

9. 银川"中国少数民族古籍文献第五次国际学术研讨会"

2015 年 9 月 11—14 日,中国民族古文字研究会与中央民族大学联合举办,北方民族大学承办的"中国少数民族古籍文献第五次国际学术研讨会"在银川市北方民族大学召开,该研讨会对推动中国少数民族古籍文献整理研究,促进学者之间的学术交流与友谊起到了积极作用。本次会议有来自俄罗斯、蒙古共和国以及我国大陆和台湾近七十位学者参会,收到高质量论文 59 篇。学会常务副会长黄建明教授在开幕式上发言。大会不仅对少数民族古典文献学的学科建设提供了新的发展契机,也为社会各界从事少数民族古典文献研究的学者提供了良好的交流平台,更为学界的新生力量提供了发展机会,为学科发展注入了新的力量。

10. 昆明"中国民族古文字研究会第十次学术研讨会暨会员代表大会"

2016年7月13—15日，中国民族古文字研究会联合云南民族大学民族文化学院举办了"中国民族古文字研究会第十次学术研讨会暨会员代表大会"，会议顺利举行了研究会理事会换届选举，并就新发现文字和文献、文字与语言的关系、民族古文字研究、民族古文献解读、民族古籍的保护、彝文的起源等议题进行了学术研讨，取得了预想的成果。此外，会前还向会员发出了评奖通知，收到十多篇论文，并组织专家进行了评议，会上宣读了评奖结果，调动了年轻会员的积极性。本次会议的经费得到了社科院科研局社团中心管理处的大力支持。

11. 银川"北方民族文字数字化与西夏文献研究国际研讨会"

2016年8月21日—23日，中国民族古文字研究会联合北方民族大学西夏研究所在银川举办了"北方民族文字数字化与西夏文献研究国际研讨会"。来自美国、英国、爱尔兰、俄罗斯、法国、日本、澳大利亚以及中国大陆和中国台湾地区的专家学者参加了本次研讨会。本次研讨会气氛热烈，学术研讨充分，展示了北方民族文字数字化与西夏文献解读的最新成果。同时，此次会议还有一大亮点，北方民族大学西夏研究所在会后举办了"西夏文解读研讨班"，故来自全国高校的四十余名参加研讨班的博士、硕士研究生也提前参与了会议的研讨，显示青年学者对北方民族语言文字研究的浓厚兴趣，也表明西夏学具有良好的发展前景和独特的魅力。

12. 圣彼得堡"第6届东方古文献国际学术研讨会"

2016年10月2—6日，中国民族古文字研究会联合中央民族大学、圣彼得堡大学和俄罗斯科学院东方文献研究所在圣彼得堡举办了"第6届东方古文献国际学术研讨会"，来自俄罗斯、中国、英国、法国、日本、土耳其、蒙古国以及中国台湾地区的七十余名专家学者参加了本次研讨会。大会就蒙古文、满文、突厥文、西夏文、契丹文等古代文字文献进行了深入研讨。

13. 阿拉善"第五届西夏学国际学术论坛暨黑水城历史文化研讨会"

2017年8月12—15日，第五届西夏学国际学术论坛暨黑水城历史文化研讨会在内蒙古阿拉善盟开幕，本届由宁夏大学西夏学研究院和内蒙古阿拉善盟文化新闻出版广电局联合主办，为期4天。本届论坛及研讨会吸引了国内七十多所高等院校、科研院所和法国、加拿大、澳大利亚及我国港台地区的一百五十多位专家学者与会，大会收到的学术论文达一百五十余篇，总计超过200万字，论坛分成"西夏语言文字""西夏历史文化""西夏文物考古""黑水城文献与历史文化研究"四个组进行分组研讨，本次研讨涉及6大领域。本次大会充分展示了西夏学及黑水城历史文化研究的最新成果，也昭示了以往曾被称为"绝学"的西夏学的勃勃生机。

14. 敦煌"'丝绸之路'民族古文字文献与文化学术研讨会"

2018年10月13—15日，由中国民族古文字研究会、中国敦煌吐鲁番学会少数民族语言文字专业委员会、敦煌研究院联合主办，敦煌研究院敦煌文献研究所和科研管理处共同承办的"'丝绸之路'民族古文字文献与文化学术研讨会"在敦煌莫高窟隆重举行。来自 20 个省市区的 92 位专家学者会聚在敦煌研究院，参加学术研讨。会议议题主要涵盖敦煌、吐鲁番、黑水城等地发现的民族古文字研究、丝路沿线民族古文献研究、民族古文字的创制规律与借用、文字与语言的关系、北方民族与丝绸之路、敦煌·丝绸之路等相关文字文献与历史文化诸问题。会议共收到学术论文 84 篇，论文涉及的古文字有吐蕃文、回鹘文、西夏文、蒙古文、满文、突厥卢尼文、吐火罗文、叙利亚文、梵文、东巴文、哥巴文、水文、女书、彝文等多种。本次会议旨在挖掘丝绸之路沿线发现的古文字文献，揭示其蕴含的内容，并利用这些文献研究丝绸之路历史与文化，推进敦煌学和西夏学、藏学、蒙古学、满学等领域的交流与发展，为繁荣民族历史文化增光添彩。

15. 成都"中国少数民族文学与文献国际学术论坛"

2018 年 8 月 25—26 日，四川师范大学文学院在成都主办了"中国少数民族文学与文献国际学术论坛"，来自俄罗斯、日本、美国、法国、挪威等国和我国台湾、香港地区的 14 位学者以及来自北京、四川、宁夏、内蒙古、贵州、云南、河北、天津、陕西、甘肃、山西等省市的近百名学者参加了该论坛。四川师范大学校长汪明义教授代表学校致开幕词，向与会学者介绍了四川师范大学的情况，表达了搭建国际、国内高水平学术平台以及建设人类命运共同体大学的期望。俄罗斯艾尔米塔什博物馆教授萨莫秀克、四川大学文学与新闻学院杰出教授项楚先生、中华文学史料学学会副会长暨民族文学史料学分会会长西南民族大学教授徐希平先生、西华师范大学国学院院长及中国赋学会副会长兼秘书长伏俊琏教授出席了会议，分别对本次会议的深刻意义做了精彩的揭示和美好的祝福。四川师范大学文学院院长刘敏教授主持了本次会议的开幕式。与会的专家学者分别从民族文学、历史学、语言学、宗教学、文献学等角度，对中国古代少数民族文学、西夏学等问题展开了广泛的讨论。

16. 银川"西夏建都兴庆府 980 周年学术研讨会"

2018 年 10 月 19 日—21 日，"西夏建都兴庆府 980 周年学术研讨会"在西夏古都银川召开。该研讨会由教育部高校人文社科重点研究基地宁夏大学西夏学研究院主办，来自俄罗斯以及我国海峡两岸三地的高校、科研院所、文博单位的近百名专家学者齐聚宁夏大学，分享西夏学最新成果。本次会议共收到论文七十余篇，涵盖西夏都城兴庆府、西夏文献、历史、制度、经济、宗教、艺术、语言、文物考古、民族关系等多个领域。会议期间与会学者还参观了西夏学研究院成果馆、"丝路与西夏"文创成果展。

17. 银川"第六届西夏学国际学术论坛暨丝路西夏文化产业研讨会"

2019 年 8 月 15 日—8 月 16 日，由宁夏大学西夏学研究院主办、银川西夏陵区管理处、银川西夏陵文化投资有限公司协办的第六届西夏学国际学术论坛在西夏故都——宁夏银川召开。在论坛上，来自俄罗斯科学院东方文献研究所、日本东京外国语大学、法国东亚文化研究中心、挪威奥斯陆大学、中国社会科学院、台北故宫博物院、香港城市大学等多国和地区的六十多家学术研究单位一百三十多名专家学者出席，就西夏社会历史、语言文字、文献文物、考古艺术以及西夏陵遗址保护与申报世界文化遗产等方面展开深入交流和讨论。本届论坛针对百年西夏学进行总结与展望，探讨新时期西夏学转型发展和学科建设路径。在研究方面，针对西夏文献研究注重深层次内涵的发掘，西夏学社会历史和语言文字研究有所创新。近年来，西夏学研究在考古方面的新发现十分丰富，西夏亥母洞出土的新材料将成为此次会议研究重点之一。

18. 昆明"第九届中国少数民族古籍文献国际学术研讨会"

2019年10月27—29日，中国民族古文字研究会与中央民族大学中国少数民族语言研究院、云南民族大学合作主办，云南民族大学民族文化学院承办了"第九届中国少数民族古籍文献国际学术研讨会"，来自法国、蒙古国、匈牙利、美国、俄罗斯、日本和国内的中国社会科学院、中央民族大学、新疆大学、兰州大学、西北民族大学、西南民族大学、天津大学、宁夏大学、广西大学、陕西大学、黑龙江大学、西南大学、贵州民族大学、云南民族大学共七十多位学者出席了会议。本次会议紧紧围绕以下主题进行研讨：（1）民族古籍的解读；（2）民族古籍与民族语言研究；（3）民族古籍与宗教、历史、文化研究；（4）濒危民族古文字的整理、传承与研究；（5）民族古籍的保护；（6）民族古文字电脑字符的搜集、整理与制作。本次会议旨在深入研究中国民族古文字的构成和研究现状，濒危民族古文字的整理、传承与研究，民族古籍的解读以及文献中蕴含的民族语言、宗教、历史、文化等内容。目的是促进民族古文字文献的整理与研究，深入挖掘文献背后的文化内涵，提升民族古籍在民族地区文化建设中的作用。

19. 北京"'译音对勘'的材料与方法国际学术研讨会"

2019年12月2日—3日，中国民族古文字研究会与社科院民族所、中国社会科学院少数民族语言研究中心合作举办"'译音对勘'的材料与方法国际学术研讨会"，来自日本神户外国语大学、青山学院大学、俄罗斯科学院东方文献研究所以及中国台湾中研院语言学研究所、台北故宫博物院、南开大学、中国人民大学、山西大学、首都师范大学、暨南大学、安徽师范大学、四川师范大学等高校的专家学者参加了大会。本次会议主题：1."译音对勘研究法"的原则；2."译音对勘研究法"在汉语方言研究中的运用；3."译音对勘研究法"在民族语研究中的运用；4. 汉字占音在民族语与域外对音中的变读。会上，与会学者对"译音对勘研究法"在日译汉音、越南译音、藏-汉对音、蒙-汉对音、八思巴-汉对音、夏-汉对音、回鹘-汉对音等研究领域的运用，以及相关材料对拟定汉语和少数民族语声韵规律的作用等展开了讨论。本次会议对促进学界就对音材料与研究法的进一步讨论与研究，从而推动了民族语文与汉语研究学者的沟通与交流。

综上所述，在2010—2019年间西夏文古籍各项工作相比于此前有了极大的进步。在国家政策支持，各科研院所与高校、出版机构的努力下，流散于国外的大量西夏文古籍得到影印出版，藏于国内的西夏文古籍得到了更好的保护。大量西夏文古籍的刊布引起了更多学者对西夏文古籍的关注与研究，也吸引更多新生力量学习、关注西夏文，在学界形成了良好的学术生态。在不同专业背景学者与新生力量的努力下，这十年间西夏文古籍的整理、刊布工作取得了重大进展，各类佛教文献、世俗文献、契约文书都得到了译释与研究。不过尽管"四行对译"与语法标注等学术规范在西夏文古籍解读中已经被广泛使用，但过去已经解读过的"老材料"仍需规范化地整理与译释。整理这些成果，将其作为基础材料集成为西夏文文献检索数据库、西夏语语料库，这是拥有庞大文献数量的西夏文古籍必要的一步，是未来西夏文古籍进一步数字化的发展方向，更是未来西夏学走上新发展高峰的基石。

其次，西夏文文献对汉语研究亦极为重要，西夏学者利用西夏文译音材料研究河西方音等汉语方言问题已然成为学术热点。但目前仍缺乏足够的学者从事相关工作，使得相关研究难以进一步形成集群效应。应该大力吸引古汉语学者"跨界"吸收西夏学界的"养分"，既可以不断延展西夏学界的研究视野，也可以为相关学者从事古汉语方言研究、历史语言学研究提供助力。

最后，唐宋元时期是我国历史上民族古文字勃发的时代，藏文、回鹘文、西夏文、契丹文、女真文等民族古文字都在此阶段诞生。这些文字的诞生，其背后总有着复杂的历史背景，亦伴随着多民族间互动，每种文字承载的内容也包含着各民族对时代的独特认知。可以说每一种民族古文字从诞生、发展甚至到消亡，都处在一个今昔内外互动交融的有机体之中。孟子曰："观水有术，必观其澜。"因此，在西夏文文献研究成果的数量与质量都已达到一个新阶段之时，我们必须将西夏文及其所承载的历史信息置于多民族、多文化、长时段的角度下研究，这样方可看到西夏文古籍在多民族国家的历史进程之中闪耀出的独特光芒。在各文种互相"联动"的研究下，我们亦更能领略西夏文古籍的珍贵价值与魅力。

二、契丹文古籍和女真文古籍

（一）契丹文和女真文古籍研究概述

辽朝建立以后，先后创制了两种文字，契丹大字和契丹小字。契丹大字创制于辽神册五年（公元920年），是太祖阿保机命突吕不和鲁不古仿照汉字隶书创制的。《辽史》卷2《太祖本纪下》：

"[神册]五年春正月乙丑，始制契丹大字。……九月己丑朔，梁遣郎公远来聘。壬寅，大字成，诏颁行之。"[①] 契丹大字创制不久，太祖之弟耶律迭剌又创制了契丹小字。《辽史》卷64《皇子表》："迭剌，字云独昆。……性敏给。……回鹘使至，无能通其语者，太后谓太祖曰：'迭剌聪敏可使。'遣迓之。相

---

① （元）脱脱等撰：《辽史》，卷2，《太祖本纪下》，中华书局1974年点校本，第16页。

从二旬，能习其言与书，因制契丹小字，数少而该贯。"① 契丹大字是依照汉字创制的表意文字，对笔画繁复的汉字加以变笔，对笔画简单的汉字采用加笔。契丹小字则是耶律迭剌受回鹘文启发，把一些契丹大字固定为音符而制成的音节文字。这些音符被学界习称为原字，共有近 500 个。

契丹大、小字在金朝建立后相当长的时间内为女真人使用。存世的契丹文碑铭就有三件刻于金代，直至金章宗明昌二年（公元 1191 年），金朝国史院才罢专写契丹字者。契丹字在西辽仍继续行用，直到西辽灭亡也还有人会契丹字，据《湛然居士文集》卷 8 载，耶律楚材曾用契丹字翻译寺公大师的《醉义歌》，在翻译之前曾跟西辽李世昌学习契丹文，曰："及大朝之西征也，遇西辽前郡王李世昌于西域，予学辽字于李公，期岁颇习，不揆狂斐，乃译是歌"。

从历代史籍的记载和现存文物的情况可知，契丹大、小字创制之后，辽朝曾据以刊行了多种文献，首先翻译《通历》《贞观政要》《五代史》等中原史书，用契丹字刊行，但这些文献都没有流传下来。存世的契丹大字资料多为金、石类，石刻，主要有墓志、碑刻等二十余件，金文主要为符牌、钱币和印章等。文献只有一种，收藏在圣彼得堡俄罗斯科学院东方文献研究所。契丹小字资料也可分为金、石两种。石刻有四十余件②，主要是哀册、墓志和碑刻，金文主要为符牌、钱币和印章等。

契丹文献的最早报道始于俄国人 Poydneiev，他曾于 1893 年 6 月 6 日旅行到内蒙古巴林右旗的白塔子乡，调查到辽太祖陵遗址的断壁内存有大理石残片，其中除了佛像浮雕外，还有刻有一种很像汉字变体文字的残片。可惜的是 Poydneiev 在其旅行记中并未附有残碑拓片③。此后，Mullie 对同一地方进行了详细踏查，于 1922 年发表题为《蒙古巴林的大辽国故都》的长篇文章④，记述了白塔子遗址一片汉字残碑有"圣祖"字样。同时，伯希和（P. Pelliot）综合以上因素认定辽庆州遗址发现的文字残片上的文字为契丹文⑤。1922 年，埋藏着辽圣宗、兴宗和道宗及其皇后的辽庆陵被当地（内蒙古昭乌达盟巴林右旗白塔子东北瓦林茫哈）土豪掘开，比利时传教士凯尔温（L. Kervyn，汉名梅岭蕊）获知此事，在当地获得汉字和契丹字石碣各两方，并逐字抄录，抄本发表于 1923 年《北京大主教会杂志》（Le Bulletin Cathorique de Pékin）第 10 年 118 号⑥。随后此文被伯希和转载于《通报》（T'oung Pao）1923 年第 20 卷⑦。由此，中、西方掀起了研究契丹文的热潮，至今已有一百多年的历史。

---

① （元）脱脱等撰：《辽史》，卷 64，《皇子表》，中华书局 1974 年点校本，第 968-969 页。
② 据吴英喆统计，契丹小字碑铭共有 46 件，字数约为五万余字，目前有 10 件尚未公布。
③ Mongoliya i Mongoli, II p. 369.
④ Les anciennes Villes de l'empire des grands Leao au royaume Mongole de Bārin, T'oung Pao vol. XXI. No. 2 et 3.
⑤ T'oung Pao Vol. XXII, No. 4, P. 292, note I.
⑥ Le tombeau de l'empereur Tao-tsong (1101) Une découverte interessante, Le Bulletin Catholique de Pékin No. 118, 1923.
⑦ Le tombeau de l'empereur Tao-tsong des Leao, Et les premières inscriptions connues en écriture Kitan. T'oungPao. vol. 22, P. 292-301. 1923.

20世纪70年代,"契丹文字研究小组"以汉语借词的语音分析为突破口,构拟了130多个原字的读音,释读了四百多条语词和24种附加成分。进入21世纪,契丹大、小字研究的主要任务仍然是释读,在中国社会科学院民族学与人类学研究所刘凤翥先生、辽宁社会科学院即实先生与内蒙古大学清格尔泰、吴英喆团队的努力下,目前已成功解读契丹小字原字300个,三千余条词语。契丹大字也释读了五百多条词语、二十余种附加成分,且据内蒙古大学吉如何的勘同与整理,目前存世契丹大字字形有近两千五百个。

金代也曾创制过两种文字,女真大字和女真小字。女真大字是表意字,女真小字是表音字。女真大字的颁行时间是天辅三年(公元1119年),小字的创制和颁行时间为天眷元年(公元1138年),初用时间是皇统五年(公元1145年)。且大定二十年(公元1180年)定制,女真进士选举"策用女直大字,诗用小字"。《金史》卷73《完颜希尹传》记载:"金人初无文字,国势日强,与邻国交好,乃用契丹字。太祖命完颜希尹撰本国字,备制度。希尹乃依仿汉人楷字,因契丹字制度,合本国语,制女直字。天辅三年(公元1119年)八月,《字书》成,太祖大悦,命颁行之。赐希尹马一匹、衣一袭。其后熙宗亦制女直字,与希尹所制字俱行用,希尹所撰谓之女直大字,熙宗所撰谓之女直小字。"①《金史》卷4《熙宗本纪》记载:"天眷元年正月戊子朔,上朝明德宫。高丽、夏遣使来贺。颁女直小字。""(皇统五年)五月戊午,初用御制小字。"②《金史》卷51《选举志》曰:"(大定)十六年,命皇家两从以上亲及宰相子,直赴御试。皇家袒免以上亲及执政官之子,直赴会试。至二十年,以徒单镒等教授中外,其学大振。遂定制,今后以策、诗试三场,策用女直大字,诗用小字,程试之期皆依汉进士例。"③

契丹语、女真语同属阿尔泰语系,为黏着语,其语法变化主要依靠黏着形式来实现。契丹小字和女真小字就是为了适应黏着语复杂多变的语法形式,通过改造意字或增加音字而对大字进行的改良。尽管都称作小字,但契丹小字和女真小字有很大的区别。契丹小字是仿照回鹘文而改进的音节文字,虽然受制于仿汉字的字形,契丹小字并没有改进为像回鹘文一样的辅音音素文字,但它属于表音文字系统是毫无疑义的。而金熙宗所制女真小字,只有表音的词缀和语法附加成分,还不能作为一套完备的文字体系来看待。换句话说,熙宗对女真大字的改革,并没有像耶律迭剌改造契丹大字那样彻底,只是创制了一些表示词缀和语法形式的表音字补充到完颜希尹所撰的大字中一起使用。女真文是用两套文字系统记录女真语的,就像日文用汉字与假名两套系统记录日语一样。

明代《女真译语》中的女真字仍没有像契丹小字一样脱离表意系统,女真语词干往往用表意字记录,女真语的构词成分以及表示语法意义的虚词都用表音字。不

---

① (元)脱脱等撰:《金史》,卷73,《完颜希尹传》,中华书局1975年点校本,第1684页。
② (元)脱脱等撰:《金史》,卷4,《熙宗本纪》,中华书局1975年点校本,第72、81页。
③ (元)脱脱等撰:《金史》,卷4,《熙宗本纪》,中华书局1975年点校本,第1141页。

过,《女真译语》中已经有很多记录词干的女真大字被表音字所替换,且很多表意大字经过同音假借,也变成了纯音节文字,可以说明代女真文有非常明显的向音节文字过渡的倾向。

金朝在相当长的时间内一直沿用契丹字,直到金世宗大定年间(公元1161—1189年)女真文才得以广泛应用。金朝灭亡后,女真文在东北女真人聚居地继续使用,建于明成祖永乐十一年(公元1413年)的《奴儿干永宁寺碑》碑阴刻女真文、蒙古文各15行,证明在立石地点范围内女真文还是通行的文字。

现存女真文资料可分为三类:碑铭、文献、牌印墨迹等。碑铭主要有:《大金得胜陀颂碑》《女真进士题名碑》《奥屯良弼诗碑》《庆源郡女真国书碑》《九峰石壁纪功碑》《奥屯良弼饯饮碑》《牡丹江宁安市女真文残碑》《神木花石崖女真文摩崖石刻》等,其中《奥屯良弼诗碑》为现存唯一一块行书体女真字石刻。现存的金代女真文字书主要有两样残页,"西安碑林女真文书残页"和"列宁格勒藏女真文书残页",前者1973年发现于西安碑林石台孝经的卯眼内;后者1968年发现于俄罗斯科学院东方学研究所圣彼得堡分所收藏的西夏文残页中。女真文献资料比较重要的是明代四夷馆编纂的《女真译语》,解读女真碑刻主要依赖此书。此外还有明王世贞《弇州山人四部稿》正稿载录的"明王慎德,四夷咸宾"八个汉字的女真文译文、"国之诚"银牌、刻有女真文边款的官印等。

女真文碑刻的研究始于刘师陆对"女真进士题名碑"的考证,他于1829年撰作《女直字碑考》,尽管他误认乾陵无字碑上"大金皇弟都统经略郎君行记"的契丹小字为女真大字,因而误推此碑为女真小字碑,却揭开了国内研究女真文的序幕。国外女真文献研究的真正开拓者是德国的葛鲁贝(Wilhelm Grube),他于1896年撰作《女真语言文字考》①,对柏林本《女真译语》率先做了分类、考订和标音,激发了学界尤其是西方语言学界对女真语研究的兴趣。人们不仅看到了解读女真语并辨清其族属的希望,还似乎看到了解读契丹、西夏这些亲缘文字的一线曙光。由此,经过国内外学者百余年的共同努力,女真碑铭文献的解读和女真语文的研究取得了世人瞩目的成绩,至今也有一百多年的历史。进入21世纪,女真碑铭文献研究主要是宋元史籍所载女真语的研究、女真文与契丹文的关联研究以及新发现摩崖、石刻的解读等。

(二)重要进展、代表性人物和成果

1. 重要进展

2007年1月,国务院办公厅发布了"关于进一步加强古籍保护工作的意见",建立了由原文化部牵头,发展改革委、财政部、教育部、科技部、国家民委、新闻出版总署、宗教局、文物局等部门组成的全国古籍保护工作部际联席会议,5月份成立了国家古籍保护中心,8月成立了全国古籍保护工作专家委员会,按着,公布

---

① Wilhelm Grube, "Die Sprache und Schrift der Jucen", Leipzig. 1896.

了《国家珍贵古籍名录》和"全国古籍重点保护单位"。随着国家对民族古籍的重视，很多民族古籍得以入选遗产名录加以保护。同时，国家也花重金把流失国外的民族古籍拍摄回来出版刊布。2017年1月中办、国办印发《关于实施中华优秀传统文化传承发展工程的意见》要求，进一步要求"加强少数民族语言文字和经典文献的保护和传播，做好少数民族经典文献和汉族经典文献互译出版工作"。同时，《国家"十三五"时期文化发展改革规划纲要》实施，统筹推进全国文化遗产、古籍资源、少数民族文化资源、民间口头文学、老唱片、电影档案等文化资源数据库建设，搭建文化数据共享平台。这些举措均为包括契丹文、女真文等在内的少数民族古籍的保护与研究提供了重要契机。

（1）重大项目

1)"中华字库"工程第18包"少数民族古文字的搜集整理与字库制作"

2011年，国家出版总署实施的"中华字库"工程，主要目标是要建立全部汉字及少数民族文字的编码和主要字体字符库，重点研发文字的编码体系、输入、输出、存储、传输以及兼容等关键技术，力争达到能对我国所有出土、传世文献和当代文字作品进行数字化处理，全面打通信息化的发展瓶颈，更好地满足各民族古今各类文献的出版印刷、数字化处理和传输的需要，使中华各民族文字的使用更加方便和高效。该项目先后被列入《国家"十一五"时期文化发展规划纲要》《国家"十二五"时期文化发展规划纲要》和国家《文化产业振兴规划》。第18包"少数民族古文字的搜集整理与字库制作"主要任务是研制少数民族古文字的字符库和输入法方案，其中包括"契丹文的搜集整理与字库制作"和"女真文的搜集整理与字库制作"。两种文字电脑字库的研制为碑铭文献的数字化、研究成果的出版、后继人才的培养提供了必要的保障，使其能够更好地与时代接轨。

2)教育部哲学社会科学研究重大课题攻关项目

2014年，内蒙古大学蒙古学学院获得教育部哲学社会科学研究重大课题攻关项目"契丹、女真传世文献整理与研究"（编号：14JZD036），主要目标是对存世契丹文和女真文碑铭文献中的字形和已有释读成果进行全面整理，对新发现墓志进行系统释读。围绕这一目标，课题组取得了几项重要成果：（1）出版了全三册《契丹小字再研究》，全面系统总结了已有契丹文碑铭的研究成果。（2）对新出土墓志进行了释读研究。（3）推进了契丹大、小字字形的整理，词语和附加成分的释读。（4）培养了硕士和博士生，撰写了多篇硕、博论文。

此外，内蒙古大学蒙古学学院还获得了与该项目相关的两个课题：教育部人文社会科学研究一般项目"契丹文释读与契丹语词汇研究"（编号：13YJA740059）；教育部人文社会科学研究青年项目"契丹大字传世文献整理研究"（编号：14YJC740034）。

3)国家社科基金"绝学"项目

2018年社科基金开始增设"绝学"项目，一批民族古文献研究项目得以立项，这些项目的设立对民族古文字文献的研究和发展起到了重要的推动作用。近几年，材料比较丰富的西夏文、藏文、蒙古文、满文、彝文、南方仿汉字等文种新立项目呈现迅猛发展态势，同时也吸引了很多年轻人投身这一研究领域，相关论文和著作层出不穷。契丹文、女真文相关学科的学术带头人和博士生也积极申请，师生合力，形成了有效的研究梯队。

4）中国社会科学院设立"绝学"项目

2009—2014 年，中国社会科学院设立为期五年"特殊学科"传承保护项目，民族学与人类学研究所的"契丹文"和"女真文"学科得以入选。契丹文研究代表性人物是刘凤翥，女真文研究代表性人物是孙伯君。该项目实施的目标是传承"契丹文"和"女真文"等特殊学科，推进碑铭文献的释读。围绕这一目标，该项目取得了几项重要成果，契丹文方面：（1）刘凤翥先生出版了《契丹文字研究类编》（中华书局，2014 年），全四册。该书汇集了刘凤翥先生契丹大、小字全部研究成果，包括"契丹文字的释义与拟音总表""传世全部契丹文字碑刻、木牍、铜镜边款的全文摹录""契丹大、字拓片图版"等。（2）对新出土墓志进行了释读研究。（3）培养了博士生。女真文方面：（1）研制了女真文字库和国际编码方案。（2）对新出土石刻进行了释读研究。（3）培养了硕士、博士生。

5）"中国少数民族古文字导论"视频系列项目

2014 年底，中国民族古文字研究会与安徽出版集团时代新媒体出版社签订合作意向，筹备出版"中国少数民族古文字导论"视频系列，目的是为了向公众普及中国古代各少数民族文字的基础知识，并为进入本领域的初学者提供相关的研究资料，同时向国外介绍我国丰富的民族文字样式，以引发学界关于文字的产生、传播和性质的深入讨论，在世界范围内进一步推进少数民族古文字的研究进程。经过五年努力，2019 年，安徽出版集团时代新媒体出版社正式出版了 13 位古文字专家录制的"中国少数民族古文字导论"视频系列，包括孙伯君《中国民族古文字综述》、陈宗振《突厥文字导论》、孙宏开《新创文字导论》、黄行《传教士文字导论》、刘凤翥《契丹文字导论》、聂鸿音《西夏文字导论》、张铁山《回鹘文字导论》、黄建明《彝族文字导论》、陈鑫海《八思巴文导论》、江桥《满文导论》、穆鸿利《女真文导论》、潘朝霖《水族文字导论》。

（2）新发现的碑铭文献的公布与研究

这一时期，随着考古挖掘和各省文物探查的深入，发现了很多重要碑铭文献，为契丹文和女真文研究输送了新鲜血液。

国内契丹大字和契丹小字墓志屡有发现，2012 年，内蒙古大学吴英喆出版了《契丹小字新发现资料释读问题》，对此前发现的《耶律珙墓志》《萧回琏墓志》《萧胡睹堇墓志》《耶律蒲速出墓志》等做了考释。2014 年，又新发现了二合契丹小字墓志和四合契丹大字墓志，吴英喆首先在 2014 年 8 月 11—13 日蒙古国召开的"碑铭研究国际会议"上介绍了这些资料的基本情况，包括碑石规格、凿刻时间、志主身份等。接着，他陆续对这些墓志进行了释读研究，并基于这些材料，培养硕士和博士生，撰写了硕、博论文，如 2019 年就契丹大字墓志《孟父房耶律统军使墓志》《留隐太师墓志铭》等研究[①]，《契丹小字〈萧迪烈郎君墓志〉与〈耶律阿姆哈娘子墓志铭〉研究》《新发现契丹小字〈耶律贴不太师墓志碑〉研究》等。

2017 年，在内蒙古兴安盟阿尔山市白狼镇石堂发现了契丹大字题记，吴英喆受邀对题记做了考察，并在相关报道中对契丹大字内容做了释读[②]。

女真文方面，2013 年，在黑龙江省牡丹江宁安市，一位农民在耕地时发现了一块金代女真文残碑。此前，与宁安市距离较近的吉林省海龙县（现梅河口市）小杨乡庆云堡村北半截山曾发现过两处女真国书摩崖，分别是记录了金太祖收国二年（公元 1116 年）在番安儿必罕设立谋克事和义为"大金太祖大破辽军于节山息马立石"的题刻。

2015 年 10 月，陕西榆林市文物研究所乔建军和陕西师范大学石建刚等在进行石窟调查时，在陕西省榆林市神木县南 60 公里的花石崖镇的一处崖窑上发现了女真文题刻，该处崖窑与镇政府隔河相望，明代曾被辟为清凉寺石窟。女真文和汉文两方题刻镌刻于崖窑的外壁。右侧汉文刻于金正大五年（公元 1228 年）三月十一日，内容基本完整。左侧的女真文题刻面宽 137 厘米，高 55 厘米，原有约 30 行，现存 25 行，行约 19 字，现左下部全部残泐，仅上部和前 4 行较为完整，存约 210 字。从现存形制看，该题刻当与右侧汉文题记同时刻写于金正大五年（公元 1228 年），但两方题刻并非互译关系。此前，乌拉熙春曾在《俄罗斯阿穆尔河畔女真大字的墨书》一书的第二章"清凉寺石窟金代女真大字石刻与汉字石刻"中给出了女真字的复原，并对有些女真字进行了解读。2018，孙伯君发表《神木县花石崖女真文题刻考释》（《中央民族大学学报》2018 年第 6 期），对女真文内容做了进一步解读，认为该题刻更像是颁给弥川县丞的一道圣旨。该材料是国内在西安以北的古代金、夏边境首次发现的女真文文物，对金末女真文的使用以及金元交替时期的历史研究提供了有力支持。

2003 年，阿穆尔国立大学教授安德烈-帕夫洛维奇-扎比亚卡（A. P. Zabiyako）在对阿尔哈拉河流域岩画进行实地考察时，发现了女真文墨书题记，2014 年至 2018 年又进一步对其进行了考察，经与乌拉熙春合作考证，认为这些文字刻于 1127 年，是迄今发现最早的在阿尔哈拉河沿岸的文字样本，其内容揭示了金帝国时代女真迁徙的历史，以及他们在东亚以及东北亚相邻区域的文化传播过程[③]。

---

① 白原铭：《新发现契丹大字〈孟父房耶律统军使墓志〉（残石）研究》，内蒙古大学 2019 年硕士论文。其力木尔：《新发现契丹大字〈留隐太师墓志铭〉研究》，内蒙古大学 2019 年硕士论文。
② 吴英喆：《阿尔山市白狼镇石堂契丹大字题记》，《辽金历史与考古》2017 年第 1 期，第 118-125 页。
③ A. P. Zabiyako, An Early Jurchen Text Among Rock Representations Near the Arkhara River in the Amur Basin (History, Research Results, and New Evidence), A. P. Zabiyako, *Archaeology, Ethnology and Anthropology of Eurasia* 47/3 (2019), pp. 94-103.

(3) 契丹文、女真文编码的研制

近20年来，互联网的出现为世界各民族的文化信息交流提供了更为广阔的空间，也对文字的电脑处理技术提出了更高的要求。而为中国各少数民族文字建立字形和编码的国际标准就成了文字学领域和电脑技术领域亟待解决的问题。

2010年4月19—23日，孙伯君在美国圣何塞Adobe园区举办的56th WG2会议上向国际编码组织提交了女真文国际编码方案，并于2011年10月1—2日在日本召开的编码会议上提交了修订稿。2013年，孙伯君首先向国际编码组织提交了契丹小字的编码方案，并得到了受理。后来，吴英喆团队也加入进来，与俄罗斯、美国、英国学者一道对编码方案进行了修订。两种编码方案的提出，为推动本领域研究成果的出版、少数民族文化的研究与交流提供了更为广阔的空间，抢占了该领域的学术话语权。

(4) 契丹文、女真文文物的辨伪

随着国内文物买卖的无序发展，加上某些地方政府为吸引文化旅游而进行的非正常炒作，当今市场充斥了赝品和伪品。因少数民族文字识者相对较少，更成了做伪者的偏好，少数民族文字文物的辨伪也就成了民族古文字工作者必须面对的问题。2011年5月19日至年底，《中国社会科学报》刊发了几篇文章，引发了一场有关契丹小字墓志真伪问题的讨论，可以看作少数民族古文字文物辨伪的学术实践。专家在文章中所提出的有关契丹小字墓志辨伪的标准问题，值得学界进一步思考。

2. 主要代表性成果

(1) 刘浦江、康鹏主编《契丹小字词汇索引》（中华书局，2014年5月）。该书收录了目前已发现的契丹小字石刻资料33种，还有其他零星资料16件。首先对其中出现的契丹词语加以整理、归纳，列明其出处；其次对这些词语的考释解读成果加以汇集，列于相关词条之下；最后还附录了33种石刻的录文。该书为学界研究契丹语文和契丹历史提供了很好的参考便利。

(2) 刘凤翥《契丹文字研究类编》（中华书局，2014年），全四册。该书共包括七部分内容，汇集了刘凤翥契丹大、小字全部研究成果，同时包括"契丹文字的释义与拟音总表""传世全部契丹文字碑刻、木牍、铜镜边款的全文摹录""契丹大、字拓片图版"等。该书于2014年荣获全国优秀古籍图书一等奖。

(3) 清格尔泰、吴英喆、吉如何编著《契丹小字再研究》（内蒙古大学出版社，2017年），全三册。该书内容总分两部分：①存世契丹小字墓志的录文、对译和索引；②有关这些墓志的释读与研究。该书荣获内蒙古自治区第七届哲学社会科学优秀成果政府奖一等奖。

(4) 张公瑾主编，黄建明、张铁山副主编《中国少数民族古籍珍品图典——民族古文字古籍整理研究100年通览》（中国社会科学出版社，2018年）出版，民族古文字研究会的二十余位专家参与了编撰，收录了契丹文、女真文古籍文献资料。

(5)黄建明、张铁山主编《中国少数民族文字珍稀典籍汇编》（福建人民出版社，2017年8月）全套28册，收录了契丹文、女真文等15类少数民族文字珍稀典籍，囊括一百九十余份古籍原件，涉及历史、哲学、宗教、文学、历法、医药等各个方面，基本反映了我国少数民族文字典籍的整体面貌。该书曾被列入国家"十二五"少数民族语言文字出版规划和2016年度国家出版基金资助项目。先后荣获2017年度全国"优秀古籍图书奖"一等奖和"第二十一届华东地区古籍优秀图书奖"特等奖等奖项，2019年获得第七届中华优秀出版物（图书）奖。

（三）重要学术会议

1. 成都"第二届民族古籍文献国际学术研讨会"

2012年7月，中国民族古文字研究会、中央民族大学主办、西南民族大学承办的"第二届民族古籍文献国际学术研讨会"在成都举办。来自俄罗斯、法国、美国、日本、土耳其等国的专家学者参加了本次会议，并就"新发现的文字和文献、文字与语言的关系、民族古文字研究、民族古文献解读、民族古籍的保护"等议题进行了深入研讨。

2. 阿城"第十一届中国辽金契丹女真史学术研讨会"

2012年7月27—30日，为进一步推动辽金契丹女真史研究的发展，中国民族史学会辽金暨契丹女真史分会和哈尔滨市阿城区人民政府联合主办、哈尔滨市阿城区人民政府承办的"第十一届中国辽金暨契丹女真史学术讨论会"在哈尔滨市阿城区举办，会议围绕辽金政治经济制度、社会生活、金源文化及相关问题，以及考古、文献新资料的发现与研究等问题进行了探讨。

3. 北京"中国民族古文字研究会第九次学术讨论会暨会员代表大会"

2012年12月1—2日，中国民族古文字研究会与中央民族大学合办的"中国民族古文字研究会第九次学术研讨会暨会员代表大会"在北京举行。此次会议以"新发现的文字和文献、文字与语言的关系、民族古文献解读和民族古籍的保护"为主要议题进行了的研讨，大会同时还举办了"中国少数民族书法展"。

4. 北京"华夷译语"与西夏字符国际学术研讨会

由中国社会科学院民族学与人类学研究所民族古文献研究室、中国社会科学院历史研究所中外关系史研究室、中国电子技术标准化研究所和"中华字库"总体组联合举办的"'华夷译语'与西夏字符国际学术研讨会"于2013年12月7—11日在北京召开，参加会议的有来自中国大陆、中国台湾、中国香港、日本、美国、爱尔兰、英国的专家学者共48人。会议分前、后两部分，前半部分为"华夷译语"的学术研讨，收到论文近三十篇，会议围绕"华夷译语"的编纂过程和编纂体例，"华夷译语"各种抄本间的关系，以某种"译语"为中心的个案研究，乾隆十五年编纂的九种"西番译语"及其所记录的语言，《西番译语》与西夏语的比较研究等专题进行了广泛而深入的探讨。与会专家一致认为"华夷译语"是一份珍贵的少数民族语言、古文字、古文献遗产，以后应该动员更多的专家关注和钻研。

会议后半程集中讨论了西夏字符国际标准提案，此提案即将在2014年2月提交给国际标准化组织。中国专家首先介绍了"中华字库"第18包子课题"西夏字符的搜集整理"的阶段性成果，即基于西夏原始文献的新字库的搜集整理情况，并就一些字形上的难点和整理当中遇到的问题征求了与会专家的意见。之后，美国和爱尔兰专家介绍了西夏文国际标准提案初稿，这个提案为国外和中方的西夏学专家共同参与编制。

5. 土耳其"古籍文献国际学术研讨会"

2013年10月15—19日，中国民族古文字研究会与土耳其语言协会、土耳其伊斯坦布尔大学和中央民族大学在土耳其伊斯坦布尔联合举办了"古籍文献国际学术研讨会暨第三届中国少数民族古籍文献国际学术研讨会"。会上，来自法国、俄国、土耳其、蒙古国、日本、中国的专家围绕民族古籍保护、民族古籍与碑刻释读等议题进行了深入讨论。

6. 赤峰"第二届契丹学国际学术研讨会"

2014年8月10—13日，由赤峰市人民政府与赤峰学院主办、敖汉旗人民政府承办的"第二届契丹学国际学术研讨会"在中国内蒙古自治区赤峰市敖汉旗新惠镇召开。会议主题为"契丹学体系结构建设、契丹辽文化研究及其成果转化与开发、敖汉旗境内的契丹辽文化、契丹考古新发现"等，来自中国、澳大利亚、法国、日本等地的专家学者参加了会议，并就上述议题进行了深入讨论。

7. 蒙古国"碑铭研究国际会议"

由蒙古国"蒙古研究国际联合会"举办的"碑铭研究国际会议"于2014年8月11—13日在乌兰巴托召开，来自中国大陆、中国台湾、俄罗斯、土耳其、日本、蒙古国的约五十位学者出席了会议，并就突厥文、契丹、女真、蒙古、突厥、回鹘和西夏等文种碑铭的新发现资料、碑铭考释及其相关方法、碑铭所涉历史语言问题等议题展开了深入研讨。涉及契丹文与女真文研究的论文有俄国 Pavel Rykin 的《永宁寺三种文字合璧碑中蒙古文的语言特征》，对公元1413年所刻永宁寺碑中的回鹘式蒙文的文字、语音、词汇、语法等特点进行重新考查；吴英喆报告了2014年新发现的三合契丹小字墓志和四合契丹大字墓志。

8. 呼和浩特"第三届契丹（女真）文研究学术研讨会"

2015年10月31日—11月1日，内蒙古大学蒙古学学院主办了"第三届契丹（女真）文研究学术研讨会"，开幕式由副院长额尔敦哈达教授主持，内蒙古大学蒙古学学院副院长吴英喆致欢迎辞，内蒙古大学副校长额尔敦巴雅尔出席了会议并讲了话。内蒙古大学蒙古学研究中心主任齐木德道尔教授和中国社会科学院民族学与人类学研究所孙伯君研究员分别就"女真语文的研究"与"从《钦定辽史国语解》看清代人对契丹语的认识"等问题做了主题报告。内蒙古大学朝克图教授报告了

《关于女真文副动词及其副动词后缀》、乌兰察布市职业学院张亭立报告了《21 世纪以来国内女真语言文字研究述略》的研究成果。

9. 辽宁康平"中国辽金契丹女真史学术研讨会"

为了进一步推动辽金契丹女真史研究，中国民族史学会辽金暨契丹女真史分会、中国民族古文字研究会、辽宁省辽金契丹女真史研究会主办，沈阳市康平县历史暨辽金文化研究会承办的首届"康平·中国辽金契丹女真史学术研讨会"于 2015 年 8 月 16—18 日在辽宁省沈阳市康平县召开，会议规模达百人，会议期间分组进行专题讨论，对辽金历史及中国民族古文字研究的最新学术成果进行了研讨；还考察了辽金遗址、辽河故道、那尔苏王陵等历史遗迹。

10. 银川"中国少数民族古籍文献第五次国际学术研讨会"

2015 年 9 月 11—14 日，中国民族古文字研究会与中央民族大学联合举办、北方民族大学承办的"中国少数民族古籍文献第五次国际学术研讨会"在银川市北方民族大学召开，该研讨会对推动中国少数民族古籍文献整理研究，促进学者之间的学术交流与友谊起到了积极作用。本次会议有来自俄罗斯、蒙古共和国以及中国大陆和中国台湾近七十位学者参会，收到高质量论文 59 篇。学会常务副会长黄建明教授在开幕式上发言。大会不仅对少数民族古典文献学的学科建设提供了新的发展契机，也为社会各界从事少数民族古典文献研究的学者提供了良好的交流平台，更为学界的新生力量提供了发展机会，为学科发展注入了新的力量。

11. 昆明"中国民族古文字研究会第十次学术研讨会暨会员代表大会"

2016 年 7 月 13—15 日，中国民族古文字研究会联合云南民族大学民族文化学院举办了"中国民族古文字研究会第十次学术研讨会暨会员代表大会"，会议顺利举行了研究会理事会换届选举，并就新发现文字和文献、文字与语言的关系、民族古文字研究、民族古文献解读、民族古籍的保护、彝文的起源等议题进行了学术研讨，取得了预想的成果。此外，会前还向会员发出了评奖通知，收到十多篇论文，并组织专家进行了评议，会上宣读了评奖结果，调动了年轻会员的积极性。本次会议的经费得到了社科院科研局社团中心管理处的大力支持。

12. 银川"北方民族文字数字化与西夏文献研究国际研讨会"

为了推进民族古文字的数字化，促进相关领域成果的出版，中国民族古文字研究会与北方民族大学西夏研究所合作，于 2016 年 8 月 21 日至 23 日举办了"北方民族文字数字化与西夏文献研究国际研讨会"。来自美国、英国、爱尔兰、俄罗斯、法国、日本、澳大利亚以及中国大陆和台湾地区的专家学者参加了本次研讨会。本次会议的议题分两部分：一是北方民族文字的数字化，二是西夏文献的整理与研究。本次会议重点讨论了契丹大字国际编码方案以及西夏语言与西夏文献的解读等问题。会后，北方民族大学聘请国内外西夏文专家举办了"西夏文解读研讨班"，来自全国高校的四十余名博士、硕士研究生参加了研讨班，对推动西夏文字文献的研究起到了一定的引领作用。

13. 圣彼得堡"第 6 届东方古文献国际学术研讨会"

2016 年 10 月 2—6 日，中国民族古文字研究会联合中央民族大学、圣彼得堡大学和俄罗斯科学院东方文献研究所在圣彼得堡举办了"第 6 届东方古文献国际学术研讨会"。来自俄罗斯、中国、英国、法国、日本、土耳其、蒙古国以及我国台湾地区的七十余名专家学者参加了本次研讨会。大会就蒙古文、满文、突厥文、西夏文、契丹文等古代文字文献进行了深入研讨。

14. 呼和浩特"首届北方民族古文字研究国际学术研讨会"

2016 年 12 月 2—4 日，为促进北方民族古文字研究国际学术交流与合作，推动古文字学科跨界融合，内蒙古大学蒙古学学院与北方民族古文字研究中心联合主办了"首届北方民族古文字研究国际学术研讨会"。会议主要围绕"新发现北方民族古文字资料介绍、北方民族古文字解读、北方民族古文字研究现状、北方民族古文字文献语言研究、北方民族古文字文献数字化"等五个主题对佉卢文、焉耆-龟兹文、于阗文、突厥文、粟特文、回鹘文、察哈台文、西夏文、古藏文、契丹大字、契丹小字、女真文、回鹘式蒙古文、八思巴文、满文等文字进行了研讨。

15. 西昌"第七届中国少数民族古籍文献国际学术研讨会"

2017 年 9 月 22—24 日，由中国民族古文字研究会与中央民族大学中国少数民族语言研究院主办，西昌学院协办的"第七届中国少数民族古籍文献国际学术研讨会"于西昌顺利召开。来自海内外的七十余位民族文字文献领域的学者济济一堂，就少数民族古籍的解读、民族语文的考证和民族文字文献所反映的历史、文化内涵等进行了深入研讨。此次会议的宗旨是在我国"丝绸之路"经济带战略的大背景下，通过国内外从事少数民族古文字文献研究的学者之间的交流，推进"藏彝走廊""丝绸之路"沿线各民族文字文献的解读与研究，提高民族古籍文献的释读规范，深入挖掘各民族历史、文化的内涵。会议共收到论文五十余篇，涉及的文种包括西夏文、回鹘文、契丹文、突厥文、蒙古文、八思巴文、满文、彝文、白文、纳西东巴文等。此次会议不仅有各种文字文献的细致考证、多文种文献的对勘分析，还有新时期古籍数字化与保护方面的战略思考和基于新材料对民族历史文化的宏观考察，为建构"藏彝走廊""丝绸之路"，中国乃至中亚、东亚的历史脉络提供佐证。

16. 敦煌"'丝绸之路'民族古文字文献与文化学术研讨会"

2018 年 10 月 13—15 日，由中国民族古文字研究会、中国敦煌吐鲁番学会少数民族语言文字专业委员会、敦煌研究院联合主办，敦煌研究院敦煌文献研究所和科研管理处共同承办的"'丝绸之路'民族古文字文献与文化学术研讨会"在敦煌莫高窟隆重举行。来自 20 个省市区、十多个民族的 92 位专家学者汇聚在敦煌研究院，参加学术研讨。会议议题主要涵盖敦煌、吐鲁番、黑水城等地发现的民族古文字研究、丝路沿线民族古文献研究、民族古文字的创制规律与借用、文字与语言的关系、北方民族与丝绸之路、敦煌·丝绸之路等相关文字文献与历史文化诸问题。会议共收到学术论文 84 篇，论文涉及的古文字有吐蕃文、回鹘文、西夏文、蒙古文、满文、突厥卢尼文、吐火罗文、叙利亚文、梵文、东巴文、哥巴文、水文、女书、彝文等多种。内容涵盖了语言、文字、宗教、历史、文化、音乐和神话，以及日常生活等各个方面。大会甄选 68 位学者围绕会议主题做了发言与讨论。敦煌与丝绸之路沿线自古以来民族文化交流频繁，敦煌、吐鲁番、黑水城出土的语言文字文献丰富多样，这些民族古文字文献资料为我们研究历史上敦煌与丝绸之路沿线各民族的历史文化活动、社会经济状况及语言文字的使用、宗教信仰等都提供了弥足珍贵的资料。如何挖掘这些古文字，利用这些遗产研究丝绸之路历史与文化，是摆在我们面前的迫切任务。本次会议旨在挖掘丝绸之路沿线发现的古文字文献，揭示其蕴含的内容，并利用这些文献研究丝绸之路历史与文化，推进敦煌学和西夏学、藏学、蒙古学、满学等领域的交流与发展，为繁荣民族历史文化增光添彩。

17. 保定"第四届契丹学国际学术研讨会"

2018 年 7 月 21—23 日，由河北大学文学院、赤峰学院历史文化学院、内蒙古契丹辽文化研究会联合主办的"第四届契丹学国际学术研讨会"在中国河北省保定市和雄安新区召开。与会专家围绕"当代视野中的契丹辽文化""现代语言学方法与契丹语言文字研究""契丹辽文化在中华优秀传统文化中的地位和影响""宋辽关系暨雄安新区在其中的历史地位研究""一带一路视阈下契丹辽文化的汲取与传播""契丹辽文化资源创意产业研究"等议题进行了深入交流与研讨。

18. 昆明"第九届中国少数民族古籍文献国际学术研讨会"

2019 年 10 月 27—29 日，中国民族古文字研究会与中央民族大学中国少数民族语言研究院、云南民族大学合作主办，云南民族大学民族文化学院承办了"第九届中国少数民族古籍文献国际学术研讨会"，来自法国、蒙古国、匈牙利、美国、俄罗斯、日本和国内的中国社会科学院、中央民族大学、新疆大学、兰州大学、西北民族大学、西南民族大学、天津大学、宁夏大学、广西大学、陕西大学、黑龙江大学、西南大学、贵州民族大学、云南民族大学共 70 多位学者出席了会议。本次会议紧紧围绕以下主题进行研讨：（1）民族古籍的解读；（2）民族古籍与民族语言研究；（3）民族古籍与宗教、历史、文化研究；（4）濒危民族古文字的整理、传承与研究；（5）民族古籍的保护；（6）民族古文字电脑字符的搜集、整理与制作。本次会议旨在深入研究中国民族古文字的构成和研究现状，濒危民族古文字的整理、传承与研究，民族古籍的解读以及文献中蕴含的民族语言、宗教、历史、文化等内容。目的是促进民族古文字文献的整理与研究，深入挖掘文献背后的文化内涵，提升民族古籍在民族地区文化建设中的作用。

19. 北京"'译音对勘'的材料与方法国际学术研讨会"

2019 年 12 月 2 日—3 日，中国民族古文字研究会与社科院民族所、中国社会科学院少数民族语言研究中心合作举办"'译音对勘'的材料与方法国际学术研讨会"，来自日本神户外国语大学、青山学院大学、俄罗斯科学院东方文献研究所以及台湾"中研"院语言学研究所、台北故宫博物院、南开大学、中国人民大学、山西大学、首都师范大学、暨南大学、安徽师范大学、四川师范大学等高校的专家学者参加了大会。本次会议主题：（1）"译音对勘研究法"的原则；（2）"译音对勘研究法"在汉语方言研究中的运用；（3）"译音对勘研究法"在民族语研究中的运用；（4）汉字古音在民族语与域外对音中的变读。会上，与会学者对"译音对勘研究法"在日译汉音、越南译音、藏–汉对音、蒙–汉对音、八思巴–汉对音、夏–汉对音、回鹘–汉对音等研究领域的运用，以及相关材料对拟定汉语和少数民族语声韵规律的作用等展开了讨论。本次会议对促进学界就对音材料与研究法的进一步讨论与研究，从而推动民族语文与汉语研究学者的沟通与交流起到了推动作用。

（四）研究状况、存在问题和薄弱环节

综合来看，契丹文、女真文碑铭文献研究存在以下较为突出的问题，这也是目前民族古文献学科面临的主要问题：

1. 研究者的知识结构不甚合理

民族古文字可细分为三种类型：（1）有活语言存在，文字产生较早，现在仍然使用的，比如藏语文、傣语文、蒙古语文；（2）有活语言存在的、文字已死亡的，比如回鹘语文；（3）语言和文字均已死亡的，比如契丹语文、西夏语文、女真语文。后两类文字往往被称作"死文字"。由于"死文字"需要分析大量对译文献来建构其所记录的语音、词汇、语法体系，所以要求从事此项研究的专家最好是专精两种以上的语言文字，尤其是对于需要通过分析辽夏金时期的汉语标音去拟构其音韵系统的契丹语和女真语的研究来说，对于从业者的汉语音韵学、训诂学功底的要求显得尤为突出。同时，民族古文字文献的研究往往需要文献学、文字学、语言学、历史学的贯通人才，这些因素无疑使得从事这一学科研究的门槛相对较高，同时也是影响这一学科发展的主因。

2. 古文字电脑字符编码和排版困难

民族古文献解读格式的规范也是较为突出的问题。古代文献多为写刻，文字可以画出来，无论是像纳西东巴文这样的图画式文字，还是像记录阿尔泰语的汉字式表音文字契丹小字那样采用词的连写形式，对于排版来说都不是问题。但用电脑输入输出后，这些文字都面临着编码和排版的重重困难。

3. 文献解读无法服务于语言研究

从19世纪末到20世纪初，学术界对中国少数民族古文献的解读就已经基本形成了一套规范的格式，即由原文、标音、对译和意译构成的所谓"四行对译法"，这种方法是文献语言学研究的最佳方法。但随着类型学和历史比较语言学研究的深入，人们对民族古文字学家又提出了新的要求，即文献解读时对句子成分进行"语法标注"。如向柏霖在翻译西夏著作的时候使用了下列标注符号对西夏语成分加以标注①：

　　Prog.：进行体；Perf.：完成体；1sg.：第一人称单数；2sg.：第二人称单数；12pl.：第一或第二人称复数；Dir1.：第一组趋向前缀（不定过去式）；Dir2.：第二组趋向前缀（命令式/祈使式）；Nom.：名物化词缀；Post.：后置词；Erg.：施动格。

但严格来说，由于受限于研究材料和水平，契丹文、女真文这些"死文字"的解读现状还无法实现这一语言学目标。

4. 民族古文字的拟音问题

从康丹在他的《契丹语和契丹文》开始，契丹文解读尝试使用一种规范形式，即契丹小字改为横行的线性排列，同时把知道读音的字标上读音，不知道读音的字只标字义，并用大写字母排出以示区别，如"郎君行记"的第一行，其中文意思是"大金国皇弟都统经略郎君"②：

又　　山　　凡尖禸　坖立买　右　雨汋　亞仐　凡用　屮岑及　叉为夬
GREAT GOLD　g.úr:en qa.ha:an deu cau.ji hur.ú　g.iŋ　l.iau.u　ś.a.rí

目前，契丹学界的研究论著，包括硕、博论文均统一使用了这一格式。这种格式部分解决了契丹小字的排版问题，也为不认识契丹小字的学者提供了语音指向。但实际上，由于契丹字没有字典，更没有韵书存世，其拟音条件远不如西夏语，加之这些读音并未经过语言学家的系统拟构，更谈不上考虑汉字在契丹语的变读形式了，因此，这些标音存在很大风险。

5. 对清儒考据学方法借鉴不够

民族古文献的研究要通过古文字的形、番汉对音、对译文献来建构文字所记录的语音、词汇、语法体系，而这一切均离不开对清代考据学方法的借鉴。考据学最重要的是"因声求义"，顾炎武曾曰："读九经自考文始，考文自知音始"。阎若璩指出："昧于音韵训诂，则不识古人之语言文字，而无以得圣人之真意。"乾嘉学派尤精音韵，从而使"因声求义"发展为一种成熟而科学的训诂方法。如果民族古文献的研究者考据学训练不够，直接会导致所取得文献解读成果无法形成严谨的证据链，可信度大打折扣，从而无法服务于相关历史、语言研究。

（五）学术前沿和发展趋势

今后契丹文、女真文的学术前沿和发展趋势应该是深入整理和研究各碑铭文献，传承"绝学"，为民族语言文字研究与中国传统历史文化研究提供语料和素材。

---

① Guillaume Jacques, "The Structure of the Tangut Verb", *Journal of Chinese Linguistics* 39:2, 2011.
② Daniel Kane, *The Kitan Language and Script*, Leiden: Brill, 2009.

1. 着力加强研究团队建设，以老带新。契丹文、女真文学科带头人普遍存在年龄老化的问题，面临青黄不接的尴尬局面。今后的研究方向应该重点考虑学科建设和布局，优先支持两个文种的代表性专家和有研究基础的重点基地团队建设，使有研究优势的高校和科研院所能够得到持续发展。

2. 引导本学科向服务于语言研究的目标发展。此前的民族古文献释读往往从历史文化研究角度考虑较多，忽视了碑铭文献的语料价值，解读成果无法服务于语言研究。今后的古文献研究方向应该朝着为历史语言学研究提供语料这一方向发展，注重"四行对译"和语法标注，避免低水平的重复解读。

3. 引导古汉语学者利用契丹文与女真文资料研究国学。民族文字资料所承载的信息，还能够为汉语研究提供重要信息，从而对传统国学的研究提供帮助。从前，汉语与民族文字研究之间壁垒森严，汉语研究者很少重视民族文字和民族语资料，近些年来有所改观。借助民族文字资料不仅能够与同语族的语言进行比较，促进历史语言学研究，还可以补充汉语资料的不足，建构古代方言的特征。就契丹文和女真文碑铭资料来说，其中对汉字音的记载，对研究汉语北方话在中古时期的演化意义重大。

4. 重视多文种资料的关联研究，构建大文献、大历史的学科视野。民族文字记载的文献不仅对构建本民族的历史文化提供了珍贵资料，而且对研究周边民族的历史文化也尤为重要。此前，包括契丹、女真、蒙古等民族在内的阿尔泰民族历史的建立多依赖汉文史料，而在中国所修的正史中像《辽史》《金史》所记载的史实非常有限，民族文字记载的文献对这些民族历史文化的研究就显得越发珍贵。

5. 进一步加强契丹文、女真文碑铭文献的数字化，引领该学科更好地与时代接轨。目前，"中华字库"第18包已进入攻坚阶段，契丹文、女真文电脑字库成果的发布指日可待，相信这一成果的具体应用会进一步推动本领域的研究和成果的出版。

（八）契丹文与女真文碑铭文献研究论著目录

1. 爱新觉罗·乌拉熙春、吉本道雅：《韓半島から眺めた契丹·女真》，京都大学学術出版会，2011年。

2. 爱新觉罗·乌拉熙春：《国舅夷离毕帐与耶律玦家族》，《立命馆文学》621号，2011年3月。

3. 爱新觉罗·乌拉熙春、吉本道雅：《新出契丹史料の研究》，京都：松香堂，2012年。

4. 爱新觉罗·乌拉熙春、吉本道雅：《大中央胡只里契丹国遥輦氏発祥地の点描》，京都：松香堂，2015年。

5. 白明霞：《契丹大字〈耶律昌允墓志〉研究》，内蒙古大学2014年硕士论文。

6. 白原铭：《新发现契丹大字〈孟父房耶律统军使墓志〉（残石）研究》，内蒙古大学 2019 年硕士论文。

7. 包阿如那：《契丹大字〈大横帐节度副使墓志〉研究》，内蒙古大学 2013 年硕士论文。

8. 包阿如那：《维南赡部洲大辽国铭》，内蒙古大学 2019 年博士论文。

9. 陈晓伟：《再论契丹语天干五色说——以契丹小字石刻为中心》，《文史》2011 年第 4 辑，第 175-184 页。

10. 陈晓伟：《释〈辽史〉中的"大汉"一名——兼论契丹小字原字雨的音值问题》，《民族研究》2012 年第 2 期，第 62-68+109 页。

11. 陈晓伟、孙昊：《释〈金史〉"豪剌唐古"》，《民族研究》2014 年第 1 期，第 120-121 页。

12. 陈晓伟：《说"迪烈子"——关于辽金元时期族名后缀问题》，《辽金历史与考古》第七辑，2017 年，第 147-156 页。

13. 德力格日呼：《契丹大字〈永宁郡公主墓志铭〉研究》，内蒙古大学 2015 年硕士论文。

14. 额尔敦巴特尔：《契丹语"夫人"和蒙古语"兀镇"》，《北方文化研究》（韩国）总 12 期，2016 年，第 99-104 页。

15. 丰田五郎、武内康则：《豊田五郎契丹文字研究論集》，2015 年 12 月。

16. 傅林：《契丹语和辽代汉语及其接触研究》，北京大学 2013 年博士论文。

17. 傅林：《从契丹文墓志看辽代汉语"儿"字的音值》，《保定学院学报》2016 年第 1 期，第 65-70 页。

18. 傅林：《辽代汉语与河北方言语音层次的形成》，《河北大学学报》2017 年第 4 期，第 31-41 页。

19. 傅林：《从契丹汉字音看汉语北方方言轻声的产生年代和机制》，《隋唐辽宋金元史论丛》第九辑，2019 年，第 271-278 页。

20. 傅林：《契丹语和辽代汉语及其接触研究》，北京：商务印书馆，2019 年。

21. 高娃：《内蒙古大学所藏契丹字文献资料》，《中央民族大学学报》2014 年第 4 期，第 150-153 页。

22. 吉如何：《刘凤翥、唐彩兰、青格勒：〈辽上京地区出土的辽代碑刻汇辑〉》，《华西语文学刊》2013 年第 1 期，第 236-238 页。

23. 吉如何：《契丹大小字同形字比较研究》，《北方文化研究》（韩国），第 2 辑，2013 年，第 29-44 页。

24. 吉如何：《关于若干契丹小字的读音》，《阿尔泰学报》（韩国），总第 25 辑，2015 年，第 85-92 页。

25. 吉如何：《契丹语"那可儿"考》，《北方文化研究》（韩国），第 5 辑，

2014 年，第 91-102 页。

26. 吉如何：《关于若干契丹字的解读》，《北方文化研究》（韩国），第 6 辑，2015 年，第 47-58 页。

27. 吉如何：《契丹大字字形整理与规范》，《契丹学论集》（第一辑），内蒙古人民出版社，2015 年，第 170-182 页。

28. 吉如何：《契丹博物馆藏契丹小字碑刻残石》，《蒙古学》（韩国），总第 47 期，2016 年，第 27-46 页。

29. 吉如何：《新发现契丹小字〈耶律天你太师墓志铭〉研究》，内蒙古大学 2017 年博士论文。

30. 即实：《谜田耕耘-契丹小字解读续》，辽宁民族出版社，2012 年。

31. 即实：《读谜谈解——补说〈回里坚墓志〉》，《内蒙古大学学报》2015 年第 2 期，第 13-20 页。

32. 即实：《读谜谈解——〈得勒坚墓志〉补说》，《社会科学辑刊》2015 年第 6 期，第 171-176 页。

33. 即实：《读谜谈解——补说〈白讷墓志〉》，《北方文化研究》（韩国），第 6 辑，2015 年，第 1-14 页。

34. 金适：《北京地区首现契丹文字石刻》，《东北史地》2011 年第 5 期，第 35-36+98 页。

35. 康鹏：《萧挞凛家族世系考》，《新亚洲论坛》第 4 辑，韩国：首尔出版社，2011 年，第 373-383 页。

36. 康鹏：《契丹大字〈耶律祺墓志铭〉补释》，《形象史学研究》，2013 年，第 274-280 页。

37. 康鹏：《契丹小字〈萧敌鲁副使墓志铭〉考释》，《辽金历史与考古》第 4 辑，沈阳：辽宁教育出版社，2013 年，第 275-306 页。

38. 康鹏：《〈辽史·国语解〉"嗢娘改"条辨正》，《中国史研究》2013 年第 3 期，第 96 页。

39. 康鹏、左利军、魏聪聪：《辽〈高玄圭墓志〉考释》，《北方文物》2014 年第 3 期，第 79-82 页。

40. 康鹏：《契丹小字"地皇后"考》，《西北师大学报》2016 年第 5 期，第 107-111 页。

41. 康鹏：《〈马卫集书〉中的契丹语词"Sh.rghūr（汉人）"》，《西域研究》2016 年第 3 期，第 30-37+142-143 页。

42. 康鹏：《契丹小字〈耶律（韩）迪烈墓志〉札记——兼谈仿刻迪烈墓志之赝品》，《辽金历史与考古》2017 年第 1 期，第 132-146 页。

43. 李盖提著，聂鸿音译《女真小字初探》，《满语研究》2019 年第 1 期，第 27-34 页。

44. 李思齐：《辽庆陵东陵人物壁画契丹小字墨书的复原与考释——兼论东陵圣宗陵说》，《北方文物》2019年9月网络首发，第1-23页。

45. 玲玲：《契丹大字〈耶律祺墓志铭〉研究》，内蒙古大学2018年硕士论文。

46. 刘凤翥：《王静如先生对契丹文字的学术贡献》，《西夏学》2013年第1期，第15-18页。

47. 刘凤翥：《契丹文字研究类编》，中华书局，2014年。

48. 刘凤翥：《契丹小字〈故耶律氏铭石〉考释》，《赤峰学院学报》2014年第10期，第1-7页。

49. 刘凤翥：《〈萧旼墓志铭〉为赝品说》，《赤峰学院学报》2015年第1期，第6-11页。

50. 刘凤翥：《趣话辽代玉魁：契丹文的"另类"释读》，中国社会科学报2015年08月20日。

51. 刘凤翥、何文峰：《〈耶律曷鲁妻掘联墓志铭〉为赝品说》，《北方文物》2015年第2期，第92-94页。

52. 刘凤翥：《契丹寻踪——我的拓碑之路》，《博览群书》2016年第8期，第77页。

53. 刘凤翥：《让"死"文字复"生"》，《光明日报》2016年07月04日。

54. 刘凤翥、张少珊、李春敏：《女真译语校补和女真字典》，中西书局，2019年。

55. 刘凤翥：《十件辽代汉字墓志铭的录文》，《辽金历史与考古》2019年，第14-24页。

56. 刘浦江、康鹏：《契丹小字词汇索引》，中华书局，2014年。

57. 郑毅、牟岱：《巴图的契丹小字研究》，中国社会科学报，2019年2月18日。

58. 聂鸿音：《辽史·西夏外纪》中的"团练使"和"刺史"，《东北史地》2011年第2期，第71-73页。转载于《人民大学复印报刊资料·宋辽金元史》2011年第3期第57-59页。

59. 聂鸿音：《契丹小字墓志真伪辩——兼与刘凤翥先生商榷》，中国社会科学报2011年06月16日。

60. 聂鸿音：《"女真"译音考》，《宁夏社会科学》2011年第5期，第77-80页。

61. 聂鸿音：《鄂卢梭和他的〈女真译语〉研究手稿》，辽宁省辽金契丹女真史研究会编《辽金历史与考古国际学术研讨会论文集》，辽宁教育出版社，2012年，第531-534页。

62. 聂鸿音：《阿尔泰语系语言韵尾-l的汉语音译》，《满语研究》2013年第1期，第84-86页。

63. Nie Hongyin, A Supplementary Note on "Khitan" in Tangut Historical Records, 북방문화연구, 5(2014):13-19.

64. 聂鸿音:《关于契丹制字的一则补注》,刘宁、齐伟主编《辽金史论集》,科学出版社,2017年,第55-57页。

65. 聂鸿音:《中原诗歌在西夏和契丹的传播》,《四川师范大学学报》2019年第4期,第113-118页。

66. 彭靰茹罕:《契丹文史料所见安团将军及割烈司徒名讳考释》,《内蒙古社会科学》2019年第3期,第112-116页。

67. 彭靰茹罕:《契丹小字〈萧迪烈郎君墓志〉与〈耶律阿姆哈娘子墓志铭〉研究》,内蒙古大学2019年博士论文。

68. 其力木尔:《新发现契丹大字〈留隐太师墓志铭〉研究》,内蒙古大学2019年硕士论文。

69. 清格尔泰、吴英喆、吉如何:《契丹小字再研究》,内蒙古大学出版社,2017年。

70. 沈钟伟:《契丹小字汉语音译中的一个声调现象》,《民族语文》2013年第1期,第39-50页。

71. 史金波、宋德金主编:《中国辽夏金研究年鉴》(2013—2016),中国社会科学出版社。

72. 孙伯君:《〈天盛律令〉中的"契丹"和"女直"》,《东北史地》2011年2期,第67-70页。

73. 孙伯君:《〈辽史·西夏外纪〉的几个土产名称》,《满语研究》2013年1期,第105-107页。

74. 孙伯君:《西夏、契丹、女真文的计算机编码概况》,《华西语文学刊》第8辑,四川文艺出版社,2013年,第31-43页。

75. 孙伯君:《契丹小字碑铭中的金代年号》,《满语研究》2015年1期,第54-57页。英文译文 Reign Titles of Jin Dynasty in Khitan Small Script Inscriptions,发表于 Bugbu Munhwa Yeongu "北方文化研究"(韩国)第5辑,2014年。

76. 孙伯君:《昌黎碣石山金元时期的题记》,刘宁、齐伟主编《辽金史论集》第15辑,科学出版社,2017年9月,第232-237页。

77. 孙伯君:《神木县花石崖女真文题刻考释》,《中央民族大学学报》2018年第6期,第146-156页。

78. 孙伯君:《汉语北方话的"番式"变读》,《方言》2019年第2期,第208-215页。

79. 孙伯君:《存世女真文性质再探》,《满语研究》2019年第1期,第35-39页。

80. 孙国军、陈俊达:《清格尔泰先生与蒙古语、契丹语研究》,《内蒙古民族大学学报》2017 年第 5 期，第 7-12 页。

81. 苏航：《论札忽惕与契丹小字𘬘𘭎𘭃𘬦》，《民族语文》2017 年第 2 期，第 25-33 页。

82. 唐均：《楔形文字和女真文字中音补结构比较研究》，《中国海洋大学学报》2011 年第 3 期，第 84-90 页。

83. 唐均：《契丹文"戌犬"考述——王元鹿教授古稀寿辰生肖诠释》，《华西语文学刊》2016 年第 2 期，第 183-188+415+421 页。

84. 唐均：《契丹文"卯兔"论》，《青海民族研究》2016 年第 2 期，第 195-198 页。

85. 唐均：《女真文"契丹"考》，《辽金历史与考古》2017 年第 1 期，第 147-152 页。

86. 唐均：《"札兀惕·忽里"的契丹文还原》，《语言学研究》2018 年第 1 期，第 143-149 页。

87. 陶金：《契丹大字考证三则》，《中西文化交流学报》，2014 年第 6 卷第 1 期。

88. 乌仁朝鲁门：《契丹大字〈耶律特免郎君墓志碑〉研究》，内蒙古大学 2016 年硕士论文。

89. 吴英喆：《契丹小字〈迭剌部〉考释》，《民族语文》，2011 年第 5 期，第 72-77 页。

90. 吴英喆：《契丹小字〈萧敌鲁墓志铭〉及〈耶律详稳墓志〉绝非赝品》，《中国社会科学报》2011 年 12 月 08 日。

91. Wu Yingzhe, Deciphering some demonstrative pronouns in Khitan Small Script, *Journal of the Altaic society of Korea*, 2011:21, pp. 69-77.

92. 吴英喆：《再论契丹文中之汉语入声韵尾的痕迹》，《北方文化研究》（韩国），第 3 辑，2011 年，第 85-90 页。

93. 吴英喆：《契丹文典故"人生七十古来稀"》，《中央民族大学学报》2012 年第 6 期，第 106-109 页。

94. 吴英喆：《契丹小字新発見資料釋讀問題》，東京外国語大学アジア・アフリカ言語文化研究所，2012 年。

95. 吴英喆：《契丹小字指示代词考释》，《中西文化交流学报》2013 年第 5 卷 1 期。

96. 吴英喆：《再论契丹文天干阴阳之别》，《北方文化研究》（韩国），第 5 辑，2014 年。

97. 吴英喆：《关于若干契丹原字的读音》，《阿尔泰学报》（韩国），总第 24 辑，2014 年。

98. 吴英喆：《关于契丹语的序数词》，《蒙古学》（韩国），2014 年第 5 期，第

129-134 页。

99. 吴英喆、孙伟祥：《契丹文皇族"第十帐"及其他》，《中央民族大学学报》2015 年第 4 期，第 131-135 页。

100. 吴英喆：《契丹小字史料における「失（室）」韋》，《日本モンゴル学会紀要》第 45 號，2015 年，第 3-8 页。

101. 吴英喆：《萧查剌相公契丹文遗言》，《内蒙古社会科学》2016 年第 2 期，第 54-57 页。

102. WuYingzhe, Jiruhe, PengDaruhan, Interpretation of the Epitaph of Chang gun Ye Lu Zhun of Great Liao in Khitan Large Script（《契丹大字〈耶律凖常衮墓志铭〉考释》），*Acta Orientalia Academiae Scientiarum Hung*. Vol. 70(2), 2017.

103. 吴英喆：《阿尔山市白狼镇石堂契丹大字题记》，《辽金历史与考古》2017 年第 1 期，第 124-131 页。

104. 武内康则著，聂鸿音译：《契丹语和中古蒙古语文献中的汉语喉牙音声母》，《满语研究》2012 年第 2 期，第 29-33 页。

105. 武内康则：《契丹语の数詞について》，東京外国語大学アジア・アフリカ言語文化研究所，2017 年，第 91-103 页。

106. 伊日贵：《契丹小字〈耶律副部署墓志铭〉与契丹大字〈耶律祺墓志铭〉比较研究》，内蒙古大学 2011 年硕士论文。

107. 张少珊：《近 80 年来契丹大字研究综述》，《赤峰学院学报》2014 年第 12 期，第 4-8 页。

108. 张少珊：《辽代耶律李胡与和鲁斡的封号》，《民族研究》2016 年第 2 期，第 106-110+126 页。

109. 张少珊：《关于几个契丹大字的拟音》，《北方文物》2018 年第 3 期，第 98-99 页。

110. 张少珊：《契丹小字拟音研究》，中国社会科学院研究生院 2016 年博士论文。

111. 赵哈申高娃：《新发现契丹小字〈耶律贴不太师墓志碑〉研究》，内蒙古大学 2019 年博士论文。

大 事 记

1950 年

唐剑虹等编辑的《西北回族民歌选》由兰州新华书店刊行。

1954 年

1月15日　民族出版社举行成立一周年庆祝会。一年来，该社用蒙古、藏、维吾尔、朝鲜、哈萨克5种文字翻译出版了142种共129.35万多册书刊。

9月　十四世达赖喇嘛赴京时向中央民族大学赠送第二、第五、第七至第十三世达赖喇嘛的传记和第一、第三、第五、第七、第八、第十三达赖喇嘛的文集，以及《五世达赖喇嘛金塔目录》《七世达赖喇嘛金塔目录》《八世达赖喇嘛金塔目录》和《十世达赖喇嘛金塔目录》，共65函拉萨雪印经院刻本[①]。

1955 年

3月26日　云南省撒尼族长篇叙事诗《阿诗玛》出版。

斯里兰卡佛教界为纪念释迦牟尼佛涅槃2500年，发起编纂英文佛教百科全书，要求各国佛教学者撰稿，中国佛教协会邀请佛教界撰写三百余条目，其中包括藏传佛教的条目。

12月4日　甘孜藏族自治州文化艺术研究会初步整理完成藏族民间说唱诗——《茶和盐的故事》。还完成了一部包括100首左右的《藏族民间诗歌选》初稿。

---

① 2000年据格桑居冕教授介绍，他是当时接收藏文古籍成员之一。

1956 年

9 月　成立中国佛学院，内设研究部，后又增设藏语系讲授藏文古籍。

11 月 11 日　中国科学院少数民族语言调查队第五工作队达斡尔语言调查组结束在内蒙古 3 个多月来的调查收集工作。调查组共收集到 12000 多个达斡尔族语词和许多有关达斡尔族的历史资料和民谣。

1957 年

1 月 15 日　人大民委组织的内蒙古、东北少数民族社会历史调查组，搜集到许多蒙古族、达斡尔族的清代文献资料（蒙古族清同治年间以来的账册及文书底稿等；达斡尔族历史书籍 10 本、地图 8 张）。

2 月 13 日　新疆民族社会历史调查组在和阗（田）一带搜集到 300 多件民族历史文献，其中有 16 世纪 80 年代到 20 世纪 30 年代的维吾尔文、阿拉伯文、波斯文、土耳其文、印度文等书籍、契约和法令等。这些书籍有些是各少数民族学者的手稿，记载着民族历史、宗教、民间传说和民族斗争史等。

3 月 3 日　流传在广西大苗山苗族人民中间的《八大苗歌》，由广西文艺工作者覃桂清（壮族）、肖甘牛等初步完成搜集和整理工作。

8 月 19 日　中国科学院新疆少数民族语言文字调查队在近一年的时间内考察了维吾尔、哈萨克、柯尔克孜、锡伯和塔吉克等民族语言文字的发展，收集到各民族的方言、土语、民间诗歌等大量资料。其中，有 18 世纪初叶用维吾尔文抄写的乌孜别克古代诗人的长诗和柯尔克孜族 200 多年前的契约等。

12 月 9 日　内蒙古少数民族社会历史调查组完成了对鄂伦春、达斡尔、鄂温克 3 个民族的社会历史调查工作，搜集的资料达 500 万字以上，并完成了 3 个民族的《简史》《简志》初稿的编写工作。

12 月 16 日　我国第一个突厥语研究班在中央民族学院设立。

12 月 22 日　云南省少数民族社会历史调查组在 3 个月内完成了对景颇、佤、傈僳、怒、独龙、崩龙、阿昌等民族的社会历史调查工作，并写出了上述各族的《简史》《简志》合编初稿。

1958 年

1 月 8 日　贵州省民族出版社在贵阳成立。

是年，佟锦华先生赴德格印经院、八邦寺印经院印制藏文古籍。拉卜楞寺工作组组织该寺学者编制《拉卜楞寺总书目》。

1959 年

6月　中共西藏工委颁发《关于加强文物古迹、文件、档案管理工作的若干规定》。

7月　当时驻藏人民解放军军事管理委员会接管原西藏地方政府政府文件、文物和档案。中共西藏工委提出"集中起来，保管好"的方针，成立"文物古迹、文件档案管理委员会"，下设文件管理组，负责接收军管会移交的文件、档案和古籍等。截至1962年，共接收文件档案264箱（包），计一百五十多万件。

1960 年

1月12日　中国科学院贵州分院民族研究所成立。在筹建过程中，民研所调查了十多个民族的66个居民点，搜集了2500万字的资料和五百多件文物，编写出一些民族的《简史》《简志》。

9月　中央民族学院开办第一期藏文研究班，培养整理、研究古藏文的专门人才。

1961 年

3月　经国务院批准，西藏萨迦寺列为第一批全国重点文物保护单位。该寺收藏有大量藏文古籍，其中不乏稀世珍本。

3月7日　《云南日报》报道：两年来，云南省少数民族社会历史调查组研究全省少数民族社会历史，积累约四千万字的资料，编写了3种民族丛书（初稿）26本。民族民间文学调查队搜集整理了民族民间文学作品数十万件，编写了《白族文学史》和《纳西族文学史》（初稿）及一部分文学概略（初稿）等。

6月6日　1960年5月以来，云南省先后组织了6个调查队调查了澜沧拉祜族、德宏景颇族、昭通苗族、沧源佧佤（佤）族、耿马傣族和金平傣族的文学艺术，搜集到与文学艺术有关的历史、政治、经济、风俗习惯等资料，编成了民间故事、民歌、长诗、舞蹈和音乐曲调等。

6月13日　广西少数民族社会历史调查组编成壮族《简史》《简志》，以及瑶族、毛南族、仫佬族等史志合编和广西少数民族简介等初稿，还整理出有关太平天国、土司制度等部分历史文献资料。

8月14日　1958年以来，贵州省文化部门根据发掘出的苗、侗、布依等少数民族大量民间文艺资料，编成《苗族民间文艺资料》《侗族大歌》和《布依族文艺资料》等30多本，并已出版。

10月27日　内蒙古数千名蒙古族新老蒙医医疗队伍经过5年的努力，用蒙古文出版了古典医学文献——《四部医典》，发掘出三百多年前的《但教经》和其他大量古代蒙古医学史料。

11月21日　《光明日报》报道：1956年以来，西北大学历史系民族史研究室先后到陕西、甘肃、宁夏的30个县市，调查了清代同治年间西北回民起义，搜集了文献资料达50余万字。

11月29日　内蒙古文学研究部门和出版界合作出版了古典文学名著——《格斯尔传》蒙古文版本和部分汉文译本。

12月11日　柯尔克孜族长诗——《玛纳斯》初步收集整理完毕，并第一次译成汉文。

1962 年

1月30日　中国科学院民族研究所内蒙古少数民族社会历史调查组根据调查搜集的自治区蒙古、达斡尔、鄂温克、鄂伦春、回、满和朝鲜7个民族的社会历史材料，编写出一批民族研究著作。

5月27日　《达斡尔、鄂温克、鄂伦春、赫哲史料摘抄》出版。

5月30日　中国科学院民族研究所辽宁少数民族社会历史调查组根据收集到的满族史料和社会生活情况，结合文献资料，编写成《满族简史简志合编》（修订稿）。

6月4日　藏族民间史诗——《格萨尔》分别由上海文艺出版社和青海人民出版社用汉、藏两种文字出版。

6月12日　壮族民间长篇抒情诗《嘹歌》搜集工作完成，并译成汉文初稿。

6月23日　维吾尔族优秀的古典诗人阿不都热·依木那扎尔的爱情叙事长诗——《帕尔哈德与西琳》出版。

11月22日　蒙古族英雄史诗——《江格尔传》首次译成汉文。

1963 年

1月17日　纳西族史诗——《创世纪》出版。

3月16日　中国科学院民研所广西少数民族社会历史调查组1956年成立以来，到广西、广东、云南、湖南、贵州等省调查壮、瑶、仫佬、毛南、侗、苗、仡佬、水等少数民族的社会历史发展情况，搜集文学资料达两千多万字。其中有历史文物、碑文、档案的抄录和原物以及民间传说、歌谣等，并整理出版了《广西少数民族简介》和《广西花山岩壁画论文集》，写出了壮、瑶、毛南、仫佬等民族的史志初稿。

6月10日　云南省丽江纳西族自治县文化部门将120多卷《东巴经》译成了汉文。

10月5日　青海民院完成了撒拉族史料收集工作，编辑出版了《明实录、清实录撒拉族史料摘抄》。

1965 年

4月　"四清"运动开始，德格印经院停止刻版、印刷，由德格县有关政府部门封存所有文物。

1966 年

9月　青海省文联搜集、整理的部分老艺人口述记录本、部分《格萨尔王传》抄本和34本汉译稿被送进造纸厂。仅抢救出部分《格萨尔王传》抄本和资料。

10月　瓦琼寺僧人拥杰、西绕旺丹和贡桑多杰埋藏102函苯教《甘珠尔》。萨迦寺收藏的200多函贝叶经遭毁损，仅剩二十多函。

1967 年

拉卜楞寺古籍损失16.3万多部，存6.5万余部，1.82万余种（复本书和《大藏经》除外），占原藏书总数的39.6%。[1]

1968 年

西藏拆毁两千多座寺院，云南藏传佛教地区拆毁三十多座寺院，青海藏区拆毁

---

[1] 蒲文成主编：《甘青藏传佛教寺院》，青海人民出版社，1990年版，第522页。

六百多座寺院，甘肃藏区拆毁三百六十多座寺院，四川藏区拆毁八百多座寺院。烧毁藏文古籍无数。

1972 年

在甘肃省武威县张义公社小西沟发现一批西夏文、汉文和藏文古籍。

1975 年

敦煌研究院敦煌文献研究所和敦煌市博物馆联合整理敦煌市博物馆藏吐蕃时期藏文写经。

甘肃武威发生特大水灾，淹没武威市文物局收藏在文庙的藏文古籍，损坏较大。

1977 年

5 月 27 日　据不完全统计，内蒙古编写出 17 种共一百三十多万字的蒙医蒙药文献资料和《蒙药学》《伤寒论》等书。

1978 年

10 月　西藏自治区藏医院搜集《四部医典》等二十多函藏医学古籍。

11 月 30 日　青海省省委宣传部召开大会为藏族民间史诗《格萨尔王传》平反，恢复名誉。

12 月 13 日　西藏自治区党委成立了自治区历史资料整理领导小组，抽调和聘请懂古藏文的人员整理原西藏地方政府的三百多万件的档案资料和布达拉宫的两万多部经书以及日喀则、泽当的图书文史资料。

12 月 19 日　西藏出版了《四部医典》。

12 月　《文物》第 12 期发表《河西吐蕃文书简述》一文，这是国内首次发表国内学者的敦煌藏文研究成果。

1979 年

1月13日　中国人民银行西藏分行整理二百六十多份藏文金融历史资料。

2月9日　开放关闭十多年的塔尔寺藏经楼等部分殿宇。

2月21日　开放西藏拉萨大昭寺、哲蚌寺和色拉寺。

5月5日　西藏拉萨市藏医院收集、整理出 24 种（套）藏医古籍的木刻原版 3004 块。其中，有公元 8 世纪古代藏医学家宇妥·宁玛云登贡布等的医学巨著《居悉》（四部医典），历代藏医名家撰写的藏医理论、临床经验、藏药方剂的著作《晶珠本草》《实践总论》和《藏医临床学》等。

5月　经批准，德格印经院恢复中断二十多年的印刷业务。

6月9日　从"四人帮"桎梏下解放出来的 65 岁的柯尔克孜族著名老艺人玉素甫·玛玛依，重新参加了柯尔克孜族英雄史诗《玛纳斯》的发掘和整理工作。

7月19日　开放西藏扎什伦布寺。

10月8日　青海省塔尔寺展出建寺四百多年来收藏的三百五十多件珍贵文物和藏文古籍。

10月23日　一年多来，贵州省毕节地区民委组织力量抢救、整理、翻译出有关彝族奴隶制和手工业方面的历史资料——《奴仆工匠记》和记载彝族古代哲学、天文历算、人体解剖及医学等内容的《宇宙人文记》等。

12月12日　蒙古族史诗《江格尔》，经新疆人民出版社挖掘和抢救，又搜集到二十章四万行诗。其中十五章整理完毕。

12月15日　日喀则扎什伦布寺原有的社会历史档案资料，以及收集到的二百箱多（袋）资料整理完毕。

1980 年

1月15日　新疆发掘、整理、翻译和出版了《福乐智慧》和《玛纳斯》等少数民族文学遗产。

2月25日　蒙古族第一部大型丛书——《蒙古文献丛书》开始编辑。

辽宁阜新蒙古族自治县蒙医研究所挖掘、整理出版了几乎失传的《玛娜仁钦宗乃》密卷。

4月9日　编纂完成藏文版《藏医医学词典》，该书是一部阅读和研究古医书的工具书。

5月18日　西藏自治区党委发出通知：要求在西藏工作的汉族干部、职工学习藏语、藏文，并把藏语文学习列为考核、晋级、提升的项目。

7月8日　云南省德钦县和西藏芒康县交界处发现《格萨尔王传·汉岭传奇》抄本。

7月21日　1720年写成的藏医药巨著——《晶珠本草》，经青海省药物研究所整理，交由青海民族出版社用藏文出版。

8月1日　中国民族古文字研究会在承德召开成立大会。

8月　《中国回族文学作品选·古代诗歌选注》由宁夏人民出版社出版。

10月8日　塔尔寺印书院重新印制佛教文献和古藏语文、藏医学书籍。

10月　出版藏汉对照本《敦煌吐蕃历史文书》。该书除依据巴考注释本外，诸多古藏文字句、吐蕃历史等方面的疑难问题均得到东噶·洛桑赤列教授指导，故在许多方面超过了巴考本，在国内外影响颇深。

10月　由民族文化宫，国家民委和中国民族古文字研究会联合举办的"中国民族古文字展览"在北京民族文化宫展出。

10月22日　成立西藏自治区档案馆。

11月4日　四川人民出版社搜集、整理的藏文版《格萨尔王传》前三部——《仙界遣使》《英雄的降生》和《赛马登位》首次铅印出版。

11月27日　国家民委和国家出版局在京召开全国少数民族文字图书出版工作座谈会，决定在内蒙古、新疆和西藏建立专门的蒙古文、维吾尔文和藏文古籍出版社。

1981 年

1月　《中国回族文学作品选·民间故事》由宁夏人民出版社出版。

1982 年

1月1日　出版《西藏研究》（汉、藏文版）创刊号。

1月20日　李一氓同志在《人民日报》上发表题为《论古籍和古籍整理》的文章，指出："对于少数民族语文古籍，自亦为中国古籍，如藏、蒙古、满、回鹘、西夏、契丹等文字，都应加以整理。"这是有史以来，第一次由国家官方提出整理少数民族古籍。

2月27日　教育部高教一司副司长纪啸风同志和文科科研处处长章学新同志两次到中央民族学院，邀请各族专家学者召开古籍整理座谈会，会上提出要"救书、救人、救学科"。

3月5日　四川省民委和省文化局在甘孜藏族自治州的德格、白玉、新龙、甘孜4县征集到藏文典籍一万两千六百多包，唐卡两千一百多幅，铜塑镏金佛像六百八十尊，以及其他历史文物。其中许多对文物具有重要的研究价值。

3月11日　新疆巴楚县以东的沙漠中发现一个东西长约二十公里、南北宽十多公里间散布着一座石城和三座较小城堡的古代遗址，出土了大量唐代货币和古龟兹国钱币等文物。

3月13日　国务院古籍整理出版规划小组召开了第一次会议。李一氓同志在开幕式的讲话中再次提出"藏文、蒙古文、满文以及其他少数民族文字的古籍，亦为中国文化的宝贵遗产，亦应加以整理……"

3月22日　教育部在《教育通讯》上发表了题为"少数民族古籍亟待搜集整理"的增刊。国家民委主任杨静仁同志在增刊上做了批示。

3月25日　西藏自治区墨竹工卡县民间藏医昂页献出900年前的珍贵写本《秘传经典》《祖传教诫金鬘格言》和《直贡医学全集》3部名著。

4月2日　国家民委下发179号文件，转发《教育通讯》（增刊），以引起民委系统各级领导对少数民族古籍整理出版工作的重视。

4月6日　回鹘文《弥勒会见记》《金光明经》及《对十种善德的赞美》等一批古维吾尔文佛教典籍和诗歌已译成汉文和现代维吾尔文。

5月　中央民族学院少数民族古籍整理出版规划领导小组成立。由副院长宋蜀华兼任领导小组组长，著名专家马学良教授、王钟翰教授任副组长。下设少数民族古籍整理出版规划办公室。这是全国最早成立的民族古籍整理工作的专门机构。

8月11日　一度濒临绝迹的卫拉特蒙古族民间文学《江格尔传》的抢救工作获得进展，搜集到完全或不完全章节、变体五十余篇。

9月　中央民族学院民语系设立彝族历史文献教研室，并开设彝文文献大专班。西藏社会科学院（筹备）招收30名藏文中学毕业生送中央民族学院学习，培养古藏文研究、古籍整理等方面的专门人才。

12月2日　教育部发（1982）教高一字099号文件，题为《关于开展古籍整理研究、培养整理人才的意见》。内容共6条。其中第六条指出，由国务院拨专款，用于高校古籍整理研究及人才培养，并决定设立高等院校古籍整理研究补助基金，部属有关院校和省（市、自治区）属有关院校，均可根据条件申请使用。

12月　中国社会科学院少数民族文学研究所和内蒙古社会科学院研究人员，在青海省蒙古族聚居区搜集到25篇珍贵的蒙古族史诗《格斯尔传》的民间传说。

1983年

1月19日　成立青海省社会科学院塔尔寺藏族文献研究所。

1月20日　内蒙古自治区重视蒙古文文献的整理出版工作。十一届三中全会以来已整理出版的有：《十福经校源流》（俗称《白史》）、《水晶鉴》《蒙古秘史》（勘校本）等。

2月　回族著名厨师杨永和编著的关于中国穆斯林饮食文化著作《清真全羊菜谱》，由中国商业出版社出版。

2月　四川凉山彝族自治州文物考察组在昭觉县发现东汉石表和石阙各一座。石表400余字，各段文字很像后世的公文"摘由"，这在我国古代金石铭刻中还是第一次发现。

2月25日—3月4日　由教育部主持的高等院校古籍整理研究规划会议在北京召开。全国43所高等院校的专家教授以及有关负责同志一百多人出席了会议。会议讨论了整理古籍的深远意义和人才培养问题，并通过了《高等院校古籍整理规划》（1982—1990年）。

3月26日　国家民委副主任伍精华同志邀集在京民族古籍方面的专家学者和有关单位负责人，在民族文化宫召开少数民族古籍整理问题座谈会。会议中心议题：民族古籍整理的重要意义和紧迫性；酝酿成立组织机构；民族古籍整理工作中存在的问题和意见。伍精华同志表示：国家民委抓古籍整理工作义不容辞，并责成民委文化司抓好此项工作。

3月29日　民族古籍整理问题讨论会在民族文化宫举行。会议由李鸿范同志主持，国家民委文化司的同志和中央民族学院的部分专家学者出席会议。根据伍精华同志指示，会议建议成立全国少数民族古籍整理工作筹备组。由民委副主任伍精华同志（或任英同志）任组长；李鸿范同志任常务副组长；宋蜀华、贾春光任副组长，成员若干人；筹备组下设办公室。会议还建议在当年的五六月间召开全国民族古籍整理工作座谈会。

4月　著名藏医强巴赤列应邀参加了在意大利举行的国际藏医学术讨论会，与会代表在会上发表了有关藏医理论、实践、藏医古籍整理出版等方面的论文。这是西藏首次派专家参加国际性藏医学术讨论会。

4月1日　西藏色拉寺喇嘛阿旺列西把珍藏多年的49部经书和8幅唐卡（轴画）、三尊镀金铜佛像献给国家。其中，黄教创始者宗喀巴及两个弟子克珠和结曹杰的著作问世于公元14世纪末公元15世纪初。

4月12日　云南省社会科学院东巴文化研究所在丽江召开东巴、达巴座谈会，围绕民族古文字文献、民族音乐、民族歌舞和民族宗教等问题进行了学术交流和探讨。

4月14日　几乎失传的羌族民间叙事长诗——《木吉珠与豆宛珠》，从三月起由成都《大众之光》月刊开始连载。

4月20—29日　全国少数民族古籍整理工作筹备组两次召开会议。

5月9日　全国少数民族古籍整理出版规划小组筹备组汇报会在北京召开。国家民委副主任伍精华、洛布桑同志出席会议并作重要指示。李鸿范同志汇报了全国少数民族古籍整理工作座谈会的筹备情况。

5月27日　西藏自治区招生工作会议决定"从1983年起西藏高考除汉语文科外，其他各科均可用藏文答卷；考生年龄可适当放宽；少数民族考生的路费由国家补贴"。

6月5—11日　全国少数民族古籍整理工作座谈会在北京召开。来自全国17个省、市、自治区的专家学者和中央13个部门负责同志共七十余人出席了会议。国家民委副主任伍精华、国务院古籍整理出版规划小组组长李一氓、副组长周林到会并讲话。会议要求：各级领导应认真重视民族古籍整理工作；抢救人才、认真落实知识分子政策；培养人才，要让有关院校办讲习班，招本科生和研究生；抢救民族古籍，要一抓搜集，二抓保管；保证经费；通过有效途径，将被外国人弄走的资料复制回来。会议确定了民族古籍整理的范围和时间下限问题，同时一致赞成建立全国少数民族古籍整理出版规划小组，负责组织、联络、协调、指导等项工作，并要求各省、区7月底以前建立相应机构。跨省区的民族，要建立民族古籍协作组，协调规划，避免重复整理。

7月22—24日　四川省少数民族古籍整理工作座谈会在成都召开。甘孜、凉山、阿坝三州和茂汶、酉阳、秀山、马边、峨山县及有关院校、科研单位、新闻系统的负责同志出席会议。会上宣布四川省少数民族古籍整理出版规划领导小组成立，由罗通达同志任组长，孙自强任副组长。会议除认真学习中共中央关于古籍整理的指示精神、中央领导同志重要讲话外，还结合本省具体情况，提出搞好少数民族古籍整理工作的7项建议。

7月　在阿坝州召开了四川省藏族地区第一次藏语文教学工作会议。

7月25日　由云南丽江东巴文化研究室举办的纳西语文记录训练班开班。这是在中国社科院、国家民委、省民委、省社科院、省文化局及丽江地、县委的大力支持下举办的。这批学员是经过考试择优录取的，共28人，绝大多数为纳西族青年，这为培养人才、整理纳西东巴文化古籍事业奠定了基础。

7月26日　辽宁发现一部满族16代族谱——马佳氏族谱，为研究清史、满族史提供了重要资料。

7月28—30日　广东省首次少数民族古籍整理出版工作会议在广州召开。会上传达了国家民委民族古籍工作座谈会精神，并决定对本省少数民族古籍进行整理发掘，同时建议成立省民族古籍整理出版规划领导小组。国务院古籍整理出版规划领导小组顾问陈乐素教授到会并讲话。

8月5日　黑龙江、吉林、辽宁、北京、内蒙古、甘肃、青海、新疆8省（区）蒙古语文第四次协作会议在辽宁省阜新市召开。会议讨论修改了1983—1985年的协作规划，就今后蒙古语文的教材、图书出版发行、蒙古语文的文化艺术、新闻宣传和蒙古族古籍整理等方面的协作做了具体部署。

8月15日　全国首次少数民族史诗学术讨论会在青海西宁举行。

8月　青海省文物考古队和黄南藏族自治州泽库县文卫科，在泽库县利日寺院发现四处刻有《丹珠尔》和《甘珠尔》罕见大型石经墙。

9月16日　经新疆维吾尔自治区党委和人民政府批准，新疆维吾尔自治区少数民族古籍搜集、整理出版规划领导小组正式成立。由巴岱同志任组长；伊敏诺夫·哈米提、阿不拉尤夫、阿不都·沙拉木为副组长；成员14人。领导小组直属自治区人民政府。

9月23日　海南黎族苗族自治州群众艺术馆开展抢救黎族民间音乐艺术遗产工作，采集、录制口头流传的历代民歌民调，并汇编成《黎族民歌民调》一书。

9月27日　由民族文化宫图书馆影印的梵文《妙法莲华经》贝叶写本发行赠送仪式在京举行。

9月　吉林省少数民族古籍整理出版规划领导小组成立。副省长霍明光同志任小组组长，省民委副主任赵德安同志、省社科院副院长王承礼同志任副组长。下设办公室，事业编制3名，由吉林省民族研究所代管。

10月24日　新疆维吾尔自治区少数民族古籍领导小组召开第一次工作会议。会议由古籍领导小组组长巴岱同志主持，主要研究筹建古籍领导小组办公室以及筹建各民族古籍搜集、整理小组等问题。

10月27日　中国内蒙古北方游牧民族文物展览在日本展出。展品包括东胡、匈奴、乌桓、鲜卑、突厥、女真、党项和蒙古等民族的文物，上至石器时代，下至现代。

11月3日　成立德格藏文学校，此为四川省第一所藏文中等专业学校。首届80名藏族新生全部免费入学，所设课程大多涉及文法、天文、诗学、宗教、历史方面的古籍。

11月5—12日　滇、川、黔、桂4省区彝文古籍协作会议在昆明举行。会议决定成立四省区彝族古籍协作组，讨论制定了整理、翻译和出版彝文古籍的规划。

11月16日　甘肃省省委发（1983）93号文件《关于成立"甘肃省少数民族古籍整理出版规划领导小组"的批复》。领导小组由省委副书记卢克俭任组长。下设办公室，挂靠省民委。

11月30日　100多万字的彝族大百科全书《爨文丛刻》已翻译成汉文。大型史籍《西南彝志》及其他40多部彝文古籍也已翻译、整理完毕。

12月5—9日　青海省第一次少数民族古籍工作会议在西宁召开。会议由省民委副主任郭璟同志主持。会议中心议题：传达全国少数民族古籍整理工作座谈会精神和学习有关文件；结合青海实际，商讨如何贯彻全国古籍会议精神；酝酿成立青海省少数民族古籍整理出版规划领导小组及办事机构，建议各州、市、县建立相应的机构。

12月12日　甘肃省少数民族古籍整理出版规划领导小组第一次（扩大）会议

在兰州召开。全省各单位负责同志 21 人出席会议。会议决定建立健全必要的工作机构，甘南、临夏州和天水、武威、张掖、酒泉地区及部分市、县建立相应组织；积极培养专业人才；解决必要经费。省领导小组办公室事业编制 5 名。

12 月 19 日　一本记叙布依民歌、叙事诗和民间故事的文学史书——《布依族文学史》出版。

12 月　广西壮族自治区编辑组编的《广西瑶族社会历史调查》第二册（金秀大瑶山盘瑶、山子瑶、茶山瑶、花蓝瑶、坳瑶歌谣）由广西民族出版社出版。

1984 年

1 月 19 日　《内蒙古日报》报道，蒙古族史诗《江格尔》汉译本已由人民文学出版社出版。这部史诗是中华民族珍贵的文化遗产，可以与世界著名史诗媲美。

1 月　回民著名厨师杨永和编著的关于中国穆斯林饮食文化著作《北京清真菜谱》，由北京出版社出版。

2 月 8 日　新疆维吾尔自治区少数民族古籍领导小组召开第二次工作会议。会上宣布自治区少数民族古籍领导小组办公室正式成立，办公室下设维吾尔、哈萨克、蒙古、柯尔克孜、锡伯、回族 6 个古籍业务组及各组成员名单、挂靠单位等问题，并通过了《1984—1985 年少数民族古籍搜集整理出版规划》工作计划要点。

2 月 17 日　西藏自治区党委、人民政府发出《关于认真学习和使用藏语文的指示》。

2 月 26 日　西藏社会科学院整理、编辑的大型史料丛书《西藏研究丛刊》已经基本编成，共五百多万字；《藏文书目》初稿完成；《西藏地震史料汇编》第一、第二卷已出版，共八十多万字。

2 月 26 日　湖南省宣传部、统战部发出湘统发〔1984〕6 号文件，决定成立湖南省少数民族古籍整理出版规划领导小组。省委宣传部副部长、省出版局局长李冰封为组长，吴立民、杨昌嗣任副组长。

3 月 6—12 日　首次锡伯族文史资料文化古籍编辑整理工作会议在沈阳召开。来自北京、辽宁、新疆、吉林、黑龙江、内蒙古 6 省、区、市、的民委及档案、考古、科研部门的学者六十余人出席会议。会议就锡伯族族源及其南迁盛京、西迁伊犁，建设保卫新疆的历史等学术问题进行了讨论。会后由辽宁省民委编辑出版了论文集《锡伯族史论考》。

3 月 9 日　新华社报道，云南省丽江纳西族自治县图书馆在整理纳西族典籍《东巴经》时发现 4 册《东巴舞谱》。这 4 册舞谱是世界上独一无二的图画象形文字舞谱，它与唐代的《敦煌舞谱》和宋代的《德寿宫舞谱》同被视为国宝。

3 月 30 日　青海省少数民族古籍整理出版领导小组成立。领导小组组长郭璟，副组长李恒朴。

4月4日 甘肃省编制委员会以甘编（1984）35号文件下发了《关于甘肃省少数民族古籍整理出版规划领导小组办公室人员编制的通知》，同意省少数民族古籍整理出版规划办公室设在民委，核定事业编制5名。

4月10日 根据中央宣传部通知［1984］7号文件，中共内蒙古社会科学院党支部向自治区党委宣传部并区党委递交了《关于开展英雄史诗〈格斯尔〉抢救工作的请示报告》。

4月19日 国务院办公厅转发国家民委《关于抢救、整理少数民族古籍的请示》的通知，即国办发［1984］30号文件。这是国家为抢救、整理少数民族古籍专发的文件，也是全国民族古籍整理工作所遵循的准则。

4月25日 宁夏回族自治区机改发［1984］36号文件，据宁党办（84）12号批复，同意宁夏回族自治区少数民族古籍整理出版工作业务由自治区社会科学院民族宗教研究室和历史研究室承担。

4月25—28日 湖南省少数民族古籍整理工作座谈会在长沙召开。全省各地、州、市民委负责人及宣传部、文化局有关单位四十多人出席会议。全国少数民族古籍整理出版规划领导小组副组长李鸿范同志到会并讲话。

5月7日 新疆维吾尔自治区党委和人民政府发出《关于搜集整理和出版新疆少数民族古籍的通知》。

5月20日 中共内蒙古自治区党委宣传部颁发了《关于成立内蒙古自治区"格斯尔"工作领导小组的通知》。

5月24日 内蒙古自治区成立了以区人民政府主席赵志宏同志为组长，自治区党委宣传部、文联、文化厅、民委、语委、社会科学院等有关部门负责同志组成的内蒙古自治区《格斯尔》工作领导小组，配备工作人员7名，办公室设在内蒙古社科院文学研究所。

5月 维吾尔族著名古典叙事诗《福乐智慧》现代维吾尔文本由民族出版社出版。该书系喀拉汗王朝著名思想家和文学家玉素甫·哈斯·哈吉甫于1069—1070年所著，共85章，13290行。内容包括社会、政治、经济、哲学、文学等。原有回鹘文、阿拉伯文等手抄本传世，在国外有土耳其文、德文译本、斯拉夫字母转写本和拉丁字母校勘本等。

5月31日 颁布《中华人民共和国民族区域自治法》，明确指出"要十分重视少数民族语言文字的学习和使用"。

5月31日—6月3日 黑龙江、吉林、辽宁三省朝鲜族古籍整理出版规划协作会议在延吉市召开。东北三省民委、朝鲜族古籍整理工作单位及有关部门负责同志17人出席会议。全国少数民族古籍整理出版规划小组副组长李鸿范同志到会并讲话。

6月 湖南人民出版社出版了瑶族古籍《瑶族〈过山榜〉选编》。

7月9日　新华社报道，青海省果洛藏族自治州发现3种《格萨尔王传》新卷本的手抄本，它们是《征服北方格拉国》《征服北方妖魔国》《征服白拉国》。这三卷书共有24万字，用藏文书写。至目前为止，青海省各地已陆续搜集到《格萨尔王传》手抄本共81卷。中国社会科学院已将此列为"六五"期间国家哲学社会科学重点科研项目。

7月14日　全国少数民族古籍整理出版规划领导小组正式成立。国家民委副主任任英兼任组长，李鸿范、贾春光任副组长。

7月14日　四川省民委影印出版一批藏文古籍孤本，其中有《黑教大藏经》《巴珠文集》《闵林文集》。

7月23日　我国古代又一重大发明——彝族十月太阳历被发掘整理出来。经考证，彝族先民和夏代宗室同是古西羌人，彝族十月太阳历已经历了5000年以上的历史。

7月24日　新华社报道，黑龙江省人民政府决定，从今年起每年拨出专款用于整理满、朝鲜、回、蒙古、达翰尔、锡伯、鄂伦春、赫哲、鄂温克、柯尔克孜10个民族的古籍，并决定成立民族研究所，吸收省内外专家学者组成工作班子。计划3年完成古籍整理工作。

7月31日　国家民委发（84）民文字第353号文件《关于当前少数民族古籍整理出版工作有关问题的通知》。

8月10—13日　北方6省、区、市满族古籍整理出版规划协作会议在沈阳召开。来自辽宁、吉林、黑龙江、河北、内蒙古、北京六省区的民委负责同志及科研单位、高等院校的专家学者35人参加了会议。会议主要交流了各省、区、市满族古籍整理出版工作中的情况和问题，通过充分协商，决定成立"六省区市满族古籍整理出版规划协作小组"，并决定协作小组会议原则上每年举行一次。

8月　内蒙古自治区人民政府根据国办发［1984］30号文件精神，以内政办发［1984］101号文件转发《关于抢救、整理我区少数民族古籍工作的通知》，决定成立自治区少数民族古籍工作规划领导小组，组长由自治区人民政府副主席赵志宏担任。领导小组下设办公室，负责全区少数民族古籍整理规划的实施和与有关省、市、自治区的协作工作。办公室设在自治区语委，核定事业编制10人。

8月12—30日　中国社会科学院民族文学研究所和西藏社会科学院（筹备）在拉萨召开五个藏区、内蒙古、新疆七省区《格萨尔王传》民间艺人演唱会，会上讨论了搜集、整理和出版手抄本、刻本《格萨尔王传》的工作。

9月10—14日　四川省少数民族古籍整理工作会议在成都召开。全省各地、州、市、县和省有关部门代表41人出席会议。副省长罗通达同志和民委主任孙自强主持会议并作重要讲话，对全省少数民族古籍整理所取得的成绩和存在问题以及今后工作做了全面总结和部署。

9月19日　云南省编制委员会（1984）第121号文件《关于云南省少数民族古

籍整理出版规划办公室人员编制的通知》指出："经研究，同意核定办公室事业编制7人，与云南民族出版社合署办公……"

10月11日 湖南省少数民族古籍整理出版规划领导小组办公室正式成立。核定事业编制3名，挂靠湖南省民族研究所。

10月16—19日 《中国民族古文字图录》编写工作会议在北京召开。

10月18—25日 新疆首届少数民族古籍工作会议在乌鲁木齐市召开。来自全区以及北京、旅顺等地的代表117人参加了会议。自治区古籍领导小组组长巴岱同志做了题为《加强领导，奋发努力，切实做好我区民族古籍搜集整理出版工作》的报告；铁木尔·达瓦买提同志出席总结大会并讲话；全国少数民族古籍整理出版规划领导小组副组长李鸿范等同志专程前来参加会议并讲话。会议传达了国务院、国家民委有关民族古籍的指示精神，讨论并制定全区少数民族古籍搜集整理出版"七五"规划，提出今后的工作任务、方针、措施，对全区工作做了部署。

10月27日 全国少数民族文物工作会议在北京召开。会议要求各有关部门关注少数民族文物的征集、收藏、保管工作。

10月 四川省少数民族古籍整理出版规划领导小组办公室正式成立，事业编制3人。

11月19日 《内蒙古北方民族文物展览》在北京自然博物馆隆重开幕。

11月 四川省民族古籍办召开全省民族古籍工作会议，传达学习国办发〔1984〕30号文件和川府发〔1984〕75号文件，统一思想，明确抢救、整理民族古籍工作的重要意义，纠正了过去将"喇嘛""毕摩"作为迷信职业者的"左"倾错误思想。

11月 西藏藏医院根据藏医古籍，编纂《医学百科全书·藏医卷》。

12月3日 青海省编制委以青编发（1984）第230号文件批复，同意在青海省少数民族古籍整理规划领导小组下设立办公室，在省民委办公，事业编制5人。省民委副主任郭璟同志分管办公室工作。

12月 宁夏回族自治区编制办正式批准成立宁夏少数民族古籍整理办公室，编制5名，挂靠宁夏社会科学院民族宗教所。

12月 由齐治平校补的《桂海虞衡志校补》，由广西民族出版社出版。

12月 西藏藏医院根据藏医古籍，编纂藏医《生理学》《病理学》《药理学》《饮食学》《新编藏医学》等。

1985年

1月5日 新华社报道，云南省印刷技术研究所研制出一台能处理傣、汉、英3种文字的电脑系统，成功地建立了西双版纳傣文字库及其编码。它显示的傣文字形清楚，操作方便，便于存储、整理、管理傣文古籍文献，进行科学研究。

1月23日　北京市民族古籍整理出版规划小组成立。陈昊苏同志任组长，下设办公室，市民委副主任赵书同志任办公室主任。

4月16日　黑龙江省少数民族古籍整理工作座谈会在哈尔滨市召开。会后初步拟定了汉文、满文及部分朝鲜文的民族古籍的整理规划。

6月　由"纪念伟大航海家郑和下西洋580周年筹备委员会"和"中国航海史研究会"共同编纂的《郑和家世资料》，由人民交通出版社出版发行。同年，由两家汇辑整理的有关郑和的研究论文辑录《郑和研究资料汇编》，也由人民交通出版社出版发行。

6月18日　青海省少数民族古籍整理出版工作领导小组成员会议召开。

7月1日　《蒙医成方选》汉文版最近由内蒙古人民出版社出版。该书是由内蒙古中蒙医研究所蒙医药研究室武绍新副主任，经过三十多年的发掘、整理、编写出来的，全书48万字。

7月12日　我国第一部《毛南族民间故事集》由中国民间文艺出版社出版发行。全书共94篇，23万字。

7月22日　由文化部主持的全国民族文化遗产搜集、整理、研究工作经验交流会在青海西宁召开。来自全国19个省、市、自治区的汉、藏、蒙古、壮、维吾尔、彝、哈萨克、朝鲜等10多个民族的110位代表参加了会议。会议总结交流了各地区的工作进展情况和经验，并就今后如何促进民族文化遗产的抢救工作进行了座谈。

7月26日　西藏社会科学院向国家出版局呈报《请求成立西藏藏文古籍出版社并授予社号的报告》。

8月4日　拉萨罗布林卡的达赖喇嘛书库向游人开放，书库内藏历世达赖收集的有关宗教、历史、天文、医学等方面古籍六千多函。

8月　冯今源、李兴华主编的《中国伊斯兰教参考资料汇编》上、下册由宁夏人民出版社出版。

8月　黑龙江省民族研究所召开回族古籍搜集、整理工作座谈会。

8月　广西师范学院民族民间文学研究所过伟同志和防城各族自治县民委苏维光、阮成珍、符达升等人，根据京族民间艺人苏锡权的手抄本，翻译京族古歌《宋珍歌》。

9月14—16日　黑龙江省第二次少数民族古籍搜集、整理工作座谈会在杜尔伯特蒙古族自治县召开。

9月18日　经贵州省人民政府批准，由省民委、省社科院等12家单位组成的"贵州省少数民族古籍整理出版规划小组"正式成立。由省民委主任熊天贵任组长，在省民委下设办公室，负责民族古籍的搜集、整理、出版的组织、协调、联络、指导工作。

9月　在甘孜州召开四川省藏区第二次藏文教学工作会议，会议主题为"落实编写出版中小学藏语文教材和培养、培训藏文教师工作，贯彻党和国家的民族语文政策，加强民族语文法制建设，搞好民族语文的规范化、标准化和信息处理，促进民族语文的翻译、出版、教育、广播、影视、古籍整理事业，推进民族语文的学术研究、协作交流和人才培养，鼓励各民族互相学习语言文字"。

10月6日　著名历史学家白寿彝主编的《回族人物志》第一册（元代分册）由宁夏人民出版社出版。这部多卷本回族人物传记，分元代、明代、清代和近代4个分册，是迄今我国第一部全面、系统介绍回族历史人物的专著。

10月7日　清宫秘档真迹展览在北京皇史宬开幕。这是中国第一历史档案馆为庆祝建馆60周年而举办的。这次展出的数百件清廷文件和御览画幅，记录了皇帝立储、委任官员、外事往来、科举考试、巡视活动以及帝后的生活情况等内容。

10月12日　蒙古族民间史诗《江格尔》最近在乌鲁木齐用托忒蒙古文以资料版本形式出版。内容涉及卫拉特蒙古的居住区域、自然环境、历史、宗教、文化、艺术和哲学等，被誉为蒙古族优秀古典文学之一，是中外蒙古学者十分重视和研究的对象。

10月22日　《光明日报》报道，全国首次《格萨尔》学术讨论会在内蒙古赤峰市举行。来自北京、内蒙古、西藏、青海、云南、甘肃、四川等地从事《格萨尔》研究和搜集、整理、翻译、出版工作的专家学者及民间艺人八十余人出席会议。

11月1日　新疆维吾尔自治区少数民族古籍办公室举办自治区首届察哈台语进修班，为期3个月，培养了近五十名察哈台语专业人员。

12月4—8日　国家民委暨全国少数民族古籍整理出版规划领导小组主持的全国少数民族古籍整理出版工作会议在北京召开。全国少数民族古籍出版规划小组指定由宁夏代表牵头，邀集甘肃、青海、云南、新疆、北京、河北、河南、山东等9省、市、自治区的代表，座谈回族古籍整理出版的协作问题。全国少数民族古籍整理出版规划小组副组长李鸿范等出席了会议。据初步统计，迄今已出版民族古籍233种，其中蒙古文55种，藏文112种，彝文6种，朝鲜文20种，维吾尔文9种，哈萨克文7种，满、景颇文各1种，汉文22种。

12月22—25日　青海省第二次少数民族古籍工作会议在西宁召开。

1986年

1月16日　中国北方民族文物展览在呼和浩特市展出，展出我国古代匈奴、东胡、女真、党项、蒙古等民族的历史文物共125件（套）。

2月1日　湖南省少数民族古籍整理出版规划领导小组第一次全体成员会议在长沙召开。

2月18日　新华社报道，一种能当观象台用的古墓——彝族"向天坟"在云南楚雄彝族自治州庙坡山、罗甸安山等地相继发现，有二百余座，其建造年代包括自唐至清各个朝代。据专家、天文学者考证，此"向天坟"为古代彝族人民埋葬骨灰的坟墓，又是彝族十月太阳历的观象台。它的发现，对研究彝族的历史和天文学具有重要的意义。

2月21—23日　湖南省民族自治地方少数民族古籍整理工作座谈会在长沙召开。湘西自治州、江华、城步、通道、新晃等自治县民委分管民族古籍的负责人出席会议。

2月26日　贵州省首届少数民族古籍整理出版工作会议在贵阳召开。全省各地、州、市民委古籍机构，民委负责人及专家学者六十余位代表出席会议，商讨民族古籍的搜集、整理和出版工作。省民委主任熊天贵、副主任张人位到会并作重要讲话。

3月10日　广西壮族自治区人民政府召开1986年第八次政府常务会议。会上听取了张声震同志汇报全国少数民族古籍整理出版工作会议精神，并研究决定：同意成立自治区少数民族古籍整理规划领导小组，下设办公室，事业编制5人。办公室设在自治区民委，今年从自治区预备费中拨出15万元作为活动经费。

3月10—13日　8省、市、自治区蒙古族古籍协作工作会议在呼和浩特召开。全国少数民族古籍整理规划领导小组副组长李鸿范同志出席了会议。全国蒙语八协办的负责同志和全区各盟市民委负责同志参加了会议。

3月12日　中共中央办公厅、国务院办公厅发出关于成立中国藏学研究中心的通知。

3月15日　由张声震同志主持的广西少数民族古籍领导小组成员第一次全体会议召开。会议主要学习中共中央、国务院有关指示和传达全国少数民族古籍整理工作会议精神。

3月16日　广西壮族自治区人民政府发出桂政发〔1986〕36号《关于成立广西壮族自治区少数民族古籍整理出版规划领导小组的通知》（以下简称《通信》）。《通知》决定成立广西壮族自治区少数民族古籍整理出版规划领导小组。设顾问4人。组长张声震，副组长张景宁、余达佳、张洋、蓝怀昌，梁彬同志兼办公室主任。

3月　受国家民委及全国少数民族古籍整理出版规划小组之委托，中央民族学院古籍办公室组织编辑的《民族古籍》创刊。

3月　湖南省少数民族古籍整理出版规划领导小组办公室，将《中共中央关于整理古籍的指示》、国家民委（1984）民文字第353号文件、国务院办公厅国办发（1984）30号文件等编印成《少数民族古籍整理工作学习文件选编》（一），下发各基层单位。

4月2日　西北五省（区）人民出版社协作出版《中国的大西北》《丝绸之路》《西北历史》《西北史地研究》《西北史地资料译丛》五套丛书以及《丝绸画册》。

4月21—24日　新疆维吾尔自治区回族古籍工作座谈会在新疆昌吉回族自治州召开。自治区古籍领导小组组长巴岱、副组长伊敏诺夫·哈米提等同志出席会议并讲话，自治区各地、州、市有关单位负责人及部分专家学者共61人出席了大会。

4月24日　一部资料丰富，对研究贵州历史很有价值的典籍——民国《贵州通志·前事志》最近出版。

5月7日　一批系统介绍西夏的有价值的著作《西夏文物研究》《党项与西夏资料汇编》及西夏的韵书《同音研究》和介绍回族及伊斯兰教的《伊斯兰教在中国》《回族历史人物故事丛书》等，陆续由宁夏人民出版社出版。

5月15日　西藏自治区唐卡展览在北京民族文化宫开幕。

5月16—19日　湖南省少数民族古籍整理工作会议在长沙召开。

5月19—22日　广西壮族自治区少数民族古籍搜集、整理工作第一次会议在南宁举行。会议由自治区民委和文化厅联合召开。参加会议的有区直机关、高等院校以及有关地县代表90多人。会议听取了张声震同志的传达报告，学习和领会中共中央、国务院特别是陈云同志关于古籍整理的指示，根据中央文件精神，与会者展开了热烈讨论。

5月20日　中国藏学研究中心在北京正式成立。多杰才旦任总干事长。

5月　黑龙江省少数民族古籍整理出版办公室正式成立。编制5人，隶属于黑龙江省民族研究所。张嘉宾同志任办公室主任。

5月　经辽宁省政府批准，辽宁省少数民族古籍整理出版规划办公室成立。办公室为处级事业单位，编制4人，隶属于辽宁省民族事务委员会。

6月21日　根据广西壮族自治区卫生厅桂卫中［86］6号文件，自治区区卫生厅少数民族医药古籍整理领导小组成立，蓝芳馨任组长，覃波、王鉴钧、班秀文、黄汉儒任副组长。领导小组下设办公室，挂靠广西民族医药研究所，黄汉儒同志兼任办公室主任。同时，广西少数民族医药古籍编审委员会成立。王鉴钧同志任主任，班秀文、黄汉儒同志任副主任。

6月23—28日　国家民委暨全国少数民族古籍整理出版规划领导小组主持的全国少数民族古籍规划会议在辽宁沈阳召开。会议主要讨论制定《全国少数民族古籍工作"七五"规划》，以及协商民族古籍的地区协作问题。

6月　中国藏学研究中心向中央呈送《关于整理出版〈中华大藏经〉（藏文部分）的报告》（以下简称《报告》），《报告》中说："整理出版藏文《大藏经》，使之与正在分期出版的汉文《中华大藏经》珠联璧合，构成世界上独一无二的最完备的《中华大藏经》，无论在宗教上还是在文化上都具有深远的意义。"

6月　广西壮族自治区第一批柳江、来宾、象州、金秀、融水、三江、马山、上林等25个县（自治县），开展大规模的民族医药古籍普查。

7月19日　西藏自治区人民政府颁布《西藏自治区学习、使用和发展藏语文的若干规定（试行）》。

7月25日　湖南省民族古籍领导小组第二次全体成员会议在长沙召开。

8月1—8日　西藏社会科学院在拉萨召开"藏学讨论会"。

8月8日　西藏社会科学院成立西藏藏学学会。

8月23—24日　广西壮族自治区少数民族医药古籍普查整理工作会议在南宁召开。自治区卫生厅厅长、区卫生厅少数民族医药古籍整理领导小组组长蓝芳馨、区民委顾问蒙家麟等领导同志到会并作重要讲话。

8—9月　贵州省苗、布依、侗、彝、水、仡佬6个民族的古籍整理出版规划会议相继召开。会后制定出全省"七五"期间的出版项目36项，其中《西南彝志》《彝族源流》《贵州彝文金石图录集》《苗族古歌》《布依族古歌》《侗族民间歌曲》被列为国家重点项目；《六祖源流》等30项被列为省重点项目。

9月　第十世班禅额尔德尼·确吉坚赞大师视察德格印经院，确定维修德格印经院方案，并成立德格印经院维修领导小组。

9月8日　受全国少数民族古籍整理出版规划小组的委托，中央民族学院举办的"民族古籍整理专业大专培训班"正式开学。学员来自24个省、市、自治区，包括26个民族成分，共100人。

9月9日　国家出版局下发"同意进行藏文古籍出版社的筹建工作"（［86］出综字第771号）的文件。

10月3—6日　广西壮族自治区民族古籍工作会议在南宁召开。此会为第一次会议（5月19—22日）的继续。

10月18日　吉林省伊通县公布满族文化发掘整理成果，在该县首次发现了依克唐阿的家谱、祖坟和家庙，填补了清史研究的空白。

10月19日　彝族的文艺理论著作《彝族诗文论》重见天日。据推算，该书成书年代与《文心雕龙》《诗品》为同一时期。

10月　马塞北注释的《选译详解伟嘎业》由天津古籍出版社出版。

10月20—25日　九省、市、自治区回族古籍整理出版规划协作小组成立大会暨第一次工作会议在银川召开。九省、市、自治区的专家学者，全国少数民族古籍整理出版规划小组副组长李鸿范，中国民族图书馆及天津、宁夏等出版社的代表共50余人出席了会议。会上经充分讨论、协商，产生了九省、市、自治区回族古籍整理出版规划协作小组及成员，组长由丁毅民同志担任，并制定了1986—1990年回族古籍整理出版规划。

10月　由广西师范学院民族民间文学研究所牵头，蒙国荣、谭贻生、韦志华等同志根据毛南族蒙公猛等人的回忆和口述，搜集翻译了毛南族古歌《钓鱼》《问仙姬》《招魂词》《求雨歌》和《咒白劳鸟歌》。

10月　维吾尔族古典叙事长诗《福乐智慧》汉文译本由民族出版社出版。这部书于1979年曾出版过汉文节译本。

11月7日　新华社报道，图解藏医名著《四部医典》的《四部医典系列挂图全集》，由西藏人民出版社出版发行。该集为八开精装本，包括80幅彩色全图和四千余幅黑白色细部图，并附有藏汉两种文字说明。

11月8—29日　贵阳市举办首届民族古籍培训班。

11月29日　按照国办发［1984］30号文件精神，河南省少数民族古籍整理出版规划小组成立，由省民委副主任马迎洲任组长。下设民族古籍办公室处理日常工作，由宋文立任办公室主任。

11月　由广西壮族自治区编辑组编的《广西瑶族社会历史调查》第七册（歌谣、密洛陀、盘古曲），由广西民族出版社出版。

11月　广东省少数民族古籍整理出版规划会议召开。省、市、县有关领导、专家学者等出席会议，讨论研究本省贯彻落实国家有关民族古籍工作的指示精神及民族古籍整理出版问题，并决定成立广东省少数民族古籍整理出版规划领导小组，下设办公室，附属于省民研所，负责处理日常工作。会议还制定了全省民族古籍整理出版工作十年规划（1986—1995年）。

12月24日　宁夏少数民族古籍整理出版规划小组决定成立中国回族古籍丛书编委会，由名誉主编丁毅民，主编杨怀中，副主编余振贵、刘景隆等8人组成。

12月29—30日　湖北省召开首次全省少数民族古籍整理工作会议。会议学习了中共中央、国务院和国家民委有关文件，传达了全国少数民族古籍整理出版工作会议精神，讨论了本省古籍整理出版工作的"七五"规划，研究了抢救、整理民族古籍的具体措施。

12月　谭亚洲根据毛南族师公谭耀乐的手抄本，翻译了毛南族古祭词《还愿》。

12月　宁夏回族自治区编制办正式批准成立宁夏少数民族古籍整理办公室，编制5名，挂靠宁夏社会科学院民族宗教所。

12月　由甘肃省少数民族古籍整理规划办公室编、毛兰木嘉措先生整理的藏文古籍《拉卜楞寺》《卓尼丹珠目录》《嘉木样一世》《贡唐·丹贝卓美传》等四书，由甘肃民族出版社出版。前两者属国家民委"七五"重点项目，后两者为甘肃省省级重点项目。

1987年

2月1日　据《人民日报》报道：近几年，西藏出版发行各类图书已达800种，其中藏文书籍占70%左右。《格萨尔王传》已出版22种，藏医学名著《四部医典》《蓝琉璃》及《四部医典系列挂图全集》，引起国内外学术界的重视。

2月16日　由青海省和广东佛山市联合举办的"青海藏传佛教文物展览"在佛山市博物馆展出。展出明、清两代的馆藏文物，以壁画和唐卡等绘画艺术品为主，以及反映藏族牧民生活的帐篷和帐篷内陈列的生活用具等。

2月19日　新华社报道：西藏古籍出版社编辑出版的大型藏文古籍丛书《雪域文库》开始出版发行。第一批发行的7部古籍，涉及西藏的历史、地理、天文、藏医等学科，有较高的学术价值。

2月　关嘉录译、佟永功校、王钟翰审定的《雍乾两朝镶红旗档》由辽宁人民出版社出版。该档除一两件系汉文外，其余全为满文。此档案曾由日本学者于1972年、1983年整理出版。关嘉录是依据日译本《两档》，复从满文原文译成汉文。该书是研究八旗制度的珍贵史料。

3月14日　我国第一部瑶族史诗《密洛陀》，由广西民族出版社出版。这部史诗共18章，约5000行。

3月17日　内蒙古阿拉善右旗的曼德拉山中发现了古代岩画群，总长度为2350米，再现了两三千年前游牧民族的生活情景和草原文化风貌，对研究我国古代社会发展史、民族史、畜牧史、美术史有重要意义。

3月30日　新华社报道：一部集藏族药学之大成的藏药学古籍《晶珠本草》汉文版由上海科学技术出版社出版。该书为著名藏族医药学家帝玛尔·丹增彭措所著，于1840年木刻印刷问世，一百多年来先后被译成印度文和英文。

3月　河南省少数民族古籍工作会议召开。会上传达了银川九省区市回族古籍整理协作会议精神，学习了中共中央关于古籍整理的指示精神等有关文件，统一思想，提高认识。

3月　甘肃省民族古籍办公室编印了《甘肃省少数民族古籍整理出版工作会议学习文件汇编第一辑》。

3月　由湖南省少数民族古籍整理出版规划领导小组办公室主编的第一部瑶族民族古籍《盘王大歌》（上集），由岳麓书社出版发行。

4月7日　内蒙古《哲里木盟辽墓壁画及出土文物展览》在故宫皇极殿开幕。

4月16—18日　内蒙古自治区少数民族古籍工作座谈会在呼和浩特市召开。全区各盟市的代表21人参加。会议主要内容是交流情况，统一认识，明确各盟、市当前民族古籍工作的具体任务。会后以内语古字［1987］1号文件转发会议纪要，推动全区各盟、市民族古籍工作的开展。

4月30日　中国西藏珍宝文物展览在法国巴黎隆重开幕。展品120多件，以唐卡绘画为主，也有新石器时代和古格王朝的部分文物以及科技、宗教和民俗文物。

5月3—4日　广西百色地区民族古籍工作汇报会在靖西县召开。会议中心内容是掌握全区民族古籍工作开展情况与研究开展下一步工作的意见。全地区10个县代表到会并发言。

5月16日　北京市民族古籍整理出版规划小组已翻译整理古籍近三百万字。其中《北京地区收藏少数民族文字古籍联合目录》《满文国史院档》和《车王府曲本》（子弟书部分）三项被列入国家"七五"规划。目前整理工作已进入最后阶段，可望近期出版。

6月10日　据《云南日报》报道，云南红河哈尼族彝族自治州现已搜集民族古籍100多部，出版发行10余部。

6月25日　广西社会科学院少数民族文学艺术研究所、广西少数民族汉文古籍普查整理小组编辑了《广西少数民族汉文古籍资料》第一集，集内共分6个部分：广西少数民族汉文古籍统计表；广西少数民族文人著作；族属待考之广西古籍；收录少数民族作品或涉及少数民族内容的古籍；广西少数民族汉文古籍待查书目；广西少数民族科举情况统计。

6月26日　据《青海日报》报道：青海果洛州自去年5月恢复《格萨尔》抢救领导小组以来，共搜集各种民间手抄本29部，约200万字，其中14部是国内至今尚未出版过的新传本。目前已有13部被列为国家"七五"规划项目。

7月6日　青海省博物馆和香港三联书店联合举办的"青海藏传佛教文物展览"在香港三联书店展出。

7月13日—9月12日　云南省民族古籍办公室和省民族干部学校联合举办第一期少数民族古籍培训班。

7月29日　据《光明日报》报道：一部用象形文字写成的"天书"——云南纳西族《东巴经》，经云南省社科院东巴文研究室专家的研究、翻译、整理，已能使普通人读懂。这是纳西族东巴文化研究取得的重大成果。

7月　宁夏少数民族古籍整理出版规划小组办公室整理编辑《回族和中国伊斯兰教资料汇编》（第一辑）由天津古籍出版社影印出版。

7月　湖南省少数民族古籍办公室编印并下发《少数民族古籍整理工作学习文件选编》（二）。内含陈云同志"做好古籍整理工作，继承民族文化遗产"题词、《1986—1990年全国少数民族古籍出版规划》、国家民委和本省领导同志在规划会议、古籍工作会议上的讲话以及有关文件。

8月13日　湖南省民族古籍领导小组第三次全体成员会议在长沙召开。

8月17日　据《人民日报》报道：宁夏文物展在中国历史博物馆开幕。展品有彩釉、瓷器、金银器、玉器、石雕、竹雕、铜牛、西夏文铜印、西夏文木刻佛经等，共600多件文物。

8月21日　我国第一部维吾尔文《古兰经》由民族出版社出版。

8月31—9月15日　由广西壮族自治区民委、广西少数民族古籍整理出版规划领导小组、广西壮族自治区民族研究所联合举办的《广西左江流域崖壁画展览》在北京中国历史博物馆展出。全国人大常委会副委员长韦国清同志参加了剪彩，国家民委副主任江家福参观了展览。

8月　广东省少数民族古籍搜集整理人员短期培训班在广东民族学院举办。13名学员在为期半个月的培训中，比较系统地学习了文献、考古、民族、民俗、古籍整理方法等有关知识，为本省民族古籍整理出版工作培养了一批骨干。

9月　余振贵点校《正教真诠·清真大学·希真正答》由宁夏人民出版社出版。

9月5日　新疆维吾尔自治区古籍领导小组成员调整后召开了第一次工作会议，主要听取自治区古籍办公室的工作和情况汇报。

9月25日　青海省博物馆举办的"藏汉关系文物展览"在西宁开幕。班禅额尔德尼·却吉坚赞大师为展览剪彩并题词："祝愿汉藏民族兄弟情谊永世长存。"

11月1　中国档案学会少数民族档案史料评述学术讨论会在昆明召开。

11月1日—4日　广西壮族自治区第二次少数民族古籍整理工作会议在南宁举行。参加会议的共120多人。国家民委有关领导李鸿范、贾春光等出席会议。会议主要议题是总结、交流一年来广西少数民族古籍普查、搜集、整理、出版工作情况和经验，讨论并制定广西1987—1990年少数民族古籍整理出版规划。自治区古籍领导小组组长张声震在会上作工作报告。

11月　杨怀中标点《钦定石峰堡纪略》由宁夏人民出版社出版。

11月　丁生俊辑注《丁鹤年诗辑注》由天津古籍出版社出版。

12月　丁国勇标点《南海甘蕉蒲氏家谱》由天津古籍出版社出版。

12月12日　据《广西日报》报道：广西全区已搜集到各民族古籍手抄本1300多册。出版了30多万字的《古壮字字典》，搜集到壮族创世史诗《布洛陀》23个不同版本。

12月17日　在新疆阿尔泰山脉沟壑河谷中，已探明五十多处古代岩画群，绘画、刻画二三千幅，反映了古代游牧民族丰富多彩的生活。

12月22—25日　湖南省民族古籍工作汇报会在长沙召开。全省民族自治地方和省直有关单位分管民族古籍工作的负责同志40余人出席会议。

12月　由广西师范学院民族民间文学研究所牵头，龙殿宝、过伟等同志搜集、翻译了仫佬族古歌《鬼风伤风》《同伴》《烧火不燃》等。

12月　广西河池、百色、柳州等地区，南宁、桂林等市，隆林、都安、崇左、宁明、田林、罗城、融水、防城等46个地区、市、县，先后成立了少数民族医药古籍整理领导小组，并指定专人负责。

12月　民族出版社出版了由广西民族医药研究所、医药古籍办编写的《瑶医效方》，共11万字。

1988 年

1月9日　《四川日报》报道：藏传佛教宁玛派古典著作《大宝藏》重新问世。《大宝藏》共分111部，2400多个篇章，集结了公元10世纪至19世纪各教派170多位高僧所收藏的典籍。

1月14日　据《云南日报》报道，《冲格萨甲布》是普米族的一部英雄史诗和文学作品，它与藏族史诗《格萨尔王传》有渊源关系。目前有关部门正在进行全面搜集、整理和研究工作。

2月9日　西藏自治区决定成立藏语文工作指导委员会。并于是年正式成立西藏自治区藏语文工作指导委员会。各地、市、州均成立藏语文工作指导委员会。

2月28日　新疆文物考古工作者在天山北麓发现一批距今2000年至6000年前的古岩画，主要描绘了大角羊、牛、马、驼、犬等动物和人的形象，生动地反映了新疆古代游牧民族的放牧、狩猎、娱乐等情景。初步考证，为古塞人、匈奴或突厥人的文化遗存。

3月　《简明满汉辞典》由河南大学出版社出版。该书是辽宁、吉林两省民族古籍办的合作规划项目，由刘厚生、关克笑、沈微、牛建强编著。

4月19日　王工在西藏察雅县发现藏族工艺百科全书《灿烂光照下能满足一切欲望的各种制作技术工艺》一书。

4月24日　内蒙古赤峰市阿鲁科尔沁旗最近发现一部古代宫廷乐谱本。古乐谱歌词用满、汉两种文字对照书写，用17种乐器按汉文说明演奏。

4月　由张鸣凤撰，李文俊注的《桂故校注》，由广西人民出版社出版。

5月2日　图解我国古代藏族医学的经典著作《四部医典》的《四部医典形象论集》，由民族出版社用藏文再版发行。

5月24日　据《人民日报》报道：西藏自治区社会科学院现已搜集到300部具有较高学术价值的藏文古籍。其中10部共11册已由西藏人民出版社出版，内容涉及西藏历史、经济、宗教、哲学、语言、文学、医学、天文、地理、风土、工艺美术等方面。

6月10日　藏族史诗《格萨尔》已由青海省玉树、果洛等地相继成立的专门机构搜集并整理。现已掌握藏文资料57部，120种，汉文资料28部，42种，其中13部藏文本和两种汉文本已出版发行。

6月27日　据报道，自1983年以来，已陆续搜集、整理了彝族古籍文献六千七百多种，出版了《西南彝志》《彝文字典》《彝文金石画录文集》等近百种古彝文书籍。

7月25日　宁夏考古工作者在贺兰山东麓山上发现描绘和雕凿的古代岩画10余处上千余幅，描绘了古代游牧民族多姿多彩的生活，为研究古代北方少数民族发展史提供了极为珍贵的实物资料。

7月　中央民族学院"民族古籍整理专业大专培训班"100名学员全体毕业。

7月　纳国昌注释《朝觐途记》由宁夏人民出版社出版。

8月4—8日　中国古代北方民族文化史第二次学术研讨会在黑龙江省黑河市召开。来自全国10个省、市、自治区的七十余名专家学者出席了会议，提交论文四十多篇。

8月16日　新疆《江格尔》国际学术讨论会在乌鲁木齐市举行。来自苏联、蒙古、匈牙利、美国等9个国家和北京、内蒙古及新疆的67名中外专家学者出席了会议。

8月20—22日　由广西民族研究所、广西民研会、广西民族古籍办公室等单位联合举办的"壮族土司学术讨论会"在广西忻城召开。来自北京、广东、云南、贵州、湖北、四川、广西等地的专家学者出席了会议。广西民族研究所研究员李干芬主持会议，张声震同志到会并讲话。

8月21日　在新疆的天山、阿尔泰山牧区，发现了二百多个具有浓郁草原游牧民族特色的古代石雕人像。这些石人实物，对民族学、历史学、考古学和文化艺术等方面的研究，具有重大的学术价值。

8月　西藏藏文古籍出版社筹建工作组倡议召开"五省区藏文古籍工作协作会议"。

9月　李树江主编《回族民间叙事诗集》由宁夏人民出版社出版。

9月6—15日　甘肃、青海、四川、云南、西藏5省区第一次藏文古籍协作会议在西藏拉萨召开。4万部（类）极有价值的历史、文学、哲学、语文、医药、历法等方面的手抄本、孤本、善本等古籍再现于世。

9月14日　《光明日报》报道：宁夏人民出版社推出一批回族学术著作，包括《回族简史》《回族人物志》《中国回族古籍丛书》《伊斯兰教在中国》《西夏简史》《西夏研究论集》等著作。

10月4日　《内蒙古日报》报道：近10年来，内蒙古自治区整理出版了《蒙古文献丛书》达40种，约一千零四十万字，共发行12.7万余册。仅自治区图书馆和研究所收藏的蒙文古籍就达数千种，一万一千多册，蒙文档案四万多卷。已出版《蒙古秘史》《蒙古源流》《格斯尔传》《一层楼》《青史演义》等几十种古籍。

10月　余振贵标点《清真指南》由宁夏人民出版社出版。

10月　《赛典赤家谱》由天津古籍出版社影印出版。

10月26日　近年来，在贵州省开阳、六枝、关岭、丹寨等地，陆续发现了几处古代岩画遗迹。这些岩画是战国晚期至唐宋年间贵州古代民族濮人和僚人的作品。

10月29日　西藏自治区人民政府颁布《〈西藏自治区学习、使用和发展藏语文的若干规定（试行）〉的实施细则》。

10月　《满洲源流考》点校本由辽宁民族出版社出版。该书20卷，清朝乾隆帝钦命满汉大臣阿桂、于敏中、和珅、董浩、王杰等编撰，是当时唯一最丰富的关于满洲源流的权威著作。孙文良、陆玉华以辽宁省图书馆所藏善本、乾隆四十二年殿版本为底本，参照其他几种版本整理而成。

11月1日　《西藏日报》报道：西藏自治区社科院去年承担15个科研项目，"西藏封建社会形态研究"即将完成。藏文古籍出版社已出版藏文古籍3部，整理编辑5部，搜集古籍30部，复制古籍20部。

11月7日　《广西日报》报道：由瑶族作家蓝怀昌、蓝书京、蒙通顺搜集、翻译、整理的布努瑶创世史诗《密洛陀》，由中国民间文艺出版社出版。全书共34

章，约1.4万行。该书不仅具有文学欣赏价值，而且是布努瑶的编年史。

11月21日 《内蒙古日报》报道：近8年来，内蒙古自治区整理出版了蒙古族英雄史诗20部，民歌集16部，祝赞词6部，叙事歌1部，民间故事集13部，谚语4集，并出版民俗著作10部。

11月25日 《文汇报》报道：由文物出版社重印的清代《乾隆版大藏经》最近在北京问世。这部大藏经共7240卷，分装724函，约6700万字，它收录了经、律、论三藏以及名僧撰述宗门语录等。这是我国文化界，宗教界的历史盛事。

11月 由贵州省民委古籍办编辑的《贵州少数民族古籍整理与研究》，收论文21篇。已下发全省各区、县有关单位。

12月31日 云南楚雄彝族自治州已整理出版了《彝族歌谣集成》《彝族故事选》一大批彝族文化史料。楚雄州邀集三十多名毕摩献艺，录制68盘录像带，把毕摩的语言、形象、服饰、法器、祭祀现场等拍录下来，为民族古文化的研究提供了直观的、可长期保存的资料。

12月 《广西地方史志文献联合目录》由广西人民出版社出版。该目录是由广西壮族自治区内各大型图书馆及专业资料室联合编辑的大型史志目录，信息准确，是中华人民共和国成立以来广西壮族自治区第一部大型地方史志工具书。

12月 由贵州省毕节地区彝文翻译组翻译，被列入"七五"规划全国重点项目的《西南彝志》（一、二卷）由贵州民族出版社出版。该书是贵州省一部重要的彝文历史文献。共26卷，37万多字。内容有：上古混沌时期万物的出现与发展；人类的起源与发展；彝族早期部落与其他部落的分布；各部落的谱系；风俗习惯等。

12月 内蒙古文化出版社出版了由郝苏民先生整理的《八思巴蒙古语碑铭译补》。该书由甘肃省民族古籍办公室资助出版。

12月 壮族民族古籍集成第一次资料征集会在南宁举行。来自广西各地的民间文学专家、歌手五十余人出席了会议。自治区民族古籍领导小组组长张声震同志到会并作重要讲话。

12月 由甘肃省天祝县古籍办整理的藏文古籍《凉州四部史》已由甘肃民族出版社出版。该书主要内容是从青海塔尔寺起，路经西宁、互助、天堂寺、马牙雪山、安远极乐寺、鸡冠峡、哈溪直至武威，重点介绍了凉州四寺具有神力、功德的佛像、佛塔、法物等，也介绍了途中所见到的各圣地的圣物，涉及了天祝境内的天堂寺、极乐寺等寺院。

1989 年

1月6日 《人民日报》海外版报道：贵州省学者康健、何积金等人整理译注魏晋南北朝和唐宋时期一批彝族古代文艺理论著作。其中有举奢哲、阿买妮等人的

《彝族诗文论》、布麦阿纽的《论彝诗体例》、布阿洪的《彝诗例话》、实作若木的《彝诗九体论》等。这些著作的出版，填补了彝族文学批评史上的空白。

1月24日 《内蒙古日报》报道：由内蒙古自治区蒙古民族民间文学家、翻译家霍尔查完成的世界著名长篇英雄史诗《江格尔》新的汉译本，由新疆人民出版社出版。全书有2万余诗行。

1月25—28日 青海省对撒拉族先民保存下来的阿拉伯文手抄本《古兰经》进行抢救工作。省民宗委副主任马祥及古籍办孙滔、马忠等人赴循化撒拉族自治县进行抢救工作。当地政府有关部门及街子清真大寺给予了积极配合和大力支持。这本阿拉伯手抄本《古兰经》是撒拉族先民在元代初期带入的。据《人民日报》介绍，这种年代久远，版本弥珍的《古兰经》世界上仅存3部。韩麦扫日、马哈散、韩哈克木等7位撒拉族知名阿訇对这部《古兰经》进行了校订和审校，并对整部经典进行还真拍照。原西宁市政协委员马登科阿訇介绍了这部经典的曲折经历。该手抄本《古兰经》具有很高的历史文物和版本价值。为保存这一珍贵历史文献，有关部门准备将此经典影印出版。

1月 《彝族源流》（1—4卷）由贵州人民族出版社出版。该书列为国家"七五"期间少数民族整理出版重点项目。由贵州省毕节地区彝文翻译组翻译整理。它是继《西南彝志》后发掘整理的又一部彝族历史文献巨著，全书25卷，有彝文约30万字。此书记载历史久远，内容广泛，主要记载彝族历史，叙述了彝族内部各支系之间、彝族同西南各兄弟民族之间的关系，具有重要的史料价值。该书获毕节地区首届社会科学优秀成果一等奖。

2月11日 用蒙汉两种文字撰写的一部1000万字的地名学研究巨著《内蒙古自治区地名志》通过自治区鉴定。该书填补了该地区地名研究上的空白。

2月22日 《人民日报》报道：驰名中外的藏族英雄史诗《格萨尔王传》由甘肃人民出版社经过近10年来整理出版，10部计300万字之多，年内又将出版《松岭大战》《香香药雾宗》两部。

2月25日 《西藏风土志》一书英文版出版，面向世界各地发行。《西藏风土志》由自治区著名学者赤烈曲扎编著，西藏人民出版社出版的汉文版，现由北京新世界出版社特约中国国际旅行社拉萨分社旺多先生译成英文版。

3月6—10日 云南省彝族古籍工作会议在昆明召开。出席会议的有楚雄彝族自治州、红河哈尼族彝族自治州、迪庆藏族自治州、昭通、曲靖及昆明市民委的负责同志，以及云南大学、云南民族学院、省民族语文指导工作委员会、省民族出版社、省民间文学研究所的有关同志54人。省民委副主任出席会议并讲了话。会议期间，交流了全省各地在组织、抢救、整理出版彝文古籍工作方面的经验；检查了第三次滇、川、黔、桂4省区彝族古籍协作会协作项目的完成情况。在充分肯定近几年所取得成绩的同时，指出了各地彝族古籍工作的开展还不平衡的状况。与会代表在协作整理出版彝族古籍重点书籍方面达成共识，一致认为，应加强协作，互通信息，突出重点，有计划、有步骤地出版一批学术价值高的科学版本。

3月　国家新闻出版署下发（1989）新出图字第146号文件，"同意正式建立藏文古籍出版社"，隶属于西藏社会科学院。同时提出"该社主要工作范围为整理出版西藏和平解放前的藏文书籍、古代木简及金石文字"。西藏和平解放近30年来，对藏文古籍尚未进行过全面、系统、科学的整理，加之"十年浩劫"的破坏，藏文古籍损失惨重，抢救、保护、整理迫在眉睫。为此西藏自治区于1989年成立西藏藏文古籍出版社筹备组，并从拉萨、日喀则、那曲、仁布等地区搜集三百余部藏文古籍，为藏文古籍工作打下了坚实基础。

4月15日　《人民日报》报道：内蒙古推出一批反映蒙古族语言文学、史学、风俗习惯等方面的图书。如《〈蒙古秘史〉校勘本》《新译校注〈蒙古源流〉》《蒙古熟语词典》《布利亚特蒙古简史》《格斯尔汗》等，受到国内外读者欢迎。

4月20日　已故壮族学者黄现璠教授等编著的《壮族通史》由广西民族出版社出版。这部通史以丰富的史料，详尽地论述壮族的起源、族称的演变以及壮族各个历史时期的政治、经济、文化等方面的情况。

4月25日　《满族大辞典》由辽宁大学出版社出版。该辞典为一部综合性工具书，近6000个辞条，包括满族的历史、姓氏、地理、语言文字、风俗习惯、文化、人物等。该书由爱新觉罗·溥杰等满族知名人士会同民族学、史学界专家三十余人审定。

4月28日　《仫佬族民间故事选》由上海文艺出版社出版。该书共收集民间故事近百篇，由包玉堂等编辑，系《中国少数民族民间文学丛书》系列之一。

4月29日　《人民日报》海外版报道：四川人民出版社和英国图书馆协议联合出版中国国宝敦煌藏卷，计划出8开本十余册，将成为世界上研究敦煌文化的权威文本。

5月3日　我国第一部《土汉词典》由青海省人民出版社出版发行。该词典由青海民族学院民族研究所李克郁编纂，收词1.4万余条，是土族文化基础建设的一项重要成果。

5月5日　《中国西北少数民族史》一书由宁夏人民出版社出版，该书编著者为兰州大学历史系杨建新教授，全书21章，史料翔实，内容包括西北地区古代及现存民族，有独到见解。

5月29日　《光明日报》报道：青海省民委已搜集、整理少数民族古籍27种300万字。如已出版的《汉蒙藏史略》对研究青海少数民族历史具有重要价值。另外还收集整理了土族和撒拉族民间传说等。

5月30日　西藏自治区藏文古籍出版社在拉萨市正式成立。自治区社科院自1985年开始筹建藏文古籍出版社以来，已发掘搜集古籍原始资料三百余部，其中已整理出版12部。

6月27—7月3日　青海省第三次少数民族古籍工作会议在西宁市召开。省民族宗教委员会副主任马祥做《全省少数民族古籍工作的回顾和今后意见》的报告。会议认真总结了"七五"规划执行情况，讨论了"八五"规划设想。讨论并通过了《青海省少数民族古籍工作章程》。近年来，经过省内外有关专家学者共同努力，已完成"七五"规划内、外项目三十余项，挖掘整理出大批民族古籍。其中《麦吾夏隆》《顾实汗传》《经学系传谱》和《佑宁寺志》均属国内外罕见的珍本。收集、整理的土族、撒拉族的口碑文献资料二十余万字，具有一定的学术研究价值。

7月 《青海省少数民族古籍丛书》之一《经学系传谱》（汉文版）和校注本《清真指南》由青海人民出版社出版发行。

7月10日 《贵州民族报》报道：贵州省紫云苗族布依族自治县民委在该县四大寨乡猛林村搜集到古代苗族英雄牙鲁世系——韦姓父子联名，至今已有四十余代。牙鲁在川南、黔西、黔中、桂西和云南各县操川、黔、滇方言的苗族中都有传说，多数地区还认为他们是牙鲁的后代。每年的农历四月八，贵阳的苗族都要吹笙奏笛，进行对歌等活动，来纪念这位古代英雄。牙鲁在苗族人民心中是个了不起的英雄人物。该父子连名的搜集，对研究西部方言、苗族历史，有极其重要的价值。

7月12日 青海省民族宗教事务委员会给省人民政府呈报《关于转发青海省第三次少数民族古籍工作会议纪要的报告》，同时下发《关于转发青海省第三次少数民族古籍工作会议主要文件的通知》，转发了省民宗委副主任马祥《少数民族古籍工作的回顾和今后意见》的报告，《青海省少数民族古籍工作章程》《青海省少数民族古籍整理细则》和《青海省少数民族古籍整理付费标准（试行）》等4份文件。

7月23—26日 云南、贵州、四川、广西4省区彝文古籍第四次协作会议在四川省凉山州西昌市召开。参加会议的代表、特邀代表和列席代表共二百五十余人。会议期间，代表们就彝文古籍整理研究工作中的问题广泛交换意见；充分交流了工作成果及经验，开展了学术讨论；商定近期协作任务；对今后的协作项目作了具体安排。与会者讨论决定，将由4省区有关方面把当地常用彝文正体字加以初步规范，进一步研究全国彝文统一用字方案。

7月30—8月2日 北方少数民族古文字暨古籍研讨会在吉林省长春市召开。会议由吉林省少数民族古籍整理办公室和中国民族古文字研究会共同举办。来自北京、天津、河北、内蒙、辽宁、黑龙江、吉林7省、市、自治区的40余名学者和专业人员参加了会议。全国少数民族古籍整理出版规划领导小组组长洛布桑出席会议并作重要讲话。与会同志对"七五"期间北方少数民族古文字和少数民族古籍工作进行了回顾，并开展了广泛的学术交流。有关满文文字及文献和相关问题是这次研讨会的重点。会议还对"八五"规划如何开展民族古籍工作做了展望，大家一致认为：应把重点放在抢救、挖掘上，要立足本地区，有地方特点，规划要有充分的可行性；对少数民族文字古籍应高度重视，要有计划、多层次、多渠道培养专业人才。这次会议是民族古文字研究与民族古籍整理相结合的一次尝试，必将推动全国各省区民族古文字和古籍研究工作的发展。

7月　蒙古文民族古籍协作省区蒙古语办主任及民族古籍工作会议在辽宁省阜新蒙古族自治县召开，会议总结了几年来的工作，进一步强调开展抢救性工作的紧迫性和加强社会各界广泛协作的重要性，把蒙古文民族古籍工作研究推向新阶段。

7月　贵州民族学院彝文文献研究所成立。这是全省唯一的一所彝族古籍文献研究所。

7月　《青海省少数民族古籍丛书》之一的《经学系传谱》（汉文版）由青海人民出版社出版发行。该书为青海省民族古籍"七五"规划项目，记述了明清时期我国回族、撒拉族伊斯兰教经师及其社会活动和他们之间的传承关系。该书系国内外罕见之珍本。

7月　《青海省少数民族古籍丛书》系列的《清真指南》（汉文版）由青海人民出版社出版发行。该书为青海省民族古籍"七五"规划项目，可称为中国伊斯兰教百科全书，由马注著，郭璟等校注。

7月　由中国第一历史档案馆编译的《锡伯族档案史料》上、下册，由辽宁民族出版社出版发行。该书收入的满、汉文档案均属首次公布，不仅对锡伯族的历史研究具有重大意义，而且对满族、蒙古族、维吾尔族、鄂温克族、达斡尔族、哈萨克族的历史，以及清史、八旗制度，东北和西北边疆史地的研究，都具有十分重要的参考价值。

8月4日　云、贵、川3省民族古籍工作成果累累。云南省收集藏文古籍800多本和大量口碑文献；贵州省收集到藏文古籍二百多卷；四川省收集近400种。四川省收集到列入《全国彝文古籍书名编目》的书有三百多本。四川还整理出版了《西南彝志》《彝文金石图录》和《彝族文化研究丛书》等古籍文献。

8月10日　第二次卫拉特史学术研讨会在内蒙古自治区阿拉善盟首府巴彦浩特召开。参加会议的有来自北京、新疆、内蒙古、甘肃、青海、宁夏、河北、黑龙江8省市自治区和新闻出版单位的代表近百人。会议收到论文58篇，就阿拉善旗和额济纳旗的历史，卫拉特诸部的起源与变迁，《江格尔》产生的背景，卫拉特史研究的回顾与展望等问题进行了研讨。

8月12日　《人民日报》海外版报道：北方少数民族古籍整理工作取得显著成绩。已整理出版民族古籍有14类42本共1470万字；已交出版社准备付印的有14种16本560万字；已经整理好准备交出版社的有31种41本1430万字。

8月26日　《光明日报》报道：中国藏学出版社成立以来，出版了一套有较高学术价值和资料价值的藏文《五明精选丛书》。该社出版的还有《布顿佛教史》《量理宝藏注疏》《俱舍论注释》《章嘉教派史》等。

9月3日　成立西藏大学藏医学院，进行藏医教学，藏医古籍研究、整理工作。

9月26—30日　西南地区民族古文字、民族古籍学术讨论会在云南省昆明市举行。会议由中国民族古文字研究会和云南省民族古籍办联合召开。来自北京、天津、辽宁、贵州、云南等省市的包括汉、彝、藏、满、纳西、傣、回、瑶、白、景颇10

多个民族的古文字、古籍整理研究工作者共四十余人出席会议。提交会议的学术论文共二十余篇。其内容主要有：关于少数民族古文字的研究；关于少数民族古籍的整理与研究；关于民族古文字及民族古籍的理论方法研究。会议期间，云南省民委等单位举办了《云南省少数民族古籍荟萃展览》，展出了云南省内各民族的原始记事资料及各个时期的彝、傣、纳西、藏、白等民族古文字古籍珍品二百六十多件，受到一致好评。

9月　广西少数民族古籍领导小组组织编写的《古壮字字典》由广西民族出版社出版。该书系全国民族古籍"七五"规划重点项目。全书收入古壮字10583个，设4886个条目，每个条目分别以壮文、汉文、国际音标注音和释义。古壮字是壮族先民效仿汉字的构字方法创造出来的一种方块文字。这种文字从唐永淳元年至今的1300多年一直在壮族民间流传。收入字典的古壮字，全部来自各类古籍抄本中。它的出版，有利于壮语的统一和发展，有利于壮字的研究。该书荣获广西社会科学成果二等奖。

9月　《清代内阁大库散佚档案选编》（上、下册）由辽宁民族出版社出版发行。该书由辽宁省社会科学院历史研究所、大连市图书馆文献研究室和辽宁省民族研究所历史研究室共同编译。上册为顺治、康熙、雍正朝满文部分选档；下册为雍正朝以下满汉合璧部分选档。

9月　由金启孮编校的满族文学典籍《妙莲集·写春精舍词》由辽宁民族出版社出版。该书是满族宗室诗人奕绘少年时期的著作，为其后人所珍藏。该书的整理出版，丰富了满族文学宝库。

10月16—20日　第二届全国《福乐智慧》学术讨论会在新疆喀什市举行。此次讨论会是《福乐智慧》研究会为纪念杰出的维吾尔族学者诗人优素甫诞辰970周年和《福乐智慧》创作920周年而举办的。参加讨论会的有来自新疆、北京、山西等地的60多名专家学者。会议期间举行了优素甫陵墓竣工仪式。

10月23日　《内蒙古日报》报道：40年来，内蒙古自治区达斡尔族研究得到发展。已出版专著《达斡尔族简史》《达斡尔族社会历史调查》《达斡尔族民间故事集》《达汉小词典》《达斡尔语与蒙古语》等20种，发表论文五十多篇。

10月24日　云南省武定县发现彝族星占师使用10月太阳历从事占卜活动。这是在我国著名民族学家刘尧汉教授指导下，由云南社科院楚雄彝族文化研究所的科研人员发现的。10月太阳历的发现具有重大科学价值，它证实中华民族悠久的文明史以及彝族文化与玛雅文化的联系。

10月31日　贵州省破译《彝族甲骨文》。"彝族甲骨文"是51个类似象形文字的刻画符号，是于1978年和1979年两次在贵州威宁彝族、回族、苗族自治县汉墓群发掘的，是贵州省出土年代最久远的刻画陶文，因而被称为"彝族甲骨文"。它的破译者是贵州民族研究所王正贤和贵州民族学院彝文研究室王子尧。"彝族甲骨文"的破译，为研究彝族古代社会形态、彝文创制时间的断代以及彝族先民丧葬习俗提供了第一手资料。

11月1日　首届《格萨尔》国际学术讨论会在四川成都召开。来自国内外的43名藏族文化研究学者专家参加了讨论会。会议期间，由特邀著名藏族艺人玉梅、桑珠等作《格萨尔》的演唱。这次讨论会有助于提高我国《格萨尔》学研究的学术水平，展示了这部伟大史诗的不朽成就。

11月11日　全国瑶族研究学术讨论会在云南省个旧市召开。这次会议是由瑶族研究会、广东民族研究所、云南民族学会、香港大学人类学系、国际瑶族研究协会共同发起举办的，到会国内外学者八十余位，提交论文41篇。与会代表就瑶族地区经济开发和传统文化等问题展开讨论，探求瑶族文化的发生发展，发掘瑶族文化宝藏。

11月28日　贵州安顺发现彝族君长呗勒大宗城堡遗址。这是由贵州民族研究所王正贤发现的。呗勒大宗是东周末年彝族"六祖"后裔师支系的君长。这座规模宏大的古城遗址的发现，对彝族古代史的研究有重要的价值。

11月　《清真指南译注》一书由云南民族出版社出版。该书的出版，是云南省古籍整理的一项重要成果。由马恩信、马瑞麟、马汝云、薛贤等进行译注。对这部名著进行翻译并加以注释，使广大读者从中领略了回族哲人的才智。

12月　张思温整理的《积石录》由甘肃民族出版社出版。

12月5—9日　全国古籍整理出版工作会议在山东省烟台市召开。会议由国家新闻出版总署主持召开。包括全国少数民族古籍办公室在内的三十多家出版社和有关部门的代表出席会议。新闻出版总署副署长刘杲同志主持会议，图书管理司司长杨牧之作报告，总结古籍整理出版工作所取得的巨大成绩，同时也提出了存在的问题。会议期间，全国少数民族古籍办的代表对少数民族古籍整理出版的重大意义及目前状况作了汇报，针对民族古籍出版难的情况，向各出版社呼吁，要求重视民族古籍出版工作。对几年来曾大力支持和帮助民族古籍出版的天津古籍出版社、辽沈书社和其他出版社表示了深切谢意。天津古籍出版社简要介绍了出版民族古籍的具体操作和社会效益，表示会后愿继续为出版民族古籍、弘扬中华民族优秀传统文化贡献力量。

12月20日　甘肃省民族古籍工作会议在古丝绸之路名城凉州（今武威）召开。这次会议由省民委主持召开，全国少数民族古籍办公室派代表参加。出席会议的有全省各地、州、县古籍工作者的代表，还有兄弟省区古籍办及有关大专院校的代表和专家学者。会议主要分析了全省少数民族古籍工作现状，检查"七五"规划落实情况，讨论了"八五"规划草案。会议认为全省少数民族古籍整理工作形势是好的，取得了一定的成绩。近几年整理出版了《安多政教史》《积石录》《凉州四部史》《拉卡楞寺志》等十余部古籍，受到广泛好评，产生了一定的社会影响。

12月23日　《光明日报》报道：经过对敦煌莫高窟、千佛洞和安西榆村窟560个窟及20多座舍利塔进行考察，发现中世纪回鹘蒙古文题记28条，八思巴蒙古文题记 14 条。这些发现对蒙古学研究具有重要的意义。

12 月 《青海地方旧志五种》（汉文版）由青海人民出版社出版发行。该书为宋代笔记史料，由宋挺生标注，系省民族古籍"七五"规划项目。

12 月 张思温先生整理的回族古籍《积石录》（汉文版）由甘肃民族出版社出版。该书属甘肃省民族古籍"七五"规划重点项目，是近年来甘肃民族古籍整理研究中的一项重要成果。这部汇集了临夏地区金石文字精华的专著，记述了东汉至民国时期留存在甘肃的大量碑文题记，是研究临夏地区回族和伊斯兰教发展的珍贵参考资料。

12 月 吴均先生等翻译整理的藏文古籍《安多政教史》由甘肃民族出版社出版。该书属全国重点项目，主要介绍了安多藏区藏传佛教政教合一的历史资料，并荣获了首届全国藏文图书评奖二等奖。

12 月 毛兰木嘉措整理的藏文古籍《柱间史》由甘肃民族出版社出版。该书记载了松赞干布毕其语意之力，垂恩护佑雪域，吐蕃治下臣民，制定妙善法律，收服邻邦边敌，迎请殊胜本尊，开创崇佛先河以及众妃善举卓然，子臣善待君主，修建赞普陵墓等情形及汉妃唐宗室女文成公主与尼妃赤尊公主联姻始末，记述了两公主与松赞干布成婚的历史经过，她们进藏时带到吐蕃诸多殊胜佛像的由来。此书属全国重点项目，1991 年获北方 15 省区第五届哲学社会科学优秀图书奖。

12 月 毛兰木嘉措整理的藏文古籍《国师章嘉若白多杰传》由甘肃民族出版社出版。该书属甘肃省民族古籍"七五"规划重点项目，1991 年获北方 15 省区哲学社会科学优秀图书奖。

12 月 《亦嚣轩诗稿》由广西人民出版社出版。该书系清代壮族文人蒙泉镜著作，其诗乡土气息浓郁，是诗人忧国感时之作。全书 21.6 万字，由刘映华注释。

1990 年

1 月 2 日 内蒙古发现元代回鹘蒙文榜题。这是由内蒙古师范大学哈斯额尔德尼教授等蒙文研究人员在伊克昭盟鄂托克旗阿尔巴斯乡百眼窑石窟壁画上发现的，共有 60 余条。这些发现对古代蒙古语言文学和佛教研究具有重要的学术价值。

1 月 15 日 《人民日报》海外版报道：我国三大民族史诗——藏族史诗《格萨尔》、蒙古族史诗《江格尔》和柯尔克孜族史诗《玛纳斯》都有了几种文字的译本。仅《格萨尔》藏文版就出版了 62 部，发行量达三百多万册。

1 月 23 日 《人民日报》海外版报道：目前藏学研究空前繁荣。已翻译、整理出版藏学典籍、名著、各种重要资料和历史文献三百多种 100 万册。全国已建立 25 个藏学研究专门机构，有研究人员近千名。近 10 年，还创办了《西藏研究》《中国藏学》《中国西藏》等专门刊物。藏学研究的许多课题列入国家重点项目。

2月　毛兰木嘉措先生整理的藏文古籍《嘉木样二世传》由甘肃民族出版社出版。该书对于研究安多藏区的政教历史人物和政教历史、文化发展史有珍贵价值。该书属甘肃省重点项目，1991年荣获北方15省区第六届哲学社会科学优秀图书奖。

3月　辽宁省民族古籍办公室主编、姚斌整理的《辽宁朝鲜族家谱选编》由辽宁民族出版社出版发行。书中选录了古新罗贵族忠州金氏与咸阳朴氏两部家谱，为解决东北民族关系史、朝鲜族史以及新罗国史上的一些问题提供了新资料。

4月4日　云南人民出版社出版傣族创世史诗《巴塔麻嘎捧尚罗》和西双版纳《傣族歌谣集成》。前者是迄今发现的第一部傣族史诗，后者收入歌谣一百五十多首，具有文学、艺术和历史资料价值。

4月18日　《光明日报》报道：辽宁省社科院古文字专家巴图在解译契丹文字方面取得突破性的进展，其成果《谜林问经》即将出版。目前已解译一百五十多个契丹小字，占全部小字1/3多。

4月23日　我国著名藏族学者毛尔盖·桑木旦主编的《梵藏对照词典》首发式在四川玉尔康举行。词典体例严谨，词汇丰富，共收词四万余条。

4月　内蒙古社会科学院图书馆藏书《众生怙主法王八思巴上师传》被历史研究所副研究员乔吉发现。该书成书于清乾隆30年（1765年），约五万字，体现了清代蒙古文人书写佛经的特点。

4月　由青海省少数民族古籍规划出版领导小组办公室主编的《青海少数民族古籍丛书》之一的《藏汉蒙历史概论》（藏文版）由青海民族出版社出版发行。该书为清代安多地区著名佛学家、历史学家，甘肃拉卡楞寺第二世阿莽仓活佛阿莽班智达·贡却坚赞（1764—1853年）在嘉庆年间用藏文写就的史学著作。对青海、西藏地区藏、蒙、汉的历史作了综合概述；对藏传佛教的传播、各教派的发生和发展，做了简要叙说，是研究青藏高原民族史及藏传佛教史的珍贵历史文献。

5月8日　《人民日报》海外版报道：31岁的藏族说唱女艺人玉梅从16岁开始说唱《格萨尔王传》，是全西藏说唱艺人中唯一的一名女艺人，而且是能说唱《格萨尔王传》最多部数的一个。现已录制七百多盘《格萨尔王传》录音磁带。

5月24—26日　《容美纪游注释》评审会在湖北省鹤峰县召开，参加会议的人员有中南民族学院教授刘孝瑜、湖北省少数民族古籍整理专员许文莉、注释稿主笔高润身等有关人员17人。与会人员按古籍整理的标点、注解、校勘、训古、今译等要求，对书稿进行了认真的评议和热烈的讨论。会议基本肯定了书稿，肯定了当地同志与专家结合进行古籍整理的方法；同时也指出了书稿的不足之处，如详略不当，诗译的形式韵味欠佳等。

5月29日　据《光明日报》报道：青海省民族宗教事务委员会少数民族古籍整理出版规划领导小组办公室已组织搜集、整理少数民族古籍27种。

5月　《荆州八旗驻防志》一书由辽宁大学出版社出版。该书是马协弟主编的《清代八旗驻防志丛书》的第一辑，是研究八旗制度、满族史及地方志的珍贵资料。

5月　由青海省少数民族古籍办公室整理出版的《青海少数民族古籍丛书》之一的《热译师传》（藏文版）由青海民族出版社出版发行。该传记是藏族大翻译家热·多吉札的侄子的门徒热益西桑格的代表作之一。本书记述了大译师热·多吉札一生的事迹。他是藏传佛教后弘期的大翻译家之一。前后两次云游尼泊尔、印度，对大乘密宗有很深的研究，晚年翻译了不少佛教经典，对发展藏族文化做出了重大贡献。

6月8日　《人民日报》海外版报道：云南省社科院丽江东巴文化研究所从收集到的六千多卷东巴经中选出一千三百多卷进行国际音标注音及汉译。出版了《东巴文化论文集》和《纳西东巴经分类目录》等论著。

6月12日　辽宁大学出版社出版的《满族大辞典》首发式在北京举行。该书内容包括满族源流、历史地理、姓氏族谱、社会政治、经济军事、语言文化、风俗习惯等，为一部大型工具书。

6月16日　云南省少数民族古籍整理出版规划领导小组办公室召开"七五"期间民族古籍工作总结会议。自1986年以来，认真贯彻关于抢救、收集、整理、出版民族古籍的指示精神，对全省民族古籍工作进行组织、联络、协调、指导，先后在楚雄、丽江、红河、西双版纳、思茅、曲靖、昭通、迪庆、德宏、怒江等地、州、市建立了民族古籍工作机构；输送24名省内民族古籍专业人员到北京学习，培养了一批专业人员。在普查的基础上，编目15000种，口碑录音74种；完成了《普米祭祀歌》《斯批黑遮》《傈僳族创世纪》等翻译稿8部；出版民族古籍有《孟连宣抚司史》《普兹南兹》《纳西东巴古籍译注》《清真指南译注》等27种。

6月23日　云南省少数民族古籍办公室主持召开《西部苗族古歌》座谈会。邀请省社科院、省民族研究所、省民间文学研究会和云南民族出版社的专家学者共15人参加了座谈会。会议就《西部苗族古歌》翻译和编辑中关于少数民族"名词"的注音和注释中带有争议的问题进行了认真讨论。与会者对各民族所处的地理环境和习俗都具有独立个性，故民族语言中"名词"和解释的参照物也不同的问题达成一致共识。对全省民族古籍整理抢救过程中须规范的技术性问题做出了解答。

6月28日　甘肃省民族事务委员会给国家民委文化司、全国少数民族古籍整理出版规划小组办公室上报两个文件：《甘肃省"七五"期间民族古籍工作总结报告》和《甘肃省1990—1995年民族古籍整理出版规划重点项目》。

6月　全国少数民族古籍整理"七五"规划重点项目，广西壮族自治区少数民族古籍整理出版规划小组主编的《评皇券牒集编》由广西人民出版社出版发行。该书由广西民族研究所研究员黄钰（瑶族）辑注。全书汇集文献共101篇，45.4万字，属盘瑶史料，包括贵州、云南、广东、广西、湖南5省区的藏本。

7月10—25日　青海省民宗委和少数民族古籍办公室组织人员对海东地区循化撒拉族自治县进行民族古籍普查工作。省古籍办主任郭敞同志和青海省民族学院韩建业副教授亲自参加进行业务指导。参加普查的有藏、回、土、撒拉、汉5个民族的四十余人，分 9 个小组，深入村庄、寺庙走访，共登记撒拉族古籍 98 部，珍贵文物 38 件；藏族古籍 821 卷，珍贵文物 40 件。其中有用土尔克文写的撒拉族文献资料 4 部，还有藏文古籍《藏医药研制分类》。这些古籍均具较高的研究价值。

7 月 11 日　青海省民族宗教委员会向国家民委少数民族古籍整理出版规划小组办公室上报全国少数民族古籍整理出版规划工作会议材料，共两种：其一，《青海省少数民族古籍工作总结报告》；其二，《青海省少数民族古籍工作"八五"规划》。

7 月 20 日　青海省民族宗教事务委员会发出《关于成立青海省少数民族古籍评审委员会的决定》。决定聘请有关领导和专家学者三十余人组成评审委员会，下设藏文组，蒙文组，回、土、撒拉族组，协助省古籍办制定全省少数民族、古籍搜集、整理、出版规划，筛选项目、审定书稿，完成《青海少数民族古籍丛书》的出版任务。

7 月　广西壮族自治区少数民族古籍办公室编印《广西壮族自治区少数民族古籍整理"七五"规划执行情况与"八五"规划项目》。

8 月 4 日　《人民日报》报道：敦煌博物院发现 6 枚回鹘文木活字。这一发现证明活字印刷早在元代即已向西传到了中亚。

8 月 5—9 日　云南省第二次民族古籍工作会议在昆明召开。参加会议的各地、州、市民族古籍机构有关人员和专家学者共 45 人。会议认真总结了"七五"期间全省民族古籍工作情况。代表们在充分讨论的基础上，制定了全省 1991—1995 年民族古籍工作规划。

8 月 14 日　《蒙古秘史》成书 750 周年纪念会在京举行。近百名民族史工作者参加会议。《蒙古秘史》是一部以成吉思汗时代蒙古族历史活动为主，吸收总结远古时代的蒙古族优秀文化的百科全书。全书近 30 万字，已被译为英、俄、德、法、日等多种文字出版。

8 月 27 日　由哈尼族赵官禄等搜集、整理的哈尼族长篇创世史诗《十二奴局》由云南人民出版社出版。史诗 12 章，约 4500 行，具有重要的文学价值和学术价值。

9 月 10 日　云南彝族作家李乔在探索彝文起源的研究中发现彝文字的偏旁部首与西安半坡刻画符号有许多相似之处，被认定为古彝文的巴蜀铜器刻画符号与西安半坡刻画符号对比竟是完全相同，由此推断彝文起源于六千多年前的仰韶文化时期。

10 月 6—20 日　中国民族古文字第四次学术讨论会在北京西山召开。来自北京、上海、天津、吉林、辽宁、内蒙古、宁夏、云南、贵州、湖北、河北等省、市、自治区的 12 个民族的专家学者和古文字学会会员 81 人出席会议。大会收到论文 52 篇，涉及满、彝、藏、契丹、女真、西夏、突厥、回鹘、纳西东巴、八思巴、傣、壮、傈僳、女书、水书等多种文种，论文内容包括民族古文字的起源、流传、演变；民族古文字的解读和结构分析，民族语言、语音的考释，古文字研究与古籍整理的关系；各文种的横向联系及对比研究；古文字与民族文化的关系；民族古文字研究的认识价值及社会功能等。中国民族古文字学会成立已经整整 10 年，会议认真总结了 10 年来民族古文字及其文献研究工作的情况，深入探讨了民族古文字研究的社会效益。据初步统计，10 年来出版古文字研究和古籍整理著作一百余部，发表论文七百余篇。会议期间，还举办了"中国民族古文字、古籍研究成果展"。

9 月 19 日　《清实录》蒙古文影印本 1—3 册在呼和浩特举行首发式。《清实录》原用满、蒙、汉 3 种文字写成。蒙文版共有 3758 本，约三千五百万字，这次影印的 1—3 册，约百余万字。

10 月　《中国民族古文字图录》由中国社会科学出版社出版发行。

11 月 27—30 日　九省市自治区第二次回族古籍整理出版规划协作会议在云南省大理州下关市召开。这次会议是银川会议的继续。出席会议的有甘肃、青海、新疆、云南、河南、山东、宁夏的 28 位代表。国家民委民族古籍办及中国民族图书馆的同志到会。会议交流了工作情况，讨论了"八五"期间各地区回族古籍整理出版规划。代表们认为，银川会议提出的边搜集、边整理的方法是正确的。根据"救书、救人、救学科"的精神，重点放在本地区口碑资料、金石碑刻和流散于民间的孤本、手抄本方面。会议决定编印《回族古籍联合书目》，并决定以后每两年召开一次回族古籍协作会议，第三次会议定在甘肃召开。

11 月　第二次回族古籍协作工作会议在云南大理召开。

12 月 1 日　《古壮文操作系统及编辑排版系统》科研课题正式立项。此科研项目由自治区科委下达并拨出专款 25 万元，由区少数民族古籍办公室和广西计算中心共同承担，广西科学院作经济担保。各方在 12 月 1 日正式签订了合同。课题组组长为张声震。

12 月 3 日　新疆维吾尔自治区少数民族古籍整理出版规划领导小组召开工作会议。参加会议的有领导小组成员及古籍办公室负责人。领导小组组长巴岱同志主持会议。会议主要听取了古籍工作汇报，对今后如何继续做好民族古籍工作提出了建议。

12 月　据统计，国内公开发行藏文古籍二百多种。

12 月　《青海省少数民族古籍丛书》之一的《嘛呢全集》（藏文版）由青海民族出版社出版发行。该书由青海省民族古籍办公室整理，为吐蕃王朝的缔造者松赞干布撰写的名著。书中还收集了不少古代藏族神话、传说，其中有大臣噶尔到长安迎娶文成公主及唐王几试婚使的情况。本书曾荣获 1992 年国家民委和国家新闻出版署颁发的首届中国民族图书三等奖。

12 月　《青海少数民族古籍丛书》之一的《佑宁寺（3 种）》（汉文版）由青海人民出版社出版发行。该书是 3 种版本分别由 4 位学者译著的合订本。通过此书，我们可以较全面地了解佑宁寺三百多年的历史。

12 月　青海省少数民族古籍办公室整理的《青海省少数民族古籍丛书》之一的《毗奈耶经广姻缘集》（藏文版）由青海民族出版社出版发行。该书为藏传佛教格鲁派创始人宗喀巴大师的大弟子、扎什伦布寺的创建者第一世达赖喇嘛根敦朱巴根据藏传佛教的需要，从佛祖释迦牟尼所规定的佛教戒律中择编汇集而成。主要内容是不杀生、不偷盗、不奸淫、不谎骗以及言行、起居、礼佛等方面的规矩，以生动有趣的故事引证，使人们乐于接受。

12月　《梵藏大词典》（藏文版）由甘肃民族出版社出版发行。该辞书是由甘肃省民委古籍办与四川省阿坝州编译局协作整理，是一部实用价值很高的梵文藏文工具书。采用现代辞书形式，按梵文16个元音和34个字母的音序排列，共收入5万多词条。该书的出版，对今后梵藏文古籍整理研究将产生积极的促进作用。1992年获首届全国藏文图书评奖三等奖。

12月　藏文古籍《卓尼杨土司传略》由四川人民出版社出版发行。该书由杨士宏先生整理，甘肃省民委古籍整理规划办公室资助出版。

1991 年

1月8—10日　中国《江格尔》研究会成立大会暨首届年会在乌鲁木齐市举行。到会的有来自北京、内蒙古、甘肃、新疆等省、市、自治区研究《江格尔》的专家学者近百人。代表们选举产生了研究会会长、副会长。首届年会收到研究《江格尔》学术论文36篇，其中蒙文30篇。

1月　中国伊斯兰教综合性学术理论刊物《回族研究》创刊于宁夏银川，1996年被确定为中国社会科学期刊民族学类核心期刊，1997年加入由清华大学主办的中国学术期刊光盘。对回族古籍文献的探讨与研究是该刊重要内容之一。

1月　海南省民族古籍整理出版规划工作领导小组及海南省民族古籍整理办公室，有计划、有步骤地进行民族古籍的收集、整理工作。

1月中旬　苏联科学院高尔基世界文学研究所博士、高级研究员尼古留多夫先生对内蒙古自治区民族古籍办公室进行访问，就蒙古学有关方面进行了广泛学术交流。他介绍了分布在莫斯科、列宁格勒以及其他城市苏联图书馆收藏的蒙古族古籍情况，表示今后将积极开展交流活动。

1月　四川民族出版社出版的《汉彝词典》获四川省哲学社会科学优秀成果一等奖。全书收词五万三千余条，约二百四十万字。

4月4—30日　国家民委全国少数民族古籍整理研究室有关人员先后到内蒙古、宁夏、甘肃、青海、四川、贵州、云南7省自治区进行调研，同这些地区的民委及民族古籍办公室的同志进行座谈。主要内容是征求对刊物《民族古籍》的办刊意见；修改与中央电视台拍摄《话说民族古籍》的拍摄大纲；了解各地区民族古籍工作中存在的问题；"七五"规划执行情况及对"八五"规划草案征求意见。地方的同志衷心希望国家民委的同志经常深入基层，帮助解决更多问题，为搞好民族古籍整理出版工作而共同努力。

4月6日　国家民委文宣司、文化部民族文化司、全国少数民族古籍整理研究室、新疆维吾尔自治区文联、《玛纳斯》工作领导小组等单位联合在京举办《玛纳斯》柯尔克孜文本和汉译本出版新闻发布会。国家民委主任司马义·艾买提等出席会议。《玛纳斯》是我国柯尔克孜族英雄史诗，规模宏大，全诗二十多万行，思想内容健康，民族特色浓厚，是柯尔克孜的百科全书。举办新闻发布会的同时，还举办了《玛纳斯》工作成果展。

4月25日　新疆维吾尔自治区少数民族古籍整理出版规划领导小组召开第二次扩大会议，邀请各民族专家学者参加。会议通报了情况，认真听取了专家们的意见和建议，就如何继续做好民族古籍工作，发掘民族文化遗产，弘扬民族传统文化，进行了认真探索。针对民族古籍经费紧张的状况，会议提出"八五"期间民族古籍工作的重点是搜集、整理并重，边搜集、边整理，出版工作量力而行。并以此精神，安排"八五"规划项目。

5月　《北京牛街志书——岗志》由北京出版社出版。

5月4—7日　由云南省民族古籍办牵头，在昆明召开"滇、川、黔、桂4省区彝文古籍联络员会议"，出席会议的代表17名。会议商定"八五"期间彝文古籍协作项目4项，即贵州牵头的《彝文古文字字典》、四川牵头的《彝文文献古籍编目》、云南红河州牵头的《指路经》、楚雄州牵头的《六祖史诗》。

5月7日　青海省社会科学院文学研究所赵秉理编纂的大型学术资料专著《格萨尔学集成》，已由甘肃民族出版社出版。该书共3卷，327万字，目录索引1428条，文稿415篇。其中153篇资料首次公开发表。是国内外第一套比较完整的《格萨尔》研究文献。

5月23—26日　第三届国际瑶族学术专题研讨会在泰国清迈大学举行。会议由国际瑶族研究会、清迈大学民族研究所、泰国公共福利部和内政部共同主办。来自泰、中、法、英、日和中国香港的专家学者40人出席会议。会议研讨的专题是瑶族"耍堂歌"。探讨"耍堂歌"对瑶族经济、历史以及社会结构的影响等。大会宣读论文16篇，其中中国学者论文12篇。瑶族是个跨国民族，它丰富而悠久的历史文化已引起了各国学者的关注。

5月　中央民族学院召开少数民族古籍整理规划出版领导小组暨彝文文献专业成立10周年纪念会。国家民委、国家教委有关领导及专家学者出席了会议。10年来，民族古籍办公室积极组织，在有关单位的支持和协助下，陆续整理出版了民族古籍图书30余种。《新疆大记补编》《西域同文志》《滇志》《彝文劝善经》《天聪九年档》《侗族史诗——起源之歌》《满族发展史初编》《东夏史》《清代蒙古史》等在学术界引起一定反响。其中《西域同文志》《东夏史》《中国少数民族文学古籍举要》等10部被选送参加了1992年3月在香港举行的"中华古籍节"和在日本东京举办的中国书展。

5月　《西北史地资料译丛》系列《草原帝国》（汉译本）由青海人民出版社出

版发行。本书为法国东方史学家勒尼·格鲁塞所著，1939 年出版法文本，青海民族学院魏英邦译成汉文本。这是一部古代亚洲北方游牧民族的通史。这部著作体裁新颖、内容丰富，是西方近几十年来在突厥—蒙古民族史学方面研究的巨著。

5月—12月　广西师范学院民族民间文学研究所过伟和三江侗族自治县文化局吴浩共同翻译侗族古老长诗《戏师传》，翻译底本是民间艺人吴冠如的手抄本。该作品被收入新疆人民出版社出版发行的《少数民族古代文论选释》。

6月20日　宁夏回族自治区少数民族古籍办公室和回族古籍编委会举行扩大会议，讨论并制定了《古籍办工作条例》《回族古籍编委会工作范围》及《古籍图书发行办法》3 个文件，报经上级批准，开始在工作中试行。同时向国家民委古籍研究室上报了"八五"规划。

6月　广西壮族自治区卫生厅发出通知，部署在区内最后一批二十余个县市进行民族医药古籍普查整理工作。

7月7日　《内蒙古日报》报道：我国第一部五卷本《蒙古民族通史》正式出版发行。全书约 150 万字。第一卷时限远古至蒙古汗国的历史；第二卷为元代蒙古族，第三卷为明代蒙古族；第四卷为清代蒙古族；第五卷为近代蒙古族的历史。

7月11日　《内蒙古日报》报道：蒙古学研究发展迅速。从 20 世纪 50 年代起，内蒙古相继成立了全区性蒙古功史、语言、文学等学会，涌现出一批国内外著名的蒙古学者，近百种蒙古文古籍已重新面世。《阿拉坦汗传》等名著被译成外文。

7月15—18日　云南省首次哈尼族古籍工作会议在昆明召开。会议由省少数民族古籍整理出版规划领导小组办公室主持召开。出席会议的有全省哈尼族科研、古籍工作者以及有关地州的领导及专家学者九十余人。哈尼族是一个历史悠久的民族。为了抢救哈尼族古籍，会议决定建立《云南民族古籍丛书·哈尼族文库》编辑委员会。"八五"期间，哈尼族文库主要设置以下项目：《哈尼族仪典大全》《哈尼族史稿》《哈尼族古籍文化研究丛书》，均列为省民族古籍重点项目。

7月22日　据《贵州民族报》报道：贵州省道真仡佬族苗族自治县《民族志》编修人员在该县玉溪区巴渔乡红砂石岩壁上发现古代人工开凿的岩穴墓，据考为仡佬族酉姓的"先人洞"共 5 函。史料载"仡佬亲死，有板而不葬，置之岩穴间，或临大河。"即为此葬俗。这些发现，对研究仡佬族古老文化具有研究价值。

8月2—5日　国家民委全国少数民族古籍整理研究室和中央电视台共同拍摄的《话说民族古籍》摄制组到贵州省毕节地区进行实地拍摄活动。

8月7日　第二届《格萨尔》国际学术讨论会在西藏拉萨召开。来自中国、苏联、美国、法国等 10 多个国家和中国港澳台地区的专家学者出席会议。这次讨论会交流了研究成果。长篇史诗《格萨尔王传》不仅在我国流传，而且在尼泊尔、巴基斯坦、不丹、前苏联、蒙古等国广泛流传，有着东方"荷马史诗"之称。

8月10日　参加在拉萨召开的第二届《格萨尔》国际学术讨论会的内蒙古代表团举行记者招待会，内蒙古《格萨尔》办公室主任格日勒扎布同志详细介绍了内蒙古开展《格萨尔》研究工作的情况。

8月14日 《人民日报》海外版报道：《格萨尔》研究已成为中国藏学研究中的专门学科，取得了突出成就。全国共搜集到藏文抄本、刻本二百多部；蒙古文分章本近三十种。为藏族、蒙古族、土族、裕固族民间说唱艺人演唱的二百多部作品录制磁带达七千多盘。全国已出版藏文《格萨尔王传》近七十部，译成汉文约四十部。全国已有《格萨尔》专业研究人员六百多名。

8月17—18日 湖南省民族事务委员会在株洲市召开回族古籍工作座谈会。召集有关地、州、市和部分县民族、统战工作部门同志参加，共同商谈《湖南回族人物录》《湖南回族古籍》的编写工作。

8月25日 云南省首次瑶族古籍工作会议在昆明召开。会议由省古籍办及省民族学会瑶族研究会共同主办。来自文山、红河、西双版纳、曲靖及昆明等地、州、市的代表30余人到会。会议就如何挖掘整理瑶族古籍文献进行了热烈讨论，确定《度戒》《师公书》《信歌辑要》《丧葬经》和《瑶族古文字字典》为"八五"期间瑶族古籍整理项目，并推举《云南民族古籍丛书·瑶族文库》编委及主编、副主编22人。

8月26—30日 五省区第二次藏文古籍协作会议在青海西宁召开。会议着重协调产生了5省区协作小组领导机构，确定了协作领导小组的工作任务。

8月 列入全国民族古籍工作"七五"规划重点项目的《青海藏文古籍目录》一书中的《青海省省级单位藏文古籍藏书目录》已由省古籍办杨贵明同志汇编完成，先内部铅印发行。

8月 在青海省西宁市召开"第二次五省区藏文古籍协作会议"。

9月17日 《云南日报》报道：云南省民族古籍搜集整理出版工作取得硕果。目前，全省各级民族古籍工作机构已查清并编目的云南省少数民族古籍书目达500多种共10150册。回族古籍中汉文、阿拉伯文、波斯文的木刻版130种近五千块，其中最珍贵的清代阿拉伯文《古兰经》共30卷946块。无文字口碑古籍的编目卡达15000种。已出版的民族古籍有傣族的《孟连宣抚司史》、彝族的《普兹南兹》、白族的《白文山花碑》、纳西族的《纳西东巴古籍译注》、哈尼族的《哈尼阿培聪坡坡》和回族的《清真指南》等共计26种。

9月20日 云南省民族宗教事务委员会下发97号文件：《关于成立〈云南民族古籍丛书〉各少数民族文库编委会的通知》。由省古籍办牵头，先成立《云南民族古籍丛书》编纂委员会，负责全省各民族古籍出版书稿的审稿终评工作。根据全省少数民族的实际情况，分民族成立"云南民族古籍丛书·××族文库编委会"。

9月 中央民族学院举办为期一个月的"古蒙古语和蒙古文献古籍研修班"。研修班具体由民族语言一系主办。来自内蒙、辽宁、吉林、北京等地的古籍工作者、出版社编辑、青年教师以及研究生十余人参加学习。中国社会科学院民族研究所、内蒙古大学和中央民族学院的专家教授分别讲授了有关古蒙古语和蒙文古籍等方面的专题课目。全国高等院校古籍整理研究工作委员会秘书长介绍了全国高等院校古籍整理研究工作情况。通过这次研修，必将促进古蒙古语和蒙古文古籍的整理、研究、教学和编辑工作进一步发展。

9月 《青海少数民族古籍丛书》系列《都琼传》（藏文版）由青海民族出版社出版发行。该书为藏传佛教高僧都琼多杰若巴则自传，由省古籍办整理。全书13章，详细记叙了著者出家为僧，皈依佛门，认定为活佛，以及后来云游四方，寻师访道，潜心研习宁玛派大乘密宗的生平事迹。

9月 《布洛陀经诗译注》由广西人民出版社出版。该书是全国民族古籍"七五"规划重点项目。120万字，以壮文、汉文、国际音标同步翻译注音。"布洛陀"是壮族的始祖神，传说他造出天地和万物，治理人间，晓百事，解百难，给人类以恩赐，故为壮族后人所传颂。《布洛陀经诗》被誉为壮族创世史诗，融古代壮族神话、传说、生产知识、社会民俗、宗教信仰、伦理道德于一炉，可称壮族传统文化百科全书。该书荣获第二届广西民间文学成果特等奖。

10月28日 云南省民宗委发出关于组建《云南民族古籍丛书》编纂委员会的联系函，确认编委顾问、学术委员、编委、主任、副主任以及执行主编、副主编名单。

10月 余振贵点校《天方大化历史》由宁夏人民出版社出版。

10月下旬 九省市自治区回族古籍协作组副组长、甘肃省民委副主任马世峰同志专程到宁夏银川，同协作组组长、宁夏少数民族古籍领导小组组长丁毅民同志，就1992年在甘肃召开协作会议、开展协作问题进行座谈、交换意见。认为应加强古籍协作小组的工作，要从机构、制度、经费上逐步完善，建议协作组下设"回族古籍办公室"，创办《回族古籍通讯》以便交流信息。

11月16日 《格萨尔》研究成果展在北京民族文化宫举行。此次展览由国家民委、文化部、中国社会科学院等单位联合举办。自《格萨尔》被列为国家"六五"期间重点科研项目以来，自1983年至今已收集到《格萨尔》藏文手抄本、木刻本约三百部；记录整理民间艺人说唱本二百多部，约五千盘磁带。若将《格萨尔》全部记录整理成文，为一百多万诗行，两千多万字之巨著。现已正式出版藏文本65部，总印数210万册。

11月26—29日 云南省壮族古籍工作会议在昆明召开。会议由省古籍办主持，全省各地代表87人出席。会议推举79人组成《云南民族古籍丛书·壮族文库》编委会。经讨论决定了"八五"期间壮族古籍抢救项目，《云南壮族史纲》《壮族宗教典籍》第一卷、《摩荷泰》《壮族诗经》等15个项目被列入规划。在历史发展中，壮族人民创造了绚丽多彩的稻文化、干栏文化、织染文化和铜鼓文化，留下了方块文字或口碑录传的古籍。整理出版古籍，是一项弘扬民族优秀文化，促进两个文明建设的重要工作。

11月27日 青海省民族宗教事务委员会以青民宗字（1991）第104号文件向

国家民委呈报《五省区藏文古籍第二次协作会议纪要》。

12月　胡圭如整理的回族古籍《哈锐集》（清本）由天津古籍出版社出版发行。该书为甘肃省民族古籍办公室同天津古籍出版社协作出版，系甘肃省古籍整理省、地联合项目。书中收集了哈锐生前的部分诗歌、散文、对联、书法等作品。

12月　马世英整理的回族古籍《中国伊斯兰教库布林耶谱系》（大湾头门宦）一书由天津古籍出版社出版发行。该书系甘肃省古籍办同天津古籍出版社合作出版。书中详细介绍了中国伊斯兰教库布林耶教派的发展史，具有一定的宗教史料参考价值。

12月　贵州省安顺地区民委编辑的《仡佬族古歌》由贵州民族出版社出版发行。该书为贵州省古籍出版省级重点项目。内容分《祭山歌》《泡筒歌》《丧葬歌》3部分，充分展示了仡佬族古代历史传说、社会生活、文化习俗、信仰崇拜等，是仡佬族古文化的重要经典。

12月　南吉旺茂整理的藏文古籍《嘉木样三世传》由北京藏学中心出版社出版发行。该书为甘肃省级重点项目。1991年获北方15省区第五届哲学社会科学优秀图书奖。

12月　甘肃省级重点项目华锐桑杰整理的藏文古籍《华锐绕布萨文集》，由甘肃省少数民族古籍整理规划办公室同北京藏学研究中心出版社合作出版发行。

12月　路苍·道吉仁钦撰写的《藏文古籍文献学概论》一书，由甘肃省少数民族古籍整理出版规划办公室同北京民族出版社合作出版。

12月　青海省民宗委派员对海北藏族自治州进行少数民族古籍普查工作指导，在海晏县白佛寺举办为期5天的藏文古籍目录普查培训班，深入州内各县境内的24座藏传佛教寺院和民间进行民族古籍普查，共登目藏文古籍561函约一百万字，回族古籍汉文版64部，阿拉伯文版73部（册）。

1992 年

1月9日　全国《格萨尔》成果展览艺人命名表彰大会在北京民族文化宫举行。青海省的才让旺堆、布特尕、旦巴尖措、昂仁、格日尖参、次多6人被命名为《格萨尔》说唱家。

1月21日　全国已建立藏学研究单位50多个，拥有研究人员两千多名，其中高级研究人员约二百人。

1月　属《青海少数民族古籍丛书》系列、由周伟洲整理编写的《吐谷浑资料辑录》（汉文版）由青海人民出版社出版发行。

2月5日　《民族民间医药报》报道：一批彝族医药古籍如《启谷署》《明代彝医书》《医病好药书》《三马头彝书》《洼垤彝医书》《老五斗彝医书》等，经专家整理、翻译出版。这些彝族医药古籍均采用彝汉对照排印，方便读者阅读。它们的出版，丰富了我国民族医药学宝库。

2月18日 《中国文化报》报道：大型专题电视片《百苗图》正式拍摄。《百苗图》是贵州省一部大型历史文献书画，经国家文物鉴定委员会鉴定为古籍孤本，对研究苗族历史及民族风貌具有重要的历史价值。电视专题系列片将分别拍摄源流、婚嫁、节日、服饰、居室等40集，再现古苗族历史文化。

2月25日 滇、川、黔、桂彝文古籍整理出版工作第五次协作会议在云南路南彝族自治县召开。国家民委副主任伍精华到会并讲话，指出：要抓紧抢救、整理和出版民族古籍，做好承上启下的基础工作。与会代表还就做好彝文古籍协调工作，加快彝文统一规范性问题达成共识。

2月27日 《福建日报》报道：福建宁德地区，重视挖掘、收集、整理畲族文化遗产，编写出版了《福建首届畲族歌会文集》《畲族传说故事》《畲族谚语》；收集、整理了畲族民歌五百多首。

3月 刘侗主编《辽宁回族家谱选编》，由天津古籍出版社出版。

3月27日 《人民日报》海外版报道：由西藏自治区藏文古籍出版社编纂的大型藏文古籍丛书《雪域文库》已整理、出版近30余部，15000余册，计600多万字。

3月27—28日 省市自治区回族古籍领导小组工作会议在银川召开，新疆、甘肃、青海、北京、河南、黑龙江、宁夏等地的十余人出席会议，这次会议主要研究了召开秋季协作会议的问题，确定了吸收新成员和与会代表名单，交流了近期工作情况，对协作会议的许多具体问题作了妥善安排。

3月27—29日 第二次壮族民歌古籍集成会议召开。全省16个县的30余位壮族民间文学工作者参加会议。自治区古籍整理出版规划领导小组组长张声震到会并发表了重要讲话。

3月 《辽宁回族家谱选编》一书由辽宁省古籍办公室整理出版。该书收录了辽宁回族的张、黑、脱、戴、铁、冯、杨、金、尹、白10个姓氏的共11部家谱。这些历史素材对了解和研究辽沈地区乃至东北回族历史沿革、社会阶级关系，提供了第一手资料。

3月 《青海少数民族古籍丛书》系列《果洛宗谱》（藏文版）由青海民族出版社出版发行。该书由扎西加措、土却多杰合著，是一部果洛地区姓氏起源、民族兴衰的史学著作。

4月14日 《人民日报》海外版报道：在贵州省彝学年会上，湖南株洲工学院刘志一教授提出中国的古彝文是西方表音文字的始祖的观点。他称，古彝文约有9000年历史，比跟它符形相似、被西方学者公认是西方表音文字直接源头的西亚的苏美尔线形文字和以栏线形文字早3500年。不仅苏美尔人和以栏人来自东方，而且他们的文字也应是古彝文西传后的产物。

5月20日 《中国新疆阿尔泰山岩画展》在北京历史博物馆开幕，全国人大副委员长阿沛·阿旺晋美、赛福鼎·艾则孜等出席开幕式。展览会上展出的岩画表现动物生殖崇拜、草原鹿、祭江等内容。

5月25—31日 第三次全国古籍整理出版规划会议在北京召开。这是全国古籍工作者的一次盛会，古籍整理出版专家学者及各部委代表以及新一届国务院古籍整理出版规划小组成员共106人出席了开幕式。国务委员李铁映作了重要讲话，他指出：首先，各级政府部门都要关心支持古籍工作；其次，要不断发现和培养人才，使古籍整理出版工作一代传一代；最后，要提倡严谨治学，提高古籍出版质量。国家民委副主任伍精华在大会上发言，简要介绍近年来少数民族古籍整理工作进展情况及所取得的成就。会议主要议题是审议通过了《全国古籍整理出版十年规划和"八五"计划》草稿。我国现有古籍八万多种。中华人民共和国成立以来共出版6500种。近10年出版数量是前32年的16倍。今后10年，每年要选列古籍出版重点书目200种，10年内共出2000种。

5月 《蒙郭勒津姓氏及村名考》一书由内蒙古文化出版社出版。该书对蒙郭勒津人姓氏及蒙古村名进行了详细考证，对研究蒙郭勒津地方文化和整个蒙古历史均有一定参考价值。

6月 《太平天国时期黔西南白旗起义史料》一书由贵州人民出版社出版。该书由贵州省兴仁县民委编写，书中详辑了太平天国时期黔西南回族农民联合苗族、汉族、布依族农民反清起义的有关历史资料，具有重要的研究价值。

6月 《土观三世·罗桑曲吉尼玛传》（上、下集）由甘肃省天祝藏族自治县古籍办公室整理出版。

6月 《熙朝雅颂集》由辽宁大学出版社出版发行。该书成书于清嘉庆九年，铁保辑。是一部当时最为完备的八旗诗歌总集。

7月8日 甘肃省民族事务委员会古籍办公室和天水地区民族宗教局在天水市联合举行回族古籍《哈锐集》出版首发式。

8月5—9日 新疆维吾尔自治区第二届维吾尔十二木卡姆学术讨论会在木卡姆诞生的故乡——莎车县召开。十二木卡姆是勤劳的维吾尔族人民智慧的结晶，它是用音乐语言表现古代维吾尔族生活各个方面的大型艺术百科全书，是东方音乐史上的巨大财富，也是中华民族文化宝库中的珍贵遗产。

8月6—8日 云南省苗族古籍工作会议在昆明举行。会议由省民族古籍办公室主持召开，出席会议的代表共127人。会议推举出《云南少数民族古籍丛书·苗族文库》主编、副主编、常务副主编及编委。经编委会讨论，确定了"八五"期间苗族古籍重点抢救项目包括《云南苗族史稿》《蚩尤的传说》《苗族美术》等17项。

8月 在四川省红原县召开"第三次五省区藏文古籍协作会议"。

8月 《青海少数民族古籍丛书》系列《热琼哇传》（藏文版）由青海民族出版社出版发行。本书作者为宋代藏传佛教高僧谷仓日巴（1189—1258年）。由青海省古籍办整理。该书详细记述了藏传佛教噶举派高僧热琼哇·多杰扎巴（1084—1161年）的生平事迹。他一生云游藏区各地，通晓佛教教旨，尤善诗歌，是宋代西藏著名的佛学家和藏族文学的奠基人之一。

9月 丁万华、杜玉昆编写的中国穆斯林饮食文化著作《宁夏清真菜谱》，由宁夏人民出版社出版。

10月7—10日 第三次回族古籍协作工作会议在兰州召开，来自15个省市和自治区的40多位代表参加了会议。

10月7—10日 15省、市、自治区第三次回族古籍协作工作会议在甘肃兰州举行。出席会议的有宁夏、青海、新疆、云南、山东、吉林、河北、河南、上海、甘肃等省、市、自治区的代表35名。中央民族学院、宁夏人民出版社、《甘肃日报》、甘肃民族出版社等有关部门也派代表出席。这次会议着重讨论研究了组织机构、规划任务、重点项目选定、加强协作领导等问题。自协作组建立以来，收集回族古籍资料已达三百余种，整理六十余部，出版40部。会议经过充分协商，发表了《协作纪要》，确立在"八五"后期的合作项目，编纂《中国回族古籍总目提要》《中国回族金石录》《中国回族家谱汇编》《中国回族经济史料选编》等书目。

10月18日 《中国文物报》报道：辽宁阜新县发现了一块带有文字的造像碑石。该碑碑首已残，四周边缘刻有精细规整的回字形纹饰，中间阴刻契丹小字，现存13行，近三百字。据契丹文字研究专家介绍：这块墓碑是国内迄今为止发现的第10块契丹小字碑刻，属于辽代晚期。

10月29日 《人民日报》海外版报道：云南省社科院东巴文化研究所在金沙江东岸一个古崖洞里，发现了一处古崖画遗迹。目前尚能辨清的图像有鹿、獐、盘羊、箭猪、猴等野兽，以及古代驯兽狩猎的场面。据有关人员介绍，壁画很接近中国近代纳西族的东巴文。这一古崖洞的发现对进一步研究中国西部古崖画和文字起源，具有重要的史料价值。

10月 《青海少数民族丛书》系列《德洛巴和纳若巴传》（藏文版）由青海民族出版社出版。此书问世于清乾隆年间，仁青南杰和格日多杰著。德洛巴和纳若巴都是印度佛教密宗名家，在藏族群众中有广泛的影响。在藏文史书中记载他们情况的资料较多。

11月16—23日 首届中国维吾尔木卡姆系列活动周在北京举行。活动由国家民委、文化部、中国社科院、中国文联、中国音协、中国民间文艺家协会、全国少数民族古籍整理研究室和新疆维吾尔自治区人民政府联合主办。系列活动由木卡姆国际学术研讨会、木卡姆成果展览会、传统木卡姆和木卡姆交响乐晚会、木卡姆民间艺人表彰会4个内容组成。在11月16日人民大会堂新疆厅举行的开幕式上，党和国家领导人李铁映、赛福鼎·艾则孜作了重要讲话。出席开幕式的有木卡姆研究和艺术表演者230人。

12月 余振贵、杨怀中主编《〈醒回篇·伊斯兰〉》（中国回族伊斯兰历史报刊萃编第一辑)》由宁夏人民出版社影印出版。

12月　由贵州省安顺地区民委、镇宁布依族苗族自治县民委联合编著的布依族古籍《古谢经》由贵州民族出版社出版。《古谢经》是布依族祭司在超度亡灵仪式上吟诵的经典，具有多学科研究参考价值。

12月　由海龙宝、召文吉图整理的《蒙医妙诊》由辽宁民族出版社出版。该书是在挖掘整理蒙医药历史遗产的过程中汇集而成，对研究民族医学有一定参考价值，且有一定临床实用价值。

12月　马协弟主编的《清代八旗驻防志丛书》系列第二辑《驻粤八旗志》由辽宁大学出版社出版。

12月　由国家民委全国少数民族古籍研究室和中央电视台联合摄制的三集电视专题片《话说民族古籍》经摄制组的辛勤劳动，摄制完成，于3月—5月连续两次在中央电视台黄金时间播出，受到参加全国人大、政协两会各族代表和广大观众的热烈欢迎，反应强烈。《话说民族古籍》涉及的民族成分较多，拍摄地域广，在拍摄过程中，得到了云南、贵州、新疆、甘肃、青海、西藏、内蒙古、广西等省区及地、州、县民委、古籍办和中国第一历史档案馆、北京图书馆、中央民族学院、民族文化宫等有关单位的大力支持和协助。

1993 年

1月11日　《人民日报》海外版报道：内蒙古自治区乌审旗境内首次发现中古时期赫连勃勃大夏国墓群及一方刻有53个汉字的纪年墓志铭。大夏国是公元407年由赫连勃勃创建的政权，属匈奴族的一支，系铁弗匈奴人。赫连勃勃认为匈奴是夏后之苗裔，故国号称为"大夏"，表明其对华夏民族的认同。"大夏国"一批重要文化遗存的出土，为研究我国北方民族增添了珍贵资料。

1月31日　据《光明日报》报道，河北省承德地区重视发掘民族文化遗产。自1985年以来，先后成立了满族文史研究会、满族传统体育研究会；投入2800多人收集、整理出版了上百万字的民间故事、2万多条谚语、四千五百多首歌谣；收集、整理70多个北方少数民族传统体育项目和四十多个音乐舞蹈节目，使失传多年的满族体育项目"珍珠球""满族秧歌舞""萨满乐舞""八角鼓""太平鼓"等重放异彩。

3月　余振贵、杨怀中主编《月华·第一、第二卷及总目》（中国回族伊斯兰历史报刊萃编第二辑）由宁夏人民出版社影印出版。以后又陆续出版了第三至第六卷。

3月　《西藏名胜录》（藏文版）由青海民族出版社出版发行。该书为清代藏族佛学家绛阳钦则旺波著，省民族古籍办整理。该书简述了卫藏地区藏传佛教寺庙的地理位置、历史沿革以及寺庙中的佛像、佛经、佛塔等。

3月　《五世达赖书信集》（藏文版）由青海民族出版社出版发行。此书是第五世达赖喇嘛罗桑嘉措（1617—1682年）向清政府和西藏政府发出的书信精粹，字里行间充满了对政教事业的热忱。

5月5—7日　广西壮族自治区壮族民歌古籍集成第三次资料征集会在南宁市举行。出席会议的主要有来自全区壮区县、市长期进行壮族民歌古籍工作的专家和学者30多人。区直属单位民委、语委、文联、民族出版社、民族报、《三月三》杂志社、民族研究所等单位的有关人员也参加了会议。

5月29日　《内蒙古日报》报道：内蒙古中部乌兰察布盟的一座辽代契丹古墓中，出土一种古老的计算工具——象骨算筹。这种用象骨制成的算筹长12厘米，宽4厘米。它和算盘一样都是十进位，其记数与算盘相同。在中国北方少数民族墓群中发现这种算筹尚属首次。

5月　《青海少数民族古籍丛书》系列《岗波哇传》（藏文版）由青海民族出版社出版发行。该书为明代藏族佛学派、藏传佛教萨迦派大喇嘛索南龙智著。传记以通俗优美的文字，妙趣横生的故事情节，生动地描述了11世纪噶举派苦修僧岗波哇·索郎仁青苦修宗禅，教化众生的生平事迹。

5月　《青海少数民族古籍丛书》系列《洛热哇传》（藏文版）由青海民族出版社出版发行。该书由谷仓日巴著。传记以生动的笔调，记述了洛热哇·旺秀宗哲献身宗教事业的生平事迹。具有较高的史料价值，又有独特的文学欣赏价值。

6月9日　《人民日报》海外版报道：宁夏大学回族文学研究所所长李树江介绍，中国回族文学研究领域在回族民间故事的收集整理、回族文学史研究、国际回族文学成果交流等方面取得突出成就。近年来，先后整理出版了《回族民间故事集》《中国回族神话传说》《中国回族民间叙事诗集》《回族古代文学史》《回族民间文学史纲》等一批专著。

6月　余振贵、杨怀忠合著《中国伊斯兰文献译著提要》由宁夏人民出版社出版发行。

6月10—11日　蒙古族英雄史诗《江格尔》汉文全译本首发式及《江格尔》学术研讨会在北京举行。《江格尔》是一部口头流传于我国西部卫拉特蒙族人民之中的英雄史诗，内容涉及民族学、人类学、宗教哲学、语言文学、民俗学、历史学等方面。目前已搜集到《江格尔》变体诗约16万行。此次出版的《江格尔》汉译本分一二册，约300万字。

6月21日　《人民日报》报道：西藏整理保护雪域文化成绩卓著。现已出版《格萨尔王传》藏文版六十余部，发行量达三百多万册。据不完全统计，西藏文化部门已完成四十多个县的音乐普查，搜集到从劳动歌谣到民间舞曲共18类的珍贵遗产。整理完成7大曲艺品种中的六十多个曲目。编辑出版《民间传说故事》《颂词和谐钦》等20多部民间文学作品。

6月25日 《甘肃日报》报道：甘肃中医学院科研人员最近在搜集整理敦煌遗书医学文献时，发现5部珍贵藏医学文献。这5部藏医文献均为手抄本，包括《火灸疗法》两部、《吐蕃医疗术》两部、《古藏文灸法图》1部。经考证，其编写年代均在公元8世纪前。这些文献的发现，为研究藏医学的起源和发展提供了最新资料。

6月 余振贵、杨怀中编著的《中国伊斯兰文献著译提要》正式出版。该书系统介绍中国回族与伊斯兰历史文献、研究著作与翻译作品，共介绍587部作品及160余部参考书目，几乎囊括了回族史上所存重要的汉文译著。该书具有很高的学术价值。

6月 《青海少数民族古籍丛书》系列《西宁卫志·西宁志》（汉文版）由青海人民出版社出版发行。该书为万历《西宁卫志》和顺治《西宁志》的合订本。《西宁卫志》为明代刘敏宽等纂修，西北民院王继光注释。《西宁志》为清苏铣纂修，由青海社科院和省古籍办的王昱和马忠校注。该书荣获1996年青海省人民政府颁发的青海省第四次哲学社会科学优秀成果三等奖。

6月 《青海少数民族古籍丛书》系列《青海事宜节略》（汉文版）由青海人民出版社出版发行，该书由《青海事宜节略》《青海衙门纪略》和《湟中杂记》3部组成，清时西宁办事大臣文孚和素纳所著，西宁市政协委员魏明章和大通回族自治县古籍办李葆艺进行标注。

7月4日 辽宁省阜新蒙古族自治县召开第一次搜集整理民族文化遗产总结表彰大会。这次会议的主要目的，是展示全县搜集整理民族古籍，弘扬民族文化遗产的丰硕成果，总结经验，表彰先进，提出《1993—2000年搜集整理民族古籍，弘扬民族文化遗产规划》，努力开拓民族文化事业新局面。

7月15—19日 甘肃、青海、西藏、四川、云南5省区藏文古籍第三次协作会议在四川省阿坝藏族羌族自治州红原县召开。出席会议的代表55人。协作组副组长扎合同志作题为《团结求实，通力协作，进一步做好藏文古籍整理出版工作》的报告，对西宁协作会议以来的协作工作做了全面总结。与会代表充分讨论、交流经验、肯定成绩，正视存在的问题，对今后的协作提出了宝贵的意见并作了安排。

7月22—26日 第三届国际《格萨尔》学术讨论会在内蒙古锡林浩特市召开。参加会议的有国内外专家学者以及《格萨尔》说唱艺术家等七十余人。大会研讨以蒙古族《格萨尔》为主要论题。建国以后，内蒙古自治区先后组织二十多个普查组六十多人次，行程十万多公里，走遍了全国蒙古族聚居的7个省、自治区，对流传在民间的《格萨尔》进行普查，发现蒙古族《格萨尔》说唱艺人70名，搜集到各种版本和手抄本13种，录制说唱录音350小时，出版国内各种版本、抄本和艺人说唱本20种，出版国外版本10种。

7月 《青海金石录》一书由青海人民出版社出版发行。由谢佐、格桑本、袁福堂编著。全书分岩画、摩崖石刻、金铭、印鉴、碑文、墓志铭6部分，收金石资料193篇。这些资料对研究青海地方史志、考古、民族、宗教等方面有很高参考价值。

8月18日 据新华社乌鲁木齐电：近4年来，新疆文物考古工作者在古西域龟兹故地，今新疆拜城县克孜尔河、木扎特河一带进行了系统的考古发掘，发掘清理160余座西周至战国时期的早期墓葬，出土了陶器、骨器、石器、铜器等随葬物品3000余件。这次考古发现具有突破性的意义，它填补了整个塔里木盆地史前文化的空白，使古龟兹文明史提前500年。

9月12—15日 中日合作主办的《中国少数民族古文字书法展》在北京中国国家博物馆展出。

9月17—21日 中日合作主办的《中国少数民族古文字书法展》在呼和浩特由蒙古自治区博物馆展出。

9月29—10月3日 广西壮族自治区民委民族古籍办公室及有关领导，与来访的澳大利亚麦克里大学现代语言学院教授、汉壮学家贺大卫博士举行学术交流座谈会，就有关学术问题充分交换了意见。

9月 由贵州省民委民族古籍办编辑、燕宝整理译注的《苗族古歌》由贵州民族出版社出版发行。该书为国家重点项目，全书分为《创造宇宙》《枫木生人》《浩劫复生》《沿河西迁》4大部分，共62万字，为苗文、汉文对照版。该书的出版，对研究苗族历史、语言、文学、哲学、风俗具有重要价值。

9月 全国少数民族古籍整理工作座谈会分片会议在北京举行。出席会议的有全国24个省、市、自治区14个民族的代表46人。会议的中心议题是传达学习中央、国务院关于抢救整理少数民族古籍的指示；总结民族古籍工作"七五"规划实施情况；讨论和研究少数民族古籍工作在新的历史时期的任务和作用；探讨和寻求解决工作中存在问题的方法。会议期间，国家民委领导到会听取了部分省区代表的汇报，做了重要讲话。与会代表对民族古籍抢救、搜集、整理、出版、研究工作的指导思想、措施、学术性及有关具体问题进行了认真、热烈的讨论。

10月17日 据《湖南日报》报道：湖南省城步苗族自治县东南部的瑶族地区发现一种原始瑶族文字。经专家们鉴定，这种文字系瑶族人民在汉字的影响下，自己创制的示意性语句团原始符号文字。这种文字很奇特，不能和语言中的词一一对应，一个符号由线条组成一个方块团，代表一句话，并且只能在瑶族群体内部（主要是妇女中）传承，用于记山歌、通信等。这是民族文字研究中的一个新发现。

10月19—22日 《福乐智慧》国际学术讨论会在北京举行。此次会议由新疆社会科学院和中国社会科学院等单位共同主办。出席会议的有来自日本、俄罗斯、哈萨克斯坦、蒙古、美国、中国等国家的中外学者共五十余人，其中维吾尔族占50%。《福乐智慧》是我国维吾尔族古代文学作品中的一部哲理长诗，共13290行，内容涉及当时社会生活的各个方面，特别突出运用知识、道德和法律治国安邦的思想。此次会议重点研讨有关美学、哲学、语言学、历史学等主题。

10月22日 《人民日报》报道：哈萨克文《古兰经》由民族出版社出版，填补了世界译坛出版史一项空白。哈萨克文版《古兰经》是从阿拉伯文直接翻译的，译者还增加了不少注释，方便了读者阅读，对研究阿拉伯文学史、宗教史，具有重要的参考价值。

10月25日 据新华社西安电，在古丝绸之路的要冲敦煌东64公里处的戈壁滩，甘肃考古工作者发掘出一处古代邮驿遗址，被列为1991年中国十大考古发现之一，称为悬泉遗址。驿站是丝路上西汉至魏晋时期传递公文和接待过往官员、中外使节而设立的。遗址中发现了麻纸文书和墙壁题记等珍贵文物，特别是出土了西汉简牍两万余枚，占中国过去发现的简牍1/3还多。许多简牍上详细记载了西汉与西域诸国使节往来情况，其中包括接待了随解忧公主下嫁乌孙右大将军的女外交家冯僚。悬泉遗址的发掘，为研究丝绸之路中外交流驿站管理及民族关系史提供了宝贵的实物资料。

10月 中央民族学院成立中国少数民族古籍研究所。研究所的成立，必将推动全院民族古籍事业的发展。不仅做好民族古籍整理出版的组织协调工作，而且更加注重民族古籍的学术研究。已经组织撰写《中国少数民族古籍大辞典》。

11月6—8日 中国彝族十月太阳历学术讨论会在云南省弥勒县举行，来自北京、四川、云南、贵州、广西、广东、江苏、陕西等省市自治区的四百多位专家学者出席会议。会议收到论文60篇，大会交流28篇。大会通过多层次多角度讨论，在彝族十月太阳历的理论体系和观察方法，以及这一历法在彝族经济文化活动中的影响，在中华民族历法中的地位，和它与中国古代阴阳哲学的关系等问题上，达成了一致见解。会议期间，还举行了《张冲传》《中国彝族通史纲要》首发仪式。

11月19日 《人民日报》报道：维吾尔古典音乐《十二木卡姆》音带由新疆音像出版社出版发行。《十二木卡姆》是维吾尔族劳动人民世世代代从艰苦生活和斗争经验中创造出来的巨大财富，它内容广泛，几乎概括了维吾尔族所有的民族艺术形式，是一部完整的十二套音乐。

12月5—7日 甘肃省第二次少数民族古籍工作会议在兰州大学召开。会议总结交流了10年来全省各地民族古籍工作情况和经验，讨论通过了《甘肃省1996—2000年民族古籍整理出版规划》（草案）。10年来，全省先后整理出版37部少数民族古籍，其中《安多政教史》《拉卡楞寺志》等7部获得国家级或地区性图书奖。

12月 赛生发编译《伟嘎耶教法经解伊斯兰教法概论》由宁夏人民出版社出版。

12月25日 计算机古壮字文字处理系统在北京通过专家鉴定。此项课题是由广西壮族自治区民族古籍办公室与广西计算中心共同承担，科研技术人员经过3年多的努力研制成功。此项技术的应用，必将给古壮字古籍文献的整理、编辑、出版工作带来新的突破。

12月 《青海少数民族古籍丛书》系列《蒙古佛教源流》（藏文版）由青海民族出版社出版。为久明柔白多杰著。作者对蒙古地区佛教传播的前因后果以及蒙古、藏、汉各民族之间文化交流的过程进行了充分论述。

12月 《青海少数民族古籍丛书》系列之《藏族实用工艺宝箧》（藏文版）经省

古籍办整理，由青海民族出版社出版。该书为藏族著名学者巨·牟潘嘉扬南坚嘉措著述的一部展示藏族科技成果的著作。对藏香、砚墨、书法、绘画、冶炼、缝纫、刺绣、雕刻、泥塑、木器、石器等的制作和工艺具有独特的理论研究和实践经验，反映了藏族传统工艺的发展水平。

12月 《青海少数民族古籍丛书》系列之《塔秀格登曲江嘉措传》（藏文版）经省古籍办公室整理，由青海民族出版社出版。该书由洛桑丹巴嘉措等著，详细介绍了塔秀格登曲江嘉措诞生、成长，一生弘扬藏传佛教的事迹。同时对佛教著名寺院如塔尔寺、夏琼寺、佑宁寺、拉加寺、拉卡楞寺都有较多记载。

12月 内蒙古自治区考古工作者对位于伊克昭盟鄂托克旗阿尔巴斯乡的百眼窑石窟进行考察，发现成吉思汗家族图，蒙古贵族祭祀图。在一幅元代壁画中还发现有蒙古族、藏族、汉族僧侣、官员、平民一起礼佛的图画，还有反映民间舞蹈、丧葬、民居、畜牧、山川河流、飞禽走兽的壁画，是研究元代艺术的珍贵资料。

12月 《满汉大辞典》由辽宁民族出版社出版。该辞书由北京市民委民族古籍办公室整理，收辞近五万条，是收辞广泛的满文辞书。

1994 年

1月5日 《人民日报》海外版报道：活跃于公元6世纪中叶到8世纪中叶中国历史舞台的强大部落联合体——突厥，其历史文化研究正成为国内外学术界瞩目的课题，有关研究著作正陆续问世。继《突厥与回纥历史论文选集》之后，民族史专家林干的专著《突厥史》也在内蒙古出版，该书全面阐述突厥族源、部落兴衰、经济生活、社会结构、文化风俗以及民族关系；此外成书于11世纪的阿拉伯文《突厥语大辞典》也译成现代维吾尔文正式出版。

1月7日 《人民日报》海外版报道：中国北方游牧民族历史研究进入新阶段，新著不断问世，研究水平显著提高。民族史专家林干的《匈奴通史》《东胡史》和《突厥史》出版后引起学术界重视，这套史书解决了北方民族史研究上的一些难题，诸如北匈奴西迁路线，西突厥的部族构成和早期东胡人的活动状况。林干在新作《中国古代北方民族史新论》一书中，就北方民族的同化以及族源族属等问题，采取史论结合，进行论证。

1月12日 广西壮族自治区举行《密洛陀》整理出版工作会议。并于11月3—4日再次举行会议。自治区古籍办于11月8日向都安县政府发出函告，通报《密洛陀》整理最后方案。

1月14日 内蒙古社会科学院成立北方民族文化遗产研究会。研究会以整理和研究北方民族文化遗产，促进和增强各民族的了解与团结为根本宗旨，团结和组织区内外专家，对黄河上下游，长城内外，特别是内蒙古区域的古代少数民族的文学、艺术、历史、哲学、语言、教育、宗教、民俗、文物等文化遗产进行专门研究。

1月29日 《人民日报》报道：西藏自治区藏语文指导委员会在西藏传说中"玛尔文"的发源地古代象雄王国，即今天的阿里地区，发现大量古代岩画上有"玛尔文"遗迹。这一发现把藏族文字的历史提前了近两千年。一般认为，藏文是松赞干布时期仿照古代梵文创制的，距今约一千三百年。但在西藏本教徒撰写的史书中，认为藏文起源为距今7000—8000年以前，当时人们使用一种叫"玛尔文"的文字。这次发现证明"玛尔文"确实存在。

2月1日 《人民日报》海外版报道：中国首届满—通古斯语言文化研讨会在黑龙江省哈尔滨市召开。来自北京、黑龙江、辽宁、吉林、内蒙古以及日本国等地30名专案学者出席会议。会上交流了关于比较语言学、社会语言学、民俗学等17篇论文。与会代表就抢救、挖掘、整理中国满族、赫哲族、鄂伦春族、锡伯族语言文化进行了研讨。

2月8日 《人民日报》海外版报道：《中国古代北方民族文化史·民族文化卷》由黑龙江人民出版社出版。该书在充分占有大量资料的基础上，论述了中国古代以至今天生活的45个北方民族文化的基本形态，发展演变及其在中华文化史上的地位与作用；揭示北方游牧渔猎民族文化与中原农业文化的碰撞、交流、融合的过程。全书120万字，附有珍贵图片44幅。

2月10日 据《中国旅游报》报道，迄今世界最小的一部《古兰经》全集，在新疆维吾尔自治区焉耆回族自治县5号渠乡发现。《古兰经》是伊斯兰教经典。这部《古兰经》袖珍版，长2.7厘米、宽13厘米、厚1厘米、重4.9克。经专家鉴定，此书为《古兰经》全集。全书共30卷，114章，6236节，共有词汇77934条，字母323621个。珍藏在一个仅比拇指稍大的镀金小盒中。这一微型《古兰经》的发现，对于研究阿拉伯文化以及微型印刷术有很大的意义。

3月16日 据《每日电讯》报道：西藏朗县列村发现公元7世纪—9世纪相当于赞普（藏王）等级的重要墓葬群。墓地有墓葬218座，其中大型墓葬10多座，最大的墓葬地边长63米，高8米，地面封土达2万立方米。墓地还发现地面建筑残壁等遗迹。在墓地出土的文物上，首次发现了藏文字母。这些遗迹和文物，对研究吐蕃时期文化历史具有较高的学术价值。

3月19日 《内蒙古日报》报道：内蒙古敖汉旗发现一处春秋战国墓地，出土青铜短剑和陶器数件，从墓葬制度和出土的器物分析，此处墓地属春秋晚期至战国早期的青铜文化，是夏家店上层文化在当地的延续，同时与早期鲜卑文化也有渊源关系。

3月22日 《西藏日报》报道：西藏山南地区文物管理委员会积极发掘、收集、整理雅砻文化遗产，为山南的民族古籍文物事业做出贡献。他们深入基层，采取多种形式开展文物征收工作，征集到石器、陶器、玉器、瓷器、景泰蓝、铜器、铁器、经书、贝叶经、历史档案、唐嘎、法器、佛像、石刻等二十余种二百余件。

3月25日　据《云南日报》报道：纳西族东巴文化研究已成为国际上瞩目的显学，文化部已将其列为1994年国家对外文化交流计划。云南省社科院东巴文化研究所自1981年成立以来，经过十多年的艰辛努力，已基本完成了《纳西族东巴古籍译注全集》，内收一千多种不同的东巴经。同时，一大批专著问世。云南人民出版社已推出东巴文化研究系列丛书：《东巴文化论集》《东巴文化与纳西哲学》《国际东巴文化研究集粹》等。云南美术出版社出版了大型学术画册《东巴文化艺术》。上海人民出版社出版了《中国原始宗教资料丛编·纳西族卷》。

3月　甘肃省少数民族古籍整理规划办公室同甘肃民族出版社合作出版了由东永寿、苏得华先生整理的汉文古籍《华锐历史文献选编》，该书详细介绍了甘肃省天祝藏族自治县解放前政治、经济、文化、民族及藏传佛教的发展史。

4月10日　《中国文物报》报道：在西藏西南部的吉隆县，发现一通额题为"大唐天竺使出铭"的唐代初年摩崖石碑。这一发现，对于研究早期唐蕃关系、中印古代交通等问题提供了新的史料。根据残存碑文记载，此碑系唐显庆三年（公元658年）所刻，记载了唐代使节王玄策率刘嘉宾、贺宋一等人出使天竺，路过吉隆时刻石记功的情形。这通唐代初年的石碑，是迄今为止在西藏高原所发现的汉文石刻碑铭中年代最早的一通，比现存于拉萨大昭寺前著名的"唐蕃会盟碑"要早165年。

4月13—17日　滇、川、黔、桂4省区彝文古籍协作会议暨贵州省彝学研究会第五次年会在贵州省大方县召开。来自北京及4省区有关部门专家学者100多人出席会议。大会收到论文350多篇。与会代表分别就加强彝学研究、统一彝族文字以及收集整理、出版彝文古籍和弘扬民族文化等问题进行了广泛深入的讨论和交流。

4月14日　全国最大的彝族文化展示中心，奢香墓及奢香博物馆在贵州省大方县正式落成。其中奢香博物馆占地1800平方米，设有6个展厅，分别展示了彝族文字、独特的天文历法——太阳历、彝族人民的生产、生活以及民俗、艺术等。

4月20日　新疆文艺界人士五百余人欢聚乌鲁木齐，庆贺《十二木卡姆》12本系列专著出版发行。《十二木卡姆》12本系列专著由新疆人民出版社出版，采用五线谱谱曲，诗词通俗流畅。书中正文采用维吾尔文与汉文对照。被誉为音乐大百科全书的《十二木卡姆》系列专著，是中华民族文化的瑰宝。首发式结束时，新疆木卡姆乐团表演了精彩的木卡姆片断。

4月24日　《中国文物报》报道：内蒙古文物考古研究所对位于阿鲁科尔沁旗的耶律祺墓进行发掘，出土一批珍贵文物。其中契丹大字墓志的发现，对契丹文字的研究具有重大意义。

4月27日　《农民报》报道：青海省祁连县出土一件珍稀的动物形金牌服饰。经文物专家初步鉴定为古代匈奴贵族遗物。此金牌服饰为纯金所制，重370克，其外形轮廓成"B"形，可固定在衣服上。

4月　由关祥祖等编著的《彝族医药学》一书，荣获在美国洛杉矶举行的国际传统医学科技大会金杯一等奖。该书是根据大量彝族医药学古籍，结合现代医学归属，总结归纳而成的彝族医药典籍。

5月2日　新华社报道：陕西咸阳市文物考古研究所近日在咸阳市北郊发掘清理了一座唐代西突厥最后一位可汗阿史那怀道夫妇合葬墓，共出土五百多件彩陶文物和两本墓志。墓志中详细记述了可汗的生平以及突厥与唐朝的交往。

5月11日　《新疆日报》报道：新疆重视"十二木卡姆"研究工作。继12本"木卡姆"专著的出版发行，今后将继续出有关"十二木卡姆"的书20本。拍摄12部"木卡姆"电视片。"十二木卡姆"具有科学、历史、文学、艺术的价值，今后将整理翻译出版三位一体的"木卡姆"丛书，即用五线谱记谱，诗词用维吾尔文和汉文译文对照的整套丛书。

5月中旬　《通海县少数民族志》由云南人民出版社出版。该书全面记录了从元至今世居通海的彝、回、蒙古、傣、哈尼5个少数民族的历史沿革、宗教信仰、文化教育、生活习惯和经济发展的情况，具有一定的收藏研究价值。

5月22日　据《每日电讯》：甘肃省武威市文物管理委员会发现西夏文泥活字本《维摩诘所说经》版本。根据经文第二行题款看，该经最早应是夏仁宗时的版本，是我国目前发现年代最早的西夏文泥活字版本。此次所发现的《维摩诘所说经》填补了我国西夏文泥活字版本的空白，为研究我国原始活字版印刷本以及研究西夏历史、文化、佛教史等提供了珍贵的第一手资料。

5月27日　由陈庆英、马连龙、马林译注的藏文古籍《五世达赖喇嘛传》汉译本，由全国图书文献资料复制缩微中心出版，国内外公开发行。该书为中国社科院《中国边疆史地研究丛刊》西藏卷选题，详细记载了五世达赖喇嘛一生的政治、宗教活动和17世纪在青藏高原上发生的许多重大历史事件，为研究清代藏族史、藏传佛教史以及中央王朝与西藏地方政府关系史提供了极为珍贵的历史资料。

6月6日　《人民日报》报道：青海省各级民族古籍机构，努力挖掘抢救民族古籍。仅在塔尔寺就清理出文献3341包，登记书目25500种。在全省各地搜集整理藏文古籍七百多种，其中稀有善本一百四十余部；收集整理回族古籍43部；土族古籍5部、口碑资料二十多万字；撒拉族古籍7部、口传资料二十多万字；蒙古族古籍4部。

6月15日　《云南日报》报道：云南省迪庆藏族自治州《格萨尔》研究室成立10年来，积极搜集整理著名藏族英雄史诗《格萨尔》，先后收集到流传于民间的手抄本《格萨尔》31件，整理出版了《加岭传奇》《姜岭大战》等《格萨尔》分部本百余万字。研究所还在有关刊物上发《格萨尔》论文十多万字，受到学术界好评。

6月26日　《湖南日报》报道：西藏自治区语委会在组织编写《藏族文字与书法宝典》的过程中，进行野外考察，从中发现了不少珍贵资料，说明藏族文字可能起源于3000多年前。现在使用的藏文，是在"玛尔文"的基础上吸收了一些古代印度文字的一些特点加以改进的。也有一些藏学学者认为藏文的起源问题仍是一个难解之谜。

7月　铁学林、马玉琪主编，李富搜集《新疆回族传统花儿》由新疆青少年出版社出版。

7月12日　《广西日报》报道：《壮族民歌古籍集成》首卷《嘹歌》由广西民族出版社出版。这是中国第一部正式出版的壮族大型古代民歌集。《嘹歌》用古壮字传抄，反映壮族人民生产、生活、爱情婚姻及历史等方面内容。《嘹歌》分为《日歌》和《夜歌》两大系列，保持了壮族民歌的风貌和韵味，对民族学、社会学具有较高的研究价值。

7月19日　《光明日报》报道：西藏社会科学院成立10年来，共举办国际《格萨尔》学术讨论会和全国藏学会议6次。该院撰写的《西藏简明通史》获1994年全国图书奖，并已完成对《格萨尔王传》说唱艺人的三千多盘磁带的录制。

7月21日　据《每日电讯》报道：藏文《大藏经》的整理出版工作1986年列入全国哲学社会科学"七五"规划的国家重点科研项目，由中国藏学研究中心牵头成立了藏文大藏经对勘局。对勘工作从国内版本较全的《丹珠尔》着手，以德格版《丹珠尔》为底本，与其他各种刊刻本和手写本逐字逐句对勘，补漏改错，现已完成德格版、北京版、那塘版、卓尼版4个版本各16函约一千九百万字。并先期出版了一本设计精美的《丹珠尔》。

7月　西藏博物馆建设列入西藏自治区成立30周年大庆和援藏62项工程之一。

8月　第四次回族古籍协作工作会议在新疆昌吉召开。

8月5日　《甘肃日报》报道：我国第一部手书《古兰经》，经回族书法家马千云历时3年的精心书写完成，在甘肃省兰州市面世。

8月12—15日　全国第四次回族古籍协作工作会议在新疆昌吉市召开。14个省市自治区以及中央等有关单位和部门的代表五十多人出席了会议。代表们实事求是地回顾评估了近年来回族古籍工作所取得的巨大成就，制订了全国回族"九五"规划和今后两年协作计划，选举增补了协作领导小组成员。会议决定今后进一步发挥协作优势，坚持"立足本地，加强联络，互通信息，协同攻关"的原则，不但要加强课题项目的协作研究，而且要加强地区间协作。会议决定，第五次协作会议于1996年在青海西宁召开。

8月　西夏佛经《吉祥遍至口和本续》在宁夏贺兰山拜寺口内西夏方塔废墟中出土。该佛经被确认是西夏时期木活字印刷品，使木活字发明使用由元代提早到宋代。史学界认为西夏佛经的出土，是20世纪印刷史上最重大的发现之一。

8月　侗族古籍《侗乡好事酒歌》由贵州民族出版社出版发行。该书由吴展明、周昌武搜集整理。

9月9日　"纪念鸠摩罗什诞辰1650周年——鸠摩罗什和中国文化国际学术讨论会"在新疆库车县召开。这次会议是新疆维吾尔自治区文化厅等单位主持召开的。来自中、日、韩、法、德及中国台湾等国家和地区的一百四十多位专家学者，就鸠摩罗什的历史地位以及他在佛学哲学、文学艺术方面的辉煌成就和他的译经事业等问题，展开了讨论。公元402年，鸠摩罗什首创国家译场，翻译佛教经典达35部249卷。

9月19日　据《每日电讯》：内蒙古赤峰市阿鲁科尔沁旗境内发现一座距今1071年前辽代契丹少年贵族墓。据墓中墨书题记考证，死者名耶律勤德，年仅14岁，死于辽太祖天赞二年（公元923年）。这是中国发现有准确纪年，时代最早的契丹贵族墓。墓中壁画保存相当完好，画面金碧辉煌、灿烂富丽。

9月20日　《人民日报》海外版报道：新疆维吾尔自治区克孜尔千佛洞发现60枚珍贵的吐火罗语木简。木简主要记述公元6世纪初期古龟兹国社会经济生活方面的内容。古龟兹国曾为西域著名的佛教中心，克孜尔千佛洞是其兴盛时期之作。吐火罗语木简的发现，为研究古龟兹国历史，尤其是社会经济生活等方面，提供了新的资料。

9月22日　《青海日报》报道：甘肃省武威市发现元代西藏著名宗教首领弘化大师佛塔遗址。经北京大学考古系及武威市考古工作者，从出土的碑文记载和有关史书和县志资料查证，这座塔原高7级36米，后毁于元末，明宣德年间重修，1927年又被毁。现仍清晰可见当年建筑轮廓。记载大师生平事迹的古碑仍存。

9月26日　《北京日报》报道：北京市民族古籍整理出版规划小组成立10年来，努力发掘整理少数民族古籍，已整理完成民族古籍十余种，其中正式出版9种近500万字。与中国第一历史档案馆合作出版的《清初内国史院满文档案译编》《全国满文图书资料目录汇编》等被列入国家"七五"期间重点项目。安双成主编的《满汉大辞典》收辞目近5万条。《清蒙古车王府藏子弟书》出版填补了满族文化艺术研究领域的一项空白，引起学术界关注。

9月26日　首届《玛纳斯》国际学术讨论会在新疆乌鲁木齐举行。来自俄罗斯、吉尔吉斯斯坦、日本及国内的六十多位专家学者参加了讨论会。《玛纳斯》是中国三大英雄史诗之一，是柯尔克孜族的民间文学作品，是一部具有世界性影响的长诗。

9月　《青海少数民族古籍丛书》系列《土族格赛尔》（汉文版）由青海人民出版社出版发行。该书系德国人施劳德于20世纪40年代从土族民间艺人官布希加处搜集整理，青海民院李克郁翻译成汉文。该书是一部具有浓郁土族特色的长篇史诗，对阿克隆的可汗格赛尔的传奇的经历进行了生动描述。

9月　第五次敦煌学国际学术研讨会召开。会议由敦煌研究院主办，来自国内的80多位代表和来自美国、英国、法国、德国、日本、加拿大、印度、匈牙利、俄罗斯、韩国、瑞士、西班牙、以色列、新加坡及中国港、澳、台17个国家和地区的七十多位学者出席会议。会议收到论文一百六十多篇，对敦煌石窟艺术风格、敦煌遗书、考古及河西历史等方面进行了深入讨论和交流。

9月　据《中国西藏》杂志报道：大藏经《丹珠尔》的刻印出版，引起海内外各方的极大关注。台湾大宇集团将在台湾及海外募集 1500 万元人民币，用于资助大藏经《丹珠尔》刻印出版。西藏方面为大宇集团的资助表示赞许，愿为赴藏投资，观光明佛提供服务。目前，大藏经已刻印出版第一卷《礼赞歌》。

10 月 6—9 日　中国民族古文字研究会会员代表大会暨第五次学术讨论会在山西省太原市召开。来自全国 11 个省市自治区的专家学者五十余人出席会议。会议收到论文 32 篇。与会代表就文字与文化的关系等问题进行了广泛的交流和深入的讨论。这次会议对促进民族古文字研究水平，推动中国文字学的进一步发展将起到积极作用。

10 月 23 日　《云南日报》报道：云南省漾濞彝族自治县在大理点苍山发现古岩画，面积约 200 平方米，画面有人物、果树、野兽等图形二百多个，最大的为 15 平方米的牛图形。有关人士称，岩画的历史可追溯到 3000 年以前。它的发现，为研究本地区古代历史文化提供了可贵的史料。

10 月 30 日　《中国文化报》报道：西藏当雄县发现一处约为 18 世纪初的室内玛尼石刻。这些罕见的石刻集中在屋内，大大小小的雕刻石板密密麻麻镶满了墙壁，造像总数在千尊以上，有佛主、高僧，还有鸟兽虫鱼、人面兽身等各种图腾形象和世俗风情图画刻像。这些古石刻保存之完好，数量之多，工艺水平高超，在西藏均属少见。

10 月 31 日　《新疆日报》报道：龟兹学研究近年在我国迅速发展。龟兹学研究内容以佛教文化为中心，包括历史、考古、语言文字、石窟艺术等。已陆续出版的研究成果主要有《龟兹古国史》《龟兹石窟艺术》《龟兹壁画艺术》《龟兹艺术研究》《克孜尔石窟志》等十多种专著。另有涉及龟兹佛教文化、历史、考古、石窟艺术的论文达百余篇。

10 月　第二届中国民族图书奖颁奖大会在北京举行。大会由国家民委和国家新闻出版署共同主办。《甘露本草明镜》《蒙古部族舞蹈之发展》《龟兹佛窟人体艺术》等 19 个民族文字的 77 种图书分获一、二、三等奖。

11 月 8 日　《贵州日报》报道：贵州省黔东南苗族侗族自治州组织撰写的《苗族药物集》和《侗族医药学》分别系统介绍了苗、侗民族医学理论，标志着我国苗、侗医学结束了无文字记载的历史。

11 月 12 日　《内蒙古日报》报道：内蒙古科右前旗、科右中旗等地发现契丹文、女真文及汉文与契丹文对译的摩崖题记多处。摩崖题记作为文字资料保存的极少。这些发现，是研究辽金时代不可多得的实物资料。

11 月 16 日　据《每日电讯》报道：云南省丽江东巴文研究所以翻译为主，把抢救东巴古籍作为研究所的重要课题，从上万卷的东巴古籍中整理出涵盖东巴文化全部内容的近千卷互不雷同的典籍，然后逐句以"四对照"形式翻译，即东巴象形文原文，国际音标注音，汉字对译，汉文意译。

11 月 21 日　《贵州日报》报导：贵州省出版的民族古籍《苗族古歌》获国家

民委和新闻出版署联合主办的"第二届中国民族图书奖"二等奖。《古谢经》《西南彝志》（3—4卷）获三等奖。

11月25—26日　南方七省第一次回族古籍协作工作会议在湖南省长沙市召开。会议就民族古籍整理出版必须走联合的道路以及如何协作搜集、整理、出版回族古籍问题进行了商讨，并确定编纂《回族族谱资料摘编》一书。

12月3日　《四川日报》报道：四川省甘孜藏族自治州德格印经院被列为省级文物保护单位。该印经院系1729年由第12世德格土司却吉·登巴泽仁所建，又名德格吉祥聚慧院。迄今为止，印经院共刻制收藏各类藏文文化典籍150类，208个版本。建院200多年来，雕刻217000块经版和二百多块唐卡画版，均保存完整。印经院设有油墨、朱砂、唐卡画3个印刷作坊。目前，经藏文学者几年努力，已编写完成37集126万字的《德格印经院目录》，其中两集已刻印出版。

12月5日　《新疆日报》报道：新疆维吾尔自治区少数民族古籍整理出版工作10年来取得可喜成绩。到1994年年底，已出版各民族文种的古籍84部。搜集民族古籍4200余本，其中有不少价值很高的手抄本、孤本、善本。11世纪维吾尔族重要典籍《福乐智慧》3种手抄本的影印出版，以及维文《纳瓦依五部长诗》、锡伯文重要文献《萨满神歌》、维汉两种文字的回鹘文佛教文献《弥勒会见记》等一批古籍的整理出版，受到学术界普遍关注。《满文古籍丛书》之一的《六部成语》还荣获15省区优秀图书哲学社会科学类二等奖。

12月　全国少数民族古籍整理重点项目《彝文典籍目录·贵州卷》一书，由四川民族出版社出版发行。该书由贵州省毕节地区彝文翻译组承担整理，是一本彝文古籍整理必备的大型工具书，先后获得贵州省第三届哲学社会科学优秀成果二等奖和第三届中国民族图书一等奖。

12月　《西藏文化报》报道：西藏布达拉宫被正式列入"世界文化遗产"名录。古老的布达拉宫，融藏、汉艺术风格于一体，珍藏文物浩若烟海，是中华民族历史文化的瑰宝。1961年，被国务院首批列入国家级重点文物保护单位。

12月　甘肃省民委古籍办公室整理的藏文古籍《萨迦五祖文集》由甘肃民族出版社出版发行。该书为全国民族古籍重点项目。书中载有大量藏传佛教萨迦派创立发展以及萨迦派与元朝关系的珍贵史料。它的出版，对中国元代历史和藏族政治、经济、文化研究将起到重要的作用。

12月　由吴丰培辑注，西藏社会科学院汉文文献编辑室编辑的《清代藏事奏牍》一书，由中国藏学出版社出版。该书共收45位驻藏大臣的奏折和公牍，约150万言，是迄今为止藏事文献中最为重要的历史资料。

12月　才让丹珍撰写的《裕固族风俗志》一书，由甘肃省民族古籍办公室与天津古籍出版社联合出版。该书介绍了裕固族近代、现代生活民俗，阐述了某些民俗的历史渊源。

12月　尕藏才旦译著的藏文古籍《拉萨怨》（汉文版）由甘肃省少数民族古籍

办公室同天津古籍出版社联合出版。该书为富有民族风格和地方特色的藏族民间叙事诗集,具有较高的艺术研究价值。

12月 河南省南阳地区发现明代回族珍贵文物:一为鎏金铜炉,周围铸有伊斯兰教清真言经文,意为"最尊贵的赞词乃万物做主,唯有真主",炉底铸有正德年制印章(1506年);另一为鎏金净瓶,亦铸有经文。这种铸有年号标记的明代回族器物的发现,印证了河南南阳回族穆斯林的历史渊源,对研究南阳地区伊斯兰的历史文化,具有重要价值。

12月 《清蒙古车王府藏子弟书》(上、下)由国际文化出版社出版。该书为北京市民族古籍办依据首都图书馆、北京大学图书馆以及其他单位收藏的《清蒙古车王府藏曲本》编辑整理而成。内容是满族八旗子弟演唱的鼓词,取材于明清两代的小说、戏曲以及当时北京的风土人情,是研究中国说唱艺术的珍贵史料。

1995 年

1月3日 《中国旅游报》报道:西夏王朝末主李睍的23代世孙及其家谱近日在古城西安面世,从而揭开了西夏皇裔失踪七百余年的历史之谜。西夏皇族家谱的发现,为西夏学研究开辟了一个新领域。

1月8日 《光明日报》报道:《中国伊斯兰历史报刊萃编》由宁夏人民出版社影印出版。该书是一幅反映现代中国伊斯兰教兴衰巨变的历史画卷,包括中国伊斯兰教和各族穆斯林的历史、哲学、伦理道德、文化教育、人物风情等。

1月14—17日 国家民委民族古籍整理研究室副主任李晓东一行赴青海,对青海省少数民族古籍工作进行检查指导,听取汇报,并举行座谈会。省民委、青海民族学院、省社科院、省民族古籍办的专家学者参加了座谈会。大家就如何办好《民族古籍》刊物发表了意见并提出建议,一致肯定了《民族古籍》创刊以来紧紧围绕少数民族古籍工作,在政策宣传、业务指导和信息交流等方面发挥的重要作用。大家一致认为,《民族古籍》作为唯一一家宣传、指导少数民族古籍工作的刊物,应加强学术性、知识性和趣味性,增加专业知识讲座栏目,突出民族特色,成为全国少数民族古籍工作者的良师益友。

1月29日 《青海日报》报道:《如意宝树史》(汉译本)由甘肃人民出版社出版发行。该书为18世纪著名学者松巴堪布活佛的代表作。这次由青海社会科学院蒲文成和西北民族学院才江通力合作译成汉文。它全面系统地讲述了佛教在印度和我国藏族、蒙古族、汉族地区的产生和传播情况,汇总了大量史料,具有重要参考价值。

2月1日 国家民委下发(文宣)字〔1995〕64号文件,《关于建立五省区壮族古籍整理协作机构的批复》,同意建立广西、广东、云南、贵州、湖南5省区壮族古籍整理协作领导小组。

3月12日　由中国藏学研究中心整理出版的《中华大藏经·丹珠尔》（藏文）对勘本第一部在人民大会堂举行首发式。中央和有关部门领导同志出席首发式并对该书的出版给予高度评价。对包括《大藏经》在内的西藏民族传统文化遗产进行整理、出版、研究，是贯彻执行党的民族政策、宗教政策和保护藏族文化遗产的重大举措。大藏经包括《甘珠尔》《丹珠尔》两大部分，含各类典籍4570余种，不但汇集佛教经典，而且收录了大量涉及多学科的文化古籍。最早的藏文《大藏经》汇集编写于14世纪，以手抄本传世，各种版本之间差异甚大，故中国藏学研究中心计划用10年时间，对藏文大藏经进行勘正。

4月13—15日　新疆维吾尔自治区民委古籍办公室主任韩德明和新疆维吾尔自治区昌吉回族自治州民委古籍办公室主任马玉琪同志赴青海西宁市同青海省民委少数民族古籍办公室的同志商讨交流民族古籍工作经验。

4月21日　全国高校古籍整理工作委员会主任兼秘书长安平秋教授到中央民族大学作题为《全国高校古籍整理工作现状与展望》的报告，93级、94级文献古籍班的几十名同学认真听取了安教授的报告。报告分历史简短的回顾、工作现状及今后的设想3部分。介绍了中华人民共和国成立以后国家领导人对古籍工作的重视，古籍工作发展概况，特别是80年代以后，古籍工作的新进展、新局面，强调古籍工作的重点及培养古籍人才的问题。

4月23日　澳大利亚墨尔本大学贺大卫教授一行应邀来访，进行学术交流。广西壮族自治区民族古籍办公室人员陪同到宁明、马山、百色等地进行田野考察，采录《布洛陀》演唱活动，搜集到一批民间资料。双方签订了《关于在中国大陆境外出版〈布洛陀经诗注〉英文版协议》和《关于壮族民间文化考察音像成果协议书》两个文件。

4月28日　《中国文化报》报道：宁夏回族自治区碑刻拓片展在银川市展出，由银川市文化局、市文物管理处及市美术馆共同主办。展品有中国历史上8个朝代的81件碑刻拓片。其中最为珍贵的是国家一级文物孤品西夏文碑《凉州重修护国寺感应塔碑铭》，其正、背面用西夏文和汉文两种文字对刻，不仅是研究西夏历史、民族、宗教不可多得的实物资料，而且为研究民族古文字汉译起到了引导作用。

5月11日　《彝文字典》和《滇、川、黔、桂彝文字集》审定会在昆明召开。到会专家们对两部辞书进行了认真审定，并研究、布置了字典、字集的出版工作事宜。

5月12日　《人民日报》报道：最近，内蒙古阿鲁科尔沁旗发掘一座契丹贵族大型墓葬时，发现一方十分珍贵的墓志铭，上面镌刻着三千多个契丹大字，其中发现的契丹新字达数百个，是研究民族古文字的珍贵资料。

5月13—14日　纪念景颇文创制100周年暨景颇文国际学术讨论会在云南省德宏傣族景颇族自治州首府芒市举行。景颇文创制于1895年，为分布在东南亚各国的景颇族人民所共同使用。

5月20日 据新华社每日电讯：宁夏贺兰山北麓发现彩色岩画。岩画用红色赭石描绘，有人物形象、征战乘骑，山羊、狗、蛇及狩猎活动，还有人们对生殖和太阳的崇拜描绘，共37组约100幅。据初步考察，新发现的贺兰山岩画，主要是北方古代羌戎、匈奴、鲜卑、月氏、突厥、党项等民族所作，迄今有2000多年历史。这些彩色岩画的发现，不但具有重要的艺术、科学、历史价值，而且对研究我国岩画发展历程、古代民族迁徙以及宗教礼祀都具有重要的意义。

5月 《蒙郭勒津乐曲选》一书由辽宁民族出版社出版。该书由阜新蒙古族自治县蒙古语文办公室和辽宁省民族古籍办公室合编。该乐曲选是蒙郭勒津地区（今阜新市和阜新蒙古族自治县）传统乐曲汇编，搜集了各类文艺品类的音乐曲牌600多个，具有一定的资料参考价值。

5月31日 第四次全国五省区藏文古籍协作会议在云南省迪庆藏族自治州首府中甸召开。国家民委、中国藏学研究中心及各省区的43名藏学专家及藏文古籍工作者出席会议。大家聚集一堂，总结近年来中国藏义古籍整理研究和出版工作的经验，共商继承发展藏族优秀文化遗产的大计，确定了"九五"协作项目《藏文古籍联合目录》。会议决定，第五次协作会议在适当时期在甘肃省召开。

6月1—4日 在云南省中甸县（今香格里拉县）召开"第四次五省区藏文古籍协作会议"。

6月24日 中国《玛纳斯》研究会在新疆乌鲁木齐宣告成立。该会的宗旨是研究和整理中国三大英雄史诗之一的柯尔克孜族大型史诗《玛纳斯》。

6月 藏族古代名著注释丛书《西藏王臣记详释》（藏文本）一书，由民族出版社出版。原作者为五世达赖喇嘛，由西藏社会科学院著名藏学家诺章·伍金作注。注者不但对书中晦涩难懂的字句作了注释，而且对一些历史事件和人物也作了详尽的注释和介绍。

6月 《回纥史》由内蒙古人民出版社出版。该书作者为内蒙古大学林干教授和西北民族学院高自厚副教授。作者用丰富翔实的材料，对在中国历史舞台上活跃了千余年的回纥民族的历史变迁兴衰和社会政治、经济、文化发展变化作了系统阐述。

7月1日 《云南日报》报道：云南省丽江纳西族自治县组织摄制东巴文化系列资料电视片，现已完成《神秘的东巴文化》《祭天》《祭风》《祭丁巴什罗》4集，受到各级文化部门有关专家重视和欢迎。

7月2日 《中国文化报》报道：国家"八五"规划重点科研出版项目《英藏敦煌文献》由四川人民出版社出版。全书共14卷，资料齐全，图片清晰、中英文对照，搜集了英国国家图书馆、国家博物馆和英国印度事务部图书馆所收藏的全部敦煌汉文典籍和文书约三千件，极具研究价值。

7月31日 新华社报道：壮族传统文化遗产得到大规模挖掘整理。挖掘并推出《横鼓舞》《扁担舞》等民族音乐舞蹈；收集各种壮语手抄本一千多册，民间文学作品 200 万字以上；出版了壮族古籍《古壮字字典》《嘹歌》《布洛陀经诗译注》《壮族文学概论》《壮族歌谣概论》《歌海漫记》《壮族原始哲学初探》《壮族百科词典》等论著多部。

7月31日　据新华社每日电讯：四川民族出版社近年来共出版民族文化典籍700余种。其中《藏汉佛学辞典》《彝族尔比释义》等获国家民族出版大奖，受到国际学术界关注。

7月　河北省少数民族古籍工作座谈会在承德市召开。各地市都派负责人参加了会议。会议传达了国家民委等有关民族古籍工作文件精神，总结了前几年民族古籍工作，部署了下一步工作任务。此前，省民宗厅还牵头成立了河北省民族古籍工作领导小组，下设办公室和编委会，以便统筹安排全省民族古籍的整理出版工作。

8月1日　《西南经济日报》报道：中国社会科学院和四川联合大学在三峡库区的涪陵、云阳等县发掘出许多巴人墓地遗物。这些发现为巴文化的分期研究和弄清巴人的来龙去脉，提供了不可多得的实物资料。

8月8—13日　中国西藏档案国际研讨会在拉萨召开。来自联合国教科文组织和美、法、日等国以及海峡两岸和国内的档案研究专家三十多人出席会议。研讨会围绕进一步整理抢救西藏档案展开广泛讨论。西藏档案馆馆藏旧政权档案共120宗400万册，以藏文为主，还有八思巴文、汉、满、蒙、阿拉伯、印度、尼泊尔、英、俄等10余种文字，时间跨度长达七百多年，真实地记录了自元代以来各个历史时期西藏的政治、经济、军事、科学、文化、宗教等内容，是珍贵的历史资料。

8月11日　新华社报道：内蒙古呼和浩特市近郊发掘出汉代安陶县古城遗址。汉朝曾在这里修筑城池，戍边屯垦。这次考古发现，对研究汉朝与匈奴关系史，具有重要意义。

8月12日　《宁夏日报》报道：宁夏大学西夏史学研究所取得可喜成绩，先后有6部西夏学科著作问世，它们是由甘肃文化出版社出版的《西夏战史》《西夏学概论》《西夏文化概论》《西夏与周边民族关系史》《西夏王陵》《西夏书事校注》。这些著作深入系统地论述了西夏军事、外交、文化以及西夏学科的发展及其理论方法问题。

8月14日　据新华社每日电讯：贵州省赫章县发现一铸有彝文的擂钵。经考古专家鉴定，属西汉时期文物，距今已有两千多年历史。钵身铸有5个凸形彝族文字，经汉译为"是祖祠手碓"，说明是彝族先民祭祀的神物。钵身上5个字的书写风格，完全与今天流行的彝族文字相同，说明彝文早在两千年前就已经成熟并被使用。

8月22—26日　首届西夏学国际学术讨论会在银川市召开。来自国内外的150多名西夏学专家学者参加了会议。大会收到论文八十多篇，对西夏社会经济、典章制度、民族关系、历史地理、语言文学，以及文物考古等各个方面进行了广泛交流和讨论。大会期间，代表们参观了西夏王陵、水洞沟古人类文化遗址。宁夏人民出版社还举办了"西夏学研究成果展"，展出了中外学者西夏学著作上百种。

8月24日　新华社报道：中央民族大学关东升教授主编的国家"八五"重点科研课题和重点出版图书《中国民族文化大观》首卷由中国大百科全书出版社出版。该卷是一部包含中国56个民族历史文化的大型丛书，全书约两千五百万字。首卷包括藏族文化、门巴族文化、珞巴族文化。

9月5日　新华社每日电讯：内蒙古赤峰市敖汉旗一古墓中发现辽代马球画，对研究辽代体育、美术及生活习俗提供了珍贵资料。

9月11—14日　青海省第四次少数民族古籍工作会议在西宁召开。参加会议的有来自全省各地、州、市、县的6个民族的52名代表。会议总结了《青海省少数民族古籍工作"八五"规划》执行情况，讨论并通过了《青海省少数民族古籍工作"九五"规划》，表彰了5个先进集体和11名先进个人，产生了由23人组成的新一届青海省少数民族古籍评审委员会。

9月15日　《新疆日报》报道：新疆维吾尔自治区整理出版少数民族古籍工作取得丰硕成果。截至目前，已搜集到维吾尔文、察合台文、波斯文、阿拉伯文、回鹘文、哈萨克文、托忒蒙文、柯尔克孜文、锡伯文、满文、乌孜别克文、塔塔尔文、藏文13种文字的民族古籍近四千六百册，其中有不少手抄本、孤本、珍本，具有鲜明的地方特色和民族特色。

9月21日　新华社报道：广西壮族自治区完成了国家重点科研项目《中国少数民族问题五种丛书》广西部分的出版工作，共计43册，一千多万字。主要包括壮、瑶、仡佬、毛南、京族5个主要民族的简史，自治区及11个民族自治县概况，以及11个少数民族社会历史调查丛刊。另外，还出版了《铜鼓文化研究》《广西少数民族服饰文化》等十多种民族文化研究专著数百万字。

10月13—15日　云南、广西两省区壮族古籍整理协作座谈会在南宁市举行。参加会议的人员有二十多人，主要议题是落实国家民委关于建立五省区壮族古籍整理协作机构的文件精神，为举行五省区会议作准备。会议讨论通过了《五省区壮族古籍整理协作委员会工作纲要》，确定了《壮族民歌古籍》《壮族巫经》等10多项协作内容。

10月17日　青海省民族宗教事务委员会向全省印发《关于印发青海省第四次少数民族古籍工作会议纪要的通知》。

10月17日　《人民日报》海外版报道：藏文编码国际标准日前在赫尔辛基国际标准组织通过国际论证，并向全世界正式公布。这一标准收入177个字符，包括现代藏文和古藏文中常用的字符。专家们一致认为，此举将有利于藏文的发展和藏文化遗产的保护，使藏文进入现代化信息产业。

10月17—18日　湖南省少数民族古籍工作表彰会议在湘西怀化市召开，有关人员40人到会。会议总结了全省开展民族古籍工作已取得的成绩和经验，表彰了为民族古籍工作做出贡献的14个先进集体和23个先进个人。

10月18日　《西藏历史档案荟萃》一书在北京人民大会堂举行首发式。该书围绕西藏是祖国不可分割的一部分这一主线，荟萃从元代至今七百多年间藏、汉、满、蒙、八思巴等多种文字的重要历史档案文献及相关文物。其中绝大部分为首次公布。

10月23日　新华社报道：经我国科学家考察，主要分布在广西左江流域的宁明等5县的左江崖壁画共178处280组。这些崖壁画系两千多年前壮族祖先骆越人创作，内容表现了壮族先民用歌舞形式祈求神灵保佑风调雨顺。壁画整体性强，气势雄浑，渗透出骆越人炽热的感情。

10月　马协弟主编的《清代八旗驻防志丛书》第3—6辑由辽宁大学出版社出版。这几辑分别是《杭州八旗驻防营志略》《绥远旗志》《京口八旗志》《福州驻防志》。这套丛书的出版，为清代八旗制的研究提供了珍贵资料。

11月11日　《新闻出版报》报道：中央民族大学古籍研究所吴肃民积10多年民族古籍研究之心得，编著《中国少数民族古籍概论》一书，由天津古籍出版社出版发行。

11月25日　哈萨克名著《七个可汗》学术讨论会在乌鲁木齐举行。新疆维吾尔自治区有关领导人及专家学者40人出席会议，会上交流学术论文5篇。

11月30日—12月2日　第二次南方八省区回族古籍整理协作会议在海南省三亚市举行。出席会议的有关人员22人。会议回顾了一年来八省区回族古籍搜集整理的情况，拟定了出版《回族古籍丛书》第一辑《回族谱牒选辑》的内容，布置了第二辑《回族楹联、匾额、碑刻选辑》组稿事宜。第三次协作会议定于1997年在广州召开。

12月20日　甘肃省人民政府办公厅正式行文，设立甘肃省少数民族古籍整理出版办公室，核定编制名额，归属省民委序列。明确古籍办公室负责规划、指导全省少数民族古籍工作的职责。

12月23日—1996年3月22日　《成吉思汗——中国古代北方草原游牧文化展览》在香港展出。这次展览由内蒙古自治区博物馆筹办，共送展品100件，包括战国时期东胡民族到汉匈奴、北魏鲜卑、辽契丹等各朝代少数民族精美文物，展示了成吉思汗故乡的历史文化。

12月26日　青海省民委向全省下发《关于印发青海少数民族古籍工作"九五"规划的通知》。《规划》确定了全省"九五"期间的民族古籍工作的任务、具体措施、经费概算和整理出版项目14项。

12月28日　青海省民宗委向全省下发《关于印发〈青海省少数民族古籍工作章程〉和〈青海省少数民族古籍整理细则〉的通知》。《青海省少数民族古籍工作章程》对全省少数民族古籍的内容、时限、范围以及人才培养和搜集、整理、出版工作进行了原则规定。《青海省少数民族古籍整理细则》就汉文、藏文、口传和文物古籍4部分，就整理方法进行了明确规定。

12月28日　《内蒙古契丹考古重大发现——辽代文物精品展》在呼和浩特市展出。这次展览由内蒙古自治区文化厅、内蒙古文物考古研究所、内蒙古博物馆共同主办，展出110件辽代文物及13幅临摹壁画。

12月　贵州省民族古籍整理出版"七五"规划重点项目，王品魁译注的《水书》一书，由贵州民族出版社出版。《水书》是由水文字记录各种鬼怪神灵、禁忌事项及各种避邪驱鬼的方法，对研究水族的巫文化、天文、历法和古文字等有多方面的参考价值。

12月　贵州民族学院彝文文献研究所整理出版的《彝族古代文艺理论丛书》获全国高等学校人文社会科学研究成果二等奖。

12月　《元以来西藏地方与中央关系档案史料汇编》一书，由中国藏学出版社出版。该书由中国藏学研究中心，中国第一、第二历史档案馆，西藏、四川档案馆合作编辑，共7册，二百七十八万余字，辑入档案史料三千二百余件。

12月　四川省甘孜藏族自治州编译局和德格印经院联合编纂的《德格印经院目录大全》（藏文）一书，由中国藏学出版社出版。该书为文集类细目，是一部兼书目及资料为一体的大型工具书。

12月　牧仁整理的蒙古文古籍《额济纳旧土尔扈特札萨克塔旺嘉布郡王电信录》一书由甘肃省少数民族古籍办公室同内蒙古科技出版社联合出版。该书介绍额济纳旗王爷府与国民政府官员之间的电信往来，反映了国民政府对额济纳旗在政治、军事、经济、文化等方面的关系。

12月　东仓保毛一家和装有《大藏经》写本的163个麻袋从囊谦县搬至玉树藏族自治州结古镇。

1996年

1月21日　1990年前在我国敦煌千佛洞石窟发现的回鹘文活字，是世界活字印刷史上的重要史料。这些活字被发现以来，在学术界没有人进行研究刊播。最近，中国社会科学院民族研究所的学者从国外将这些活字印刷带回国，将对其进行进一步的研究。

1月30日　《广西日报》报道：广西壮族自治区金秀瑶族自治县发现瑶族现存最早的石碑，上刻123个铭文及"崇祯四年辛未春二月十八日立"的落款。

1月　《青海省少数民族古籍丛书》系列之一《地相文汇编》（藏文版）由甘肃民族出版社出版发行。该书由索南航旦整理，收集15篇藏族地相学文献和图表，集中反映了藏族地相学的古老性、奇特性，是一门融宗教自然崇拜与地理、地貌、物候、历史、神话于一体的独特学科。

3月　魏鉴勋选编注释的《雍正诗文注解》由辽宁古籍出版社出版。

3月12日　新华社报道：我国壮学研究成果丰硕。广大壮学研究者收集了壮族古文字、文学、艺术、历史、宗教等壮族古籍近千册。整理出版了《古壮字字典》

《布洛陀经诗》《嘹歌》《壮族通史》《壮族文化重组与再生》《壮族审美艺术探源》以及《壮族百科辞典》等多部著作。

4月16—17日　河北省少数民族古籍工作汇报会在保定市召开。各地市及省直单位有关人员30多人参加会议。会议主要议题是汇报民族古籍工作的进展，交流工作经验，讨论《关于河北省民族古籍工作的几点意见（初稿）》，安排下一步民族古籍工作任务。从汇报情况看，近年收集到民族古籍302件，不仅数量多，年代较久远，而且文种多，除满、蒙古、藏文外，又发现有契丹文、西夏文，内容类别也增多，如口碑《经堂歌》等。会议还计划近期整理出版《河北回族家谱选》《承德历代少数民族碑文、崖刻、牌匾》《河北省少数民族古籍目录》等书目。会议期间，代表们还实地考察了满城汉墓和保定古莲花池。

4月18日　甘肃省民族宗教事务委员会向国家民委上报《甘肃省少数民族古籍整理出版"九五"（1996年—2000年）规划（草案）和民族古籍重点项目》。

4月20日　云南省民族古籍办公室报送列入全国民族古籍"九五"重点出版项目9项，它们是：基诺族《基诺族医药》、哈尼族《生与死——人生礼仪歌》、瑶族《度戒译注》、藏族《尸语故事》、佤族《佤山班洪史料集》、傣族《版纳法典大全》、彝族《祭龙经》、回族《天方性礼》和傈僳族《音节文字》。

4月　《青海少数民族古籍丛书》系列之一的《西藏六十年大事记》（汉文版）由青海人民出版社出版发行。该书为民国时期青海著名政治活动家、教育家朱绣撰写的一部近代中国西藏问题历史著作，是研究民国时期青藏地区政治、经济、文化等情况的第一手史料。该书由吴均校注。

5月6—8日　第二次全国少数民族古籍工作会议在北京召开。出席会议的有国务院古籍整理出版规划小组、中国社会科学院、中央民族大学等有关单位和25个省市自治区主管少数民族工作的领导和专家学者93人。国务委员、国家民委主任司马义·艾买提作《做好少数民族古籍工作，促进各民族的共同繁荣与进步》的重要讲话。这次会议总结了10年来少数民族古籍工作情况，确定了"九五"期间少数民族古籍工作的指导思想和主要任务。代表们就如何在新形势下进一步做好少数民族古籍工作进行了认真的讨论和研究。

5月23—24日　广西壮族自治区南宁地区土司时期碑刻搜集整理工作会议在南宁召开，会议由区古籍办公室与南宁地区文化局联合召开，参加会议的代表20余人，区古籍领导小组组长张声震作了重要讲话。

5月30日—6月2日　首届锡伯族古籍文化研讨会在新疆伊犁察布查尔锡伯族自治县召开。来自国家民委及新疆、辽宁、吉林、黑龙江、北京等地区的代表60人到会。会议认为，锡伯族古籍整理出版工作取得巨大成就，研究领域不断拓宽。近10年来，整理出版的锡伯族古籍有《西徙之歌》《锡伯族民间故事》《锡伯语语汇》等30部。

6月19日　中央民族大学举行民族古籍工作座谈会。国家民委古籍研究室主任李冬生、副主任李晓东，中央民族大学副校长梁庭望、朱玛洪，有关专家学者王钟翰、张公瑾等有关人员参加了座谈会。会上首先传达了全国第二次少数民族古籍工作会议精神。大家认为，民族大学的古籍工作，应在古籍办的组织协调下，加大工作力度，制定确实可行的"九五"规划。要明确指导思想，组织系列性的古籍研究课题，发挥民族大学的人才、研究优势，加快培养各级各类民族古籍人才，推动全国民族古籍事业的发展。

6月　哈萨克族古籍巨著《医药志》研讨会在乌鲁木齐市举行。会议由新疆维吾尔自治区古籍办公室同哈萨克语言文化学会共同主办。六十多位专家学者到会并向大会提交六十多篇论文，有二十多篇论文在大会交流。

7月　马明达、陈静辑注的《中国回回历法辑丛》由甘肃民族出版社出版。

7月，第五次回族古籍协作工作会议在青海西宁召开。

7月12日—8月7日　中央民族大学民族语言学院93级古籍班师生一行23人赴贵州省贵阳、安顺、毕节等地进行实习研究，调查了当地少数民族古籍的搜集、整理翻译情况，重点考察了彝文古籍整理和苗族、布依族古文字及口碑古籍。

7月22—25日　十八省市区第五次回族古籍协作工作会议在青海西宁召开。来自全国各地有关单位的50名代表参加会议。协作领导小组副组长杨怀中作《关于10年来（1986—1996年）18省市区回族古籍整理出版与开展协作情况的报告》。会议肯定了10年来回族古籍所取得的成就。据不完全统计，10年来抢救搜集回族古籍1500多种，已经整理的有一百五十多种，出版发行的有九十多部。会议总结和交流了各协作省、市、区开展回族古籍工作的经验方法，提出了"九五"期间协作规划，《中国回族古籍总目录》《中国回族金石录》《中国回族匾额楹联集》3部为协作项目。会议确定，第六次协作会议于1998年在河北省召开。

8月13—15日　在海拉尔召开了内蒙古自治区第二次少数民族古籍工作会议。会议传达贯彻了第二次全国少数民族古籍工作会议精神。总结了全区10年来的少数民族古籍工作，部署了下一步的工作任务。

9月5—6日　贵州省第二次少数民族古籍工作会议在贵阳市举行。全省各地、州、市民委、贵州民族学院及部分县民委有关人员八十余人参加了会议。这次会议传达了第二次全国少数民族古籍工作会议精神，总结了全省10年来的古籍工作情况和经验，布置了"九五"期间的工作任务，要求各地州、市相应建立民族古籍机构，县一级设立古籍工作联络员。

9月26日　《青海省民族古籍丛书》之一的《顺治西宁志》荣获青海省第四次哲学、社会科学优秀成果三等奖。该书为分守西宁道陕西布政司右参议苏铣于顺治十四年纂修，由青海省社科院副院长、研究员王昱和省民族古籍办编辑马忠合作校注。

10月31日　中央民族大学向各院、系、部、处及研究所下发通知，为制定好"九五"规划，要求各单位推荐选题，应以少数民族古籍整理为主，同时体现整理研究的新成果、新水平。

10月　湖南省制定了《1996—2000年少数民族古籍搜集整理出版规划》。"九五"期间计划整理古籍26部，出版17部。

11月17日　《光明日报》报道：文化部科技司近日在北京召开鉴定会，对西夏文佛经《吉祥遍至口和本续》木活字版印本研究项目进行鉴定，结论是这批西夏文佛经是迄今为止世界上发现的最早的木活字印刷品。这些实物不仅提供了研究古代活字印刷技术的最新资料，而且证明木活字的发明和使用时间从传统说法的元代提前到宋代。

11月　内蒙古自治区呼和浩特市开办首届全区少数民族古籍研讨班。全区各盟市有关单位专业人员二十余人参加了研讨。

11月　《中国回回历法辑丛》由甘肃民族出版社出版。该书系马明达、陈静搜集整理了明清时期从阿拉伯传入我国的数十种回族历法典籍。属全国重点出版项目，荣获北方15省社会科学优秀图书奖。

12月24—25日　五省区壮族古籍整理协作会议在云南省文山举行。

1997年

1月8日　甘肃省民族事务委员会以甘族古字（1997）005号文给各地、州、市民宗局下发了"关于编纂《中国回族古籍总目》等三种书的通知"。

1月24日　根据全国少数民族古籍整理研究室的通知，"九五"期间全国各省、市、区将对各少数民族的古籍进行联合目录编写工作。云南省列入目录编写的8个项目是：彝族古籍目录、白族古籍目录、傣族古籍目录、纳西族古籍目录、瑶族古籍目录、壮族古籍目录、藏族古籍目录、回族古籍目录。

1月　由李晋有等主编，全国少数民族古籍整理研究室编辑的《中国少数民族古籍论》已由巴蜀书社出版发行。该书为国家民委重点文化项目，国务委员兼国家民委主任司马义·艾买提同志为本书作序，费孝通同志作封面题字。全书共30万字，收集文章27篇，是自全国全面开展少数民族古籍工作以来第一部大型学术丛书。

3月　由四川联合大学西藏考古与历史文化研究中心与四川联合大学博物馆联合举办的"第二届中国西藏及周边地区考古与艺术学术报告会"在四川联大博物馆举行。来自省社科院、省文物考古研究所、省博物馆及大专院校、科研单位的专家学者50余人出席会议。报告会的中心议题为：阿契寺的建筑与壁画；青海都兰吐蕃墓群的发掘与研究；南美高原的狩猎与游牧人文化。

4月24—25日　辽宁省举办第一期少数民族古籍工作干部培训班。参加的有辽宁14个市8个民族自治县的民族文化干部22人。培训期间传达了第二次全国少数民族古籍工作会议精神，学习了司马义·艾买提的重要讲话，聘请了4位专家学者就全国少数民族古籍工作的开展和现状、古籍版本鉴别、辽宁满文档案的馆藏状况及古籍整理、出版的版权问题等做了专题报告，对推动辽宁省少数民族古籍工作产生了积极影响。

4月25—28日 国家民委古籍办和云南省古籍办联合在昆明召开《中国少数民族古籍联合目录编写说明》云南专家咨询会。邀请云南省少数民族古籍文献研究专家张鑫昌、郭大烈、王树五、杨学政、卢义、左玉堂、高宗裕等教授和研究员参加。会议根据中央民族大学草拟的《中国少数民族古籍联合目录编写说明》一稿为基础，在认真讨论的基础上对联合目录编写目的意义、民族古籍收录范围、编写方法、分类中的民族政策问题和技术处理方面作了重大补充。

5月 由广西壮族自治区民族古籍办公室组织编写、由张声震主编的壮族民族古籍集成第二集《欢木岸》（共95万字）及由黄汉儒主编的《中国壮医》（30万字）两书由广西民族出版社出版。

6月18日 由文化部、国家民委、中国文联和中国社会科学院联合举办的全国《格萨（斯）尔》工作表彰会在北京举行。司马义·艾买提、伍精华等领导出席了表彰会。

6月 马宝光主编《中国回族典籍丛书》（全六册），由中国回族典籍丛书组织委员会印行。

6月18—25日 《中国少数民族古籍总目提要》编写纲要审定会在海南省海口市召开。

6月 贵州省民委古籍办对全省九个地州市进行分步普查。到目前止，全省苗、布依、侗、彝、水、仡佬、土家、回等民族古籍资料已抢救有四千余种，搜集1516册，整理113种（册），公开、内部出版53种（册），其中获奖14种（册）。普查资料有文字的彝文古籍80本，其他民族口碑古籍搜集、整理资料手稿计两千余万字。

7月30日 国家民委以民办（文宣）字［1997］114号文件下发了《关于印发〈中国少数民族古籍总目提要〉编写纲要的通知》，对全国少数民族古籍总目编纂工作进行全面部署，并对指导思想、编写目的、重要意义、编写原则、收录范围、编写方法、撰稿要求、编排方法、计划安排、版式等都作了详细的说明。

1997年夏在甘肃省兰州市召开"第五次五省区藏文古籍协作会议"。

9月10—11日 西藏、四川、云南、青海、甘肃5省区藏文古籍第五次协作会议在甘肃兰州召开。来自5省区的三十多位代表出席会议。会议由甘肃省民委副主任马世锋和青海省民委副主任吴天春同志主持，国家民委全国少数民族古籍整理研究室副主任李冬生、李晓东等应邀出席会议并作指导、协调工作。会议除总结交流情况和经验外，对贯彻落实"九五"规划任务制订了近两年的协作计划、项目，特别是就《全国藏文古籍联合目录》的立项、编纂等问题的具体实施进行了详细部署。要求各省区在4年内（1997—2001年）完成藏文古籍普查和简目编写工作，在2007年全部完成《全国藏文古籍联合目录》。

10月3日　《广西民族报》以头版头条《抢救少数民族古籍弘扬中华民族文化》为题，对广西民族古籍工作进行评述介绍。

10月　由佟洵同志主编、赵朴初先生题写书名的《佛教与北京寺庙文化》由中央民族大学出版社出版。全书31万字，附黑白及彩图四十余幅，图文并茂，装帧精美。内容包括佛教与中国、北京地区的佛教寺庙与部分名僧、佛教小常识三部分。综观全书，其论述系统，重点突出，力求真实，生动具体，是一部具有较高学术水平的雅俗共赏的好书，对了解佛教和北京的寺庙文化极有参考价值。

11月1—2日　广西壮族自治区民族古籍办召开了民族古籍搜集整理出版系列化座谈会，自治区古籍领导小组成员、区民委领导、区出版局、民族出版社负责人、部分地市民委领导和专家学者二十余人出席会议。

11月　甘肃民族古籍丛书之一的《拉卜楞寺志》由甘肃人民出版社出版。该书为国家民委"九五"重点项目，由甘肃省少数民族古籍整理出版办公室组织编写，原著者清代阿莽班智达，玛钦·诺悟更志、道周译注。内容含历辈嘉木样大师世系、伽蓝谭概、典章仪轨、大法台暨各学院法台传承世系、佛身语意之宝库五编。由赵朴初先生题写书名，六世嘉木样大师写序，内附彩色图片15幅，后有附录，装帧精美。全书共44万字，具有珍贵的史料价值和研究价值。

12月　壮族民族古籍集成第一集《嘹歌》继荣获广西第三届民间文学成果一等奖后，再次荣获第三届广西文艺创作铜鼓奖。

1998年

1月7—8日　甘肃省民委古籍办公室在兰州组织召开了《敦煌汉文吐蕃史料辑释》系列古籍丛书座谈会。兰州大学、敦煌研究院、省民族研究所的专家学者及古籍办公室全体同志参加了座谈会。与会同志一致认为：编纂一部资料详尽的《敦煌汉文吐蕃史料辑释》对世人了解甘肃古代少数民族、了解敦煌，提供了真实可信的文献史料，意义深远。

2月　由丹珠昂奔教授主编的《历辈达赖喇嘛和班禅额尔德尼年谱》一书由中央民族大学出版社出版。该书是藏学界第一部用"年谱"形式记载历辈达赖喇嘛和班禅额尔德尼生平事迹的著作，真实地记录了一至十三世达赖喇嘛、一至十世班禅额尔德尼学经与修行、弘法与施政、圆寂与转世等活动的轨迹，展现了格鲁派与其他教派斗争、联合蒙古族首领取得政教大权、弘扬宗喀巴创立的教规教义、维护国家主权的宏伟画卷。它资料翔实、可靠，立场鲜明，观点明确，不仅是研究藏族与蒙古族等民族关系史的重要史料，也是研究藏传佛教各转世活佛系统的珍贵资料。

本书采用藏纪年法，书后附有《藏、汉、公历历辈达赖喇嘛与班禅额尔德尼生卒年参照表》，全书共 86 万字，由赵朴初先生为本书题写书名。

5 月 12—18 日　由国家民委全国少数民族古籍整理研究室组织策划的首期《中国少数民族古籍总目提要》培训班在广西桂林、南宁隆重举行。来自全国各省区、地两级民委古籍办的负责人及有关高校、社科、文史、档案部门的专家学者 120 人参加培训。会上聘请古籍研究造诣很深的专家、教授讲课，讲授内容紧密围绕主题，针对性强，注重理论与实际操作相结合且内容丰富具体，演讲生动。学员学习认真，研讨风气甚浓，收效显著。

5 月 26—29 日　全国回族古籍协作工作第六次会议在河北沧州市召开。

6 月 18 日　甘肃省民委古籍办公室在兰州举行《拉卜楞寺志》《柱间史》《中国回回历法辑丛》三本民族古籍首发式新闻发布会。省政协副主席杨镇刚及省委统战部、省新闻出版局、甘肃人民出版社、兰州大学、西北民族学院、敦煌研究院等单位的负责同志和专家学者出席了会议。省民委副主任马世峰到会并讲话，会议由古籍办主任张强民同志主持。

6 月　由中国社科院考古研究所考古资料信息中心编辑的《中国考古学文献目录（1971—1982 年）》由文物出版社出版。全书约 40 万字，收录了 1971—1982 年发表的考古学文献，基本反映出这期间中国考古学研究的概况和成果。该书是《中国考古学文献目录（1949—1966 年）》的续集。其收集完备，编排严谨系统，不失为一部方便考古工作者使用的文献检索工具书。

7 月，马建钊主编《中国南方回族谱牒选编》由广西民族出版社出版。

7 月 21 日　中央人民广播电台《九州巡礼》节目播出了"一批濒临失传的少数民族古籍在甘肃省民委古籍办公室及各地古籍工作部门搜集抢救下得以保存。近年来，甘肃省已出版了 50 多部有较高学术价值的孤本、善本、珍本少数民族古籍。据了解，甘肃省有藏、回、蒙古等少数民族古籍近 8 万部，壁画、碑文等一千多种。甘肃省民委古籍整理部门对其中相当一部分进行了编目，并确定了三百多部重点古籍"。

7 月　《大漠春秋——驰骋北方的中国古代游牧民族》展览在内蒙古自治区博物馆长期陈列展出。它集中了内蒙古自治区近几十年来出土的 300 多件文物精品，从王权政治、鞍马武备、经济生活、文化交流等方面，以简明的蒙、汉、英 3 种文字说明及大型场景复原，展示了以草原先民、东胡、匈奴、鲜卑、突厥、契丹、党项、女真、蒙古为代表的北方大漠民族的沧桑历史和独特的文化生活。此展览被评为 1997 年度全国博物馆十大陈列精品展览。

7 月　甘肃省民委古籍办公室起草了西藏、四川、青海、甘肃、云南五省区 1999—2007 年统一编撰《全国藏文古籍联合目录》规划（草案）。其主要内容：编目意义与指导思想；编目工作的目标和任务；收录范围；编目的基本原则；必要的工作措施；经费概算。

9 月 24 日　藏族本教史上鸿篇巨著本教大藏经《甘珠尔》和《丹珠尔》在拉

萨正式出版。该书总计有五百五十余部，2.5亿字，包容天文历算、工艺技术、文化艺术、历史哲学、古代宗教等，堪称是研究西藏古老文化的百科全书。

10月　中国历代所刻大藏经中收经书种类最多的三大佛藏之一——《频伽大藏经》，由九州图书出版社影印出版。该书是中国第一部有标点断句的大藏经，计收经书1916部，近1亿字。《频伽大藏经》是清光绪末年一代高僧宗仰上人由犹太富商哈同夫妇资助，在章太炎的帮助下修编而成。当时仅印制百余套，至今大多流失。此次由《频》重刊委员会经数年修订加工而成。重刊后为8万页，100卷豪华精装本，全球发行500套。目前已全部出齐。

马学良、米崇先、范慧娟编撰的《彝文经籍文化辞典》由京华出版社出版发行。

12月　据《中国西藏》1998年第6期载，西藏民间文学《三套集成》翻译编纂工作是国家"八五""九五"期间重点艺术科研项目。西藏民间文艺家协会近10年来对全区民间文学进行了普查、搜集和整理，到目前止，共搜集上亿字的民间文学资料，整理了全区70个县的《资料本》和7个地市的地区卷共231册。其中藏族文化的发祥地——山南的故事、歌谣、谚语三大卷本等12卷书已出版问世。

12月　甘、川、青、滇、藏5省区在拉萨召开"藏文古籍编目协作会议"，制定10年协作规划。

12月　据《中国西藏》1998年第6期刊载，西藏考古工作者在阿里札达土林内发现21处早期洞窟，分处在方圆3000平方公里范围内，是迄今为止发现的中国面积最大的洞窟遗址群。同时发掘出土了早期壁画和多种书法的藏文经书残卷、各类雕像、唐卡、弓箭、铁制铠甲、建筑构件残块等珍贵文物标本，并首次在札达县萨冈发现了岩画。

12月　由敦煌研究院杨富学撰著的《回鹘之佛教》，作为西域佛教文化艺术研究丛书之一种，已由新疆人民出版社出版。该书以敦煌及西域诸地发现的古回鹘文佛教文献为依据，结合敦煌、吐鲁番出土汉文文书及汉籍史乘的记载和考古、石窟艺术资料，对8世纪—15世纪回鹘之佛教及相关问题进行了较为系统的研究。全书共分6部分，书后附有回鹘佛教研究文献目录。

1999年

2月5日　一部反映200多年来，国内外学者对藏族英雄史诗《格萨尔》研究成果的大型学术资料专著《格萨尔学集成》在青海正式出版发行。

2月12日　青海省重视少数民族古籍的发掘、翻译、整理和出版工作，先后出版了31部汉藏文少数民族古籍，在青海省少数民族群众中产生了良好的社会影响。

4月14—16日　滇、川、黔、桂4省（区）彝族古籍第七次协作会议暨编目工作会议在四川成都召开。

4月15—18日 首届壮学国际学术研讨会在广西武鸣召开。广西壮族自治区民族古籍办派员参加，并在会上展示了广西历年来搜集、整理、出版的壮族古籍成果。

5月19日 由新疆维吾尔自治区人民政府主办的《中华民族的瑰宝——新疆丝路文物大展》在中国革命历史博物馆中央大厅开幕，三百余件精美的西域古代遗物在此展出。

6月 丁文庆、吴建伟整理评注《回回古诗三百首》，由北京民族出版社出版发行。

8月12日 第二届国际满学研讨会在京举行。这次会议恰逢清太祖努尔哈赤创制满文400周年。会议期间，举办了1949—1999年中华人民共和国50周年满学著作展览、满族书画大展、满族乐舞演出等活动。

8月 在西藏拉萨市召开"五省区藏文古籍第六次协作会议"。

10月5日 全国最后一个省级博物馆——西藏博物馆在拉萨正式开馆。

10月9日 具有浓郁藏式建筑风格的西藏博物馆在国庆期间为古城拉萨添彩。江泽民总书记为博物馆题写了馆名。

10月16—19日 国际东巴文化学术研讨会在云南丽江举行。来自内地16个省、市及我国香港、台湾地区的二百多名学者，云南、四川的100名东巴及来自11个国家的58名外国学者出席了会议，收到论文128篇。

10月21—24日 南方各省区回族古籍协作会议在长沙举行。

10月 西藏七地（市）上报藏文古籍条目14,428余条，其中书籍类10,501张、铭刻类3,280张、文书类109张、讲唱类538张，完成古籍提要的审查、定稿工作，并启动汉文翻译工作。

11月 答振益、安永汉主编《中国南方回族碑刻匾联选编》，由宁夏人民出版社出版发行。

11月 余振贵、铁大钧译注，刘景隆审定《正教正诠·清真大学·希真正答》白话译注本由宁夏人民出版社正式出版发行。

11月9日 宁夏出土的西夏文佛经《吉祥遍至口和本续》，最近被当地学者证明是现存最早的木活字版印本实物。

12月12日 全面总结我国少数民族历史文化研究成果的大型工具书《中国少数民族文化大词典》5卷全部出齐。全书共收入2万多词条，约500万字。

12月14—16日 在四川成都召开"五省区一方藏文古籍协作联络员会议"。会议讨论《中国少数民族古籍总目·藏族卷》的编写工作和交流藏文古籍编目情况，制定了普查登目卡和附表的具体填写规定。

12月 由国家民委全国少数民族古籍整埋研究室和中央民族大学古籍研究所共同编写的《中华人民共和国民族古籍工作》由民族出版社出版。内容包括党中央、国务院、国家民委有关民族古籍的方针政策、重要文件、领导人讲话和古籍工作会议纪要；全国各省、自治区、直辖市等 21 个单位的古籍工作历程及整理出版的古籍成果；1981—1999 年民族古籍工作大事记。这是一部集政策性、学术性、资料性于一体的工具书，全书约 40 万字。

2000 年

1 月 6 日　互联网上第一个藏文网站、中国第一个少数民族网站"同元藏文网站"在甘肃结点——"西部时空"平台上正式开通。

1 月 16 日　第六世热振活佛转世灵童批准继位、剃度、取法名仪式，按照历史定制和宗教仪轨在拉萨大昭寺释迦牟尼像前举行。

1 月 30 日　国家为保护有"东方金字塔"之称的西夏陵，拨出 1000 万元专款，使长期困扰有关部门的西夏陵保护问题得到解决。

2 月 9 日　《新疆日报》报道：考古学家最近研究成果表明：中华民族象征的龙的形象，在新疆出现已经有 3000 年的历史。

2 月 18 日　在青海省黄南藏族自治州问世的一幅藏族唐卡作为"最长的藏画"入选"世界吉尼斯之最"。这幅名为《中国藏族文化艺术彩绘大观》的绘画长 618 米，宽 2.3 米，整幅画卷面积为 1500 多平方米，重达 1000 多公斤。

4—5 月　四川省民委古籍办在阿坝州理县和西南民族民族学院藏语系举办"《中国少数民族古籍总目提要·藏族卷》编目培训班"，共培训 62 名编目人员。

5 月 18 日　十一世班禅额尔德尼·确吉杰布到佛学院主持佛吉祥日法会，并接受各地高僧和佛学院学员及雍和宫僧众的朝拜。

5 月 19 日　新疆高校首家少数民族民俗博物馆在新疆大学开馆。

6 月 7 日　《人民日报》报道：我国考古工作者在山西襄汾县境内首次发现了尧舜时期的古城遗址，中华民族的国家起源可能要比目前人们认可的夏代早上千年。

6 月　吴建伟编《回回古文观止》由宁夏人民出版社出版。

6 月 22 日　由首都师范大学历史系、中国敦煌吐鲁番学会联合主办的纪念敦煌藏经洞发现 100 周年国际学术研讨会在京举行。来自中国和日本、美国、英国、法国、新加坡、德国、丹麦等国的 70 多位知名学者出席会议。

6 月 23 日　国务院新闻办发表《西藏文化的发展》白皮书。白皮书从藏语文的广泛学习、使用和发展，西藏文物、典籍的有效保护和利用，藏族风俗习惯与宗教信仰自由的尊重和保护，西藏文化艺术的全面继承和发展，藏学研究的全面展开和藏医藏药重放异彩，西藏教育事业的历史性跨越，新闻出版和广播影视事业迅速发展等 7 个方面全面阐述了西藏文化的发展。白皮书指出：因为西藏文化获得新的时代内容、取得进步和发展而指责"西藏文化灭绝"，是完全违背时代潮流和西藏人民的根本利益的。

6月28日　国家民委向西藏图书馆赠书仪式在拉萨举行，大型历史文献《四库全书存目丛书》成为西藏图书馆珍贵馆藏图书。

6月　维修萨迦寺经书墙。西藏自治区组织有关专家利用维修机会，了解经书内容，并对其进行整理、编目。

7月2日　首届中国民族服装服饰博览会在昆明开幕。这是我国第一次全面、系统展示56个民族服装服饰文化的盛会。国务院副总理吴邦国、国家民委主任李德洙等出席开幕式并参观了服装服饰陈列展。

7月　宋岘考释《回回药方考释》由中华书局出版。

7月4日　由甘肃省人民政府、国家文物局主办，敦煌研究院和中国历史博物馆承办的"敦煌艺术大展"在中国历史博物馆开幕。本次展览共展出复制洞窟4个，壁画临本30幅，雕塑临摹10件，藏经洞写经真迹14件、复制品10件，藏经洞绢纸画真迹6幅、复制品44幅，内容丰富全面，是迄今为止规模最大的一次敦煌艺术展览。

7月6日　文化部、甘肃省人民政府和国家文物局举办的"敦煌藏经洞发现暨敦煌学百年纪念座谈会"在北京人民大会堂隆重举行。

7月7日　《甘肃日报》报道：甘肃省出版界、文博界献给"藏经洞发现暨敦煌学百年"活动的珍贵礼物——6卷本的《甘肃藏敦煌文献》已全部出版。

7月24日　经过藏文学专家的悉心挖掘、整理，尘封寺院经堂数百年的罕见孤本——公元12世纪的历史著作《德吴宗教源流》重见天日，由西藏古籍出版社出版。

8月31日　由敦煌研究院和中国敦煌吐鲁番学会共同举办的"2000年敦煌学国际学术研讨会"在莫高窟举行。来自中、日、美、英等9个国家的二百八十多位学者参加了会议。会议主要讨论：敦煌藏经洞的性质、功能、封闭原因及其被发现的价值和意义，敦煌藏经洞出土文物的流散、保存、整理、研究、出版；敦煌石窟及其他石窟的考古研究、艺术研究以及石窟比较研究，各国敦煌学及其分支学科研究的回顾与展望。

9月4—7日　第三届国际彝学研讨会在云南省石林召开。会议由中央民族大学主办，云南省石林彝族自治县承办。来自中国、美国、法国、德国、波兰、芬兰、韩国、越南、日本等十多个国家的一百多名专家学者参加会议。大会的议题是：彝族传统文化与彝族社会经济的变迁。收到论文一百三十余篇。会议期间还举办了彝族服饰、书法、民族书籍、彝学研究成果等展览。

9月10—12日　首届国际通古斯语言文化研讨会在内蒙古海拉尔召开。会议由中国社会科学院民族研究所、日本东北大学东北研究中心联合主办，黑龙江大学满语言文化研究中心和内蒙古鄂温克研究会、鄂伦春研究会协办。来自中国、日本、俄罗斯、芬兰、美国、匈牙利、瑞士、韩国等国的160位专家学者出席会议，收到论文54篇。与会者分语言文学、历史宗教及文化习俗三个专题进行充分讨论。

9月11—13日　"全国《格萨尔》与藏区精神文明建设研讨会"在四川省甘孜藏族自治州色达县召开。

10月16—18日，第七次回族古籍协作工作会议在银川召开。

10月10—13日　中国民族古文字研究会暨会员代表大会在京举行，82人出席会议。会议中心议题是中国民族古文字及民族古文字文献的研究。与会者就中国民族古文字记录语言规律、文字的起源与比较以及相关文献的整理考释等层面展开讨论。大会还进行了理事会换届，选举张公瑾为新一届中国民族古文字研究会会长，聂鸿音为秘书长。

10月16—19日　第七次全国回族古籍协作工作会议在宁夏银川召开。来自全国20个省、市、自治区的66位代表出席会议。会议对各省、市、自治区在抢救、搜集、整理、研究、出版回族古籍工作进行了总结，并就今后如何加强回族古籍协作问题进行了充分讨论。会议期间还展示了近年来各省、市、自治区回族古籍的出版、研究成果。

10月19日　《文汇报》报道：国家"九五"重点图书出版工程——《纳西东巴古籍译注全集》（100卷）由云南人民出版社出版发行。

9月25日　成立西藏大学中国藏学研究所。

10月25—27日　第七次五省区藏文古籍协作会议在四川省成都市召开，会议讨论并通过《中国少数民族古籍总目提要编写纲要》和决定编纂《中国少数民族古籍总目提要·藏族卷》。会议吸收北京市为"五省区藏文古籍协作会"成员。

11月2日　《人民日报》海外版报道：四川大学考古队在西藏昌都发现距今四五千年的江钦遗址，又一次将西藏的历史前推了近三千年。考古发掘表明：西藏很早就存在比较发达的农业文明，"藏民都是游牧民族"的说法并不准确。

11月15日　中国西夏王国文字展在上海图书馆开幕。这次展览主要展出西夏文字碑铭拓片、西夏文木刻本文献、文物照片以及中日两国学者和书法家所创作的西夏文书法、篆刻作品共227件。此次展览从书法艺术的角度展示西夏文的魅力，在中国国内尚属首次尝试。

11月24日　第九届国际清史研讨会在北京举行。与会代表160人，共收到论文150篇，主要内容涉及满族入关、康乾盛世及清王朝由盛转衰、清代社会风气和道德观念的变迁、清代的学术思想、清代的文物与文献。

12月1日　西藏大昭寺作为布达拉宫扩展项目申报世界文化遗产获得成功，被联合国教科文组织确定为世界文化遗产。

12月2日　《人民日报》报道：藏文《格萨尔》精选本前4卷已由民族出版社出版发行，并在人民大会堂举行《格萨尔》精选本出版座谈会。精选本由中国社会科学院少数民族文学研究所组织编纂，计划出版40卷，每卷40万字，总计1600万字。

12月6日　西藏自治区直属部门召开藏文古籍编目启动工作会议，部署力量抢救整理古籍文献，以更好地继承和发展民族文化。会上次仁卓嘎发表题为《抢救整理古籍文献、继承发展民族文化》的专题发言。

12月16日　大型系列丛书《格萨尔文库》在甘肃兰州西北民族学院举行首发式。该丛书经甘肃省《格萨尔》工作领导小组和西北民族学院组织编纂，由甘肃民族出版社和内蒙古人民出版社分别出版第一卷藏族《格萨尔文库》第一、第二册，第二卷蒙古族《格萨尔》第一册，第三卷土族《格萨尔》上、中册，共计750万字。《格萨尔文库》共分5卷，计3720万字。

12月20日　中国少数民族文物保护协会理事会议在北京召开。

12月　云南省翻译整理出版了《纳西东巴古籍译注全集》100卷，并获国家图书奖荣誉奖，这是全国少数民族古籍整理出版工作中的一项重大成果，其规模之大堪称全国第一位。

2001 年

2月1日　《光明日报》报道：宁夏社会科学界近日集会，庆祝韩荫晟先生从事学术研究60周年，并祝贺他的4卷9册550万字的巨著《党项与西夏资料汇编》全部出版。

2月6日　新华社报道：内蒙古师范大学蒙古语言学家芒·牧林最近发表论文，大胆地提出了汉藏、阿尔泰语系之间极可能存在亲缘关系的创见。

2月22日　《第十一世班禅确吉杰布》画册出版首发式在北京人民大会堂举行。

3月2日　《中国民族报》报道：计算机少数民族文字处理系统新软件——"新疆2000"多文种图文排版系统在乌鲁木齐研制开发成功并投入使用。

3月4日　新华社报道：新疆长篇史诗《玛纳斯》研究专家张永海确证：叙写柯尔克孜民族英雄事迹的长篇史诗《玛纳斯》形成于公元11世纪中期，史诗传唱的故事确有其人其事。这一发现首次解决了历史上有没有玛纳斯和《玛纳斯》产生于何时的问题，有助于对柯尔克孜族历史的研究，也有助于对辽史的补充和订正。

3月17日　我国第一个少数民族器乐培养基地在广西壮族自治区南宁市挂牌成立。它标志着我国古老的少数民族乐器自此有了一个专门整理、挖掘、保护、传承的基地。中国少数民族乐器共有502种，其中广西有一百多种。

4月6日　中国西藏文化交流代表团在瑞典南部城市隆德举行报告会和图片展览会，向瑞典著名高等学府隆德大学的学生介绍西藏宗教和西藏的发展成就。

4月11日　《中国文物报》报道：宁夏回族自治区人民政府决定追加1000万元保护资金，以加大西夏陵三号园的保护规模和力度。

4月17—21日　中国西藏对外文化交流代表团访问智利。代表团相继在智利国民议会、瓦尔帕莱索市天主教大学和圣地亚哥大学等地举行了介绍西藏最近50年来巨大变迁的报告会和图片展，所到之处受到当地各界人士的热烈欢迎。代表团随后还访问了阿根廷、巴西和墨西哥。

4月20日 《中国民族报》报道：由中国土族研究会创办的《中国土族》正式向国内外公开发行。这是我国土族有史以来第一次公开发行自己的民族刊物，它将全方位地介绍土族的历史、文化、艺术、语言、文字以及民俗风情等内容。

4月23日 中国伊斯兰教教务指导委员会在北京成立。国务委员司马义·艾买提应邀出席成立大会，并对指导委员会的成立表示祝贺。中国伊斯兰教教务指导委员会由爱国爱教、德高望重、代表我国伊斯兰教最高宗教学识和经学水平的大阿訇、大毛拉组成。

4月27日 内蒙古自治区人民政府在呼和浩特隆重举行《内蒙古自治区志·政府志》首发仪式。该志主要论述了晚清至1999年年底历届地方官府、地方政府特别是内蒙古自治区人民政府的创立与变化过程，反映了不同历史时期国家行政机关在施政过程中的经验教训和发展规划。

6月5日 《中国民族报》报道：历经十余年精心编撰的4卷本《蒙古族文学史》正式出版发行。这部文学史以蒙古文学创作为主干，兼及蒙古族的汉文和藏文创作，首次完整地提出和论述了书面文学出现前，蒙古族口传文学的7种主要体裁，首次提出并论述了民间文学和书面文学相互转化促进的观点。

6月10日 新华社报道：全面反映过去5年中国藏学研究出版成果的《中国藏学书目三编》由外文出版社出版，并由中国国际图书贸易总公司正式发行。该书是我国1994年和1997年先后出版的大型藏学图书目录——《中国藏学书目（1949—1991）》和《中国藏学书目（1992—1995）》的第三编。

7月6日 西藏自治区社会科学院隆重举行《格萨尔艺人桑珠说唱本》首发式。

7月10日 我国第一套少数民族文化研究丛书《彝族文化研究丛书》首发式暨研讨会在北京人民大会堂举行。全国人大常委会副委员长布赫、著名社会学家费孝通等有关领导和数十位专家学者出席了会议。该丛书由著名彝族史学家刘尧汉先生主编，从1985年第一部问世，到目前已出版了近40本，预计全套出齐共51本。

7月24—27日 由中国人民对外友好协会、宁夏回族自治区外事办公室、日本石川县日中友好协会、日中美术交流会议、北枝篆会共同主办的"中国西夏王国的文字世界展"在北京中国美术馆举办。此次展出中国古代西夏王朝创制并使用过的西夏文字碑铭拓片、写本、刻本文献和文物照片以及西夏文书法、篆刻作品共250余件。其中有中国社科院民族研究所白滨教授提供的西夏文篆、楷、草书条幅与西夏文著作手稿20多种；西夏学者李范文书写的条幅；日本石川县金泽市篆刻家北室南苑女士主持的北枝篆会会员作品94幅。这些展品从书法艺术的角度展示西夏文字的深刻内涵与独特魅力，也反映出中国西部地区深厚的历史和灿烂的文化。

7月30日—8月5日 "中国西夏王国的文字世界展"在北京展出后，又赴西夏王朝故都宁夏回族自治区首府银川市宁夏博物馆和贺兰山西夏皇陵博物馆展出。

8月6日　新华社报道：我国蒙古学专家最近从敦煌莫高窟北区洞窟中发现的大批文献中整理出一木刻版八思巴文《萨迦格言》。这是继敦煌石窟蒙古文题记之后的又一次重大发现。

11月　郭嵩明主编的《中国南方回族社会团体资料选编》由四川人民出版社出版。

11月　余振贵雷晓静主编的《中国回族金石录》由宁夏人民出版社出版。

11月2日　联合国教科文组织第31届大会通过决议，正式将中国著名长篇英雄史诗《格萨尔王传》列入该组织2002—2003年的周年纪念名单，支持和参与中国政府对这部藏族口承史诗创作千年的纪念活动。

12月5日　新华社报道：我国学者张永海经过十多年的潜心研究，破解了《玛纳斯》中的"北京"之谜及其产生年代之谜。张永海经过多方考证证明，《玛纳斯》就是柯尔克孜的真实历史，从《玛纳斯》中可以抉择剔出历史文献中失记的10世纪—12世纪柯尔克孜人300年的历史。

12月14日　"国家图书馆馆藏民族古文献珍品暨北京市民族古籍工作展"在北京开幕。据悉，早在1909年，国家图书馆的前身京师图书馆在筹建之初便开始了少数民族文献的收集。到目前为止，国家图书馆共收藏中国少数民族文献共16个文种34000余册。这次展览特设专柜陈列了3种文献，其中两件尚不知是何种文字，而另一种则是用汉字记录的一种尚不知名的少数民族文字，主办者将其展出是希望得到有"识"之士的指教。

2002 年

1月29日　新华社报道：被称为"藏族传统文化百科全书"的《显密文库》历经百年沧桑，几近失传。1984年，有关部门找到一套残本。经过16年的发掘整理，这部在藏区社会有着广泛影响的鸿篇巨制终于重见天日，并荣获第五届国家图书奖。

4月14日　《西藏日报》报道：一部全方位反映藏族和藏族地区政治、经济、文化历史情况，体现内地与西藏政治、经济、文化交流和联系的藏学汉文巨著《中国藏学汉文历史文献集成》开始陆续出版。《集成》共分8辑，此次出版的《清代治藏法规全编》分5册，两千多页。

4月23日　专家对甘肃敦煌汉代悬泉置遗址的研究取得新发现：从该遗址出土的墙壁题记《使者和中所督察诏书四时月令五十条》，是迄今为止我国发现最早的一部关于环境保护的法规。

5月26日　由辽宁省少数民族古籍整理出版规划办公室策划并组织编写的《辽宁少数民族史话》丛书，由辽宁民族出版社正式出版发行。丛书采用史话的写作方式，深入浅出地介绍了世居辽宁的五个少数民族——满族、蒙古族、回族、朝鲜族、锡伯族的源流、历史演变、人口姓氏、著名人物、文化艺术、风俗习惯、语言文字、重大历史事件、各民族现状与展望等，具有鲜明的民族和地方特色，集政策性、知识性、趣味性为一体，通俗易懂，是一套宣传党的民族政策、传播民族知识的普及读物。

5月26日　由中世纪我国著名的维吾尔族语言学家麻赫穆德·喀什噶里编纂的《突厥语大词典》的现代汉译本，由民族出版社公开出版发行。《大词典》汉译本全书分上、中、下三卷，全部精装本。《大词典》是一部用阿拉伯语注释突厥语的详解词典。1978年被正式列入全国哲学社会科学研究规划，自治区社会科学院组织社会科学院语言所、民族所和有关专家学者参加了《大词典》的翻译工作。经过几年的努力，《大词典》的现代维吾尔文译本（三卷）由新疆人民出版社分别于1980年、1983年、1984年出版发行。

5月30日　荟萃西藏古今档案精品的《走进西藏——来自档案馆的精品》展览在上海城市规划展示馆隆重开幕。此次展览的二百五十余件西藏档案精品大多为首次展出，堪称西藏文化的艺术瑰宝。上海市委书记黄菊、全国人大常委会副委员长帕巴拉·格列朗杰分别为展览发来贺信和题词。

7月15日　《文汇报》报道：考古学家在新疆发现了许多古文字遗存。据悉，在新疆发现的古文字分为三大系统，即汉文字系统、阿拉美文字系统和婆罗米文字系统，其中有"死文字"，也有"半死文字"。这是由新疆自古就是多民族聚居区这一特征所决定的。

7月18日　"《格萨尔》千年纪念大会"在北京人民大会堂举行。

7月24—26日　"中国西夏王国的文字世界展"在北京中国美术馆展出。

8月1日　中国社会科学院西夏文化研究中心与国家图书馆、宁夏西夏博物馆联合主办的"西夏珍贵文献文物展"开幕式暨《国家图书馆学刊·西夏研究专号》首发式在北京国家图书馆举行。这次展览的不少文物是首次向社会展示，着重反映了近40年来西夏学研究的重要成果。

8月16日　《突厥语大词典》（汉译本）首发式在新疆社会科学院召开。这部巨著被专家称之为了解和认识11世纪我国新疆及中亚地区政治、军事、经济、文化、民族、宗教等方面的百科全书，对它进行翻译和研究具有深远的历史意义和现实价值。

9月23日　青海民族学院民族研究所和青海省高级人民检察院联合举办的《藏族部落习惯法研究丛书》发行会在西宁举行。

10月22—24日　全国6省、市、区藏文古籍工作第八次协作会议在中国藏学研究中心召开，会议期间举办了6省、市、区藏文古籍成果展。成果展的内容分为4部分：藏文古籍整理编目工作图片；藏文古籍整理编目成果；藏文古籍整理出版成果；中国藏学研究中心珍藏的藏文《大藏经》多种版本的精品。这次展出规模不大,但是第一次将6省、市、区的藏文古籍研究成果集中展示,具有相当重要的意义。

10月　段金录、姚继德主编《中国南方回族经济商贸资料选编》由云南民族出版社出版。

11月　吴建伟主编《回回旧事类记》由宁夏人民出版社出版。

2003年

1月14日　《中国民族报》报道:《中国少数民族大辞典》首卷《纳西族卷》由广西民族出版社出版面市。该书共130万字,有3000条辞目,是一部百科性质的工具书。

1月15日　中国历史博物馆和新疆维吾尔自治区文物局联合举办的《天山·古道·东西风——新疆丝绸之路文物特展》在北京开幕。

1月20日　中国民族民间文化遗产保护工程领导小组在北京成立。

1月28日　《满文大藏经》由紫禁城出版社完成重印出版。《满文大藏经》刊印于乾隆五十五年(1790年),收录佛教经典699种,计2535卷,有刻板48211块、96422页,全书达1780万个满文字。当时共印刷12部,现存世仅两部。重印本《满文大藏经》共印刷20部。

1月　《中国少数民族古籍集成》(汉文版)已出版,它是国家民委"十五"重点文化项目,中华人民共和国成立以来最大的少数民族古籍(汉文版)整理项目,也是中国第一套系统整理出版的少数民族古籍丛书。全编共收书两千余种,九千余册,五万余卷,影印分类编辑为16开精装100册。内容涉及中国少数民族的文化、历史、政治、经济、军事、地理、民俗、文学艺术等各个方面,是研究中国少数民族文化必不可少的大型资料丛书。该丛书以收录单册少数民族古籍为主,大型丛书中已收录的少数民族古籍和近期出版过的少数民族古籍基本不予收录。收书下限原则上截止于1949年,其中有不少是明清以来的写本、稿本、抄本和民间刻本,有些甚至是读者很难看到的孤本或库本,极为珍贵。

6月　吴建伟、李小凤选注《回回词曲三百首》由宁夏人民教育出版社出版。

6月12日　西北第二民族学院在银川为流失于海外的英藏西夏文献的整理成果举行发布会。埋葬地下近千年、流失英国90年的一批珍贵文献资料,经过一年多整理终于面世。

6月19日　新华社报道:四川甘孜藏族自治州色达县康勒寺主持阿嘎将自己收藏的《日扎幻宗》捐献给有关部门,专家鉴定认为这是《格萨尔王传》的一个新版本。

6月24日　《文汇报》报道:世界唯一珍本"中国元朝法典"在韩国古都庆州

被发现。专家称，这一发现对元朝史和中国法律史的研究有极高的价值。

8月4日　我国回族、东乡族、撒拉族等民族共同的书面语——"小经"文字在由南京大学与西北民族大学共同主办的"少数民族文化遗产保护与'小经'文字文献展示会"上首次公开亮相。"小经"也称"消经""小儿锦""狭经"，是我国回族创造的一种拼音文字，用来拼写各地回族的汉语方言，至今已有数百年的历史，是回族、东乡族、撒拉族等民族共同的书面语，该文字采用阿拉伯、波斯字母体系。

8月14—30日　中共中央统战部、国务院新闻办、国家民委和西藏自治区人民政府联合举办的《雪域的脚步——中国西藏社会历史文物资料展》在北京民族文化宫展出。

8月18日　青海省民宗委、青海省土族研究会等主办的《土族史》首发式暨学术研讨会在西宁召开。

9月12—15日　中国少数民族古文字书法展在中国国家博物馆展出。中国古代少数民族创制或使用的文字共30多种，此次展品选择了突厥文、回鹘文、藏文、契丹文、西夏文、女真文、蒙古文、八思巴文、满文、傣文、彝文、白文、水书13种文字。展品类型分：少数民族古文字碑铭拓片62幅；少数民族古文字文献、文物照片101幅；民族古文字书法作品136幅。这些民族古文字及其文献是中华民族宝贵的文化遗产，也从书法艺术的角度展示了中国少数民族文化的独特魅力。

9月24日　云南《民族时报》报道：我国申报的纳西族东巴古籍入选《世界记忆名录》。至此，我国已有3项文献遗产入选《世界记忆名录》。

10月　陕西省考古所在西藏察秀塘祭祀遗址首次发现墨书藏文的动物骨。

10月　青海省民委古籍办完成第一期藏文古籍简目著录，其中文集125部、散集3016部、口碑类条目三千余条。

10月　四川民委古籍办公布四川藏区现存各类藏文古籍达29万函（册）。

11月14日　作为国家民委跨世纪重点建设项目的《中国少数民族古籍总目提要·纳西族卷》已由中国大百科全书出版社出版，并在人民大会堂举行了首发式。这是中国第一部东巴古籍目录学专著。纳西族信奉东巴教，主要聚居地为云南丽江，现存东巴经1千余种，3.2万册，被称为纳西古代社会的百科全书，并被列为世界记忆遗产名录。该卷收录纳西族古籍条目1834条，分为书籍、铭刻、文书、讲唱4类。该卷作为《中国少数民族古籍总目提要》的首卷，具有很强的探索性，也为其他各卷的编纂出版工作提供了蓝本。这套大型全国少数民族古籍解题书目，计划将55个少数民族的各种古籍文献逐一清点入册，于2008年出齐，共约60卷近百册。

11月29—30日　国家民委和国家新闻出版总署联合主办的第六届中国民族图书奖颁奖大会暨全国民族图书出版协会年会在广西南宁举行。《中国少数民族古籍集成》（100册）等56种优秀图书分别获得荣誉奖和一、二、三等奖。

12月7日　《藏族大辞典》出版发行仪式在北京中国藏学研究中心举行。该辞典由甘肃人民出版社出版，收录辞目8384条，共258万字，是我国第一部全面、系统、完整地反映藏族文化的工具书。

12月　国家民委下发［2003］157号文件《关于进一步做好〈中国少数民族古籍总目提要〉编纂出版工作的通知》，进一步强调了《总目提要》编纂工作的重要性。

2004年

1月20日　《光明日报》报道：《中国少数民族古籍总目提要》云南各卷的编纂工作已取得丰硕成果，走在全国前列。

1月30日　《中国民族报》报道：近日，由福建省档案馆与福建省民族宗教厅合编的《福建畲族档案资料选编》由海峡文艺出版社出版发行。该书是一部较为系统全面地反映福建畲族历史和文化的档案史料书籍。

2月27日　《中国民族报》报道：截至目前，新疆维吾尔自治区已搜集到回鹘文、察合台文、波斯文、乌孜别克文等13种文字古籍9017册（件）。这些古籍的内容涉及语言文学、历史、宗教、工艺、历法、医学、数学等社会科学和自然科学领域。

3月　陈乐基主编《中国南方回族清真寺资料选》由贵州民族出版社出版。

3月19日　《中国文物报》报道：作为蒙古族的文化瑰宝，《甘珠尔》《丹珠尔》经书整理出版工程启动。整理出版《甘珠尔》《丹珠尔》是内蒙古自治区民族文化大区建设"九大文化工程之一"，去年底被国家新闻出版总署正式纳入"十五"国家重点图书出版规划。

4月18日　《光明日报》报道：贵州省六盘水市文物部门新近发现113部罕见苗文经书，这些经书来自六盘水市顺场乡苗族村寨，内容基本为祭祀和丧葬之用的经文。

5月10日　四川省出版物市场稽查总队在成都市金牛区洞子口乡新桥村查获盗印《苯教甘珠尔》的地下印刷窝点。

6月3日　六省区藏文古籍编目联络员工作会议在拉萨西藏自治区社科院召开。

6月25日　敦煌遗书特藏库在国家图书馆正式落成并启用，敦煌遗书在104年后又安了新家。此次在善本库中新建特藏库，从根本上改变了敦煌遗书的保存条件。

6月　武威市文化局、文物局抽调专业人员开始整理武威市博物馆搁置多年的藏文古籍。

7月1日　《贵州民族报》报道：贵州省水书抢救工作全面展开。贵州省水书的总藏量在8000册以上，已征集到的有四千五百余册。现已组织专家翻译、整理出版了《水书》第一卷。

8月6日　由中央民族大学和云南省石林彝族自治县人民政府联合主办的《阿

诗玛》国际学术研讨会在云南省石林举行。来自中、日、美、韩等国家的 80 余名专家学者出席了会议。大会分成 4 组，分别进行两次分组讨论和两次专题报告，以不同的形式探讨"阿诗玛文化"的内涵和外延，论文涉及历史学、地理学、经济学、民族学、民俗学、语言学、文字学和美学等众多学科。

9 月 14 日　《中国民族报》报道，公元 15 世纪初一份名为《普度明太祖长卷图》的回鹘蒙古文珍贵文献近日在西藏博物馆首次发现，这对研究明朝中央政府与西藏地方的关系，蒙古语言文字和藏族绘画都有着重要意义。

9 月 16 日　《北京日报》报道：最近，中外专家、学者通过对被誉为象形文字"活化石"的"水书"进行考证和潜心研究，取得了水族古文字增加到 1400 个、水族古文字找到夏陶神秘符号和水族先民有可能来自北方三个方面的新发现和新突破。这些发现和突破，不但有可能将水族历史上推两千多年，而且也有助于解开困扰考古界 40 多年的关于二里头遗址是否"夏都"的千古之谜。

9 月 20 日　由中国社会科学院语言研究所与日本"中国女文字研究会"联合举办的"'女书'的历史、现状和未来国际学术研讨会"在北京召开。来自中国、日本的 30 余位专家学者出席会议。与会学者就"女书"的历史、作品、文字、吟诵语言，"女书"的研究资料库和研究价值，"女书"的抢救与保护，"女书"的研究前景等问题进行了探讨。

9 月 24 日　在四川甘孜县东谷寺发现泥金、泥银写本《甘珠尔》154 函、海螺尼抄写的经书 3 函。同年在甘孜县唯一的苯波寺发现苯教早期抄本十余函。

9 月 25 日　由云南省民委主办的《人类的记忆——云南民族古籍文化遗产展》在云南民族博物馆开馆。展览包含 6 个方面的内容：图画符号和借物表意；文献古籍与文书档案；金石铭刻与木刻印版；古籍插图与民间绘画；古籍整理出版成就；古籍抢救工作所面临的危机与挑战。这次展览是迄今为止展示云南民族古籍文化遗产方面规模最大、内容最全、展品最多的专题性展览，展览为期半年，希望将"云南民族古籍文化遗产"成为一个民族文化品牌，唤起世人对人类珍贵民族文化遗产的重视和保护研究。

10 月 16—18 日　由中国民族古文字研究会和中央民族大学语言文学学院联合主办的"中国民族古文字研究会第七次学术研讨会暨会员代表大会"在北京召开。来自东北三省、内蒙古、新疆、宁夏、广西、海南、湖南等省份及北京、天津、上海、重庆等地的专家学者、研究生等八十余人参加了会议。会议总结了第六届理事会工作，进行了学术研讨，提交学术论文：《〈五音切韵〉新字考》《〈女真字书〉整理研究的新的突破性进展》《古突厥文起源新探》《水族文字新探》《东巴文字字素的变体和同形现象》等学术新成果。

10 月 24 日　云南少数民族古籍文化遗产的抢救保护工作取得显著成效，目前全省已抢救少数民族文献古籍两万余册（卷），口碑古籍一万多种，其中已经整理出版 600 册一万多种。云南是我国世居少数民族最多的省份，其中 22 个民族使用着

26种语言和22种文字，是多语种、多文种的"语言王国"，现已查明全省民族古籍蕴藏量达15万册（卷），口碑古籍数万种。云南省少数民族古籍整理出版规划办公室目前还在积极建设少数民族古籍资料库，近5年来以平均每年征集入库一千余册（卷）古籍珍品和善本的速度发展，其发展速度位居全国之首。

10月　为把我国汉文古籍以外的少数民族古籍纳入国家文化宝库，予以有效保护，按照国家民委古籍编纂委员会的统一部署，在云南省民族古籍整理出版办公室的指导下，由大理白族自治州民族宗教事务局和大理（市）白族文化研究所组成编委会和编辑部的《中国少数民族古籍总目提要·白族卷》于2000年年底正式启动。编辑人员到州内外、省内外广泛征集书籍类、铭刻类、文书类、讲唱类的古籍资料，经过认真核实、细心归类、翻译摘编、文字梳理、并送京审定后，现已由中国大百科全书出版社出版。

11月　王子华、姚继德主编的《云南回族人物碑传精选》由云南民族出版社出版。

2005 年

2005年年初，武威市政府召开专门会议，研究凉州藏文典籍抢救保护问题。聘请多识教授等三位藏学专家为顾问，并决定借实习生力量进行整理。

3月2日　大型中华古籍全文数据库《国学宝典》网络版成果发布会在首都人民大会堂举行。这是北京国学时代文化传播有限公司依托首都师范大学组织国内一批文史专家，经过长达6年的资料搜集、电子化校勘，并借助清华大学的网络技术，最终完成的。该系统采用国际通用的unicode汉字编码，字库容量大，扩展性强，可在全球所有网络浏览器上正确显示汉字。《国学宝典》网络版共收入古籍3800多部，总字数逾8亿字，所收文献内容均为文史研究人员常用资料，使用价值很大。数据库目前仍以每年二亿至三亿字的速度继续扩充。该网络版使用了最先进的搜索引擎技术，检索速度奇快。不但可以检索字词和句子，而且可以多条件组合检索，检索结果可直接保存，检索范围可由用户自己设定。

4月26日　西北民族大学、上海古籍出版社联合在京举行了海外民族文献研究与出版会议暨签字仪式。流失海外的敦煌藏文文献将编辑出版。

4月　西北民族大学和上海古籍出版社联合召开"海外民族文献研究出版会议暨签约仪式"，邀请敦煌学家和藏学家、民族语言学家讨论英藏、法藏、敦煌藏文文献和其他流失海外民族文献的研究出版工作。会上西北民族大学与上海古籍出版社签订合作编纂出版《法藏敦煌藏文文献》和《英藏敦煌藏文文献》的协议。

6月5日　敦煌遗书特藏库在国家图书馆正式落成并启用。由国家财政拨专款建立的特藏库位于国家图书馆地库中，常年恒温20摄氏度，湿度50%，为了杜绝虫害还特意将楠木书盒底部用樟木制成。中华人民共和国成立后通过征集、购买等形式，使被英、法、俄、美、日等国掠运国外的敦煌遗书、绢丝织品及壁画雕塑回归祖国。目前，国家图书馆馆藏敦煌遗书总数达到了16000余件。此次在善本书库中新建特藏库，从根本上改变了敦煌遗书的保存条件。

6月16—17日　《中国古籍总目》第六次编纂出版工作会议在北京香山饭店召开。参加会议的有杨牧之、傅璇琮、李岩、陈力、吴格、沈乃文、陈先行、徐忆农、鲍国强、阳海清、李国庆、张力伟、高克勤、吴旭民、黄松、张文斌等同志。从目前来看，经、史、子、集、丛五部共56个大类，已完成初稿14类，6—7月能完成21类，剩下的21类今年7—12月能陆续完成，并能在12月底前交完初稿。

8月1—4日　为了促进对丝路沿线地区古代民族古文字与文化的研究，中国民族古文字研究会、兰州大学敦煌学研究所和敦煌研究院在兰州大学敦煌学研究所联合主办了"丝绸之路民族古文字与文化学术研讨会"。来自北京、内蒙古、广东、江苏、辽宁、湖北、四川、新疆、宁夏、陕西、福建和东道主甘肃12省、市、区的70余位代表出席了会议，并组织部分学者赴敦煌进行学术考察。会议主要议题有：敦煌民族古文字与文化研究、西域民族古文字与文化研究、丝路沿线地区其他民族古文字与文化研究和敦煌学研究。与会代表提交会议论文59篇，其中，民族古文字与文献研究方面的论文有23篇，民族历史文化方面的论文有23篇，敦煌学及其他方面的论文有13篇。

8月8日　正式搬迁萨迦寺"经书墙"的古籍，9月10日搬迁完毕。

8月10—13日　由青海省民委承办的六省、市、区藏文古籍工作第九次协作会在青海省西宁市召开。来自国家民委全国少数民族古籍整理研究室以及北京、西藏、四川、云南、甘肃、青海六省、市、区相关部门的领导及专家学者共45人出席了会议，并就藏文古籍编纂、出版工作进行了研讨。目前，我国藏文古籍的抢救、搜集、整理、出版等工作都取得了丰硕的成果，国内已出版的藏族古籍文献近六百种，涉及历史、宗教、语言、文学、哲学、法律、医学、地理等众多学科领域。

9月22日　中国藏学研究中心首次将多种版本的藏文《甘珠尔》和《丹珠尔》与各种版本的大藏经首卷集中在一起，在北京公开展出。此次展出的藏文古籍公布了大量珍贵的有关西藏的历史文献资料，这些资料以铁一般的事实，有力地证明了西藏是中国神圣领土不可分割的一部分。为集中搜集和抢救整理流散的、濒临失传的藏文古籍孤本、珍本和手抄本，六省、市、区成立了藏文古籍工作协作领导小组，并进行了多方面的协作，取得可喜的成绩。据不完全统计，目前国内已出版的藏文古籍文献近600种，涉及历史、宗教、语言、文学、哲学、法律、医学、天文地理、工艺等众多学科领域，出版的图书不仅有古籍原版，还有汉文译本和国际合作的英译本。

10月29日　为了进一步做好少数民族古籍文化的抢救、搜集、整理工作，继承宝贵的民族文化遗产，四川甘孜石渠县民宗局组成古籍文化工作组，深入到各个寺庙开展少数民族古籍登记。目前已登记了各类古籍四百余函，经初步鉴定均为藏文古籍；其中有部分古籍历史悠久，具有较高历史价值，如宜牛寺收藏的由著名学者居·米旁所著的历算、医学、佛教典籍。这些典籍都属手抄本，个别著作还未出版，实属绝版，极为珍贵。最为珍贵的是宜牛寺根登喇嘛处收藏的，据称是由五世班禅洛绒益喜亲自口述并专人记载的超度骰子占卜图文。该超度骰子占卜图文至今已有300多年的历史。

11月18日　《中国少数民族古籍总目提要·满族卷》第二次专家工作会议在京召开，来自国家民委全国少数民族古籍整理研究室和北京、河北、内蒙古、辽宁、吉林、黑龙江、新疆7省（自治区、直辖市）民委古籍办，以及国家图书馆、中国第一历史档案馆、中央民族大学、内蒙古大学、内蒙古社科院、辽宁省档案馆、辽宁省图书馆、沈阳故宫博物院、吉林省档案馆、黑龙江档案馆等单位的专家学者聚集一堂，共商《中国少数民族古籍总目提要·满族卷》编纂工作大计。

12月1—3日　第六届全国彝学研讨会暨西南民族大学彝学文献中心落成典礼在成都举行。该中心收录了川、滇、黔、桂4省区民间文献3100册，彝文电子图书348册，电子音像制品一百五十多种，彝文出版物三千多册，是目前国内彝族文献资料最集中、规模最大的彝学文献中心。此次研讨会从多侧面、多角度地探讨彝文化的价值与现实意义。文献中心的任务是收集、整理和编纂出版历史文献，为国际、国内的彝学研究与交流提供重要平台。

2006 年

1月　由中国社会科学院和天津市社会科学院长期从事宗教研究的专家学者联合编纂的《新编中国宗教历史文献集成》五编之一——《清真大典》，由黄山文化出版社出版。

3月31日　中国社会科学院少数民族文学研究所历时5年建成的《中国少数民族文学研究资料库》已经结项并通过鉴定，获得好评。此《资料库》采集声像资料2885件，计3100小时，图片资料9776张，数千页珍贵抄本和刻本，资料类型20余项，涵盖全国13个省区、29个民族并涉及俄、蒙、日、韩、吉等国家和地区。

3月　由张本义主编的《大连图书馆藏少数民族古籍图书综录》已由辽宁民族出版社出版。该书是一本大连图书馆藏少数民族古籍图书综录，收录了少数民族文字和民族古文字记载的文献典籍和历史文书等内容。

4月28日　中国、法国和英国将携手出版敦煌藏文文献。敦煌位于中国西部的甘肃省，境内的敦煌石窟是中国现存规模最大的石窟，考古学家不仅在那里发现了大量的雕塑壁画，还发现了大量的古文字文献，但目前这些古文字文献大部分流失海外，其中现藏于英国国家图书馆和法国国家图书馆的敦煌藏文文献是中国流失海外的最大宗、最重要的民族古文字文献，具有重要史料价值。中国自20世纪90年代以来开始编纂出版现藏于英国、俄罗斯和法国的敦煌汉文文献，目前大宗汉文文献已经出完。此次中国、法国和英国将携手出版敦煌藏文文献，预计可在2—3年内完成。

4月28日　沉睡七百多年、鲜为人知的西藏自治区萨迦寺"经书墙"于7月初至中旬进行搬迁。届时，"世界之最"萨迦寺经书墙将首次揭开神秘面纱，揭开经书墙之谜。据资料显示，经书墙上有两万多部、八万多册经书，典籍的文字绝大多数用金粉浮雕。这些藏书均为珍贵的手抄本，以佛教经典为主，包罗文、史、哲、天文、历算、歌舞和艺术等内容。

5月12日　由日本早稻田大学蒙古史研究所的吉田顺一教授等日本学者，与内蒙古学者共同合作的《元代黑城蒙古文文书研究》结题报告会在内蒙古大学蒙古学研究院举行。2001年，内蒙古大学与日本早稻田大学签订相关协议，开展对内蒙古阿拉善盟额济纳旗黑城出土蒙古文文书的研究工作。早在1983年、1984年，内蒙古文物考古所与阿拉善盟文物工作站就共同出土了包括蒙古文、八思巴文、藏文、古叙利亚文、波斯文、梵文、西夏文等各文种共3000件文书。自中日合作5年来，双方共同完成有关蒙古文献中蒙古文、八思巴文的释读共300件文书。这类文书多为元代亦集乃路总管府文书、皇帝谕旨抄件、民间契约文书、占卜文书、经文残页等。此项研究的开展，对蒙古学研究领域的国际合作，对元代蒙古文文献的书写特征、语法结构以及对当时的社会、经济、文化、政治等情况的进一步理解，都具有重要的学术意义和现实意义。该研究的日、汉两种文字的最后成果，将于2008年年初在日本正式出版。

5月14日　国家"七五"规划重点课题、工程浩繁的藏文古籍《大藏经》的对勘、整理、出版工作历时十余载现已接近完成。目前，《丹珠尔》的对勘工作已全部完成，并已出版一百部，共出版约一百二十部。《甘珠尔》的对勘工作已接近尾声，全部出齐约五十余部。届时，一套完整无缺的新版藏文《大藏经》对勘本将以崭新的面貌展现在世人面前。

5月17日　由我国水书研究专家王品魁、潘朝霖合作译注的《水书·丧葬卷》在贵州出版。《水书·丧葬卷》是专家以贵州省独山县本寨乡天星村大寨韦光荣祖传的水书为蓝本，主要记述了丧葬的忌戒日地方位，属于丧葬凶相条目的汇编。但水族丧葬活动中的忌戒还远不止书上所列的内容，这本《水书·丧葬卷》只是水书丧葬内容的一部分。《水书·丧葬卷》是水书中极为重要的卷本，集中反映了水家先民信仰的生死观、鬼神观，以及企盼从死亡中追求永生和发展的功利目的。撩开水书的神秘面纱，探索其蕴涵的古文化价值，是《水书·丧葬卷》译注出版的初衷。

5月17日　被中外学者誉为解读蒙古民族全貌的"百科全书"、蒙古民族现存最早的历史文学典籍、世界名著《蒙古秘史》，目前有了最为通俗化的现代汉语版本。《蒙古秘史》1989年被联合国教科文组织列为世界名著。它成书于13世纪，作者不详，其原本已经失传，现存为明四夷馆本，是用汉字语音拼写的蒙古文本，被称为像岩画般难以解读的"天书"，普通读者根本无法阅读。由中国作家协会会员、内蒙古作家协会副主席特·官布扎布和新华社内蒙古分社记者阿斯钢历时数年翻译而成的《蒙古秘史》现代汉语版，由新华出版社出版。全书共计28万字，有800幅反映蒙古族历史、文化和生活的精美图片。现代汉语版在语句上尽量采用蒙古语韵味的语言风格，对书中重要的人名、地名和历史事件以及与内容相关的文化、生活习俗等进行了说明和解读。

5月18日　甘肃省武威市近期在对博物馆中的数万件文献藏品开展抢救保护工作时，整理出409函5317部10万余页藏文典籍，共计8000万字。此次整理出的409函藏文典籍主要以《大藏经》为主，间有吐蕃木牍和吐蕃写经，98%属手抄本，装裱十分考究，所选用的纸张是历史上产生于临洮的上等优质藏纸。这些典籍虽经历了数百年乃至上千年的历史，但字迹仍然新鲜如初。这批藏文典籍在国内实属罕见，具有重大文物考古价值和民族历史文化研究价值，这被视为国内古籍整理和藏学领域的重大发现。

5月30日　由云南省红河州民族研究所彝族学者普璋开等编的《滇南彝文字典》由云南民族出版社出版。该"字典"收录彝语南部方言彝文单字15987个。所收编彝文保持原貌，不分正体、异体，属同音字汇；编排以石屏县哨冲镇莫测甸村聂语为基调；内含彝文同音字、词组、词例等，内设章节索引和彝文部首检字表两种查字法，只要精通彝语或国际音标，具有初中文化程度都可查读。《滇南彝文字典》是普璋开参与云南彝文规范、编写彝文教材、译著彝文典籍、翻译彝文史书的结晶。该字典的出版，将对滇南彝族文字的统一、保存和传承起到不可估量的作用。

6月　雷晓静主编《回族近现代报刊目录提要》由宁夏人民出版社出版。

6月2日　改革开放以来，我国少数民族古籍保护、抢救、搜集、整理、翻译、出版和研究工作，取得了显著的成绩，大批少数民族古籍获得国家图书奖等大量奖项：西藏自治区古籍出版社出版的《西藏通史》获得国内最高图书奖——国家图书奖；广西壮族自治区民族古籍办出版的《布洛陀经诗译注》获广西第二届文艺创作最高奖铜鼓奖和广西民间文学作品二等奖；内蒙古古籍办出版的《四部医典》获得卫生部二等奖、《江格尔》获8省区蒙文图书奖；宁夏的《清真指南》《正教真诠》《西夏纪》等五部书获自治区社会科学优秀论文奖；甘肃省《安多政教史》等7部书籍分别获得15省市（区）图书出版金质奖等。这表明少数民族古籍整理出版研究体系已初步形成。

6月2日　东巴古籍文献成功入选《世界记忆遗产名录》，这是云南继丽江古城文化遗产和三江并流区域自然遗产之后的又一个"世界遗产"，也是全国少数民族古籍第一次列入世界遗产。

6月7日　西藏召开藏文古籍编目启动工作会议。自治区副主席、区藏文古籍领导小组副组长次仁卓嘎在会议上指出：编目工作要切实反映藏文古籍特点，在认真登录的同时，狠抓编目的完整性、科学性、权威性。藏民族文化典籍是中华民族历史典籍中的重要组成部分，其历史之悠久，卷帙之浩繁，居我国少数民族历史文献典籍前列。做好藏文古籍的抢救、整理、出版工作，不但能为藏民族历史文化研究提供丰富资料，而且具有重要的现实意义。搞好藏文古籍整理工作是社会主义精神文明建设的需要，也是反对分裂、维护祖国统一的需要。从战略的高度看，整理、抢救、挖掘藏文古籍是对民族优秀文化的继承与发展。

6月18日 《维吾尔、哈萨克、柯尔克孜、乌孜别克、塔吉克族文学史》首发仪式在新疆乌鲁木齐隆重举行。自治区党委副书记、自治区主席司马义·铁力瓦尔地以及自治区领导艾斯海提·克里木拜、阿不都热依木·阿米提、努尔·白克力、李屹出席首发仪式。由新疆社会科学院编写的《维吾尔、哈萨克、柯尔克孜、乌孜别克、塔吉克族文学史》是国家《中国少数民族文学史、文学概况丛书》研究项目的重要组成部分。这套学术著作的出版发行，是新疆维吾尔自治区文学研究史上具有划时代意义的大事，填补了该区少数民族文学研究领域的空白，结束了新疆少数民族文学尚无完整文学史的状况。

6月19日 内蒙古图书馆与蒙古国图书馆签订了两馆《编制联合目录协议书》。内蒙古图书馆将派业务专家对蒙古国国家图书馆馆藏的4万册汉文文献和近8000册中国古籍线装本进行协助编制整理。其最终目标是与蒙古国共同编制全球蒙古文文献联合目录。

6月25日 敦煌研究院首次公布海内外现存敦煌莫高窟藏经洞出土的藏文文献共8600多件。其中，甘肃各地收藏3300件，中国国家图书馆及各地公私零星收藏近300件，海外近5000件。3300件甘肃敦煌藏文文献包括敦煌市博物馆收藏2890件、甘肃省图书馆351件、敦煌研究院76件、甘肃省博物馆36件、兰州范氏藏20件，其余散藏于酒泉、张掖、武威、高台博物馆。甘肃各地收藏的敦煌藏文写经主要《大乘无量寿经》《般若经》等佛经和部分社会文书。吐蕃时期敦煌藏文写本在西藏本土基本没有收藏。

6月27日 《文汇报》报道：有敦煌藏经洞"半壁江山"之称的《法藏敦煌藏文文献》，已由西北大学、上海古籍出版社、法国国家图书馆合作编纂出版。

6月27日 我国水书研究专家、贵州民族学院研究院潘朝霖近日收集到一本明代竹简手抄本的《二十八宿》水书。这是目前已发现的水书《二十八宿》中最古老的版本。此前，专家收集到的最早的一本木刻水书产生于明弘治年间。《二十八宿》是水书的重要内容之一。水族以自然界的蛟、龙、貊、兔等为象征物，创造了水书的二十八宿，后又按星座排列，创建了另一组二十八宿。前者用于消灾治病，后者用于观察行星运转和天体变化规律等。水书在水族人的社会生活中起着很重要的作用，特别是丧葬、营建、出行、过节、占卜、农事等活动中发挥着作用，至今还依然在日常生活中被广泛运用。

7月4日　为了抢救和保护民间文化遗产，把民族文化资源转变为民族文化资本，开发独具特色的凉山彝族民俗文化，凉山州文联民间文学研究室深入民间，收集、整理、编写了20万字篇幅的《凉山彝族民俗文化》一书，由中国文联出版社出版发行。州委书记吴靖平、州长张支铁、副州长达久木甲为《凉山彝族民俗文化》题词。该书由中国作家协会会员、州文联主席马德清主编，比较系统、全面、客观地介绍了凉山彝族民俗的文化，内容丰富多彩。《凉山彝族民俗文化》包括了凉山彝族火把节、饮食、礼仪、服饰、婚礼、毕摩、民居、宗教、音乐、彝族年、生活禁忌、葬礼等习俗文化，具有古朴、浓郁的彝族文化特色，是了解彝族文化的工具书，也是游览凉山人文景观的好读物。

7月6日　《北京志·民族志》出版首发式在北京举行。《北京志·民族志》是在北京市地方志办公室的直接指导下，由北京市民委承编的一部专业书，从1986年开始，历经20年最终完成。

7月11日　我国唯一一个水族自治县——贵州省三都水族自治县，加快对水书的收集工作。到目前为止，共征集到不同年代、不同版本的水书6000余册。目前，对水书手抄本的灭菌、杀虫和消毒、编目、整理装盒、入库存放工作已全部结束。水书是我国55个少数民族之一水族的独特文字，是世界上除东巴文之外又一存活的象形文字。

7月14日　西藏自治区"贝叶经"保护工作领导小组召开会议，专门听取西藏"梵文贝叶经"保护工作情况汇报。自治区党委常务副书记、自治区"贝叶经"保护工作领导小组组长胡春华，副组长、自治区领导吴英杰、尼玛次仁、多吉泽仁出席会议。胡春华指出：胡锦涛总书记亲自批示"贝叶经"保护工作，充分体现了党中央对这一工作的高度重视。他要求领导小组各成员及成员单位要高度负责，不辱使命，保质保量完成好此项工作。

7月22日　中国启动"梵文贝叶经"保护与研究工程，将对"梵文贝叶经"进行为期两年的全面普查工作，保护好现有的"贝叶经"，并将影印的资料交给国内梵文贝叶经专家进行全面研究。"梵文贝叶经"是古印度佛教徒用铁笔写在"贝多罗"树叶（即贝叶）上的梵文经典，经文涉及佛教经典、古印度文学、法典等内容。早期的贝叶经写本由于印度宗教之争、战乱，气候炎热、潮湿等原因，几乎已失传。而传入西藏的"梵文贝叶经"则完整地保留了下来。

8月13日　云南省富宁县剥隘镇甲村村委会坡芽村发现以81幅图案记录81首壮族情歌的古老歌书。中国民族古文字研究会副会长、中央民族大学中国少数民族研究中心副主任黄建明研究员等实地考察后认为：富宁壮族"坡芽歌书"是一种古老形态的图画文字，它具备了文字特征，即字形固定、字音固定、字义固定。与纳西东巴文字一样，是我国活着的图画文字之一，具有很高的研究价值、认识价值和开发利用价值。该书已被黄建明研究员等命名为《中国富宁壮族坡芽歌书》，壮语音记《布瓦吩》（把花纹图案画在土布上的山歌）。这一发现填补了壮族没有古老文字的空白，是与东巴文化交相辉映的宝贵民族文化资源，具有很高的价值。

8月15日 八省区蒙古族古籍第三次协作会议暨《中国少数民族古籍总目提要·内蒙古卷》第一次编纂工作会议在呼和浩特召开。目前《中国少数民族古籍总目提要》已编纂并出版了总数3/4的民族分卷，《总目提要》所有民族卷预计2008年完成。由国家民委组织的《中国少数民族古籍总目提要》编纂工作于1997年启动。目前，《纳西族卷》等总数3/4的民族分卷已由中华书局出版。《总目提要》将填补我国文化历史上的空白，它将是一部全面展示我国55个少数民族历史文化的巨著，具有综合性的多功能学术价值。

8月27日 现存于青海省循化撒拉族自治县街子清真大寺的《古兰经》，传说是700多年前，撒拉族祖辈们从遥远的中亚撒马尔罕王朝（今乌兹别克斯坦第二大城市撒马尔罕）东迁时带来的。这部《古兰经》共有30卷，分上下两函装，函封为犀牛皮，全书共681页。经国家文物局和国家宗教事务局组织的专家鉴定，其成书年代不晚于公元13世纪，被认为是我国迄今发现的最古老的《古兰经》手抄本。由于保护设施落后，管理技术不高，这部《古兰经》风化、风蚀现象严重。国家文物局已下拨44万元经费，请南京博物馆有关专家展开修复工作。修复工作完成后，这部《古兰经》将被放置在透明的保险箱内供人观瞻，另外专家还将按照原貌临摹复制一部进行日常展示。

9月11—12日 中国新疆《江格尔》史诗国际学术研讨会在新疆乌鲁木齐市举行。这是蒙古族英雄史诗《江格尔》被列入我国第一批国家级非物质文化遗产保护代表作名录后召开的第一次国际性学术研讨会。来自中国、俄罗斯、蒙古、德国、日本和哈萨克斯坦的五十余名专家和学者出席了研讨会，他们就《江格尔》史诗的搜集、整理和保护，《江格尔》史诗的流传和变异，《江格尔》的文本研究等进行了广泛深入的研讨。

9月20日 川、滇、黔"古彝文计算机系统"即将问世。彝族先民在久远的年代就创造了自己的文字——彝文，随着历史的变迁，在彝区的各个地方形成了川、滇、黔不同的方言。如今应用计算机技术将各方言的古彝文做成计算机系统，这些古老的彝文将会呈现历史的光辉。该项目由西南民族大学民族文字信息处理研究所完成，此系统共有四川版、云南版和贵州版三个版面，（其中云南版包括禄劝、武定版、宣威版、红河版、玉溪版、石林版、弥勒版）。该系统的容量为八万三千多个古彝文字，其中云南大约四万五千个；贵州大约一万七千个；四川大约两万一千个。

9月21日 国务院新闻办公室召开新闻发布会，介绍了近年来我国少数民族文化保护和发展工作的相关情况。我国是多民族统一的国家，56个民族共同创造了多姿多彩、博大精深的中华文化。截至目前，我国收集百万余种少数民族古籍，已建立少数民族出版体系。我国政府历来高度重视少数民族文化事业的发展，制定和实施了一系列法律法规和政策措施，从各方面帮助少数民族发展民族文化事业，并取得了显著的成绩。

10月 由张公瑾主编，李冬生、聂鸿音、李晓东、莫福山担任副主编的《中国少数民族古籍集解》由云南教育出版社出版。内容包括：各种民族文字和民族古文字记载的文献，记载少数民族资料的古代汉文文献；有代表性的民族文字和汉文碑铭；用民族文字书写的历史文书以及世代流传的各民族口传资料。该书共收古籍书目近四千余条，并附有图片二百余幅。释文力求简明、准确，科学性、知识性并重。由近50位学者历经10余年努力，几易其稿，又经5次审查、修订而成，是近年来我国在民族古籍和民族古文字研究方面的力作，也是学习和研究少数民族历史、语言文字、文学艺术、宗教信仰等全方位、综合性的工具书。同时，也充分展示了我国各民族丰富的古籍宝藏，为继承和弘扬各民族优秀的文化遗产发挥重大的作用。

11月6日 浓缩了新疆最后一位王爷——库车王达吾提·买合苏提200年家族历史的《西域往事》一书，由华文出版社出版发行。该书由军旅作家许福芦编著，他根据达吾提·买合苏提老人的口述，记录了这个家族的荣辱兴衰历史，从而使一幅幅带有历史传奇的画面跃然纸上。《西域往事》一书对乾隆皇帝平定西域"准噶尔之乱""征讨大小和卓"等重大历史事件进行了披露。同时，还根据历史脉络，对达吾提·买合苏提老人的祖先因协助清朝平定大小和卓叛乱有功被封为"库车王"，直至其本人共计12代西域郡王的家族历史进行了追忆。

11月15日 为了贯彻落实内蒙古自治区少数民族古籍编纂工作会议精神，研究部署少数民族古籍总目提要的编纂工作，通辽市召开全市少数民族古籍总目提要编纂工作会议。副市长李荣禧、市政协副主席阿木古冷、自治区古籍办主任苏雅拉图及相关单位负责人出席了会议。近年来，通辽市少数民族古籍编纂工作稳步进行，取得了一些成绩，先后搜集编目少数民族古籍七百多条。今年，市民委又深入到大专院校、档案馆、图书馆、研究所等单位，新搜集古籍目录三百多条。并对已收集到的古籍目录进行甄别、筛选、编目、登记，对具有价值的"珍本、孤本、善本"进行整理、编辑、出版发行。到目前为止，已公开和内部形式出版了《哲里木寺庙》《科尔沁蒙古民俗》《科尔沁绣画艺术》《科尔沁人物传》《孝庄文皇后》等17部古籍图书。

11月24日 内蒙古自治区巴林左旗文博部门近日征集到一方辽代墓志盖，墓志盖上共有6个契丹小字。经专家研究，初步断定这6个字的意思为"乙辛宁少妇夫人之墓"，而此夫人属辽代景宗朝重臣韩匡嗣家族人士。韩匡嗣之父韩知古，汉族人，是辽太祖21名佑命功臣之一。韩匡嗣是韩知古第三子，太宗朝为右骁卫将军，后又被提拔为二仪殿将军。世宗、穆宗两朝多年未被重用。景宗即位后，又对韩匡嗣委以重任。在巴林左旗西北80千米处，有韩匡嗣夫妇及其子孙的家族墓地。这方辽代契丹墓志盖上6个契丹小字的发现，对研究辽代韩氏家族有一定的学术价值。

11月29日 日前，宁夏文物考古研究所对贺兰山山嘴沟石窟发掘出土的大量古代文献进行整理与研究，发现这是一批西夏时期的佛教文献，有西夏文、汉文、藏文 3 种文字的 60 多种不同佛经及世俗字典等残片，其中西夏文佛经残片达 600 多页。这次出土的文献以佛教内容为主，大部分是西夏文，也有少量汉文和藏文的佛经、咒语等。有写本、雕版印本，也有活字印本；有楷书、行书，也有草书；装帧形式有蝴蝶装、卷子装和经折装；既有麻纸质地的，也有含棉较多的棉纸质地的；既有汉传佛教文献，也有藏传佛教密宗文献；没有写本，均为残页或残片。从目前整理的情况看，佛教方面有《妙法莲华经集要义镜注》《金刚般若经集一卷》《圣妙吉祥真实名经》《圆觉注之略疏第一上半》，还有不知经名的科文、各种藏传密教修法仪轨、藏文咒语等。世俗文献有《同音》《同音文海宝韵合编》《同义》残页。

12 月　马建钊、张菽晖主编的《中国南方回族古籍资料选编补遗》由民族出版社出版。

12 月 8 日　《宁夏日报》报道：清道光《隆德县志》系清道光六年（1826 年）由黄景纂修，涉及隆德县 2000 年来的历史、人文、地理、民俗等。这本消失了一个多世纪的《隆德县志》现珍藏在美国国立图书馆。

12 月　包和平、何丽、王学艳主编的《中国少数民族古籍管理学概论》由民族出版社出版。

2007 年

1 月 24 日　据了解，现仅存于世的满文《几何原本》共三部。近日现身于内蒙古图书馆的这本《几何原本》，经法国国家科学研究中心科学史专家詹嘉玲女士等鉴定为康熙御用《几何原本》的原件，是 3 部中最有研究价值的一套，另两套分别珍藏于俄罗斯和故宫博物院，而内蒙古图书馆的这部藏本，长期以来从未示人。这部康熙御用《几何原本》具有极其珍贵的历史意义和珍藏价值。300 多年前的康熙御用书籍遗存非常稀有，御笔亲批的数学著作更是世间罕见。

1 月 28 日　内蒙古自治区翁牛特旗政协文史研究人员吴甲才与中国少数民族语言研究所研究员道布、中国藏语系高级佛学院研究员吴占有共同研究后发现，翁牛特旗丁家窝铺、二趟子两地 12 处古岩文始刻于公元 8 世纪中叶，当时回鹘击败东突厥建政权，岩文凿刻的下限到元代。岩文有 3 处刻的是古梵文，有 9 处刻的是古回鹘文。12 处古岩文的内容经过 4 年的对比、分析、研究，发现均属观音的六字真言，是古印度和西吐蕃佛教密文体的一种写法。这一古岩文的发现和破解，为进一步研究民族迁徙和融合、佛教文化引入与传播以及民族文字起源与发展等提供了资料。

2 月 1 日　内蒙古自治区鄂尔多斯市成吉思汗陵民族事务和文化管理局局长森布尔介绍：曾一度失传的《成吉思汗祭祀金书》，由专司成吉思汗祭祀的达尔扈特人重新编撰完成，目前正在进行金箔制作。《成吉思汗祭祀金书》（以下简称《金书》）成书于元代，明清两代曾数次修订，书中详尽记录了祭祀的规则、程序、祝辞和经文。此书不但是记录成吉思汗陵祭祀仪式和祭词、神歌的专书，而且在某种意义上也是蒙古萨满教祭祀仪式和祭词、神歌的集大成，具有典范性的代表意义。《金书》原版为黑纸金粉版本，一直收藏于成吉思汗陵园，归专司祭祀的达尔扈特人掌管，在20世纪六七十年代流失。从1997年起，由成吉思汗陵管理局牵头，组织几名专司祭祀的达尔扈特学者开始从海内外搜集遗失的原版影印件，并整理口头流传的《金书》内容，进行恢复整理工作。新版《金书》分为成吉思汗祭祀、苏勒德祭祀两大部分，共有祭文、祝辞、天歌等27个章节，全书约6万字（蒙古文）。

2月2日　我国水书保护研究取得积极进展。目前，贵州全省已经征集水书15000余册，并分别成立了专门的水书抢救领导机构和学术研究机构。黔南布依族苗族自治州的荔波县、三都水族自治县、独山县、都匀市等水书文化遗存丰厚的地区，相继把水书文化的抢救保护作为当地文化兴州、兴县的特色项目，成果不断。"水书习俗"入选首批国家级非物质文化遗产保护名录。在三都县、荔波县和贵州民族学院的支持下，巴蜀书社、四川民族出版社斥巨资出版了160册《中国水书》影印本，为更多的专家学者参与水书文化研究提供了良好条件。此外，贵州民族学院的水书文化研究已获50多项成果，其中《水书抢救保护与开发利用研究》《象形文字的最后领地——水书解读》以及《释读旁落的文明——濒危水族古文字与古汉字的对比研究》三个课题，分别获得国家社科规划基金立项资助。

2月25日　中国少数民族博物馆将整理出版《中国少数民族文物全志》，建立一个国家级的"中国少数民族文物档案库"。"十一五"期间，中国少数民族博物馆还将实施中国少数民族文物抢救工程。

2月28日　全国古籍保护工作会议在北京召开。这是中华人民共和国成立以来，第一次在全国范围内展开古籍普查工作。此项工作由文化部领导实施，从今年起，将用3年至5年时间在全国范围内组织开展古籍普查登记工作，全面了解和掌握各级图书馆、博物馆等单位及民间收藏的古籍情况。这次古籍普查的主要对象是中国汉文和少数民族文字古籍，普查内容包括古籍基本信息、古籍破损信息和古籍保存状况信息等。普查成果将在此后成立的"中华古籍保护网"上公布，并最终形成《中华古籍联合目录》和古籍数字资源库。与普查工作相结合，我国还将建立国家珍贵古籍名录制度，对列入名录的古籍，中央将在财政上给予重点扶持保护。国务院还将把古籍收藏量大、珍贵古籍多、管理制度完善、保护条件好的单位，命名为全国古籍重点保护单位。

4月4日　《中国文物报》报道：根据国家民委3月29日发布的《少数民族事业"十一五"规划》，我国少数民族文化遗产的保护、抢救、发掘、整理和展示宣传工作将得到进一步加强。按照《少数民族事业"十一五"规划》要求，我国将依托民族文化遗存丰厚的城镇、村寨，建设具有民族特色的博物馆或文物资料保护展示中心。

4月13日 《中国民族报》报道：截至目前，我国已有28个省、区、市建立了少数民族古籍工作机构，14个跨省区民族建立了民族古籍协作组织，并建立了一支近3000名专家、兼职人才队伍。

5月12日 西北民族大学与甘肃省武威市博物馆合作整理藏文古籍409函。

8月3日 在北京召开全国古籍保护试点工作会议，提出"今年的古籍保护工作重点是对包括寺庙藏书在内的全国各级图书馆、博物馆、民间所藏古籍情况进行深入的摸底普查，为古籍定级、库房改造、古籍保护、成果利用等工作奠定基础"。

8月 吴海鹰主编的《回族典藏全书》由甘肃文化出版社和宁夏人民出版社联合出版。

8月19—21日 在甘肃省兰州市西北民族大学召开"全国民族院校藏文文献整理工作研讨会"。本次会议是中华人民共和国成立以来首次召开的全国民族院校藏文文献整理研讨会，会议决定全国民族院校联合编辑《全国民族院校藏文文献联合目录》和建设"全国民族高校藏文文献全文数据库"。

8月 中央民族大学才让太等受聘为"文化部全国古籍保护工作专家委员会"藏学古籍专家成员。

11月6日 《中国藏西夏文献》在北京出版。该部大型文献的编纂出版是迄今最全面、最丰富、规模最大的国内西夏文献搜集整理活动，丛书中收录的多数文献为第一次刊布，填补了西夏学研究领域众多空白。

11月 西藏自治区化厅向国家文化部上报《旁唐目录》等第一批珍贵古籍名录。

12月 《中国民族古籍总目提要·回族卷（铭刻类）》由大百科全书出版社出版。该书是国家"十一五"文化项目《中国回族古籍总目提要》的组成部分，包含元代至1949年前的回族历史铭刻类提要1454条，所撰铭刻提要依内容分为建修清真寺碑、圣旨敕谕碑、功德记事碑、教义教规碑、规约章程碑、契约告示碑、损资施地碑、人物碑、题名题咏碑、墓志墓地碑、其他碑、匾额、楹联、铭文、砖雕15个大类。它们是目前国内最新最全面的回族铭刻搜集整理成果。

12月5日 黄南藏族自治州人民政府下发了《关于进一步加强我州古籍保护工作意见的通知》。

12月 自今年9月开始，文化部组织开展了《国家珍贵古籍名录》和全国古籍重点保护单位的申报工作，受到各省、自治区、直辖市人民政府及各有关部门的高度重视，全国文化、文博、教育、民族、宗教等系统的200余家单位及个人参加申报。截至12月中旬，申报数量总计超过5000部，古籍类型除大量的汉文古籍外，还有丰富的民族文字古籍、金石碑拓、敦煌文献、舆图、竹木简等。全国有130家单位申报全国古籍重点保护单位，涵盖了国家图书馆、县级以上公共图书馆、高校图书馆、专业图书馆、博物馆、文物所、档案馆等。

2008 年

1月　"中标普华 Office 藏文版 3.0"藏文电脑办公软件研制成功，填补了藏文电脑办公软件领域的空白。

3月1日　国务院批准公布首批《国家珍贵古籍名录》及全国古籍重点保护单位。首批《国家珍贵古籍名录》共2392种，其中，汉文古籍2282部，包括简帛117种、敦煌文书72件、古籍2020部、碑帖73部；少数民族文字古籍110部，包括焉耆—龟兹文、于阗文、藏文、回鹘文、西夏文、白文、蒙古文、察合台文、彝文、满文、东巴文、傣文、水文、古壮字14种文字。全国古籍重点保护单位51家，包括国家图书馆、26家省市公共图书馆、12家高校图书馆、5家专业图书馆、5家博物馆及2家档案馆。

4月8日　贵州省世居着17个少数民族，是苗族、布依族、侗族、仡佬族、水族等的主要聚居区之一。贵州少数民族在历史发展过程中创造并积累了内容丰富、种类繁多的古籍文化，文献载体形式多样。主要有：文献类，即用各种少数民族文字记载的古籍文献，如彝文文献和水文文献；金石铭刻类，如立于明孝宗十年（1500年）三都水族县塘州拉下村的一块图文并茂的墓碑；文书类，一些少数民族起义发布的檄文、文告，民间保存的契约、土司的委任状等；口传类，如苗族流传久远的神话史诗《板东辰》、英雄史诗《天灵相公》等以及十二路大歌、季节歌、生产劳动歌等。

7月25日　第十次六省、区、市藏文古籍工作协作会议在甘肃省兰州市召开。

8月19日　新疆公布克拉玛依市乌尔禾镇新疆生产建设兵团农七师一三七团王全新收藏的藏文古籍残卷。

9月9日　西藏自治区文化厅召开"西藏古籍保护工作会议"，决定在西藏进行一次大规模的古籍普查工作，并制定《西藏自治区古籍普查工作方案》，计划在2010年6月前完成西藏古籍普查工作。普查对象为西藏境内的各公共图书馆、文博单位、高等院校图书馆、科研单位图书馆、寺庙及个人收藏，普查内容包括古籍基本信息、破损和保存状况等内容。普查后将编制《西藏古籍联合目录》。

9月10日　青海藏医药文化博物馆落成。该馆是目前世界上唯一一座全面系统反映藏医药文化的综合型专业博物馆，计划设藏医学史、曼唐器械、古籍文献、藏药标本、天文历算、彩绘大观、藏族民俗、藏式建筑、藏文书法、藏医养生等展厅。

9月　彝族学者朱崇先的专著《彝文古籍整理与研究（少数民族古籍文献丛书）》已由民族出版社出版。

11月18日　全国古籍修复技术培训班在贵州省图书馆开班。来自全国35个藏书单位的学员参加培训，内容包括基础理论课、技能实践、考察、古籍装帧形制的演变、中国古代造纸技术发展的特点与规律、西方保存和保护程序等。贵州省由于气候潮湿及各种原因，虫蛀、霉烂、结块、破损、脆化等现象在藏书单位十分严重，此次培训班的举办将有利于贵州省及全国各地图书馆人员学习先进的古籍保护技术，提高古籍修复和保护的专业水平。至此国家古籍保护中心已连续举办了7届古籍修复技术培训班。

2009 年

3月4日　广西壮族自治区于2008年基本完成了《毛南族卷》《仫佬族卷》《京族卷》民族古籍的编撰工作。广西是全国少数民族人口最多的少数民族自治区，少数民族古籍资源丰富，种类很多，内容涵盖了社会科学和自然科学的各个方面。为继承和发展少数民族优秀文化，广西少数民族古籍抢救搜集整理工作取得了显著成绩。去年广西还开展了《广西11个世居少数民族文化资料集成》的资料收集和编撰工作。

4月　答振益、安永汉主编《湖北回族古籍资料辑要》由宁夏人民出版社出版。

4月16日　《中国少数民族古籍总目提要·白族卷》已由中国大百科全书出版社出版。

4月20日　日前，中国民族古文字陈列馆和国家民委少数民族古籍保护与资料信息中心在中央民族大学举行捐赠仪式，宋兆麟、史金波、戴庆厦等11位来自国家博物馆、中国社科院、清华大学、中央民族大学等单位的专家学者向陈列馆捐赠了一批民族古文字珍品和重要文献，包括商代铭文象尊、战国玉简、唐代梵文拓片、清代沙巴历书、纳木依卦签、景颇族象形鬼桩以及八思巴文钱币、水书等数十件。正在筹建中的中国民族古文字陈列馆是我国首个民族古文字专业性博物馆，目前已收藏了藏、彝、纳西、水书、女书、于阗、察合台、回鹘、西夏、女真、契丹等30多种古文字的五百余件展品，包括文本、书法、拓片、木刻雕版、印章、货币、骨书、竹简等。

5月13日　国家民委少数民族古籍文献人才培养与科学研究基地剪彩揭牌仪式在西南民族大学隆重举行。国家民委副主任丹珠昂奔，国家民委全国少数民族古籍整理研究室主任李冬生、副主任李晓东，四川省民委副主任何晓平及学校领导出席剪彩揭牌仪式。来自全国8个省区民族古籍工作部门的领导、专家以及西南民大师生代表共二百余人参加了本次活动。该基地投资四百多万元扩建了藏、彝两个文献中心，并兴建了综合文献中心和金·史密斯藏文文献馆，分别从青海、甘肃、西藏、四川、云南、贵州、广西等地收集各种文献四万余册（函）。

6月11日　文化部公布了入选第二批国家珍贵古籍名录的4476部古籍以及入选第二批全国古籍重点保护单位的62家单位。其中，馆藏大量少数民族古籍文献的中国民族图书馆名列其中，同时，该馆的17部古籍文献也榜上有名。

6月14日—7月10日 "国家珍贵古籍特展"在国家图书馆新馆正式向读者展出。《太玄真一本际经》正是此次特展向世人展出的珍贵古籍之一。自去年国务院颁布首批《国家珍贵古籍名录》之后，2008年6—7月，国家图书馆就承办了面向广大读者的第一次"国家珍贵古籍特展"，今年的第二次特展，正是在上一次展览成功举办的基础上，根据第二批《名录》所精心挑选的珍品，再次为渴望亲眼目睹古籍风采的读者，提供了一饱眼福的大好机会。在此次特展中，地方志和少数民族文献亦是展出的重点。此次参展的地方志古籍约有17种，如北京大学图书馆选送的藏本《西藏志》，成书于乾隆时期，乃是西藏地区最早的综合志书。少数民族文献是古籍保护的特殊品种，少数民族因其特有的习俗和生活方式、文字和记载形式，都与汉族显示出了很大的差别，对于少数民族文献典籍的抢救和保护，更是近年来我国古籍保护整理工作的重中之重。写于元代的藏文文献《山法了义海》，乃是用珊瑚粉脂书写而成，极为罕见。佛教以珊瑚为"七宝"之一，以珊瑚书写藏传佛教的经典文献，足见信徒虔诚之志。展品中还有满文、蒙古文、东巴文、傣文、彝文、水书等平日难得一见的珍贵文献。毛南族民歌和彝文《阿诗玛》记录了爱情的旋律，而布依文的第一次展出，也令参观者反复观赏，流连忘返。

6月23日 国家民委副主任丹珠昂奔、文化宣传司长武翠英等到贵州民族文化宫考察，并先后视察了民族图书馆书刊阅览室、电子阅览室以及正在紧张施工中的"贵州少数民族风情展"布展现场。在听取了贵州民族文化宫主任高聪就贵州民族文化宫建设功能、民族图书馆文献征集、"锦屏文书"及水书等民族古籍的征集保护、民族博物馆展览工作等的详细介绍后，丹珠昂奔、武翠英对民族图书馆的少数民族古籍文献开发与保护工作表现出极大的兴趣，强调要加强抢救征集力度，尽快抢救濒于失传的少数民族古籍，并将其翻译整理出版。

7月4日 在新疆维吾尔自治区图书馆古籍部召开了新疆少数民族古籍专家座谈会。座谈会由新疆少数民族古籍整理办公室副主任艾尔肯·伊明尼亚孜同志主持，来自国家图书馆的少数民族古籍专家黄润华，自治区人大常委会原委员、语言学知名人士伊明·吐尔逊，新疆大学人文学院教授阿不力米提·艾海提和海来提·乌斯曼教授及李翔瑞教授，新疆社会科学院原党组书记研究员阿木都许库尔·吐尔地，新疆人民出版社副编审买买提·吐尔地，自治区语委会维吾尔语研究员米尔苏力坦·乌斯曼9位专家，分别就察合台语称谓、少数民族古籍收集、抢救、整理及民族古籍人才培养等问题进行了讨论和座谈。

9月 河南省民族事务委员会编《河南省回族古籍总目提要》由中州古籍出版社出版。

2010 年

2010 年 1 月,《彝文典籍丛书》编委会编:《彝文典籍丛书》(1—10 卷),由四川民族出版社出版。

2010 年 1 月,杜建录、史金波著《西夏社会文书研究》,由上海古籍出版社整理出版。

2010 年 1 月,黄润华编《国家图书馆藏满文文献图录》由国家图书馆出版社出版。

2010 年 2 月,《中国白族白文文献释读》一书出版。

2010 年 3 月,中国国家图书馆编,任继愈主编《国家图书馆藏敦煌遗书》(124—126 册),一书由北京图书馆出版社出版。

2010 年 6 月 11 日,第三批"国家珍贵古籍名录"公布,古壮字抄本《壮化道教道场经书》入选。

2010 年 6 月 11 日,国务院批准文化部确定的第三批《国家珍贵古籍名录》推荐名单有 2989 部,其中彝文古籍被入选推荐名单有 35 部。

2010 年 6 月 11 日,国务院批准文化部确定的第三批《国家珍贵古籍名录》推荐名单有 2989 部,其中西夏文古籍被入选推荐名单有 20 部。

2010 年 6 月,黄思贤著:《纳西东巴文献用字研究——以〈崇搬图〉和〈古事记〉为例》,由民族出版社出版,该书从典型文献入手,考察了东巴文在具体语言环境中的使用情况。

2010 年 10 月 15 日—18 日,由宁夏大学主办、宁夏博物馆协办的"黑水城文献与西夏学国际学术论坛"暨"中俄西夏学联合研究所"揭牌仪式在银川举行。

2010 年 12 月,武宇林、荒川慎太郎主编《日本藏西夏文文献》,由中华书局出版。

2011 年

2011 年初,"中华字库"工程正式启动,其中第 18 包是"少数民族古文字搜集整理与字库制作"的子项目"方块壮字",由广西大学文学院独立承担,负责人为林亦教授。截至 2019 年,包括方块壮字在内的全部 23 种少数民族古文字字符的搜集和属性标注工作已经完成。少数民族古文字字库和编码的制作、字符国际标准的申请,为少数民族古籍文献的数字化和研究交流提供了更为广阔的空间。

2011 年 3 月 18 日,广西壮族自治区古籍保护中心召开了第二次全区古籍保护会议暨《中华古籍总目·广西壮族自治区卷》编纂工作协调会。

2011年6月，壮族文献《坡芽歌书》被列入第三批中国国家级非物质文化遗产保护名录。

2011年6月，彝族文献《阿细先基》被列入第三批中国国家级非物质文化遗产保护名录。

2011年6月11日，广西大学文学院与广西图书馆联合设立古籍保护实践研究基地。

2011年9月，白族文字文献纳入国家重大文化工程《中华字库》研究项目。

2011年8月，青海省藏医药研究院编纂《藏医药大典》（60卷），由民族出版社出版。

2011年12月，洲塔、洛桑灵智多杰主编《甘肃宕昌藏族家藏古藏文苯教文献》（全30册），由甘肃文化出版社出版。

2012 年

2012年5月，黄建明著：《彝文经籍〈指路经〉研究》，由民族出版社出版，该书对云南、贵州、四川等地的彝文《指路经》进行了比较研究，对于研究彝族先民迁徙的路线和方式具有重要的价值。

2012年5月12日，中国人民大学清史研究所召开座谈会，成立了满文文献研究中心。

2012年7月27—30日，中国民族史学会辽金暨契丹女真史分会和哈尔滨市阿城区人民政府联合主办、哈尔滨市阿城区人民政府承办的"第十一届中国辽金暨契丹女真史学术讨论会"在哈尔滨市阿城区举办。

2012年8月，聂鸿音著《西夏文献论稿》由上海古籍出版社出版。

2012年11月，王天玺、张鑫昌主编：《中国彝族通史》（1—4册），由云南人民出版社出版。

2012年12月，西藏百慈藏文古籍研究室主编《时轮金刚汇编》（1—20册），由西藏藏文古籍出版社出版。

2013 年

2013年3月8日，国务院批准文化部确定的第四批《国家珍贵古籍名录》推荐名单有1516部，其中彝文古籍被入选推荐名单有48部。

2013年4月，国务院公布"第四批国家珍贵古籍名录"。广西民族古籍整理办公室申报的《卦书》（清道光四年（1824）许文经抄本）、《经洛掌书便笕吉日科》（清光绪二年（1876）黄道诚抄本）等4部和国家民族图书馆申报的《初夜登坛科》等3部成为入选的壮族古籍。

2013年12月，洛桑灵智多杰主编《古藏文苯教文献》（全60册），由甘肃文化出版社出版。

2013年，由沙马拉毅担任首席专家主持的国家社科基金重大项目《中国彝文古籍整理与保护及其数字化建设》获批立项。

2013年，在黑龙江省牡丹江宁安市，一位农民在耕地时发现了一块金代女真文残碑。

2013年12月7—11日，由中国社会科学院民族学与人类学研究所民族古文献研究室、中国社会科学院历史研究所中外关系史研究室、中国电子技术标准化研究所和"中华字库"总体组联合举办的"'华夷译语'与西夏字符国际学术研讨会"在北京召开。

2014 年

2014年5月，达哇主编《藏传因明珍本丛书》（8册），由民族出版社出版。

2014年7月25日，西藏大学成立藏文古籍研究所，这是我国第一个高校藏文古籍研究所，填补了我国公立专业藏文古籍研究机构的空白。

2014年7月，阿里木·玉苏甫的《敦煌回鹘写本〈说心性经〉研究》，由中国社会科学出版社出版。

2014年7月，聂鸿音著《打开西夏文字之门》由国家图书馆出版社出版。

2014年8月10—13日，由赤峰市人民政府与赤峰学院主办、敖汉旗人民政府承办的"第二届契丹学国际学术研讨会"在中国内蒙古自治区赤峰市敖汉旗新惠镇召开。

2014年12月，《彝文典籍集成》（四川卷，60卷），由四川民族出版社出版。

2014年度，由西南民族大学蔡富莲教授担任首席专家主持的国家社科基金重大项目《云贵川百部〈彝族毕摩经典译注〉研究》获批立项。

2014年，内蒙古大学蒙古学学院获得教育部哲学社会科学研究重大课题攻关项目"契丹、女真传世文献整理与研究"。

2014年12月，刘凤翥先生的《契丹文字研究类编》（全四册），由中华书局出版。

2015 年

2015 年 8 月 16—18 日，中国民族史学会辽金暨契丹女真史分会、中国民族古文字研究会、辽宁省辽金契丹女真史研究会主办、沈阳市康平县历史暨辽金文化研究会承办的首届"康平·中国辽金契丹女真史学术研讨会"在辽宁省沈阳市康平县召开。

2015 年 9 月，西藏藏医药研究院文献所编《西藏藏医历算古今文献目录明镜》（藏文），由西藏人民出版社出版。

2015 年 9 月，西藏自治区图书馆编《西藏自治区图书馆古籍目录·文集卷（全四册）》（藏汉对照），由国家图书馆出版社出版。

2015 年 9 月，西双版纳傣族自治州少数民族研究所编辑出版了中型词典《傣汉词典》，由云南民族出版社出版。这部词典收录傣义词条三万余条。词典一般包括老傣文、国际音标、新傣文、释义、词性、来源、例句等方面的信息，是目前规模最大的西双版纳傣文词典。

2015 年 10 月 31 日—11 月 1 日，内蒙古大学蒙古学学院主办了"第三届契丹（女真）文研究学术研讨会"。

2015 年 12 月，《彝文典籍集成》（云南卷，50 卷），由四川民族出版社出版。

2016 年

2016 年，《云南省世居少数民族文化精品工程·白本大本曲曲本文库》项目启动。

2016 年 3 月 27 日，国务院批准文化部确定的第五批《国家珍贵古籍名录》推荐名单有 899 部，其中彝文古籍被入选推荐名单有 8 部。

2016 年 5 月，第五批"国家珍贵古籍名录"公布，广西入选该名录的 5 部古籍中，有《送五海壹科》《鲁班唱》等 3 本为古壮字抄本。广西民族大学图书馆有藏书首次入选，是广西古籍普查又一新的成果。

2016 年 5 月，聂鸿音著《西夏佛经序跋译注》由上海古籍出版社出版。

2016 年 9 月，西藏自治区藏医院编《雪域藏医历算大典》（全 130 册），由中国藏学出版社。

2016 年 5 月 10 日，云南省民族古籍办公室聘请丽江市东巴文化研究院有关专家、学者对《云南少数民族古籍珍本集成》纳西族卷开展审议工作。

2016 年 11 月，民族出版社出版了新疆大学策·巴图教授力作《蒙古-卫拉特大法典文献学研究》。

2016年,《五体清文鉴》由新疆大学出版社出版,该书对察合台文词条的原文进行了逐一对照的转写,这为《御制五体清文鉴》的研究提供了更加完善的资料。

2016年12月,中国第一历史档案馆、中国人民大学国学院合编《清太祖满文实录大全》(10册),由辽宁民族出版社出版。

2017 年

2017年5月13—14日,南传佛教贝叶经典籍的历史与当代价值学术研讨会在云南大学举行。

2017年11月,四川省藏文古籍搜集保护编务院编纂的《藏区民间所藏藏文珍稀文献丛刊》(1—50卷),由四川民族出版社·光明日报出版社出版。

2017年8月21日,藏文文献资源数据中心在中国藏学研究中心正式成立。

2017年12月,《彝文典籍集成》(贵州卷,50卷),由四川民族出版社出版。

2017年12月,《云南丽江纳西族一百五十卷东巴经手抄本》入藏中国国家博物馆。

2018 年

2018年3月17—18日,东北师范大学历史文化学院联合日本九州大学大学院人文科学研究院举办了"首届满族·锡伯族语言历史文化国际研讨会"。

2018年3月,孙颖新著《西夏文〈无量寿经〉研究》由中国社会科学出版社出版。

2018年6月,《中国少数民族古籍珍品图典:民族古文字古籍整理研究100年通览》出版,白文部分由王锋、张锡禄合作完成。

2018年6月,中央民族大学高娃照的国家社科基金重点项目"清代汉满蒙藏合璧碑文整理与研究"获批立项。

2018年9月,甘肃文化出版社出版了赤索旦主编的《本教历史文献汇编》(10册)。

2018年9月,张铁山的《回鹘文古籍概览》由民族出版社出版。

2018年11月,摩色克哈编著:《彝语词汇释译》,由四川民族出版社出版,该书是作者独自经过长达近50年时间搜集、整理、编撰而成的一部大型彝汉双文工具书。内容涉及语言文字、文学艺术、政治经济、哲学宗教、文化教育、天文历算、伦理道德、法律、农业牧业、历史地理、动物植物、医药等方面的词条,共六万两千余条，字数达三百余万字。

2018年12月5日，广西古籍保护工作会议暨"册府千华——广西壮族自治区藏国家珍贵古籍特展"开幕式在广西图书馆举行。

2018年12月，故宫博物院编辑的《故宫博物院藏版清乾隆版满文大藏经》（全109册）由故宫出版社出版。

2019年

2019年3月，丽江市东巴文化研究院编译《纳西阮可东巴古籍译注》（全套三本），由云南民族出版社出版。

2019年4月，孙颖新著《西夏文〈大宝积经·无量寿如来会〉对勘研究》由社会科学文献出版社出版。

2019年7月18日，美国马里兰州圣玛丽大学国际语言文化系教授傅京起女士向大理白族自治州博物馆捐赠重要白文文献《云龙白曲残本》。

2019年8月，白文书法作品在"我和我的祖国：中华人民共和国成立70周年——中国民族文字书法作品暨文献展"上展出并入藏中国民族图书馆。

2019年8月，徐丽华主编的《康区藏文古写本丛刊》（60册），由巴蜀书社出版。

2019年10月，广西少数民族古籍保护成果展在广西图书馆展出，清抄本医书《祖传秘方》首次亮相。这是一本用古壮字与汉文抄写的壮族医书，也是迄今为止发现的第一部古壮字医书。

2019年度，由西南民族大学李文华教授主持的国家社科基金重大项目《大小凉山彝文经籍文献语音资源库建设》获批立项。

2019年11月，黑龙教授著《清代百件珍稀蒙古文档案整理研究》一书由科学出版社出版。

2019年12月，何林富编著：《宜底摩梭口传经典文献译注》，由云南民族出版社出版。

后 记

《中国民族古籍研究70年》是国家出版基金资助项目，由中央民族大学出版社策划，叶康杰、黄建明担任主编，邀请国内长期从事民族古籍研究并富有成就的老中青学者共同撰写完成。2010年我们曾出版过《中国民族古籍研究60年》，此次出版是在这60年研究基础上，补充了近10年民族古籍研究成果而成。全书内容涉及藏缅语民族古籍、壮侗语民族古籍、蒙古语民族古籍、突厥语民族古籍、满-通古斯语民族古籍、回族古籍，以及西夏文、契丹文、女真文等古代民族古籍。全书分工如下：

黄建明（中央民族大学）：第一章 导论，
　　　　　　　　　　　　第二至第五章 民族古籍政策与理论实践
徐丽华（中央民族大学）：第二至第五章 藏文古籍
王建海（国家图书馆）：第六章 藏文古籍
朱崇先（中央民族大学）：第二至第五章 彝文古籍
叶康杰（中央民族大学）：第六章 彝文古籍
木仕华（中国社会科学院）：第二至第六章 纳西文古籍
王锋（中国社会科学院）：第二至第六章 白文古籍
黄桂秋（南宁师范大学）：第二至第五章 壮文古籍
何思源（中央民族大学）：第六章 壮文古籍
戴红亮（中央民族大学）：第二至第五章 傣文古籍
戴红亮，玉腊光罕（上海师范大学）：第六章 傣文古籍
韦学纯（中国社会科学院）：第二至第五章 水文古籍
牟昆昊（贵州民族大学）：第六章 水文古籍
乌力吉（中央民族大学）：第二至第五章 蒙文古籍
白田丽（内蒙古师范大学）：第六章 回鹘式蒙文古籍
陈鑫海（天津大学）：第六章 八思巴文古籍
巴都玛拉（新疆日报社）：第六章 托忒蒙文古籍
张铁山（中央民族大学）：第二至第五章 突厥语族古籍
赵洁洁（中央民族大学）：第六章 鄂尔浑-叶尼塞文古籍
崔焱（辽宁师范大学）：第六章 回鹘文古籍
米热古丽·黑力力（中国社会科学院）：第六章 察合台文古籍

黄金东（中央民族大学）：第二至第五章 满文古籍
顾松洁（中央民族大学）：第二至第五章 锡伯文古籍，第六章 满文古籍
聂鸿音（中国社会科学院）：第二至第五章 西夏文古籍
孙伯君（中国社会科学院）：第二至第五章 女真文古籍，第六章 国家民族古籍
　　　　　　　　　　　　　　政策与理论实践 契丹文古籍 女真文古籍
郑昊（中国社会科学院大学）：第六章 西夏文古籍
叶康杰，严　宏（中央民族大学）：大事记
黄建明，叶康杰（中央民族大学）：后记

全书由黄建明、叶康杰统稿，顾松洁、叶康杰、毕舒颖负责编务工作。

由于各民族古籍近70年来整理、研究工作情况不同，所以本书中有些民族的篇幅长一些，有些民族的篇幅短一些，但都能从整体上反映了近70年各民族的古籍工作历程。另外，因各作者行文风格不同，虽然我们提出了统一的编写要求，但在体例和行文上仍不尽相同。

感谢中央民族大学出版社白立元老师，以及其他为本书出版付出努力的所有工作人员。

尽管我们和各位编写者都作了很大的努力，但书中错误难免，希望广大读者批评指正。

黄建明　叶康杰
2022年6月3日